THE
OPIUM
WAR

중국인의 선혈만 앗아간

아편전쟁

중국인의 선혈만 앗아간

아편전쟁

초판 1쇄 인쇄 2018년 8월 14일
초판 1쇄 발행 2018년 8월 16일
지 은 이 마오하이젠(茅海建)
옮 긴 이 김승일(金勝一)·이택산(李泽山)
발 행 인 김승일
디 자 인 조경미
펴 낸 곳 경지출판사
출판등록 제2015-000026호

판매 및 공급처 도서출판 징검다리
주소 경기도 파주시 산남로 85-8
Tel : 031-957-3890~1 Fax : 031-957-3889 e-mail : zinggumdari@hanmail.net

ISBN 979-11-88783-48-9 03910

THE OPIUM WAR

중국인의 선혈만 앗아간

아편전쟁

마오하이젠 (茅海建) 지음 | **김승일**(金勝一)·**이택산**(李澤山) 옮김

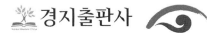

🌿 경지출판사
Korea Wisdom China

CONTENTS

阿片戰爭

CONTENTS

阿片戰爭

서론
기선(琦善)의 매국

서론
기선(琦善)의 매국

중국의 역사학은 인물에 대한 평가를 가장 중요하게 생각한다. 그래서 중국의 역사서를 펼치면 선악(善惡)과 충간(忠奸)이 분명하고 좋은 사람과 나쁜 사람이 일목요연하게 나타난다.

그 나쁜 사람들 중에서도 기선은 '가장 나쁜' 부류에 속하는데, 그 이유는 그가 동서고금을 막론하고 용서할 수 없는 매국행위를 했기 때문이다. 매국노를 용서할 수 있는 국가나 민족은 없을 것이다.

그러나 기선이 정말 매국을 저질렀을까?

이 부분에 대하여 많은 의문이 있다고 생각한 나는 한발 더 나아가 연구해보고자 했다.

1. 기선

기선은 만주 귀족가정에서 태어났다. 그의 조상인 은격득리이(恩格得理爾)는 무리를 이끌고 투항하여 공을 세우고 일등 후작이 되었다. 부친 성덕(成德)은 열하도통(熱河都統)의 관직까지 지냈다. 기선은 16세 때에 자격을 갖추고 형부에 배치되어 정오품의 원외랑(員外郎) 후보가 되었다. 이어서 18세 때에 정식으로 관리가 되었고, 이후 벼슬길이 순탄하여 고속으로 지위가 상승했다. 1819년 29세에 그는 홀로 한쪽을 방비해야하는 하남(河南) 순무에 오르게 되었다. 후에 산동(山東) 순무, 양강(兩江) 총독, 동하(東河) 총독, 성도(成都) 장군 등의 직을 역임하였는데, 이 시기에 항상 치수에 실패하였기 때문에 파직을 당하곤 했으나, 곧바로 빠르게 복권되었다. 1831년에는 독무(督撫) 변경(邊境) 대신의 수장인 직예총독(直隸總督)이 되었고, 1836년에는 협반대학사(協辦大學士)에, 1838년에는 문연각대학사(文淵閣大學士)에 발탁되어 정일품(正一品)에 올랐다.[01]

기선은 관직에 올라 일을 함에 있어 기이한 방법을 사용하고 기이한 행동을 자주 하긴 했지만, 많은 시험을 거쳐서인지 그 효과가 좋았다. 그래서 그는 오만하고 충동적인 사람이 되었지만 관계(官界)에 친분이 깊고 두터웠다. 그는 맡은 일을 용감하게 하고 큰일을 하거나 공을 세우기 좋아했기 때문에 임직 중에 실패가 성과보다 비교적 많았다. 도광제(道光帝)는 이런 그의 용감한 추진력과 확실히 책임지려하는 품성을 특히 귀하게 생각했다.

1840년에 아편전쟁이 발발할 때, 기선의 정식 신분은 일등후작, 문연각대학사, 직예총독(후에 양광총독으로 바뀐다), 흠차대신이었다. 그는 영국과 공문을 교류하면서 득의양양하게 스스로를 '본대신작각부당(本大臣爵閣部堂)'이라고 칭했다.[02] 그는 황제의 총애를 받았으며 가장 높은 관직에 올랐다. 즉, 정점에 도달한 사람이었다.

우리가 만약 당시 사람들의 관점에서 그의 매국에 대하여 생각해 보면, 곧 의문이 생길 것이다. 즉, 기선의 일가는 대대로 국은을 받은 집안이기 때문에 본래 임금에게 더욱 충성하고 애국을 해야 한다. 또 도광제의 대우 또한 부족하지 않았기 때문에 배반의 주인공이 되어야 할 이유가 없었다. 그런데 그는 왜 매국을 해야만 했을까? 이는 이후 왕정위(汪精衛)가 부득이하게 정치적으로 새로운 세력에 의지하여 유지와 발전을 꾀하는 장면과는 다르다.

당시의 어떤 논저는 기선의 반동 행위에 대하여 언급하면서 '돈으로 화해를

---

01) 王鍾翰等点校 , 『淸史列傳』 10권, 中華書局, 1987, 3144~3155쪽.
02) 佐々木正哉編, 『阿片戰爭の硏究:資料篇』, 東京, 近代中國硏究委員會, 1964.

샀다(賄和)'는 용어를 사용했다. 이는 다음의 가능성을 우리들에게 시사한
다.

기선의 가문은 백년 이상의 역사를 가진 대 가문으로 경제력이 탄탄했다.
본인 또한 오랫동안 고관이었으며 재물을 모으는 능력도 다른 관료들에 비해
부족하지 않았다. 즉, 그는 부자였다.

기선의 재산에 대하여 민간에 전해지는 이야기에 의하면 거의 천문학적인
숫자였다. 1841년에 몰수한 기선의 재산 목록 사본에 의하면, 기선은 '번은(番
銀)' 1,000만 냥, 무수한 진주기보, 이밖에 밭(田地) 34경(頃), 집 340채, 전장포
6곳, 점포와 객잔 81곳을 소유하고 있었다.[03] 만약 이것이 사실이라면 기선의
재산은 당시 여느 영국 귀족의 재산을 초과하는 것이며, 심지어 영국 여왕보
다 더 많았던 것이다.

그러나 당안(檔案) 자료를 살펴보면 민간에 유전된 사실은 확실히 과장된
것이었다. 조사, 압수 책임자이며, 이부상서(吏部尚書)이자 보군통령(步軍統領)
인 혁경(奕經) 등이 다음과 같이 보고하였다.

신하(奴才) 등이 기선의 가산을 조사하여 몰수하기 위해 먼저 조

---

03) 中國第一歷史檔案館編, 『阿片戰爭新史料』에 나오는 민간에 전해지는 기선의 재산목록: "番銀壹
千萬元. 黃金四百二十三兩五錢. 東珠八百四十九粒. 珠吊二十四十付(計大小七百四十八粒), 玳瑁
架床壹付. 珊珠十六掛. 大小自鳴鐘十八件. 金錢表十壹件. 家樂班行裝十八箱. 貂褂十四件. 蟒
袍二十八件. 衣籍百三十箱(另有淸單). 玉馬二個. 料獅二個. 翡翠班十八丁. 珠燈八堂. 紅呢鋪墊
大小三十付. 水晶澡堂壹架. 私參四十二斤. 藥材十九筒. 彩帳十二件. 泥金桌凳二付. 銅牛望月
二付. 鳳冠壹只. 轎車四套. 大小牲畜二十八頭. 大呢幔幛羽衣二件. 零星緞匹細件二百二十斤.
直隸開設典當四處(協成,永成,大成,恒成). 盛京典當二處(來成,福成). 自置田畝三十四頃. 祖遺房屋
三百四十間. 店棧各房八十壹處. 楠木桌凳九十四件." 中國歷史學會主編, 齊思和等編, 『中國近代
史資料叢刊 阿片戰爭』, 이하 약칭 『叢刊 阿片戰爭』 3권, 上海, 知新識出版社, 1955, 433쪽. 이외
『入冠誌』에는 기선의 집에는 "抄出黃金六百八十二斤. 銀壹千七百九十四兩. 並有珠寶十壹箱"이
있었다고 나온다(위의 책 316쪽).

사 한 바에 의하면, 금(金錠, 金條, 金葉)이 약 5,100여 냥(兩), 원보 (元寶)가 781개, 소량의 은괴가 26,500여 냥으로, 그 대략의 상황을 기록했습니다. 지금 다시 연일 상세하게 검토하고 조사하여 밝힌 바가 금이 약 2천 냥, 원보가 670개, 소량의 은괴가 2만여 냥…[04]

이후 또 도광제의 지시에 따라, 기선의 재산을 국가에 귀속시켜 군대의 물자와 급여로 보충하는 책임을 맡은 군기대신 목창아(穆彰阿)가 다음과 같이 보고하였다.

기선에게 압수한 원보은(元寶銀)이 1,438개, 소량의 은괴가 46,920 냥… 기선에게 압수한 전답이 현재 내무부(內務府)의 상세한 계산 에 따르면 모두 252경(頃) 17무(畝)로 지방관이 거두어들이는 세금 을 자세히 계산하면 매년 은 2천여 냥을 거둘 수 있습니다. 또 기 선에게 압수한 점포가 내무부(內務府)가 이미 현금으로 계산해보 니 매월 약 임대료가 약 은 962전(吊)228문(文), 은 51냥 입니다…[05]

이번 재산 몰수와 관련된 기타 상소와 목록을 찾을 수 없기 때문에, 우리 는 기선이 거주한 건물과 그가 소유한 고관가의 진기한 보물 및 골동품에 대

---

04) 中國第一歷史檔案館編, 『阿片戰爭檔案史料』 3권, 天津古籍出版社, 1992년, 198쪽. 혁경(奕經) 은 계속 상주에 재미있는 사실을 폭로한다. 1824, 1825, 1826년 기선이 각각 산서(山西)상인 악천(嶽泉), 진보서(陳寶書), 조첨득(曹添得)과 합자하여 천진 대고(大沽) 등지에 의화(義和), 전화(全和), 시화(時和) 이렇게 세 곳의 당포(當鋪)를 열고, 매 곳마다 전(錢) 2만관(串)씩 모두 6만관을 출자한다. 당시는 관원이 당포를 여는 것이 금지되었기 때문에 기선은 그의 가복 왕폭(王幅)의 이름으로 "공동계약(公中合同)를 체결했다." 왕폭은 또 사람을 파견하여 당포를 관리한다. 즉 기선의 돈을 거두는 수단이 이와 같았음을 알 수 있다.
05) 『阿片戰爭檔案史料』 3권, 459~460쪽.

해서는 알 수가 없지만, 위의 금, 은, 전답, 점포 등으로 보아 액수가 상당했음을 알 수 있다.

부자는 뇌물을 받지 않는다는 말은 성립될 수 없다. 하지만 자명종, 유리잔 같은 신기한 서양물건 정도로는 부유한 집안 출신인 기선의 마음을 출렁거리게 할 수 없었을 것이다. 중·영간 교섭 중에 그가 만약 뇌물을 받고자 했다면 절대로 작은 돈이 아닌 반드시 어마어마한 액수였을 것이다.

사실상 기선이 '돈으로 화해를 샀다(賄和)'는 이야기와 관련하여 당시에 소문이 무성했는데, 깊은 궁궐 속에 거주하는 도광제조차도 이 소문을 들었다. 선천적으로 의심이 많았던 도광제는 기선에 대한 체포 명령을 내린지 3일째 되는 날에 정역장군(靖逆將軍) 혁산(奕山)에게 비밀리에 찰스 엘리엇(Charles Elliot)과 기선 간에 "사사로이 서로 선물을 주고받은 일이 있었는지"에 대하여 조사하라고 명령을 내린다.[06] 그러나 혁산은 이에 대한 증거를 찾을 수 없었다.[07] 이후 기선이 압송된 후, 도광제가 친히 심사하여 결정한 심문 중 하나가 다음과 같다.

> 기선은 찰스 엘리엇과 이미 서로 왕래를 하여 그 사이가 매우 친밀하다. 천진(天津)에서 광동(廣東)까지 그가 기선에게 보낸 물건이 얼마나 되는지? 그리고 또 기선이 답례로 보낸 물건이 어떤 것인지? 반드시 모두 토해내게 해야 하며 숨겨선 안 된다![08]

기선은 이에 대하여 모두 부인하면서 심문 중 다음과 같이 말했다.

---

06) 『籌辦夷務始末(道光朝)』 2권, 北京, 中華書局, 1964, 824쪽.
07) 『籌辦夷務始末(道光朝)』 2권, 1000~1001쪽.
08) 『阿片戰爭檔案史料』 3권, 459쪽.

머리 숙여 사실을 고하 건데, 저(기선)는 역이(逆夷)와 언어가 통하지 않습니다. 그러나 공무를 위해 잠시 회유의 의미에서 고의로 그렇게 한 것으로 어찌 뇌물을 받을 수 있겠습니까? 스스로 멀리 했습니다. 또한 그들에게 뇌물을 준 일도 없습니다. 감히 속이지 않습니다.[09]

기선의 이 대답을 도광제는 완전히 믿지 못했다. 기선을 심문함과 동시에 군기처는 기선의 심문을 보충하기 위하여 중영교섭 연락원 포붕(鮑鵬)에게 같은 질문을 했다.

기선과 찰스 엘리엇은 매우 친밀한데, 피차간에 주고받은 일이 있는가?

이 질문에 대하여 포붕 역시 완전히 부인했다.[10]

당사자의 자백으로는 당연히 당사자의 청백을 증명할 수 없다. 하지만 기선이 재물을 탐하고자 한다면 작은 수가 아니었을 것이기 때문에, 만약 거액이라면 영국 측이 당연히 장부에 기록했을 것이다.

그러나 현재의 영문 자료를 살펴보면, 찰스 엘리엇 등 영국 측의 관원들은 결코 뇌물의 수단을 사용하지 않았으며, 기선이 뇌물을 요구하지도 않았다. 그리고 찰스 엘리엇은 기선이 자신의 뇌물을 받았다는 죄명으로 심문을 받는다는 소식을 듣자, 특별히 기선의 뇌물수수를 부정하는 문건과 영국 관원이 뇌물을 주지 않았다는 문건을 작성하여 광주지부에 제출했다.[11] 당연히 이 문

---

09) 『阿片戰爭檔案史料』 3권, 475쪽.

10) 「軍機處會訊鮑鵬供詞」, 『叢刊 阿片戰爭』 3권, 252쪽.

11) 찰스 엘리엇이 1841년 6월 16일에 파머스턴에게 보낸 편지. 佐佐木正哉, 『阿片戰爭研究-從英軍進

건은 상부로 전달되지 못했는데, 설령 전달되었어도 기선에게 불리하게 작용하여 오히려 그와 찰스 엘리엇과의 결탁만 증명하게 되었을 것이다.

당시의 상황을 재구성해 보면, 이때 찰스 엘리엇 등은 이미 오문(澳門)에 숨어있으면서, 스스로 '원직(遠職)'이라 칭하면서, 허락을 받으려 하는 태도를 보인 것이 아니라, 병사를 이끌고 와서 각 방면에서 협박과 강탈을 하는 흉악범이 되어 버렸다. 세상에 어느 강도가 문 앞에서 먼저 뇌물을 주고 손을 쓰겠는가? 이는 중·러 밀약 때, 러시아에 중동로(中東路)를 위하여 뇌물을 준 이홍장(李鴻章)의 상황과는 전혀 달랐다.

아편전쟁 전 중·영 간의 실제 교류는 통상관계였다. 그런데 청 정부 관원의 부패, 뇌물과 악습은 이미 이런 관계의 지속적인 움직임을 유지하는 필수 불가결한 윤활유가 되었기 때문에, 무릇 이런 종류의 상무관계에 연루된 관원들 중에는 뇌물을 받지 않는 자가 없었고, 큰 재산을 모으지 않는 자가 없었다. 이는 오래 전부터 이어온 관계(官界)의 일반적인 현상이었다. 기선의 '돈으로 화해를 샀다(賄和)'는 소문은 이것으로부터 추측하고 합리적 상상을 이끌어 냈을 가능성이 크다. 또한 이와 같았기 때문에 비록 아무런 실질적인 근거가 없어도 이런 종류의 소문이 비로소 세상에 널리 퍼진 것이다.[12]

이상 기선의 매국 심리에 대한 연구는 관직과 영예를 추구하고, 재물과 이익을 추구하는 관점에서, 즉 인류 스스로가 가진 결함의 측면에서 분석한 것이다. 그러나 옛날부터 지금까지의 매국노는 자신의 행위에 대하여 그럴듯한 이유를 부여하는데, 즉 모종의 주의(主意)를 따르기 위하여 모종의 이상(理想)을 실현한다는 것이다. 그러므로 만약 이것을 기선에게 구체화시키면 거의

攻廣州到義律被免職』 8부분 '對琦善的審判' 재인용. ([日] 『近代中國』 11권)

12) 후에 이리포가 배척당할 때, 도광제가 유겸에게 이리포와 영국인 간에 사사로이 서로 예물을 주고받은 일이 있는지 비밀리에 조사하라고 한 것으로 볼 때, 이런 소문은 보편적인 것임을 알 수 있다.

관계가 없다.

아편전쟁 이전의 중화 문명은 줄곧 독립 상대적으로 발전했으며, 그 우월성을 가지고 외부로 진출하여 동아시아 지역에서 중국 중심의 한문화권(漢文化圈)을 형성했다. 비록 그것과 외부 세계와의 연결이 고금 이래 실과 같이 끊어지지는 않았지만, 외국에서 들어온 물욕(物欲)이 중국에 들어와서는 반드시 중화문명의 강인한 오랜 개조를 거쳐야만 외래된 것이 내재되게 되어 비로소 중화문명의 구성부분이 될 수 있었다. 계속 이 상태로 나아간 중국인에게는 높은 곳에서 굽어보는 자세로 사방을 둘러보는 습관이 생겨 버렸다. 청 왕조는 바로 이런 종류의 역사 침전 속에서 '천조(天朝)'라는 대외체제를 발전시키고 완비했다.

유가의 경전에 근거하면, 고대의 중국황제는 '천자(天子)'가 되어 '천(天)'을 대표하여 지상의 모든 것을 통치한다. 황제가 직접 통치하는 구역은 주변의 '미개한(蠻荒)' 지역에 대하여 상대적으로 '천조상국(天朝上國)'이 된다. 시경(時經)에 나오는 "천하에 왕의 영토가 아닌 곳이 없다(普天之下, 莫非王土)"라는 구절은 항상 사람들에게 인용되어 당시의 토지제도를 설명하는데, 사실 이는 중국인이 볼 수 있었던 세계만을 반영하는 것이다. 즉, '천하'는 오랫동안 동아시아 지역에 나타나지 않았다. 이런 '천하공주(天下共主)'의 관념은 결코 정확한 것은 아니지만, 오히려 객관적으로 중화문명이 동아시아 지역에서 장기간 우월했음을 반영한 것이며, 또한 오랫동안 통일왕조의 중국적 세계(世系)가 대대로 전해져 유지된 것으로, 즉 소위 '국무이군(國無二君)'이다.[13] 이런 정

---

13) 세계역사로 볼 때, '천하공주'의 관념은 중국에만 있는 것이 아니다. 유럽과 서아시아 대제국의 군주 모두 스스로 '천하공주'를 표명하였다. 이는 지리 대발견 전의 전 시대에서는 신선한 일이 아니었다. 중국의 문제는 지리지식의 제고에 따라 이런 잘못된 관념을 버려야 한다는 것을 의식하지 못하고, 반대로 갖은 방법을 사용하여 보수하려한 것에 있다. 청대에 이르러 이런 '천하공주'의 관념은 이미 빈틈이 많았지만, 통치자는 통치적 필요를 위해 이를 잡고 놓지 못한 것이다.

세는 청대에 '천조상국(天朝上國)', '번속국(藩屬國)', '화외각방(化外各邦)' 이렇게 세 종류의 구체적인 관계로 표현되었다.

청 왕조의 강성은 주변지역의 각국 군주로 하여금 여러 가지 동기를 발생시켜 분분히 중국에 신속하여 청 왕조에게 조공을 바치게 하였고 권봉을 받게 하였다.[14] 서방 각국을 포함한 번속국 이외의 국가에 대하여 청 왕조는 일반적으로 모두 '화외만이지방(化外蠻夷之邦)'으로 간주하여,[15] 공식문서에 '이(夷)'라고 얕잡아 부르고, 또 타국의 이름 좌방에 '구(口)' 자를 붙였는데, 예를 들면 영국, 프랑스, 미국을 각각 '영이(口英 夷)', '불이(口佛 夷)', '미이(口米 夷)' 라고 표시했다.[16] 유가의 예의에 근거하여, 청 왕조는 몇몇 조공을 원하지 않는

---

14) 중국의 번속국(藩屬國)은 서방의 식민지와는 완전히 다르다. 1)종주국(宗主國)은 특수한 경제이익을 도모하지 않고, 조공(朝貢) 중에 '가볍게 받고 무겁게 보답한다'라는 정권을 채택하여 번속국의 조공은 중간에서 이익을 취할 수 있는 장사가 되게 하였다. 즉 '조공무역' 이다. 2)정치상에서 번속국 군주의 목적은 그 지위를 보호 유지하기 위한 것에 있으며, 종주국의 세력을 빌려 대항하고 국내 반대파를 제압하기 위한 것이었다. 그리고 종주국은 또 번속국의 군주를 지지하는 것을 통해, 외세의 침략을 감소시키고 변경의 안전을 보호유지 하고자 하였다. 모종의 의미상으로 말하자면, 종번관계(宗藩關係)는 일종의 지위 불평등의 정치동맹관계이다.

15) 이곳은 서방 각국을 '화외(化外)'에 속하도록 한 것으로, 청 왕조와 서방 각국의 실제 관계로부터 확립된 것이다. 당시의 청조 관리들은 '만방(萬邦)에서 온 왕'으로 과장되게 성세를 묘사하면서 영국 등의 국가를 조공국에 넣었다. 청조의 관방 문서에도 이러한 기록이 있다. 심지어 당시 선진적인 중국인이며 예부(禮部) 주객사(主客司) 주사로 있었던 공자진(龔自珍)도 다르지 않았다. 그는 다음과 같이 말했다. "나는 조번(朝藩)을 두 가지로 나누는데, 조공에 관한 일은 이번원(理藩院)에 예속된 것이 있고, 주객사(主客司)에 예속된 것이 있다. 주객사에 예속되어 있는 나라는 조선, 월남, 남장(南掌), 면전(緬甸), 소록(蘇綠), 섬라(暹羅), 하란(荷蘭), 류구(琉球), 그리고 서양의 모든 국가이다. 서양의 모든 국가란, 박이도가리아(博爾都嘉利亞), 의달리아(意達里亞), 박이도갈이(博爾都噶爾), 영길리(英吉利) 등이다. 조선에서 류구까지는 조공액과 조공기간이 있으며, 서양의 모든 국가는 정해진 조공 액이 없으며, 기한이 정해지지 않았다."(「客主司述略」, 『龔自珍全集』, 上海人民出版社, 1975, 118~119쪽) 하지만 서방 사람들은 이렇게 그들의 국가를 조공국에 넣는 것에 반드시 화를 냈을 것이며, 그들에 대한 치욕이라고 여겼을 것이다. 그러나 청조의 관신사자(官紳士子)들은 오히려 그렇게 여기지 않고 그들은 이것을 일종의 칭찬으로 여겼으며, 즉 '화외' 국가들의 '향화(向化)'는 일종의 진보인 것이었다.

16) 국가의 이름을 제외하고 당시 서양의 인명, 선박명 역시 좌방에 '口'를 붙였다. 본 권은 당시의 번역법의 국명, 인명, 선박명을 채용했으며, 문장 중에 특별한 의미를 표시한 부분을 제외하면 모두 '口'를 뺐다.

국가와 정식으로 교류하는 것을 거절하고, 또 유가의 "이는 오랑캐의 나라를 가더라도 버려서는 안 될 것이다"라는 교의에 근거하여, 청 왕조는 또 이 국가들과의 통상을 허락하였다. 비록 이런 통상이 청나라 초, 중엽에는 중국에 이익이 되고, 연해의 수십만 백성의 생계와 연관되어 있었지만, '이농위본(以農爲本)'의 옛 교훈을 따랐으며, 게다가 조정이 여기서 얻을 수 있는 이익이 많지 않았기 때문에[17] 청 왕조는 이를 결코 중요하게 생각하지 않았다. 그들의 생각에 통상은 '천조'가 '만이'에게 은혜를 베푸는 것이며, '먼 곳의 사람을 회유하는' 일종의 권략이었다.

이로 인하여 청 왕조는 대외관계에 있어서 스스로 타국의 위에 있는 '천조'에 살고 있다고 여기면서 평등한 국가의 존재를 인정하지 않았는데, 즉 소위 '적국(敵國)'이다. **모종의 의의 상에서** 말한다면 '천조'라는 대외체제는 중국을 세계의 일부분이 아닌 하나의 세계가 되게 하였다.

중국과 영국은 명대부터 통상관계가 있었다. 그러나 '천조' 체제와 관념의 장막 아래, 중국인의 영국에 대한 인식은 전체적으로 모호했다. 1793년, 1816년에 영국은 각각 조지 매카트니(George MaCartney)와 윌리엄 애머스트(William Pitt Amherst)를 중국에 보냈는데, 청 정부가 '천조' 제도에 의거하여 그들을 '공물을 바치는 영국사신(咭唎貢使)'으로 간주하여 접대하자, 결국 안 좋게 헤어지게 되었다. 이후 1834년 영국은 동인도 회사의 대중국 교역 독점권을 취소하고 윌리엄 네이피어(William John Napier)를 파견하여 중국주재 상무 제1감독관으로 임명했다. 그러나 통상 상무를 책임지는 양광총독 노곤(盧坤)은 그가 중국에 온 목적을 파악하지 못하고, 오히려 '대등한 격식'의 수

---

17) 비록 당시 외국상인들은 광동 해관에서 세금을 많이 납부하지만, 대부분 관습과 뇌물로써 관원과 행상의 주머니로 들어갔으며, 그래서 조정에 납부한 정식 세금은 겨우 1백만 냥이었다. 이는 청조정의 재정수입의 백분지 이에서 백분지 삼에 해당하는 것이다. 이 때문에 청조 황제는 늘 '보잘 것 없는 관세'라고 여기고 중외무역을 중단하는 것에 대하여 상관없다는 태도를 보인 것이다.

교 문건에 진노했다.[18] 또 1838년에는 중국주재 영국 상무총감독인 찰스 엘리엇이 보낸 문건의 봉투 위에 '품(稟)'이라는 문구가 없자, 양광총독 등정정(鄧廷楨)이 이를 개봉하지 않고 돌려보냈다.[19] 이렇게 1834년 이후부터 영국은 관방대표(중국주재 상무감독, 영사)가 있었지만, 청 정부는 그 관방의 지위를 인정하지 않고 여전히 그들을 동인도 회사의 책임자로 간주하였다.[20]

청나라는 '사이(四夷)'의 '천하' 개념을 업신여겼는데, 이는 유교문화의 우월과 역사전통 때문이며, 또 오랫동안 중국 사회의 경제수준이 서방에 비해 떨어지지 않았기 때문이다. 16세기에 서양인들이 오기 전까지의 중국은 여전히 세계에서 가장 발전한 국가였다. 17, 18세기가 교차하는 시기에 강희대제의 문치무공(文治武功)은 중국으로 하여금 하나의 새로운 '성세기(盛世期)'로 진입하게 하였다. 18세기 영국의 공업혁명전에 중국사회의 생산력은 서방의 각국에 비해 낮지 않았으며, 총생산량도 크게 초과했다. 하지만 아편전쟁 전야의 중국은 확실히 낙후되었다. 그러나 문화 배경의 차이로 인해 영국의 가장 선진적인 사물은 유가 교의의 특성을 거쳐 곧바로 황당무계하고 부정적인 물건이 되었다. 군주입헌은 황권지상주의의 면전에서 대신들이 권력을 마음대로 휘두르는 것과 같았고, 경상무역은 농본주의의 면전에서 '근본을 버리고 기예를 쫓는(舍本求末)' 것과 같았으며, 이윤추구는 성리명교(性理名敎)의 면전에서 소인의 행동일 뿐이었으며, 여왕주의, 남녀불분에 이르러서는 여자가 권력을 쥐

---

18) 노곤(盧坤)은 "중국과 외국의 경계 유지를 위해서는 체제가 더 없이 중요하다. 그 오랑캐의 수장인 윌리엄 네이피어가 관직이 있는지에 대해 그 내막을 조사할 길이 없으며, 설사 그 나라의 관원일지라도 역시 천조 변경 관리와 동등한 위치에서 서신을 주고받을 수 없다. 국가의 체면과 관계된 일은 조금이라도 끌려가서는 안 되며, 그렇지 않으면 가볍게 볼 것이다"라고 생각했다. 그리하여 그는 중외무역을 중단하고 대항하라고 명령한다. 오래지 않아 네이피어가 병사하고 데이비스(John Francis Davis) 부임하자 중외무역이 회복된다(『阿片戰爭檔案史料』 1권, 146~168쪽).

19) 위의 책, 1권, 329~331쪽.

20) 위의 책, 1권, 223쪽.

고 정국을 어지럽히는 종류의 '이속(夷俗)'으로 치부하였다. 설령 사람들을 감탄하게 하는 서방문물(시계, 유리, 직물)이라도, 감상하고 소장하는 목적 외에는 여전히 나쁜 사람의 마음과 기술이 들어간 '사악하고 음험한 기교'라고 하여 배척하였다. 그러하기에 바다로 교류한지 200여 년이 지난 뒤에도 중토의 관료, 선비들은 서방에 승복하지 못하고 오히려 중화문물제도가 '사이'에 승리할 것을 굳게 믿었다. 비록 그들이 사실상 이미 서방의 '배가 견고하고 대포가 뛰어나다는(船堅炮利)' 사실을 인정했음에도 불구하고 말이다.

이와 같이 청조의 대외관념과 당시의 중영관계를 열심히 묘사한 이유는 오직 기선의 사고와 행동의 배경을 지적하기 위해서이다. 즉, 그가 처한 환경을 떠나서는 생각할 수 없다는 것이다.

기선은 주로 북방에서 관직 생활을 했기 때문에, 서방과 직접적으로 교류한 적이 없었다. 그는 지구가 둥글다는 것을 몰랐으며, 더욱이 영국(咭唎)이 4대주의 어느 곳에 위치하는 지도 몰랐다. 천진에서 그는 영국 군함을 처음 보고 매우 두려워하지만, 영국이 '화외만이(化外蠻夷)'에 속한다는 기본관념을 바꾸지는 않았다. 현재 전해지는 수많은 상주를 보면, 영국을 묘사할 때, 가장 전형적인 용어인 '이성견양(夷性犬羊)'을 사용하는데, 이것도 당시 관원들의 상용어였다. 광동 중영담판 중에 가장 긴박한 시점에서 그는 상주에 다음과 같이 영국인의 행동을 묘사한다.

> 현재 광동에 있는 자는 병사들의 두목인데 매우 야만적인 사람으로 예의를 모르며 염치가 없어 모두 자기가 하고 싶은 말만하고, 매우 난잡하고 단지 사납게 대들 뿐이며, 비열한(鬼域) 재주를 제멋대로 부립니다. 이치(理)를 따져 알릴 수 없으며 정(情)으로 풀기

어렵습니다.[21]

이런 용어의 사용은 기선이 세계정세에 대하여 무지몽매한 단지 '천조'의 관념만을 고수하는 관원에 불과하다는 것을 나타낸다. 그렇지만 이것만으로 그에게 영국의 주의와 이상에 대한 동경의 감정이 있었는지 어떻게 알 수 있겠는가?

만약 상주에서와 같이 말한다면, 단지 도광제를 기만하려 한 것으로 결코 기선의 내심을 반영했다고 할 수 없는 것이다. 그렇다면 우리는 그가 또 어떠한 어조를 사용하여 영국에 대해 말하고 있는지 좀 더 살펴봐야 한다. 그는 찰스 엘리엇에게 보내는 외교문서에 다음과 같이 적었다.

> 귀국이 이곳에 와서 통상을 한지 200여 년 되었으며 그간 서로 의견이 맞지 않은 적이 없다. 단지 불량한 상인들이 몰래 연초를 숨겨 들어와 무역이 단절되는 지경이 이른 것이다. 금년에는 귀국이 방문하여 **은혜를 베풀기를 청하는** 것이 일의 순서이다. 그런데 정해(定海)를 점거하니 **하늘의 노여움**을 사지 않을 수 없다. 특히 본대신작각부당(本大臣爵閣部堂)이 천진에 오기 전에 귀국의 **어조가 공손하다고** 거듭 상주했기 때문에 조정에서 본대신작각부당을 여기로 파견하여 조사처리하게 한 것이다. 그렇지 않으면 **만방(萬邦)을 어루만지시는 대황제께서**, 사람은 조밀하고 대지는 광활한데, 함선과 대포를 더하는 것이 무엇이 어렵겠는가? 그러니 어찌 정해 한 현 때문에 놀라서 굴복할 수 있겠는가? 본대신작각부당

21) 『籌辦夷務始末(道光朝)』 2권, 629쪽.

이 누차 조회에 정해를 반환해달라고 명령하면서(囑令), **진실하게 공손함을 보이길 원하였는데 그 이유는 은혜를 내려줄 것을 대신 요청하기 편리하도록 하기 위함으로 나의 오랜 희망이다.** 현재 귀 공사대신이 천진에 온 이래 기쁘게도 아직 소란을 일으키지 않아, 본대신작강부당이 비로소 감히 대신 상주하는 것을 허락한다. **만약 그사이에 조금이라도 공손함을 잃어버린다면** 본대신작각부당은 이미 먼저 상주하여 사실을 잘못 전한 것이 되어 자신을 돌볼 겨를도 없을 텐데, 어떻게 다시 귀국을 위해 계획을 세울 수 있겠는가? 귀국이 통상을 원하면서 **만약 매우 공손하지 못하다면, 어떻게 대황제의 은혜로운 허락의 유지가 내려오기를 기다릴 수 있으며,** 어찌 귀국이 안심하고 무역을 할 수 있겠는가? 일은 반드시 장기적인 계획을 세워야 하며 어느 한 면만 봐서는 안 된다.”(굵은 글씨 인용자 표시)[22]

위 내용은 완전히 천조 일색이다. 기선의 논리는 영국 측이 매우 ‘공손’ 하게 표현하고 그의 ‘촉령(囑令)’ 에 복종해야만, 이 대신작부당이 ‘당신들이 공손하다는 사실’ 을 ‘만방을 아우르는’ 대황제에게 상주할 수 있어, 영국 측이 비로소 대황제의 ‘은혜(恩施)’ 를 입을 수 있다는 것이다. 멀리 런던의 영국 외상 파머스턴(John Henry Temple Palmerston)은 찰스 엘리엇이 보고한 이 문건을 보고 대노하여 이에 대하여 찰스 엘리엇을 다음과 같이 매우 질책하였다.

---

22) 佐々木正哉編, 『阿片戰爭の硏究:資料篇』, 44쪽.

나는 매우 불편한 마음으로 당신과 기선이 주고받은 문서를 전부 살펴보았는데, 당신은 늘 그가 일종의 제멋대로 망자존대(妄自尊大)하는 말을 내뱉는 것을 용인했다. 그리고 당신은 기꺼이 남의 아래에 있는 것에 만족해하는 지위를 선택했다.[23]

　사실 찰스 엘리엇의 이런 기꺼이 남의 아래에 있는 데에 만족해하는 태도는 후에 그가 관직을 잃게 되는 원인 중 하나가 되었다.

　시대적 배경은 기선의 사상을 규정지었으며, 기선의 사상은 그가 영국에 대하여 절대로 비굴할 수 없는 오만한 행동거지를 보이도록 제약하고 있었다. 우리는 이것으로부터 다음과 같은 그의 내심을 알 수 있다. 위풍당당한 천조의 '대신작각부당'으로 자처하면서 어떻게 '보잘 것 없는 섬나라 오랑캐'가 수여하는 영광을 바랄 것이며, 또 어떻게 '손바닥만한 소국'이 주는 재물을 탐하겠으며, 또 어떻게 기세등등한 대청을 어디 있는지 분명하지도 않는 '화외만이'에게 팔수 있었겠는가?

　이런 것들 모두가 기선은 매국을 한 것이 아니라는 것을 나타내고 있었다. 이렇듯이 그에게는 매국에 대한 동기가 없었다.

2. 기선의 매국죄賣國罪에 대한 부정

　기선에게 매국의 동기가 없다는 것을 분명히 가린 다음에는 기선의 죄명에 대하여 분석을 해야 한다. 당시 사람들의 묘사와 이후 연구자들의 논저를 살펴보면 기선은 크게 네 가지 죄명으로 고발당했다.

<hr />

23) 馬士, 『中華帝國對外關係史』 1권, 北京, 生活 讀書 新知三聯書店, 1964, 729쪽.

1. 해금을 주장하여 청 왕조 내부 해금파(弛禁派)의 수장이 되었으며, 금연파(禁煙派)를 무너뜨린다.

2. 영국함대가 대고구(大沽口) 밖에 도착했을 때를 틈타 금연파의 영수 임칙서를 공격하면서 투항을 주장한다.

3. 광동 중영담판을 주재하는 동안 아무런 전쟁준비도 하지 않았으며, 호문(虎門)이 위급할 때, 지원을 거부하였기 때문에 전쟁에 패배하고 관천배(關天培)가 전사했다.

4. 사사로이 홍콩을 영국에 할양했다.

이상의 죄명이 사실에 부합되겠는가?

먼저 첫 번째에 아편금지에 대해서 살펴보자.

해금론(弛禁論)은 아편밀수가 가장 엄중한 광동에서 이미 성행하고 있었다. 누차 금지했으나 근절되지 않는 아편밀수에 대하여 관료와 사대부들 몇몇이 백은의 유출을 억제하기위해 합법적인 수입세 징수와 내지 재배로 대체하는 방법을 시도하는데, 이는 나날이 늘어나는 밀수 행위에 대응하기 위해서였다. 그래서 1834년에 양광총독 노곤이 상주하여 의사를 타진해 보았지만 실패한다.[24] 또 1836년에 광동안찰사를 역임한 태상사소경(太常寺少卿) 허내제(許乃濟)가 정식으로 상주하였지만 불발되었다.[25] 이 두 차례를 제외하고 우리는 청나

---

24) 노곤은 상주에 간접적으로 도광제의 의사를 탐색한다. "결론적으로 말해서 기세가 누적되어 갑자기 만회하기 힘들어졌습니다. 여러 차례 전반적인 자문을 거쳐 채택하여 석년의 옛 장정(章程)에 따라야 한다고 말하고, 운송하여 입관(入關)하는 것을 허락하여 세은(稅銀)을 거두고⋯ 또 앵속(罌粟) 재배금지를 풀어주어 흡연자로 하여금 토고(土膏)를 사게 해야 합니다⋯ 그 말은 모두 타당한 점이 없지 않지만, 금령을 위반합니다⋯." (『阿片戰爭檔案史料』 1권, 166쪽), 도광제가 이에 대해 전부 거절한다.

25) 허내제의 이 상주에는 또 다른 동기가 있었다. 청 정부의 규정에 따라, 매년 연말에 각 성 독무(督撫) 등은 반드시 해당 성 내의 흡연자, 아편재배 현황을 보고해야 한다. 그러나 시행한지 오래되어 형식적으로 일을 대강대강 하였다. 각 성 대사(大史)들 중에 거짓으로 보고하지 않는 자가 없었는데, 도광제는 이런 종류의 공문에 대해 이미 싫증을 내고 있었다. 1361년 초, 도광제는 양강총독 임칙서, 강서순무 주지기(周之琦), 절강순무 오이공액(烏爾恭額), 안휘순무 동경문(佟景文)의 상주의 주비에 "아편

라 관방문서 중에서 해금을 주장하는 기타 의견을 찾지 못했다. 그러므로 그런 주장을 고수하는 자들은 단지 소수의 당시의 정치 상황을 우려한 관원으로, 결코 청조 내부에 소위 '해금파'를 형성했다고는 볼 수는 없다.

현재 유행하는 허다한 아편전쟁사를 다룬 논저들은 대량으로 아편을 착복하여 회뢰(賄賂)한 관료집단을 해금론의 선동자이자 지지자라고 생각했다. 나는 이는 사료에 근거하지 못한 사리에 어긋나는 것이라고 생각한다. 그것은 바로 일단 해금을 실행하면 아편은 곧 합법적인 상품이 되기 때문으로, 즉 판매자는 뇌물을 줄 필요가 없기 때문이다. 탐관의 입장에서 보면 현 상태를 유지해야 이익인데, 즉 겉으로는 금지하고 암암리에 유통되어야 비로소 가장 이익이 크기 때문이다. 다시 말하면 해금론은 국내외 크고 작은 아편 판매자에게는 유리한 것이지만 탐관의 이익에는 오히려 손해를 입히는 것이다.

각종 사료를 살펴보면, 기선이 해금론과 관계가 있다는 점을 찾을 수 없으며, 또 청 왕조 내부에서도 '해금파'를 찾기 어렵기 때문에 그가 해금파의 영수라고 언급하기도 힘들다.

1838년 홍려사경(鴻臚寺卿) 황작자(黃爵滋)가 상주하여 금지를 주장하자, 도광제가 각 성(省)의 장군, 총독, 순무에 명령을 내려 이에 대한 의견을 상주하라고 했다. 이에 기선이 금지에 동의를 표시했다.[26] 이후 도광제의 명령(諭令)

을 구매하고 흡연하는 사람이 없으니 내년부터 상주할 것까지는 없다"고 적는다.(『阿片戰爭檔案史料』 1권, 193~197쪽) 이에 허내제가 이 소식을 듣고 도광제의 아편에 대한 태도가 누그러졌다고 여기고, 해금에 대한 상주를 올렸을 가능성이 크다. 허내제의 상주 후, 도광제는 광동관원들이 의논하여 보고하라고 명령을 내린다. 광동총독 등정정 등이 동의를 표시한다(『阿片戰爭檔案史料』 1권, 200~210쪽). 후에 내각학사 주준(朱嶟), 급사중(給事中) 허구(許球), 어사 팽옥린(彭玉麟)이 상주하여 반대한다(『復旦學報』, 1978, 1기; 『阿片戰爭檔案史料』 1권, 213~217쪽). 도광제가 결국 해금에 동의하지 않는다.

26) 『阿片戰爭檔案史料』 1권, 292~295쪽. 이 시기의 강신(疆臣)의 의주(議奏)는 상(湘) 회(淮)계열이 지방정권을 독점하던 때와는 다르다. 각지의 대신들은 정치적으로 정해진 의견이 없이 오로지 황제의 뜻을 깊이 헤아려 일을 하였는데, 이는 황제의 환심을 사기 위해서였다. 기선은 이 방면의 고수라 할 수

에 근거하여, 그는 천진에서 신속하고 단호하게 조사를 진행했다. 그렇게 1838년 8월부터 11월까지 모두 15만여 냥(兩)의 아편을 찾아냈다.[27] 이 수치는 등정정 관할의 광동(26만여)보다 낮고 임칙서 관할의 호북(2만여)보다 높은[28] 전국에서 두 번째를 차지했다.[29] 최근의 연구에서는 이미 도광제가 명령을 내려 아편을 금지하게 만든 것은 임칙서가 아니라 기선이었다는 것이 증명되었다.[30]

　이것으로 기선이 아편금지 활동에 적극적이었음을 알 수 있다. 비록 이것으로 그가 강력하게 금지를 주장한 관원임을 증명할 수는 없지만 그가 해금을 주장했다는 죄를 부인하는 데는 충분하다.

　다음 두 번째로 임칙서를 공격하고 투항을 주장했다는 죄명을 살펴보자.

있다. 그는 금지에 동의하고 줄곧 아편의 그 깊은 고통에 대해 표시하지 않았지만, 이미 도광제의 의향을 알아차려 의기투합하였다. 후에 천진에서 아편상을 체포한 것도 이런 종류에 속한다. 각지에서 변경 대신들이 보낸 29부의 상주에는 금지를 주장하지 않는 자가 없었는데, 해금을 주장하는 경향의 광동조차도 예외가 아니었다. 이런 공전의 일치는 황제의 분명한 의사에 누구도 감히 성심을 거스르는 모험을 할 수 없었다는 것을 설명한다. 도광제는 금지를 결심한 후, 과연 허내제를 쉽게 한다. 어떤 사람들은 황작자의 "아편 흡연자를 처형한다(吸食者誅)"에 동의하는지의 여부에 따라, 해금 혹은 금지를 구별하는 것은 성립하지 않는다고 주장한다. 나는 제2장에서 이에 대하여 토론을 진행했다. 각 상주를 살펴보면, 몇몇 대신들은 이에 대하여 금지하고자 결심을 하였으며, 임칙서 등이 그러하다. 또 몇몇 대신들은 평상시 이에 대한 일에 그렇게 신경을 쓰지 않았고, 이에 회답하는 상주에도 핵심이 없었으므로 해금의 경향은 알 수 없다.

27)　『阿片戰爭檔案史料』 1권, 354~356, 364~366, 391~393, 401쪽.

28)　『阿片戰爭檔案史料』 1권, 449쪽.

29)　임칙서가 유건소(劉建韶)에게 보내는 서신에, "아편을 조사하여 압수하였는데, 연토(煙土)와 연고(煙膏) 1만2천 여 냥은 이미 보고하였고 또 그 만큼의 수량을 아직 보고하지 못했다"고 하였다. (楊國槙편, 『林則徐書簡』, 福建人民出版社, 1985, 44쪽) 2만 냥의 수치는 이로써 추정할 수 있다.

30)　종전의 학자들이 근거를 드는『도광양소정무기(道光洋艘征撫記)』를 보면, 도광제는 임칙서의 "아편을 근절하지 않으면, 나라가 나날이 가난해지고, 백성이 나날이 약해져 10년 후에는 돈이 없어 군량을 마련할 수 없을 것이며 군대를 운용할 수 없을 것입니다"라는 상주를 보고 크게 마음이 움직여 즉시 임침서에게 북경으로 오라고 명령을 내린다. 청대 당안을 보면, 상황은 완전히 다르다. 도광제는 위에서 인용한 내용의 부편을 받은 후, 어떠한 주비(朱批), 주점(朱点), 주면(朱面)에도 남기지 않았으며, 또한 유지를 내리지도 않았다. 10월 25일에 경성에서 장친왕(庄親王) 등의 아편 흡연자가 적발되자 도광제에게 큰 자극이 되었다. 또 11월 8일에 도광제는 기선의 상주를 받고 천진에서 아편 13만 냥을 조사하여 압수했다는 소식을 듣고 상황이 심각하다고 여겨, 11월 9일 임칙서에게 북경으로 오라고 명령을 내린다. (鄺永慶, 「有關禁煙運動的幾点新認識」, 『歷史檔案』, 1986 3기). 도광제가 어째서 임칙서를 선택해서 금연을 담당하게 했는지는 제2장에서 논하겠다.

기선이 영국군이 천진으로 북상한 틈을 타서 임칙서를 비방했다는 유일한 자료는 1840년 8월 11일에 기선이 상주하여, 청나라 측에 문서를 보낸 영국군 '수비(守備) 메이트랜드'에게 "이 글은 오직 광동을 거듭 공격했다는 말이므로 이것은 굴욕적인 일이기 때문에 황제께 올릴 수 없으니 요청컨대 상주를 고쳐 달라고"[31] 했다는 부분이다. 프레드릭 메이트랜드(Frederick Maitland)는 영국 함선 웰즐리호(Wellesley)의 함장이고,[32] 문서를 받으러 간 사람은 독표후영유격(督標後營遊擊) 라응오(羅應鰲)인데, 그들이 나눈 대화는 현재 찾을 길이 없었다. 그러나 이번에 건넨 영국 측 문건의 내용에 근거해 보건데 "광동을 거듭 공격하다"라는 표현은 기선이 임칙서를 모함하기 위해 스스로 날조한 것 같지는 않았다.[33]

그리고 임칙서를 징벌하고 다른 흠차대신을 파견하여 광동의 일을 조사하기에 이르러서 이는 도광제에 의한 것으로 기선과는 무관했다. 그러나 도광조(道光朝) 『주판이무시말(籌辦夷務始末)』를 편찬하는 관원들이 원본을 기선이 1840년 9월 2일에 상주한 이후의 조회(照會)에 붙었어야 했는데, 8월 17일 상주 이후로 잘못 붙인 것이었다. 이는 일종의 오해를 불러일으킨 것으로, 기선이 먼저 도광제에게 임칙서를 처벌해야 한다고 여기게 만든 것이다. 우리가 만약 사사키 마사야(佐々木正哉)가 수집하여 기록한 영국 당안관에 있는 중영 교류 문서와 서로 대조해 본다면, 이중에 착오가 있었음을 어렵지 않게 발견할 수 있었다.[34] 그러므로 기선은 이때 완전히 지시를 받아 일을 처리한 것

---

31) 『籌辦夷務始末(道光朝)』 1권, 368쪽.

32) 이 군관은 1838년 함대를 이끌고 광동에 도착한 동인도 함대사령관과 성이 같지만 동일인은 아니다.

33) 영국 측의 이 문건에는 "흠차대신으로서 임칙서가 어떻게 영국관원 및 상인 등을 모욕했는지 사실대로 상주에 명백히 진술하다"라는 말이 있다(佐々木正哉編, 『阿片戰爭の硏究:資料篇』, 8쪽) 기선이 메이트랜드의 말을 바꿔 상주했다는 것은 근거가 없는 것이 아님을 알 수 있다.

34) 진승린(陳勝燐) 선생의 논문 『林則徐在粤功罪是非辯』에서 이에 대하여 매우 좋은 분석을 했다. 『林則徐與阿片戰爭論稿』(增訂本), 中山大學出版社, 1990, 113~116쪽.

일 뿐, 개인의 의견은 전혀 들어있지 않았다고 말할 수 있다.

그리고 여기서 기선과 임칙서의 사적인 관계를 간단하게 서술할 필요가 있다.

『임칙서일기』에 의하면 기선과 임칙서의 교분은 1825년 6월부터 시작되었다. 이때의 임칙서는 부모상(丁憂)을 당해 강소(江蘇)안찰사의 직을 잠시 내려놓고 강소의 집에서 치수와 제방을 감독하였다. 이때 기선이 산동순무의 신분으로 순시를 하러 왔다. 얼마 지나지 않아 기선이 양강총독(兩江總督)으로 관직을 옮기고, 강소순무 도주조(陶澍調)가 남조해운(南漕海運)을 위하여 임칙서에게 그 일을 총괄하라고 명령했다. 임칙서는 병을 이유로 사직하고 기선이 그 대신 보고를 했다. 이후 각자 한 지방을 담당하게 되어 동료가 된 적이 없었다.

또 『임칙서 일기』에 의하면, 아편전쟁 전에 기선과 임칙서는 두 차례 만난 적이 있다. 첫 번째는 1937년 3월에 임칙서가 호광총독(湖廣總督)으로 부임할 때로, 기선이 직예(直隷)와 순천부(順天府)가 인접한 고비점(高碑店)에 무관을 파견하여 환영했다. 임칙서 일행이 성도(省都) 보정(保定)에 도착했을 때, 기선이 문무관원을 이끌고 성 밖에서 영접했다. 관공서에서 안부를 물은 후 기선은 바로 임칙서의 숙소로 찾아가 '긴 대화'를 나누었다. 그 이후 임칙서가 답례로 방문하여 "밤까지 대화를 나누었다." 다음 날 임칙서가 보정을 떠날 때, 기선은 "정제(丁祭)를 맞이하여 올 수가 없었기 때문에 환송을 생략했다."[35] 영접과 배웅은 일반적인 관계(官界)의 기풍이지만 두 차례의 '긴 대화'는 사적인 우정으로 보인다. 두 번째 만남은 1838년 12월에 임칙서가 황명을 받들어 북경으로 갈 때로, 일행이 직예안소(直隷安肅, 지금의 河北徐水)에 도착했을 때, 마침 북경에 갔다 돌아가는 기선을 만나 두 사람이 "저녁 무렵까지 이야기를

---

35) 中山大學歷史系編, 『林則徐集 日記』, 中華書局, 1962, 226~227쪽.

나누었다.*36

이후의 학자들이 논하는 기선과 임칙서의 분쟁은 대부분 두 가지 사건을 가리킨다.

첫째, 임칙서가 도광제를 알현하였을 때, 수도의 수리 공사를 주장하고, 후에 또 명을 받들어 상주했다. 이렇게 임칙서가 주제넘게 남의 일에 나서는 것을 기선이 질투하면서부터 그와 원한이 생겼다는 것이다. 임칙서는『기보수리의(畿輔水利議)』와 후에 또『부의준지체찰조무정형통반주화절(復議遵旨體察漕務情形通盤籌畫折)』을 저술했는데³⁷, 그 중심 사상은 조미(漕米), 조운(漕運), 수리공사(河工)의 모든 부정행위를 개혁하고 없애기 위해서는 오직 직예(直隸), 특히 동부의 천진, 하간(河間), 영평(永平), 준화(遵化) 이렇게 4주부(四州府)에서 생산력이 높은 벼로 품종을 개량하여 경사의 식량부족 문제를 한 번의 고생으로 영원히 편안해지게 해결하면, 더 이상 남조(南漕)가 필요 없게 된다는 것이었다. 백여 년 전의 화북은 비록 오늘날처럼 가물지 않았지만 직예에서의 벼농사로 매년 4백 만석의 남운을 해결할 수 있다고 한 것은 오늘날에도 여전히 대담한 발언이 아닐 수 없다. 게다가 임칙서는 계속 치수(先治水, 당시에 潮河, 白河, 永定河는 자주 홍수가 발생하였다)를 먼저 하고 후에 밭을 만들 필요 없이, "관개수로법을 실행해야만 모든 땅을 비옥하게 만들 수 있을 것"이라고 상주했다. 여기서 우리가 임칙서의 건의가 실효가 있는지 자세하게 연구할 필요는 없다. 직예 총독이자 수도의 쌀을 책임지는 기선으로서는 당연히 원하

---

36) 『林則徐集 日記』, 314쪽.

37) 임칙서가 직예의 수리를 일일이 진술한 시간에 관한 주장이 일치하지 않는데, 1837년 임칙서가 호광총독에 부임하게 되어 청훈을 받을 때와 1838년 흠차대신에 임명되어 청훈을 받을 때이다. 나는 1838년이 더 가능성이 있다고 생각한다. 대략 도광제가 1839년에 특별히 그에게 금응린(金應麟)의 상주를 의논하여 보고하라고 하였기 때문이다. 『畿輔水利議』가 광서각본(光緖刻本)에 현존하고, 이후 한 부의 상주가 中山大學歷史系編, 『林則徐集 奏稿』중권, 중화서국, 1965, 715~724쪽에 나온다.

지 않거나 할 수 없든 간에 이 계권을 감히 사용하지 못했다. 이는 그가 본래 치수 때문에 고생한 적이 있기 때문이다. 그러나 이 때문에 기선이 임칙서를 질투하게 되어 후에 그를 모함하는 결과를 초래하게 된다는 것도 연구할 필요가 없었다. 왜냐하면 임칙서의 건의는 일찍부터 있었던 것으로 기선이 상주하기만 하면 바로 가능한 것이었으며,[38] 게다가 당시 이런 종류의 사건이 매우 많았는데, 만약 사사건건 원한으로 삼으면 기억할 수조차 없었을 것이기 때문이다.

둘째, 임칙서가 1838년 12월에 길에서 기선을 만났을 때, 기선이 "변경분쟁을 일으켜서는 안 된다"고 했다는 것이다. 후에 어떤 사람들은 이에 근거하여 기선이 임칙서를 위협하면서 아편 금지의 입장을 포기하도록 강요했다고 주장했다. "변경분쟁을 일으켜서는 안 된다"는 말을 살펴보면, 이 말은 민국(民國) 연간 뢰진(雷瑨)이 편찬한 『용성한화(蓉城閑話)』에서 인용한 대련방(戴蓮芳)이 저술한 『이폄헌질언(鸝砭軒質言)』에 나온다.[39] 여기에는 기선과 임칙서의 사적인 대화가 어떤 사람 혹은 언제 흘러나왔는지, 또 들은 사람은 어디에서 들었는지에 대한 설명이 전혀 없다. 또 이 글을 검토해 보면 착오가 매우 많아 사람들에게 신뢰감을 주지 못한다. 설령 "변경분쟁을 일으켜서는 안 된다"는 말을 정말로 했다고 하더라도 권고인지 위협인지에 대해서는 또 다시 분석을 해 봐야 하는 것이다. 후에 발생한 전쟁으로 보면, 기선이 만약 이런 말을 언급했다면 어느 정도 식견을 가지고 있는 것이 된다.

위에서 말한 바와 같이, 나는 아편전쟁 전에 기선과 임칙서의 관계가 의기투합한 친구사이는 당연히 아니라고 생각한다. 또 나는 만약 그들이 물과 불과 같이 이전부터 사이가 나쁜 정적관계라는 의견도 사료적 근거가 부족하다

---

38) 후에 기선도 도광제의 관심을 받았다고 확실하게 표명했다. 『淸實錄』 37권, 中華書局, 1986, 1179쪽.
39) 『聰刊 阿片戰爭』 1권, 314쪽.

고 생각한다. 그러므로 영국군이 천진에 들어온 틈을 타 기선이 임칙서를 모함했다는 죄명도 성립할 수 없다.

다음은 기선의 세 번째 죄명, 즉 그가 광동에서 벌인 모든 행위는 본 권 제3장의 중점 내용 중의 하나이기 때문에 여기서는 간단하게 호문의 증병 요청을 거절한 문제에 대하여만 언급하기로 한다.

기선의 상주에 근거하면 그는 1840년 11월 29일, 광주에 도착하여 12월 4일에 직무를 인계받아 업무를 시작했다. 11월 29일부터 12월 26일까지 그는 여전히 '계도(開導)'를 통하여 중영 분쟁을 해결하는 데에 도취되어 있었다. 12월 26일에 찰스 엘리엇의 최후통첩을 받고 다음날 네 차례 호문의 병력을 늘였다. 이때부터 1841년 2월 22일까지 기선은 호문에 3,150명의 병력을 파병하고 이 밖에 의용병 5,800명을 고용하고, 게다가 화포 등을 조달하였다.[40] 그러므로 기선이 파병 원조를 거절하였기 때문에 관천배의 군대가 고립무원의 지경에 빠져 패전을 초래했다는 주장은 성립되지 않는다.

마지막으로 네 번째 죄명을 살펴보자. 사사로이 홍콩 할양을 허락했다는 것에 관한 것인데, 이는 도광제가 기선을 파직하고 체포하게 되는 주요 원인이 되었다.

1841년 1월 7일, 영국군이 호문 입구인 대각(大角), 사각(沙角)을 공격하여 점령한다. 찰스 엘리엇은 이어서 사각 등을 강점하겠다고 요구했다. 기선은 영국군의 강력한 공세 앞에서 약해지기 시작하여, 영국군이 정해(定海), 사각 등에서 퇴각한다면 도광제에게 상주하여 주강(珠江) 입구 밖에 '기거할 장소'를 주겠다고 여러 번 영국군에 요청했다.[41] 그러자 1월 14일에 찰스 엘리엇이 첨사저(尖沙咀, 현재의 九龍)와 홍콩을 분할 점거하겠다고 제시했다. 이에 기

---

40) 「1841年虎門之戰研究」, 『근대사연구』, 1990, 4기.
41) 佐々木正哉編, 『阿片戰爭の硏究:資料篇』, 56, 61쪽.

선은 한 곳을 선택하여 "배를 정박하고 기거하라"라고 답할 수밖에 없었으며, 또한 영국 측이 선정한 후, 그가 상주하여 천자의 명령을 받는 수밖에 없었다.[42]

그러나 찰스 엘리엇은 기선의 의사를 왜곡하고는 1월 16일에 조회를 기선에게 보내 "홍콩을 접수하겠다"고[43] 성명을 발표했다. 이 조회에는 또 다른 조회가 있었는데 '사적으로 요청한' 두 명의 외국상인을 석방해 달라는 내용의 조회가 첨부되어 있었다. 이에 1월 18일에 기선이 찰스 엘리엇에게 조회를 보내는데 그 전문이 다음과 같이 모호하다.

> 귀 공사대신(公使大臣)이 보낸 문서를 근거로 조사하여 이미 살펴보았다. **현재 모든 일이 이미 말한 바와 같이 정해진 만큼** 항각(港脚, 아편전쟁 전 영국 상인 소속의 인도 상인 부두) 흑인 나미(那密) 및 프랑스인 단야니(單亞泥) 두 사람의 석방요청에 대해 본대신 작각부당이 명령을 내려 조치를 취하겠다. 귀공사대신이 인솔하여 석방을 해도 된다. 이에 조회를 보낸다.[44] (굵은 글씨 인용자 표시)

같은 날 기선은 도광제에게 상주하여 오문의 선례에 따라 영국인이 홍콩에 '정박하여 기거' 하는 것을 허락하여 주길 청하면서, 이미 사람을 파견하여 '조사와 측량' 을 시작하였으니 도광제가 비준하기를 기다린 후에 다시 영국인과

---

42) 위의 책, 69, 70쪽.
43) 위의 책, 70~71쪽. 당시 '홍콩(香港)' 이라는 단어는 섬 전체를 지칭하는 말이 아니라, 단지 그 섬 서남 일부를 가리키는 말이었다. 찰스 엘리엇의 '일도(一島)' 란 단어는 일부를 섬 전체로 확대한 것이며, 또 '접수(接收)' 란 단어는 '기거할 장소' 가 영토 점거로 변한 것이다. 자세한 정황은 제3장 4절에서 볼 수 있다.
44) 佐々木正哉編, 『阿片戰爭の硏究:資料篇』, 73쪽.

"제반 사정을 고려하여 결정하고 제한하기로 했다"라고[45] 상주하였다.

기선이 보낸 조회의 내용을 보면, 분명한 것은 그 문서가 찰스 엘리엇의 석방 요청 조회에 대한 답신임을 알 수 있다. 그러나 찰스 엘리엇은 기선이 보낸 글의 본의를 고려하지 않고 "현재 모든 일이 이미 말한 바와 같이 정해진 만큼"이란 문장을 근거로 1월 20일에 그는 이미 기선과 모두 4조로 된 '기본협정'을 달성하였다고 선포하는데, 그중 제1조가 "홍콩 섬 및 항구를 여왕에게 할양한다"이다.[46] 1월 26일에 영국군은 어떠한 조약의 근거도 없는 상황 아래, 홍콩을 강점했다. 1월 28일에는 영국 원정군 해군사령관 제임스 브레머(James John Gordon Bremer)가 청대붕협부장(淸大鵬協副將) 뇌은작(賴恩爵)에게 조회를 보내 섬에 주둔하고 있는 청나라 군대의 철수를 요구했다.[47] 영국 측의 이런 행동은 식민주의자의 횡포를 나타내는 것이다.

광동순무 이량(怡良)은 제임스 브레머가 뢰은작에게 보낸 조회를 근거로 홍콩을 '사허(私許)'한 기선에 대한 탄핵을 상주했다.[48] 이는 이량이 진상을 몰랐다는 것을 설명해 준다.

현대 학자들의 연구도 기선이 영국 측과 홍콩과 관련된 어떠한 내용의 조약 혹은 협정을 체결하지 않았음을 증명하고 있다.[49]

앞에서 말한 내용을 종합하면, 기선이 영국인의 홍콩 '거주'를 허락하려는 의사가 있었다는 것은 사실이지만, '할양'의 행위를 하지 않았으며 "사허(私

---

45) 『籌辦夷務始末(道光朝)』 2권, 736쪽.
46) Chinese Repository, vol. 10, p63.
47) 佐々木正哉編, 앞의 권, 75쪽.
48) 『籌辦夷務始末(道光朝)』 2권, 803~804쪽.
49) 佐佐木正哉, 『論所謂'穿鼻條約草案'』, 중역본 『外國學者論阿片戰爭與林則徐』 상권, 복건인민출판사, 1989; 胡思庸, 鄭永福, 「穿鼻條約考略」, 『光明日報』, 1983년 2월 2일; 陳勝燐 『香港地區被迫割讓與租借的歷史眞象』, 『林則徐與阿片戰爭論稿』, 등등.

許)'의 행위는 더욱 아닌, 사실은 천자가 이에 대해서 명령을 내려 주길 상주했던 것임을 확인할 수 있다.

이렇게 역사적 사실을 검토해 보면, 기선의 매국과 관련된 4대 죄명은 하나도 성립하는 것이 없다.

그렇지만, 우리가 만약 그런 기선에 대한 구체적 지적을 완화하여 더욱 거시적인 각도에서 문제를 바라보면, 기선 매국설의 근본 원인이 **그가 무력을 사용하여 대항하는 방식을 주장하지 않으면서 영국의 군사침략을 제지하였고, 타협의 방식을 시도하여 중·영 간 화해를 이루었다**는 데에 있다는 것을 어렵지 않게 알 수 있다.

그리하여 '타협'은 '투항'으로 비춰졌고, '투항'은 또 '매국'으로까지 승격했다. 매국이라는 모자가 마침 이와 같이 기선의 머리에 씌워진 것이다.

만약 우리가 다시 세심하게 기선이 아편전쟁 중에 행한 모든 행동을 조사 검토 한다면, 약간의 미세한 점을 제외하고, 기선이 도광제를 기만하는 행동 외에 근본적인 문제에서는 비록 광동 담판의 후반기에 그가 지나치게 집착하여 항명을 하지만, 그는 대체적으로 도광제의 정권결정에 따라 일을 진행한 것임을 어렵지 않게 발견할 수 있다. 기선이 확실하게 타협을 주장했지만 타협이란 권략은 기선이 제시한 것이 아니라, 오히려 도광제가 스스로 제시한 것이었다. 이 때문에 타협에 대한 책임은 본래 도광제의 책임이 더 많지 기선의 책임이 아니다. 만약 이와 같이 타협은 투항, 투항은 즉 매국이라는 논리에 따른다면, '천조'의 대황제인 민녕(旻寧)이 자신도 '나라를 팔아(賣國)' '섬오랑캐(島夷)'에게 준 것이 된다. 이는 정말로 상식적으로 생각할 수 있는 일이 아니었다.

3. 기선 매국설 형성의 원인

이 권은 기선을 위하여 결론을 뒤집으려고 쓴 것은 결코 아니다. 본인은 기선에게 호감을 갖고 있지 않다. 게다가 그에 대한 평가를 뒤집는 작업은 1930년대에 장정불(蔣廷黻) 교수가 이미 한 적이 있다.[50] 그러나 본인은 장 선생의 기본 관점인 기선을 '시대를 뛰어넘는(遠超時人)' 외교가로 묘사하는 것에 동의하지 않는다. 나는 아편전쟁 시기에 중 영 관계를 다루는 데 있어서 기선은 다만 '천조' 안에서의 한 명의 무지한 관원일 뿐이지 총명한 사람은 아니라고 생각한다. 이렇게 산더미처럼 기선을 위해 해명하는 말을 서술한 목적은 나 자신을 변호하려는 것이 아니라, 단지 다음 문제들을 뚜렷하게 사고할 수 있게 하기 위해서이다.

어떻게 기선을 매국노라고 말할 수 있는가?

이런 주장은 어떻게 형성된 것인가?

이런 주장의 존재에는 어떠한 이해관계가 있는가?

나는 이전의 아편전쟁사 연구를 검토할 때, 이런 문제는 매우 중요한 것이라고 생각했고 회피할 수 없는 회피해서도 안 되는 것이라고 생각했다. 그래서 본서에서는 이런 점을 서론으로 삼아 본인의 사고 과정을 반영했다.

기선에 대한 비난은 사실상 아주 이전부터 있었다.

아편전쟁에 대한 중문 자료를 검토해 보면, 즉 설사 전쟁이 진행 중인 기간이라고 해도 기선에 대한 지적이 매우 많았다. 이런 종류의 비판은 대부분 우리가 앞에서 이미 제시한 3, 4항의 죄목으로 분류된다. 전쟁이 끝난 후 처음으로 출현한 중국 저술 중에 가장 당시 사람들(특히 사대부)의 사상을 대표하

---

50) 「琦善與阿片戰爭」, 『淸華學報』 6권, 4기(1931, 10).

고 지금까지 영향을 미치는 것은 『도광양소정무기(道光洋艘征撫記)』, 『이분문기(夷氛聞記)』와 『중서기사(中西紀事)』이다. 이 저작들은 기선에 대하여 일체의 열외 없이 비판적 태도를 고수하고 있으며, 그를 대 청조의 '간신'으로 묘사하고 있다.

이는 무엇 때문이겠는가?

공리주의의 시각에서 보면, 이런 주장은 먼저 도광제에게 유리하다.

황권지상의 사회에서 천자는 가장 신성하고 가장 현명한 사람으로 어떠한 잘못을 범하는 것조차도 허용되지 않는다. 황제가 거의 무한의 권력을 장악하고 있기 때문에 일체의 사건에 대하여 어느 정도의 책임을 져야 하지만, 당시의 사람들의 정치에 대한 비판은 기껏해야 대신(大臣) 계급에 머물러 있었다. 이것으로부터 중국의 전통 사학, 철학 속에 '간신양식(奸臣模式)'이 발생했다. '간신'은 군주를 기만하고 직권을 남용하며, 작당하여 사리사욕을 채우고, 제멋대로 나쁜 짓을 하고 국운을 쇠락시켰다. 그래서 일단 '간신'을 제거하면 현명함이 살아나 많은 사람들이 기뻐하게 된다. 이런 양식은 황제로 하여금 직접적인 나쁜 일에 대한 책임을 면하게 해주고 기껏해야 인재를 잘못 등용한 것이 되어, 그 '간신'에게 책임을 지우고 희생양으로 삼았다. 만약 이렇게 하지 않으면 직접적인 비판이 바로 황제에게 이를 것이다. 이는 유가의 '예'를 거스르는 것으로 선비들이 절대 원하지 않는 일이었다.

이에 따라 우리는 하나의 해석을 도출해 낼 수 있는데, 그것은 비록 '타협'이란 정권이 도광제로부터 나온 것이지만, '타협'의 실패에 대한 책임은 오히려 당연하게도 집행자인 기선의 책임이 되었다는 것이다. 이와는 반대로 만약 '타협' 정권이 성공하였다면 또 당연하게도 그 공은 '황제의 재가(聖裁)'로 귀결되어 집행자인 기선은 그렇게 큰 영예를 얻지는 못했을 것이다. 사실상 당시 사료 작자와 저작자들이 이미 '타협'의 정권결정 과정에 발을 담그고 있어서, 수석군기대신(首席軍机大臣) 목창아(穆彰阿)가 책임을 져야한다고 넌지시 암시하기는 하였으나, 감히 창끝을 도광제에게까지 겨누는 사람은 한 명도 없었다.

만약에 단지 이런 간신을 반대하고 황제를 반대하지 않는 현상을 완전히 당시의 문화전제주의에 귀결시킨다면, 그것은 이데올로기상에서 주도적 지위를 차지한 유가학설의 사회공능과 작용력을 과소평가하는 것이다. 당시의 상황에서 절대다수의 관료와 사대부들이 오직 기선만을 비판하고 도광제를 지적하지 못한 것은 사상적 압제에서 나온 것이 아니라, 오히려 절대적으로 사상적 자각에서 나온 것이라고 할 수 있다.

'간신양식'에 따라서 우리는 계속 똑같은 추론을 할 수 있는데, 만약 도광제가 계속 임칙서를 중용하여 임칙서가 최종적으로 실패를 했다면, 그럼 이 실패의 책임 또한 절대 도광제의 책임이 되지 않았을 것이며, 오직 임칙서가 홀로 이 쓰디쓴 과일을 삼켜야 했을 것이다. 즉, 임칙서가 당시 '간신'으로 비난받았을 가능성이 크며, 현재의 임칙서에 대한 형상을 가지지 못했을 가능성도 크다.

유가의 학설, 천조의 제도, '이하(夷夏)'의 관념과 당시 사람들의 심리에 따르면, 사납고 고집스러운 '만이(蠻夷)'에 대하여 유일하고 정확한 대처 방법은 바로 "대군으로 토벌하여 돛단배도 돌아가지 못하게" 죽이는 것이었다. 그러나 드러난 사실은 오히려 우습게도 정 반대였다. 이번 전쟁에서 그 당당하던 천조는 처절하게 참패를 당하고, 작은 섬나라 오랑캐는 뜻밖에도 목적을 달성했다. 이는 당시의 학자와 작가들로 하여금 도무지 이해가 되지 않는 난제 속에 빠지게 했다. 그러나 그들 중에는 세계의 대 추세와 중국사회 그 자체로 문제를 바라볼 수 있는 사람이 한 명도 없었다. 그렇기 때문에 그들은 문제의 결정적 원인이 바로 그들이 흥미진진하게 이야기하는 '천조' 문물제도에 있다는 것을 알아차릴 수 없었다. 이미 실패가 사실이 되었는데도 그들은 입으로도 마음속으로도 실패를 인정하지 않았다.

기왕 '초이(剿夷, 오랑캐를 토벌한다)'가 유일하고 정확한 길이라고 한다면, 그럼 전쟁 실패의 원인이 '초이'에 최선을 다하지 않았다는 데 있다는 것이 그들의 논리적 추론에 부합한다. 그리고 또 '초이'에 최선을 다하지 않은 이유가, 나아가 '간신'의 파괴 때문이라고 추론하게 된다. 기선만이 '간신'이라고 하기에는 확실히 부족하며, 또 절강(浙江)의 이리포(伊裏布), 여보운(余步雲), 강소(江蘇)의 우감(牛鑒), 예영(譽英) 등등, 이런 역사학자와 작가들의 펜 아래, 한 무리의 크고 작은 '간신'이 출현하는데, 매번 전역(戰域)에서 패배할 때마다 모두 간신이 해를 끼친 결과라고 했다. 간신과 철저하게 대립하는 것이 충신의 진충보국이었다. 그래서 그들은 또 그 붓으로 승리의 희망을 임칙서, 관천배, 유겸(裕謙), 진화성(陳化成) 등 저항을 주장하고 실행한 인사들의 신상에 묶어버린다. 그들의 결론은 임칙서를 중용해야만 중국이 곧 승리를 할 수 있는 것으로, 만약 연해강신(沿海疆臣)이 모두 임칙서와 같고 만약 군기각보(軍機閣輔)가 모두 임칙서와 같으면 중국은 반드시 승리한다는 논리이다.

충신을 이용하여 간신을 제거하는 것은 중국 고전 정치학에서 가장 자주 보이는 유형 중의 하나이다. 그런 사료와 저작에서 간신은 중국 전통정치규범의 파괴자로 뜻밖에도 '만이'와의 화해를 주장하고, 충신은 중국 전통정치규범의 수호자로 단호하게 타협하지 않고 '초이'를 주장한다. 그리고 그 안의 기준은 매우 명확하다.

한마디 말하는 김에 임칙서가 당시 갈채를 받았기 때문에 '지이(知夷)' 혹은 '사이(師夷)'의 지식이 있었다는 것은 결코 아니며, 당시 결코 환영받지 못하는 내용에 대해서는 그 당시 사람들이 대부분이 잘 알지 못했고 임칙서 본인도 널리 알리지 않았다. 그는 대중의 추대를 받자 바로 그가 '역이(逆夷)'와 불공대천임을 표시한 것이다.

충간이론(忠肝理論)을 이용하여 아편전쟁을 해석하는 것에 취할 만한 점이 하나도 없다고 말할 수는 없다. 그것은 어느 정도 그것이 용감하게 순국한 일부 관원과 비겁하게 죽음을 두려워한 일부 관원의 역사적 진실을 개괄 혹은 반영하기 때문이다. 그러나 이런 이론은 확실히 치명적 결함이 있다.

충간이론으로 직접적으로 얻을 수 있는 결론은 중국이 전쟁에서 승리를 쟁취하기를 원한다면, 기선 및 그 동당을 파면하고, 임칙서 및 그 동지를 즉시 중용 할 필요가 있는 것으로 중국의 현 상태를 건드릴 필요가 없다는 것이다. 바꾸어 말하면 몇 명을 바꾸기만 하면 되는 것으로 불필요하게 개혁을 진행할 필요가 없다는 것이다.

충간이론으로 얻을 수 있는 최종 결론은 충신이 뜻을 이루게 하면 간신은 살 수 없다는 것으로 중국의 기강과 인륜을 반드시 강화해야 하며, 중국의 전통을 강화해야 한다는 것이다. 바꾸어 말하면 아편전쟁으로 폭로된 것은 '천조' 의 병폐가 아니며, 반대로 중화의 낙오가 아닌 중국의 성현경전(聖賢經典), 천조제도의 정확성을 증명한 것이며, 일부 간신들이 이에 따라 처리하지 않았다는 것이다. 그러므로 당시 중국의 임무는 구체제를 개혁하는 것이 아니라 구체제를 강화하는 것이었다.

이로부터 또 하나의 해석을 도출해 낼 수 있는데, 중국이 실패한 진정한 원인을 찾을 길이 없었던 일부 학자와 작가들은 당연히 중국의 구체제가 감당해야 할 책임을 '간신들' 이 감당하게 했다. 그렇게 함으로써 황제의 명예를 보전한 것처럼 중국의 성리명교(性理名敎), 문물제도의 지위를 보전했다. 여기서 기선은 도광제의 희생양이 되었을 뿐만 아니라, 중국의 오랜 도통(道統)의 희생양이 되었다.

여기서 설명이 필요한 부분은 충간이론과 '간신양식' 은 아편전쟁사에서만의 독특한 현상이 결코 아닌, 중국전통사학의 상용적인 방법이라는 것이다. 바로 그것이 군주를 엄호하고 도통을 엄호하는 특수한 공능을 가지고 있다는 것이다. 따라서 관료 사대부들에게 여러 차례 그것들이 사용되어 그들이 해석할 수 없는 혹은 해석을 원하지 않는 역사 현상을 해석하였다. 이런 이론과 양식은 그들의 오랜 선전과 교육을 거쳐 백성들의 귀에 익어서 자세히 말할 수 있게 되었고, 가장 쉽게 받아들이는 역사 분석법이 되었으며, 또한 현재에도 여전히 그 영향력을 가지고 있다. 바로 이러한 기초 위에 기선의 '간신'이란 형상은 매우 빠르게 대중의 동의를 얻었다.

앞에서 말한 바를 종합해 보면, 나는 아편전쟁시기의 사료와 아편전쟁 이후의 초기 저작에 기선이 '간신'의 형상으로 묘사된 것에 대하여 어느 정도 역사적 진실이 있음에도 불구하고 그 이론상의 국한성이 있기 때문에 총체적으로 보면 여전히 잘못된 것이라고 생각한다.

공자의 『춘추』에 보면, 세인들에게 경고하기 위해 주례(周禮)를 표준으로 삼아 '선선(善善)', '악악(惡惡)'의 원칙을 세웠다. 이는 중국 전통사가들에게 보편적으로 인정받고 받아들여지는 관념으로 그들의 각종 저작에 폭넓게 운용되었으며, 현실 생활에 있어서는 인간의 사상과 행위의 규범이 되었다. '선선'과 '악악'은 중국 사학의 전통 준칙이다. 그것이 사학기록(史籍)에 적용되면 도리어 현실에 착안했다.

'이하(夷夏)'의 관념에서 출발하여, '역이(逆夷)'에 대한 박해인 '초이(剿夷)'는 본래 합당한 의(義)라고 할 수 있다. 그리고 근대 민족주의에서 출발하여 외세의 침략에 대한 저항은 본래 합당한 의라고 할 수 있다. 이는 곧 서로 다른 시기와 서로 다른 유형으로 아편전쟁을 연구하는 사학자를 위해 대체적으로 일치하는 평가와 시비의 표준을 정립한 것이다. '초이'와 반항은 옳은 것이며, 이와 다른 혹은 대립하는 일체 행위는 모두 잘못된 것이다.

아편전쟁 후 열강은 중국에 대한 군사 침략을 결코 멈춘 적이 없었다. 제2아편전쟁, 중·프전쟁, 중·일 갑오전쟁, 8국연합군 침략전쟁이 연이어 발생했다. 민족적 위기가 전례 없이 심각했다. 1930년대에 이르러 일본은 중국을 더욱 더 멸망시키려했다. 이런 상황 앞에 전기의 사림(士林) 학자와 이후의 지식인 계층은 세상에 경고하기 위하여, 역사적으로 타협과 투항을 주장하는 모든 관원에 대해서는 맹렬한 비판과 공격하지 않은 자가 없었으며, 반대로 역사적으로 저항을 주장한 모든 관원에 대해서는 열렬하게 칭송하지 않는 자가 없었다. 이 시기에 기선과 같은 부류에 대한 비판은 당시 타협과 투항을 주장하는 모든 사람들에게 보낸 경고임이 틀림없었다.

1930, 40년대에 일본이 광분하여 중국을 침략하는 국면에 직면하여, 당시 중국 정부의 관원 중에 타협을 주장하는 모두가 후에 투항의 구실을 찾았으며, 그것은 결국 필연적으로 매국의 길로 나아갔다. 그중에 전형적인 예가 바로 초기에 명망과 지위가 매우 높은 사람들 모두가 멸시하던 왕정위(汪精衛)이다. '타협→투항→매국'의 형식은 이 시기의 현실 생활 속에 수많은 유형으로 존재한다. 대체적으로 이 시기에 '타협'은 즉 투항, '투항'은 즉 '매국'의 형식으로 대량으로 역사적 영역에서 운용되었다. 기선도 원래의 '간신'에서 '매국노'로 바뀌었다.

기선의 역할변화는 그 시대 사람들이 제국주의에 타협 혹은 투항하는 모든 사람들을 적대시했음을 반영한다. 역사학은 객관적인 것을 중요하게 생각한다. 그러나 역사학자의 주관적 염원이 항상 끊임없이 역사저작에 혼합되었다. 여기서 일부는 현실에서의 제국주의에 대한 오랜 원한과 타협, 투항관원에 대한 멸시 때문에 사학 저작물에 자신도 모르게 표현된 것이며, 일부는 오히려 스스로 당시 사학계가 인정하고 있는 잘못인 '선선', '악악'의 표준을 추켜든 것으로, 타협을 주장하는 기선의 부류 모두를 비난했으며, 저항을 주장한 임칙서 등의 사람들 모두를 추종한 것이다. 결국 기선과 임칙서의 관계에서 역사상 유례가 없을 정도의 대립이 출현했고 타협할 여지가 없는 양극화를 형성했다.

그리하여 곧 사학이론 중에 반신화(反神話), 반귀화(反鬼化)의 학설과 역사학자들의 신화적 혹은 귀화적 실천이 동시에 공존하면서 충돌하지 않는 현상이 출현했다. 원래 개인적 정감, 주의(主義)적 차별로 인해 뜻하지 않게 조성된 '진적(眞迹)의 확대'는 이때 현실적 필요에 의한 부추김 아래, '선선', '악악' 원칙의 운용 중에 이미 인위적으로 진적을 전력으로 확대할 가능성이 가장 컸다. 그들은 격앙된 문자로 타협은 가장 비굴한 것이라고 하면서 사람들을 훈계했다. 이런 세상에 경고하기위해 저술한 역사저작과 문장은 이미 역사연구의 범위를 초월했으며 일종의 **선전(宣傳)**이 되었다.

'9·18사변(九一八事變)' 이후 2개월이 지난 1931년 11월에 동북의 정세가 긴박했을 때, 장정헌(蔣廷獻)선생은 『청화학보(淸華學報)』에 「기선과 아편전쟁(琦善與阿片戰爭)」이란 제목의 글을 발표하여 타협적 성격의 기선외교를 크게 칭찬하고 임칙서의 망동을 비난했다. 이는 사학계를 포함하여 수많은 중국 지식인들의 강렬하면서도 오래 지속되는 반향을 일으키지 않을 수 없었다. 이 시기 일부 지식인들의 '소극적인 모임'의 의견에 이를 연관시키면 장 선생의 논문도 일부 사람들에 의해 다른 하나의 주장인 선전으로 간주되었다.[51]

선전과 연구는 다르다.

당시 선전의 목적은 정의를 위해 뒤돌아보지 않고 용감하게 일본제국주의 침략에 반항하는 민족 사업에 투신하도록 민중을 격려하는 데 있었다. 역사상의 인물과 사건은 오직 선전가의 수중에 있는 도구일 뿐이기 때문에, 그것을 상세하게 고증할 필요가 없는 것이다. 연구의 성질과 목적에 대하여 이미 충분히 많은 연구자가 충분하게 말을 했기 때문에 어떠한 독자라도 모두 그 차이를 체득할 수 있었다.

사학(史學)의 상황은 아직 특수성이 약간 남아있다. 그것이 본래 선전의 기

---

51) 장정불(蔣廷黻) 선생의 이 논문은 당시 현실적인 의도가 있었는지의 여부인데, 다시 말하자면 선전을 위하여 썼는지의 여부이다. 오늘날 이를 검증할 수는 없다. 그러나 6년 후 항일 전쟁이 발발하자 장 선생은 또 『중국근대사』를 쓰고 기선과, 임칙서의 평가에 대한 어조를 바꾸었다. 그는 비록 여전히 임칙서를 비판하였지만, 이미 임칙서를 기선보다 더욱 높은 위치에 놓고 기선에 대해서는 경멸하듯이 "비난할 가치가 없다"고 했다. 이는 또 마치 그가 타협과 저항에 대한 새로운 견해를 표명한 것 같다.

능을 가지고 있다는 것이다. 공자가 『춘추』를 지은 이후부터, 중국전통사학의 선전기능은 특히 사람들에게 중요하게 여겨졌다. '선선', '악악' 원칙의 오랜 존속은 상당한 정도로 선전의 필요에 적응했다는 것이다. 오랜 세월 동안 중국의 사가(史家)들은 항상 자신을 선전가로 혼동하고, 혹은 선전가의 일에 열중하여, 곧 '큰 부를 자랑하다(攞大錢)', '차고풍금(借古諷今)', '영사사학(影射史學)' 등등의 주장이 생겼다. 비록 선전이 단지 사학이 모든 사회 기능 중에 하나라고 하더라도, 그리고 가장 중요한 항목이 아니라고 하더라도, 공전의 민족위기에 직면하여 그것은 사학가가 자각하지 못하거나 혹은 자각하거나 모두 선전의 역할을 맡았으며, 또 이 점은 오늘날 사람들이 매우 쉽게 이해하는 것이다.

우리는 오늘날 이런 선전의 정당성과 합리성을 부정해서는 안 된다. 그러나 되짚어 생각해 보면 또 아쉬운 점도 있다. 그것은 이 시기의 아편전쟁연구는 비록 국제정세, 영국 내부의 상황 등의 방면에서 진전을 거두었지만, 여전히 기선과 임칙서의 대립을 서술의 핵심방향으로 삼아 단지 '간신', '충신'을 '매국', '애국'으로 바꾸고, '회유(撫)', '토벌(剿)'을 '투항', '저항' 등등으로 고쳐 분별한 것에 불과하다는 것이다.

'간신양식', 선전가는 이전의 아편 전쟁사를 설명하는 역할을 했다. 하지만 기선을 포함하여 수많은 내재적 문제에 대해서는 여전히 고증과 분석 그리고 평가가 필요하다. 그러나 최근 수십 년 동안의 여러 정황이 수많은 방면의 연구 조건과 분위기를 제한했다.

오늘에 이르러 우리가 본 아편전쟁사의 주요 저작, 논문 그리고 많은 중국 근대사 저작 중에서 이 부분에 대한 서술은 마치 대부분 이전의 기본 논점을 계승한 것 같다. 비판적 성격의 작업은 이제 막 시작했지만 자신도 모르게 그 발걸음을 멈추었다.[52] 적지 않은 수의 논문과 저작이 단지 마치 원래 존재하는 결론을 더욱 완전하게 하고, 시대적 표시를 한 것 같이 되었다. 일부 저작에는 마치 임칙서로 대표되는 애국저항노선과 기선으로 대표되는 매국투항노선의 대립과 성쇠라는 이 두 노선의 투쟁으로 표현되고 있다. 또 다른 장소에서는 마치 찬양의 높이와 비판의 강도에서 경쟁하는 것처럼 보였으며, 누가 칭찬을 많이 하는지 누가 욕을 심하게 하는지를 보는 것 같았다.

아편전쟁 이후 특히, 최근 몇 십 년 동안 중국의 상황에 거대한 변화가 발생하였는데, 이미 역사학자들로 하여금 청 왕조의 실체에 대하여 그리고 전체 중국근대사에 대하여 더 깊은 인식을 하게 되었다는 것이다. 그러나 이런 새로운 인식은 마치 아편전쟁사의 과거 결론에 변화가 없는 것처럼 오히려 그것들과 뒤섞여 같이 존재한다. 이로 인해 현재 아편전쟁의 기본 관점에 다음과 같은 모순현상이 발생했다.

총체적 방면에서는 아편전쟁의 실패원인은 중국의 낙오에 있다는 것을 인정한 것이고, 구체적 서술에서는 낙오의 한 방면은 저항을 고수해야만 승리할 수 있다는 것을 인정한 것이다.

총체적 방면에서는 청 왕조가 세계정세에 밝지 못하여 쇠퇴를 돌이키는 것에 무력했음을 인정한 것이고, 구체적 서술에서는 임칙서 등이 옳은 방향을 대표했고, 오직 그들의 주장이 실행되어야만 중국을 구할 수 있다는 것을 인정한 것이다.

이런 조화롭지 못한 논점의 병존은 역사학자의 심층적 인식에서 반영되어

---

52) 여기서 말하는 비판은 철학적 의의를 가리키는 것으로 비판 중에 흡수하는 것이다. 이런 방면의 전형적인 사례는 요미원(姚薇元) 선생이 쓴 『阿片戰爭史實考』 각 판본이다. 이 권의 초판은 1940년대부터 지금까지 여전히 매우 높은 지위에 있는 저작이다. 원본은 『道光洋艘征撫記』에 대한 비판으로 몇 번의 수정을 거친 후 비판적 느낌이 감소했고, 약간의 문제에 대한 고증이 남아 있다. 1983년에 요미원은 또 『阿片戰爭』 (湖北人民出版社)을 쓰는데, 거의 그의 왕년의 그런 비판적 예봉을 볼 수 없었다.

나온다. 실패를 인정하지 않는 심리는 늘 중국이 당시에 아직 만회할 수 없는 실패에 이르지 않았다고 생각하게 했으며, 그리고 승리할 수 있다는 희망을 가지게 하였다. 이런 조화롭지 못한 논점이 함께 놓이게 된다면 그것은 바로 역사학자의 마음속에 분노와 희망을 함께 품는 것이 된다.

역사학자의 이런 패배를 인정하지 않는 심리는 본질적인 면에서 보자면 여전히 다재 다난한 조국에 대한 애착인 것이었다.

4. 본 권의 주제[上]

이상에서 기선의 매국에 대한 연구 중에 나타난 문제는 뚜렷하게 다음과 같다.

아편전쟁의 실패를 필경 중국의 낙후와 보존으로 귀결시켜야 하는 것인지, 아니면 기선 등의 매국으로 귀결시켜야 하는 것인지? 당시 중국의 올바른 길이 철저하게 제도를 개혁하는 것에 있는지, 아니면 오직 임칙서 등과 같은 힘으로 저항하려는 관료를 중용해야 하는 것인지?

전자는 중국사회의 관점에서 문제를 바라보는 것으로 해결하기가 매우 곤란하다. 후자는 마치 인물의 옳고 그름을 판단하는 것에 더욱 중점을 두는 것으로 대권 또한 명쾌하고 간단하다. 이 양자의 사이에는 인식의 깊이에서 차이가 있다.

기전체(紀傳體)를 정종(正宗)으로 삼는 중국전통사학은 지나치게 인물의 옳고 그름을 판단하는 것에 중점을 두었으며, 역사 저작 중에 등장하는 역사 인물의 신상은 모두 매우 분명한 꼬리표를 가지게 되었다. 만약 더 높은 측면에서 문제를 바라보면, 곧 기선도 그렇고 임칙서도 그렇고 개인적으로 비방과 칭찬을 하는 것은 작은 일이며, 그 중의 이치를 탐구하는 것이 큰일이라는 것을 발견할 수 있다.

만약 우리가 이미 제시한 문제와 본편의 서론 중에 전개하기에 불편한 문제를 전부 함께 사고한다면, 곧 문제의 핵심이 눈앞에 드러나게 된다. 그것은 다음과 같다. 당시의 정황상 중국은 아편전쟁에서 승리를 할 수 있었겠는가? 이는 승 혹은 패의 결말 모두 조작할 수 있는 전쟁인지, 아니면 반드시 실패해야 하는 전쟁인지? 당시 청 정부에 이 전쟁에서 승리하도록 이끌고 지도할 사람이 있었는지? 만약 전쟁이 반드시 패한다면 우리는 또 이 역사를 어떻게 평가해야 하는지?

의심할 여지없이 역사는 변할 수 없으며 전쟁의 결말도 변할 수 없다. 그러나 역사학자가 역사를 연구, 분석, 평가할 때, 늘 당시에 받아들여지지 않은 계획과 정권, 이용되지 못한 조건에 주의하고, 또 출현할 가능성이 있었으나 출현할 수 없었던 역사적 조짐에 주의한다. 다시 말하면 그들의 심중에는 수많은 '만약', '가능성', '만일' 등의 가설이 있는데, 이런 것들을 외면한다면, 그들은 역사를 연구할 수 없을 것이며 단지 역사 숙명론자가 될 수밖에 없을 것이다.

그럼 우리는 역사학자의 눈에 당시 실현가능한 가설을 가정하여 전부 드러낸 다음에, 만약 이런 가설이 실현된다면 아편전쟁의 실패라는 결말이 바뀔 수 있는지에 대하여 다시 연구해 보아야 한다.

문제는 즉시 이와 같이 간단하게 변하지만, 이 문제를 해결해야 하는데 있어서는 더욱 곤란해지는 것이다.

만약 우리가 시야를 넓게 가지고 오늘날의 시각에서 150년 전 그 전쟁의 의의를 탐구한다면, 우리는 우선 이 전쟁이 중국을 세계로 이끌었다는 것을 알 수 있을 것이다. 이때부터 시작하여 중국은 열강에게 온갖 유린을 당했고, 이것으로부터 시작하여 중국은 새로운 출구를 찾는 데 갖가지 고난을 경험했다.

아편전쟁의 진정한 의의는 바로 총과 칼의 형식으로 중국인의 사명, 즉 중국은 반드시 근대화해야 하며, 세계의 조류에 순응해야 한다는 것을 알려 준 것이다. 이는 오늘날 역사학계가 모두 동의하는 관점이다.

역사는 150여 년이 흘러갔다. 우리의 눈앞에 있는 모든 것은 우리의 이 역사적 사명이 아직 완성된 것이 아니라는 것을 알려주고 있다. 중국은 여전히 낙후하다. 우리는 계속 항상 이런 이전의 성가신 몇몇 옛 문제에 직면하여, 마치 직접적으로 역사 속으로 들어갈 수 있어서 하나의 역할을 담당하는 것처럼 되어버렸다.

당연히 우리가 모든 책임을 모두 역사에 떠넘겨 버리는 이유가 있다. 사실상 우리도 역사 속에서 반박할 수 없는 수많은 원인을 찾았다. 서방열강의 침략, 경제기초의 취약, 높은 인구수 등등이다. 그러나 우리가 역사에서 가장 적게 살펴본 것이 **"중국인은 이 과정 중에 도대체 어떠한 잘못을 범했는가?"** 이다. 항상 역사는 이미 명백하고 정확하게 우리가 잘못을 범한 적이 있다고 서술한다.

역사학에서 가장 기본적인 가치는 잘못을 제공한다는 데 있는데, 즉 실패의 교훈이다. 소위 "역사를 거울로 삼는다"라는 것은 바로 잘못을 마주본다는 것이다. 이런 의의에서 말하면 하나의 민족이 실패 속에서 배운 어떤 것은 그들이 승리했을 때 얻은 수확을 크게 초월한다. 승리는 사람을 흥분시키지만 실패는 사람을 깊이 생각하게 한다. 심사숙고하는 민족은 종종 흥분 속에 있는 민족보다 더 큰 역량을 가지게 된다. 본래 역사학은 당연히 이런 역량을 제공해야 한다.

그렇기 때문에 나는 중국근대화의 발생기점인 아편전쟁을 선택하여 중국인을, 특히 정권결정자들을 전문적으로 분석하여 결국 무슨 잘못을 범했는지 및 어떻게 잘못을 범했는지에 대해 대답을 시도하려 한다. 이 권에서 아편전쟁이 제시한 일체의 문제에 회답할 수는 없으나, 나는 전력으로 이 문제의 진정한 해결을 위해 약간의 소재를 제공하고자 한다.

제국주의의 침략에 대하여, 서방문명의 충격에 대하여, 자본주의의 도전에 대하여 현재 이미 충분하고도 충분한 훌륭한 저작과 논문들이 있다. 본 권의 서술 중점은 반면으로 삼는 청 왕조에 있다. 이를 위하여 본서는 전쟁 중 언급된 청 왕조의 여러 가지 역사사실에 대하여 고증을 진행하고, 여러 가지 진술에 대하여 분석을 하고, 또한 이번 전쟁에서 있어서 중요한 인물에 대하여 평가를 할 것이다.

오늘날, 우리는 이미 1990년대 중기에 들어섰다. 사람들을 격동시키는 신세기가 곧 도래한다. 세기말의 끝에 서서, 사회과학 학자들은 신세기의 찬란함을 동경해서는 안 될 뿐만 아니라, 본세기의 학술에 대하여 한 번 총정리를 해야 할 책임이 있다. 나는 이중 첫 번째로 총정리가 필요한 부분이 바로 역사학이라고 생각한다. 명백하게 과거를 바라보아야만 비로소 분명하게 미래를 예견할 수 있는 것이다.

바로 이런 느낌이 나로 하여금 천박함을 고려하지 않게 하여 새롭게 아편전쟁이라는 이 역사를 써내려가게 하는 것이다.

이 권의 서론을 마칠 즈음에, 나는 천성적으로 해소할 수 없는 민족의 응어리를 가지고 있는 역사학자들에게, 이 민족의 응어리를 역사를 연구하는 중에 자신의 민족에 대한 비호로 발전시켜서는 안 된다는 것을 말하고 싶다. 그래서 이 관념을 포괄하여 나는 청 왕조에 대한 비판에 있어서, 타협이나 저항의 주장을 막론하고 모두 다 인정사정 봐주지 않을 것이다.

한 민족의 자신의 역사에 대한 자아비판은 바로 그것이 역사의 전철(前轍)을 밟는 것을 피하게 해 주는 확실한 보증이다.

제1장
청조(淸朝)의 군사역량

제1장
청조(淸朝)의 군사역량

   비록 현대인들이 전쟁에 대하여 백가지 정의를 내렸지만, 전쟁의 가장 기본적 실체는 두 군사역량 간의 대항이다.

   아편전쟁은 청군과 영국군의 군사 대항으로, 청 왕조가 승리할 수 있는지를 판단하려면 먼저 청 왕조의 군사역량을 고찰하고 또 영국 원정군의 역량을 참조하여 평가를 진행해야 한다.

1. 무기와 장비

   아편전쟁 당시 중국과 영국의 무기와 장비에 대한 수준을 한마디로 개괄한다면, 영국군은 이미 시작단계의 화기시대이고, 청군은 냉열병기(冷熱兵器)의 혼용시대라는 것이다.

   청군이 사용한 냉병기(冷兵器)는 바로 칼, 방패, 활 등으로 명목상 다양하지만 열거하기 힘들다. 일반적으로 이런 병기들은 직관성을 가지는데, 그 사용방법 및 효능도 일반 독자들이 잘 알고 있다. 그렇기 때문에 여기서 중점은 청군이 사용한 화기에 있다.[01]

---

01) 본 절에서 중국의 화약과 화기에 대한 서술에 관하여 왕조춘(王兆春) 선생의 걸작 『中國火器史』(北京, 軍事科學出版社, 1994), 이외 유욱(劉旭)의 『中國古代火砲史』(上海人民出版社, 1989), 려소선(呂小鮮)의 「第一次阿片戰爭時期中英兩軍的武器和作戰效能」(『歷史檔案』 1988, 3기)도 나에게 유

사람들은 아편전쟁시기의 청군 화기에 대하여 항상 '토창토포(土槍土砲)'라고 하였다. 만약 이 주장이 단지 제조자를 가리키는 제조공예의 입장에서 본다면 마치 이치에 맞은 것처럼 보이지만, 화기의 제조양식의 입장에서 본다면 오히려 오해가 있는 것이다.

화약과 관형화기(管型火器)는 모두 중국이 발명한 것이지만, 중국은 줄곧 과학 이전의 시기에 속해 있었고, 과학이론과 실험체계가 형성되지 않았기 때문에 중국화기의 발전은 근본적으로 제약을 받았다. 아편전쟁에 이르러 청군이 사용한 화기는 중국이 발명하여 제조한 것이 아니며, 명대에 수입한 '불랑기(佛狼機)', '조총(鳥銃)', '강이포(紅夷砲)' 등은 서방의 화기양식으로 제조된 것이었다. 이 때문에 청군이 사용한 화기는 자체 제작한 구식의 '양총양포(洋槍洋砲)'라고 말할 수 있다. 바로 제조양식 방면에서 영국군과 비교하면 전체적으로 200여 년이나 낙후된 것이었다.[02]

청군이 사용한 조창(鳥槍)은 그 원형이 1548년(明嘉靖 27년)까지 거슬러 올라가는데 바로 포르투갈제 화승창(火繩槍)으로,[03] 이후 몇 번의 개량을 거쳐 주요 개인화기 중 하나가 되었다.

조창은 일종의 전장활당(前裝滑膛) 화승창이다. 발사 전에 총구에 화약을 장전하고 다시 탄약을 삽입하는 화승을 점화장치로 삼는 것이다. 『황조예기도식화기(皇朝禮器圖式火器)』의 기록에 의하면 청군의 조창 종류는 58종이나

익한 정보를 제공했다.

02) 상대적으로 말하면, 이 이백년 간 서방의 화기발전도 매우 느렸는데, 주로 점화장치의 개량, 제조공예의 진보가 있었으나, 외형상 대체적으로 비슷했다. 쌍방은 상대방이 사용한 화기에 대하여 완전히 몰랐거나 혹은 혼란스러워 했던 것 같다. 단 성능상의 차이는 매우 컸다.

03) 1548년 명대 군대는 왜구와 벌인 쌍서(雙嶼)전투에서, 왜구가 사용한 포르투갈 및 일본의 화승창을 노획했다.(일본화승창은, 포르투갈의 화승창을 모방, 개량한 것), 조총(鳥銃)이라고 했다. 이 전투에서 명군은 총기 제작에 능숙한 외국 기술자를 포로로 붙잡는다. 명나라 군사당국은 즉시 시술자를 파견하여 배우고 습득한다. 청조는 명·청전쟁 중에 명군에게서 황승창의 제조기술을 배운다.

되는데 대동소이하다. 그중 가장 많은 것이 병정(兵丁)조창이다.

병정조창은 철로 만든 것으로 전장이 2.01미터, 납탄 무게가 5전(1錢=5그램), 장전화약이 3전, 사정거리가 약 100미터, 발사속도는 분당 한 발에서 두 발이다.[04]

영국군은 이때 당시 두 종류의 세계적으로 비교적 선진의 군용 총으로 무장을 했다. 하나는 바커(Barker)식의 전장활당(前裝滑膛) 수발총(燧發槍)인데, 점화 장치가 마찰 수석(燧石)으로 되어있다. 총신은 1.16미터고 구경은 15.3밀리미터, 탄약은 무게가 35그램이었다. 사정거리는 약 200미터고 발사속도는 분당 2~3발이었다. 이 총은 약 1800년에 개발된 것으로 후에 군용병기가 되었다. 두 번째는 브런스윅(Brunswick)식 전장활당 격발창인데, 점화장치가 방아쇠에 있어 뇌관을 때리는 식이었다. 총신은 1.42미터이고, 구경은 17.5밀리미터, 탄약의 무게는 53그램, 사정거리는 약 300미터, 발사속도는 분당 3~4발로, 1838년부터 계속 군용화기로 삼았다.

이와 같이 영국군과 비교하면 청군 조창의 제조형식상의 결함은 총의 길이가 매우 길고(장약, 삽탄과 사경이 모두 불편), 점화장치가 낙후되었다(비바람 등 자연환경에 매우 취약 하다). 그리고 성능 면에서 사격속도가 느리고 사정거리가 짧다는 것이 치명적이었다. 만약 사속, 사정거리라는 변수를 비교해 보면, 대체로 이 두 자루의 병정조창이 한 자루의 바커도 대적하지 못하며, 한 자루의 브런스윅이 5자루의 병정조창을 감당할 수 있다고 추론할 수 있다. 만약 다시 제조공예로부터 사격 정밀도의 요소를 고려한다면,[05] 그 차이는 아

---

04) 청군의 장비는 극히 복잡했는데, 이는 경계찬(慶桂纂), 『欽定大淸會典圖』 권69, 嘉慶16년(1811) 刻本에 근거한다.

05) 이때 영국군은 총기류 제조에서 기계를 사용하기 시작하여 규격을 통일한다. 특히 보링머신을 사용한 후에는 총신이 곧아 탄도의 성능이 좋아졌으며, 총신과 총탄사이의 틈이 비교적 작았다. 청조의 조창은 여전히 수공예로 제작하였는데, 그래서 총신의 두께가 일정하지 않고 매끄럽지 않은 곳이 있어 탄도가 일정하지 않아 사격 정밀도가 떨어졌다. 게다가 구경도 일정하지 않아, 구경이 너무 작으면 장전

마도 배가 될 것이다.

이외 우리가 주의해야 할 것은 다음과 같다.

1. 청군 조창은 매우 길기 때문에 총검을 장착할 수 없었고(이때 서방 군용
총은 모두 총검이 있었다), 청군 조창의 사정거리와 발사속도의 성능차이 때
문에 백병전에서 적에 대항하기 어려웠으며, 군비(軍費)의 한계 때문에 당시
청군 군대는 전군이 조창으로 무장하지 못했으며 여전히 일부는 칼과 활을
사용했다. 통계에 근거하여 전국적 범위로 말하자면 조창수와 도수, 궁수의
비율이 대략 5대 5라고 했다.[06] 아편전쟁 중에 도·검·활과 같은 종류의 냉병기
는 전장에서 그 활용도가 크지 않았다.

2. 태평성세가 오래 지속되었고 군비의 한계 때문에 청군의 조총은 정기적
으로 수리하거나 폐기하여 교체할 수 없었다. 조창은 수십 년을 사용하는 것
이 극히 일반적이었으며, 내가 살펴본 자료에 의하면 166년을 사용하고도 교
체하지 않은 것도 있었다.[07]

하기 힘들었고, 구경이 너무 크면 쉽게 가스가 새어나와 출력이 떨어져 멀리 날아가지 못하고 떨어졌
다.

06) 려소선(呂小鮮)의 「第一次阿片戰爭時期中英兩軍的武器和作戰效能」(『歷史檔案』 1988, 3기)을 참
고, 이밖에 조창수라 할지라도 일반적으로 요도(腰刀) 등의 냉병기가 지급되었는데 이는 적과 격투를
하기 위해서이다.

07) 1850년 말 흑룡강 부도통 청안(淸安)이 각지의 팔기(八旗) 주둔부대의 조창을 경기(京旗) 건예영(健
銳營)의 양식과 같은 것으로 바꾸는 것을 주청한다. 이에 함풍제가 주방대신(駐防大臣)에게 의견을 내
라고 명령한다. 15건의 상주보고를 보면 조창의 사용연한이 매우 긴 것을 알 수 있다. 일반적으로 "사
용한지 이미 오래되었다"고 언급한 것을 제외하고, 구체적으로 그 사용연한을 언급한 것은 모두 6건이
다. 가장 오래된 것은 흑룡강에 "강희 때, 러시아를 정벌할 때 나눠준 것", 이로부터 추산하면 166년이
나 오래된 것이다. 그 다음은 복주주방(福州駐防)으로 1755년부터 95년 동안 사용했다. 또 그 다음은
항주(杭州)로 1761년부터 90년 동안 사용했다. 또 그 다음은 형주(荊州)로 1779년 반을 교체해 72년을
사용하고 나머지 반은 언제 사용하기 시작했는지 모르지만, 그 사용 기한은 당연히 72년 이상이다. 또
그 다음은 사포(乍浦)로 1782년부터 69년을 사용했다. 산해관(山海關)에서는 1840년 즉 아편전쟁시기
에 사용했다고 한다. (『軍機處錄副』, 본 권은 각 당안을 모두 중국제일역사당안관에서 인용하였으
므로, 이후 다시 주를 달지 않는다) 이것으로 추론하면 기타 지역의 조창 사용연한을 생각해 볼 수 있

3. 조창의 수량이 부족하자 아편전쟁 중에 각지에서 급하게 대량으로 만들어 작전지역에 부대에 분배하였다. 그러나 이렇게 급하게 만든 화기의 질은 매우 낮았다.[08]

그러므로 이러한 요소를 고려하면, 얼마나 많은 병정조창이 있어야 비로소 바커와 브룬스윅에 견줄 수 있는지, 그리고 만약 이런 총을 특수한 총으로 교체한 사병이 얼마나 많이 있어야 청군이 영국군 병사에 견줄 수 있는지에 대하여 다시 한 번 생각해 보아야 한다.

청군이 사용한 화포는 조총과 같이 그 원형이 명대까지 거슬러 올라간다.[09] 강희(康熙)연간에 서방 선교사 남회인(南懷仁, Ferdinand Verbiest) 등이 청조를 도와 수많은 화포를 감독 제작하였다. 이 때문에 청군의 화포는 명칭이 다양했지만, 양식적인 면에서 볼 때 주로 서방 17세기부터 18세기 초의 캐논포

다. 비록 각 주방 팔기의 사용연한이 이와 같이 오래되어 전부 바꿔야 했지만, 각 주방대신이 한 목소리로 순조롭게 진행되고 있어 개선할 필요가 없다고 말했다, 그 이유를 나는 당시의 재정제도에서는 새로운 조창에 대한 재정지원을 받을 수 없었고, 필요한 자금은 오직 기부에 의해 얻을 수 있었기 때문이라고 생각한다. 즉, 주방의 연납이 쉽지 않았고 각 주방대신이 또 가장 먼저 기부해야했다. 다른 방면에서 보면 새로 만든 조창의 질량이 원래 조창의 조창을 넘어서지 못했기 때문이기도 하다. (주60)참고.

08) 당시의 전방 장령(將領)들은 이에 대하여 여러 의견이 있었으나 일일이 인용하지 않는다. 1851년 항주 장군(杭州將軍) 왜십나(倭什納)의 상주를 보면, 1842년 사포가 함락당한 후, 주방팔기의 조창을 대부분 소모했기 때문에 전쟁 후 새로 만든 조창을 지급하여 원래 배치된 1782부터 사용한 조창과 혼합하여 사용해야 한다고 했다. "원래 배치된 조창은 모두 건예영 양식으로 조작이 빠르고 간편하고 연기의 방출정도가 적당한 편에 속합니다. 이외 군수국(軍需局)이 조달한 녹영식(綠營式) 양조창(樣鳥槍) 591정은 건예영식과 비교하여 창신이 1척 정도 더 길어 조정이 불편하고 게다가 조달한지 10년 정도 사용했는데, 약실이 많이 상하여 방출시 정확도가 떨어집니다."(倭什納의 상주, 함풍원년4월17일, 『軍機處錄副』) 창신(槍身)이 너무 길고 사용이 불편했다. 그러나 겨우 사용한지 9년 된 조창의 손상 정도가 69년 된 조창보다 심했는데, 이것으로 제조상 질량의 차이가 났다는 것을 알 수 있다. 그리고 다른 한 방면으로는 청군 녹영의 병기 양식과 질량 모두 팔기보다 낮았는데, 그 원인은 이후에 언급하겠다.

09) 1620년 (明泰昌元年), 명조 대신 서광계(徐光啓) 등은 오문 포르투갈 당국에게 서양식 화포를 구매한다. 다음해 명조 정부는 화포를 구매하고 포르투갈인 포수와 서방 선교사를 고용하여 북경에서 포를 제조한다. 이런 종류의 화포를 '홍이포(紅夷砲)'라 했다. 중국의 화포기술은 이때부터 크게 변화한다. 명청전쟁 중에 명군이 녕원(寧遠)전투에서 화포를 사용하여 청군에 대승을 하고 누르하치(努爾哈赤)가 포에 맞아 사망한다. 후에 청국 측이 적극적으로 명대의 화포제조기술을 연구한다.

계열을 모방한 것이었다.

18세기에는 서방화포양식에 중대한 변화가 없었기 때문에, 19세기에 이르러 아편전쟁시기에 영국군과 비교하면 청군화포는 양식과 그 원리적인 면에서는 대체적으로 비슷했다. 양자의 차이는 제조 기술로 인해 발생한 질의 문제에 있었는데, 그것은 다음과 같다.

1. 철의 품질 차이. 공업혁명은 영국의 제련기술을 변모시켰다. 철의 품질이 크게 상승하여 높은 품질의 화포를 주조하는데 양질의 원료를 제공하게 되었다. 청조의 제련기술은 낙후 되었는데, 화로의 온도는 낮았고 쇳물을 정제하는 방법을 몰라서 불순물이 많이 함유되어 있었다. 그렇게 주조되어 나온 화포는 매우 조잡하고 기공과 기포가 많아 훈련 시에 매우 쉽게 파열되어 사수가 부상을 당하곤 했다.[10] 청군은 이 문제에 대하여 주로 두 가지 방법을 취했다. 하나는 화포를 더욱 두껍게 하는 것이었는데 그 결과 화포를 매우 무겁게 만들어 수천 근이나 되는 거포가 되었지만 위력은 오히려 서방의 소형화포만도 못했다. 다른 하나는 동(銅)을 화포의 원료로 삼은 것이다. 당시에는 동이 부족했기 때문에, 동포는 보기 드물어 정교한 무기로 여겼었다. 이외, 이미 주조된 기공과 기포가 매우 많고 쉽게 파열되는 화포에 대해서는 화약의 투입량을 줄였는데, 이 또한 화포의 위력을 약화시키는 원인이 되었다.

2. 화포주조기술의 낙후. 영국은 이때 주조기술에 있어서 이미 철, 금형 등의 기술을 채택하였으며, 보링 머신을 사용하여 포강 내부에 절삭가공을 하

---

10) 예를 들면, 관천배(關天培)가 1835년 호문(虎門)포대의 화포를 감독하고 있었는데, 한 번은 6문의 화포가 폭발했고, 후에 또 불산진(佛山鎭)에서 제조한 59문의 신형화포가 시험발사 중에 10문이 폭발하고, 3문이 파손되어 사용 가능한 것이 75%였다고 밝혔다. 『籌海初集』 권 3, 도광 16년(1836) 刊本.

여 안을 더욱 매끄럽고 깨끗하게 하였다. 청조는 이때까지도 여전히 낙후한 흙 금형 기술을 계속 사용하고 있었으며 주조물이 깨끗하지 못했다. 또 포강에 정밀한 가공을 하지 못하여 포탄 발사 후 탄도가 일정하지 않아 사격의 정밀도가 떨어졌다. 영국은 이때 과학의 진보로 인해 화약연소, 탄도, 초속도 등의 방면에서 이미 연구를 진행하고 있었으며, 화포의 각종 치수 비례와 화문(火門)의 설계가 비교적 합리적이었다. 그러나 청나라는 화포에 대한 모방에만 그치고, 신관(身管), 구경(口徑)의 비례나 화문의 위치가 화약연소 중에 일으키는 실제 의의에 대하여 이해하지 못하고 있었다. 결과적으로 수많은 화포의 비율이 맞지 않게 되었으며, 거의 대다수 화포의 화문 입구가 너무 앞에 있었고 너무 컸다.

3. 포가(砲架, 砲車)와 조준기가 완전히 갖추어져 있지 않았고 완벽하지도 않았다. 포가는 화포사격방향과 고저의 각을 조정하는 기구이다. 청군은 이에 대하여 크게 중요하게 생각하지 않았다. 아편전쟁에 이르러 청군의 수많은 화포에는 포가가 없었으며 고정되어 있었다. 소수의 포가만이 고저의 각도를 조정할 수 있었지만 좌우로는 움직이지는 못하여 사격범위를 제한하고 있었다. 포가는 대부분 조잡하게 목재로 만들어서 발사 후 포가가 진동으로 느슨해져 사용하기가 쉽지 않았다. 사람들을 놀라게 하는 것은 청군의 수많은 화포에 조준기가 없었다는 것과 혹은 '성두(星斗, 정확한 사격방향)'만 있었지, '포규(砲規, 정확한 각도)'가 없었다는 것이다. 그래서 사병들은 경험에 의지하여 조준해야 했다.

4. 포탄의 종류가 적었고 품질 차이가 있었다. 영국군이 이 시기에 사용한 포탄에는 고체탄(實心彈), 산탄(霰彈), 폭파탄(爆破彈) 등이 있었다. 청군은 효과가 가장 떨어지는 고체탄 한 종류 밖에 없었고 게다가 탄약이 조잡하고 거

칠거나 혹은 탄의 크기(彈徑)가 작은 결함을 가지고 있었다.[11]

이외 청군화포는 관리 방면에서도 조창과 다를 바 없이 정기적으로 교체하는 제도가 없었다. 평상시 사용하지 않았기 때문에 포대, 성타(城垛) 등 노천에 거치된 수많은 화포는 햇빛과 비로 인해 포신이 부식되었다. 이런 화포들은 대부분 사용 기한이 이미 한참 지난 청나라 초기에 주조된 것으로, 어떤 것은 심지어 명대의 유물인 것도 있었다.[12] 씻어서 시험발사를 해보지 않고서는 누구도 사용 가능한지 알 수 없었다.

이 때문에 우리는 비록 중국과 영국의 화포양식이 대체로 비슷하지만, 품질의 차이로 인해 청군의 화포는 사정거리가 짧고 발사 속도가 느리고 사격범위가 좁고 사격 정밀도가 떨어지며 발사 후 화탄의 위력이 약하다는 결함이 있다고 결론을 내릴 수 있다. 이런 결함 중에 어느 한 항목이 치명적인 것이 아니었겠는가?

아편전쟁에서 거의 대부분의 전투는 청군의 해안포와 영국군의 함포 간의 포격전이었다. 상식적으로 말하자면, 해안포는 견고한 육지에 의지하여 중량과 반동력에 영향을 받지 않기 때문에 크기가 더 크고 사정거리가 더 멀고 위력이 더 커야 했다. 게다가 청군의 해안포는 일반적으로 영국의 함포에 비해 무거웠다. 그러나 전투 중에 쌍방의 화포의 위력은 오히려 반대였다. 전장에서 초연이 사라진 후 우리는 비참한 사실에 직면하여 경악할 수밖에 없었다. 청군은 전쟁의 전 과정에서 영국군 전함이나 증기선을 한척도 격침시키지 못했으며 아군의 진지가 오히려 엉망진창이 되어버렸다.

총, 포와 관계가 깊은 것은 화약이다.

---

11) 탄체의 조잡함은 발사 시에 포신과 마찰을 일으켜 사정거리와 사격 정밀도에 여향을 미친다. 포탄의 탄경이 작으면 또 가스가 새 사정거리와 사격정밀도에 영향을 준다.
12) 『籌辦夷務始末(道光朝)』 1권, 461쪽.

아편전쟁 시기에 중국과 영국은 화약에 있어서 동일한 발전단계에 있었는데, 모두 흑색 유연화약(有烟火藥)으로 주로 초석(硝), 유황(硫), 숯(炭)으로 구성되어 있었다. 그렇지만, 마찬가지로 질의 문제 때문에 중국과 영국의 화약 부분에서의 차이는 앞에서 말한 화포보다 컸다. 여기서 관건은 여전히 과학과 공업이었다.

1825년 미첼 쉐브렐(Michel Chevreul)이 여러 차례 실험을 한 후, 흑색화약의 최적의 화학반응방정식은 '$2KNO_3+3C+S=K_2S{\downarrow}+N_2{\uparrow}+3CO_2{\uparrow}$'라고 발표했다. 이에 근거하면 이론적으로는 초석(硝), 유황(硫), 숯(炭)을 각각 74.8%, 11.84%, 11.32%로 배합하는 것이 최적 배합비율이었다. 영국은 이 방정식에 따라 총에 사용하는 발사화약(75%, 10%, 15%)과 화포에 사용하는 발사화약(78%, 8%, 14%)을 제조하였다.[13] 이 두 배합방식은 서양 각국에 의해 표준 화약배합방식이 되었다. 과학이 일으킨 이론상의 진보를 제외하고, 공업혁명은 또 기계화 생산을 일으켰다.[14] 이때 영국은 화약을 이미 근대적 공장에서 생산하여 세계를 이끄는 지위를 차지하고 있었다.

중국의 화약은 연단도사(煉丹道士)의 우연한 발견에 기원하기 때문에, 중국의 화약이론은 시작하자마자 음양오행학설의 장막에 가려져 물리, 화학현상에 대한 과학적 분석을 방해했다. 이후 화약의 발전은 주로 경험의 단계적 축적에 의지하여 매우 적게 이론적으로 점차 밝혀졌다. 아편전쟁 때까지 청군이 제조한 화약은 여전히 명대 말의 배합방식을 따랐으며 수공업 공장에서

---

13) 王兆春, 『中國火器史』, 204, 291~292쪽.
14) 당시 영국의 화약제조공예 공정 : 물리, 화학적 방법을 채택하여 선진의 공업설비로 고 순도의 초석(硝), 유황(硫)을 제련하였다. 증기기관 기동 원통형 장치로 재료의 분쇄와 혼합을 하였다. 수압식기계를 사용하여 화약을 견고하고 균일한 입자로 압축하여 일정한 기하 상태와 밀도를 가지게 하였다. 증기가열기건조기를 사용하여 양호한 건조 상태를 유지하게 하였고, 마지막으로 흑연연마기로 입자표면을 연마하여 기공을 없애 흡습성을 낮추고 화약의 저장기한을 늘렸다. 이런 선진의 공예는 영국군의 화약 품질을 보장해 주었다.

생산되었다.

전쟁 전 광동수사(廣東水師)제독 관천배가 채용한 화약 배합방식은 초석 (硝) 80%, 유황(硫) 10%, 숯(炭) 10%였다.[15] 그러나 이 배합은 초석의 양이 지나치게 높아 쉽게 축축해져 장기간 보관하기에 불편하고 폭발 효과가 낮았다.

수공업 생산방식은 청나라로 하여금 고 순도의 초석과 유황을 제련할 수 없게 했다. 화약에 불순성분이 많았고, 선진적인 분쇄, 혼합, 압착, 연마 등의 기술이 없었다. 단지 가는 방법에 의지한 결과 화약의 입자가 조잡했고, 그 크기가 일정하지 않아, 때때로 충분히 연소하지 못했다.[16]

화약의 질량은 총과 포의 위력에 직접적으로 영향을 미쳤다. 청군이 사용한 조악한 화약은 낙후되어 총과 포의 위력은 실전에서 더욱 무용지물이 되었다.

중국과 영국의 무기와 장비를 대조하면, 그 차이가 가장 큰 것은 함선이었다.

영국해군은 당시 세계 최강인 각종 함선 400여 척을 보유하고 있었다. 그 주요 군함은 여전히 목재 풍력 범선으로 청군과 같은 종류였으나 이를 비교해보면 다음과 같은 특징이 있었다. 1)튼튼한 목재로 제작하여 바람과 파도에 강하여 원양에 유리했다. 2)선체하부가 이중으로 되어있어 항침(抗浸)성능이 좋았다.[당시 중국인들은 '협판선(夾板船)'이라고 불렀다] 게다가 동판 등의 금속재료를 이용하여 감싸서 벌레, 부패, 불에 강했다. 2)선상에 두 개의 돛대 혹은 세 개의 돛대에 달린 수십 개의 돛은 각종 풍향에 따라 항행할 수 있게 하였다. 4)군함이 비교적 커서 배수량이 백여 톤에서 천여 톤에 이르렀다. 5)

15) 關天培, 『籌海初輯』 3권.
16) 福建提督陳階平, 『淸仿西洋製造火藥疏』 道光二十三年, 魏源, 『魏源全集 海國圖志』 7권, 長沙, 岳 麓書社 2011, 2129~2131쪽.

안장된 화포의 수가 비교적 많았다. 10문부터 120문까지 일정하지 않았다.[17] 이외 공업혁명 말기에 증기기관 동력의 철제 증기선(明輪船)이 발명되어, 1830년대에 해군에 도입되기 시작했다. 비록 이 때의 증기선은 적재량이 적고, 탑재 포수가 적어 서양의 공식 해전에서 그 효과를 보기 어려웠으며 해군 중에도 주도적 지위를 차지하지 못했지만, 빠른 항속, 강한 기동성, 워터라인 등의 특징 때문에 상대적으로 무기와 장비가 낙후된 중국 연해와 내수를 돌아다니면서 거리낌 없이 피해를 입혔다.

청군의 해군, 당시에는 '수사(水師)'라 불렸는데, 주로 복건수사, 광동수사 이렇게 두 가지로 나뉘었다.[18] 그리고 연해의 성에는 또한 수사의 임무를 집행하는 진(鎭), 협(協), 영(營)이 있었는데, 절강(浙江)의 정해수사진(定海水師鎭), 성경(盛京)의 여순수사진(旅順水師鎭) 등등이었다. 그러나 청군 수사의 임무는 오히려 바다에서 작전을 펼치는 것이 아닌, 근해 순찰과 해안 방어였다. '천조'의 수사는 결코 어떤 일국의 함대를 작전 대상으로 삼지 않았으며, 그 상대는 오직 해적이었다. 오늘날의 기준에 따라 생각해보면 천조 수사는 정식해군이라고 말할 수 없으며 대체로 해안 방어부대에 해당한다고 할 수 있었다.

그렇기 때문에 청조 수사의 주요 병력은 함선위에서 혹은 함선에서 복무하는 부대원이 아니라 해안, 강안의 포대, 성, 요새에 주둔하면서 방어하는 병력이었다. 수많은 해안방어의 요지가 있는데, 예를 들어 하문(夏門), 호문(虎

---

17) [영] 바나비저, 『英國水師考』, 傅蘭雅, 鐘天緯역, 上海, 江南制造總局, 光緒12년(1886)각본. 당시의 영국군함은 7등급으로 나뉘는데, 1등급은 포 100문에서 120문, 2등급은 80문에서 86문, 3등급은 74에서 78문, 4등급은 50에서 60문, 5등급은 22문에서 48문, 6등급은 22문에서 34문, 등급 외의 함선은 10문에서 22문이다. 아편전쟁 중에 영국이 파견한 원정군으로 볼 때, 전함이 대체로 5, 6등급이었으며 소수의 3등급 전함이 포함되어 있었다.

18) 복건수사제독은 1677년에 설치되어 아편전쟁에 이르러 제표(提標) 5영 등을 함께 통솔하고 3진(鎭)을 지휘 통솔하였는데 총병력이 거의 2만에 달했다. 광동수사제독은 1810년에 설치되어 아편전쟁에 이르러 제표(提標) 5영 등을 함께 통솔하고 5진(鎭)을 지휘 통솔하였는데 총병력이 약 2만에 달했다.

門), 단산(丹山) 등과 같은 곳의 육상방어는 모두 수사의 책임이었다.

수치상으로 말하면, 청군 수사의 함선도 수백 척이나 되었다. 종류 방면에서 보면 청군의 군함양식 또한 수십 종이나 되었다. 그러나 가장 기본적인 특징이 바로 배가 작다는 것이었다. 청군에서 가장 큰 군함도 적재량이 영국군 등 외국 군함에 미치지 못했으며, 청군에 화포가 가장 많이 장착된 전함의 그 화포수도 영국군의 가장 적게 장착된 전함과 비슷했다. 그리고 기타 약점에 대해서도 당시 사람들이 분명하게 인식하고 있었다. 민강(閩浙)총독 등정정(鄧廷楨)이 이에 대하여 군함의 용총줄(돛을 올리거나 내리는데 쓰는 줄), 항속 등의 기술을 제외하고(등정정은 항해경험이 없어 이에 대하여 잘 몰랐을 가능성이 크다), 선체의 질, 화포의 수량, 포수의 안전 등의 문제에 대하여 모두 구체적인 비교를 진행하는 평론을 발표했다. 그의 결론이 다음과 같았다. "함포의 힘은 사실 상대가 되지 않는다", "이것은 지금까지 조선부(造船部)가 칙례(則例)를 이와 같이 정한 것으로, 그 문제가 부실공사에만 있는 것은 아니다."[19]

당시 중국의 조선업이 그런 수준밖에 안되었다고 말할 수는 없다. 중국은 이때에도 전함보다 더 크고 더 튼튼한 원양상선을 건조해낸 적이 있기 때문이다. 여기서 바로 등정정이 상주에 제시한 '부정칙례(部定則例)'를 언급한 것이다. 청 왕조의 전함양식은 대체로 건륭 연간에 확립되어 내려온 것으로 '공부군기칙례(工部軍器則例)', '노부군수칙례(盧部軍需則例)' 등의 조례를 통해 그 양식과 수조(修造) 군비가 확정되었다. 이는 바로 스스로 전함의 발전을 가로 막은 것이다. 그리고 각지에는 더 크고 더 좋은 군함을 만들 자금이 없었다. 수사의 전함을 민선보다 우수하게 하기위하여 청 왕조는 반대로 민선의 크기를

---

19) 『籌辦夷務始末(道光朝)』 1권, 375쪽.

규정했고, 민선이 바다로 나갈 때, 휴대할 수 있는 화기, 식량, 담수의 양을 제한했다.[20] 이런 구조는 중국의 조선업과 항해업의 발전을 방해하였다.

이와 같이 낙후된 수사 사선(師船)조차도 운항률이 매우 낮았다. 예를 들면 아편전쟁 전의 복건수사에는 크고 작은 배가 모두 242척이 있었는데, 아직 건조가 안 끝났거나 그 해에 수리해야 하거나 바람에 부서진 것을 제외하고 운항 가능한 것이 118척으로 운항률이 48.8%였다. 또 절강 정해수사진(定海水師鎭)에는 전함이 모두 77척이 있었는데, 바람에 부서지거나 아직 완성되지 않은 전함이 30척으로 운항률이 61.2%였다.[21]

중국과 영국 간 함선수준의 큰 격차는 아편전쟁 중에 근본적으로 청군이 수사에 출항 명령을 내려 영국 함대에 응전할 수 없게 하였으며, 또 청군으로 하여금 해상에서 교전을 포기하도록 압박하여 육상 전에 전념하게 하였다. 이런 장비로 인한 한정된 작전은 사실상 청군으로 하여금 전쟁의 주도권을 상실하게 하였다. 영국군은 강력한 해군에 의지하여 중국 해역을 종횡무진하면서, 전투의 시간, 지점 그리고 규모를 결정했다. 여기에 대한 이해관계는 이후에 다시 소개할 것이다.

아편전쟁 중에 청조의 상하 관원들은 모두 청조 수사(水師)가 결코 영국해군의 적수가 되지 않음을 모르지 않았기 때문에 대다수가 육상전, 특히 해안 방어를 주장하였다. 방어 시설의 지위가 이 때문에 부각되었다.

청조의 방어 시설은 주로 두 종류였는데, 하나는 성이고 다른 하나는 포대였다.

---

20) 청조의 민선에 대한 몇 가지 제한에 관하여, 昆岡等修, 『欽定大淸會典事例(光緒朝)』 권120, 光緒25년 刊本을 보면, 청조의 이런 규정은 엄격하게 준수되지 않았다. 복건 하문 등의 지역에 청조 규정을 초과한 대형 상선이 있었다.

21) 齊思和編, 『黃爵滋奏疏 許乃濟奏議合刊』, 中華書局, 1959, 99~101쪽; 中國第一歷史檔案館等編, 『阿片戰爭在舟山史料選編』, 浙江人民出版社, 1992, 234~235쪽.

성의 방어시설은 성벽, 성문, 해자 등을 포괄했다. 이런 시설의 상황과 기능은 오랜 동안 사람들에게 익숙하게 되었고, 게다가 현존하는 유적은 인간의 감각적 인식을 더해주었다. 성의 공방전은 고금 이래 중국의 주요 작전 방식이었다. 하지만 아편전쟁 중에 영국군의 공성전은 단 세 차례였다(廣州, 乍浦, 鎭江). 이 때문에 여기서는 성의 방어체계를 분석하지 않고, 전투와 결부시켜 구체적 평론을 뒤에 배치했다.

해안포대는 아편전쟁 중 청군이 가장 중요하게 생각하는 방어 시설이었으나, 이런 포대는 이미 현존하지 않았다.[22] 이것에 대해서도 사람들의 감성적 인식이 부족했다.

중국제일역사당안관(中國第一歷史檔案館)에 한 권의 권이 소장되어있는데, 그 제목이 『민절해방포대도설(閩浙海防砲臺圖說)』이었다. 이 권은 복건, 절강의 모든 해양방어포대의 구체적 양식을 자세하게 묘사하고 있다. 또 이 권에는 아편전쟁에서 활약한 절강 사포(乍浦) 서산(西山) 기슭의 포대에 대한 그림이 있는데 다음과 같다.

---

22) 우리가 오늘날 광동동완호문(廣東東莞虎門)과 복건하문호리산(福建廈門胡里山) 등지에서 포대의 혼적을 볼 수 있는데, 모두 광서 연간에 서방양식에 따라 건축한 것이다. 아편전쟁 시기의 포대 등의 시설은 나는 지금까지 발견하지 못했다.

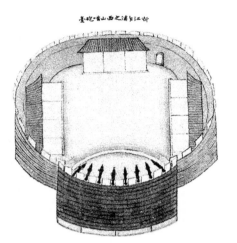

그림 1) 사포(乍浦) 서쪽 산에 있는 취포대(嘴炮臺)

이 그림 안의 문자를 보면, "서산 기슭에 원형 포대를 축조했는데, 포대의 길이가 8장이고 높이가 1장 5척, 벽이 3척, 포가 8대이다. 포대 뒤에는 주위에 성을 쌓았고 주위가 20장, 높이가 1장 2척, 내부에 관원과 병사들의 방이 12칸이 있으며, 천파(千把) 한 명과 병사 30명을 배치하였다"고 하였다. 또 이 자료에 근거하면, 민절(閩浙)의 각 포대에는 4대에서 10대까지의 포가 불규칙하게 배치되어 있었고 수비병은 20에서 50명으로 일치하지 않았다.

사포 서산기슭의 포대는 아편전쟁 전 중국 연해 포대의 일반적인 수준을 대표했다. 그리고 1839년 완공된 광동호문(廣東虎門)의 정원(靖遠)포대는 전쟁전, 청조의 최대 최강의 화력을 보유한 해안포대였다. 명을 받들어 각 포대를 사찰한 임칙서는 이 포대를 "폭이 63장, 높이가 1장 4척 5촌, 포대 벽에 말뚝을 박고 돌을 쌓아 만들었으며, 포대의 벽, 포의 구멍은 삼합토(三合土)로 쌓

앉으며, 60문의 포를 배치하였고, 후위는 석벽이 90장'[23]이라고 했다. 그리고 등정정의 상주에 근거하면, "천총(千總) 한 명과 정원 외 두 명을 더 뽑고 창포병 90명이 포대를 지킨다'[24]고 했다. 만약 정원포대를 서산포대와 비교한다면 규모면에서 몇 배 클 뿐, 대체적인 양식은 비슷하다는 것을 발견할 수 있었다.

이런 포대가 서양함대의 공격을 받아낼 수 있었겠는가? 이에 대하여 우리는 이 시기의 서양포대의 상황을 살펴봐야 한다.

화포의 운용과 화포의 기술이 발전함에 따라, 서양의 군사시설 축조기술도 매우 큰 진보가 있었다. 16세기부터 시작하여 유럽의 군사 시설 기술자들이 새로운 축성이론을 제시하였으며, 구식의 망루(碉樓, 누각형화포진지, 청군포대와 비슷)는 점점 폐기되기 시작하여 진지(棱堡)식 포대가 출현하였다. 진지는 일종의 소형요새였는데, 두 개 층으로 나뉘며, 각각 화포를 설치하고 측면에 통로가 있었다. 그리고 자위적 성격의 화력이 배치되어 있었다. 4에서 6개의 진지가 하나의 포대를 이루었다(要塞). 전체 포대는 50에서 100문의 포를 보유하고 있었다. 수백에서 수천 명의 기병과 보병이 주둔하여 포병과 연합하여 작전을 수행했다. 내부에는 충분한 식량, 탄약을 저장하여 수년을 방어할 수 있었다. 각 진지 사이는 또 연결되어 있어 서로 지원이 가능했다. 18세기에 이르러 유럽에는 또 보루(堡壘)식 포대가 출현했는데, 즉 핵심포대 밖의 주변에 보루를 축조하는 것으로 여러 보루로 완전한 방어체계를 구성하는 것이었다. 핵심포대와 외곽 보루 사이에는 일정한 거리를 두어 적 포격의 직접적인 타격을 피할 수 있었다. 각 보루 사이에는 엄폐식 통로가 있어 서로 지원할 수 있었다. 화포는 완전히 엄폐되어 있어 병사들을 보호할 수 있었다.

이것으로 볼 때, 이 시기의 청군의 포대는 여전히 서양에서 축성기술변화

---

23) 『文物』, 1963, 10기, 53쪽 그림, 『林則徐集 奏稿』 1권, 621쪽.
24) 『阿片戰爭檔案史料』 1권, 621쪽.

가 일어나기 전의 그런 소형 망루식으로, 서양의 방어기능에 중점을 둔 그런 것이 아닌 다음과 같은 약점이 있다는 것을 알 수 있다. 1)포대위의 병사들은 벽으로 인해 정면에 대한 엄호를 받을 수 있었을 뿐, 이런 벽은 매우 쉽게 서양의 화포에 의해 파괴되었다. 2)포대 윗부분을 보호할 수 없어 적의 곡사화포에 의해 포대가 노출되었다. 3)화포의 배치 방면에서 중포(重砲)를 선호하여, 포대의 정면에 집중적으로 배치하여 적 함선의 내침에 대항했지만, 상륙용 소형선과 부대에 대한 공격 수단이 부족했다. 4)포대의 대문이 대체로 정면 혹은 후면에 있었고, 참호 개폐교, 수문 등의 시설이 없어 적의 상륙부대의 공격을 저지하기 어려웠다. 5)포대의 측면과 후면은 왕왕 하나의 통로만 있을 뿐 제방과 참호 등의 진지가 없어서 상륙부대에 대한 반격을 할 수비군을 조직할 수 없었다. 6)포대의 측면과 후면에는 양호한 통로가 부족하여 수비군의 병사, 식량, 탄약 등을 운반하여 보충하기가 전시에는 매우 어려웠다. 이상 여섯 항목 중에 앞의 두 항목은 서양 화포의 위력에 대한 인식의 부족으로 초래된 것이고, 뒤의 네 항목은 영국군의 육상전 능력을 잘못 예측하여 초래된 것이다.(제2장 제4절을 참고) 서방 평론가들은 청군의 포대에 대하여 매우 낮은 평가를 내렸다.[25]

여기서 한 분석은 머지않아 발생할 아편전쟁을 전제로 삼고, 세계에서 가장 강한 영국군을 적수로 삼았을 경우이다. 그러나 만약 당시 사람들의 관념에 따라 전쟁이 도래할 것을 모르고, 단지 허점을 노리고 빈틈을 파고드는 해

---

25) 1836년, 한 명의 서방 평론가가 광주, 호문 일대의 포대를 살핀 후 다음과 같이 평론하였다. "수준이 낮은 단계의 보루건축에 속하는 견본에 불과하고, 참호가 없었으며, 보루, 제방 혹은 어떠한 반격의 방어시설도 없었다. …하안 위의 포대는 모두 노출되어 있으며, 한 척의 대형전함의 화력을 감당할 능력도 혹은 하안 위에서 전함과 공조하는 돌격대의 공격을 저지할 수 있는 능력도 없었다. 돌격대는 항상 그들의 포가 미치지 않는 측면과 후방의 가장 좋은 거점을 찾아 그들을 공격했다." (『Chinese Repository』, Vol 5. 168~169쪽) 여기서 주의할 가치가 있는 것은 이 사람은 이미 이런 포대에 진공하는 방법을 제시했다는 것이다.

적을 방비하기 위한 포대라면 '금성철벽'이었을 것이다.

만약 상술한 총, 포, 화약, 전함, 포대 등, 이 모든 요소를 종합한다면 구체적인 상황은 또 어떠했을까?

우리는 강소(江蘇)의 오송영(吳淞營)을 예로 들 수 있다.

오송영은 강소 보산현 오송 일대(寶山縣吳淞, 지금의 상해시)에 있었는데, 아편전쟁 중의 주요 전장 중에 하나였다. 1828년 소송진(蘇淞鎭) 총병인 관천배가 이 영의 병기에 대하여 조사를 했는데, 그중 가장 중요한 수치는 다음과 같다.

요도 948자루, 대도 277자루, 각궁 213자루, 전전(戰箭) 11,570개, 화전(화전) 260개와 조창 917자루, 분통(噴筒) 118개, 그리고 발공포(發熕砲) 55문, 옥대포(玉帶砲) 12문, 결승포(決勝砲) 72문, 벽산포(劈山砲) 42문, 과산포(過山砲) 10문, 자모포(字母砲) 40문, 홍이포(紅夷砲) 7문, 홍이발공포(紅夷發熕砲) 3문, 화약 8,940근(상술한 수치의 상당부분은 모두 창고에 적재되어 있다).[26]

오송영에는 병사가 약 1,000명이고 요충지를 수비하는 곳이기 때문에 병기가 비교적 다른 곳보다 우수했다. 그러나 위에서 말한 바와 같이 오송영의 화포는 대부분 명말청초시기의 소형 화포이고 위력도 매우 제한적이었다.

상술한 목록 이외에, 오송영은 보산현성(寶山縣城) 동남에서 황포강(黃浦江)을 끼고 장강입구로 들어가는 양가취(楊家嘴)에 있으며, 포대가 하나 있고, 이밖에 사선(沙船) 3척과 거리선(艍犁船) 4척이 강과 바다를 순시했다.

만약 근대전쟁의 관점으로 본다면 오송영의 작전능력은 또 어떠했을까?

1832년 동인도회사는 상선 로드 애머스트호(Lord Amherst)를 파견하여 오문에서부터 북상하면서 중국 해안의 정황을 정찰했다. 6월 20일 그 선박은

26) 梁蒲貴等編纂, 『寶山縣志』 6, 光緒 八年(1882)刻本, 16~18쪽.

어떠한 저지도 받지 않고 오송으로 진입했다. 같이 온 프러시아 선교사 곽사립(Karl G tzlaff)은 "(오송)포대의 좌측을 순시했으며, 이 나라의 방어와 내부조직을 고찰했다"고 하였다. 또 그는 일기에 "만약 우리가 적의 신분으로 이곳에 왔다면 청군 전체의 저항이 30분을 넘지 않았을 것"이라고 했다.[27] 이런 결론은 중서 군사력을 비교하여 얻은 결론으로 이후 아편전쟁을 보아도 결코 과장된 것이 아니었다.

여기서 우리는 청군의 무기, 장비의 수준이 어떻게 그렇게 서양보다 한참 떨어졌는지에 대하여 한 발 더 나아가 검토해 볼 필요가 있었다.

중서 무기, 장비의 발전사로 보면 명·청 시대에는 중국의 군사과학기술이 결코 서양보다 떨어지지 않았는데, 여기에는 당연히 당시에는 대담하게 서양 선진화기의 효과를 도입하였고, 서방의 근대과학이 여전히 걸음마 상태에 놓여 있었기 때문이었다. 제조방면에 이르러 쌍방은 모두 공장수공업의 동일한 수준에 있었다. 강희제 이후 중서 무기장비의 차이는 급격하게 벌어졌다. 앞에서 언급한 과학과 공업, 양 대 요소를 제외하고 또 하나의 중요한 원인이 있는데 그것은 바로 전쟁규모의 축소였다.

명·청 쌍방 간의 교전은 각각 그 나라의 명운과 연관이 있었기 때문에 무기장비의 도입, 학습, 연구 방면에서 모두 밑천을 아끼지 않았다. 그러나 강희 연간에 이르러 삼번을 평정하고, 아극살성(雅克薩城)을 수복한 후 청 왕조는 장기적인 평화적 단계에 진입했다. 이후 청 왕조는 비록 서북, 서남변경 및 내지에서 전황에 상관없이 무기장비에 있어서 모두 우세를 보였다. 이는 청 왕조가 계속 신무기 연구에 주력하여 더욱 강한 우세를 유지할 수 없게 하였으며, 이런 종류의 우월한 군사기술을 독점하는데 주력하여, 적 혹은 잠재적 적

---

27) Karl G tzlaff, 『Journal of Three Voyages long the Coast of China』, in 1831, 1832&1833, London: Frederick Westley and A.H Davis, 1834, p. 249.

의 수중에 들어가지 못하게 하였다. 다시 말하면, 청 왕조의 중점은 연구가 아니라 비밀유지에 있었다는 것이다. 여기서 두 가지 예를 들어보았다.

1) 앞에서 언급한 병정조창은 녹영병(綠營兵)의 주요 장비중 하나였. 그러나 청나라 관방 문헌 및 현존하는 실물에 근거하면 청군의 조창은 큰 차이가 있었. 가장 우수한 것은 어용창으로 수발창(燧發槍)이었, 그 다음은 경영팔기(京營八旗)가 사용한 창이며, 또 그 다음은 주방팔기(駐防八旗)가 사용한 창이고, 마지막 최하위는 녹영이 사용한 창이었다(화포의 배치도 이와 같았다). 청조의 통치자의 이런 총의 질에 따른 배치는 당연히 수도를 공고히 하고 녹영을 견제하기 위한 생각에서 나온 것이었다. 그러나 이것은 만주 귀족통치를 확보하기 위해 채용한 방식으로 오히려 아편전쟁 중에 청나라의 주력군인 녹영을 청조에서 가장 나쁜 장비로 무장시켜 적에 대항하게 한 것이었다.

2) 명말청초, 중국이 서양대포를 도입할 때와 동시에 '개화포탄(開花砲彈, 일종의 폭파탄)'의 기술이 들어왔다. 그러나 이런 기술은 어림군의 전유물이 되었는데, 현존하는 북경고궁박물관의 청조 초기의 포탄은 거의 모두 '개화포탄'이었다. 그러나 오랫동안 사용하지 않아서 통치자조차도 잊어버렸고, 아편전쟁에 이르러 일반 관원은 말할 것도 없고 해양 방어를 주재한 임칙서와 당시 화포제작 전문가인 황면(黃冕)조차도 모두 '개화포탄'이 어떤 물건인지 몰라서 야단법석을 떨었다. 전후, 청 왕조가 실제 양식에 근거하여 제작하는데 이는 사실상 제2차 도입이었다. 1870년대에 들어서, 독사(督師) 좌종당(左宗棠)이 군대를 통솔하여 신강(新疆)으로 가는 도중에 섬서(陝西) 봉상(鳳翔)에서 명말시기의 '개화포탄'의 실물을 발견하고 감개무량함을 금치 못하고 다음과 같이 말했다. "서양의 이기가 중국에 들어 온지 300여 년인데, 당시 만일 어떤 사람이 이에 대해 관심을 가졌다면, 어찌 섬나라가 해상을 종횡하고 수십 년 동안

이곳을 협박하고 우리를 업신여길 수 있었겠는가?"[28]

더 자세하게 고찰해 보면, 강희제 이후의 청군의 무기장비는 성능 면에서 큰 혁신이 없었을 뿐만 아니라, 제작의 질적 측면에서도 분명하게 쇠퇴하는 추세를 보였다.

이는 청조의 무기장비 관리체계와 관계가 있었다.[29] 청조의 무기장비 관리체계는 대저 강희제부터 시작되어 건륭제에 이르러서 체계가 잡혔다. 이런 제도는 먼저 청조의 각종 병기의 제조, 양식을 규정했고 그 다음에는 제조와 양식규정에 따라 가공하였으며, 마지막에는 제조 양식과 가공에 따라 임금과 재료비를 규정하였다. 이런 체제가 청군 무기의 제식화, 일체화에 유리하게 하였고, 당시 청나라 재정지출 제도화의 요구에 적응하게 하였고, 관원들이 그 가운데서 부정을 저지를 기회가 감소하게 했지만, 오히려 신무기의 연구제조와 신기술의 운용을 가로 막았다.

이런 제도 아래 신무기의 연구제조는 시작하자마자 불합리한 규정으로 인해 거부당했고, 신기술, 신가공기술은 또 불합리한 규정으로 인해 배척받았으며, 결국 또 권위적인 가격은 모든 새로운 요소를 말살하여 이 불합리한 규정을 폐기하기가 어렵게 되었다. 오랜 평화는 청조의 통치자들로 하여금 미래전쟁이란 대과제를 잊어버리게 했다. 그들은 지금까지 무기장비에 대해 장기적인 연구제조계획을 세운 적이 없었다.

강희제부터 중국의 물가, 임금은 줄곧 상승추세에 있었으며, 이런 관리체계는 오히려 병기제조경비의 고정화를 초래했다. 이후 비록 약간의 가격조정이 있었지만 오르는 폭이 각지의 물가와 임금의 실제 수준을 따라가지 못했

---

28) 『左宗棠全集 書信』 2권, 長沙, 岳麓書社, 1996년, 416쪽.

29) 이 문제의 서술에 대하여 나는 피명용(皮明勇) 선생의 논점을 인용했다. 『淸朝兵器硏制管理制度與阿片戰爭-兼論淸朝軍事科技落後的政治原因』, 1990.

으며, 어떤 때는 심지어 하락추세가 나타나기도 하였다. 예를 들어 화약의 경우 옹정제 때에는 한 근에 2.6분(分), 가경제 때에는 한 근에 2.1분(分)이었다. 이는 바로 병기제조자로 하여금 이익을 보지 못하게 했을 뿐만 아니라 오히려 자주 손해를 보게 할 수 있었다. 당연히 여기에는 이미 부족한 임금, 원료비와 그 시대에 창궐한 해당 관원들의 착복과 무관과 병사들을 감독하는 자들의 갖가지 강탈을 포함해야 했다.[30]

규정가격과 실제 제조가의 차이는 결코 이윤추구의 경제규율을 변화시킬 수 없었다. 어떠한 제조자도 본능적으로 밑지는 장사를 절대 하려하지 않는다. 손해를 방지하기위해 부실공사는 필연적인 방법이 되었다. 그리고 부실공사를 하기 위해 관리에게 뇌물을 주는 것은 공공연한 비밀이 되었다. 당시의 명사 위원(魏源)은 다음과 같이 지적하였다.

> 중국의 관포와 관선을 만드는데, 장인(工匠)과 감조(監造) 인원들은 오직 성비(省費)가 쌓이는 것을 두려워하여, 포는 찌꺼기와 폐철을 화로에 넣어 만드는데 어찌 파열되지 않겠는가? 배는 부실하여 썩어 부서지고 규정에 맞지 않아 풍랑에 약한데 어찌 적의 침

---

30) 당시 정장룡도(汀漳龍道)에 부임한 장집형(張集馨)은 장주의 국영조선소(官辦船廠)에 대하여 다음과 같은 평론을 하였다. "조선소(軍功廠, 즉 船廠)는 그 일이 매우 힘든데, 조선소에 수사 무관 한 명을 두어, 도중에 문원을 파견하여 잡스러운 일을 보좌하여 공창에서 서로 감독하고 살폈다. 또 현의 사역을 여러 명 파견하여 장인들을 통제하고 급료를 이들이 건네주었다. 배 한척을 건조할 때마다 도중에 적게는 양은(洋銀) 천수백원을 손해보고, 많게는 삼사천원을 손해 보았다. 주관부서에 가서 돈을 받는데 재물을 요구하여 난처하게 만들었고 사비(司費)를 주지 않았는데, 즉 마땅히 받아야할 돈도 수령하지 못했다…. 배가 건조되어 해구를 나갈 때마다 수사가 비용을 묻는데 1년이나 반년쯤 지연하여, 해풍과 작열하는 태양에 노출되었다. 공문서를 요청하고 조사가 끝날 쯤에 이르러서는 유색이 선명하지 못하다고 하여 지불을 거절했다. 그리고는 또 다시 수리를 지시하여 손해를 입혔다." (張集馨, 『道咸宦海見聞錄』. 中華書局. 1981. 63쪽) 국영조선소(官辦船廠)는 이와 같이 거듭 손해를 보았는데 하청을 받은 사상(私商)은 또 얼마나 손해를 보았겠는가? 여기서 폭로된 뇌물요구와 착복현상은 또 어떻게 전선(戰船)의 질을 보증할 수 있었겠는가?

략에 대항할 수 있겠는가?

관에서 수사 미정(米艇)을 만드는데, 매 미정마다 관가가 4천으로
이미 서양선박의 5분의 1이었다. 층층이 횡령하였기 때문에 제작
자가 반도 건지지 못했다.[31]

　만약 위원이 말한 주장이 지나치게 공허하다고 한다면 우리는 하나의 사례
를 들 수 있다. 1835년에 광동수사제독 관천배는 호문의 방어태세를 개선하기
위해 대포 40대를 새로 제작했다. 그 결과 시험 과정 중에 10대가 폭발하고 1
명이 숨지고 1명이 부상을 입었으며, 5대의 화포가 기타 문제를 일으켰다. 관
천배는 폭발한 화포를 검사하면서, "철에 불순물이 너무 많고, 포의 약실 내
부의 고저가 평평하지 않고 또 작은 구멍이 많았다", 그리고 그 구멍 중 하나
의 "내부에서 물이 네 그릇이나 나왔다!"고 하였다.[32]

　약육강식의 식민주의시대에 서양 각국은 항상 무기장비에 대한 연구와 생
산을 발전의 최우선 순위에 놓았다. 한 명의 서양인이 1836년 8월 『중국총보
(中國叢報)』에 청조의 군사역량에 대한 장문의 평론을 기재하였는데, 서두에
바로 다음과 같이 지적했다. "오늘날 각 사회의 문명과 진보를 평가하는 가장
정확한 표준, 즉 각 사회가 '살인기술'에 있어서 우수한 정도는 상호 파괴하는
무기의 완성 정도와 이런 것들을 얼마나 보유하는가에 있으며 그리고 그것들
을 운용하는데 있어서의 숙련정도이다."[33] 그렇지만 여전히 '천조'라는 우물 안
에 빠져있는 청조 통치자들은 마치 이런 것을 모르는 것 같았다. 그들이 가진
몇몇 방법은 청조의 무기장비를 당시 사회가 이미 도달한 기술과 가공기술에

---

31) 魏源, 『聖武期』 하권, 中華書局, 1894, 545쪽.
32) 關天培, 『籌海初集』 권3.
33) 「Chiness Repository」 vol 5, p.165.

이르지 못하게 하였다.

2. 병력과 편제

무기장비는 구체적인 형태로 되어있는데 그 우열을 착각하기 쉬웠다. 이 때문에 각각의 사람들마다 모두 똑같은 결론을 얻었다. 청조는 아편전쟁 중에 **병기 방면에서 열세**에 처해 있었다. 그러나 수많은 논자들이 또한 약속이나 한 듯 일치하여 청조가 아편전쟁 중에 **병력적인 면에서 우세**에 처했었다고 지적하기도 했다.

간단하게 수치를 살펴보면, 이는 사실이었다.

당시 청조에는 팔기병이 약 20만, 녹영병이 약60만, 이렇게 총병력이 80만에 달했다. 이는 당시 세계에서 가장 큰 규모의 상비군이었다.

영국의 병력은 이보다 훨씬 적었는데 정규군이 약 14만, 거기에 국내방위군 6만 이렇게 20만 정도였다. 청군에 비해 약 4분의 1이었다.

중·영 양국은 서로 매우 멀리 떨어져 있었기 때문에 영국군은 당연히 중국에 전군을 파견할 수 없었다. 아편전쟁 초기에 영국 원정군의 총병력은 육해군을 합하여 계산하면 대략 7,000명이었다.

청군과 비교하면, 대략 1:110이었다. 후에 영국원정군의 병력은 끊임없이 증가하여 전쟁이 끝날 즈음에는 약 2만 명이었다. 이를 청군과 비교하면 약 1:40이었다.

우리는 이 숫자에서 매우 자연스럽게 결론을 끌어낼 수 있다. 병기 방면에서 열세에 처한 청조는 병력상의 우세를 통해 약점을 보충하고, 거기에 본토에서 작전을 펼치는 것을 더해, 청군은 다수로 소수를 공격하고 쉬면서 힘을 비축했다가 피로한 적군을 맞아 싸운다는 전략은 어떤 면에선 확실히 유리한 부분이었다.

그렇지만 상술한 결론은 이론적으로는 정확하지만 실제 정황에서는 정반대였다.

　　이후부터 각 장의 서술 중에 우리는 총병력 방면에서 우세를 점한 청군이 각 전투 중에 결코 매우 큰 우세를 보이지 못했으며, 어떤 때에는 열세에 처했었음을 알 수 있었을 것이다. 그리고 또 본토에서의 작전에서 청군은 늘 힘을 비축했다가 피로한 적군을 맞아 싸워 보지 못했으며, 어떤 때는 피로해서 목숨이 경각에 달려 있기도 했다는 것을 알 수 있을 것이다.

　　그것은 무엇 때문이었을까?

　　이 문제의 관건은 청군의 편제였다.

　　청조의 군대는 팔기와 녹영 이렇게 크게 두 부분으로 나뉘었다. 그중 팔기는 또 경영(京營)과 주방(駐防) 두 부분으로 나뉘었다. 경영은 모두 약 10만 명으로 북경 및 그 부근 지역에 주둔했고, 주방은 약 10만 명으로 네 부분으로 나뉘어 전국에 주둔했다. 1) 용흥(龍興)방위지역, 흑룡강(黑龍江), 길림(吉林), 성경(盛京, **대략 현재의 요녕**)의 삼장군 직할지, 2) 북방의 몽고족 감시와 경사 방위, 찰합이(察哈尔)와 열하(熱河) 두 도통(都統)을 관리, 밀운(密雲)과 산해관(山海關) 두 부도통(副都統)을 관리한다. 3)융위서북변경지역戍衛西北邊疆地區, 오리아소대(烏裏雅蘇臺, **현재 몽골의** 扎布哈朗特), 과포다(科布多, 몽골 吉尒格朗圖), 수원성(綏遠城,**현재** 呼和浩特), 이리(伊犁), 오로목제(烏魯木齊), 객십(喀什) 등의 지역을 수비했다. 4) 역시 가장 중요한 곳으로 내지의 각 성을 감시했다. 광주, 복주, 항주, 강녕(江寧, **현재 남경**), 荊州(荊州), 성도, 서안, 녕하(寧夏)의 6장군 및 경구(京口, 지금의 鎭江), 사포(乍浦), 청주(靑州, 지금의 山東益都), 량주(涼州, **지금의** 甘肅武威)의 네 부도통이었다.

　　청군의 주체는 녹영(綠營)이다. 경사순포(京師巡捕) 오영(五營) 1만 명을 제외하고 대부분 모두 각 성에 배치되었다. 한 성의 녹영체제는 다음과 같다.

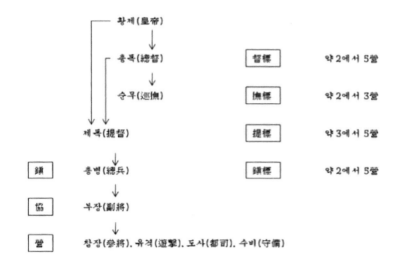

이것으로 보면 총독, 순무 자율의 각 표 외에 한 성의 군사체제는 제, 진, 협, 영 이렇게 네 개의 급으로 나누고, 영을 기본단위로 삼았다는 것을 알 수 있다.[34]

---

34) 독자들에게 이 상황을 잘 파악할 수 있게 하기 위해 나는 아편전쟁 중에 전투가 가장 많이 벌어지고 교전시간이 가장 긴 절강성을 예로 들어 구체적으로 분석하였다. 절강성에는 녹영병이 모두 37,000여 명으로 관내 18개 행성 중에 중간급의 성이다. 이곳의 병력의 분포는 다음과 같다. 浙江巡撫駐杭州, 轄撫標2營(左營407人, 右營391人), 浙江水陸提督駐寧波, 轄提標5營(中營850人, 右營850人, 左營850人, 前營863人駐鄞縣大嵩所, 後營861人駐應家棚); 浙江提督直轄部隊爲, 寧波城守營637人; 杭州城守協865人, 錢塘營667人(歸杭州城守協副將節制) ; 海塘營408人(駐海寧); 湖州協3營(左營469人, 右營469人, 安吉營294人駐安吉); 嘉興協2營(左營737人分駐嘉興, 海鹽, 右營732人駐乍浦); 興協2營(左營863人駐紹興, 右營1,026名分駐余姚,臨山); 乍浦左, 右營609人; 太湖營 623人. 黃巖鎭總兵駐黃巖, 轄鎭標3營(中營866人駐海門汛卽今椒江市, 左營 866人, 右營867人分駐黃巖, 海門汛); 黃巖鎭下轄部隊爲, 臺州協3營(中營720人, 左營683人駐桃諸寨, 右營690人駐前所寨) ; 寧海左, 右營共1,208人; 太平營782人駐太平卽今溫嶺縣. 定海鎭總兵駐定海. 轄鎭標3營(中營990人, 左營983人, 右營892人); 定海鎭下轄部隊爲, 象山協3營(左營638人, 右營638人, 昌石水師營570駐石浦壹帶); 鎭海水師營1,163人, 溫州鎭總兵駐溫州, 轄鎭標3營(中營831人駐長沙汛, 左營832人, 右

청군의 편제상 폐단은 주로 영(營)에서 나타났다. 녹영의 영은 편제가 고정적이지 않았는데, 주방지역이 요충지인지의 여부와 임무집행의 어려움 정도에 따라 결정되었다. 인원수는 200에서 1,000여 명까지 일정하지 않았으며, 책임자(長官) 역시 참장(參將), 유격(遊擊), 도사(都司), 수비(守備) 이렇게 네 가지로 나누었고, 등급은 정삼품에서 아래로 정오품까지 고르지 않았다. 예를 들면, 해양방어의 요충지인 오송구의 오송영은 매우 중요한 곳이기 때문에 모두 1,100여 명이 주둔했는데, 책임자는 참장으로 소송진(蘇松鎭) 총병의 직속이었다. 그리고 더 문제라고 할 수 있는 것은 영 이하의 건제(建制) 및 그 주방의 분산이었다. 『보산현지(寶山縣志)』에 근거하면, 오송영 아래에 초(哨)를 세우고, 초 아래에 신(汛)을 세웠다. 오송영 서포대에 주둔하고 있는 200여 명을 제외하면 오송영의 나머지 800여 명은 현성 및 35곳의 신지(汛地)에 분포되어 있었다.[35] 수비 범위는 보산현(寶山縣)의 대부분 및 가정현(嘉定縣)의 일부분이었다.[36] 각 신지에는 몇 명에서 수십 명까지 일정하지가 않았다.

營889人駐寧村寨);溫州鎭下轄部隊爲, 溫州城守營763人;樂淸協2營(本營876人, 盤石營301人駐盤石寨);瑞安協2營(左營473人, 右營469人);平陽協2營(左營596人, 右營595人);玉環左右營共 905人;大荊營669人. 處州鎭總兵駐處州(今麗水), 轄鎭標3營(中營836人, 左營835人分駐龍泉, 雲和, 右營836人駐遂昌);處州鎭下轄部隊爲, 金華協2營(左營 513人, 右營513人分駐金華, 永康;麗水營434人. 衢州鎭總兵駐衢州, 轄鎭標3營(中營780人, 壹部駐龍遊, 左營658人駐常山, 右營668人, 壹部駐江山);衢州鎭下轄部隊爲, 嚴州協2營(左營506人, 右營506人);楓岭營481人. 『淸朝文獻通考』, 商務印書館, 1936, 권186. 청군의 분포와 관련있는 상황은 『淸朝通典』, 『淸朝通志』에서도 볼 수 있다. 이상의 정황으로 보면, 비교적 큰 도시에 3에서 5영이 주둔한 것을 제외하고, 일반적으로 도시에 1에서 2영이 주둔하고 개별 현에는 주둔군이 없었다. 당연히 도시 주둔군은 단지 그 재 진 협영의 관청을 가리키고 성내에 주둔하며, 그 부대는 각 지역에 분산되었다.

35) 梁蒲貴等編纂, 『寶山縣志』 6, 13쪽. 이 자료에는 각 신에 대한 구체적인 병력수가 나타나있지 않기 때문에 주90을 참고.

36) 보현산 경내에는 오송영을 제외하고, 그 밖의 강남수륙제표 후영의 일부(주로 현성 일대에 주둔)와 천사영(川沙營) 일부(주로 오송 입구 동안에 주둔)가 있었다. 오송영의 방어 구역은 보산현 대부분, 가정현(嘉定縣) 일부분이다. 당연히 당시의 보산현은 현재의 보산지역과는 완전히 다르다.

그럼 오송영의 상황이 특수했기 때문에 특별히 분산하여 주둔했을까? 이는 오히려 상반되는데 각 지역의 정황을 살펴보면, 오송영에 신지가 특별하게 많지는 않다. 예를 들면 정병으로 유명한 호남진(湖南鎭) 간진(筸鎭)에는 병사 4,107명이 주둔하였는데, "신당(汛塘) 67곳에 분포되었고, 초소, 관문, 요새 760여 곳에 주둔하여 지켰다."[37] 그 주방(駐防)의 분산을 어렵지 않게 볼 수 있었다.

녹영의 편제를 보면, 독, 무, 제, 진의 각 표 중 제독직할의 제표(提標)가 병력이 가장 강하고, 방어가 가장 집중되어 있으며, 기동성이 가장 강한 부대였다. 그러나 그 상황은 결코 앞에서 말한 오송영보다 우수하지는 않았다.

복건수사가 언급한 청군의 가장 강한 해상역량 중 하나가 하문방어이었다. 그곳에는 모두 중·좌·우·전·후 5영이 있는데, 관병이 4,300여 명이었다. 그중 반은 해안방어부대이고 나머지 반은 함대였다. 해안 방어부대로 말하자면, 하문도(夏門島), 고랑서도(鼓浪嶼島)에 모두 517명이 있는데 10곳의 신지, 24개 조 및 하문성의 네 문(門), 수조대(水操臺) 등 40여 곳으로 나누어져 있으며, 또 하문도 외곽의 대륙인 마항청(馬巷廳, 지금의 同安縣에 속해 있었다), 동안현, 용계현(龍溪縣, 현재 漳州市, 龍海縣으로 나누어져 있다), 해징현(海澄縣, 지금의 龍海)의 해안에 1,390명이 41곳의 신지에 나누어 분포되어 있고, 신지마다 3에서 201명이 주둔하여 그 수가 일정하지 않았다. 함대로 말하자면, 대소 모두 67척의 배가 있었는데 그중 48척이 전함(大橫洋船, 同安梭船)이고 나머지 19척이 해안순시 목적의 장선(槳船)이며, 전함 중에는 13척이 해상에 고정된 신지이므로 나머지 35척만이 기동하여 작전

---

37) 李揚華,「公余手存 營制」,『叢刊 阿片戰爭』1권, 222쪽.

을 펼칠 수 있었다.[38]

우리는 현대의 군대처럼 정사(整師), 정단(整團), 정영(整營)이 집중적으로 주둔하는 어떤 한 영방(營房)의 개념을 사용하여, 당시의 청군을 상상해서는 안 되었다. 내가 살펴본 자료에는 녹영 안에 신당초잡(汛塘哨卡)을 나누지 않은 영(營)은 없었다. 다시 말해서 영 이하 부대는 한 영방에 집중적으로 주둔하지 않았으며, 수 명에서 수십 명, 많게는 수백 명(나는 200여 명까지 확인했다)이 당시의 시진(市鎭), 요충지 등의 지역에 분산되었다는 것이다.[39]

근대적 군사원칙으로 말하자면 병력분산은 전투력의 약화를 의미한다. 우리는 다음과 같이 생각해 볼 수 있다. 일단 전쟁이 발생하면, 이런 분산된 소부대를 집중시킨다는 것은 대단히 어렵다. 사실상 전부를 집중시킨다는 것은 절대 불가능한 일이다.

청군의 이와 같은 분산 방어는 그 원인이 그것이 부담하는 책임에 있다.

청조는 무력진압에 의지하여 강력한 중앙집권적 정권을 수립했는데, 그 핵심이 군대였다. 그러나 당시 청조에는 경찰이 없었기 때문에 강력한 중앙

---

38) 周凱 등 편찬, 『廈門志』 권3, '五營汛防', 도광19년(1839) 刊本. 신방(汛防)의 구체적인 수로 볼 때, 청군은 분산되었을 뿐만 아니라, 구역을 나누어 집중 주둔방어를 하지 않았다. 하문도와 같이 5영 병사들이 모두 있었고, 5영 관청 역시 모두 하문성 안팎에 있었다. 또 5영이 각자 전함 1척과 41명의 병사를 파견하여 순시를 했다. 이런 방법은 당시 팔기가 교대로 인원을 파견하는 것에 영향을 받은 것으로 작전에 매우 불리했다.

39) 라이강(羅爾綱)은 먼저 녹영 신당(汛塘)에 대한 해석을 잘못한 것 같다. 그는 『綠營兵制』 中華書局, 1984.제8장 2절에 다음과 같이 밝혔다. 1) 성의 수비, 분산 방어에 각 영은 '신(汛)'병을 설치하였고, 2) '신'병은 녹영 총 병사수의 3분의 1을 차지하였다. 지방지 자료를 보면 상황은 완전히 다르다. '신'은 청군영이하 1급 편제이며 조직형식이어야 하므로 그 병사수가 얼마나 되는지는 임무에 따라 정해진다. 청군의 독, 무, 제, 진 각 표 모두 신을 설치했다. 이런 의미로 말하자면 녹영에는 특별한 '신병(汛兵)', 혹은 '비(非)신병'이 존재하지 않으며, '신'의 병사가 존재하지 않기 때문에, 또한 이에 상응하는 당(塘), 채(寨), 퇴(堆) 등은 명칭이 다른 것에 불과하다. 라이강은 청군 녹영 중의 제표, 진표는 방신(防汛)을 설치하지 않아 기동성이 강하다고 생각했는데, 복건수사제표의 정황을 보면 잘못된 것 같다.

집권이라도 지방 성격의 치안(內衛)부대를 건립하기가 쉽지 않았다. **사회의 치안의 유지, 정치질서의 보호는 청군의 가장 중요하고 가장 큰 규모의 일상적인 임무였다.** 외부환경으로 볼 때, 청조는 수차례 변경지역에 병사를 보내고, 강희 연간에는 여전히 동북지역과 러시아지역에서 전쟁을 벌였다. 그러나 '사방의 변경을 정리(四裔兵服)'한 이후에는 청군에게 강대하고 확실한 적수가 없었다. 천조를 전복시킬 수 있는 힘이 내부에 있었지 외부에는 없었다. 이런 점은 청군의 기본 권무가 백성을 막고, 내부를 보호하는 것임을 결정했다.

이 때문에 군대의 분산방어는 합리적인 면이 있었다.

1) 궁, 황원릉(皇園陵) 침입에 대한 금지와 경호, 각급 오문 관부의 수호, 창고와 감옥의 경비, 돈과 식량관련 범죄자 압송, 초소의 세금징수에 협조, 사염과 아편 밀수 조사, 역전과 역로 호위 및 각급 관부가 교부한 임시적 혹은 상대적으로 장기적인 몇몇 관직에 대한 집행 모두 청군이 집행했다. 즉 이런 사무를 완수하는데 있어서 그렇게 강력한 군단이 필요하지는 않았다. 오히려 많은 수의 분산된 병력이 필요했던 것이다. 경영팔기(京營八旗), 독표(督標), 무표(撫標)는 이런 종류의 업무를 집행하는 경우가 매우 많았다.

2) 도시의 치안, 강도와 토비를 억누르기 위해 청군은 성문수비병, 단속인원 외에 또 성안에 초소(堆撥), 울타리(欄柵)를 세우고, 주·야간 순찰(전에 언급한 샤먼[夏門]의 24 토이보[堆撥] 같은 경우가 이런 종류에 속하고 경찰과 비슷하다)을 했다. 이는 또 많은 수의 분산된 사병이 필요하게 되는 것이다. 각 성의 협(協)과 영(營) 및 도시에 주둔하는 주방팔기(駐防八旗)와 녹영은 이런 종류의 업무를 꽤 많이 담당하였다.

3) 역시 가장 중요한 것으로, 더욱 효과적으로 민중을 감시하여 반란을 방어하기 위한 것이다. 각 지방관으로 하여금 수시로 이용할 수 있게 하기

위해, 그리고 당시 교통의 불편을 극복하여 적시에 진압할 수 있게 하기 위해, 청군은 각 성시 중심, 요충지, 입구, 험준한 장소에 크고 작은 신, 당, 잡, 대를 세워 병사를 분산하여 주둔시켰다. 이런 소부대는 전국적으로 봉기하여 일어나거나 수시로 일어났다 사라지는 반란에 대응하기에 매우 편리하였다. 그들 절대다수가 향촌에서 활동하는 반역자거나 도적과 토비로 모두 소규모의 도주범들이고 허점을 노려 공격하였기 때문에 청군이 만약 병력을 집중시켰다면, 효과를 보지 못하고 심지어 그 종적을 찾지 못했을 것이다. 청 녹영병의 주력은 이 때문에 분산된 것이다.

4) 강하고 용맹한 병사는 전제왕조에게 항상 큰 심복지환이었다. 소수민족이 중원에 들어와 주인이 된 청조는 본족 무장(八旗)보다 강한 한족 무장(綠營)을 매우 경계했는데, 그 대권이 상대적으로 병력이 집중된 팔기군이 병력이 분산된 녹영을 감시하는 것이다. 이 때문에 녹영의 군사들이 분산배치된 것으로, 즉 군사적 이유 때문이 아니라 정치적 필요 때문이었던 것이다.[40]

이상은 이론적 분석으로, 실제 운용과정 중에 상황이 어떠했는지에 대하여 어떤 관원이 아편전쟁 중에 쓴 논문을 인용해 보도록 하자.

1840년 8월, 영국군이 천진 해구에 도착하자 직예총독 기선이 상주하여, "천진성에 병사가 모두 800여 명인데 창고와 감옥, 해자를 지키는 병사와 각 항의 관직(差使)을 제외하고 약 600여 명입니다. 그 나머지는 갈고(葛沽), 대고(大沽), 해구(海口) 등 삼영의 연해에 있는데, 갈고에는 100여 명의 병사

---

40) 이에 대하여 용여림(龍汝霖)은 서산(西山) 청군을 언급할 때 다음과 같이 말했다. "무표 및 병정의 정원 외에, 40여 영으로 나누고, 다시 주현의 성수비(城守), 신당으로 나눈다… 이 배치가 태평무사 하려면, 하나는 강하고 용맹스러운 무리를 분산시켜 세력이 커서 통제 불능의 우려가 없게 하는 것이며, 다른 하나는 방어의 공백을 채워 두루미치지 못하는 우려를 없게 하는 것이다. 그 뜻이 깊이가 있고 장기적이다." (『皇朝經世文續編』 권62, 「整頓營務議」, 광서 28년 刻本)

가, 나머지 2영에는 수십 명씩 일정하지 않게 배치되어 있어 병력이 비교적 적습니다"라고 하였다.[41] 천진 진표(鎭標)의 두 영을 조사해 보면 천진성의 수영(守營), 갈고영을 더하면 총병력이 2,400명에 달해,[42] 실제 존재하는 영의 수치와 비교해 보면 외부에서 맡은 업무가 많았다는 것을 알 수 있었다.

1840년 9월, 복주(福州) 장군 보창(保昌) 등이 상주를 올렸는데, "성도(省城)의 녹영병은 통상적으로 각처의 당직을 제외하고 실제 1,040명이 주둔하고 있습니다",[43] "복건 팔기 주방군을 조사하니 1,960명이고 복건 장군이 관할하는 녹영병이 모두 3영(좌영 938, 우영 938, 수사 627)으로 모두 합쳐서 4,463명입니다"라고 하였다.[44] 그리고 "통상적인 각처의 당직" 병사의 수가 4분의 3이상을 차지한다고 하였다.

1841년 11월, 성경(盛京)장군 기영(耆英)이 상주하기를 천자(天)의 명을 받들어 "모든 각성의 병사의 정원수가 많은 곳은 7, 8백 명이고, 적은 곳은 3, 4백 명으로 동서의 각 길에는 각각 1, 2백여 명으로 일정하지 않습니다. 성도 서부의 병사는 5,200여 명으로 각 항의 부역에 차이가 많이 나 곳곳에서 사람이 필요합니다. 또 변경 밖의 초소(卡倫), 사냥터를 지키는데 매년 모두 9백여 명의 병사가 필요하여 모두 계절에 따라 교대로 파견을 나갑니다"라

41) 『阿片戰爭檔案史料』 2권, 237쪽.

42) 嵇璜 등 편찬, 『皇朝文獻通考』 권 183, 上海圖書集成局, 광서 27년(1901), 鉛印本. 천진 진표 2영, 무두 1,400여 명, 천진성수영 450명, 갈고영 490여 명. 또 기선의 상주에서 '갈고, 대고, 해구 등의 3영'에 대하여 상응하는 기록을 찾지 못했다. 갈고영을 조사하면 신성, 대고 등지에 분산되어 있고, 이곳의 '영'은 마치 편제상의 '영'이 아닌, 주둔하는 영지(營地)와 같았다. 또 『皇朝文獻通考』의 건륭 연간의 수치를 보면 아편전쟁 시기와 반드시 완전히 상동한 것은 아니며, 단 청군 군제의 변화가 매우 적어, 대체적인 숫자가 크게 변할 수 없었다. 아편전쟁 후 청조는 특별히 총병력 2,000명으로 대고협(大沽協)을 구성했다.

43) 『阿片戰爭檔案史料』 4권, 120쪽.

44) 『皇朝文獻通考』 권 186.

고 하였다.[45] 기영은 비록 움직일 수 있는 병사의 수를 직접적으로 지적하지 않았지만, 병사들이 담당한 각 항의 부역이 매우 고생스러웠음을 분명하게 밝혔다.

청군의 편제는 확실히 분산하여 '백성을 다스리는' 데에 유리하고, 집중시켜서 외부를 다스리는데 불리하다. **만약 오늘날의 시각으로 본다면 청군은 순수한 국방군이 아니라 동시에 경찰, 내부 경비부대, 국방군 이렇게 세 종류의 직능을 겸한 군대이다.** 그중 국방군의 색채가 가장 약하고 경찰의 색채가 가장 강하다. 한 발 뒤로 물러나서 말하면, 당시 4억 인구에 80만의 경찰을 배치한다고 하면 경찰과 민간인의 비율이 1:500으로, 오늘날의 표준으로 보면 이 비율이 지나치다고 할 수 없다.

청군의 병력분산배치와 맡은 임무는 다음 두 가지를 결정했다. 1)청군은 전군을 작전에 투입할 수 없다는 것이다. 배치된 병사와 참전할 수 있는 병사는 두 개의 동일하지 않는 개념인 것이다. 2)청군은 이미 각 지역에 속박되어 있었기 때문에 기동작전을 펼칠 수 있는 부대가 없다는 것이다.[46] 다시 말해서, 총병력이 80만에 달했지만, 실제 운용적인 면에서 오늘날 당연히 해야 할 역할을 갖추지 못했다.

이에 근거하면 진정으로 의미가 있는 것은 바로 아편전쟁 중에 작전에 투

---

45) 『阿片戰爭檔案史料』 4권, 398쪽.
46) 청군의 각 부서에 대해 설명하자면, 1)경사팔기(京師八旗)와 순포(巡捕) 5영이 모두 10여만 명이나, 상당 부분이 궁정(宮廷), 룽침(陵寢), 아문(衙門)의 일상적 업무 집행에 쓰였다. 순포 5영 및 일부 팔기 경영은 현지를 순방하고 각 성문과 병영을 수비하고 경사의 치안을 유지한다. 경성을 수호하기 때문에 이 부대들을 일반적으로 쉽게 차출할 수 없었다. 그래서 아편전쟁 중에 동원되지 않았다. 2)각지의 장군, 도통, 부도통이 통솔하는 주방 팔기는 상대적으로 집중되었으나, 한 곳에 천명이 넘지 않았으며, 일상적인 근무를 제외하고 수성의 책임이 있었다. 아편전쟁 중 이런 병사들의 차출은 많지 않았다. 3)각 성 독무가 이끄는 제표, 무표, 조표(漕標), 하표, 부담하는 관부의 근무는 상당히 무겁고 힘들다. 제독이 관할하는 제표의 병사 수는 비교적 독표 등 보다 많지만, 지역을 수비하는 책임이 있어 전 병력을 작전에 투입할 수 없었다. 4)각 진, 협, 영은 지방을 안정시킬 책임이 있기 때문에 역시 전 병력이 참전할 수 없었다. 다시 말해서, 이와 같이 청군에는 전부를 작전에 활용할 수 있는 완전한 부대가 없었다.

입할 수 있는 청군의 병력 수였다.

아편전쟁에서 실제로 교전을 벌인 성은 광동, 복건, 절강, 강소이며, 더욱 구체적으로 말하면 실제 교전 지점은 광동의 호문 광주, 복건의 하문, 절강의 정해·진해(鎭海)·영파·사포(乍浦), 강소의 오송·진강(鎭江)이었다.[47] 상술한 네 개 성의 청군은 모두 22만이며, 상술한 교전지점에는 평상시 약 3만 명이 주둔하고 있었다. 그렇지만 성 전체를 말할 필요도 없이 설령 교전지역일지라도 만약 지역 전체가 영국군의 공격을 받지 않는 한(사포, 진강 등 지역), 수비군 전체의 참전은 불가능했다. 예를 들어 앞에서 말한 1841년 8월의 하문 방어 작전에서 청군의 수는 모두 5,680명이지만, 해당 지역을 수비하는 복건 수사제표의 4,300명중에 참전한 수는 오히려 2,000명이 못 되었다.

전쟁의 도래가 각 지역 수비군의 평상시 임무를 없애지는 못했다. 반대로 정세의 긴장 국면은 통치자들로 하여금 더욱 민중을 감시할 필요를 느끼게 되었고, 말썽이 일어나는 것에 대비하게 되었다. 이 때문에 교전지점에서 해당 지역의 청군은 결코 기존의 신당초잡(汛塘哨卡)을 전부 없앨 수 없었고, 병력을 집중시킬 수도 없었다. 단지 신당초잡에서 약간의 병사들을 뽑아서 다른 데로 돌려 임시로 구성한 편제의 부대로 응전을 준비했다. **병사의 차출은 아편전쟁 중 청군이 집결할 수 있는 유일한 방법**으로 각 장군독무는 본인의 관할지역내에서 병사를 차출하여 해구(海口)를 지원하였고, 또 청 조정 역시 내륙의 각 성에서 병사들을 차출하여 영해의 각 성을 지원하였다. 여기서 우리는 두 가지 예를 들 수 있다.

---

47) 여기서 열거한 곳은 주요 전투지역을 가리키며, 일찍이 소규모 전사가 발생한 적이 있는 곳은 다음과 같다. 광동의 호문에서 광주까지의 동완(東莞), 남해, 반우현(番禺縣) 경내와 서강구(西江口)에서 호문 뒤의 련화산(蓮花山)까지의 향산(香山), 신회(新會), 순덕현(順德縣); 절강의 자계(慈谿), 봉화(奉化), 여요(余姚); 강소의 보산(寶山), 상해, 송강(宋江) 및 장강(長江)하류의 모든 거점.

1) 1840년 7월 15일, 양강총독 이리포(伊里布)는 정해 함락의 소식을 듣고, 강소, 안휘(安徽) 등에서 병사 3,350명을 차출하여 보산, 상해를 지원했다. 구체적으로 서주진(徐州鎭), 수춘진(壽春鎭), 양주진(揚州鎭), 랑산진(狼山鎭), 복산영(福山營), 경구좌우기병영(京口左右奇兵營), 진강영(鎭江營), 상주영(常州營), 대호영(太湖營), 고자영(高資營)에서 차출하였는데 각 지역마다 300에서 500명으로 그 수가 일정치 않았다.[48]

2) 1841년 1월 16일, 호광(湖廣)총독 유태(裕泰) 등이 황제의 명을 받들어 호남의 병사 1,000명을 차출하여 광동을 지원하는데, 제표(提標)에서 300명, 진간(鎭筸) 진표(鎭標)에서 200명, 영주(永州) 진표에서 200명, 수정(綏靖) 진표에서 100명, 무표(撫標)에서 100명, 진영원(辰永元) 도표(道標)에서 의용병 100명을 차출했다.[49]

즉, 도광제는 각 성에서 차출하고, 각 성의 제독과 순무는 각 표영(標營)에서 차출하고, 각 표영의 책임자는 또 각 신당퇴발초잡(汛塘堆撥哨卡)에서 차출하여 보낸 것이다. 여기에서 수명, 수십 명, 저기에서 수명, 수십 명 이렇게 십시일반하여 임시로 무관을 임명하고 군대를 통솔하게 하여 출정하였다. 아편전쟁 중에 광동은 다른 성에서 모두 1.7만 명의 병사를 지원받았는데, 호남·광서·강서·호북·운남·귀주·사천 이렇게 7개 성이었다. 절강성은 연이어 모두 2만 명의 지원군을 다른 성에서 받았는데, 복건·안휘·강소·강서·호남·하남 호북·산서·사천·섬서·감숙·광서 12성이었다. 이렇게 임시로 긁어모은 부대는 병과 병, 병과 무관의 사이가 익숙하지 않아, 당연

---

48) 『阿片戰爭檔案史料』 2권, 163쪽. 구체적인 숫자는 서주진 400명, 수춘진 400명, 양주영 500명, 랑산진 350명, 복산영 350명, 경구 좌영, 우영 기병영 350명, 진강영 300명, 상주영 300명, 태호영 300명, 고자영 300명.

49) 『阿片戰爭檔案史料』 2권, 756쪽.

히 전투력의 수준이 전반적으로 떨어질 수밖에 없었다.[50]

그럼 이런 차출의 방법으로 과연 얼마나 많은 병력을 집결시킬 수 있었겠는가?

아편전쟁 중에 청 조정은 모두 세 차례 연해 주변의 각 성에 해양방어를 강화하라고 명령을 내렸다. 첫 번째는 1841년 1월 호문(虎門)에서 전쟁이 벌어졌다는 소식을 들은 후(그해 7월 혁산이 군 상황을 거짓으로 보고하여 철군 명령을 한다)이고, 두 번째는 1841년 7월에 정해(定海)가 함락되었다는 소식을 접한 후(그해 9월 영국군이 남하했을 때 철수 명령을 내린다)이며, 세 번째는 1841년 9월에 하문(廈門)의 함락소식을 접한 후였다. 연해의 각 장군과 독무는 모두 본성 안에서 병사를 차출하여 해구(海口)를 지원했는데, 그 수가 다음과 같다.[51]

성(省)	병사 정원		제일차 정해함락 후	호문함락 후	하문함락 후
	팔기 주둔군	녹영병			
직예(直隸)		38,280		6,790	10,000여

---

50) 병부시랑을 역임하고 후에 상군(湘軍)을 편성한 증국번(曾國藩)이 이에 대하여 크게 깨닫고 다음과 같이 말했다. "내가 지금의 전쟁을 생각할 때마다 가장 고통스러운 것은 '패해도 서로 도와주지 않는다(敗不相救)'는 것이다" (「與江忠源」, 『曾國藩全集 書信』 제1권, 장사, 岳麓書社, 1990, 192쪽) 이와 같았기 때문에 강충원(江忠源)이 '운귀호광(雲貴湖廣)의 병사 6천명을 차출'했을 때, 증국번이 그 차출된 병사들이 고용병만 못하다고 권고했다고 상주한다.

51) 병사의 정원 중에 광동, 직예 녹영병은 1841년의 숫자이다. (『籌辦夷務始末(道光朝)』 3권, 1330~1332쪽). 강소, 절강, 복건, 산동의 녹영병은 1849년의 숫자이다. (『清史稿』 14권, 3892~3897쪽) 절강, 강소 팔기주방은 아편전쟁 시기의 숫자인데 구체적으로 강녕 3,560명, 경구(鎮江) 1,185명, 항주 2,000명, 사포 1,181명이다.(『籌辦夷務始末(道光朝)』 2권, 851, 1064쪽, 4권 1843, 1920쪽) 광동의 광주, 복건의 복주, 산동의 청주(青州)와 덕주(德州) 및 성경(盛京)의 팔기주방의 수는 『皇朝文獻通考』에 근거한다.

성경(盛京)	약 10,000				500
산동	2,320	20,057		3,000여	3,000여
강소	4,745	38,001	7,800		
절강	약 4,000	37,565	7,900	약 10,000	약 10,000
복건	4,463	61,675		13,000여	15,000여
광동	3,500	68,263	10,000(의용병 포함)		

위의 표에서 보면, 해구에 원래 배치된 병사를 제외하고 내지에서 차출된 병력은 많아봐야 정원의 4분의 1을 넘지 않는다. 이 수치는 가장 많이 차출된 병력의 수라고 볼 수 있는데 이는 각 성의 독무가 이후 분분히 "실제로 차출할 수 있는 병사가 없기도 하고", 또 해당지역의 '소금밀매업자'와 '도적'의 창궐이 매우 우려되며, 병력 차출의 틈을 타 분란이 일어날 수 있다고 상주하였기 때문이다. 그중 녹영병의 차출 비율이 가장 낮은 곳이 산동으로, 1842년 1월 28일 산동순무 탁혼포(托渾布)가 "각 항구에 병사들을 차출하였는데 3,000여 명입니다. 연해는 여전히 취약하고 내지도 이미 텅텅 비어 있습니다"라고 상주하였다.[52] 산동에서 차출된 방어군이 정원의 6분의 1을 차지함에도 불구하고, 통치자는 이미 지방의 정상적인 질서를 유지하기 어렵다는 것을 느끼고, 약간을 회수할 수밖에 없었다.

연해의 각 성에서 차출할 수 있는 병력이 부족했기 때문에 청 조정은 내륙의 각 성에서 병사를 차출하여 연해를 지원한다. 그 수는 다음과 같다.[53]

---

52) 『籌辦夷務始末(道光朝)』 3권, 1578쪽.
53) 각 행성의 병력 정원수는 단지 녹영병 만을 말하며 해당 성의 주방은 포함하지 않는다. 녹영병의 수는 (『籌辦夷務始末(道光朝)』 3권, 1332쪽). 길림, 흑룡강의 팔기병 수는 『淸朝文獻通考』를 참고.

차출한 성	정원	차출 수	차출비율
안휘	9,502	3,500	36.83%
호북	20,645	7,300	35.35%
강서	12,562	4,000	31.83%
섬서	25,001	5,700	22.80%
하남	15,491	4,000	25.82%
사천	31,808	7,000	22.00%
길림	약 10,000	2,000	20.00%
흑룡강	약 10,000	2,000	20.00%
찰합이		2,000	
광서	22,632	3,000	13.26%
호남	27,306	2,500	9.16%
귀주	36,737	2,500	6.18%
산서	22,962	1,500	6.53%
감숙	69,341	3,700	5.33%
운남	40,042	500	1.25%

위의 표에서 보면 전쟁에서 버티기 위해, 관내의 각 행성 및 동북지역 모두에서 병사를 차출하였다. 오직 신강과 몽고지역에서만 병사를 차출하지 않았다.

각지에서 차출한 병사수는 『籌辦夷務始末(道光朝)』의 관련 상유(上諭)를 참고.

이상, 청조정이 내륙의 각 성에서 차출하여 보낸 병력은 5.1만 명으로, 이 병력을 광동(1.7만), 절강(가장 많았을 때가 1.8만), 강소(가장 많았을 때가 1.3만 그중 대부분이 절강을 지원한 군대이다), 직예(1만), 금주(錦州, 1000), 무호(蕪湖, 1000)로 보냈다. 만약 연해의 해당 성이 지원한 부대 및 항구에 원래 상주하는 방어 병력을 합하면, 청나라가 아편전쟁에 동원한 병력의 수는 모두 약 10만 명이었다.

이렇듯이 당연히 청 왕조가 더 많은 부대를 다시 집결시킬 수 없었다고는 말할 수 없지만, 대규모로 증원한다는 것은 불가능했다.[54]

비록 청군의 편제는 근대 전쟁에 전혀 적응하지 못했지만, 어쨌든 총병력 80만은 거대한 숫자였다. 결국 아편전쟁 중에도 10만의 군대가 집결하게 되는데, 영국 원정군이 가장 많았을 때의 2만 명과 비교해도 여전히 절대적인 우세를 차지하였다.

그렇지만 상술한 사태를 초래하게 한 근본적인 원인 중 하나가 바로 앞 절에서 언급한 영국함선이었다.

당시 청조의 상하 모두는 영국군의 '함선이 견고하고 포가 위력적이다(船堅砲利)'라는 사실을 이미 인식하고 있었던 것으로 이러한 인식 아래, 해상전의 포기는 청군의 필연적인 선택이었다. 다시 말해서 청군은 전쟁의 주도권

---

54) 만약 우리가 교전지역인 절강성의 차출 비율 24%와 비 교전지역인 안휘성의 차출비율 36%를 청조가 도달할 수 있는 최고 표준으로 삼는다면, 그럼 이미 집결한 10만 명을 제외하고 약 10만 명 정도를 더 동원할 수 있지만, 다음의 사항을 주의해 볼 필요가 있다. 하남, 사천, 섬서 등은 전장과 거리가 너무 멀다. 광서, 호남, 귀주, 운남, 감숙 등의 성은 주둔군이 비교적 많지만, 청 제국 내부의 묘(苗), 회(回), 몽(蒙) 등의 소수민족을 감시해야 했다. 경기 팔기는 아편전쟁 중에 움직이지 않았는데, 전제사회에서 제일 중요한 지리적 위치를 차지하는 수도를 보호하기 위해서이다. 주방팔기는 길림, 흑룡강, 강녕, 청주 등에서 약간을 차출한 것 외에 나머지는 아편전쟁 중에 움직이지 않았는데, 그것은 특수한 사명을 책임지고 있었기 때문이다. 이 때문에 왕조 통치질서의 안정적 보호를 선결조건으로 삼았기 때문에 절강의 24%와 안휘의 36% 차출비율의 비례는 실제상 운용 중에 도달하기 어려운 것이다. 거리가 요원하여 생긴 문제에 대해서는 나는 이후에 또 언급하겠다. 이밖에 태평천국 전쟁 시, 지방의 부패, 무질서로 말하자면, 차출된 병력이 아편전쟁보다 높았으며, 그중에 반영된 청 왕조의 태도는 그들이 '사직'을 '국가'보다 무겁게 생각했다는 것이다.

을 상실했고, 오직 육지에서 피동적으로 상대방의 진공을 기다려야 했을 뿐이었다.

영국군의 함선은 용맹한 진공수단일 뿐만 아니라 고효율의 운송수단이었다. 영국군은 이로 인해 수량적으로 유한한 군사력을 중복적으로 사용할 수 있었다. 한 척의 전함을 두 척처럼 두 번을 사용했다. 한 명의 병사가 두 명처럼 두 번을 참전하였다. 청군의 육지에서 병력을 차출하여 이동하는 속도가 영국군의 해상 병력 운용을 따라가지 못하였고, 게다가 영국군의 전략목표와 작전 지휘방침을 알지 못하여 어쩔 수 없이 곳곳에 방어진을 펼칠 수밖에 없었다. 다시 말하면, 전국 수천 리의 해안선이 모두 방어의 범위였던 것이다.

이는 아편전쟁 중에 청군의 병력배치의 실제 전경을 결정했다. 영국군에 대항하기 위해 침입 가능한 성경, 직예, 강소, 절강, 복건, 광동 7개성의 수십 개 항구 모든 곳에 병사를 파견하고 포를 움직여 방어하는데, 그중 호문, 하문, 정해, 진해, 오송, 대고(大沽)는 최고 요충지였으며, 청군의 방어군은 4천에서 1만으로 일정하지 않았다. 영국 측이 함선의 우세로 작전의 지점, 작전의 시간 그리고 작전의 규모에 대한 결정권을 얻었기 때문에 청조는 매 전투마다 영국군과 비슷한 병력을 유지해야 했고, 사전에 먼저 교전 가능성이 있는 지역마다 영국군이 투입 가능한 부대와 비슷한 병력을 주둔시켜야만 했다.[55]

---

55) 이 정황에 대하여 한 예를 들어 설명할 수 있다. 1841년 9월에 절강을 수비하던 흠차대신, 양강총독 유겸이 상주에 다음과 같이 보고한다. "염채를 받는 각처의 모든 관병의 정원을 함께 계산한 바에 따르면 절강성 방어군은 1만 5천여 명입니다. 사실 진해, 정해 두 곳에 본영의 관병의 정원을 제외하고 각각 겨우 외영 외성의 병사 3천여 명을 차출하여 파견하였습니다. 그리고 사포지방에는 주방팔기를 제외하고 겨우 방어군 8백여 명을 차출하여 파견하였습니다. 그 나머지 4, 5천명은 연해의 각 입구를 나누어 방어하는데, 1, 2백 명에서 수백 명에 이르기까지 고르지 않았으며 그 형태가 취약합니다. 현재 역이가 사방에서 혼란을 일으키는데, 곳곳이 힘듭니다. 각 해당 지방관이 분분히 병사들을 보내 합동작전을 해야 한다고 품계를 올리는 바에 근거하면 실제 정황이 그렇다고 합니다. 단, 본 신하가 전반적으로 생각해 보건데 절강 및 그 부근의 각 성에 이미 차출할 수 있는 병사가 없으며, 게다가 그 역이가 해

병력의 집중은 본래 군사학의 상식인데, 청조가 처한 피동적 지위는 부득이하게 병력을 분산시키게 하였다.

이 때문에 총병력 방면에서 청군은 절대적인 우위를 차지하였지만 실제 교전 중에서는 이 우세를 유지할 수 없게 되었다. 이후의 각 장절에서 우리는 다음과 같은 사실을 알게 된다. 아편전쟁 중 비교적 큰 규모의 전투가 12회 일어났는데, 1841년 5월 광주전투(廣州之戰)와 1842년 3월 절동전투(浙東之戰) 때, 각 성에서 보내준 원군으로 인하여 병력상의 우세를 차지한 것을 제외하고, 거의 대부분의 전역전투에서 청군의 병력과 영국군의 병력은 차이가 크게 나지 않았다. 반대로 특히 1840년 7월 정해전투(定海之戰)와 1842년 1월 사각대각전투(沙角大角之戰), 1842년 7월 진강전투(鎭江之戰)는 영국군이 병력적인 면에서 우세를 차지했다.

우리가 실제 운용적인 측면에서부터 청군의 병력문제를 토론하다보면, 매우 쉽게 간과할 수 있는 인소가 하나 있는데, 그것은 즉 병력차출의 속도였다.

청나라 측이 전장의 위치와 작전의 시간을 확정할 수 없었기 때문에 병력차출은 군비 등의 제한을 크게 받았는데, 청 조정이 아편전쟁 중에 시행한 병력차출은 크게 두 번이었다. 하나는 1841년 1월 호문전투 후로 주방향은 광동이었다. 다른 하나는 1841년 10월 진해가 함락당한 후로 주방향은 절강이었다.

상을 다니며 이곳저곳 장소를 자주 바꾸고 종잡을 수 없어, 만일 제가 경보를 듣고 병사를 파견하며 바다와 육지를 뛰어 다니면 그들은 또 어딘가 다른 곳에서 나타나 우리의 병사들을 숨 돌릴 새도 없이 바쁘게 만들기 때문에 그 효용성이 떨어집니다." (『籌辦夷務始末(道光朝)』 3권, 1210쪽.) 여기서 알 수 있는 것은 1)각처에 원래부터 배치되어 있어 방어에 참가한 병사들은 단지 일부분이며, 2)본성과 외성에서 차출되어 방어한 만여 명의 지원군은 단지 정해, 진해, 사포 세 곳의 요충지와 10여 곳의 해구에 분산되었다는 것이며, 3) 방어구역의 병력마다 여전히 병력부족을 걱정하고 있었다는 것이다. 절강성을 제외하고 연해 각 성의 정황은 모두 이와 같았다.

당시의 병력운용은 기본적으로 역참과 연결된 길을 노선으로 삼아 행진하면서 그 길에 속하는 각 지방관이 수레와 배, 인력과 말을 준비하고 군량과 마초, 숙소를 제공하는 것이었다. 비록 청군의 편제와 임무의 특성상, 한성에서 한 번에 차출할 수 있는 인원이 1천 명이었지만, 도로가 좁고 해당 지역의 능력이 유한했기 때문에, 이 1천 명의 군대조차도 단체로 움직일 수 없어서, 매번 200명에 300명씩 병사를 나눠서 차출해야만 했다. 강을 통행할 지역은 지원군이 승선하여 기타 지역까지 움직였지만, 절대다수는 수레와 말이 유한했기 때문에 걸어서 이동하여 그 속도가 느렸다.

이를 위하여 나는 원군 19개의 병력차출 정황에 대하여 구체적으로 통계를 내 보았다. 청군의 병력차출의 대략적인 속도는 인접한 성으로 이동할 때에는 30일에서 40일, 한두 개 성을 넘을 때는 약 50일, 세 개의 성을 넘을 때는 약 70일, 네 개의 성을 넘을 때는 90일 이상이 걸렸다. 아래의 표를 살펴보자.

차출명령시간	차출지	전입지	병사수	도착정황	시간
20년 6월 26 (1840년 7월 24일) 도광제가 차출을 명령함, 7월 2일(7.30) 鄧廷楨을 파견	福建 建寧鎭	浙江 鎭海	500	당년 8월 상순 (약 8월 말 9월 초) 연이어 도착	약 40일
20년 12월 20일 (1841년 1월 12일)	安徽 壽春鎭	浙江 鎭海	1,200	다음해 2월 초4일 (1841년2월 24일) 伊里布의 상주에 의하면 1차로 400명이 도착. 7일 (27일) 상주에 이미 연이어 도착.	46일

20년 12월 14일 (1841년 1월 6일)	湖南	廣東 廣州	1,000	다음해 2월 초1일 (1841년 2월 21일) 기선의 상주에 1차로 600명이 도착, 초7일(27일) 전부 도착	51일
20년 12월 14일 (1841년 1월 6일)	貴州	廣東 廣州	1,000	다음해 2월 초1일 (1841년 2월 21일) 기선의 상주	47일
20년 12월 14일 (1841년 1월 6일)	四川	廣東 廣州	2,000	다음해 3월초4일 (1841년 3월 26일) 임칙서의 일기	79일
21년 정월 초5일 (1841년 1월 27일)	江西 南贛鎭	廣東 廣州	2,000	2월 초7일 (2월 27일) 임칙서일기 (최초로 예상) 2월 정사일(3월 6일) 양방(楊芳)의 상주 1,500명 도착	40여일로 예상
21년 정월 초8일 (1841년1월 30일)	湖北	廣東 廣州	1,000	3월 초10일(4월 1일) 임칙서일기에 800명 도착; 3월 17일(4월 8일) 혁산(奕山)의 주청 300명 광동곡강(曲江) 도 착(임칙서가 기록한 숫자는 틀 렸을 가능성이 있다)	약 70일로 예상
21년 정월 초9일 (1841년1월 31일)	貴州	廣東 廣州	500	2월 30일 (3월 22일) 도착	50일
21년 정월 초9일 (1841년1월 31일)	湖南	廣東 廣州	500	2월 30일 (3월 22일) 불산(佛山) 도착	50일
21년 정월 초8일 (1841년1월 30일)	四川	廣東 廣州	1,000	윤3월 초6일(4월 26일) 혁산의 상주 광동성 경내로 진입	약 90일로 예상
21년 9월 초5일 (1841년 10월 19일)	河南	浙江	1,000	10월 초10일(11월 24일) 혁경(奕 經)의 상주 진강에 도착, 후에 이어서 혁경이 절강으로 간다.	

21년 9월 12일 (1841년 10월 26일)	四川	浙江	2,000	12월 20일(1842년 1월 30일) 380명이 도착, 후에 연이어 도착. 22년 정월 초4일(1842년 2월 13일)까지 300명이 아직 도착하지 않음.	약 110일로 예상
21년 10월 초4일 (1841년 11월 16일)	陝西 甘肅	浙江	2,000	12월 19일(1842년 1월 29일) 750명이 도착, 후에 연이어 도착. 22년 정월 초4일(1842년 2월 13일)까지 250명이 아직 도착하지 않음.	약 90일로 예상
21년 11월 초9일 (1841년 12월 31일)	河南	江蘇	1,000	다음해 정월 초4일(1842년 2월 13일) 도착	45일
22년 3월 초6일 (1842년 4월 16일)	廣西	浙江	1,000	5월 21일(1842년 6월 29일) 혁경의 상주 1, 2차 모두 550명이 도착, 후에 두 번 그 달에 도착.	약 70일로 예상
22년 4월 초19일 (1842년 5월 28일)	湖北	江蘇	1,000	6월 초3일(7월 10일)도착)	43일
22년 5월 20일 (1842년 6월 28일)	察哈□	天津	2,000	기마대로 6월 초9일(7월 10일) 도착.	18일
22년 6월 23일 (1842년 7월 30일)	河南	江蘇 淸江	1,000	8월 초9일(9월 13일) 모두 도착	45일
22년 7월 10일 (1842년 8월 16일)	河南	安徽 蕪湖	1,000	7월 25일(8월 30일) 1차 200명이 도착, 이후 나머지는 복귀한다.	

출처 : 『籌辦夷務始末(道光朝)』, 『林則徐 日記』. 병력 차출 시간은 도광제가 명령을 내린 시간으로 계산, 각 해당 성의 차출병력 및 각 해당 차출병력의 이동시간을 포함한다.

이와 같이 병력의 완만한 이동속도는 청군으로 하여금 본토에서 작전을 펼칠 수 있는 유리한 조건을 상실하게 했다. 이에 반해 당시 영국해군 함선은 남아프리카 케이프타운에서 이동하여 홍콩에 도착하는 데는 약 60일 걸리고, 인도에서 출발하면 약 30일에서 40일 걸리며, 설사 영국 본토에서 출발할지라도 4개월을 넘지 않았다. 또 증기기관의 출현으로 인한 증기선의 사용은 영국군의 속도를 더욱 빠르게 하였다. 1841년 영국의 전권대표가 뭄바이에서 오문에 도착하는데 25일 걸렸다. 이로부터 추산하면 영국군이 절강의 주산(舟山)에서 증기선을 인도로 파견하여 원군과 군수물자를 집결시키고 보충한 후, 다시 돌아온 시간은 거의 청나라가 사천에서 광동으로 혹은 섬서에서 절강으로 병력을 차출한 시간과 비슷했다. 빠른 함선은 영국군의 보급선을 단축시켰다. 반대로 낙후한 교통 조건은 청군의 증원 속도를 연장시켰다. 이렇듯이 선진과학기술은 병력문제에 있어서 그 위력을 분명하게 보여주었다.

이와 같은 병력의 완만한 이동속도는 청군의 병력관련 부서로 하여금 영국군의 군사행동을 따라 가지 못하게 했다. 1840년 6월에 영국군이 광동 동수성(東水城)에서 출발하여 정해를 함락하고 천진 항에 도착하는 데 겨우 35일이 소모되었다. 1841년 8월 영국군이 홍콩에서 출발하여 하문, 정해, 진해, 영파를 연이어 점령하는 데는, 단지 35일이 걸렸을 뿐이다. 그러나 이와 비교하여 청군은 도광제가 1841년 1월 호문 사각대각전투 전후로 광동에 병력을 증원하지만 4개월 후에야 비로소 한 차례 작은 공세를 취했다. 1841년 10월 도광제는 정해, 진해가 함락을 당했다는 소식을 듣고 재차 절강에 병사를 파병하는데, 거의 5개월 후에야 청군이 반격을 시작했다. 이것은 지나치게 추상적일 수 있어 두 가지 예를 들어 보겠다.

1) 1841년 10월 26일, 도광제가 사천 건창(建昌), 송반(松潘) 이 두 진(鎭)에서 정병 2,000명을 차출하여 절강으로 보내 '토벌하여 섬멸(征剿)'하게 했

다.[56] 1842년 2월까지 각 부대의 원군은 전선까지 4,000여 리를 이동하면서 갖은 고초를 다 겪었다. 3월 10일에야 비로소 영파를 공략하는 전투에 참가하는데, 이때는 영국군이 이미 1841년 10일 10일에 영파를 점령한 후, 휴식을 취하고 정비를 한지 거의 반 년이나 지났을 때였다. 이렇듯 중국과 영국을 비교한다는 것이 가능한 일이겠는가?

2) 1841년 4월 16일, 절동(浙東) 반격에 실패한 후, 도광제는 전방 사령관 혁경(奕經)의 요청에 근거하여 광서에서 병력 1,000명을 차출하여 절강을 지원했다. 9월 29일에 1차, 2차 합쳐서 550명이 도착하지만, 나머지 3차, 4차 합해서 450명은 아직도 오는 도중이었다. 그러나 영국군은 이때 이미 영파를 버리고 사포, 오송을 함락하고 당당하게 장강(長江)에 진입한 상태였다. 혁경은 급히 그 부대를 다시 강소로 파견했다. 이후 전쟁이 끝날 때까지 그 부대는 어떠한 전투에도 참가하지 못했다.

아편전쟁과 지금은 이미 150여 년의 시간적 차이가 나기 때문에, 우리는 오늘날의 기준을 사용하여 당시의 정세를 판단할 수 없었다. 비록 이런 기준이 지금의 사람들의 눈에 불변의 진리일지라도 말이다.

3. 사병士兵과 군관軍官

병기와 병력이 군사역량의 강약을 나타내는 가장 중요한 두 가지 요소임은 의심할 여지가 없다. 그렇지만 만약 이것으로 전쟁의 성패를 판단할 수 있다면, 그럼 인류의 전쟁사는 곧 수학 상의 가감과 같은 단조롭고 무미건조하게 될 것이며 당연히 있어야할 광채를 잃어버릴 것이다. 역사상 약이 강을 이기는 전쟁의 예가 간혹 발생하는데, 그중의 결정적 요소가 사람 및

---

56) 『阿片戰爭檔案史料』 4권, 259쪽.

사람이 계획하는 전략전술에 있었다.

　인간의 복잡성은 그 사상에 있는데, 인간이 세운 전략 전술은 또 변화무쌍하고 매우 집중적으로 개괄하기가 어렵다. 이 때문에 나는 아편전쟁 중의 고위 인사들의 경력, 사상 및 그 전략전술에 대해서 이후 각 장에서 전쟁과정을 연결하는 토론을 진행할 때 언급할 것이다. 그래서 본 절에서는 간단하게 청군 작전의 주체인 '사병과 군관'의 일반적 상황을 묘사하겠다.

　중국 사학의 주요 결함 중에 하나는 바로 시야가 상층부에 집중되어 있었다는 것으로, 수많은 사료 학자들이 그 자신 주변의 하층민중의 생활에 대해서는 그 소문의 불완전한 성격 때문에 기록을 소홀히 했다. 내가 당시 청 관병의 일반 생활에 대해 탐구할 때, 자료가 너무 적어 난처하였고, 그래서 오직 곳곳에 분산되어 있는 자질구레한 자료를 긁어모을 수밖에 없어서 대체로 정확하지 않은 그림이 되었다.

　청조의 병역제도는 일종의 변형적 모병제였다. 초기 팔기(八旗)는 병민합일(兵民合一)의 제도였는데, 청이 입관(入關)한 후 성인이 많이 늘어나고 병사의 정원이 고정되자, 점차 각 기(旗)와 각 좌영(佐領)에 고정적인 수의 성인남자를 병사로 선발하는 것으로 변화했다. 녹영병은 자체적으로 고정적인 수의 병호(兵戶)를 모집했다. 민호(民戶)와 비교하면 병호가 되면 토지세(錢糧賦稅稅)를 면제받을 수 있었다. 실제운용 중, 특히 전시에 녹영의 병사들은 병호에서 선발되는 경우 외에 사회 기타 성원 중에서 모집된 경우도 있었고, 각양각색이었다.

　이런 종류의 모집방식의 구체적인 집행방식은 어떠했을까? 우리는 민국 시기의 유명한 장령(將領) 풍옥상(馮玉祥)의 개인적 경험을 인용하여 독자의 이해를 돕고자 한다.

보정부(保定府) 5영 군사 훈련(소)에는 유명한 '부자병(父子兵)'이 있었다. 이 의미는 바로 아버지가 퇴역하면 아들이 명의를 도용해 결원을 보충하는 것인데, 보통 겉으로 보기에 서로 관계가 없는 사람으로 매우 들어가기가 어려웠다. 어떤 때에는 1년 반 만에 결원이 발생하여 수많은 사람들이 몰려들어 경쟁하여 각 방면에 천거를 부탁하였다. 그래서 나도 몇 번을 지원했지만 모두 실패했다.

또 한 번은 영에 결원이 발생했는데, 외부인들이 아직 모를 때 관대(管帶) 묘(苗)대인이 말했다. "이번에 풍 큰 어른의 아들을 집어넣겠다."

그러자 옆에 있는 사람이 물었다. "풍 큰 어른의 아들 이름이 어떻게 됩니까?" 이에 묘 대인이 멈칫하더니 이어서 그 사람에게 말했다. "내가 물어보겠다." 이때 묘 대인은 그가 가서 물어볼 것을 두려워하여 시간을 끌었고, 또 결원을 다른 사람이 가로채 갈까 봐 그가 즉시 "내가 안다, 물어볼 필요 없다"고 하면서 바로 '풍옥상'이라고 썼다.

본래 우리의 이름은 '기(基)'자 돌림으로 형은 기도(基道), 나는 기선(基善)이었다. 이번 보충에서 묘대인이 임의로 적어냈기 때문에 이후 나는 이를 계속하여 사용했으며, 본명으로 환원하지 않았다. 이것이 바로 나의 이름의 내력이다. 내가 보충병이었을 때는 광서 80년, 1892년으로 나는 겨우 11세였다. 보충병이 된 후 나는 영에서 훈련을 하지는 않았다. 급료를 줄 때를 제외하고 나머지 시간

에는 계속 집에서 생활했다.[57]

　풍옥상의 부친은 초관(哨官)이었는데, 풍옥상이 들어간 곳은 회군(淮軍)으로 아편전쟁 시기의 팔기녹영과는 차이가 있었다. 11세에 군에 들어간 것은 예외적인 일이기 때문에 그가 특별한 의미가 있다고 생각하여 자전에 적은 것이다. 우리는 그의 사례를 보편적 현상으로 삼을 수는 없지만, 여기서 드러난 모병의 절차는 오히려 변함이 없는 청조의 제도를 나타낸 것이다.

　청군의 사병은 일단 모집을 당하면 일종의 종신 성격의 직업이 된다. 당시에는 고정적이고 명확한 퇴역제도가 전혀 없었다. 비록 청군 중(주로 녹영)에 늘 "늙고 쇠약한 자는 없애고, 강건한 자로 보충한다"는 방침이 있었지만, 몇 살이 늙은 것인지와 어떤 것이 약해진 것인지에 대한 규정이 없었으며, 몇 년에 한 번 행하는 지에 대한 것은 더욱 규정되어 있지 않았다. 이 때문에 청군 사병의 연령은 일정하지 않았다. 1840년 7월 제1차 하문전투에서 9명의 중영 청군 병사가 죽었는데 당안(檔案)에는 그들에 대한 개인 기록이 남아있다.

　중영 수비병 임희성(賃喜成), 35세, 조창수, 모 진씨, 처 이씨, 자 주.
　좌영 수비병 오찬생(吳燦生), 25세, 조창수, 척 박씨, 남 순의.
　좌영 전투병 오관상(吳觀賞), 43세, 조창수, 천 손씨.
　좌영 수비병 왕대유(王大猷), 29세, 조창수, 모 오씨.
　우영 전투병 구명희(邱明禧), 39세, 궁수, 조모 임씨, 모 유씨, 처 진씨.
　우영 전투병 장세택(張世澤), 59세, 조창수, 모 여씨, 처 황씨, 난 광찬.

---

57) 馮玉祥, 『我的生活』, 하얼빈, 黑龍江人民出版社, 1981년, 상권, 23~24쪽.

전영 전투병 호만재(胡滿才), 47세, 조창수, 남 인람.

후영 전투병 주서안(周瑞安), 22세, 조창수, 계부 창, 모 서씨, 제 거.

후영 전투병 오진승(吳振勝), 24세, 등패(籐牌)수, 부 준, 모 임씨, 형 사, 제현.[58]

이 9명의 병사들 전부 정예인 복건수사제표(福建水師提標)의 소속이었다. 이 당안을 보면, 그들의 나이가 22세에서 59세까지 일정하지 않은데, 대다수가 처자식과 모친이 대부분 생존해 있으나 부친의 기록은 적었다. 우리는 여기서 그들의 부친이 이미 사망한 녹영병인지 아닌지 모르며, 그리고 그들이 부친으로 인해서 입대를 했는지에 대해서도 알지 못했다.

청군 사병들의 가족은 모두 군을 따라 영(營)안에 살았고 혹은 그 밖의 방을 빌려 부근에 머물었는데 오늘날의 군영처럼 삼엄하여 24기간 내내 거주하지는 않았다. 당시 사병이 하는 일은 오늘날의 경찰과 비슷했으며, 기타 생활 또한 오늘날의 경찰과 같이 출퇴근을 하였다. 출정하여 전투를 할 때를 제외하고 군영에서 취사를 하지 않았으며, 훈련과 당직으로 귀가하지 못하면 가족들이 식사를 가져왔다. 훈련 장소 주위에서 항상 그들의 처자식들이 구경을 했다. 휴식시간에 처자식들과 같이 밥을 먹는데 진풍경이었다. 저명한 작가 노사(老舍)는 그의 자전적 소설『정홍기하(正紅旗下)』에서 두 명의 기병(旗兵)과 한 명의 효기교(驍騎校), 한 명의 좌령(佐領), 한 명의 참령(參領)의 일상생활을 묘사했다. 이 권은 1960년대에 1890년대를 묘사한 소설로, 비록 사료를 바탕으로 하여 아편전쟁 시기의 정경을 보여주는 것이라고 할 수는 없지만, 우리에게는 좀 더 그 시대에 가깝게 관찰할 수 있도록 했다고 생각한다. 그중 노사는 정홍기(正紅旗) 마갑(馬甲)을 담당하고, '얼굴이 황색이고 수염이 없는(面黃無須)' 요패를 지니고 출입하는 황성(皇城)·수위(守

---

58) 「署泉州府廈防同知蔡觀龍, 標下兼護中軍陳勝元, 閩海關委員興貴, 署泉州府同安縣知縣胡國榮票」『軍機處錄副』.

衛)인 부친의 생활을 다음과 같이 묘사했다.

> 출근할 때가 되면 그는 출근을 하고 퇴근하여 그는 곧바로 귀가
> 한다. 집에서 그는 글자를 잘 모르기 때문에 독서를 하지는 않는
> 다. 그는 단지 들락날락 하면서 장작을 패고 오색매화를 보고 혹
> 은 물 항아리를 닦았다. 한평생 그는 어떠한 사람과도 싸우거나
> 말다툼을 한 적이 없었다. 그는 누구에게나 매우 얌전하게 대했
> 다. 그러나 누구도 그를 크게 무시하지는 않았는데 그가 요패를
> 지닌 기병(旗兵)이었기 때문이다.[59]

노사의 집은 오늘날 북경 호국사(護國寺) 일대인데, 그가 출근하는 황성과
그렇게 멀지는 않았다. 이 마갑이 이 유명한 아이를 얻은 때가 40이 넘어서
였다. 그는 2년 후 8국연합군의 노역으로 죽었다.

나는 앞 절에서 이미 설명하기를 청군의 절대다수의 사병이 분산 배치되
어, 매 장소마다 수 명에서 수십 명까지 일정하지 않다고 했다. 그리고 이렇
게 분산된 병사는 가속(家屬)을 데리고 각 시의 요충지인 신당조잡(汛塘碉卡)
의 지역에 거주했으며, 훈련이나 당직을 제외하고 평상시의 생활은 주변의
민호와 별반 다르지 않았다.

청군의 녹영과 주방팔기의 사병은 기마병(馬兵), 전투병(戰兵), 수비병(守
兵) 이렇게 세 종류이고, 경사팔기는 또 영최(領催), 마갑(馬甲), 보갑(步甲),
양육병(養育兵) 등이 있었으며, 매월 월급을 받았다.

---

59) 老舍, 『正紅旗下』, 人民文學出版社, 1980, 56쪽.

그 표준은 다음과 같다.[60]

녹영주방8기 (綠營駐防八旗)	기마병(馬兵)		전투병(戰兵)		수비병(守兵)
	0.3석(石) 2냥(兩)		3.3석 1.5냥		0.3석 1냥
경사팔기 (京師八旗)	신군전봉호군등영 (親軍前鋒護軍等營) 영최(領催)	마갑(馬甲)	보군영(步軍營) 영최(領催)	보갑(步甲)	양육병 (養育兵)
	1.85석 4냥	1.85석 3냥	0.883석 2냥	0.883석 1.5냥	0.133석 1.5냥

마병은 즉 기병이고, 전병은 출정하여 전투를 하는 병사이며, 수병은 수비와 방위를 위한 병사로 원래 직분이 명확했다. 아편전쟁이 발발하면서, 전쟁규모의 축소로 인해 수많은 기마병이 전마 등의 항목을 지출하던 것에서 말이 없는(無馬) 마병으로 변화되었고 전병과 수병의 직권도 나날이 모호해졌다. 월급의 차이 때문에 실제운용 중에는 수병, 전병, 마병은 병사들의 승급을 위한 등급이 되었다. 팔기의 병사들은 월급 외에 기타 일인당 약 30무(畝)를 받았는데, 아편전쟁이 발발하면서 저당과 환금이 일상적인 일이 되었다.

숫자로만 봐서는 문제를 발견하기 쉽지 않기 때문에 우리로 하여금 사병의 수입으로 당시의 생활지표를 대조해 보게 했다. 1938년 호광총독 임칙서가 다음과 같이 말했다.

삼가 생각해 보건데 인간이 살기위해서는 일용할 음식이 필요하다. 재산이 매우 많은 자는 본래 그 수요를 확실히 정할 수 없다.

---

60) 皮明勇, 『晚淸軍人地位硏究』, 1990, 인쇄본, 이 권의 군인의 경제생활방면에 대한 서술은 나에게 많은 도움이 되었다.

만약 먹을 것이 부족한 사람은 풍년에는 대략 은 45분(分)이 있
으면 하루를 살 수 있고, 만약 하루에 은 1전(錢)이 있으면 모두
가 풍족할 수 있을 터이다![61]

위와 같이 계산하면 1인당 1년에 필요한 은이 15냥에 36냥이다. 청군 사
병의 급료는 12냥에서 24냥이고 별도로 매년 양식 3.6석을 받는데, 이 군량
과 급료(糧餉)는 병사 본인이 생활하기에 넉넉한 편이었다.

그러나 청대의 사병은 가족을 부양해야 했다. 이전 복건수사제표의 9명의
병사에 대한 자료를 살펴보면, 일인당 적어도 2인에서 5인을 부양해야 했
다(여아는 기록되어 있지 않다). 그러나 3인가구를 표준을 삼는다 하더라도
청군 사병의 군량과 급료로는 가계를 유지하기가 분명이 어려웠다.

청군의 군량과 급료 표준은 순치제(順治帝)때 제정된 것이다. 그때는 마침
경제가 회복되고 물가가 내려간 시기였다. 그러나 강희 건륭 옹정을 거쳐
발전하면서 통화 팽창이 이미 상당했다. 군량과 급료 표준은 비록 여러 차
례 조정되었지만 주로 군관(軍官) 부분이고, 게다가 건륭후기 청조의 재정이
이미 곤경에 빠졌기 때문에 청군 사병의 수입은 줄곧 큰 폭으로의 상승이
가능하지도 않았다.

수입의 감소는 그 생활수준을 떨어뜨렸다. 그래서 청군 사병은 생계를 유
지하기 위해 정식항목 외에 다른 수입원을 찾아야 했다. 이 때문에 다른 사
람을 대신하여 일을 하고, 밭을 일구고, 작은 장사를 하는 등등, 이는 당시
의 보편적인 현상으로 마치 지금의 '부업(제2직업)' 같이 성행했다. 예를 들
어 호남 무표(撫標) 우영유격(右營遊擊)의 장수(長隨) 정옥(鄭玉)은 병사 진옥

---

61) 『林則徐集 奏稿』 중권, 600쪽.

림(陳玉林) 등 4인과 27,000문을 출자하여 호남 장사(長沙) 청석가(靑石街)에 위치한 '쌍미차실(雙美茶室)'을 양도받아 반년 동안 경영한 후, 병사 채보운 (蔡步運)등에게 넘겼다.[62] 당시 그런 종류의 경영활동 중에 시간상, 당직 및 훈련기간과 충돌이 발생했을 때에는 청군 사병도 수시로 일꾼을 고용하여 대체했다.

청군 사병의 수입은 비록 많지는 않지만, 수확량을 보장받는 고정적인 '확실한 농작물'이었다. 적지 않은 사람들이 돈을 써서 병사가 되고자 했으며 되고 나서는 당직 및 훈련시간에 얼굴을 내미는 것 외에 나머지 시간에는 여전이 기존의 생업에 종사하였다. 절강 정해 지현(知縣) 요불상(姚不祥)의 막객(幕客) 왕경장(王慶莊)이 밝히기를 그 지역 청군 사병의 "절반이 부수입을 위해 머리를 깎아 주고 발을 손질해 주었으며", 은양(銀洋) 3, 4십 원(元)으로 사람을 사서 대오에 채워 넣었다. 이런 사람들에게는 군인이 되는 것이 오히려 '부업'이 되었다.[63]

이상의 수익창출방식은 비록 청군의 규정에 부합하지 않지만 직접적으로 국익과 백성에 해를 입히는 것은 아니었다. 그래서 사병의 생계와 연관되는 좋은 점도 있었기 때문에 관리들이 본체만체하였다.

사실 청군의 사병은 하나의 재원이었는데, 즉 사기갈취, 뇌물수수의 수단이었다. 이런 부패 현상은 이후 군관(軍官)부분에서 서술하겠다.

청군 군관의 구성은 주로 두 가지였다. 하나는 항오(行伍) 출신으로 아편전쟁 중의 주요 장령인 양방(楊芳), 여보운(余步雲), 진화성(陳化省) 등으로 모두 사병에서 시작하여 일품 대원(大員)에 이르렀다. 다른 하나는 무과 출신으로 아편전쟁 중의 명장 관천배(武舉人), 갈운비(武進士), 왕석명(武舉人)

62) 『林則徐集 奏稿』 중권, 551쪽.
63) 『叢刊 阿片戰爭』 3권, 240쪽.

등으로 하급 장교에서부터 진급한 사람들이었다. 이외 세직(世職), 음생(蔭生), 손납자(損納者)가 있지만 그 수가 적었다. 항오 출신에 대해서는 오늘날 쉽게 이해할 수 있으나, 무과거(武科擧)에 대해서는 소개를 할 필요가 있다.

청대의 과거는 문ㆍ무 두 가지로 나뉘었다. 무과는 문과와 같이 동시(童試), 향시(鄕試), 회시(會試), 전시(殿試) 4등급의 시험으로 나뉘는데, 합격한 사람들은 무동생(武童生, 武秀才), 무거인(武擧人), 무진사(武進士)라고 했다. 무과와 문과의 다른 점은 바로 시험이 두 단계로 나뉘어져 있어 1차(外場)는 밖에서 기사(騎射), 보사(步射), 랍궁(拉弓), 거석(擧石), 무도(舞刀)의 시험을 치루고, 합격을 하면 2차(內場)로 안에서 '무경칠서(武經七書)'(『孫子孫子』, 『吳子』, 『司馬法』, 『尉繚子』, 『唐太宗李衛公問對, 『삼략三略』, 『六韜』)를 주제로 권과 이론에 대한 시험을 치렀다.

팔고문이 천하를 다스릴 수 있다고 여겼던 청대의 무과거의 시험 항목과 근대 전쟁은 완전히 서로 상반된 것이었다. 『무경칠서』와 같은 철학이론에 편중된 고대병서를 초급군관의 교과서로 삼는 것은 타당하지 않았을 뿐만 아니라, 게다가 이 권략과 관련된 유일한 항목인 2차 시험은 응시생들이 너무 많이 틀렸기 때문에,[64] 가경(嘉慶) 연간에 『무경』 백여 자를 외워 쓰는 것으로 개정했다. 2차 시험은 이 때문에 형식적인 시험에 그치고, 1차 시험이 진정한 경쟁의 장소였다. 도광제는 더 분명하게 "무과는 외장(外場)을 위주

---

64) 1765년 순천(順天) 무향시 시험감독관 조익(趙翼)은 수험생이 권론에 '一旦'을 '亘'으로 많이 쓰고, 또 '丕'를 '不一'로 쓴 것을 보았다. '國家', '社稷'이 만약 청 왕조를 가리킨다면 태격(抬格)해야 하지만, 수많은 수험생들이 일반적으로 가리키는 "國家四郊多壘", "社稷危亡" 등을 태사(抬寫)했다. 무생(武生)은 스스로 '生'이라 하고 행내 우측에 놓아야 하는데, 수많은 수험생들이 '생인', '생물', '생기'의 '생'자를 일률적으로 측면에 놓았다. 조익은 또 비록 다시 시험성적 규정에 쌍호(雙好), 단호(單好)가 있었지만, 사실상 "외장에서 쌍호의 자호를 받으면 합격시키지 않으면 안 되었다"는 것을 발견한다. 수많은 수험생들이 내장으로 입장한 후 글을 짓지 못하였으며, 이는 흔히 있는 일이었다. (趙翼, 『簷曝雜記』, 中華書局, 1982년, 29~30쪽)

로 한다"[65]라는 명령을 내리고 무과거의 순위를 한 항목에 집중시켰는데, 바로 강궁(强弓)을 당기는 것이었다. 이렇게 체력을 군관 선발의 기준으로 삼았기 때문에 합격자 중에 글자를 모르는 경우도 있었다.[66]

이런 방식으로 선발한 군관은 쓸모가 없었을 가능성이 컸다. 청대 무관직은 항오(行伍)출신이 주류(正途)가 되었고 과목은 그 다음이었다. 이런 정황은 문관직과는 전혀 달랐다. 청대 군관의 승진은 군공을 제외하고 모두 궁마술 시험을 치러야 했는데, 만약 불합격하면 승진할 수 없었다. 신체 건장하고 힘이 넘치고 기마 자세에 능숙한 것이 여전이 가장 중요한 조건 중에 하나였다.[67]

오늘날의 안목으로 보면, 이 방법으로 선발한다는 것은 한 명의 우수한 사병을 뽑는 것이지 병사를 이끌고 작전을 수행하는 군관은 아닌 것이다. 냉병기(冷兵器) 시대에 군관의 용맹전진은 병사들을 고무시키는 힘이 되었지만, 화기가 출현한 후에는 이런 용맹한 모습은 이미 부차적인 지위로 떨어졌다. 근대화된 영국 군대와의 대립이 아니고, 청조의 전통적인 적과의 작전 이 아닐지라도 이런 방법은 취할 만한 가치가 없었다.

이 때문에 당시 사람들의 마음속에는 군관은 단지 일개 거친 무부일 뿐, '배운 것도 없고 재주도 없다'는 군관의 기본관념이 형성되었다.[68] 그래서 군

---

65) 『欽定大淸會典事例(光緖朝)』 권 717, '兵部 武科 無會試'.

66) 예를 들면, 풍옥상의 부친은 태평천국시기에 청조의 무생에 합격하고 무상(武庠)에 들어가지만, 그는 한 글자도 모르는 미장공이었다.(馮玉祥, 『我的人生』 상, 1~5, 21쪽)

67) 劉子揚, 『淸代地方官制考』, 紫禁城出版社, 1988, 38, 43~44쪽.

68) 이에 대한 가장 전형적인 주장을 흠차대신 유겸의 상소에서 볼 수 있다. "결론적으로 말해서 무원(武員)은 대저 배운 것도 없고 재주도 없어, 전부 굳세고 정직한 것에 의지하였으며, 장교들의 취약점을 통제하기 위해 그들의 장점을 활용합니다. 이렇게 이를 나의 범위로 삼으니 바로 도움을 받을 수 있었습니다. 그러나 만약 잠시 관용을 베풀어 만족하여 병사들이 말썽을 일으키지 않으면, 바로 스스로 똑똑하다고 생각하면서 함부로 행동하다 공을 다투어 거짓보고를 하고 사사건건 사람을 난처하게 만듭니다"(『阿片戰爭檔案史料』 3권, 573쪽).

인의 신분은 사회에서 무시를 당했고, '문을 중시하고 무를 경시하는' 사회 풍조가 생겼다.

이런 군관의 신분에 대한 사회인식은 사회 인재의 유동방향을 결정했다. 가장 뛰어난 청년들은 문과 과거에 몰렸고, 군대는 체력은 있으나 재능이 없는 사람들이 가는 곳이 되었다. 한편 아편전쟁이 끝났을 때, 흠차대신 기영(耆英)과 사포(乍浦) 부도통 대리 이리포(伊里布)가 영국 함선에서 영국 전권대사를 배방(拜訪)할 때, 선상에 한 무리의 청년들이 있는 것을 보게 되었다. 그들은 종군 실습생으로 제복을 입고 어렸을 때부터 군사학을 배우는 것을 보고 기영 등이 매우 놀랐다. 이리포는 이에 대하여 다음과 같이 밝혔다.

> 이렇게 어린 아이들은 학교에서 '매우 이성적인 학문'을 흡수해야
> 하는 것이 마땅하다. 하지만 이들은 전함 위에서 배우는 것보다
> 못한데 우리가 어떻게 더 잘 싸울 수 있겠는가?[69]

여기서 주의해야 할 가치가 있는 것은 다음 두 가지이다. 그중 하나는 군관은 마치 사병과 같은 결코 합리적이지 못한 퇴역제도라는 것이다. 청조의 제도에 따르면, 참장이하 군관은 63세까지 복무할 있으며 직접적으로 병사를 이끄는 천총(千總), 파총(把總)은 66세까지 연장할 수 있었다. 제독, 총병은 명문으로 규정되어 있지 않고 황제의 판단으로 퇴직할 때까지 복무한다.

우리는 강남수륙제독 진화성(陳化成), 절강제독 축정표(祝廷彪), 복건수사 제독 진계평(陳階平), 복건육로제독 여보운(余步雲), 호남제독 양방(楊芳), 광동수사제독 관천배 이들 모두가 70이 넘거나 70에 가까웠음을 알 수 있다.

---

69) William Dallas Bernard, Narrative of the Voyages and Service of the Nemesis, vol. 2 London, Henry Colburn, 1844, 444쪽.

다른 하나는 청군의 고위 지휘관이 무장의 수중에 있지 않고 문관이 장악하고 있었다는 것이다. 각 성의 총병대원(總兵大員)은 사실상 독무(督撫)였다. 이런 문관은 팔고문 출신으로 정계에서 활약한 사람들로 독무에 오르지도 못한, 총병도 아니었기 때문에 군 생활에 익숙하지 못하였다. 그들의 군사 지식은 몇 권의 고서에 국한되어 있었다. 문관이 병사를 이끄는 이런 불합리한 지휘체제는 무관의 질적 저하를 나타내고 있다.

군관의 사회적 지위가 낮은 다른 원인은 그 경제적 지위에 있다. 청군 녹영군관의 월급은 아래의 표와 같다.[70]

관직명	제독 (提督)	총병 (總兵)	부장 (副將)	참장 (參將)	유격 (遊擊)	도사 (都司)	수비 (守備)	천총 (千總)	파총 (把總)
수입 (냥)	217.25	167.63	98.12	63.63	52.63	33.45	24.23	14	9.66

위 표로 보면 군관의 수입도 문관에 비해 낮지 않았고,[71] 그 품계도 문관보다 높았다.

품계	종1품	정2품	종2품	정3품	종3품	정4품	종4품	정5품	종6품	정7품
무관 武官	제독 提督	총병 總兵	부장 副將	참장 參將	유격 遊擊	도사 都司		수비 守備	천총 千總	파총 把總

---

70) 羅尔綱, 『綠營兵志』』, 中華書局, 1984, 342~343쪽.

71) 여기서 군관의 실제 지위를 문관과 서로 비교하는 것이 가리키는 것은 만약 영관(營官)을 현관(縣官)에 대조, 협관(協官)을 부관(府官)에 대조, 진관(鎭官)을 안찰사 혹은 포정사에 대조하는 것과 같다. 만약 품계로 비교하면 문관의 수입이 무관보다 높다.

문관 文官	총독 總督	순무 巡撫	포정사 布政司	안찰사 按察使		도원 道員	지부 知府	직예주 直隸州 지주 知州	주동 州同	지현 知縣

그러나 실제 권력을 말하면 문관이 무관보다 높은 면이 많았다. 게다가 정 2품의 순무가 사리에 맞게 종1품의 제독을 통제한 것을 떠나서, 즉 '병비(兵備)'의 직함을 더 가진 정4품의 도원(道員)이 관할 내의 녹영을 통제할 수 있었는데, 예를 들면 대만병비(臺灣兵備)가 정2품의 대만진총병(臺灣鎭總兵)을 관할할 수 있었다.

경제수입 방면에서 문관은 백성을 다스리고 재정을 다루기 때문에 많은 악습이 있었고 하급관원의 공경을 받았다. 그래서 법정수입은 단지 총수입 중에 가장 작은 부분일 뿐이었다. "청렴한 지부라도 3년이면 10만의 설화은(부수입)을 축재할 수 있다"라고 했다. 이는 사람들이 잘 아는 속담으로 문관의 실제 수입이 법정 수입(약간 과장하더라도)을 크게 초과했다는 것을 나타낸 것으로, 지부(知府)의 품계는 청군영의 일급군관 중(참장, 유격, 도사, 수비) 가장 낮은 수비와 비교하여 약간 높을 뿐이었다.

청나라 군관의 수입 수준을 살펴보면 절대로 추위와 굶주림과는 상관이 없었다. 그러나 당시 관부의 사치 풍조는 군관을 가난한 무뢰한으로 여기게 만들었다. 건륭 후기 이후부터 관리의 작풍이 이미 크게 무너지고 관리가 되려는 목적이 부의 축재에 있었다. 녹봉에 의지해 생활하는 관원은 찾으려고 해도 찾을 수 없었다.

그러나 문관은 수탈할 백성이 있었고(지현에는 수만에서 수십만의 백성이 있었기 때문이다), 수탈할 방법(세금징수, 과거주재 등등)이 있었지만, 무관에게는 단지 수가 제한된 사병(하나의 영이 200에서 1,000명을 관할)이 있었을 뿐이었다. 앞에서 말한 바와 같이 사병의 생활은 어려웠고 부수입이 많지 않았다.

수탈경로가 매우 적어서 수탈자들의 행위를 저지할 수 없었으며, 오히려 수탈방식의 착복(독점)이 일어나게 되었다. 무관의 주요 수탈 수단은 다음과 같다.

1. 흘공액(吃空額, 인원수를 허위보고 하여 착복)

이것은 사람들이 잘 아는 부정한 방법으로 당시의 악습과 같이 거의 드러나 있는 방법이다.[72] 민간의 의견과 언관의 상주문을 보면 이에 관한 의견이 많아도 너무 많았다. 그러나 진정으로 문제가 되는 것을 자세히 조사하여 처리한 것은 드물었다. 이것은 관리들 간의 어쩔 수 없는 악습이었고, 관리들끼리 서로를 보호하는 무너뜨릴 수 없는 보호망을 형성했기 때문에 근본적으로 해결할 수 있는 방법이 없었다.

흘공액의 수치에 대하여 지금까지 자세하고 정확한 통계가 부족했다. 하지만 수많은 자료를 살펴보면 이는 마치 관리의 탐욕 정도와 담량의 대소에 달려있는 것처럼 보였다. 일찍이 귀주지부, 도원 등의 직무를 맡았던 호림익(胡林翼)이 사적으로 다음과 같이 말한 적이 있었다.

도광 함풍 때 귀주 녹영은 보편적으로 결원이 과반수가 넘었으며, 외진 곳의 영신(營汛)은 심지어 정원의 6분의 1이었다는 것이다.[73] 이는 일종의 극단적으로 과장하여 말하는 것이며, 게다가 귀주는 변두리 성에 속했다. 그러나 이부좌시랑(吏部左侍郎) 애인(愛仁)이 1853년에 공개적으로 주청하기를

---

72) 청군 녹영의 흘공액은 청 초에 이미 존재했었다. 1730年, 옹정제가 흘공액의 할당량을 명문으로 규정하였다. (提督 80份. 總兵 60份. 副將 30份, 參將 20份, 遊擊 15份, 都司 10份. 守備 8份. 千總 5份. 把總 4份) 정액 외에 더 받아 가면 중벌에 처했다. 1781년, 건륭제는 이 폐단을 개혁하여 양렴은 (養廉銀)나누어 주었으나. 흘공액의 폐단은 없어지지 않았다.

73) 胡林翼, 『與孔廉訪論全匪階』, 『致黎平府曹子祥函』, 沈卓然, 朱晉材편, 『胡林翼全集』中, 上海, 大東書局, 1936, 68, 82~84쪽.

"경사(京師), 보군영(步軍營)의 정원이 갑병 2만 천여 명인데, 듣기로는 현재 정원의 반이 부족하다고 합니다"라고 하여 사람들을 놀라게 하였다.[74]

일반적으로 말하면, 각 대도시에서 청군은 노역이 비교적 많았기 때문에, 관변(官弁) 흘공액의 수량이 비교적 적었지만 흘공액의 수단이 오히려 끊임없이 새롭게 나타났다. 경사 순포 5영 중의 '서차(署差)'가 바로 그중에 하나였다.[75] 훈련과 순시에 대처하기 위해 관리들은 사람을 임시로 고용하여 대신하였다.[76]

---

74) 愛仁, 咸豊三年三月初九日, 『軍機處錄副』.

75) 병과장인급사중(兵科掌印給事中) 포위(包煒)의 상주에 근거하여, 경사순포 5영의 각 군관이 병사의 정원을 유용하는데, 그 차사(差使)가 "부장은 60명을 점용하며 참장, 유격의 아래이며 순서대로 줄어들어 외위(外委)에 이르러서는 겨우 병사 2명을 지정받을 뿐이다", "최근 각 군관의 점용이 수배가 늘었다고 들었는데, 그러나 점용한 병사는 전부 자기 뜻대로 독점하고 본인 편할 대로 하였는데(즉 밖에서는 생계를 꾸렸다) 이것을 서차라 하였다" 관변이 서차병에 대해 매월 받는 급료의 반을 주고 나머지 반을 자기가 가졌다. 예를 들어 서차(署差)를 원하지 않으면 "갖은 방법으로 빼앗겼으며, 살 수가 없게 했으며, 물러설 수도 없게 하였다. 반드시 자진해서 서차를 해야 했으며, 강요당하고 굴복 당했다." 서차를 독점한 사람, 즉 부장, 참장, 유격은 원문관(轅門官)의 손을 거쳤으며, 도사, 수비는 아문 수령의 손을 거쳤으며, 천총, 파총, 외위의 소득은 도사, 수비가 나누어 주었는데, 이를 조아전(找兒錢)이라고 했다. 포위는 "일개 수비와 같은 하급 군관도 매월 전 팔백에서 천을 벌 수 있었는데 나머지도 알만하다"고 하였다. 서차의 수에 대하여 포위는 경하 순포 5영에 만 명이 있다고 예측했다. "실제 영(營)에서 일하는 사람이 3, 4천명을 넘지 않았다." 서차병은 밖에서 일을 할 수 있었기 때문에 절반의 군량이 생겨 대부분 만족하였다.(포위의 상주. 함풍 8년 6월 21일, 『軍機處錄副』). 다른 지역도 비슷한 상황이었다. 장집형은 복건의 "아문은 그들의 군관을 위해 일할 외부인을 고용하여 급료를 군관과 노동자가 나눠 가졌다"고 하였다(『軍機處錄副』. 279쪽).

76) 이런 종류의 기록은 꽤 많다. 여기서 두 가지 비교적 구체적인 예를 들어 보자. 하나는 앞의 이부우시랑(吏部右侍郞) 애인(愛仁)의 상주로, "만약 상급자의 순찰이 있으면 모든 초소에서 병사들을 뽑아 추가 임무를 부여하고 이외에 잠시 사람들을 고용하여 이름을 사칭하여 파견합니다. 고용가는 1인당 밤마다 전 7, 80문이 넘지 않습니다. 어떤 사람은 3, 4개 초소에 이름을 빌려주기도 합니다"라고 하였다(愛仁, 咸豊三年三月初九日, 『軍機處錄副』). 다른 하나는 공과급사중(工科給事中) 초우린(焦友麟)의 상주로, "신이 산동에서 등주(登州) 수사에게 병사의 정원이 5백 명이라고 들었는데 현재 2백 명이 넘지 않습니다. 순무가 조사를 할 때마다 어부와 도적들을 고용하여 그 수를 충당합니다"라고 했다. (咸豊元年七初六日, 『軍機處錄副』)

2. 극병향(克兵餉, 물자와 급여를 착복하다)

이것 역시 군관의 전통적인 부정한 수법이었다. 청군사병의 군량과 급료에는 예를 들면, 구건(扣建), 절광(截曠), 붕구(朋扣), 탑전(搭錢), 절색(折色) 등의 항목이 있었다.[77] 또 군관이 되면 중간에서 불법적인 기회를 만들어 냈다. 당연히 일부 군관들은 근본적으로 어떠한 명목으로도 직접적으로 급료와 군량을 가로채지 않았다. 이런 정황에 관하여 사료가 매우 많은데 이에 대하여 일일이 증명하지는 않겠다.

이것 외에 군영의 각종 지출도 종종 군관들에 의해 군인의 군량과 급료가 할당되었다. 예를 들어 복건녹영에서는,

> 무릇 무관이 부임하면 화려하게 치장을 하려 많은 것들을 찾는다. 도통, 수비, 천총, 파총의 행사, 향초(餉鞘)를 호송하는 병사들의 여비, 자질구레한 군의 장비 보수, 기름과 양초 그리고 차에 모두 급여비용이 쓰이지 않은 곳이 없었다. 매월 병사마다 겨우 향 3전여를 받는데 한 사람이 먹기에 부족하여, 별도로 소자본의 사업을 하고 혹은 기예가 있으면 재물을 바쳐 일을 하였다.

더 심각한 것은 군관이 상사에게 주는 뇌물에 역시 군사들의 군량과 급료가 쓰여 졌다는 것이다.[78]

---

77) 구건은 소월에 관병의 급료에서 하루를 공제하는 것을 가리키며, 절광은 부족한 급료를 적당히 공제하는 것을 가리키며, 붕구는 관병의 급료에 말을 구입하는 비용을 공제하는 것을 가리키며, 탑전은 향은의 일부분을 나누어 지급하는 것을 가리킨다. 절색은 병정의 월급 및 말의 먹이를 은전으로 지급하는 것을 가리킨다.
78) 張集馨, 『道咸宦海見聞錄』, 279쪽.

앞에서 이미 언급했듯이 사병의 생활은 근본적으로 이미 궁핍했는데, 거기에다가 위에서 말한 착복들이 더해지면서 더욱 어려워졌다. 청대에 사병들에 의한 급료에 관련된 사건이 자주 발생하는데 이는 바로 군관의 착취에 대한 반항이었다.

3. 뇌물을 받아먹고 법을 어기고, 사회에 해를 끼쳤다.

앞에서 언급한 흘공액, 극병향은 단지 청조의 군비적인 면에서 나타난 것이었다. 하지만 청조의 군비는 그 수량이 유한하였기 때문에 수많은 사람들이 계속 시야를 사회로 돌려 돈을 벌 기회를 찾았다.

그러나 군대가 사회에서 재물을 얻으려 하면, 당연히 그 본분에 위반되고 상반되는 역할을 했다. 즉 군대는 본래 법을 보호하는 역할을 해야 하지만, 이때는 금전을 위해 불법을 아끼지 않게 되었다. 이런 행위는 종종 관과 병이 연수하여 끊임없이 나타났다. 절강의 관리들은 병사의 결원을 판매하고,[79] 광동의 녹영은 도박장을 열어 돈을 받고,[80] 이런 것들 모두가 일상적이었다. 복건수사의 방법은 더욱 창의적이었는데, 전선을 빌려주고 상인에게서 화물 운송비(米)를 받거나 혹은 대만을 왕래하는 각종 직위를 빌려주었다.[81]

사실상 가장 중요하고 가장 간단하게 뇌물을 받는 방법은 공무를 집행할 때 직접 강탈하고 뇌물을 받았다.

앞에서 언급한 바와 같이 현대사회의 경찰의 직능을 당시에는 청군이 맡

---

79) 『叢刊 阿片戰爭』 3권, 240쪽.
80) 楊堅 편집, 『郭嵩燾奏稿』, 長沙, 岳麓書社, 1983, 164쪽. 곽숭도가 또 토로하기를 영변(營弁)과 무생(武生)이 도박장을 쟁탈하기 위해 크게 충돌했다고 한다.
81) 張集馨, 『道咸宦海見聞錄』, 63쪽.

앗다. 감옥을 관리하고, 식량과 대금을 걷고, 지역을 순찰하고, 범죄자를 체포하고, 밀수를 조사, 검거하고…… 그들의 관리 아래 모든 것이 돈을 버는 생업이 되었다. 오랜 시일이 지나 또 감시자와 범죄자 쌍방에게 편리한 악습이 생겼는데, 바로 한 쪽은 돈을 건네는 것이고 다른 한쪽은 통행을 허가했다.

이런 악행을 기록한 사료가 너무 많아 이것을 증명할 필요도 없었다. 운이 좋게도 수많은 논저에서 이에 대한 이야기가 나온다. 여기서 나는 단지 본 권이 주장하는 바와 비교적 밀접한 자료를 들어 증명하려 한다.

1841년에 양광총독 임칙서가 파직을 당한 후 명령을 받들어 절강군영으로 떠났다. 호남을 지나는 중에 이 패전을 경험한 고위관리(大吏)는 당시의 명사 포세신(包世臣)에게 다음과 같이 토로했다.

> 수사 중에서 가장 우수한 월영(粵營)은 군량과 급료의 100분의 1을 정부로부터 받고, 아편 밀매자(土規)로부터 100에서 99를 받았다. 현재 아편을 금지하고도 계속 바로 그곳에서 100분의 99를 받는데, 영이(英夷)에 전력으로 저항하길 희망한다는 것은 논리적으로 설명이 되지 않는다.[82]

'토규(土規)'는 즉 아편을 밀매하는 악습이었다. 여기에 언급한 100분의 1과 100분의 99는 당연히 문학적인 표현으로 계량화하여 분석해서는 안 된다. 그러나 과장의 색채가 다분할지라도 임칙서, 포세신이 이렇게 숫자로 비유한 것을 보면 문제의 심각성을 알 수 있다.

---

82) 包世臣, 「安吳四種」, 『叢刊 阿片戰爭』 4권, 466~467쪽.

권력이 금전과 똑같이 시장에서 유통된 후에, 그것이 비교할 수 없는 위력의 사회 부식제(腐蝕劑)를 생산하고 군대가 재신(財神)을 받들면 부패는 이미 돌이킬 수 없다. 세계에서 일만 종의 죄악이 있어도 편안하고 아무 일도 없을 수 있지만, 치명상을 입힐 수 있는 유일한 것이 법을 집행하는 기관(사람)이 범법 행위를 하는 것이다. 복건 정장용도(汀漳龍道)를 맡고 있던 장집형(張集馨)이 '바로잡는 것(整頓)'으로 유명해진 임칙서에게 "복건수사에 병사와 도적이 함께하는 국면을 어떻게 하면 개혁할 수 있겠습니까?"라고 가르침을 청했는데, 임칙서가 다음과 같이 말했다.

제갈무후가 와도 역시 속수무권일 것이다.[83]

그리고 후에 독련상군(督練湘軍)의 증국번(曾國藩)이 더욱 정곡을 찌르는 말을 했다.

나는 지난 수년 동안 군영의 나쁜 습관을 몹시 증오하였는데, 무관(武弁)이 수비(守備)에 오르는 이상 악랄하고 흉포함이 극에 달하지 않을 수 없다![84]

이상의 묘사는 꽤 신랄하게 암담한 상황을 폭로한 것이다. 사실 나는 연구 결론의 공평타당성을 위해 항상 갖가지 방법으로 광명을 찾았지만 광명은 시종 나에게서 멀어져만 갔다. 그래서 나는 다음과 같은 결론을 얻은 것이다. 그것은 바로 아편전쟁 시기의 청군은 본래 광명을 찾기 힘든 암흑의 세계라는 것이다.

나의 이런 결론이 편파적인 것일까? 이는 당시 사람들의 주장을 살펴봐

83)   張集馨, 『道咸宦海見聞錄』, 63쪽.
84) 『曾國藩全集 書信』 1권, 393쪽.

야만 바로 풀릴 것이다. 당시 사람들은 실제로 경험을 하였기 때문에 평론은 더욱 비통하고 간절했다. 심지어 황제에게 올리는 상주문 역시 직언하여 피하지 않았다. 황작자(黃爵滋)가 말했다.

오늘의 군대는 기록에 빈틈이 많아 정원은 있으나 병사가 없고, 양식(급료)은 남의 이름을 사칭하여 받아가 양식은 있으나 병사는 없습니다. 늙고 약한 자를 병사로 삼으니 병사는 병사가 아니고, 훈련이 충실하지 않으니 또 병사가 병사 같지 않습니다. 규칙이 엄하지 않아서 병사들은 불완전한 병사가 되었으며…… 적폐가 이와 같은 지경에 이르러서 신하가 이 문제를 생각해 보건데, 모두 영변(營弁)이 급료를 수탈하고 자신을 살찌우고 급료를 착복하여 자신을 윤택하게 하기 때문입니다…….

(京城旗營) 삼삼오오 무리를 지어 손 안의 새 집과 같이 종일 빈둥거리고, 심지어 서로 모여 도박을 합니다. 그 소문을 들으니, 즉 모두 무장하고 순찰을 돌아야 하는데, 사실상 당번을 선 적이 없으며, 게다가 사람을 고용하여 대신하게 하였고 머릿수를 채웠습니다…….[85]

기영(耆英)이 말했다.

영원병정(營員兵丁)이 또한 백성을 기만하였으며, 순찰을 구실로 상인과 여행객을 강탈하였으며, 먹을 것을 사고 대가를 지급

---

85) 『黃爵滋奏疏 許乃濟奏議合刊』, 36, 38쪽.

하지 않았으며, 거처에 매춘부가 머물고 도박을 하여 양가의 자제를 유인하고 도살장을 은폐하고 도적을 대신하여 가축을 숨겨 줍니다. 영마(營馬)를 밭에 방목하는 것을 방청(放靑)이라 부릅니다. 그리고 도로를 가로막고 화물을 강탈하고, 탈세를 합니다. 절도 안건은 지방관을 매수하여 은폐하였으며, 병사와 백성간의 송사에 관련해서는 무리를 지어 협박을 합니다.[86]

증국번이 말했다

군대의 상황은 각 성이 다 다릅니다. 장주(漳), 천주(泉)의 병사들은 매우 사나운데 무기를 들고 싸우는 일이 습관이 되어 있습니다. 귀주(黔)와 사천(蜀)의 많은 병사들은 도적과 결탁하는 것을 업으로 삼습니다. 그밖에 아편을 피우고 모여서 도박장을 여는데 각 성이 모두 그러합니다. 대저 일이 없을 때에는 하는 일이 없이 방종하고, 일이 있을 때에는 무뢰한 사람들을 고용하여 대신 보충합니다. 도둑을 보면 동정을 살피다 도망가고 도적이 가면 백성을 살해하여 공적을 가로챕니다. 상주하여 여러 번 말하여 황제께서 여러 번 유지를 내렸는데도 악습이 고쳐지지가 않습니다.[87]

위와 같은 묘사로 얻은 청군의 총체적인 인상은 한편의 암흑이라고 할 수 있지 않을까?

---

86) 「道光朝留中密奏」, 『叢刊 阿片戰爭』 3권, 469쪽.
87) 『曾國藩全集 奏稿』 1권, 長沙, 岳麓書社, 1987, 19쪽.

이 때문에 발생한 훈련의 문란, 군기의 문란에 대해서는 당시 사람들의 의견이 더욱 많기 때문에 더 이상 토론을 진행할 필요가 없다.

이 때문에 아편전쟁 동안 청군은 작전 중에 종종 맥없이 패하고 대량으로 도망을 다녔으며, 제대로 저항하는 경우가 매우 드물었다. 이런 상황에서, 객관적으로 불리한 조건을 바꿀 수 있는 요소를 담론하는 사람들도 전혀 기초가 없었다.

이 때문에 아편전쟁의 실패에 대하여, 당시와 이후의 사람들이 '청군은 이미 부패했다'와 같은 결론을 얻은 것이다.

그러나 눈앞에 있는 아편전쟁에 대한 각종 이론의 한 방면은 청군이 이미 부패했다는 것을 인정하는 것이고, 다른 한 방면은 모호하기도 하고 분명하기도 한 서술법을 사용한 것으로, "광대한 애국적 관병이 매우 용감하게 분전했다고" 운운하고 마치 오직 소수의 상층 인사들만이 이에 대한 책임이 있을 뿐 하층의 관병들은 전혀 책임이 없다고 말하는 것이다. 그들이 드는 예증은 바로 소수의 저항 중에 희생당한 애국적인 병사(將士)라는 것이다. 게다가 이런 일부분으로 전체를 판단하는 방법의 논리적인 잘잘못을 막론하고 이 견해의 주창자의 마음을 말하자면 많든 적든 간에 약간의 아큐(阿Q, 비루한 중국인을 지칭함)적인 느낌이 있었다.

제2장
갑자기 다가온 전쟁

제2장
갑자기 다가온 전쟁

만약 오늘날 얻을 수 있는 정보로 판단을 한다면, 이때 청 왕조에게 가장 현명한 정권은 영국과의 전쟁을 피하는 것이다. 우리는 심지어 한발 더 나아가, 청 왕조가 군비를 정돈하고, 무력을 충실히 했어야만 비로소 영국을 상대할 수 있었다고 추론할 수 있다.

그렇지만 당시 청 왕조의 상하, 황제부터 평민까지 모두 영국의 역량을 알지 못했고 심지어 영국이 어디에 있는지도 잘 몰랐으며, 여전히 '천조'의 미몽에 빠져있었다. 근본적으로 '천조' 이외의 일체를 안중에 두지 않았다.

그럼에도 불구하고 청 왕조는 당시 여전히 영국과 전쟁을 벌일 의사가 없었으며, 심지어 '싸움'을 피하기를 희망했다. 그러나 전쟁의 악마는 청 왕조가 전혀 모르는 상황에서 홀연히 나타나 붙어 다녔다. 그것은 한 차례 유사 이래 전례 없는 재난을 가져왔다.

이에 대한 사정은 임칙서가 양광(兩廣)에 파견되면서 부터 시작해야 한다.

1. 아편의 금지에서부터 아편수입의 금지에 이르기까지

1839년 1월 8일, 북경의 날씨는 매우 맑았다. 흠차대신 호광총독 임칙서는 끊이지 않는 손님들과 작별을 고하고 난 후에 정오 무렵 흠차관인을 사용하여 "향을 피우고 구배를 하고 즉시 길을 나섰다."[01] 흠차대신이기 때문에 매우 특별하게 임칙서 일행은 정양문(正陽門)을 거쳐 장의문(彰儀門)을 지나, 남하하여 곧장 광동으로 갔다.

임칙서가 광동으로 간 것은 아편을 조사하여 금지시키기 위해서였다. 그리고 그의 사명은 황작자 때문이었다.

1838년 6월 2일, 임칙서가 북경을 나서기 7개월 전에 '우사감언(遇事敢言)'으로 도광제의 총애를 받고 있던 홍려사경(鴻臚寺卿) 황작자가[02] 아편을 금지해야 한다는 상소를 올렸다. 그는 아편을 누차 금지했으나 근절되지 않고 점점 더 심각해지자, 그 원인이 이전의 금연방법이 적절하지 않아서라고 생각한 것이다.

그는 상소에 다음과 같이 말했다. "만약 항구에서 금지한다면 검사 인원이 욕심을 부려 그 가운데서 이익을 얻는데, '누가 열심히 조사하여 처리하겠습니까?', '하물며 연해가 만 리나 되니 모두가 마음대로 출입이 가능하여 막으려고 해도 막을 수가 없습니다.' 만약 통상을 금지한다면 양광 해관의 관세에 손해를 끼치게 될 뿐만 아니라, 게다가 아편을 판매하는 외국 선박이 바다에 정박하여 간사한 백성이 스스로 운반권이 되어 '막기 어렵게 될 뿐만 아니라, 이상(夷商)은 없고 간사한 백성만 있게 될 것입니다.' 만약 아편 판매상을 조사하여 잡아들이고 아편 흡연장을 엄히 다스리려고 하면 어쩔 수 없이 검문소 관리, 아역(衙役)과 병정, 세가 대부호의 못난 자손, 지방관의 사적인 손님 등이 그 가운데에서 층층이 가로막아 효과를 보기 어렵게 됩니다. 만약 내지

---

01) 『林則徐集 日記』, 316쪽.
02) '遇事敢言'은 도광제의 황작자에 대한 평가와 관계가 있는데, 그 언관이 승진하여도 여전히 그를 상주권이 있는 홍려상경의 지위에 놓고 "가볍게 언관을 격려함으로써" "충간(忠諫)의 길을 크게 넓혔다." 『淸史列傳』 11권, 3257쪽.

에서 재배하여 수입을 대체한다고 해도 당연히 '흡연자의 기호를 맞춰줄 수 없습니다.' 비단 외국의 아편을 근절시킬 수 없을 뿐만 아니라, 오히려 내지 또한 해를 입을 것입니다."

그리하여 그는 하나의 새로운 방법을 제시하는데, 바로 새로운 법률을 제정하여 1년의 기한을 두고 금연을 실시한 다음, 이후에 흡연하는 자를 처벌하는 것이었다.[03]

황작자의 이번 상주는 항구(海口), '이상(夷商)', 아편상인과 아편 흡연장에 대한 조사와 처벌을 중요하게 생각하는 이전의 방법을 바꾸자는 주장으로, 금연의 목표를 직접적으로 아편을 피우는 아편중독자에 둔 것이다. 다시 말해서 금연의 중점을 연해에서 내지로 확대하여 전국적인 범위로 마약중독자를 잡아 죽이는 국내 사법행동으로 변한 것이다.

황작자의 이런 주장은 그의 3년 전의 태도와는 완전히 정반대인데, 그때 그는 해구의 금지를 주장했다.[04]

백은의 유출로 곤란해 하던 도광제는 이 매우 신기한 건의를 접하나, 즉시 마음을 먹지 못하고 이 상소를 각지의 장군독무들에게 보내 그들로 하여금 "각자 의견을 발표하게 하고, 타당한 방법을 의논하여 신속하게 상주를 하라고 하였다." [05]

그래서 도광제는 29명의 장군독무로부터 이 의견에 답하는 상주문을 받게 되었다.

이 29부의 상주를 살펴보면, 황작자의 마약중독자를 처벌하자는 주장에 동의한 8부의 상주문의 주인이 호광(湖廣)총독 임칙서, 양강(兩江) 총독 도주

---

03) 『阿片戰爭檔案史料』 1권, 254~257쪽.
04) 『黃爵滋奏疏 許乃濟奏議合刊』 , 48쪽.
05) 『阿片戰爭檔案史料』 1권, 258쪽.

(陶澍), 서서천(署四川) 총독 소정옥(蘇廷玉), 호남 순무 전보기(錢宝琛), 안휘 순무 색복성액(色卜星額), 하남 순무 계량(桂良), 강소 순무 진란(陳鑾) 동하(東 河) 총독 율육미(栗毓美)이다. 나머지 주장은 단지 마약중독자를 가중처벌하 자는 것으로 죽일 필요까지는 없다는 것이었다. 그러나 모든 상주문이 공통 으로 아편 판매상, 아편 유통상에 대한 수색검거의 강화와 가중처벌을 주장 하였다. 이것으로 볼 때, 상주문은 모두가 황작자가 전에 상주한 세 번째 분 석에 동의하지 않는 것을 알 수 있다.

여기서 주의할 가치가 있는 것은 이 29부의 상주문 중에 뜻밖에도 19부가 금연에 대한 중점이 항구를 조사하여 금지시키는 것에 있다고 한 것이다. 이 는 황작자의 상주 중 아편중독자를 조사하여 금지시키는 의견과 충돌했다. 이 19부의 상주 중 추계량, 진란, 소정옥 외에 모두가 아편 흡연자를 사형시키 는 것에 동의하지 않았다. 이는 황작자의 의견과 분명하게 대립했다. 더욱 사 람들을 주목하게 하는 것은 19부의 상주 중 8부가 광동을 직접적으로 가리키 는 말을 하는데, 그들은 구체적으로 직예총독 기선(琦善), 성경(盛京)장군 보 흥(宝興), 호북순무 장악송(張岳松), 섬서순무 부니양아(富呢揚阿), 절강순무 오이공액(烏尒恭額), 하남순무 계량, 광서순무 양장거(梁章鉅), 강소순무 진란 이었다. 그중 장악송, 오이공액, 계량 3인의 언사가 가장 격하였다. 그들의 주 장은 금연은 근본적으로 바로잡아야 하는 것으로 아편의 근원은 광동에 있 기 때문에 금연을 하려면, 반드시 광동에서 그 근원을 뿌리 뽑아야 한다는 것이었다.

그럼 왜 이렇게 많은 관원들이 황작자의 의견에 동의하지 않았을까?

어떤 사람은 이는 기선 등의 반금연파(해금파)가 수작을 부린 것으로 수법 을 바꿔 금연의 행동을 저지하려 한 것이라고 여겼다. 이에 대하여 나는 이미 서론에서 다른 의견을 주장하였다. 당시의 정치 분위기 속에서 황제의 의사 를 깊이 헤아릴 줄 아는 것이 관원들의 능력이었다. 도광제가 유지에 이미 분명하게 그 경향을 표출했을 때, 한 명의 대신도 감히 관모(烏紗帽)를 쓰고 농담을 하여 허내제(許乃濟)의 전철을 밟으려 하지 않았다.[06] 그리고 단지 상주문의 표면적인 언사만으로는 그들의 내심을 완전히 알기는 어려웠다.

나는 이와 같이 많은 지방의 고관들이 황작자의 의견에 동의하지 않았던 까닭은 그들이 이것을 받아들이면 자신이 위험해 질 것을 두려워했기 때문이라고 생각한다.[07]

청조의 법률에 근거하여 한사람을 죽이려면 반드시 현, 부, 성급의 심판을 받아야 한다. 성급의 판결 이후 계첩(揭帖) 13부를 필사하여, 형부, 대리사, 도찰원 등 이와 관련이 있는 아문에 보내고, 동시에 황제에게 보고하고 내각에서 의논하여 형부에 제출한 다음 핵심의견을 상주하여 최후에 황제가 결정했다. 그렇기 때문에 만약 흡연자를 사형에 처한다면 수많은 마약중독자들은 반드시 지방관 및 속리에게 엄청난 작업량으로 변해 부담(**청대 형부 당안을 본 사람은 모두 사형 안건에 대한 문서량을 알 것이다**)이 되었을 것이며, 게다가 이런 안건의 심의는 부유하고 권세가 있는 집안까지 영향을 미쳤을 것이며, 그것은 작업량의 문제일 뿐만 아니라, 무궁무진한 불편함에 말려들었을 것이다.

청조 관원의 업무책임에 대한 규정에 따르면, 만약 지방관이 적시에 경내에 흡연자가 소멸했음을 선포하지 못하면 업무에 최선을 다하진 않았다는 것을 인정하는 것으로, 미완된 사건 사례에 따라 처벌을 받아야 했다. 또 만약 지방관이 본 경내에 이미 흡연자가 소멸했다고 선포했어도 이후에 마약중독자

---

06) 1838년 10월 28일, 도광제가 각 장군독무에게서 받은 상주를 대학사, 군기대신 등에게 전달하여 의논하게 한지 5일째 되는 날, 2년 전 해금을 주장한 허내제에 대하여 "매우 불경스럽게 요구한 것이며, 이는 매우 그릇된 것"이라고 선포하고, 6품 정대를 내리고 사직시킨다. 이때 만약 감히 해금을 주장했다면 그 대신은 매우 위험했을 것이다.

07) 이하 3소절의 분석은 왕립성(王立誠) 선생의 논문 「阿片戰爭前夕的禁煙決策評析」, 『蘭州大學學報』 1990, 4기의 도움을 받았다.

가 발견되었을 때에는 그 관원이 다른 곳으로 전근을 갔다고 하더라도 모두 감독 소홀로 벌을 받아야 했다. 이는 제22조 군규(軍規)와 같이 지방관은 어찌 되었든 간에 처벌의 운명에서 벗어날 수 없었다.

이 때문에 그들이 아편 판매, 유통에 대한 조사 처리의 강화를 주장하게 되는 것이다. 유통과 판매 행위는 경계를 넘는 우연적인 것이라고 해석될 수 있기 때문에, 잡으면 공을 세우는 것이고 못 잡아도 책임을 추궁할 수 없었다. 당연히 더욱 총명한 방법은 바로 금연의 책임 항구에 돌려서 내지 관원 스스로 그 책임에서 벗어나는 것이었다. 다시 말해서 광동으로 미뤄 버릴 수 있다면, 금연은 곧 광동 관원들만의 업무가 되기 때문에 그 나머지 성은 스스로의 부담을 덜게 되는 것이다.

1838년 10월 23일 도광제는 이미 28부의 회답 상주문을 받았지만, 여전히 결심을 내리지 못하고 대학사, 군기대신에게 명을 내려 유관부문과 토론을 하고 의견을 제시하게 하였다.[08] 이는 모든 것이 이전부터 있었던 단계에 따라 순서대로 하나씩 진행되고 있음을 나타낸다.

바로 이 때 두 가지 사건이 발생했다.

첫째, 10월 25일에 도광제는 장친왕(莊親王) 혁매(奕)와 진국공(鎭國公) 보희(溥喜)가 니승묘(尼僧廟)에서 아편을 흡입했다는 보고를 받았다. 바로 아편이 이미 황실까지 침입했던 것이다! 둘째, 11월 8일에 도광제는 천진에서 아편 13만 냥을 몰수했다는 기선의 상주를 받았다. 이는 1729년 청 정부가 금연을 실시한 이래 처음으로 가장 많은 아편을 압수한 대 사건이었다! 게다가 기선은

---

08) 『阿片戰爭檔案史料』 1권, 388쪽. 그러나 군기대신들의 의견은 1839년 6월 12일에야 비로소 황제에게 올라간다. 이것은 도광제가 6월 15일에 장장 2만 여장에 이르는 신 법률을 비준한지 반년 후에 규정화되는데, 즉 1841년 초로, 아편을 끊지 못한 중독자에 대해 사형을 구형하는 것이다. 그러나 전쟁으로 인해 이 법률은 근본적으로 실행되지 않았고 취소되지도 않았다. 그리고 중독자에 대한 사형 구형을 결정하는데 도광제가 압력을 가하였다고 한다.

상주에 이 아편은 광동상인이 광동에서 구매하고 광동에서 운반해 온 것이라고 밝혔다.

다음날 11월 9일에 도광제는 특별히 "임칙서는 상경하여 짐을 알현하라"라는 유지를 내렸다.[09]

여기서 우리가 깊이 생각해봐야 하는 것은, 황작자의 아편흡입을 금지하자는 건의부터 도광제의 정권결정까지의 그 과정이 마치 하늘을 한 바퀴 돈 것과 같이 여전히 항구를 금지하자는 이전의 위치로 돌아왔다는 것이다. 다른 점은 단지 조정이 다시는 광동의 관리에 기대지 않고 그들 중에서 한 명의 흠차대신을 파견하는 계획을 세웠다는 것뿐이었다.

만약 황작자의 주장을 반대하면 바로 금연을 반대하는 것이 되는데, 그럼 임칙서의 사명은 바로 이 금연을 반대하는 관료의 성장을 돕는 것이 되었다. 여기에는 우스꽝스러운 면이 없지 않다.

또 다른 재미있는 사건은 바로 흠차대신 임칙서가 광동에 가서 항구를 금지한지 1년 후, 황작자도 '흠차시랑(欽差侍郞)'의 직을 수여받고 복건에 가서 아편의 항구금지를 조사한 것이었다.[10] 이때에 이르러 그는 또 상주문에 어떻게 항구를 금지해야 하는지 실컷 이야기하고, 아편을 피우는 것을 금지해야 한다는 것에 대해서는 입을 다물었다. 이에 대해서 그 스스로 관점을 바꾼 것인지 아니면 도광제의 의향에 순종한 것인지는 알 방법이 없었다.

그러나 도광제는 왜 먼저 흠차대신을 선발할 때, 상주문에 항구의 금지를

---

09) 『阿片戰爭檔案史料』 1권, 394쪽.
10) 황작자가 상주를 올린 후부터 진급이 매우 빨랐으며, 시종 직접 상주할 수 있는 권한을 가지고 있었다. 황작자가 복건으로 기준조(祁嶲藻)를 대동하여 복건으로 가자, 어사 두언사(杜彦士)가 복건에 아편 밀매가 창궐하고 수사관병의 조사가 엄격하지 못하다고 보고한다. 재미있는 사실은 조서에 쓰인 용어로 볼 때 황작자의 사명은 임칙서와 같았다. 즉 "사건을 조사 처리하라"이다(『淸實錄』, 37권, 1181쪽)

강력하게 주장하지 않았던 임칙서를 발탁하였을까?

이때, 각지의 고관들이 보낸 상주 중에 도광제에게 그 의미가 가장 있었던 것은 대략 4인의 상주로 각각 그 특징이 있었다. 첫 번째는 양강(兩江) 총독 도주(陶澍)로 정치에 노련하고 대범했다. 두 번째는 직예총독 기선(琦善)으로 일처리가 과감하고 민첩했다. 세 번째는 호광(湖廣)총독 임칙서로 정치운영이 주도면밀하였다. 네 번째는 운귀(雲貴)총독 이리포(伊里布)로 진무변무(鎭撫邊 務)에 능숙했다. 그중 도주의 경우는 항구에 재직하고 있었고 또 나이가 많고 병들어 이때 이미 여러 번 요양을 청했다. 기선의 경우는 천진의 아편금지 사안이 아직 마무리되지 않았고, 이리포의 장점은 소수민족의과의 관계를 처리하는 데 있었다. 상황이 그러했기 때문에 임칙서가 자연스럽게 선택되었다.

이는 단지 하나의 방면일 뿐이었다.

황작자와 그 29개의 상주문을 검토해보면 그중 한 가지 매우 큰 문제가 있음을 어렵지 않게 알 수 있다. 그것은 바로 기본적으로 영국을 언급하지 않았다는 것이다. 가장 처음으로 언급한 사람은 역시 황작자였다. 그가 다음과 같이 말했다. "오늘날 중국의 아편은 영길리(英吉利) 등의 국가에서 들어온 것이다. 그 나라에서는 아편을 피우는 자는 사형을 시키는 법이 있었다. 그렇기 때문에 각국에 아편을 제조하는 사람은 있지만 아편을 피우는 사람이 없을 수 있는 것이다."[11] 황작자의 의도는 바로 영국의 법률로 자신의 관점이 정확하다는 것을 증명하려 한 것이다. 이후 광서순무 양장거(梁章鉅), 남하(南河)총독 린경(麟慶)도 영국을 언급하였지만, 단지 황의 주장에 반박하는 것이었을 뿐이며, '가혹하고 잔인한' '외이(外夷)'의 방법을 모방하는 것은 충분하지 않다고 여겼다.[12] 이 세 번을 제외하고 영국에 관한 단어가 출현한 적이 없었다.

---

11) 『黃爵滋奏疏 許乃濟奏議合刊』, 102~106쪽.
12) 『阿片戰爭檔案史料』 1권, 324쪽.

금연은 영국 등과 같이 국가적으로 유통하는 아편을 금지한 것이었지만, 각지의 관원들은 상주문에 영국이 이 사건으로 인해 보일 반응에 대해서는 전혀 언급하지 않았다. 이는 청조의 상하 관리들이 당시 아직 금연과 영국과의 관계를 연결시키지 못하였으며, 아편밀수정황에 대해 그들의 어리석었음을 폭로하는 것이며, 국제사무에 무지했음을 설명하는 것이다.

영국은 아편밀수의 주범이다. 이는 광동 사람들이 이미 잘 알고 있는 문제로, 광동관원들이 이전에도 상주에 언급을 했다. 그러나 '천조'는 '외이'의 일에 신경을 쓸 가치가 없다고 여겼으며, '천조'의 관원도 '영이(英夷)'의 사정을 이해할 필요가 없었다. 그들이 상주에 영국을 화제로 삼지 않은 것은 그들의 안중에 모든 '외이'를 화제로 삼지 않았기 때문이다.

이런 상주를 살펴보면, 당시 청조 관원들이 단지 국내 사무의 시각에서 금연을 고려하였다는 것을 알 수 있다. 도광제가 내각의 이름으로 '의견을 말하라'고 한 유지조차도 '형부회의' 혹은 '호부회의'를 통했지, '예부회의' 혹은 '병부회의'의 방식으로 그들의 수중에 전달된 것이 아니었다.[13] 그들은 금연의 어려움이 지방관의 부주의, 서리의 은폐, 병사들의 뇌물수수, 간사한 백성의 불법에 있다고 생각했다. 그중 수많은 상주가 이미 이를 명확하게 지적하고 있으며, 그 밖의 다른 상소들도 비록 명확하게 지적하지는 못했지만 암암리에 퍼지기를 금연의 최대 장애는 아편교역 중에 벌어지는 뇌물 수수의 만연 및 이것으로 일어나는 탐관의 암중 방해에 있다고 했다. **그들은 영국의 교란(방해)이 금연에 대한 궁극적인 장애라는 것을 보지 못했다.**

그렇기 때문에 설령 항구를 금지했다고 할지라도 여전히 밀매를 반대하는

---

13) 『阿片戰爭檔案史料』 1권. 그중 흑룡강, 길림, 성경, 산동은 호부회의, 기타 지역은 형부회의를 통했다. 청 정부가 이와 같이 한 것은 그것을 재정문제(백은의 유출)혹은 사법문제(흡연자 처벌)로 보았기 때문이다. 만약 외교문제였다면 예부회의를 거쳤을 것이며, 만약 전쟁을 준비하는 것이었다면 병부회의를 거쳤을 것이다.

국내행동은 외국과는 관계가 없었다. 또 설사 중국 경내의 외국인과 관련이 있어도 외국 정부와는 관계가 없었다. 그러나 이는 법리상으로만 맞을 뿐, 식민주의 시대의 강권과 비교하면 연약하고 무기력함을 드러낸 것이다. 게다가 이것도 오늘날 우리가 인식한 것일 뿐이지 청조 관원의 의지와 생각과는 전혀 관계가 없었다.

이 때문에 청조 관원들이 인정한 금연에 대한 곤란과 장애로 인해 사실상 암암리에 금연을 주재하는 사람을 뽑은 기준이 세워진 것이다. 이 사람은 반드시 공정하고 청렴해야 하며, 사무 처리가 성실해야 하며, 일정한 지위에 있어야 하며, 관부의 구습을 없애고 쇠락한 시국을 진작시킬 수 있는 행정관이어야 했지, 삼군을 통솔하여 외이(당시에도 어떤 '이'인지 몰랐다)와 전쟁을 하는 군사 총사령관이 아니며, '외이'와 외교적 담판으로 적을 이길 수 있는 외교가(당시에는 근본적으로 근대적 외교가 존재하지 않았기 때문이다)는 더욱 아니었다.

이 기준으로 가늠하면 임칙서는 가장 적합한 인선이었다.

임칙서는 복건후관(福建侯官, 지금의 복주)사람으로 1811년에 진사에 합격하여 한림원에 들어갔다. 산관(散館)을 지낸 후에 국사관(國史館), 파서관(譜書館) 청비당(淸秘堂)에서 편수(編修)를 지냈으며, 어사를 지냈다. 1820년 가경제가 세상을 떠나기 2개월 전에 이 인재를 발견하여 절강 항가호도(杭嘉湖道)로 보냈다. 이후 단숨에 높은 지위에 올랐다. 부모의 병으로 두 번 상을 당하지만 관직에 복귀하여 정식 관직을 받고 안찰사, 포정사, 하독(河督), 순무를 거쳐 1837년에 호광총독에 올랐다.

당시의 정치체제 아래에서 한인 출신인 임칙서는 본래 이와 같이 출세할 수가 없었는데, 그 이유는 도광제의 신임과 따로 놓고 생각할 수 없다. 1822년 임칙서가 처음으로 도광제를 알현했을 때, 도광제는 하늘을 얻은 듯 온화한 어조로 칭찬했다.

너는 비록 절강성에 오래 있지는 않았지만, 관의 평판이 매우 좋고, 일처리가 모두 아무 문제가 없었다. 짐이 일찍이 그 소문을 들었다. 그래서 너를 불러 다시 절강으로 보내니, 빈자리가 생기면 네가 그 자리에 부임하여 관리를 잘 살피고 백성을 편안케 하라.

또 임칙서가 업무지시를 받을 때, 도광제가 "예전부터 그렇게 일을 매우 잘했다"고 하였으며,[14] 이후 또 여러 번 칭찬의 말을 했다.[15]

관리로서 청렴함에 대해 말하자면 임칙서가 특히 청렴했다. 당시 관계의 회뢰, 공행이 혼탁한 와중에 그는 자신의 성품과 그 자신에 대한 단속으로 흙탕물 속에 있었지만 오염되지 않은 맑음이 있었다.

일처리를 함에 있어 그 성실함에 대해 말하면, 당시 그보다 뛰어난 사람이 없었다고 말할 수 있다. 도광제는 수성(守城)과 성실을 조정의 종지로 삼았기 때문에 임칙서의 성실함이 가장 그의 뜻과 맞았던 것이다. 1832년 임칙서는 동하(東河)총독에 부임하여, 그의 관할권 내의 모든 제방(河防)을 조사할 때, 그는 일일이 뒤지고 조사하여 의심스러우면 바로 부수고 다시 세웠다. 도광제는 이에 크게 감탄하여 이 두개의 상주문에 주비로 '성실(認眞)', '근면(勤勞)'이라 쓰고 칭찬을 했다.[16] 또 1838년에 호광총독에 부임한 임칙서가 강한(江漢)제방의 보수를 감독하고 친히 제방을 보수하여 홍수를 예방했다고 보고를 하

---

14) 『林則徐集 日記』, 93쪽.
15) 『林則徐集 日記』, 111쪽. 『林則徐集 奏稿』상, 11~12, 24쪽. 특별히 주목할 만한 것은 도광제가 임칙서의 사사로운 일에도 매우 관심을 가졌다는 것이다. 1827년 임칙서는 모친상을 마치고 북경에 도착하자 섬서 안찰사에 임명되는데 고향과 멀리 떨어져 있기 때문에 부친을 모시기 어렵게 되자 배방 시 난색을 표시한다. 이에 도광제가 말하기를 "짐이 네가 절강, 강소에 대하여 익숙하다는 것은 안다. 이때는 서쪽에 일이 있어(장격이를 평정한 것을 가리킴), 먼저 보내는 것이다"라고 하였다. 과연 얼마 지나지 않아, 도광제는 그가 부친을 모시기에 편리하도록 강녕(江寧) 포정사로 승진시킨다(임칙서, 『先父行狀』). 도광제와 임칙서의 관계는 이와 같았다는 것을 알 수 있다.
16) 『林則徐集 奏稿』상, 25, 29쪽.

자, 도광제는 그 상주문에 또 그를 칭찬하였다.[17]

금연에 대한 결심에 이르러서는 임칙서가 바로 선행자였다. 그는 황작자의 상주에 대해 '각자 의견을 제시하라'는 도광제의 유지를 받은 후, 다른 지시를 기다리지 않고 솔선수범하여 아편고와 아편 1.2만여 냥을 찾아냈다. 도광제는 조서에 "일처리가 매우 성실하다. 지방 공무를 볼 때, 정신을 진작, 분발하고 실력을 다해 조사하면 점점 효과를 거둘 것이다"라고 하면서 그를 칭찬했다[18]

이로써 도광제가 임칙서를 선발하여 광동에서 금연을 주관하게 한 것은 그럴만한 이유가 있다는 것을 알 수 있다. 그리고 후에 임칙서가 광동에서 보인 세상을 놀라게 한 행동은 도광제의 안목이 틀리지 않았음을 증명했다. 만약 그가 아닌 다른 사람을 파견했다면 흐름에 따라 형식적으로 처리했을 가능성이 매우 컸다.

청조의 관원들이 상주에 영국의 반응을 언급하지 않은 것은, '천조'의 형상이 그들의 시야를 가렸고 그들 스스로 눈을 가렸기 때문이다.

이때 영국이 어느 정도 행동을 취했다.

1838년 7월 13일, 각지의 장군독무가 유지를 받들어 황작자의 상주에 대해 토론을 할 때, 영국 주인도해군사령관 메이트랜드가 영국 함선 두 척을 이끌고 광동 호문(虎門) 항구밖에 진입했다.[19]

메이트랜드가 영국함선을 몰고 방문한 것은 당연히 주화상무총감독(駐華商務總監督) 찰스 엘리엇의 요청에 의한 것이며 런던의 명령을 따른 것이다. 그

---

17) 『林則徐集 奏稿』 중, 615쪽.
18) 『阿片戰爭檔案史料』 1권, 364쪽.
19) Chinese Repository, Vol 7, 174~175쪽. 영국범선 웰즐리호(포 74문)과 알제린호(포 10문), 그리고 막 광동에서 출발한 란호(포 20문)가 도착한다.

목적은 중국에 영국의 무력을 보여주고 당시의 아편 밀매활동을 지지했고,[20] 찰스 엘리엇이 중영 간 평등한 교류를 위해 기울인 노력을 지지하기 위함이었다. 앞의 관점에 대하여 영국 측은 분명하게 밝힐 수는 없었지만, 청 정부가 깨닫기를 희망한다고 암시하였고, 뒤의 관점에 대해서는 찰스 엘리엇이 즉시 행동에 옮긴 것이다.

먼저 1836년 12월에 찰스 엘리엇은 주화상무총감독직을 이어받자, 당시 중영 간 사실상 관방(官方) 간에 교류가 없는 교착국면을 타파하기 위해, '탄원서'의 형식으로 스스로를 '원직(遠職)'이라 칭하고 행상(行商)을 통하여, 그의 부임 정황을 양광총독 등정정에게 고지하여, 광주상관(廣州商館)에 머무는 것을 요구하였다.[21] 등정정은 "그가 올린 품계의 어조가 공손하고 사리를 분별할 줄 안다고" 보고,[22] 한차례 탐문조사를 거쳐 바로 도광제에게 "비록 그가 대반(大班)이 아닌 것은 사실이지만, 단 명칭은 다르나 본질은 같기 때문에", "이전에 대반이 광동에 온 장정을 참조하여 처리하여 그가 광동에 오는 것을 허락

---

20) 1836년 초에 등정정은 양광총독에 부임한다. 그와 아편밀매와의 관계에 대하여 사람들은 분명히 각기 다른 평가를 한다. 당시의 외국 상인들은 모두 그가 '규비(規費, 아편 뇌물)'을 받았다고 지적하면서, 동시에 또 그가 부임했기 때문에 아편밀매교역이 더욱 어려워졌다고 원망한다. 실제로도 그러하였다. 그가 임직한 기간 동안 아편 수입량은 2만 상자에서 3.5만 상자로 증가했고, 그는 또 수많은 금연조치를 확실하게 취했다. 이 안의 문제는 매우 복잡하여, 등정정 이외의 수많은 문제를 초래하였다. 나는 등정정이 문인적 기질을 더 많이 가지고 있었기 때문에(본래 그는 음운학자이자 시인이다), 이에 대하여 많은 정력을 쏟아 붓지는 않았을 가능성이 매우 크다고 생각한다. 그러나 1836년 말부터 1837년 초까지 등정정이 광동에서 채택한 금연조치가 아편의 판로에 영향을 미쳤다. 이 때문에 찰스 엘리엇은 1837년 2월 2일에 영국외상 파머스턴에게 편지를 보내 "보아하니 이 위기의 순간에 갑자기 전함을 파견하여 여기에 잠시 머무르게 하면, 성(省) 정부로 하여금 아편무역을 방관하게 하고 혹은 합법화를 가속화시킬 것입니다"라고 한다. 찰스 엘리엇은 또 동시에 영국 주 인도 총독과 영국 주 동인도해군 사령관에게 같은 요청을 한다. 같은 해 9월 3일에 파머스턴이 영국 군함이 중국에 있는 상인을 보호해야 한다는 여왕의 지시를 해군대신에게 전달한다. 이것으로 메이트랜드의 사명은 비록 황작자의 상주와 무관하지만, 금연과는 직접적인 관계가 있었다. ([미] 張馨保, 『林欽差與阿片戰爭』, 徐海芬等 역, 福建人民出版社, 1989, 101~102쪽)

21) 네이피어가 사망한 후부터, 데이비스, 로빈슨이 연이어 대화상무제1감독을 맡는다, 그들은 저자세로 광주당국과 교류하는 것을 원하지 않았으며, 광주당국 역시 그들의 존재를 모르는 것처럼 행동했다. 그들은 단지 오문, 심지어 바다위에 정박한 배위에서 공무를 집행할 수 있었다. 찰스 엘리엇의 품계는 佐々木正哉編, 『阿片戰爭前中英交涉文書』, 東京, 巖南堂書店, 1967, 86쪽에서 볼 수 있다.

22) 佐々木正哉編, 『阿片戰爭前中英交涉文書』, 87~88쪽.

하면 된다"라고 생각한다고 보고하였다.[23] 이에 1837년 12월에 도광제는 등정정의 상주를 허락하고, "모든 것을 구 장정에 따르라"라고 지시했다.[24] 이후 찰스 엘리엇은 또 교섭을 통해 공문을 밀봉하여 올릴 일이 생겼을 때, 수시로 삼판선을 타고 광주를 왕래할 수 있는 권리를 얻었다.[25] 1837년 11월에 찰스 엘리엇은 영국 외상 파머스턴의 훈령(訓令)을 받고 그가 행상(行商)을 거치지 않고 직접 중국 관원과 교류할 것과 공문 중에 '품(稟)'자의 삭제를 요구했다. 찰스 엘리엇은 즉시 교섭을 진행하여 공문에 매우 조심스럽게 '근정(謹呈)', 정상대전(呈上台前) 등의 형식을 사용하고, 공문을 광주부(廣州府), 광주협(廣州協)의 청조 문무관원으로부터 직접 전달받을 수 있도록 요구하였다.[26] 그러나 등정정은 이를 거절했다.

이때, 메이트랜드가 함대를 이끌고 도착하여 찰스 엘리엇은 이를 배경으로 삼아 1838년 7월 29일에 행상을 거치지 않고 직접 광주성문(廣州城門)에 '품(稟)'자를 쓰지 않은 공문을 보내고 메이트랜드가 왔음을 고지하였다. 이에 등정정은 이 공문을 행상으로 돌려보냈다.

다음날 7월 30일에 메이트랜드가 직접 광동수사제독 관천배에게 편지를 보

---

23) 『阿片戰爭檔案史料』 1권, 223쪽.

24) 위의 책, 1권, 226쪽.

25) 당시 청 정부의 규정에 따르면 대반(大班)의 문서는 반드시 열린 상태로 행상에게 건네고, 행상이 정도를 어긴 글자가 있는지를 검사한 후 다시 지방관에게 건네 단계별로 양광총독에 이른다. 1837년 4월에 찰스 엘리엇은 17명의 중국 선원이 해상에서 조난을 당한 후 영국인에 의해 구조된 것을 기회로 삼아 직접 양광총독에게 진정서(稟帖)를 올리지만 거절당한다. 후에 변론을 거쳐 찰스 엘리엇이 진정서를 밀봉한 후에 행상에 전달하고 다시 광동 관원에게 올리는 것이 허가된다. 또 당시 청 정부의 규정에 따르면, 대반은 무역기간 동안 상관에 머물고 무역이 끝나면 호문으로 돌아가야 했으며, 왕래할 때는 반드시 사전에 홍패(紅牌)를 신청해야 했다. 1837년 5월에 찰스 엘리엇은 광주 황포(黃埔)에서 영국선원의 소란 사건을 기회로 삼아 즉시 광주당국에 일이 생겼을 때 바로 광주에 진입할 수 있는 권한을 요구한다. 등정정은 그의 요구에 동의하여, "일이 발생하여 선박을 움직일 때 패를 요구할 필요가 없으며" 사후 처리하라고 하였다. (佐々木正哉編, 『阿片戰爭前中英交涉文書』, 97~105쪽)

26) 佐々木正哉編, 『阿片戰爭前中英交涉文書』, 133쪽.

내 온화한 언어를 사용하여 아편무역을 보호하고자하는 목적을 은근히 드러내면서 "수사선(水師船)이 수시로 양광(粵)에 와서" 협박을 한다고 주장했다. 그렇지만 광동관원들은 이 말에 들어있는 진정한 함의를 전혀 알아차리지 못했다.

8월 2일에 메이트랜드가 영국함선 3척을 이끌고 호문으로 들이닥쳤다. 8월 4일에 메이트랜드는 관천배에게 편지를 보내 그가 등정정에게 보내는 공문을 대신 전달해 줄 것을 요구했다. 그 공문이란 등정정이 찰스 엘리엇의 공문을 거절했기 때문에 사람을 파견해 그와 '면담'해 줄 것을 요청하는 공문을 말했다. 관천배는 이에 메이트랜드에게 편지를 보내, "천조금령(天朝禁令)으로 군함의 총사령관이 들어오는 것을 허락하지 않는다"라고 선언하면서, 찰스 엘리엇이 공문에 '품'자를 쓰지 않았기 때문에, 총독이 관례에 어긋나는 것을 받아들이지 않은 것이라고 설명하고, 또 영국 함선이 호문에 접근한 것을 힐문하면서 "무슨 의도인가?"[27]라고 물었다. 8월 5일에 메이트랜드는 관천배에게 답신을 보내 호문에 접근한 것과 찰스 엘리엇의 일은 전혀 관계가 없는 일이며, 호문의 청군이 영국 상선을 억류하고 메이트랜드 및 그 식솔들이 배위에 있는지를 추궁한 것은,[28] 그에 대한 모욕으로 "반드시 해명을 해야 한다"라고 요구하였다. 이에 관천배는 영국함선의 압력에 굴복하고 부장 이현(李賢)과 서수비(署守備) 노대월(盧大鉞)을 영국함선에 파견하여 사람들 앞에서 문건을 작성하면서, 즉 이것은 "현지인의 망언으로", "그것은 귀 제독에게 죄를 짓는 말이며,

---

27) 위의 책, 149~150쪽.

28) 사실과 관련하여, 7월 28일에 영국 함선 뭄바이호가 오문에서 출발하여 광주에 도착한다. 광동 수사가 깃발로 신호를 보내 정선검사를 요구했지만, 이 선박이 아랑곳하지 않자 해안포를 발사하여 그 선박을 멈추게 하고 수사 관병들이 배에 올라 메이트랜드 및 그 가속이 선상에 있는지 조사한다. 그 선박이 호문 포대에 도착했을 때에도 재차 검사를 당한다. 이는 광동 당국이 메이트랜드에 대한 정황을 잘 파악하지 못해 그의 광주진입을 두려워한 것이 분명하다. 그리고 메이트랜드는 후에 이 일을 용인하는 것은 이런 도발적인 행위의 재발을 조장할 뿐이라고 해군부에 보고하면서 호문진출을 결정한다.

즉 본 제독에게도 죄를 짓는 것과 같다"[29]라고 말했다. 메이트랜드는 이 문서를 받고 8월 6일에 호문에서 철수했다.[30]

1838년 10월 4일에 메이트랜드는 2척의 함선을 이끌고 오문(澳門)을 떠나는데, 군함 한척은 8월 18일에 미리 떠났다.[31] 찰스 엘리엇은 계속 품자의 불사용과 행상을 통하지 않고 공문을 전달하는 것을 시도했으나, 여전히 광동당국에 의해 거절당했다.

그렇지만 등정정 등이 8월 15일에 이일에 대한 보고를 올릴 때, 당시 관부의 보기 좋게 꾸미는 관행적 수법을 답습하여 메이트랜드가 중국에 온 목적을 두 가지로 보고하였다. 하나는 '상무(商務)를 검사하는' 것이었고, 다른 하나는 '구규정을 개정하는 것(즉 '품'자를 안 쓰는 것)이었다. 전자는 단지 몇 자에 불과하였지만, 후자는 오히려 크게 논쟁을 일으켜, "저의 생각으로는 중국과 외국의 관계는 모두 제도와 예의의 문제라고 생각합니다", "신하라고 글자를 고치면 경중을 떠나서 우리의 변경관리(疆吏)와 동등한 관계를 넌지시 요구하는 것으로, 이는 천조와 동등한 관계에 있다고 하는 것입니다. 그러나 우리의 체제가 확고히 존재하는데, 어찌 받아들여 영합할 수 있겠습니까?"라고 하였다. 그러나 메이트랜드가 관천배에게 보낸 공문에 대해서는 한자도 언급하지 않았다. 영국 함선이 호문에 들이 닥친 사건에 대해서는 더욱 거짓말을 하였다. 심지어 무에서 유가 생기듯이 메이트랜드가 관천배를 만나서 사과했다고 날조하였다. 결론은 "그 오랑캐는 그런 수작을 부린 적이 없다는" 것이

---

29)佐々木正哉編, 『阿片戰爭前中英交渉文書』, 150쪽.

30) Chinese Repository, Vol 7, 232쪽. 이 권에서는 다음과 같이 밝혔다. 1)호문 일대는 군사적 방어를 강화했다. 2)이현, 노대월은 이미 부끄러운 기색으로 영국함선을 참관했다. 3)관천배와 메이트랜드는 명함을 교환했다. 4)가장 재미있는 것은 영국 함선이 떠날 때 청군 천비(사각)포대와 영국군 웰즐리호가 각각 3번씩 예포를 발사했는데, "전체 사건은 지극히 예의를 갖추고 매우 우호적인 정황 아래 마무리되었다"라고 한 것이다.

31) Chinese Repository, Vol 9, 336쪽

다.[32] 이후 등정정은 또 두 차례 정황보고를 올려 메이트랜드 등의 순종적인 모습을 묘사하고 중국 근해를 떠난 정황을 보고했다.[33]

도광제는 이와 같은 상주를 받고 당연히 이에 대해 중요하게 생각지 않았다. 단지 등정정에게 "알아서 처리하라", "밖으로는 태연함을 보이고 안으로는 신중하게 방어하라"라고 지시하였다. 그리고 후에 메이트랜드가 중국을 떠났다는 상주를 받고 단지 '알겠다'라고 답하면서 사건을 마무리했다.[34]

1838년에 메이트랜드가 중국을 방문한 것은 하나의 중요한 신호였다. 이는 영국이 자국의 무역 이익에 대해서(주로 아편무역의 이익) 무력의 사용을 아끼지 않는다는 것을 나타낸다. 그러나 애석하게도 청 왕조에는 이 신호의 진정한 의미를 인식할 수 있는 사람이 없었다.

그렇지만 이 사건은 또 당시의 중영관계가 매우 모순적이고 기형적인 상태에 처해 있었다는 것을 설명한다. 정치적인 국면으로 보면, 청조는 '천조'체제를 지키면서 대외적으로 대문을 걸어 잠그고 있었으며, 당시 서방세계가 보편적으로 채용한 외교방식을 매우 경계하여 조금의 침투도 허용하지 않았다. 경제적인 측면으로 보면 청 왕조는 군정기기관의 부패로 인해 대문이 느슨해졌고, 더러운 아편이 그 문틈으로 끊임없이 들어와서 이미 그것을 저지할 역량이 없었다. 이는 후에 임칙서가 광동에서 금연을 실시할 때, 그를 매우 곤란한 지경에 처하게 하였다.

---

32) 등정정의 상주에 그 사유를 말하는 중에 '상무(商務)를 검사하는' 것을 언급한다. 그리고 후에 또 정문(正文)에서 영국 측이 오문 동지에게 무역사무를 조사하러 왔다고 말했다고 보고했다고 하였다. 그는 "그 나라에 이미 영사가 있어 광동에서 무역을 관리하고 있는데, 어찌 그 오랑캐의 수장인 메이트랜드가 와서 조사를 하는 지 매우 이해할 수 없다"라고 여기면서 이런 주장을 믿지 못한다고 표시하였다. 그리고 이현, 노대월이 영국함선에 가서 체결한 것에 대해서는 "말이 잘못 전해질 것을 두려워하여," 메이트랜드에게 사람을 파견하여 "명령을 강력하게 전달하고, 상대방에게 그 이해관계를 알려 준 것"이라고 거짓보고를 한다. 『阿片戰爭檔案史料』 1권, 329~331쪽.

33) 위의 책, 1권, 342~343쪽.

34) 위의 책, 1권, 342쪽.

비록 30여 부의 상주에 모두 영국의 반응을 언급하지 않았고, 청조의 상하 모두가 메이트랜드의 중국방문의 의의를 분명히 파악하지 못했지만, 북경에서 이에 대한 반응이 하나 나오는데, 바로 의의가 모호하여 명확하지 않은 '변경분쟁(邊釁)'이란 단어를 사용한 것이다.

'변경분쟁'과 관련된 기록은 많지 않다. 그 하나가 내가 서론에서 언급한 적이 있는 임칙서가 1838년 12월 22일, 상경 도중에 만난 기선이 "변경분쟁을 일으키지 말라(勿啓邊釁)"라고 경고를 한 대목은, 임칙서가 기선의 "주장이 공정한 듯 보이지만 의도가 사적이었음"을 지적한 것이며(나는 이런 큰일에 관해서는 건의한 자가 공심(公心)인지 사심(私心)인지는 이미 중요하지 않다고 생각한다), 그리고 또 임칙서가 "어쨌든 이에 대해 동의한다"고 말한 것은, 즉 공개적으로 변론하지는 않았지만 마음속으로 꽤 그렇게 여기지 않았다는 것을 나타낸다.[35]

이 필기 기록에서 진술한 정황의 진위에 대하여 나는 서론에서 이미 의문을 표시했다. 설령 진짜로 이 일이 있었다고 할지라도, 나는 '변경분쟁'도 기선 스스로의 판단은 아닌 것 같다고 생각한다. 당시 기선의 상주를 보거나, 후에 아편전쟁 중에 그가 한 표현을 보면, 그가 이와 같이 뛰어난 예측능력을 가진 것 같지는 않다. 임칙서와의 이번 만남은 그가 천진에서 아편조사를 마치고 북경을 방문하여 황제를 알현하고(請訓) 보정(保定)으로 돌아가는 도중에 만난 것이다. 그래서 그가 만약 '변경분쟁'이란 단어를 말했다면 북경에서 들어서 말했을 가능성이 컸다.

북경에서는 확실히 '변경분쟁'이라는 의견이 있었다.

1838년 12월 26일부터 1839년 1월 8일까지 총 14일 동안 임칙서는 북경에 머

---

35) 戴蓮芬, 「鵬砭軒質言」, 『叢刊 阿片戰爭』 1권, 314쪽.

무르며 황제를 알현했다(請訓). 12월 31일 도광제가 임칙서를 흠차대신으로 임명하고 광동으로 파견하여, "항구의 사건을 조사 처리하고, 그 성의 모든 수사를 지휘통제하라"[36]라고 하면서 임칙서의 사명은 이렇게 결정되었다.

여기서 긍정적으로 말할 수 있는 것은, 임칙서는 북경에 있는 동안 '변경분쟁'에 대한 의견을 들은 적이 있다는 것이며, 게다가 도광제와 '변경분쟁' 문제를 토론한 적이 있었다는 것이다.

이에 대한 사료 중 하나는 임칙서의 친구이자 임시 예부주객사주사(禮部主客司主事)인 공자진(龔自珍)이 임칙서가 떠나기 전에 「송흠차대신후관임공서(送欽差大臣侯官林公序)」라는 글을 썼는데, 그중 '어려운 문제에 답하다'의 제3항에서 '변경분쟁' 문제를 언급했다. 소위 '답하기 어렵다'는 어렵지 않다는 것에 대한 반박이었다. 공자진이 어렵다고 말하는 사람은 "방종하고 황당한 유생(書生)이다." 구체적으로 분명하게 어떤 사람인지 가리키지는 못하지만, "반대 여론(難者)은 모두 교활함과 간사함으로 남의 눈을 끌어 속임수를 쓰는 것으로 겉보기에는 노련하나 사실은 모두 우둔하고 고지식한 사람들이다"라고 하였다. 이것으로 보아 어려움을 주장하는 자들은 북경에 있는 금연을 반대하는 인사들을 말한다는 것을 알 수 있다. 공자진은 계속 임칙서에게 "이런 사람들이 광동의 관리 중에도 있고, 막료 중에도 있으며, 논객 중에도 있으며, 상인 중에도 있다. 아마도 신사 중에도 이런 사람이 없지는 않을 것이다. 당연히 일벌백계해야 한다"라고 조언하였다.[37]

공자진은 '변경분쟁'이 근본적으로 발생할 수 없다고 확신했기 때문에, '변경분쟁'에 대한 반박에도 전혀 힘을 들이지 않는 것처럼 보였고 글을 쓰는 것이 여유로웠다. 공자진의 분석에 따르면, 금연에 군대를 활용하지 않을 수 없다

---

36) 『阿片戰爭檔案史料』 1권, 424쪽.
37) 『龔自珍全集』, 上海人民出版社, 1975, 169~171쪽.

는 것이다. 하지만 그가 생각하는 용병 규모는 대저 오늘날 밀수를 단속하는 결창의 행동과 비슷하며, 다만 당시에 경찰이 없었을 뿐이라는 것이다.[38]

임칙서는 이 글을 받은 후 1839년 1월 16일에 답한다. 그는 공자진의 변경분쟁에 대한 반박에 완전히 동의하고 게다가 '정의를 내릴 수 있었다'라고 하면서, 즉 의심할 여지가 없는 확실한 정의라고 말했다.[39]

두 번째 사료는 1840년 12월 22일, 임칙서가 그가 그의 친척이자 하남(河南) 하섬여도(河陝汝道)로 부임하는 엽신향(葉申薌)에게 보내는 편지에 '변경분쟁'을 언급한 것이다.

> 겨울에 북경에서 명을 받는데(請訓을 가리킨다) ……황제께서 아편에 대해 매우 깊이 염려하시어 그 근원을 근절시키라고 명령하셨다. 소위 그 근원은 확실히 영길리와 깊은 관계가 있다. 내가 즉시 행동에 착수하려고 하였지만 의논자(議論者)들이 즉시 변경분쟁으로 그것을 저지하였다. 이런 정황을 여러 번 만나서 이야기를 나누고, 먼 곳에서 통제하지 않겠다는 지시를 받았다.[40]

---

38) 어떤 학자는 공자진의 글에 나오는 임칙서에게 제시한 "마땅히 강한 병사를 가져야 한다", "화기 역시 연구해야 한다" 등의 문장에 근거하여, 공자진이 임칙서에게 반침략전쟁의 준비를 잘하라고 권고했다고 추론한다. 이는 잘못된 견해이다. 공자진은 임칙서의 금연방법에 대해 잘 몰랐기 때문에 임칙서가 문신으로서 홀로 오문에 들어가, 반드시 온갖 나쁜 짓을 저지르는 '이(夷)'인과 간민(奸民)의 괴롭힘과 공격에 부딪칠 것이며, 이런 정황 때문에 절대로 반침략전쟁이 되지 않을 것이라고 여겼다. 공자진은 이 글의 '방의(旁義)' 제2항에서 광주의 외국인 전체에게 오문으로 떠나는 기한을 정하고, 오직 '이관(夷館)' 한 곳을 남겨 선박이 와서 무역을 할 때 잠시 머물도록 해야 한다고 하였다(임칙서도 그런 의도가 있었지만, 이미 도광제에게 청하여 동의를 얻지 못했기 때문에 다시 청하지 못했다). 이는 즉 공자진의 글 중에 '이곳에서 그들을 축출한다'라는 의미와 같다. 이외 공자진이 제시한 용병(用兵) 행동은 "온갖 나쁜 짓을 저지르는 '이(夷)'인과 간민(奸民)"을 "법에 따라 처리한다(正典刑)"라는 것과 "항구를 수비하고 변경을 방어하는 것"을 포괄한다(외국인이 내항을 수시 진입하는 것을 금지). 당시의 청조 체제하에 이런 행동은 모두 반드시 군대를 사용해야 하는 것이었다.
39) 『林則徐書簡』, 45쪽. '決定義'는 공자진의 글에서 사용한 단어이다.
40) 위의 책, 150쪽.

임칙서가 이 서신을 쓸 때는 이미 판결을 기다리고 있는 큰 죄인의 신분이었기 때문에 그 마음이 불쾌한 상태였을 것이다. 그래서 문장 중에 스스로를 변호하는 면이 없지 않다. 그가 진술한 내용은 2년 전 북경에서 청훈을 받을 때 도광제와 '변경분쟁'의 정황에 대해 토론한 것이다.

그의 이 진술에 대해 서로 다른 해석이 있다. 나는 여기서 언급한 '변경분쟁'은 여전히 '의논자'들이 금연을 저지하기 위한 찾은 핑계라고 생각한다. 그가 공자진에게 보낸 답례와 대조해 보면 임칙서가 이미 '변경분쟁'을 보았다고는 해석할 수 없으며, 그는 확실히 '변경분쟁'이 없을 것이라고 생각했다는 것을 알 수 있다. 마찬가지로 '먼 곳에서 통제하지 않겠다'라는 이 말이 임칙서가 광주에서 '변경분쟁'을 일으키는 것을 도광제가 두려워하지 않았다고 해석될 수 없으며, 도광제가 '변경분쟁'의 논쟁이 임칙서가 광동에서 벌일 금연 활동을 방해할 수 없다고 표시한 것이다. '영길리(英吉利)' 등의 문장에 이르러서는 북경에 있을 때의 생각을 포함할 뿐만 아니라, 임칙서가 광동에 도착한 이후의 인식이 섞인 것이다.

이렇게 1839년 1월부터 1840년 12월까지, 임칙서는 두 통의 편지에 당시 북경에 있을 때의 '변경분쟁'에 대한 생각을 언급한다. 약간의 동요는 있었지만 대체적인 의미는 역시 서로 통하는 것이었다. 또 1여 년이 지나 임칙서는 편지에 이 일에 대한 의견에 수정을 하는데, 그것은 그가 스스로 해명하기 위해 사실을 수정한 것이다. (본장 제3절에 상세히 나와 있다)

임칙서가 북경에 있는 동안 도광제가 그를 불러 8번을 만나는데, 매번 2~3각 동안으로,[41] 두 사람의 밀담시간을 합치면 4시간을 초과했다. 그들이 무엇을 이야기했는지에 대해서 임칙서가 후에 비록 언급하기는 하지만 상세하게

---

41) 『林則徐集 日記』, 315~316쪽. 각(刻)은 당시의 시간 단위로 1각은 14분 24초 정도이다.

남기지는 않았다. 앞의 편지에서 그들이 이미 '변경분쟁'에 대하여 이야기했다는 것을 증명한다. 그렇지만 공자진, 임칙서의 서신왕래와 임칙서가 엽신향에게 보낸 서신과 임칙서가 광동에 도착한 후에 올린 여러 상주를 보면, 우리는 도광제가 이때 임칙서에게 보낸 훈령은 "아편을 반드시 근절시키고, 변경분쟁이 결코 일어나서는 안 된다"는 것이었음을 추측할 수 있다.

도광제 개인적으로 보면, 그는 변경분쟁에 대해 여전히 공포심을 가지고 있었다. 그가 등극하고 얼마 되지 않아, 신강 남부에 장격이(張格爾) 반란이 발생했다. 7년의 노력, 국고 1천만 냥이 넘는 은자, 그리고 4만의 군대를 동원하고서야 결국 장격이를 포획했고, 장격이를 지지하는 호한국(浩罕國, 키르키스 공화국 일대에 위치한다)을 제압했다. 도광제는 이를 매우 피곤하게 생각했다. 게다가 이때 청조의 재정도 이미 더 이상 전쟁을 치루기 어려울 정도였다. 도광제도 이미 육순에 가까워 그의 정치방침이 수성(守成)과 안정(安靜)으로 돌아섰다. 그는 비록 청조가 1차 전쟁에서 이기지 못할 것이라고 여기지는 않았지만, 큰 전란과 동요가 일어나는 것을 원하지 않았다.

바로 이와 같기 때문에, 이후 임칙서는 광동에서 차례차례 그에게 전쟁이 일어나지 않을 것임을 보증해야 했다.

1839년 1월 8일부터 3월 10일까지 임칙서 혹은 배, 차, 교자를 타고 산동 안휘·강서(魯皖贛)을 거쳐서 광동성에 이른다. 여정이 고단할수록 그는 임무에 대한 부담감 또한 더욱 커지고 책임은 배로 늘어나 두려움을 느꼈을 것이며 분명히 수많은 생각을 했을 것이다. 그러나 그는 그의 앞에 직면한 것이 바로 '천조'보다 더 강성한 영국이라는 것을 생각하지 못했으며, 또 그가 중국 역사의 새로운 1막을 열어 젖혀 1백 여 년 동안 사람들이 그를 끊임없이 칭송하고 비난하고 담론하고 연구할 줄은 전혀 생각하지 못했다.

2. 임칙서의 금연 활동 및 그 평가

임칙서는 광동에 도착한 그날, 1729년의 제1차 금연법령까지 거슬러 올라가, 청 정부의 금연이 110년의 역사를 가지고 있으며, 그 중점이 광주에 있고 항구에 있다는 것을 알았다. 아편상을 체포하고, '요구(窰口)'를 폐쇄하고, 돈선을 몰아내는 것은 이미 상투적인 것이었고 그 효과가 적었다. 게다가 임칙서가 도착하기 전에 이미 양광총독 등정정이 도광제의 엄명을 받아 단호하고 신속하게 금연 활동을 진행하여 큰 성과를 올리긴 했지만, 결국 그 목적을 이루진 못했다. 이 때문에 임칙서의 입장에서 도광제가 내린 근절이라는 사명을 완성하려면 통상적인 방법을 다시 사용할 수는 없었으며 특별한 방법을 실행해야만 했다.

임칙서가 광동에서 시행한 금연 활동은 두 가지 방면으로 나눌 수 있다. 하나는 중국인에게 초점을 맞추는 것이고, 다른 하나는 외국인에게 초점을 맞추는 것이었다.

첫 번째로 임칙서는 부임 후 얼마 되지 않아서 일련의 공고를 반포했다.[42] 이 문건들을 검토해 보면 그의 세밀한 작풍과 단호한 결심을 알 수 있다. 그러나 총체적으로 보면 결코 신선하지는 않았다. 사실상 그는 이에 대하여 열정적이지는 않았다. 중국인에 초점을 맞춘 금연 활동은 그가 부임한 후 처음 몇 개월 동안은 여전히 양광총독 등정정, 광동순무 이양(怡良)이 구체적으로 담당했다.[43]

대략 1839년 5월부터 임칙서는 외국인에 초점을 맞춘 금연 활동을 시작하

---

42) 이 문건은 『禁煙章程十條』, 『曉諭粵省士商君民人等速戒阿片告示稿』, 『頒查禁營兵吸食阿片條規』, 『札發編查保甲告示條款轉發衿耆查照辦理』, 『札名學敎官嚴查生員有無吸煙造冊互保』, 『批司道會詳核議設局收繳 阿片章程』 등을 포괄한다. (中山大學歷史系編, 『林則徐集 公牘』, 51~56, 62쪽; 陳錫祺等編, 『林則徐集奏稿 公牘 日記補編』, 中山大學出版社, 1985, 23~25쪽)

43) 『阿片戰爭檔案史料』 1권, 522~524, 624~625쪽, 등정정의 상주에 근거.

여 그 성과를 거두고 약간 시간이 지나고 나서야, 비로소 그는 중국인에게 초점을 맞춘 금연 활동을 주관했다. 그가 올린 6차례의 상주에 근거하면, 1839년 5월 13일부터 1840년 6월 28일까지 아편관련 안건 890건, 범죄자 1,432명을 체포하고, 생아편(烟土) 99,260냥, 가공 아편(烟膏) 2,944냥을 몰수하고, 연창(烟槍) 2,065자루와 담배통(烟鍋) 205통을 압수한다. 이밖에 또 수색압수 혹은 민간에서 자진 신고한 생아편 98,400냥, 가공아편 709냥, 연창 16,659자루, 담배통 367통이 있다.[44] 만약 생아편과 가공아편의 수량으로만 본다면 임칙서가 1년 동안 올린 성과는 20여 만 냥에 이르렀다.

성과가 비록 적지 않고 호북(湖北)에서의 실적과 비교했을 경우 10배에 이르지만, 그 이전 등정정의 성과와 비교하면 확연하게 많은 것은 아니다. 1837년 봄부터 1839년 5월 12일까지 등정정은 생아편, 가공아편 46.1만 냥을 조사하여 압수하였고, 이 밖의 민간에서 자진 신고한 것도 17.4만 냥에 이르렀다.[45]

등정정과 임칙서가 3년이 넘는 시간 동안 모두 83.5만 냥을 압수했다는 것은 실로 간단한 일이 아니며, 역사적 기록을 창조하였고 전국적으로 가장 많았다. 당시 관리들은 나태하고 병사들은 놀고먹는 상황아래서 놀랍게도 이런 남다른 성적을 거둘 수 있었던 것은 그들이 자신의 모든 능력을 다 펼쳤다는 것을 반영했다. 그러나 이 시기에 아편밀수로 중국에 유입된 아편 8.1만 상자의 숫자와 비교하면[46] 여전히 100분의 1도 되지 않는 것이다.

---

44) 『林則徐集 奏稿』 중, 654 ,691, 737~738, 788, 854쪽; 『阿片戰爭檔案史料』 1권, 660쪽.

45) 위의 책, 중, 654쪽. 1837년 봄부터, 1839년 1월 11일까지 등정정은 아편 25만 냥을 조사해냈다(『阿片戰爭檔案史料』 1권, 449쪽). 임칙서가 광동에 도착한 후 등정정은 더욱 조사와 금연 작업을 강화했으며, 도광 19년 2월, 1839년 3월 15일부터 4월 12일까지 등정정이 조사하여 획득한 아편이 78,873냥에 달했다(『阿片戰爭檔案史料』 1권, 523쪽). 이것으로 보아 임칙서의 영향도 매우 컸다는 것을 알 수 있다. 어떤 사람은 등정정이 조사 획득한 아편도 임칙서의 공적으로 계산했는데, 이는 등정정의 업무를 이해하지 못하여 착오가 생긴 것이다.

46) 李伯祥等, 「關于十九世紀三十年代阿片進口和白銀外流的數量」, 『歷史硏究』, 1980 5기, 1상자 100근에서 120근.

그러나 청 정부가 일관되게 강조한 중국인의 아편판매활동을 수색하여 체포하는 옛 방법을 사용하여 금연을 실행한다는 것은 당시의 정황상 어떻게 하더라도 성공할 수 없다는 것이 현실이었다.

그러나 임칙서는 성공을 거뒀는데 그것은 그가 외국인에게 초점을 맞추어 금연 활동을 하는 방법을 채택했기 때문이다.

임칙서가 광주에 도착한지 8일 후인 1839년 3월 18일에 행상을 불러들여 엄령을 공포했다. 그것은 그들이 외국상인의 아편을 몰수하여 바치는 것을 책임지고 완수해야 한다는 것이었다. 임칙서가 이때 직접 외국인을 찾아가지 않고 행상을 불러 결판을 지은 것은 당시 청 정부가 시행하던 무역제도가 그렇게 만든 것이다.

청 정부의 규정에 따르면 광동에 온 외국상인은 오직 청 정부가 지정한 행상과 교역을 할 수 있었으며, 이외의 다른 무역 파트너와의 협력을 할 수 없었다. 그리고 청 정부의 관원들과 교류해서는 안 되었으며, 모든 것을 행상을 통하여 의사(稟)를 전달해야 했다. 이런 규정을 정한 목적은 첫째, 외국인과 일반 중국인의 관계 통로를 막기 위함이고, 둘째, '천조의 면모를 보호 유지하여 청 정부의 관원이 비천한 '만이(蠻夷)'와 접촉하는 것을 피할 수 있었던 것이다. 의심할 여지없이 이런 독점적인 무역 특혜는 행상들로 하여금 큰 부를 쌓게 하였으며 당시 중국에서 가장 부유한 일족이 되었다. 그러나 행상들도 이 때문에 상당한 의무를 부담해야 했는데, 즉 행상이 외국인들에 대한 관세와 품행을 보증해야만 비로소 외국인들이 홍패를 받고 광주에 들어갈 수 있었다. 그러나 일단 외국상인이 탈세 혹은 단정하지 못한 행위를 하게 되면 청 정부는 그 책임을 행상에게만 물었다.

1816년 이후 출입하는 외국선박에 대해 행상들은 아편을 숨기지 않았다는 증명서를 발급해주었다. 이는 사람을 기만하는 행위라고 할 수 있다.[47] 임칙서는 먼저 청 정부의 관례에 따라 행상에 손을 대었다. 그는 행상들에게 외국상인들에게 황명을 전하라고 명령하면서, 3일 이내에 돈선(躉船, 선착장으로 쓰이는 작은 배)위에 쌓여있는 수만 상자의 아편을 전부 압수하여 바치고 서약서에 서명하라고 했다. 그리고 성명 이후, 다시 몰래 숨겨 들여오면 조사하여 "사람은 법에 따라 처리하고 화물은 관에서 몰수한다"라고 하고, 동시에 그가 각국 상인에 전달한 명령(諭令)을 공포하였다.[48]

이 날 임칙서의 조치를 보면, 광동 해관은 잠시 외국상인에게 광주를 떠날 수 있는 홍패를 주는 것을 잠시 멈추고, 병사들로 하여금 외국상인이 거주하는 상관 부근을 비밀리에 순찰을 돌게 하여 암중으로 방어를 하였다.

그리고 3일이 지났다. 그러나 외국상인들은 결코 명령을 지키지 않았다. 그들은 이미 광동 당국의 소리만 크지 행동은 작은 위협에 습관이 되어 있었기 때문에, 이는 뇌물을 요구하는 변주곡에 지나지 않는다고 생각하면서 진짜로 여기지 않았다. 그러나 임칙서는 오히려 점점 압박을 가하면서 전혀 느슨해지지 않았다. 그리고 공격방향을 행상에서 점점 외국상인으로 잡았다.

3월 21일, 임칙서는 행상에게 명령을 전달하고, 다음날 상행사무실(會所)로 가서 몇 명의 행상을 참수했다. 결과 외국상인들이 아편 1,037상자를 내놓는 것에 동의했다.

3월 22일, 임칙서가 아편상인 랜슬롯 덴트(Lancelot Dent)의 소환을 명령하지만 그가 이에 응하지 않았다.

3월 24일, 임칙서가 큰 결심을 하고 최후의 결정을 내린다. 1)일체의 중외교

47) 당시 아편 상인들은 모두 먼저 아편을 광동 호문 입구 밖의 돈선(躉船)에 옮긴 다음, 보증인을 찾아 수입통관수속을 했다. 일부 상인들은 직접적으로 아편을 광주에 들여오기도 하였다. 당시의 령정양(伶仃洋), 홍콩도(香港島), 대서산도(大嶼山島) 일대는 돈선이 활동한 지역이다.
48) 『林則徐集 公牘』, 56~60쪽.

역을 중지했다. 2)상관(商館)을 봉쇄하고, 고용인(僕役)을 철수하고, 보급을 끊었다. 다시 말하면 임칙서는 광주성외 서남쪽에 위치한 약 6.6만 제곱미터의 상관 구역을 하나의 대형 구류소로 만들고, 그 안에 약 350명의 외국상인을 전부 구금했다.

구금 생활은 자연히 좋지 않았다. 상관에 들어가려고 모험을 무릅쓰던 영국 주화상무총감 찰스 엘리엇은 결국 3일 후 굴복을 표시했다. 그는 영국 정부의 명의로 영국 상인에게 아편을 자신에게 건넬 것을 권고한 후에 그가 중국정부에 건넨다. 3월 28일, 찰스 엘리엇은 '경품흠차대신(敬稟欽差大臣)'에게 "흠차대신의 특별 명령을 따른다"라고 하면서, 아편 20,283상자를 넘겨줬다.[49]

임칙서는 이 소식을 듣고, 29일에 상관구역에 대한 봉쇄를 풀기 시작했다. 4월 12일, 임칙서가 첫 번째로 아편을 받을 때, 고용인이 상관 구역으로 돌아가서 일하는 것을 허락했다. 5월 12일, 임칙서는 아편 몰수 작업이 예정대로 끝났을 때, 상관에 대한 봉쇄를 풀었고, 랜슬롯 덴트 등 16명의 아편 거상을 제외하고 기타 모든 외국인들이 광주를 떠나는 것을 허락했다. 5월 22일, 아편몰수 작업이 끝났을 때, 임칙서는 억류된 16명의 아편 상인에게 서약서의 제출과 이후 중국에 오지 않겠다는 보증을 요구했는데, 찰스 엘리엇의 제의 아래 랜슬롯 덴트 등이 모두 서약서를 제출했다. 5월 24일, 찰스 엘리엇은 마지막으로 외국 상인들과 광주를 떠났다.

1839년 6월 3일, 도광제의 명령에 근거하여 임칙서는 호문에서 아편 19,716상자, 2,119포대(袋), 실제 중량 237만근 모두를 소각했다. 이 숫자는 1838년부

---

49) 찰스 엘리엇이 3월 23일에 오문에서 출발하여 광주에 도착하는데, 황포를 지나는 도중에 청군의 경고를 받는다. 그는 도착 후, 즉시 등정정에게 영국 상인이 광주를 떠나는 것을 허락해 달라고 요구하지만 거절당한다. 그 탄원서 중에 '양국이 서로 평안하게'라는 문장은 다음과 같은 임칙서의 강한 비판을 받는다. "양국이라는 두 글자는 어떻게 이해해야 하는지 알 수 없다. 나의 천조는 만방이 신하의 예로 받들며, 대황제는 하늘과 같이 어진데…… 영길리(英吉利)와 미리견합(米利堅合)을 양국이라 칭하는지 그 뜻이 매우 불문명하다"(佐々木正哉編, 『阿片戰爭前中英交涉文書』, 175~176쪽).

터 1839년까지 계절마다 중국으로 운송된 아편 총량의 60%에 달했다.

임칙서가 외국인에 초점을 맞추어 금연을 실시한 방식에 대하여 어떤 사람은 너무 성급하고 과격하게 처리한 것이라고 주장했다. 나는 이 주장은 공평타당성을 잃었다고 생각했다. 그래서 나는 과격하지 않은 방법은 효과가 어떠했는지 살펴보아야 한다고 생각했다.

1836년에 급사중(給事中) 허구(許球)가 허내제의 해금론에 반대하여 금연에 관한 상소를 올린다. 그중 일부가 외국의 아편 상인을 언급하면서 랜슬롯 덴트와 윌리엄 자딘 등 9명을 지명하고 그 대권을 건의하는데, 그것은 이 9명을 '체포하여 구금하고', 일정기간 내에 호문 항구 밖의 아편 돈선(躉船)을 자국으로 돌아가도록 강제로 명령을 내리고, 그 다음 다시 서신을 들려주어 영국 국왕에게 보내는 것이었다.[50] 이 방법은 임칙서가 후에 실시한 방법과 비슷했다. 다른 점은 단지 허구는 9명의 구금을 주장하였는데 임칙서는 모든 외국인을 구금한 것이었다. 또 다른 점은 허구는 돈선을 몰아내자고 했지만 임칙서는 아편을 몰수하였다는 것이다.

허구의 상주문은 도광제를 거쳐 양광총독 등정정에게 보내져 그가 참조하여 처리했다. 등정정은 방법을 마련하여 체포하지 않고 1836년 10월 28일에 이 9명의 추방을 선포했다.[51] 그러나 이 몇몇 아편 상인들은 분분히 업무가 끝나지 않았다는 이유로 연장을 요구했다. 이에 결국 등정정이 허락하여 이 9명은 도광 16년 말부터 다음해 3월 말까지 각각 중국을 떠났다(1837년 2월 4일

---

50) 허구의 상주는 田汝康, 李華興, 「禁煙運動的思想驅-評價新發現的朱嶹許球奏折」, 『復旦大學學報』, 1979, 1기를 참고. 허구가 지명한 9명은 영국 측 문헌을 참조하면, W. Jardine, J. Innes, Lancelot Dent, Framjee, Merwanjee, Dadabhoy, Gordon, Whiteman, Turner. 그중 Gordon은 미국인이고, Framjee, Merwanjee, Dadabhoy는 영국 인도상인이고, 나머지는 영국인이다

51) 이 명령의 중문본은 없지만 영문본이 있다. ("Correspondence relative to military operations to China." Irish University Press area studies series, British parliamentary papers: China, vol. 27, Shannon, Ireland: Irish University press, 1971, 420~421쪽.)

부터 5월 4일까지). 등정정은 이 결과를 도광제에게 보고하길, "그 이상(夷商) 등이 기한을 지키는 것에 동의하였으며, 행상(行商) 등이 그들이 기한을 넘겨 머무는 것을 용인하면 서슴없이 그들을 처벌할 것입니다"라고 했으며, 그리고 자신이 특별히 조사하여 "기한이 되어도 불법으로 점거하고 움직이지 않으면 즉시 엄격하게 처리할 것입니다"라고 하였다. 사건이 벌어진지 2년 후 도광제는 또 이 일을 조사했다. 이에 등정정이 1839년 2월 11일에 재차 그 결과를 보고하는데, 한 사람을 제외하고 네 사람만이 중국을 떠났고 랜슬롯 덴트 등 세 명은 상무가 다 끝나지 않아 여전히 오문에 체류하면서 수시로 광주를 오고갔으며, 특히 윌리엄 자딘은 오문에 가지도 않고 여전히 광주에 머무르고 있다고 하였다.[52]

1837년에 도광제는 두 차례 등정정에게 광동 호문 밖에 있는 아편 돈선을 몰수하라고 명령을 내렸다.[53] 광동수사는 근본적으로 돈선을 몰수할 군사적 능력을 갖추고 있지 않기 때문에, 게다가 도광제가 유지에 언급한 방법이 "그 나라의 상인들에게 유지를 전달하여" 돈선을 강제로 "모두 돌려보내는 것"이었기 때문에, 등정정은 행상으로 하여금 명령을 외국상인에게 전달하게 한 것 외에, 수차례 명령을 찰스 엘리엇에게 전달하여 돈선이 떠나도록 마지막으로 1개월의 시간을 더 주었다. 그러나 외국 아편 상인들은 이에 대하여 근본적으로 이해하지 못하고 있었고, 찰스 엘리엇도 통관수속을 거치고 들어가는 배가 아니면 그의 관할 범위가 아니었기 때문에, 이 일과 그가 관과 직접 공문을 주고받으려고 한 노력이 뒤엉켜 버렸다.[54] 그 결과 이 일 역시 중간에서

---

52) 『阿片戰爭檔案史料』 1권, 217~218, 465~466쪽.
53) 『阿片戰爭檔案史料』 1권, 230, 242쪽.
54) 佐々木正哉編, 『阿片戰爭前中英交涉文書』, 113~114, 116, 10~125, 127~129, 131~132쪽; 『阿片戰爭檔案史料』 1권, 239~241쪽.

흐지부지되었다.

임칙서는 금연시행 초기에는 예봉을 직접적으로 외국 아편상인에게 겨누지 않고, 그들을 보증하는 행상을 향하여 칼을 꺼내들었다. 1839년 3월 22일에 그는 이미 청 정부의 명령을 받아 추방한 아편상인 랜슬롯 덴트가 광주상관에서 아편을 내놓는 것을 거부하도록 선동하고 있는 것을 알았을 때에야 비로소 소환심문명령을 내렸다. 그렇지만 명령을 집행하는 남해(南海)와 번우(番禺)의 두 현관이 병사를 보내지 않고 행상을 보내 그를 청했다. 랜슬롯 덴트가 이 명령을 따르지 않고, 반대로 그를 24시간 이내에 돌려보내 준다는 보증을 하는 임칙서의 인장이 찍힌 문서를 가져오라고 요구했다. 3월 23일에 두 명의 행상이 쇠사슬을 차고 상관에서 눈물을 흘리며 랜슬롯 덴트가 명령에 따르기를 호소하고 그렇지 않으면 자신의 목이 곧 잘릴 것이라고 했다. 랜슬롯 덴트는 여전히 대답을 하지 않았다. 마지막으로 상관 안의 외국상인들이 의논을 한 후 따로 4명의 외국상인을 광동 지방관에게 보내 랜슬롯 덴트가 오지 않는 원인을 해명했다. 상급기관의 엄한 명령은 서로 눈물을 흘리는 애원으로 변하였다. 이 모든 행동은 한 편의 졸렬한 광대극(滑稽戲) 같았다.

여기서 우리는 또 당시 중영관계의 또 다른 일면을 볼 수 있다. 준엄한 '천조'가 누차 '만이'와 평등한 교류를 거절했을 때, 사납고 고집스러운 외국상인들도 확실하게 '만이'와 같이 그렇게 '천조'의 법령을 무시했다. 이런 사람들의 안중에는 '천조'의 위엄은 단지 공중에 걸려 나부끼는 깃발에 불과했고, 모든 법령규칙의 연결고리는 악습과 회뢰(賄賂)의 액수에 달려 있었고, 행상도 관원도 반대로 바바리안(蠻夷)이 되었다. 멀리 떨어져 있었던 도광제는 당당한 '천조'의 대외체제가 이런 탐욕스러운 행상과 법을 어기는 관리의 조종 아래 이와 같이 황당하고 천하게 변할 수 있는지, 그리고 근엄한 '천조'의 '오랑캐를 방비하는 장정(防夷章程)'이 양의 머리를 걸어 놓고 개고기를 파는 점포와 같이 변할 줄은 전혀 생각하지 못했다.

전혀 사실과 다르지만 임칙서는 3월 24일에 찰스 엘리엇이 랜슬롯 덴트를 도와 도망가게 했다는 소식을 듣자, 이를 참지 못하고 비로소 명령을 내려 통상을 단절시키고 상관을 봉쇄했다. 이것이 과연 과격한 행동인가? 그럼 그것은 어떤 기준으로 판단해야 하겠는가?

먼저 통상단절을 살펴보자. 서론에서 이미 언급했듯이 청 왕조의 관념 중에 통상은 먼 곳의 사람을 회유하는 수단으로 '만이'에게 은혜를 베푸는 것이다. 그렇기 때문에 '만이'의 불경(不敬)과 불공(不恭)에 대하여 가장 직접적인 대권은 바로 이런 은혜를 취소하는 것이다. 여기에서 더 설명해야 하는 것은 청조 관원(임칙서를 포함하여)들이 중국의 물건은 이미 외국상인들에게 세배의 이익을 얻을 수 있게 해주는 것이며, 특히 중국의 찻잎과 대황(硫, 大黃)은 '만이'들에게는 잠시도 없어서는 안 되는 보물로 생각했다는 것이며, 또 그것들이 없으면 육식을 즐기는 '만이'는 소화불량에 걸려 전부 죽을 것이라고 생각했다는 것이다. 이렇게 병사와 무기를 사용하지 않고 무역을 단절하여 대적하는 방식은 대체로 오늘날 유행하는 경제제제와 비슷한데, 특히 청조의 관원들에게는 먼 곳의 사람들을 굴복시키는 법보로 여겨졌다. 18세기 이래 여러 번 사용하여 언제나 통용되는 것이었다. 임칙서 이전이고 가장 최근은 1834년 윌리엄 네이피어가 중국에 왔을 때와 1838년 제임스 이네스(James Innes)의 아편사건이 발생했을 때이다.[55]

---

55) 1838년 12월 3일에 청군이 상관 앞의 배위에서 두 상자의 아편을 찾아내자, 짐꾼이 영국상인 제임스 이네스에게 보내는 것이라고 설명한 것이다. 광둥당국은 즉시 통상 단절의 명령을 내리고 제임스 이네스와 이 사건에 혐의가 있는 미국 선박은 3일 내에 반드시 출국해야 한다고 하였다. 이렇게 12월 16일에 제임스 이네스가 오문으로 돌아간 후 1839년 1월 1일에 통상이 회복된다. 이것으로 보아 청조는 이 때 아편상에 대한 처벌과 통상단절에 대한 운용 정도가 가벼웠음을 알 수 있다. 제임스 이네스는 바로 허구가 상주에 언급한 사람으로 등정정의 명령에 근거하면 그는 1837년 2월에 추방당해야 하나, 이번에 오문으로 돌아간 후 임칙서가 금연을 실시할 때까지 여전히 오문에 머물며 귀국하지 않았다. 이밖에 제임스 이네스는 몹시 패도적이었는데 1833년 4월에 거처 밖에서 나무를 자르는 소리가 시끄럽다고 그는 행상에 제소하자, 광둥해관 감독이 이에 소란행위를 금지시켰다. 그러나 금지령이 며칠이 지나도 효과가 없자, 그는 감독 아문에 가서 다시 팔을 다쳤다고 제소한다. 그리하여 그는 행상에 날이 지기 전에 범인을 추포하여 죄를 다스리라고 요구하고 그렇지 않으면 광둥해관을 불을 지르겠다고 했

임칙서가 북경에서 청훈을 받는 동안, 비록 그들의 주의력이 영국이 보이는 반응 위에 놓여 있지 않고, 단지 통상을 단절한 후 일어난 광동해관 세수의 감소에 시선이 향해있다고 할지라도, 도광제와 통상을 단절하는 일에 대하여 틀림없이 토론을 한 적이 있었을 것이다.[56] 이것으로 볼 때, 청조의 기준에 따라 통상을 단절하는 것은 본래 광동(廣東) 대리(大吏)의 권한 내의 일로, 임칙서가 사전에 명령을 내려달라고 청한 적이 있었으며, 절대 과격한 문제가 아니었다. 설령 오늘날의 국제표준에 따른다고 할지라도 본국의 법령을 집행하지 않는 외국에 대하여 경제제제를 실행하는 것이 그 무슨 과격한 문제가 될 수 있겠는가?

다시 비난을 가장 많이 받은 상관에 대한 봉쇄를 살펴보자. 청조의 법률에 따르면 아편판매는 군에 보내거나(充軍) 유배를 보낼 수(流放) 있는 죄에 해당했다. 청조의 사법실천에 따르면 혐의자는 증거도 필요 없이 바로 체포할 수 있었다. 또 청조의 법률에 따르면 '외국인(化外人)' 범죄도 마찬가지였다. 이 때문에 임칙서는 상관 안의 외국인들을 모두 잡아들일 수 있었으며 심문하여 판결할 수도 있었다. 당시 치외법권을 획득하지 못한 영국은 이에 대하여 전혀 어떠한 간섭도 할 권한이 없었다. 그러나 임칙서는 결코 그렇게 하지 않았는데, 금연을 시작하자마자 단지 상관을 봉쇄한 47일 내에 중국을 떠나지 않으면 안 된다고 했을 뿐이며, 또 4일 간의 물자 공급과(상관 내에 식품부족의 걱정은 없었다), 19일 간의 고용인의 노동을 금지시켰을 뿐 사실상 연금에 가까웠다. 또 아편의 몰수를 진행하는 중에 청 정부가 이미 아편상인의 실제범

다. 그날 저녁 8시 그는 목적을 달성하지 못하자 불화살과 폭죽으로 광동해관에 불을 지른다. 다음날 제임스 이네스를 공격한 흉수가 체포되고, 칼을 씌우고 처벌을 받는다.

56) 1839년 5월 1일 임칙서는 편지에, "아편을 조사처리하면 잠시 관세의 부족을 피하기 어렵기 때문에 직접 황제에게 먼저 상주를 해야 한다. 나는 이미 침식을 잊고 나랏일에 열중하여 이 실정을 이해하였다"(『林則徐書簡』, 50쪽) 이 사이에는 임칙서와 공자진의 서신 왕래 중에도 이 일이 언급되어 있다. (『龔自珍全集』, 169~172쪽)

죄에 대한 증거를 얻었어도 임칙서는 오히려 대다수의 죄인을 석방했다. 아편 몰수 작업이 끝났을 때, 임칙서는 16명의 죄질이 가장 심한 아편 판매범을 체포하여 추방하였다. 그리고 이 16명의 아편 판매범이 중국을 떠나고, 18일 후에 청 정부는 또 새로운 금연법령 39조를 반포했다. 그 규정은 바로 "생아편 가공아편을 사적이익을 위해 판매한 것이 500냥에 이르거나 혹은 비록 500냥이 안되지만 여러 번 판매한 자 중에 주범은 교수형이나 참수하고, 종범은 서남변경지역으로 보내 군역을 시킨다"는 것이다.[57] 이렇게 청조의 법률적 측면에서 볼 때, 임칙서의 방법은 과격하지 않을 뿐만 아니라, 그야말로 한없이 관대한 것이었다.[58]

일의 옳고 그름을 구분하지 않고 외국상인을 모두 연금한 것은 바로 당시 중국에 온 외국 상인 대다수가 모두 아편밀매에 종사했기 때문으로, 영국 상인 중에 청백한 자는 없는 것과 같았다. 그러나 임칙서 스스로 그 부당함을 느꼈는지, 외국상인에게 내린 명령에 '포상', '보호', '아편을 팔지 않는 선한 오랑캐' 등을 언급하였다.[59] 후에 실시한 정황이 어떠했는지를 막론하고 임칙서의 심중에는 계속 하나의 정권적 경계가 있었던 것처럼 보인다.

당연히 임칙서가 시행한 이 조치 중에도 다음 몇 가지 실수가 존재한다. 1) 당연히 영국 정부의 대표를 연금해서는 안 되었던 것이다.[60] 2)일부의 미국 상인과 네덜란드 영사가 각각 본인 혹은 본국 상인이 결코 아편 교역에 종사하

---

57) 『阿片戰爭檔案史料』 1권, 572쪽.

58) 임칙서는 그들을 석방하기 전에 황제가 명을 내려주길 청하였으며 이에 도광제의 비준을 얻는다. 그렇지 않으면 청조의 관례에 따라 임칙서는 당연히 자신이 아편 판매범을 석방한 죄를 저지르는 것이 되어 엄중한 처벌을 받아야 한다.

59) 『林則徐集 公牘』 , 59~60쪽.

60) 임칙서가 찰스 엘리엇을 상관에 가둔 것은 당시 청 정부와 임칙서 본인이 근대적 외교관념이 없어서 그를 '대반'으로 간주했기 때문이다. 찰스 엘리엇은 오문에서 광주로 가면서 사전에 홍패를 신청하지 않은 상태에서 황포를 지날 때, 청군의 저지를 받았지만 거들 떠 보지 않았으며, 상관이 봉쇄된 기간 동안, 자신이 영국관원임을 밝혀 석방을 요구하지 않았다.

지 않았다고 상고했을 때, 적시에 변별하여 따로 대우하지 못했다는 것이다.[61]

3)외국 상인이 제의한 두 가지 요구 중, 두 번째 항목인 '서약서의 제출', '사람은 법에 따라 처벌한다(人即正法)'에 대하여 당시 청조법률에는 아직 그에 해당하는 근거가 없었다.

위 제3항에 대하여 임칙서는 후에 어느 정도 자각을 했다. 그래서 그는 외국인이 아편을 내놓았을 경우에는 곧 석방을 하고 서약서를 제출하라는 요구를 고수하지 않았다. 1839년 5월 18일에 그는 도광제에게 상주하여, "특별 조항을 의논하고자 하는데, 잠시 동안 먼저 바치는 자에게는 면죄를 해주었으면 합니다"라고 요청했다.[62] 이에 도광제는 즉시 명령을 내려 군기대신 등에게 의견을 올리라고 했다. 6월 23일에 도광제는 군기대신 목창아(穆彰阿) 등이 초안한 특별 조항을 비준하고, 외국 상인의 아편판매에 대해 교구(絞口)의 사례에 따라 죄를 다스리는데, 즉 주범은 '즉시 참수하고' 종범은 '즉시 교수형에 처한다'고 규정했다. 임칙서는 이 새로운 규정에 따라, '인간은 법에 따라야 한다 (人即正法)', 즉 비로소 법률에 의거하여 즉시 외국상인에게 신 규정에 따라 서약서를 요구하고 서약서를 제출하지 않을 경우 통상을 금지했다.

현재 각국 통행의 법률 표준으로 살펴보면, 경위조사를 끝내기 전에 혐의자는 당연히 출국을 해서는 안 된다. 이 때문에 임칙서는 3월 18일에 광동해관에게 오문(澳)으로 가는 통행증 발급을 중지하게 하는데, 이 또한 전혀 과격하지 않은 조치였다.

현재 각국의 통행에 대한 법률 표준을 살펴보면, 당연히 먼저 증거를 확보한 후 범법자를 체포해야 한다. 임칙서는 장물(증거)을 확보하기 전에 행동을

---

61) 상관이 봉쇄된 기간 동안, 미국 상인과 네덜란드 영사가 아편을 판매하지 않았다고 통상을 허락해달라고 진정하고, 상관을 떠나는 것을 허락해달라고 요구하였다. 이에 임칙서가 '어느 한 쪽의 말'로, "문제가 생기는 것을 경계한다"라는 이유로 거절한다.

62) 『林則徐集 奏稿』 중, 615쪽.

취하는데 이는 타당하지 않은 것처럼 보인다. 그러나 4가지 주의해야할 만한 점이 있다. 1)임칙서는 그들을 감옥에 가두지 않았다. 2)당시 임칙서는 증거를 확보할 수 있는 조건을 갖추지 못했다. 즉 광동수사의 무력이 믿을 만하지 못했다. 3)이후의 사실이 증명하는 것처럼, 구금된 대다수가 아편 판매범이었다. 4)임칙서가 후에 그들의 죄를 다스리지 않고 자수로 처리했다. 한발 물러나서 말하면, 설령 임칙서가 이 일에 관하여 오늘날의 표준을 위반했다고 할지라도, 그가 진행한 것은 마약금지라는 정의로운 행위이다. 사법진행의 과정이 약간 과격하여도 대의에 영향을 미치지 못하는데, 하물며 임칙서는 결코 대청률을 위반하지 않았다.

당시의 항해 조건으로 보면, 영국이 희망봉을 경유하여 인도를 지나 다시 중국에 도착하는데 4, 5개월의 시간이 걸렸다. 파도와 고생은 두말할 나위 없고 배가 가라앉고 목숨을 잃은 일도 자주 발생했다. 이와 비교하여 6만 제곱미터의 상관 내의 47일은 오늘날의 휴양지와 같았다. 어떻게 영국 상인들은 중국에 오는 고생은 결코 원망하지 않으면서, 상관을 봉쇄한 것에 대해서는 이처럼 대항을 멈추지 않는 것인가? 그 이유는 바로 전자는 그들에게 이익을 주고 후자는 그들에게 손해를 입히기 때문이었다.

사실상 이에 대해 가장 항의할 권리가 있는 사람들은 아편을 팔지 않은 미국 상인과 네덜란드 상인으로 그들은 무고하게 당한 것이라고 할 수 있다. 그러나 그들의 정부는 이에 대하여 결코 강한 반응을 보이지 않았다. 그 이유 중에 하나는 그들의 국력과 대외정권이고 다른 하나는 그들의 국민에게 끼친 손실이 비교적 적거나(미국은 겨우 1,540상자의 아편) 혹은 없었기 때문이다.

이것으로 볼 때, 문제의 핵심은 임칙서의 방법이 '과격'했는지의 여부에 있는 것이 아니라 그의 방법이 유효한지의 여부에 있는 것으로, 즉 정말로 아편을 압수할 수 있는지에 있다는 것이다. 또 영국 상인들이 아편무역에서 손해를 입어야만 영국 정부가 강한 반응을 보일 수 있다는 것이다. 한발 더 나아가 이는 해당 국가의 상인들이 손해를 입었기 때문만이 아니라 직접적으로 그 정부의 이익에 손해를 끼쳤기 때문이다.

중국, 영국, 인도 삼각무역에서 아편의 지위에 관하여, 즉 아편→찻잎→면 직품의 삼각관계 및 영속 인도 정부의 아편세, 영국 정부의 찻잎세 등등의 문제는 이미 수많은 논문과 저작에서 매우 좋은 연구를 했다. 나는 여기서 오직 장향보(張馨保)의 분석을 인용하고 싶다.

> 기타의 역사사건과 같이 아편전쟁은 어떤 하나의 인소로 조성된 것이 결코 아니라, 그것에는 각양각색의 원인이 있다. 이론상 혹은 개념상 이는 두 종류의 다른 문화가 충돌한 것이다. 각각 특수한 체제, 풍격 그리고 가치 관념을 가진 성숙한 문화가 서로 접촉할 때, 반드시 어떤 충돌이 발생한다. 영국인들과 중국인들을 서로 접촉하게 한 것은 상업이다. 그리고 아편전쟁이 발발하기 10년 전 상업에서 가장 중요한 부분은 아편무역이다. 그러나 중국인들은 전력으로 이 아편무역을 없애고 싶어 했다. 이는 아편전쟁의 직접적인 원인이다.[63]

이 때문에 우리가 영국 아편상인과 그 정부가 상관을 봉쇄한 일을 이용하여 문제를 크게 만들고 중국과의 전쟁을 일으킬 때, 그들이 사용한 것이 식민주의적 기준과 제국주의적 논리라고 생각할 수 있는 것이다.

150년 후, 즉 1990년 미국 대통령 부시가 파나마 국방군 사령관 노리에가(Noriega)의 마약판매가 미국에까지 영향을 미친다는 이유를 들어 파나마에

---

63) [미]張馨保, 『林欽差與阿片戰爭』 自序. 이 권은 나에게 많은 도움을 주었다.

군대를 보냈다. 임칙서의 금연 방법과 서로 비교해 보면 부시의 방법은 그 '과격'함이 수만 배라고 할 만하다. 마찬가지로 마약사건을 둘러싸고 영국과 미국의 태도는 150년의 시간을 두고 오히려 이와 같은 차이가 났다. 오늘날의 사람들이 이 두 차례의 전쟁에 대해 어떠한 생각을 주장하는지, 또 어떤 평가를 하는지에 관계없이 이 두 차례의 전쟁에서 시종 변하지 않는 원칙은 국제정치 중의 강권(强權)이라는 것이다.

임칙서는 두 가지 선택에 당면해 있었다. 비록 그 본인이 이때 인식하지 못했다고 하더라도, 아편의 근원을 끊어 전쟁이 일어나든지, 전쟁을 피해기 위해 금연의 노력을 포기해야 하는지 말이다. '천조'체제는 임칙서가 외교교섭을 진행할 수 없게 만들었고, 임칙서 본인 역시 '천조'관념을 끌어안고서 교섭에는 뜻이 없었다. 게다가 1907년 중영 양국 간의 10년 기한의 금지와 같은 협의를 달성할 수 없었다.[64] 바꾸어 말하자면, 당시의 조건아래 '천조'와 '해가 지지 않는 제국' 간에는 상의하여 중재할 여지가 없었던 것처럼 보였다. 우리는 이로부터 다음과 같은 결론을 얻을 수 있었다. **아편의 근원을 끊고 싸움의 구실을 주지 않는다는 도광제의 이 훈령은 본래 역설과 같은 것으로 어떠한 사람도 모두 집행할 수 없는 것이었다.**

이는 바로 후에 임칙서에게 일어난 비극의 맹점이었다.

3. 적의 정황에 대한 임칙서의 판단

1839년 3월 27일 아침, 찰스 엘리엇은 상관에 영국 정부의 이름으로 본국 아편상인에게 모든 아편을 내놓을 것을 요구하고 그가 중국 정부에 넘겨줄

---

64) 王鐵崖편 『中外舊約章滙編』 2권, 北京, 生活讀書新知三聯書店 1959, 444~448쪽.

것임을 선포했다. 찰스 엘리엇의 이 결정은 궁지에 몰려있던 영국 아편 상인들을 크게 흥분시켰는데, 그들은 이는 영국 정부가 그들의 이익을 보호하겠다는 표시로 생각했다. 그래서 그들 수중에 있던 아편보다 더 많은 아편을 내놓겠다고 답하고 운송중이거나 복건 연해의 아편에 이르기까지 모두 보고했다. 전혀 관계가 없는 미국 아편상인조차도 자신의 아편을 찰스 엘리엇에게 내놓고 장부에 기입할 수 있었다.

이날 오전 흠차대신 임칙서는 찰스 엘리엇의 청원서(稟帖)를 받고 아편을 내놓는 것을 원한다고 표시했다. 임칙서는 이로써 한숨을 돌리게 되는데, 3월 18일부터 시작한 외국상인과의 대립이 마침내 결과를 본 것이다. 그러나 그와 그의 동료들은 모두 주화상무총감이 흠차대신에게 보낸 첫 번째 청원서가[65] 임칙서가 가진 사명의 성질을 변하게 했음을 인식하지 못했다. 즉 경내 외국인에 초점을 맞춘 반 밀수 행동이 중영 양국관원 간의 교섭으로 변했다는 것이다.

같은 날 임칙서는 상관 안에 있는 각국 상인이 단체로 서명한 청원서를 받는데 임칙서가 유지가 가리키는 각 사항이 중요한 일과 많이 관련되어 있고 논쟁하기 어렵다고 표명하자, 그들은 임칙서가 그들의 영사(領事), 총관(總管)을 찾아가 '알아서 처리(自行辦理)'해줄 것을 요청했다. 임칙서도 그 안에 숨겨진 비밀을 발견하지 못했다. 이후의 각 명령은 행상을 통하지도 외국 상인을 직접 상대하지도 않고 그들의 영사 혹은 총관에 보냈다.[66] 바꿔 말하면 이날 이후부터 임칙서가 마주하게 되는 상대가 개인인 외국 상인이 아니라 바로 그들의 배후에 있는 각국 정부가 된 것이며, 특히 영국정부였다.

---

65) 이 이전에 보낸 찰스 엘리엇의 청원서는 모두 양광총독 등정정에게 보낸 것이다.佐々木正哉編,『阿片戰爭前中英交涉文書』, 174~177쪽.
66)『林則徐集 公牘』, 67~71쪽.

이것이 그의 첫 번째 잘못이었다.

찰스 엘리엇이 아편상인을 대표하여 아편을 몰수 하는 것은 중국의 법령을 따랐다는 것을 의미하는 것이 아니라, 아편상인의 화물을 영국 정부의 재산으로 바꿔서 이를 빌미로 중국을 향해 전쟁을 벌일 계획을 짠 것이었다.

1839년 3월 30일부터 시작하여 찰스 엘리엇은 상관에 묶여있는 동안 끊임없이 영국 외상에게 보고를 하고 무력 보복을 요청했다. 그중 4월 3일의 보고에는 이미 매우 구체적으로 중국침략계획과 약탈을 건의했다.[67]

당시 영국 외상인 파머스턴은 강권패권에 심취해 있었던 인물로 대외 사무에서 줄곧 함포정권을 채택했다. 1938년 8월 29일, 그는 찰스 엘리엇이 연금 기간에 보낸 1차 보고를 받았다(3월 30일~4월 3일). 그리고 이를 전후하여 그는 기타 경로를 통해 중국에서 발생한 사건을 알게 되었다. 9월 21일에 그는 또 찰스 엘리엇이 보낸 2차 보고를 받았다(4월 6일~5월 29일).[68] 이때 영국의 아편상인 단체와 면방직 단체들도 분분히 정부를 향해 진언하여 전쟁을 외쳤다.[69] 10월 1일에 영국은 내각회의에서 1개 함대의 중국 파견과, 인도총독에게 명령을 내려 합작할 것을 결정했다. 10월 18일에 파머스턴은 찰스 엘리엇에게 비밀명령을 내려 내각의 결정을 알리고 그에게 전쟁준비를 잘하라고 했다. 11월 4일에 그는 재차 찰스 엘리엇에게 명령을 내려 영국군이 다음해 4월 전후로 도착한다는 사실 및 작전방침을 알렸다. 같은 날 또 해군부에 편지를 보내 원정군 파병을 요청했다. 12월 2일에 파머스턴은 재차 찰스 엘리엇이 보

---

67) 嚴中平, 「英國鴉片販子策劃鴉片戰爭的幕後活動」, 『近代史資料』, 1958, 4기, 17~18쪽.
   「Correspondence Relating to China」, irish University Press area studies series, British parliamentary papers, China 30, 624쪽.

68) 「Correspondence Relating to China」, irish University Press area studies series, British parliamentary Wpapers, China 30, 595~660쪽.

69) 嚴中平, 「英國鴉片販子策劃鴉片戰爭的幕後活動」, 「英國資産階級紡織利益集團與兩次鴉片戰爭史料」, 『경제연구』 1955년 1, 2기.

낸 3차 보고를 받았다(6월 8일~18일).[70] 1840년 2월 20일에 파머스턴은 원정군 총사령관 겸 전권대표인 조지 엘리엇과 전권대표 찰스 엘리엇에게 상세한 명령을 내리고, 『파머스턴 외상이 중국재상에게 보내는 편지(巴麥尊外相致中國宰相書)』를 건넸다. 1840년 4월 7일부터 영국 의회 하원은 대중국전쟁 군비안과 광주영국아편상인 배상안을 3일 동안 토론하고, 표결에 부쳤는데 271표 대 262표의 근소한 차이로 안건이 통과되었다.

이 과정을 살펴보면, 비록 영국 의회가 1840년 4월에야 비로소 정부의 의안에 대해 토론을 시작하지만, 1839년 10월부터 11월까지 영국 정부는 이미 중국 침략을 결정한 것이다. 하원 의원들이 격렬하고 날카로운 언쟁을 벌이고 있을 때, 영국의 함선과 군대는 영국본토, 남아프리카와 인도를 끊임없이 왕래하고 있었다. 당시에는 오늘날과 같은 전자 통신수단 같은 것이 없었기 때문에, 중국 광동 연해에서 영국 런던까지 서신을 전달하는데 4개월의 시간이 소요되었다. 그렇기 때문에 영국 정부의 중국침략 결정은 1839년 6월 중순 이전의 상황에 근거하여 나온 것이 된다. 바꿔서 말하면 청조 상하 모두가 호문 상공에 아편을 태워 냄새가 진동할 때에 이미 전쟁의 악마는 출현하여 조용히 숨어 있었던 것이다.

그렇지만 이 모든 것을 임칙서는 전혀 느끼지 못하고 있었다.

1839년 5월 1일, 임칙서가 호문에서 아편을 몰수하고 있을 때, 그 형세에 대하여 다음과 같이 판단을 했다.

성에 도착한 후에 오랑캐의 사정을 조사해보니 그들은 외적으로 는 사납고 고집스러워 보이나 내적으로는 사실 매우 겁이 많고 약

---

70) 「Correspondence Relating to China」, irish University Press area studies series, British parliamentary papers, China 30, 667~672쪽.

해 보인다. **변경분쟁이 일어나는 것을 매우 걱정하는데 이는 종기를 키워 병이 나날이 심해지게 되는 것이다.** 이 사람들은 6만 리나 떨어져 있는 곳에서 와서 상업에 종사한다. 이렇게 주객(主客)이 차이가 있고, 수적인 차이가 있는데, 고로 보통사람들이라면 한번 보는 즉시 알 수 있다. 그들이 비록 견고한 배와 위력적인 화포를 가지고 있지만, 단지 해상에서 사용할 때 우세를 점할 뿐, 내항에 진입하면 사용할 수 없다. 광주 관문의 방비가 튼튼하고 요새가 의지할 만하고, 게다가 무역을 다년간 했기 때문에 그들은 사실 3배의 이윤을 얻는다. 즉 오히려 아편을 제외하고, 특히 정직하게 장사를 한다면 상대방 역시 이 항구를 포기하는 것을 원하지 않을 것이다. (굵은 글씨 인용자 표시)

이런 분석을 한 후, 임칙서가 얻은 결론은, "비록 그중에 곡절이 없지 않지만, 전반적인 정세가 모두 일반적으로 차분하고, 모든 것이 통제 가능하다."[71] 다시 말해서 '변경분쟁'을 걱정할 필요가 없었던 것이다.

임칙서가 광주에 도착한 후 도광제에게 보낸 처음 몇 번의 상주에는 변경분쟁 문제를 구체적으로 언급하지 않았다. 1839년 6월 4일, 그는 상주에 연해 각지를 침범한 밀수선에 대하여 '허가증이 있는' 상선과 다르기 때문에 "총을 쏘고 포격하는 것은 모두 자초한 것이며", 게다가 수사가 충분히 토벌할 수 있을 뿐만 아니라, 연해에서 선원을 고용하여 화공을 이용하면 역시 승리할 수 있다고 하였다.[72] 도광제는 이에 대하여 매우 흥미를 느끼고 임칙서 등에게 "기회를 봐서 처리하라"라고 명령하고 "반드시 오랑캐가 이 소문을 듣고 두

려워하여 복종하게 하고 또한 변경분쟁이 갑자기 일어나지 않게 해야 타당한 것"이라고 했다.[73] 이는 도광제가 유지에 정식으로 명확하게 '변경분쟁' 문제를 제시한 것이다.

7월 8일에 출발한 도광제의 이 유지는 7월 29일에 광주에 도착했다.[74] 하지만 임칙서는 매우 늦도록 답장을 보내지 않았다. 한 달이 넘게 지나 9월 1일에 임칙서는 심사숙고한 끝에 특별히 장장 2,000여자에 이르는 '변경분쟁'문제에 대해 분석한 보고서를 올렸다. 그는 구체적으로 설명하기 전에 앞서 언급한 3가지 경우를 인용하는데, 즉 매우 멀리 떨어져 있어 주인과 객의 차이가 매우 크고, 견고한 함선과 위력적인 화포는 내지에서는 효과가 없으며, 정직하게 장사를 하면 3배의 이익을 얻을 있다는 주장을 인용한 후 결론을 내렸다. **"적을 알면 감히 타국을 침략하는 기술로 중화를 절대로 넘보지 못할 것이며", "많아야 한 두 척의 배가 약정한 항구로 몰래 들어올 것이며", "군주의 허락을 받지 않고 파견하여, 제멋대로 광동 해양으로 침입하여 허장성세를 부리는 것이다."** 마지막으로 임칙서는 계속 도광제를 일깨웠다. 그는 찰스 엘리엇은 중국에 온지 오래되어 확실히 간사하여 항상 관보를 구매하는데 "변경분쟁'이란 말을 익히 듣고, 이 기회를 빌려 암암리에 협박을 합니다……. 게다가 비밀리에 한간을 이용하여 유언비어를 퍼뜨립니다."라고 하면서 도광제에게 찰스 엘리엇에게 속아서는 안 된다고 말했다.[75]

상주한지 4일째 되는 9월 5일, 매우 큰 자신감을 가지고 있었던 임칙서는 친한 친구인 광동순무 이양(怡良)에게 편지를 보냈다. 당시 찰스 엘리엇이 보인 강경한 태도에 대하여 도무지 이해가 되지 않았던 임칙서는 이 편지에 "찰

73) 『阿片戰爭檔案史料』 1권, 626쪽.
74) 『林則徐集 日記』, 347쪽.
75) 『林則徐集 奏稿』 중, 676~678쪽

스 엘리엇의 입장에서 생각해 보면 출구가 없는데 어떤 이유로 생각을 바꾸지 않는지 알 수 없다"라고 했다.[76]

위에서 인용한 임칙서의 상주를 보면, 그는 이때 '변경분쟁'을 주장하는 사람들은 경사 및 각지에 있는 한 무리의 금연을 반대하는 사람들을 제외하고, 찰스 엘리엇 등의 사람들이 있었다고 생각했다. 그리하여 그는 장래 영국군의 중국침략소식을 듣고 모두 찰스 엘리엇의 유언비어나 위협 같은 것으로 치부했다.[77] 여기서 우리는 다시 몇 가지 예를 살펴볼 수 있다.

1. 1840년 2월, 임칙서는 오문(澳門)의 포르투갈 인으로부터 영국이 본토 및 인도에서 군함 12척을 이끌고 중국으로 온다는 소문을 전해 들었다. 이에 대하여 그가 오문총독에게 내리는 명령에 다음과 같이 말했다. "이런 종류의 거짓말은 원래 찰스 엘리엇 등이 과장하는 말에 지나지 않는다."[78]

2. 1840년 3월 24일, 영국함선 드루이드(Druid)호가 광동해안에 도착했다. 임칙서가 이 소식을 들은 후, 친구 이양에게 편지를 보내, "2, 30척의 배가 왔다는 말을 들었는데 이는 모두 허장성세일 뿐이다."[79]

3. 1840년 4월, 미국 영사가 임칙서에게 탄원서(稟)를 보내, 본국 및 영국의 신문에 6월 달에 영국이 광주 항구를 봉쇄하고, 되도록 일찍 미국배로 하여금 입하여 물자를 준비하라고 하는 기사가 났다고 전했다. 그러나 임칙서는

---

76) 『林則徐書簡』, 63쪽.
77) 1839년 6월과 9월 (『중국총보』)에 임칙서를 두 차례 배방한 브리지먼. 담화 중에 전쟁의 위협에 대한 일을 언급한다. 임칙서가 답하길 "싸움은 두렵지 않다" (『Chinese Repository』, Vol 8. 444쪽). 임칙서가 이 기간 동안 올린 상주와 서신에 근거하면, 이 말은 찰스 엘리엇 등의 위협을 두려워하지 않는다고 해석해야 한다. 마사(馬士)는 이 브리지먼의 기록에 근거하여 이를 잘못 추론하는데, 임칙서는 이때 "그 앞에 직면한 전쟁을 완전히 이해"하고 있었으나 전쟁을 언급하면 그가 한 대답은 오직 "우리는 전쟁을 두려워하지 않는다"는 것뿐 이었다는 것이다(『中華帝國對外關係史』, 1권, 288쪽). 이밖에 어떤 사람은 이것을 근거로 임칙서는 영국의 침략전쟁에 대하여 이미 일찍이 심리적 준비를 하였다고 여겼는데 이는 더 잘못된 것이다.
78) 『林則徐集 公牘』, 188쪽.
79) 『林則徐書簡』, 81쪽.

이 관방의 정식 소식에 대하여 여전히 그렇지 않다고 생각하고 '유언비어'라고 말했다.[80]

　1839년 9월 1일, 즉 임칙서가 '변경분쟁'에 대한 소문을 분석한 후부터는 상주에 다시 이 문제에 대하여 언급하지 않았다. 그는 비록 간혹 영국 측의 행동에 대한 소문을 보고했지만, 늘 '위협'이라고 생각하고 "절대로 그 계략을 시행할 가능성이 없다"라고 했다.[81] 1840년 6월 중순, 광동 연해에 도착한 영국군 전함은 이미 4척이었는데, 오히려 임칙서는 상주에 "신하가 조사하기를 영이(英夷)의 배가 최근 들어왔는데, 무장이 비교적 강하나 사실 여전히 아편을 운반하려하는 것입니다"라고 보고했다. 뜻밖에도 그는 도래한 전쟁을 1차 대규모 무장 아편밀매로 판단한 것이었다. 그는 이에 대하여 이미 방비를 했음을 표명한 후, 또 도광제의 말을 인용하여 도광제를 안심시켰는데, "그야말로 폐하의 말씀과 같이 사실 능력이 없습니다."라고 했다.[82] 그러나 이 평안(平安)한 상주가 광주를 떠난 지 10일이 안 되는 6월 21일에 영국원정군 해군사령관 제임스 브레머가 한 무리의 부대를 이끌고 호문(虎門)밖에 도착했다. 그러나 이 평안한 상주가 도착한 날은 7월 17일로 이때는 이미 영국군이 주산(舟山)을 점령한지 12일이 지난날이었다.

　　전쟁이 도래했다!

---

80) 『林則徐集 公牘』, 189쪽.
81)　임칙서는 1839년 11월 21일의 상주에 찰스 엘리엇이 "사적으로 항구에 있는 오랑캐의 병선을 동원하여 허장성세를 부리는 것이다"라고 했으며, 1840년 3월 7일의 상주에 "영이(英夷)라고 할 수 있는 각 항구의 병선들이 함께 와서 귀찮게 굴고…우리를 위협하는데 본래부터 믿을 만하지 못하다." 1840년 3월 29일의 상주에는 "들리는 소문에 의하면 그 나라에 대형 병선(兵船)이 있어 곧 광동에 도착한다고 하는데 절대로 그 계략이 시행될 가능성이 없다"고 하였으며, 1940년 5월 4일 상주에는 "그 오랑캐가 여전히 위의 책뺀하게 배를 타고 바다를 떠다니면서, 계략으로 기만하고 거짓으로 위협하는 것이다"라고 했다. (『林則徐集 奏稿』 중, 6702, 762, 777, 809쪽)
82) 『林則徐集 奏稿』 중, 825쪽

전방 사령관(主師)은 전쟁에 대한 경보를 보내지 않았다!
임칙서는 그의 일생에서 가장 큰 잘못을 저질렀다.

임칙서는 1839년 9월 1일의 상주 부편에 밝힌 "적을 알면, 감히 타국을 침략하는 기술로 중화를 절대로 넘보지 못할 것이다"라는 이 말을 결론으로 삼아 자신의 잘못을 의심하지 않았다. 그러나 '타국을 침략하는 기술', 이 말은 오히려 우리에게 어렴풋이 임칙서가 가진 신지식을 드러나게 한다.

나는 서론에서 이미 당시 청조의 상하가 외부세계에 대해 어둡고 어리석었고, 영길리에 대해서도 오직 그 명칭만 들었을 뿐 그 실제를 알지 못했다고 언급했다. '타국을 침략하는 기술'은 영국식민지사의 범위에 속하는 것으로, 이미 비교적 한층 더 깊은 지식이었다. 그래서 당시에는 상당한 노력을 하지 않으면 이를 이해하기 쉽지 않았다.

임칙서는 새로운 지식에 대한 노력을 아끼지 않았지만, 상주에 이를 언급하지 않았고, 그의 일기에도 찾기 힘들며 서신에서도 매우 적게 언급했다. 그의 이런 알리려 힘쓰지 않는 행동은 이 일이 시류에 맞지 않았다는 것을 나타낸다. '천조대사로서 임칙서가 당시 관료와 선비들이 경시하는 일을 행한다는 것은 특히 쉽지 않은 일이었을 것이다.

최근 자료에 근거하면, 우리는 각종 사료 중에서 이미 대체적으로 임칙서의 노력에 대한 윤곽을 알 수 있다. 그는 적어도 네 명의 번역가를 두고 있었는데, 종일 그를 위해 영문 출판물을 번역하게 하고 그 본인 역시 이 정보를 모아 권으로 만들어 참고하게 했다. 요즘 사람들은 임칙서의 이 활동에 대한 연구를 비교적 깊이 하는데 좋은 작품을 많이 볼 수 있고 평가도 매우 높아, 서양을 배워한 한다고 최초로 제창한 사람이라고도 말한다.

본 권의 내용은 임칙서가 새로운 지식에 대해 노력한 활동과 관련성이 비교적 적다. 그렇기 때문에 이 문제에 대해서는 논의하지 않을 예정이다. 그러나 여기에는 하나의 문제가 존재한다. 임칙서가 이미 그렇게 많은 영국 측의 정보를 가지고 있었으며, 청 왕조 중에서 영국을 가장 잘 이해한 관원임에도 불구하고, 그럼 왜 그는 여전히 전쟁은 피할 수 없다는 현대인이 느낄 수 있는 극히 간단한 추세를 알지 못했을까?

나는 임칙서가 정보를 분석할 때 사용한 사유방법과 가치 관념에 관련이 있다고 생각한다. 비록 임칙서가 그 상주에서 영국에 대하여 폄하하고 배척하는 언사를 사용했지만, 내심으로는 마치 영국을 완전히 왕법이 없는 미개하고 황량한 곳으로 대하지는 못했던 것 같다.

현존하는 임칙서가 번역한 자료로 보면,[83] 그는 영국인들의 아편무역에 대한 반대 의견에 각별히 신경을 썼으며, 영국 국왕이 상인들에게 중국의 법률 규정을 존중할 것을 요구한 것에 특히 관심을 가졌으며,[84] 심지어 상주에 핵심을 모두 언급했다.[85] 이 때문에 그는 아편 밀매무역은 멀리 떨어져 있는 본토의 영국 상인이 국령(國令)을 위반하여 진행한 죄악행위라고 여긴 것이다. 그러므로 찰스 엘리엇 등의 불법행위는 그 나라의 국왕 등이 "그 상황을 알 필요가 없는 것"으로[86] 그들의 행동은 영국 국왕의 지지를 결코 얻을 수 없을 것이라고 생각한 것이다. 그래서 그는 도광제와 직접 영국국왕에게 바로 편지

---

83) 『澳門新聞紙』, 『澳門月報』, 『華事夷言』 (『叢刊 阿片戰爭』 2권); 『海國圖志』, 『洋事雜錄』 (『中山大學學報』, 1986, 3기)

84) 『洋事雜錄』 의 「英吉利國王發給該國商人禁約八條」 에 기록되어 있는데, 그 전 3조가 "다른 나라를 갈 때 그 국가의 금령을 준수하고…", "광동에 무역을 하러 가면 영사가 패를 검사하는 것(領事驗牌)을 준수하고 선원들이 술에 취해서 화공(華工)을 다치게 해서는 안 된다", "광동에 갈 때는 법을 준수하고 금지화물은 가지고 가서는 안 된다…"(『中山大學學報』, 1986, 3기, 27쪽) 임칙서는 이를 매우 중요하게 생각했다.

85) 『林則徐集 奏稿』 중, 648~649쪽. 임칙서는 내지에 들어와 아편 밀매를 하는 영국 상선은 이미 본국의 금령을 어겼으므로, 그 국가가 조사하여 반드시 중형으로 다스려야 하며, 중국이 만약 무력을 사용하여 공격한다고 해도 그 국가는 '보복'을 할 수 없으므로 "결코 후환이 없다"라고 여겼다.

86) 위의 책, 중, 712쪽.

를 보내, 그 속민을 통제하여 "반드시 그들로 하여금 다시 침범하지 못하게" 요구하자고 협의한 것이다.[87]

임칙서는 그 번역 자료에서 이미 영국의 지리적 위치, 면적, 인구, 군대, 함선들의 규모를 파악했다. 그러나 이런 단순한 숫자는 직관적인 조건을 반영하는 것으로, 이는 영국이 중국만큼 강대하지 못하다고 생각하게 되는 결과를 초래하였다. 이 때문에 임칙서는 상대적으로 비교적 약한 영국이 만약 원정군을 파견하면 원정 여정이 길고 보급이 원만하지 못할 것이 예측되므로 이런 하권을 실행하지는 못할 것이라고 생각한 것이다.[88] 그는 상주와 서신에 이에 대한 모든 분석을 했다.[89]

임칙서는 그 번역 자료에서 이미 영국이 무역을 입국(立國)의 본으로 삼고 있으며, 대중국 차(茶) 무역에서 얻은 이익이 특히 크다는 것을 알았다. 이로 인하여 임칙서는 아편밀매의 이익이 단절되더라도 영국은 차 등의 항목에서 이익을 얻을 수 있기 때문에 절대 중국과의 관계가 결렬되지 않을 것이라고 생각했다.[90] 그가 찰스 엘리엇에게 내린 명령에 자신감이 충만하게, 만약 200년 동안의 중영무역이 찰스 엘리엇에 의해 '갑자기 파괴'된다면 "국가의 주인이 어찌 그것을 용인하겠는가?"[91]라고 질책하였다. 그는 찰스 엘리엇에게 감히 이런 위험한 모험을 할 만한 용기가 없다고 단정한 것이다.

임칙서는 그 번역 자료로부터 이미 아편무역에 종사하는 영국 상인들의 대

---

87) 『林則徐集 公牘』, 127쪽.
88) 현존하는 임칙서가 번역한 자료 중에 중국을 공격하는 것에 대한 어려움을 서술하는 자료가 많은데, 그중 가장 자세한 것은 「澳門新聞紙」, 『叢刊 阿片戰爭』 2권 386~390쪽이다.
89) 『林則徐集 奏稿』 중, 676쪽; 『林則徐書簡』, 49쪽.
90) 위의 책, 중, 640, 676, 705쪽. 이외 임칙서가 번역한 자료 중에 이를 주장하는 부분이 있는데, "영국의 각 대신들이 의논하건데, 차(茶葉) 때문에 경솔하게 행동하지 못한다."라고 했다 (「澳門新聞紙」, 『叢刊 阿片戰爭』 2권 455쪽).
91) 『林則徐集 公牘』, 63쪽.

체적인 배경을 이해했다. 그는 일찍이 상주에 다음과 같이 분석을 한 적이 있는데, 관계(官方)에 배경이 전혀 없이 분산된 상인들은 절대로 정부를 움직일 능력이 없다는 것이다.[92]

임칙서는 그 번역 자료로부터 벵갈 등의 지역 정부는 모두 아편무역에서 '세금(抽分)'을 받는데 관원의 급료는 여기에서 나온다는 것을 알았다. 광동해안에 가장 처음 도착한 몇 척의 군함은 인도총독 등이 찰스 엘리엇의 요청에 응해 파견한 인도주재 영국해군 군함이었다. 이에 따라 임칙서는 하나의 추론을 하는데, 찰스 엘리엇과 영국 소속의 인도 관원이 서로 결탁하여 사사로이 군함을 출동시켜 '위협'을 하는 것이지, 결코 영국 국왕의 명령을 받은 것이 아니라는 것이다.[93] 그는 또 수가 비교적 적은 군함으로는 큰 전쟁을 일으킬 수 없을 것이라고 생각했다.

임칙서는 그 번역 자료로부터 그가 채택한 금연조치, 1840년 봄의 벵갈, 싱가폴 등지의 아편가격 폭락 그리고 새로운 계절풍이 부는 계절의 도래로 인하여 주 인도 해군의 중국침략의 가능성이 높아졌다는 것을 알았다. 이로 인하여 그는 또 하나의 추론을 하는데, 그것은 바로 찰스 엘리엇과 인도 영국인 등이 아편의 이익 손실을 달가워하지 않았기 때문에 중국을 향하여 무장 아편밀매를 준비하는 것이라고 생각한 것이다.[94] 사실상 그는 이 추론에 대하여 철석같이 믿고 있었으며, 1840년 7월 3일에 영국군함이 분분히 주산(舟山)으로 북상할 때까지, 여전히 그의 친한 벗인 이양(怡良)에게 "단지 아편 수송을

---

92) 『林則徐集 奏稿』 중, 641쪽.

93) 위의 책, 중, 678, 700, 702, 712쪽. 아편과 영국 인도정부의 관계에 관하여, 현존하는 임칙서의 번역 자료 대부분에 주를 달지 않았다. 그리고 최초로 찾아온 몇 척의 영국 함선의 정황에 대해서는 이런 번역 자료에서 소개하지 않았다. 그러나 번역 자료로 보면, 임칙서는 이미 인도, 영국 등지로 가는 항해일수를 알고 있었다. 즉 기타 자료 없이 추산할 수 있는 것이다.

94) 『林則徐集 奏稿』 중, 825쪽.

보호하기 위함이다"라고 했다.[95]

이것으로 보면 임칙서의 판단은 비록 잘못되었지만, '천조'의 큰 배경 아래에서 보면 여전이 그 자신의 사상과 논리에 부합했음을 알 수 있다.

오늘날의 연구자들이 "일이 벌어진 후에야 큰 소리를 치는 것"과 같이, 이미 각 방(측)이 가지고 있는 비장의 패를 분명히 알고 나서는 당년의 정권결정자가 결정을 내리는 것에 대한 어려움을 이해하기가 매우 힘들다. 현존하는 임칙서의 번역 자료를 보면, 온갖 것이 다 포함되어 있으며, 임칙서에 대한 비판적 평가가 모두 있어서 미래 전쟁에 대한 예측이 갖추어져 있는지 아닌지 아니면 경향성을 가진 의견인지 식별할 수 없었다. 이런 자료에서 전쟁을 피할 수 없다는 결론을 얻어야 했으며, 반드시 국제사무를 분명하게 이해한 전문가(대가)가 아니면 안 되었던 것이다. 그러나 임칙서 본인은 '천조'라는 분위기기 속한 사람으로 이에 대하여 초보자였던 것이다. 정보의 근원은 신분과 서적 등 공개적인 자료 일뿐 비밀경로는 전혀 없었다. 하물며 일반인들의 심리활동규율은 자신에게 유리한 자료에 대한 인상만 비교적 깊을 뿐 자신에게 불리한 자료는 중요하게 생각하지 않는다는 것이다. 갖가지 사정으로 보아 임칙서가 잘못을 범하게 될 가능성은 잘못을 저지르지 않을 가능성을 훨씬 초과했다.

임칙서는 신이 아니다.
비록 그가 오늘날 신화처럼 되었을 지라도.

---

95) 『林則徐書簡』, 105쪽.

어떤 사람들은 임칙서의 편지와 상주에 근거하여, 그가 일찍부터 이미 전쟁을 예견했고, 도광제와 연해 각 성의 순무에게 전쟁준비를 잘해야 한다는 경고를 했다고 한다.

그것에 대한 편지와 상주는 아래와 같다.

1. 1840년 7월 4일에 임칙서가 상주하기를, 영국군이 북침하여 "만일 절강 주산 혹은 강소, 상해 등의 지역에까지 이른다면, **그 두 성은 이미 광동성의 보고를 받아 스스로 방비를 잘하여 소홀히 하지 않을 것입니다**"라고 했다.

2. 1840년 8월 7일에 임칙서가 상주하기를, 영국군이 "각 해양에서 넘어와 틈을 노려 소란을 일으키면", "**연해 각 성에 신속하게 통지하여 방비할 것입니다**"라고 했다.[96]

3. 1840년 12월 22일에 임칙서는 친척 엽신향에게 다음과 같이 말한다. "그 오랑캐가 결코 포기하지 않을 것을 원래부터 알고 있었다. 누차 각 성의 독무에게 엄밀하게 방비하라고 칙령을 내려달라고 했으며, 그 오랑캐가 주산의 틈을 노리고 있고 천진을 향해 진군할 계획을 세우고 있음을 알리는 등 역시 모두 사전에 예측하여 보고하였다."

4. 1841년 2월 18일에 임칙서는 스승 심유교(沈維鐈)에게 편지를 보내 말하기를, "영국군이 연해 각 성에 와서 소란을 피우는 것은 본래 의중에 있었던 것으로, 즉 제가 방어계획을 세우라고 명령을 내려달라고 한 것이 이미 **다섯 차례이며**, 주산을 차지할 의도 역시 사전에 조사하여 보고하였습니다."

5. 1842년 9월에 임칙서가 옛 친구 요춘(姚椿), 왕백심(王柏心)에게 편지를 보내 "영이의 병선의 도래는 본래 의중에 있던 것으로, 내가 **황제폐하를 대면할 때** 이 사실을 말했으며, 광동에 도착한 후에는 모두 연해를 엄하게 방어하라

96) 『林則徐集 奏稿』 중, 860쪽.

고 경고하는 주청을 또 **5차례** 하였으며…정해 공격에 대하여 사전 경고 하고 천진을 위협하고 있다고 모두 사전에 상주하였다"고 하였다.[97]

　의심할 여지없이 임칙서의 이런 의견은 전에 서술한 적의 정황에 대한 판단과 완전히 다른 것이다. 자세하게 임칙서가 상술한 의견을 대조하면 임칙서의 이 말은 모두 전쟁 발발 이후에 말한 것이며, 게다가 말할수록 완전해져서 5번째 자료(가장 사람들이 즐겨 인용한다)에 이르러서는 이미 그 언행에 조금의 빈틈도 없다는 것을 어렵지 않게 알 수 있다.

　나는 이는 바로 임칙서가 제시한 4가지 사건에 대해 일일이 점검하고 정정해야 할 필요가 있다고 생각한다.

　1)임칙서가 북경에서 청훈을 받는 동안 '병선이 온다는 것을 예상한 것'을 직접 면전에서 보고했는가?

　이 문제에 대하여 나는 본장 1절에 1839년 1월에 임칙서와 공자진 간의 서신 왕래와 1840년 12월에 임칙서가 엽신향에게 보낸 서신을 인용하여 대답했다. 즉, 임칙서는 당시 변경분쟁이 일어날 것이라고 생각하지 않았다. 그런데 1942년 9월에 그가 돌연 '직접 대면하여 진술하였다'고 말한 경위는 확실히 앞뒤가 서로 맞지 않은 모순이었다.

　2)임칙서가 광동에 있을 때, 다섯 차례 상주하여 각 성에 명령을 내려 방어계획을 세우라고 상주한 것은 도대체 어떻게 된 일일까?

　임칙서가 광동에서 금연을 실시할 때, 방어계획을 세우는 것을 청한 일은 확실히 있으나 구체적인 이유와 목적은 모두 달랐다.

　1839년 5월 18일에 임칙서는 아편 2만여 상자를 몰수한 후, 아편을 실은 배가 북상하여 아편을 파는 것을 걱정했다. 그래서 도광제에게 아편을 '엄히 조

---

97) 『林則徐書簡』, 151, 165, 192쪽.

사하라'라는 명령을 각 성에 내려줄 것을 청했다. 그렇지만 도광제는 이 상주를 받은 후 각 성에 칙령을 내리지 않았다.[98]

1840년 1월 8일에 임칙서는 도광제의 영국과 무역을 단절하라는 유지를 받은 후, 재차 상주하는데 그 목적은 아편밀매방지였다. 도광제는 이 상주를 받고 1840년 1월 30일에 성경, 직예, 산동, 강소, 절강, 복건지역의 장군독무에게 "각 예하 기관은 성실하게 조사하여 만약 몰래 잠입하면, 즉시 실력을 행사하여 조금도 남김없이 쫓아내고 그 근원을 막아 적폐를 청산하라"라는 명령을 내렸다.[99]

『임칙서집』등의 문헌을 살펴보면, 이 두 번을 제외하고는 각 성에 방어계획에 대한 명령을 내려달라는 상주는 없었다. 그럼 무엇 때문에 임칙서는 다섯 번이라고 말하는지 우리는 다시 범위를 확대해 계속 살펴볼 필요가 있었다.

1839년 6월 14일, 임칙서는 외국 상선이 오문에서 무역을 하려면, 반드시 본국에 허가증을 신청하고 아편운송을 금지하여야 한다고 상소했다. 영속 인도 상인은 사리사욕에 정신이 팔려 금령을 고려하지 않고 바다로부터, 즉 "오문에서 곧바로 복건, 절강의 각 해양으로 찾아온다."라고 하고 도광제에게 이런 아편 밀매선에 대하여 이전과 같은 '쫓아낸다는 빈말'을 하는 방법을 사용할 필요 없이, '엄격하고 철저하게 조사 처리해야 한다.'라고 청하였다.[100] 도광제가

---

98) 『林則徐集 奏稿』중, 639쪽. 도광제가 이 상주를 받고 3일이 지나서, 또 군기대신 목창아 등이 의논한 강소 오송 입구의 사금아편장정(查禁阿片章程)을 받고, 연해 각 성이 관할하는 해구(海口)의 상황을 세심히 관찰하여 "잘 의논하여 상주하라"라고 명령을 내린다(『阿片戰爭檔案史料』1권, 588쪽). 임칙서의 상주는 이에 대해 추동작용을 했을 가능성이 크다.

99) 위의 책, 중, 726쪽. 『阿片戰爭檔案史料』1권, 800쪽.

100) 필자가 살펴본 자료는 『林則徐集 奏稿』, 『籌辦夷務始末(道光朝)』, 『阿片戰爭檔案史料』, 『林則徐集奏稿 公牘 日記補編』, 『淸實錄』이다. 또 필자는 중국 제1역사 당안관에서 자료를 조사하였는데, 비록 위 서적에 수록되지 않은 임칙서의 절(折)과 편(片)을 발견하였지만, 각 성에 방어계획을 세우라는 명령을 내린 내용을 보지는 못했다.

이 상주를 받고 각 성에 그대로 처리하라는 명령을 내리지는 않았지만, 복건 독무는 오히려 임칙서 등의 자회(咨會)를 받았다.[101] 이것이 그중 하나이다.

1840년 6월 24일, 임칙서는 영국군이 함선 10척을 몰고 오자, "신 등이 현재 복건, 절강, 강소, 산동, 직예에 신속하게 통지하여, 명령을 내려 해구를 엄격하게 조사하고 협력하여 방어 계획을 세우라고 했습니다."라고 상주를 했다.[102] 이것이 그 중 두 번째이다.

앞에서 인용한 1840년 7월 4일에 임칙서가 오문에 도착한 영국군이 "5월 말 및 6월 초 사이에(양력), 연달아 로만산(老万山)으로 몰고 나가서 동풍에 돛을 세우고 갔다……"라고 상주를 올리는데, 도광제가 8월 3일에 이 상주를 받았을 때는 이미 정해가 함락당한 것을 알고 강절(江折) 양성을 이미 방비하고 있는 상황이었으며, 직예총독 기선에게 천진 해구를 철저히 지키라고 명령을 내렸을 때였다.[103] 이것이 그중 세 번째이다.

이것으로 보면, 임칙서가 그 서신에서 '다섯 번' 상주했다는 것 중에 앞의 세 번으로는 영국 등 국가의 아편 밀매선을 막자는 것을 가리키고 있음을 알 수 있으며, 뒤의 두 번으로는 영국군이 이미 도착하여 전쟁이 발발했음을 알 수 있다.

3) 정해와 천진의 일이 사전에 보고되었는지 그리고 언제인지?

임칙서의 상주를 살펴보면, 첫 번째로 정해와 천진의 일을 언급한 것은 1840년 7월 4일의 상주였다. 그리고 다음날 바로 정해전쟁이 발생했는데, 정해 수비군에게 전혀 경고를 해주지 못했음을 알 수 있다. 도광제는 8월 3일에 이 상주를 받았는데, 직예총독이 이미 정해의 소식을 듣고 7월 31일에 성도

---

101) 『林則徐集 奏稿』 중, 648~650쪽.

102) 『阿片戰爭檔案史料』 1권, 722쪽.

103) 『林則徐集 奏稿』 중, 844쪽. 『籌辦夷務始末(道光朝)』 1권, 337~338쪽.

보정(保定)으로 달려가 천진 방어계획을 세우지만,[104] 천진도 이미 그 방어시기를 놓쳤음을 알 수 있다.

4) 임칙서가 사전에 연해 각 성에 공문을 보냈다는데, 이는 도대체 어떻게 된 일인가?

1840년 6월 26일, 임칙서는 친한 벗인 이랑에게 보낸 편지에 "각 성에 보내는 공문을 나는 이미 작성해 놓았다. 그러나 모든 것이 매우 혼란스러워 아직 문서를 마무리하지 못했다. 하지만 지금 보내지 않을 수가 없다. 내가 특별히 너에게 한 부를 보낼 테니 심사하여 회신을 보내주면, 금일 즉시 수정하고 날인하고 배단(排單)을 사용하여 신속히 발송하겠다. 그저께 원고를 베껴 빙안(冰案)에 보내 보존하고, 그 원고의 말미에 각 성을 위하여 더 많은 정보를 추가하였다. 내가 서둘러 보냈기 때문에, 그것을 너에게 보내 심사숙고하여 재발송할 시간이 없다. 현재 상황이 그러하다."[105] (굵은 글씨는 필자가 표시) 이 서신으로 앞에서 인용한 6월 24일 임칙서의 상주에 언급한 각 성에 '신속하게 통지하는 공문'을 이틀 후에도 아직 보내지 않았다는 것을 알 수 있다. 설령 당일 발송했다고 할지라도 영국군의 진공속도와 청나라의 공문 전달속도로 보면 뒷북을 치는 것에 불과할 따름이었다.

임칙서의 자회(咨會)에는 어떤 내용이 쓰여 있는지 그중 한 부를 자세히 살펴보자. 1840년 8월 1일에 산동(山東) 순무 탁혼포(托渾布)가 이 자회(咨會, 공문 조회) 받았다. 이 자회에는 광동의 금연과정이 차례대로 서술되어 있는데 다음과 같다.

겨울이 가고 여름이 오는 지금, 광동성은 오랑캐를 통하여 아편을

---

104) 琦善片, 도광 20년 6월 30일, 『軍機處錄副』.
105) 『林則徐書簡』, 99쪽.

구입하는 범죄자들을 체포하여 처벌하였다…… 그들은 우리가 거절할수록 단호해지고, 방어할수록 비밀스러워 질 것이다. 광동에서 이용할 틈이 없게 되면, 그들은 화물을 포기할 수 없기 때문에 그들은 허둥지둥 다른 곳으로 갈 것이며, 다른 사업으로 사람들을 유혹할 것이다. 지금 다시 전해지는 말에 의하면 함선 몇 척이 연이어 내지로 들어왔다고 하는데, **비록 그것들이 감히 말썽을 일으키지는 않을 것 같으나, 아편을 호송하여 아무데서나 판매할 것임은 모두 예측할 수 있는 일이다.**[106] (굵은 글씨는 필자가 표시)

임칙서의 이 자회는 그전의 상주와 같이 전쟁을 예고하지 못하고 여전히 무장 아편밀매문제에 대해서만 말하고 있다. 산동순무는 이 공문을 받기 전인 7월 21일에 이미 절강순무의 정해 함락에 관한 공문을 받았고, 또 7월 25일에는 도광제의 해양방어를 강화하라는 명령을 받았다.[107]

앞서 말한 내용을 종합해보면, 나는 임칙서의 '자회'에 관한 상주와 '명령을 부탁하는(請敕)' 것에 관한 서신은 모두 전쟁 발발 후, 그 자신을 변호하는 말로 모두 그 근거가 부족하다고 생각한다.

그리고 나는 임칙서의 언행을 확실히 밝힌 후에는 당연히 도광제의 책임을 규명해야 한다고 생각한다.

나는 본장 1절에 이미 도광제가 황실에 만연한 흡연과 대량의 아편이 경사에 들어왔다는 사실에 자극을 받고, 비로소 이에 대한 단호한 조치로써 임칙서가 선택되어 북경으로 올라온 것이라고 했다. 사전에 주도면밀한 사고와 계획이 있지는 않았다. 이때 그에게 가장 중요한 것은 아편을 근절시킬 수 있는

---

106)「平夷錄」,『叢刊 阿片戰爭』3권, 363~364쪽.
107) 托渾布折, 도광 20년 6월, 도광 20년 7월 초2일, 모두『軍機處錄副』에 근거한다.

지의 여부였지, 이후의 사정에 대해서는 고려하지 않았던 것이다.

기대에 부응하여 임칙서는 광주에 도착한 후, 두 번째 상주에 찰스 엘리엇이 아편 2만여 상자를 내놓겠다고 한 희소식을 보고한다. 도광제는 임칙서의 상주에 친히 "일처리가 표창해야 할 만큼 매우 훌륭하다"라고 적었을 뿐만 아니라, 이부(吏部)가 입안하여 올린 승급서류에 임칙서에 대해 "한 급을 올리고 기록을 두 차례 한다"라고 한 것을 친히 "두 급을 올려 표창한다"로 고치는 등 **108** 그 흥분이 글에 드러났다.

1839년 4월 22일, 도광제는 병이 위중하여 사직을 청하는 중신 도주(陶澍)의 상주를 받고 도주의 건의에 근거하여 임칙서를 양강[江南(江蘇, 安徽), 江西三省]총독에 임명했다. 당시 관계(官界)의 보편적인 관습에 따르면, 양강총독의 관직 순서는 직예총독 다음으로 두 번째였다. 즉 호광에서 양강으로 올라가는 것이었다. 비록 품계는 같으나 그 차이가 있었다. 그러나 이 일은 또 도광제가 강소(蘇) 안휘(皖) 강서(贛)성의 염(塩), 조(漕), 하(河)의 세 가지 업무가 광동의 금연보다 더 중요하다고 생각하고 있음을 반영한다고 볼 수 있다. 그는 임칙서가 매우 빠르게 사명을 완수했다고 여기고 그 본보기로 북경으로 부른 것이다.

호문에서 아편을 소각한 후, 그는 대국이 이미 대체적으로 안정되었으며, 단지 약간의 구체적 사무만 남았을 뿐, 임칙서가 처리하여 마무리하면 모든 것이 정상으로 돌아갈 것이라고 여겼다. 그 크지도 작지도 않은 사항이 하나하나 광동에서 보고되었는데, 서약서를 제출하는 것, 범인을 넘겨주는 것, 아편을 내놓는 것(이후의 절에서 자세하게 다루겠다)이었다. 그러나 그렇게 순순히 공손하게 아편을 내놓던 '오랑캐'들이 감히 대포를 사용하여 '천조'에 대

---

108) 『阿片戰爭檔案史料』 1권, 543쪽.

항하니 어떠했겠는가? 그가 임칙서에게 내린 지시는 "주도면밀하게 계획을 세워라", "선위후은(先威后恩)", "절대 경솔하게 행동하여 일을 망치지 말 것이며, 또한…"[109] 등으로 보기에 전반적인 구체적이지 않은 쓸데없는 말을 하는 것에 불과했다. 한 번은 그가 임칙서가 망설이는 것을 보고 친필로 "짐은 경들이 경솔하다고 생각하지 않는다. 그러나 경들을 일깨우는 것을 무서워할 수는 없다"라고 적어[110] 임칙서의 영국인에 대한 대항을 격려하였다.

1839년 12월 13일, 도광제는 임칙서의 상주를 받고 서로 뒤엉켜서 분명하지 않은 '이무(夷務)'가 여전하다는 것을 알고 '전혀 일이 성사되지 못할 것임'을 깊게 느꼈다. 그리하여 그는 한 번의 수고로 영원히 편안한 해결방법을 생각해 내는데, 즉 영길리국과의 무역을 중지'하면, 무슨 서약서의 제출, 범인 인도, 아편 몰수 등등의 사항 모두를 다시 신경을 쓸 필요가 없게 된다는 것이다. 그는 마치 통상 단절이 그 어떤 나쁜 결과를 일으킬 수 있는지에 대해서는 신경을 안 쓰고 세은의 감소만 신경을 쓴 것 같았다. 이 성정이 까다로운 황제는 이번에는 의외로 대범하게 "사소한 세은에 대해서는 논의할 필요가 없다"고 선포했다.[111]

1840년 1월 5일, 도광제는 임칙서가 당분간 상경하여 부임할 수 없음을 알고 공석인 양강총독의 자리를 8개월 동안 비워두다가, 깔끔하게 임칙서를 양광총독에 임명하고, 등정정을 양강총독으로 전근시켰다. 그리고 선례에 따라 임칙서의 흠차대신 차사(差使)의 지위를 없애고 일체의 모든 것을 원래의 상태로 회복시켰다.

도광제의 이 두 결정은 복잡하게 뒤얽힌 문제를 명쾌하게 처리한 것으로 당

---

109) 『阿片戰爭檔案史料』 1권, 703쪽.
110) 위의 책, 2권, 185쪽.
111) 위의 책, 『阿片戰爭檔案史料』 1권, 742쪽.

시 중영 간에 존재하는 통상관계를 끊었다. 그는 이 이후부터 각각 동서로 떨어져 있는 중영 양국의 단절은 그 어떤 분쟁이 다시는 생기지 않을 것이며, 또 그 어떤 모순도 다시 발생하지 않을 것이라고 생각했다. 마치 우물물이 하수를 침범하지 못하는 것처럼 말이다. 이때의 임칙서는 더 이상 '해구사건을 조사처리'하는 흠차대신이 아니라, '광동광서 지역의 지방제독의 군사업무 총감독 및 순무의 일'을 하는 지방관이었다. 그의 임무도 더 이상 영국과의 외교가 아니었으며, 도광제는 그에게 두 가지 뒤처리를 하게 하였을 뿐이었다. 하나는 영국의 반역적 죄행 때문에 영구적으로 통상을 금지한다는 것을 선포하는 것이고, 다른 하나는 오문 연해에 정박 중인 영국 함선을 전부 몰아내는 것이었다.

도광제는 여기서 중대한 잘못을 범했는데, 바로 '천조'의 논리를 이용하여 대권을 생각하고, 게다가 적수에 대한 예측도 진실과 거리가 멀었다는 것이다.

1840년 2월 7일, 도광제는 호북 제방(江堤)이 홍수에 파괴되었다는 소식을 듣고 바로 재작년 11월 임칙서가 올린 '강한안란(江漢安瀾)'의 상소를 생각해 내고, "기획하고 처리함에 있어 전력을 다하지 못했다"라고 여겨, "직급을 4등급 강등하여 유임하고", "용서를 허락하지 않는다."라는 처분을 내렸다.[112] 비록 청조관원에 대한 관례에 따른 처분은 극히 평범한 것이고, 도광조 때 처벌받지 않은 지방 수석장관이 매우 드물고, 게다가 임칙서가 호광에 부임했을 때 추천을 잘못하여 두 번 처벌을 받았기는 했지만, 도광제가 항상 일을 세밀하고 주도면밀하게 처리한다고 생각해 왔던 임칙서가 제방(堤防) 사무에서 이와 같은 사고를 일으키자 그의 심중에 그 흔적이 남지 않을 수 없었다.

이후 도광제는 광동의 사무에 대하여 나날이 나태해졌으며, 반복적이고 다

---

112) 『淸實錄』 38권, 3쪽. 『上諭檔』, 도광 20년 정월 14일, 中國第一歷史檔案館藏.

변적인 '이정(夷情)'은 그를 태만하게 하였다. 그의 시야는 비교적 청 왕조 내부의 각종 전통사무에 집중되어 있었는데, 종전처럼 광동의 '이정(夷情)'의 변화에 대해 자세하게 주시하지는 않았다. 그 이유 중에 하나가 임칙서가 더 이상 그에게 사람의 마음을 후련하게 하는 희소식을 전해주지 않았기 때문이고, 다른 하나는 그가 청조는 "쉬면서 힘을 비축했다가 피로한 적군을 맞아 싸우고, 주인과 손님의 형세를 스스로 판단할 것임을" 확신하여, 영국이 단지 군함 몇 척을 가지고 와서 "무엇을 할 수 있겠는가?"라고 생각했기 때문이다.[113]

도광제의 이런 태도는 '천조'내의 대소 신료에게 안온한 인상을 주지 않을 수 없었다. 그렇게 고요하고 평안한 중에 누가 전쟁의 악마가 조용히 다가오는 것을 발견할 수 있었겠는가? 설령 누가 발견했다고 하더라도 누가 시끄럽게 전쟁의 경보를 울릴 수 있었겠는가?

4. 임칙서의 제적방략制敵方略

1839년 6월에 호문에서 아편을 소각한 후 정세는 결코 임칙서가 희망한 것과 같지 않았다. 점점 온화해지다가 반대로 비바람과 천둥으로 변했다. 중영간의 대립은 더욱 격렬한 형식으로 진행되었다.

그중 세 가지 논쟁이 다음과 같다.

1) 서약서 제출. 임칙서는 신례(新例)를 받들어, 찰스 엘리엇에게 영국 상인들이 "화물은 국가에 귀속하고, 사람은 법에 따라 처리한다."라는 격식의 서약서를 제출하도록 독촉하라고 요구하고 그렇지 않으면 통상을 불허한다고 했다. 찰스 엘리엇은 서약서의 제출을 가로 막았을 뿐만 아니라, 영국 선박이

---

113) 『籌辦夷務始末(道光朝)』 1권, 287쪽

광주 항에 들어오지 못하도록 명령을 내렸다.

2) 범인 인도. 1839년 7월 7일에 영국 선원이 구룡 첨사저(尖沙咀)에서 술에 취해서 함부로 행동하여 말썽을 일으키고 촌민 임유희(林維喜)를 폭행하여 다음날 그가 사망하는 사건이 발생했다. 이에 임칙서는 찰스 엘리엇에게 범인을 인도하라고 명령을 내렸다. 찰스 엘리엇이 이를 거절하고 영국 선박위에서 자체적으로 법정에 세워 5명의 피의자에게 3에서 6개월의 형과 15에서 20파운드의 벌금형을 내렸다.

3) 아편의 압수. 새로운 계절이 되자 호문 입구밖에 영국 상선 수십 척이 도착했다. 임칙서는 선박위에 있는 아편을 내놓으라고 명령했다. 찰스 엘리엇이 이를 거절했다.

이 세 가지 사건 중 '범인 인도'사건의 대립이 가장 심했다.

1839년 8월 15일, 임칙서는 찰스 엘리엇이 범인 인도를 거절하자, 1808년(가경13년)에 영국인이 오문(澳門)의 법령을 위반한 예를 인용하여, 오문에 사는 영국인의 생활필수품과 음식물의 공급을 금지하고 판매노동자를 철수시키고, 다음날 병력을 인솔하여 향산(香山)에 주둔하고 군대를 통솔하여 요충지에 배치하여 영국인들이 오문을 떠나도록 압박했다. 8월 24일 오문의 포르투갈 당국은 이런 압력 아래, 임칙서의 명령에 근거하여 영국인을 추방한다고 선포했다. 8월 26일까지 영국인이 전부 오문을 떠났다. 찰스 엘리엇은 이 영국인들을 인솔하여 홍콩과 구룡(九龍) 일대에 배를 정박시켰다.

1839년 4월부터, 영국함선 란(Larne)호가 찰스 엘리엇의 명령에 의해 소식을 전하러 떠난 후, 찰스 엘리엇이 사용하는 소형의 루이사(Louisa)호를 제외하고 광동 해안에는 영국 군함이 하나도 없었다. 8월 30일에 찰스 엘리엇의 요구에 의하여 인도 총독이 파견한 전함 볼라지(Volage)호가 도착하자, 비로소 찰스 엘리엇에게 중국에 대항할 무력이 생겼다. 임칙서는 이 소식을 듣고 각 지역에 방어를 강화하라는 명령 외에, 8월 31일에 연해 주변 촌민으로 이루어진 무장조직을 구성할 것을 요구하고, 영국인들이 상륙하여 말썽을 피우는 것과 물을 구하는 것을 불허하고, 이에 대해 무력을 사용하여 저지하는 것을 허가했다.[114]

1839년 9월 4일, 찰스 엘리엇과 볼라지호의 선장 H. 스미스(H. 스미스)는 4척의 소형 선박을 이끌고 구룡(九龍)에 도착하여 중국 관원에게 음식물을 제공할 것을 요구했다. 그러나 목적을 이루지 못한 H. 스미스가 명령을 내려 포를 쐈다.

이로써 중영 간의 대립에 무력을 행사하기 시작했다.

이때부터 1840년 6월 하순에 영국 원정군이 도착할 때까지, 9개월 동안 임칙서의 상주에 근거한 광동 연해에서 발생한 전투는 모두 일곱 차례였다. 1)1839년 9월 4일의 구룡전투, 2)1839년 9월 12일의 영국 돈선 소각사건, 3)1839년 11월 3일의 천비(穿鼻)전투, 4)1839년 11월 4일부터 13일까지의 관용(官涌)전투, 5)1840년 2월 29일에 아편 판매 및 영국 선박을 돕는 비선(匪船)을 불태운 사건, 6)1840년 5월에 영국 선박을 도운 비선을 불태운 사건, 7)1840년 6월 8일에 마도양(磨刀洋)의 영국 아편을 불태운 사건이었다. 이외 임칙서의 상주에 보이지 않는 사건이 두 차례였다. 1840년 5월 20일, 영국 아편선 헬라스(Hellas)호를 공격한 것과, 1840년 6월 13일, 금성문(金星門)에 있는 영국 선박을 소각한 것이다.

이상 9차례의 전사 중에 두 번째인 영국 돈선을 소각한 사건은 사실 스페인 상선을 소각한 것이며, 그중 5, 6, 7번째와 임칙서가 상주하지 않은 두 번의 전투에서 청군의 목표는 영국 아편선과 중국 범죄자들의 배인 민선(民船)이었다. 4번째 관용전투는 약간의 사정이 있었다. 임칙서의 상주에 근거하면,

---

114) 『林則徐集奏稿 公牘 日記補編』, 78쪽.

영국인들과 영국 선박이 10일 동안 연이어 관용의 청군을 향하여 6차례 진공하였는데 모두 격퇴하였고, '더글라스(Douglas)호', '돌리(dolly)호' 등의 영국 함선이 참전했다고 하였다.[115] 그러나 영국 측은 이런 사실을 전혀 기록하지 않았으며, 단지 홍콩일대에 정박하던 영국 선박이 동고(銅鼓)로 옮길 때, 11월 13일에 구룡 일대(즉, 官涌)에서 청군의 포격을 받았다고 했다.[116] 이때 영국은 광동 해상에 전함 볼라지호와 새로 도착한 히아신스(Hyacinth)호 및 관선 루이사호가 있었는데, 임칙서의 상주를 분석해보면, 이 세 척의 함선은 참전하지 않았다. 이 때문에 사건의 진실이 어떠했는가를 막론하고 확신할 수 있는 것은 관용전투는 결코 영국군과 청군간의 충돌이 아니라는 점이다.

이것으로 보아 1840년 6월 하순 전까지 중영 쌍방 간에 국가적 무력을 운용하여 일어난 전투는 오직 두 번으로 구룡전투와 천비전투였다. 임칙서는 상주에서 이 전투들의 상황에 대하여 상세하게 분류하지 못했는데, 이는 당시의 중국인에게는 근대 국제정치의 관념이 없었기 때문이다.

1839년 9월 4일의 구룡전투에서 청군 측의 참전규모는 대붕영참장(大鵬營參將) 뢰은작(賴恩爵)이 이끄는 3척의 사선(師船)이며, 또 구룡산 위에 있는 포대의 화포지원을 받았다. 영국 측의 참전규모는 쌍방의 주장이 다른데, 임칙서는 상주에 "크고 작은 이선(夷船)이 5척이다"라고 했고, 이밖에 전투 중 증원된 영국 함선이 "이전보다 배가 많았다"라고 했다. 그러나 구체적인 숫자를 말하지는 않았다. 이에 반해 찰스 엘리엇은 보고에 영국이 루이사호, 펄(Pearl)호, 볼라지호에 소속된 소형선으로 전투를 진행했고 전함 볼라지호는 전투에

115) 『林則徐集 奏稿』 중, 702~704쪽. '得忌剌士'는 Douglas이다. 그는 캠브릿지(Combridge)호의 선장이다. 당시에는 습관적으로 선주 혹은 선장의 명호를 그 배의 이름으로 사용했는데, 볼라지호와 히아신스호는 임칙서의 상주에 그 선장의 이름을 사용하여 '士密船', '華侖船'이라고 불렸다. 캠브릿지호는 후에 임칙서에 의해 구매되어 34문의 포가 탑재된 군함이 된다.

116) 『Chinese Repository』, 8, 379쪽. 馬士, 『中華帝國對外關係史』, 1권, 295쪽.

투입되지 않았다고 했다. 영국군 참전자의 주장이 찰스 엘리엇과 일치하고, 또 포트 윌리엄스(Fort Williams)호에 소속된 작은 배가 지원했다고 했다. 이 밖에 캠브릿지(Combridge)호 선장 더글라스(Douglas) 또한 16인승 획선(劃船)을 이끌고 참전했다.

이 전쟁의 경과에 관한 쌍방의 주장은 대체로 비슷했다. 임칙서는 상주에 영국 측이 음식물을 얻지 못하자, 먼저 도발했기 때문에 뢰은작에게 명령하여 즉시 독부(督部)로 하여금 반격하게 하게 하였으며, 쌍방은 오시(오각)부터 술시까지 전쟁을 벌였고, 영국이 먼저 격퇴 당했고, 후에 원군이 와서 다시 전투를 벌인 끝에 첨사저(尖沙咀)에서 퇴각했다고 적었다. 영국 측 역시 먼저 대포를 쏘았고 청군의 반격이 상당히 용맹하였으며, 전투는 오후 2시부터 시작하여 6시 반까지 벌어졌으며, 1차 전투 후 철수한 것은 탄약을 보충하기 위해서이며, 마지막에는 주동적으로 퇴각한 것이라고 했다.

쌍방의 보고에서 가장 큰 차이는 전공이다. 임칙서는 상주하기를 청군 전사자 2명, 부상자 4명에 사선이 경미한 손상을 입었으나 매우 빠르게 수리하였고, 영국 함선 1척을 격침하고, 사살은 최소 17명이라고 했다. 이에 영국 측은 청군의 손실을 구체적으로 밝히지는 않았으나, 자신들의 피해는 몇 명만이 부상을 당했을 뿐이라고 밝혔다.[117]

이 전투의 구체적인 경과를 바탕으로 분석을 하면, 청군은 3척에 각각 10문의 화포를 배치한 사선으로 작전을 하였으며, 해안포대의 지원을 받아 병사들이 목숨을 다하여 용감하게 싸웠고, 광동수사도 전에 없이 용감하게 싸웠으며, 영국군은 루이사호(14문), 펄호(6문), 볼라지호에 소속된 소선(1

---

117) 『林則徐集 奏稿』 중, 684쪽. 『Correspondence relating to China』, Irish University Press area studies series, British parliamentary papers: China, vol. 30, 686~687쪽. 「亞當 艾姆斯里致威廉 艾姆斯里」, 『近代史資料』, 1598 4기, 68~69쪽.

문) 및 증원된 선박으로 전투를 시작하는데, 모두 비정규 함선으로 화력이 좋지 않았다.[118] 볼라지호는 바람이 그쳐서 접근할 수 없었기 때문에 전투에 참가하지 못했다. 이 때문에 군사적인 방면에서 보면 승패를 가늠하기가 매우 어려웠다.

구룡전투에 대한 쌍방의 보고가 대체로 일치한다고 한다면, 천비전투에 관해서는 각자 자신의 주장을 고집하여 매우 달랐다.[119]

1)전투의 원인

임칙서는 상주에 1839년 11월 3일에 영국의 토마스 쿠츠(Thomas Coutts)호가 호문진입 신청서를 제출하고, 영국 함선 볼라지호와 히아신스호가 "오시(午刻)에 천비에 도착하자", 토마스 쿠츠호의 진입을 막고 제독 관천배가 "듣기에 이상하다고 생각하여", "그 일을 조사하고 추궁하는 사이에" 영국 함선이 먼저 대포를 발사했다고 보고했다.

찰스 엘리엇의 보고에 의하면, 비록 영국 선박이 입항 신청서를 제시하는 것을 언급하긴 했지만, 10월 27일에 광주지부 여보순(余保純)이 임칙서의 "이후로 화물은 모두 반드시 격식에 따라 신청서를 제출해야 하고, 만약 격식에 맞지 않으면 절대 무역을 허가하지 않을 것이며, 이를 거역하고 체류하는 배는 즉시 소각할 것이다"라는 명령을 전달했기 때문에,[120] 결국 28일에 H. 스미스 대령이 이끄는 영국 전함 두 척과 함께 천비로 출발하고 H. 스미스가 흠차대신에게 보내는 '임칙서가 명령을 거두어 줄 것'을 요구하는 공문을 준비했

---

118) 당시의 상선은 모두 무장되어 있었는데, 어떤 것은 화포의 수도 많았다. 여기서 화력이 좋지 못하다는 말은 이번에 참전한 영국 선박을 말하는 것이다.

119) 임칙서의 상주는 『林則徐集 奏稿』 중, 700~701쪽에서, 찰스에리엇의 보고는 "Additional Corre-spondence relating to China." Irish University Press area studies series, British parliamentary papers: China, vol. 31, Shannon, Ireland: Irish University press, 1971, 8~14쪽에서 볼 수 있다.

120) 佐々木正哉編, 『阿片戰爭前中英交涉文書』,243~244쪽.

다. 역풍 때문에 영국 함선은 11월 2일에야 비로소 천비 사각포대 일대에 도착하고, 즉시 모리슨(John Robert Morrison)[121] 등을 파견하여 관천배에게 이 말을 전달했다. 이에 저녁에 청국 측은 통역관을 파견하여 모리슨에게 관천배의 승선을 청하지만 거절당했다. 다음날 오전에 청국 측은 다시 통역관을 파견하여 H. 스미스의 공문을 돌려주고 모리슨과 다시 약속을 잡기를 요청하지만 역시 거절당했다. 이때 관천배가 29척의 사선으로 구성된 함대를 이끌고 다가가자 영국 측은 통역관을 통하여 H. 스미스의 공문을 보내고, "각 선박은 즉시 사각(沙角)의 북쪽으로 돌아가 정박할 것"을 요구했다. 이에 관천배는 임유희를 죽인 범인을 인도해야만 "비로소 병사를 물릴 것이며 그렇지 않으면 결코 철수하지 않을 것이다"라고 답했다. 찰스 엘리엇이 다시 범인이 누구인지 모른다고 하면서 "우리는 오직 평화를 바랄 뿐이다"라고[122] 답했다. 정오가 되자 H. 스미스는 청군함대가 야간에 그를 지나쳐 영국 상선을 위협하게 해서는 안 된다고 생각했으며, 게다가 국가의 명예를 위해 전투에 나가서 후퇴하는 것을 용납하지 못했다. 찰스 엘리엇이 H. 스미스의 의견에 동의하자 H. 스미스가 선제공격을 개시했다.

 2)작전의 경과

 임칙서의 상주에는 영국 함선이 포를 발사한 후, 관천배가 즉각 관선에 반격을 할 것을 명령하고, 각 함선들을 지휘하여 여러 차례 볼라지호를 명중시켰으며, 전투가 벌어지고 어느 정도 지나자 볼라지호의 "돛이 기울고 깃발이 떨어지고, 저항을 하면서 도망쳤고", 히아신스호도 "함께 도망쳤다"라고 했다. 그리고 청군은 본래 그들을 추격하려 했으나, 임시로 수리한 사선이 많이 훼

---

121) 모리슨은 선교사 로버트 모리슨의 아들이다. 16세에 영국 상선에서 통역을 담당했고, 1834년 윌리엄 네이피어가 중국에 오자 상무감독의 통역을 담당한다. 아편전쟁이 발발한 후 줄곧 영국군의 수석통역을 담당한다.
122) 佐々木正哉編, 『阿片戰爭前中英交涉文書』, 246~247쪽.

손되어 멀리 나갈 수 없었으며, 게다가 영국함선은 하부를 전부 동으로 감싸서 포격이 관통할 수 없었기 때문에 "추격할 가치가 없었다."라고 하였다.

찰스 엘리엇은 보고에 영국 함선이 원래 청군 함대의 우측에 정박해 있었는데, 개전 후에 측풍(側風)을 이용하여 우에서 좌로 청군 전체의 진형을 뚫고 지나간 다음, 또 좌에서 우로 다시 그 진형을 가로질렀는데 "파괴적인 화포의 위력으로 압도했으며", 이에 "중국인이 그들 고유의 정신으로 반격했으나, 우리 측의 무섭고 위력적인 화력에 의해 매우 빠르게 우세를 점유하게 되었다"라고 하였다. 이렇게 전투는 3각이 안 되는 동안 벌어졌으며 청군은 곧 철수했다. H. 스미스는 적대적 행동을 확대할 의사가 없었기 때문에 곧 포격을 멈추었으며, 상대방의 철수를 저지하지 않았다. 이후 영국군은 오문으로 갔다.

3)전과에 관하여

임칙서는 상주에 청군은 볼라지호의 선수(船鼻), 선미, 좌우창구(艙口)를 명중시키고 영국군 다수가 포에 의해 바다에 빠졌으며, 전투 후에 "21개의 영국군 모자(夷帽)를 노획했다"라고 했으며, 그리고 우리 측은 3척의 사선이 출전하였는데, 1척은 화약창고가 포격을 당해 불이 났으나 바로 화재를 진압했으며,[123] 15명이 전사했고 군관 1명과 다수의 사병이 부상을 당했다고 하였다.

찰스 엘리엇은 보고에 청군은 3척의 사선이 격침당했으며, 1척은 화약창고를 포격하여 폭발했고 몇몇 배는 물이 샜으며, 볼라지호는 경미한 손상을 입었을 뿐 인원의 손실을 없었다라고 하였다.

결국 쌍방은 각각 승전을 보고를 한 것이다.

---

123) 8개월 후, 임칙서는 그 전투 때문에 두 척의 사선이 "포에 의한 손상이 매우 심하여 수리하기 어려우며, 반드시 따로 제조해야 해야 하며", 그 밖의 두 척의 사선은 "모두 손상을 입어 크게 수리해야 합니다."라고 상주한다. 『林則徐集 奏稿』중, 857쪽.

중영 각각의 보고를 비교할 때, 가장 흥미로운 것은 관천배에 대한 묘사였다. 다음 임칙서의 주장을 보면,

> 그 제독이 친히 돛대를 꼿꼿이 세우고 전진하여 요도를 뽑아 전투를 직접 지휘하면서 엄하게 외치는데, "감히 후퇴하는 자는 즉시 참수하겠다."라고 하였다. 오랑캐의 배에서 쏜 포탄이 돛대 주위를 날아다니는데 돛대의 파편이 떨어져 제독의 얼굴과 손을 스쳐 지나가 피부에 상처를 입혀 붉었다. 관천배는 자신의 생명을 돌보지 않았으며, 계속 흔들리지 않고 그 예리함을 유지하였다. 또 말굽은(銀錠)을 미리 준비해두었다가 영국 함선을 명중시킨 사람에게 바로 포상(銀兩錠)을 내렸다⋯⋯.

이 상주는 읽은 사람으로 하여금 고전 희극소설 상의 전투 장면을 생각하게 했다. 도광제 역시 이 상주를 읽고 감격해 했고, 주비에 "매우 표창할만하다"라고 적었다. 관천배의 당시 행동이 확실히 임칙서의 묘사와 같다면, 그런 중세의 용맹스러움은 오늘날 사람들로 하여금 근대전술원칙에 무지했던 슬픔을 느끼게 했다. 근대의 격렬한 화포전에서 관천배의 이런 점은 따를만한 것이 못 되었다. 찰스 엘리엇 또한 다음과 같이 말했다.

> 용감한 사람으로서 제독의 행동은 그 지위에 합당한 것이다. 그가 승선한 배는 무기와 장비 면에서 기타 선박에 비해 확실히 우세하여, 그는 출항 후에 닻줄을 절단 혹은 푸는 영민한 방법으로 여왕폐하의 전함을 향하여 몰고 와서 교전을 벌였을 가능성이 매우 크다. 이런 희망이 전혀 없는 노력은 그의 명예를 올렸고, 그의 결심을 증명했다. 그렇지만 3각이 지나지 않아, 그와 잔존한 사선

은 곧바로 매우 비참하게 원래의 정박지로 철수했다.

위의 묘사에는 영웅의 원대한 포부가 실현되지 않은 슬픔이 자못 담겨 있다.

천비전투의 진상은 오늘날 분명하게 고증할 필요가 없어 보인다. 그러나 세심하게 쌍방의 보고를 살펴보면, 대체적으로 청군은 이 전투에서 결코 우세(上風)를 점유하지 못했으며, 임칙서의 보고에는 과장이 섞여있는 것 같다는 것이다. 이 과장이 임칙서의 소행인지 혹은 관천배의 소행인지는 그것을 분명하게 고증할 방법은 없다.[124]

오늘날 통용되는 엄격한 의의 상에서 구분을 하면, 구룡전투과 천비전투는 중영 양국을 이미 전쟁상태에 들어가게 한 것이나 마찬가지이다.

그러나 임칙서는 그가 숙지하고 있던 번역 자료에 근거하여, 이 두 전투를 스스로 국주(國主)의 명령을 받지 못하고 사적으로 중국에 온 영국 함선 및 국주의 법령을 준수하지 않는 일반 상선과의 교전이라고 생각했지 영국과의 전쟁이라고 생각하지 않았다. 그의 이런 인식은 그가 1840년 1월 18일에 발표한 『유영국국주격(諭英國國主檄)』에서 찾아볼 수 있다. 찰스 엘리엇은 이때 아직 1839년 3월 27일에 아편을 내놓은 이후의 행보, 즉 영국 정부의 비준을 받아야 하는지에 대하여 판단을 내리지 못하고 있었는데, 그 이유는 단지 본국 상인의 무장 행동을 보호하는 것이라고 여겼기 때문이다. 개전 후에도 당시

---

124) 당시 임칙서가 호문에 있었지만, 교전지역과는 어느 정도 거리가 있었기 때문에 목격자라고 할 수는 없다. 개전 당일 임칙서는 일기에 "오후에 영길리의 병선이 용혈(龍穴)에 접근했다고 관 제군(提軍)이 보고했으나 나는 받지 못했다. 그들이 포를 발사하여 공격을 하자, 우리가 이선(夷船)의 선수와 돛배를 공격하여, 이인(夷人)들이 물에 빠지고, 후퇴하기 시작했다"라고 적었다. 일기는 자신이 본 것을 쓴 것으로 고로 거짓으로 쓸 수 없다. 이 때문에 임칙서가 상주한 관천배에 대한 보고에 근거하면, 관천배의 책임은 더욱 큰 것 같다. 그러나 일기에서 알 수 있는 것은 여기에 서술한 개전의 이유가 상주에서 이야기 한 것과는 큰 차이가 있다는 것이다.

서방에서 교전 시에 행해지는 관행의 몇 가지 외교행동을 취하지 않고, 여전히 임칙서와 공문을 주고받는 행동을 취하고 있었던 것이다. 그는 줄곧 1840년 3월까지 그렇게 행동하다가 결국 중국에 병력을 사용하라는 파머스턴의 훈령(訓令)을 받게 된다.

이 때문에 전쟁의 서막은 사실상 이미 열렸지만, 쌍방 모두 전쟁이 이미 벌어졌다는 것을 인식하지 못하고 있었다. 쌍방의 이런 인식을 고려하여 본 권에서는 여전히 아편전쟁의 폭발시간이 1840년 6월 하순, 즉 영국 원정군이 대거 도착했을 시기라고 결정했다.

천비전투의 결과로 인해, 1840년 초에 임칙서는 명령에 따라 영구적으로 중영 통상 관계를 금지한 후, 점차 완전한 대적(對敵) 방략(方略)을 형성했을 가능성이 크다. 이에 대하여 그는 다음과 같이 설명했다.

> 오랑캐의 병선이 연이어 도착하는 것을 막론하고, 즉 현재 토밀(吐嘧), 화룬(嘩侖) 두 적의 배가 완강하게 저항하는 저의는 함부로 화포의 위력과 배의 견고함을 과장하는 것으로, 각 오랑캐의 배가 이를 호신부로 삼아 의지하고 우리 사선의 추격을 저지할 수 있다고 생각하는 것이다. 신(臣) 등이 만약 사선 전체 부대에 명령을 내려 출격하여, 먼 바다까지 멀리 전력을 다하여 추격하면 승리를 거두지 않을 수 없다. 거대한 파도가 치고 바람은 수시로 변하지만, 오랑캐의 배를 모두 격침하더라도 이 또한 정상적인 일일 뿐이다. 그러나 사선이 먼 곳으로 건너가면 짧은 시간에 돌아올 수 없으니 전혀 가치가 없다. 여전히 수비로 전쟁을 치루는 것만 못하니 쉬면서 힘을 기른 후, 지친 적을 치면 절대 실수하는 법이 없을 것이다.

임칙서는 위에서 만약 영국이 단지 두 척의 군함만 있어도 청군 수군은 해상에서 승리할 수 없다고 완곡하게 인정하고 있다. 그리하여 그는 해상에서의 함선교전을 피하는 항구를 엄중히 방어하는 '이수위전(以守爲戰)'의 대적 방략을 채택했다. 도광제는 이에 대하여 완전히 찬성하고 주비에 "보기에 매우 옳은 말이다"라고 적었다.[125]

이전의 외국 상선과 군함이 중국에 와서 활동한 정황에 근거하여 임칙서가 배치한 '이수위전'의 주요 구역은 주강(珠江)으로 들어가는 해구로, 즉 홍콩(香港)과 호문을 외곽선으로 하는 령정양(伶仃洋)을 지나 호문 및 사자양(獅子洋) 일대까지였다. 당시의 관방문서에는 그것을 '중로(中路)'라고 했다.

아편전쟁 전부터 홍콩은 이미 아편밀매 근거지로 돈선의 대부분이 그 일대 해양에 정박해 있었다. 찰스 엘리엇이 영국 선박을 인솔하여 오문에서 철수한 후, 모인 곳도 여기며 후에 동고(銅鼓)로 옮겼다. 임칙서는 이곳에 있는 영국인들의 활동을 억제하기 위해, 홍콩의 구룡반도 맞은편에 있는 관용(官涌)의 산위에 건립된 두 곳의 포대로 부근의 해양을 제어했다.

오문은 포르투갈인이 불법으로 점거한 곳이었다. 찰스 엘리엇과 영국 함선도 이곳에서 자주 활동했다. 임칙서는 오문 관갑(關閘) 이북에 군대를 주둔시키고 포대를 배치하여, 그 행동을 감시하고 항상 오문의 포르투갈 당국에 정치 혹은 군사적 압력을 넣었다.

주강(珠江)으로 들어가는 해구를 홍콩과 오문의 최 외곽 지점으로 삼아 령정양 안쪽으로 약 70킬로미터를 거슬러 올라가면 바로 호문(虎門)이었다. 이곳은 강줄기가 좁아지는 곳으로 역대로 청조 해양방어의 요충지이며, 광동수사제독 역시 이곳에서 일했을 만큼 중요한 곳이었다. 임칙서가 양광총독이

---

125) 『林則徐集 奏稿』 중, 762쪽. 중문 '吐嚟'는 볼라지호이고, '嘩侖'은 히아신스호이다.

되기 전에 관천배, 노곤, 등정정 등이 이미 가장 노력을 기울인 곳으로, 이곳에는 9곳의 포대가 세워졌고 포대에 주둔하는 군이 평상시에는 590명, 전시에는 약 2,000명이었다. 임칙서는 1939년에 이 호문 청군의 가을 훈련을 보고 매우 만족해했다(**호문방위의 구체적 상황은 이후에 상세히 논하겠다**). 이 때문에 그는 단지 서방에서 구입한 동포(銅砲)와 개량된 철포(鐵砲)를 이곳에 배치하였을 뿐 그 이상의 조치를 취하지 않았다.

영국 함선이 호문을 돌파하여 계속 내륙을 침범하는 것을 방비하기 위해, 임칙서는 호문 뒤의 사자양(獅子洋) 일대에 청군 사선을 집결시키고 민선을 고용하고 화선(火船)을 준비하여, 이곳에서 강으로 침범하는 영국군과의 교전을 준비하였으며, 이미 수차례 연습을 진행했다.

이상 임칙서의 방어 구상은 1840년 초부터 싹트기 시작하여 점차 완성되면서 실행된 것이다. 그 결과 1840년 6월말까지 "구룡의 두 곳에는 신 포대를 건설하여 56문의 포를 배치하였고, 부근 산등성이에 800여 명의 방어군을 배치하였으며, 오문 일대에는 1,300여 명의 병사를 파견하여 주둔시켰으며, 사자양(獅子洋) 일대에는 사선 20척, 고용민선 46척, 예비화선 20척을 집결시키고 2,000여 명을 주둔시켰다.[126]

임칙서는 위에서 상술한 몇 곳의 방어요충지에 대하여 그 전반적인 생각을 상주에 다음과 같이 밝혔다.

> 신(臣) 등이 중로(中路)의 요충지를 조사해 보았는데, 호문이 가장 좋고, 그 다음이 오문, 또 그 다음이 첨사저(尖沙咀) 일대입니다.

---

126) 『林則徐集 奏稿』 중, 838, 862쪽. 그중 임칙서는 상주에 호문은 "배와 해안에 병사들이", "모두 3천여 명"이 있다고 했다. 이곳의 호문 수비병이 2,000명이라고 말한 것은 배안에 있는 병사들의 수를 빼고, 사자양 일대의 청군수를 더한 것이다.

그 외 나머지는 외해내양이 상통하는 곳으로 비록 너무 많아 이루 다 셀 수가 없지만, 수심이 낮고 암초가 많아서 오직 내지의 배만 통행이 가능할 뿐 오랑캐의 병선은 지나갈 수 없습니다.[127]

여기서 이야기 한 호문은 당연히 그 뒤의 사자양을 포함하고, 첨사저는 구룡(九龍)을 말한다. 임칙서는 관건은 이 몇 곳에 있으며, 그 외의 지방은 병사를 보충하여 방어를 하기만 하면 된다고 생각한 것이다.

통상을 금지한 후에도 여전히 돌아가라는 명령을 따르지 않자, 호문입구 밖에 배회하는 영국 선박과 함선에 대하여 임칙서는 "이간치간, 이독공독(以奸治奸, 以毒攻毒)"의 방법을 채택하는데, 즉 외국인, 아편판매를 돕는 연해의 '어민'을 수용(水勇)으로 고용하여, 어떻게 화선을 움직이고 불을 붙이는지 가르쳐서, 각 배마다 한 두 명의 군관을 미리 배치하고 밤을 틈타 바람을 타고 방화하여 영국 함선을 파괴하는 것으로, 현상금을 걸어 격려하였다.[128]

비록 임칙서가 이 대적 방략에 매우 큰 믿음을 가졌지만, 오늘날 우리가 만약 근대전쟁의 관점에서 이를 분석하면, 여기에는 매우 큰 병폐(弊陋)가 존재했음을 어렵지 않게 발견할 수 있다.

임칙서의 구상으로 보면, 가장 중요한 작전 방법은 해안 거점의 강화, 즉 포대로 침범한 영국 선박과 함선에 대항하는 것이었다.

해안 거점의 강화를 이용하여 외세의 해상 침입을 막는 전법은 명대에까지 거슬러 올라갔다. 당시 연해에 쌓은 위(衛) 소(所)등의 성(城)은 항왜전쟁(抗倭戰爭)에서 일찍이 적지 않은 역할을 하였다. 그렇지만 명대의 해양 방어를 위한 위 소는 이때의 청군포대와는 달랐다. 그들은 소규모의 동시 방어시설로

---

127) 위의 책, 중, 838쪽.
128) 위의 책, 중, 762~763쪽.

대다수가 바다와 거리가 있었다. 이곳은 일단 경보가 울리면, 부근의 사람들 모두 그곳에 들어가 방어하면서 대군의 원조를 기다리는 곳이었다. 반면에 청군 포대는 완전한 포병진지로 바다에 근접한 요충지에 건립하여 직접적으로 적 함선과 화포로 전투를 벌이는 곳이었다.

호문 포대의 건설 방안은 임칙서와는 무관하기 때문에 우리는 그가 주관하여 건설한 관용(官涌)의 두 포대를 살펴볼 필요가 있다.

관용의 두 포대 중 하나는 첨사저 산기슭에 위치하여 '징응(懲膺)'이라 하고, 다른 하나는 관용 남측 산에 위치하여 '절충(折冲)'이라고 하며, 모두 20여 문의 포를 배치하였다. 그 규격과 형식은 청대 연해 각처의 포대와 같았으며, 단지 복건 절강의 포대보다는 약간 크고, 호문의 정원포대 보다는 약간 작았으며, 양식상의 변화도 없어 그 단점도 완전히 같았다.

게다가 이 두 포대가 영국 함선의 맹렬한 포화를 견디어 낼 수 있는지와 또 징응, 절충이 영국함선에 괴멸성 타격을 입힐 수 있는지를 막론하고, 이후의 각 전투를 구체적으로 분석해 보면, 그곳들의 가장 기본적인 약점은 상륙한 영국군이 포대의 측후방에서 전개하는 육상 진공에 대한 방어에 무력하다는 것이다.

왜 그렇겠는가?

나는 제1장에서 이미 언급한 적이 있는데, 청군의 포대는 본래 해적을 방어하기 위한 것으로 이런 오합지졸의 육상 진공을 고려할 필요가 없었으며, 게다가 청군의 포대는 전통적으로 해적에 대한 약간의 방어 능력을 가지고 있었기 때문이다. 나는 여기서 다음 두 가지를 설명해야 한다고 생각한다. 1)아편전쟁은 서방열강이 처음으로 대규모로 중국을 침략한 것이며, 청군이 그들의 전술에 전혀 익숙하지 않았다는 것이다. 2)당시의 사람들이 임칙서를 포함하여 영국의 육상전 능력에 대해 잘못된 판단을 했다는 것이다.

1839년 9월 1일, 임칙서는 '변경분쟁(邊釁)'을 분석하는 협편(夾片)에 다음과 같이 밝혔다.

> 이병은 총과 대포 외에, 육상전에 익숙하지 못하고, 다리에 각반
> 을 차고 단단히 결속하여 굽혔다 펴기가 불편하다. 그래서 만약
> 해안에 상륙하면 더욱 무력해지기 때문에, 그 강함이 제압하지 못
> 할 정도는 아니다.[129]

1840년 8월 7일에 임칙서는 정해함락의 소식을 듣고, 포상의 방법으로 군인과 민간인(軍民)으로 하여금 적을 죽이는 것을 제안하였다. 이는 비교적 전보다 진보한 것으로, 그들이 "한 번 낮추면 다시 일어날 수 없을 것"이라고 했다.[130] 이런 주장으로부터 우리는 임칙서 등의 생각을 알 수 있다. 그들은 영국군이 비록 '선견포이(船堅砲利)'하지만 육전능력이 전혀 없으며, 그렇기 때문에 절대로 배를 버리고 해안에 상륙할 수 없으며, 육지 위에서 공격하지 않을 것이라고 생각했다. 설령 공격을 하더라도 절대 청군의 적수가 되지 못할 것이라고 생각했다. 그들은 결국 이 때문에 포대의 육로 방위에 초점을 맞춘 대권을 세울 수 없었다.

임칙서 등의 이런 어처구니없는 판단은 오늘날의 사람들에게는 도무지 이해가 되지 않는 일이다.[131] 그렇지만 좀 더 넓은 배경에서 보면, 이는 당시의

---

129) 위의 책, 중, 676쪽.

130) 『林則徐集 奏稿』 중, 861쪽.

131) 임칙서의 번역자료 중에 "맹하랍토번(孟呀拉土番)은 즉 마라(麽羅) 흑귀(黑鬼)로, 다리는 길고 장딴지가 없으며, 홍모(紅毛)는 키가 크고 강한 자들을 병사로 모집하였는데 서파병(叙跛兵)이라고 불렀다." (「洋事雜錄」, 『中山大學學報』, 1986, 3기, 24쪽). 이곳에서 말한 것은 인도병사이다. 임칙서는 친히 외국인을 보고, 오문에서 또 포르투갈 병사들을 검열한 적이 있다. '퇴족과전(腿足裹纏)'은 당시의 레깅스와 각반을 말하는 것 같다. '굴신불편(屈伸不便)'은 포르투갈 병사들의 행진방식을 말하는 것 같다. 즉 소위 '정보(正步)'로 발생한 일종의 오해이다. 또 당시 외국인은 무릎을 꿇어 예를 보이는

중국인이 바다를 헤치고 온 서방 각국의 군사기술과 능력에 대하여 무지했음을 반영하는 것이다. 1793년에 영국 사신 조지 매카트니가 중국에 왔을 때, 병사들을 데리고 왔다. 영국 측은 일찍이 청군 명장 복강안(福康安)을 초청하여 훈련을 참관하게 하였다. 영국 측의 의도는 무력의 과시하는 것이었지만, 복강안은 오히려 '천조' 대장의 모습을 표출하면서 두 번 다시 거들떠보지도 않았다. 만약 우리가 다시 되돌아가 보면, 아편전쟁의 주요 작전 형식은 포대로 적 함선에 대적하는 것인데, 청군의 이런 전법은 전통적 대적방략의 영향을 받은 것이다. 청군의 포대는 적군의 육로 진공에 대하여 완전히 무방비한 상태였다. 결과적으로 영국 전함과 상륙부대의 이중 공격 아래 하나하나 함락을 당했다. 이런 결말은 영국이 육상전에 능숙하지 않다고 판단한 것과 무관하지 않다.

임칙서가 굳게 믿은 포대는 신뢰할 만한 것이 아니었던 것이다.

임칙서의 구상 중 두 번째 전법은 함선교전이었다. 이 때문에 그는 특별히 『초이병용약법칠장(剿夷兵勇約法七章)』을 작성하고 구체적인 전술 행동을 규정했다. 임칙서의 계획에 따르면 이런 교전은 당연히 강에서 진행해야 했다.[132]

임칙서가 양광총독에 임명되기 전에 관천배는 막 광동수사제독에 부임하여 호문의 후로(後路)에 사선 10척, 그밖에 수수진식병(泅水陣式兵), 중수대계병(中水對械兵), 파외병(爬桅兵), 능부심수병(能凫深水兵) 130명을 배치하고 호문의 주진지를 돌파한 적병과 교전하는 방어계획을 제시하였다. 광동에 도착한 후, 임칙서는 또 중국 전통의 수전(水戰) 전술 중에서 '화공' 전법을 선택하는

것을 싫어했는데, 민간에 전해진 무릎 관절에 문제가 있어 무릎을 꿇고 절하기 어려웠다는 잘못된 소문이 임칙서의 판단과 관계가 있는지 알 수는 없다.

132) 임칙서의 본래 구상에 따르면, 이런 교전은 호문에서 사자양에 이르는 지역에서 진행되어야만 했던 것 같다. 아편전쟁 폭발 후, 임칙서는 친히 함대를 이끌고 바다로 나가 교전을 해야 한다고 표명하는데, 도광제가 이미 그를 신임하지 않는다는 것을 알고 있었기 때문에 한 표현인 것 같다.

데, 즉 "거룻배를 많이 운용하여 땔감을 가득 싣고 화기를 준비한 다음, 여러 부대로 나누어 바람을 확보한 상태에서 밤을 틈타 물길을 따라 보낸다."는 것이다.[133] 임칙서가 규정한 함선 교전법은 관천배의 수사 사선전법(師船戰法)과 전통적 '화공' 전법을 결합하고 발전시킨 전법이었다.

임칙서의 전술은 다음과 같다.

1) 전함 12척에서 16척을 네 부대로 나누어, 대포 배치가 비교적 적은 선두나 선미를 공격하고, 배의 민첩한 특징을 이용하여 상풍을 타고 적에 접근하여, 만약 선수라면 그 배의 선비(船鼻)를 공격하고 용총줄(帆索)을 부수고, 만약 선미라면 방향타(舵)와 뒤쪽 선실을 부순다.

2) 적과의 교전과정 중에 만약 화포의 화력이 미치면 먼저 화포를 쏘고, 조창이 미치면 조창을 같이 사용하고, 더 접근하여 화관(火缶)을 던질 수 있으면 분통(噴筒)사용한다. 화관은 돛대로 던져야 하고 분통은 선수로 방출한다.

3) 청군의 전선이 완전히 다가갔을 때, 병사들은 반드시 적함으로 뛰어 들어가야 하고 칼로 '이인(夷人)'을 죽여야 한다. 그리고 적함위의 방향타 및 각 선박의 밧줄을 부수거나 잘라서 적의 행동능력을 완전히 상실시켜야 한다.

4) 과피(瓜皮) 소형선 30척을 고용하여, 배 위에 건초, 송명(松明), 기름을 묻힌 마(麻)조각과 10분의 1, 2의 정도의 화약을 배합하여 싣는다. 소형선의 선미를 5척(尺) 길이의 쇠사슬로 연결하여 7, 8촌(寸)정도의 쇠못으로 연결한다. 교전 시에 선원이 물속에 들어간 채 노를 저어 적에게 접근한다. 적에게 접근한 후 쇠못을 이용하여 소형선은 적함선 선체에 고정시킨 후 불을 질러 불태운다.

이런 전법을 '선수와 선미를 공격하고 선창으로 뛰어드는 전술'이라 한다.[134]

---

133) 『林則徐集 奏稿』 중, 650쪽.
134) 林則徐, 『剿夷兵勇約法七章』, 魏源, 『魏源全集 海國圖志』 7권, 1925~1927쪽; 楊廷枏, 『夷雰

청군 사병에게 이 전술을 숙지시키기 위해 임칙서는 영국 상선 캠브릿지호를 구매하여 34문의 포를 장착한 군함으로 개조하고 모형으로 삼았다. 청군은 그렇게 훈련을 시작했다.[135]

임칙서가 설계한 이 전법은 서생(書生)이 군대를 논하는 것의 전형이라고 할 수 있다. 그는 항해 경험도 근대 함선작전에 대한 지식도 없이 완전히 감성적 인식에 의한 추론에 의지하였기 때문에, 그의 머리 혹은 권에서 설명하는 것들은 교전 중에 실제로 운용될 가능성이 없었다.

쌍방 간 함포의 위력이 현저하게 차이가 나는 정황 아래, 청군 전선은 적에 접근하는 과정 중 반드시 지극히 큰 손실을 입을 수밖에 없었다. 항속과 조작의 민첩성 방면에서 청군의 전선이 떨어지기 때문에, 함선의 선수와 선미의 기울어진 협각사이로 들어가 대적하기가 매우 어려웠다. 설사 이 협각으로 들어갔다 할지라도 적 함선이 약간 방향타를 흔들거나 혹은 돛을 움직이면 방향이 즉시 변하여, 청군 전선이 다시 기울어진 협각사이로 다시 들어가려면, 반드시 부채모양으로 움직여야(扇面運動) 하기 때문에 동작이 매우 컸다. 그리고 청군 전선이 성능 면에서 이런 종류의 선면 운동을 따라갈 수 있는지를 막론하고, 만약 대형에 큰 혼란이 일어나지 않는다면 그것은 행운이었다.

영국 함선은 아득히 먼 길을 가야하고 또 서방 각국과 교전을 해야 하기 때문에 선체가 매우 견고하며 적지 않은 함선의 외장이 금속으로 되어 있었다. 그래서 아편전쟁 중에 청군의 화포는 큰 효과를 거두기가 힘들었으며, 임칙서가 언급한 조창, 화관 분통과 같은 병기는 더욱 효과를 보기가 어려웠다. 특히 선창 위에서 손으로 영국 함선에 던진 화관은 실전 중에 그 목적을 이룰 수가 없었다.

聞記』 권 2.
135) 魏源, 『魏源全集 海國圖志』 7권, 1925~1927쪽.

쌍방의 함선 크기가 다르기 때문에, 높이에서 차이가 났다. 설령 청군 전선이 전력을 다하여 적 함선에 붙인다고 할지라도 병사들이 뛰어오르기가 어려웠다. 수면 위에 교차하여 두 배가 근접해 있는 시간이 매우 짧았기 때문에 육지보다 기어올라서 넘어가기 쉽지 않았다. 병사들이 적 함선에 오른 후 칼을 사용하여 베어 죽이는 방법은 확실히 임칙서가 전에 상주한 "육상전에 익숙하지 못하다"는 판단에서 변화된 것이다.

쇠 대못을 이용하여 화선을 적함에 붙인 다음 불을 질러 태우는 것은 상상적인 요소가 다분하며 실전 중에 실현 가능성이 없는 것으로 분석할 필요가 없었다.

앞서 말한 내용을 종합해보면, 나는 임칙서의 이런 그림 위에 그림을 그리는 작업은 설계가 나날이 주도면밀해 질수록 실전과는 거리가 더욱 멀어졌다고 생각한다. 이는 서생(書生)이 병사를 논할 때 가장 쉽게 범하는 잘못이다.

임칙서의 구상 중 민중을 이용하여 습격교란을 벌이는 것이 있는데, 이는 상술한 두 가지 전법을 보충하는 것이다.

광동 연해의 어부들 중에는 아편을 운송하거나 영국인들에게 식수와 음식물을 제공하는 사람들이 많이 있었다. 임칙서는 통상을 단절 시킨 후, 호문 입구 밖에 정박해 있는 영국 함선과 선박을 돌아가게 하기 위하여 물자공급을 끊는 방법을 사용하였으나 효과가 없었다. 그의 어부들을 고용하여 영국 선박을 불태우는 '이독공독'의 방법은 바로 이런 배경 아래 탄생한 것이다. 이런 공격을 1840년 1월부터 6월까지 5차례 진행했는데 기대했던 효과를 거두지는 못한다. 영국의 함선은 이런 행동에도 불구하고 결코 돛을 달고 서쪽으로 떠나지 않았다.

어부들을 고용하여 호문 입구 밖에서 화공을 실시한 것 외에 임칙서는 강변과 육지에서 의용군을 모집하고 무장조직(団練)을 조직하는 등의 일을 했다.

나는 제1장에서 이미 청군의 속오성법(束伍成法)을 언급했는데, 바로 이런 낙후한 군제(軍制)는 청군을 매우 분산시켰기 때문에 병력이 늘 부족한 감이 있었다. 임칙서가 의용군을 모집한 것은 바로 청군 병력의 부족을 보충하여 청군과 작전을 함께 하기 위한 것이었다. 영국인이 쉽게 상륙하여 말썽을 일으키는 지방에 충분한 병력을 파견하여 상주시키지 못한 임칙서는 지방 무장조직을 조직하는 것과 무기의 사용을 허락하고 각자 자신의 가족을 지키게 하였다.

임칙서의 상주와 공문(公牘)을 살펴보면, 그의 애로사항은 민중을 이용하여 습격과 교란을 벌이는 것이 정당한지와 의외의 나쁜 결과가 발생할 수 있는지가 아니라 이것으로부터 생산된 재정문제였다. 의용군의 고용은 반드시 관부가 출자해야 했는데, 이것이 모집의 규모를 제한했다. 무장조직은 비록 출자할 필요는 없지만 현상금 등으로 격려할 필요가 있었다. 청 조정은 이를 위하여 은량을 지출할 수가 없었으며, 행상들의(行商) 자금이 잠시 그를 도와 이 문제를 해결한 것 같았다.

어떤 사람은 임칙서가 민중을 이용한 이런 방법을 이후의 인민전쟁에 필적한다고 생각한다. 나는 이는 합당하지 않다고 생각한다.

의용군을 고용하던지 아니면 무장조직을 조직하는 것을 막론하고, 모두 청조의 전통방법이지 임칙서가 창조한 것은 아니다. 민중이 고용되어 의용군이 된 후, 즉 청군의 임시 병사, 임시 부대가 된 후에 청군의 외연은 커졌다. 그러나 무장조직은 향신(鄕紳)에 의해 조직된 것으로 집을 떠날 수 없었기 때문에 활동범위가 제한되었다. 임칙서 외에도 아편전쟁 중에 연해 각 성의 대신(大吏)들 중에 이 권략을 실행하지 않는 자가 없었다. 사람마다 칼을 들고 전력을 다해 싸우는 것을 허락하게 되면,[136] 일정한 조직적 체계가 부족한 상황이

---

136) 임칙서의 상주 중에 이런 방법은 1840년 8월 7일의 「密陳以重賞鼓勵定海民衆誅滅敵軍」에서 처음 볼 수 있다(『林則徐集 奏稿』 중, 861쪽); 이전에 임칙서는 6월 말부터 7월 초까지 광동에서 이 방

벌어져 매우 쉽게 효과가 유한한 공포활동으로 흐르게 된다. 이렇듯 인민전쟁과 그 차이가 매우 분명하다.

다른 관점에서 살펴보면, 고용한 부류 중 가장 의지할 수 없는 무리(어부)가 돈을 들여서 관부가 믿고 신뢰할 만한 곳으로 전환되는 것이 되었기 때문에 광동이 늘 사용하는 방법이었다. 가경(嘉慶) 연간의 민간소설 『신루지(蜃樓誌)』에는 일찍이 광동 수사가 의지할 만하지 못하다고 언급하면서, 해도(海匪)가 창궐하여 양광총독은 비적(匪賊)을 고용하여 의용군으로 삼아 비적으로 비적을 다스렸고, "비록 도적을 없앨 수는 없지만 백성이 도적이 되는 것이 오히려 많이 없어졌으니 근본적으로 개선한 것에 가깝다"라고 하였다. 소설가의 주장이 이런 종류의 방법이 언제 광동에서 실행되었는지에 대한 근거 자료는 아니지만, 소설가가 이런 방법에 대해 이와 같이 자세하게 알고 있었다는 것은 오히려 그것이 관계(官界)의 은밀한 방법이 결코 아닌 이미 민간의 마음속에 깊이 자리 잡은 것임을 설명한다.

사실상 의용군의 고용이든 무장조직을 조직하는 것이든, "사람마다 칼을 들고 전력을 다해 싸우는 것을 허락하는 것"이든 가장 중요한 것은 실전에서의 효과였다. 아편전쟁과 이후의 2차 아편전쟁의 역사적 사실로 보면, 그것들은 비록 전혀 효과가 없었다고 말할 수는 없지만 절대로 승리할 수 없는 방법이었다.

민중에 의한 유격전쟁은 조직과 전술상의 지도가 필요하며, 그래야 비로소 효과가 있었다. 민중에 의한 유격전쟁은 지리적으로 유리한 고지를 점해야만, 비로소 실행할 수 있는 것이다. 민중에 의한 유격전쟁은 각오와 희생정신이 있어야만 비로소 유지할 수 있는 것이다. 이 모든 것이 당시에는 갖추어져

법을 실행하였다.(『Chinese Repository』, vol 9, 165~166쪽).

있지 않았다. 그중 핵심은 당시의 관민(官民) 간의 대립, 즉 무력을 사용하여 진압하여 지탱한 정권과 민중이 이와 같이 밀접하게 합작한다는 것은 상상할 수 없다는 것이다. 임칙서는 관계에 있는 사람으로 그의 동기와 운용에 그 어떠한 계권이 있는지를 막론하고 자신을 범위 밖에 두어서는 안 된다.

이 때문에 임칙서가 결코 독창적으로 제시한 것이 아닌 민중을 이용하는 모든 방법은 신뢰할 만한 것이 아니다.

이상의 임칙서의 대적 방략에 대한 비판을 살펴 볼 때, 후에 발생하는 대규모 전쟁의 실제사실에 근거하면 승리할 수 없는 것이라고 생각된다. 그러나 임칙서 등의 판단에 근거하면 찰스 엘리엇은 오직 사사로이 소수의 군함을 요청하여 침범한 것으로 이와 같이 모든 생각이 달랐던 것이다. 임칙서의 대적 방략이 임칙서가 예측한 적의 상황에 응대할 수 있는지에 대하여 역사적 발전 방면에서 말한다고 한다면 이런 토론은 핵심을 잃어버린 것이다. 만약 오직 사실로만 본다면, 천비전투 후 1840년 6월 하순 전까지 영국 함선은 줄곧 수동적인 상태였으며, 청군에 행동을 취하지 않고 있었다. 이렇게 보면 임칙서의 대적 방략이 성공했다고 말하는 것은 큰 잘못이 아닌 듯하다.

1840년 3월 24일, 영국함선 드루이드호가 도착하자 호문 입구 밖에는 전함이 3척으로 늘었다. 6월 9일에 영국 함선 엘리게이터(Alligator)호가 도착하고, 6월 16일에는 동인도회사의 무장 증기선인 마다가스카르(Madagascar)호가 도착한다. 이 모든 것이 임칙서의 예측 밖의 일이었다.

그리고 며칠이 지나지 않아 정세가 급진전하여 임칙서의 예상을 완전히 벗어났다.

1840년 6월 21일, 영국원정군 사령관에 부임한 영국 동인도 해군사령관 제임스 브레머가 인도에서 함대를 이끌고 도착했다. 이어 6월 28일에 영국 원정군 총사령관 겸 전권대사 조지 엘리엇(George Elliot)이 남아프리카 등지의 함대를 이끌고 도착했다. 그리고 얼마 후 영국의 중국침략군이 모두 모였다.

이 때, 중국에 도착한 영국군 병력은 임칙서의 예상과 상상을 크게 초과했다. 그중 해군전함은 16척이었다.

멜빌(Melville, 기함)호	포 74문	웰즐리호	포 74문
블렌하임(Blenheim)호	포 74문	드루이드호	포 44문
블론드(Blonde)호	포 44문	콘웨이(Conway)호	포 28문
볼라지호	포 28문	엘리게이터호	포 28문
란호	포 20문	히아신스호	포 20문
모데스테(Modeste)호	포 20문	님로드(Nimrod)호	포 20문
필라데스(Pylades)호	포 20문	크루져(Cruizer)호	포 18문
칼럼바인(Columbine)호	포 18문	알제린(Algerine)호	포 10문

동인도 회사가 파견한 무장 증기선 4척,

퀸(Queen)호	마다가스카르호
아탈란테(Atalanta)호	엔터프라이즈(Enterprise)호

이밖에 영국 해군 병력수송선 래틀스네이크(Rattlesnake)호와 고용된 수송선 27척이 있었다.

영국 육군은 모두 3개 연대(團)로, 아일랜드황실 육군 제 18연대, 스코틀랜드 보병 제 26연대, 보병 제 49연대이다. 이밖에 벵갈 지원병 등이 있었다. 육상부대는 모두 4,000명으로 해군과 합하면 영국군 총병력은 모두 약 6, 7천명이었다.[137]

중국의 인구와 청군의 병력과 비교하면 영국 원정군의 규모는 놀랄 만하지

---

137) Chinese Repository, Vol 9, 112, 221쪽; William Dallas Bernard, Narrativ of the Voyages and Service of the Nemesis, vol 1, 220쪽. 그 유럽지역의 세 연대는 모두 정원이 부족하였고, 그 대부분의 병력 2,200명이 1841년, 1842년에 도착한다.

는 않았다. 그러나 만약 서방식민지사로 보면 이는 상당한 수준의 무장을 갖춘 군대였다.

임칙서의 예측을 더욱 벗어났던 것은 이 강력한 군대가 즉시 호문 혹은 광동의 기타 지역에 대하여 공격을 개시하지 않고, 단지 상당히 미온적인 대권을 채택했다는 점이다.

1840년 6월 22일, 영국 원정군 해군 사령관 제임스 브레머는 도착한 다음날 군대가 모두 집결하길 기다린 후, 6월 28일부터 주강(珠江) 입구를 봉쇄한다는 고시를 공표했다. 당일 저녁부터 병력을 이끌고 순서대로 북상하여 주산(舟山)으로 진공했다. 영국원정군 총사령관 겸 전권대표 조지 엘리엇 역시 도착한지 3일째 되는 날인 6월 30일에 전권대표 찰스 엘리엇과 함께 군을 통솔하여 북상하여 제임스 브레머와 합류한다. 이후 광동연해의 영국군 역시 연이어 북상했다. 그리고 호문 입구 밖에는 영국함선 4척과 무장 기선 1척을 남겨 봉쇄임무를 수행하게 했다.[138]

영국군의 이런 행동은 외상 파머스턴의 훈령을 집행한 것이다. 1840년 2월 20일, 파머스턴은 해군부에 공문을 보내, 광동의 "육상에서 그 어떤 군사행동을 진행할 필요가 없으며", "효과적인 타격은 당연히 수도에 인접한 지방을 공격해야 해야 하는 것"이라고 했다.[139] 그리고 같은 날 훈령에 규정한 작전방안은 "주강에서 봉쇄를 하고", "주산군도를 점령하고, 그 섬과 마주한 해구 및 양자강 입구와 황하강 입구를 봉쇄하는 것"이었다.[140] 제임스 브레머와 조지 엘리엇은 완전히 이에 따라 처리했다.

임칙서는 영국군의 작전방안을 전혀 몰랐으며, 그는 단지 제임스 브레머가

---

138) 1840년 10월 호문입구 밖에서 항구 봉쇄의 임무를 맡은 영국 함선은 란호, 히아신스호, 칼럼바인호, 그리고 증기선 엔터프라이즈호이다. (Chinese Repository, Vol 9, 107, 112, 419쪽)

139) 嚴中平, 「英國鴉片販子策劃阿片戰爭的幕後行動」, 『近代史資料』, 1958, 4기.

140) 馬士, 『中華諸國對外關係史』, 1권, 709쪽.

주강을 봉쇄한다는 명령과 찰스 엘리엇이 6월 25일, 26일 보낸 두 번의 공문을 받았을 뿐이었다. 청조 관계의 용어에 비추어 보면 이 문건의 태도는 강경한 것은 아니었다. 그리하여 그는 그의 대적방략이 성공했다고 착각하게 되었다. 즉, 영국군이 감히 경거망동하지 못하는 까닭은 방어준비가 되어 있고 허술한 틈이 없자 어려움을 알게 되어 돌아갈 것이라고 착각을 한 것이다. 그는 상주, 자회, 유령, 서신에 모두 광동의 방비가 엄밀하기 때문에 영국군이 감히 갑자기 소란을 일으키지 못할 것이라고 했다.[141] 후에 그는 정해(定海) 함락의 소식을 듣고 절강 지역이 광동과 같이 그렇게 하지 않았기 때문이라고 지적했다. 그리고 그는 사람들이 정해함락의 사실을 가지고 자신을 공격할 것을 두려워하여, 친구에게 편지를 보내 "어떻게 광동이 방어를 대신 해줄 수 있겠는가?"라고 했다.[142]

임칙서의 이런 주장은 단지 주관적 판단임이 이후의 사실들이 증명한다. 영국군은 승리를 할 수 있는 무력이 있었으며, 임칙서의 방어준비를 결코 두려워하지 않았다.[143] 그러나 임칙서의 주장은 매우 큰 영향력을 가지고 있었는데, 특히 그 '천조'의 무공(武功)이 '섬나라 오랑캐(島夷, 영국)'의 기술을 대적하지 못한다고 믿지 않는 사람들에게 더욱 영향을 주었다.

1841년 1월에 신임 복건 절강총독 안백도(顔伯燾)와 신임 절강순무 유운가

---

141) 『林則徐集 奏稿』 중, 838, 856, 860쪽; 『叢刊 阿片戰爭』 3권, 263쪽; Chinese Repository, Vol 9, 165쪽; 『林則徐書簡』, 151쪽.

142) 『林則徐書簡』, 151쪽.

143) 만약 당시 브레머가 광동 호문이 준비가 되어있기 때문에 진공을 감히 하지 못했다면, 그는 급하게 떠나지 못했을 것이며 남아서 영국군을 기다렸을 것이다. 7월 중순이 되자 영국군의 병력은 수량, 질량 면에서 청군을 크게 상회하였다. 비록 당시 영국군 중에 어떤 사람이 호문을 진공을 희망했지만, 비준을 얻지 못했다. 이 상황에 관해서는 Robert Jocelyn, Six months with China Expedition, London, John Murry, 1841, 42~43쪽을 참고. 이밖에 인도총독이 1840년 4월 7일의 비망록에 원정군이 즉시 주산을 점령하라는 임무를 기록했다. 찰스 일리엇은 1840년 6월 24일에 파머스턴에게 보내는 보고에 당시 영국군의 북상 원인은 태풍을 피하기 위해서라고 하였다(『阿片戰爭在舟山史料選編』, 479~481, 488~489쪽).

(劉韻珂)는 하늘의 분노를 고려하지 않고 죄를 저지르고 파직된 임칙서의 복귀를 요구하는데, 그 이유 중 하나가 "그 오랑캐가 두려워한다"였다.[144] 1841년 5월에 광동 민중은 『진충보국전오의민유영이격(盡忠報國全奧義民諭英夷檄)』에서 장황하게 말을 늘어놓듯이 물었다. "너희들이 이미 대단하다고 하는데, 왜 임공(林公)이 있을 때는 감히 광동을 공격하지 않았겠는가?"[145] 아편전쟁 이후 출현한 세 부의 역사저서는 『도광양척정무기(道光洋艘征撫記)』, 『이분원기(夷雰聞記)』, 『중서기사(中西紀事)』이다. 이 모두 임칙서가 광동 방어를 엄밀하게 하여 영국군이 뚫고 들어갈 틈이 없자, 북으로 올라가 정해(定海)를 침범한 것이라고 주장했다. 그들은 후에 광동전투의 실패를 임칙서의 사직으로 귀결시켰다. 그들은 각지의 전쟁에서 당한 좌절을 해당 지역에 임칙서가 없었기 때문이라고 했다. 비록 임칙서의 대적 방략이 당시에 실전을 거치지 않았지만, 그들은 이미 마음속으로 임칙서의 필승을 확신했다.

실패에 처한 사람들은 승리의 조짐을 매우 쉽게 그 어떤 희망으로 탄생시켰다. 임칙서가 바로 그 희망이었다. 게다가 정세가 위급하고 전쟁에 실패할수록 이런 희망의 불꽃은 바로 빛을 발하는 것이다.

이 때문에 하나의 신화가 탄생한 것이다.

임칙서가 전쟁에서 승리할 수 없었던 것은 당시 수많은 사람들의 마음을 차지했고 지금까지도 전해지고 있다.

---

144) 『籌辦夷務始末(道光朝)』 2권, 752쪽
145) 廣東省文史研究館編, 『三元里人民抗英鬪爭史料』, 中華書局, 1978, 99쪽.

제3장
'소탕(剿)', '회유(撫)', '소탕'의 선회

제3장
'소탕(剿)', '회유(撫)', '소탕'의 선회

　오늘날 북경의 자금성 서화문(西華門) 안에는 역사가들이 익히 잘 아는 중국 제일의 역사당안관이 있는데, 대량의 청대 당안을 보존하고 있다. 그중 '상유당(上論檔)'은 군기장경(軍機章京)이 매일 명발(明發), 정기(廷寄), 유지를 베껴 적은 권으로 사후 수시로 살펴볼 수 있도록 대비한 것이다. 교대로 담당하는 군기대신 역시 이 위에 서명하고 책임을 져야했다. 그러나 도광제의 아편전쟁에 대한 유지와 관련해서는 오히려 '상유당'에서 볼 수 없다. 군기장경은 그것을 군기처 당권(檔冊)인 '초포당(剿捕檔)'에 필사하였다(그 이름을 오늘날 사람들은 생각해 낼 수 없을 것이다).

　'초포당(剿捕檔)'은 반란을 평정하고 반혁명을 토벌하는 사건의 유지를 베껴 적은 권이다. 이는 긴급하고 중요한 군사와 국정대사를 '상유당'과 혼동하여 찾기 불편할 것을 우려했기 때문에 따로 권으로 엮은 것이었다. 그러나 영국과의 전쟁을 반란을 평정하고 반혁명을 토벌하는 사건과 동일시하는 군기대신, 장경의 직위에 있는 사람들의 이런 분류법은 다시 한 번 우리에게 당시 사람들의 '천하' 관념을 제시하는 것일 뿐만 아니라, **이런 사건에 대해여 당연히 그러해야하는 당시 사람들의 처리원칙**을 은은하게 나타낸 것이다.

　이 때문에 전쟁이 갑자기 다가왔을지라도 그리고 청 왕조가 전혀 준비가 안 되었다고 할지라도, **전통적 어외양이(御外攘夷)의 무기고에는 이미 도광제를 위하여 '토벌(剿)', '회유(撫)'의 두 가지 절차가 편성되어** 있었다. 도광제는 이를 동시에 차례대로 사용하였다. 전쟁이 일어나고 처음 몇 개월 동안 청 왕조는 '토벌'에서 '회유'로 후에 또 다시 '토벌'로 돌아오는 전술방식을 전개하였으며 파란만장하게 선회가 재현되었다. 오늘날 사람들의 눈에는 약간 혼란스럽게 보인다고 말할 수 있겠다.

정권을 결정하는 자는 당연히 권력을 가지고 있기 때문에 변화가 많지만 매 변화마다 모두 전장에서 그에 상응하는 대가를 치러야 했다.

인물의 출현으로 볼 때, 앞의 장의 주인공은 임칙서였지만, 이번 장의 주인공은 도광제(道光帝)와 기선(琦善) 그리고 이리포(伊里布)이다.

1. 초전初戰

1840년 7월 5일, 여전히 북경은 모든 것이 평상시와 다름없는 것처럼 보였다.

이날 상처한지 오래지 않은 도광제는 예법에 따라 관례대로 처리하고, "기춘원(綺春圓)에 가서 황태후에게 문안을 드린" 후에 돌아와서 몇 건의 일상적인 공문을 처리했다.[01]

이날 한림원의 산관후수검토(散館後授檢討)인 증국번(曾國藩)은 객이 방문하여 권을 읽을 시간을 놓치고 그 학문수행에 영향을 받자, 일기에 진심으로 절실하게 호되게 자권(自勸)했는데, 반드시 '매일 노력하는 것이 습관이 되어야만', '문장으로 보국을 할 수 있다'라고 독려하였다.[02]

마침 도광제가 조용히 휴식을 취할 때, 이후 무공을 천하에 떨칠 증국번이 '문장으로 보국을' 하는 길을 궁리할 때, 멀리 북경에서 수 천리나 떨어진 절강성 정해현(오늘날의 舟山市)은 이미 포성 소리와 코를 찌르는 포연에 휩싸였다.

---

01) 『淸實錄』, 38권, 84쪽.
02) 『曾國藩全集 日記』 1권, 長沙, 岳麓書社, 1987, 42~43쪽.

1840년 6월 22일, 영국 원정군 해군 사령관 제임스 브레머가 웰즐리호 등 19척의 함선을 이끌고 오문(澳門) 일대의 수역에서 출발하여 중국 해안을 따라 곧장 주산(舟山)으로 향했다.

이 소식을 듣고 당시 광주에서 출판한 중국에서 가장 빠른 잡지인 영문 월간지 『중국총보(中國叢報)』의 편집은 특별히 6월호에 글을 기재하고 주산의 지리적 위치와 항로를 소개했다. 비록 제임스 브레머가 이 글을 읽지는 않았다고 할지라도 이전부터 있었던 항해 자료 때문에 처음으로 이 항로를 지나가는 해군 준장으로 하여금 매우 힘들다고 느끼게 하지는 못했을 것이다. 8일 후 영국군은 주산군도의 남단인 남구산도(南韮山島)에 도착했다.

주산은 항주만(杭州湾) 동남쪽, 강소, 절강, 복건성 해면에 위치해 있었다. 크고 작은 섬과 암초 200여 개가 있으며, 주 섬은 중국에서 네 번째로 큰 섬이다. 이에 대한 약간의 배경을 주의해 살펴볼 필요가 있다.

1) 청나라 초기에 대만 정씨(鄭氏), 삼번 경씨(耿氏)와의 작전상 필요에 의해 강희제는 이 지역에 군사, 정치 양 방면에 대한 정권을 결정했다. 군사적인 방면에서는 정해진(定海鎭)을 설치하여 진표(鎭標) 수사 3영과 병사 2,600명을 관리하게 하는 것이며, 정치적인 방면에서는 정해현(定海縣)을 설치하여 현성을 주 섬의 남단에 둔 것이다.[03]

2) 역시 또 강희제와 관계가 있는데, 1684년에 강희제는 해금조치 해제를 비준하고 영파(寧波)를 대외 개방의 통상항구로 삼았다. 1698년 영파 해관은 정해 현성 이남의 길목에 '홍모관(紅毛館)'을 설치하고 영국 상선을 상대했다.

---

03) 汪洵, 『定海直隸廳志』, 광서10년(1885) 간본; 馬瀛, 『定海縣志』, 1924 간본. 이 정해 진표 3영의 병사 수는 전쟁 전의 숫자로 이리포의 상주(『籌辦夷務始末(道光朝)』 1권, 475쪽)를 참고. 정해현은 당시 주산군도 전체를 관리 하였고, 정해진은 따로 상산(象山)수사협, 석포(石浦)수사영, 진해수사영을 관할하였다.

1757년 건륭제는 영국선박이 영파에 들어오는 것을 금지하고 정해의 대외 개방도 중지시켰다. 그러나 영국인들은 이에 대해 전혀 낯설어 하지 않고 꽤 희망적으로 생각했다.[04]

1840년 6월 30일, 마침 순라를 돌던 정해수사의 병사가 남구산도(南韮山島) 일대에 영국함선이 출현한 것을 발견하고 즉시 보고를 했다. 정해진 총병 장조발(張朝發)은 이 소식을 듣고 각 영의 사선, 병승, 화포를 정해현 이남의 길목 일대에 집결하라는 명령을 내리고 전면적으로 통제하여 함대를 이끌고 출항했다. 7월 1일에 그는 영국군이 바람을 타고 오는 것을 보고 스스로 적수가 될 수 없다고 생각하여 방향을 바꿔 되돌아왔다. 그리고 절강순무 오이공액(烏爾恭額), 절강 복건총독 등정정 등에게 보고했다.[05]

영국군이 주산을 점령한 목적은 원정작전을 수행하는 부대를 위해 전진기지를 건설하고, 휴식, 정리, 물자를 보급하는 데 있었으며, 그리고 이에 근거하여 중국해 북쪽으로 남쪽으로 군사행동을 전개하기 위함이었다. 이외에 영국 정부도 이 섬을 점거할 마음이 있었는데, 당시 중국에서 가장 부유한 지역에 인접한 곳에 기반을 다지기 편리하도록, 즉 화동에 진출하기 쉽게 하고, 장강을 통해 내지로 진입하기 쉽게 하기 위해서였다. 비록 이점은 후에 실현되지 않았지만 말이다.[06]

---

04) 건륭제가 중산을 봉쇄한 후부터 영국의 상선(주로 아편밀매선)이 자주 침범하였다. 건륭 연간에 조지 매카트니가 중국은 방문하여 주산을 방문여정의 한 곳으로 삼았다. 조지 매카트니의 중국 방문의 목적 중에 하나가 섬 하나를 점거하는 것이었기 때문에 그래서 주산에 관심을 가졌다.

05) 『阿片戰爭在舟山史料選編』, 111쪽.

06) 파머스턴의 훈령에 근거하면, 영국 정부는 주산을 점거할 뜻이 있었지만, 찰스 엘리엇은 후에 아편 상인의 성화에 홍콩섬(香港島)에 전념하게 된다. 아편전쟁이 끝난 후, 영국군은 주산을 여전히 점거했고, 청정부에 배상을 압박하는 수단으로 삼았다. 1846년에 영국은 청조를 압박하여 『귀환주산조약』을 체결하고 명확하게 "영국군이 주산을 반환한 후 대청 대황제는 영원히 주산 등의 섬을 타국에 넘겨서는 안 된다"고 규정했다. (王鐵崖編, 『中外舊約章匯編』 1권, 71쪽) 이는 중국 역사상 첫 번째 세력범위에 관한 조약규정이다.

1840년 7월 2일, 영국군 함선이 천천히 정해 길목의 항구에 도착했다. 이 지역의 군민은 마치 이전 통상 항구의 상황을 아직 기억하고 있다는 듯이 모두가 아편 클리퍼(飛剪船)의 활동에 따라 "이선(夷船)의 화물이 도착했다"고 말했다. 그리고 대만에서 공을 세운 적이 있는 총병 장조발은 오히려 바람 때문에 항로를 이탈하여 잘못 온 것이라고 말했다. 새로 부임한지 얼마 안 된 생원(生員)과 동생(童生)의 관풍시(觀風試)을 주관하던 지현 요회상(姚懷祥)만이 약간 조급해 했다.[07] 7월 4일 오후에 제임스 브레머는 사람을 통해 그들이 이전에 보지 못했던 최후통첩을 보내, 투항을 요구하면서 '반 시진(時辰)'만 기다리겠다고 통고했다.[08]

'이인(夷人)'을 중토의 지식인들이 무시하는 중요한 이유 중 하나는 바로 우아한 한어(漢語)를 사용하지 못한다는 것이었다. 이번 제임스 브레머의 문건도 열외가 아니었는데, 문구가 아름답지 못할 뿐만 아니라 잘못된 곳도 있었다. '반 시진'은 중문에서는 1시간 정도의 시간을 가리키는데, 영국문헌을 참조하면 본래의 의도는 6시간을 가리켰다.[09]

정해 지현 요회상은 이 문장을 보고 분명히 누구보다도 조급해 했을 것이다. 그는 약간의 병사들을 데리고 영국군 기함 웰즐리호에 올라 제임스 브레머를 만났다. 영국 측 군 서기인 조셀린(Jocelyn)이 요회상의 매우 재미있는 말을 기록했다.

---

07) 王慶莊, 「定海被陷紀略」, 『叢刊 阿片戰爭』 3권, 240쪽.
08) 이 최후통첩은 아편전쟁 중 청국 측이 접수한 첫 번째 '이서(夷書)'이다. 절강순무 오이공액은 이 일이 있은 후 상주하여 평론하였다. "신이 이서를 보니, 어휘가 지나칠 정도로 오만한데, 총병 장조발이 어떻게 따르고 받아들일 수 있었겠습니까?" (『阿片戰爭在舟山史料選編』, 23~25쪽).
09) Robert Jocelyn, 『Six months with China Expedition』, 49쪽.

당신들은 전쟁을 우리 민중의 신상위에 올려놓았는데, 우리는 누구도 당신들에게 해를 입히지 않았다. 우리는 당신들의 강대함을 보았고, 또 대항은 미친 짓이라는 것을 알았지만, 우리는 반드시 자신의 직무를 신중하고 진지하게 이행해야 한다. 비록 이와 같이 실패하는 지경에 이를지라도 말이다.[10]

당연히 이 말이 그 어떤 작용을 일으킬 수는 없었겠지만, 제임스 브레머는 진공의 시간을 7월 5일까지 연기했다. 다시 한마디 하자면 요회상의 이런 '천조의 위엄에 부합하지 않는 언행은 청조의 상주에서는 볼 수 없는 것이었다.

전후 패전소식을 들은 도광제와 임칙서가 정해 청군의 수비에 대해 호되게 비판을 하였다.[11] 그러나 이후 이리포의 조사에 근거하면, 총병 장조발이 전쟁 전에 며칠 동안 효과적으로 전쟁준비를 하였으나, 침범한 영국군에 비하여 정해 청군이 중과부적이었다고 하였다.[12] 영국 측의 기록은 다음과 같다. 7월 5일 오후 2시 반에 개시된 전투에 영국군 함포가 9분 동안 사용되었고, 기본적으로 항구에 배치된 청군 전함과 해안포의 반격능력을 산산이 부순다. 그리고 영국 육군은 함포의 엄호 아래 소형 선박을 타고 길목에 상륙하여, 그 길목 동쪽의 동악산(東岳山)을 점령하고 현성(縣城)을 목표로 하는 임시 포병

---

10) 위의 책, 52쪽. 요회상의 막료인 왕경장(王慶莊)이 이에 대하여, 요회상이 영국함선 위에서 "일이 민중에 관계되면 침착하게 그것에 대해 의논해야 한다"라고 하였다고 기록하였다. (『叢刊 阿片戰爭』 3권, 241쪽)

11) 『籌辦夷務始末(道光朝)』 1권, 319쪽; 『林則徐書簡』, 151, 165쪽. 도광제와 임칙서는 모두 간단하게 이번 패배의 책임을 정해 청군의 '문란'과 준비부족으로 돌렸다.

12) 정해도두(定海道頭)항 일대에 청군의 대소전선 21척이 이미 집결하였고, 함포의 수가 170문, 병사가 940명이었다. 해안에 600명의 병사가 있었고 포가 20여문이 있었다. 전국적 범위로 볼 때, 방어병력과 화포는 호문다음으로 기타 지역보다 많았다. (『阿片戰爭在舟山史料選編』, 111쪽) 영국군은 이번에 5척의 전함, 2척의 무장증기선, 10척의 수송선, 상륙군 18연대, 26연대, 49연대의 일부가 참전하였다. (Robert Jocelyn, 『Six months with China Expedition』, 48, 55쪽.

213

진지를 설치하고는 현성을 향하여 진격한다. 그러나 날이 이미 어두워지자 진공을 멈추었다. 다음 날 새벽에 영국군이 재차 공격을 하고 성문에 도착했을 때, 청국의 수군은 이미 야간에 도주한 상태였다. 비록 약간 다르지만 청나라 측의 기록을 보면 확실히 만회하기 힘든 실패임을 인정하고 있다. 총병 장조발은 영국군이 처음 화포를 발사할 때, 총에 맞아 물에 빠지고 후에 진해로 넘어왔으나 치료하지 못했다. 그리고 지현(知縣) 요회상이 군사적 불리함을 느끼고 물에 뛰어들어 자진하여 유리(儒吏)가 '만이(蠻夷)' 면전에서 응당 보여야 할 기개를 나타냈다. 이와 같은 맹렬한 포화를 본적이 없었던 청군 병사들은 공포 상태에 빠져 전투에 임하지도 못하고 도주했다. 유겸(裕謙)의 전후 조사에 근거하면 참전한 1,540명의 병사들 중에 전사가 13명, 부상이 13명으로 전사자의 수가 파괴된 전선보다 더 적었다. 영국 측은 이 전투에서 아무런 피해를 보지 않았다고 밝혔다.[13]

이후에 영국군은 또 작전계획에 근거하여, 중국 연해의 하문 영파, 장강구 등 주요 요충지에 대하여 모두 봉쇄를 실시하였다.[14]

영국군의 계획에 따르면 정해에서 침화(侵華) 전쟁의 첫 전투가 벌어져야 했

---

13) Robert Jocelyn, 『Six months with China Expedition』, 54~60쪽. John Ouchterlony, The Chinese War, an Account of all the Operations of the British Forces from the Commencement to the Treaty of Nanking, London: Saunder and Otley, 1844, 43~48쪽; 『Chinese Repository』, Vol 9. 228~232쪽; 『籌辦夷務始末(道光朝)』 1권, 324~326, 348, 352, 359쪽; 『阿片戰爭檔案史料』 3권, 443쪽; 『阿片戰爭在舟山史料選編』, 110~113쪽. 이 전투의 개전 시간에 관하여 상술한 자료에서 그 주장이 일치하지 않는다. 장조발은 절강제독 축정표(祝廷彪)에게 보낸 보고에서 전투는 묘각(卯刻)부터 오시(午時)까지 벌어졌다고 했다. 진표중영유격(鎮標中營遊擊) 라건공(羅建功)이 후에 심문을 받을 때 역시 그와 같이 말했다. 아마도 패장이 책임을 미루기 위해 개전과 전투 종료의 시간을 앞당긴 것처럼 보인다. 『Chinese Repository』(『中國總報』)는 Canton Register(『廣州紀事報』)의 글을 인용하여 영국군이 오전에 진공했다고 했으나, 또 영국군이 오전에 상륙했다고 했다. 이 글의 작자는 7월 8일 저녁에야 비로소 주산에 도착하여 그것을 친히 목격하지 못했기 때문에 정확한 것은 아니다. 영국군의 포격 개시 시간은 오체르트니는 오후 2시라고 했고, 조셀린은 2시 반이라고 했다. 오체르트니는 군사전략가이고, 조셀린은 사단 군사서기관이다. 후자의 주장이 신뢰할 만하다. 이 전쟁의 자세한 정황에 관해서는 「정해지전고실」, 『역사연구』, 1990, 6기를 참고.

14) Chinese Repository, Vol 9, 419쪽.

다. 그런데 정해에서 전투가 시작되기 전인 7월 2일에 포성은 오히려 복건의 하문에서 먼저 울려 퍼졌다.

1840년 6월 30일, 영국 원정군 총사령관 조지 엘리엇과 전권대표 찰스 엘리엇이 연이어 도착한 영국군을 이끌고 주산으로 북상하여 제임스 브레머와의 회합을 준비했다. 7월 2일에 하문(夏門)을 지나는 도중에 전함 블론드호를 파견하여 그곳 관원에게 파머스턴 외상이 중국재상에게 보내는 서신의 부본(副本)을 전달했다. 그리고 이 전함은 당일 정오에 하문 남쪽 수로에 도착하여 하문 1해리 떨어진 곳에 정박했다. 하문 동지 채관용(蔡觀龍)이 배를 보내 온 이유를 탐문하자, 영국 측이 서신 한통을 전달하면서 내일 지방장관을 뵙기를 희망한다고 말하고 공문을 보냈다. 영국군의 이 서신은 후에 청군에 의해 반송되었다.

이튿날인 7월 3일, 블론드호는 닻을 올리고 하문도(夏門島)에 접근하여 통역관 로버트 톰(Robert Thom)을 파견하는데, 그들을 태운 소형선이 상륙하자 청군이 무력으로 저지했다. 블론드호가 해안 위의 청군을 향하여 화포를 발사하자 쌍방 간에 화포전이 전개되었다. 로버트 톰은 보고에 영국군이 청군에게 호된 가르침을 주었다고 했다. 그러나 사후 하문으로 이동한 등정정의 상주에는 청군이 영국군의 진공을 격퇴하였다고 보고했다. 아편전쟁 중의 모든 전투는 이와 같았는데, 쌍방의 전투보고는 영원히 일치할 수 없었다. 그러나 교전결과를 검토하면 또 쌍방의 우열을 판별할 수 있었다. 청국 측은 전사 9명, 부상 16명, 그리고 포대 병영이 여러 곳이 파괴당했고, 민가 또한 크게 파괴되었으나, 영국 측은 전혀 부상자나 사망자가 없었다.[15]

---

15) 로버트 톰의 보고는 『Chinese Repository』, Vol 9. 222~228쪽에서 볼 수 있다. 등정정과 기준조 등의 상주는 『籌辦夷務始末(道光朝)』1권, 340~341쪽, 2권 562~563쪽에 나온다. 이외에도 「福建水師提督陳階平等爲廈門抗擊英船情形致兵部尙書祁寯藻函」,「厦防同知蔡觀龍等爲廈門抗擊英船事稟」(『阿片戰爭檔案史料』2권, 156~158쪽), 「同安營參將胡國安稟」(『鴉片戰爭案匯存』) 抄本 1

이 전쟁의 구체적 정황이 어떠했는지를 떠나서 영국 측의 서신을 보내는 임무는 성공하지 못했다. 파머스턴의 훈령에 근거하면 이 문건은 같은 내용으로 1)광주, 2)용강구(甬江口), 장강구, 황하구 중에서 한 곳, 3)천진으로[16] 세 부였다. 찰스 엘리엇은 광주에 공문을 보내는 것을 원하지 않았는데, 임칙서의 면전에서 저 자세를 드러내기 싫었기 때문으로,[17] 그래서 즉시 하문으로 변경했다. 블론드호는 이 공문 전달에 실패한 후, 7월 3일 하문을 떠나서 7월 7일 주산에 도착했다.

1840년 7월 11일, 조지 엘리엇과 찰스 엘리엇은 다시 진해(鎭海)에 함선을 파견하여 파머스턴 외상이 중국 재상에게 보내는 공문의 부본(副本)을 전달했다. 영국 측의 기록에 의하면 영국 군관이 소형선에 탑승하여 기슭에 상륙하는 것을 허가받고 문건을 전달했다고 하였다. 그러나 이튿날 새벽에 이 문건은 또 반송되고, 청조 관원은 이 문건을 감히 황제에게 올리지 못했다고 했다. 그런데 영국 측은 이 문건을 이미 베껴 적어서 조정에 보고했을 것이라고 추측했다. 그들은 또 진해의 '만다린들(滿大人們, mandarims)'이 그들을 '이인(夷人, barbarians)'이라고 하지 않고 '귀국(貴國, honourable nation)'이라고 부르는 것에 주의를 기울였다.[18] 절강순무 오이공액은 이에 대하여 일치하지 않는 주장을 하는데, 영국군이 해상에서 은현(鄞縣)의 상선 한 척을 나포 선주(船主)를 핍박하여, 대신 '그 나라의 공문'을 조정대신에게 전달할 것을 요구

권, 中國社科院近代史硏究所藏)를 참고할 수 있다. 이 전투의 상세한 경과와 분석에 관해서는 「阿片戰爭時期厦門之戰硏究」 『近代史硏究』 1993, 4기를 참고할 수 있다.

16) 馬士, 『中華諸國對外關係史』, 1권, 709~710쪽.

17) 찰스 엘리엇이 파머스턴에게 보내는 편지는 『阿片戰爭在舟山史料選編』, 709~710쪽에 나온다. 찰스 엘리엇이 이에 대하여 세 가지 이유를 들었는데, 그중 두 번째가 "이 부본은 우리가 광주에서 담판을 구걸하려는 의사가 있다고 하는 근거 없는 증거라고 여겨질 수 있다"이다.

18) Robert Jocelyn, 『Six months with China Expedition』, 77~73쪽; John Ouchterlony, The Chinese War, an Account of all the Operations of the British Forces from the Commencement to the Treaty of Nanking, 51쪽; 賓漢(Bingham, 빙엄), 「英軍在華作戰記」, 『叢刊 阿片戰爭』 5권, 71~72쪽.

하였다고 했다. 그리고 오이공액은 영국은 속마음을 헤아리기 어렵기 때문에 "즉 그 공문(原書)을 되돌려 주어야 한다."라고 생각했다.[19] 이 일의 경과가 진실이라 할지라도, 바로 파머스턴의 문건이 청 조정에 아직 도착하지 못한 결과를 보면, 결국 영국 측의 이번 행동은 목적을 이루지 못한 것이다.

이후 강소(江蘇) 관원의 상주에 9월 9일 영국군이 장강구(長江口)에서 한 척의 광동에서 온 상선을 막았는데, 선주를 핍박하여 파머스턴 외상이 중국 재상에게 보내는 공문의 부본을 강남제독 진화성(陳化成)에게 전달하게 하였다고 보고했다.[20] 그러나 나는 이에 상응하는 영국 측의 기록을 찾지 못했다. 그러나 이 일은 이미 상관이 없었는데, 그것은 파머스턴의 공문이 이미 천진에서 기선에 의해서 위로 올라갔기 때문이다.

영국군의 이 공문을 보내는 행동이 다시 한 번 좌절된 원인은 청군이 '백기 휴전'의 의의를 이해하지 못한 데 있었다. 이외 언어적 장애도 그 어려움을 증가시켰다. 그러나 진정한 원인은 결코 여기에 있지 않았다. 그것은 '천조'의 대외체제에 근거하여, 광동을 제외하고 각 지역의 관원들은 허락을 받지 않고는 외국문서를 볼 수 없기 때문으로, 즉 소위 "관직에 있는 사람들은 외국과 교류하지 않는다."에 있었다. 황제에게 전달하는 외국문서에 대해서는 만약 격식에 위배되는 것 같으면, 역시 올려서는 안 되는 것으로 성명을 더럽히는 것이며, 그렇지 않으면 '큰 불경'으로 생각하였다. 복건, 절강 관원들도 이와 같았는데 이는 개인의 결정이 아니라 체제의 제한이었다. 다음 절에서 우리는 '천조'라는 스스로 정보를 봉쇄하는 체제의 한계가 청조가 '이'에 대한 사정을

---

19) 오이공액의 상주는 『阿片戰爭在舟山史料選編』, 42쪽에서 볼 수 있다. 이후 오이공액이 체포되어 심문을 받는 중에 그 문건은 상인에서 영파 지부 등정채(鄧廷彩)를 거쳐 그에게 전달된 것으로 "편지는 단단하게 밀봉되어 있어 어휘 선택이 적당한지, 뜯어보기 불편하여", 다음날 "그 상인에게 반송하였다"고 진술했다(『阿片戰爭在舟山史料選編』, 123쪽).
20) 『籌辦夷務始末(道光朝)』 1권, 473~474쪽.

이해하고 판단하는 것을 공격하여 적시에 결정을 내리는데 어떤 어려움을 가져왔는지 알 수 있을 것이다.

어떤 사람은 『도광양소정무기(道光洋艘征撫記)』 등의 권에 근거하면, 영국군이 대거 북침을 할 때, 이미 5척의 군함을 파견하여 하문을 공격하였는데, 이에 등정정이 사전에 준비를 하였으나 이를 극복하지 못했기 때문에 정해로 진공하게 된 것이라고 했다.

이 주장은 결코 사실이 아니다. 앞에서 이미 밝혔듯이 영국 측이 하문으로 파견한 영국함선은 두 번째로 북상하던 부대로, 정해로 진공하는 첫 번째 부대와 무관하며, 두 번째로 북상하던 함대는 단지 3척의 군함(멜빌호, 블론드호, 필라데스호), 2척의 기선 그리고 4척의 수송선이므로 군함 5척을 빼서 하문을 공격했다는 것은 불가능하다.[21] 『도광양소정무기』등의 작자들은 아마도 7월 2일의 하문전투, 7월 5일의 정해전투의 시간적 순서로부터 그러한 결론의 실마리를 찾았을 가능성이 크다.

등정정이 사전에 준비를 했다는 부분에 대해서는 내가 제2장에서 언급한 청 정부의 적 정황을 판단하는 것에 대한 논점에 영향을 미치기 때문에 반드시 설명이 필요하다.

1840년 1월 5일, 도광제는 임칙서와 등정정을 맞바꿔 등정정을 양강총독에 임명했다. 그리고 얼마 지나지 않아 강소순무 진란(陳鑾)이 병이 나자, 아마도 등정정이 홀로 양강의 중임을 감당하기 힘들었을 것이라고 생각하여, 1월 21일에 등정정과 이리포를 맞바꾸어 등정정을 운남 귀주총독에 임명했다. 또 얼마 지나지 않아 어사(御史) 두언사(杜彦士)가 복건성의 아편밀매가 창궐한다고 상주하고 수사가 교전에 힘을 쓰지 못한다고 하자, 1월 26일에 등정정과

---

21) 사실상 이 사실의 고증은 일찍이 1942년 요미원(姚薇元) 선생의 『道光洋艘征撫記考』로부터 완성된 것이다.

막 부임한 계량(桂良)과 맞바꾸어 등정정을 복건 절강총독에 임명했다. 같은 날, 도광제는 또 기준조(祁寯藻), 황작자에게 '흠차'의 칭호를 부여하고 복건으로 파견하여 "사건을 조사하라"라고 했다.

도광제가 등정정에게 복건을 감독하라고 한 이유는 임칙서가 시행한 광동에서의 강력한 조치로 인해 아편판매자들이 북상하여 복건이 아편의 집산지가 될 것을 두려워했기 때문이었고, 또 등정정이 아편을 조사한 경험을 중요하게 생각하고, 그가 복건에서의 성과가 광동에서 근무하던 임기 후반과 같이 좋기를 희망했기 때문이다. 그렇게 등정정은 광주(穗)를 떠나지 않았으나 그의 자리가 중국의 반을 돈 것이다. 그는 심리적으로도 도광제의 생각을 완전히 이해하였다. 이 때문에 그는 부임 후, 줄곧 아편 밀매를 조사하고 금지하는 것을 가장 중요한 일로 삼고, 수사(水師)에 아편 밀매가 가장 흉험한 천주(泉州) 일대의 해양 순찰을 강화하라고 명령했다. 정세를 예측하는 면에서 그는 임칙서와 같았는데, 전쟁이 이미 코앞에 닥쳤다는 것을 인식하지 못하고 반대로 부하들에게 "이인(夷人)은 무능력하며, 우리 수사가 더 우수하다"[22] 라고 하면서 수사 무관들의 믿음을 진작시켜서 용감하게 바다로 나가 무장한 아편밀매선과 전투를 하도록 하였다. 그러나 그의 상주에는 아편 밀매를 수색 검거한 사실에 대해서는 크게 이야기하였지만, 미래의 전쟁에 대해 초점을 맞춘 방어조치를 볼 수는 없었다.[23]

1840년 7월 2일, 영국함선 블론드호가 하문을 침입했을 때, 그 지역 수사(水師)의 주력은 등정정에 의해 차출되어 천주 일대를 순찰하고 있었다.[24] 영국 측의 보고에 근거하면, 하문 포대에는 포가 겨우 5문밖에 없었고, 해안에

22) 『籌辦夷務始末(道光朝)』 1권, 312쪽.
23) 위의 책, 1권, 284~285, 288~289, 295~296, 308~310, 312~314, 341쪽.
24) 『阿片戰爭檔案史料』 2권, 155~158, 166~168쪽.

는 단지 2, 3백 명의 병사만 있었다고 했다.[25] 그날 저녁 인근의 동안영(同安營) 참장 호정인(胡廷寅)은 이 소식을 듣고, 병사 200여 명을 이끌고 지원을 했다.[26] 이튿날 청군은 또 화포 3문의 임시 포병진지를 설치했다. 이 기간 동안 청군의 병력과 병기의 수량은 내가 제1장에서 서술한 하문의 평상시 방어 수준보다 낮았다. 몇몇 임시적인 수단 또한 앞에서 서술한 정해(定海)처럼 그렇게 신속하고 유효하지 못했다. 그런데 어떻게 등정정이 사전에 준비를 했다는 결론이 나올 수 있겠는가?

사실, 등정정 자신은 이에 대하여 명확하게 답하였다.

등정정의 상주에 근거하면, 하문전투가 벌어진 후 4일 째 되는 날인 1840년 7월 7일에 그는 천주(泉州)로 향하고 있다는 보고를 들었다. 그는 이때 영국 원정군의 도래를 몰랐으며, **하문전투는 '외국 아편판매선'이 복건수사가 전력을 다하여 천주 일대를 '주시'하는 틈을 이용하여, 한간의 '계획' 아래 허점을 노려 하문을 침범한 것으로 목적은 '우리 수사를 견제하는 것'에 있다고 생각한 것이다.**[27] 7월 13일에 그는 오문(澳門)의 포르투갈 통역관의 말에 따르면 영국이 함선 40척을 중국에 파견하였다는 조안영(詔安營) 유격의 보고를 받고, 비로소 하문을 침범한 자들이 '외국 아편판매선'이 아니라 병선이라는 것을 알게 되었다. 7월 18일에 그는 또 정해진 총병 장조발의 보고를 받고 중영의 정세가 크게 변하였다고 생각하고 하문에 방어병력을 배치하기 시작했다.[28]

등정정은 본래 '천조'체제 안에 있는 사람으로 그의 적정(敵情)에 대한 판단

---

25) 『Chinese Repository』, Vol 9. 222쪽.

26) 「同安營參將胡廷寅稟」, 『道光阿片戰爭匯存』 抄本 1권.

27) 『阿片戰爭檔案史料』 2권, 167쪽. 등정정이 이 소식을 막 들었을 때, 영국함선의 정체조차도 판단하지 못해, 상주에 "도대체 그 선박들이 어떤 종류의 선박인지, 그렇지 않으면 이국의 전함인지?"라고 하였다. 제155쪽.

28) 『阿片戰爭檔案史料』 2권, 175~177쪽.

은 그 당시의 동료들과 다르지 않았다.

전쟁은 결국 돌이킬 수 없이 시작되었다. 전보(戰報)는 분분히 절강, 복건, 강소, 광동에서 출발하여 달리는 역마와 함께 북경으로 도착한다. 조용하고 평안하던 북경이 연해의 포성에 시끄러워졌다.

그렇지만 오늘날 우리가 당시 각지에서 보내온 상주를 다시 새롭게 검토해 본다면, 당시 영국이 벌인 양대 군사 행동, 즉 정해점령과 연해봉쇄에 대한 상주의 반응이 달랐다는 것을 알 수 있다. 전자는 절강순무 오이공액의 상주에서 볼 수 있을 뿐만 아니라, 복건, 강소, 산동 등지의 관원이 절강의 이에 대한 조회(咨會)받았기 때문에 그들의 상주에도 반영되었다. 그러나 후자는 각지의 상주(봉쇄당한 지역을 포함한다)에 기본적으로 언급되지 않았다(오직 광주를 봉쇄했다는 임칙서의 보고만 있었다). **무역을 근본으로 하는 시장경제의 영국은 본국의 정세를 고려하면서, 이것으로(연해봉쇄) 중국경제의 숨통을 움켜쥐려 시도하였는데, 농업을 근본으로 하는 자연경제의 중국이 이에 대하여 기본적으로 어떻게 반응을 할 수 있었겠는가?** 연해의 어민과 선원들이 이 때문에 생계에 영향을 받았다. 만약 영국이 그렇게 하지 않았다면, 수많은 청 조정의 관원들이 계속 해양을 봉쇄하려 했을 것이다. 바꿔 말하면 영국군의 봉쇄에 대해 그 원조를 차단했을 것이다. 이런 상주 중에는 비록 사포(乍浦)전투(1840년 7월 24일), 제2차 하문전투(1840년 8월 22일), 숭명(崇明)전투(1840년 8월 25일)를 언급하고 '영이(英夷)'의 진공을 격퇴했다고 표시했지만, 상주를 한 사람들은 이런 소규모 무장 충돌이 일어난 원인이 영국군의 봉쇄에 있었다는 것을 여전히 알지 못했다. 도광제는 이 때문에 남중국의 주요 해구가 이미 영국군에 의해 봉쇄당했음을 알 수 없었으며, 또 흥미진진하게 신하들과 해양봉쇄정권을 실행할 수 있는지에 대해 자주 토론하였다. 그러나 영국은 이런 상대방의 경제를 파괴하는 것을 목적으로 삼는 전법이 기대하는 성과를 얻지 못하자 이후 포기했다(다음절에서 상세하게 다루겠다).

비록 우리가 북경에서 이미 전쟁의 진상을 알았다 할지라도 역시 오늘날의 사유방식을 사용하여 당시의 전경을 상상할 수 없는 것이다. 상주는 기밀이기 때문에, 관보(官報)로 공포한 소식은 내부에서 발생한 것에 비해 제한적이었으며, 민간 서신은 비용이 비싸기 때문에(우체국이 없었고 오직 개인적인 기구만 있었다) 수량이 많지 않았고, 대중 매체는 아직 출현하지 않았다.(중국에 있는 외국인이 보는 영문 신문, 잡지만 있었다) 그렇기 때문에 남방의 전황(戰況)은 마치 전문 혹은 비전문 소식통인 경성 지역의 대부호들이 부추기는 것처럼 보였다. 일반 백성들 중에는 이 일을 아는 사람이 매우 적었으며, 심지어 일부 관원도 전혀 관심을 두지 않았다.[29] 본 절의 서두에 언급한 증국번(曾文正公)이 관직에 있을 때, 그 자신의 하루 일과표를 작성했는데 다음과 같다.

매일 일찍 일어나 짧게 큰 글씨 100을 연습하고, 또 약간의 비평의 글을 적는다.
진시 이후에는 경서(経)를 복습하고, 다소 아는 것이 생기면 『다여우담(茶余偶談)』을 적고,
한낮에는 역사서(史)를 읽거나 또는 『다여우담』을 적고,
유시부터 해시까지는 권(集)을 읽거나, 역시 『다여우담』을 적고,
혹은 다소 시문을 짓고, 등을 끄고는 독서를 하지 않는다. 단 글

---

29) 이 광경에 대하여, 당시에 러시아 정교회 선교단으로 북경에 잠입한 러시아 외교부 관원의 보고를 보면, "영국과의 전쟁에 대한 상황에 관하여 전혀 알지 못했다. 중국의 관원들은 이 일에 대하여 이야기하기를 꺼려했다. 그러나 몽고 백성들 중에 약간의 전쟁에 관한 모호한 소문이 돌았을 뿐이다. 그들은 심지어 누구와 전쟁을 시작했는지도 몰랐다"라고 하였다. 이 간첩은 사적인 관계를 통하여 비로소 정해 함락의 소식을 듣는다. [러]阿 伊帕托娃, 「第一次阿片戰爭中及戰爭以後的中國」, 『淸史硏究通訊』, 1990, 3기.

을 짓는데 공을 들인다.[30]

그가 이 시기에 쓴 일기 중에는 전쟁이 일으킨 변화를 찾을 수 없다. 애석하게도 우리는 오늘날 원본인 『다여우담』을 볼 수 없으며, 그가 이 시기에 경(経), 사(史), 집(集)에서 어떠한 심득을 얻었는지에 대해서는 알지 못한다. 그는 이 시기에 원명원(圓明園) 남측의 괘갑둔(挂甲屯)에 기거했는데 공교롭게도 이후 팽덕회(彭德懷) 원수가 사고를 당한 후 퇴역하여 거주한 곳으로, 황제의 금원(禁園)과 가까워 의외로 서산(西山) 아래의 작은 세외 도원이었다.

이 유학자의 생활 방식에서 우리가 오늘날 생각해 보아야 하는 것은 전국이 모두 전력을 다하여 투입해야하는 민족전쟁을 어떻게 예측하고 평가해야 하는가이다.

2. '토벌剿'과 '회유撫'의 변화

원명원 앞에 있는 제당관(提塘官)의 활약은 우리에게 당시의 통신 조건을 알게 해 주었다. 각 성의 상주, 제본(題本) 그리고 자문(咨文)은 병부가 전국에 건설한 역참 체계를 통하여 역졸이 말을 타고 역참을 이어 달리면서 공문을 목적지로 배달했다. 광주에서 북경까지 보통 속도라면 역참배송은 약 30일에서 50일이 걸렸다. '사백리가급(四百里加急)'이라면 20일이 소요되고, '오백리가급'이면 약 16일에서 19일이 걸렸다. '육백리가급', '팔백리가급'에 이르면 속도는 당연히 더욱 빨라졌다. 그러나 이 경우 역마와 역졸이 죽을 수도 있어서 일반적으로 사용하지 않았다.

---

30) 증국번의 독서필기는 후에 『도서록』으로 편집되는데, 단 시간의 순서가 뒤죽박죽이고, 서적의 종류별로 배열하였기 때문에 당시 그가 느낀 점에 대하여 조사할 방법이 없다.

"예악과 정벌이 천자로부터 나온다."라는 유가 원칙에 근거하여 전쟁의 모든 결정은 모두 황제로부터 나오는 것이다. 이와 같이 완만한 통신 속도로 지방의 모반과 변경의 반란 등의 전통적 전쟁에 대응할 때, 그 병폐가 드러나긴 했지만 대체적으로 대응할 수는 있었다. 그러나 이번의 근대화된 적수로부터 일어난 아편전쟁에서 역마(驛馬)의 속도는 군사 상황의 갑작스런 변화에 비해 지나치게 느렸다. 청조의 정권결정은 종종 실제보다 반응이 반 박자 느렸으며 심지어 한 두 박자나 느렸다.

이하 각 장절에서 논하는 전체 전쟁과정 중에서 청 정부의 정권 결정은 이 조건의 제한을 소홀히 할 수 없었다.

당시의 역참운송 속도 때문에 청 왕조는 더 더욱 전쟁준비를 전혀 하지 못했고, 도광제는 전쟁의 시작에 대하여 우리가 통상적으로 생각하는 것처럼 분명하게 알지 못했다. 이는 그가 최초로 보고 받은 소식이 매우 혼란스러웠기 때문이다. 다시 말하면 최초의 20일 동안 그는 마치 무작정 일을 벌인 것과 같았다.

그래서 우리는 도광제가 차례대로 얻은 소식의 내용 및 그의 상응한 대권에 대해 살펴볼 필요가 있다.[31]

1840년 7월 17일, 정해가 함락당하고 12일 후에 도광제는 양광총독 임칙서가 6월 중순에 보낸 상주를 받았다. 상주에 청국 측이 소형 선박을 불태웠으며, 영국 측은 "실로 무능하다"라고 하자 그는 매우 기뻐하고 "일처리가 표창해야 할 만큼 매우 훌륭하다"라고 적었다. 3일 후인 7월 20일에 도광제는 절강순무 오이공액으로부터 7월 8일에 보낸 '영이(英夷)' 3, 4천명이 이미 정해에 상륙했다는 보고를 받았다.[32] 이에 그는 대노했다. 이는 앞전에 광동, 복건의 상

---

31) 『籌辦夷務始末(道光朝)』 1권, 317~362쪽.
32) 위의 책, 1권, 318~319쪽. 또 『阿片戰爭檔案史料』 2권에 근거하여, 오이공액이 이 상주 전에 7월 6

주에서 어떻게 영국 아편선과의 교전에서 승리를 했는지에 대해 많은 보고를 받았기 때문이고, 특히 임칙서가 적의 상황을 잘못 판단하여, 그로 하여금 정해를 침범한 '영이'에 대하여 광동, 복건에서 좌절당한 아편판매자에 불과한, '밀매세력'으로 여기게 하였기 때문이다. 그는 오이공액의 상주에 그가 이때 영국군의 이 '보잘것없는 어릿광대'를 결코 안중에 두지 않는다고 적었다. '당황해서 어찌할 바를 몰라 하던' 절강 관리와 무관들에 대한 불만 때문에, 그는 일찍이 천초(川楚) 백련교(川楚白蓮敎) 봉기, 장격이(張格爾)의 난을 평정하는데 여러 차례 전공을 세운 복건 육로제독 여보운(余步雲)을 차출하여 절강으로 보내 토벌작전에 협조하게 하였다. 이틀 후인 7월 22일에 그는 또 정해의 일을 교훈으로 삼아 연해 각 성에 "특히 방어를 잘하라", 그 "아편을 판매하여 이익을 추구하는 것"을 방어함으로써, 무역이 단절된 '영이'가 각지에서 날뛰고 제멋대로 소란을 피우는 것을 막을 것을 명령했다.

7월 24일에 도광제는 재차 오이공액이 7월 11일에 보낸 상주에, 정해 방어에 실패하였으며, '영이'가 진해를 향하고 있다는 보고를 받았다. 그는 마치 이때에야 정해를 침범한 자들이 비로소 아편판매선이 아님을 알아차린 것 같았다. 그래서 복건, 절강총독 등정정에게 양강총독 이리포에게 명령을 내려 수사 수천 명을 절강에 지원하게 하였다. 이는 삼성의 병력이 한 곳을 포위하는 것으로 도광제는 승리에 대하여 크게 자신감을 가지고 있었다. 이틀 후인 7월 26일, 각 성의 매국노(漢奸)를 조사 체포하는 명령을 내리는 유지에 그는 다음과 같이 "영길리(英吉利)가 불손하게 말썽을 일으켜 정해를 점령하여, 현재 이미 병사를 차출하여 토벌을 위해 집결하였는데 무난하게 곧 토벌할 것이다."

일에 상주 하나를 보내면서 영국군이 절강을 탐색한다는 말을 들었으니 반드시 진해에 가서 방어를 강화해야 한다고 설명한다. 단 그 문건은 받은 시간을 밝히지 않았는데 보통 속도로 발송했다면 도광제가 7월 20일 이후에 받았을 것이라고 추측된다. 고로 주비에 '람(覽)'이라는 한 글자를 적은 것이다.

라고 말했다.

8월 1일, 도광제는 임칙서가 6월 24일에 보낸 상주를 받는데, 영국이 계속 군함 9척, 기선 3척을 보내와 정세의 심각성을 알게 되었다는 보고를 받았다. 그는 이에 그다지 특별한 표시를 하지 않았고, 단지 임칙서의 상주에 주비로 "수시로 특히 엄밀하게 방어하고, 해이해져서는 안 된다"라고 적었다.

8월 2일, 도광제는 사포(乍浦) 부도통이 7월 23일에 보낸 상주를 받는데, 영국함선 1척이 사포를 침범했다는 것이다. 그는 즉시 항주(杭州)장군에게 병력을 파병하여 지원하라는 명령을 내렸다.

8월 3일, 도광제는 또 임칙서가 7월 3일에 보낸 상주를 받는데, 영국 군함 10척과 증기선 2척이 도착했다는 보고와 또 영국군이 주산, 상해, 천진으로 북상할 것이라는 소문을 들었다는 보고를 받았다. 그는 한편으로는 임칙서에게 엄밀히 방어하고 "허둥대서는 안 된다"고 명령을 내렸다. 그리고 다른 한편으로는 임칙서의 건의에 근거하여 직예총독 기선에게 영국함선이 천진에 도착하여, 만약 어조가 공손하면 "천조제도에 따라 광동에서 통상을 하도록 알리고", 천진에서는 통상을 허락하지 않고, "그들의 문서를 전하는 것을 허락하지 않는다."라고 명령을 내렸다. 그리고 만약 사납고 말을 잘 듣지 않으면 즉시 병사를 동원하여 토벌하라고 하였다. 도광제가 천진에 배치한 이 두 가지 준비는 원래 확고했던 토벌의 의지가 이미 흔들리고 있었음을 나타낸다.

같은 날 도광제는 등정정이 7월 16일에 보낸, 하문에서 전투가 벌어져 승리하였다는 상주 보고를 받자, 이에 크게 흥분하여, "일처리를 잘했다"라고 적으면서 전력을 다한 문무관(文武官)에 대하여 공훈에 따라 후한 상을 내린다고 하였다.[33]

---

33) 『阿片戰爭檔案史料』 2권, 166~168쪽. 『籌辦夷務始末(道光朝)』 1권, 343쪽. 또 이 상주 전에 등정정이 7월 9일에 상주를 하나 더 보내는데 하문에 전투가 벌어졌다는 소식을 듣고 바로 천주로 움직

8월 4일, 도광제는 오이공액이 7월 24일에 보낸, 영국군이 군함을 증원하고, '위상(僞相, 파머스턴을 가리킴)'의 공문을 보낸 것 등의 사정에 대한 상주보고를 받았다. 이에 도광제는 하문에서 '승리'한 전보(戰報)와 비교하면서, 오이공액을 파직한다는 명령을 내리고 영에 남아 충성을 다하게 하고, 등정정을 차출하여 절강에 보내 군무(軍務)를 주관하게 하고 절강순무를 겸직하게 했다.

8월 6일, 도광제는 등정정이 7월 21일에 보낸 상주를 받았다. 등정정은 이 상주에 정해 전투의 상황을 들었으며 절강으로 가기를 희망하지만, 영국군이 복건을 다시 침범하는 것을 우려하며, "앞뒤로 서로 호응하지 못할 것이 걱정이 된다."라고 보고하였다. 그래서 도광제는 양강총독 이리포를 흠차대신으로 임명하여 절강에 가서 군무를 주관하게 하였다.

8월 9일, 도광제는 천진의 방어업무에 관한 기선의 상주를 받았다. 이때에 이르러서야(정해 함락 후 1개월여) 그는 비로소 자신이 '이정(夷情)'에 대하여 사실은 하나도 몰랐었다는 것을 깨닫고, 바로 며칠 전 오이공액이 전한 '위상' 문건의 경위를 생각해 내고는 상례를 깨는 결정을 내렸다. 그것은 바로 기선에게 "만약 청원서를 보내는 일이 있다면, 오랑캐의 문자이든 한자이든지를 막론하고 즉시 원래의 청원서를 올려 보내라"라고 명령했다. 본래 천진에서 외국인의 투서를 받는 것은 본래의 '천조체제에 부합하지 않는데, 하물며 투서를 보낸 자가 '반역(逆反)'의 행적도 있다면 이는 더욱 부합하지 않는 것이었다. 그러나 이때의 도광제는 도대체 무슨 일이 일어났는지를 알고 싶어 했기 때문에 옛 법을 고려하지도 않았다. 이는 수성하는 입장의 도광제로서는 확실히 대담한 거동이었다. 그렇지만 영국 함선이 천진에 도착했는지 알지 못했기

였다고 보고한다. 그 상주는 보통속도로 발송되었기 때문에 8월 6일에야 비로소 받을 수 있었다. 도광제는 단지 "알았다"라고 적었는데, 『阿片戰爭檔案史料』 2권, 155~156쪽에서 볼 수 있다.

때문에, 같은 날 그는 계속 절강으로 떠난 흠차대신 이리포에게 몇 가지 적의 상황에 대해 알 수 있는 수단을 강구하라고 명령을 내렸다.

이상의 경과를 보면, 도광제가 차례대로 얻은 소식의 시점이 영국군이 행동한 순서와 뒤섞여 어수선하고, 그 대권도 핵심이나 요점을 터득하지 못한 감이 있었다. 그는 절강 총사령관(主帥)에 여보운, 등정정, 이리포 이렇게 연속으로 세 번의 변화를 주면서 한 단계 한 단계 목표를 올렸다. 7월 20일부터 8월 9일까지 그는 이 20일 동안, 영국이 이미 전쟁을 개시했다는 이 사실을 결국 이해하게 되었으나, 여전히 전쟁이 일어난 원인에 대해서는 분명하게 알지 못했다. 당연히 이 20일 동안 그의 기본 태도는 의심할 여지없이 '토벌(剿)'이었으며, 이는 또한 의심할 여지없이 '천조' 통치자의 '역이(逆夷)'에 대한 기본적인 반응이었다.

그러나 이후에 발생한 정세로 보면, 8월 9일에 도광제가 '청원서(稟帖)'를 받는다고 내린 유지는 오히려 청 왕조의 정권결정에 있어서 일대 전기라고 할 수 있다.

도광제와 같이 직예총독 기선은 시작하자마자 '토벌(剿)'를 중요시했다.

7월 22일, 도광제가 각 성에 보낸 '엄밀하게 방어하라'라는 유령이 도착한 후, 기선은 즉시 세 가지 대권을 채택했다.

1) 천진 이북의 각 입구에 군공(軍功)이 있는 장령을 파견하여 지휘 감독케 하고, "세밀하게 방어 전략을 가르친다."

2) 친히 천진 해구로 가서 직접 둘러보면서 지휘하고, 지방관으로 하여금 "화공 무기를 비밀스럽게 준비하게 하여" 해안포와 화공을 병행한다.

3) "관이 무기를 촌민에게 전하고", "상과 벌을 내려 서로 비밀리에 보호하게

한다.'**34**

기선의 이런 방법은 앞 장에서 서술한 광동의 정세와 비교하면, 마치 일종의 문고판 임칙서의 대적 방략과 같아 보였다.

8월 4일, 기선은 또 도광제의 두 가지를 다 고려하여 준비하라는 명령을 받았다. 어떻게 토벌할 지에 대하여 그는 몇 가지 구체적인 안배를 하였으나, 어떻게 권유할지에 대해서는 혼란스러움을 느끼고 상주에 다음과 같이 말했다. "신이 조사하건데, 영이(英夷)는 그 교활함이 각양각색인데, 예를 들어 그들은 오직 통상무역을 요구한다고 합니다. 그런데 그 역이(逆夷)가 어찌 천자의 천하가 일가(一家)라는 것을 모르겠습니까? 단지 광동에서 통상을 요청하는 것으로 어떻게 멀리 천진까지 오겠습니까? 또 은혜를 베풀어주기를 희망한다면서, 어떻게 대담하게 감히 절강에서 성을 점거하겠습니까?" 그의 결론은 영국이 "반역의 마음을 확실히 품고 있으니", "엄격하게 방비하지 않을 수 없다"인 것이다.**35**

기선이 '청원서'를 받아들이라는 명령을 받은 다음날인 8월 11일에 영국군 함대가 도착했다. 이에 그는 유격 라응오(羅応鰲)을 파견하여 영국군 웰즐리호의 함장 메이트랜드와 교섭을 했다. 그러나 그가 받은 것은 '청원서'가 아니라 조지 엘리엇이 기선에게 보낸 '자회(咨會)'였다. 당시의 청나라 관방문서의 양식에 근거하면, '자회'는 일종의 수평적 문서였다. 찰스 엘리엇 등이 이미 오래 전부터 중영 양국 간에 문서의 평등한 직접 왕래를 희망했는데, 결국 대

---

34) 琦善片, 도광 20년 6월 30일 , 『軍機處錄副』. 그러나 기선은 이때 해구에 병력을 크게 증원할 생각이 없었는데, 그가 받은 "그 오랑캐 등은 작은 기예를 조금 과시하는 것으로 허장성세로 위협하는 것이며, 어찌할 도리가 없는 긴박한 상황에 이르러 스스로 바다로 돌아갈 것이며 조금도 희망이 없다"는 등의 유지에 영향을 받았을 가능성이 있다.

35) 『籌辦夷務始末(道光朝)』 1권, 357~358쪽. 기선이 채택한 방어조치는 1)연해 각 소구를 확실히 막고 어선에 일련번호를 매겨 영국인과의 내통을 방어한다. 2)2,000명의 병사 및 화포를 차출하여 천진 해구에 배치한다. 3)촌민 중에 용감한 자들을 병정 민장(民壯)과 함께 훈련시킨다.

고구(大沽口) 밖에서 군함의 방식으로 실현되었다. 구 관료이자 북방의 대외체제에 대하여 모르고 있던 기선은 마치 그 안에 변고가 있음을 발견하지 못한 것 같았으며, 상주에 같이 보낼 때에도 그 어떤 평론도 하지 못했다.

조지 엘리엇의 '자회'는 하문, 진해에서 전달한 공문을 거절한 정황을 진술하고, 이런 행위로 인해 "자신들의 억울한 사정을 전할 수 없었다."라고 하면서, 기선이 6일내에 사람을 파견하여 영국 전함에 가서 '대 영국의 의견이 담긴(照會) 공문'을 받으라고 요구했다.[36]

'억울한 사정(冤情)', '소문(疏聞)' 등의 어휘는 도광제의 유령(諭令) 중 "만약 포악하고 오만함이 없다면"이라는 규정과 서로 일치하지만, 사람을 함선에 파견하여 '조회'를 받으라고 하는 것은 유지에 상응하는 규정이 없었다. 이에 자신이 없었던 기선은 감히 독단적으로 처리하지 못하고 다급하게 상주를 올려 지시를 기다렸다. 도광제는 8월 13일에 이를 비준했다.[37]

그리하여 기선은 8월 15일에 '찰복(札復)'을 보내 '영길리국 총사령관 조지 엘리엇에게(英吉利國統帥懿)', 사람을 파견하여 '공문'을 받을 것임을 표시했다. 그는 이때에도 여전히 '조회'의 성질에 대하여 잘 이해하지 못하여, '찰복'의 중간에 "귀국의 왕이 대황제에게 올리는 표문(表文)인지, 귀국의 왕이 본 작독각부당(爵督閣部堂)에게 보내는 공문인지?"라고 물었다. 그는 10일 내에 영국 측에 '조회'에 대한 대답을 해주기로 약속하고 영국 함선이 진입해서는 안 된다고 요구했다.[38]

---

36) 佐々木正哉編, 『阿片戰爭の硏究:資料篇』, 8~9쪽

37) 『籌辦夷務始末(道光朝)』 1권, 368~369쪽. 이때 기선은 영국군을 대신하여 음식물을 구매해주고, 영국군이 "구실을 대어 분쟁을 일으키는 것을 막았다"라고 하였다.

38) 佐々木正哉編, 『阿片戰爭の硏究:資料篇』, 10~11쪽. 재미있는 사실은 기선이 '자회'를 받고 '찰복'을 보내는 행위가 소위 공문의 평등이라 말할 수 있다는 것이다. 그러나 영국 국왕에 대하여 기선이 여전히 '천조'의 대황제와 동일 선상에 놓을 수 없다고 여겼기 때문에 '표문(表文)'이라 하였으며, 단지 그 개인과 비슷하다고 여겨 '이자(移咨)'의 '공문(公文)'이라고 한 것이다.

8월 17일에 천총(千總)이자 수비(守備)의 직함을 수여받은 백함장(白含章)이
[39] 파머스턴 외상이 중국재상에게 보내는 공문을 받아왔다. 기선은 즉시 이를
상주하여 올렸다.

기선은 이때 '토벌(剿)'의 신념에 동요를 일으키게 되었다. 바로 공문을 받은
일을 통해, 그의 눈으로 영국군의 실력을 목도하게 된 것이다. 원래는 머릿속
에 흐릿하고 복잡하게 존재하던 '서양(泰西)'이 이미 구체적으로 실제 존재하는
'화염선(火焰船)' 등의 이기(利器)로 인해 구체화 되었다. 그는 상주에서 비록 자
신의 주장을 고집하지는 않았지만, 오늘날 이것을 살펴보면 그 어렴풋한 속내
를 이해할 수 있을 것이다.[40]

당시의 영국은 아직 중국을 분명하게 파악하지 못한 상태였다. 그들은 본
국의 정세에 근거하여, 항구봉쇄로 청 조정을 압박하여 복종시키려 한 잘못
과 같이, 파머스턴 외상이 보내는 공문의 수신자를 중국외상으로 한 것도 잘
못되었다.[41]

명대 초기 주원장이 승상을 폐지한 후, 명, 청 양대 황제들은 모두 국정을

---

39) 백함장은 본래 독표좌영의 천총(千總, 정육품)으로, 그 관위가 너무 낮아 영국군이 무시할 것을 우려
한 기선이 독단적으로 그의 관위를 수비(守備, 정오품)로 고친다. 영국 측 문헌에는 '백상위(白上尉,
Captain)'라고 하였다. 영국이 남하한 후, 기선의 도광제에게 요청하여 백함장을 '수비로 먼저 승진시키
고, 먼저 정대를 바꾸고 화령을 내린 것'을 비준 받는다. 『籌辦夷務始末(道光朝)』 2권, 289~292쪽.

40) '파머스턴의 조회'를 올리는 상주에서 기선은 비록 "조금도 방어를 소홀히 할 수 없었다."라고 언급하
지만, 더 많이 강조한 것은 연일 큰 비가 내려 병력 차출에 지장을 주었다는 것으로, 해구 일대에 '수
심이 수척'이나 되어서 오직 비가 그치기를 기다린 다음에야 병사들을 머물게 할 수 있다고 보고한다.
부편에 기선은 또 자세하게 영국군의 전함과 증기선의 양식에 대하여 묘사하면서, 적을 제압하여 승
리하기가 어렵다는 의사를 표시한다. 『阿片戰爭檔案史料』 2권, 289~292쪽.

41) 영문본의 Minister of the Emperor를 영국 측은 "欽命宰相"으로 번역한다. 중국재상에게 보내는 서신
에 대하여 조지 엘리엇과 찰스 엘리엇의 일반적인 해석은 "대영의 제도에서 예절과 의식대전에 부합하
지 않는다면, 즉 국주는 각국 황제와 절대 문서를 교환하지 않지만, 무릇 국가 공무에 외국과 관련된 사
안이 있을 경우에는 재상이 명을 받들어 조회를 각국 재상 혹은 대신에게 전달한다. 이것이 지금까지
확립된 제도이다" (佐々木正哉編, 『阿片戰爭の研究:資料篇』, 11쪽) 영국 측은 완전히 자국 내의 제
도에 따라 일을 처리한 것임을 알 수 있다. 청조의 이 체제는 계속 중의 교섭의 장애가 되었으며, 이후
'총리각국사무아문(總理各國事務衙門)'이 성립된 후에야 비로소 바뀐다.

직접 운영했다. 옹정제가 제목을 주(奏)라고 고친 후, 내각(內閣)의 '표의(票擬)'도 따라서 없앴다. 황제는 여전히 정무에 관하여 일체의 도움을 받지 않았다. 적합하지 않지만, 즉 "국가원수 겸 정부수뇌"였다. 비록 대학사, 군기대신 등의 관직이 있어서 당시 사람들이 '상국(相國, 대신 재상)'이라고 칭찬하며 불렀지만 이것은 단지 황제의 뜻을 받들어 성지의 초안을 잡는 일을 하는, 대체로 오늘날의 관계와 비교한다면 비서실에 해당했다. 매일 주사처(奏事處)로부터 각 처의 상주를 개봉하지 않은 채 올리고 이를 황제가 개봉하여 열람한 후 지시하거나 수정한 후 군사방침을 내리는데, 군기대신이 주비(朱批) 혹은 직접적으로 내린 훈시(面諭)에 근거하여 그 뜻을 입안하고 황제의 심의를 거친 후 발표했다. 여기에는 주의해 살펴볼 만한 가치가 두 가지 있다.

1) 군기대신이 이따금 질문에 대답해야 할 때를 제외하고 정권결정의 권한이 완전히 황제 본인에게 있었으며, 어떠한 개인 혹은 기구의 제약을 받지 않았다(당연히 '조제(祖制)', 유가 경전 등의 간접제약을 받아야 했다).

2) 매일 상주를 받으면 일반적으로 모두 당일 명령을 내렸고, 정권 결정도 더불어 결정하여 매우 신속했다.

한 사람의 지혜로 단시간 내에 대소 정무에 대해 정권결정을 내리려면, 그 사람은 웅재대략(雄才大略)해야 할 뿐만 아니라 주도면밀해야 한다. 이외 체력과 정력도 매우 중요하다. 당안(檔案)에 근거해 보면, 청대의 황제는 매일 만자가 넘는 주장(奏章)을 읽고 수정과 지시를 해야 했고, 일련의 상응하는 정권을 세워야만 했으며 약간만 소홀하여 누락하여도 곧 큰 잘못을 초래할 수 있었음을 알 수 있다.

이런 공전의 강력한 집권 체제 아래에서 황제의 인선은 신의 요구에 가까운 제안으로 합리성을 완전히 잃었다. 조정의 정권결정은 구체적 분석과 이성적 검토의 기초 위에서 나오기 어려웠고, 종종 군주의 일시적인 감각에 끌려갔다. 이런 집권방식이 만약 진정으로 영민한 군주 아래에 있었다면 더 좋은 효과를 볼 수 있었을 것이다. 그렇지만 당시의 권력을 장악하고 있던 도광제는 오히려 자질이 평범한 사람이었다.[42]

도광제는 이름이 민녕(旻寧)으로 1782년생이다. 그는 가경제의 적장자(嫡長子)이며 어렸을 때, 일찍이 친히 조창을 들고 황궁에 납입한 천리교(天理敎) 모반자들과 전투를 벌여 과감하고 용맹한 기세를 보였다. 1819년에 그는 순탄하게 황위에 올랐지만 그가 받은 것은 오히려 가경제가 남긴 골칫덩어리의 점포였던 것이다. 그의 지혜와 매력으로는 이 쇠락의 국면을 근본적으로 진작시킬 수 없었으며, 새로운 국면이 도래했지만 그는 불멸의 항심(恒心)과 의지(毅力)로 조상의 업을 지키면 그 점포가 잘 될 것이라고 생각했다. 그의 정치의 도에 대해서 나는 앞 장에서 이미 여러 번 언급하였는데, 그는 즉 '수성(守成)'으로 조상의 제도(祖制)를 철저히 지키는 것으로, 조종(祖宗)의 방법을 이용하여 조종의 옛 성세의 풍광을 다시 세우고 싶어 했다. 당연히 오늘날의 시각으로 보면, 재지(才華)가 조부 건륭제만 못하고 정명(精明)은 증조부 옹정제만 못하고, 용기와 지모(膽略)는 고조 강희제만 못한 그가 표방하고 추구하는 수성(守成)과 실정(實政)은 그 천성이 그렇게 하게 만든 것이자, 일종의 고명하게 자신의 결함을 감추는 도(道)였던 것이다.

도광제는 타고난 소질(天分)이 높지 않았는데도, 오히려 자신의 과실을 인정하는 것이 매우 적었으며, 특히 이때 청 왕조가 이미 병이 들어 위독한 상태임을 인정하지 않았다. 그는 생리적으로 체제(機制)를 바꾸어 새로운 길을 모색하려하지 않고 오직 병리적으로 보양하는 것을 추구하여 효과를 보려하였다. 그는 일찍이 어떤 사람, 즉 부임한 관원에게 치국의 도를 형상적으로 언급하였는데, 그것을 '하나의 큰 집에 비유하면서 "집에 사는 사람이 수시로 수

---

42) 潘振平,「道光帝旻寧」,『淸代皇帝傳略』, 紫禁城出版社, 1991.

리를 하면 자연히 전체적으로 정연해지며, 만약 각자가 맡은 임무가 무너지면 반드시 큰 힘이 들게 될 것이다"라고 하였다.[43] 이 때문에 일단 문제가 발생하면, 그는 늘 책임을 신하들의 그에 대한 기만으로 전가시키길 좋아했으며, 도덕적으로 힐권하여 체제적 고질병을 은폐하였다. 그는 항상 대신들의 충성을 의심했는데, 가장 친한 사람들도 예외가 아니었으며, 상유(上諭)에 자주 '천양(天良)'이 있는지, '천양을 분발시키는지' 그리고 사회의 백가지 병을 치료할 수 있는지를 알아내려 하였다. 그리고 그는 신하의 공적에 대해서 인색하여 상을 내린 적이 없었다. 그러나 일단 잘못을 하면, 바로 지위 고하와 공적의 다소와 상관없이 전혀 주저하지 않고 엄벌에 처했다. 이렇게 괴팍한 통치를 하는 도광조 시대에 있었던 대소 신료들은 지나치게 소심하고 신중하지 않을 수 없었으며 대충대충 넘어갈 수밖에 없었다. 그래서 관계(官界)에 겉만 치장하는 기풍이 성행했다.

도광제는 지능지수가 평범하고, 용기와 지모가 부족했지만 자신감은 높아서 항상 매번 정권을 결정할 때마다 모두 가장 훌륭한 방안이라고 여겼다. 비록 이후에 다시 생각이 변할 지라도 말이다. 앞 절에서 말한 바와 같이 등정정에 대한 임명은 바로 이 점을 분명하게 나타내는 일례로 양광(兩廣)에서 양강(兩江)으로 다시 운귀(雲貴)로 다시 민절(閩浙)로 옮기는데, 비록 매번 도광제의 차출에 모두 충분한 이유가 있었지만, 여하튼 전반적인 고려가 부족했던 것은 사실이었다. 그의 머리가 아프면 머리를 치료하고 다리가 아프면 다리를 치료하는 그런 성지 하나하나가 그의 시야가 좁다는 한계를 나타내는 것이다. 그는 일종의 원거리, 넓은 시야의 안목을 가진 적이 없었다. 앞 장에서 서술한 금연에 대한 정권결정은 그것을 분명하게 나타내는 하나의 예이다.

43) 張集馨, 『道咸宦海見聞錄』, 89쪽

비록 도광제기 몇몇 결함을 가지고 있다고 하더라도, 지혜가 밝고 식견이 높은 군기대신들과 서로 합심한다면 너그러움과 엄격함을 잘 조화시켜 정치를 펼칠 수 있었을 것이다. 그러나 자신에게 결점이 있다고 인정하지 않았던 도광제는 군기(軍機)의 인선(人選)에 있어서 '고분고분하여 이용하기 편리한 사람(老實聽話)'이라는 무섭고 혐오스러운 인선의 표준을 채택했다. 그가 신뢰한 조진용(曹振鏞), 목창아(穆彰阿)는 '많이 조아리고, 적게 말하는 것'을 목표로 삼아 전전긍긍하였는데, 황제를 시중드는 것이 호랑이 옆에 있는 것과 같았다. 의견을 제기할 때마다 먼저 황제의 뜻에 호응하는데 전력을 다하고 단지 상대의 마음에 들려고 잘 보이려 할 뿐 사리를 따지지 않았다.

우리가 이런 정권결정체제, 즉 일인 정권결정자의 시각으로 아편전쟁 중의 청 조정의 정권결정을 검토하게 되면, 그로 인해 잘못을 범할 확률이 지극히 높다는 것을 어렵지 않게 발견할 수 있다. 이는 도광제 앞에 직면한 적이 아주 낯선 아주 새로운 문제였기 때문에 근본적으로 지키고 따라야 할 옛 제도(祖制)가 없었던 것이다.

청조는 재상이 없었기 때문에, 특히 게다가 청조는 근대적 양식의 외교 사무를 책임질 기구와 관직이 없었기 때문에 파머스턴의 외교문서(照會)가 기선에 의해 진상된 후에 도광제가 직접 읽고 지시를 내렸다.[44] 8월 19일에 도광제는 거의 4,000천 자에 달하는 조회를 받는데, 당일 이에 대한 명령을 내리지 못하고, 상례를 깨고 하루를 넘기고 다음날이 되어서야 비로소 군기(軍機)에 명령을 내렸다. 이 기간 동안 그가 군기에 하문했는지는 오늘날에는 그 기록을 찾을 수 없지만, 그 기간 동안 읽고 지시를 내린 기타 상장(奏章)을 읽고 지시

---

44) 청조의 일반적인 사무처리 과정으로 보면, 황제가 만약 육부구경의 각 아문과 관련된 상주를 받으면 일반적으로 모두 '각 부(아문)가 의논하여 상주를 올리라'고 지시한다. 그러나 파머스턴의 조회에 대해서 도광제는 상관이 있는 부문, 부서에 '의논하여 상주를 올리라고' 지시할 수 있는 방법이 없었다.

를 내리고, 9건의 적지 않은 유지[내용은 여순(旅順) 방어 건설부터 백성에 표창하는 정표(旌表)를 내리는 것 등]를 반포하였는데, 이는 『실록(實錄)』에서 찾아볼 수 있다. 우리는 여기서 도광제가 직무를 보는 곳은 공무가 매우 많고 사람도 많아서 마음이 하나가 될 수 없었다는 것을 알 수 있다. 비록 그가 스스로 파머스턴의 외교문서(照會)에 대해 '상세하게 검토'를 했다 하더라도 그의 시간과 업무로 볼 때 절대로 이에 대한 연구에 전력을 기울일 수 없었을 것이다. 그렇지만 이 짧은 이틀 동안 그의 생각은 완전히 180도 바뀌었는데, 즉 '토벌(剿)'위주에서 '회유(撫)'위주로 마음이 기울어 진 것이다.

정권결정은 이와 같이 매우 중요했었던 반면, 변화는 이와 같이 가벼웠다.

기선의 '토벌'위주의 신념이 동요한 주요 원인은 영국군의 '선견포이(船堅砲利)'에 스스로 적수가 못된다고 판단한 것에 있으며, 이는 영국 측이 완전히 예상했던 그리고 달성하고자 했던 효과였다. 그러나 도광제가 '회유'를 주장하게 된 원인은 오히려 영국 측은 어떻게 해도 추측할 수 없는 것이었는데, 장정불(蔣廷黻) 선생의 연구에 의해 근거하면 의외로 그 파머스턴의 외교문서(照會)의 번역문제에 있었다는 것이다.[45]

비록 파머스턴이 그 외교문서(照會)를 한어로 번역할 때, 상세하고 빠짐없는 엄격한 번역을 요구했다고[46] 할지라도, 그 문건의 첫 번째 문장의 번역에는 심각한 오역이 있었다. 도광제가 본 한역본은 다음과 같다.

지금 (중국의) 관리가 중국에 머무르는 본국의 사람(民人)들에게

---

45) 「琦善與阿片戰爭」, 『淸華學報』 6권, 3기(1931년 10월).

46) 파머스턴이 그 훈령에 이를 명확하게 밝혔는데, "서신의 번역문은 정확하게 번역해야만 한다. 불필요하게 영문어법에 벗어나서는 안 된다. 그리고 진실하고 간단명료함을 방해하는 어떠한 방법도 채택해서는 안 되며, 또 원문의 중문어문형식을 실제와 부합하게 표달해야 한다."라고 하였다(馬士, 『中華帝國對外關係史』, 1권, 709쪽).

해를 입히고 또 그 관리가 대영국의 위엄을 무시하기 때문에, 대영
의 국주(國主)가 육해군 군사(軍師)를 중국 해역에 파견하여 황제
와 의논을 하여 누명을 벗고(昭雪) 억울함을 씻고(伸寃)자 한다.[47]

영문과 대조하면 "황제와 의논을 하여 누명을 벗고 억울함을 씻고자 한다."
라는 원래 "demand from the Emperor satisfaction and redress"[48] 만약 이를 현
대한어로 직역하면 "황제에게 배상과 교정(匡正)을 요구한다."가 된다. 이외에
그 문건의 많은 곳에서 '교정'을 '신원(伸寃)'으로, '항의(抗議, protest)'를 '고명(告
明)'으로, '배상'을 '소설(昭雪)'로, '요구(要求)'를 '독촉(催討)'으로 번역하는 등등
일치하지 않은 부분이 있다.

이와 같이 중요한 문건을 그렇게 번역하는 것은 사실 해석을 어렵게 하여
분별력을 잃게 하는 것이다.[49]

---

47) 『籌辦夷務始末(道光朝)』 1권, 382쪽.

48) 馬士, 『中華帝國對外關係史』, 1권, 621~626쪽.

49) 파머스턴의 조회가 어떻게 이와 같이 번역되었는지, 나는 아직도 그 원인 전체를 해석할 수 없다. 단
기선이 수작을 부리지 않았다는 것은 긍정할 수 있다. 佐々木正哉가 영국 당안관에서 베껴 쓴 중문본
이 기선이 올린 진성본(進呈本)과 완전히 일치하기 때문이다. 나는 찰스 엘리엇이 중국에 오래 있어서
중영 문서의 평등한 왕래를 위해 온갖 계권을 다 썼다고 추측한다. 그는 청조의 체제를 완전히 이해하
고 문자의 양식을 위배한 문서는 반드시 거절당할 것을 알고 있었던 것이다. 이로 인하여 모리슨 등이
번역을 할 때, 청조 관방의 용어적 습관에 부합할 수 있게 알렸을 가능성이 크다. 이에 대하여 나는 하
나의 증거를 제시하겠다. 1840년 8월 16일 그가 기선에게 보낸 '咨復' 중에 번역 용어에 대하여 한 차례
설명을 한 적이 있다. "양국의 풍속이 매우 다르고 예의가 다르기 때문에 자문에 이상한 부분이 생기는
것을 피하기 어렵다. 그러나 본 공사대신 등이 공손하게 부탁하건데 영국 등이 항상 진실하게 직언하
여 일을 논할 것이며, 만약 완강하게 요구하는 부분이 있다 하더라도 용서를 하기를 부탁한다."(佐 木
正哉編, 『阿片戰爭の研究:資料篇』, 12쪽). 이 문장은 찰스 엘리엇 등이 되도록 '완강하게 요청하는
일'이 벌어지길 원하지 않았음을 나타낸다. 이밖에 『파머스턴조회』는 또 하나의 중역본이 있는데,
『史料旬刊』에 발행되어 후에 『叢刊 阿片戰爭』 3권에 수록되어 편집자가 「道光朝留中密奏」라
는 제목을 단다. 나는 중국제일역사당안관에서도 원본을 본 적이 있다. 오랜 동안 이 번역본의 유래는
줄곧 사람들을 혼란스럽게 하였다. 그러나 阿 伊帕托娃의 글이 이 의혹을 해결했다. 당시 북경에 있던
러시아 정교 선교단의 보고에 의하면, "중국관원의 말에 근거하면, 영국인이 조회의 영문본만 건네자,
만청 조정은 부득이 하게 러시아 선교단에게 파머스턴의 조회를 중문으로 번역해 줄 것을 요청하여 선
교단이 열심히 이 일을 완수하였다"라고 하였다.(『청사연구통신』 1990, 3기) 이것으로 볼 때, 이 번

앞에서 이미 도광제는 이 조회를 제외하고, 기선이 받아서 올린 조지 엘리엇의 '자회(咨會)'의 "자신들의 억울한 사정을 전할 수 없었다."는 것과 기선은 상주에 영국군관이 "굴욕을 당했기 때문에 그 상황을 국왕폐하에게 보고할 수밖에 없다."라고 했다는 보고를 받았다. 이런 모든 것들이 영국 측의 표현이 '공손하게 청하는 것'처럼 보이게 하였다. 이런 저급한 문구는 '천조' 대황제의 비위를 상하게 하여, 도광제로 하여금 이에 따라 뜻밖에도 장령과 병사를 이끌고 찾아와 협박하는 흉적을 '어전에 고발'하기 위해 찾아온 '비굴한' 외번(外藩)으로 간주하게 하였다.

파머스턴의 조회를 보면, 앞부분 약 5분의 3정도의 분량이 임칙서가 광동에서 금연 활동을 한 것에 대한 고발의 내용이고, 이후에 비로소 5가지 항목의 요구를 제시했다. 1) 화물에 대한 배상(소각한 아편), 2) 중영 양국 간의 평등한 외교, 3) 도서(島嶼)의 할양, 4) 상흠(商欠)의 배상[50], 5)군비(軍費)의 배상이다. 만약 우리가 중국의 전통적인 '도둑을 토벌하는 격문'류의 문헌을 이용하여 참조물(대조물)로 삼는다면, 파머스턴의 조회는 분명히 그렇게 이치가 정당하고 말이나 글이 날카롭고 엄숙한 것은 아니다. 서방의 외교 언어에 익숙하지 않은 도광제와 기선의 이해력에 따라, 앞부분에 나오는 임칙서에 대한 고발은 '신원(伸寃)'에 해당하고, 뒷부분의 각 항의 요구는 '은혜를 구걸(乞恩)'하는 것에 해당한다.

도광제는 많은 시간을 들여(들일 수도 없었을 것이다) 파머스턴의 조회를

역본은 러시아 선교단이 번역한 것일 가능성이 크다.   이 두 번역본을 비교하면 후자의 번역본은 그 글이 비록 거칠지만, 뜻이 매우 직설적이다. 만약 첫 번째 문장을 해석하면, "나의 여왕이 새로 파견한 육해군 병사들이 대청국의 해변에 도착하여 배상을 요구하고, 영길리의 백성이 대청국의 관리의 억압을 받고, 영국이 모욕을 당했다." 도광제는 이 번역본을 본 적이 있었겠지만 기록도 없고, 게다가 당안이 현재 이미 매우 복잡하게 편집되어 있기 때문에 나도 언제 어떤 사람이 올렸는지 찾을 수 없었으며, 도광제가 읽은 후의 느낌도 찾을 수 없다.

50) 행상이 영국 상인에게 빌린 자금을 가리키며, 그리고 돈을 빚진 행상은 대다수 이미 도산했거나 휴업을 했다.

연구하지 않았기 때문에, 특히 그의 머릿속에 존재하는 '천조'관념의 핵심이나 요점을 파악하지 못하게 하였기 때문에, 그는 영국 측의 임칙서에 대한 고발에[51] 대해서는 비교적 심각하게 생각하여 '신원(伸寃)'하게 할 생각이었으나, 영국 측이 요구한 것에 대해서는 황당무계하고 이치에 맞지 않는다고 생각하여, 엄한 말로 반박해야 한다고 스스로 판단을 내렸으며, 하물며 대황제(大皇帝)는 외번(外蕃)에 '은혜를 베풀(施恩)' 혹은 '은혜를 베풀지 않을(不施恩)' 권리가 있다고 생각했다.

8월 20일, 도광제는 기선에게 두 가지 유지(諭旨)를 내렸다.[52]

그중 한 유지는 기선이 어떻게 '외이(外夷)'를 '다스려야 하는지(駕馭)'에 대한 지시였다. 1)영국 측의 '억울한 누명(冤抑)'에 대하여, 하나하나 방문 조사하고 설명하여 그 마음을 설득해라. 2)해도의 할양에 대하여 청조는 영국인에 대한 통상으로 이미 "은혜를 베풀었으니" 다시는 "기존의 규칙을 해쳐선" 안 된다는 것을 설명하라. 3) 상흠(商欠)에 대하여 당연히 양국 상인이 스스로 정리해야 한다고 설명해라. 4) '화가(貨価)'에 대해서는 아편은 본래 '법령을 위반하는 물건'이며, 또 이미 소각했으니 "대가를 요구할 수 없다"라고 하라. 그리고 중영간의 평등 외교, 군비의 배상 이 두 가지 항목에 대해서 도광제는 마치 이해하지 못했거나, 중요하게 생각하지 않았던 것처럼 보인다.[53] 그래서 이에

---

51) 파머스턴의 조회를 제외하고, 도광제는 1840년 7월 20일에 오이공액이 전한 브레머의 정해 군정관원에 대한 최후통첩을 받는데, 여기에서도 역시 임칙서를 고발하고 있다. "광동의 임칙서와 등정정이 벌인 작년의 무도한 행위는 대 영국 국왕폐하의 특명을 받은 영사 찰스 엘리엇 및 영국 국민을 모욕한 것이기 때문에 부득이하게 점거의 방법을 사용하게…"(『阿片戰爭在舟山史料選編』, 25쪽). 이 문헌은 또 도광제가 아편전쟁 중에 받은 첫 번째 영국 측 문서로 그 인상이 남지 않을 수 없었다.

52) 『籌辦夷務始末(道光朝)』 1권, 391~392쪽.

53) 그 주요 원인은 여전히 번역과 관련이 있다. 중영 평등외교에 관하여 파머스턴이 조회에 제시한 표준은 "각국의 체제에 따라서"라는 이 말은 청조 통치자의 입장에서 보면, 근본적으로 그것이 말하는 의미가 무엇인지 모른다는 것이다. 군비에 관하여 파머스턴이 조회에서는 또 각항의 요구와 분리하여 마지막에 놓고 "모든 원인이 그것에 있음으로 비용(使費)은", "반드시 대청국가가 배상해야 한다."라고 하였는데, 여기서 '비용'의 그 함의가 확실하지 않기 때문에 도광제가 이에 대하여 반응을 보이

대한 지시를 내리지는 않았던 것 같다. 이외 그는 파머스턴의 조회의 한 부분, 즉 "흠차대신을 파견해 회답해 달라고 하면서", 영국 함선에서 담판을 진행하자는 것에 각별히 주의하였다. 그래서 특별히 기선에게 "흠차대신을 청하여 친히 상대방의 배에서 올라 대면하여 의논한다는 것은 지금까지 그런 체제(体制)가 없었기 때문에 절대 불가능하다"라고 지시를 내렸다.

다른 한 유지는 기선으로 하여금 영국 측에 선포하게 한 것으로 다음과 같다.

> **대황제는 전 세계를 지배하는데**(統馭環瀛)국내외의 모두 누구나 차별 없이 대한다. 무릇 외번으로 중국에 와서 무역을 하는 자가 조금 억울한 점이 있으면 즉시 조사하여 처벌할 것이다. 작년 임칙서 등이 아편을 조사하여 금지한 것은 대단히 공평한 바른 조치로, **사람을 기만한 것**(受人欺蒙)으로 조치한다는 것은 타당하지 않다. 그대들이 요구한 **억울함을 씻는 것**은 대황제가 이미 들어 알고 있으며, 반드시 하나하나 자세하게 조사하여 밝혀서 그 죄에 따라 엄중하게 처벌할 것이다. 현재 이미 흠차대신을 광동에 파견하여 공정하게 조사처리하고 있으니, 반드시 **대신 억울함을 해결해 줄 수 있을 것이다. 총사령관 조지 엘리엇 등은 모두 즉시 노를 돌려 남쪽으로 돌아가서 해결되는 것을 기다려라.**

이 당당하고 장엄한 유지에는 도광제의 '천하공주'의 고풍이 엄숙하게 넘쳐 흘렀다. 가장 미묘한 것은 "노를 돌려 남쪽으로 돌아가서 해결되는 것을 기다려라"로 분명하게 영국군에게 직접 명령을 내린 것이다. 이 유지에 도광제는

지 않은 것도 당연하다.

또 기선을 남하하여 조사 처리하는 임무를 맡은 흠차대신으로 파견한다고 표시했다.

이 두 유지로 보아 임칙서는 운이 없었다. 그는 희생양이 된 것이다.

만약 자세하게 연구해 본다면, 나중에 임칙서에게 재앙을 일으키는 이 도광제의 유지는 임칙서가 건의한 계권과도 관련이 있을 가능성이 매우 크다.

1840년 7월 3일, 임칙서는 상주에 다음과 같이 말했다.

> 만약 그들이(영국군) 곧 천진에 도착하여 통상무역을 모색할 것인데, 나는 그들이 자신의 국가가 오래전에 대황제의 큰 은혜를 받은 후부터 오랫동안 전혀 거부되지 않았다고 주장할 것임을 예상합니다. 그리고 이번에 통상을 금지한 것은 신 등이 사적으로 단행한 것이라고 할 것입니다. **만약 그들이 언사를 공손히 하여 황제의 은혜를 간절히 요청하면**, 여전히 회유의 예로서 대우하고, 천자의 명령 아래 직예독신(直隸督臣)이 가경 21년에 영국 관원 애머스트 등이 방문했을 때처럼, 그 말을 전할 사람을 내하(內河)에서 **광동까지 호송해야 합니다.** 만약 그들이 난폭함을 버리면 우리의 통제 범위 아래 놓기가 비교적 쉬울 것입니다. **만약 전달된 내용에 신 등이 언급되면, 다른 대신을 광동에 파견하여 조사 처리하고,** 천조의 법률과 제도의 공평무사함을 알리면 경외의 진실한 마음이 나날이 생겨서 감히 다시 구실을 찾지 않을 것입니다.

임칙서가 이런 정권을 건의한 원인은 두 가지였다. 하나는 행상(行商)이 미국 상인의 품첩(稟帖)을 전달하여 올렸는데, 그 내용이 영국군이 천진으로 가서 하소연할 수 있다는 것이고, 다른 하나는 영국 측의 공고문(고시)을 보았는데, 그 내용이 "월동(粵東, 광동성 동부)' 대헌(大憲) 임(林), 등(鄧)

이 영국인을 상대할 때 반드시 '공평하고 신중하게 헤아려라'라는 성지(聖諭)를 무시하고, 곧바로 성에 거주하는 영국 영사, 상인을 속이고 강압하고, 날조된 말로 기만하고 기탄없이 상주를 올린 것"과, "또 대헌 임칙서와 등정정은 황제에게 영국과의 무역을 중지해야 한다는 날조된 가짜 상주를 올렸다는 것"이었다.[54] 그는 이것을 보고, 1)영국군의 북상은 '무역왕래를 요구'하기 위해서이고,[55] 2)북상한 영국군은 반드시 전력으로 자신을 모함할 것이라는 결론을 내린 것이다.

그리하여 임칙서는 자신의 청백을 표시하기 위해 곧 주동적으로 흠차대신을 광동으로 파견하여 조사해 줄 것을 요구했다. 그는 자신의 모든 행동이 특히, 영국 측의 공고에서 지적한 아편을 '강압'적으로 몰수한 것과 무역을 '중지'한 것, 모두 이미 황제의 명령을 구하고 황제의 뜻을 받든 것으로, 모두 문서로 증명할 수 있고 절대 깨끗이 조사하면 문제가 되지 않을 것임을 잘 알고 있었다. 그러나 이때 '변경분쟁'은 이미 시작되었고 황제의 분노가 수시로 발작하는 형세 아래,[56] 그는 매우 위태로운 상황이었다. 만약 도광제가 오직 영국 측의 공고만 믿는다면 자신은 입이 백 개일지라도 변호하기 어려울 것이라고 생각했다.

---

54) 이 공고는 임칙서가 상주에 함께 올린 보고로, 『林則徐集 奏稿』중, 844~845쪽에 나온다. 임칙서는 이 공고는 "대영국의 특명을 받은 수사 총사령관"의 서명을 받은 것이라고 말했는데, 영문 본을 살펴보면 사실은 찰스 엘리엇이 서명한 것이다. 『Chinese Repository』, Vol 9. 111쪽.

55) 임칙서는 이때 아직 영국군이 중국을 침략한 목적이 무엇인지 알지 못했으며, 여전히 '통상을 강요하고', 아편을 판매하기 위해서라고 생각했다(林則徐集 奏稿』중, 854, 882~883쪽).

56) 과연 얼마 지나지 않아 도광제는 8월 21일 임칙서의 상주에 주비로 "밖으로는 통상을 단절하라고 했는데 결코 단절한 적이 없으며, 안으로는 법을 어긴 자를 조사 체포하라했는데 이 역시 깨끗이 하지 못했다. 빈말에 발뺌하는 것에 불과하다. 처음부터 끝까지 실제 효과가 없었을 뿐만 아니라 오히려 수많은 파란을 일으켰다. 네가 짐에게 쓴 것을 보니 분하고 답답하다."라고 적는다. 임칙서는 이와 같은 엄한 질책을 받자 상황이 급변했음을 깨닫고 즉시 상주하여 처분을 내려달라고 청한다.(『林則徐集 奏稿』중, 854, 882~883쪽)

임칙서의 이 협편(夾片)이 8월 3일에 북경에 도착하고,[57] 이에 대하여 도광제가 8월 20일에 유지를 내렸다.

표면상, 임칙서의 상주에 나온 "만약 그들의 언사가 공손하면", "회유를 충분히 하고", "대신을 파견하여", "광동으로 가서 조사 처리하라"라는 도광제의 방법과 확실히 서로 통하는 점이 있었다. 그러나 우리는 마찬가지로 두 사람의 다른 점도 확실히 알 수 있다. 1)임칙서는 '문서를 전달하는 사람'을 내허(內河)에서 광동으로 보내줄 것을 요구하고 도광제는 영국군에게 "노를 돌려 남쪽으로 돌아가라"라고 명령했다. 2)임칙서는 대신을 파견하여 자신이 죄가 있는지 없는지 조사하여 밝혀달라고 요구하고, 도광제는 조사 없이 임칙서를 "조치한다는 것은 타당하지 않다"라고 선포했다. 3)또 중요한 것은 임칙서는 이때 정해가 이미 함락되었다는 것을 몰랐기 때문에, '회유의 방법을 충분히 사용하고' 즉시 총포를 쏠 필요가 없는지 이해해야 한다고 했고, 도광제는 이때 이미 '회유(撫)'에 마음이 기울어 있었기 때문에 영국인들에게 '우혜(優惠)' 정권을 시행하려고 했다. 이렇듯 임칙서와 도광제 사이에는 원칙적인 차이가 있었다.

비록 도광제가 이때 이미 영국인들에게 임칙서에 대해 '하나하나 자세하게 조사하여 밝혀서 그 죄에 따라 엄중하게 처벌할 것'이라고 대답했다 할지라도, 마음속으로는 절대 임칙서가 무고하고 억울하다는 것을 분명히 알고 있었다. 그렇기 때문에 유지에 임칙서를 위해 근거 없는 책임을 회피하는 말인 "사람들에게 기만을 당했다."라는 말을 넣어 후에 그 죄를 경감시키기 편하도

---

57) 도광제는 이 편(片)을 받은 후 "(영국 측) 천진에 도착하여 무역을 요구한다."라는 문장에 주비로 "경 등이 본 것이 근거 없지는 않다. 그러나 역이는 이번 행동은 절대 이 때문이 아니다."라고 하였다. 이는 확실히 앞전에 받은 오이공액의 상주 및 함께 올린 브레머의 문서 때문이다. 이에 가장 직접적인 반응은 그가 당일 기선에게 양쪽으로 준비하라고 유령을 내린 것이다. 『籌辦夷務始末(道光朝)』 1권, 335~338쪽.

록 여지를 남겨둔 것이다. 그러나 그의 마음속 깊은 곳에는 이에 대하여 조금도 마음에 담아두지 않았다. 조정이 곤경에서 벗어나기 위해 그에게 누명을 씌운 것으로, 대신(大臣)을 희생시킨 것이다.[58]

이상 나는 장정불(蔣廷黻) 선생의 연구 성과에 근거하여, 차례대로 도광제가 영국 측 문헌 번역을 잘못하여 '언사가 공손하다(情詞恭順)'로 표현했기 때문에 '회유(撫)'로 마음이 기울었다는 것은 단지 문제의 표면만 언급한 것임을 발견하였다. 이후 도광제의 많은 유지와 주비(朱批)에 근거하면, 우리는 그가 이에 대하여 여전히 전반적으로 고려하고 있었음을 알 수 있다.

도광제의 이런 심사를 가장 잘 반영하는 것은 그가 후에 흠차대신 이리포의 상주에 쓴 주비이다. 그 내용이 다음과 같다.

> 짐이 생각하건대 이와 같이 회유를 결정하는데 경의 생각 또한 그
> 러한 줄로 알고 있다. 일처리를 잘하지 못했기 때문에 그들이 딴
> 마음을 품은 것이다. 만약 다시 오해하면 분쟁이 언제 멈추겠는
> 가? 게다가 영이는 바다의 고래와 악어 같아서 오고가는 것이 일
> 정치 않아, 나는 7개의 성에 계엄을 내려 군화 현을 바다와 차단
> 하고 모든 준비를 하였다. 그러나 결국 우리의 무력을 발휘하여 철
> 저하게 괴멸시킬 수 없었다. 내지의 병사와 백성들에 묻는 바, 국
> 가의 재부를 이렇게 소모해서야 되겠는가? 그러나 다행히도 상대
> 방에 통상의 의지가 있고, 또 억울함을 호소하는 바, 나는 문제를
> 잘 처리할 수 있는 기회를 얻었다고 생각하는데, 이 어찌 몇 마디

---

58) 전쟁의 진행 변화에 따라 도광제는 임칙서에 대한 불만이 나날이 증가되는데, 그 처분 역시 나날이 가중되어 후에 신강으로 쫓겨난다. 그러나 그것은 도광제가 이때 생각한 것이 아니라, 이후에 한 생각과 행동이다.

말과 몇 개의 문서만으로 10만의 병사에 승리하는 것이 아니겠는
가? 경들도 반드시 이 의견에 동의할 것이라고 생각한다.[59]

이와 같이 긴 주비는 도광제 시기에서 보긴 힘든 것으로, 이는 도광제가
자신의 계획이 실현되었다고 여기고 의기를 떠벌리는 심정을 표출한 것으
로, 전반적으로 우리에게 도광제가 '회유'에 치우치게 되는 경위를 알려 주
는 것이다.

1. '분쟁의 발단'을 적시에 제거할 수 없었다.

도광제는 등정정과 기선의 상주에 근거하여, 이미 영국군의 '선견포리' 때문
에 수사(水師)가 그 적수가 되지 못함을 이미 알았기 때문에, 청군의 전법은
오직 7성(省)에 계엄령을 내려 군현을 방비하는 것이었다. 이렇게 앉아서 적의
진공에 대응하는 방법은 적시에 침입한 적을 완전히 섬멸하여 적장을 포획할
수 없었기 때문에 전쟁은 끝이 없이 지연되었다.

만약 우리가 이전에 도광제가 수습한 최대 전사인 장격이의 반란과 연결시
키면, 그의 용심(用心)을 이해하기 어렵지 않을 것이다. 그 전쟁에서 장격이는
초기에 격퇴되어 호한국(浩罕國)으로 도망가고, 그 후에 여러 차례 변경을 침
범하는데, 1826년까지 객십갈이(喀什噶爾, 지금의 喀什), 英吉沙爾(영길사이, 지
금의 英及沙), 엽이강(葉爾, 지금의 羌沙車), 화전(和闐, 지금의 和田)등 남쪽 변
경이 연달아 함락되었다. 도광제는 이 때문에 한두 번의 승리로는 후환을 철
저히 제거하지 못한다고 생각했으며, 어떤 대가를 치르더라도 반드시 수뇌 장
격이를 잡아야만 한다고 생각했다. 이런 작전 구상 아래, 청군은 여러 번 승

---

59) 『籌辦夷務始末(道光朝)』 1권, 513쪽.

리를 거둔 후에도 여전히 손을 떼지 못하고 수차례 호한(浩罕)으로 깊이 들어간다. 장격이가 체포되어 북경으로 압송되자 비로소 도광제는 진정으로 안심을 하였다. 이런 대가가 막대한 적과 싸울 때는 먼저 우두머리를 잡아야 한다는 전법은 보기에는 우둔해보이나 오히려 한 번 고생으로 영원히 편안해지는 것이었다. 그렇게 해서 남쪽 변경에 반세기가 넘는 동안의 평안을 얻은 것이었다. 도광제는 실정(實政)을 강조하면서 손해를 보더라도 일처리를 완벽하게 하여 틈을 남겨서는 안 된다고 일관되게 요구했다.

임칙서와 유겸(裕謙)의 영국군이 육상전에 익숙하지 않다고 한 상주에 근거하여, 도광제는 육지위에서 영국군과 싸우는 것은 승산이 있다고 착각하게 되었다. 그는 기선에게 대고구(大沽口)에서 '오랑캐를 회유(撫夷)'하라고 명령할 때, 영국군이 봉천(奉天, **대략 지금의 遼寧**) 앞바다를 순찰하고 있다는 소식을 듣고, 1840년 8월 29일에 성경장군(盛京將軍) 기영(耆英)에게 다음과 같이 명령을 내렸다. "그 오랑캐가 함포의 장점을 버리고 배를 떠나 상륙하면 할 수 있는 것이 없다. 깃발을 내리고 북을 멈추어도 괜찮다. 상륙을 유도한 다음 병력을 통솔하여 전력을 다하여 공격하여 토벌하고 포위 섬멸하는 것은 지금도 상권(上策)이다." 그의 이런 작전 구상은 강소, 산동 등의 지역 관원이 바뀔 때마다 늘 인계되었다.

그렇지만 도광제는 마음속에 이 전투에서 장격이를 평정한 것과는 다르게 육지 밖에서 쫓아야 한다는 생각을 가지고 있었다. 그래서 육상전에서의 한두 번의 승리는(당시 지방관원은 이미 하문, 사포, 숭명 등지에서 적군을 격퇴했다는 소식을 들었다) 최후의 승리라고 할 수 없는 것이었다. 왜냐하면 만약 육상전 중에 뜻을 이루지 못한 영국군이 해상으로 퇴각하여 남북으로 침범한다면, 청 조정은 반드시 전국의 수천 리에 이르는 해안선 위에 지속적인 방어선을 구축해야 하기 때문이다. 이런 결말이 보이지 않는 전쟁을 도광제는 피하고 싶었던 것이다.

2. '국가재정'이 이런 '소모'를 감당할 수 없다.

청조는 도광제가 즉위할 때부터 이미 국고가 부족하였다. 이후 장격이 와의 전쟁, 치수공사 등 모든 항목에서 걸핏하면 천만 냥이 소모되었다. '영원히 부를 쌓을 수 없는' 옛 제도(祖制)와 새로운 사고와 용기 그리고 지모가 부족하였기 때문에 그는 재정을 개선할 수 없었으며, 안 좋은 원인도 많았다(이 때 **절대로 방법이 없었던 것은 아니었던 것 같았다**). 이 때문에 비록 도광제가 마음속으로 몹시 꺼려했을 지라도(당시에도 통화 팽창의 우려가 있었다), 연례(捐例)를 크게 열어 나날이 증가하는 지출에 대응해야 했다. 그러나 그의 가장 중요한 대권은 절약을 엄격하게 시행하는 것으로 지출감소에서 출구를 모색하였다. 청대 11명의 황제 중 그의 절약은 특히 심했는데 돈을 쓰는 것을 살을 에는 것과 같이 생각했다.

싸움(전쟁)은 세계에서 가장 돈을 많은 쓰는 일이다. 1840년까지 청조의 국고에는 1,034여만 냥이 있었다.[60] 이 비용으로는 근본적으로 1차 전쟁을 치룰 수 없었으며, 게다가 헛되이 시일을 보내면서 오랫동안 질질 끄는 그 결말을 알 수 없는 전쟁이었다. 도광제는 이 비용으로 기타 급한 일을 처리하길 희망했으며, 전쟁이라는 밑 빠진 독에 투입하는 것을 아까워했다.

후에 아편전쟁의 사실이 증명하듯이, 전쟁 전기에는 각 지역이 중앙의 재정지원을 받았지만 전쟁 후기에 이르러서는 각지의 군비는 주로 연납(捐納)에 의지하여 유지하였다.(제6장에 자세히) 재정적 곤란은 도광제가 전쟁에 대한 전체 정권결정 중에 만난 제일 큰 문제였다.

---

60) 1814년이 되자 이 숫자는 679만 냥으로 감소한다. 감소한 숫자는 전쟁에 사용되었을 가능성이 크다. 『戶部銀庫大進黃冊』(彭澤益, 「論阿片戰爭賠款」, 『經濟研究』 1962, 12기, 57쪽에서 재인용).

3. 영국 측의 요구는 '무역'과 '소원(訴冤)'이다.

비록 도광제가 1840년 1월에야 비로소 영국과의 무역을 중지한다고 선포했지만, 임칙서의 금연 활동 때문에 중영무역의 중단은 사실상 1839년 3월에 시작했다. 그래서 역사적 시간으로 따지면 이미 1년 반이나 지난 것이다. 그렇지만 호문 입구 밖에 정박한 영국 상선의 대다수가 아직 떠나지 않았으며 또한 새로운 상선이 도착했다. 임칙서와 기선의 상주 때문에 도광제는 영국 측이 절박하게 되도록 일찍 무역을 회복하려고 시도한다는 느낌을 매우 깊게 가지게 되었다. 파머스턴의 조회 및 기타 영국 측의 공문의 어조가 직접적으로 임칙서를 공격하고 단호하게 금연 운동을 반대하는 것이기 때문에, 도광제는 '소원'을 하러 온 영국군을 임칙서를 공격하기 위해 온 군대라고 잘못 판단하게 되었다.

이 때문에 도광제는 영국의 상황을 간파하였다고 여겼다. 그는 매우 적극적인 반응을 보이면서 이번 중영관계 악화의 원인은 청조의 입장에서 볼 때, 1)임칙서의 금연, 2)아편의 소각, 3)무역중지 이렇게 세 가지에 있다고 생각했다. 그렇게 생각하면 청조는 임칙서를 처벌하고 무역을 회복하고 추가로 다시 '화가(貨価)'에 대해 약간의 양보를 하기만 하면 곧 모든 빚을 청산하는 것이었다. 다시 말해서 **청 조정은 1839년 3월 이후의 영국에 대한 모든 불리한 조치를 없애기만 하면, 중영관계는 곧 저절로 1839년 3월 이전의 국면으로 회복할 것이라고 생각한 것이다.** 도광제는 이런 양보로 전쟁을 피하는 것이 합리적인 것이라고 생각했다.

파머스턴이 조회에 언급한 각 항목에 대한 요구에 대하여 도광제는 근본적으로 갚아야 하는 부채라고 생각하지 않았고, 단지 '영이'가 이유를 만들어 '구걸(乞)'하는 분수에 맞지 않은 '은혜(恩)'일 뿐으로 마치 완전히 마음을 놓은 것 같았다. 이후의 유지와 주비를 보면 우리는 그가 심지어 모두 잊어버렸다는 것을 발견할 수 있다(제4절에서 상세하게).

그러나 도광제는 계산을 완전히 잘못하였다. 파머스턴의 조회에 제시된 가격을 보기만 해도 곧 완전히 도광제의 '회유' 위주의 정권이 실패할 것임을 단정할 수 있다. 그러나 그는 스스로 육로에서는 승리할 수 있으며, 국고에 아직 돈(銀子)이 남아 있다고 생각했기 때문에 다시 '토벌'로 생각이 기울어질 수밖에 없었다.

도광제는 1840년 10월 13일에 진취적으로 "몇 마디 말과 몇 개의 문서만으로 10만의 병사에 승리하는 것"이라고 적었다. 그리고 이때 영국군은 이미 그의 명령과 같이 "노를 돌려 남쪽으로 돌아갔다"

8월 22일에 기선은 도광제의 '회유'를 위주로 한다는 두 가지 유지를 받은 후, 즉시 사람들을 파견하여 산해관 일대를 순찰중인 영국군 함대를 수소문하고, 대황제가 이미 '은지(恩旨)'를 내렸으니 "속히 와서 들으라."라고 고지했다. 이후 20여 일 동안 그가 영국 측과 주고받은 조회가 10통이며, 8월 30일에 대고구 해변 모래사장에 설치한 천막 안에서 조지 엘리엇, 찰스 엘리엇과 직접 면담을 했다. 첫 날 그는 '통사(通事, 통역)'의 '사적인 토로'를 듣는데, 영국 측이 "부끄러워 자신을 원망하는 마음이 있는 것 같다"라고 느끼면서, 아직 승산이 있다는 것을 자각했다.[61] 하지만 장장 6시간의 직접 담판에서 다투는 소리가 줄곧 천막 밖의 사람들에게까지 들렸는데 상황이 그렇게 좋지는 않은 것 같았다.[62] 비록 그가 내심 무력으로 대항하는 것은 좋은 방법이 결코 아니라고 생각했더라도, 또 담판이 하나도 진척되지 않았을 상황에도 역시 결정을 해야 했는데, 만약 영국군이 상륙하더라도 '폭격'을 할 수밖에 없다는 것이다.[63] 그러나 그 자신조차도 의외였던 것은 9월 13일에 그가 두 가지 유지를

---

61) 『籌辦夷務始末(道光朝)』 1권, 405쪽.
62) 위의 책, 1권, 424~427쪽.
63) 위의 책, 1권, 441~442쪽.

동시에 꺼내면서 '이성(理)'적 분석에 근거하여 조지 엘리엇 등에게 남반(南返)을 권고하자 이틀 후 영국군이 돌연 이에 동의한 것이다.

조지 엘리엇과 찰스 엘리엇이 남하에 동의한 이유는 장장 1개월이 넘는 교섭에 전혀 결과가 없었고, 기지(基地) 없이 해상에 정박하면서 언제 끝날지 모르는 북방의 군사 정황과 지리에 생소한 상태에서 경솔하게 진공한다는 것에 자신이 없었기 때문이다. 하물며 계절풍이 불어 북방의 겨울 바다가 얼어버리게 되면, 함선의 운용에 불리하게 되었다. 그리하여 그들은 수법을 바꿔, 먼저 9월 1일의 조회에 청국 측이 부분적으로 요구(아편에 대한 배상)를 들어주면 남하하겠다는 조건을 제시한 것이다.[64]

기선은 회담과 조회를 통해 아편에 대한 배상문제에 대하여 절대로 가볍게 결정해서는 안 된다고 느끼고는 이를 상주에 수차례 언급했다. 그러나 그는 9월 13일에 두 번째 조회에 이에 대해 "만약 귀 총사령관이 유지를 따라 노를 돌려 남쪽으로 돌아가 흠차대신이 적극적으로 처리하길 기다리면, 비록 아편 값이 그 가치가 크지는 않다고 확실히 알고 있지만, 반드시 귀 총사령관이 이전과 같이 안심할 수 있도록 하겠다. 즉 귀 총사령관이 귀국하였을 때, 스스로 체면을 세우고 명예를 더욱 빛낼 것이다."라고 답했다.[65] '천조'의 관점에서 바라본다면, 기선의 이 답장은 마치 아편 값을 배상해야 할 의무가 없는 것 같이 보인다(적어도 영국 측의 '황제와 조정의 명을 받아 명시한다.'라는 요구에 부합하지 않는다). 그러나 만약 서방의 외교적 용어의 관점에서 본다면 또

---

64) 佐々木正哉編, 『阿片戰爭の硏究:資料篇』, 17.

65) 위의 책, 23쪽. 기선이 보낸 조회와 기선이 올린 문서를 비교하면 차이가 많이 난다. 기선이 올린 문서에 따르면, '반드시 귀 총사령관이' 다음에 짧은 문장이 더 있다. "귀 국왕에게 다시 보고할 수 있으며, 귀 영사 역시 억울함을 호소할 수 있다. 이를 위해 다시 조회를 귀 총사령관에게 보낸다. 만약 약속한 대로 한다면 상인에게 유리하고, 병사와 백성에게 유리한 것으로 피차 서로 이전처럼 편안할 것이다…"『籌辦夷務始末(道光朝)』 1권, 465쪽), 이 두 가지가 어떻게 이런 차이를 보이는지는 고증이 필요하다. 문장으로 보면, 기선이 올린 문서가 더욱 조리가 있고 의도도 명확하다. 그러나 여기서 토론하는 것은 영국 측의 이에 대한 반응이기 때문에佐々木正哉의 초본을 채택하였다.

마치 이미 의무를 책임진 것 같이 보인다. '천조와 서방의 언어는 본래 상당한 차이가 있는데, 이후의 담판에 누차 이런 종류의 문제가 출현하게 되는 원인이 된다. 조지 엘리엇과 찰스 엘리엇의 이해에 근거하면, 기선이 이미 아편 값의 배상에 동의한 것으로 생각하여 복조(復照)에 "물건대금을 반드시 배상한다고 했기 때문에", "본 대신 등이 공문을 받아들이며, 크게 위로가 되어"[66] 즉시 군을 이끌고 남하한다고 말했다. 그러나 기선은 자신의 진실한 마음을 그의 상주에 명백하게 밝혔다.

> 황제의 명령을 충실히 따라서, 그들에게 아편은 본래 금지 물품이기 때문에 즉시 소각을 한 것이며, 대황제께서 어떠한 보상도 허용하지 않는다고 전하였습니다. 그가 나의 연락관에게 그들의 임무를 실현하기 위하여 요구를 해야 한다고 말했습니다. 그렇기 때문에 신하가 고개를 들고 황제폐하의 명령과 희망에 대해 언급하고, 흠차대신으로서 공정하게 책임지고 조사 처리한 후, 결국 반드시 그 이로 하여금 그들의 국왕에게 보고하게 하겠습니다. **그밖에 공문을 보내 에둘러 애매하게 말하였습니다.**…(굵은 글씨 인용자 표시)

기선의 이런 주장에 따라, 9월 13일에 그는 조지 엘리엇에게 두 부의 조회를 보냈는데, 앞의 조회는 조정의 정식 입장이고, 뒤의 조회는 도광제의 '관찰하고 가늠하여 적절한 대권을 세워야 한다.'에 근거한 유지로,[67] 직예총독의 신

---

66)佐々木正哉編, 『阿片戰爭の硏究:資料篇』, 24.
67) 그 유지에 "만약 그가 시종 완고하면, 총독이 총괄하여 잘 관찰하고 가늠하여 적절한 대권을 세워 주도면밀하게 조치하라"라고 하였다(『籌辨夷務始末(道光朝)』 1권, 428~429, 461쪽). 이 유지는 기선에게 약간의 그때그때 상황에 맞게 처리할 수 있는 권한을 준 것이다.

분으로 권고하는 '설첩(說帖)'을 진행한 것이다. 이때는 도광제가 아직 아편대금을 배상하는 것에 동의하지 않았고, 기선도 비록 이런 마음이었지만, 감히 의무를 책임질 수 없었기 때문에 '말을 얼버무린' 것이다.[68]

그러나 우리가 본 두 부의 공문을 보면 그 격식이 완전히 일치하는데, 처음의 '조회의 일을 위하여'와 말미의 '반드시 조회를 보낸 자에게 도착해야 한다.' 등의 어휘에 무슨 구별이 있는지 분간할 수 없다. 비록 '조회'의 공문격식에 기선의 독창적인 면이 있고,[69] 또 당시 중영 양국 간 문서의 평등 교류를 위해 하나의 출구를 찾았다고는 하지만, 결국 그에게 근대적 외교 지식이 없었기 때문에 외국에 대하여 확실히 분별하지 못한다면, 조정 혹은 직예총독 모두가 정부를 대표하여 모든 책임을 져야한다. 개인의 '설첩'은 관방의 이름을 대신해서는 안 된다. 하지만 조지 엘리엇 등이 뒤의 공문을 '조회'라고 하면서, 이 '설첩'의 문서가 정식 답변이 된 것이다. 게다가 한발 물러나서 설령 '설첩'이라 할지라도 기선의 이런 '에둘러 애매하게 말하는' 방법은 또 그 어떤 근대 외교를 처리하는 양식과 같겠는가?

그렇지만 도광제의 입장에서 보면, 영국군의 남하는 그의 '회유'를 위주로 하는 정권이 이미 분명히 큰 효과가 있음을 증명한 것이었다. 기선이 올린 조

---

68) 도광제의 정식 유지를 보면, 그는 정식으로 아편대금의 배상을 윤허한 적이 없다. 후에 기선이 광동에서 보낸 상주를 보면, 도광제는 또 이미 아편대금의 배상에 동의한다. 후에 나는 이 일이 기선이 북경에 올라가 청훈을 받는 동안에 도광제가 구두로 승낙했으며, 기선이 또 아편대금을 광동 행상의 '연납(捐納)'으로 충당하는 방법을 건의했을 가능성이 있다고 추측한다. 그렇지 않으면 이 막대한 대금을 도광제가 수긍하기는 어려웠을 것이다.

69) '조회(照會)'라는 단어는 서방의 정식 외교공문 'Note'의 중문명으로 이때부터 시작하는데, 의미가 여전히 불분명하다. 1841년 8월 11일 조지 엘리엇이 기선에게 보낸 '자회'(이 단어는 당시 중국관계의 수평적 문서의 명칭이다)에 사람을 파견하여 '대영국가의 조회'를 받으라고 요구하면서 '조회'라는 단어가 처음 출현한 것 같다. 1840년 8월 15일에 기선이 조지 엘리엇에게 '서찰'을 보내는데 말미에 "조회를 보낸 자에게 보내야 한다."라고 했다. 1840년 8월 28일 기선이 조지 엘리엇에게 보낸 공문 서두에 '조회의 일을 위하여'라고 적었으며, 말미에 "특히 이 조회, 반드시 조회를 보낸 자에게 도착해야 한다. 우조회(右照會) 영길리국 통수 조지 엘리엇"이라고 적었다. 영국 측은 이런 공문격식이 나쁘지 않다고 여기고 역시 이와 같이 썼을 가능성이 크다. 이후 쌍방의 공문에는 모두 이런 격식을 사용하게 된다.

지 엘리엇과 찰스 엘리엇의 조회 중에도 그러한 글이 있다. "귀 작각도부당(爵閣都部堂)이 유지를 경건하게 받드는 것에 근거하여, 남쪽의 광동성으로 돌아가라는 **명령**에 본 공사대신(公使大臣) 등은 **즉시 이에 따라 움직이겠습니다.**"[70] (굵은 글씨 인용자 표시) 확실히 대황제에 대한 '공순(恭順)'을 표시한 것이다. 동시에 그는 기선이 그 뜻을 잘 파악했기 때문에 잘 일깨워서 큰 공로를 세웠다고 하였으며, 또 기선이 9월 13일에 올린 두 번째 조회에 주비로 "유지를 잘 이해하여 본말이 자세하고 빈틈이 없으며, 체통에 부합하여 짐의 마음이 매우 기쁘다"라고 적었다. 10월 17일에 그는 한편으로는 내각을 통해 조서를 내려 기선을 흠차대신에 임명하고 "역마를 타고 광동으로 가서 사건을 조사 처리하라"라고 하였다. 또 다른 한편으로는 군기(軍機)를 통해 조서를 내려, 기선은 대고구(大沽口)에서 임무를 완전히 마친 후, "신속하게 북경에 와서 청훈(請訓)하라"라고 하였다.[71]

어떤 사람은 도광제와 기선 등의 이 시기의 '회유' 정권을 '투항'으로 개괄하고 '투항파'라는 각종 주장을 파생시켰다. 나는 이런 주장은 역사적 감각이 부족한 것이라고 생각한다.

중문(中文)의 본의로 말하면, '회유(撫)'가 가리키는 것은 '위로(撫慰)', '안위(按撫)'인데, 어떤 때는 '점유(據有)'라 말한다. 당시의 상용구인 "대황제는 만방(万邦)을 점유한다."와 같다. 중국의 전통적 정치 용어 중에 '무(撫)'의 뜻은 대저 오늘날의 '화(和)'와 같은데, 그러나 그중에도 중요하고 미묘한 차이가 있다. '무(撫)'는 '구슬리다(羈縻)'와 상호 호환될 수 있다. 그것은 중앙 조정이 각 지역의 반역자와 주변 지역의 민족 혹은 국가에 대하여 타협의 방법을 채택하여 평화에 이르는 것을 가리키는데, 그 결과 '무(撫)'를 받는 자에게는 약간

70) 佐々木正哉編, 『阿片戰爭の硏究:資料篇』, 24.
71) 『籌辦夷務始末(道光朝)』 1권, 465~466쪽.

의 양보를 하는 것을 개의치 않으며, 그리고 관직을 올려준다. 그것은 위에서 아래로의 의미가 있는데, 주동적 지위를 차지하고 '무'를 받는 자는 '무'를 시행하는 자의 신하로서 승복하는 것이다. '무'를 시행하는 자는 '무'를 받는 자와 지위 상에서 위아래로 나뉜다.

중국전통의 정치 역사에서 '무'는 곧 '초(剿)'와 같이, 제왕들이 동시에 교대로 사용한 두 가지 중요한 수단이다. 일반적으로 말하면, 전쟁에서 이길 수 있을 때는 '초'를 사용하고 전쟁에서 이길 수 없을 때에는 '무'를 사용한다. '초'를 사용할 때에는 출병을 명령하여 토벌하고, '무'를 사용할 때는 흔히 환마(還馬)하여 주관 관원(실질적으로 희생양이다)에게 책임을 전가하고는 대황제는 새로이 '은혜(恩)'를 선포함으로써 정상정인 상태로 돌아갈 수 있는 것이다. 중국의 역사이든 청조의 역사이든 모두 '초'와 '무'에 대해 수많은 실례와 경험이 쌓여있었는데 도광제도 이를 잘 알고 사용했다.

유가의 이론에 따라 대황제는 '천하공주(天下共主)'로서 '굴욕을 당한' 외번(外蕃)이 억울함을 호소하면 당연히 완전히 공평하게 편파적이지 않게 처리하는 것을 보여줘야 한다. 청조의 경우에 따르면, 영국은 본래 '화외(華外)'에 속하므로, 만약 중원을 노리지 않고 일시에 '토벌'하여 멸하기 어려우면 아쉽지만 타협을 하고 대황제의 호탕한 황 '은(恩)'을 표시하는 것도 일종의 합당한 해결방법이라고 할 수 있었다.

그러므로 도광제가 채택한 이때의 '회유' 정권은 모두 옛 법과 옛 제도 중에서 근거를 찾은 것으로 그 내력이 없는 것이 아니며, '회유'와 '투항(降)' 사이에는 엄격한 구분이 있다.[72] 파머스턴은 중국이 굴복하여 '항복(降)'하기를 요구

---

72) 여기서 토론한 '무'는 아편전쟁의 초기적 개념에 속한다. 아편전쟁 후기의 '무'와 엄격한 차이가 있다. 나는 이에 대해 제6장에서 다시 토론하겠다. 이후의 중일갑오전쟁, 팔기연합군 침략전쟁 등, 모든 사건에서 청조관원은 또 '무'자를 사용하는데, 이때의 개념과는 완전히 다르다. '항'과 동의어가 되었다고 말할 수 있다. '무'의 정치적 어휘는 중국 근대의 변화를 의미하고 또 대체로 세계에서 청조의 지위 변화를

하였지만, 도광제는 오히려 영국에 '회유'를 요구하여 사람들을 황당하게 했는데, 당시에 '회유'권을 결정하고 '회유'권을 집행한 도광제와 기선은 이를 오히려 당연하고 순리적인 것이라고 느꼈던 것이다.

1840년 10월 3일, 두 번째로 광동에 파견되어 사건을 '조사 처리'하게 된 흠차대신 기선은 황제를 대면하여 명령을 받은 후 출정의 길에 올라 북경을 출발하여 남하했다. 도광제가 그때 도대체 그에게 무슨 말을 했는지에 대해서는 오늘날에는 찾기 힘든 수수께끼가 되었다. 그러나 도광제의 이전 유지를 보면 그 사명을 전부 개괄할 수 있을 것 같다. "위에서는 국체를 잃을 수 없으며 아래에서는 변경분쟁이 일어나서는 안 된다"[73] 이 전면적인 유지는 마치 이전의 아편의 근원을 근절시키고 분쟁의 실마리를 일으키는 것을 허락하지 않는다는 것과 같은 집행될 수 없는 역설임은 의심할 여지가 없다. 기선 일행의 위풍당당함 속에서 우리는 어렴풋이 5개월 후, 칼을 차고 족쇄에 묶여 병사들이 호송하여 원래 있던 곳으로 돌아가는 그의 신영(身影)을 보게 된다.

영국군이 남하했다. 기선도 남하했다.

북방의 위기 국면이 소강된 후, 도광제는 자신의 '오랑캐를 다루는' 능력에 대하여 착각을 하게 되었다. 영국군을 순조롭게 남하시키기 위해, 그리고 다시 전쟁이 벌어지는 것을 피하기 위해, 그는 영국 측의 요청에 근거하여 연해 각 성에 총과 포를 쏘지 말라고 명령했다. 그리고 성의 군비를 절약하기 위해, 그는 영국군이 이미 산동 앞 바다를 지나갔다는 산동순무의 보고를 받고는 급히 연해 각 성의 일부 병력을 철수시키라는 명령을 내렸다.[74] 비록 이때 정해가 아직 영국군의 수중에 있었지만, 전국적인 긴장 국면이 표면적으로는

반영한다고 할 수 있다.

73) 『籌辦夷務始末(道光朝)』 1권, 399쪽.
74) 『籌辦夷務始末(道光朝)』 1권, 487쪽.

이미 평온해진 것처럼 보였기 때문에 그는 전쟁이 끝났다고 생각했다.[75] 매우 득의양양해하던 그때, 그는 또 갑자기 당시 '토벌(剿)'을 주장하던 시기의 혼란을 생각하고는 괜히 놀랐다고 생각했다. 만약 일찍 영이의 '억울함을 풀어달라는' 투서를 받았다면, 만약 일찍 기회가 있을 때, '회유' 정권으로 빠르게 결정하여 처리했다면, 그럼 이런 수많은 곡절이 어떻게 일어날 수 있겠는가?라고 생각했다.[76] 이 때문에 그는 생각하면 생각할수록 한스러워 크게 대노했다. 그래서 10월 7일에 그는 이미 파직한 절강순무 오이공액을 체포하여 심문하고 압송을 명령하여 형부로 보내 심문하는데, 죄명은 뜻밖에도 '오랑캐의 문서를 받지 않고 거절했다는 것이었다.[77]

전제사회에서 독재자는 원래 도리를 따질 필요가 없었다. 그렇기 때문에 모든 도리는 모두 그의 수중에 있었다.

---

75) 1840년 10월 23일에 도광제는 민절총독 등정정의 상주를 받는다. 여기서 등정정이 15만 냥을 군비로 삼겠다고 요구한다. 그 결과 내각을 통해 유지를 보내면서 이에 대해 반박한다. "현재 그 이(夷)는 단지 방어를 할 뿐 감히 도처에서 소란을 피우지 못하고 있다. 등정정 등이 앞뒤에서 적의 공격을 받는다고 하는데 어떠한 적인지 모르겠다. 그 이(夷)가 민절강신 때문에 상주를 올려 억울함을 호소할 수 없어서 천진에서 탄원서를 전달하여 한 것이라고 하였다. 자못 공손하다고 여겨 현재 대신을 광동으로 특별히 파견하여 조사처리하게 하여 머지않아 병사를 곧 거둘 수 있을 것이다. 등정정 등이 말한 이가 창궐한다는 것은 어디서 창궐한다는 것인지 모르겠다." (《籌辦夷務始末（道光朝）》第1冊. 第525頁) 내각을 통해 내려진 유지는 군기(軍機)를 통해 보낸 유지와 달리는데, 후자는 비밀이었고 전자는 공개적이었다. 도광제가 전쟁에 대해 낙관적이라고 예측한 것은 청 왕조 내 대소신료에게 반드시 영향을 미쳤을 것이다.

76) 도광제는 이 일에 대해 매우 감개무량해 했다. 9월 19일 유겸의 상주에 주비로 "너무 어처구니가 없다! 기선은 사리를 분별하여 명령을 받들어 처리한 기선만 못하다. 기선이 상주에 올린 모든 편지와 내용은 짐으로 하여금 이의 상황을 분명히 알게 하여 진위를 판별하고 기회를 틈타 처리하게 하였다. 만약 네가 사소한 것에 주의하여 더 큰 문제를 등한시한다면 반드시 대가가 따를 것이다. 네가 과거 명나라 장군의 기만과 아첨을 모방할 줄은 예상하지 못했다. 도대체 너는 짐을 어떻게 생각하는 것인가?" 『籌辦夷務始末(道光朝)』, 475쪽.

77) 『籌辦夷務始末(道光朝)』 1권, 506쪽.

3. 이리포(伊里布)와 절강(浙江)·정전(停戰)

1840년 하반기부터 1841년 봄까지는 양강총독 이리포의 일생 중 가장 순탄하지 못한 시기일 것이다. 이때 그는 이전에 경험하지 못한 지경에까지 몰락했다.

그러나 후세의 사람들이 '투항파'의 핵심인물이라 불리는 이 지방 최고위 관리는 이 시기 초기에는 '토벌(剿)'을 주장하는데, 도광제, 기선과 같았다.

1840년 7월 9일, 부임한지 얼마 지나지 않은 이리포가 황제의 명을 받들어 아편의 해상밀매를 엄히 단속하고 오송(吳淞) 등지의 해구의 정황을 현장조사하고 군영(軍營)을 검열하고 소주로 돌아왔을 때, 절강순무 오이공액의 갑작스런 자령(咨令)을 받고 '이선(夷船)'이 절강 앞 바다를 순시하고 있다는 소식을 들었다. 다음날 또 강소순무 유겸(裕謙)이 전해온 절강 번얼(藩司와 臬司) 양사(兩司)의 보고를 받고 정해 일대에 '부목으로 고정한 이선(夷船)' 20여 척이 있다는 것을 알았다. 그의 첫 번째 반응은 도광제의 이전 태도와 완전히 일치하는데, "분명히 광동, 복건 이 두성에서 단호하게 몰아냈기 때문에, 제멋대로 절강 앞바다로 들어간 것으로 속셈이 음흉하다."라고 생각했다. 비록 그가 이때 중영 양국 간에 이미 전쟁이 발발했다는 것을 모르고, 심지어 침범한 자가 어느 국가의 '이'인지 몰랐지만, 그것들 모두가 그가 즉시 7월 11일에 오송 해구로 돌아오는 것에는 영향을 미치지는 않았다. 또 만약 '그 이(夷)'가 감히 강소(江蘇) 앞바다로 침입한다면 먼저 항구를 봉쇄하고, 내홍을 근절시키고 (쓸데없이 영국군이 봉쇄를 시행했다), 그런 후에 군대의 위력을 보여주어 몰아낸다는 대권을 세우는 데 영향을 미치지 않았다. 이와 동시에 그는 계속 연해 각 성의 장군 독무에게 신속히 군정(軍情)을 통보하였다.[78]

---

78) 『阿片戰爭在舟山史料選編』, 25쪽.

7월 13일, 이리포는 오송에 도착하여 소식을 듣고 미리 출발한 강남 수륙 제독 진화성(陳化成)과 회합을 가졌다. 다음날 절강의 소식을 듣는데, '이선'이 병력을 양 방향으로 나누어 한 방향은 정해로 진공하고, 다른 한 방향은 서쪽으로 갔는데 그 목적을 모른다고 했다. 이리포는 서쪽으로 간 '이선'이 강소를 침범할 것을 두려워하여, 즉시 다음과 같은 일련의 결정을 내렸다. 1)해양 방어의 중점구역인 보산(宝山, 오송을 포함), 상해, 숭명(崇明) 세 곳에 방어 병력 1만 명을 배치하고 전쟁을 준비한다. 2)번고(藩庫布政司의 은 냥 창고), 운고(運庫, 塩運司의 은 냥창고)에서 은 4만 냥을 지출하여 군비로 충당한다. 3)강소포정사에게 화약과 군수물자(軍資)를 준비하여 사용하는데 문제없게 하라고 명령한다. 4)강소안찰사에게 역참 전달체계를 정비하여 상주, 유지 및 각 처의 보고가 막힘없이 원활할 수 있도록 하라고 명령을 내린다. 5)자신이 상해와 보산 사이를 직접 지키면서 가까이에서 지휘를 한다. 그는 정세에 대해 여전히 충분히 파악하고 있지 못하고 있음에도 불구하고 상주에 일단 절강의 "불순한 오랑캐가 섬멸되었다"는 소식을 들으면, 즉시 "철수하자는 상주를 보내겠다."고 하였다.[79]

7월 17일, 이리포는 또 절강순무의 조회를 받고 정해가 함락 당했고 진해가 위급하다는 것을 알게 되었다. 정세의 엄중함을 알아차린 그는 강소의 방어 구역을 확대함과 동시에 양강총독의 직권으로, 안휘병(安徽兵) 1,600명, 조표병(漕標兵) 450명, 하표병(河標兵) 900명을 차출하여 강소의 각 해구를 지원하였다. 그리고 강서병(江西兵) 1,000명을 차출하여 소주(蘇州), 진강(鎭江) 일대에 주둔시켜 예비대로 삼았다. 또 안휘 창고에 있는 화약과 납탄 5만근을 꺼내 강소 해구에 지원하였다. 이외 그는 '이선'이 매우 크고 강소 수사선이 너무

---

79) 위의 책, 29~31쪽. 원래 배치되어 있던 병사와 진화성이 차출한 병사 외에, 이리포가 실제로 지원한 병력은 모두 4,600명이다.

작다는 정보를 듣고 예하 기관에 '봉쇄준비를 하고(封備)' 광동, 복건의 대형 상선 수십 척을 수시로 고용하여 수사의 작전에 활용하라고 명령했다.[80]

7월 31일, 이리포는 수사 수천 명을 뽑아 절강에 지원하라는 도광제의 명령을 받고 강소에만 있는 외해수사(外海水師) 2,900명 중에서 2,000명을 차출하여 언제든지 명을 받아 출발할 수 있도록 하였다.[81]

8월 12일, 이리포는 흠차대신으로서 절강에 가서 군무를 주관하라는 도광제의 유지를 받고 사람들을 데리고 당일 출발했다. 도중에 도광제의 정해 진공의 계권을 듣고 상주에 빼앗긴 땅을 되찾을 수 있는 계권을 언급했다. 가짜병사를 많이 만들거나, 몰래 간첩을 파견하거나, 거점들을 선공거나, 본 거지를 직접 공격하는 것 등이었다. 그 계권은 비록 최후에 받아들여지지 않았지만 자신감에 차 있었다. 그가 당시 느꼈던 유일한 곤란은 바로 도해(渡海) 작전 시 필요한 전선(戰船)이었다. 그러나 문제는 어렵지 않게 해결될 것이라고 생각했다. 강소에 있을 때, 그는 상선을 고용하는 방안을 깊이 생각한 적이 있었는데, 이번에 절강에서 이미 선박을 고용했다는 소식을 들었기 때문이었다. 설령 이런 선박을 고용하는 방법이 '사용하기에 적합하지 않다'라고 할지라도, 빨리 "여러 척을 제조하여 공격에 사용되어야 한다."라고 하였다[82]

8월 23일, 이리포는 영파에 도착했다.

이 한 달이 넘는 과정 중에서 이리포의 태도는 청조의 그 어떠한 관원들과 만찬가지였으며, 오직 진심으로 '토벌'을 주장했을 뿐이었다. 그러나 실제 행동

---

80) 위의 책, 39~40, 63쪽. 『籌辦夷務始末(道光朝)』 1권, 377~378쪽. 원래 방어시설이 되어 있던 보산, 상해, 숭명 세 곳을 제외하고 이리포는 병사들을 차출하여 금산, 남회(南匯), 봉현(奉賢), 화형(華亭), 상열(常熱), 해문(海門) 등지를 함께 방어했다. 그리고 강녕장군이 경구(京口, 지금의 鎭江)에 주둔하여 장강 내의 방어를 지휘하게 했다.

81) 『籌辦夷務始末(道光朝)』 1권, 377~379쪽.

82) 『阿片戰爭在舟山史料選編』, 52, 57, 60~61, 62~63쪽.

중에 또 분명히 어떠한 청조관원들보다 더 노련한 기질을 보였다. 일단 정보를 얻으면 즉시 대권을 세우고 즉시 상주하여 보고하고, 깔끔하고 주도면밀함을 잃지 않았다. 그는 청조관원 중에 첫 번째로 청지(請旨)나 봉지(奉旨)를 거치지 않고 외성의 군대를 차출하여 움직였으며, 처음으로 청지나 봉지를 거치지 않고 바로 군비, 군화력, 역참의 보고체계 등등 작전과 관련이 있는 모든 방면에서 과단성이 있는 조치를 취하였다. 병력 차출 항목에 있어서 보면, 연해 각지에 원래 주둔하던 병력 외에 그는 단시간 내에 격문을 보내 강소, 안휘, 강서 삼성과 조하(漕河)의 두 독표(督票)에서 모두 10,900명의 병사를 요구하여 강소의 각 해구에 증원하였다.[83] 그 수가 연해의 그 어떤 성보다 많았다.

이리포가 행한 모든 것이 그가 도광제가 믿고 신뢰하는 유능한 관리였다는 것을 표명했다.

그러나 절강의 전선에 도착한 후에 이리포는 변했다. 원래 가지고 있었던 믿음은 운무와 같이 양광 아래 흩어졌으며 원래 가지고 있었던 경험은 상황이 달랐기 때문에 전부 쓸모가 없었다.

일처리가 노련하고 생각이 주도면밀한 이리포는 새로운 문제에 봉착했다.

이리포는 예적만주(隸籍滿洲) 양황기(鑲黃旗) 출신으로 조상이 탑극세(塔克世, 누르하치의 부친)까지 거슬러 올라가며, 청대제도에 따라 '각라(覺羅)'가 되고 몸에 홍대(紅帶)를 두를 수 있기 때문에 또 '홍대자(紅帶子)'라고 하였으며, 청조에서 그 혈통이 고귀한 사람이라 할 수 있었다. 그리고 그 밖의 예사롭지 않은 특출한 점이 있는데 그것은 바로 그가 과반(科班) 출신으로 이갑(二甲) 진사(進士)라는 것이다. 이는 만인(滿人) 중에서는 쉽게 볼 수 없는 걸출한 사람이라 할 수 있었다. 그는 처음에는 국자감(國子監)에서 일했다. 1812년에 운

---

83) 위의 책, 69쪽.

남으로 파견되어 통판(通判)등의 지방관으로 일했으며 점차 관직이 올라갔다. 1819년에 입국하려는 미얀마(緬甸)의 반역자를 체포하여 미얀마 당국에 넘겨주어 '스스로 처리하라'라고 하는 등 변경을 보호하여 안정시켰기 때문에 중앙의 관심을 받게 되었다. 1821년에는 그 지역 소수민족의 반역을 평정하여 도광제의 총애를 얻고 벼슬이 빠르게 올랐다. 연달아 안휘 태평부(太平府) 지부, 산서 기녕도(冀寧道), 절강 안찰사, 호북 포정사, 절강 포정사, 섬서 순무, 산동 순무를 역임했다. 이렇게 4년 동안 7번을 옮겼다. 비록 직급이 단계적으로 올랐지만 그 속도가 매우 빨라서 항상 자리가 따뜻해지기도 전에 새로운 관직을 받았다.

이리포의 입장에서 말하면, 내지에서 관직을 한 바퀴 돌았지만 공을 세우고 이름을 떨친 곳은 변경으로 그곳에서 그 수완을 더욱 발휘한 것 같다. 1825년 10월에 이리포가 부친상 백일을 채우자 도광제는 기인(旗人)의 규정에 따라 그에게 운남순무에 임명한다는 명을 내려 부친 상을 치르는 중에 정식으로 관직에 임명했다. 1835년에는 운남, 귀주총독이 되었다. 1838년에는 협반대학사(協辦大學士)을 받았는데, 이는 당시 변경 관리 중에 두 번째(첫 번째는 기선)로 받는 큰 영광이었다. 1839년에는 또 쌍안화령(双眼花翎)을 상으로 받았다.

운남은 소수민족이 모여 사는 지역이었다. 옹정제가 족장제를 폐지하고 중앙 관리를 임명한 다음부터 청 정부가 직접 다스렸지만 사단이 자주 발생했다. 청조 통치자의 입장에서 보면 이 곳의 관(官)은 '번(繁)', '요(要)', '충(冲)', '난(難)' 네 가지 전부가 부족하여 힘이 있는 변경 지방관을 많이 배치하였다. 이리포는 평상시 정치가 너그럽고 온화하여 충돌이 감소하기를 희망했는데, 전혀 병사를 동원하여 강압하지 않았고, 널리 확산되는 것을 신속하게 제지하였다. 즉, 소위 너그러움과 엄격함을 잘 조화시켜 정치를 펼쳤다. 그가 임직한 기간 동안 운남은 확실히 드물게 안정적이고 조용하여, 도광제가 매우 마음에 들어 했으며 여러 차례 표창하고 승진시켰다. 그러나 그가 받은 가장 중요한 첫 번째 처벌은 뜻밖에도 1830년에 그가 객십갈이(喀什噶爾) 반란의 평정에 참가시켜달라는 상주를 보낸 것으로 도광제에게 호되게 질책을 당하고 그 결과 '파직을 유임한다.'라는 처벌을 받았다.[84]

이리포는 관료인생에서 4분의 3을 운남에서 보냈다. 매우 오랫동안 '하늘은 높고 황제는 먼' 변경에서 보낸 경험은 그에게 과감한 성격, 노련한 태도를 양성하게 하였고 강한 자신감을 키워 주었다.

그렇지만 이때와 서로 다른 시기, 이 '이'와 그 '이'는 달랐다(당시 청 정부 역시 변경의 소수민족을 '이'라고 했다). 강한 배와 무기를 가지고 바다를 건너온 '영이'는 그가 당년에 자유자재로 대응하던 변경의 소수민족이 아니었다.

북방의 기선과 비교하여 이리포의 곤란한 점이 한층 더 많았던 것 같다. 도광제가 이리포에게 부여한 사명은 출항하여 작전을 펼쳐 정해를 수복하는 것이었다.[85]

비록 주산 본도에서 대륙의 진해(鎭海)까지 해상 거리가 30킬로미터가 넘지는 않았지만, 대륙까지 가장 가까운 곳이 겨우 10여 킬로미터였기 때문에, 바다를 건너 작전을 한다고 해도 원양의 진공작전이라고 볼 수는 없었다. 그러나 이렇게 좁은 해협은 도리어 전혀 사정을 봐주지 않고 이리포의 진공 노선을 막았으며, 게다가 진해 일대의 해수면위에는 항상 봉쇄임무를 수행하고 있는 영국 군함이 있었다.

이리포가 진해에 도착했을 때는, 정해가 이미 함락되었기 때문에 오이공액

---

84) 이리포가 중한 처벌은 받은 이유는 도광제가 그들 꾸짖는 유지에 "함부로 상주를 올려, 역참을 힘들게 한다."라고 하였듯이 청대의 제도에 의하면 역참을 마음대로 사용하는 것은 중죄에 해당하기 때문이다. 그리하여 이부(吏部)의 의주(議奏)의 처분이 '파직'이었으며, 이에 도광제가 은혜를 내려 '파직을 유임한다.'로 바꾼 것이다. 그리고 다음해 회복되었다.
85) 『阿片戰爭在舟山史料選編』, 57~58쪽.

등이 수사 3,000명, 육군 2,000명의 병력을 이미 차출하여 집결시켜 놓은 상태였다. 청군의 입장에서 보면, 한 곳에 집결한 병력이 5,000이나 된다는 것은 적지 않은 것이었으나, 당시 정해에 주둔하고 있는 영국군이 전함 30여 척, 육군 7, 8천 명이라는 것을 청군의 조사로 알게 된 이리포는 감히 '경솔하게 진공하여 가볍게 시도'해 볼 수 없었다. 비록 절강에는 이리포가 안휘 수춘진의 왕양명부에서 차출한 1,200명 및 복건육로제독 여보운이 절강에 보낸 복건병 500명, 고용하여 모집한 수군 의용군 1,000명이 있었는데, 당시 사람들의 관념으로 보면 육로로 진공하는 병력으로는 부족하지 않았지만, 이리포에게 가장 급박하게 필요했던 수사 전선을 수급할 곳이 없었다. 게다가 이리포가 절강에 도착하기 전에 진해에서 배를 건조하길 희망했었으나, "절강성에서 생산되는 목재는 짧고 작아" 행동에 옮길 수 없었다.[86]

이로 인해 8월 28일에 이리포는 절강에 도착한 후 첫 번째 상주를 올려, 도광제에게 광동수사, 복건수사에서 2,000명을 차출하고, 또 그는 강소에 집결한 수사 2,000명을 합쳐 4개 성의 대군이 연합 진공하여 정해를 수복할 것을 요구했다.

이리포의 4성 수사연합진공이라는 작전계획은 오늘날의 군사지식으로 보면 근본적으로 잘못된 것이다. 첫 번째로 복건, 광동 수사는 여전히 영국군의 적수가 되지 못하기 때문에 도중에 영국군에게 섬멸당할 가능성이 매우 높았고(등정정은 이미 그것을 알아차렸다),[87] 두 번째로 복건, 광동은 영국군의 압력 때문에 병력의 부족을 크게 느끼긴 했지만, 절대로 수천 명이나 되는 수사를 차출할 수 없었다. 사실상 1840년 8월 4일, 이리포가 아직 양강에 있을

---

86) 위의 책, 66~68쪽. 이리포는 절강의 목재가 짧고 작아, 복건에서 지원해줄 것을 요구한다. 도광제는 후에 유령에 "배를 서둘러 만들 수 있는 곳을 요청한 것에 대해서는 아마도 급한 경우에는 도움이 되지 않을 것이며 공연히 헛수고 하는 것으로 필요가 없다"(『籌辦夷務始末(道光朝)』 1권, 409쪽).

87) 위의 책, 44~45, 48쪽.

때, 절강순무 오이공액이 광동, 복건 수사의 북상을 요구하는 상주를 보냈을 때, 이미 오이공액의 건의를 지지하는 상주를 보냈는데, 4성 연합의 계획이 이때 싹트기 시작했다. 이 상주는 긴급이 아닌 보통속도로 북경에 도착한 것으로 8월 23일에야 비로소 도광제가 이 상주를 받았다. 이때의 이리포는 이미 진공토벌과 정해수복을 책임지는 흠차대신이었다. 이 주장에 도광제가 대노하고 주비에 비판을 하였다.[88] 도광제는 전국적 관점에서 문제를 바라보았는데, 비록 그가 영국의 미래 행동에 대하여 판단을 할 때, 부분만 알고 전체를 알지 못한 점이 있었지만, 그는 매우 성실하게 이런 종류의 행동이 시간을 지연하는 것이라는 것과 서로 책임을 회피하려하는 병폐임을 지적하였다.

이것으로부터 우리는 다음과 같은 사실을 알 수 있다. 이리포가 상주할 때, 나온 그 어떤 동기들을 막론하고, 그의 4성 연합진공계획은 실제운용 중에 적어도 수십일 동안의 병력집결 시간이 필요했다. 이렇게 이리포에게 진공을 늦춰야하는 이유를 만들어 주면, 그는 이때 가장 필요로 하는 준비를 할 시간을 얻을 수 있으며, 동시에 그 한 사람이 부담해야 하는 정해 진공의 책임이 수사를 차출하여 파견하는 행동을 통해서 광동, 복건, 강소성의 관리들에게로 분산되어, 자신의 부담이 줄어드는 것이었다.

이점이 아마도 이리포가 제의한 권략의 뛰어난 부분일 것이다.

그러나 이리포가 이 계획을 정식으로 상주한지 얼마 지나지 않아, 도광제가 이에 대한 주비를 절강에 보내 그에게 이 생각을 어쩔 수 없이 접게 했다.[89] 이 엄준한 유지를 대면하고 그는 후에 무안한 듯 자신을 변호했다. 수사를 차

---

88) 『籌辦夷務始末(道光朝)』 1권, 400~401쪽.

89) 이때에 절강의 복건육로제독 여보운이 8월 26일에 민 월수사 각 2,000명을 차출하여 파견해 달라는 상주를 올린다. 도광제는 8월 30일에 이 상주를 받고 동요하여 이리포에게 "상황을 자세하게 알아보고 전력으로 협의하여 차출해야 할 곳이 있는지 상주하라"(『籌辦夷務始末(道光朝)』 1권, 413~414쪽). 이리포가 이 유지를 받았을 때는 이미 계획이 바뀌어 다시 증원을 요청하지 않았다.

출하여 집결하는 계획은 '허장성세'에 지나지 않을 뿐이며, 이 기회를 틈타 육군을 섬으로 비밀리에 수송하기 편리하도록 한 것으로 "허점을 바로 공격하고 성읍을 기습하여 탈환하는 것"이라고 하였다.[90] 이 말은 황제의 뜻에 순응하기 위해 날조한 것으로 절대 사실이 아님이 분명했다.

그러나 보고는 생각대로 날조할 수 있었지만, 정해를 수복하는 임무는 말로써 설명할 수 있는 것이 아니었다. 그것은 이리포 앞에 놓인 어려운 문제임이 틀림없었다.

강소 오송에서 절강 진해까지 양강총독에서 흠차대신이 되면서 이리포는 다시는 이전과 같은 정명함, 과감성, 자신감을 보이지 못했다. 영국군의 유린 앞에 그는 마치 이미 무력으로 정해를 수복하는 임무를 완성할 수 없다는 것을 알아차린 것 같았지만, 감히 분명하게 직언할 수 없었다. 그리하여 그가 취한 조치는 사실에서 거짓으로 바뀌고, 언사는 명확함에서 모호함로 변했다. 이 시기에 그가 올린 상주를 보면 그가 미망에 빠졌음을 알 수 있다.

이제 이전의 이리포에게 존재하던 정신과 풍채는 이미 존재하지 않았다.

이리포가 정해를 수복하는 일을 위해 시행해볼 만한 계권이 하나도 없었을 때, 북방의 정세 변화는 그에게 다른 활로를 도모할 기회를 주었다.

1840년 8월 25일에 도광제는 이리포가 절강으로 가는 도중에 보낸 상주를 받는데, 천진의 형세에 근거하여 다음과 같은 지시를 내렸다. "반드시 방문하여 명확하게 조사하고, 이후의 움직임을 의논하고 계획하여 절대 급하게 수복을 시도하지 말고 경솔하게 공격하지 마라.'[91] 도광제의 이 유령은 이리포의 주변 사정을 제대로 이해한 것이다. 그것은 비록 정해 수복의 임무 규정이 변

---

90) 『阿片戰爭在舟山史料選編』, 70~71쪽. 정해의 수사를 수복하는 문제에 관하여 이리포는 마치 말에 두서가 없었다. 그는 기왕 민 월의 수사가 북상할 수 없다면, 정해수사의 패잔병들을 수습하여 다시 수용을 모집하여 역시 임시로 보충할 수 있다고 하였다.

91) 『籌辦夷務始末(道光朝)』 1권, 409쪽.

한 것은 아니지만, 시간상 이리포에게 충분한 시간을 남겨 주었다. 게다가 기선에게 '억울함을 하소연하는' 청원서(稟帖)를 처리하고, 절강성에 '공문을 올리는 것'을 받으라고 명령하는 등의 몇 가지 조치는 이전과는 세불양립의 완전히 다른 풍격을 나타내는 것이었다. 청조 관계에서 사용하는 용어의 함의에 따라 권력 중추에 '역이(逆夷)'의 의미가 완화되는 경향을 나타낸 것이다.

이리포는 주도면밀하게 계획하고 멀리 내다보고 치밀하게 계산하기 때문에 자연히 도광제의 의사를 알아차릴 수 있었다. 그는 이때 이미 절강에 도착한 복건수륙제독 여보운과 한차례 상의를 한 후 9월 8일에 기선이 천진에서 청원서(稟帖)를 처리하자, 절강에서는 이때 진공하는 것은 적당하지 않다고 생각하고 피차 서로 어긋나지 않도록 하기위해 상주를 보냈다. 절강의 당시 임무는 1)엄밀하게 '그 오랑캐가 침입하지 못하게' 방어한다, 2) 정해를 공격하는 일을 '비밀리에 배치한다.'[92] 바꾸어 말하자면, 이리포는 기회를 틈타 자신의 사명을 제멋대로 결정하여 바꿔버린 것으로, 즉 해상에서 정해로 진공하는 것에서 진해 등의 지역을 육상 방어하는 것으로 바꾼 것이다. 안목이 있는 사람이라면 '비밀리에 배치한다.'라는 사실상 '잠시 보류한다.'를 은폐하는 구실이라는 것을 보자마자 알 수 있을 것이다.

영국 측은 이때 담판에 뜻을 두고 있었고 이리포가 이때 진공을 포기하자, 절강에서의 무승부가 이 때문에 출현했다.

이리포의 이 상주가 북경에 도착했을 때, 마침 영국군은 천진을 떠나 해상을 순항 중이었다. 도광제는 영국군의 목표 및 다음 행보가 불분명하다고 생각하여 9월 16일의 유지에 "모든 토벌에 관계된 사항은 그 대신(大臣)이 비밀리에 배치하라"라고 했으며, 또 주산(舟山)은 지역이 넓어 영국군이 곳곳을

---

92) 『阿片戰爭在舟山史料選編』, 71쪽.

방어할 수 없으니 이리포로 하여금 그 정황을 분명하게 파악하여 "진공의 계획을 세우도록 하라"라고 했다.[93] 이리포는 9월 24일에 이 유지를 받고 하루 만에 또 도광제가 9월 17일에 보낸 유지를 받았다. 이 유지에 영국군이 이미 '훈유(訓諭)를 받아들여' 전부 '닻을 올리고 남하했고' 정해의 수군 역시 "반이 먼저 철수했으니", 이리포 등은 남하하는 영국군을 '공격할 필요가 없으며', '먼저 공격해서는 안 된다'라고 명령한다. 결국 조정이 마침 '회유(撫)'의 계로 승리한 것을 경축할 때, 이리포의 '화(和)'계도 사실상 비준을 얻은 것이었다.

이때 절강에서 사건이 발생했다.

1840년 9월 19일, 영국 원정군 해군사령관 제임스 브레머가 절강순무와 절강제독에게 편지를 보내 천진에서의 담판 기간 동안 영국 측은 교전을 하지 않을 것이라고 표시했다. 그리고 그는 청국 측이 민중을 선동하여 물자 제공을 거부하고 P. 안스트루터(P. Anstruther)등을 체포한 것을 지적하면서 청국 측에 즉시 풀어주라고 요구하고 영국 포로에게 조금이라도 상해를 입혔다면 반드시 보복하겠다고 하였다.[94]

P. 안스트루터는 영국 육군 상위(上尉)로 정해지도를 제작할 때 향민에 의해 체포당했다. 이외에 청군은 이때 정해, 진해 등지에서 '흑이(黑夷, 벵갈인)' 8명을[95] 체포하고, 장강입구 봉쇄에 참가한 영국군 수송선 카이트(Kite)호가 회항 중에 사고를 당하자, 29명의 선원(3명의 영국군 군관과 1명의 영국 부녀자가 포함됨)이 청군에 포로가 되었다.[96]

---

93) 『籌辦夷務始末(道光朝)』 1권, 459쪽.

94) 『阿片戰爭在舟山史料選編』, 492쪽.

95) 위의 책, 79~81쪽.

96) 이리포는 상주에 영국 국적의 '다섯 돛대짜리 이선 1척'과 '삼판선(杉板船) 2척'이 자계현 관해위(觀海衛) 바다에 나타났는데, "오랑캐 무리가 벌떼처럼 상륙하자", 청군이 "전력을 다해 응전하여" '이도(夷匪)' 7인을 격살하고, 4인을 생포하였으며, 영국선박은 "도주하였다"라고 하였다. 후에 여요현(余

이리포는 9월 22일에 제임스 브레머의 편지를 받고 즉시 빠르게 기왕 영국 측이 P. 안스트루터를 요구한 만큼, 그럼 청국 측이 이 기회에 조건을 제시할 수 있겠다고 생각했다. 9월 24일에 이리포는 절강순무 오이공액의 이름으로 조회를 제임스 브레머에게 보내 흠차대신이 왔음을 알리고, 포로 석방의 조건으로 영국 측이 "병선을 철수시키고 정해현성을 내놓아야 한다."라고 선포했다. 그의 건의를 더욱 가치 있게 하기위해 그 밖의 약속을 했다. 1)P. 안스트루터 등을 제외하고 카이트호에서 나포된 29인 역시 모두 석방한다. 2)이전에 영국 측이 보낸 편지에 언급한 '통상'의 일 역시 "대신 상주하여 요청을 해주겠다."[97]

이리포가 답장을 보낼(復照) 때, 제임스 브레머는 주산에 없었으며, 영국 함선 블렌하임호 함장인 센하우스(Humphrey Fleming Senhouse) 상교(上校)가 주산의 군무를 주관하고 있었다. 그와 이리포는 9월 25일과 28일 두 차례 서로 조회를 교환했다.[98]

9월 28일에 조회를 센하우스에게 보내고 당일 이리포는 장편의 상주를 올렸다. 그는 먼저 육상과 해상을 동시에 진격하여 정해를 수복하는 구상을 했다고 허풍을 치면서, 자신이 이미 '비밀리에 배치했다'라고 표명했다. 그 다음

姚縣) 리제당(利濟塘)에 이르자 여요현지방관이 초선(哨船) 두 척을 파견하여 유인해서 영국선박이 실수로 모래에 빠지자 청군이 '이비(夷匪) 22명'을 생포하였다고 했다(『籌辦夷務始末(道光朝)』 1권, 503~504쪽). 이 주장은 영국 측의 기록과 완전히 다르다. 영국 측은 이를 항행 사고라고 하였다.

97) 『阿片戰爭在舟山史料選編』, 85, 493쪽. 이리포가 이미 기선이 천진에서 공문을 처리한 방식을 알고, 영국 측과 문서교류에 '조회'라는 격식을 사용했을 가능성이 매우 크다. 또 이리포가 조회에 언급한 '통상'은 1840년 7월에 영국군이 절강에서 파머스턴이 중국 재상에게 보내는 편지를 건넨 일을 가리킨다.

98) 위의 책, 86~87, 493~495쪽. 센하우스는 카이트호의 일을 알지 못했는데, 9월 25일의 복함(復函)에 포로가 된 인원의 명단을 넘겨달라고 요구하면서, 주산으로 귀환한 다음 브레머가 주산으로 돌아오길 기다린 후에 다시 "조회를 전달하겠다."라고 하였다. 이리포는 8월 28일 복조(復照)에 포로를 석방하는 일은 "반드시 황제의 은혜를 구해야 한다." 즉, 도광제의 허락을 받아야 한다고 발표한다. 이는 바꿔 말하면 자신은 포로를 석방하고 싶다고 표시한 것이다. 그는 계속 브레머가 주산으로 돌아가 정해를 반환하는 일에 대해 "상세히 분석하여 회답해 줄 것"을 요구했다.

에 그는 또 붓을 놀려 천진의 정황은 이미 영국 측이 "고개를 숙이고 귀를 늘어뜨렸으며", "진심으로 변화할 마음이 있다는 것"을 증명하므로 절강은 이때 마땅히 '투항'에 응해야 하며, 그렇게 해야 "분쟁을 그치고 싸움을 멈추어야 한다."라는 도광제의 뜻에 부합한다고 했다. 그리고 마지막에 그는 비로소 전쟁 포로와 빼앗긴 지역을 바꿀 계획을 토로하고, 기선을 모방할 것을 표시하고, 제임스 브레머가 주산으로 돌아오길 기다린 후에 "편지를 준비하여 그를 일깨우고", "신속하게 철수하라는 명을 내리고 우리의 강토를 반환하고 군대를 힘들게 하는 것을 피한다."는 것이다.[99] 이 상주는 10월 7일에 북경에 도착했고, 도광제는 이를 매우 칭찬하면서 주비에 칭찬하는 말을 많이 적고 즉시 비준했다.

9월 28일, 이리포가 상주한 당일 그가 기다리는 제임스 브레머가 아직 도착하지 않았으나, 영국원정군 총사령관 겸 전권대표 조지 엘리엇 등이 북방에서 남하하여 주산에 도착했다. 그는 이리포의 조회를 보고난 후에, 즉시 9월 29일에 답장을 보내는데 강경한 언사로 만약 체포된 인원을 석방하지 않는다면, 청국 측이 이미 '적의적인 행동'을 개시한 것으로 알고 그는 "친히 진해로 갈 수 있다"라고 하였다.[100]

이리포는 조지 엘리엇에게 교전할 의사가 있다는 것을 알고 급히 답신을 보내 해명했다. 그는 영국인 포로를 체포한 일은 흠차대신 기선이 남하하는 광

---

99) 위의 책, 82~84쪽. 여기서 주의할 만한 점은 그 상주의 하루 전날로 9월 27일인데, 이리포가 두 번의 상주에 그가 9월 22일부터 진행한 교섭활동에 대해서는 한자도 언급하지 않았다는 것이다. 심지어 9월 28일 상주에 그는 청군이 자계, 여요에서 영국 선박 카이트호와 교전하여 승리한 일을 크게 이야기하였을 뿐이다. 분명한 것은 이리포가 이때 도광제의 비장의 패를 잘 알지 못했기 때문에 그가 진행한 교섭활동에 대해서 다방면으로 감추려 하였으며, 아마도 이런 것들이 당시 사람들에게 지나치게 연약한 행동으로 여겨졌을 것이며, 도광제의 분노를 샀을 것이다.

100) 위의 책, 497쪽. 조지 엘리엇은 조회에 계속 난폭하게 이미 30여 척의 중국 민선을 구류했으며, 만약 청국 측이 포로를 석방한다면 영국 측이 구류를 풀어줄 것이라고 하면서, 이를 교환조건으로 삼았다. 이리포가 이에 답을 하지 않았다.

동회담을 하기 전의 유지를 받든 것이며, 당시는 '피차 쌍방이 방어'하는 때로 교전의 행동으로 간주할 수 없다고 해명했다. 그는 여전히 영국포로의 석방과 정해(定海)를 반환하는 것을 같이 묶어 생각했다.[101]

10월 2일, 영국 전권대표 찰스 엘리엇과 통역 모리슨이 진해(鎭海)에 도착하여, 이리포, 여보운 등과 직접 회담을 나누었다. 영국 측은 포로의 석방을 요구하고, 청국 측은 반환을 요구했다. 회담에 참가한 이리포의 가복(家僕) 장희(張喜)가 이리포의 말을 기록했는데 사람들로 하여금 그의 마음속의 생각을 이해할 수 있게 했다.

> "대황제가 특별히 은혜를 내려 통상을 허락하였는데 당신들은 어떻게 보답하겠는가?"
> "우리는 일을 처리함에 있어 반드시 당신들을 곤란하지 않게 해야 하고, 또 반드시 당신들을 돌아가게 한 다음 보고를 해야 한다. 당신들 또한 우리를 일깨워 곤란하지 않게 해야 하고, 우리들을 일깨워 대황제에게 보고하게 해야 하고, 우리들을 일깨워 대황제를 곤란하지 않게 해야 한다."[102]

앞의 문장은 이리포의 '통상'에 대한 생각을 설명하는 것으로 사실상 중영 간의 분쟁을 해결하는 가장 저렴한 방법을 토론한 것이고, 뒤의 문장은 서로의 목표를 "곤란하게 만들지 않는다면" 이미 '천조' 대관리가 '역이'에 대하여 당연히 가져야 할 적개심이 없을 것이며, 그리고 그것은 관계의 숙련가가 있어야만 비로소 목적을 이룰 수 있다는 것이다. 이번 회담은 당연히 그 어떤 결

---

101) 위의 책, 89~93쪽.
102) 張喜, 「探夷說帖」, 『叢刊 阿片戰爭』 5권, 336쪽.

론도 없었다. 그러나 이리포는 찰스 엘리엇이 이전에 아무 생각 없이 말한 "정해를 오랫동안 점거하지는 않을 것"이라고 한 말을 듣고 이번 일에 아직 희망이 있다고 생각했다.[103] 이후 10월 3일에 조지 엘리엇은 또 한 통의 조회를 보내고, 10월 4일에 이리포가 답신을 보내는데, 내용은 여전히 한쪽은 포로의 석방을 요구하고, 다른 한쪽은 반환을 요구하는 것으로 전과 다르지 않았다.[104]

오늘날의 지식으로 판단하면, 이리포의 계획은 단지 그 개인의 일방적 소망으로 틀림없이 통하지 않았을 것임이 분명했다. 영국은 식민지역사상 전쟁포로의 일에 대하여 대부분 더 큰 규모의 무장 행동을 발동하여 상대방을 압박하여 굴복시켰다. 그렇지만 이때의 중영은 막 대등하게 직접 담판을 하는 단계에 들어서고 있었으며, 예정한 광동회담이 아직 진행되지 못하고 있었기 때문에, 조지 엘리엇과 찰스 엘리엇이 비록 이미 무력동원을 아끼지 않을 것이라고 암시했지만, 결국 감히 경솔하게 행동하지 못하고 오직 교섭을 통해 해결하길 희망했다. 그러나 제임스 브레머, 센하우스, 조지 엘리엇 등이 보낸 문서와 찰스 엘리엇이 친히 진해로 가서 담판을 하자, 이는 오히려 이리포로 하여금 P. 안스트루터를 매우 중요한 인물로 오인하게 만들어 더욱 잡아두고 가치가 오르기를 기다리게 했다. 이런 잘못된 정보 때문에 이리포는 영국군이 원래부터 정해에 있는 군의 절반을 철수시킬 생각이 있었다고 여기고는 영국군이 정말로 절반이 철수하는 것을 지켜본 후, 영국인 포로의 "석방에 대하여

---

103) 『阿片戰爭在舟山史料選編』, 92쪽.

104) 10월 3일의 조지 엘리엇의 조회에 관하여, 나는 원문을 찾을 수 없었다. 이리포의 상주에는 "그것은 전문이 대체로 같다(9월 29일의 조회)"라고 하였다. 또 조지 엘리엇이 이후에 보낸 조회에 근거하면, 10월 3일의 조회는 마치 찰스 엘리엇과 이리포의 회담을 기록한 비망록처럼 여겨졌다(『阿片戰爭在舟山史料選編』, 498쪽). 10월 4일의 이리포의 조회에 관해서는 『阿片戰爭在舟山史料選編』, 91~92쪽을 참고.

고려해 볼" 예정이었다. "즉시 광동 동부로 가서 조사의 결과를 기다리기" 편리하도록 말이다.

정해 영국군의 반이 철수한다는 소식을 이리포는 도광제에게 듣고, 도광제는 기선에게 듣고, 기선은 백함장(白含章)에게 들었다. 기선의 상주에 근거하면 백함장은 또 영국군 군관과의 대화에서 들었다. 영국 측의 자료에서 나는 이에 상응하는 자료를 찾지 못했으며, 이 일은 증명하기 어렵다고 생각했다. 이치로 보아, 영국 측은 천진담판 기간 동안 마치 정해에 주둔하는 군대의 규모에 대해 결단을 내릴 수 없었던 것 같다. 그러나 조지 엘리엇과 찰스 엘리엇은 정해로 돌아온 후, 그 지역을 포기하는 구상을 분명히 하였다. 즉 앞에서 언급한 이리포가 들은 찰스 엘리엇 "원래 정해를 오랫동안 점거하지는 않을 것"이라는 말은 전혀 근거가 없는 것은 아니었다.

9월 28일, 조지 엘리엇과 찰스 엘리엇이 주산을 밟자마자 들은 첫 번째 소식이 이 지역의 영국군에게 무서운 전염병이 돌고 있다는 것이었다. 가장 큰 원인은 물과 토양에 적응을 하지 못한 것이었다. 1840년 7월 13일부터 12월 31일까지 영국군 5,329명이 입원하였고 사망자가 448명이었다.[105] 사망 숫자로 보면 주산에서 병사한 영국군의 수가 2년 동안 전쟁 중에 사망한 숫자의 5배였다. 입원한 숫자로 보면 1841년 1월 주산에 주둔한 병력을 표준으로(1,762명), 평균 한 사람당 3번 이상 입원한 셈이었다.

비록 엄중한 전염병이 영국군을 오래 머물게 하지는 못했지만 그들도 쉽게 포기하려고 하지 않았다. 9월 29일에 조지 엘리엇과 찰스 엘리엇은 주산에 돌아 온 다음날 파머스턴 외상에게 보고서를 쓰고 주산에서 철수하는 조건을 언급하였는데, 바로 아편에 대한 배상, 광동도서(廣東島嶼)의 할양, 통상항구

---

105) John Ouchterlony, The Chinese War, an Account of all the Operations of the British Forces from the Commencement to the Treaty of Nanking, 54쪽. 해군의 질병상황은 자세하지 않다

개방에 대한 조약을 체결하는 것이었다.[106] 이것은 이리포의 포로 석방, 통상 회복의 약속과 비교하면 그 차이가 매우 컸다.

비록 전쟁포로와 빼앗긴 땅을 바꾸는 계획은 실현될 수 없었지만, 이리포 와 조지 엘리엇 사이에는 아직 어떤 약정이 있었는데, 그것이 바로 후에 사람 들에게 널리 알려진 『절강정전협정(浙江停戰協定)』이었다.

1840년 10월 5일, 조지 엘리엇은 이리포가 10월 4일에 보낸 조회를 받은 후, 이리포에게 답신을 보내는데, 포로의 석방을 요구하지 않고 오히려 이전의 교 섭하는 과정에 쌍방 모두 '오해'가 있었다고 밝혔다. 자신이 P. 안스트루터가 체포당했을 때, 절강에서 아직 "서로 교전(交戰)하는 것을 불허한다."라는 유지 를 받지 못했다는 것을 주의하지 못했다고 밝혔다. 그리고 그는 이리포가 '자 회(咨會)'에 분명하게 이 유지를 받았다고 표시할 것을 요구하고, 동시에 그도 영국군에게 적대행위를 중지하라고 명령했다. 그리고 정해 반환의 문제에 대 해서 그는 기선과의 담판에서 기타 문제를 연동시켜 함께 해결하자고 제의했 다.[107]

조지 엘리엇이 여기에서 언급한 "서로 교전하는 것을 불허한다."는 유지는 영국군이 천진에서 남하한 후 도광제가 남하하는 영국군에 대해 "총포를 쏠 필요가 없다"라고 한 명령을 가리킨다. 이리포는 이전 조회에 또 이 일을 언급 하였지만 유지의 내용을 설명하지는 않았다. 그러나 조지 엘리엇의 이 조회는 아편전쟁 중의 많은 영국 측 문건처럼 번역이 분명하지 못해 이리포가 그 뜻

---

106) 『阿片戰爭在舟山史料選編』, 496쪽. 재미있는 것은 조지 엘리엇과 찰스 엘리엇의 이 계획은 파머 스턴의 훈령을 위반하는 것이었는데, 파머스턴은 1841년 2월 3일의 지시에 조지 엘리엇과 찰스 엘 리엇이 주산에서 철수하는 이유에 대하여 전면적으로 반박한다(馬士, 『中華帝國對外關係史』, 1 권, 720~726쪽).

107) 『阿片戰爭在舟山史料選編』, 98~99쪽. (이것은 당시 영국군의 번역본); 498쪽(이것은 현재의 번역 본).

을 이해하진 못했다.[108] 그리하여 그는 답신에 여전히 반환하면 석방하겠다는 주장을 고수했다.[109]

10월 13일, 조지 엘리엇은 이리포에게 조회를 보내 재차 "군사 행동을 멈춘다는 서면으로 된" 유지를 받았는지 물었다.[110] 이리포는 그때서야 조지 엘리엇의 진정한 목적을 알아차리고, 10월 14일 답신을 보내 다음과 같이 말했다.

> 8월 29일(9월 24일) 황제폐하의 유지를 받았는데, 황제 폐하께서 귀 총사령관이 천진에서 탄원서(稟詞)를 매우 공손하게 올려, 이미 직예 작각독부당 기선을 광동으로 파견하여 조사 처리하게 하였으며, **본 대신에게 공격을 해서는 안 된다고 명령을 내리셨다.** 본대신은 이 유지를 받들어 즉시 장수와 참모들에게 명령을 내려 장병들을 단속하여 **경계를 넘어 분쟁을 일으켜서는** 안 된다고 하였다. 이는 본 대신이 황제 폐하의 훈령을 받드는 것으로 병사를 거둬 전쟁을 하지 않는다는 것을 분명히 증명하는 것이다. **본 대신은 현재 여전히 병사들을 엄히 단속하여 각 항구를 수비하고 있으며, 만약 귀국이 소요를 일으키지 않는다면 절대 서로 부딪칠 일이 없을 것이다.** …정해 각지의 주민 및 상선, 어선들에 대해서는 귀 총사령관이 역시 엄하게 단속을 명령하여 다시 분쟁을 일으키지 못

---

108) 이리포는 후에 상주에 원망하면서 "그들은 성정이 교활하고 변화가 매우 심하며, 그들은 문리(文理)가 매우 통하지 않고, 해석할 수 없는 점이 매우 많다."(『阿片戰爭檔案史料』 2권, 475쪽).

109) 『阿片戰爭在舟山史料選編』, 99~100쪽. 이때 이리포는 도광제의 유지를 받들어 그 전쟁포로를 광동으로 압송한다. 그리하여 이리포는 복조(復照)에 만약 즉시 땅을 반환한다면 즉시 포로를 석방할 수 있으며, 만약 반환과 기타 사건을 함께 의논하고자 한다면 전쟁포로를 광동으로 호송하여 기선에게 처리하게 할 것이라고 밝힌다.

110) 조회의 원본은 본 적이 없으며, 그 내용은 이리포의 상주에 근거한다(『阿片戰爭檔案史料』 2권, 475쪽).

하게 하면 오랫동안 서로 평안무사 할 것이다.

이 조회에서 이리포는 계속 조지 엘리엇에게 언제 "닻을 올려 광동으로 갈 것입니까?"라고 물었다.[111]

이리포는 이 조회에서 절강 정전의 핵심 조건을 제의했는데, 즉 상호 공격을 하지 않는 것이었다. 그것은 도광제가 내린 유지의 본뜻을 왜곡한 것인데,[112] 즉 도광제의 비준을 거친 전쟁포로와 잃어버린 땅을 바꾸는 계획을 포기한 것으로, 스스로 영국 측이 기선과 협의를 달성하기 전에 잠시 동안 정해를 점거할 수 있다고 인정한 것이다. 이후 그는 오직 맹목적으로 조지 엘리엇에게 빨리 남하하여 기선과 담판을 하라고 촉구했다. 그의 이런 권략은 정말 대처하기 어려운 '역신'을 기선에게 보낸 것과 같았다.

조지 엘리엇은 이 조회를 받은 후 바로 답신을 보내지 않고 9일 동안 방치했다. 10월 23일에 그는 이리포에게 조회를 보내 정전의 조건을 제시했다. 1)청국 측은 주산과 대륙 간의 무역을 저지해서는 안 된다. 2)주산은 영국군이 점령하는 동안 영국 여왕의 영토로 간주해야 한다. 3)주산에 군대 혹은 첩자의 파견을 중지하고 민중의 반항을 선동하는 것을 중지한다. 그는 또 이리포가 만약 이 조건에 동의한다면, 반드시 '고시'를 해야 한다고 했다.[113]

---

111) 『阿片戰爭檔案史料』 2권, 476쪽.

112) 도광제는 9월 17일의 유지에 남하하는 영국군에 대해 "총포를 쏠 필요가 없다. 단 수비를 중심으로 하고 공격을 먼저 해서는 안 된다"라고 했다. 여기에는 정해 영국군을 포함해서는 안 된다. 가장 분명한 증거는 9월 18일 도광제가 이리포에게 임칙서가 상주한 민중으로 영국군을 제압하는 방법에 대해 판단을 하라고 명령을 내린 것을 볼 때, 도광제는 무력으로 정해를 수복하려는 뜻을 바꾸지 않았음을 알 수 있다. 그러나 이때의 도광제는 완전히 이리포에게 코가 꿰어있었기 때문에 이리포의 이 조회가 올라간 후, 도광제는 주비에 "그 명령은 매우 옳다"라고 하였다.

113) 그 조회의 원 번역본은 보지 못했다. 이것은 오늘날의 번역본에 근거한 것으로, 『阿片戰爭檔案史料』 1권, 498~499쪽을 참고. 영국 측이 이리포에게 '고시'를 발표하라고 한 주요 원인은 영국군이 주산을 점령한 후, 절강순무 오이공액이 광동의 방법을 모방하여 현상금을 걸고 민중이 영국군을 나포하는 것을 우려했기 때문이다. 영국군은 이리포가 다시 '고시'하여 현상금을 취소하고 정해 백성들로

이리포의 이후의 상주를 보면, 조지 엘리엇의 이 조회는 번역에 많은 문제가 있었기 때문에 이리포가 그 핵심이나 요점을 파악하지 못하였다. 그는 겨우 영국 측이 그에게 '고시(告示)'하고, 영국 측 대원(大員)이 조기에 남하할 수 있기 편리하도록, "정해 거주민에게 그 이(夷)와 소란을 일으켜서는 안 된다는 명령을 내려달라고 요구한 것"을 이해했을 뿐이었다. 그리하여 그는 답신에 거짓으로 이미 "정해 거주민에게 다시 귀국의 사람을 체포해서는 안 된다"는[114] 명령을 내렸다고 했다. 동시에 그는 영국 측이 병력을 철수시키지 않고 정해를 반환하지도 남하하지도 않는 것을 보고, 자신의 가복 장희를 정해로 급히 파견하여 영국 측과 직접 담판을 지었다.

장희는 본래 하급관리로 후에 이리포에게 투신하여 가복이 되는데, 여러 해를 곁에서 모셔 신임이 매우 두터웠다. 황제 신변에 아무런 지위도 없는 소태감의 권세가 조정의 명관과 같았던 것처럼, 장희의 정치적 역할은 노복(家人)이라는 글자로 결론 지을 수 없는 것이었다. 자고이래 모든 정치가 대부분 뒤에서 이루어지는 것으로, 이 도리에 통달한 장희는 하급관리의 직을 내려놓고 그의 노복이 되어 권력과 부를 쌓아갔다. 이번에 이리포가 교섭 활동 중에 관방(官方)의 느낌을 증가시키기 위해, 그에게 육품 정대(頂戴)를 두르게 하였고 무력을 사용하지 않고 연회석상에서 적군에 승리할 수 있는 사신의 권리를 주었다. 아편전쟁 중 우리는 전혀 관직과 상관이 없는 몇몇 작은 인물들이 종종 사람들을 놀라게 하는 연출을 하는 것을 볼 수 있었다. 장희가 그중 가장 중요한 인물 중에 하나이다. 그는 두 편의 자신의 교섭활동을 담은 저작을 남겼는데, 바로『탐이설첩(探夷說帖)』과『무이일기(撫夷日記)』이다. 오늘날 읽어보면 자못 '안자사초(晏子使楚)'와 같은 정취가 있다. 이는 오히려 장희 심지

하여금 명령에 복종시키게 하려 한 것이다.

114) 『阿片戰爭在舟山史料選編』, 100~104쪽.

어 당시 대다수 사람들의 마음속에 '사명을 욕되지 않게 하는' 외교적 양식이 되었다.

장희 자신의 기록에 근거하면, 그는 10월 25일과 27일 두 차례 바다를 건넜다. 첫 번째에서는 영국 기선에 올라 찰스 엘리엇과 메이트랜드를 만났고, 두 번째에서는 영국 기함 웰즐리호에 올라 조지 엘리엇과 직접 면담을 했다. 장희는 이리포의 지시에 따라 조지 엘리엇 등에게 빨리 광동으로 내려갈 것을 요구했고, 영국인 포로에 대해서는 구금 중에는 해를 입히지 않을 것이라고 말했다. 이에 반해 영국 측의 관심은 이리포가 '고시'를 하는가에 있었으며, 게다가 조지 엘리엇은 면전에서 지도를 꺼내, "경계를 분명하게 지적하며, 잠시 이인(夷人)에게 관할하게 하여 광동의 일이 결정 난 후, 즉시 반환을 하겠다." 라고 하고 장희에게 이 경계를 구분한 지도를 가지고 가서 이리포에게 건네도록 하였다.[115] 10월 28일에 장희는 영국 측이 요구한 '고시'에 대한 조회를 가지고 진해로 귀환했다.[116]

이때 이 '역신(瘟神)'을 매우 보내고 싶어 했던 이리포는 영국이 제시한 정해 문제를 광동회담에서 해결하는 방안에 동의하고, 10월 30일에 조지 엘리엇에게 조회를 보내 그 "이미 필사하여 10가지(道)를 고시하고 장첩(張貼)를 발송했다"라고 하고 포로 석방과 반환문제에 대해서는 영국인과 기선의 '회의가 끝난 후에' 해결하자고 하였다.[117] 이에 11월 4일 조지 엘리엇은 이리포에게 조

---

115) 張喜, 「探夷說帖」, 『叢刊 阿片戰爭』 5권, 336~342쪽. 장희에 근거하면, 27일 영국군에 줄 '선물(賞犒)'을 준비하여 장희를 파견한다. 그것은 장희의 건의인데 목적은 조지 엘리엇을 만나기 위해서이며, 적정을 정찰하는 것이었다. 이리포가 그에게 준 임무는 영국 함선의 수량을 탐색하고, 조지 엘리엇을 만나는 것이다. 그러나 이런 '선물'을 주는 행동은 당시 많은 비난을 받았다.

116) 조회의 원문은 보지 못했다. 이리포의 상주에 근거하면, 이 조회에는 "여전히 고시를 요구하고, 기타 다른 말은 없었다."고 한다.(『阿片戰爭在舟山史料選編』, 102쪽).

117) 『阿片戰爭在舟山史料選編』, 104쪽. 이리포는 또한 10월 30일에 도광제에게 상주하여 처리결과를 보고한다. 그러나 도광제는 마치 그의 방법을 묵인한 것처럼 그 어떤 평론을 하지 않았다.

회를 보내, 즉시 남하하겠다고 표시하고 부하들을 단속하겠다고 하면서 "대항구나 큰 강으로 들어가서 백성들을 놀라게 하지 않겠다."라고 하였다.[118] 비로소 11월 6일에 조지 엘리엇은 통고(通告)를 발표하고 절강정전을 선포했다.

절강정전은 이리포의 '걸작'이었다. 그는 '신하'의 신분으로 교묘하게 도광제가 내린 '성지'에 규정된 임무를 바꿨다. 정전은 그에게 아무런 승리의 희망도 없이 무력으로 진공해야만 하는 정해에서의 전쟁을 피하게 해주었으며, 만족스러운 결과가 나오기 힘든 외교담판을 피하게 해주었다. 그래서 결국 원래 그가 책임져야하는 정해수복의 책임이 아무런 기색도 없이 광동에서 담판을 해야 하는 기선의 신상으로 넘어갔다.

그 결과 군 총사령관으로서 이리포는 진공을 할 필요가 없었고, 방어를 할 필요도 없었기 때문에, 그에게는 어떤 나쁜 일도 일어나지 않았으며, 남은 것은 오직 앉아서 좋은 일을 기다리는 것뿐이었다.

'천조'의 대신(大臣)중에 그 누구도 이리포만 못했다.

어떤 사람은 이리포가 도광제를 속이고 사사로이 조지 엘리엇과 『절강정전협정』을 체결한 것이라고 주장했다. 그들의 주요 논점이 『주판이무시말(籌辦夷務始末, 道光朝)』에 나오는데, 이리포는 단지 '고시'의 일을 보고했을 뿐 '협정'을 언급하지 않았다는 것이다.

이는 사실 일종의 오해였다.

첫째, 소위 『절강정전협정』은 결코 하나의 쌍방이 서명한 조약 같은 종류의 문건이 아니라,[119] 이리포와 조지 엘리엇이 주고받은 수차례의 조회 등 문건의

---

118) 원문을 보지 못했다. 이외의 내용은 이리포의 상주를 인용했다.

119) 사람들에게 널리 이용된 賓漢의 「英軍在華作戰記」 중역본은 이런 오해를 증가시켰을 가능성이 크다. 이 권에는 조지 엘리엇이 "총사령관이 현재 원정군에 통지했다. 양국은 담판기간 동안 흠차대신 및 그 본인 간에 이미 정전협정을 체결했다"라고 하였다는 것이다(『叢刊 阿片戰爭』 5권, 129쪽), 영국 원서를 살펴보면 "이미 협정을 체결했다"는 문장은 "a truce have been agreed"으로, 그 문

왕래로 만들어진 것으로 그중 가장 중요한 것은 이리포의『효유정해사민고시
(曉諭定海士民告示)』와 조지 엘리엇의 정전통고(停戰通告)였다. 이리포의『고시』
는 다음과 같다. 1) 청조 황제가 "칙령을 내려 본 대신이 다시 공격하지 않을
것이다." 2) 정해 주민들에게 "각자 편안하게 경작하고 공부하고, 각자 가족을
보호하면서, 만약 이인이 너희들에게 피해를 주지 않는다면 너희들은 다시
체포할 필요가 없다"라고 요구한 것이다. 조지 엘리엇의『통고』는 다음과 같
다. 1)"쌍방 어느 누구도 모두 상대방의 경계를 몰래 넘어가서는 안 된다." 2)
"민중의 왕래를 저지해서는 안 된다." 3)영국군은 "어떠한 방식으로도 중국인
에게 지장을 주어서는 안 된다."[120] 이 내용 모두가 쌍방이 조회를 통해 모두
서로 확인한 것이다. 쌍방의 경계를 확정하는 부분에서[121] 조지 엘리엇은 일찍
이 장희에게 지도를 가지고 가게 하였지만, 이리포는 후에 조회에 이에 대하
여 이의를 제기하지 않고 묵인하였다.

둘째,『주판이무시말』에는 이리포에게 받은 상주 모두가 생략되었다는 것이
다. 당안을 살펴보면, 이리포는 절강정전에 관하여 연이어 7차례의 상주를 올
렸는데, 이 상주 이후에 또 11통의 조지 엘리엇의 조회와 10통의 자신의 조회
를 더 올렸다.[122] 이렇듯이 시시각각 이리포는 모두 상주하여 보고했다고 할

장의 정확한 함의는 "이미 정전을 달성했다"이지 '협정'과 '체결'의 의미는 없다.

120) 『Chinese Repository』, Vol 9. 531쪽; 『阿片戰爭在舟山史料選編』, 105쪽.

121) 조지 엘리엇은 통고에 영국군이 점령한 도서는 주산본도 및 그 부근의 소도라고 했지만, 그 영문 도
명(수많은 부분에서 영국식의 이름을 붙였다)을 현재의 중문 도명과 대조하기 어려우나 통고로 볼
때, 나는 쌍방의 경계선은 대략 지금의 기두양(崎頭洋), 금당항(金塘港) 일대라고 생각한다.

122) 절강정전문제에 관하여 이리포가 7차례 상주한 시간은 도광 20년 9월 초3일(영국 측 조회 2건, 청국
측 조회 2건 포함), 9월 초9일(영국 측 조회 3건, 청국 측 조회 2건), 9월 14일(영국, 청국의회 각각 1
건), 9월 19일(영국, 청국의회 각각 1건), 10월 초6일(영국 측 조회 2건, 청국 측 조회와 고시 모두 3
건), 10월 12일(영국 측 조회 1건), 10월 22일(영국, 청국 측 조회 1건). 이상의 상주는 현재 전문이
『阿片戰爭檔案史料』 2권에 있다. 『籌辦夷務始末(道光朝)』에는 비록 이 상주의 개요는 수록되어
있지만, 편폭상의 문제 때문에 부건(附件)을 생략했다. 동시에 상주안에 상주와 같이 올린 부건에 관
해 설명하는 글도 생략하여, 사람들로 하여금 이리포가 받거나 혹은 보낸 조회를 은폐하고 보고하지
않았다고 쉽게 오해한 것이다.

수 있다.

　아편전쟁 중 수많은 지방의 상급 관리(大吏)들이 자신의 감정을 숨기고 보고하지 않은 것에 비해 이리포는 대체로 성실한 편이었다고 말할 수 있다. 그의 고명한 점은 그런 성실함에 있다. 그는 상주에 조지 엘리엇 등의 조회를 전부 올려 보내고, 사실상 모든 어려운 문제를 전부 위에 올림으로써 자신의 방법이 유일하게 실행할 수 있는 것임을 증명했다. 그는 그 어떤 대 관리의 상주에 적힌 손 쓸 방법이 없는 맹목적인 허풍과는 달랐다. 그는 시종 모종의 저자세와 낮은 목소리를 유지하였다. 이와 같았기 때문에 그는 후에 체포되어 북경으로 압송되어 심문을 받을 때에도 큰 처분을 받지 않았다.

　만약 이리포가 도광제에 그 어떤 것을 숨기고 속였다고 한다면 그것은 바로 그의 내심을 숨긴 것이다. 그는 이미 군사적으로 절대 희망이 없음을 알고 있었으나, 말하지 않음으로써 중앙으로 하여금 전선의 정황을 곧바로 알 수 없게 한 것이다. 그러나 이후의 형세 변화는 그가 말하고 싶어도 말할 수 없게 하였다.

　1840년 11월 15일, 조지 엘리엇이 일부 영국군을 이끌고 광동으로 남하하자, 이리포는 명령에 따라 진해일대의 청군과 의용군(雇勇)을 축소하고,[123] 광동 담판에서 좋은 소식이 오기를 기다렸다.

　그러나 당시 순응하면 존재하고 발전할 수 있으며, 반항하면 멸망한다는 것이 본래 "제이(制夷)"의 유일한 정도(正道)라는 '천조'의 분위기 속에서, 성을 공격하여 그 땅을 빼앗은 '역이(逆夷)'에 대하여 의외로 공초(攻剿)를 중지한 것은

---

123) 이때 절강 진해, 영파, 사포 일대에는 모두 1만여 명의 병력이 방어를 하고 있었는데, 이리포는 5,100명을 철수 시키고 5,400명을 잔류시킬 계획을 세운다. 그러나 그는 이를 집행할 때 꾀를 내는데, 사후 무력부족을 우려하여 수일에 걸쳐 110명씩 철수시킨다. 1개월 후에 형세에 변화가 생기자 여전히 9,800명의 방어 병력을 유지하면서 이리포는 곧 철수를 중지했다(『阿片戰爭在舟山史料選編』, 114, 165쪽).

당연히 관료와 선비들, 특히 절강의 관리들로서는 받아들이기 힘든 것이었다. 그래서 이리포의 정전 움직임은 인심을 크게 얻지 못하고 매우 빠르게 관리들의 표적이 되었다.

먼저 신임 절강순무 류운가(劉韻珂)가 반론을 제기하는데, 상주에 영국군이 주산에서 잔혹한 짓을 하고 있고 장기간 점거할 마음을 가지고 있다고 하면서 평화적으로 수복하는 계획은 불가능하다고 암시했다. 그리고 절강을 지나던 흠차상서(欽差尙書) 기홍조(祁寯藻)는 상주를 올려 주산 지역의 어르신들과 마을 사람들이 분분히 진군할 것을 요구한다고 하면서 민중의 의견을 상주에 같이 올려 황제가 보게 하였다. 가장 이리포를 불편하게 한 것은 그의 부하인 강소순무 대행 양강총독 유겸(裕謙)의 발언이었다. 그는 본래 절강의 사무와 무관하였지만, '천조의 대관리로서의 의분과 책임감을 발현하여 상주에 무력을 동원하여 주산으로 진공하자고 주장하였으며 번번이 진공의 방안을 올렸다. 게다가 경성의 언관(言官)들은 더욱 심하여 상주가 끊이지 않았다.

내심을 말하자면 이리포는 이런 사람들의 공격에 대하여 결코 두려워하지 않았으며, 상주시 숨기고 막는 방법으로 스스로를 변호하였으며, 심지어 비판을 받아들이지 않고 도리어 상대방을 비난하였다. 그가 진정으로 걱정한 것은 광동 담판의 진전이었다. 이리포가 정해수복의 책임을 기선의 신상으로 옮긴 후, 그가 결코 생각하지 못한 것은 동료 관리들의 공격이 그의 명운을 광동회담과 긴밀하게 연결시켰다는 것이었다. 만일 정해를 수복하지 못하면 당연히 황제가 진노하여 자신은 반드시 이에 연루되기 때문이었다. 이리포는 도광제의 성격, 특히 관계에서의 시비(是非)와는 상관없이 모든 것이 대황제의 호불호가 표준이 된다는 것을 너무나 잘 알고 있었다.

그러나 광동으로부터 전해진 소식은 기선의 담판이 불리하다는 소식이었다.

그래서 도광제는 전쟁을 하여 무력을 통한 주산 수복을 결정했다.

이리포는 이때 자신의 계획을 더 이상 고수할 수 없어서 부득이 하게 상주에 용병지도(用兵之道)에 대하여 실컷 이야기하고 암중에 많은 작은 작업을 했다.

1840년 12월 31일, 이리포의 상주에 그는 진해 등지의 수비방어를 강화하고, 주산의 영국군에 대하여 화선(火船)을 미리 구매하여 소란을 일으킬 예정이라고 보고했다.

1841년 1월 9일, 이리포는 상주에 절강 방어군 만 명이 겨우 방어만 할 수 있을 뿐, '공초(攻剿)'를 하기에는 충분하지 않기 때문에, 안휘, 호북, 호남에서 병사 4,000명을 차출해 줄 것을 요구했다.

1월 17일, 이리포는 상주에 이미 주산으로 진공하는 작전계획을 입안했으나, "화포가 아직 갖추어져 있지 않았고, 병사들이 아직 집결하지 않았기" 때문에 화포와 병사 등 모든 것이 준비가 다 될 때를 기다린 후에 영국군이 '교만하고 느슨해진' 틈을 타 다시 시작하겠다고 보고했다.

1월 29일, 이리포는 재차 작전계획을 상주하는데, 지난번에 제의한 포와 병, 이 두 가지 요구 외에 또 반드시 "24척의 장쾌선(槳快船)을 만들어 보충하고 상선과 어선을 고용하고 물을 잘 아는 사람들을 모집하여 수용(水勇)으로 삼은 후" 다시 "토벌(剿)의 계획을 세워야 한다."라고 건의했다. 그리고 상주의 협편(夾片)에 또 미국을 이용하여 영국을 견제해야 한다고 건의했다.

2월 2일, 이리포는 상주에 광동담판의 최종결과가 아직 나오지 않았기 때문에 절강은 경솔하게 진공할 수 없다고 하면서, 영국인이 이 소식을 들은 후, 광동에 더 많이 창궐하는 것을 피하기 위해서라고 보고했다.[124]

이렇게 보면, 이리포의 이런 권략은 이미 영국인들을 대상으로 한 것이 아니라, 도광제를 상대하기 위한 것이었다.

---

124 『籌辦夷務始末(道光朝)』 2권, 648~759쪽 참고.

주산을 빠르게 점령하라는 도광제의 엄한 명령들에 직면하여 이리포는 표면상 여전히 어떻게 공격할지에 대하여 떠들었는데, 꼬리를 물고 나타나듯이 갖가지 조건을 내건 것은 시간을 끌기 위함이었다. 그는 시종 진공하려하지 않았으며, 심지어 진공의 시간을 분명하게 밝히려하지 않았다. 늦출 수 있는 만큼 늦추면서 시국의 변화를 기다린 것이다. 비록 그가 진해 일대에 화포를 제조하고 선박을 만들고 공사를 하였지만, 정세의 변화가 더욱 기세등등해졌다. 그러나 상황이 소란스러워 질수록 흔들리는 모양새를 보였다. 그는 비록 일찍이 상주에 은밀하게 진공에 자신이 없음을 암시하였지만, 도광제의 엄한 명령과 동료 관원들의 비판 아래 시종 전쟁을 피하고 싶은 내심을 감히 나타낼 수 없었다. 그가 말하기만 하면 반드시 중벌을 받을 것임을 알았다.

이리포의 이런 작은 움직임은 동료관원들을 속일 수 없었다. 1841년 1월 28일, 절강순무 류운가(劉韻珂)와 항주를 지나던 신임 복건, 절강총독 안백도(顔伯燾)가 비밀리에 모의한 후, 연명으로 이미 파직당한 임칙서, 등정정을 다시 절강에 복귀시켜, "이리포와 함께 진공, 토벌의 계획(攻剿)을 기획하고 처리하게 해야 한다"라고 상주했다.

이리포의 이런 작은 동작도 도광제의 비위를 건드렸다. 1841년 2월 10일, 그는 이리포의 흠차대신의 임시관직을 파직시키고 전쟁을 가장 강력하게 주장한 강소순무 유겸을 절강으로 보내 흠차대신을 맡도록 하여, "공초(攻剿) 계획을 전문적으로 처리"하도록 하였다.[125]

이 결정적인 시기에 이리포의 전기(轉機)가 도래했다.

1841년 2월 7일, 이리포는 기선이 광동에서 보낸 육백리비자(六百里飛咨)를

---

125) 『위의 책, 2권, 751~753쪽, 759~760. 도광제는 이리포의 2월 2일 상주를 받고 매우 실망하여, 주비에 "뜻밖에도 네가 이와 같이 이리저리 의심하고 두려워하니, 어찌 국가를 위하여 힘을 쓸 수 있겠는가?"라고 적었다.

받는데, 영국군이 주산을 반환한다는 보고였다. 그는 이 소식을 듣고 매우 기뻐하며 당일, 한편으로는 도광제에게 상주를 올려 보고하고, 한편으로는 가복 장의를 주산에 파견하여 그와 조지 엘리엇이 이전에 했던 약속인 포로 석방과 반환 준비를 했다.

이후의 중영 간 교섭, 즉 조회(照會) 중의 격식, 주산에 쌓아둔 영국화물의 대리판매, 선 석방 아니면 선 반환인지 등의 사소한 일에는 자못 우여곡절이 있었다. 2월 20일, 이리포는 돌연 신임 흠차대신 유겸의 자회(咨會)를 받고, 그가 이미 흠차에서 해임을 당했으며 양강총독의 본임으로 돌아가라는 명령을 받자 대경실색하였다. 그리고 그의 마음을 더욱 화망하고 심란하게 한 것은 이 신임 대신이 늙은 상사에게 전혀 예의를 차리지 않는 자회를 보내 "P. 안스트루터 등을 석방해서는 안 되며, 본 대신이 조사하고 심문해야 한다!"라고 한 것이었다.[126]

이리포는 자신이 이미 황제의 총애를 잃었다는 것을 알고 급히 자신의 손으로 정해를 수복하는 공적을 세워 황제의 마음을 돌이키려 하였으며, 뻔히 눈앞에 보이는 공로를 유겸이 누리는 것을 원하지 않았다. 그리고 또 그는 유겸이 경솔하고 쉽게 흥분하는 것을 알고, 만약 영국군 포로를 그의 수중에 넘기면 문제가 발생할지도 모른다고 생각하였다(이 일에 관하여 제5장을 참고). 그리하여 그는 관계의 일반적 규정에 반하여 신임대신이 도착하길 기다리지 않고 주산을 반환받는 교섭에 박차를 가했다.

2월 22일이 되어도 협정이 이루어 지지 않자 이리포의 마음은 매우 초조해졌다. 그날 저녁 그는 여보운과 긴급하게 2경까지 상의를 하고 마지막 결정을

---

126) 張喜, 「探夷說帖」, 『叢刊·阿片戰爭』 5권, 348쪽. 이리포는 후에 상주에 그는 2월 21일에 비로소 강소의 자회를 받았다고 했는데, 분명히 그가 권력을 남용한 사실을 숨기려고 한 것이다(『阿片戰爭在舟山史料選編』, 193쪽).

했다. 1)장희가 먼저 영국 포로를 일부 주산으로 데려가 석방하고 영국군에게 주산에서 철수하라고 권유한다. 2)갈운비(葛雲飛), 왕석붕(王錫朋), 정국홍(鄭國鴻)등 세 명의 총병이 병사 3,000명을 이끌고 영국 측이 가장 중요하게 생각하는 P. 안스트루터를 압송하면서 함께 진격하여 주산을 수복한다.

병사를 파병하는 것은 이리포에게는 부득이하게 사용하는 모험이었다. 이는 그가 도광제의 엄한 명령을 받은 후 승부수를 던졌음을 나타냈다.[127]

그러나 약간 우스운 상황이 발생했다.

2월 23일 저녁에 장희는 예정된 계획에 따라 출항을 하고 다음날 새벽 주산에 도착하여 일부 포로를 석방했다. 영국 측이 P. 안스트루터 등에 대해 묻자 장희는 계획에 따라 다음과 같이 대답했다. 만약 영국 측이 주산을 반환하면 곧 P. 안스트루터를 석방할 것이고, 만약 영국군이 주산을 반환하지 않으면 P. 안스트루터를 죽이고 대군으로 전쟁을 시작할 것이다. 그러나 장희가 날카롭게 논쟁을 벌여 논박하고 있을 때 P. 안스트루터가 소선을 몰고 귀환하는 것을 보게 되었다. 이후에 P. 안스트루터를 압송하던 두 명의 청군 하급 군관이 쫓아와 도중에 영국군이 P. 안스트루터를 탈취하였으며, 청군이 아직 쫓지 않고 있다고 보고했다. 그렇게 본래 무력을 방패로 삼았던 장희는 갑자기 단신으로 인정에 호소하는 빈천한 신세가 되었다.

24일 오후, 영국 측은 철군에 동의하고 부대를 축소하고 떠날 준비를 했다. 그러나 이때 정해 현성을 접수한 것은 파병한 3,000천 명의 대군이 아니라 바로 그 3인(장희와 하급군관 2명)이었다. 장희는 당일 밤 진해로 돌아가 이리포에게 보고했다. 어쩔 수 없이 머물게 된 두 명의 군관은 오직 주위에 아는 사

---

127) 張喜, 「探夷說帖」에 근거하면, 2월 22일 저녁, 이리포가 여보운과 상담할 때, 출병에 대해 망설이는데, "병사를 의도적으로 움직이지 않은 죄"를 두려워하였다. 후에 이리포는 "공격하여 승리하지 못하는 것은 그 죄가 가벼우나, 병사를 의도적으로 움직이지 않는 것은 그 죄가 무겁다"고 하면서 여전히 출병을 계획한다.

람을 수소문하여 대신 성문과 창고를 지키게 했을 뿐이었다. 25일에 영국군이 배에 올라 광동으로 남하하고, 26일에 갈운비 등이 비로소 집결하여 주산을 회수했다.[128]

이리포가 상주에 보고한 정황은 달랐다.

2월 24일, 그는 장희와 갈운비 등의 부대를 파견한 후, 황급히 도광제에게 상주하여 이미 영국 측과 24일 주산을 교환하기로 약정했다고 하고, 유겸이 아직 절강에 도착하기 전인데 만약 관례대로 신임대신이 도착하길 기다리면, 반드시 영국 측과 시간을 조정해야 하는데 잃어버린 땅을 수복하는데 방해가 될 것이며, 게다가 그의 권략이 이미 오래되어 진공 계획 역시 노출될 가능성이 있어 이후 목적을 달성하기가 어려울 것이라고 보고했다. 이 때문에 그는 시기를 놓치지 않기 위해 스스로 책임지고, 2월 24일에 주산을 찾아오기로 결정했다는 것이다. 분명한 것은 이 공을 탈취하기 위한 수작이 의외로 책임을 회피하지 않는 용감한 행동이 된 것이다. 무력으로 주산을 수복하라는 도광제의 수차례에 걸친 엄명으로 인해 이리포는 같은 날에 계속 보낸 또 하나의 상주에 이른바 진공계획을 날조하였다. 3,000명의 주력군을 파병하고, 은 1만 냥을 사용하여 주산에서 비밀리에 향용(鄕勇)을 모집하여, 만약 영국군이 반환을 거절한다면 안팎으로 호응하여 동시에 들고 일어나 현성으로 진공할 것이며, 만약 일시에 승리하지 못한다면 곧 섬의 험준한 지형을 이용 분산 주둔

---

128) 이상의 서술은 張喜, 「探夷說帖」에 근거한다. 영국 측의 기록이 장희의 주장을 증명한다. 『英國軍在華作戰記』에 영국군이 주산을 반환할 때, 청국 측은 단지 장희와 몇 명의 하급 군관만 있었다 (『阿片戰爭』 5권, 136쪽). 이후 이리포의 상주에 따르면, 3,000명의 청군이 탑승한 150척의 선박이 주산으로 떠났다. 이리포는 2월 22일 한밤중에 결심을 하는데, 만약 미리 계획을 하지 않으면, 3,000명의 청군을 결집시키고, 150척의 배를 동원한다는 것은 하루 이틀의 시간이 없으면 완수하기 힘든 목표이기 때문이었다. 이것으로 보면 갈운비 등의 지각은 객관적 조건의 제한을 받았을 것이다. 그러나 총사령관으로써 이리포는 왜 그렇게 결정했는지, 갈운비가 관리하던 P. 안스트루터 등은 왜 군과 함께 행동하지 않았는지는 모두 해석하기 힘들다. 이것으로 볼때 이리포, 갈운비등을막론하고이미병력을움직였지만, 마치모두전쟁을피하고자한것같다.

하여 다음을 기다린다는 계획 등을 운운하였다. 분명한 것은 이 황급히 결정한 계권이 의외로 그가 주도면밀하게 여러 가지 계권을 번갈아 사용한 행위가 되어버린 것이었다.[129]

비록 이리포는 상주에 여러 번 허풍을 쳤지만, 마음속으로는 전혀 자신이 없었다. 상주 후, 당일 밤에 복귀한 장희가 청군이 아직 도착하지 않았다고 보고했다. 얼마 지나지 않아 유겸이 또 자회를 보내와서 2월 27일 부임하여 업무를 시작하겠다고 선언했다. 그러나 갈운비 등 전방 장령들이 출발한 후, 의외로 삼일이 지나도 전혀 소식이 없자, 이에 놀란 이리포는 급하게 장희를 재차 출항시켜 확실하게 정황을 탐문하게 하였다.

그것은 원래 늦게 도착한 이 장군들이 부대를 인술하여 서로 먼저 이 영국군이 방치한 빈 성에 들어가려고 공을 다투었기 때문으로, 그 정도가 매우 심했다. 여하튼 청군이 주산을 수복했다는 소식을 듣고 이리포는 마침내 안도의 한숨을 쉬었다. 2월 27일, 그는 다시 도광제에게 상주하여 주산 수복의 상세한 정황을 새롭게 각색하였다.

> 저의 병사들이 초4일(24일) 오각(午刻)에 정해에 모두 집결했습니다. 그 오랑캐 군대의 반이 성안에 있었고 나머지 반이 배안에 있었습니다. 나의 병사들이 반대편에 도착하자, 부처(Bourchier, 당시 주산 영국군의 지휘관)가 즉시로 성과 해자(城池)를 바쳤습니다. 성내의 오랑캐들이 즉시 분분히 물러났고 저의 병사들이 모두 성으로 들어가 성벽 위에 올라 감시하였습니다. 성 밖 길목 주변에 있는 그들의 풀로 덮은 집을 모두 철거했습니다. 정국홍 등이

---

129) 『阿片戰爭在舟山史料選編』, 192~194쪽.

은혜로운 유지를 선포하였는데, 오랑캐 포로 P. 안스트루터 등을 석방하여 돌아가게 하고, 서둘러 닻을 올리라고 명령을 하였습니다. 부처 등이 모자를 벗고 예를 다하여 이리포 등에게 성과 해자(城池)를 바친 후 초 5일에 전부 철수했습니다…[130]

한 글자도 진짜가 아닌 이 상주는 우스꽝스러운 추한 사건을 그럴듯한 기세의 정극으로 각색한 것과 같았다. 여기서 주의 깊게 볼 만한 점은, 이리포는 진상을 덮기 위해 그 이전의 방법을 바꾸어 2월 24일과 27일의 상주에 그와 영국 측이 주고받은 조회를 하나도 같이 올리지 않았던 것이다.

뜻밖에도 이리포의 황제의 뜻에 순종하고 부합하기위해 날조한 경위를 담은 이 상주가 북경에 도착하자, 반대로 도광제는 이리포가 명령을 받들어 적시에 공격을 했다면, 주산을 불법 점거한 적은 수의 '역이'를 완전히 소멸시킬 수 있었을 것이라고 여기게 되었다. 광동에서의 군사가 실패했다는 상주가 빈번하게 도착했을 때, 매우 깊은 신임을 받던 이리포가 뜻밖에도 호랑이를 놓아 산으로 돌려보내, 완전히 섬멸할 수 있었던 '나쁜 놈'들을 몰래 도망가게 하였으니 어떻게 도광제를 진노하게 하지 않을 수 있었겠는가? 이리포는 본래 단지 흠차대신의 파견을 취소시키려고 했을 뿐이었는데, 오히려 주산 수복으로 인해 다음과 같은 가중 처벌을 받게 된 것이다. "이리포를 협반대학사에서 면직시키고, 상안화령을 뽑고, 잠시 양강총독의 직에 머무르게 하고, 계속 면직 상태로 처분을 유임하고 8년 동안 과실이 없으면 비로소 복귀를 허하고 이후의 태도를 관찰할 것이다."[131]

이는 그가 너무 총명한 척을 해서 스스로 해를 입게 된 것이다.

---

130) 『阿片戰爭在舟山史料選編』, 196쪽.
131) 『籌辦夷務始末(道光朝)』 1권, 830쪽.

이리포와 절강정전은 본래 아편전쟁 주요 선율에서 떨어져 있는 일단의 삽입곡으로 몇 가지 간단하게 언급하고 지나갈 수 있는 그런 것이었다. 그렇지만 나는 여기에서 상세하게 하나하나 기술하는 것을 마다하지 않고 원인 두 가지를 언급하려 한다. 하나는 과거에는 이에 대한 연구가 많지 않아 수많은 자세한 사정이 모호하여 불분명하다는 것으로 분명하게 수정할 필요가 있다는 것이다. 다른 하나는 과거에는 사람들이 종종 불분명한 기록에서 분명한 도덕적 비판을 적용해서 이리포를 괴팍한 소인과 같은 사람으로 만들어서 그의 언행을 진정으로 이해하지 못하게 한 것이다.

이리포는 기선과 같이 조정에서 가장 빠르게 주전(主戰)에서 주화(主和)로 전향한 대관리(大官吏)였다. 이런 관념의 변화는 바다를 건너 작전을 펼칠 수 있는 배가 없었다는 점과, 후에 장희로 인해 영국군의 실력을 더욱 분명히 알게 되었기 때문이다.[132] 험난한 현실에 직면하여 그의 '역이'에 대한 불공대천의 호기로운 기개가 매우 빠르게 점점 사라졌고, 그는 영국 측과 쌍방 모두 '그런대로 무난한' 타협을 달성하기를 희망했다. 분명한 것은 그의 생각이 앞 절에서 서술한 '회유(撫)'를 주장하는 도광제의 생각에 결코 부합하는 것은 아니었다. 그러나 이후에 '천조 위아래가 하나가 되어 '초이(剿夷)'를 이루려는 통쾌한 분위기 속에서 이런 생각 자체가 바로 죄악이었던 것이다. 그는 매우 운이 좋게도 중영담판을 주관하라는 명을 받지 않았고, 그 진실한 생각을 공개하지 않아도 되었으나, 그가 주관한 절강범위 내에서 이런 생각을 가지고 행한 모든 행동은 동료 관리들과 도광제 및 수많은 사람들의 혐오를 일으키지 않을 수 없었다.

이 안에는 두 가지 문제를 분명하게 가려야 할 필요가 있다. 하나는 침략자

---

132) 장희는 실제 왕래 중에 영국군의 군사역량을 꽤 상세하게 파악했다. 張喜, 「探夷說帖」, 『叢刊·阿片戰爭』 5권, 337, 339, 344, 346~347쪽.

에 대하여 저항할 것인가, 하지 않아야 할 것인가(당연히 저항해서는 안 된다는 것), 다른 하나는 만약 이런 저항이 실패할 것이라고 정해져 있다고 해도 계속 저항해야 하는 가 이다. **전자는 도덕적 측면인 것이고 결론은 긍정적인 것으로 이의가 없는 것이다. 후자는 정치적 측면으로 결론은 전자로부터 파생되어 온 것이다. 사상가와 정치가의 구별은 여기에 있다**(나는 제8장에 전문적으로 논의할 생각이다). 정의내린 반항(反抗)이 결코 승리할 수 없게 된 이상, 그럼 가치 없는 희생을 피하는 것도 가능한 것이다. 이런 의미상에서 이야기하면, 이리포가 소극적으로 전쟁을 피하려 한 것은 당연히 잘못으로 간주해서는 안 된다.

그러나 우리는 행위적인 면에서 이리포를 변호한 후에 알아차린 것이 있는데, 그것은 동기적인 면에서는 그를 변호할 방법이 없다는 것이다. 일체의 모든 것이 이리포의 소극적인 전쟁에 대한 회피는 국가, 민족, 민중의 이익이 감소한다는 손실을 고려해서 나온 것이 결코 아니라, 그 자신을 보전하기 위해서 행한 것이기 때문이다. 그는 전쟁에서 패한 뒤에 명성과 관록(官祿) 나아가 가족의 생명을 보존하지 못할 것을 두려워했다. 그중 가장 분명한 증거는 그가 목숨을 걸고 진상을 분명하게 상주에 설명하여 국가와 민중의 명운을 결정하는 정권을 믿고 의지할 수 있는 기초 위에 세운 적이 없다는 것이다. 그의 이런 개인의 이익을 국가의 이익 위에 둔 가치관은 확실히 잘못된 것이다.

이리포는 모든 '천조'의 고관들과 똑같이, 침략자들에게 대응하는 방면에서 외교 군사상 칭찬하고 영리하다고 할 수 있는 점을 전혀 보이지 않았다. 그러나 도광제에 대응하는 방면에서는 오히려 기타 '천조' 대관리보다 더 높은 숙련된 재주를 보였다. 관계의 베테랑으로서 그는 정치 운용의 비결을 깊이 알고 있었고, 공을 차지하고 잘못을 전가시키는 기술이 습관이 되어 있었다. 그의 행운은 정세의 돌변으로 인해 그로 하여금 주산을 수복하게 한 것으로 본래 뛰어들 수 있는 길이 없었는데 뜻밖에도 그에게 하나의 출로가 생긴 셈이

었다.[133]

　이리포의 이런 경력을 연구하는 과정에서, 나를 가장 흥미롭게 한 것은 그가 도광제를 성실하게 대하다가 기만하는 과정이다. 이리포는 처음에는 성실하여, 그의 상주보고는 영국과의 교섭에 대해, 비록 '천조'의 허풍이 적지 않았지만 대체로 줄거리가 여전히 신뢰할 만 하였다. 그러나 이후 도광제가 주산을 공격하여 수복하라는 엄한 명령들을 내림에 따라, 그의 상주도 갈수록 말하는 것과 생각하는 것이 달라졌으며, 이미 흠차에서 파직을 당했다는 소식을 들은 후에는 상주에 온통 거짓말을 해댔다. 그리고 당시 관계에서는 거짓말로 보기 좋게 꾸미는 것이 성행하였다. 이전의 사람들은 종종 충군(忠君)관념에서 출발하여 신하들의 '기군(欺君)'행위를 비판하였다. 그러나 만약 냉정하게 생각해 보면, 그런 다른 의견을 조금도 포용하지 못하고 일치를 강요하는 정치체제와 군주작풍은 또 어떻게 객관적으로 이런 풍조를 촉진, 조장하지 않을 수 있었겠는가? 나는 여기에서 이리포의 거짓말을 변호할 생각은 절대 없으며, 이런 종류의 거짓말을 촉발시키는 체제와 군주도 당연히 비판해야 한다고 생각한다.

　이리포가 진상을 말한 적이 없기 때문에, 그리고 당시의 사람들이 이해하려고 해도 진상을 이해할 방법이 없었기 때문에 그에 대한 사회의 비판은 당연히(심지어 필연) 도덕적 시각에서부터 나타났다. 20년 동안 줄곧 그를 깊이 믿고 의심하지 않았던 도광제는 이때에도 그의 생각을 이해할 수 없어, 유겸을 파견하여 다방면으로 조사를 하고는 마지막에 그가 영국 측에게서 뇌물을 받는지를 의심했다. 1841년 5월 3일에 도광제는 유겸의 밀서(密片)를 받는데, 그 내용이 다음과 같다. 영국 측이 "따로 장희에게 예물을 보냈으며, 이

---

133) 영국군 주산 철수는 찰스 엘리엇의 독단적 결정이다. 이것으로 보아 이리포는 본래 출로가 없었다고 할 만 하다.

는 큰 비밀이기 때문에, 즉 같이 동행한 진지강(陳志剛) 역시 상세하게 알지 못합니다…", 거기에는 반드시 수작을 부렸을 것으로 생각되니, 즉시 이리포를 파직하는 명령을 내리고, 장희를 북경으로 잡아들여 청훈해야 한다고 했다.[134] 도덕적 비판이 가장 무정(無情)한 것이다. 그러나 비판은 일단 도덕 방면으로 올라가면 사정의 세부사항은 곧 원래 가지고 있던 의의를 상실하며, 세부 사항 중에 포함된 각종 정보, 교훈은 더욱 전혀 쓸모없는 폐물이 된다. 당시의 사회에서 도덕 이외의 시각으로 이리포의 행위에 대하여 심층적인 탐색을 진행한 사람이 없다는 것은 그에게는 또 하나의 불행이었다.

우리는 이후 각 장에서 청조의 전방 총사령관이 후에 이리포의 반년이 넘는 동안의 과정을 답습하지 않은 적이 없다는 것을 알게 되었다. 여기에는 그에 대한 비판이 심했던 유운가(劉韻珂)와 언백도(諺伯燾)를 포함했다. 차이점은 이후에 많은 사람들이 전쟁에 패배한 뒤, 온 정성을 다해 타협을 하고 지연권과 기만권을 펼친데 반해 이리포는 그 영민함과 교활함으로 교전이 벌어지기 전에 이미 이 도리를 깨달았다는 것이다.

후인의 모방은 이리포의 방법이 시대적 '합리성'을 가지고 있었음을 증명했다. 그렇기 때문에 이 죄인은 8년을 기다리지 않고 8개월 후에 재기하게 되었다.

4. 기선과 광동담판[135]

---

134) 『籌辦夷務始末(道光朝)』 2권, 989~990쪽.

135) 이 절에서 나는 여러 곳에서 佐佐木正哉, 선생의 논문의 도움을 받았다. 『論所謂(穿鼻條約)』 (중역본, 『外國學者論阿片戰爭和林則徐』 상, 福建人民出版社, 1989), 『阿片戰爭硏究-從英軍進攻廣州到義律被免職』 제1부 분 '交涉破裂與開戰準備', 제4부분 '琦善的革職被捕及其在香港問題的交涉' (중역본 『國外中國近代史硏究』 8집, 15집; 제8부분 '對琦善的審判'([일] 『近代中國』 잡지, 11권; 『阿片戰爭初期的軍事與外交』 ([일] 『軍事史學』 5 권2호). 후에두개의일문논문이李少軍선생에의

기선은 이리포의 생각과 같았지만 오히려 이리포와 같은 그런 행운은 없었으며, 그의 면전에는 오직 죽는 길만 남아 있었을 뿐이었다. 영국 측이 제시한 대가(開価)는 청국 측이 줄 대가(還価)와 차이가 천양지차였으며 조정의 여지도 없었다.

영국군은 『파머스턴이 중국재상에게 보내는 문서』를 영국 정부의 공식 문서로 삼아, 청 정부를 향해 아래와 같은 요구를 제시했다.

1) 소각한 아편에 대한 배상

2) 중영 관원들 간의 평등 외교

3) 연해도서의 할양

4) 상흠(商欠)에 대한 배상

5) 군비(軍費)에 대한 배상

그러나 이상 5항은 영국이 요구한 전부가 아니었다. 1840년 2월 20일에 『파머스턴이 중국재상에게 보내는 문서』와 함께 전권대표 조지 엘리엇과 찰스 엘리엇에게 보낸 파머스턴의 제1호 훈령이 있었는데, 그 안에는 더 많은 요구가 있었다. 전권대표가 충분히 이해하여 실수하지 않도록 하기 위해 파머스턴은 대화조약(對華條約) 초안을 입안하여 조지 엘리엇과 찰스 엘리엇이 담판 중에 사용하도록 한 것이다. 그 초안은 모두 10조로 다음과 같다.

1) 중국은 광주, 하문, 복주. 상해, 영파를 개방하여 통상항구로 삼는다.

2) 영국정부는 각 통상 항구에 관원을 파견할 수 있으며 중국정부 관원과 직접 접촉한다.

3) 연해도서를 할양한다.

4) 소각한 아편을 배상한다.

해번역되었다.

5) 중국은 행상(行商)제도를 폐지하고 상흠을 배상한다.

6) 군비를 배상한다.

7) 아직 지불하지 않은 청의 배상금은 연리 100분의 5의 이자로 계산한다.

8) 조약이 중국황제의 비준을 얻은 후에 중국연해에 대한 봉쇄를 해지한다. 배상금을 청이 전부 지불한 후에 영국군이 철수한다.

9) 조약은 영문과 중문, 1식 2통으로 작성하며, 문의(文意)의 해석은 영문을 위주로 한다.

10) 조약은 규정기간 내에 쌍방의 군주가 비준한다.[136]

이 두 문서를 대조해 보면, 『조약초안』중의 1, 7, 8, 9, 10조는 『파머스턴이 중국재상에게 보내는 문서』에 없고, 제2항에 관원의 파견을 첨가하였고, 제5항에는 행상제도의 폐지를 첨가하였다. 이렇게 청조의 입장에서는 두 번째 문서가 더욱 가혹했다.

그럼 내용에 적지 않은 차이가 있는 이 두 문서 중 어느 문서를 표준을 삼아야 하겠는가? 파머스턴은 후자를 표준으로 삼으라고 규정하면서, 같은 날 그는 조지 엘리엇과 찰스 엘리엇에게 제4호 훈령을 보내 지시를 했다. 조약의 초안 중 1, 2 및 4에서 9까지의 각 조항은 '절대 생략해서는 안 되는 조건'으로 전혀 융통성이 없는 태도를 보였다. 그리고 융통할 수 있는 3조에 대해서도, 즉 연해도서를 할양하는 것에 대해 그는 또 다섯 가지 항목의 교환 조건을 제의했다.

1) 영국인이 통상항구에서 매우 자유로운 무역과 각종 활동을 할 수 있도록 윤허한다.

2) 청 정부는 수출입관세 칙례를 공포하고 청 정부 관원은 그 칙례의 세율

---

136) 嚴中平, 「英國鴉片販子策劃鴉片戰爭的幕後活動」, 『近代史資料』 1958, 4기, 72~76쪽.

보다 높게 징수해서는 안 된다.

3) 영국인에게 최우혜국대우(最優惠國待遇)를 한다.

4) 중국은 불법무역에 종사하는 영국인에 대하여 인신적 학대를 해서는 안 된다.

5) 영국에 영사재판권을 부여한다.

파머스턴은 청 정부가 계속 분명하게 도서할양에 동의하지 않는다면, 반드시 상술한 다섯 가지를 조약의 제2조 뒤에 끼워 넣고, 그 나머지 각 조항의 일련번호도 이에 따라 바꾸라고 밝혔다.[137] 이것으로 보면 오직 제10조 만이 즉, 쌍방 군주의 조약 비준의 기한만 홍정할 수 있다는 것이었다.

나는 지금까지 아직도 분명하지 않는 것이, 무엇 때문에 파머스턴이 『파머스턴이 중국재상에게 보내는 문서』에 영국의 요구 전부를 넣지 않았는가? 이다. 그가 두 건의 다른 목록을 꺼내 든 것이 그 어떤 모종의 권략 상에서 나온 것인지? 그러나 나는 긍정적으로 말하면, 만약 파머스턴이 『파머스턴이 중국재상에게 보내는 문서』에 요구 전부를 넣었다면, 반드시 도광제의 강한 반대에 부딪쳐서 '회유(撫)'를 위주로 하는 물결이 일어나지 않을 것이며, 더욱이 기선의 광동행이 무산될 수 있었을 것이라고 생각했기 때문이었을 것이다.

청국 측이 생각하는 대가(還価)가 영국 측이 생각하는 대가(開価)와 같지 않았으며, 여러 가지로 늘어놓을 수 있는 목록이 있었다. 이는 도광제가 '언사가 공손하다(情詞恭順)'고 한 영국 '이(夷)'에 대하여 얼마나 많은 '은혜(恩)'를 베풀지 예상이 되지 않았기 때문에, 이를 주관하는 기선으로서는 가끔 양보하는 것이 사실상 오로지 비준을 얻는 것이었다. 이 때문에 청국 측의 대가(還価)가 황제로부터 나온 것은 다음과 같다.

---

137) 위의 책, 75쪽.

1) 임칙서를 징벌하라.

2) 영국인이 광동에서 통상을 재개하는 것을 허락한다.

다음은 기선의 건의 혹은 기선의 실제 운용으로부터 나온 것으로 도광제의 동의가 있었기 때문이다.

3) 소각한 아편은 부분적으로 배상한다.[138]

4) 중영 관방문건의 왕래에 '조회'를 사용한다.[139]

이외 또 한 항목은 어떠한 문건 자료에서도 볼 수 없는데, 오늘날의 연구자들이 어렴풋이 유추해 보면, 도광제가 중국연해에 창궐하는 영국의 아편밀매를 모른척하기로 하고 법률에 근거하여 제재를 가하지 않았다는 것이다.

청국 측이 생각하는 대가(還価)로 보면, 제1항은 본래 영국 측의 요구가 아니라 청국 측이 가장 중요하게 생각한 것으로, 이것은 두 종류의 문화 차이가 매우 깊다는 것을 반영한다. 제2항은 단지 이전의 옛 규정의 상태로 돌아가는 것으로 영국이 오구 통상을 요구한 것과 많이 상반된다. 제3항은 그 전부를 배상하라는 요구를 만족시키지 못한다. 제4항은 비록 평등한 문서왕래라는 문제를 해결했지만, 양국 간 관원 교류의 기타 양식을 확립하지 못했다. 설령 이것이 아편 밀매에 대한 묵인일지라도 앵글로–색슨인의 비위에 부합하지 않는 것이다. 그들은 이때 비록 요구를 정식으로 제의하지 않았지만, 파머

---

138) 이에 대한 증거로는, 1)기선이 광주에 도착하자, 매우 **빠르게** 아편배상금 은 500만 냥에 대한 방안을 제시하고, 그가 비록 조회에 "그 은(銀)은 대황제께서 허락하여 준 것은 아니며, 본대신작각부당이 따로 처리한 것"이라고 했지만(佐 木正哉編, 『阿片戰爭の硏究:資料篇』, 30쪽), 단 상주에 이 일에 대하여 분명하게 설명하였고, 만약 도광제의 비준이 없었다면, 기선은 절대 이와 같이 처리하지 못했을 것이다. 2)1840년 11월에 어사 조리태(曹履泰)는 상주에 아편의 배상금은 영국군이 주산을 돌려줘야만 비로소 줄 수 있는 것이라고 밝혔다(『籌辦夷務始末(道光朝)』 1권, 540쪽). 이때 기선은 아직 광주에 도착하지 않았을 때로, 언관들에게 이러한 논의가 있었다. 바로 도광제가 배상에 동의했다는 사실을 당시 경성의 수많은 사람들이 이미 알고 있었음을 알 수 있다.

139) 당시 기선과 이리포가 영국 측과 주고받는 조회는 모두 상주와 같이 올려 황제가 열람했으며, 도광제는 이에 이의를 표시하지 않고 묵인했음을 알 수 있다.

스턴이 이미 영국 측 대표에게 청 정부가 아편무역의 합법화에 동의하도록 권유하라고 지시했다.

결론적으로 청국 측은 오직 영국 측의 피상적 요구에 회답했을 뿐이었다.

담판과정 중에 흥정은 본래 일종의 전술인데, 그중 가장 중요한 조건이 바로 담판자가 양보를 할 수 있는 권리가 있는가이다. 그러나 광동 담판을 주관한 영국 측 대표인 찰스 엘리엇과 청국 측 대표인 기선 모두 그런 자격을 갖추지 못했다.

영국 측의 전권대표는 본래 조지 엘리엇과 찰스 엘리엇 두 사람이었다. 그러나 1840년 11월에 조지 엘리엇은 건강문제로 사직을 하게 되었다.[140] 그러자 찰스 엘리엇은 유일한 전권대표가 된다. 그는 비록 '전권'을 가지고 있었지만, 파머스턴의 훈령을 보면 영국 측이 요구하는 대가를 완화할 수 있는 권한이 없었음을 알았다. 사실상 파머스턴 본인은 근본적으로 담판을 믿지 않아서 1840년 2월 20일의 훈령에 분명하게 무력(대포)을 사용하여 대화하라고 하면서 상대방이 조건을 받아들이던지 무력을 사용하던지 교섭을 복잡하게 할 필요가 없다고 명령했다.[141]

기선은 흠차대신이 되지만 그 직권범위가 찰스 엘리엇보다 더 적었다. 그는 환가(還價)를 올릴 수 있는 전권이 없었을 뿐만 아니라, 청조의 규율에 근거하면 그 역시 외국과 조약을 체결할 전권도 없었다. 그가 북경에서 청훈(請訓)을 받는 동안, 도광제가 어떤 지시를 내렸는지 지금은 알 수 없다. 그러나 후에 도광제의 상유(上諭)를 보면, 영 '이(夷)'가 '사납고 고집스럽다'고 하면서 도광제는 절대로 양보를 하지 않으면서 즉각적인 무력 사용을 주장하는 것을 알 수

---

140) 조지 엘리엇의 사직에 대하여 당시와 이후 모두 수많은 평론이 있었다. 나는 조지 엘리엇과 그의 사촌 찰스 엘리엇이 정권상 충돌이 있었다는 것은 사실이며, 건강에 문제가 있었다는 것도 사실이라고 생각한다.

141) 馬士, 『中華帝國對外關係史』, 1권, 713쪽.

있다.

이처럼 정말로 발언의 자격이 있는 사람은 파머스턴과 도광제였다. 찰스 엘리엇과 기선은 단지 그들의 수중에 있는 꼭두각시였을 뿐으로 모든 행동을 조종당했다. 만약 조종을 당하던 두 사람이 본의로 일을 진행했다고 한다면, 그럼 상방은 일단 교섭을 하자마자 즉시 전쟁이 일어났어야 하며, 이와 같이 수많은 자질구레한 것들이 필요 없었을 것이다. 그러나 런던과 북경을 막론하고 모두 광동과 멀리 떨어져 있었기 때문에, 즉 줄이 너무 길어 조종자가 손발을 팽팽하게 잡아당길 수 없는 것과 같았다. 그리하여 찰스 엘리엇과 기선 모두 소소한 느슨함을 이용하여 천천히 교섭을 진행함으로써 쌍방의 감독이 각본 없는 수많은 프로그램을 연출한 것이다.

소위 광동 담판은 사실상 찰스 엘리엇의 월권, 기선의 명령위반으로 이루어진 것으로 그중 찰스 엘리엇이 기선보다 더 멀리 나아갔다.

이러한 담판이 어떤 결과를 일으킬 수 있을까?

이상의 분석은 오늘날 연구자가 냉정하게 깊이 생각하고 판단하여, 당시 두 당사자인 기선과 찰스 엘리엇 모두에 집중한 것이다.

1840년 11월 20일, 찰스 엘리엇은 주산에서 남하하여 오문에 도착하고, 29일에 조회를 기선에게 보냈다. 그리고 이날 기선은 북경에서 남하하여 광주에 도착했다. 56일이 걸렸는데 그의 전임 임칙서보다 5일이 적었다. 12월 3일에 그는 찰스 엘리엇에게 조회를 보냈다.

이렇게 중영광동담판(中英廣東談判)이 정식으로 열렸다.

이번 담판에서 사람들을 이상하게 여기게 한 사람은 찰스 엘리엇이었다. 그는 마치 파머스턴의 훈령을 염두에 두지 않은 것처럼 보였는데, 현재의 문서 자료를 보면 파머스턴이 보낸 『조약초안』의 전체 내용을 전부 꺼낸 적이 없는 것 같다. 그가 가장 먼저 꺼낸 패는 여전히 『파머스턴이 중국재상에게 보내는 문서』에 나오는 조건이었고, 이후 꺼낸 패들은 또한 계속해서 변화했다. 그는 마치 시작하자마자 상대방을 놀라게 하여 달아나게 하는 것을 두려워하여, 한 단계 한 단계 판돈을 올리는 전술을 채택한 것 같았다.

1834년 이래, 찰스 엘리엇이 중국에 온지 이미 6년이나 되었는데, 외교 수행원에서 승진하여 대화상무총감독, 전권대표에 오른 기간 동안 그는 귀국한 적이 없었다. 그는 중국의 국정을 잘 이해하고 있었고, 복잡한 사정을 이용하여 목적에 도달하는 데 능숙했으며 만족을 몰랐다. 등정정, 임칙서 등과 수차례 싸우고 별 이익을 얻지 못했지만, 돌연 이런 '천조'의 최고위에 있던 '대신작각부당' 기선과 대등하게 직접 교섭을 할 수 있게 되자 뜻밖의 기쁨에 어쩔 줄을 몰라 했다. 그가 파머스턴에게 보낸 보고를 보면, 그는 이때 청 조정에 출현한 부드러운 분위기에 대하여 큰 흥미를 느끼고 이런 분위기의 발전을 유도하여 일을 성공시키려고 시도하였다. 그의 보고도 사람들로 하여금 일종의 모호한 인상을 받게 하는데, 그는 마치 천근의 압력을 가진 저울추를 만들어 이것으로 중국 정치의 방향을 조정할 생각인 것 같았다. 당연히 모든 그의 행위와 동기에 대한 연구는 이미 본 권의 주지와 동떨어진 것으로 연구할 필요가 없었다. 그러나 만일 내가 일반적인 평론을 한다면 그것은 바로 그가 '천조'에서 보낸 시간이 매우 길기 때문에, 수법 방면에서 동방의 부드럽고 섬세한 기풍은 많이 섞여 있었지만, 모국의 그런 패도적 수단에 대해서는 약간 미숙하여 사용하는데 능숙하지 않았다는 것이다.

기선은 교섭을 시작하면서, 바로 아편 대금 500만 원을 배상하는 것에는 동의하지만, 영국 측의 기타 요구에 대해서는 완곡하게 거절했다. 그는 본래 이 아편의 대금은 '특별한 은혜(殊恩)'로, 즉 대체적으로 성사시킬 수 있는 것이라고 여겼으나, 상대방이 의외로 이와 같이 사리에 맞지 않고 욕심이 끝도 없을 줄은 생각지도 못했던 것이다. 이 때문에 그는 한 걸음 한 걸음 방어진을 치고 또 다음과 같이 약간 물러났다. 1) 아편대금을 600만 원으로 올린다. 2) "대신 상주하여 성은을 청하여" 광주 외에 다른 항구 한 곳을 개방한다. 그러나 오직 상선의 교역만을 허가할 뿐 상륙하여 거주해서는 안 된다.

특히 재미있는 사실은 기선은 조회에 끊임없이 역할을 바꾸는데, 어떤 때는 영국 측과 도광제 사이의 중재자처럼, 어떤 때는 찰스 엘리엇의 친구처럼 약간의 '선의(善意)'의 권고를 하였다. 그러나 청 정부가 진행하는 교섭의 정식 대표 같지는 않았다. 비록 오늘날의 안목으로 보면 기선의 조회는 우스꽝스러운 '천조의 용어가 충만한 것이라고 할지라도 당시의 시대 상황으로 보면 기선의 음성은 겸허한 편에 속한 것이었다. 이 점도 찰스 엘리엇은 받아들일 수 있지만 파머스턴은 절대 용인할 수 없는 이유였다.(서론에 자세히)

사실상 1840년 8월의 천진 교섭 이래, 기선은 영국에 대하여 다른 수많은 청조 관리들보다 확실히 많이 이해하게 되었지만, 시종 두 가지 방면에서는 분명히 이해하지를 못했다. 1)'천조'가 영국에 대하여 경제제재 방면에서 얼마나 크게 우세를 점유하고 있는가? 차(茶葉)와 대황(大黃)으로 적을 제압하는 것은 이미 다시 언급할 필요는 없지만, 그리고 통상 단절은 실패한 전략으로 여전히 동요를 일으키지는 못하였지만, 통상을 허락하는 것은 여전히 그가 가진 가장 중요한 히든카드였던 것이다. 2)영국이 이 전쟁을 일으킨 목적이 결국 무엇인가? 영국이 임칙서에게 보복을 하기위해 온 것이라고 되풀이하여 말한 이상, 그럼 임칙서는 이미 파직되어 그가 시행한 조치도 이미 없앴고, 심지어 그이 소각한 아편도 배상했는데도 영국은 또 어떤 '억울함'이 있는지 또 무슨 이유가 있어 분수에 넘치게 요구를 멈추지 않는지? 즉, 영국이 중국시장에 진입하여 중국을 전 세계 무역체제에 진입시키려하는 등의 원인을 그에게 설명해 줄 수 있는 사람이 없었으며, 설령 어떤 사람이 그에게 설명했다고 하더라도 이해할 수 없었을 것이다. 이 때문에 기선은 비록 이미 현재 사정이 매우 처리하기 어렵다는 것을 알았지만, 스스로 약간의 정국을 좌우할 능력이 있다고 여기고 조회에 여전히 자유자재로 붓을 움직인 것이다.

이와 같은 논쟁이 1개월 넘게 이어졌는데, 쌍방 간 조회의 왕래는 모두 15

통에 달했다. 그 기간 동안 찰스 엘리엇은 여러 차례 대면 회담을 요구하였으나, 기선은 이를 계속 거절했다. 1841년 1월 5일, 찰스 엘리엇은 마침내 파머스턴의 훈령이라는 살수(殺手)를 기선에게 보내 "군사적 방법으로 처리하겠다."라고 했다.[142] 1841년 1월 7일, 영국군은 호문(虎門)입구의 사각(沙角), 대각(大角)을 점령하고 청군은 대패했다.

전쟁 패배의 현실은 마치 환상 속에 있던 기선의 머리를 냉정해지게 한 것 같았다. 그 자신은 원래 흥정할 만한 밑천이 없었다. 그에게는 이전의 적절하고 질서가 있었던 행동을 찾아볼 수 없었으며, 오히려 허둥대고 갈팡질팡하였다. 1월 11일, 그는 뜻밖에도 자신의 신분과 권한을 고려하지 않고 제멋대로 찰스 엘리엇에게 조회를 보내 다음과 같은 중대한 양보를 했다. 1)"대신 상주를 올려 간청하여", "항구 밖에 거주할 수 있는 장소를 주겠다." 2)"대신 상주를 올려 간청하여" 광주를 개항하고 무역을 회복시켜주겠으며, 대신 그 조건은 영국군이 주산을 반환하는 것이다.[143] 그는 마음속으로 호문 입구 밖의 불모지를 이용하여 주산을 교환하고 추가로 영국군이 사각, 대각 이 두 곳으로부터 철수하면 유리한 흥정이라고 생각했을 가능성이 크다. 기선의 담력은 정말로 매우 컸다.

이때의 찰스 엘리엇의 반응은 완전히 앵글로 색슨인의 태도였다. 그는 분명하게 기선이 조회에 할 수 있는 모든 것을 다했다는 것은 '대신 상주하다(代奏)' 일뿐 정식의 동의라고 볼 수 없으며, 황제의 비준을 얻어야 한다고 했다. 나는 서론에서 이미 1841년 1월 20일, 그가 기선의 조회 중에 그 함의가 불분명한 말에 근거하여, 이미 기선과 4항의 기본적인 협정을 달성했음을 선포했다고 언급했다. 그 네 가지 조항은 1)홍콩할양, 2)아편대금 600만 원 배상, 3)

142) 佐々木正哉編, 『阿片戰爭の硏究:資料篇』, 27~52쪽.
143) 위의 책, 61~62쪽.

중영 간 평등 외교, 4)1841년 2월 2일, 중영 간 광주무역의 회복.[144] 1월 26일에 영국군은 홍콩을 점령했다. 1월 28일에 영국 원정군 해군 사령관 제임스 브레머는 청군 장령에게 편지를 보내 '문건의 기록에 근거하여'라고 하고 홍콩에 있는 청군의 철수를 요구했다.[145]

찰스 엘리엇의 이런 은근슬쩍 일을 벌이는 수작에 파머스턴은 큰 불만을 표시하고 근본적으로 이 협정의 존재를 의심했다.[146]

만약 오문(澳門)에서 런던까지 통신주기가 6개월 이상이라고 한다면, 찰스 엘리엇이 마음대로 월권을 할 수 있는 충분한 시간이 있는 것이다. 그럼 광동에서 북경까지는 겨우 40일, 심지어 더욱 짧은 시간 안에 소식이 올 수 있는 상황에서 본래 기선에게 이와 같이 자유롭게 활동할 여지가 주어지지 않아야 했다. 그러나 기선은 유지를 거역하고 받들지 않았다.

1840년 12월 25일, 도광제는 기선의 광동 담판에 관한 제1차 상주(12월 6일 발)를 받고, 태도가 이미 변하여, 바로 기선에게 '토벌'을 준비하라고 명령을 내렸다.[147] 12월 30일에 도광제는 광동담판에 관한 기선의 제2차 상주(12월 14일 발)를 받고, 담판은 이미 막다른 골목에 이르러 전혀 희망이 없다고 생각하며, "기회를 틈타 공격하고 토벌하여 약한 모습을 보여선 안 된다."라고 명령을 내렸다. 같은 날 광동에 병력이 부족할 것을 우려한 고광제는 사천, 호남, 귀주에서 병력 4,000명을 준비하고 기선의 명령을 기다리라고 명령했다.[148]

1841년 1월 6일, 도광제는 광동담판에 관한 기선의 제3차 상주(12월 19일)를 받고, 대노하여 어떠한 여지도 남기지 말라는 엄한 유지를 내렸다.

---

144) 馬士, 『中華帝國對外關係史』, 1권, 305~306쪽.
145) 佐々木正哉編, 『阿片戰爭の硏究:資料篇』, 75쪽.
146) 馬士, 『中華帝國對外關係史』, 1권, 735쪽.
147) 『籌辦夷務始末(道光朝)』 2권, 608쪽.
148) 위의 책, 2권, 618~619쪽.

역이(逆夷)의 요구가 매우 지나쳐, 상황이 사납고 나쁘며, 이치에 맞지 않으므로, 즉시 크게 일어나 토벌하라. …**역이가 다시 혹 문서를 보낸다고 해도 받아서는 안 되며, 사람을 파견하여 다시 그 이(夷)에게 이치를 논해서는 안 된다.** … 짐의 뜻이 이미 정해졌으니 절대 망설여서는 안 된다. (굵은 글씨 인용자가 표시)

그는 계속 이미 파직되어 광주에서 처분을 기다리던 임칙서, 등정정을 투입하여 그들에게 기선을 도와 '주도면밀하게 처리하라'라고 명령을 내렸다.[149]

이후 도광제는 유지에 '토벌'을 주장하는 목소리가 나날이 높아지자, 기선의 태도도 나날이 단호해졌다.

이것으로 도광제가 광동담판에 대한 보고를 받고 '회유(撫)'위주에서 '토벌(剿)'위주로 그의 생각이 갑자기 바뀠다는 것을 알 수 있다. 1월 6일의 유지에는 더욱 담판의 대문을 걸어 잠그라고 명령했다. 그는 본래 영 '이'의 '언사가 공손하다'로 인해 '회유'를 주장했는데, 이 시기의 변화 역시 이유가 있었다. 12월 19일 이전의 '오랑캐의 상황 변화'가 비록 여전히『파머스턴이 중국재상에게 보내는 문서』에서 각 항이 요구하는 범위를 벗어나지 않았지만, 이때는 그에게 신선한 일이었다. 하지만 그는 이 영국 측 문건에 대해 결코 자세한 분석과 연구를 하지 않았으며, 몇 개월 후 잊어버렸다.

청국 측의 당안에 근거하면, 첫 번째 유지는 '오백리'의 속도로 보내고, 2번째, 3번째 유지는 '육백리'의 속도로 보내는데, 그것이 광주에 도착한 시간은 1841년 1월 중순이다.[150] 기선의 상주에 근거하면 그는 1월 20일에 1월 6일의

---

149) 위의 책, 2권, 632쪽.

150) 북경에서 광주까지의 '육백리', '오백리' 유지는 약 14일에서 19일이 걸린다. 1841년 1월 18일에 보낸 기선의 상주에 근거하면, 그는 이미 도광제가 1840년 12월 20에 보낸 유지(諭旨)를 받는다. 단 구체적 시간을 밝히지는 않았다(『阿片戰爭檔案史料』 2권, 765쪽, 『籌辦夷務始末(道光朝)』 鉛

유지를 받는다. 이 때문에 만약 유지의 뜻에 따라 일을 처리한다면 기선은 늦어도 1월 20일에는 방침을 변경하여 '토벌(剿)'로 전환해야 했다.[151]

그러나 기선의 행동은 확실히 상반되었다. 그는 영국 측의 조회를 계속 '받았고(收受)', '사람을 파견하여' 영국 측과 교섭을 했을 뿐만 아니라, 또한 이전에는 거절했던 대면의 방법으로 호문(虎門)에 찾아가 찰스 엘리엇과 직접회담을 하였다. 1841년 1월 26일, 기선은 찰스 엘리엇과 호문에서 대면했다. 27일과 28일 쌍방은 조약과 관련된 담판을 진행하는데 주요 논쟁은 홍콩문제였다.[152] 담판은 교착 상태에 빠지고, 기선은 상황이 심상치 않자, 곧 몸이 안 좋다는 이유로 회의를 연기하자고 요구했다.[153]

광주로 돌아온 기선은 1월 31일에 중영 조약의 수정안을 입안했는데, 즉 『작의장정저고(酌擬章程底稿)』를 사람을 파견하여 찰스 엘리엇에게 전달했다. 그러나 찰스 엘리엇이 이 안을 거절하고 자신의 의견을 고수하자 전쟁으로 서로를 위협했다. 쌍방의 조회가 빈번하게 왕래하고, 기선의 제의에 근거하여

印本에는 1월 20일 보냈다고 잘못 기록되어 있다); 12월 25일의 유지는 기선이 상주에 언급하지 않았다. 이중에 특이한 점은 기선이 항명 의 의향을 나타냈다는 것이다.

151) 『阿片戰爭檔案史料』 3권, 39쪽. 이 시간은 또 임칙서의 『林則徐集 日記』, 379쪽을 보면 알 수 있다.

152) 홍콩 '할양'문제에 관하여, 기선은 줄곧 오해가 있었는데, 이런 오해는 또 찰스 엘리엇에 기인한 것 같다. 1840년 12월 29일, 찰스 엘리엇은 조회에 "오직 외양에 머물 수 있는(寄居) 한 곳을 내주어(予給) 영국인이 깃발을 세우고 자치할 수 있도록 해야 하며, 서양인이 오문에서 깃발을 세우고 자치를 하는 것과 다르지 않아야 한다."라고 표시한다(佐々木正哉編, 『阿片戰爭の硏究:資料篇』, 46쪽). '여급(予給)' 이 단어를 어떻게 해석해야 하는가를 떠나서 "서양인들의 오문과 같이"라는 문장은 기선이 오해를 하지 않을 수 없게 하였다. 오문은 포르투갈인이 중국에 빌린 거류지로 포르투갈의 영지가 아니며, 청 정부 역시 여기에 대한 수많은 권한이 있었다. 그래서 1841년 1월 11일, 찰스 엘리엇에게 보낸 조회에 "항구 밖 외양에 거류할 만한 곳을 내어 주겠다."라고 한다(佐々木正哉編, 『阿片戰爭の硏究:資料篇』, 61쪽). '기거(寄居)'라는 단어의 함의는 당연히 분명하다. 또 기선은 상주에 줄곧 오문을 사례로 삼아 홍콩의 지위 문제를 설명하였다.

153) 1841년 2월 7일 찰스 엘리엇이 지선에게 보낸 조회에, "흠차대신이 말한 바에 근거하여 본월 20일(2월 11일)에 다시 면담하기를 청한다."라고 한다. (佐々木正哉編, 『阿片戰爭の硏究:資料篇』, 79쪽) 비록 그가 후에 상주에 부인했다고 하더라도 이번 회담은 기선이 주동하여 제의한 것임을 알 수 있다.

쌍방은 2월 11일에 다시 회담을 열기로 했다.[154]

광동의 정세와 완전히 상반되게, 1월 27일에 기선과 찰스 엘리엇이 호문 연화산(蓮花山)에서 회담을 할 때, 북경의 도광제는 사각, 대각에서 패했다는 상주를 받고(1월 8일 발), 즉시 내각을 통해 발의한 유지(諭旨)에 영국 역(逆)의 죄상을 선포하고 전력으로 토벌할 결심을 하고, 군기(軍機)를 통한 유지에 기선에게 다음과 같은 무조건적인 명령을 내렸다.

> 현재 반역의 흔적이 매우 분명하여, 오직 고통스럽게 토벌하여 깨끗이 하는 것만이 국가의 위세를 세우는 것인데, 아직도 무슨 사정이 있어 일깨우려하는가?… 제독이 병사들을 이끌고 분투하여 토벌하고 제거하여 원래대로 바로잡도록 하라.[155]

이 유지가 2월 9일에 광주에 도착하지만,[156] 기선은 여전히 뒤를 돌아보려하지 않았다. 2월 10일, 즉 유지를 받은 다음날 그는 계획에 따라 광주를 떠났다. 11일과 12일 그는 찰스 엘리엇과 호문의 사두만(蛇頭湾)에서 제2차 회담을 했다. 이번 회담에 관하여 찰스 엘리엇은 보고에 "두 사람이 장장 12시간 동

---

154) 찰스 엘리엇이 파머스턴에게 보낸 1841년 2월 13일, 佐佐木正哉, 『論所謂「穿鼻條約」草案』의 중역본 『外國學者論阿片戰爭和林則徐』 상권, 福建人民出版社, 1989, 165쪽.

155) 『籌辦夷務始末(道光朝)』 2권, 711~713쪽. 어떤 사람은 그 유지 중 '通諭中外'의 문장에 근거하여 도광제가 정식으로 전쟁을 선포한 것이라고 주장한다. 이것은 오해로, 여기서의 '중외'는 오늘날의 '중국과 외국'이 아니라 중은 '宮中'을 가리키는 것으로 예를 들어 '궁중에 남겨 보내지 않는다(留中不發)' 등등과 같다. '外'와 '中'의 대립은 '宮外' 즉, '官人民人' 등을 의미한다. 이밖에 당시 중국은 국제법상의 '선전(宣戰)'의 절차에 대해 전혀 알지 못했다.

156) 『林則徐集 · 日記』, 381~382쪽. 기선은 상주에 이 유지를 받은 시간에 대해 되도록 은폐하였다. 1841년 2월 14일, 그는 상주에 모호하게 "어제 하문을 받았습니다(昨奉垂詢)…"라고 말하면서 마치 2월 13일에야 비로소 이 유지를 받은 것처럼 말했다. 이는 분명히 그가 유지를 거역하여 계속 영국 측과 회담을 한 행위를 은폐하기 위해서인 것이다. (『籌辦夷務始末(道光朝)』 2권, 814쪽)

안 회담한 결과 조문 전체를 입안하는데 성공하지만" 기선이 이 조약에 서명하지 않고, 10일을 연기해 달라고 요구했다고 보고하였다.[157] 이것으로 보건데, 기선은 영국군의 압력 아래, 감히 이를 공개적으로 저지하지 못하고, 단지 교활한 짓을 하여 결정적인 때에 서명을 하지 않고 몰래 달아난 것이다. 기선은 이번 회담에 대해서도 보고를 하지만 모두 거짓말이었다. 그는 상주에 호문에는 그곳의 방어에 대해 현장조사하기 위해서 간 것이며, 마침 찰스 엘리엇이 만나기를 청해서 '적의 공격을 지연시키는 계권(緩兵之計)'의 일환으로 그와 회담을 한 것이라고 보고했다. 또 그는 계속 상주하여 회담은 완전히 홍콩문제를 중심으로 진행되었고, 그는 영국 측의 홍콩강점 행위에 대하여 질책하였으며, 재차 "한 곳에만 머물러야지 섬 전체는 안 된다"라고 보고하였다.[158]

이후 기선은 앞에서 서술한 이리포와 같이 전부 거짓말에 의지하여 하루하루를 연명했다. 2월 3일에 기선은 호문에서 광주로 복귀하여 두 건의 중요한 문서를 받았다. 하나는 도광제가 1월 30일에 내린 유지로, 혁산(奕山)을 정역장군(靖逆將軍)으로, 륭문(隆文), 양방(楊芳)을 참찬대신(參贊大臣)으로 임명하고, 각 지역에서 대군을 차출하여 광동으로 보내 '오랑캐를 토벌하라(剿夷).' 라는 내용이었다.[159] 다른 하나는 찰스 엘리엇이 사두만 회담에서 입안한 조약 초안인 『선정사의(善定事宜)』에 근거하여, 조회를 보내 빨리 회견을 하여 공동으로 서명을 하자고 한 것이었다.[160] 같은 날 양측의 맹공격을 받은 기선은 이미 더 갈 곳이 없는 궁지에 몰렸다. 2월 14일의 상주에 그는 찰스 엘리엇과의 회견을 '적의 공격을 지연시키는 계권'이라 했으나, 사실상 도광제를 '지연(緩)'

---

157) 찰스 엘리엇이 1841년 2월 13일에 파머스턴에게 보낸 편지, 佐佐木正哉, 『論所謂「穿鼻條約」草案』의 중 역본 『外國學者論阿片戰爭和林則徐』 상권, 福建人民出版社, 1989, 168~169쪽.

158) 『籌辦夷務始末(道光朝)』 2권, 813~814쪽.

159) 위의 책, 2권, 719쪽.

160) 佐々木正哉編, 『阿片戰爭の硏究:資料篇』, 80~84쪽.

시키고자 한 계권이었으며, 그리고 그가 회담의 중심이 완전히 홍콩문제에 있다고 보고한 것은 광동순무 이량(怡良)이 그가 광주에 없는 틈을 타서 2월 11일에 상주를 올려 그가 '사사로이 홍콩을 내주었다'고 탄핵했다는 풍문을 들었을 가능성이 컸기 때문이었다.[161]

이상으로 늦어도 1월 20일부터 기선이 줄곧 도광제의 유지에 대항한 것을 알 수 있다. 즉, 공격하여 '토벌'하는 것을 거역하고 평화 회담으로 분쟁을 해결하는 것을 고수했음을 알 수 있다. 그러나 이때에 이르러 새로운 장군, 참찬이 도착하자 주제자의 교체는 이미 기정사실이 되었고 그의 파면은 시간문제일 뿐이었기 때문에 부득이하게 방침을 변경하여 무장저항을 준비했다. 이 때문에 그는 2월 14일의 상주에 도광제에게 "차후 그 오랑캐가 다시 공문을 보내올 경우 당연히 유지를 받들어 거절하겠습니다."라고 했다.

이후 일어난 일들은 기선이 평화회담에 계속 미련이 남아있었음을 표명했다. 1841년 2월 16일에 찰스 엘리엇이 기선에게 조회를 보내 영국군은 이미 주산에서 철수했기 때문에, 2월 20일 전에 그의 『선정사의(善定事宜)』에 서명하라고 요구하면서, 그렇지 않으면 "서로 전쟁을 다시 시작하게 될 것이다"라고 통

---

161) 『阿片戰爭檔案史料』 3권, 92~94쪽. 이량(怡良)은 임칙서 등의 권략 하에 상주를 올린 것이다. 이량은 상주에 "그 대신이 광동에서 그와 같이 어떻게 일을 했는지는, 비록 신이 직접 들은 것은 아니지만…"이라고 했다. 이것이 암시하는 것은 광동에 도착한 후 계속 그에 대한 소식을 봉쇄했다는 것으로 이는 의심할 만한 것이다. 찰스 엘리엇의 고시는 2월 1일에 발표된 것이며, 브레머가 뢰은작에게 보낸 조회는 1월 28일에 보낸 것이다. 당시의 통신 속도로 보면 광주에서 2월 3일이면 소식을 받을 수 있다. 임칙서의 일기에 근거하면, 기선이 2월 10일에 광주를 떠나기 전, 2월 4일과 5일에 임칙서, 이량과 두 차례 회담을 했다. 설령 기선이 고백하지 않았다하더라도 이량은 또 어째서 묻지 않았을까? 그리고 기선이 후에 심문을 받을 때에도 이량의 그런 말을 완전 부인한다. 또 "기선과 이량은 동료 관원으로 수시로 접견할 수 있는데 어찌 공사를 나누지 않았을까? 단지 이무(夷務)는 기밀이기 때문에 모든 일을 상의할 필요가 없었다.…"라고 하였다(『阿片戰爭檔案史料』 3권, 472쪽) 이것으로 볼 때, 이량이 만약 기선이 진상을 보고하지 않았다면 물어볼 기회가 분명히 있었지만, 그는 기선이 광주를 떠나자마자 상주를 올려 탄핵한다. 그 목적이 진상을 분명하게 하려는 것이 아니라 기선을 무너뜨리려는 것에 있다는 것을 알 수 있다. 또 이 기간에 임칙서가 이량에게 보낸 서신에 근거하면 이량이 상주를 보낼 때, 매우 보완에 주의했음을 알 수 있다.

고했다.[162] 기선은 이러한 위협을 견디지 못하고 즉시 자신이 한 약속을 잊어버리고는 2월 18일에 찰스 엘리엇에게 다시 조회를 보내 "요즘 몸에 병이 깊어 정신이 맑지 않으니 병이 낫길 기다리면 즉시 처리하겠다."라고 하면서 지연권을 실행했다.[163]

2월 19일에 기선은 그의 교섭 특사 포붕(鮑鵬)을 파견하여 이 조회를 전달하고도 곱게 물러서지 않을 것을 두려워하여, 다른 문서를 보내 재차 양보를 했다. 종전의 "홍콩의 한 구석만 허락한다."에서 "그 섬 전체를 허락한다."로 확대했다. 그리고 사전에 그는 포붕에게 "상황을 봐서 공손하고 순종적이면 전달하고, 만약 되풀이 되면 그에게 전달하지 말라"라고 당부했다. 다음날 포붕은 이 문서를 가지고 복귀하는데, 그것은 매판을 한 적이 있고, 아편을 판매한 적이 있고, 지방관에 의해 체포를 지명당하고 심지어 민간의 풍문에 의하면 대 아편상 진영의 하수인이라 불리며, 기선에 의해 팔품정대(八品頂戴)에 오른 이 신사(信使)의 눈에도 "상황이 좋지 않았기 때문이다"[164]

역사적 결론으로 보면, 설령 기선과 찰스 엘리엇이 달성한 협의는 절대 양국 정부의 비준을 얻지 못했다. 그러나 역사적 고찰로 보면 두 사람이 각자 제의한 최후의 가격(조건)에 의의가 없지 않은데, 그 이유는 사람들에게 분명하게 그들의 사상을 알려 줄 수 있기 때문이었다.

기선이 영국 측에 대해 끊임없이 흥정(還価)을 하여 그 최고 환가(還価)는 1841년 1월 31일에 찰스 엘리엇에게 건넨『작정장정(酌定章程)』이며, 그 조약은 겨우 4개 조항뿐으로 내용은 다음과 같다.

1) 영국인이 광동에서 통상하는 것을 허락하고, 영국인이 홍콩의 한 곳에

---

162)   佐々木正哉編, 『阿片戰爭の硏究:資料篇』, 83쪽.

163)   위의 책, 84쪽.

164)   鮑鵬續供, 『叢刊 · 阿片戰爭』 3권, 253쪽.

거주하는 것을 허락한다.

2) 이후 영국인은 광동에 와서 무역을 하는데 있어서 모두 옛 규정에 따라 처리한다.

3) 영국 선박이 아편과 금지품을 숨겨오거나, 혹은 탈세 밀매자의 화물은 즉시 관에서 몰수하고 사람은 처벌한다.

4) 영국인은 금후 이에 대하여 이의를 제기할 수 없다.[165]

기선은 비공식적으로 해결을 하는 방법을 사용하여 소각한 아편의 배상금을 처리할 생각이었기 때문에 조약 안에 이 일에 대한 언급을 하지 않았다. 기선이 입안한 조약의 내용으로 보면, 홍콩의 한 지역을 기거할 수 있게 제공하는 것 외에는 유지를 위반한 조항은 결코 없었으며, 반대로 분명하게 이전의 선례를 재차 천명한 것이었다. 당시의 조건 하에서 보면 이는 흉악한 적수에 직면하여 기선이 이미 최대한 국가의 이익을 보호하는 데 전력을 다했다고 할 수 있다.

찰스 엘리엇이 마지막으로 제시한 조건(出價)은 1841년 2월 13일에 기선에게 보낸 『선정사의(善定事宜)』인데 그 조약은 모두 7가지로 다음과 같다.

1) 영국인이 광동에서 무역을 하고, 전례에 따라 영업허가증을 받고, 자유롭게 출입할 수 있도록 허가한다. 중국 정부는 그들의 생명과 재산의 안전을 보장한다. 조사하여 금지물품이 없는 영국 선주(船主)는 서약서를 제출할 필요가 없다.

---

165) 『籌辦夷務始末(道光朝)』 2권, 815쪽. 후에 기선은 홍콩의 한 곳에서 섬 전체로 확대할 생각이었지만, 표붕 이 결국 문건을 전하지 않았기 때문에 가격을 제시한 것으로 봐서는 안 된다. 당시의 정황을 보면, 기선이 초 안한 『酌定章程』은 찰스 엘리엇이 1월 20일 선포한 4항의 기초협정의 환가이다. 비록 양자 간에 차이가 매 우 심했지만, 기선이 찰스 엘리엇에게 보낸 조회에 기만하여 말하기를 "본 월 초 9일에 4조항을 약정했는데 그 의미를 따져 보면, 귀 공사대신이 입안한 것과 그다지 다르지 않지만 한문이 매끄럽지 않아 문장마다 다르 다. 지금 만약 조목조목 변론한다면 감정이 생길 것이다."(佐々木正哉編, 『阿片戰爭の硏究:資料篇』, 8~9쪽)

2) 양국 관원의 공문은 평등하게 왕래한다. 상인업무는 상인 스스로 하고, 선례에 따라 중국 관규(官憲)에 문서로 작성한다.

3) 중국황제는 홍콩을 영국국왕에게 할양하는 것을 비준하고 중국선박은 오직 홍콩을 통해 통상하는 것을 허락한다.

4) 중국에 있는 영국인의 범죄에 대해서는 영, 중 양국의 관원이 공동으로 심리(審理)하며 홍콩에서 복역한다. 홍콩의 중국인 범죄는 중국에 인도하여 중, 영 양국관원이 공동으로 심리한다.

5) 영국은 선례에 따라 황포(黃埔)에 들어갈 수 있다. 영국 상인은 행상 비용을 도광 21년 정월 초 1일(1841년 1월 23일)을 표준으로 삼고 납부하여 다시 올려선 안 된다. 양국 통상장정, 세율 등의 항목은 중국 행상 3인과 영국 상인 3인이 공동으로 논의하고 초안을 입안하여, 광동 관부의 비준을 거쳐 실시한다. 중국 행상은 3년 내에 부채를 상환하고, 3년 내 행상제도를 없앤다.

6) 금후 영국 상인이 금지 물품을 가지고 입국 할 경우, 화물은 몰수하고 범죄자는 중국에서 추방하거나, 영국 측에 넘겨 처리한다.

7) 조약은 영국 전권대표와 청국 흠차대신이 서명을 하고, 이후 영국 정부의 비준 후 다시 청조 흠명대학사(欽命大學士)가 서명한다.[166]

찰스 엘리엇도 아편편배상금에 비공식적으로 처리하는 것에 동의하였기 때문에 조약에는 이에 대하여 언급하지 않았다.

찰스 엘리엇이 기초한 『선정사의(善定事宜)』를 『파머스턴이 중국재상에게 보내는 문서』의 요구와 비교하면, 군비 배상의 항목이 빠졌으며, 파머스턴 『조

---

166) 『선정사의(善定事宜)』 중문본은 佐々木正哉編, 『阿片戰爭の硏究:資料篇』, 81~82쪽에서 볼 수 있다. 그 조약의 영문본을 본 적이 있는 佐々木正哉의 진술에 근거하면, 조약의 영문본은 중문본과 차이가 있으며 그리고 논문 『論所謂〈穿鼻條約〉草案』에 설명을 하였다. 이것은 두 가지 번역본을 참고하여 서술한 것이다.

약초안』과 비교하면 통상 항구의 증가, 영국이 통상항구에 관원을 파견하는 것, 군비배상, 주산점거 전의 배상금에 대한 청산, 지불하지 않은 배상금에 대한 이자의 계산 등이 없었다. 그리고 그에 상응하는 영사재판권, 그 밖의 통상장정 체결, 행상제도의 폐지 등의 내용이 늘어났다. 만약 찰스 엘리엇의 『선정장정(善定章程)』과 파머스턴 『조약초안』을 비교하면 전자는 더욱 중국에 유리했다. 이렇듯이 찰스 엘리엇은 완전히 파머스턴의 훈령을 위반한 것이었다. 그러나 만약 찰스 엘리엇의 조건과 기선의 조건을 서로 비교한다면, 쌍방의 차이는 여전히 매우 큰 것이었다. 이것으로 볼 때, 설령 담판을 중지하고 대군으로 전쟁을 시작하라는 도광제의 유지가 없었다고 할지라도, 기선은 『선정사의(善定事宜)』에 서명하라는 찰스 엘리엇의 요구에 동의했을지는 여전이 긍정할 수 없는 것이었다.

어떤 사람은 찰스 엘리엇이 1월 20일에 선포한 소위 『초보협정(初步協定)』과 이후의 『남경조약(南京條約)』을 서로 비교하여 이 기간 동안 기선은 외교적으로 승리한 것이라고 주장했다. 나는 이런 주장은 타당하지 않은 것이라고 생각한다.

첫째, 찰스 엘리엇이 1월 20일에 선포한 『초보협정(初步協定)』이나 2월 13일에 보낸 『선정사의(善定事宜)』를 막론하고 기선은 사실상 모두 동의하지 못했고, 기선이 1월 31일에 발표한 『작정장정(酌定章程)』은 찰스 엘리엇도 동의하지 않았다. 그리고 광동에서 담판을 하는 동안 중영 쌍방은 근본적으로 어떠한 협의도 달성하지 못했는데, 어떻게 『남경조약(南京條約)』과 비교하고 어떻게 외교적으로 승리했다고 할 수 있겠는가?

둘째, 찰스 엘리엇이 광동담판 기간 중에 보인 양보는 그 개인적 행동으로 보이지, 기선 때문에 일어난 일은 아닌 것 같다. 파머스턴이 이후에 찰스 엘리엇을 여러 번 질책한 것이 이를 뒷받침 한다. 담판 중에 보낸 기선의 조회 및 담판과 관련된 자료를 조사해 보면, 그가 외교상 어떠한 뛰어난 점을 가지고 있었는지 알 수가 없으며, 그의 그런 끊임없이 변하는 배역의 대사는 칭찬할 만한 전술이라고 할 수도 없다. 이때의 그가 절대다수의 여타 청조 관원과 달랐던 점은 다른 사람이 '토벌(剿)'을 주장함으로써 무(無) '외교'의 말을 할 때, 그는 '토벌'에 반대함으로써 '외교'적 시련을 받았다는 것이다.

기선이 광동담판 기간 동안 명령을 어긴 것에 대해, 어떻게 말을 해도 모두 결코 작은 문제가 아니었다. 이 때문에 유학과 청조의 법률에 따라 기선은 그 죄를 피할 수가 없는 것이다.

그러나 도광제의 정권결정을 검토해 보면, 이전에 '초'에서 '무'로 전환한 것과 같이 이 시기에 '무'에서 '초'로 전환한다는 것은 여전히 매우 경솔한 것이었다. 도광제가 이 시기의 행한 주지와 유지를 살펴보면, 그는 마치 영국 측이 제시한 조건의 구체적 내용을 크게 주의하지 않고 영국 측이 조건을 제시한 행동 그 자체에 분노한 것 같았다. '언사가 공손하다'로 '무'가 빨라졌고, '사납고 고집스럽다'라고 하여 '초'로 빨리 전환되었다. 그의 이러한 문제를 보는 시각은 '천조' 대황제의 풍격이 전해진 것으로, 이런 표현은 또 어떤 방면에서는 문화혁명기간의 '타태도(打態度)'와 비슷했다.

군주의 좋고 나쁨은 많은 우역곡절을 초래한다.

한 명의 신하로서 기선은 완전히 항명의 위험을 잘 알고 있었다. 그러나 그는 평화회담을 고수였는데, 이는 한 방면으로는 자신감으로부터 나온 것으로, 자신이 도광제를 설득할 수도 찰스 엘리엇을 설득할 수도 있다고 생각한 것으로 사실 허황된 것이었다. 다른 한 방면으로는 청군이 영국군에 대항할 수 없다는 판단에서 나온 것으로 이점은 확실히 사실이었다. 이리포의 발뺌과는 다르게 기선은 상주에 사실을 말하고 반복적으로 말했다. 이는 기선의 유일한 훌륭한 점이라고 할 수 있다.

5. 호문대전虎門大戰

약육강식의 식민주의 시대에서 외교상 주도권은 도리의 여부가 아니라 무력에 달려있었다. 아편전쟁 중 호문전투는 쌍방 군사력의 차이를 전형적으로 설명해 준다.

호문은 지금의 광동 동완시(東莞)에 위치했다. 그곳은 지점의 개념이 아니라, 넓게 밖으로는 영정양(伶仃洋), 내부로는 사자양(獅子洋)이 연결되어 장장 약 8킬로미터의 주강(朱江) 및 그 부근의 양안지역(이후 그림에 상세히 표시)이었다. 그곳은 광동의 대문(門戶)이었다. 만약 바다를 건너 온 침략자에 대한 방어 방면으로 보면 그 전략적 위치는 두말할 나위 없이 중요했다.

호문의 전략적 지위와 지리조건은 역대 통치자들 모두가 호문의 방어 구축을 중요하게 생각했다. 이와 관련한 가장 빠른 행동은 역사를 거슬러 올라가면 명대 만력제때부터 시작되었다. 그리고 청 강희제 이후, 방어 시설을 끊임없이 수리했으며 점점 요새의 구모로 커졌다. 1810년 가경제(嘉慶帝)는 광동수사제독(廣東水師提督)을 증설하고 그 관청을 무산(武山) 뒤의 측면인 호문채(虎門寨, 지금의 太平鎮)에 설치하고 직접 그곳의 방어를 지휘하였다.

그러나 호문방어체계를 건설하는데 있어서 핵심적인 시대는 1835년부터 1839년까지로 이 설계의 총책임자는 관천배였다.

먼저 1934년에 중국을 찾아온 윌리엄 네이피어가 영국 함선 2척에 명령을 내려 호문요새를 침범한 적이 있는데, 곧장 황포에 들어서서는 광동을 위협했다. 호문의 청군은 전심전력으로 대응하여 포를 발사했으나, 영국 측 손실은 단지 사망 2명, 부상 7명이었으며, 영국 함선도 경미한 손상을 입었을 뿐이었다. 그러나 아군의 손실은 매우 참담했다. 도광제는 이 소식을 듣고 대노하여 광동수사제독 이증계(李增階)를 파면하고 소송진(蘇淞鎮) 총병 관천배를 임명하여 수습을 깨끗이 하라고 명령했다.

관천배는 강소 산음(山陰, 지금의 淮安)사람이다. 무수재(武秀才)로 청군 파총(把總)에 올라 20여 년 동안 경력을 쌓은 다음 참장에 올랐다. 그의 전환점은 1826년에 처음으로 해운(海運)을 맡은 때였다. 그때 그는 오송영 참장이었는데, 양선(糧船) 1,254척이 장강을 출발하여 북상하는 기간 동안, 300여 척이 바람과 조류로 인해 조선까지 밀려갔으나, 모두 찾아서 돌아오게 되었다. 이 위풍당당한 선대(船隊)가 천진에 입항했을 때, 백만석의 조량(漕糧)이 모두 건재하게 되었고, 3만 명의 선원이 모두 안전해졌다. 도광제는 이 소식을 듣고 크게 기뻐하여 관천배를 부장(副將)으로 승진시키고 얼마 지나지 않아 또 총병으로 승진시켰다. 1833년 관천배가 북경에 도착하여 황제를 알현하는데, 도광제는 아직도 그때의 일을 잊지 않고 온화하고 좋은 말로 안부를 물었다

1834년 말에 관천배는 새로운 직함을 받고, 그는 호문의 지리형세를 상세하게 조사하고 다음과 같은 삼중의 관문방어 구상을 건의했다.

1) 사각, 대각 두 포대가 서로 너무 멀리 떨어져 있어 화력이 집중되기 어렵기 때문에, 효과적인 포대로(信砲台, **포대의 신호체계**) 바꿨다. 일단 적 함선이 내침했을 시, 두 곳은 신호포(信砲)를 발사하고 각 포대 수비군에 적을 맞이할 준비를 하라고 통지했다. 이것이 제1관문이다.

2) 상횡당도(上橫檔島) 일선의 지리적 이점을 이용하여 중점 방어 구역을 형성했다. 동쪽 수로(東水道)에 무산 서측 남산포대를 개축하여 위원(威遠)포대라고 하고 포 40문를 배치했다. 옛 위원포대 이북 진원(鎭遠)포대에 포 40문을 배치하여 강화하고, 횡당도 동측 횡당(橫檔)포대에 포 40문을 배치하여 강화했다. 이렇게 위원, 진원, 횡당 포대 120문의 대포로 횡당도 동쪽수로의 방어를 통제했다. 서쪽 수로에 대해서는 횡당도 서측에 영안(永安) 포대를 새롭게 건설해 포 20문을 배치하고, 로만(蘆灣) 동측에 공고(鞏固)포대를 새로 건설하고 포 20문을 배치하여, 영안, 공고 두 포대 60문의 화포로 횡당도 서쪽수로의 방어를 통제했다. 이것이 바로 제2관문이다.

3) 대호산도 남측에 포 32문을 배치하여 대호포대를 강화했다. 이것이 바로

제3관문이다.[167] 1835년 관천배는 양광총독 노곤(盧坤)의 지지 아래, 약 10개월 동안 상술한 구상에 따라 호문의 방어체계를 개조하여 연말에 공정을 마쳤다. 하지만 2년 후, 1838년 메이트랜드가 중국에 오고 영국 함선이 곧바로 호문을 침입하자 관천배는 굴욕을 당했다(2장 1절에서 상세히). 이 일이 있은 후 관천배는 또 양광총독 등정정의 지지 아래, 이번 사건으로 노출된 호문방어 체계의 결함에 근거하여 재차 방어능력을 강화했다. 1) 진원포대와 위원초대 사이에 새롭게 정원(靖遠)포대를 건설하여 포 60문을 배치했다. 이는 당시 청조가 변경구역 내에 건축한 가장 견고하고 가장 화력이 강한 포대였다. 2) 반라배(飯籮排)와 상횡당도의 서측 두 곳에서부터 무산까지 쇠사슬을 연결해 놓아, 적함의 내침 속도를 늦췄다.[168]

1839년 중건 공사를 마무리하자, 호문은 청조에서 가장 강한 해양 방어 요새가 되었다. 흠차대신 임칙서가 호문에서 아편을 소각할 때, 이미 명을 받들어 공사의 질을 검사하고, 관천배가 설계한 호문 방어체계에 대해 만족을 표시했다.[169]

관천배의 삼중 방어 구상의 중심은 제2관문에 있는데, 즉 상횡당도 전선으로, 특히 횡당도 동쪽수로를 위주로 하기 때문에 포대의 화포 태반이 이곳에 설치했다.

---

167)   관천배, 「查勘虎門扼要籌議增改章程」, 「重勘虎門砲臺籌議節略」, 『籌海初集』 1권. 비록 관천배가 말한 삼 중관문을 그가 처음 말한 것은 아니지만, 그 이전에는 어떠한 사람도 건의한 사람이 없었다.

168)   『阿片戰爭檔案史料』 1권, 486~489쪽. 그중 쇠사슬을 연결하는 공정은 관천배가 1835년에 건설을 요구하 지만, 노곤(盧坤)에게 거절당한다(『籌海初集』 권1). 이때 등정정이 관천배의 건설 요청에 동의한다.

169)   『林則徐集·奏稿』 중, 641~644, 690~691쪽. 어떤 사람은 임칙서가 정원포대와 쇠사슬을 연결하는 것에 대하여 상주를 올렸기 때문에 이 두 가지 공정을 임칙서가 주관한 것이라고 오해했다. 사실상 임칙서는 호문 방어에 대하여 건의와 공헌을 하지 않았고, 당시 그의 중점은 주로 구룡과 오문 일대였다.

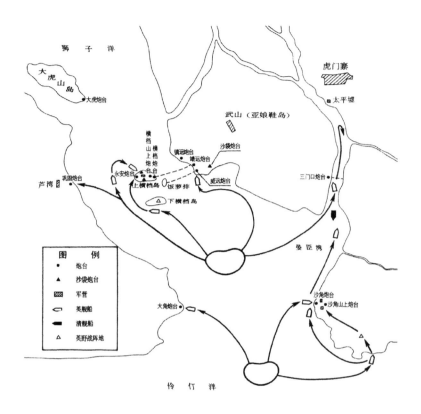

그림 2) 호문(虎門)의 방어 및 작전 약도

1835년부터 관천배는 봄가을 이렇게 두 번 호문 청군의 훈련 장정을 제정하고.[170] 후에 또 방어의 확대로 인해 수정을 했다.[171] 그 장정은 사실상 미래의 작전에 대한 응전 방안이었다. 관천배의 장정에 근거하면, 호문의 각 포대는 평상시에는 병력이 모두 590명으로 평균 3명이 포 2대를 관리하고 연습 시에는 재차 협재병(協濟兵) 670명을 증원하여 대략 4명의 병사가 포 한대를 담당했다. 연습 시 강(江)에는 별도로 수사전선 10척을 차출하여 각 배에 포 12문, 병사와 선원 64명을 배치하는 것인데, 모두 포 120문, 병사 640명을 차출했다. 연습 시에는 별도로 수수진식병(泅水陳式兵), 중수대계병(中水對械兵), 파외병(爬桅兵), 능부심수병(能鳧深水兵) 등의 수중교전병 백여 명을 차출했다. 그러므로 전체 연습에 참가한 청군의 규모는 모두 2,028명이다. 이 수는 바로 호문의 전시편제였다.

관천배의 장정에 근거하면 다음과 같다. 적함이 호문 입구를 침범했을 때는 사각, 대각 수비군이 이를 발견하고 신호포를 발사하고, 후방에 통지한다. 적함이 횡당 동쪽수로로 침입했을 때는 위원, 정원, 진원, 횡당의 네 포대가 포격을 하고, 또한 적함이 쇠사슬에 의해 저지당했기 때문에 절대 빠르게 돌파할 수 없다. 이렇게 기세가 많이 죽으면, 청군 화포의 연속포격에 유리하다. 이때 횡당 후로에 청군 사선과 수중작전병을 배치하여 포대와 연합작전을 펼쳤다. 만약 적함이 횡당 서쪽수로로 침입한다면, 영안, 공고 두 포대가 포격을 하고, 청군 사선 및 수중작전병이 역시 연합하여 대적했다. 만약 적함이 횡당 전선의 방어선을 넘어 계속 들어온다면 사선과 대호포대로 저지했다.

이는 완전한 작전 방안이지만, 그것은 1834년 윌리엄 네이피어가 왔을 때

---

170) 관천배의 훈련방안(즉 장정)의 형성은 그 과정이 있다. 1835년 그의 『籌議每年操演擬請奏定章程稿』, 『籌擬春秋二季操練砲准師船稿』, 『春秋訓練籌備一十五款稿』는 최초의 형식이다. 그리고 1836년의 『創設秋操 通行曉諭稿』는 완성된 형태이다. 『籌海初集』 권3, 4를 참고.

171) 『林則徐集·奏稿』 중, 690~691쪽. 『阿片戰爭檔案史料』 1권, 618~624쪽. 관천배의 수정은 주로 쇠사슬의 증설과 새로 건설한 정원포대에 병력을 증강시키는 것으로 그 기본 정신은 변하지 않았다.

의 호문 전투의 경험에 의해 제정된 것으로, 그 본질은 층층이 가로막아 적함이 호문을 돌파하여 바로 광주로 진격하는 것을 막기 위한 것이었다. 그러나 적함이 만약 호문을 돌파하는 것을 급하게 생각하지 않고 직접 포대를 공격한다면, 그럼 삼중 관문은 서로 연계할 수 없는 고립무원의 거점이 되어 버린다. 관천배의 9개의 포대, 10척의 배, 426문의 포, 2,028명의 병사로 펼치는 전시편제는,[172] 1834년, 1838년 두 차례 중국을 침범한 영국 함선의 수에 따라 획정된 것이었다. 바꾸어 말하면, 관천배가 설계한 호문방어체계의 능력은 결국 적함 수척 정도인 것이다.[173] 게다가, 1841년 영국군이 채택한 전법은 오히려 직접 포대로 진공하는 전법이었으며, 함선의 수도 호문이 갖춘 방어능력의 수배나 되었던 것이다! 임칙서 등의 적정에 대한 판단 착오 때문에 호문에서 전투가 발생했을 때에는 이미 방어체계를 조정하기에는 늦었고, 오직 의용병과 화포를 증가시킬 수밖에 없었다.

이러한 청 왕조의 장성에 의지한 호문의 방어체계는 명대에 전심전력으로 중건한 장성으로 그 선조도 여러 차례 침범을 저지하지 못했던 것과 같이, 의지할 수 없는 절름발이와 같았다.

어떤 사람은 호문전투의 실패를 기선이 방어 병력과 시설을 철수한 것과 혹은 원병의 파병을 거절한 것에 있다고 하는데, 이에 대하여 나는 서론에 이미 핵심을 언급했지만, 여기서 다시 한발 더 나아가 분석하도록 한다.

임칙서의 상주에 근거하면, 1840년 6월에 아편전쟁이 시작되었을 때, 호문

---

172) 호문은 당시 9곳의 포대에 모두 306문의 화포가 있었는데, 그밖에 사선 10척에 화포 120문을 탑재하여 모두 426문을 보유하고 있었다.

173) 1840년 12월 기선이 관천배에게 호문방어에 대해 편지로 묻는데, 관천배가 이에 "만약 침범한 배가 적으 면, 여전히 대응할 만하고, 많으면 사실 자신이 없다"라고 답했다(『籌辦夷務始末(道光朝)』 2권, 628쪽). 이것으로 보아 관천배는 이 방어체계의 능력에 대하여 예측하고 있었음을 알 수 있다.

의 청군병력은 모두 3,000명이었다.[174] 이는 관천배의 전시 편제와 비교하여 1,000명이 증가되었다. 4개월 후인 1840년 10월에 광동순무 이량(怡良)이 상주에, "호문 내외 각 협곡의 입구에 병사가 모두 만 명으로 독신(督臣) 임칙서가 지난번에 유지를 받들어, 즉시 신하들이 회동하여 각 지점의 병사 2천여 명을 순차적으로 감축했습니다."라고 보고하였다. 여기서 말한 '호문 내외'란 호문 밖의 구룡, 오문과 호문 안의 사자양 이상의 각 방어지점을 가리키며, 당연히 호문을 포함했다. 이량(怡良)의 상주에 나오는 '만명(万人)'과 '2천명이 철수하다'는 모두 신뢰할 수 없는 숫자였다.[175] 설령 '만 명'으로 계산할지라도 이전 임칙서의 상주를 참조하면 오문의 방여병력은 3,000명, 구룡의 방어병력은 1,000여 명으로 그럼 호문의 병사는 6,000명을 넘지 못했다. 이 숫자는 비록 관천배의 전시 편제의 세배이지만, 오히려 호문 교전시 실제병력의 2분의 1보다 조금 더 많을 뿐이었다.

현재 연구에 의하면, 이미 기선의 방어병력과 방어시설의 철수에 관한 각종 기록은 모두 신뢰할 수 없었다.[176] 당시 성행하던 그러한 주장 때문에 기선

---

174) 『林則徐集‧奏稿』 중, 838쪽.

175) 『籌辦夷務始末(道光朝)』 2권, 557쪽. 철병(撤兵)은 도광제의 9월 29일 유지를 받들어 행사한 것으로 이때임칙서는 이미 파직을 당했기 때문에, 당연히 순무 이량이 상주를 하게 된다. 이량은 상주 전에 상주의 원고 를 임칙서에게 건네 심사하게 하나, 철군의 규모는 잠시 비워 두었다. 10월 24일에 임칙서가 이량에게 편지를 보내, "편지에 철수 병력의 수가 비어 있는데, 2천명으로 정하는 것은 어떻겠는가? 이를 따르길 바란다." 라고 하였다. (『林則徐書簡』, 145쪽) 이것으로 볼 때, 비록 이량의 상주에 철군은 이미 결정된 사실이라고 간 주했다고 할지라도 사실상 시작을 하지 않았다는 것을 알 수 있다. 철군 이후 즉 '萬人'에서 2천을 감군하여 병사가 8천명이 되었다는 것이다. 이 숫자는 또 1840년 9월의 임칙서의 상주에 "연해의 육로에서 계속 방어 병을 차출하였는데 이미 8천명"이라고 말한 것과 서로 일치한다(『林則徐集‧奏稿』 중, 876쪽). 또 광동의 모 용(募勇) 사실은 지금까지 확실한 것이 아니라고 할 수 있다. 1841년 1월에 임칙서가 이량에게 보낸 서신에 "만약 대략의 숫자(丁勇)를 허위로 보고하면 그때가 되어서 집합시키지 못할 것이다..."라고 하였는데 (『林則 徐書簡』, 153쪽), 임칙서는 이런 종류의 현상에 대해 익숙했음을 알 수 있다

176) 졸작 『1841年虎門之戰研究』(『近代史研究』 1990, 4기)와 佐佐木正哉, 『片戰爭研究-從英軍進攻廣州到義律被免職』 제8부분 '對琦善的審判'([일] 『近代中國』 11권). 이 졸작에서 당시 기선이 철수한 기록에 관하여 분석을 진행할 때, 고의로 임칙서는 1840년 1월에 가족에게 보낸 편지

은 파직당하고 체포된 후에 심문에서 특별히 이점을 언급한다. 만약 심문에

(家書)를 사용하지 않았다. 그래서 이글을 발표한 후 어떤 분들은 직접 혹은 편지로 물어보셨다. 이를 위해 나는 여기에서 자신의 성숙하지 못한 생각을 기술하여 지자의 가르침을 얻기를 희망한다. 나는 이 임칙서의 편지(家書)는 신뢰할 수 없다고 생각한다. 胡思庸 선생이 『林文忠公家書考僞』(『歷史硏究』1962, 6기를 발표한 이후 사학계는 임칙서의 편지를 인용하는 데 신중해졌다. 楊國楨 선생이 편찬한 『林則徐書簡』에는 원본을 찾을 수 없거나, 신뢰할 만한 간본이 수록되어 있지 않다. 그렇지만 佐佐木正哉가 영국 당안에서 찾은 이 '가서(家書)'의 초본은 『阿片戰爭の硏究:資料篇』에 수록되어 있다. 양 선생은 나아가 그것과 국내의 『平夷錄』, 『入寇誌』, 『犀燭留觀記略』, 『潰癰流毒』의 모든 핵심을, 『書簡』154~158쪽에 수록하여, 이 권에서 유일하게 옮겨 적어 뽑힌 서찰이 되었다. 楊國楨 선생은 그 서신 중에 '그날 새벽', '신정초 3일'이라는 임칙서 일기의 기록에 근거하여, 그가 도광 20년 12월 29일과 도광 20년 정월 초5일에 7, 8번째 서가를 보냈기 때문에 『致林汝舟第七,八號』라고 제목을 달았다. 그것은 이 두 가서의 요점을 발췌하여 합쳐 놓은 것이라는 뜻이다. 그러나 이 서신의 내용으로 볼 때, 아직 그 근원을 찾지 못한 이 가서는 임칙서의 이름을 빌렸을 가능성이 있다. 그 증거가 다음과 같다. 1) 문체로 볼 때, 현존하는 임칙서의 서찰은 문장이 품위 있고 정교한데, 이 편지는 지나치게 직접적이며, 글 역시 정교하지 못하고 함께 놓고 봤을 때 조화롭지가 못하다. 2) 이 서신에서 "현재 조정에서 편지가 왔는데, '지금 토벌을 크게 벌이기로 하였다'라고 말하고, 또 '짐의 뜻이 이미 정해졌으니 절대 우물쭈물 해서는 안 된다'라고 하였다. 아무튼 그곳은 어떤 변화가 생길지 여전히 예측하기 어렵다. 계산상 상원(上元) 안에 5개의 보고가 왔는데도 황제폐하가 분노하면 기선은 나와 같은 전철을 밟을 것"이라고 했다. 이 문장은 도광제를 직접적으로 공격한다. 이는 임칙서가 이때 이미 죄를 청하는 신분으로 불경한 언사를 한 것인데, 한림의 신분인 임여주(林汝舟임칙서의 장자)가 반드시 숨겨서 절대로 사람들에게 표시하진 않았을 것인데, 어찌 공공연히 초사(抄寫)하여 널리 알렸겠는가? 3) 그 서신에 관천배가 무관을 파견하여 병사를 요청했는데 기선이 겨우 200명만을 파견하자 그 무관이 임칙서에게 울면서 하소연 하자, 임칙서가 "제진(提鎭)은 나라를 위하여 능히 희생할 수 있으며, 당연히 해야 하는 것이 본분인데, 어찌 상황을 분명하게 보고하지 않았는지?…"라고 하면서 즉시 관천배에게 상주를 올려 기선을 고발하라고 권유한다. 관천배는 오랫동안 강소의 군사를 다루었는데 기선의 예하 관리였으며, 당년의 해운의 일을 담당할 때에도 기선의 지시를 받았으며, 이때에도 기선에 예속되어 있었다. 청조관계의 관습에 따라 타인에게 자신의 상관을 고발하라고 권하는 것은 임칙서의 명성을 더럽히는 것이었다. 우리는 임칙서가 이량에게 권하여 기선을 탄핵하라고 한 서신을 보면 얼마나 모호하게 썼는지 그 이유를 알 수 있다. 그런데 어찌 임여주가 이 일을 낱낱이 밝혀 부친의 명성에 해를 끼치겠는가? 4) 그 서신에서 만약 기선이 전쟁의 모든 책임을 이전으로 미루었다면, 즉 임칙서가 금연을 행한 일, 그럼 그는 "목숨을 걸고 보고하고 사람을 도찰원에 파견하여 복고하며, 심지어 사지에 빠지더라도 명백하게 밝혀야 한다"고 하였다. 사람을 파견하여 도찰원에 일러바치는 것은 당시 청대관계의 상규에 부합하지 않는다. 임칙서는 정계의 경험이 풍부하고, 이해관계에 밝았는데, 또 어떻게 이런 일을 하고 그런 말을 하겠는가? 한발 물러나 말하면 만약 그 서신을 확실히 임칙서가 썼다면, 그 佐佐木正哉 선생의 평가와 같이 임칙서는 이에 대하여 무책임한 태도를 취한 것이다. 사실적인 방면에서 말하면, 서신 중에 언급한 아편대금, 통상항구, 원조를 거절한 것 등등은 모두 사실이 아닌 것이 된다. 정서적인 방면에서 말한다면, 이런 전력으로 자신을 세탁하기 위한 모든 책임을 모두 기선에게 돌리려는 방법으로 역시 취할 만하지 못하다. 비록 이 서신이 임칙서가 쓴 것인지를 막론하고 당시 확실히 광주에서 보내진 이 서신이 널리 전파된 것은 확실히 사실이다. 이후 유겸의 상주를 보면, 그는 이미 이 서신을 보고 이 안의 실제와 맞지 않은 말을 믿었다.

서 기선이 기타 문제에 대해서는 계속 발뺌하면서도 자신의 죄를 인정하는 태도를 표시했지만, 오직 이일에 대해서는 오히려 단호하게 전혀 주저함이 없이 부인했다.[177] 게다가 사적으로 암행(나쁜 짓)을 할 수 있어도 방어병력과 시설의 축소는 사적으로 몰래 뇌물을 받는 일이 결코 아닌데 어떻게 다른 사람에게 감추었겠는가? 또 기선이 만약 정말로 방어병력과 시설을 철수한 일이 있었다면 이 자신과 가족의 생명과 관계된 심판에서 또 어떻게 거짓말을 할 수 있겠는가?

이와는 반대로, 기선이 병사를 파병하여 호문을 지원한 일과 관련하여 그것을 증명할 만한 문건이 있었다. 기선이 당시에 올린 상주를 보면 알 수 있고,[178] 게다가 영국 측의 기록에서도 그것을 증명할 수 있었다.[179] 사각, 대각 전투 후에 영국 측은 잠시 동안 정전에 동의하는데, 그 조건중 하나가 "현재 건설 중인 포대의 공사를 중지하고, 따로 무장준비를 해서는 안 된다"는 것이었다.[180] 그러나 청군은 호문의 두 번째 관문인 횡당 전선에 병력과 설비를 증강하는 일은 멈추지 않았다. 그러자 제임스 브레머는 1941년 1월 11일과 13일에 두 번의 조회를 광동수사제독 관천배에게 보내 이에 대한 해명을 요구하고, 그렇지 않으면 즉시 무력을 동원하겠다고 했다.[181] 관천배는 즉시 회신을

177) 『阿片戰爭檔案史料』 3권, 472쪽.

178) 기선의 상주에 근거하면, 1840년 12월 7일, 광중지부 여보순, 부장 경우(慶宇), 유경 다륭무(多隆武) 등을 호문에 파견하여 비밀리에 방어하라고 한다. 12월 27일, 조주진(潮州鎭) 총병 이정옥(李廷鈺)을 파견하여 조경협병(肇慶協兵) 500명을 호문으로 보낸다. 1841년 1월 7일에 상주를 올려 이미 병사 400명을 파견하여 사각을 수비하는데 협조하도록 했다고 하고, 2월 14일 또 병사 1,250명을 호문에 파견하고, 또 5,800명의 의용군을 고용하였으며, 2월 22일에는 예정된 날짜 이전에 도착한 귀주 원병이 1,000명으로 무산의 태평허(태평허)를 지원하였다고 하였다. 이상 모두 4차례 증원하였는데, 모두 합하면 병사 3,150명, 의용군 8,500명이다.(『籌辦夷務始末(道光朝)』 2권, 605, 654, 695, 814, 836쪽)

179) 伯納德, 『復讐神號航行作戰記』, 賓漢의 『英軍在華作戰記』의 관련 부분.

180) 佐々木正哉編, 『阿片戰爭の硏究:資料篇』, 56쪽.

181) 佐々木正哉編, 『阿片戰爭の硏究:資料篇』, 64~65쪽. 브레머의 조회에서는 두 가지를 지적했는데, 하나는 "각 공사를 중지하지 않았다"는 방어시설공사를 한 것을 가리킨다. 다른 하나는 "각 포대에 관

보내 "쇠사슬을 추가 설치하지 않았다", 각 산에 있는 탑장방(搭帳房)은 "전부 철수시켰다"라고 하고, 새로 증원된 관병의 경우는 고용한 선박이 "아직 도착하지 않았기" 때문에 즉시 철수할 수 없다고 답했다.[182] 이후의 사실로 살펴보면, 관천배의 이 답신은 완병지계(緩兵之計)라고 할 수 있는데, 즉 쇠사슬 항목을 제외하고는 모두 처리하지 않았다.

기선 등의 노력으로 인해, 교전 당시 호문 지역의 청군 병력의 총수가 11,000명 이상이었다.[183] 그리고 영국 측은 호문지역에서 노획한 크고 작은 화포가 모두 660문 이상이라고 했다.[184] 이 병력과 화포의 수량을 전과 비교해보면 우리는 하나의 결론을 내릴 수 있는데, 그것은 바로 기선인 호문의 방어역량을 약하게 만들지 않았으며 반대로 방어역량을 강화시켰다는 것이다.

그리고 또 몇몇 학자들이 기선이 증원에 전력을 다하지 않았다고 비판하는데, 즉 더 많은 병력을 파병하여 호문방어를 했어야 한다는 것이다. 나는 이것도 구체적으로 분석할 필요가 있다고 생각한다.

청대의 병제와 병력수로 보면 병력차출은 결코 간단한 일이 아니었다. 협소한 지역에 병력 8,000여 명을 파병한다는 것은 기선으로서는 이미 전력을 다

병을 증원하였다"는 병력증원을 가리킨다.

182) 佐々木正哉編, 『阿片戰爭の硏究:資料篇』, 64~67쪽. 문서를 받은 시간으로 보면, 관천배는 조회를 받은 후 당일 즉시 이에 대한 조회를 보냈으며, 기선이 호문에 있지 않았기 때문에 관천배는 기선에게 지시를 요청할 겨를이 없이 스스로 답한 것이다. 조회의 어조로 보면, 영국에 대하여 상당히 순종적이었는데, 이는 당시의 '천조' 대관리 중에서 보기 힘든 것이었다. 쇠사슬을 설치하는 일은 반라(飯蘿)에서 무산까지 연결된 제1 쇠사 슬이 1841년 1월 18일에 파괴된 것을 말하며, 청국 측은 영국군이 "물밑에서 흉계를 꾸민다고" 하였고, 영국 측은 뗏목이 부순 것이라고 하였다. 그렇지만, 어떠한 원인일지라도 민간에 전해진 쇠사슬을 기선이 철수시켰 다는 주장은 성립할 수 없다.

183) 1)사각, 대각일대의 청군 1,000여 명, 2)횡당전선의 청군병용 8,500명, 3)삼문구(三門口) 일대의 청군 사선 10척, 4) 태평허의 원병 1,000명을 포괄한다. 대호산대(大虎山), 호문새(虎門塞), 삼문수로 등지의 청군 병용 은 계산하지 않았다.

184) 賓漢, 「英軍在華作戰記」, 『叢刊·阿片戰爭』 5권, 318쪽. Keith Mackenzie, Narrative of the Second Campaign in China, London: Richard Bentley, 1842, 195~198쪽.

한 것이다. 전국적 범위로 보면 아편전쟁의 시기에 호문지역의 병력과 화포는 다른 해안 방어 요충지를 초과한 것으로 제1위였다.

군사 학술적으로 말하면, 이때 다시 호문에 병사를 증원한다는 것은 이미 의미가 없었다. 위원포대의 경우 포 40문, 평상시 병사 60명, 전시에는 160명으로 편제되어 있었는데, 교전이 일어나자 그 포대의 병사가 327명으로 늘었고 그밖에 의용군 91명을 고용했다. 그러므로 병사의 수로는 이미 전투력을 증강시킬 수 없었으며, 오히려 움직이는 과녁이 되는 것이었다. 포대의 규모와 형태로 보면 이미 더 많은 병사를 수용할 수 없었다. 그래서 기선은 보고에 "포대에는 이미 병사가 충분합니다.", "그래서 더 이상 배치할 수 없습니다."라고 했다.

당연히 더 설명해야 할 부분은 비록 기선이 호문방어에 대하여 위와 같은 노력을 했다고 할지라도 이런 노력이 효과를 얻을 수 있다고 믿지 않았다는 것이다. 1840년 12월 26일, 즉 1차로 호문에 병력을 증원할 때 그는 상주에, "허장성세를 통해서, 한편으로는 그 오랑캐에게 우리가 준비가 되었다고 알리고, 또 한편으로는 공문을 준비하여 상세하게 설명하여 교화시키겠습니다."라고 했다. 증병은 본래 전술이 아닌, '허장'에 지나지 않을 뿐이며, 목적은 여전히 '계도(開導)'였다. 그러나 그가 이후에 병력을 증원시킨 것은 정황상 당연히 다른 것이다. 우리는 그 상주에서 그가 '토벌'에 뜻을 둔 도광제의 엄한 유지에 대응하기위해 어쩔 수 없었다는 것을 느낄 수 있다.

그럼 호문전투 패배의 진정한 원인은 무엇인가?

호문전역의 제1전투는 사각, 대각전투였다. 1월 7일, 이른 아침에 영국함선 칼리오페(Calliope)호, 히아신스호, 란호(대포는 모두 52문)가 사각포대의 바로 정면까지 진출하여 포대를 공격하고 수비군을 유인하였다. 영국 무장 증기선 4척이 소형선을 끌고 지상군 1,461명을 수송하여 포대 측 후방 약 4킬로미터 떨어진 천비만(穿鼻湾)에 상륙하여 우회공격을 했다. 오전 10시에 영국 상륙부대는 횡향산령(橫向山嶺)를 점령하고 포 3문의 야전 포병진지를 구축했다. 상륙한 지상군은 야전포병의 엄호아래 차례로 산위의 청군 임시 군영으로 진격했다. 이에 수비군은 비록 화포로 대응하지만, 유리한 고지를 차지한 영국군 야전포병을 막을 수 없었으며, 군영에 불이 나고 목권이 연소되어 군영이 함락되었다. 영국 증기선 2척이 지상군 상륙작전을 완수한 후에 재차 기동하여 유리한 지형에서 사각산(沙角山)위의 소포대를 포격하여 제압하였다. 공극산(攻克山)위의 청군 군영에 있던 영국 지상군은 사각산 위의 소포대를 점령한 틈을 타 산곡(山谷) 안의 청군 군영을 향해 계속 진격했다. 이때 4척의 영국군 무장 증기선이 이미 사각포대의 정면에 전부 진입하여 칼리오페호 등 3척이 사각포대 공격에 참가했다. 포대의 수비군은 이때 이미 영국군의 흉험한 포화에 저항하지 못해 사망자 수가 과반이었다. 영국군은 공극산의 청군 군영에 상륙한 후 재차 기동하여 사각포대 측면 후방으로 진격했다. 이에 수비군은 앞뒤로 적의 기습을 받아 부장 진연승(陳連升)은 전사하고 포대가 함락을 당했다.

전술적으로 보면, 사각전투는 청군의 눈을 크게 뜨게 했다. 이런 교활한 '역이(逆夷)'는 뜻밖에도 정정당당한 정면공격을 하지 않고 반대로 몰래 포대의 배후로 돌아가 무방비의 약한 복부를 공격한 것이다. 그렇지만 영국군의 이런 전함이 정면을 공격하고 육군이 배후로 돌아 습격하는 전술은 근대적 군사학을 표현했다. 특히 지상군은 감제고지를 점령하고 야전포병의 뒷받침 하에 산상의 군영, 산상의 소포대, 산곡의 군영, 주포대 이렇게 차례대로 연달아 각각 공략하는 작전을 펼쳤는데, 그 공격 노선에 막힘이 없이 일정한 규칙과 질서가 있어서 군역사상 매우 훌륭한 공격에 속했다. 청군은 지극히 수동적이었다. 관천배의 설계 중 사각은 본래 신포대(信砲台)에 속하는데 적함이 만약 안으로 들어오지 않으면 전혀 의미가 없는 것이었다. 이때 횡당 전선의 관천배는 겨우 전장과 3, 4킬로미터 떨어진 곳에서 아무런 행동도 못하고 눈

뜨고 예하 부대가 영국군에게 격파당하는 것을 보게 된다. 삼중 관문의 결함은 여기서 전부 노출되었다.

사각전투에서는 패했다고 하더라도 청군이 만약 이때부터 영국군이 육상전에 더 능숙하다는 것을 인식했다면 실패에서 얻는 것이 있었을 것이다. 그러나 당시 영국군이 제25연대, 제26연대, 마드라스(Madras) 현지 보병 제37연대 및 해군 각함의 해병 정규 '이(夷)'군으로 분명하게 나누어져 있었지만, 청군의 정보체계는 이들을 오히려 한간(漢奸)으로 오인한 것이다. 심지어 어떤 사람은 이들을 이인에게 휘둘려 막다른 길에 몰려 생명을 돌보지 않는 사람으로 원래 기선이 해산시킨 수용(水勇)이라고 추론했다.[185]

사각 전투와 동시에 영국함선 사마란호, 드루이드호, 칼럼바인호, 모데스테호(도두 106문의 화포)가 대각포대의 정면으로 진격하여 수비군을 향해 함포를 맹렬하게 쐈다. 양적인 측면에서 보면, 영국군 함포는 이미 청군의 네 배 정도 되었고, 질적으로 봐도 천지차이였다. 넓게 분포되어 있던 포대진지는 포격에 파괴되고 수비군이 비록 반격을 했지만 효과를 보지 못하고, 오히려 적의 포화에 걸음을 멈추지도 못하고 몸을 숨기지도 못했다. 영국군은 기

---

185) 이는 최초 관천배로부터 비롯되었다. 기선은 사각포대 측 후방을 공격하는 영국군이 '혹인 1천명, 한간 수 백명'이라는 관천배의 보고를 받고 도광제에게 상주한다(『籌辦夷務始末(道光朝)』 2권, 709쪽) 임칙서의 이름 을 빌렸을 가능성이 있는 그 서신(주 459)에, "평화담판 이후 병용이 철수했다...기선이 한간이 한 일 모두를 용인하고 새롭게 삼판소선을 파견하여, 아편관매선(蜈蚣, 快蟹) 수백 척을 소집하고 대나무 사다리 1,000여개 를 동원하였다. 이외 화전분통(火箭喷筒) 같은 것들은 내지에서 제조하여 수치로 계산할 수 없다. 이번에 사각 의 뒷산을 오른 사람들은 반 이상이 모두 한간으로 혹은 관의(官衣) 호의(號衣)로 속이고, 혹은 오랑캐의 복장 을 착용하고 사다리를 가지고 올라왔다..." 라고 하였다(『林則徐書簡』, 156쪽) 이 서신은 매우 광범위하게 전 파되었다. 이외 일부 민간 기록이 있다. 문제의 관건은 청조가 여전히 "영국군은 육상전에 익숙하지 않다"라 는 환상에 빠져있었다는 것이다. 안백도, 유겸 모두 이 때문에 큰 손해를 본다(제5장). 유겸은 이에 대하여 더 욱 분노하여 말했는데, "기선이 광동에 도착한 후 장용(將勇)을 철수시켰다는 소식을 들었다. 이는 함께 단결 할 수 있는 사람을 밀어내어 적으로 만든 것일 뿐만 아니라 포대를 공격하게 만들었다"라고 하였다. 그 상주 에서 말하는 산 뒤의 한간이 장용을 해산하여 직업이 없었던 사람들임을 묻지 않아도 알 수 있다.(『籌辦夷務 始末(道光朝)』 2권, 870쪽)

본적으로 대각포대의 저항을 격파하자, 각 함선의 소형선에 탄 수병들이 포대의 양 측면으로 상륙하여 포격으로 인해 열린 빈틈으로 쳐들어갔다. 수비군은 전의를 상실하여 분분히 뒷산으로 퇴각하고 결국 포대를 내주었다.

이외 사각전투가 끝났을 때, 영국의 무장 증기선이 각함에 배속된 소형선을 이끌고 안신만(晏臣湾)에 정박해 있던 청군 사선과 고용된 선박을 향해 진공했다. 수상전투에서 청군은 더욱 적수가 되지 못했다. 영국군은 정규전함을 사용하지는 않았는데도 청군을 박살냈다. 청군을 공격한 영국군 전함 수는 모두 11척으로 선상에서 노획한 대포가 82문이었다.[186]

이전의 정해전투와 달리 사각, 대각전투 전에 청군은 이미 충분한 전투준비를 했었고 게다가 전투 중에도 사기가 고양되고 비범한 희생정신이 나타났다. 청군의 인명 피해는 전사자가 277명, 중상으로 사망한 사람이 5명, 부상이 462명으로 모두 744명이었다. 우리는 아편전쟁 중에서 진강전투(鎮江)를 제외하고, 청군이 이와 같이 목숨을 다하여 저항을 한 전투를 어디에서도 찾아볼 수 없었다. 그러나 한편으로는 군관과 병사가 모두 사력을 다한다는 것은 치명적인 실패를 피하기 어렵다. 이와 같이 거대한 인명피해를 입은 청군에 비해 영국군은 겨우 38명이 부상당했을 뿐 사망자는 없었다![187] 전쟁의 현실은 바로 이렇게 냉혹하고 추호도 정의(正義)의 측면을 고려하지 않는다.

---

186) 이상의 작전경과는 다음 자료들을 종합한 것이다. 琦善奏折, 『籌辦夷務始末(道光朝)』 2권, 694~696, 708~710, 816쪽; 楊廷枏, 『夷雰聞記』, 권2; 『道光洋艘征撫記』 상권; 賓漢, 「英軍在華作戰記」, 『叢刊 阿片戰爭』 5권, 162~167쪽; William Dallas Bernard, Narrative of the Voyages and Service of the Nemesis, London: Henry Colburn, 1844, 256~273쪽; John Ouchterlony, The Chinese War, an Account of all the Operations of the British Forces from the Commencement to the Treaty of Nanking, 95~99쪽; Mackenzie, Narrative of the Second Campaign in China, 15~23쪽; 『Chinese Repository』, vol 9. 648쪽; vol 10, 37~43쪽.

187) 『籌辦夷務始末(道光朝)』 2권, 694~696쪽; Bernard, Narrative of the Voyages and Service of the Nemesis, vol 1, 267쪽; John Ouchterlony, The Chinese War, an Account of all the Operations of the British Forces from the Commencement to the Treaty of Nanking, 97쪽;

사각, 대각전투 후, 영국 함대는 강을 거슬러 올라가, 호문의 제2관문인 횡당전선으로 진군하고 상횡당도를 겹겹이 포위했다. 정세는 매우 위급해졌다. 1월 8일, 영국 원정군 사령관 제임스 브레머는 전쟁포로를 석방하고 전쟁포로로 하여금 관천배에게 조회를 전달하게 하여, 청국 측에 만약 순리대로 대화할 의사가 있으면, 영국 측 또한 정전에 동의할 것이라고 전했다.

관천배는 이 위급한 시국을 맞이하여, 태도를 바꾸고 즉시 답신을 보내, 제임스 브레머의 조회를 이미 기선에게 보냈으니 영국 측에 답신을 기다려 달라고 청하면서 "다시 상의할 수 있는지의 가부를", 즉 담판을 다시 할 수 있는지 그리고 "원만하게 상의하여 처리하여, 성사되지 않는 일이 없게 하자"라고 말했다.[188] 관천배는 이때 이미 전의를 잃었으며, 특히 담판으로 마음이 더욱 기울었음이 분명했다. 심지어 '성사되지 않는 일이 없게' 라는 모호한 약속의 어휘를 사용하여 영국 측에 병력 철수를 요구하고 철병을 평화회담의 전제조건으로 삼았다.

영국 측은 이 조회를 받고 즉시 군사행동을 중지했으며, 관천배에게 정전에 관한 5가지 조건을 제의했다.[189] 얼마 지나지 않아 기선과 찰스 엘리엇은 담판을 재개하고 영국군은 호문에서 철수했다.

비록 관천배가 이때 담판으로 중영 분쟁을 해결하는 데 뜻이 있었다고 할지라도, 그는 일개 군 사령관으로서 평화회담에 대한 권한이 전혀 없었기 때

---

188) 佐々木正哉編, 『阿片戰爭の硏究:資料篇』, 55~55쪽.

189) 이 5항의 조건은 1)영국군이 사각을 점령하여 무역을 위해 기거하는 곳으로 삼는다. 2)광주를 개항하여 무역을 한다. 3)영국 상인의 각종 세금은 사각에서 납부한다. 4)당연히 현재 건설 중인 포대의 각 공사는 중지해야 하며, 약간의 별도의 무장 준비를 해서는 안 된다. 5)기선은 반드시 배상과 항구개방 등의 항목에 답을 해야 비로소 담판을 회복할 수 있다. (佐々木正哉編, 『阿片戰爭の硏究:資料篇』, 56쪽) 관천배는 이 조건에 대하여 확실히 답하지 못하고 1월 10의 조회에 찰스 엘리엇, 브레머에게 기선에게 보고하겠다고 하고, 상의가 필요한데 삼일의 기한은 부족하다고 하면서 영국 측이 기다려주길 청한다(佐々木正哉編, 『阿片戰爭の硏究:資料篇』, 58쪽). 이후의 브레머가 1월 11일에 보낸 조회를 보면, 영국 측은 관천배가 이미 "쌍방은 무장준비를 하지 않아야 한다."라는 조건을 승낙했다고 여겼음을 알 수 있다.(佐々木正哉編, 『阿片戰爭の硏究:資料篇』, 64쪽).

문에, 그는 오직 기선에게 희망을 걸 뿐이었다.[190] 그러나 찰스 엘리엇 등이 번 번이 전쟁으로 위협하는 상황 아래, 그의 직권은 그에게 호문의 방어를 강화 할 것을 요구하고 다시 싸울 준비를 했다. 그렇지만 이때 그의 면전에는 또 두 건의 급박하고 난처한 일이 있었다.

1) 사각전투는 청군 포대의 측후방의 공백을 노출시켰다. 이 교훈에 근거하 여 관천배는 정전 조건인 "조금도 따로 무장을 해서는 안 된다"라는 제한을 고려하지 않고 기선의 지지아래,[191] 무산(武山) 측후(測候)의 삼문수로(三門水 道)에 80문을 배치하는 은폐식 포대를 건설하기 시작하고, 영국군을 방어하 는 예전의 수법을 다시 시행했다. 위원포대의 남측, 상횡당도 등의 지역에 사 대(沙袋)포대를 긴급히 건설하고, 또 각 포대의 측후에 고용군(雇勇)을 배치하 여 사대 뒤쪽으로 영국군의 상륙작전에 대비했다. 제임스 브레머는 이 정황 을 살피고 두 차례 관천배에게 조회를 보내 이를 질책하지만, 관천배는 답신

---

190) 이러한 정황은 다음 두 방면에서 증명할 수 있다. 1)1841년 1월 11일, 관천배가 브레머에게 답신을 보내 "먼저 표붕에게 분부하여 배로 보내 직접 답신을 전하게 하니, 본 제독 평화를 희망하고 있고, 혹 심을 품고 있지 않으며, 기선이 이미 사람을 보내 귀 통수와 영원히 서로 화목하게 지내는 일을 상의 했기 때문에, 본 제독은 따라야 한다."라고 했다. 1월 13일에 관천배는 브레머에게 보내는 조회에 "본 제독은 현재 임시로 파견된 관원이기 때문에 빨리 성으로 가야한다. 그리고 기선에게 빨리 보고해야 한다.…. 양국이 우호관계를 맺은지 200년이나 되는데 공적인 일은 일단 설명하기만 바로 피차 우호 관계가 이전과 같아질 것이다…"(佐々木正哉編, 『阿片戰爭の研究:資料篇』, 65~66쪽). 이렇게 관천 배는 절박하게 회담이 성공하기를 희망했음을 알 수 있다. 2) 기선은 찰스 엘리엇과 대면 회담을 위하 여 두 차례 호문은 거치지만 그 상주에서 호문에 대한 방어체계에 대한 평가는 매우 낮다. 이 방면은 총사령관인 기선 스스로의 판단이고 전방지휘관인 관천배의 보고와도 밀접하게 연관되어 있는 것이 다.

191) 영국 측에 다음과 같은 기록이 있다. 1841년 2월 22일에 영국함선이 호문에서 중국의 소형선박을 가 로막고 "왓슨 소교가 사절 한 명을 알아보았는데, 그는 중국당국의 활동적인 인물로, 그가 가져온 모 종의 명령 혹은 기타 물건을 지방관에게 주려 한 것이 매우 의심스러웠다. 조사결과 한 함안에 편지 가 있는 것을 발견한다. 이렇게 관 장군에게 보내는 서신에는 즉시 아낭혜(亞娘鞋)의 배후를 막아 소 도(小島)의 수로가 되게 하라고 요구하고, 돌덩이, 나무 말뚝으로 배를 침몰시키는 방법을 사용하고, 이런 종류의 물건들은 대량으로 삼문구(三門口)라는 이름의 지방에 쌓여 있다는 내용이었다." 이에 영국군은 삼문수로로 가서 이를 '조사'(2월 23일, 24일의 삼문수로 전투를 가리킨다)하고, "이런 의심 은 기선이 관천배에게 보내는 편지를 입수하여 생긴 것이다"라고 하였다. (Bernard, Narrative of the Voyages and Service of the Nemesis, vol 1, 318, 327쪽) 이것으로 볼 때, 관천배가 이때 방어를 강화 한 행동은 기선의 명령을 따른 것이며 적어도 기선의 지지를 받았음을 알 수 있다.

(復照)에 복종을 표시한다고 하고는 사실상 공사를 중지하지 않았다.

2) 사각, 대각전투 후에 청군의 사기는 크게 떨어졌다. 일부 병사들은 공을 타투고 돈을 사취하려했으며, 그렇지 않으면 사방으로 흩어졌다. 관천배는 병사들을 위로하여 방어를 하도록 하기 위해, 부득이 의복과 기타 일용품을 저당 잡혀 병사들에게 은 2원(元)씩을 주었다.[192] 기선 역시 이를 위해 은 1.1만 원(元)을 나누어주고 관천배 등에게 보내 병사들의 사기를 올리는데 사용하게 하였다.[193]

그렇지만, 관천배는 기선과 찰스 엘리엇의 광동담판에 희망을 품고 있었는데, 이때는 이미 기름을 다써버린 등과 같이 불이 막 꺼지려고 하고 있었다. 관천배가 행한 몇몇 방어계획과 조치는 영국군의 의심을 사서 결국 군사행동을 취하게 만들었다.

1841년 2월 23일, 영국 무장기선 네메시스(Nemesis)호와 몇몇 부속 소형선이 안신만(安臣湾)으로부터 삼문수로로 난입하여, 마침 그곳에 배치된 청국 군선과 병사들을 몰아내고 아직 완성되지도 않은 포대를 파괴했다. 다음날 네메시스호와 소형선이 다시 삼문수로에 침입하여 하도(河道)를 가로막고 있었던 각종 설비를 제거했다.[194]

---

192) 『籌辦夷務始末(道光朝)』 2권, 777쪽. 영국 측은 이런 사실에 대하여 꽤 상세하게 알고 있었다(Bernard, Narrative of the Voyages and Service of the Nemesis, vol 1, 323쪽).

193) 1841년 2월 13일, 기선은 관천배에게 자회를 보내, 은 5,000원을 관천배에게 주고 위원, 정원, 지원 포대에 "적을 물리치고 상을 주는데 쓰는 것"에 대비하라고 하였다. 그밖에 횡당, 영안, 공고 포대에는 각 포대에 은 2,000원을 주어 "적을 물리치고 상을 주는데 쓰는 것"에 대비하라고 하였다. 이 자회에 기선은 호문의 "수륙 관병이 모두 한 마음으로 합심하고 임무를 분담하여, …적을 극복하도록 시행하라"고 하였다(佐 木正哉編, 『阿片戰爭の研究:資料篇』, 265쪽). 2월 24일, 즉 개전 3일전 상횡당도의 횡당, 영고포대의 청국군관 유경달(劉慶達)에게 섬 안의 관병들에게 '각각 은3전 5분'을 주고, 부하들에게 "용기를 내어 조금도 두려워하지 말고 군법에 따르라고 하라"고 했다(출처는 위와 같다). 횡당도 청군 역시 추가적인 요구를 했다는 것을 알 수 있다.

194) 이 전투에 대한 정황은 『籌辦夷務始末(道光朝)』 2권, 843쪽; 賓漢, 「英軍在華作戰記」, 『叢刊 阿片戰爭』 5권, 178쪽; Bernard, Narrative of the Voyages and Service of the Nemesis, vol 1, 327~329쪽을 참고.

전투는 다시 새롭게 시작되었다. 이전에 없던 규모의 대전이 관천배가 구축한 요충지인 횡당전선에서 전개되었다. 그곳에는 위원, 정원, 진원, 횡당, 영안, 공고 이렇게 6곳의 포대 및 두 곳의 쇠사슬 방어막이 있었다. 이 전투에서 비록 첫 번째 쇠사슬이 이미 파괴되었지만, 그곳은 청군의 무력이 가장 극대화된 곳이었다.

1) 무산일대의 진원, 정원, 위원 3개 포대에 화포가 147문으로 늘어났고, 위원포대의 남쪽에 건립한 두 곳의 사대포대에 소형 화포 30문이 배치되어 있었다. 그리고 포대 뒷산에 건립한 군영에는 병사들이 상주하여 사대 후로(後路)에서 영국군을 방어했다.

2) 상횡당도에 원래 설치된 횡당, 영안 두 포대를 제외하고, 횡당산 위의 포대를 복원하였다.[195] 그리고 이 섬의 남쪽에 사대포대를 건설하고 섬의 중부에는 군영을 세워 병사를 주둔시켜서 상륙한 영국군과의 교전을 준비했다. 섬 전체의 화포 수는 160문으로 증가했다.

3) 노만(盧灣) 일대에 원래 설치된 공고포대 이외에 또 산 뒤쪽에 군영을 세워 병사들을 주둔시켰다. 포대와 군영에 모두 40문의 화포를 배치했다.

결론적으로 횡당전선에 주둔한 청군은 병사가 8,500명, 화포가 377문으로,[196] 비록 적지 않게 증원되었지만, 방어의 핵심은 여전히 원래 설치된 6곳

---

195) 1717년 최초로 건립된 황당포대는 산 위에 위치하는데, 10문의 화포가 있었다. 1815년 중건하여 산 기슭으로 옮기고 40문의 포를 배치한다. 1835년 관천배가 호문 방어체계를 개조할 때, 이 산 위에 포대의 흔적이 있었다. 이번에 그곳을 중건했을 가능성이 크다.

196) 황당 전선의 청군 군영, 사대포대의 설치 및 위치는 청국 측 자료에 정확하게 나오지 않는다. 여기서는 영국 측의 자료를 종합한 것이다. 청군 각 포대의 화포 수는 Bernard, Narrative of the Voyages and Service of the Nemesis, vol 1, 342~343쪽에 근거한다. 그밖에 매켄지는 위원, 정원 두 포대에는 모두 103문의 화 포가 있고, 진원포대에는 40문, 상황당도에는 163문, 공고 포대에는 40문이 배치되어 있어 총 379문이라고 했다(Mackenzie, Narrative of the Second Campaign in China, 196~198쪽). 賓漢은 진원포대에 22문, 상 황당도에 163문, 공고포대에 22문, 총수가 379문이라고 하였다(賓漢, 「英軍在華作戰記」, 『叢刊·阿片戰爭』 5권, 157~158, 318쪽). 『중국총보』는 무산일대에 청군의 화포가 205문이 있었고, 공고포대에는 30문이 배 치되어 있다고 했다(『Chinese Repository』, Vol 10,176~179쪽). 청군의 병용(兵勇)수는 「琦善親供」에 근거한다(『阿片戰爭檔案史料』 3권, 473

의 포대였다.

2월 24일에 영국 원정군 해군 사령관 제임스 브레머가 관천배에게 최후통첩을 보내고, 횡당전선의 청군 진지 전부를 영국군에게 맡기라고 요구하나,[197] 답을 받지 못했다. 이에 2월 25일에 영국군이 행동을 개시했다. 먼저 하횡당도를 점령하고 그 섬의 가장 높은 곳에 중포(重砲) 3문을 배치하여 야전포병 진지를 세웠다.

2월 26일, 이른 아침 하횡당도의 영국군 야전포병이 상횡당도에 포격을 하여 여러 차례 청군 포대와 군영을 명중시켰다. 청군의 화포는 섬 동서쪽 양측에 많이 배치되어 있었고, 게다가 영국 야전포병이 유리한 위치에 있었기 때문에 반격하기 어려웠다. 그렇게 수동적으로 얻어맞고 섬은 점점 어려운 지경에 빠졌다. 몇몇 청군 장령(將領)이 상황이 좋지 않음을 느끼고 소형배를 몰고 섬을 떠나 북으로 도망치자 분노한 병사들이 영국이 아닌 도망가는 장령들을 향해 포를 발사했다.

오전 10시를 전후하여 바람이 불자 영국함선이 움직였다. 각각 74문의 화포를 탑재한 블렌하임호, 멜빌호와 무장기선 퀸호가 함께 무산(武山)을 공격했다. 횡당, 위원 등의 포대를 사격하기위해 영국함선들은 안신만(晏臣湾)을 따라 항해했다. 위원포대 동남쪽에 설치된 청군 사대포대와 위원포대가 이 영국함선에 포격을 가하지만 사대포대는 화포가 너무 작고 위원 포대는 사격 협각이 너무 커서 영국함선을 위협할 수 없었다. 블렌하임호과 멜빌호는 각각 위원포대 서남쪽 360미터, 540미터 지점에 정박하여, 세 무산 포대에 맹렬한 포격을 가했다. 청군의 정원, 진원 두 포대는 사격협각의 제한으로 그 역할을

쪽). 또 이곳의 병용, 화포는 단지 전방 전선의 숫자일 뿐으로, 만약 삼문수로, 태평허, 호문새 등과 연대하면, 청군의 병용은 1만 명을 초과하고 화포수도 450문을 초과한다.
197) 佐々木正哉編, 『阿片戰爭の研究:資料篇』, 85쪽.

발휘하지 못하고, 횡당포대는 또 하횡당도의 영국군 야전포병에 의해 제압당하여 위원포대만이 독자적으로 반격할 수 있었다. 장시간 영국 함선이 포격을 한 후, 기본적으로 위원, 정원 그리고 사대포대가 작전능력을 상실하자, 영국군 수병 300명이 이 기세를 틈타 소선을 타고 상륙하여 각 포대로 진격했다. 오후 2시가 되자 무산 일대의 각 포대가 점령당하고, 관천배 및 20여 명의 병사와 군관들이 전사하고(사각, 대각전투와 대조) 대다수가 전투 중에 도망쳤다. 포대 뒷산을 수비하던 청군 병사들은 출격하지 않고, 오히려 영국군에 의해 쫓겨났다.

블렌하임호 등의 함선이 움직인 것과 동시에, 포 74문을 탑재한 웰즐리호, 포 44문을 탑재한 드루이드호와 4척의 소형전함이 함께, 횡당 서쪽수로를 공격했다. 웰즐리호와 드루이드호는 서쪽 수로의 정중앙에 정박하여, 양측의 화포로 동시에 양안(兩岸)의 영안과 공고포대를 공격하고, 소형함선 칼리오페호, 사마란호, 방가드(vanguard)호, 설퍼(Sulphur)호가 서쪽 수로를 넘어 상횡당도에서 방어가 취약한 서북쪽에 정박하여 섬의 포대와 군영을 공격했다. 상횡당도의 청군은 이미 하횡당도에 있는 영국군 야전포병의 공격을 몇 시간 동안 받았으며, 그리고 이때는 이미 영국의 6척의 함선에 탑재된 200여문의 화포 공격을 받아 버티기 힘든 상태였다. 오후 1시가 되자 영안, 공고 두 포대가 붕괴되어 사격을 멈췄다. 일찍 기동하여 하횡당도 남측의 화포공격을 피한 영국군 증기선 네메시스호 등은 기회를 틈타 육군을 상횡당도 서쪽 끝에 상륙시켰다. 영국군은 영안포대의 뒤를 점령한 후 동쪽으로 진공하여, 섬 중부의 청군군영, 섬 남단의 횡당산 위의 포대와 횡당포대를 차례대로 점령했다. 섬 위에 있던 청군은 도망갈 곳이 없었기 때문에, 250명이 전사하고 100여 명이 부상을 당하고, 그밖에 1,000여 명이 영국군의 포로가 되었다.

오후 4시에 웰즐리호의 수군이 증기선과 소형선을 타고 공고포대가 있는 곳에 상륙했다. 그 포대는 이미 영국군에 의해 파괴되었고 수비군은 이미 도망간 상태였다. 영국군은 공고포대를 점령한 후, 계속 뒷산(後山)의 청군군영으로 진격하여, 수비군을 몰아내고 군영을 불태웠다.

오후 5시가 되자, 전투가 전부 끝났다.[198]

영국군은 횡당전선 전투 중에 적군의 주력을 피하고 약한 곳을 공격하는 전법을 사용하는데, 주력을 청군의 방어가 비교적 강한 동수로(東水道)에 배치하지 않고 방어가 상대적으로 취약한 서수로(西水道)를 돌파하고, 서수로에서 작전을 펼친 대다수의 영국전함이 또 방어력이 더욱 약한 상황당도의 서북부를 공격했다. 이에 그 섬의 동부에 설치된 강력한 횡당산 포대와 횡당포대는 사각포대와 같이 영국군에 의해 배후를 공격당하여 파괴되었다. 동수로를 공격한 영국군 전함은 깊이 들어가지 않고 오직 공격지점을 위원포대에 둠으로써 횡당, 진원, 정원포대의 강력한 화력을 피했다. 그렇기 때문에 영국군은 이번 대전에서 거의 손실이 없었으며, 겨우 5명이 경상을 당했다.

관천배가 전쟁 전 설계한 전법은 본래 층층이 적함의 난입을 막는 것으로 특히 동수로를 경유하는 적을 막았다. 그러나 그곳을 가로질러 뜻밖에도 직접 공격하는 적을 조우할 경우 사실상 그는 이에 대응할 수 있는 전술을 가지지 못했다. 비록 그가 전쟁 전에 사대포대를 구축하고 병력을 증원했다고 할지라도 이런 임시적인 시설과 조치는 실전에는 거의 쓸모가 없었다.

그리고 여기에서 영국군 모두가 이상하게 느낀 하횡당도에 방어시설이 구축돼 있지 않았던 문제에 대하여 설명할 필요가 있었다.

---

198) 이번 전투의 경과에 대해 다음 자료에서 종합하였다. 『籌辦夷務始末(道光朝)』 2권, 842~843, 854, 1101 쪽; 楊廷枏, 『夷雰聞記』 권2, 쪽; 『道光洋艘征撫記』 권상; 賓漢, 「英軍在華作戰記」, 『叢刊·阿片戰爭』 5권, 175~185쪽; Bernard, Narrative of the Voyages and Service of the Nemesis, vol 1, 333~344쪽; John Ouchterlony, The Chinese War, an Account of all the Operations of the British Forces from the Commencement to the Treaty of Nanking, 112~120쪽; Mackenzie, Narrative of the Second Campaign in China, 55~66쪽; 『Chinese Repository』 , Vol 10,176~179쪽.

하횡당도는 상횡당도의 남쪽에 위치하는데, 군 전술의 원칙적인 면에서 보면 그것은 상횡당도를 공격하는 데 있어 하나의 열쇠 같은 곳이었다. 그러나 관천배의 최초 목적은 겹겹이 차단하는 것으로 지리적으로 볼 때, 그곳은 상횡당도와 같이 무산(武山), 노만(盧灣)과 더욱 긴밀하게 연계할 수 있는 곳이라고 생각하지 못했기 때문에, 그는 상횡당도에 대규모 토목 공사를 하면서 하횡당도를 주의 깊게 생각하지 못했던 것이다. 전쟁이 시작되기 전까지 여전히 하횡당도에 방어시설을 구축하지 못하는데, 그것은 그가 아직 이때 그들이 습관적으로 사용하는 유리한 고지를 점령하고 야전포병을 운용하는 제반 전술을 이해하지 못했기 때문이다. 비록 영국군이 사각전투(沙角之戰)에서 이미 이러한 전술을 운용했다고 할지라도 말이다. 하횡당도의 이런 세부 상황은 우리에게 당시 중서(中西) 전술사상의 차이를 알게 해준다.

관천배는 용감하게 싸우다 전사했다. 사람들은 이 때문에 그의 진충보국을 칭송했다. 그의 유해를 그의 가복이 받아갔을 때, 영국함선 역시 예포를 쏘고 순국자에 대한 존경을 표시하였다. 그는 이미 자신의 경험과 교훈을 정리할 기회를 잃었으며, 단지 후인들이 단지 맹목적으로 찬양하여 그를 사람들이 본받아야 하는 조금도 주저하지 않고 정의를 위해 나아가 목숨을 바친 순국열사로 만들었다. 이 용맹하게 전사한 전사에 대하여 어떠한 비판도 모두 이미 시비의 범위에 속하지 않았고, 도덕의 측면까지 상승하여 그를 지적하는 것은 도덕적이지 못하다는 것과 같았다. 그러나 우리는 이후 또 관천배의 잘못을 당시의 사람들이 또 되풀이하는 것을 발견하게 된다.

사람들은 관천배의 영혼이 더욱 그의 용기를 칭송하길 희망하는지 아니면 사람들이 그의 잘못을 지적하여 두 번 다시 실수를 하지 않기를 희망하는지 모르겠다.

이상으로 이러한 조금 지루한 군사학술상의 검토를 통해 다음과 같은 결론은 내릴 수 있다. 호문전투에서의 패배는 기선과 관계없이 청 왕조의 그 어떠한 사람이 와서 주관한다고 할지라도 패전의 운명을 바꿀 수는 없었다는 것이다. 이는 패전의 원인이 거의 전부 군사적인 면에 있다는 것으로 쌍방의 군사역량의 차이, 전술수준의 고하가 결정했다는 것이다.

그러나 도광제는 오히려 그렇게 보지 않았다. 그는 영국군의 무력을 친히 목도하지 못하였기 때문에 항상 군사상 어느 정도 자신이 있었다. 그의 걱정은 무력의 약함이 아니라 총사령관(主帥)인 기선이 겁이 많다는 점이었다. 그래서 청군이 영국군에 적수가 되지 않는다는 기선의 직언을 담이 작다는 것을 나타내는 것으로 생각하고는 그의 말을 듣지 않았다. 1월 30일에 그는 혁산(奕山)에게 광동의 군사업무를 주관하게 하면서 그가 아직 실제 정황을 파악하지 못했다고 설명하고, 그것을 총사령관 개인의 담력과 능력문제라고 간주했다. 2월 20일에 그는 기선이 비공식적으로 홍콩을 허락한 것에 관한 이량(怡良)의 비밀 상주를 받고, 즉시 기선을 파직하고 체포하여 북경으로 압송하여 심문하라는 명을 내리는데, 문제의 성질이 또 마치 총사령관의 도덕적 측면으로 전환되는 것 같았다.[199] 호문전투의 군사적 교훈에 대한 총정리는 이 때문에 시기를 놓치게 되었다.

찰스 엘리엇과 도광제 사이에서 생존을 도모하던 기선은 동시에 찰스 엘리엇과 도광제의 맹공격을 받았다. 그의 심리는 그가 오직 도광제의 노예 중 한 명에 불과할 뿐이며, 명예와 목숨 전부가 도광제의 수중에 있었기 때문에, 서슴없이 전향하여 도광제의 비위를 맞출 수밖에 없었다. 1841년 2월 14일, 그는

---

199) 1841년 1월 9일, 도광제는 어사 고인감(高人鑒)의 상주를 받는데, 기선은 '겁이 많다'고 하였다. 또 태창사경(太常寺卿) 당감(唐鑒)의 상주를 받는데, 기선은 "일시적인 안일을 탐한다", "사령관이 되기 힘들다"고 했다(『籌辦夷務始末(道光朝)』2권, 645, 660~661쪽). 이런 주장은 도광제에게 큰 영향을 미쳤으며, 교체할 결심을 하게 만든다. 이후 도광제의 주비에 "역이와 잘 지낸다고 하니 이 어찌 비이성적인 것이 아니겠는가? 또 불충한 신하이며, 헛소리를 하는 것이다." 또 유지에 "무슨 생각인지 모르겠다. 이와 같이 은혜를 배신하고 나라를 망치는 것으로 사실 양심을 깡그리 저버린 것이다"라고 하였는데 이런 어휘들은 근본적으로 실제에 맞지 않으며 그의 도덕적인 면을 지적하는 것이다.

상주에 사각, 대각전투의 청군의 피해상황을 보고할 때, 그는 비방하고 기만하는 수법을 사용하기 시작하는데, 청군 관병들이 몸을 사리지 않고 준비했다고 공언하고, "하루 종일(8시간) 계속 싸우고", "토벌계획을 세워 역이, 한간 600여 명을 죽였다"라고 운운했다. 이렇게 앞 절에서 언급한 이리포와 같은 그런 언사는 도광제의 진노를 더욱 촉발시키고, 주비에 다음과 같이 적었다.

앞선 너의 보고에 의하면 광동의 병사들이 모두 쓸모가 없다고 하였다. 우리를 속인 사실을 묘하게도 스스로 증명했다. 그들의 충혼을 위로할 방법이 없는데 모두 너의 탓이다.[200]

---

200) 『籌辦夷務始末(道光朝)』 2권, 816쪽. 나는 도광제의 이 '목숨이 위태롭다(要命)'라는 주비가 후에 기선에게 내려진 '참감후'과 무슨 관계가 있는지 모른다.

제4장
광주(廣州)의 '전황(戰況)'

제4장
광주(廣州)의 '전황(戰況)' [01]

　　호문전투에 패하고 영국군이 광주 내하(內河)에 창궐하기 시작했다. 기선은 파면을 당했다. 새로운 총사령관이 강서(江西)와 북경에서 달려왔다. 전쟁은 광주일대에서 전개되었다.

　　호문전투의 결과는 이미 청국이 전쟁을 할 경우 반드시 패한다는 것을 설명했다. 그러나 도광제는 내각을 통해 기선을 체포하여 압송하라는 유지에 정확하고 엄정한 말로 다음과 같이 말했다.

> 　　기선이 영국군에게 협박을 당해 광동성의 정황에 대해 **경솔하게 상주하여 보고하기를**, 지리적 이점으로는 수비할 없고, 무기는 예리함에 의지할 수 없고, 병력은 취약하고 민간의 사정은 안정적이지 못하다고 하였다.[02] 불필요한 우려를 자아내고 과장하여 **직언하여 조정을 압박하고 있다.**
> 　　무슨 생각인지 모르겠다. 이와 같이 은혜를 배신하고 나라를 망

---

01)　본 장에서 나는 수많은 부분에서 佐佐木正哉 선생의 『阿片戰爭硏究-從英軍進攻廣州到義律被免職』의 제2부분 '英軍進攻內河', 제3부분 '英軍停止進攻與楊芳的對策', 제5부분 '楊芳的屈服與通商的恢復'(이상 중역본 『中國近代史硏究』 12, 15집), 제6부분 '奕山的反擊敗退', 제7부분 '三元里事件'(이상 李少軍선생이 제공한 미발표 중역 원고)의 도움을 받았다. 이외 위배덕(魏斐德, Frederic Wakeman)의 『大門口的陌生人:1839~1861年間華南的社會動亂』(王小荷역, 中國社會科學出版社, 1988) 본장 3절의 분석 역시 많은 도움을 받았다.
02)　『籌辦夷務始末(道光朝)』 2권, 805쪽.

치는 것으로 사실 양심을 깡그리 저버린 것이다 ! (굵은 글씨 인
용자 표시)

이에 도광제는 군사 상황에 대하여 사실을 말한 기선의 진술을 전부 '경솔
하게 말하는' 거짓 상황이며, 도광제를 '압박'하는 '직언'으로 간주하고, 도덕적
질책을 했다. 이는 사실상 함구령을 내린 것으로 양방(楊芳)과 혁산의 입을
막은 것이 되었다. 즉, 패배를 허락하지 않을 뿐만 아니라 패배를 이야기하는
것도 허락하지 않았다.

이는 바로 양방과 혁산을 막다른 길로 몰고 가는 것으로 그들의 면전에는
오직 하나의 출구만 있었다. 그것은 바로 거짓말을 지어내는 것이었다. 광주
에서 북경에 이르는 하천과 산령은 거짓말을 위한 천연의 장막이 되었다. 이
렇게 광주 전체의 전황은 완전히 하나의 기만권이 되었다.

1. 양방楊芳의 '결단력과 용맹'

1841년 3월 15일, 참찬대신(參贊大臣) 양방(楊芳)은 급히 광주에 도착했다.
광주의 관신사민(官紳士民)은 그를 마치 구세주와 같이 바라보았다.

2월 26일의 호문 횡당전선의 전투가 있은 후, 영국군이 2월 27일에는 청군
중병(重兵)이 지키고 있던 오용(烏涌)포대를 점령하고, 3월 2일에는 또 파주(琶
洲)포대를 점령하고, 3월 3일에는 재차 파주포대를 점령했다. 그렇게 영국군
선봉부대는 광주와 겨우 수 킬로미터 떨어져 있었다.(그림 3참조)

2월 28일에 이미 이량과 함께 "당연히 친히 병사들을 통솔하여 실력으로

쓸어버리겠다."라고[03] 표명했던 기선이 이때 뜻밖에도 황제의 진노를 고려하지 않고 사람들을 격동시키는 거동을 취했다. 바로 3월 3일에 광주지부 여보순(余保純)을 영국 함선에 파견하여 찰스 엘리엇과 만나 정전(停戰)을 요구하는데 그 이유가 매우 기묘했다. 즉 기선(琦爵)은 곧 파면될 것이라는 것이었다.[04] 이는 마치 돈을 다 잃은 도박꾼이 빚을 독촉하는 졸개에 말하듯이 "때리지 마라, 나는 이미 돈이 없다"라고 하는 것과 같았다. 이어서 찰스 엘리엇이 여보순에게 『약의집병조약(約議戢兵條約)』을 들려 보내, 이전의 『선정사의』보다 훨씬 더 많은 요구를 했다. 배상금은 1,200만 냥으로 늘어났고, 첨사저(尖沙咀, 즉 구룡)의 할양 및 편파적인 최혜국대우 조항 등등이 있었다. 기선이 실각한 것을 알았기 때문에, 찰스 엘리엇은 광주장군 아정아(阿精阿), 광동순무 이량, 전임 양광총독 임칙서, 등정정 등을 지명하여 3일내에 "공동으로 이 서류에 공인(公印)을 날인하여 보내라"라고 했다.[05] 당연히 그들 누구도 이에 답할 수 없었다.

3일의 기한이라면 3월 6일까지인데, 양방이 3월 5일에 도착했으니 어떻게 민중이 환호를 하지 않을 수 있었겠으며, 어떻게 관리들이 이 장성을 의지하지 않을 수 있었겠는가?[06]

당시 사람들의 마음속에 양방의 지위는 절대 일반적이지 않았다. 양방은 귀주 송도인(松桃)이었다. 15세에 군에 들어가 이때까지 이미 55차례나 종군한 백전노장이었다. 천초(川楚) 백련교(白蓮敎)를 평정하는데 참가하여 총병에 올

---

03) 佐々木正哉編, 『阿片戰爭の硏究:資料篇』, 266쪽.
04) 기선은 3월 1일에 대학사에서 면직당하는 처분을 받는다. 그가 여보순을 파견하여 담판을 할 때, 이량, 임칙서와 상의했을 가능성이 크다(『林則徐集 日記』, 383쪽, 또 「광동사략」, 『叢刊 阿片戰爭』 3권, 314쪽). 여보순의 찰스 엘리엇에 대한 의견은 찰스 엘리엇이 파머스턴에게 1841년 3월 10일 보낸 편지를 참고.佐々木正哉 「英軍進攻內河」, 『中國近代史硏究』 12집 인용.
05)佐々木正哉編, 『阿片戰爭の硏究:資料篇』, 86~87쪽.
06) 楊廷枏, 『夷雰聞記』, 58~59쪽.

라 고원(固原) 제독에 배치되었다. 하남(河南) 천리교(天理敎)를 평정하여 운기위세(雲騎尉世)의 직을 받았다. 그러나 관리를 잘하지는 못하여 여러 차례 파면되었다. 그러나 그가 전쟁에 능하다는 것을 모두가 알고 있었는데, 전쟁이 일어났을 때, 즉시 그를 보내기만 하면 혁혁한 전공을 세웠다. 그의 일생 중 가장 혁혁한 업적은 도광 초기에 장격이의 역모를 평정한 것으로, 그때 그가 참찬대신의 신분으로 병사들을 이끌고 끝까지 추격하여 장격이를 사로잡아 북경으로 압송했다. 도광제는 친히 포로를 받고 양방에게 큰 상을 내렸는데, 삼등과용후(三等果勇候)에 봉하고, 어전시위를 수여하고, 태자태보를 수여하고, 쌍안화령을 내리고 자금성에서 기마를 탈 수 있게 하고, 그 아들에게 거인(擧人)을 하사하였다. 옷과 패물 등을 상으로 내린 것에 이르러서는 하나하나 열거하기도 힘들었다.

1835년에 65세인 양방은 병을 치료한다는 이유로 퇴직을 허락받았다. 그러나 다음해 호남(湖南) 진간(鎭箪)의 군사반란을 토벌하기 위해 도광제는 또 그를 투입시켰다.[07] 광동에 도착하기 전 그의 관위(官位)는 호남 제독이었지만, 북경에 청훈(請訓)을 하러 올라가는 도중에 강서(江西) 풍성(豊城)에 이르렀을 때인 2월 12에 참찬대신에 임명한다는 명을 받고 즉시 발을 돌려 남하했다.[08]

이때 도광제의 의도는 매우 분명했는데, 심복이자 황실조카인 혁산을 총사령관으로 삼고 문관으로는 룽문(隆文, 군기대신, 호부상서)을 무관으로는 양방을 임명했다. 이 세 사람 중에 도광제는 양방에 대한 희망이 가장 컸으며, 남국(南國)의 해강(海疆)에서 서북의 영광을 재현하길 희망했다.

기선과 비교하여 양방의 뛰어남은 분명했다. 게다가 그의 뛰어남을 막론하

07) 이상 양방의 경력은 『宮傳果勇侯自編年譜』, 도광20년(1840) 각본; 『淸史列傳』 10권, 3049~3057쪽.
08) 『阿片戰爭檔案史料』 3권, 130쪽.

고 중국의 대부분을 정벌하려 돌아다녀 후작이 되었기 때문에 조상에 의지한 기선과는 달랐다.

그렇지만 양방의 전마는 광주에 발을 들여놓은 적이 없었다. 그는 모든 '천조'의 대관리들과 같이 낯선 적과 조우했다.

양방이 부임한 다음날 찰스 엘리엇은 약정한 기한이 다하자, 3월 6일에 병사들을 움직여 엽덕(獵德), 이사미(二沙尾) 포대를 함락하고 수비군을 크게 무너뜨렸다.

엽덕, 이사미는 지금은 이미 광주시에 속하지만, 당시의 광주성 동남쪽 끝과 겨우 3킬로미터 떨어져 있는 곳으로 영국군은 이미 광주성의 성벽을 바라볼 수 있었다. 그러나 당일 찰스 엘리엇은 공고를 발표하여 정전을 원한다고 표시했다.[09] 영국 측의 기록에 근거하면, 청국 측이 또 여보순을 파견하여, 비록 광동 당국도 정전을 희망하지만, 황제가 절대로 허락하지 않을 것이라고 표시하였다는 것이다. 여보순의 이런 행동은 양방의 허락을 받았음이 틀림없었다. 이는 그가 참찬대신으로 임명된 후 행한 첫 번째 결정이었을 가능성이 컸다.[10]

찰스 엘리엇의 요구에 대해 비록 만족스러운 결과가 나타나지는 못했지만, 쌍방의 교전은 오히려 며칠 동안 멈추었다.

이 기간 동안 양방은 또 무엇을 했겠는가? 사적인 기록에 의하면 양방은 광주에 도착하여, "하루 종일 시계와 서양 물품을 구매하는 일을 하였고, 밤

---

09) 『Chinese Repository』, vol 10. 180쪽. 다음날인 3월 7일에 찰스 엘리엇은 기선에게 조회를 보내 담판이 도광제의 방해로 인해 중단되었으니, 영국군은 "반드시 연해의 각 성 및 경사 어성(御城)을 향해 바로 공격을 할 것이다"라고 하였다(佐々木正哉編, 『阿片戰爭の硏究:資料篇』, 88~89쪽). 이것으로 보아 찰스 엘리엇은 광동에서 정전(停戰)을 하고 북상하여 진공할 예정이었음을 알 수 있다.

10) 찰스 엘리엇이 파머스턴에게 보낸 편지, 1841년 3월 10,佐々木正哉「英軍進攻內河」, 『中國近代史硏究』 12집 인용.

에는 남자 아이를 사서 즐겼으며, 심지어 요(姚) 순포(巡捕) 등은 여자를 단발시켜 수행원과 같이 들여보냈다"라고 했다. 그 기록에는 또 다음과 같이 말했다.

> 양후(楊侯)가 처음 왔을 때, 경제를 몰라 오직 마통(馬桶)을 사서 포를 다루고, 짚으로 허수아비를 만들고, 도관을 짓고, 귀신에게 빌고, 그런 연후에 화포, 군기(軍機), 뗏목 등을 제조하는 일을 하였다.[11]

이중 "마통(馬桶)을 사서 포를 다루고"의 부분은 다른 사적인 기록에 의하면, 양방은 영국군이 승리한 이유가 "반드시 사교의 술법자가 그 안에 있었기"[12] 때문이라고 생각했다는 것이다. 당시 사람들이 가장 불결하게 간주하는 부녀의 요강으로 '사교의 법술(法術)'을 행하는 '만이'에 대항하고자 했다는 것으로, 즉 소위 사로 사를 제압하는 법술을 사용했다는 것이다. 이런 방법을 사용했는지는 증명할 수 없는데, 그것은 이 기록에 "오용(烏涌)으로 출정을 하다"라고 언급했기 때문이다. 즉 오용 작전에 사용했다는 것은 양방이 도착하기 전으로 오용은 이미 영국군에 의해 점령당했기 때문이다. 그러나 '마통', '초인', '도장', '귀신' 등은 양방의 서방의 이기에 대한 이해부족을 나타내는데 이에 대해서는 나는 당연히 사실이라고 생각한다.

임칙서의 일기에 근거하면, 양방의 부임은 마치 그의 정서를 크게 변화시킨 것 같다. 3월 5일부터 18일까지 혹은 양방이 방문하던지, 혹은 임칙서가 방문하던지, 14일 동안 11차례나 되었다. 3월 19일부터는 정세가 긴박하여 이처럼

---

11) 「粵東紀事」, 『近代史資料』 1956, 2기.

12) 楊廷枏, 『夷雰聞記』, 58~59쪽.

오고가고 하면서 상의하는데 불편함을 느낀 양방이 임칙서가 머무는 곳으로 옮겨 8일 동안 같이 지냈을 가능성이 컸다. 3월 26일에 양방은 다른 곳으로 옮겼으나 임칙서와의 교류는 여전히 매우 활발했다.[13] 임칙서가 일기에 간략하게 기록했기 때문에 우리는 임칙서와 양방이 상의한 내용을 모르지만, 양방의 여러 행동으로 보아 임칙서는 당연히 내막을 잘 아는 사람이었을 것이다.

양방의 상주에 근거하면, 그는 부임 후, 즉시 병사들을 성도(省城)를 방어하는 데 배치하고 성도 동쪽의 동성사(東盛寺)와 성도 서남쪽의 봉황강(鳳凰崗)에 1,000명을 파병하여 수비하게 했다. 그는 계속 성하(省河) 위에 강을 막는 뗏목을 세우고 그 위에 목통(민간에 전해지는 그 마통인지는 모른다)을 올려놓아 안에 독약과 동유(桐油)를 넣어 화공을 준비했다.[14] 영국 측의 기록에 나오는 청국 측의 작전준비가 양방의 주장을 실제로 증명했다.[15] 이를 제외하고 광동 당국은 또 3월 10일에 미국상선에 입항을 하여 무역을 허락하는 홍패를 발급하고, 영국, 미국을 이간하는 '이이제이(以夷制夷)'의 수법을 썼다. 그러나 찰스 엘리엇이 이 소식을 듣고 당일 광주 봉쇄를 선포하면서, 기왕 영국인으로 하여금 장사를 하지 못하게 한다면 그럼 누구도 못하게 하겠다고 선포했다.

영국군은 이때에도 빈둥거리지 않고 3월 6일에 이사미를 공격한 후, 따로 성도로 통하는 노선인 하남수로(河南水路)로 침입하기 시작했다. 3월 13일, 체포된 기선이 광주를 떠날 때, 전쟁의 화마가 또 일어나, 마침 방어 설비를 강

13) 『林則徐集 日記』, 386쪽.
14) 『籌辦夷務始末(道光朝)』 2권, 859~860쪽.
15) 賓漢, 「英軍在華作戰記」, 『叢刊 阿片戰爭』 5권, 193쪽.

화하고 있던 대황교(大黃滘) 포대를 영국군이 공격했다.[16]

찰스 엘리엇은 정보가 약간 늦었던 것 같다. 그는 분명히 기선이 이미 떠났다는 것을 몰랐던 것 같다. 그는 3월 16일에 다시 기선에게 정전 담판을 요구하는 조회를,[17] 백기를 건 작은 배를 통해 대황교에서 북상시켜 성도로 보낼 준비를 했다. 그러나 봉황강 포대를 지날 때, 양방이 파견한 강서 병사들이 (백기의 규칙을 몰랐을 가능성이 컸기 때문에) 포격을 하자, 영국 함선은 어쩔 수 없이 퇴각했다.(이번 전투는 대승리로 묘사되는데, 이후에 자세히 설명하겠다.)

찰스 엘리엇은 이에 대해 보복을 결심하고 대대적으로 진공했다. 3월 8일 오전부터 영국함선은 대황교에서 북상하여 봉황강포대, 영정(永靖)포대, 서(西)포대, 해주(海珠)포대와[18] 하남의 사대(沙袋)포대를 차례로 함락시켰다. 오후 4시에 이르러 영국군은 광주 서남(西南)끝에 있는 상관을 점령했는데, 2년의 시간을 거쳐 여기에 다시 영국 국기가 걸렸다.

이 지경에 이르자, 광주성의 동, 서 양로는 이미 전부 보호막을 상실하고 완전히 영국함선의 포화에 노출되었다. 임칙서의 일기에 의하면, 영국함선이 성도를 향해 "포를 발사하고 불화살이 수십이었다."라고 하였다.[19] 광주는 이미 함락 직전의 도시가 되었다.

16) 佐々木正哉編, 『阿片戰爭の硏究:資料篇』, 91쪽.
17)   영국군의 공격노선 및 포대의 위치는 Bernard, Narrative of the Voyages and Service of the Nemesis, vol 1, 413쪽 및 그림을 참고. 그중 포대의 명칭은 또 사등(史澄) 등이 편찬한 『番禺縣志』, 同治10년 (1871) 각본; 양소헌(梁紹獻)등이 편찬한 『南海縣志』, 동치11년(1872) 각본을 참고.
18)   해주포대는 광주성 정남쪽 주강 위의 작은 암초 위에 위치하는데, 그 암초는 항해에 방해가 되었기 때문에 파괴된다. 그 위치는 대략 지금의 해주교(海珠橋) 일대이다.
19) 『林則徐集 日記』, 385쪽.

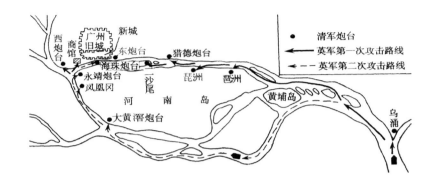

그림 3) 광주(廣州) 내하(內河)의 전투 약도

　다시 돌아가서 우리는 2월 27일 오용(烏涌)전투부터 3월 18일 영국군이 상
관을 점령하기까지의 20일 동안의 광주 내하전투를 검토해 보도록 한다.
　아편전쟁이 일어나면서, 광주의 각 총사령관, 임칙서, 기선, 이량, 양방 모
두 이미 호문이 일단 돌파를 당하면, 광주 내하에서의 방어는 병사와 화포를
계속 차출하여 하도가 협소한 곳에서 침몰시키고 혹은 말뚝을 박아 돌파를
막아서 영국 함선의 광주 돌진을 방어하는 것이라는 것을 알았다.[20] 그중 오
용(烏涌)포대에는 기선이 파견한 호남 병사 900명이 그곳의 주둔하던 수비군
700명과 합류하여 1,600명이 있었고, 인근에는 또 임칙서가 구매한 포 24문을
탑재한 전함 캠브릿지호와 40척의 전선이 있었는데, 병력은 적지 않았으나 결

---

20)　『林則徐集　奏稿』중, 862쪽. 『籌辦夷務始末(道光朝)』 2권, 654~655, 695~696, 778~779, 814, 844,
　　860, 883, 892, 900쪽.

과는 대패하여 총병 상복(祥福) 이하 446명이 전사했다(대다수가 도망치다 영국군의 포격에 전사한다). 이사미, 엽덕 일대에 포대가 있었을 뿐만 아니라, 하도가 이미 막혀있었기 때문에 기선은 먼저 이량을 현장에 파견하고 후에 강서남액진(江西南贛鎭) 총병 장춘(長春)으로 하여금 지키게 하였다. 그러나 영국군이 하도(河道)의 장애물을 제거하고 있을 때, 수비군은 뜻밖에도 앉아서 보고만 있다가, 교전이 벌어지자 바로 대패했다. 봉황강 일대에 양방이 1,000명을 파병했지만, 3월 18일 전투에서는 도움이 전혀 되지 않았다. 그리고 뜻밖에도 대황교 포대의 수비군 장령은 전투가 벌어지기 하루 전에 사람을 파견하여 영국군과 다음과 같이 상의했다.

> 당신이 포를 발사하기 원하지 않고 나도 원하지 않는데 그것은 누
> 구도 원하지 않는 것이다. 우리는 6번 포탄이 없는 포를 발사할 수
> 있으며, 이는 황제에게 보이기 위한 것이며, 그런 후에 떠나겠다.[21]

이런 군인에 대하여 우리는 어떠한 평가를 내릴 수 있겠는가?

영국 측의 기록에 의하면 이 20일 동안의 광주내하전투에서, 영국군은 청군 대소포대, 군영 10여 곳을 모두 파괴하고, 각종 전선 수십 척을 격침시키고 대소 화포 400여문을 노획했다.[22] 그러나 영국군은 이런 군사행동 중에서

---

21) 賓漢, 「英軍在華作戰記」, 『叢刊 阿片戰爭』 5권, 193쪽.
22) 賓漢이 말하기를 노획한 포가 401문이라고 했다. 「英軍在華作戰記」, 『叢刊 阿片戰爭』 5권, 319쪽; 맥켄지는 노획한 대포가 346문이라고 했다. (Mackenzie, Narrative of the Second Campaign in China, 199쪽). 아래의 표를 보면 청군의 광주 방어 상황을 알 수 있다. 그중 홍포대는 버나드(Bernard)의 권에서 제공한 지도에 근거하면, 하남의 서북 끝에 위치하는데 영정(永靖)포대의 일부분일 가능성이 있다. 또 버나드는 3월 18일 전투에서 영국군이 노획한 대포는 모두 119문이라고 했다 (Bernard, Narrative of the Voyages and Service of the Nemesis, vol 1, 413쪽)

매번 단지 몇 척의 소형 전함을 출동시켰을 뿐이었다. 가장 격렬했던 오용전투의 경우도 전함 5척, 증기선 2척이었다.[23] 또 가장 극적인 대황도 포대 전투 같은 경우는 영국 함선 2척, 증기선 1척이었다.[24] 바로 3월 18일 성하(省河)를 횡행하여 양방을 경악하게 한 전투에서는 영국군이 5척의 전함, 2척의 증기선, 1척의 수송선과 약간의 소형선을 동원했을 뿐이다.[25] 지금까지 영국군의 대형 전함은 내하(內河)로 들어갈 수 없으며, 소형선은 무능하다고 생각했던 청조의 관리들은, 이번에 영국군 소형전함의 위력을 충분히 맛보았다. 이전의 호문 전투와 마찬가지로 영국군은 내하전투 중에 피해가 극히 적었는데, 특히 3월 18일의 전투에서는 겨우 8명이 부상을 당했다. 그리고 나머지 각 전투에 대해서는 상응하는 기록을 찾지 못했다.

여기에서 반드시 서강수로(西江水道)전투를 언급해야 한다. 1841년 3월 13일, 대황교 포대의 청군에서 빈 포로 영국함선에 응전했을 때, 영국 무장기선

시간	전투구역	Bingham	Mackenzie
1841년 2월27일	오용포대	54	44
	캠브릿지호	34	
	청군사선	10	
1841년 3월 2일	파주포대	25	34
1841년 3월 3일	파주포대	30	30
1841년 3월6일	이사미포대	35	35
1841년 3월	하남수로	14	
1841년 3월 13일	대황교포대	38	38
1841년 3월 18일	봉황강	31	합계 123
	영원포대	9	
	서포대	10	
	하남사대포대	13	
	해주포대	25	
	홍포대	20	
	두 척의 사선	15	

23) 영국 함선은 칼리오페호, 방가드호, 엘리게이터호, 설퍼호, 모데스테호이고 증기선은 네메시스호, 마다가스카르호이다.
24) 영국 함선은 모데스테호, 스탈링호이고 증기선은 마다가스카르호이다.
25) 영국 함선은 방가드호, 히아신스호, 모데스테호, 알제린호, 스탈링호이고 증기선은 네메시스호, 마다가스카르호이며, 그밖에 루이사호와 퀸즈호가 있었다.

네메시스호가 두 척의 소형선을 이끌고 오문 서측의 서강수로로 들어왔다. 3일간의 항행 중에 이 소소한 선대는 길을 따라 6곳의 포대를 무너뜨리고, 9척의 청군 전선을 파괴했고, 100여 문의 청군 대포를 파괴하였고, 강을 막고 있던 여러 겹의 시설을 철거하였다. 15일에는 순조롭게 호문 뒤의 연화산에 도착했다.[26] 영국군 군관의 기록에 의하면, 전체 행동이 휴가를 나와 교외에서 음식을 먹는 것과 같았다고 했다.[27]

3월 5일부터 3월 18일까지 과용후 양방은 이 2주 동안 마침내 이 사실을 알게 되었지만 그에게는 이러한 '이(夷)'인을 제압할 수 있는 묘수가 전혀 없었다. 그는 광동으로 오는 도중까지 품었던 육도삼략의 미몽 속에서 깨어났다.[28]

당시 영국군의 병력과 병기를 보면, 1841년 2월 27일 오용포대를 함락한 후, 광주를 단숨에 점령할 수 있는 능력을 완전히 갖추게 되었다.

여기에서 하나의 문제가 발생한다. 왜 찰스 엘리엇은 그렇게 하지 않았을까? 왜 그는 상반되는 행동을 3월 3일, 3월 6일, 3월 16일 이렇게 몇 번이고 되풀이하여 정전을 요구하고 담판을 호소했을까?

찰스 엘리엇의 생각은 매우 간단했는데, 그는 광주에서 전쟁을 벌여 광주에 거주하는 부유한 상인들을 놀라게 하고 싶지 않았기 때문이다.

이는 1839년 3월부터, 즉 임칙서가 상관(商館)을 봉쇄하기 시작한 후부터, 중영 무역이 2년 동안 중지되었기 때문이다. 런던, 뭄바이 그리고 광동의 영국 상인들의 입장에서 보면, 이 2년 동안 차, 견직물 무역에 대한 손실이 극심

---

26) 영국의 공격 노선은 Bernard, Narrative of the Voyages and Service of the Nemesis, vol 1 그림을 참고.

27) Bernard, Narrative of the Voyages and Service of the Nemesis, vol 1, 377~379쪽.

28) 처음 참찬대신에 임명한다는 유지를 받았을 때, 양방은 매우 자신감에 차 있어서 도중에 상주를 올리는데, 은혜와 위엄을 같이 사용하여 영국인으로 하여금 공포와 덕을 느끼게 한 다음 광동에서 '방어시설을 건설하고', '양식을 많이 준비 하겠다', 영국군으로 하여금 "어떤 공격도 시도하지 못하게 하고, 어떤 지역도 강탈하지 못하게 할 것"이라고 하였다.. 이런 실제에 맞지 않은 공상은 도광제조차도 문제가 있음을 알고, 주비에 "겉보기에는 맞는 것 같지만 실지는 그렇지가 않다"라고 하였다(『籌辦夷務始末(道光朝)』 2권, 801~802쪽).

하였으며, 특히 영국정부의 재정부는 매년 백만 파운드에 달하는 차세(茶稅)를 손해보고 있었다. 대화상무총감독인 찰스 엘리엇이 이런 이해관계를 몰랐을 리가 없다. 그리고 호문입구 밖에서 시종 들어가지 못하여 배회하는 수십 척의 영국 상선들이[29] 마치 시시각각 그의 신경을 건드리고 통상을 압박하고 압박하였던 것 같다. 이와 같았기 때문에, 기선과 광동 담판을 시작하자마자 찰스 엘리엇은 바로 무역을 조기에 회복시켜 런던의 신사들에게 계속 오차(午茶)의 우아한 풍미를 즐길 수 있게 하려고 하였다.

그리고 장사는 반드시 양국 상인 간에 진행되어야 하는데, 만약 광주의 상인이 영국군의 대포에 깜작 놀라 분분히 도망간다면 또 누구와 장사를 하겠는가?

군사상의 승리가 꼭 경제적 이익을 가져오지는 않는다. 그럼 혁혁한 전공을 올려도 그 의의를 잃는 것이다. 그럼 앵글로 색슨인의 이번 행동은 "외딴 해양에서 세력을 확장한 것"이 아니게 된다. 그들은 상업이윤을 다른 것들의 위에 놓기 때문이다.

이 때문에 찰스 엘리엇은 기선이 실각했다는 소식을 듣고, 중영 양국이 조약을 체결하는 일이 광주에서 이루어질 수 없을 것이라고 예측하고, 먼저 광주의 통상을 회복시키고 다시 병사들을 이끌고 북상 진공하여, 따로 조약을 체결하는 방법을 모색했다.

그리하여 1841년 3월 18일, 영국군이 다시 상관을 점령하자, 찰스 엘리엇은 광주 '흠차대신'(그는 이때 광주를 양방이 관할하고 있었음을 아직 모르고 있었다)에게 조회를 보내 당일 즉시 광주의 '귀작대신(貴爵大臣)'과의 면담을 요구하고, 답변을 '반진(半辰)'(반시진, 약 1시간을 가리키는 것 같다)안에 하라고

---

29) 1841년 1월, 재화(在華) 외국 상선은 모두 78척으로 그중 영국 상선은 59척이었다.(『Chinese Repository』, Vol 10. 66~62쪽.

요구했다.[30] 이 조회의 서두에 '현재 고지에 근거하면' 이란 말은 미국 부영사 에드워드 델라노(Edward Delano)와 광주 지부 여보순의 회담을 가리컸다.[31] 그러나 여보순은 결코 미국 부영사에게 부탁하여 찰스 엘리엇에게 영국과의 평화회담을 희망한다고 전해달라고 하지 않았다. 그런데 찰스 엘리엇이 이와 같이 쓴 이유는 분명히 핑계를 찾기 위해서였다.

광주성(廣州城)이 매우 위험한 상황에 처하자 양방은 매우 빠르게 답신을 작성했다. 그는 본래 군 총사령관으로 영국 측과 담판을 할 권리가 없었기 때문에 영국 측의 담판요구를 거절할 수밖에 없었다. 조회에 나오는 "전쟁이 벌어지면 나는 지킬 뿐이다"라는 말에는 옥쇄(玉碎)의 분위기를 담고 있었다. 그러나 양방은 담판의 대문을 걸어 잠그지 않고 서면교섭의 방법을 제시했다.[32]

임칙서의 일기에 의하면 3월 18일 새벽에 임칙서가 양방을 만났다. 영국군이 당일 오후 4시에 상관을 점령하였기 때문에 찰스 엘리엇과 양방의 조회 왕래는 오직 4시 이후에 이루어진 것이다. 양방은 이 조회를 임칙서를 거치지 않고 보냈을 가능성이 매우 컸다. 그러나 임칙서의 3월 19일 일기에 의하면 양방과 이량은 당일 함께 임칙서의 거처로 찾아와 "종일 의사를 논의하고" 공동으로 대권을 상의하였다고 하였다.[33]

양방, 이량, 임칙서 등이 공동을 대권을 논의할 때, 3월 19일에 광주 지부 여보순이 마침 상관에서 찰스 엘리엇과 담판을 진행했다. 양방의 조회에 초

30) 佐々木正哉編, 『阿片戰爭の硏究:資料篇』, 92쪽.
31) 3월 16일에 봉황강 청군이 영국 측이 백기를 올리고 조회를 보내는 소형선박을 공격한 후에, 미국 부영사 델라노가 광주지부 여보순과 회담을 한다. 찰스 엘리엇은 델라노에게 기선에게 보내는 조회와 한 통의 중국 관원에게 보내는 서신을 부탁한다. 찰스 엘리엇에 근거하면 광주 관원이 답신을 보내주었으나, 만족하지 못하고, 3월 18일에 진공을 개시한다(찰스 엘리엇이 파머스턴에게 보내는 편지, 1841년 3월 25일佐々木正哉의 「楊芳の屈服與通商の恢復」, 『中國近代史硏究』 15집을 참고).
32) 佐々木正哉編, 『阿片戰爭の硏究:資料篇』, 92~93쪽.
33) 『林則徐集 日記』, 385쪽.

점을 두고 찰스 엘리엇은 또 강한 어조의 조회를 발표하면서, "만약 대청국이 공평한 선정사의를 실시하지 않을 경우, 대영국의 위엄을 숭상하는 나는 반드시 병사들을 움직여 각 성과 전쟁을 할 것"이라고 운운했다.[34] 이외에 찰스 엘리엇은 또 여보순에게 비망록을 건네는데, 외국인을 우대하고 통상을 회복하는 것을 고시하기만하면 영국군을 철수시키고 군사행동을 중지할 것이라고 제시했다.[35] 여보순은 이를 고려할 시간을 달라고 요청하였으나, 찰스 엘리엇이 동의하지 않았다.

여보순이 조회와 비망록을 가져오자 당시 양방, 이량, 임칙서 이 광주의 3대 거두 간에 토론이 벌어졌다. 토론의 구체적인 내용은 임칙서가 일기에 상세하게 기록하지는 않았지만 일기에서 두 가지를 찾아볼 수 있다.

1) 2월 19일 토론 후, "참찬(參贊)이 여보순의 거처로 이동하여 같이 거주(同住)했다"라고 하였는데, 만약 쌍방의 견해가 일치하지 않았다면, '동주(同住)'는 불가능 했을 것이다. 이로부터 우리는 3대 거두가 같은 의견을 얻었다는 것을 추측할 수 있다.

2) 3월 20일 일기에 다음과 같이 적었다. "참찬이 여보순을 이선(夷船)으로 보내 답신을 전달하게 했다." 이는 양방의 행동을 임칙서가 알고 있었음을 설명하는 것으로 이는 또 반대로 양방이 임칙서의 거처로 옮겨 '동주할 때, 자신의 입장을 숨기지 않았다는 것을 설명했다.

3월 20일 양방은 여보순을 파견하여 조회를 전달하는데, 찰스 엘리엇이 보

---

34) 佐々木正哉編, 『阿片戰爭の研究:資料篇』, 93쪽.

35) 중문본을 보지 못했다. 이것은 佐々木正哉의 논문 「楊芳的屈服與通商的恢復」, 『中國近代史研究』, 15집)에 근거하였다. 당시 중영문 번역문제 때문에 우리는 그 중문본이 어떠한지 모른다. 임칙서의 기록에 근거하면 "영역(英逆)이 참찬에게 편지를 보내 통상을 구걸하였다"고 하였고, 또 이후 양방의 조회에 근거하면, "다른 사정은 의논하지 않았다"는 등의 말을 하는데, 임칙서, 양방은 이 비망록에 대한 이해에 문제가 많았던 것 같다. 바로 그들은 마치 통상을 허락하면 전쟁이 대체로 끝난다고 생각한 것 같았다. 이는 결국 번역의 문제인지 이해의 문제인지 알 수 없다.

낸 비망록 중의 두 가지 조건에 동의했다.[36] 같은 날 양방과 이량은 계속 공동으로 서명하여 고시를 발부했다. "현재 각국 상인이 모두 광동에 들어와서 무역을 하는 것을 허가하고, 너희 상민(商民)이 그들과 교역하는 것을 이전과 같이 하며 장사하는 것을 막지 않을 것이다"[37]

이는 바로 양방–찰스 엘리엇이 3월 20일에 체결한 정전협정이었다. 그러나 찰스 엘리엇은 병력을 철수시키지 않았다. 그는 영국에 큰 이익을 주는 상업활동을 보장하기 위해 영국군의 무력을 사용했다.

오늘날의 지식으로 검토하면, 양방, 이량, 임칙서 등이 굴복한 원인은 통상회복에 동의한 것에 있으며, 주로 그들이 찰스 엘리엇의 진짜 의도를 간파하지 못한 데에 있었다. 찰스 엘리엇의 강경한 태도와 언사는 그들로 하여금 영국군이 정말로 광주를 무너뜨리고 싶어 한다고 여기게 하였다. 다른 측면에서 보면, 그들도 사실 철수계획이 없었다. 비록 3월 18일, 전쟁이 격렬하게 벌어지고 있을 때, 임칙서는 광주에서 장병들을 점검하고, 각 요소에 분포시켰으나, 마음속으로 그는 수백 명의 장병들이 반드시 정말로 그 역할을 할 것이라고 생각하지는 않았다. 그러나 그는 3월 1일에 오용(烏涌)이 함락되었다는 소식을 듣고 바로 권속을 보내 "배를 타고 상류로 올라가 머무는 것으로는 전쟁을 피하기 힘들다"라고 하였다.[38]

이에 근거하여 우리는 다음과 같은 결론은 얻을 수 있다. 당시의 정보 판단에 근거하면, 양방, 이량, 임칙서와 청 왕조의 다른 사람들을 막론하고, 이때는 만약 광주전체를 보호(보전)하려면 통상회복에 동의하는 길이 유일했으며, 특별히 다른 선택지는 없었던 것이다. 이는 그 본인의 속마음이 주전(主

---

36) 佐々木正哉編, 『阿片戰爭の硏究:資料篇』, 94쪽.

37) 중문본이 없다. 『Chinese Repository』, Vol 10, 182쪽.

38) 『林則徐集 日記』, 383~385쪽.

戰), 주화(主和)를 막론하고 모두 상관이 없다는 것이었다.

전쟁의 권위성(權威性)은 상대방의 순종을 강압하는 데 있다.

기선과 비교하여 양방의 명령위반 행위가 얼마나 더 심했는지는 모른다. 기선은 '회유(撫)'의 명령을 받들었지만, 시종 영국인과 조약체결을 하려하지 않았다. 양방은 '토벌'의 명령을 받들었지만, 오히려 마음대로 영국인과 정전협정을 했다. 그러나 양방의 결말이 기선보다 얼마나 더 좋았는지는 모랐다. 여기에서 관건은 어떻게 상주를 했는가에 있다.

1841년 3월 6일, 양방이 광주에 도착한 다음날 도광제에게 상주를 하는데, 파주, 엽덕, 이사미 등 동로(東路) 쪽의 포대가 함락당한 사실을 숨겼다. 거의 거짓으로 영국군의 "전선이 성도(省城)의 10여 리 밖에 크게 형성되어 있습니다."라고 간단하게 보고하고, 그 다음에는 붓을 돌려 대담하게 자신이 어떻게 방어를 구축했는지 설명하고, '폐하에게 안심할 것'을 표명하였다. 도광제는 3월 21일에 이 상주를 받는데, 이 속 빈 경단을 먹고는 상유에 "상주를 열람하니 약간 걱정이 가신다."라고 했다.[39]

3월 12일 양방이 재차 상주를 올려, 오용전투 중에 청군이 "죽인 역이(逆夷)가 관병보다 많다"라고 거짓보고를 하는데, 즉 적을 446명이상 죽였고, 또 그 방어 조치는 이미 "민심의 대세가 이미 결정되었고", "군민(軍民)의 용기를 북돋아 근심이 사라지길 기대할 수 있다"라고 하였다. 또 도광제가 절박하게 희망한 '진초(進剿)'에 이르러서 그는 정석적인 이유를 찾아내었다. 그 이유는 바로 영국군이 도망가는 것을 두려워해 완전히 섬멸할 수 없었다는 것이다. 그는 '잠시 동안 회유하여' 혁산, 룡문(隆文)이 도착하기를 기다려서, "다시 계획을 세워 수륙으로 포위하여 토벌해야 한다."라고 건의했다.[40]

---

39) 『籌辦夷務始末(道光朝)』 2권, 859~860쪽.
40) 위의 책, 2권, 882~885쪽.

이번에는 시간을 지연시키려는 데 뜻이 있었던 양방의 핑계는 뜻밖에 좋은 결과를 얻는데, 바로 공교롭게도 도광제의 의중을 맞춘 것이었다. 나는 제3장에서 이미 도광제가 '회유'를 결심한 중요 이유 중의 하나가 바로 육로위에서 우세를 보이는 청군이 일단 진공하여 영국군이 해상으로 퇴각하면 추격하여 토벌할 수 있는 방법이 없게 되어 전쟁이 길어지기 때문이라고 했다. 즉, 서북(西北)의 '이유(夷酋)' 장격이를 체포했던 그런 철저한 승리를 하지 못할 것을 걱정했기 때문이다. 그는 혁산, 양방에게 출정 명령을 내릴 때, '역이를 토벌하라'라고 명령했다.[41] 후에 또 영국군을 도망가게 해서는 안 되며, "영국인 주범 및 오랑캐와 내통한 한간은 경사로 압송하여, 법에 따라 처벌하고 다스려라"[42]라고 여러 번 명령을 내렸다. 또 이 때문에 그가 영국군이 오문으로부터 내하로 깊이 침입했다는 소식을 듣고도 우려하지 않고, "처음의 기세로 끝장을 내고 단숨에 섬멸하도록 하라"라는 명령을 내렸다.[43] 도광제는 3월 28일에 양방의 이 상주를 받고 양방의 "작은 이익 때문에 대국을 그르치는 잘못을 범하지 않는 방법"에 매우 만족하고, 그 상주의 주비에 "회유하는 방법을 강구할 수 있다면, 도망치지 못하게 하여 적절한 대권을 세워라"라고 적었으며, 또 그 상주의 말미에 흥분한 듯 연이어 다음과 같이 적었다.

…밤낮으로 동남쪽을 바라보면서, 승전보에 대한 희망이 극에 달했다.
적병이 3천이 못되니, 광주성은 걱정할 필요가 없다. 만약 짐의 참찬대신 과용후 양방이 아니었다면, 누가 있어 의지할 수 있겠는

---

41) 위의 책, 719쪽.
42) 위의 책, 779쪽.
43) 위의 책, 860쪽.

가? 표창할 만한 점이 붓으로 담기 힘들 정도이다. 공로를 세운 날에 상을 내려 격려할 것이니, 이것이 경의 첫 번째 공로이다. 이후 특히 발분하여 노력하라.

　그는 계속 내각(內閣)을 통해 내린 명령에 양방이 "군무에 정통하다"라고 칭찬하고, "해당 부서가 적절한 상을 추천하라"라고 하였다.[44]

　도광제가 희망하던 승리의 소식이 과연 얼마 되지 않아 도착했다. 4월 2일에 그는 양방이 3월 17일에 보낸 상주를 받았다. 이 상주에는 양방이 3월 6일에 봉황강에서 백기를 걸고 조회를 보내려 한 영국 소형선박을 격퇴하고는 대승이라고 과장하여, 영국군이 "큰 병선 2척, 증기선 1척, 삼판선 수십 척을 이끌고 대황교(大黃滘)의 폐군영(廢軍營)을 뚫고('뚫고', '폐군영'의 단어를 사용하여 대황교 포대의 함락사실을 은폐하였다) 들어와서 성하(省河)를 뚫고 나가려 하자", 봉황강을 수비하는 청군이 "자신의 생명을 돌보지 않고 돌진하여 대포 백여 발을 발사하여" 영국 삼판선 3척을 격침시키고, 영국 대형 전함의 돛대를 부러뜨리고 영국군 수명을 사살하자, 영국 함선이 "두려움을 느껴 퇴각하여 감히 성하(省河)를 들어가지 못했다"라고 했다. 그리고 이 상주에는 또 강서수로 전투를 언급하면서, 청군의 격렬한 '저항과 방어'는 영국전함을 그날 저녁 '퇴각'하게 만들었다고 밝혔다. 이렇듯이 도광제가 이것을 읽고, 어떻게 기뻐하지 않을 수 있었겠는가? 그래서 유지에 양방이 "적절하게 잘 배치하여, 상대의 허를 찔러 승리하였다"라고 하면서 재차 양방을 "해당 부서가 적절한 상을 추천하라"라고 하였다.[45]

　5일째 되는 날인 4월 6일에 도광제는 여전히 그날의 흥분이 가시지 않자,

---

44) 『籌辦夷務始末(道光朝)』 2권, 886쪽.
45) 위의 책, 2권, 902쪽.

정역장군(靖逆將軍) 혁산에게 다음과 같은 유지를 내렸다.

> 2월 24일(3월 16일)[46] 광동 봉황강에서의 승리로 **성도가 안정되었다.** 해당 장군 등은 유성처럼 빠르게 전진하여…양방과 회동하여 잘 계획하고 의논하여 처리하고, 대군이 모이기를 기다린 후에, 즉 **시 그 귀로를 차단하는 방법을 세워 철저히 토벌하여 깨끗이 하라.** 이 토벌로 국위를 진작시켜라. (굵은 글씨 인용자 표시)

그러나 양방은 허풍을 쳐도 너무 크게 쳤다. 그가 상주를 보낸 다음날인 3월 18일에 영국군이 바로 성하를 쑥대밭으로 만들어, 성도(省城)가 매우 위태로워졌다. 비록 양방이 3월 20일 조회 및 고시에 모두 영국 측을 향해 "사실에 근거하여 상주한다."라고 보증하였지만, 3월 22일에 보낸 그의 상주는 여전히 보기 좋게 꾸민 걸작이었다.

양방, 아정아(阿精阿, 廣州將軍), 이량이 공동으로 상주를 올려, 먼저 미국 부영사 델라노가 영국과의 통상회복을 윤허해주길 요구했으나 이 요구는 기각했다고 보고하고, 그 다음에는 영국군이 3월 18일에 바람을 타고 목숨을 걸고 성하로 난입하였으나 청군의 방어가 튼튼하였기 때문에 부득이하게 18일부터 19일 사이에 퇴각하였다고 보고했다. 그리고 마지막으로 행상 오이화(伍怡和)가 찰스 엘리엇의 문서를 올리면서, "다른 일은 논의하지 않을 것이며, 오직 평소대로 무역을 허가하기를 요구할 뿐으로, 불법적인 물건을 싣고 오면 배에 있는 화물은 정부에 의해 몰수당할 것"이라고 했다는 것이다. 도광제는 누가 통상을 회복시키는 일을 허락하는지에 대하여 "지침을 내렸다."[47]

---

46) 위의 책, 2권, 907쪽.
46) 위의 책, 2권, 907쪽.
47) 『阿片戰爭檔案史料』 3권, 264쪽.

양방은 이 지나치게 은폐한 상주를 두려워하여 불분명하게 말하면서, 이 상주에 두 편의 협편(夾片)을 첨부하여 "궁중에 남겨 공개하지 않을 것"을 요구했다. 첫 번째 협편은 청군의 역량이 부족함을 은근히 인정하는 것으로, 광주를 방어하는데 수많은 어려움이 있다고 양방이 심사숙고를 한 뒤에 말한 것이다.

> 먼저 계획을 세워 그 배를 물러나게 하는 것이 낫다. 종전에 그 역이가 아편 값의 보상을 요구하고, 땅(地方)을 달라고 요구하는 것을 우리가 전혀 허락할 이유가 없다. 지금 감히 터무니없이 도발하지 못하고 오직 평소와 같이 무역을 할 수 있기를 희망하고 있다…상대방이 만약 기만하면, 신하 역시 기만으로 응수하여 장계취계(將計就計)할 것이다. 우리는 그들이 우리의 함정에 들어오기를 기다려 토벌하거나 진압할 자신이 있다.

두 번째 협편은 영국군의 퇴각 후, 즉시 대황교, 엽덕의 성(疊石)에서 하도(河道)를 차단하고, 이밖에 병사로 호문 내하를 가로막고, 혁산, 륭문 등이 도착하기를 기다려 "잘 계획하여 토벌하겠다."라는 내용이다.[48]

양방의 상주와 협편은 두 가지 가장 중요한 사실을 감추고 있었다. 하나는 광주 내하의 각 군사 요충지의 함락사실과 영국군의 상관 점령에 대해 전혀 언급하지 않고, 반대로 영국군이 청군의 강력한 방어에 퇴각했다고 한 것이다. 다른 하나는 여보순과 찰스 엘리엇의 담판 및 양방의 조회와 고시를 전혀

---

48) 첫 번째 협편은 『阿片戰爭檔案史料』 3권, 266~267쪽; 두 번째 협편은 「도광제류중밀주」, 『叢刊 阿片戰爭』 3권, 483~484쪽에서 볼 수 있다. 그중 두 번째 협편의 내용은 임칙서가 혁산에게 보낸 편지의 내용과 매우 비슷하다(본장 2절), 보건대, 임칙서는 어떻게 상주를 해야 주의를 일으킬 수 있는지, 적어도 그 내막을 알고 있었던 것 같다.

언급하지 않고, 기정사실을 아직 지시가 필요한 의안으로 삼았다는 것이다. 도광제로 하여금 광주의 통상 회복에 동의하도록 하기 위해, 양방은 뜻밖에도 이와 같은 장래에 '토벌을 하는 데 유리하게'라고 기만한 것이다.

만약 광주의 진상을 모르는 상태에서 오직 양방의 상주만을 의지하게 되면, 사람들은 당시의 형세를 추측하기 매우 힘들 것이다. 그래서 지적능력이 평범했던 도광제는 이에 대해 핵심을 파악하지 못하고 오늘날 사람들로 하여금 어리둥절하게 하는 명령을 내리게 되었다.

> 금일 양방의 상주에 따르면, 역선(逆船)이 성하에 들어섰지만 바로 물러났다고 한다. …(양방이) **처리를 잘하였다.** 양상(洋商)이 찰스 엘리엇을 통하여 진정서를 올렸다. 통상을 대신 부탁하는 등의 사정은 그 역이의 간교한 술수로 나의 군대를 해이하게 하는 것으로, 현재 대군이 집결하지 않았고 파견이 쉽지 않으니 양방이 **회유의 방법을 강구**하여 멀리 바다로 도망쳐 장래에 토벌하는데 힘을 들이지 않게 하라. **현재 어떻게 일시적인 방법으로 통제할 수 있겠는가? 짐 역시 먼 곳에서 통제하지 않겠다.** 혁산, 륭문의 계획이 이미 광동에서 방어하고 있으니, 여전히 이전의 유지를 받들어 후로(後路)를 막고 사면을 둘러싸서 그들을 체포하고 홍콩을 수복하라. (굵은 글씨는 필자가 표시)

그리고 그중의 "회유하는 방법을 강구하고", "먼 곳에서 통제하지 않겠다."는 결국 그 어떤 해석을 한다고 하더라도 조화롭지 못한 이 장면에 쓴 웃음을 짓게 하는 두 가지 어려움을 살펴보아야 한다. 하나는 패하여 속수무권으로 '오랑캐의 우두머리(夷酋)'에 굴복하는 것이고, 다른 하나는 대군으로 포위 섬멸하여 '오랑캐의 우두머리'를 포획하는 것인데 이렇게 광주는 현실적이지만,

북경은 마치 몽상에 빠진 것과 같았다.

3월 31일, 광주에서 통상이 회복 된지 10일째 되는 날, 양방은 여전히 상주에 도광제를 기만하는데, 미국 상선이 황포(黃埔)로 들어와 영국 상인들의 부러움을 사고 있다고 말하면서, 양방이 이미 상주에 지시를 내려달라고 요청하였기 때문에, 찰스 엘리엇 등이 한 줄기 희망을 가지고 "열흘 동안 조금도 움직이지 않았다"라고 보고했다. 이 상주에서 양방의 목적은 영국 측의 "움직임이 하나도 없다"라는 순종하는 태도를 알려 중영 무역의 회복을 도광제가 빨리 비준하도록 유도하는 데 있었다. 그러나 도광제는 오히려 그 안의 허점을 발견하게 되었다. 즉, 만약 미국 상인이 영국 상인을 대신하여 판매한다면, 어찌 영국 상인의 방종을 허용하는 것이 아니겠는가? 그리하여 그는 한편으로는 양방이 기만하여 둘러대는 등의 폐해가 있는지 엄히 조사하도록 명령을 내리고, 한편으로는 분명하게 영국과의 통상을 "절대로 허락하지 않는다."라고 선포했다.

광주에서 북경까지 걸리는 역참의 속도는 양방, 이량 등의 마음을 애타게 했다. 4월 3일에 그들은 재차 상주를 올려 도광제의 태도를 탐색해 보는데, 3월 31일에 미국, 프랑스 양국의 요청에 이미 항각(港脚) 상인의 통상회복을 허가했으며, 영국 통상에 대해서 도광제의 비준을 요청하면서 "잠시 회유하면, 여유를 가지고 주도면밀하게 계획을 세울 수 있다"라고 보고하였다.

15일 후에 이 상주가 도광제의 권상 위에 도착했다. 그가 이것을 보고 벌컥 성을 내고, 그 상주 위에 5가지가 넘는 주비(硃批)를 달았다. 그중 다음과 같은 것이 있다.

> 짐이 너희 두 사람을 보니 기선의 전철을 밟기를 원하고 있는 것
> 같다.
> 만약 무역의 일을 허락한다면, 어떻게 장군병졸을 이와 같이 징발

해야 할 필요가 있었겠는가? 또 어찌 기선을 체포해야 할 필요가 있었겠는가?

또 내각을 통해 유지를 내려 양방, 이량을 질책하고, "해당 부서에 넘겨 엄하게 심의하여 처리한다."라고 하였다.[49] 4월 23일에 이부(吏部)에서 의논하여, 양방, 이량을 직무유기의 죄로 파직할 것을 상주했다. 이에 도광제는 "현재는 토벌, 진압의 중요한 시기"이기 때문에 파직을 유임으로 바꾸고 "이후의 태도를 관찰하라"라고 했다.[50]

전임인 임칙서, 기선과 비교하면 양방의 처분은 정말로 가벼운 중에 가벼운 것이다. 양방은 일생동안 세운 공이 크지만, 입은 화도 커서 화령(花翎)을 박탈당하고, 정대(頂戴)를 벗은 적이 이미 여러 차례이며, 파직당하여 변경의 군대로 쫓겨나는 가장 무거운 벌도 받았다. 그의 입장에서는 '파직유임' 정도는 옷을 적시는 이슬비에 불과했다. 그러나 양방이 중벌을 받지 않은 것은 도광제가 사람을 대함에 있어 불공평했기 때문이 아니라, 그가 상주에 일련의 꾸미고 과장하여 대답을 피하고 회피하는 기술을 펼쳤기 때문이다.[51] 그는 시종 도광제가 광주 내하에 벌어진 전투에서 패배한 진상을 모르게 하였고, 시종 도광제가 영국과 이미 통상을 회복했다는 것을 모르게 하였다. 위풍당당한 전공을 세웠던 과용후(果勇侯) 양방은 영국군과의 작전 중에 '과용'의 정신을 조금도 보이지 않고, 도광제에게 거짓말을 하는 과정에서 오히려 사람들을 크게 놀라게 하는 '과용'의 기풍(氣風)을 보여주었다.

---

49) 『籌辦夷務始末(道光朝)』 2권, 953~957쪽.

50) 위의 책, 2권, 965쪽.

51) 佐々木正哉는 논문 「英軍進攻内河」, 「楊芳的屈服與通商的恢復」에 양방의 기만권은 임칙서의 가르침으로부터 나왔을 가능성이 크다고 암시한다. 그러나 나는 이 주장에 대해 증거가 부족하다고 생각한다.

그러나 양방의 거짓말은 이후의 혁산과 비교하면 또 세발의 피와 같았다.

2. 혁산의 '정역(靖逆)'

혁산은 강희제의 14번째 아들 윤제(允禵)의 4세손이다. 강희제 때 태자 옹립 분쟁 중에 무원대장군(撫遠大將軍)이던 윤제는 본래 가장 유력한 황위 경쟁자였다. 옹정제는 혼돈 속에서 황위를 계승한 후 장기간 윤제를 감금했다. 윤제의 아들인 혁산의 증조부 홍춘(弘春)도 역시 이 때문에 박해를 받았다.

옹정, 건륭, 가경 이렇게 삼대를 거친 후, 일백년 전의 조상의 은원은 이미 그 색채를 잃었다. 도광제가 황위를 계승한 후 혁산은 꽤 총애를 받았는데, 1821년에 4품종실충삼등시위(四品宗室充三等侍衛)에서 이등시위(二等侍衛), 두등시위(頭等侍衛), 어전시위(禦前侍衛), 이리령대대신(伊犁領隊大臣), 탑이파합태령대대(臣塔爾巴哈台領隊大臣), 이리참찬대신(伊犁參贊大臣)을 역임하고 이리장군(伊犁將軍)에 올랐다. 그리고 일찍이 장격이의 반란을 평정하는 데 참가한다. 1840년 4월, 도광제는 그를 북경으로 불러 령시위내대신(領侍衛內大臣), 어전대신(御前大臣) 등의 직에 임명했다.[52] 청조의 관위 품계에 따르면, 무관직(武職)인 령시위내대신은 문직의 내각대학사에 해당하며 가장 높은 등급이었다. 그렇지만 더 중요한 것은 혁산이 오랫동안 담당한 황실(內廷) 직위로 평상시 황제를 만날 수 있는 기회가 비교적 많았다. 이는 또 일반 관원의 신분으로서는 이룰 수 없는 것이었다.

1841년 1월 30일, 도광제는 혁산에게 정립장군의 직위를 제수하고, 호남(湘), 강서(贛), 호북(鄂), 광서(桂), 운남(滇), 귀주(黔) 이렇게 7개성에서 대군을

---

52) 『淸史列傳』 14권, 4,385~4,396쪽; 趙爾巽 등편 『淸史稿』 38권, 中華書局, 1976, 11,537쪽.

차출하여 병사를 이끌고 남하하여 출정하라고 명령한다. 이는 혁산의 입장에서 보면 조상이 받은 모든 불평등을 무공으로 씻을 수 있는 기회였던 것이다.

혁산이 명을 받은 후, 황제의 말씀을 직접 듣고, 2월 3일에 황제가 내린 '도포와 예복'을 받았다.[53] 이어서 어전시위, 경영무승(京營武弁), 부원사원(部院司員) 등 모두 35명으로 이루어진 참모진을 조직했다. 시끌벅적하게 2주 동안 준비하여 혁산은 2월 16일에 당당하게 북경을 떠나 남하했다.[54]

전방의 군사 정황이 매우 급박한 상황에서 총사령관의 준비는 여유로움이 지나쳤다. 당시 북경의 러시아 정교회(東正敎) 선교단의 보호감찰관인 러시아 외교관 류비모프(Nikolai Lyubimov, 이 사람은 후에 러시아 외교부 아시아사 부사장, 사장을 맡는다)는 이 출정 장면을 목도하고 자국에 다음과 같이 보고했다.

> 나는 운이 좋게도 이 미묘한 장면을 보게 되었다. 장군은 가마를 타고 그의 수행인원은 마차나 말을 타고 있었다. 각종 관원들을 계산하지 않고도 그의 수행인원만 50명이었다. 우리 선교단과 접촉하고 있던 관원의 말에 의하면,[55] 그는 장군과 함께 출발하였는데, 그도 약 10명을 데리고 간다고 했다. 어떤 사람은 활을 들고, 어떤 사람은 화살을 들고, 어떤 사람은 매트리스와 베개를 들었다. 우리나라에서는 만약 어떤 사람이 명령을 받고 출발을 하

---

53) 「靖逆將軍會辦廣東軍務折檔」, 『叢刊 阿片戰爭』 4권, 237쪽. 상을 받은 날짜가 원래 2월 5일이었는데 이것은 『淸實錄』에 근거하여 고친 것이다. 그 권 38권, 244쪽을 참고.

54) 『曾國藩全集 日記』 1권, 62쪽. 이것도 증국번의 일기에서 보기 힘든 아편전쟁과 관련된 기록 중에 하나이다.

55) 이관원 원외랑 서라본(西拉本)으로 추정된다. 종5품의 관원으로 10인의 수행원이 따라간 것으로 볼 때, 대오가 매우 혼잡했음을 알 수 있다.

게 되면, 말에 올라 바로 출발하지 여기서처럼 그렇게 하지 않는데, 동화를 듣는 것 같이 천천히 움직였다. 예를 들면, 장군이 전선에 도착하기까지 20일을 가야한다고 예상되었지만, 그를 들고 가야했기 때문에 30일이 필요했다. 하지만 황제의 명령에 따라야 하기 때문에 하루 밤낮에 반드시 두 곳의 역을 지나야 하는 여정이 되었다.[56]

이런 광경은 이 러시아 간첩의 눈에는 지극히 황당한 현상이지만, '천조'에서는 뭐라고 할 수 있는 사람이 없는 정상적인 것이었다.

이렇게 혁산이 출정을 했다. 그는 임칙서, 기선의 뒤를 이어받아 세 번째로 북경에서 광동으로 가는 고위관리였다. 그러나 오늘날의 지식으로 보면, 도광제가 그에게 부여한 사명, 즉 '역이를 토벌하고 사로잡는 것'은 여전히 그의 전임자 두 명처럼 완수할 수 있는 방법이 그에게는 없었다.

그래서 그는 전임과 같은 길을 걸어갔을까?

청대의 당안 자료를 보면, 혁산이 북경을 떠나기 전에 도광제가 그에게 세 가지 유지를 내렸다. 그리고 혁산의 상주를 보면 남하하는 도중에 그는 적어도 6개의 유지를 받았다. 이 유지들을 검토해 보면 광동, 절강의 군상 상황을 알려주는 것을 제외하고는 대부분 전진속도를 높이라고 독촉하는 내용이었는데, 그중에 사용 빈도가 가장 많은 말이 "진군하여 토벌을 완수해야한다"와 "밤새도록 길을 재촉하라."라는 것이었다.[57]

비록 도광제의 재촉이 매우 심했지만, 혁산의 진군속도는 그다지 빠르지 못했다. 『광동군무절당(廣東軍務折檔)』에 의하면, 그는 2월 26일에는 산동 동평

---

56) 自阿 伊帕托娃, 「第一次阿片戰爭中及戰爭後的中國」, 『淸史硏究通訊』, 1990, 3기인용.
57) 『阿片戰爭檔案史料』 3권의 상관 내용을 참고.

(東平)에 3월 17일에는 안휘 숙송(宿松)에, 28일에는 강서 태화(泰和)에 도착하여, 4월 3일에 광동 경내로 진입했다. 또 그가 스스로 말한 바에 의하면, 여정이 느린 이유가 도중에 큰비가 내려 길이 질퍽거렸기 때문이라고 밝혔다. 그러나 그는 광동에 들어서자마자 오히려 소주(韶州, 지금의 韶關)에서 움직이지 않았는데, 그 이유는 1)영국군이 광주에 접근했다는 소식을 듣고 그들이 도착하기를 기다려 "바로 최종 결정을 내리도록 요구할 것"이라고 거침없이 말하면서, 이때는 각 곳의 원병이 아직 도착하지 않았고, 화포도 완전히 갖추어져 있지 않았기 때문에, 광주에 빨리 도착하면 오히려 영국군에 의해 곤경에 빠질 수 있다는 것이었다. 2)그래서 신임 양광 총독 기공(祁貢)을 기다려 함께 가려고 했다는 것이었다.[58]

혁산의 이유가 맞고 틀리는지를 반드시 분석할 필요는 없다. 광동의 정세로 보면 그가 며칠 일찍 혹은 며칠 늦게 도착하던지 중요하지는 않은 것 같았기 때문이다. 여기서 소개할 필요가 있는 것은 혁산이 이야기한 이유의 배경이다.

1841년 1월 6일부터 3월 15일까지, 도광제는 1.7만 명의 대군을 차출하여 광동을 원조했다.[59] 그러나 4월초까지 광동 경내에 진입한 원군은 겨우 8,000여 명이었다.[60] 내가 제1장 2절에 언급한 청군의 병력 차출 속도에 따르면 원군이 모두 도착한 것은 5월까지였다. 다시 말해서 도광제가 기대한 대군에 의한 토벌은 가장 빨라도 5월이 되어서야 비로소 이루어질 수 있는 것이었다.

호문전투, 광주내하전투, 강서수로전투, 즉 이 지역에서 청군이 잃은 화포

---

58) 『籌辦夷務始末(道光朝)』 2권, 959~960쪽.

59) 구체적인 숫자는, 1841년 1월 6일에는 호남 1,000명, 사천 2,000명, 귀주 1,000명; 1월 27일에는 강서 2,000명; 1월 30일에는 호북 1,000명, 사천 1,000명, 귀주 1,000명; 1월 31일에는 사천 1,000명, 호북 500명, 호남 500명, 귀주 500명; 3월 15일에는 광서 2,000명, 호북 1,800명, 호남 1,000명이다. 이밖에 사천제독이 광서의 친병 수백 명을 이끌고 온다.

60) 『籌辦夷務始末(道光朝)』 2권, 959~960쪽.

는 약 1,000문이었다.[61] 혁산은 만약 반격을 시작하려면, 광서, 호남 등의 성에서 화포를 조달할 필요가 있다고 생각하는데, 이것도 시간을 필요로 하는 것이었다.

도광제는 광동작전의 후방지원을 보장하기 위해, 1841년 2월 10일에 광동순무를 역임했던 형부상서 기공(祁貢)을 냥대(糧台)에 파견하여 처리하게 하고 강서, 광동 두 포정사(布政使)를 보조하게 하였다.[62] 기선이 파직된 후에는 또 기공을 양광총독 대리로 임명했다(후에 전임 총독이 된다). 이외에 군대의 지휘를 강화하기 위하여 또 3월 15일 천초(川楚)백련교, 장격이의 모반을 평정하는 데 모두 참가하고, 포상을 받았던 사천제독(四川제독) 제신(齊愼)이 참찬대신이 되었다.[63] 이렇게 광동의 전방 참모진은 혁산(領侍衛內大臣, 御前大臣), 륭문(군기대신 겸 호부상서), 양방(호남제독), 제신(사천제독), 기공(원래 형부상서, 양광총독) 이렇게 5인으로 구성되었다. 이는 청조 역사상에서도 보기 힘든 강대한 진용이었다. 도광제는 격양되어 군비로 은300만 냥을 조달했다. 그러나 도광제가 부여한 임무는 대군으로 포위 섬멸하고, '이(夷)'의 수뇌를 체포하는 것 외에 또 한 가지가 늘어났는데, 바로 홍콩(香港)을 수복하는 것이었다.[64]

4월 14일, 혁산 등은 불산(仏山)을 통해 광주로 진입하는데, 도중에 모두 57일이 걸렸으며, 그의 전임이었던 기선보다 하루가 더 걸렸다. 그러나 이 57일 동안 광주의 형세는 이미 크게 변했다.

---

61) 이것은 영국 측 통계숫자로, 혁산의 상주에서도 확인했다(『籌辦夷務始末(道光朝)』 2권, 994쪽). 또 임칙서는 '호문입구 밖의 각 포대' 및 '각 사선'에서 "500이 넘는 대포를 잃었다"고 했다.(『海國圖志』 권80), 이 숫자는 확실하지 않은 것 같다.

62) 『籌辦夷務始末(道光朝)』 2권, 757쪽.

63) 위의 책, 2권, 847쪽.

64) 위의 책, 2권, 834쪽.

'초이(剿夷)'하라는 유지를 받은 혁산은 마치 영국에 대해 강경했던 임칙서를 매우 중요하게 생각했다. 광주에 진입하기 전에 편지를 임칙서에게 보내고 대권을 논의하기 위해 약속을 잡았다. 4월 13일, 혁산과 임칙서가 불산에서 만났다. 이후 그들은 4월 15일과 18일에 광주에서 두 차례의 장시간 만남을 가졌다.[65]

이 회담의 내용에 관하여 역사서에는 임칙서가 혁산에게 6조의 대권을 제의했다고 언급 하고 있다.[66] 이 6조의 대권 중에 나는 가장 중요한 것은 다음 두 가지라고 생각한다.

첫 번째 임칙서의 제의는 여보순과[67] 행상에 비밀리에 명령을 내려, '좋은 말로 유혹하여' 영국군을 성하에서 물러나게 한 후, 광주 동쪽의 엽덕, 이사미 일대와 광주 남쪽의 대황교(大黃滘)에서 하도(河道)를 가로막고, 사대포대를 건설하고 병사를 더 파견하여 수비하는 것과 이 두 곳을 완성한 후, 다시 황포(黃埔)에 힘쓰고,[68] 최후에 호문을 방어한다는 것이다. 임칙서의 대권은 작전 사상일 뿐이며, 여전히 전쟁 전에 세웠던 해안 방어를 강화하는 거점방어 전법이었다.

사실상 임칙서의 이 전법은 새로운 것이 아니라, 3월 22일 양방이 부밀편(附密片)에 이미 이야기 한 것이다[69](양방이 임칙서의 대권을 수용했을 가능성이 매우 크다). 그러나 만약 당시의 실제 사실에서 출발하면 임칙서의 이 계권은 운용상 두 가지 문제가 있었다.

---

65) 『林則徐集 日記』, 387~388쪽.

66) 魏源, 『魏源全集 海國圖志』 7권, 1928~1931쪽; 『淸史列傳』 56권, 「奕山傳」 중에도 언급.

67) 임칙서는 글에 "최근 이일을 말하기 위해 왕래한 사람"이라고 하였다. 이때 표붕은 이미 체포되었고 임칙서, 기선 양방은 줄곧 여보순을 통해 영국 측과 연락을 했으니 여보순이 맞다.

68) 임칙서는 글에 '장주강(長洲岡)과 자돈(蠔墩)'이라고 했는데, 장주는 즉 황포이며, 자돈은 황포 부근의 큰 모래사장이다.

69) 『叢刊 阿片戰爭』 3권, 483~484쪽.

임칙서의 주장에 근거하면, 당시 엽덕 일대의 주강(珠江) 하도는 넓이가 약 660미터, 깊이가 6미터 이상이고, 대황교 일대의 하도는 넓이가 약 350미터, 깊이가 약10미터였다. 단순하고 간단한 방어막은 아무런 도움이 안 되었다. 왜냐하면 지난번 광주내하전투 때, 엽덕, 대황교에 수중에 장애물을 모두 설치했으나 모두 영국군에 의해 제거되었다. 만약 임칙서가 요구한 '거석(巨石)' 방어막에 따른다면 그 두 곳에 필요한 석재의 양을 추측해 보건대, 단기간 내에 완성하기가 쉽지 않아보였다. 그리고 한발 물러나 주강하도를 막았다고 할지라도(게다가 이 조치가 **어떤 나쁜 결과**를 일으킬지라도), 그것도 단지 영국군 함선이 수로로 광주성으로 곧장 진격하는 것을 막는 것일 뿐, 어떻게 영국군의 육로 진공을 저지할 수 있겠는가? 임칙서가 가로막자고 한 엽덕은 당시의 광주성과 거리가 약 5킬로미터 떨어져 있었는데 영국군이 만약 여기서부터 공격을 개시한다면 이후의 공격노선보다 단지 3킬로미터가 더 길뿐이었다.

이밖에 임칙서의 하도(河道)를 가로막는 전법의 전제는 영국군이 성하(省河)에서 물러나는 것이었다. 그러나 어떻게 영국군을 성하에서 물러나게 해야 하는가도 하나의 난제였다. 임칙서는 여기서 '좋은 말로 유혹하는' 전법을 사용, 즉 영국 측의 모종 조건을 허락하는 것처럼 한다는 것이다. 게다가 도광제의 "통상 이 두 글자를 언급하는 것을 불허한다."라는 엄한 유지를 막론하고, 혁산으로 하여금 감히 영국과의 통상에 동의하지 못하게 하였는데, 설령 이를 승낙한다고 하더라도 영국 측에게 매력적이지 못한 것으로, 이는 이전에 양방과 이량이 이미 조회와 고시를 써 주었기 때문이었다. 그리고 기타 방면을 승낙하는 것에 이르러서는 더욱 유지를 위배하는 행동이었다.

만약 다시 도광제의 유지를 살펴보면, 우리는 바로 혁산이 절대 임칙서의 이 대권을 감히 따르지 못한다는 것을 알 수 있다. 도광제가 혁산에게 전달한 전법은 대군으로 포위 섬멸하는 것과 '오랑캐의 수뇌'를 사로잡는 것으로 그 근본 전략은 진공이었다. 그러나 임칙서의 전법은(성공한다 할지라도) 단지 보수적으로 광주를 보전하는 방안일 뿐이었다. 비록 우리가 이유가 있어 경사의 유지가 더욱 현실에 부합되지 않는다고 지적할지라도 병력을 통솔하는 사람의 입장에서 말하자면, 이 유지를 집행하지 않는다는 것은 또 다른 일이라고 할 수 있다. 그래서 기선, 이리포의 이전의 경우를 거울로 삼아 혁산은 일을 하는데 조심하지 않을 수 없었을 것이다.

그래서 임칙서의 이 대권을 혁산은 받아들이지 않았다.

두 번째 임칙서의 건의는, 내하로 들어오는 영국함선의 화포 공격에 대하여 불산(仏山) 일대에서 화선을 조립하여 심야의 바람과 물의 흐름에 따라 띄워 보내고 그 밖의 전선, 수용과 함께 작전을 펼친다는 것이다.

임칙서의 이 대권은 여전히 전쟁 전의 "배의 수미(首尾)를 공격하고 배위로 뛰어오르는" 전법에서 벗어난 화공으로 중국 수전(水戰)의 전통 전법인데 적벽전쟁 등 사람의 마음속에 깊은 곳에 있는 전법이었다. 혁산은 여정 중에 이런 믿음이 존재하고 있었다. 임칙서의 대권은 자못 그 의의가 있었다. 후에 혁산이 채용한 것이 바로 이 전법이었다.

이 두 가지를 제외하고 임칙서는 또 전선을 준비하고, 화포를 차출하고, 한간을 체포하는 3항의 계권을 제의했는데, 이는 기술적 문제에 속하는 당시에는 특별할 것이 없는 것으로 혁산도 이런 조치를 취했기에 여기서는 다시 분석하지 않았다. 또 임칙서의 외양수사(外洋水師)를 건설하자는 제의는 혁산이 당시에 처해있던 조건과 매우 거리가 있었기 때문에 근본적으로 실시할 수 없었다. 이는 제6장에서 당시 분석을 하기로 한다.

이로 보아 알 수 있는 것은 임칙서의 군사 지식이 여전히 전쟁전의 수준에 머물러 있었고, 광동에서 벌어진 일련의 전사(戰事)에서 경험과 교훈을 결코 집중시키지 못했다는 것이다. 그의 여섯 가지 대권은 여전히 실패를 만회할 수 있는 힘이 되지 못했다.

여기서 설명이 필요한 부분이 있는데, 임칙서가 '천조'의 문신(文臣)으로서 이와 같이 건의한 것은 결코 특별한 일이 아니며, 책임을 연구할 필요도 없다는 것이다. 그렇지만 몇몇 사람들은 이에 대하여 분석을 더 하지 않고 먼저 찬사를 하고 시대를 구하는 방권을 세웠다고 주장하면서, 혁산이 이를 계획대로 하나하나 시행하지 못했다고 지적하고는 오히려 특별하게 여겼다. 이점도 내가 이런 글을 쓴 원인이다.

찰스 엘리엇은 이때 혁산의 도착을 기다렸던 것 같다.

1841년 3월 20일, 광주가 개항을 한 후부터 찰스 엘리엇은 다음과 같은 계획을 세웠다. 광주부터 홍콩 일대까지 7척의 군함과 육군 전부를 주둔시켜 광주 당국을 위협하여, 광주 통상의 순조로운 진행을 보장하고, 주력 전함은 북상하여 하문(廈門)으로 진공하고 그런 후에 다시 광동으로 남하했다. 그리고 주력군이 남하했을 때 광주의 통상이 대체적으로 정리되면 영국군은 5월에 강소, 절강으로 북침하여 청 정부를 굴복시키는 것이었다.[70]

1841년 3월 27일, 찰스 엘리엇은 원정군 해군사령관 제임스 브레머, 육군사령관 고프(Sir Hugh Gough)와[71] 이 계획을 의논하지만 반대에 부딪쳤다. 고프는 하문으로 진공하는 행동을 제2차 북상 총공격을 할 때에 함께 진행하자고 하고 증원을 요구했다. 제임스 브레머도 증원을 제의했다. 그리하여 회의에서 하문을 공격하는 것을 연기하고 영국군이 전력으로 광주를 통제하는 상황에서 제임스 브레머는 인도에 증원을 요청하러 갔고(3월 31일 출발), 찰스 엘리엇은 상관에 진주하면서(4월 5일 도착) 정황의 변화여부를 확인했다.[72]

---

70) 찰스 엘리엇이 인도총독 오클란드에게 1841년 3월 24일에 보내는 편지는. 佐佐木正哉의 『阿片戰爭研究-從英軍進攻廣州到義律被免職』의 제6부분 '奕山的反擊敗退'를 참고.
71) 『中國總報』에 따르면 고프는 1841년 3월 28일에 광주에 도착했다고 한다. 『Chinese Repository』, Vol 10, 184쪽.
72) 찰스 엘리엇이 파머스턴에게 1841년 3월 28일에 보내는 편지는 佐佐木正哉의 『阿片戰爭研究-從英軍進攻廣州到義律被免職』의 제6부분 '奕山的反擊敗退'를 참고.

찰스 엘리엇은 매우 빠르게 혁산이 도착했다는 정보를 얻고, 광주 정전과 통상에 대한 그의 태도를 알고 싶어 했다. 4월 14일에 혁산이 광주에 들어서자, 찰스 엘리엇은 즉시 양방에게 조회를 보내, 광주정전통상협의는 여전히 유효한지, 혁산이 개전준비를 하는지를 물었다.[73] 4월 16일에 광주지부 여보순이 양방의 답신을 가지고 왔는데, 다음과 같은 말이 있었다.

> 전에 황제폐하께서 은혜를 내려주시길 대신 요청하는 것을 허락하고 상주를 이미 올렸다. 어제 대장군이자 참찬대신이 도착했다. 그러나 폐하의 은혜로운 결정을 여전히 기다리고 있으니 약속을 어기지 않고 있다고 하였다. 그리고 안부를 전하라고 했다.[74]

나는 앞 절에서 이미 양방은 상주에 단지 '항각(港脚)'무역의 허락을 언급하였을 뿐 결코 실제 정황을 보고하지 않았으며, 그리고 도광제의 비판은 이때 아직 광주에 도착하지 않았다고 말한 바 있다. 이번 조회를 보면 혁산이 마치 통상정전협정에 동의하고 성지를 기다리고 있는 것처럼 대답했다. "안부를 전하라고 했다"라는 말을 보면 자못 친선의 뜻이 담겨있다.

여기서 사람들을 놀라게 하는 것은 여보순이 조회를 건네줄 때, 이미 찰스 엘리엇과 이야기를 나누면서 그가 다음과 같은 일을 언급했다는 것이다. 여보순이 일찍이 광주의 고위 관원들(大員)에게 만약 도광제가 통상에 동의하지 않고 전쟁을 주장한다면, 어떻게 할 것인가?라고 묻자, 광주의 대원들이 황제의 뜻을 어길 수는 없지만 개전은 광주 이외의 지역에서 진행할 수 있으며, 통상도 이 때문에 중단할 필요 없이 계속 진행할 수 있다고 답했다는 것

---

73) 佐々木正哉編, 『阿片戰爭の硏究:資料篇』, 99~100쪽.
74) 위의 책, 100쪽.

이다.[75]

이렇게 광주의 대원들은 영국과 연수하여 도광제에게 보여주는 식의 특별한 공연을 한 차례 준비한 것처럼 보인다.

찰스 엘리엇은 양방의 답신에 만족한 것처럼 보였다. 그래서 그는 4월 17일에 고시를 발표하여 영국군이 광주로 진공하지 않을 것이며, 통상도 계속 진행할 것이라고 선언했다.[76]

광주의 상관에서 20여 일 동안 관찰을 한 찰스 엘리엇은 광주의 정세가 혁산이 도착했다고 악화되지는 않을 것이라고 결론을 내렸다. 그리하여 그는 오문(澳門)으로 돌아온 후, 4월 25일 광주를 경계하기 위한 병력 일부를 제외하고, 주력은 5월 12일 전에 북상하여 하문 및 장각유역으로 진공하기로 결정했다.[77]

그러나 이때, 광주로 또 각 성의 원군이 출발하고, 포대의 화력이 강화된다는 정보가 전해지자, 양방은 또 '사신(私信)'의 형식으로 찰스 엘리엇에게 손을 떼라고 경고했다.[78] 찰스 엘리엇은 이 때문에 다시 광주 상관으로 돌아와 부근

---

75) 찰스 엘리엇이 파머스턴에게 1841년 5월 1일에 보내는 편지는 佐佐木正哉의 『阿片戰爭硏究-從英軍 進攻廣州到義律被免職』의 제6부분 '奕山的反擊敗退'를 참고. 찰스 엘리엇의 보고 중에 여보순이 말하는 광주대원(廣州大員)의 호칭을 영문으로 'Commissioners'라고, 즉 '흠차대신들'이라고 했다. 여기서 혁산을 포함하는지를 추정하기는 어렵다.

76) 佐々木正哉編, 『阿片戰爭の硏究:資料篇』, 101~102쪽.

77) 찰스 엘리엇이 파머스턴에게 1841년 5월 1일에 보내는 편지는 佐佐木正哉의 『阿片戰爭硏究-從英軍 進攻廣州到義律被免職』의 제6부분 '奕山的反擊敗退'를 참고.

78) 이 서신의 전문은 佐々木正哉의 『阿片戰爭の硏究:資料篇』 102~103쪽에서 볼 수 있다. 이 서신의 내용으로 볼 때, 양방은 마치 광주정전협정의 본질을 오해한 것 같다. 찰스 엘리엇의 비망록에 의하면, 정전은 광동에 국한된 것으로 기타 성들은 포함되지 않는 것이다. 그러나 양방은 찰스 엘리엇이 아편대금을 요구하지 않고 홍콩을 요구하지 않는 것으로 '국면을 빠르게 안정시킬 수 있다'라고 생각한 것이다. 양방의 편지를 보낸 날짜는 1841년 4월 30일로 이때는 혁산이 마침 진공작전을 준비하는 중으로 양방은 비록 찰스엘리엇의 북침계획을 몰랐지만, 재차 전쟁이 벌어지는 것을 원하지 않았기 때문에 '평화'를 위한 마지막 노력을 한 것 같다. 이 서신으로 보아, 양방과 혁산은 평화, 전쟁문제에 있어서 약간 충돌을 일으킨 것 같다. 또 찰스 엘리엇이 이 서신을 받은 후 양국은 서로 사사로운 서신을 건네지 않는다는 이유로 돌려보낸다. 비록 그가 이 서신의 전문을 베껴 적었을 지라도 말이다. 그는 또 이후의

의 군사 상황을 은밀히 살폈다.

5월 11일, 찰스 엘리엇은 여보순과 회담을 하고 먼저 세 부의 조회를 보내 다음과 같은 요구를 했다. 1)각 성의 원군을 철수시켜라, 2)서쪽 포대에 신설한 대포를 철수시켜라, 3)광주 당국은 백성을 안정시키는 포고문을 발표하라, 4)혁산, 륭문, 양방이 공동으로 답신을 하라.[79] 다음날 찰스 엘리엇은 광주를 떠나 오문으로 갔다.

찰스 엘리엇은 이 광주행에서 전과는 완전히 다른 결론을 내리게 되었다. 바로 그는 혁산이 반드시 전쟁을 일으킬 것이므로, 영국군이 반드시 먼저 행동을 취하는 편이 유리할 것이라고 생각했다는 것이다. 5월 13일에 그는 영국군에게 밀령(密令)을 내려 전투 준비를 잘하라고 지시했다. 5월 17일에 그는 혁산 등의 답을 받지 못하자, 영국군에게 행동을 개시하라고 지시했다. 5월 18일에 영국군은 1척의 군함을 남겨 홍콩을 경계하게 하고 육해군 전군이 광주로 진격했다.

이로써 광주전쟁이 발발했다.

현재의 사료를 보면, 광주에 진주한 후 혁산은 심정적으로 줄곧 모순 속에 빠져있었음을 추론할 수 있다.

한 방면으로 그는 양방의 거짓말을 폭로하지 못하고, 통상의 시행을 막지도 못하고, 양방, 이량이 이전에 했던 모든 것을 묵인하였으며, 심지어 사람을 파견하여 재난을 피해 도망치는 부상(富商)을 불러들여 이런 장사가 더욱 융성할 수 있게 만들었다. 4월 26일에 그는 계속 통상의 일에 대한 상주를 올려 분명하게 통상을 희망하고 있다는 경향을 분명하게 나타냈다.[80] 작전 방면에

공문은 반드시 혁산, 륭문이 연명으로 서명해야만 비로소 받을 것이라고 요구한다. 동시에 찰스 엘리엇은 양방의 사적인 편지는 하나의 기만권으로 청군이 움직일 준비를 한다고 여겼다.

79) 佐々木正哉編, 『阿片戰爭の研究:資料篇』, 104~108쪽.
80) 『阿片戰爭檔案史料』 3권, 387~388쪽.

서 보면, 그도 마치 양방의 "기회를 기다려 행동해야지 경솔하게 전쟁을 하여 패해선 안 된다"라는 건의를 받아들인 것처럼 보인다.[81] 여기서 '기회를 기다린다.'라는 것은 사실상 진공시기를 무기한 연기한다는 것을 말한다.

다른 한 방면으로 그는 출정 전에 황제의 말을 직접 듣기도 하고 출정 후에도 성지를 받는데, 모두 그에게 '진공하여 토벌하라(進剿)'라는 명령이었다. 그는 '정립장군'으로 조상과 같은 '무원대장군'이 아니었기 때문에, 늘 '역이(逆夷)'에 따라 움직이지도 못하고 아무런 성과도 이룰 수 없었다. 그리하여 그는 광서와 광동북부에서 목배(木排, 뗏목처럼 엮은 목재)를 차출하고, 불산에서 화포를 제작하고, 복건으로 가서 수용을 고용하고, 공원(貢院)안에서 밤낮으로 제작한 크고 작은 불화살, 화구(火毬), 독화작포(毒火炸炮) 등 화공무기를 이용하여 밤에 성하 위에 정박한 영국함선에 화공을 개시할 준비를 했다.

바로 혁산의 주변이 이렇게 요동칠 때, 5월 2일에 양방과 이량이 '항교' 무역을 허가한 것에 대해 비판하는 도광제의 유지가 광주에 도착한다.[82] 그 유지에 다음과 같이 명령했다.

> 혁산 등은 이 유지를 기다려서, 반드시 신속하게 병사들을 지휘하여 나누어 포위하여 섬멸하여, 그 오랑캐의 작은 배도 돌아가지 못하게 하고 경계하고 두렵게 하라. 만약 그 오랑캐의 배가 멀리 도망쳤다는 소식을 듣는다면 병력들을 헛되이 수고시킨 것으로 오직 그 장군에게 책임을 묻도록 하라.[83]

---

81) 楊廷枏, 『夷雰聞記』 권 2, 69쪽.
82) 『林則徐集 日記』, 389쪽.
83) 위의 책, 3권, 368쪽.

이틀 후인 5월 4일에 혁산은 도광제가 4월 20일에 보낸 유지를 받는데, 그에게 "그 오랑캐의 전후 경로를 습격하여 전력으로 토벌하고 절대 도망치게 해서는 안 된다"라고 명령을 내렸다.[84] 이렇게 혁산의 면전에는 오직 '진공하여 토벌한다.'라는 하나의 길밖에 없었다.

대략 4월 말, 5월초가 되자, 도광제가 차출하여 보낸 각 성의 원군 1.7만 명이 전부 도착했다. 비록 그중에 수천 명은 이미 오용, 봉황강(鳳凰崗) 등의 전투에서 격파당하지만, 전후 또 분분히 군영으로 돌아가서 광주의 청군에 합류하였기 때문에,[85] 총병력은 2.5만 명 이상이었다. 혁산은 또 광주성의 방어를 위해 다음과 같이 세심하게 배치했다.

새롭게 성의 동수관(東水關)에서 서수관(西水關)까지의 성벽 위에 4,300명, 서쪽 포대 일대에 2,500명, 관음산(觀音山, 즉 越秀山)에 1,000명, 소북문(小北門)에 500명, 공원(貢院)에 1,000명, 연당(燕塘) 일대에 4,500명, 석문(石門) 일대에 1,300명, 불산(仏山) 일대에 2,000명을 파병했다.[86] (구체적인 지점은 뒤의 그림을 참조)

비록 혁산의 수중에 있는 병력이 이미 영국군의 수배에 달했지만, 전부 육군으로 영국군 함선의 진공에 전혀 활용할 수 없었다. 그러므로 그의 병력배치 방면에서 보면, 여전히 육상에서 광주를 방어하는 전법으로 도광제의 "병력을 나누어 포위 섬멸하라"라는 요구에 결코 부합하지 못했다.

멀리 경사에 있던 도광제는 근본적으로 혁산이 처한 전술적 난관을 고려하

---

84) 위의 책, 3권, 372쪽.

85) 위의 책, 1권, 411~412쪽.

86) 『淸朝文獻通考』, 『淸朝通典』 등의 관서(官書)에 근거하면, 광주팔기 주둔군은 3,400명이며, 여기에 광주성수협(守協)의 두 군영, 다시 무표, 수사제표 등의 부대를 합하면 총병력은 8,000명 이상이었다. 단 호문에 차출되었거나 광주내하전투 중에 흩어졌기 때문에 병정은 이 수보다 적었을 것이다.

지 않고 다그치고 숨통을 조이듯이 계속 '공격하여 섬멸하라(進剿)'의 유지를 내렸는데, 그는 근본적으로 이와 같이 강대한 '천조'의 대군이 어떻게 그런 '사악한 것(丑類)'을 아직도 섬멸하지 못하는지를 전혀 상상할 수 없었던 것이다. 이렇게 혁산이 받는 압력은 갈수록 커졌다.

혁산의 상주에 근거하면, 그는 5월 10일에 진공개시를 결정하지만, 연일 큰비가 내려 화공에 사용할 뗏목, 전선이 못쓰게 되자 진공이 부득이하게 연기되었다.[87] 그러나 사료를 살펴보면 광주 방면에서는 진공할 준비가 근본적으로 되어 있지 않았다. 즉, 혁산의 이 말은 도광제를 상대하기 위한 하나의 구실이었을 가능성이 매우 크다.

그러나 형세의 발전은 또 혁산으로 하여금 침착하게 준비할 수 없게 하였다. 혁산은 이미 찰스 엘리엇이 늦어도 5월 20일까지 광주로 진격하라는 명령을 내렸다는 정보를 입수했다. 그리하여 그는 복건수용 1,000명, 향산(香山, 지금의 中山)과 동완수용(東莞水勇) 3,000명이 아직 도착하지 않았음에도 불구하고, 또 기타 작전준비 또한 완비되지 않은 상태임에도 불구하고 멋대로 5월 21일 진공을 명령했다.[88]

군사학의 관점에서 혁산이 세운 진공 계획을 보면 실로 웃음이 나온다. 광주 청군의 병력은 2만 명이상이었지만 진공에서는 아무 쓸모가 없었다. 혁산

---

87) 「道光朝留中密奏」, 『叢刊 阿片戰爭』 3권, 543쪽. 이 사료의 표제가 도광 21년 4월 20일(즉 1841년 6월 9일) 정탐보고인데 여기에는 오해가 있다고 여겨진다. 이때의 청군은 광주전역에서 패하여 성도에서 퇴각하고 사방포대, 관음산이 모두 영국군에 의해 점령당했기 때문이다. 이 병력의 분산배치 정황은 당연히 전쟁전의 상황이다. 또 이 사료에 윤3월 21일(5월 11일) 정탐보고에는 귀주병 2,671명, 호북병 1,840명이 연당에; 강서병 500명, 사천병 600명, 호남병 400명, 광서병 300명이 각 성문에; 사천병 1,000명이 교장(校場)에; 사천병 1,000명이 보리포대에; 호북병 1,509명이 사방포대에; 광서병 2,000명이 불산, 운남병 500명이 북교장(北校場)에 주둔하였다고 하였다(「道光朝留中密奏」, 『叢刊 阿片戰爭』 3권, 532~533쪽). 이 두 자료를 분석해 볼 때, 병력배치의 변화가 있었음을 알 수 있다.
88) 혁산 등부터 유겸(裕謙)까지 『叢刊 阿片戰爭』 3권, 321쪽.

의 상주에 근거하면, 진공에 동원한 수용(水勇)은 1,700명이었다(도광제가 차출한 대군은 헛수고를 한 것이다). 또 『번우현지(番禺縣志)』에 의하면, 진공에 동원한 병력은 사천(四川) 여정(余丁) 400명, 수용 300명으로 그 수가 더 적었다. 방법은 앞에서 소개한 바 있는 화공이다. 그 목표는 주강에 정박해 있는 영국군 함선이었다.

도광제는 '포위 섬멸하여' 승리했다는 소식을 수개월 동안 기대했지만, 그것은 단지 그를 희롱하는 전투였을 뿐이었다.

신임 양광총독과 깊은 교분을 나누었던 양정남(楊廷枏)은 그의 저작에 다음과 같이 토로했다. 혁산의 명령은 매우 갑작스러웠는데, 심지어 사전에 참찬대신 양방과 상의도 하지 않았다. 이때까지 여전히 통상으로 평화를 얻고자 하는 환상을 가지고 있었던 과용후는 이 소식을 듣고 대경실색하여 칼을 뽑고 외쳤다. "모든 것을 잃었다. 회복하기 어려울 것이다!" 노장 양방은 이미 결말을 알고 있었다.

찰스 엘리엇은 5월 17일에 진공명령을 내린 후, 18일에 광주 상관으로 가서 비밀리에 통상을 빨리 해결하고, 적시에 교민이 철수할 수 있게끔 안배를 했다. 5월 21일 새벽이 되자 그는 정세가 이미 상당히 악화되었다고 판단하여, 즉시 영국 상인으로 하여금 당일 해가 지기 전까지 상관을 떠나라고 통고했다. 오후 5시 그 본인도 상관을 떠나 성하(省河) 위의 영국함선에 올랐다. 이때는 혁산이 계획한 진공개시의 예정시간과 약 6시간의 차이가 있었을 뿐이었다. 우리는 비록 찰스 엘리엇이 정확한 정보를 얻었는지는 알 수 없지만, 혁산이 계획한 비밀 진공은 이미 기습의 효용을 상실했다는 것을 알 수 있었다. 영국 측은 이에 대하여 준비가 되어 있었던 것이다.

5월 21일 심야부터 5월 22일까지의 전사(戰事)에 대하여 중영 쌍방의 문헌기록은 그 차이가 매우 컸다.

영국 측의 기록: 5월 21일 저녁, 광주 상관 일대의 수역에는 영국 함선 모데

스테호, 필라데스호, 알제린호, 네메시스호가, 그리고 찰스 엘리엇의 관선 루이사호 및 랜슬롯 덴트의 상선 오로라(Aurora)호가 정박해 있었다. 대략 밤 11시에 영국 측은 약 백여 척의 화선이 위에서 떠내려 오는 것을 발견하는데, 2~3척 마다 쇠사슬로 연결되어 있었다. 화선의 뒤에는 또 청군 병용을 태운 배가 등선하여 영국군과 교전을 벌일 준비를 하고 있었다. (이것으로 **보아 임 칙서의 대권과 대체로 비슷하다**). 첫 번째 화선 무리가 이미 불이 나서 타고 있었으며, 곧장 모데스테호를 향했고, 서쪽포대에 주둔하고 있던(**상관 서쪽, 대략 오늘날의** 沙面) 청군 또한 영국함선을 향해 포를 발사했다. 그러나 영국 군 함선은 이 화선을 피했고, 또 서포대를 향해 반격을 했다. 두 번째 화선의 공격 또한 효과를 보지 못하고, 오히려 하안(河岸)과 충돌하여 선상의 화마가 하안에 큰불을 일으켰다. 이어서 따라가던 청군 수용은 이 상황을 보고 도망치고 흩어졌다. 그 다음 영국군 함선은 안전한 계획을 세우고 봉황강 일대 수역으로 이동했다. 그날 밤의 교전 중에 청군의 화공은 완전히 실패했으나, 서포대의 청군화포는 모데스테호, 루이사호, 오로라호에 명중시켜 약간의 손상을 입혔다. 이와 동시에 청국 측이 계속 광주의 동쪽인 엽덕 일대의 수역에서 영국 함선 엘리게이터호를 향해 화포 공격을 하나 역시 효과를 보지 못했다. 5월 22일, 영국함선 모데스테호, 필라데스호, 알제린호와 증기선 네메시스호가 서포대를 공격하여 그 포대의 수비군을 몰아냈고, 철저하게 그 포대의 화포를 파괴한 후 철수하였다. 증기선 네메시스호는 이어서 영국함선에 소속된 소형선을 이끌고 강을 거슬러 올라가서 또 청군 보장(保障)포대를 파괴하고 청국 측이 다시 준비한 화공선 43척과 뗏목 32척을 파괴했다.[89]

---

89) Bernard, Narrative of the Voyages and Service of the nemesis, vol 2, 2~9쪽; 『Chinese Repository』, vol 10, 340~344, 545, 547; Mackenzie, Narrative of the Second Campaign in China, 88~99쪽; 賓漢, 「英軍在華作戰記」, 『叢刊 阿片戰爭』 5권, 207~210쪽.

청국 측의 기록: 혁산의 상주에 의하면 다음과 같았다. 5월 21일 저녁에 청군이 병력을 나누어 동시 진공하는데, "병사들이 물위에 몸을 숨겨 바로 배밑으로 돌진하여 긴 갈고리로 배를 멈추게 하고 화탄, 화구, 화전, 분통(噴筒)을 던지자", 영국함선에 화마가 하늘로 치솟았으며, "역이(逆夷)의 비명 소리가 멀리까지 들렸다." 그날 저녁 청군의 전적은 상관 일대의 수역에서 영국 "대형함선 2척, 대삼판선(大三板船) 4척, 소형 삼판선(杉板) 수십척"을 불태워 없앴고, 엽덕 일대 수역에서는 '소삼판선 수척'을 불태워 없앴다. 이외에 "공격당하거나 물에 빠져 죽은 역이의 수를 계산할 수 없다." 5월 22일에는 영국 함선이 서포대를 공격하여 청군이 방어하여 "공격당했지만 피해가 없었다." 그리고 영국 기선이 거슬러 올라가 기회를 엿보다 청군에 의해 삼판선 한척이 격침당하고 급히 퇴각했다. 청군은 병사를 배치하지 않은 화포선 몇 척이 불탄 것을 제외하고 피해가 없었다.[90]

쌍방의 문헌을 비교하면 교전지역, 교전시간 및 어느 쪽이 주동적으로 진공했는가 같은 것 외에는 기타 나머지가 모두 달랐다. 오늘날 당시 교전 중의 하나하나를 구체적으로 분명하게 밝힐 필요는 없어 보이지만, 영국군의 이후 행동을 보면 혁산이 말한 '영국군의 대형함선을 불태웠다는 내용'은 허구이며 또 이후 서포대의 작전에서도 그런 일이 없었다는 것을 알 수 있다. 그러므로 혁산이 적어도 전적을 과장했고 서포대가 파괴당한 사실을 은폐했다는 결론을 얻을 수 있다.

혁산은 5월 21일부터 22일까지의 전황에 관한 상주를 올리는데, 5월 23일에 '6백리가속'의 속도로 도광제에게 빠르게 보고했다. 그가 만약 5월 23일 이후 전세가 급격히 바뀐다는 사실을 알았더라면, 상주에 대략 더욱 많은 여지를

---

90) 『阿片戰爭檔案史料』 1권, 444~445쪽.

남겼을 것이며, 그렇게 자신감이 충만한 그리고 승리에 대하여 확신에 찬 기개를 표출하지 못했을 것이다.

이렇게 저 멀리 경사(京師)에 있던 도광제에게 수개월 동안 밤낮으로 기대하던 남방의 급보가 도착한다. 이 아름다운 소리를 듣는데, 비록 적을 완전히 섬멸하고, 적 수뇌를 체포하는 심원을 만족시키지는 못했지만, 역시 가슴 속에 맺힌 응어리를 약간 해소할 수 있게 되어 주비에 "매우 기쁘다"라고 적었다. 그는 혁산, 륭문, 양방, 기공을 승진시킨 것 외에 수많은 포상을 내렸다.[91]

비록 찰스 엘리엇이 5월 17일에 영국군에게 광주 진공의 명령을 내리고 이에 영국군이 18일에 행동을 개시하려 했지만, 병력집결, 풍향, 조수 등의 사정으로 인하여 홍콩 일대의 영국군은 5월 23일에야 비로소 광주부근에 도착했다.

이때 영국군의 주력은 성하의 청군 화포와 얕은 곳을 피하기 위해 하남수로(河南水道)로부터 진입하여(본 절의 광주내하 작전표시도의 제2차공격노선), 광주 서남의 봉황강 일대에 모두 전함 11척, 기선 2척, 육군 2,300명 및 육상전에 참가할 해군 1,000여 명이 집결했다. 이외에는 광주 동쪽의 황포(黃埔)에 영국군 전함 4척이 있었다. 이렇게 동서로 공격할 태세를 갖추었다.[92]

---

91) 위의 책, 1권, 467~468쪽.

92) 『Chinese Repository』, Vol 10. 545~468쪽. 그중 봉황강 일대의 영국 함선은 블렌하임호, 블론드호, 설퍼호, 히아신스호, 님로드호, 모데스테호, 필라데스호, 크루져호, 칼럼바인호, 알제린호, 스탈링호이고, 증기선은 아탈란테호, 네메시스호이다. 황포에 있던 영국함선은 칼리오페호, 콘웨이호, 헤랄드호, 엘리게이터호이다. 이외, 영국 함선 웰즐리호는 이때 횡당에 정박해 있었다. 영국 육군은 제18연대 535명, 제26연대 317명, 제 49연대 311명, 마드라스토착 보병 제37연대 240명, 벵갈지원병 79명, 왕실 포병 38명, 마드라스 포병 232명, 마드라스 공병부대 171명, 총 2,223명이다.

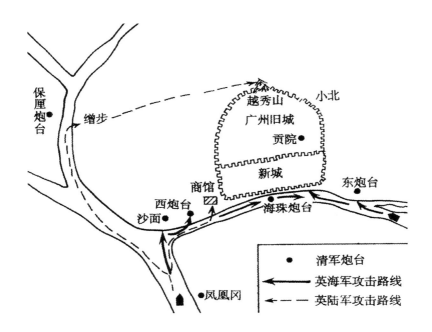

그림 4) 광주(廣州) 전투의 약도[93]

　영국군이 전부 집결하자, 영국 함선 설퍼호 및 몇몇 소형선이 재차 광주 서측의 수로를 정찰하고 증보(繒步)에 침입하여, 청국 측의 각종 선박 28척을 파괴했다. 이번 정찰행동으로 영국군의 작전 계획이 확정되었다.

　5월 24일 오후 2시부터 영국군이 진공을 개시했다.

　봉황강 일대의 영국 함선 님로드호 등 7척의 경형 전함 및 전함에 속한 소형선들이 광주성 서쪽의 사면(沙面), 서포대, 상관 등의 요충지를 나누어 포격하고, 광주성 남쪽 성하(省河)의 해주(海珠) 포대를 공격하는 등 서쪽에서 동

---

93) Mackenzie, Narrative of the Second Campaign in China.

쪽으로 공격했다. 황포의 칼리오페호 등 4척의 경형 전함 및 전함에 부속된 소형선들이 엽덕, 이사미를 넘어 동에서 서로 공격했다. 포성이 광주성 남쪽에서 크게 울렸고, 계속 다음날까지 이어진다. 영국 함선의 함포는 화포전에서 절대적 우세를 차지했다.

그렇지만, 영국 해군의 진공은 단지 일종의 견제의 성격을 띤 양동 작전이었다. 이번에 영국군의 주요 작전 수단은 '천조' 대관리들이 크게 걱정하지 않던 육상전이었다.

오후 3시, 영국 해군 함선은 기본적으로 광주 서쪽의 청군의 저항능력을 무너뜨린 후 기선 아탈란테호가 소형선을 이끌고 기동하여 육군 우익종대(右翼縱隊) 360명(제26연대로 구성)을 수송하고 상륙시켜 5시에 상관을 점령했다. 영국군의 이 행동은 광주성의 서남 끝에 군사적 압력을 가했다.

그렇지만 이 역시 양동작전이었다.

오후 4시, 기선 네메시스호가 30여척의 소형선을 이끌고, 육군좌익종대를 수송하여 광주 서측 수로에 도착, 증보(繒步)에 진입하여 이미 도착한 영국 함선 설퍼호 등과 합류했다. 이 부대는 제18연대, 제49연대, 마드라스 토착 보병 제37연대, 해군육전 인원 등으로 구성된 약 2,400명으로 그중 400명이 각종 화포 15문을 휴대한 야전 포병부대였다.

이것이 바로 진정한 주공격 방향이었다.

24일 저녁 9시부터 영국군은 증보에 상륙하기 시작했다. 25일 새벽까지 상륙을 모두 마쳤다. 오전 9시부터 영국군 좌익종대가 성의 북쪽 고지를 향하여 공격전진한 다음 연도의 장애물을 제거했다. 당일 광주성 북쪽 월수산(越秀山) 위 4개 포대로 구성된 사방(四方)포대를 점령했다.[94]

---

94) 이상 영국의 군사행동은 아래의 자료에서 종합했다. 『Chinese Repository』, vol 10. 340~348, 391~401, 535~550쪽; Bernard, Narrative of the Voyages and Service of the Nemesis, vol 2, 25~47쪽;

당시의 광주성은 산을 등지고 강을 의지하여 축성되었다. 북쪽의 성벽은 월수산 위로 구불구불 이어져 있었다. 오늘날의 월수공원을 걸어 들어가면 어렴풋이 그때의 흔적을 발견할 수 있으며, 그 유명한 5층 누각이(鎭海樓) 바로 성벽을 따라 세워져 있었다. 사방 포대는 월수산의 감제고지에 있었는데 영국군이 이곳을 공격하여 점령한다는 것은 이미 광주성 성벽에 가까이 접근한 것으로 광주 성내를 내려다 볼 수 있다는 것을 말한다. 그것은 이미 광주성 전체가 그 영국군 야전포병의 포화 아래 놓인 것이라고 할 수 있다.

만약 우리가 성 남쪽 성하 위의 영국해군 함선과 성 북쪽의 월수산 위의 영국 육군부대를 연결시켜 생각한다면, 광주성은 앞뒤로 협공당하는 상태가 되는 것이다. 그렇게 청군은 이때 이미 모든 저항능력을 상실하여 패배가 결정되어 있었다.

전술적 평가 방면에서 영국군을 말하면, 해군이 정면을 공격하고 육군이 측후방으로 돌아들어가 습격하는 전법으로 4개월 전에 벌어진 사각 전투의 확장판이었던 것이다. 그러나 혁산의 방어배치를 살펴보면, 그는 근본적으로 영국군이 이와 같은 작전을 펼칠 것이라고 생각하지 못했다. 이렇게 21일 진공명령을 내리면서 그는 4일 후의 이와 같은 결말을 예측하지 못했다.

우리는 광주 청군의 부패를 과도하게 지적할 수 없다. 비록 수많은 부대가 교전 중에 맥없이 패했지만 영국 측의 기록을 보면 약간의 사병과 군관이 효과적인 저항을 한 적도 있었다. 5월 21일부터 25일까지 영국 측은 사망 9명, 부상 68명이라고 발표했다.[95] 전역의 규모를 생각하면 이 부상과 사망 숫자는

Mackenzie, Narrative of the Second Campaign in China, 93~111쪽, 및 이 권의 그림; 賓漢, 「英軍在華作戰記」, 『叢刊 阿片戰爭』 5권, 211~222쪽. 그중 봉황강 쪽의 영국군 함선은 님로드호, 히아신스호, 필라데스호, 모데스테호, 님로드호, 크루져호, 칼럼바인호, 알제린호이다. 황포 일대의 영국 함선의 이름은 본 권의 주 573을 참고.

95) 고프가 1841년 6월 3일 오클란드(Auckland)에게 보낸 편지는 광동성문사연구관편, 『三元里人民抗英

하찮아서 말할 가치도 없지만, 어쨌든 1840년 7월에 중국과 영국이 전쟁을 시작한 이래 가장 높은 기록을 세운 것이다. 이 기록은 1842년 7월에 벌어진 진강전투에서 비로소 깨졌다.

우리는 또 혁산의 비효과적인 군대운용, 대권 없는 지휘를 지나치게 질권할 수 없다. 그것은 비록 그가 반격 명령을 내린 것은 매우 급작스러웠지만, 청국 측이 진공을 하지 않았다고 할지라도, 영국 측이 이미 광주 진공을 결정하여, 광주성 북쪽을 돌아서 습격하는 전법을 세웠으며, 더욱이 1841년 3월 당시는 혁산이 아직 광주에 도착하기도 전이었기 때문이다.[96] 또 다른 방면에서 보면 혁산을 제외하고 광주의 기타 고위관리들 양방, 이량 등 역시 특별한 대권이 없었듯이, 혁산의 병력운용과, 지휘능력은 결코 청조 중의 그 어떤 관리보다 못하지 않았다.

결국 문제는 여전히 청군에게는 승리할 수 있는 능력이 없었다는 것이다. 즉 이러한 큰 배경을 떠나서는 진실한 결론을 얻기 힘들다.

이러한 상황에 처한 혁산은 오직 강화(講和)를 요구할 수밖에 없었다. 5월 26일 오전 광주성에 백기가 걸렸고 청국 측은 성 북쪽의 월수산에 있는 영국군 사령부에 사자를 파견하여 강화를 요구했다. 이에 영국군 사령관이 보내온 회답은 오직 청군사령관과 담판하는 것으로, 다시 말하면 혁산을 지명하고 그가 나오기를 요구한 것이다. 이는 혁산이 죽어도 원하지 않는 것이었다. 5월 27일 새벽, 영국군이 전날의 휴전을 이용하여 화포와 탄약을 조달하고,

---

鬪爭史料』, 346쪽에 나온다. 이 숫자는 센하우스의 보고와 완전히 일치한다. 『Chinese Repository』, vol 10, 550쪽을 참고. 또 賓漢이 쓴 권의 숫자도 대략 위와 비슷하다. 그러나 그는 비전투 인원이란 항목을 더 열거했다. 『叢刊 阿片戰爭』 5권, 232~233쪽을 참고. 이상의 숫자는 모두 삼원리 전투에서의 중 영군 사상자 수를 뺀 것이다. 다음 절을 보면 알 수 있다.

96) 佐佐木正哉의 『阿片戰爭硏究-從英軍進攻廣州到義律被免職』의 '奕山的反擊敗退'를 참고.

성 북쪽에서 광주로 진공할 준비를 할 때, 육군 총사령관 고프와[97] 해군 지휘관 대리 센하우스는 청국 측과 정전협의를 달성했다는 찰스 엘리엇의 공문을 받았다.

이렇게 광주전투는 끝났다. 혁산의 '정립'이란 사명도 자기 자신이 끝냈다.

5월 24일, 영국군은 다시 상관을 점령하고 찰스 엘리엇은 3일 전에 떠난 이곳에 다시 돌아왔다. 이 3일 사이에 찰스 엘리엇은 자신이 이미 광주의 주인이 되었음을 느꼈다.

5월 26일 저녁, 혁산은 성 북쪽에서의 강화 요구가 좌절당한 후, 광주지부 여보순을 상관에 파견하여 찰스 엘리엇과 담판 가졌다. 찰스 엘리엇은 정전조건을 다음과 같이 제시했다.[98]

1) 혁산, 륭문, 양방은 6일내에 병사들을 이끌고 성을 떠나고, 광주 밖 200리 떨어진 곳에 주둔한다.

2) '사비(使費)' 600만원을 배상해야하며, 7일 안에 모두 배상해야 한다.

3) 상관을 강탈하고 불태운 것과 이전에 임칙서가 스페인 선박을 오인해서 불태운 손실을 배상한다.

4) 청국 측이 예정대로 돈을 지불하면, 비로소 영국군이 호문입구 밖으로 퇴각할 것이다.

5) 이상 반드시 혁산, 륭문, 양방, 아정아(阿精阿), 기공, 이량이 함께 공문을 작성하고 광주지부에게 권한을 부여하여 처리하게 하면 비로소 그 효력이 발휘된다.

다음날 일찍 여보순이 혁산 등의 공문을 가지고 왔다.

---

97) 제임스 브레머가 인도에 원조를 요청하러간 기간 동안, 웰즐리호 함장 고프가 그의 지휘 직무를 대리한다.
98) 佐々木正哉編, 『阿片戰爭の硏究:資料篇』, 107쪽.

황제의 명을 받은 정립대장군 혁산, 참찬대신 륭문, 참찬대신 양방, 진월장군 아정아, 양광 총독 기공, 광주 순무 이량의 서신(公文)을 광주부가 잘 알고 있다. 현재 영국 공사(公使)가 전쟁을 멈추고 강화를 간절히 원한다면 모든 것을 규정에 넣고(安善章程) 그 지부가 주도면밀하게 처리할 것이며, 우리는 책임을 미루지 않을 것이다.[99]

혁산의 이 공문은 완전히 찰스 엘리엇의 요구에 부합하는 것이었다. 혁산과 찰스 엘리엇의 정전협정은 바로 이것으로 성립되었다. 그러나 만약 문건의 내용 자체로 보면, 이 문건은 장래 여보순에게 매우 불리한 것이므로, 우리는 이후 이것에 대해 연구해야 한다.

대금을 납부하는 항목에 관해서는 그 진행이 매우 빨랐다. 5월 27일 당일, 바로 100만 원을 지급했다. 그리고 31일까지 전부 지급하여 예정 기한보다 2일이나 빨랐다. 이것으로 보면 혁산 등이 적을 물러나게 하는데 급급했음을 알 수 있다.

철군에 관해서는 약간 늦었던 것 같다. 영국 측의 기록에 의하면 철군은 5월 31일에 시작했으나, 중국 문헌에 의하면 6월 1일에 시작한 것 같으며, 게다가 200리 밖으로 퇴각하지 않고 겨우 성 북쪽으로 60리 떨어진 금산사(金山寺)로 퇴각하였다.

이 때문에 영국군이 6월 1일부터 광주성 북쪽 월수산 사방포대 일대에서 철수하기 시작했다. 그리고 1주일 동안 영국 해군 전부가 광주지역에서 퇴각하여 호문 횡당(橫檔) 이상의 각 포대를 넘겨주고 홍콩에 집결했다. 그렇게 평

---

99) 佐々木正哉編, 『阿片戰爭の硏究:資料篇』, 108쪽.

화는 회복되었다.

남은 문제는 바로 어떻게 도광제에게 보고를 하는가? 하는 것이었다.

양방과 비교하여 혁산의 황명위반(違旨)이 얼마나 더 심각한지 몰랐다. 양방은 겨우 통상에 동의했을 뿐이었으나, 혁산이 600만 원의 '사비(使費)'을 지불한 것은 사실상 성을 사는 비용이었다. 당당한 '천조'의 '정립장군'의 이와 같은 '정립'은 황제의 분노에 눌려 죽을 수도 있는 것이었다.

혁산은 이에 대한 대권으로 양방과 동일하게 기만권을 쓰는데, 그 용기와 수준이 양방을 초월했다. 5월 26일에 광주성이 포위당하여 곤경에 처하자 청군이 백기를 들었을 때, 혁산은 상주 하나를 올려, 청군이 5월 23일부터 25일까지 빈번하게 승리했다고 일일이 보고했다. 그리고 영국군함 1척을 격침시키고, 영국 '삼외병선(三桅兵船)' 1척을 불태웠다고 공언했다. 도광제는 이에 극도로 흥분하여 바로 '매우 좋다', '정말 훌륭하다', '기쁘다'라고 적었다. 그러나 이 상주의 마지막에 혁산은 또 엉큼하게 꼬리를 남겼는데, 즉 한간의 협조와 포악함을 호되게 꾸짖은 것이다.[100]

6월 4일, 즉 정전협정을 달성한지 9일이 지나 영국군이 광주를 떠난 후, 혁산 등은 또 상주를 올려 영국함선 전부가 성을 공격하였고, "한간이 헤엄을 쳐 상륙하여 육로로 가로질러 우리군의 뒤로 이동하고", 영국군이 성북 쪽의 포대를 점거하게 되자, "성내 거주하는 백성들이 분분히 보고하여, 성안 백성의 생명을 보전해달라고 요청하였다"라고 하였다. 보고가 여기까지 이르자 혁산은 하나의 사람을 움직이는 아름다운 이야기를 날조했다.

---

100) 『阿片戰爭檔案史料』 3권, 446~448쪽.

성벽 병사들의 정탐보고에 따르면, 외성의 오랑캐의 수뇌(夷目)들이 성안을 향해 손짓하여 부르면서 무슨 말을 하는 것 같아서, 즉시 참장 웅서(熊瑞)를 파견하여 올라가 살펴보니, 이인(夷人) 몇 명이 손가락으로 하늘을 가리키고 자신의 심장을 가리켰다. 웅태는 무슨 말인지 이해를 못해 즉시 통역사에게 물었다. 대장군에게 상신을 요청하는데 고통스러운 감정을 상소하고자 한다는 것이다. 총병 단영복(段永福)이 나는 천조 대장군으로서 어찌 너를 보겠는가? 명을 받들어 왔기 때문에 오직 전쟁만 있을 뿐이다. 라고 하자, 그 이인이 즉시 모자를 벗고 예의를 보이면서 좌우를 물리치고 병장기를 내려놓고 성을 향해 예를 보였다. 은영복이 본 신하들에게 품계를 올려 자문을 구하자, 즉시 통역사를 파견하여 중화(中華)에 저항하고 빈번하게 창궐하였으면서 무슨 억울함이 있는지 물었다. 이에 영이(英夷)가 무역을 허락하지 않고, 화물이 유통되지 않아 자본이 줄어들어 빚을 갚지 못하고 있다고 하였다. 신성 밖(광주신성, 이곳은 성하를 가리킨다)의 두 군데서 포격을 하여 말을 전할 수가 없었기 때문에, 이곳에 와서 대장군이 대신 대황제께 은혜를 베풀어주기를 요청해 달라고 하는 것이며, 상흠(商欠)을 해결하고, 통상을 하락해 주면, 즉시 호문을 반환하고 각 포대를 돌려주고, 말썽을 일으키지 않겠다는 등의 말을 하였다. 또 양상의 무리들(行商)이 품계를 올렸는데, 그 이가 행상 등과의 중재를 간청하면서 단지 전과 같이 통상을 하고 이전의 상흠을 청산해 주면, 바로 병선 전부가 호문 밖으로 철수하겠다고 하였다.

이와 같은 풍부한 상상력은 정말로 사람을 매우 부끄럽게 하는 것이었다. 게다가 "손가락으로 하늘을 가리키고 자신의 심장을 가리켰다", "병장기를 내려놓고" 등의 동작 묘사는 영국군이 서측을 돌아 북쪽 월수산을 습격한 것을 날조하는 것일 뿐이었다. 이는 단지 성하 일대의 "두 군데서 포격을 하여 말을 전할 수가 없었기 때문에"라는 부분은 매우 뛰어난 상상력이라고 할 만 했다. 여기에서 혁산은 완전히 역사적 무대의 정반(正反) 역할을 완전히 뒤바꿔 자신이 연기한 평화를 구걸하는 역할을 영국 측의 신상으로 전가시켰다. 그리고 단영복(段永福)의 입을 빌려 나온 스스로 깨끗하다는 말인 대장군의 "명을 받들어 왔기 때문에 오직 전쟁만 있을 뿐이다"는 어찌 대단하지 않겠는가!

그리하여 혁산은 또 호문 방어의 방어선을 이미 잃었기 때문에 내양(內洋)이 의지할 데가 없음을 고려하여, 그들의 요구를 받아들여 먼저 영국군을 호문 입구 밖으로 퇴각하게 하고 다시 호문에서 광주에 이르는 방어선을 강화하여, 장래에 어느 정도 손을 쓸 수 있도록 처리하였다고 보고했다.

이 상주에서 혁산은 계속 통상을 허락하는 일을 공개적으로 폭로하였으며, 양방이 이전에 진상을 은폐하기 위해 설치한 각종 은폐수법이, 이번에는 전혀 소용이 없었다. 600만 원의 성을 되찾는 비용에 이르러서 혁산은 말을 바꾸었는데, '상흠(商欠)'이라고 바꿔 표현하고 광동 당국이 단지 행상들을 위하여 임시로 그중 일부의 금액을 대신 내준 것이라고 했다.[101]

6월 18일에 도광제는 이 상주를 받았다. 그는 비록 혁산의 거짓말을 간파하지 못했지만, 어쨌든 이전의 "대군으로 포위 섬멸하라", "오랑캐의 수뇌를 체포하라"라고 했던 몽환 속에서 깨어났다. 나는 앞에서 이미 영국 측이 "사납고 고집스럽다"하여 '회유(撫)'에서 '토벌(剿)'로 바뀌게 되었다고 말한 적이 있었다. 그는 줄곧 양방이 상주에서 통상을 허락하기만하면 곧 평화를 이룰 수 있다고 말했을 때,[102] 여전히 끝까지 귀찮게 굴었다. 이번에 그는 여기서 손을 떼는

---

101) 『阿片戰爭檔案史料』 3권, 461~464쪽.
102) 양방은 앞전의 정전협정에 대하여 줄곧 오해하고 있었다. 4장 주47, 93.

것처럼 유지에 "그 오랑캐의 성질이 개 양과 같아 협상을 할 가치가 없으며, 하물며 이미 징벌했고 군대의 기세를 표출했으며", 현재 또 "모자(冠)를 벗고 예를 표하고, 상주하여 은혜를 베풀기를 간절히 호소하니", "짐이 너희들의 불가피한 행동을 용서한다."라고 하였다. 그렇게 그는 통상과 상흠을 대신 내주는 두 가지 일을 비준했다.[103]

혁산의 기만이 성공을 한 것이다!

도광제의 속마음은 통상을 비준함으로써 전쟁을 끝내는 것이었다. 즉, 그는 중영 분쟁을 저가로 처리하려 했던 것이다. 비록 혁산이 또 상흠 은280만 냥을 대신 지불하였지만, 이 숫자는 장래 행상으로부터 나누어 환수할 수 있는 것이기 때문에 그가 지불하는 것이 아니었으며, 게다가 기선이 원래 허락한 소각된 아편의 배상금 600만 원(당연히 행상이 지불하는 것)보다 많지 않았다. 비록 위세를 떨치는 '역이(逆夷)'에 대해 심한 타격을 주고 엄중히 처벌할 수는 없다고 할지라도 천조의 체면으로 말하자면, 약간의 '일시적인 안정'의 의미가 적지 않았다. 그러나 도광제는 이전에 양방의 상주에서 "다른 사정을 이야기하지 않고, 오직 무역을 평상시처럼 할 수 있게 요구하였습니다."라는 말에 영향을 받았고, 이번에는 혁산이 상주에 "감히 분규를 일으키지 못합니다."라는 거짓말에 속아서, 한 성(省)의 정전문제를 전국의 평화로 착각하여 사정이 곧 해결될 것으로 여기고 손을 놓고, "전력을 다하여 나쁜 놈들을 섬멸하는" 그런 위풍과 만족을 다시는 추구하지 않았다.

6월 30일에 혁산은 도광제의 유지를 받았다. 7월 14일에 재차 상주를 올려, 영국 상인들에게 통상의 성은을 허락한다고 선포하자, "오랑캐 수뇌들이 매우 기뻐하며, 모자를 벗어 감복하고 영원히 감히 광동에서 분란을 일으키지

---

103) 『阿片戰爭檔案史料』 3권, 500쪽.

않을 것이라고 표명했다"라고 보고했다. 그러나 동시에 성 밖(외성, 주로 湖南)에서는 패잔병이 피해를 입히고, 병사, 의용병이 무기를 들고 전쟁에서 용감하게 싸웠기 때문에 광주성 부근 안팎이 안정될 수가 없었다. 그러나 혁산이 또 상주를 올려 "광동성의 오랑캐와 관련된 사항은 크게 안정되었다"라고 하면서 외성에 있는 원군의 철수를 요구하는데, 이는 성의 량향(糧餉)을 절약하기 위함이라고 보고했다.[104]

혁산의 이 거짓말은 매우 교활했다.

본래 혁산이 찰스 엘리엇과 달성한 정전협의는 그 범위가 겨우 광동에 국한된 것이었다. 찰스 엘리엇은 정전 이후인 6월 5일에 양광총독 기공에게 보낸 조회에 다음과 같이 말했다.

> 양국의 모든 분쟁이 아직 해결되지 못했고, 우리는 여전히 우리의 억울한 사항을 시정하기 위해 황제폐하에게 물어야 하고 합의를 해야 한다. 게다가 합의를 하기 전에는 먼저 우리의 억울한 사정을 강하게 호소할 것이며 조정과 싸울 것이다. 광동성에서 우리의 군대를 거두는 것에 합의를 하였는데, 흠차와 장군 등이 실언을 한 것이 아닌 한, 그 성에 피해를 입히지 않을 것이다…[105]

그러나 찰스 엘리엇은 도광제가 영국의 통상회복을 비준한다는 기공의 조회를 받은 후, 7월 15일 조회에 재차 표명했다.

> 모든 병사를 거두는 일을 결정하는 것은 광동성에 한한다. 다른

104) 『阿片戰爭檔案史料』 3권, 546~551쪽.
105) 佐々 木正哉編, 『阿片戰爭の研究:資料篇』, 111쪽.

성에서의 교전은 이전과 같이 계속 진행될 것이며, 황제가 윤허하
여 양국의 분쟁이 모두 해결되는 때까지…[106]

이것을 보면, 혁산은 양방과 달리 영국군이 곧 북상하여 완전히 진공할 것
을 알았고, 그가 이렇게 중요한 정보를 오히려 조정에 조금도 알리지 않았다
는 것을 알 수 있었다. "광동성의 오랑캐와 관련된 사항은 크게 안정되었다"라
는 문장을 자세히 살펴보면 광동성 하나에 국한되고 있다는 것이 확실한데,
그러나 도광제의 마음속에는 근본적으로 "복건성의 오랑캐와 관련된 사항은
크게 안정되었다", "절강성의 오랑캐와 관련된 사항은 크게 안정되었다"와 같
은 문제는 존재하지 않았던 것이다. 마치 통상이 광주의 항구 하나로 제한되
는 것처럼 '천조'의 개념에는 '이무(夷務)'도 광동성 하나로 제한되는 것이었다.

도광제는 혁산이 상술한 상주를 받은 후에 자세하게 살피지도 않고 전쟁이
이미 끝났다고 여기고는, 7월 28일에 각 성에서 차출한 병력을 철수시키라는
명령을 내렸다.[107] 이 천성이 검소한 황제는 평생 가장 듣기 싫어했던 말이 은
자를 사용하는 것이었는데, 즉 성경, 직예, 산동, 강소, 절강, 복건 연해의 수
만 병사들이 하루에 돈을 얼마나 쓰는지 걱정한 것이다.

혁산은 그의 전임과 비교하여 확실히 운이 좋았음이 틀림없다. 임칙서는 대
체로 성실했는데, 이때 죄를 짓고 이리(伊犁)로 징용을 당하였고(後에 치수공
사에 동원된다), 기선도 대체로 성실했지만 이때 죄를 짓고 경성으로 압송당
해 심문을 당했다(後에 참감후의 판결을 받는다). 광주에 파견된 세 명의 대
관리는 당시의 시비 기준으로 볼 때, 혁산의 죄가 가장 컸지만, 그는 오히려
승진을 하고 백옥령관(白玉翎管) 등의 상을 받았다. 이 뿐만 아니라 이번 광주

---

106) 위의 책, 126쪽.
107) 『阿片戰爭檔案史料』 3권, 579~581쪽.

에서의 승리를 보고하면서 혁산은 '전력을 다해' 문무관원 554명에 대한 진급, 승관, 보결, 정대(頂戴)의 교환을 추천했다.[108] 전쟁에서 패배한 후의 광주는 결코 통상적인 그런 착 가라앉은 분위기가 아니었으며, 위아래로 모두 기쁨이 넘쳐 서로의 영전을 축하했다. 이렇게 이득을 본 554명의 관련 인원(거의 당시 광주의 관원 전체가 독점하였다)들이 보수집단을 결성하지 않고서는 어떻게 전력으로 혁산의 거짓말을 옹호할 수 있었겠는가?

거짓말은 시비가 전도되고 상벌이 전도되었다. 청 왕조가 만약 거짓말의 세계로 변하지 않는다면 그야말로 괴이한 일이 되는 것이었다.

사실 당시의 정황으로 보면, 혁산의 거짓말도 천의무봉하지 않았으며, 파헤치기 어렵지 않았다.

광주의 패전 소식은 여러 방식으로 각지의 관원들에게 전달되었다. 민절(閩浙, 복건 절강)총독 안백도(顔伯燾)가 광주안찰사 왕정란(王庭蘭)이 복건포정사 증망안(曾望顔)에게 보낸 편지에 근거하여, 광주의 전황에 대해 거짓보고를 한 혁산을 탄핵하는 상주를 보냈다.[109] 하지만 도광제는 이때 지난번 기선을 체포할 때와 같은 그러한 행동을 보이지 않고, 이상할 정도로 냉정하게 광서순무에서 강소순무로 전직한 양장거(梁章鉅)에게 비공식적으로 조사하라고 명령을 내렸다.[110] 하지만 관계의 노장 양장거는 광동의 각 대관리에게 죄를 짓는 것을 원하지 않았기 때문에 모호하게 보고했다. 그러나 뜻밖에도 광주에 파견한 밀탐이 수집한 정보가 황제에게 올라왔다.[111] 이 정보의 내용으로

---

108) 「會辦廣東軍務折檔」, 『叢刊 阿片戰爭』 4권, 242~258쪽; 『阿片戰爭檔案史料』 3권, 539~541, 582쪽, 4권, 9~12쪽

109) 『阿片戰爭檔案史料』 3권, 552~556쪽.

110) 위의 책, 3권, 587~588쪽.

111) 위의 책, 4권, 3~4쪽. 양장거가 부주(附奏)한 보고서는 도광제가 공개하지 않았기 때문에 그 자료는 수록되지 못했다. 단, 고궁박물원이 편찬한 『道光朝留中密奏』에 근거하면, 도광 21년 윤3월 17일

보면 비록 진실을 완전하게 반영할 수는 없지만, 광주전투에서 패배한 사실을 어렵지 않게 알 수 있다. 그러나 도광제는 이를 추궁하지 못하고 겨우 양장거의 상주에 주비로 "각 보고서를 흩어보았다"라고 적고, 곧 흐지부지 종결했다. 그는 마치 이미 혁산의 거짓 보고 때문에 '평화'로 마음이 기울어 져서 전쟁을 계속 진행하기를 원하지 않았던 같았으며,[112] 홀로 이 석연치 않은 결과를 삼킨 것 같았다.

혁산의 거짓말에 대하여 말하자면, 그에게 또 하나의 행운은 바로 영국군이 북상 진공을 연기한 것이었다.

영국군이 광주에서 홍콩으로 철수한 후, 이질과 말라리아가 군대에 유행하여 환자가 1,100명을 초과하고, 해군 지휘관 센하우스가 사망했다. 마드라스 토착보병 제37연대 600명의 사병 중에 겨우 약 100명만이 계속 참전이 가능했으며, 18명의 군관 중 2명이 병사하고 15명이 병에 걸려 겨우 1명만이 근무할 수 있었다. 이 온역의 유행이 영국군의 전투력을 거의 상실시켰기 때문에 북상하여 하문을 공격하는 계획을 연기할 수밖에 없었다.[113]

영국군이 전염병으로 경황이 없었을 때, 마침 남중국해는 태풍이 부는 계

부터 4월 25일까지(1841년 5월 7일부터 6월 14일까지) 광주전투와 관련한 조사보고가 모두 13건으로, 절(折), 단(單)을 분리했기 때문에 작성자가 누군지 모르지만, 양장거의 상주와 대조하여 보면 양장거가 올린 것 같다(『叢刊 阿片戰爭』 3권, 531~545쪽.)

112) 이에 대해 가장 유력한 증거는, 바로 전에 이미 언급한 도광제가 각 성에 철수의 유지를 내렸다는 것이다. 그 다음은 홍콩을 수복하는 것에 대하여 같은 날 보낸 유지에 "그 이가 군대로(裙帶路)에서 막사와 길을 보수하는데, 내상(內商)이 원하지 않고, 각 이가 그곳에서 물건을 수입할 수 없고, 또 그 이가 상품을 팔기 불편하기 때문에 오래 점거할 필요가 없다. 군대로는 홍콩과 인접해 있으니, 혁산 등이 계속 이전의 유지를 받들어 기회가 생기면 수복할 계획을 세워라"(『阿片戰爭檔案史料』 3권, 582쪽). 영국군이 '오래 점거'할 수 없는 바에, 소위 '기회를 틈탈 수 있다'는 것도 영국군이 홍콩에서 철수할 때로 이해할 수 있다. 또 그 다음은 도광제가 유지에 '선후장정', '승리의 철수' 등의 어휘를 사용하는데 이 또한 그가 전쟁이 이미 끝났다고 여기고 있음을 나타낸다.

113) Bernard, Narrative of the Voyages and Service of the Nemesis, vol 1, 63~65쪽; Duncan McPherson, Two years in china, Narrative of Chinese expedition, from its formation in April, 1840, to the treaty of peace in August, 1842, London: Saunder and Otley, 1842, 169~170쪽.

절이었다. 1841년 7월 21일과 26일에 매우 사나운 태풍이 두 차례 홍콩을 직격하여, 모두 6척의 선박이 침몰하고, 5척의 배가 파괴되거나 해안 위에 올라갔으며, 22척이 손상을 입었다. 그중 찰스 엘리엇이 승선하던 루이사호가 가라앉았으며, 영국 함선 설퍼호의 돛대가 부러졌으며, 영국군이 고용한 수송선 역시 파괴되거나 손상을 입었다.[114] 이 두 차례의 태풍이 영국군의 북상을 재차 연기시켰다.

그러나 태풍이 지나고 얼마 지나지 않아 찰스 엘리엇은 또 자국의 훈령을 받았는데, 그 내용이 자신의 해임과 신임 전권대표 헨리 포팅거(헨리 포팅거)가 지금 오고 있는 것이었다. 찰스 엘리엇의 사명은 이로써 끝났는데, 그가 정성을 다하여 세운 북공 계획을 후임에게 넘겨 집행하게 할 수밖에 없었다.

만약 이렇게 우연하게 벌어진 천재와 인재로 일을 그르치지 않았다면, 영국 함대는 6월에 하문에 출현했을 것이다. 그렇게 되었다면, 혁산의 거짓말도 안백도의 보고도 필요 없이 영국군의 대포에 직접적으로 들통이 났을 것이다. 그렇지만 2개월 여 만에 영국은 또 새로운 전권대표를 파견하여, 어려움에 빠져있던 혁산으로 하여금 거짓말로 어물쩍 넘어갈 수 있게 한 것이다. 여기서 또 하나의 흥미로운 사건을 언급할 필요가 있다.

1841년 7월 20일, 인도로부터 돌아 온지 얼마 안 되는, 조지 엘리엇에 이어서 전권대표가 된 해군사령관 제임스 브레머가[115] 오문에서 찰스 엘리엇과 함께 루이사호에 올라 홍콩으로 가서 영국군과 회합할 준비를 하지만 도중에 태풍을 만나 루이사호가 침몰되고 제임스 브레머, 찰스 엘리엇 등 20명이 작은 섬으로 피신을 하게 되었다. 섬 위의 주민들이 그들의 물건을 뺏자, 찰스

---

114) 『Chinese Repository』, Vol 10. 421~423쪽.

115) 브레머는 1841년 6월 17일에 인도에서 돌아온다. 그러나 8월 10일에 신임 전권대표 헨리 포팅거가 오문에 도착하자 브레머와 찰스 엘리엇은 모두 사직한다. 이 때문에 브레머는 부임한지 54일 만에 사직하여 그 어떤 일도 하지 못했다.

395

엘리엇은 1,000원을 지불할 것을 제의하고 그들에게 오문까지 데려가 달라고 요청했다. 쌍방의 흥정은 오랫동안 지속되었는데, 1,000원에서 3,400원까지 올랐다. 7월 23일에 찰스 엘리엇 등은 마침내 오문으로 귀환했다.[116] 이 촌민들은 이 '번귀(番鬼)'들의 실제 신분을 전혀 몰랐으며, 또 그들의 몸값도 몰랐던 것처럼 보인다. 광주에서 혁산이 내건 현상금은 다음과 같다.[117]

찰스 엘리엇	10만원, 4품령정(翎頂)
제임스 브레머	5만원, 5품령정(翎頂)
兩桅船(루이사호)	2만원
백이(白夷)	1인당 200원
흑이(黑夷)	1인당 50원

이 촌민들이 만약 조난당한 '오랑캐수뇌' 등 20명을 광주로 압송했다면, 현상금이 17.3만 원을 초과했을 것이다. 그리고 만약 촌민이 정말로 찰스 엘리엇 등을 광주로 압송했다면, 혁산이 또 얼마나 대담하게 허풍을 떨었을지 상상하기 어렵다.

3. 삼원리三元里 항영抗英의 역사적 사실과 전설

근래 10년 동안 광주시가 비약적으로 발전함에 따라, 오늘날의 삼원리(三元里)는 이미 시내가 되었다. 하지만 150여 년 전 아편전쟁 시기의 삼원리는 단지 광주성 북쪽으로 약 2킬로미터 떨어진 적막하고 조용한 작은 촌락이었다.

---

116) 『Chinese Repository』, Vol 10, 407~415쪽.
117) 「會辦廣東軍務折檔」, 『叢刊 阿片戰爭』 4권,240~241쪽.

그곳이 오늘날 그렇게 큰 명성을 가지게 된 이유는 1841년 5월 29일부터 31일까지 즉, 영국군이 성 북쪽의 월수산을 점령했을 때 삼원리를 중심으로 한 민중 항영사건이 폭발했기 때문이다.

150여 년 동안 삼원리민중항영사건(三元里民衆抗英事件)의 역사적 사실은 이미 여러 차례 인위적 확대를 경험했다. 게다가 다른 것을 막론하고 지명도가 매우 높고 항상 사람들에 의해 언급되는 '평영단(平英団)'은, 즉 당시의 진실이 아니라 후인이 붙인 것이다. 오늘날 연구자로서 이에 대하여 한차례 정리를 하여 그 안의 역사적 사실과 전설을 구별할 필요가 있다고 생각하며, 그래야 비로소 건실하고, 확실한 결론을 얻을 수 있다고 생각한다.

각종 중문 문헌에 근거하면, 삼원리 등지의 민중의 영국에 대한 항쟁의 직접적인 원인은 3가지이다. 1)영국군이 '관을 열고 유골을 훼손한 일', 2)영국군이 재물을 약탈한 일, 3)영국군이 강간을 저지르고, 부녀자를 희롱한 일이다.[118]

영국 측의 문헌기록과 대조해 보면, 그 첫 번째 이유인 '관을 열고 유골을 훼손한 일'에 대한 고발은 사실이었다. 1841년 5월 29일, 혁산은 찰스 엘리엇이 정전협정을 체결한 이후 일부 영국군 관병이 성 북쪽의 쌍산사(双山寺)에 진입했다. 그 절에는 외지인이 안치된 관이 많이 놓여 있었는데, 이는 장래 고향으로 호송하여 매장을 위한 것으로 망자의 잎이 떨어져 뿌리로 돌아가려는 염원을 들어주는 것이었다. 영국군이 이 관을 열어 그 안의 유체를 관람한 것이었다.[119] 비록 영국문헌이 이 행동의 동기를 호기심으로 귀결시켰다고 할지

---

118) 관련 자료는 모두 광동문사관이 편찬한 『三元里人民抗英鬪爭史料』에 나온다. 이는 이 사건과 관련한 가장 관계 있는 사료집이나, 배열상 선입견적인 관점이 있는 것이 결점이다. 당연히 어떤 사람은 이 자료집의 시적(時的) 편향성을 인용하여 더 큰 경향성을 보이고는 마치 편자의 책임이 아니라고 주장한다.

119) McPherson, two years in China, Narrative of Chinese expedition, from its formation in April, 1840,

라도 중국의 전통과 종교에 따르면 이런 행동은 사자와 자손들을 저주하는 불경한 행위로 오직 금수라야 할 수 있는 일이었다. 당시 '관을 열어 시체를 훼손하고', '문묘를 발굴했다'는 등의 주장은 이로부터 파생되어 와전되었을 가능성이 매우 컸을 것이며, 이런 것의 선동 효과가 매우 극대화되었을 것이다.

영국문헌 중에 비록 정면으로 '약탈'을 언급하지는 않았지만, 그중에 수많은 흔적이 우리들로 하여금 그 장면을 대략적으로 추측할 수 있게 한다. 1841년 5월 24일, 영국군이 광주진공을 개시하고 육군 사령관 고프가 "각 부대는 반드시 이틀의 식량을 휴대하라"라는 명령을 내렸다.[120] 이것으로 추산하면 영국군은 5월 26일에 양식이 떨어졌을 것이다. 이에 대한 보급물의 보충에 대하여, 영국 측 문헌에 '징발(徵發)'이라는 기록이 적지 않게 나오고, 그들이 "각종 가축을 가득 싣고 돌아갔다"고도 했다.[121] 이런 '징발'은 '약탈'의 책임을 벗어나기가 매우 힘들었다.

마지막으로 세 번째 이유, 즉 부녀자에 대한 범죄는 비교적 분명하게 고증하기가 어렵다. 영국 측의 당시 기록 중에는 이런 상황이 전무하고, 중국 측 문헌에는 그것이 매우 모호한데 단지 '노부인을 윤간했다'라고 운운할 따름이었다.[122] 이런 종류의 사건은 당사자의 명예를 손상시키기 때문에 떠벌려서는

---

to the treaty of peace in August 1842, 147~149쪽; Elliot Bingham, Narrative of the expedition to China: from the commencement of the war to the present period, vol. 2. London: H. Colburn, 1842, 149~150쪽.

120) 『Chinese Repository』, Vol 10, 391, 543~542쪽.

121) McPherson, two years in China, Narrative of Chinese expedition, from its formation in April, 1840, to the treaty of peace in August 1842, 144~149쪽.

122) 일반적으로 영국군의 부녀 간음을 지적한 기록을 제외하고 가장 구체적인 것은 왕정란이 증망안(曾望顔)에게 보내는 서신에 "한 명의 노부인을 윤간했다"라고 하고(『中西紀事』, 95쪽), 양정남도 후에 그렇게 주장했다(楊廷枏, 『夷雰聞記』, 75쪽). 이외에 또 『夷匪犯境見聞錄』에는 영국군이 "각 향(鄕)에 침범하여 부녀를 간음하여, 그 모욕에 죽거나 납치당한 사람이 모두 백수십명이었다."라고 했다(『三元里人民抗英鬪爭史料』, 67쪽).

안 되는 일이었기 때문에, 중국 측 문헌의 작자는 사건의 구체적 시간, 지점, 성명, 경위를 숨기는 것이 도리에 속했다. 아무튼 사람들에게 모호하고 불분명한 느낌을 주었다.

사건이 벌어진지 8년 후에 임시 영국 주 중국 공사 겸 대화상무총감독(對華商務總監督)인 데이비스(Jhon Francis Davis)가 1848년 2월에 파머스턴에게 보내는 보고서에 인도 토착병이 이전에 삼원리 부근의 부녀를 강간했다고 보고했다.[123] 다시 100년 후, 광동문사관(廣東文史館)이 1951년부터 1963년까지 이를 새롭게 조사하고 새로운 주장을 하는데, 1841년 5월 28일 혹은 29일 영국군 10여 명이 삼원리 동화리(東華里)에서 촌민 위소광(韋紹光)의 처 이희(李喜)를 '마음대로 희롱했다'라는 것이다.[124]

이것으로 볼 때, 영국군이 광주성 북쪽 고지를 점령했던 기간 동안 확실히 부녀자에 대한 범죄 사실이 있었다는 것을 알 수 있다. 비록 이희를 '희롱한' 사건이 경위에 있어서 사람들의 의심을 살만한 점이 있다고 할지라도 말이다.[125]

이상의 사실은 당시와 현재의 사람들에게 서로 같은 결론을 내리게 했다. 즉 영국군의 폭행이 삼원리 등지의 민중항쟁을 격발시켰다는 것이다. 이 결론

---

123) [美]魏斐德, 『大門口的陌生人: 1839~1861年間華商的社會動亂』, 王小荷 역, 中國社會科學出版社, 1988, 8쪽.

124) 『三元里人民抗英鬪爭史料』, 161~168쪽.

125) 일반적으로 말하자면, 100여 년 동안 구전으로 전해진 것은 매우 쉽게 왜곡될 수 있다. 그 주장 자체로 말하면 아직 그 주장을 방해하는 두 가지가 있다. 1)당시의 중국과 외국의 풍속이 확연히 다르기 때문에 대부호의 여성들은 낯선 사람에게 보여 지는 즉시 스스로 모욕을 받았다고 여기고 자살하는 사람도 있었다. 이희도 비록 농부의 아내지만 "자의적으로 희롱을 당했다고" 생각할 수 있지만, 이것으로는 자세한 사정을 파악하기 매우 힘들다. 2)그 조사에서 이 이희를 '희롱한' 영국군들은 분노한 향인들에 의해 살해당하는데(8, 9명에서 10명), 영국 측의 문헌과 대조하면 사실이 아닌 것 같다. 이것으로 사정을 역추적하면 진실이 아니라는 느낌이 든다. 영국군이 이희를 희롱했다는 주장은 해당지역의 한 노인이 준 자료에 의한 것이다. 자료 자체로 말하면 수많은 오류가 있는데, 후에 조사원의 도움 아래 하나하나 극복했다. 그러나 이희의 손자 위조(韋祖)는 조사에서 그 조모가 모욕을 당했다는 일에 대해서는 시종 언급하지 않았지만, 오히려 그 조부가 항영 투쟁 중에 지도자적 지위에 있었다고 매우 강조하였다.

의 의의에 관해서는 이후 계속 분석하겠다.

중국의 역사문헌을 뒤져보면, 사건 전체에 대한 묘사에 두서가 없고 요점이 뚜렷하지 못하고 게다가 제각기 주장이 달라 하나의 실마리로 간추리기 매우 힘들다. 그중 전형적인 주장을 비교하면 다음과 같다.

1) 광동 안찰사 왕정란(王庭蘭)이 전후 얼마 지나지 않아, 복건 포정사 증망안(曾望顏)에게 보낸 서신에, 1841년 5월 30일에 영국군이 성 북쪽의 월수산 일대에서 철수하여 니성(泥城)을 경유하여 영국함선으로 돌아가는 도중에, 삼원리 등의 지역에서 103향(鄕)의 민중 수천 명이 중간에 매복하여 백여 명을 섬멸하고, 군관 2명을 죽이고 영국군을 포위하여 곤경에 빠뜨렸으며, 여보순이 비공식적으로 성을 나가 화해시키자 민중들이 해산하였다고 하였다.[126] 이와 비슷한 주장이『중서기사(中西紀事)』,『도광양소정무기(道光洋艘征撫記)』등에 나오지만 전과(戰果)는 더욱 확대되어, 영국군 장령 제임스 브레머와 하필(霞畢)을 베고, 영국군 200명에서 300명을 죽였다는 등 주장이 일치하지 않았다.

2) 정립장군 혁산은 이에 대하여 일찍이 세 번의 상주를 올린 적이 있는데, 주장이 완전히 달랐다. 첫 번째 상주(6월 13일) : 그는 일찍이 성의 서북, 북동지역의 각 향단용(鄕団勇) 수령에게 나누어 수색하여 체포하라고 명령했다. 그 결과 "한간(漢奸) 및 흑백 오랑캐 토비 2백여 명을 죽였는데 그 안에 오랑캐 장령 2명이 있었으며", 그리고 남쪽 해안의 의용군(義勇)이 영국군 장령 한 명을 죽였는데 제임스 브레머일 것이다. 두 번째 상주(6월 22일): 5월 30일, 영국군이 성의 북쪽 당하향(唐夏鄕, 삼원리 서북)에서 방화와 약탈을 자행하여 의용군이 전투를 벌여 영국군 선봉 하필 및 병사 10여 명을 죽였다.

세 번째 상주(8월 6일): 5월 28일, 성 북쪽을 약탈하던 한간 및 영국군 관

---

126) 夏燮, 『中西紀事』, 95~96쪽.

병 100여 명이 큰비에 매몰되었고, 삼원리 등의 촌락에서 의용군이 영국군 선봉 하필 및 병사 10여 명을 죽였다. (이 상주는 구체적인 시간을 밝히지 않았는데 앞의 상주와 연관시키면 5월 30일이 된다) 혁산의 상주에는 삼원리 항영 사건을 단련(団練), 의용(義勇)이 벌인 일이라고 말했으며, 전과도 10여 명으로 축소하였다.

3) 당시 수용의 수장을 맡고 있었던 임복상(林福祥)이 1843년에 기록하기를, 1841년 5월 30일에 영국군이 삼원리에서 우란강(牛欄岡) 방향으로 향하면서 약탈을 했는데, 임복상이 사전에 각 향과 연합을 약속하여, 삼원리 등 80여 향의 수만 민중이 영국군을 포위하고 적 200여 명을 죽였으며, 후에 여보순에 의해 포위가 풀리자 영국군이 돌아갔다고 하였다.[127] 임복상은 작전 목적을 약탈에 저항하는 것이라고 말했으며, 이런 반(反) 약탈이라는 주장에 동의하는 내용이 『광동군무기(廣東軍務記)』 등의 자료에 나왔다.

4) 양광총독 기공의 막후 양정남(楊廷枏)이 도광제 말년에 출판한 『이분문기(夷雰聞記)』에, 영국군의 폭행 때문에 그 지역 거인인 하옥성(何玉成)이 각지에 편지를 보내, 삼원리 90여 향의 수만 명이 모여 "솔선하여 함께 저항과 봉쇄를 했다"라고 했다. 영국군이 출전하자 민중들이 물러나는 척하면서 우란강으로 유인하여 포위 섬멸하였는데, 제임스 브레머, 필하(畢霞)를 죽였다. 영국군이 포위당하여 나오지 못하자 찰스 엘리엇이 사람을 파견하여 여보순에게 구원을 요청하고, 여보순이 기공의 명령을 받아 화해를 권하여 민중들이 물러나기 시작했다.[128]

5) 1872년 간행된 『남해현지(南海縣志)』에는 1841년 5월 28일과 29일에 영국군이 삼원리 등에서 분란을 일으키자 민중의 분노가 극에 달해 "죽여서 매장

---

127) 『三元里人民抗英鬪爭史料』, 24~29쪽.
128) 楊廷枏, 『夷雰聞記』, 75~76쪽.

하였다"라고 하였다. 이에 5월 30일에 영국군이 보복하려하자 민중 10만이 그들과 전투를 벌여 그들의 두령과 수백 명을 죽였으며, 5월 31일에 민중이 계속 전투를 하자 여보순이 권유하여 민중이 해산했다고 하였다.[129]

이외에도 자질구레한 기록이 있는데, 혹은 내용이 체계적이지 않고 혹은 자료의 형성시기가 매우 늦어 이 이상 상세하게 기록하지 않겠다.

이상 5가지 문헌을 대조해 보면, 이번 항영사건(抗英事件)과 관련이 있는 시간, 지점, 원인, 경과, 전과가 모두 차이를 보였다. 이는 1) 문헌의 작자가 임복상을 제외하고 모두 직접 겪은 것이 아니기 때문이다. 왕정란, 혁산, 양정남 모두 영국군에게 광주를 포위당했었고, 또한 『남해현지(南海縣志)』의 작자는 30년 후에 조사한 것이다. 2) 그리고 이 항영투쟁의 주인공들이 이와 관련된 문헌 기록을 남기지 않았기 때문이다. 이 때문에 이런 기록들에 의지해서는 우리는 어떤 것이 옳고 어떤 것이 틀린가를 판단할 수 없으며, 여기서 역사적 사실과 전설을 구별할 수 있는 방법도 없다.

그래서 우리는 영국 측의 기록을 대조해 봐야 한다.

영국 측의 기록은 여러 사람들의 의견이 일치한다고 할 수 있는데,[130] 그 중육군 사령관 고프의 보고가 가장 전형적이다.

1841년 6월 3일, 고프는 광주에서 홍콩으로 철수하는 도중에 인도 총독에게 보내는 보고서를 썼는데 그 내용이 다음과 같다. 5월 30일 정오를 전후하여 그는 성의 북쪽 월수산의 사방포대에서 그 진지의 뒤쪽 3, 4마일 되는 곳의 산기슭 아래 수많은 비정규부대가 집결하여 대오를 정렬하고 있는 것을 발견했다. 그래서 그가 군대를 이끌고 진공했다. 상대방이 싸우면서 후퇴하고

---

129) 梁紹獻등, 『南海縣志』, 권3, 권26.

130) 맥퍼슨, 「在華兩年記」; 賓漢, 「英軍在華作戰記」; 오체트로니(Ouchterlony), 「對華戰記」 및 「中國總報」 관련 문장, 이상은 『三元里人民抗英鬪爭史料』, 319~419쪽에서 볼 수 있다.

이어서 또 집결하여 반격을 하였다. 큰비 때문에 영국군은 수발총(燧發槍)으로 사격할 수 없었으며, 상대방과 백병전을 하였다. 고프가 퇴각명령을 내리자 상대방도 작전상의 이유로 역시 후퇴하였다. 사방포대로 돌아온 후, 그는 또 마드라스 토착보병 한 개 중대가 귀대하지 않았음을 알고 즉시 해군 두개 중대에 비에 강한 뇌격총(雷擊槍)을 지원하여 구출하러 보냈다. 영국 구원병은 그 수천 민중에 의해 포위당한 그 중대를 발견하고 총을 쏘아 민중을 해산시키고 구조하여 복귀하였다. 5월 31일 새벽, 고프가 여보순에게 만약 이런 행동을 중지하지 않으면 이전에 달성한 정전협정을 중지할 것이라고 통지하였다. 당일 정오에 이르러 민중 1.2만 명이 1.5만 명으로 늘어나 영국 진지를 포위하였다. 여보순이 중재하여 민중들이 철수하였다.[131]

만약 중영 문헌을 참조하여 서로 비교해보면, 상통하는 점이 있다. 그중에 양정남의 주장과 영국 측의 기록이 가장 비슷하다. 이로부터 우리는 다음 5가지를 확신할 수 있다. 1)삼원리 등지의 민중이 5월 30일 먼저 집결하여 일전을 준비했다. 2)삼원리 등지의 민중이 싸우면서 후퇴하여 적을 깊이 유인하는 등의 전술을 펼쳤다. 3)영국군이 민중과 교전 중에 손실을 입었다. 4)5월 31일에 승리한 민중이 사방포대를 포위했다. 5)여보순의 중재로 민중이 해산했다. 이 5가지로 우리는 대체적으로 삼원리민중항영사건의 기본적인 역사적 사실을 알 수 있다.

여기서 또 두 가지를 분명하게 말해야 한다.

하나, 영국 측의 기록에 의하면, 민중이 먼저 집결했기 때문에 영국군이 공격을 한 것이라고 했지만, 중국 측의 문헌에 의하면, 여러 곳에서 영국군의 '철수', '약탈', '보복'으로 인해 전투가 일어난 것으로 민중이 먼저 행동한 것이

---

131) 『Chinese Repository』, Vol 10. 391, 540~542쪽.

아니라고 밝히고 있다. 이는 무엇 때문일까?

나는 이 의문점을 설명하기 어렵지 않다고 생각한다.

1841년 5월 28일, 혁산과 찰스 엘리엇이 정전협정을 달성한 다음날, 혁산은 고시를 발표했다.

> 현재 병사들이 휴식을 취하고 민중이 안정되었다는 것을 아마도 관병, 향용, 수용 등이 알지 못할 것이다. 그래서 응당 다시 유지를 명백히 알려야 한다.… 너희들은 침착함을 잃지 말고 영이나 초소에 머무르고, 함부로 사단을 일으켜서는 안 되며, 한간을 체포해서는 안 된다. 각국의 이상(夷商)이 해안에 오르는 것을 보게 되어도 … 역시 함부로 체포해서는 안 된다. 만약 감히 고의로 군령을 위반하여 제멋대로 공을 탐한다면…조사하여 군법에 따라 다스리고 처벌하겠다.[132]

이 고시에 근거하면 그 어떤 주동적으로 조직한 군사행동은 모두 비단 공이 없을 뿐만 아니라 죄를 짓는 것이 된다. 삼원리항영투쟁은 수많은 향용(鄕勇)과 수용(水勇)이 참전하였기 때문에 조직자(주모자)는 응당 감히 주동적으로 분명하게 말하지 못했을 것이다. 이는 가장 자세하게 서술된 『이분문기』에서도 이에 대해 모호한 표현인 "솔선하여 함께 저항과 봉쇄를 했다"의 '저항과 봉쇄'란 단어를 사용하여 주동적 공격 의도가 없다는 것을 표명했다.

둘, 이 전쟁의 전과(戰果)에 관한 것이다. 여기에는 또 두 가지 항목이 포함되는데 먼저 영국군 장령을 죽였다는 것이고, 다음이 섬멸한 적군의 수였

---

132) 「道光朝留中密奏」, 『叢刊 阿片戰爭』 3권, 539쪽.

다.[133]

중국 측 문헌은 대부분 제임스 브레머, 하필 등 영국군 장군을 죽였다고 선언했다. 하지만 이는 사실이 아니었다.

영국원정군 해군사령관 제임스 브레머는 1841년 3월 31일 인도에 증원을 요청하러 가서 6월 17일에 돌아왔는데, 이때에 그는 광주에 있지 않았으니, 당연히 사살당하는 일이 발생할 수 없었다. 중국 측 문헌 중에 가장 빨리 제임스 브레머의 사살을 다룬 것은 혁산이 6월 13일에 올린 상주였다. 이 상주에서 성 좌측과 연결되어 있는 남해안(성의 서쪽인 것 같다)의 의용에 의한 것으로 삼원리 교전 때가 아니며, 또 의용들이 제임스 브레머의 수급을 밀실에 감추자, "오랑캐가 양은(洋銀) 만 원을 지불하고 그 시체를 사길 원했다"라고 했다. 이는 특별 할인가로 샀다는 의미가 컸다. 이를 혁산이 전쟁 전 내건 현상금과 비교하면, 본래 제임스 브레머의 몸값은 양은 5만 원과, 5품령정으로 높은 현상금이 걸려 있었는데, 그 일은 사람들의 의심을 살 수밖에 없었다. 사실상 혁산 등은 죽은 자가 제임스 브레머가 절대 아님을 확실히 알고 있었으나, 그 패배의 흔적을 은폐하고 도광제의 비위를 맞추기 위해 고의로 이 일을 반복적으로 언급하여 후에 와전된 것이다.[134]

---

133) 이하 서술에 대하여 나는 조립인(趙立人) 선생의 논문 「阿片戰爭考釋二則」, 『近代史硏究』, 1993, 2기를 참고했다.

134) 1841년 6월 19일 브레머가 인도에서 돌아온 후 찰스 엘리엇과 함께 양광총독 기공에게 조회를 보내 그가 전권공사의 직에 부임했음을 통지한다(佐 木正哉編, 『阿片戰爭の硏究:資料篇』, 119쪽); 7월 5일에 브레머는 재차 찰스 엘리엇과 함께 기공에게 조회를 보낸다(佐 木正哉編, 『阿片戰爭の硏究: 資料篇』, 121쪽). 이것으로 보아 혁산은 브레머의 행적과 그가 승진을 했음을 분명히 알고 있었음을 알 수 있다. 그러나 혁산은 6월 22일의 상주에 오히려 다음과 같이 말한다. "현재 내외의 향민의 여러 증언이 일치하고 널리 전파되었는데, 브레머를 죽여 모두가 기뻐한다는 것입니다. 본 신하 등이 이 말이 거짓인지 우려되어 반드시 사람을 파견하여 두 명의 역도(다른 한명은 하필)를 확인해야 합니다. 그리고 다시 격식에 따라 상을 청하겠습니다."(『阿片戰爭檔案史料』 3권, 505쪽). 이에 도광제가 브레머가 죽었다는 소식을 듣고, 즉시 조사하여 밝히라고 요구하고 "격식에 따라 상을 청하라"라고 한다 (『阿片戰爭檔案史料』 3권, 517, 541쪽). 비록 혁산이 명확하게 브레머를 죽였다고 선언하지는 않았지만, 그는 고의로 물을 흐리려는 방법으로 오히려 이일을 수수께끼로 만들고 은폐하여 왜곡되어 전

하필의 경우, 혁산의 상주에 쓰여 있는 그의 직함이 '선봉'이고 그리고 혁산이 건 현상금이 제임스 브레머와 같았다. 그는 선봉 함대의 지휘관이자 칼리오페호의 함장 토마스 할버트(Thomas Herbert)일 가능성이 매우 컸다. 그는 영국군이 호문을 돌파한 후, 경형함선을 이끌고 내하(內河)로 진입하여 선봉 함대를 구성하고 그 함대를 지휘했다. 이 직권과 혁산이 말한 '선봉'이 비슷했다. 그리고 광동어 중에 '하필'의 발음이 할버트와 비슷했다. 그 지역의 민중은 근본적으로 하필을 알지 못했으며, 오히려 하필을 죽인 다음 보고하고 남의 이름을 사칭하여 상금을 수령했다는 의심이 들었다. 할버트 본인은 당시 성하의 영국함선 위에 있었으며, 삼원리 전투에 참가하지 않았으므로 당연히 사살당하는 일이 발생할 수 없었다. 그리고 그는 전후에 또 '공(功)'을 세워 작위를 받았다.

삼원리항영전투 중에 확실히 영국군 군관이 사망하긴 하는데, 영국 육군 소교, 군수부감(軍需副監) 비처(Beecher)였다. 고프의 보고에 의하면, 그는 더위와 과로로 고프의 옆에서 죽었다. 비처는 일반적으로 비철(比徹)로 번역되지만, 제사화(齊思和) 선생은 필추(畢秋)로 번역했으며, 하필과는 전혀 관계가 없었다. 그러나 양정남의 『이비문기(夷氛聞記)』에 하필을 필하라고 적었으며(무슨 이유인지 모르겠지만 아마도 잘못 기입한 것 같다), 요미원(姚薇元) 선생은 비처를 필하로 번역했는데, 이후 각 논저가 요선생의 말을 따랐다.

고프의 보고에 근거하면, 5월 30일에 삼원리 전투에서 영국군의 피해는 사망 5명, 부상 23명이었다. 또 맥퍼슨의 회고록에 의하면, 그 전투에서 제25연대에서 3명이 죽고, 11명이 부상을 당했으며, 제37연대에서는 3명이 죽고 31명이 부상을 당했다고 했는데, 여기에 비처(畢秋)를 합치면 모두 7명이 죽고 42

해지게 만들었다. 다행히 포팅거가 오고 브레머가 사직하였는데, 그렇지 않았으면 이 거짓말은 곧 폭로되었을 것이다.

명이 부상을 당한 것이다. 빙엄(賓漢)의 회고록에는 제37연대에서 1명이 죽고 15명이 부상을 당했다고 했다. 『중국총보(中國總報)』 1841년 7월호의 글이 주장하는 바가 빙엄과 같다.[135] 숫자상의 논쟁은 주로 제37연대의 사망과 부상자 수에서 벌어졌다. 그래서 만약 이런 불일치를 문제시하지 않는다면 우리는 영국군 사망자 수는 5에서 7인이고 부상자 수는 23인에서 42인 사이라고 볼 수 있다. 내가 앞에서 이미 소개한 적이 있는 정해전투, 호문전투 및 내가 이후에 소개해야하는 모든 전투와 비교하면 이 전투에서 영국군이 입은 인명 피해는 상당히 큰 것이었다.

그러나 중국 측 문헌에는 오히려 10여 명, 100여 명, 200여 명, 300여 명 내지 748명 등의 주장이 있었는데, 그중에서 200여 명이 다수를 차지하여 오늘날의 수많은 논서가 인용하고 있다. 그러나 이런 주장들은 모두 증거에 의한 주장을 하지 못하고 있다.[136]

---

135) 고프의 보고, 맥퍼슨의 회고록, 빙엄의 회고록, 중국총보의 글 모두 중역본이 있다. 『三元里人民抗英鬪爭史料』, 346, 330, 368, 405쪽에서 볼 수 있다.

136) 10명의 적을 섬멸했다는 주장을 혁산의 상주에서 볼 수 있는데, 그 근거는 의용 수령 등창현(鄧彰賢)의 보고로, 시체와 수급이 모두 있어서 검증할 수 있다고 하였다. 비록 혁산이 감히 3월 6일(즉 양방이 취임)부터 6월 1일까지 청군이 모두 "흑백이비(夷匪) 9백여 명, 한간 1,500여 명, 지휘관 대소 10여 명"을 살상하고, 영국군 "대병선 9척, 대삼판선 11척, 소삼판선 18척, 화륜선 1척"을 격파하고 불태웠다고 거짓으로 말하지만(『阿片戰爭檔案史料』, 3권, 605~606쪽), 등창현의 10여 명의 적을 섬멸했다는 보고를 상주에 감히 인정하지 못하고 확실히 확인해야 한다고 하였다. 이는 혁산의 의용에 대한 평가와 관련이 있다. 그는 이때 흠차대신 양강총독 유겸에게 보내는 서신에 "수용은 모두 오합지졸이며, 한간과 시시각각 상통하니, 그들은 이겼을 때는 모여서 상을 요구하고, 졌을 때는 창을 반대로 돌린다.…"라고 하였다(『叢刊 阿片戰爭』 3권, 322쪽). 이것을 보아 비록 혁산이 도광제에게 전과를 보고하였지만 내심 여전히 이것을 '모여서 상을 요구하는' 행동으로 여긴 것이다. 100여 명의 적을 섬멸했다는 주장을 가장 빨리 볼 수 있는 것은 왕정란이 증망안에게 보내는 편지에서이다. 단, 그 정보의 출처에 대한 설명은 없으며 근거가 없는 풍문이다. 200여 명의 적을 섬멸했다는 주장을 가장 빨리 볼 수 있는 것은 임복상의 『平海心籌』이다. 단, 그 저작을 보면 매우 과장이 심하며, 스스로를 치켜세우는 등 이 주장은 신뢰할 수 없다. 748명의 적을 섬멸했다는 주장은 종기(鐘琦)의 시주(詩注)에서 볼 수 있다. "신축(辛丑, 즉 1841년) …영이가 향촌에서 방종하고 약탈을 하자, 광동사람들이 분노하여, 삼원리에 모이고 요충지에 매복하여 사령관 브레머와 부사령관 하필을 죽이고 848명을 죽였다…"(『三元里人民抗英鬪爭史料』, 304쪽). 이를 보면 이 시가 1841년 이후에 쓰여 졌으며, 작자가 불분명하며, 그 정보의 근원을 판명하기 어렵기 때문에 사후에 들은 전설일 것이라고 예측된다.

당시의 많은 정보를 접하고 있었던 양정남은 상술한 이런 숫자를 모두 의심했을 가능성이 있다. 그래서 그는 명쾌하게 그의 저작 『이분문기』에 적을 섬멸한 구체적인 숫자를 적지 않았다.

이상 우리는 삼원리 항영투쟁의 역사적 사실에 대한 탐구에서 이미 오늘날 성행하는 수많은 이야기 중에 전설적인 부분이 얼마나 많은지 알 수 있다.

설령 영국군의 기록에 따른다 할지라도 사상자가 28명에서 49명으로 여전히 전과가 적지 않다. 그리고 전혀 훈련되지 않은 민군(民軍)이 아편전쟁의 모든 전투 중에 4위에 드는 전과를 올린 것이다.[137] 손에 냉무기를 들은 민중이 근대화된 적군에 대항하여 청군과 다르게 도망치지 않았을 뿐만 아니라, 오히려 적을 살상하고 기세를 올려 적군의 군영지를 포위한 것(월수산 사방포대)은 매우 자랑할 만한 일이었다. 만약 이에 대하여 더 큰 요구를 한다면 그것은 시대를 한계를 무시한 것이다.

사실 설령 중국 측의 문헌기록에 따른다 할지라도, 적을 10여 명에서 748명을 섬멸했다는 것도 큰 승리에 속하지 않는다. 이는 전쟁의 향방이 이것으로 인해 바뀌지 않았기 때문이다. 영국군은 이후 여전히 중국의 대지에 해를 끼치고 청 왕조는 결국 실패하게 되었다.

이 때문에 군사학술의 관점에서 관찰하면, 삼원리항영전투는 비록 의의는 있으나, 그 작용면에서는 한계가 많았으며, 그 전과(戰果)의 대소에 대한 논쟁은 결코 결정적인 의의가 없다.

그렇지만 그 당시와 이후 사람들이 가장 흥미진진하게 이야기하는 것은 전투의 결과가 아니라 전투 상황의 발전 가능성이었다. 이런 주장을 하는 사람들은 만약 여보순의 중재가 없었다면, 승리할 능력을 가진 민중이 광주성 북

---

137) 그중 1위는 1842년 진강전투이고, 2위는 이전의 광주전투, 3위는 1842년 사포전투이다.

쪽의 영국군을 소멸시켰을 가능성이 있었다는 것이다. 이는 당시의 문헌 중에 분명하게 나타나 있다. 예를 들면, 삼원리 항영전투의 종결 후, 얼마 지나지 않아 장홍(長紅),[138] 장홍 이후의『진충보국전월의민유영이격(盡忠報國全粤義民諭英夷檄)』,[139] 및 전후의 사자(士子) 하대경(何大庚)의 1842년 11월의『전월의사의민공격(全粤義士義民公檄)』[140]등이다. 이 세편의 문헌은 당시 널리 전해져 민중의 선언처럼 되어 후인들에게 많이 인용되었다. 그렇지만 이것은 대구법의 형식으로 내려오기 때문에 우리는 이 선언들의 논조가 갈수록 높아지는 것을 알 수 있었다. 첫 번째는 만약 여보순이 중재를 하지 않았다면, 영국군 수령은 배에서 내리지 못했다는 것이다. 두 번째는 민중이 영국군을 섬멸할 능력이 확실히 있었다고 주장한 것이다. 세 번째는 또 영국군이 민군의 위력을 무서워해서 600만원에 퇴각하는 것을 승인했지 그렇지 않았다면 '성을 파괴하고 불태우고 약탈했을 것'이라는 것이다. 또 만일 여보순의 발본색원이 아니었다면, '여러 성으로 화가 미치는' 재난이 다시 발생하지 않았을 것이라는 것이다.

5월 30일의 삼원리항영전투에서 그런 전적을 올릴 수 있었던 주요 원인은 기후와 지리적 조건에 있었다. 그날의 큰비는 영국군의 수발총과 화약을 젖게 했기 때문에 총을 발사할 수 없었으며, 이는 곧 민중의 병기가 영국군과 동등한 수준이 된 것으로, 즉 모두 냉병기가 된 것이다. 또 영국군이 지리에 익숙하지 않아 깊숙한 곳까지 추격하여 그 결과 일개 중대가 길을 잃고 민중에 의해 겹겹이 포위당한 것이다. 만약 이러한 조건이 없었다면 5월 31일처럼 만 여 민중이 영국군이 지키고 있던 사방 포대를 공격하는 그런 정황과는 완

---

138) 『三元里人民抗英鬪爭史料』, 78~79쪽.

139) 『阿片戰爭檔案史料』4권, 6~7쪽.

140) 『三元里人民抗英鬪爭史料』, 94쪽.

전히 달랐을 것이다.

　세계 각국 민중의 반침략의 역사는 이미 그들에게 가장 유리하고 효과적인 전법이 유격전임을 알려주었다. 즉 지리환경을 정확하게 파악하고, 적에 대항하는 투지를 고양하고, 단독활동을 하는 적의 소부대를 소멸시키는 계획을 세우고, 정규군과의 진지전(陣地戰)을 절대로 피하는 것이다. 장비가 낙후하고, 훈련이 부족하고, 지휘체계가 부족한 삼원리 등지의 북쪽 교외의 각 향의 민중들이 선진무기를 가지고 있는 영국군 진지에 강공을 펼치면 민중이 선언에서 말한 주장과 완전히 상반되는 결과가 나타날 수 있다.

　우리가 오늘날 볼 수 있는 삼원리 등지의 민중의 각종 장흥, 격문은 모두 영국군이 광주에서 퇴각한 이후에 쓰인 것이다. 이런 사후에 고양하는 글은 민중의 마음을 움직이려는 선전일 가능성이 매우 크며, 근본적으로 일일이 인용하고 검토할 필요가 없는 것이다. 그러나 이러한 선전은 광주지역 이외의 관신민중(官紳民衆)으로 하여금 철석같이 믿게 하여, 기타 관사(官私)의 문헌에 쓰여 이 승리할 가능성이 매우 큰 항쟁이 억제당한 것에 탄식했을 뿐만 아니라, 시간의 지연됨에 따라 선전의 횟수가 증가하고 선전자 본인도 마치 이런 주장을 믿었다. 이는 1843년부터 1849년까지 광주 민중의 반입성 투쟁 시에 있었던 각종 언론이 증명했다. 그리고 1858년 말에 제2차 아편전쟁 중에 광주가 함락되자, 이런 선전을 믿었던 함풍제(咸豊帝)는 놀랍게도 해당지역의 관신(官紳)에게 민중을 조직하여 광주를 수복하고 홍콩을 점령하라는 명령을 내렸다.

　양광총독 기공의 막료였을 때, 양정남은 머리가 약간 냉정해져, 그의 저작 『이분문기(夷雰聞記)』에 민중 방면의 이런 선전을 결코 채용하지 않고 다른 주장을 했는데, 즉 삼원리 등지의 민중 항영투쟁으로 인해 "그 이(夷)가 광동의 사람들을 범할 수 없음을 깨닫고, 기한을 약정하여 모두 호문 밖으로 물러났다"는 것이다.[141] 현재 유행하는 각종 논저는 대체로 양정남의 이 주장을 채용했다.

영국군이 무엇 때문에 광주에서 철수했는지에 대해, 나는 앞 절에서 이미 혁산—찰스 엘리엇이 체결한 정전협정의 규정 때문이라고 설명했다. 영국 측의 문헌에 따르면, 6월 1일까지 광주 당국은 이미 600만 원의 성 구매 비용을 지불했고, 성내의 청군도 이미 철수해서 영국군 사령관 고프는 협정이 이미 집행되었다고 여기고 즉시 철수 명령을 내렸다. 그리고 철수 시에 광주 당국이 제공하는 800명의 민간 노동자를 고용했다. 고프의 이런 주장을 보면 영국군의 철수는 삼원리항영사건과 전혀 관계가 없음을 나타냈다.

그러나 자세하게 살펴보면, 광주 당국은 정전 협정의 집행에 대하여 소홀히 하는 면이 없지 않았다. 은 600만 원을 지불하는데 그중 100여 만 원은 현금(現銀)이 아니었으며, 행상의 약속어음이었다. 200리 밖으로 철군하는 것에 대해서는 영국 측이 5월 31일부터 시행한 관찰에 따르면, 200리가 되지 않는 곳으로 성과 불과 60리 떨어진 금산사(金山寺)였다. 중국 측 문헌 혹은 영국군의 기록을 막론하고, 6월 1일 영국군이 철수할 때, 청군이 협정에 따라 전부가 광주성을 떠난 것도 결코 아니었다.

그럼 정전협정이 완전히 집행되지 않은 상황에서 영국군은 또 무엇 때문에 일각도 지체할 수 없다는 듯이 광주지역을 떠났을까?

나는 다음과 같은 몇 가지 원인이 있다고 생각한다. 1) 영국군이 성 북쪽 월수산 일대를 점령하지만, 폭염과 폭우 그리고 불편하고 누추한 숙영조건은 영국군의 건강에 매우 해로웠다. 비처(畢秋)의 사망 또한 이를 증명한다.

2) 보급로가 길어져 군량의 보급이 끊어지지는 것을 걱정하게 된다. 당시 영

---

141) 楊廷枏, 『夷雰聞記』, 75~76쪽.

국군이 행하던 임시 성격의 '징발'은 군사상식으로 말하자면, 만약 부대인원이 2,000명이 넘게 되면 문제를 전부 해결할 수 없게 된다. 게다가 영국, 인도는 독특한 음식습관이 있었다.

3) 삼원리 등지의 민중항영활동은 1841년 5월 19일 홍콩에서 출발하여 연일 작전을 펼친 영국군으로 하여금 휴식과 정돈을 취할 수 없게 하였다.

이상 세 가지 이유는 영국군이 홍콩으로 철수한 후, 전염병이 크게 유행하는 것으로 증명할 수 있다.

이것으로 볼 때, 영국군이 광주를 떠난 것은 주로 혁산—찰스 엘리엇의 정전협정이 대체적으로 실현되었고, 다음으로 영국군에게 이때 휴식과 정리가 필요했기 때문인데, 여기에는 삼원리민중항영의 역할도 포함된다. 그러나 우리는 마치 그 작용을 과장할 수 없는 것처럼, 양정남이 말한 영국군이 민중을 두려워했다는 말도 당연히 그에 합당한 위치에 놓아야 한다.

사실상 진정한 가치가 있는 분석은 규모와 전과가 모두 한계가 있고, 전쟁의 과정에 대해 결코 중대한 영향을 미치지 않았던 삼원리의 항영사건이 왜 이와 같이 당시 사람들의 관심을 받을 수 있었는가와 이와 같은 여러 전설을 남겼는지에 대한 것이다.

나는 서론과 제3장에서 이를 모두 언급했는데, 유가(儒家)의 '천하'학설과 '천조'의 이미 정해진 국가정권에 따르면, 사납고 고집스러운 '역이(逆夷)'에 대해 '토벌(剿)'은 유일하고 정확한 길이었다는 것이다. 그렇지만, 도광제가 투입한 '토벌'을 책임지는 장수인 양방과 혁산은 모두 굴욕적으로 '영이'와 영합하여 통상(通商)을 상주하고, 도광제가 7개 성(湘贛鄂桂滇黔川)에서 병사를 차출한 '정벌'을 위한 대군은 손만 대면 곧 무너져 버리고, 적과 조우하면 도망치기에 급급했다. 이렇게 장군들은 무능하고 병사들은 더욱 무력한데, 청 왕조는 또 무슨 역량으로 영국의 '역'과 전쟁을 치루고 승리할 수 있었겠는가? 이는 수많은 '토벌'을 주장하고 광주의 전황을 잘 아는 관신(官紳)들이라고 할지라도 어떻게 해도 피할 수 없는 난제였다.

이런 배경아래, 삼원리 민중항영투쟁은 마치 한밤중에 올라온 등댓불처럼 수많은 사람들이 그것으로 그들 마음속의 희망을 민중의 자발적인 역량 위에 올려놓은 것이다. 그러므로 정보의 부정확성, 비진실성 때문에 오도되어 나온 갖가지 전설은 당연히 그 생산적 토양과 생장의 자양분이 있었다. 만약 이와 같지 않았다면, 사람들은 실패를 인정하는 절망적 상태로 돌아왔을 것이다. 1841년 8월 18일, 사천 안찰사에서 강소 안찰사로 부임하던 이성원(李星沅)은 도중에 광동에서 온 편지를 받는데, 이를 일기에 다음과 같이 남겼다.

> 역이가 4월 초7, 8일에(5월 27일, 28일)에 성도(省城, 성도) 북문 밖 삼원리 등지의 향촌에서 약탈과 강간을 한 것을 알았다. 그 향의 거인 하옥성 등이 만여 명을 소집하여 그 역도와 한간 여러 명을 죽이고 군관의 수급 하나를 군영(轅門)으로 보내 상금을 받았으며, 이에 찰스 엘리엇이 매우 두려워하여 즉시 각 포대에서 퇴각하여 배로 도망가고, 관청에 백성들을 안정시켜 달라고 구걸을 한다. 당시 단숨에 해치우지 못한 것이 한스러우며, 악당들을 포위 섬멸하여 사람의 마음을 후련하게 했어야 하며, 또한 같은 원한을 품고 함께 분노하였다. 성 정부가 만약 상을 내려 용기를 북돋을 수 있었다면 후작(양방)과 같이 말할 필요가 없었을 것이다. 한마디로 일을 망치고 방어막을 스스로 무너뜨리니 한스럽다, 한스럽다![142]

---

142) 袁英光, 童浩 정리, 『李星沅日記』, 中華書局, 1987년, 251쪽.

이런 사람 역시 전설을 이야기한 것으로, 이 '이(夷)'의 일에 관심을 가지고 있던 관원의 분노를 야기한 것이다. 그 감개무량함이 붓 끝에 드러나고 있다.

1841년 6월 10일, 박식하고 냉철한 강남의 명사 포세신(包世臣)은 차상(茶商) 정탐꾼이 보낸 '삼원리의민시유(三元里義民示諭)' 두 건을 받고, "큰 분노가 일어나, 의분에 찬 기색이 얼굴에 드러났으며", '그때'(여보순에게) 목숨을 구걸하는 '역이의 수뇌'를 생각하면서 손목을 불끈 쥐고 괴로워하였다. 다음날 그는 그때 아직 광주에 있던 양방에게 편지를 보내 다음과 같이 말했다.

> …역이(逆夷)의 묘지 훼손과 음행, 약탈에 의로운 백성(義民)이 즉시 중요인물인 던트와 브레머를 죽였다. 마을 사람들의 적대감이 이미 극에 달했다. 적절히 제대로 그 분위기를 고무시키고 그것을 이용하면…내가 보기엔 이(夷)는 매우 믿을 수 없으므로, 해양 방어를 포기해서는 안 된다. 광동사람들은 본래부터 수사의 후함을 흠모하였고, 게다가 삼원리에서의 큰 승리로 말로 하기 힘든 정의를 얻었는데, 의로운 백성이 수사를 위하여 옳은 선택을 한 것이다. 그 수령이 그 신지(汛地)의 관병이 되어 의로운 백성이 모두 즐겁게 따랐다. 역이의 놀란 가슴이 아직 가라앉지 않았는데, 어찌 감히 고개를 내밀어 우리와 싸우겠는가? 원한은 깊고 빈틈은 커서 10달 내에 결코 결집할 수 없을 것이다. 서로 수개월을 대치하여 곧 유리한 기회를 이용하여 행동하면, 대각, 사각, 삼원, 횡당 호문 각 포대가 수리될 것이다. 우리 진영은 견고해 질 것이며, 홍콩을 직접 수복할 수도 있을 것이다.[143]

---

143) 包世臣, 「安吳四種」, 『叢刊 阿片戰爭』 4권, 467쪽.

포세신도 이런 선전성의 '시유(示諭)'를 완전히 믿고는 의민(義民)이 이미 문란해진 청군 수사를 대신하여 충분히 영국군에 맞설 수 있는 능력이 있다고 여겼으며, 만약 의민이 수사에 편성되면, 즉 '우리의 진영'을 튼튼하게 할 수 있어 홍콩수복에 신통한 효과가 있을 것이라고 생각했다. 포세신의 이 대권은 비록 신화를 만들긴 하였지만, 그의 속마음이 반영되어 나온 것이다.

여보순의 중재 때문에 사방포대를 포위한 삼원리 등지의 민중이 영국군의 공격을 받지 않고 실패했는데, 이 때문에 이 신화의 불멸이 유지되었을 뿐만 아니라, 이런 신화가 신통한 효과를 보지 못하고 단지 여보순 때문에 깨진 것이라고 추론할 수 있는 것이다. 여보순이 이전에 벌였던 영 '이'와의 각종 교섭과 연결지어보면, 특히 혁산과 찰스 엘리엇의 정전협정 중에 일으킨 작용은 여보순을 백개의 입으로도 변호하기 어려운 '한간'의 지위로 밀려나게 하였다. 전후 3개월 후 광주에서 문동시(文童試)을 열고, 여보순이 교자를 타고 나오는데, 문동들이 떠들썩하자 다음과 같이 선언했다. "나는 평생 선현의 권을 읽었고, 모든 절의(節義)와 염치(廉恥)를 알고 있다. 그렇듯이 나는 한간시(漢奸試)를 보지 않았다!"[144] 그러나 군중의 분노를 불러일으켜서는 안 된다는 생각에 광동순무 이량은 어쩔 수 없이 여보순에게 사직을 강요했다.

여기서 나는 여보순을 위해 몇 가지 변론을 해야 역사적으로 공정한 것처럼 느껴진다. 여보순은 강소 무진(武進) 사람으로 1802년 진사가 되지만 한림(翰林)에 들어가지 않고, 광동의 고명(高明)과 번우(番禺)에서 지현(知縣)을 지내고, 후에 남웅 지주(知州)로 옮겼다. 그는 관록이 지긋한 지방 관리였지만, 관운이 좋지 못하여 늘 위로 올라가지 못했다. 1838년에 명을 받아 지부(知府)로 대기상태에 있었지만, 결원이 발생하지 않았다. 임칙서가 광동으로 금연을

---

144) 梁松年,「英夷入粵記略」,『三元里人民抗英鬪爭史料』, 64쪽.

시행하러 갈 때 같이 가서 외인과 교섭을 했다. 1840년 초 임칙서가 '이무의 처리에' 전력을 다할 사람으로 여보순을 추천했다. 임칙서는 그에 대하여 '크고 작은 것을 병행할 수 있는', '가장 열심히 하는' 사람이라고 평가했다.[145] 이 일 때문에 '이인'과의 교류를 여보순이 전담했다. 그리고 한편으로는 광주지부 대행으로 부의 수장이 되어 그곳을 관할했다. 한편으로는 후임자가 이 노신(老臣)의 경험을 빌렸다는 것으로 기선, 양방, 혁산 등이 그에 의지했다.[146] 여보순의 표현에 근거하면, 명을 받아 일을 처리하는 것에 불과한 것이지 모든 책임이 당연히 그에게 있어서는 안 되며, 그의 상급자에게 있어야 한다는 것이다.

1841년 5월 31일, 여보순이 사방포대를 포위한 민중을 중재했다고 하지만 진상은 위에서 말한 바와 같이 그가 사사로이 벌인 행동이 아니다. 양정남이 밝힌 바에 따르면 여보순은 영국 측의 서한을 받은 후 즉시 양광총독 기공에게 다음과 같이 건의했다. 차출되어 광주에 도착한 복건수용이 민중과 협조하여 찰스 엘리엇를 체포하고 "감옥에 가두고 죽여서는 안 되며", 인질로 삼아 영국군을 철수시키도록 압박해야 한다는 것이었다. 그러나 광주의 각 사령관들 중에 이 임무를 책임질 사람이 없었기 때문에, 결국 기공이 그에게 성을 나가 민중들을 설득하여 해산시키도록 명령했다.[147] 여보순의 이 계획은 비록 실행되지 않았지만, 이 기록에 근거하면 그는 절대 한간이 아님이 틀림없다.

여보순이 한간이라는 사안 속에서 우리는 또 왜 당시의 문헌에 한간에 관련된 것들이 그렇게 많이 나올 수 있었는가를 이해할 수 있다. 아편전쟁 중에

---

145) 『林則徐集 奏稿 公牘 日記補編』, 10쪽.

146) 그중 기선은 여보순을 이용했지만 포붕(鮑鵬)을 더욱 신뢰했다. 그래서 말을 전달할 때 모두 포붕을 시켰다. 한편 양방과 혁산은 여보순만을 이용하여 교섭을 하였다.

147) 楊廷枏, 『夷雰聞記』, 75~76쪽.

'한간'은 하나의 가장 부정확한 칭호로 모든 해석하기 귀찮거나 혹은 해석하기 어려운 사유, 책임, 나쁜 결과(後果)가 대부분 모두 '한간'의 신상에 옮겨진 것이다.

20세기 5, 60년대에 광동성 문사관(文史館)이 조사팀을 구성하여 삼원리 민중항영사건에 대하여 현장 조사를 진행하였다. 이 조사의 결론으로 하나의 새로운 주장이 제시되는데, 삼원리 민중항영사건의 주요 지도자가 바로 자신의 처가 희롱 당했던 농민 위소광(韋紹光)이며, 이 투쟁에 참가한 주체가 그 지역의 농민, 석공(打石), 견직물 노동자이라는 것이다. 부분적으로 애국 사신(士紳)도 사학(社學)을 움직여 투쟁에 참가했다. 이 논점은 후에 수많은 저서에서 인용되었다.

광동성 문사관이 밝힌 농, 공을 주체로 하고 농민을 영수로 삼았다는 삼원리 항영의 새로운 학설은 당시의 정치유행과 시대배경을 분명하게 가지고 있었다. 이 학설이 의존한 자료는 그 문사관이 진행한 현장조사기록이다. 이런 100여 년의 평가를 몸소 겪으면서 종종 아마도 그것이 원래와 다르다는 역사학자의 의심을 사기도 하였으며, 게다가 이런 조사방문기 그 차체에 정치적 경향성의 흔적이 있었다.

엄격하게 말하자면, 어떠한 사료도 정치와 시대적인 각인이 없지 않으며, 삼원리 인민항영투쟁의 사료도 특히 이와 같이 경향성이 특히 강했다.

혁산의 상주에 따르면, 삼원리 민중항영의 영수는 "의용의 지도자적 위치에 있던 등창현(鄧彰賢), 설필고(薛必高)"로 참전의 주체는 청군의 화약을 지원받은 '의용(義勇)'이었다.[148] 혁산의 이와 같은 말은 그가 전력으로 이 사건을 관방(官方) 항영의 괘도에 올려놓으려 했음을 표명하는 것으로 그 속에서 명리

---

148) 『阿片戰爭檔案史料』 3권, 505쪽.

(名利)를 탈취하려 한 것이다.

양정남의 저작에 따르면, 삼원리 민중항영의 영수는 해당지역의 거인(擧人) 하옥성(何玉成)으로 사건은 그가 각 향(鄕)에 '편지를 전달(東伝)'하면서 일어난 것이다.[149] 양정남은 일찍이 광주 월화서원(越華書院)의 감원(監院)이었는데, 그곳 사자(士子)들의 거동에 대하여 자연스럽게 더 많은 관심을 가지게 되었다. 또 하옥성의 친척동생(族弟) 하장능(何壯能)의 시주(詩注)에 근거하면 참전한 주체가 향신(鄕紳)이 이끄는 '사학(社學)'이었다는 것이다.[150]

임복상(林福祥)의 기록에 따르면, 삼원리 민중항영의 영수는 그 본인으로 여기에서 스스로를 자랑하려 한 것 같다. 참전의 중견 역량 또한 가족적 색체가 강렬한 임씨의 수용(水勇)이었다.[151]

이외에도 한 가지 주장이 더 있다.

위소광, 등창현, 하옥성, 임복상 누가 이번 사건의 영도자인가?

사료마다 모두 그 작자의 경향성을 나타낸다고 할 때, 역사학자는 사료에 끌려가지 않고 위소광 혹은 하옥성 혹은 기타 인물들의 지도자적 작용을 논쟁해야하며, 분석과 종합을 진행해야 했다.

삼원리민주항영의 주요 지도자가 누구인지가 당시에는 아마도 중요한 문제 중에 하나였겠지만, 지금에는 그 의의를 모두 잃어버렸다. 중요한 것은 이때 광주 북쪽 교외의 향촌 중에는 반드시 모종의 사회조직이 존재하고 있었다는 것이며 그렇지 않았다면 이런 것들이 불가능했다는 것이다.

이를 분석하면, 등창현의 배후에는 관방의 색체가 있는 '의용'이 있었고, 하옥성의 배후에는 향신의 색채가 있는 '사학'이 있었으며, 그리고 임복상의 배

---

149) 楊廷枏, 『夷雰聞記』, 75~76쪽.
150) 『三元里人民抗英鬪爭史料』, 206쪽.
151) 위의 책, 24~29쪽.

후에는 가족적 색채가 있는 '수용'이 있었는데, 유독 위소광의 배후에만 마치 하나도 없는 것처럼 단지 자발적 농민이었으며, 비록 광동성 문사관의 조사보고에 석공, 견직물공이 참전했음을 언급했다고 할지라도 모두 그들의 '행회(行會)' 조직을 지명했다.

그러나 광동성 문사관의 조사 중에 우리는 또 약간의 흔적을 발견할 수 있는데, 당시 참전한 일부 농민이 후에 천지회(天地會)의 중요 지도자가 된다는 것이다. 그리고 광주 부근 농촌의 회당(會党) 세력이 매우 강해지게 되었다. 이점에 관하여 우리는 1850년대의 홍병(紅兵)의 반란에서 그들의 힘을 느낄 수 있었다. 이에 근거하여 우리는 또 해당지역 농민 회당 조직이 이 사건에도 모종의 작용을 일으켰을 것이라고 추측할 수 있다. 여기서 위소광이 회당의 우두머리 인지는 중요하지 않으며, 우리의 주의력이 당연히 농민의 조직 형식에 있어야 한다는 것이다.

이에 근거하면 우리는 그들을 관부의 '의용', 향신의 '사학', 농민(혹은 하층민중)의 '회당'으로 간략하게 분류할 수 있다.

소위 '의용'은 즉, 단련(団練)은 관부가 출자하지도 징발하지도 않은 향신의 통제 하에 있는 향리를 보호하는 무장 세력이었다. 관부가 '의용'을 조직할 책임과 권력을 향신에게 주었을 때 향신의 원래 조직인 '사학(혹은 기타조직)'은 즉시 '의용'이라 칭호를 얻었다.

'의용'이든, '사학'이든 그 주요 구성원은 농민이었다(혹은 하층 군중). '의용', '사학', '회당' 세 방면이 모두 발전할 때는 하나의 농민이 동시에 세 가지 신분을 가지고 있었을 가능성이 있었다.

'회당'은 비록 하층민중의 비밀 조직에 속하여, 관부가 적극적으로 탄압했지만, 그 수령 중에는 중상층의 인사도 있었다. 이 때문에 '회당'과 '사학' 간에도 관계가 없지 않았다. 표면상 향신으로 조직된 무장 세력은 사실상 공개된 '회당'이며, 이는 이후의 홍병 봉기에서 매우 분명하게 나타났다.

이것으로 알 수 있는 것은 엄격하게 상술한 세 가지 종류의 조직을 경계선이 분명한 진지나 전선으로 분석하면 곤란하다는 것이다. 사실상 이 조직들이(특히 관부의 탄압을 받은 '회당') 약탈을 하고, 관병과 충돌하고, 외국인을 위해 노동 혹은 음식을 제공하고, 아편 밀매에 종사하고 심지어 관부와 합작을 원하지 않았을 때에는 즉시 또 관부가 지적한 '한간'이 되었다.

삼원리민중항영의 구체적 정황으로 보면, 조직적인 능력 방면에서 신사가 강했는데, 각종 장홍(長紅), 시유(示諭), 격문(檄文) 모두 그들의 붓에서 나왔다. 그들의 공개적인 활동은 관부의 의심을 사지 않았고 오히려 사후에 인정과 칭찬을 받았다. 비밀조직인 회당은 이때 아직 주연 배역을 맡아 큰 공연을 할 수 없었다. 그러나 하옥성의 '간전(柬伝)'이 하루 만에 '남해(南海), 번우(番禺), 증성(增城)에 연접한 모든 촌에 그 효력이 발생했을 때, 사람들도 의심하지 않을 수 없었는데, 그것은 바로 하옥성의 '회청사학(懷淸社學)'이 어떻게 그렇게 큰 호소력을 발휘할 수 있었을까?이다. '회당'의 암중 조작이 있지는 않았을까? 이는 당시에 천지회(삼합회)가 남중국의 지하군(地下軍)에 어떻게 두루 펴져있었는지 알아야 한다!

앞서 말한 내용을 종합해보면, 나는 삼원리 항영에 참가한 조직의 형태가 다양하지만, '의용'은 기반이 없었던 것 같으며, 그들의 지도자들도 각양각색의 사람들이었으며, 그중 가장 활발한 사람들이 관직에 있었던 향신들이었다고 생각한다. 이는 마치 모호한 결론처럼 보이지만, 이에 대한 변별이 점점 명확해지고 구체화되어 사실이 될 가능성이 있다.

이것으로부터 유추하면, 광동성 문사관이 제출한 그 결론은 편면적인 것처럼 보이며, 당시 사람들의 정치신념에 따른 일종의 억지이다.

지난날 조용하던 삼원리가 항영사건으로 이름을 떨치게 됐다. 100년이 지난 후, 사람들의 주요 시선도 당시활동 중의 자잘하고 지엽적인 것에 대해 더이상 잡고 늘어지지 않고, 이것이 반영하는 일종의 정신에 더욱 집중을 하게 되었다.

삼원리는 무슨 정신을 표출했을까? 최근 몇 십 년의 선전은 그것을 인민군중의 민족주의, 애국주의 정신의 표출로 끌어올렸다.

각 시대마다 각기 다른 민족주의가 있었다. 아편전쟁 시기에 중국의 민족주의는 바로 전통의 '천하(天下)'개념과 '이하(夷夏)'개념이었다. 삼원리의 민중은 관여하지 않을 수 없었다. 비록 그들이 외세침입에 직면하여 무장 저항을 하는 자세를 고수했지만, 여기서 드러난 것은 굴원(屈原), 악비(岳飛), 사가법(史可法) 등의 영웅호걸로부터 대대로 유전되어 내려온 전통양식의 민족주의에 속한다는 것이다. 그들은 장홍, 유시, 격문에 말을 돌리지 않고 공개적으로 일체의 외국인에 대한 경멸을 선포하는데, 이 또한 '천조'의 태도와 결코 다르지 않았다. 당시 사람들은 중국이 천하를 포함하고 있다고 인지하고 있었는데, 즉 중국은 하나의 세계이지, 세계의 일부분이 아니라는 것이다. 당시 사람들은 또 중국 이외의 지역에 있는 문명을 평등하게 바라볼 수 없었는데, 그들에게 있는 그런 전통적 민족주의는 비록 '존왕양이(尊王攘夷)'의 장거(壯擧)를 생산해 낼 수는 있었지만, 결국 시대의 흐름에 부합하지 못했다.

나는 근대적 민족주의의 가장 기본적인 특징은 바로 각 민족의 대등함을 인정하고 이민족의 압박에 반대하는 국제관념이라고 생각한다. 중국에서 국제관념적 근대 민족주의는 대체적으로 중일갑오전쟁 이후에 나타나기 시작하고, 양계초(梁啓超), 손중산 등의 천명을 거쳐 5 4신문화운동 시기에 성숙해진다.

국제관념적 근대 민족주의는 서방에서는 민족국가와 민족문화에 따라서 발생한 것이다. 이 기간 동안 '토착적' 민족 언어로 『성경』이 번역되고, 교회세력은 나날이 강대해지는 세속적 역량 앞에서 위축되고, 각 봉건영주의 세력은 국가정부의 권력과 연결되어 있던 모든 연결고리가 약해진다. 영국, 프랑스, 독일, 이탈리아 등의 인민들은 자신의 민족을 의식하고 자신의 민족 정체

성을 인식한다. 이런 민족주의는 또 반대로 민족국가와 민족문화를 촉진하고 성장을 도왔다.

그러나 중국의 상황은 달랐다. 중국인은 매우 일찍 자신(주로 한족)이 단독적인 민족임을 인식했고, **전통적 민족주의로 말하자면 중화민족은 결코 민족의식의 각성 문제가 존재하지 않았다. 문제의 진정한 핵심은 국제관념을 갖춘 근대적 민족주의인가에 있으며, 또 어떻게 '이하(夷夏)' 관념을 가진 전통적 민족주의의 모체에서 태어났는가에 있다.**

이런 방면에서 토론을 진행하면 삼원리 민중항영투쟁은 아무런 공헌이 없는 것이 아니다.

만약 서방의 근대 민족주의의 탄생이 정상적인 현상이라고 본다면, 그럼 중국의 근대 민족주의는 비상시국에서 탄생한 것이다. 그것은 주로 내부의 조건에서 나온 것이 아니라, 외부 사건의 자극에 의해 발생하기 시작한 것이다. 열강의 침략은 삼원리, 반입성(反入城) 등 '이하(夷夏)'의 깃발에 대한 직접적인 반항을 초래하고, 후에 또 반양교(反洋敎), 의화단(義和団) 같은 종류의 배외주의(排外主義)적 행동으로 발전한다. 바로 열강의 갖가지 유린은 '이하' 관념(전통민족주의)으로 하여금 배외사상(排外思想)을 거치고(역시 일종의 민족주의), 근대민족주의로 진입하게 하였다고 말할 수 있다. 당연히 우리는 결코 배외주의 본신의 낙후성을 부인하는 것이 아니지만, 단 그것이 확실히 전통민족주의가 근대민족주의로 변하는 과정에서 반드시 필요한 단계라는 것이다. 마찬가지로 우리도 배외주의를 중국근대 민족주의의 탄생과정의 단계로 삼는 것에 부인하지 않는다. 그리고 그것은 시작되자마자 쉽게 극단적인 길로 달려가는 유전적인 병을 가져온다. 삼원리 민중항영은 일련의 중국 근대민족주의 변천과정 중에서 가장 빠른 연결고리이다.

만약 삼원리 민중항영투쟁이 객관적으로 일종의 애국 행동이라면, 절대로 의혹이 없어 보인다. 그러나 만약 삼원리 민중이 주관적으로 애국주의 정신이 넘쳐흐른다고까지 생각한다면 크고 작은 전제조건을 추리하여 밝히는 점이 부족한 것 같다.

나는 본 절의 서두에 특별히 삼원리 민중항영의 발생 원인인 영국의 폭행에 대하여 토론하고 밝혔다. 이 원인의 진정한 의의는 **삼원리 등지의 민중이 진행한 것은 고향(家園)을 보호하기 위한 전투이지, 조국을 보위하기 위해 투신한 전쟁이 아니라는 것이다.** 비록 그중 일부 사신(士紳)이 전통민족주의적 색채를 가지고 호소하였지만, 그들이 주력한 것은 여전히 고향(家園)을 보위하기 위한 선전에 있었다는 것이다.

보가전투(保家)와 위국전쟁(衛國)의 관념상 차이는 분명하고 뚜렷이 보이므로 지나친 분석이 필요 없었다. 행동으로 말하자면, 전자는 오직 영국군이 약탈한 지역에서만 발생하는 것으로 바로 광주 교외지역이었다. 그러므로 광동의 기타지역 혹은 광동의 인근 성에서 민중이 자각적으로 일어날 수 없었다. 후자는 전국의 민중이 힘차게 투신하는 그 열기가 치솟는 그런 장편드라마이다.

당시의 객관적 조건은 근대 통신수단과 대중매체가 존재하지 않았기 때문에 수많은 민중은 상황을 충분히 알 수가 없었다. 민족주의(어디에 속하더라도)는 사신계층에 존재할 뿐만 아니라 하층민중의 마음속에도 존재하는데, 수많은 사람들이 민족의 이익과 국가의 이익의 존재를 의식하지 못했다. 소수민족으로 중원에 들어온 만청(滿淸)의 통치자는 한민족의 민족정서(엄격하게 유학의 입장에서 보면 만청 역시 '이'에 속한다)에 대하여 두 세기 동안 압제를 진행했다. 인간의 주관적 입장에서 분석해 보면, 당시 가장 지식이 있고, '이하'의 대의를 잘 알고 있는 유생과 관리들 중에 비록 좌종당(左宗棠)과 같은 우국지사가 부족했지만,[152] 절대다수는 오히려 원명원 남괘갑둔(南挂甲屯)의 그 증국번(曾國藩)과 같이 불을 밝혀 성현을 공부하고 정성을 다하여 수신(修身)하는 세간의 일을 묻지 않는 사람들이었다. 중국 인구의 절대다수를 차지하는 농민은 하루 종일 생계를 위하여 일하였고, 시야가 좁았고, 토지, 집, 결혼과 자식에 관심을 가지고 있었다. 그 이외의 모든 것이 그들에게는 마치 하늘과 같이 요원했다.

그들은 태어나서 죽을 때까지 향촌 주위 10리의 범위 안에서 살았으며, 심지어 현성에는 들어가 보지도 못했는데, 하물며 광주, 하문, 정해의 전사에 대하여 어떻게 마음이 움직였겠는가?

영국 측의 문헌은 또 우리에게 하나의 어떤 장면을 제공해 주었다. 전체 아편전쟁 기간 동안 영국군이 비록 일시적으로 보급이 부족한 때가 있었지만, 전체적으로 보면 그렇게 곤란하지는 않았다. 일부 민중이 그들에게 식량, 가축, 물을 팔았고, 또 다른 민중들은 그들을 위하여 노동력을 제공하여 수송을 하고 돈을 받았다. 이런 청국 측의 문헌에 '한간'으로 치부되는 민중은 거의 교전지역에서 어디에나 있었다. 영국군의 행진 심지어 전투개시에 이르기까지, 무리를 지은 민중은 먼 곳에 숨어 이 보기 힘든 '서양의 진풍경'을 구경하는 장면이 영국 측 문헌에 자주 나온다.

중국의 역사는 매우 길어 수천 년에 달하기 때문에, 중국의 백성들에게 역사의 변천 중에 왕조가 바뀌는 것과 같은 중대한 변동도 습관이 되어 예사로운 일이 되었다. 그들 눈앞의 이익을 침해만 하지 않으면 열악한 환경이나 무례한 대우를 참고 견디는 것은 일종의 전통이 되었다. 누가 황제가 되어도 돈과 곡식을 바쳤다. 만청의 황제도 바다를 건너 동에서 온 '홍모(紅毛, 붉은 머

---

152) 羅正均, 『左宗棠年譜』, 長沙, 岳麓書社, 1982, 19~21쪽. 또 鄭永慶의 논문 「阿片戰爭時期士民具折上奏問題述論」, 『近代史硏究』, 1993, 1기) 이에 대해 매우 좋은 분석을 하였다.

리라는 의미로 서양인을 지칭함)' 통치자보다 꼭 낫다고 할 수는 없었으며, 오히려 더 좋아할 수 있는 것이었다. 삼원리 항영사건 전에 영국군은 일찍이 주산(舟山)을 반년이나 통치하였다.

비록 P. 안스트루터를 포로로 잡은 의민(義民)도 있었지만, 절대다수는 역시 귀순자(順民)이거나 심지어 '양민(良民)'이 되었다. 그러나 민중의 이익이 일단 침범을 당하면, 마치 삼원리 일대처럼 관(棺)이 열리고, 재물을 약탈당하고, 부녀자가 수모를 당하면 정세는 즉시 변화를 일으켰다. 그들의 분노는 순식간에 '이에는 이'식의 무력항쟁으로 점화하여, 수천 수백 년 동안 무의식적으로 살 길을 강구하여 어쩔 수 없이 '모반(造反)'을 일으키는 것이었다. 만약 우리가 이 특정한 내용에 침략을 빼면 삼원리 민중항영은 수많은 형식적인 면에서 '관의 핍박에 민중이 반란을 일으킨(官逼民反)' 것처럼 보인다는 것을 알 수 있다.

토벌로 통치를 유지한 청 왕조에서 민중은 그들이 의지할 만한 역량이 아니었다. 민중이 항영을 일으켜, 그들의 이익과 상대적으로 대립하는 조정을 보호하기위해 임칙서, 오이공액, 이량, 혁산 및 다음 장에 등장하는 유겸 등은 모두 거액의 현상금을 걸었으며, 돈으로 이끌었다. 삼원리 항영의 민중 중에 역시 현상금 때문에 마음이 움직인 자들도 있었다.[153] 제임스 브레머, 하필을 참했다는 것은 바로 이를 증명하는 사례이다.

그러므로 우리는 가(家)와 국(國) 간에는 매우 깊은 관계가 있지만, 고향(家園)을 보호하려는 전투를 조국을 보위하려는 전쟁과 혼동해서는 안 된다. 게다가 고향을 보호하는 것 역시 기타 형식이 있었으며, 아편전쟁 후기, 강남의

---

153) 佐佐木正哉가 이 문제에 대해 상세히 분석을 하였는데, 『阿片戰爭硏究-從英軍進攻廣州到義律被免職』, 제7부분 '三元里事件'을 참고. 당연이 나는 그의 기본관점에 완전히 동의하지는 않는데, 즉 당시 민중 항영은 주로 거액의 상금이 작용했다는 내용이다.

관신들(官紳)이 주동적으로 영국군에게서 '성을 되찾는 비용'을 전하면서 자신들의 구역이 혼란스러워 지는 것을 원하지 않았다. 마치 난세에 죄악을 일삼는 토비와 같이 대했다. 그들의 방법은 삼원리와 분명하게 다르며, 옳고 그름의 큰 차이가 있으나 목적은 오히려 비슷한 점이 있는데, 그것은 바로 고향을 보호한다는 것이다.

아편전쟁 및 이후의 모든 열강의 침입 전쟁에서 대다수 민중의 기본 태도는 자신의 일 바깥에 두는 것이었다. 근대 중국에 진정한 의의의 민족전쟁, 호국전쟁이 있었는데, 그것은 1930년대에 발생한 항일 전쟁이었다. 근대 민족주의와 애국주의는 이때 이미 성숙했으며, 근대화를 거친 전파매체와 교육수단은 사람의 마음을 깊게 끌어당겼다. 중국 인민들은 이것으로부터 전례 없는 웅대하고 장관인 역사를 창조했다. 그러나 누구도 부인할 수 없는 것은 당시 여전히 매우 많은 크고 작은 한간과 배경이 각기 다른 더 많은 귀순자들이 있었다는 것이다.

앞서 말한 내용을 종합해 보면 나는 삼원리 민중항영투쟁은 백 년 동안 칭송할 만한 사건임에 의심할 여지가 없으나, 민족주의 혹은 애국주의 정신의 표출까지 끌어올렸다는 것은 당시의 시대를 벗어난 것이라고 생각한다. 그것은 오늘날 우리들로 하여금 부끄럽고, 혐오스럽고, 치욕스러운 암흑의 시대라고 느끼게 한다. 즉 삼원리와 같이 그렇게 활약하던 사람 혹은 귀한 사물이 덧없이 사라지는 광명의 경계에서 여전히 우리는 이 국가와 민족 본신의 수많은 결함을 볼 수 있다.

중화민족은 세계에서 가장 위대한 민족 중에 하나임이 틀림없지만, 역사학자는 몇 천 년 동안 누적된 민족의 결함을 소홀히 하거나 못 본 척해서는 안 되며, 결함을 직시하는 것이 결함을 없애는 필수 전제조건이다.

제5장
동남(東南) 요새의 붕괴

제5장
동남(東南) 요새의 붕괴

　　150년간의 아편전쟁사에 대한 주장과 연구 중에 양방과 혁산은 대부분 불명예스러운 모습으로 출현했다. 그들의 실패를 호색(好色), 탐화(貪貨), 미약한 항적(抗敵)의지 등 도덕적인 비난으로, 혹은 우둔하고, 갈팡질팡하고, 낮은 임기응변 능력 등 지혜 방면에서의 결함으로 귀결시켰다. 그리고 사람들로 하여금 오랫동안 사리를 끝까지 밝히게 하고 '이'를 제압하는 영웅을 꿈꾸게 하였다. 전쟁 패배의 필연성이 양방–찰스 엘리엇의 정전협정, 혁산–찰스 엘리엇의 정전협정 때문에 분명해진 것은 아니었다.

　　그러나 동남의 복건과 절강은 사정이 달랐다. 도팽(陶澎)이 죽고, 임칙서, 기선, 이리포, 등정정이 연달아 파직당한 후, 도광제는 대담하게 새로운 인물을 등용한다. 등정정의 민절(閩浙)총독의 직위는 안백도(顔伯燾)가 직무를 이어받았고, 이리포의 양강 총독, 흠차대신의 관명은 유겸(裕謙)이 이어 받았다. 안백도가 민, 절 양성의 천리 방어선을 관리해야하는 어려움을 걱정한 도광제는 바로 유겸에게 절강(浙江)에 상주하면서, 강소(江蘇)를 두루 돌볼 것을 명령하여 안백도와 책임을 분담하게 하였다.

　　이렇게 새로 임명된 안백도과 유겸은 1841년 초에 부임하여 한 명은 하문(廈門)을 지키고 다른 한 명은 진해(鎭海)에 장기간 머무는데, 두 곳 모두 군사 요충지이다. 그들의 항전에 대한 의지는 매우 확고하여 '초이(剿夷)'를 강력하게 주장하는 관리사자(官吏士子)들에게 두터운 신망을 얻었다. 그들은 방어조치를 가장 철저하게 했는데, 방어구역을 나누어 견고하기가 비교할 데 없는 요새를 건립했다. 그들은 도광제 및 조정과 재야 관료 그리고 선비들에게 만리장성(보루)과 같았다.

그러나 영국의 군함이 파도를 넘어 오자, 이 동남의 요새는 무너지게 되었다.

1. 헨리 포팅거의 동래[**]

역사의 결론을 아는 후인들은 운 좋게도 다음과 같은 흥미 있는 현상을 보게 된다. 1841년 초, 기선이 교섭 중에 경사에 있는 도광제의 불만을 사서, 성지에 여러 번 질권을 당할 때, 저 멀리 런던의 영국외상 파머스턴이 마침 찰스 엘리엇의 저자세 외교에 크게 화를 내고 심하게 질권했다. 영국군이 홍콩을 강점하자 기선이 파직되어 경사(북경)로 압송되었기 때문에 『초보협정』이 결코 성사될 수 없게 되어 찰스 엘리엇은 관직을 잃게 되었다. 만약 광주에서 북경까지, 오문(奧門)에서 런던까지의 지리적 요소로 조성된 통신 시간의 차이를 고려하지 않는다면, 기선과 찰스 엘리엇은 같은 원인, 같은 시간에 각자 배후에 의해 파직당한 것이라고 말할 수 있다. 만약 런던이 북경보다 더 멀지 않았다면, 양방과 혁산이 직면하게 되는 적수는 찰스 엘리엇이 아니라 신임전권대사인 헨리 포팅거였을 것이다.

헨리 포팅거는 아일랜드사람으로 1789년에 출생했다. 14세에 나라를 떠나 인도로 갔다. 15세에 동인도회사의 육군에 들어갔고 2년 뒤에 소위의 계급을 달았다. 그의 일생 중 가장 큰 사건은 1810년 그가 인도와 페르시아 변경지역 조사에 지원한 것(지금의 파키스탄, 이란, 아프카니스탄 경계지역)으로, 그 지역의 마상(馬商)으로 위장하여 2,500여 킬로미터를 조사했다. 이후 그의 명성이 높아지고 영전의 기회도 많아졌다. 1840년 그는 37년간의 해외 활동을 마무리하고 어렸을 때 생활하던 영국으로 돌아와 작위를 받고 동인도 회사의

육군 소장에 올랐다.[01]

늦어도 1841년 4월 초에 파머스턴이 교체를 결정했다. 부활절의 도래는 찰스 엘리엇에게 며칠의 기회를 더 주었다. 4월 30일, 내각이 개최되어 찰스 엘리엇의 소환을 결정하고 인도에서 돌아 온지 얼마 안 되는 헨리 포팅거를 다시 원동(遠東)으로 파견하여 전권대표의 직무를 인계받게 했다. 파머스턴은 분명히 헨리 포팅거의 동방에서의 경험, 수완과 용기를 꽤 중요하게 생각한 것 같으며, 영국의 권익을 위한 한 명의 '수완가'를 찾았다고 생각한 것 같다.[02] 1841년 5월 31일, 헨리 포팅거는 파머스턴의 마지막 훈령을 받았다. 6월 5일에 그는 런던을 떠나 배를 타고 지중해를 지나, 육로로 수에즈(당시는 운하가 개통되지 않았다)를 거쳐 7월 7일 뭄바이에 도착했다. 그는 뭄바이에서 10일을 머문 후, 인도 당국의 중국침략 사항을 협조 받고 다시 7월 17일 출발하여 8월 10일 오문에 도착했다.[03] 그와 같은 배를 타고 신임 원정군 사령관이자, 동인도 함대 총사령관 해군 소장인 윌리엄 파커(William Parker)가 도착했다.

헨리 포팅거가 런던에서 오문까지 오는 데 67일이 걸렸다. 이는 기록적인 속도로 당시 중국에 있던 상선주(商船主)들을 크게 놀라게 하였다. 찰스 엘리엇도 놀란 사람들 중에 하나였을 가능성이 매우 컸다. 그 이유는 5월 3일에 출발한 이 소환 지령이 8월 8일에야 비로소 그의 수중에 도착했는데 이틀 후 후임자가 도착했기 때문이다.

헨리 포팅거의 빠른 도착은 당시 영국이 증기선 기술, 지리지식과 식민지체계 등 모든 방면에서 진보했음을 나타내는 것이다. 이는 청조의 대신들이 북경에서 광주에 도착할 때까지 임칙서의 61일, 기선의 56일, 혁산의 57일보다

---

01) George Beer Endacott, A Biographical Sketch-book of Early Hong Kong, Singapore : Eastern Universities, 1962, 13~14쪽.
02) 馬士, 『中華帝國對外關係史』, 1권, 751쪽.
03) 『Chinese Repository』, Vol 10. 476쪽.

며칠 더 길었을 뿐이다. 만약 헨리 포팅거가 뭄바이에서 10일 동안 머물지 않았다면, 오히려 영국 측이 더 빨랐을 것이다. 이렇듯이 과학은 공간적 거리를 단축시켰으며, 동, 서 두 대국은 나날이 가까워졌다. 청조는 이후 점점 빠르게, 점점 강하게 서방의 압박을 받아야 했다.

그렇지만 헨리 포팅거가 이후 전개한 군사행동의 속도는 더욱 빨랐는데, 이는 찰스 엘리엇과는 서로 완전히 다른 성격임을 나타낸 것이다.

찰스 엘리엇의 파면은 영국정부가 그가 규정대로 일을 처리하지 않았다고 결정하고, 헨리 포팅거로 하여금 이 직무를 대신하게 한 것이며, 또한 영국정부의 각항에 대한 훈령을 이미 받았다는 것을 의미한다. 이를 제외하고 파머스턴은 특별히 다음과 같이 표시하였다.

1. 영국군은 다시 주산(舟山)을 점령한다.
2. 광동에서 교섭을 하지 않고 담판은 당연히 주산 혹은 천진에서 해야 한다.
3. 교섭대상은 중국황제가 전권을 맡긴 대표여야 한다.
4. 배상 총액(아편, 상흠, 군비)은 300만 파운드(銀元 약 1,200만)보다 낮아서는 안 된다.
5. 청 정부에게 아편무역의 합법화를 권고한다.[04]

상술한 훈령의 원칙에 근거하여 포팅거는 광주에서 오래 머물지 않고 신속하게 군대를 움직여 북상하여, 북방으로 확전시켜야 한다고 생각하였다.

1841년 8월 12일, 포팅거는 도착한지 이틀 후에 군사회의를 열고 북상을 결정했다. 8월 21일에 영국군은 홍콩에 점령군 일부를 남기고 주력을 북상시켰다. 8월 22일에 헨리 포팅거 본인 역시 북상 진공군의 전함에 탑승했다.[05]

---

04) 馬士, 『中華帝國對外關係史』, 1권, 745~751쪽.
05) 『Chinese Repository』, Vol 10, 524쪽

영국군의 제1차 목표는 여전히 찰스 엘리엇이 오래전에 세운 계획이자 결국 원하는 대로 되지 않았던 하문(厦門)이었다.

영국군이 이렇게 새로운 군사행동을 개시했는데, 청 조정은 여전히 아무것도 모르고 있었다. 이는 혁산이 재차 기만행위를 했기 때문이었다.

1841년 8월 10일, 헨리 포팅거는 도착한 당일에 양광총독 기공(祁貢)에게 두 편의 조회를 보냈다.[06] 8월 13일에 헨리 포팅거의 비서 G. A. 말콤(G. A. Malcolm) 소령이 광주에 전달했다. 8월 14일에 G. A. 말콤과 여보순이 회담을 했다.[07]

비록 당시의 영국인들이 조회에 사용한 한어(중국어) 수준이 그전에 비에 높아지지 않았기 때문에 쌍방이 회담에서도 뜻을 잘 표현하진 못했을 것이라고 추론할 수 있지만, 사료를 살펴보면 혁산 등이 적어도 아래의 5항에 대해서는 충분히 이해하고 있었음을 알 수 있다.

1. 헨리 포팅거는 영국 군주의 '칙서(勅書)'를 받은 신임 '전권' 공사대신(公使大臣)'이며, 주 중국 '영사'를 겸임하고 있는 사람이라는 것과, 찰스 엘리엇은 바로 귀국한다는 것이다.

2. 헨리 포팅거는 오직 청국 측의 '전권', '대헌(大憲)'과 담판을 하며, '조약을 체결(結約)'함으로써 중영전쟁을 끝낸다는 것이다.

3. 쌍방의 담판 기초는 여전히 『파머스턴이 중국재상에게 보내는 문서』에 나오는 각 항의 요구이다.

4. 담판에서 영국 측이 만족할 만한 결과를 얻기 전에는 영국군은 광동에

---

06) 佐々木正哉編, 『阿片戰爭の硏究:資料篇』, 129~130쪽.

07) 포팅거가 1841년 8월 14일에 파머스턴에게 보낸 편지; 말콤이 1841년 8월 14일에 포팅거에게 보낸 편지. 佐佐木正哉, 「阿片戰爭硏究-從璞鼎查就職到南京條約的締結」 ([일] 『近代中國』 제14권, 중역본 이소군 선생 제공) 말콤은 여보순과의 회담 중에 특별히 포팅거의 사명을 빨리 중국재상에게 보고해야 하며, 포팅거가 중국황제에게 전권을 위임받지 못한 그 어떠한 대표와도 회담을 하지 않는다는 것과 영국군의 북벌의도를 설명했다.

서 계속 '북상'하여 멈추지 않고 진공할 것이다.

5. 광동 관원에게 이상의 정황을 조정에 보고할 것을 요구한다는 것이다.

혁산 등이 만약 정말로 이런 정황을 도광제에게 상주하였다면, 그것은 자신이 행한 기만을 폭로하는 것이었다.

나는 제4장에 이미 혁산의 몇몇 거짓말 때문에 도광제가 전쟁이 이미 대체적으로 끝났다고(비록 그렇게 모양세가 좋지는 않았지만) 잘못 생각하게 만들었지만, 헨리 포팅거의 담판재개, 조약체결, '전권'대신의 파견이라는 등의 요구는 혁산으로 하여금 이전에 올렸던 사실과 다른 보고를 더 이상 은폐할 수 없게 했다. 즉시 이를 바로잡기 위해 혁산은 재차 여보순을 파견하고 기공의 조회를 오문으로 보내,[08] 헨리 포팅거와 교섭을 했다.

이전의 찬란했던 '천조'의 대외 교류사에 있어서, 이전까지는 '천조'의 관원이 '이목(夷目)'을 상대할 가지가 없다고 여겼었다. 이후 찰스 엘리엇이 이미 오랫동안 양국 관원 간의 직접적 담판을 모색하여, 결국 금연운동 중에 임칙서가 여보순을 파견한 이후에는 일상적인 일이 되었다. 이 이후 찰스 엘리엇은 '천조' 관원의 회견신청을 거절한 적이 없었다. 정세가 영국에 유리하던지 아니면 청국 측이 유리하던지를 막론하고 말이다. 그러나 이번에 '이목'이 된 헨리 포팅거는 오히려 '천조'라는 틀을 들어내고, '전권'의 지위를 갖추지 못한 '천조' 관원과의 만남을 거절했다. 그래서 8월 18일에 여보순이 오문에 도착하지만 헨리 포팅거를 보지 못하고 그의 비서 G. A. 말콤의 접대를 받았다.

그러나 이 모든 것이 혁산 등의 상주에 이르러서는 완전히 변했다.

1841년 8월 23일, 헨리 포팅거가 북상한 다음날에 혁산, 제신(齊愼), 기공, 이량[09] 이렇게 네 사람이 공동으로 상주를 올려 갖가지 눈을 가리는 수법을

---

08) 佐々木正哉編, 『阿片戰爭の硏究:資料篇』, 131쪽.

09) 이때 참찬대신 양방은 병에 걸려 호남의 본임으로 돌아가고, 참찬대신 륭문은 병으로 사망하여, 광동

발휘했다.

먼저 그들은 헨리 포팅거의 주요 직무를 전권공사대신, 즉 전권대표임을 은폐하고 단지 영국이 '영사'를 교체한 것이라고 하였다. 당시의 표현에 따르면, '영사(領事)'는 중국에 와서 장사를 하는 사람들을 관리하는 대화상무총감독(對華商務總監督)이며, 또 등정정이 이전의 해석에 근거하여 그것은 '대반(大班)'과 이름이 다르지만 같은 것이라는 것이다. 이렇게 전권대표라는 것을 은폐한 핵심은 헨리 포팅거가 중국에 온 진정한 사명을 은폐한 것이라고 할 수 있다.

다음으로 그들은 헨리 포팅거가 여보순의 회견요청을 거절한 사실을 은폐하고, 신임 영사가 8월 15일에 출항했다고(7일 전의 일이었다) 기만했다. 이것으로 보면 치욕스러운 진상을 감추었을 뿐만 아니라, 시간적 순서로 볼 때, 8월 14일에 G. A. 말콤이 광주에 도착하고 8월 15일에 헨리 포팅거가 출항했기 때문에 혁산 등이 어떻게 해도 이 신임 영사를 만날 수 없었다고 한 것이다. 즉 적시에 '이목(夷目)'을 저지하지 못하여 북상하여 창궐하게 한 책임을 회피한 것이다.

그 다음은 그들의 분석에 따르면, 찰스 엘리엇의 파직은 '해마다 병사를 모집'했기 때문에 죄를 지은 것으로(이 죄명이 어떻게 나왔는지 누구도 모른다), 그는 이것에 대해 매우 불만을 가지고 있었기 때문에, 헨리 포팅거에게 이미 통상에 대해 황제의 허락을 받았다는 것을 알리지 않았다는 것이다. 즉, 헨리 포팅거는 실정을 몰랐기 때문에 기공의 조회를 기다리지 않았다는 것으로 '출항하여 북상한 것은 찰스 엘리엇에게 속았기 때문이라는 것이다. 그래서 헨리 포팅거가 만약 북상하여 '항구 개방을 간청한다면', 포를 쏘아 싸움을 걸 가능성이 매우 크며, 일단 이렇게 된다면 통상은 다시 중지되고 군대의 충돌

방면은 오직 이 네 명의 대신만 남았다.

이 끊이지 않을 것이며, 그는 곧 찰스 엘리엇과 같은 잘못을 저지르는 것이며, 반대로 찰스 엘리엇은 마침 '이미 파직되어' 이 책임을 피하게 된다는 것이다.(이는 실로 오늘날의 사람들로 하여금 탄복케 하는 상상력이 매우 풍부하고 대담한 '분석'이다)

이일을 처리하는데 이르러서 혁산 등은 상주에, 여보순이 '부영사' G. A. 말콤에게 유지를 전하여, 대황제가 이에 은혜를 내려 통상을 허락하였는데, "어떻게 다른 요구를 하고, 다시 북상할 수 있는가"라고 하자, G. A. 말콤이 이 유지를 듣고 계속 "고개를 끄덕이며 칭찬하였으나", 또 헨리 포팅거가 출항한 후 공교롭게도 연일 남풍을 만나 아마도 이미 멀리 떠났을 것이므로 "중도에 따라잡아 반드시 유지를 받들어 뜻을 전하기로 하였다"라고 보고하였다. 이어서 여보순이 또 유지를 전 영사 찰스 엘리엇에게 전하여 찰스 엘리엇 역시 "유지를 받들어 서신을 전달하여 그만두게 하겠다고 말했다"라고 하였다.[10]

혁산은 상주에 헨리 포팅거의 실제 사명에 대해 전혀 언급하지 않았으며, 영국군이 북상 후 군사행동을 전개한 것도 전혀 언급하지 않았다. 비록 혁산이 복건, 절강의 관원들에게 넌지시 알렸다 할지라도 말이다.[11] 혁산은 G. A. 말콤, 찰스 엘리엇이 '공손'한 태도를 보였다고 사실과 완전히 상반된 보고를 했다. 그리고 반드시 주의해야 할 것은 혁산이 여기에 복선을 미리 깔았다는

---

10) 『阿片戰爭檔案史料』 4권, 16쪽.

11) 다른 방면에서 보면, 혁산은 복건, 절강 관원에게 약간의 실제 상황을 토로한다. 1841년 8월 30일에 복건순무 유홍고(劉鴻翱)가 혁산의 자회를 받는다. 영국의 새로 부임한 영사 포팅거가 '이(夷)'의 서신 두 건을 보내왔는데, 하나는 찰스 엘리엇이 파면되어 고국으로 돌아가고 포팅거가 영사의 직위를 위임받는다는 것이고, 다른 하나는 "선정장정(善定章程), 작년 7월에 천진에서 올린 각 조약에 따라 처리해야 한다. 만약 광동에서 승낙하지 않으면 즉시 군대를 나누어 북상하고 다시 재상과의 상의를 요구한다."는 등의 내용과 7월 초1, 2일(8월 17일, 18일) 즉시 출항하겠다는 편지이다. 유홍고가 이 자회를 받았을 때, 하문은 이미 점령당하였고, 그 결과 그가 상주에 연해 각지의 엄밀한 방어를 요청한다. 9월 3일 유겸도 혁산이 8월 16일에 보내 자회를 받았는데, 내용은 같다. 『阿片戰爭檔案史料』 4권, 33~34, 44쪽.

것이다. 즉, 영국군이 북방에 출현한다고 할지라도 그것도 그의 책임이 아니라 연일 남풍이 불어 G. A. 말콤이 쫓아가지 못해서 헨리 포팅거가 그의 권고를 들을 수 없었기 때문이라는 것이다. 광주에서 패배한 후에 혁산−찰스 엘리엇의 정전협정 등의 사정에 대해서는 여전히 은폐정도가 심각했다.

혁산은 재차 기만술을 펼쳐보였다.

혁산 등이 광주에서 고심을 하며 상주를 구상하고 있었던 당일, 북경의 도광제는 절강순무 유운가(劉韻珂)의 상주를 받았다. 이 상주에서 영국군이 절강으로 북상하여 보복을 하려한다는 소식(이전 찰스 엘리엇의 계획으로 헨리 포팅거와 무관하다)을 들었기 때문에, 절강은 7월 28일에 철수하라는 유지를 따르지 못한다는 것과 방어병력을 철수시키지 않겠다고 보고했다. 완전히 혁산에 의해 조종당하던 도광제는 이 주장에 대해 근본적으로 불신하고 유지를 내려 엄한 어조로 질권했다. "만약 그 이(夷)가 정말로 다시 공격을 하려 한다면, 어찌 그 사실을 유포하려하겠는가? 그것은 풍문으로 도대체 어디에서 나온 말인가? 그 오랑캐의 사정을 확실히 조사하여 만약 순종적이면, 절강(浙江)에 침입하려는 뜻이 결코 없는 것으로 여겨지므로, 다시 병력을 철수시키는 것이 타당하다고 본다. 유겸 등은 여전히 앞의 유지를 받들어 병력을 철수해서 낭비를 줄이도록 하라."[12] 이 성지에서 우리는 전제 군주가 터무니없는 말로 억지를 부리는 것을 볼 수 있으며, 그가 혁산의 거짓말에 중독된 정도를 추측할 수가 있다.

1841년 9월 5일, 도광제는 이미 혁산 등의 상주를 받았기 때문에 자연히 정세의 심각함을 분명하게 알 수 없었다. 그래서 유지에 '방어에 특별히 주의하라'라고는[13] 하였지만, 광동에 국한되었을 뿐만 아니라, 같은 날 복건, 절강, 강

---

12) 『阿片戰爭檔案史料』 4권, 17쪽.
13) 위의 책, 4권, 49쪽.

소, 산동(魯), 직(直), 성경(盛京) 각 연해의 장군독무에게 위와 같은 지시를 내리지 않았다. 대체로 도광제는 헨리 포팅거의 '북상'이 여전히 광동연해의 범위를 넘을 수 없을 것이라고 생각한 것이다.

도광제의 이 유지가 내려진 날은 마침 영국군이 하문을 공격하여 점령한 후, 주력군이 재차 북진한 날이었다. 8일 후, 하문함락의 소식이 도착하자 도광제는 대경실색했다.

혁산의 거짓말은 비록 그 자신은 다시 한 번 액운을 피하게 하였지만, 오히려 국가를 한차례 새로운 재난 속으로 빠져들게 하였다.

2. 하문의 석벽石壁

혁산의 거짓말은 도광제를 기만하는데 성공했지만 그의 이웃이자 복건제독인 안백도를 속이지는 못했다. 영국군의 함대가 바람을 타고 도착했을 때, 안백도는 하문에서 진지를 확고히 정비하고 적을 기다리고 있었다.

안백도는 광동 연평사람으로 대대로 관리를 지냈으며, 조부와 부친 모두 1, 2품 대원(大員)이었다. 그는 1814년에 진사에 합격하고 한림원에 들어간다. 산관(散官) 후, 편수(編修) 등의 직위를 역임했다. 1822년에 지방관으로 임직하게 되어, 섬서연유수도(陝西延楡綏道), 섬서독량도(陝西督粮道), 섬서안찰사, 감숙포정사, 직예포정사 등의 직을 역임했다. 일찍이 장격이의 난을 평정하는 중에 군수, 결산 등의 직무를 수행하여 도광제의 호평을 받았다.[14]

1837년에 안백도는 운남순무에 부임하고 운남총독 이리포에 배속되었다. 1839년에 이리포가 양강(兩江)으로 옮기자 그는 운귀총독을 겸직했다. 1840년

---

14) 『淸史列傳』 12권, 3,767쪽.

9월, 도광제는 등정정의 파면으로 휘하에 대장(大將)이 없었기 때문에 곧 안백도를 차출하여 복건, 절강을 관리하게 했다.

안백도는 명령을 받은 후, 즉시 북경으로 올라가 청훈을 받고 삼일동안 다섯 번을 알현하고, "폐하의 지시가 주도면밀하여 각골명심하였다"라고 하였다. 도광제는 그에 대해 꽤 희망을 품고 있었는데, 사은을 표시하는 상주의 주비에 "일체의 모든 것이 진지하며, 열심히 처리하니, 이에 부합하여 위임했다."[15]

안백도의 일생을 보면, 그는 걸출한 인물은 아닌 정치적으로 평범한 인물인 것 같다. 그러나 성상(聖上)의 성은은 확실히 신하로써 보답하려는 열정을 일으킬 수 있게 만든다. 그래서 그는 부임하기도 전에 큰일을 했다.

1841년 초 안백도는 부임 도중에 창주(常州), 항주(杭州)를 거치면서, 각각 강소순무 유겸과 절강순무 유운가를 회견했다. 영국군이 오랫동안 정해를 점거하고, 이리포가 의도적으로 움직이지 않는 것에 그는 분노했다. 그리하여 그는 유운가와 함께 상주하여, 임칙서의 복귀를 요구하고 "이리포와 회동하여 토벌계획을 수립하고 처리해야 한다."라고 했다.[16] 이리포는 운남에서 다년간 안백도의 상관으로 지냈었는데, 안백도의 이런 상관의 방법에 찬성하지 않는 것 같은 반목은 당시의 관계의 규율에 그다지 부합하지 않는 것이나, 그 심중에 있는 왕조의 이익과 개인적 은원이 표출된 것이다.

1841년 2월 17일, 안백도는 복주에 부임하여 잠시 업무를 본 후, 도광제의 유지에 근거하여 천주(泉州)로 가서 방어 업무를 했다.[17] 그렇지만 그는 이때

---

15) 안백도의 상주, 도광 21년 정월 29일, 『軍機處錄副』, 『淸史列傳』에서 도광제가 북경에 올라와 청훈할 필요가 없다고 명령한 것은 잘못된 것이다.

16) 『阿片戰爭檔案史料』 3권, 18쪽.

17) 위의 책, 3권, 213쪽.

하문의 특수한 지위를 민감하게 느끼고 결국 전 성(省)의 사무를 신임 복건순무에게 맡겨 사무를 대행하게 하였다.[18] 그리고 본인은 전심전력으로 하문의 방어 건설에 집중했다.

하문은 복건성 남부에 위치하는 보기 드문 천연의 양항(良港)으로 북쪽으로 역사상 유명한 국제적 대항구인 천주(泉州)와 80킬로미터 떨어져 있었다. 명이 청으로 교체된 후, 천주가 쇠퇴하고, 하문이 갑자기 흥성하기 시작하여 청조가 대외에 개방한 통상 항구 중의 하나가 되었다. 설령 청 정부가 대외 봉쇄정권을 실시했다 할지라도, 해운업, 조선업이 대만과의 상무관계로 인하여 그곳은 계속 발전을 했을 것이다. 또 민간 해운 업주와 상인의 동남아, 일본 등과의 무역왕래는 끊어진 적이 없었다. 그들의 사업에 대항 용기와 항해 경험은 당시의 중국에서 볼 때 매우 뛰어난 것으로, 거의 돌만 나오는 지방을 번화한 시장으로 만들었다. 아편전쟁 전의 하문은 중국에서 상해와 광주 다음의 해운업중심지였으며, 영국 측이 모색하던 통상 항구였다.

군사방면에서 보면, 대만 정씨(鄭氏), 삼번(三藩) 경씨(耿氏)와의 전쟁 및 계속되는 해적을 평정해야 했던 청조에게 하문의 지위는 매우 분명하였다. 그래서 청조에서 제일 큰 해상무장부대의 지휘부인 복건수사제독아서(福建水師提督衙署)가 이곳에 있었다. 하문 및 그 부근의 수사제표(水師提標)는 모두 5영(營)으로 4,300명이었다.[19]

예를 들어 성장이 빠른 아이의 의복이 종종 그 성장 속도를 따라가지 못할 때가 있듯이, 하문은 비록 단지 면적이 겨우 109㎢인 도서이고, 부주현(府州縣)이 아니며, 행정구획 상 동안현(同安縣, 지금은 오히려 반대로 동안이 하문

---

18) 위의 책, 3권, 137쪽. 이때 복건순무 오문용(吳文鎔)은 이미 호북순무에 전임되었고, 운남포정사에서 복건순무로 옮긴 유홍고는 아직 도착하지 않았다.
19) 본 권 1장 2절.

시의 속현이다)에 속했지만, 청 정부는 오히려 흥천영도(興泉永道; 興化府, 泉州府, 永春府)를 파견하여 이곳에 머물게 하였다. 그리고 천주부의 동지(同知)를 이곳에 배치하여 직접 이 지역을 다스리게 하고 하문해방방(廈門海防)동지라고 칭했다. 동안지현은 정칠품이고, 하문해방동지는 정오품으로 동안의 속지인 하문 지방관의 품계가 동안보다 높았는데, 이는 매우 큰 몸집에 그에 상응하는 의상이 필요한 것과 같았다. 사실상 동안지현은 줄곧 이 지역에 관여하지 않았다. 이런 의미에서 볼 때, 하문은 이미 이전부터 '특구'였다.

1841년 3월 2일 안백도가 하문에 도착했다. 그는 비록 근대 국제경제무역에 대한 안목을 갖추지 못했고, 해운업, 상업의 번영으로부터, 영국 측이 하문을 얻고자 한 심층적 원인을 보았지만, 1840년 7월과 8월 이렇게 두 차례 하문전투[20] 및 영국 측이 하문을 공격하고 개항하여 통상을 희망한다는 광동에서 전해진 풍문에 그는 직관적으로 이곳에서 장래 전쟁이 벌어질 것임을 예감했다. 그리하여 그는 이곳에 친히 주둔하는 계획을 세우고 방어시설을 배치했다. 그와 흥천영도 유요춘(劉耀春), 신임 수사제독 두진표(竇振彪)의 조율아래 하문은 이곳에서부터 전례 없는 규모의 폭넓은 방어 건설 공정을 시작했다.

아편전쟁 이전, 하문의 방어시설은 매우 미미하여 거의 없었다. 하문도의 남안에 포대가 하나 있는데, '대포대(大砲台)'라고 불렸지만 '대'라고 해봤자, 평상시에 수비군이 25명이었다. 섬 서부 고기(高崎)포대에는 평상시 수비군이 30명, 섬 동남부 황조(黃厝)포대에는 평상시 수비군이 겨우 1명이 있었다.[21] 제1

---

20) 1840년 7월의 하문전투는 제3장 1절을 참고. 1840년 8월의 제2차 하문전투는 하문을 봉쇄한 영국 함선 엘리게이터호와 수송선 한 척이 하문수군과 벌인 무장 충돌이다. 졸작 「阿片戰爭時期廈門之戰研究」, 『近代史硏究』, 1993, 4기 참고.

21) 周凱, 『廈門志』 권3 '兵制', 권4 '防海', 도광 20년(1832) 각본. 이들 포대의 화포 수량에 관하여 나는 관련 자료를 아직 찾지 못했으나, 기준조(祁寯藻) 등의 상주에 근거하면 복건성 "예전에 포대를 세울 때, 둘레가 10여장이 안 되고, 포가 4에서 6문이 안 되며, 천근이 넘지 않는다"고 하였다(『籌辦夷務始末(道光朝)』 1권, 291쪽). 이것으로 그 규모를 추측할 수 있다. 또 영국군 통역 로버트의 보고에 근거

차 하문전투 후에 등정정은 하문의 방어를 강화하고, 하문도의 남안(南岸), 고랑서(鼓浪嶼), 해징현(海澄縣, 지금의 龍海縣) 서자미(嶼仔尾)에 급히 포돈(砲墩)을 건설했다.(즉 沙袋砲台),[22] 모두 268문의 화포를 배치하고 하문도 남안 일대에 방어군 1,600명을 배치했고, 그밖에 1,300여 명을 고용하여 방어에 협력하게 했다.[23] 등정정의 이런 조치는 하문의 방어력을 강화하는 것임이 틀림없다.

그러나 안백도는 이에 대하여 만족하지 못하고 그는 참신하고 거시적인 계획을 세웠다.

<hr />

하면, 1940년 7월 제1차 하문전투 시, 하문도 남안 포대, 즉 '대포대', "5문의 포대를 배치할 수 있다. 그러나 이때 1문의 화포도 배치되지 않았다"고 하였다(『Chinese Repository』, vol 9. 223쪽). 이는 기준조의 주장을 증명한다.

22) 포돈(砲墩)은 마대에 흙을 채워 넣어 쌓은 것으로 임시 포병진지이다. 복건의 포돈 규제는 사대 5층에서 10여 층으로 같지 않다. 두께는 가장 얇은 것이 사대 5층이며, 길이는 110장에서 100장으로 같지 않음(기준조의 상주를 참고 『籌辦夷務始末(道光朝)』 1권, 295쪽; 등정정의 편지, 『叢刊 阿片戰爭』 2권, 578쪽).

23) 『籌辦夷務始末(道光朝)』 2권, 448~449쪽.

正面

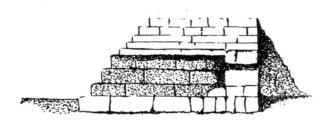

剖面

그림 5) 하문(廈門)의 석벽(石壁)

　　등정정 등이 포둔 건설을 감독하여 바다에 인접하여 세운지 반년이 지났을 때, 이런 종류의 임시적인 공사는 풍우해류에 침식되고, '모래주머니가 오래되면 썩기 때문에' 안백도가 깔끔하게 그것을 철거하여 새로 세웠다.

　　화강암은 당시 세계에서 가장 견고한 건축자재로 복건 남부가 유명한 주 생산지이다. 안백도는 이 화강암으로 모래주머니를 대체하여 하문도 남안에(지금의 하문대학 일대), 세계에서 가장 견고한 재료를 사용하여 당시 중국에서 가장 견고한 선식(線式)의 영구적 포병진지인 '석벽(石壁)'을 구축했다.

　　안백도의 상주에 근거하면, 석벽은 길이가 약 1.6km, 높이가 3.4m, 두께가

2.6m으로 16m의 간격마다 대포구멍이 뚫려 있으며, 모두 100문의 화포가 배치되어 있었다. 영국의 함포사격이 석벽에 적중하여 돌이 튀어 아군이 다치는 것을 방지하기위해 석벽의 외측에 진흙으로 보호하여 '부드러움으로 강함을 이기는' 방법을 취했다. 석벽의 뒤에, 병영을 건설하여 방어군을 거주하게 했다. 그리고 석벽, 병영의 측후방을 또 담으로 둘러싸서 방어를 하였다.[24]

영국군의 한 군사 기술자는 전후 석벽의 구조를 조사했는데, 그것의 방포(放砲) 능력과 견고한 정도를 매우 높이 평가했다. 그는 그의 저작에 석벽의 묘사도를 그려 넣어, 우리로 하여금 오늘날 매우 분명하게 이러한 종류의 내부 구조를 알 수 있게 하였다.[25] 이외에 또 한 명의 영국군 군관이 이 석벽의 방포능력에 대하여 평가를 내렸는데, 꽤 문학적 색채를 띠고 있다. "포대를 견고하게 한 방법은 설령 큰 배가 포를 쏴서 세계가 끝날 때까지 쏜다 하더라도 포대를 수비하는 사람들에게 실질적인 상해를 입힐 수 없을 것이다."[26] 비록 석벽에 결함이 있지만, 그 견고함과 방포 능력으로 말하자면 확실히 당시의 중국에서 비교할 만한 곳이 없었다는 것은 확실했다.

석벽의 주진지(主陣地)를 제외하고, 안백도는 또 석벽의 동서쪽, 고랑서도(鼓浪嶼道), 서자미(嶼仔美)에 포대를 건설했으며, 하문도의 남안, 고랑서, 사자미이 세 곳의 각 포병진지에 있는 279문의 화포로 세 지점이 교차하는 화력망을 형성하여 하문의 남수로로 침입하는 적을 요격하게 하였다. 사각(사각) 전투의 교훈(정보가 불확실 이후에 분석하겠다)에 근거하여 안백도는 하문도의

---

24) 『籌辦夷務始末(道光朝)』 2권, 879~880쪽.

25) 이 군사기술자의 평론에 의하면 "비록 각 74문의 화포를 탑재한 두 척의 전함이 이 포대에 두 시간 동안 포탄을 발사했다. 그러나 전혀 피해가 없었으며 상대방의 화포 1문도 못쓰게 만들지 못했다. 우리의 병사들이 포대로 진입한 후 포대 내부에 죽은 사람이 매우 적다는 것을 발견했다"라고 하였다.(John Ouchterlony, The Chinese War, an Account of all the Operations of the British Forces from the Commencement to the Treaty of Nanking, 174~175쪽)

26) 賓漢, 「英軍在華作戰記」, 『叢刊 阿片戰爭』 5권, 258쪽.

북안(北岸)과 동안(東岸)에 방어군 1,410명을 배치하고 화포 100문을 배치하여, 상륙하는 적 부대와의 교전을 준비하고 하문도 남안의 주요 진지의 안전을 엄호하게 하였다.

영국군이 소형선박을 이용하여 하문의 북수로를 통과하는 것과, 하문 서수로(즉 篔簹 내항)를 우회하여 공격을 방지하기 위해, 안백도는 또 하문도 서북 끝 고서(高嶼) 일대에 군선 10척과, 병사 300명 파견하여 서수로를 보호했다.[27] (이상 지리적 형세 및 군사배치는 그림 6을 참고)

대략 1841년 4월말까지 안백도는 대체적으로 이상의 배치를 하였으나 여전히 만족하지 못했다. 그리하여 그는 방어범위의 확대를 결정하고 하문 남수로의 주변 섬을 연결하는 방어선을 구축하고 국문의 밖에서 적을 방어하려 했다.

하문도의 외측은 대소 금문도(金門島)로 청군 역시 금문진(金門鎭)을 설치하여 이곳에서 방어한다. 금문도 이남에는 대담(大担), 이담(二担), 청서(靑嶼), 오서(浯嶼)가 있는데 모두 작은 섬으로 쇠사슬처럼 연결하여 하문 남수로를 방어했다. 안백도는 상술한 네 개의 섬 위에 '석보(石堡)'를 건설했다. 즉, 원형의 석조(石築) 포대로 청군의 한 개 영(一營)이 나누어 주둔했다. 또 상술한 각 섬 간의 거리가 비교적 멀고, 당시 화포의 사정거리에 한계가 있어 작전을 함께 펼칠 수 있는 교차 화력을 형성하기 어려웠기 때문에, 안백도는 또 대형 전선을 건조하여 각 섬과 공동으로 방어했다. 이에 대하여 그의 작전 대비권은 영국 함선이 만약 외해(外海)에서 하문 남수로로 침입해 온다면, 섬 주변

---

27) 『籌辦夷務始末(道光朝)』 2권, 880쪽. 영국 측의 기록에 의하면, 고랑서는 모두 76문의 화포를 설치하였고, 서자미는 모두 41문의 화포를 설치하였는데, 그림 하문도 남안의 162문의 화포에 석벽의 화포 100문을 제외하고 석벽의 동서 각 포대에 모두 화포 62문이 있었다. 안백도의 상주에 근거하면 하문도 남안, 고랑서, 서자미에 모두 수비군이 2,799명이 주둔하고 있었는데, 단 이후의 총병력으로 볼 때, 교전시에는 이 수가 여전히 증가한다.

의 "각 섬에서 화포를 쏘고, 대형 전선에서도 역시 포를 쏴서 응전하고 소형 선은 화공을 실시"하여 외부에서 침범한 적을 격퇴한다는 것이었다.[28]

1841년 8월, 하문전투가 벌어지기 전에 안백도는 이미 외곽의 섬을 연결하는 각 섬 위에 '석보' 공사를 완성했고, 건조한 대형전선과 구입한 상선이 모두 50척이었다. 그러나 '석보' 및 전선에 필요한 1,300문의 화포가 아직 주조되지 못하여, 그 결과 '빈포대, 빈함선'이 되었으며, 그래서 결국 안백도의 외곽 결전 방안은 어쩔 수 없이 포기했다.[29]

이상의 조치를 통하여, 안백도는 하문 일대에 모두 400문 이상의 해안포를 배치했고, 5,680명의 수군을 배치했다. 청군이 무능하여 방어시설을 갖추지 못한 지역에는 별도로 9,274명을 의용군을 고용(雇勇)하여 각 지방을 보호하게 했다. 하문은 이미 청 왕조의 변경 중에 가장 강대한 해양방어 시설을 갖춘 요새 중에 하나라고 말할 수 있게 되었다.[30]

이와 같이 안백도의 갖가지 방어 조치에 대하여 상세히 밝히는 것을 꺼리지 않는 목적은 후에 모 논저에서 안백도에 대한 불리한 평론을 하는 것을 깨끗이 하는 데 있다. 우리는 안백도에 대해 상술한 표현을 통해 그가 이미 전력을 다해 지혜, 능력, 권력, 재력을 다하였다고 판단할 수 있다. 당시의 조건을 말하자면 그를 비난할 수 없다.

당연히 세상의 모든 사정은 모두 두 가지 원인으로 귀결된다. 하나는 시간, 다른 하나는 돈이다.

전자로 말하자면, 안백도가 부임해서 전쟁이 벌어지기까지, 거의 반년의 시

---

28) 『籌辦夷務始末(道光朝)』 2권, 980~981쪽.

29) 위의 책, 2권, 1,153쪽.

30) 만약 전국적인 범위로 평가하면, 하문지역의 화포수는 호문 다음으로 전국 2위이다. 병사들의 수는 (의용군을 포함하지 않는다) 이후의 오송, 보산지역 다음으로 전국 2위이다. 또 그 포대의 견고함으로 말하자면 전국제일이었다.

간동안 그는 기선, 이리포, 양방, 혁산 등 보다 시간적 여유가 있었다.

후자로 말하자면, 지극히 검소한 도광제와 다르게 안백도는 소비에 능해서 은자 사용을 물 쓰는 것 같이 했다.

1840년 초 등정정이 민절총독에 부임했을 때, 해안 순시를 강화하고 아편밀매범을 체포하는데, 천주와 장주(漳州)의 은고에서 1.5만 냥을 사용하였다. 그리고 아편전쟁 개시 후, 방어군을 차출하고 건설공사를 하는데 곳곳에서 경비를 사용했다. 등정정은 1840년 7월에 조심스럽게 도광제에게 상주하여, 복건 번고(藩庫)에서 은 10만 냥을 군비로 충당하는 것을 요청하면서 장래에 복건 관원의 양렴은(養廉銀)에서 년 단위로 반환하겠다고 말했다. 도광제는 이 항목의 군비를 비준하면서, 관대하게도 이후에 반환할 필요가 없다고 윤허하였다.[31]

그러나 얼마 지나지 않아 이 10만 냥의 은자가 소진되자, 등정정은 부득이하게 1840년 9월 재차 상주를 올려 또 15만 냥을 요청했다. 이 상주가 북경에 도착했을 때는 마침 영국군이 천진에서 남하함으로써 정세가 완화되어 도광제가 각성에 병력을 철수시키라고 명령한 때였다. 그래서 도광제가 이때 등정정의 상주를 보고 분노하여 유지(上諭)에 크게 욕을 하면서 비준하지 않았다.[32]

1841년 1월, 복건순무 대리이자 민절총독인 오문용(吳文鎔)이 실제로 버티지 못하여, 어쩔 수 없이 임시로 장주, 천주의 은고에서 은 6만 냥을 사용했

---

31) 『籌辦夷務始末(道光朝)』 1권, 349~350쪽. 이번 유지로 도광제가 아편전쟁의 군비에 처음으로 청조의 재정을 지출한 것이다.

32) 『籌辦夷務始末(道光朝)』 1권, 525~526쪽. 비록 도광제가 유지에 (오문용) "곡물과 은 냥의 지출에 관해서는 심사숙고하여 기획하여 낭비를 줄이고, 자금을 사용할 때는 수시로 상주하여 물으라."라고 하였다. 이런 유지를 받고 어떻게 감히 다시 자금을 요청하는 일을 할 수 있었겠으며, 단지 차일 피일 미루었을 뿐이다.

지만, 아무런 도움이 되지 않았다. 그리하여 그는 염치 불구하고 상주를 올려, 복건 번고에서 은 20만 냥, 또 인근 성에서 20만 냥을 나누어 징발하여 사용할 수 있게 해달라고 요청했다. 이때는 마침 도광제의 뜻이 '토벌'에 있었기 때문에 오문용의 요구는 비준을 받게 되었다.[33]

여기까지 복건의 군비는 은 50만 냥에 달했다.[34]

안백도는 절대 이와 같이 소심하지 않았다.

그는 부임한지 얼마 되지 않아, 곧 상주를 올려 호부(戶部)에 터무니없이 큰 돈을 요구하는데, 바로 100만이었다. 이전에 사용한 은자를 합하면 복건의 군비는 150만 냥에 달했다. 더욱 지나친 것은 그가 청조의 이전까지의 상규를 고려하지 않고 방어병의 배급량(塩菜口糧銀)의 인상을 요구한 것이었다. 인색한 도광제는 이것이 선례가 되어 광동, 절강이 그 영향을 받을 것을 두려워하여, 곧 "절약으로 비용을 줄여야 한다."라고 했다.[35] 안백도가 예상 외로 이를 따르지 않고 계속 진행하여, 그 결과 군기대신, 호부상서로부터 그의 요구보다 낮게 권정하는 것으로 결론이 났다.[36] 안백도는 이에 화를 크게 내고 분명하게 일단 시작한 일은 철저하게 하고자 종전의 호부, 병부, 공부의 『흠정군수칙례(欽定軍需則例)』를 고려하지 않고 자신이 『군수장정(軍需章程)』을 제정했는데, 모두 40조약이 넘는 양향(糧餉), 공가(工價), 재료비(料費), 운수비(運費) 등에 대한 항목의 표준을 정했다.[37] 황제의 명령을 받들어 여러 번 의논한 군기대신은 안백도의 이런 조치에 대하여 불만이 매우 컸는데, 복주(復奏)할

때 이를 비난하였다.[38] 도광제가 이를 보고 유지를 내려 안백도에게 경고를 하고 그에게 "절약에 더욱 힘을 쓰라"라고 했다.[39] 그러나 얼마 지나지 않아 150만 냥의 은자를 곧 다 쓰게 되었다. 신임 복건순무 유홍고(劉鴻翶)는 안백도의 지시에 따라, 하문이 함락당한 후 7일째 되는 날에 상주하여 다시 군비 은 300만 냥을 요청했다![40]

이렇게 많은 은자가 쓰인 하문의 방어 공정은 당연히 비교적 크게 호전되었다. 시간이 있고, 돈을 쓸 수 있었기 때문에 안백도의 실적은 뛰어났는데, 확실히 그에게 주어진 기회가 비교적 다른 사람보다 좋았다. 그러나 이 은자가 실제로 사용되었는지는 오히려 큰 의문이 든다. 언제나, 군무(軍務), 하공(河工), 이재민 구제(賑災)는 모두 관원의 손을 거치고, 개인의 잇속을 채우는 것들이 모이는 곳이다. 그러므로 안백도는 이에 대한 혐의가 가장 컸다.

1842년 초 안백도는 파직당해 고향으로 돌아갔다. 부임한 정장룡도(汀漳龍道)인 장집형(張集馨)은 그가 장주(漳州)를 지날 때의 상황을 자세하게 묘사했다.

> 전임 사령관이 광동으로 돌아오는 도중에 장성(漳城)을 지났다. 2월 말, 현의 전 역참에서 전령을 보내 인부와 말, 그리고 음식과 술을 준비하라고 전했다. 초 1일이 되자, 즉 짐꾼이 경계를 넘는데, 매일 그 총수가 6, 7백 명이었다. 초 10일에 이르러, 내가 영진(英鎭)과 함께 동쪽 10리 밖 교외에서 그를 맞이했는데, 비가 억수같이 쏟아졌다. 사령관을 따르는 수행원, 가족, 짐꾼, 하인이 수천

---

38) 위의 책, 4권, 20~28쪽.
39) 위의 책, 4권, 501쪽.
40) 『阿片戰爭檔案史料』 4권, 39쪽. 도광제는 후에 여전히 이를 비준한다.

명이었다… [41]

안백도는 1841년 2월에 부임하여 다음해 1월 파직되었다. 겨우 이 1년 동안, 치중(輜重, 운송되고 있는 중형 무기와 군량 피복 등 군수 물자를 가리킴)과 같이 수많은 일이 있었으며 (그중에는 행상의 화물을 독점하는 것과 역참, 차마, 인부를 운용하여 돈을 버는 등의 일을 포함한다), 정말로 수탈의 정도가 끝이 없었다고 말할 수 있다. 그러므로 그중에서 해양 방어를 통해 은 냥을 취하지 않는 자가 있었겠는가?

그러나 또 당시의 정치적 운용 방면에서 '빈관(貧官)'과 '충신(忠臣)'은 모순적이지 않다는 것을 설명해야 한다. 안백도의 이런 탐욕은 결코 그가 청 왕조에 대한 충성에 지장을 주지 못한다. 비록 안백도가 전력으로 하문의 방어업무에 치중하였지만, 시선은 늘 광동을 주시하고 그곳 '오랑캐의 상황' 변화에 주의를 기울였다.

1841년 6월에 혁산이 패배를 속이고 승리했다고 올린 거짓 상주는 이 의기와 위엄이 있는 변경 대신을 분노하게 했다. 그는 7월 15일의 상주에 진상을 밝히고, 상주에 왕정란이 일찍이 안백도에게 보낸 서한과 광동 인민의 선서 2건, 영국 측 공문(文示) 5건(명백한 증거로 완전히 확정된 안건)을 함께 올렸다. 게다가 밀편(密片)에 유겸, 임칙서가 "광동으로 복귀해야 한다."라고 보증하고 추천했다.[42] 그러나 그의 충렬한 행동은 반년 전 이량이 기선을 탄핵

---

41) 張集馨, 『道咸宦海見聞錄』, 65쪽. 장집형은 또 안백도가 장주에서 4일 동안 움직이지 않고 지방관이 속관에게 주는 전별금 50냥을 받고서야 움직였다고 하였다. 이번에 안백도가 경계를 넘을 때 지방관이 1만여 냥의 은자를 사용하여 그 결과 고용 항목을 날조한 것을 폐기한다. 아편전쟁의 군비는 결국 이와 같은 용도로 쓰였다.

42) 『阿片戰爭檔案史料』 3권, 555쪽. 상주에 같이 올린 8건의 부건(附件)을 받지 못했다. 그러나 왕정란이 증망안에게 보낸 서신을 『중서기사』, "광동인민선서"에서 볼 수 있다. 이는 후에 명을 받들어 조사한 양장거(梁章鉅) 역시 언급한다. 『阿片戰爭檔案史料』 4권, 4~7쪽에서 볼 수 있다. 내용은

한 것 같은 효과를 얻지 못했을 뿐만 아니라, 오히려 8월 13일에 광동의 군무가 안정되었기 때문에 복건의 방어 병력을 철수시키라는 도광제의 유령을 받았다.[43]

광동의 진짜 상황을 파악하고 있던 안백도는 철군하라는 성지를 받고도 여전히 행동을 달리하는 데 여념이 없었다. 이렇게 그는 10여일을 방치한 후 8월 25일에 상주하여, 그는 이미 복건 각지의 관원들에게, 1)'조사를 시행하라'라고 명령하고, 2)각지의 보고가 모두 도착하기를 기다린 후, 3)다시 '광동의 정세가 약간 진정되었다는 것'에 근거하여, 4)그것을 '고려하고 의논하고', 5)다시 '지시를 기다린다.'라고 했다.[44] 이와 같이 번잡한 5단계 지시는 결국 한 명의 병사도 철수하지 않은 것으로, 단지 그가 군대의 수를 줄일 준비를 하고 있다고 보고하여 도광제에게 확인을 받고자 한 것이었다. 분명한 것은 그가 시간을 늦추어 자신이 정확했다는 것을 증명하려 했다는 것이다.

안백도가 상주를 보낸 당일 저녁, 헨리 포팅거가 이끄는 영국군 함대가 하문입구 밖에 도착했다.

영국군의 하문 재침은 본래 안백도가 예상했던 일이었다. 그는 결코 이를 두려워하지 않고, 오히려 이 변경에서 공을 세울 수 있는 기회라고 생각하였다. 하문 방어를 그는 완전히 자신했는데, 비록 밖에서 섬을 연결하여 포

　　같다.

43)　위의 책, 3권, 579, 588쪽. 도광제는 안백도에게 두 차례 유지를 내려 병사들을 철수시키라고 한다. 첫 번째는 혁산 "광동의 이무가 안정되었다"는 거짓보고를 받았을 때이고, 두 번째는 안백도의 연해 수비군의 방어임무를 교대한다는 상주에 근거하여 앞의 유지를 지켜야 한다는 것이다. 안백도가 받은 날짜는 그 상주에 근거한다. 『阿片戰爭檔案史料』 4권, 29쪽.

44)　『阿片戰爭檔案史料』 4권, 18쪽. 그러나 안백도는 이때 작전에 효용이 크지 않은 고용을 철수시켰고, 수사제독 두진표(竇振彪)도 잠시 무사할 것이라고 여겨 사선을 이끌고 출항하여 해도를 체포하였다.(『阿片戰爭檔案史料』 4권, 30쪽.)

위하는 방어준비는 아직 배치가 끝나지 않았지만, 하문도 일대는 오히려 이미 금성철벽이라고 생각했다. 그는 일찍이 상주에 득의양양하게 다음과 같이 선언했다. "만약 그 오랑캐가 사지에 뛰어 든다면, 오직 고통스러운 공격을 가하여 판자 한 조각도 남기지 않을 것이며, 한 사람도 살지 못할 것이며, 하늘의 징벌을 내려 사람의 마음을 통쾌하게 하겠습니다." 상황은 이미 엉덩이에까지 불이 붙었는데, 안백도는 여전히 전혀 깨닫지 못하였다. 그의 이런 자신감은 그가 근대 군사 기술과 전술을 알지 못했기 때문이었다.

지식은 사람들에게 힘을 주고, 우매함도 사람들에게 힘을 주는데 어떤 때는 심지어 그 힘이 더 크다. 그렇지만, 우매함의 힘이 더욱 강해지면 오직 망동(妄動)일 뿐으로, 망동은 일종의 강대한 파괴력을 일으킬 수 있어, 국가나 민족을 재난에 빠지게 하고 오히려 근대화된 적에게 승리할 수 없게 만들었다. 하문 입구 밖의 영국군은 마침 규모가 있는 근대화한 부대로, 전함 10척, 탑재화포 310문, 무장기선 4척, 수송선 22척, 지상군 18, 26, 49, 55연대 등의 부대 2,500명으로 구성되어 있었다.[45]

8월 25일 저녁에 영국군이 도착한 후, 바로 이전에 입항 경험이 있는 블론드호의 함장 부처(Bourchier)의 인도로 외곽 방어선을 넘어 하문 남수로에 진입했다. 오서(淏嶼) 등의 외곽에 위치한 섬에서 청군이 비록 몇 기의 화포를 쏘았지만, 아직 방어 공사가 완공되지 않았기 때문에, 화력이 부족하여 그 어떠한 효과도 없었다. 영국군도 이를 거들떠보지도 않았다.

8월 26일 새벽, 영국 전권대표 헨리 포팅거, 해군사령관 윌리엄 파커, 육군 사령관 고프가 증기선을 타고 하문의 방어 상황을 정찰하고 작전계획을 세웠다. 안백도는 한 명을 파견하여 외양에서 장사를 하던 진씨 성의 상인

---

45) 『Chinese Repository』, Vol 10, 524쪽

을 영국군이 정박한 수역으로 보내 그 의도를 따져 물었다. 영국 측은 윌리엄 파커, 고프 등이 공동으로 서명한 최후통첩의 서신을 복건수사제독에게 보내, '하문성의 포대에서' 철수하라고 요구했다.[46] 하지만 안백도는 이를 거들 떠 보지도 않고, 답신도 보내지 않았다.

8월 26일 오후 1시 45분, 항구에 바람이 불었다. 영국군의 각 함선이 분분히 돛을 올려 움직이기 시작하고 진공이 시작되었다. 안백도는 하문도에서 직접 하문도 남안, 고랑서, 서자미의 수비군을 지휘하여 포를 쏘면서, 침범한 영국군을 "세 방향에서 공격했다."

영국군의 전술로 말하자면, 그 하문전투는 광동의 모든 전역(戰役)과 마찬가지로 여전히 우세한 함포로 청군의 각 포대를 공격하였고, 육군은 포대의 측면에 상륙하여 공격하는 것이었다. 영국군의 이 전술은 다시 성공했다.

---

46) 佐々木正哉編, 『阿片戰爭の硏究:資料篇』, 132쪽.

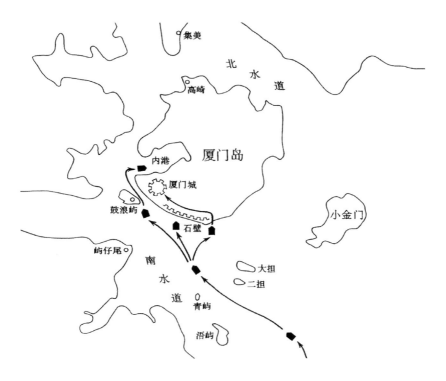

그림 6) 하문(廈門)의 방어 및 작전 약도

　고랑서에서, 영국함선과 그 섬의 청군 포대는 격렬한 포전(砲戰)을 벌였다. 이때 쌍방의 화포 수를 비교하면, 106대 76으로 영국 측이 수와 질량 방면에서 모두 청군에 비해 우세했다. 영국함선은 약 1시간 20분 정도의 포격전을 벌여, 기본적으로 고랑서 섬 위의 3개 청군 포대를 파괴하고, 영국 육군은 동단 포대 우익의 백사장에 상륙하여 바위 산봉우리와 기타 장애물을 넘어 청군의 측 후방을 공격했다. 포대를 수비하던 청군은 완전히 방어 의지를 잃었으며, 조창(鳥槍), 활과 화살로 심지어 돌덩이로 반격을 했지만, 결국 버티지 못하고 후퇴했다. 이렇게 영국군은 각 포대를 점거했다.

하문도 남안에서, 영국군 증기선 및 군함은 석벽 정면과 동서 양단에서 각각 나누어 청군 포대를 포격했다. 영국군은 절대적 화력 우세로 하문도 남안의 청군 진지를 완전히 화포의 화염 속에 빠뜨렸다. 3시 45분까지 영국군은 석벽 동쪽 백사장에 상륙하고 이어서 동에서 서로 진격했다. 15분 후 견고한 석벽진지가 영국군함의 맹렬한 포격에 붕괴되지는 않았지만, 오히려 측면으로 들어온 영국 지상군에 의해 함락되었다. 얼마 지나지 않아 하문도 남안(南岸)에 위치한 청군의 각 진지는 모두 함락되었다.

직접 전쟁을 지휘한 안백도는 저지할 수 없는 날카로운 '역이'의 흉험함을 목도하고, 또한 이 반년 간 들인 갖가지 노력이 순식간에 소멸되는 것을 보고, 흥천영도(興泉永道) 유요춘(劉耀椿)과 참으면서 "함께 소리 내어 울었다." 사정이 이 지경에 이르자 그는 전쟁 전 매우 자신감에 차 있던 모습에서 극도의 공포에 찬 모습으로 변했고, 문무관원을 이끌고 야밤에 동안(同安)으로 도망을 쳤다. 그렇게 섬 위의 청군은 지휘부를 잃고 혼란에 빠져 뿔뿔이 흩어졌다. 그리고 이미 밤이 되자 영국군은 하문성[47] 동북의 고지를 점령한 후 진공을 멈추었다.

8월 27일 이른 아침에 영국군이 하문성을 공격했다. 그리고 성벽까지 진출하고서야 수비군이 전부 도망간 것을 발견하고 전투 없이 그 성을 점거했다. 그리고 병사들을 파견하여 성 전체를 수색했다.[48]

---

47) 당시의 하문성은 오늘날과는 개념이 다르다. 그것은 직경 1km의 원형 소성으로 안에 수사제독아문이 있고 하문도의 서남부에 위치한다. 당시 하문의 번화한 시장은 섬의 서남쪽 끝으로 속칭 '13도두(道頭)'라고 했다.

48) 이번 하문전투의 경과를 기술하는데, 다음 자료를 참고하였다. 안백도, 이량, 단화(端華)의 상주는 『籌辦夷務始末(道光朝)』 2권, 1151~1154쪽; 3권, 1183~1184, 1485~1486, 1568~1572쪽을 참고. 임수매(林樹梅)의 글, 서계여의 편지는 福建師大歷史系, 福建地方史硏究室編, 『阿片戰爭在閩臺資料選編』, 福建人民出版社, 1982, 144~148쪽; 『英軍功占廈門的軍事報告: 郭富致印度總督阿克蘭, 巴加致印度總督阿克蘭, 胞祖致巴加, 愛利斯致胞祖』는 『Chinese Repository』, vol 11, 145~157쪽을 참

이 전쟁에서 청군 전사자는 총병(總兵)이 1명, 부장(副將) 이하 군관이 7명이며, 사병의 사상자 수는 비록 통계가 정확하지 않지만,[49] 전쟁 전 파견된 수와 전쟁 후 영으로 돌아온 수를 비교 계산하면 324명이 준 것을 알 수 있다. 영국 측의 보고에는 영국군은 겨우 전사가 1명, 부상이 16명이라고 했다.

이 전쟁은 정말로 진 것이었다.

그러나 우리가 냉정히 생각해 보아야 할 것은 하문전투의 참패를 완전히 안백도에게 귀결시킬 수 있는가이다. 당시의 조건하에 안백도가 무엇을 할 수 있었겠는가? 안백도가 복건을 관리한 반년 동안 하문의 방어와 청군의 사기가 이미 크게 변화했지 않았는가? 하문 전투의 실제 결과가 사람들에게 제시하는 것은, **모종의 구습을 없애고 국가의 기강을 세워 문제를 해결하는 것이 아니며, 모종의 최선을 다하지 않는 사람들을 바꾸고, 한 무리의 능력 있는 사람들을 기용하여 문제를 해결하는 것이 아니다. 문제의 핵심은 바로 근대화에 있다.**

정규작전에서 근대화된 적에 대해서는 오직 근대화된 수단을 사용해야만 승리할 수 있다는 것을 세계 군사사(軍事史)가 증명했다.[50]

당연히 오늘날 우리가 만약 엄격하게 군사 학술상에서 토론을 진행한다면, 안백도도 반드시 질권할 만했다.

고. 賓漢의 「英軍在華作戰記」, 버나드의 「復讐神號航行作戰記」, 모체트로니의 「對華戰爭記」, 머레이의 「在華戰役記」, 맥퍼슨의 「在華兩年記」는 한역본은 『阿片戰爭在閩臺資料選編』에서 볼 수 있다.

49) 청국 측 관원의 사후 보고에 의하면, 하문도 남안의 각 진지에서 전사한 청군은 40여 명이고, 고랑서에서 전사한 청군은 33명, 부상 37명이다(『籌辦夷務始末(道光朝)』 1569~1570쪽). 보아하니 청군의 인원이 줄어든 주요 원인은 도망쳐서 복귀하지 않은 데 있다. 동시에 또 하문도의 시설이 견고하다는 것을 반증하는 것으로 영국군의 포화가 큰 피해를 입히지 못했다는 것을 알 수 있다.

50) 이번 의견은 정규전의 경우이다. 장비가 낙후된 국가가 장비가 선진화된 국가와의 전쟁에서 승리한 선례가 있다. 그러나 전술상 다채로운 유격전은 전략상 오랜 시간이 소모된다. 이 문제에 대하여 나는 제5절에서 설명할 예정이다.

하문전투의 1단계는 영국군 함포와 청군 해안포 간의 대결이었다. 화포의 질량은 절대적으로 중요한 위치를 점했다. 비록 하문의 청군이 보유한 화포와 탄약의 불량이 근대 공업기술에 영향을 미친다는 것은 안백도의 힘이 미치지 않는 것이었지만, 청국 측이 이 시기에 이미 가지고 있는 기술에서 안백도는 여전히 포차(砲架)와 포동 개구(砲洞, 포를 넣는 구멍)를 제작하지 않은 두 가지 잘못을 범했다.

전후 정장룡도(汀漳龍道)에 부임한 장집형(張集馨)은 "포신이 매우 무거워, 열 명이 들어도 들어 올릴 수가 없고, 안백도가 비용을 지나치게 아껴 포차를 제조하지 못했다." 동료가 진언하기를 포대 밖에서 포차를 사용하여 끌어당길 수 없어, 즉 감히 병사들이 성 밖으로 나가 탄약을 장전하지 못한다고 하자, 안백도가 교만한 태도로 말하기를 한 번의 포로 적을 멸할 수 있는데, 어찌 재장전할 필요가 있겠는가라고 했다고 토로했다.[51] 비록 장집형의 이 말은 부정확한 점이 없지 않지만,[52] 화포에 포차를 안장하지 않는 것은 사실 상식적으로 생각할 수 있는 일이 아니다. 비록 포차(砲架)도 하나의 복잡하고 전문적인 기술 문제이며, 청나라의 전통양식의 포차에도 몇 가지 결점이 존재했지만, 안백도가 "한 번의 포로 적을 멸할 수 있기 때문에" "포차를 제조하지 않았다"라고 한 것은 사실상 웃음을 금치 못할 일이었다.

앞에서 말한 영국군 기술자가 묘사한 석벽도(石壁図)를 보면 우리는 석벽의 포동이 오직 하나의 사각형 구멍으로 제조되어 부채꼴 모양의 협각을 이루지

---

51) 張集馨, 『道咸宦海見聞錄』, 60쪽

52) 비록 당시의 화포는 모두 탄약 전장(前裝)식이지만, 화포를 발사한 후 화포의 반동력은 반드시 그것을 되돌아가게 하여 장집형의 말과 같이 반드시 석벽의 밖에서 탄약을 장전할 필요가 없다. 그러나 만약 포차가 없다면 곧 화포를 원위치하여 재차 발사하기가 매우 어렵게 된다. 장집형이 묘사한 전투 장면은 72문의 화포를 탑재한 두 척의 전함과 석벽의 교전을 가리킨다. 영국 측의 기록에 의하면 이 두 척의 함선은 이미 닻을 내리고 고정시켜, 여러 차례 교대로 공격하지는 않았다고 한다. 그리고 "연해 포벽이 일제히 무너졌다"는 말은 과장된 말이다. 전후 청조 관원의 검사에 의하면 석벽은 "파괴된 곳이 많았다"라고만 했을 뿐이다(『籌辦夷務始末(道光朝)』 3권, 1568쪽).

못하고 있음을 알 수 있다. 이에 대하여 양정남의 기록으로도 검증을 할 수 있다. "포대의 벽은 문을 열면 포를 배치하고, 벽은 두껍고 문은 깊었다. 또 좌우로 유동적으로 움직이지 못하여 정면으로만 사격할 수 있을 뿐이다."[53] 화포를 좌우로 움직일 수 없다는 것은 곧 사격범위를 크게 제약했다. 그렇게 화포를 좌우로 움직일 수 없게 되자 포차의 기능을 크게 제약했다. 이도 안백도가 포차를 제조하지 않은 원인중 하나일 것이다.

비록 하문도 남안의 포병진지가 매우 견고했지만, 단지 포격을 방어할 수 있을 뿐으로 그 본신은 화포의 위력을 떨어뜨렸다. 그래서 그곳은 기껏해야 견고한 표적에 불과할 따름이었다.[54] 안백도가 전후 영국 증기선 1척, 병선 5척을 격침시켰다고[55] 했지만 사실상 이는 완전히 터무니없는 거짓말이었다. 하지만 당연하게도 만약 안백도가 포차, 포동에서 잘못을 범하지 않고 일부라도 개선했다고 할지라도 교전의 경과를 보건데, 여전이 대국에 도움이 되지 않았을 것이다.

하문전투의 2단계는 상륙한 영국군과 청군의 육상전이었다. 당시 청조의 모든 신하들이 영국군의 육전 능력을 무시하였는데 안백도도 예외가 아니었다. 그는 오직 어떻게 견고한 함선과 우수한 화포에 대항해야 할지를 고려하였지 어떻게 상륙한 영국군을 방어해야 할지에 대해 상응하는 공사와 부대계획을 세우지 않았다. 비록 그도 하문도(廈門島)의 동, 북쪽 양쪽 방향에 병사와 포를 배치하였지만, 그 방어대상은 영국군이 아니라, 한간(漢奸)이었다. 그는 잘못된 정보 때문에 사각전투(沙角) 중에 사대(沙袋)의 뒷길에 있었던 자

---

53) 楊廷枏, 『夷雰聞記』, 83쪽.

54) 1844년 신임 주화 공사 겸 총독 데이비스가 하문을 방문하여 당시의 전장을 살펴보고 꽤 핵심적인 말을 한다. "중국인은 단지 어떻게 방어를 하는지 알았을 뿐이며, 만약 그들이 그 밖의 다른 방법을 분명하게 알았다면, 그 결과는 완전히 달랐을 것이다." (John Francis Davis, China, During the War and Since the Peace, vol. 1, London: Longman, Brown, Green, and Longmans, 1852, 157쪽.)

55) 『籌辦夷務始末(道光朝)』 2권, 1151쪽.

들이 영국군이 고용한 한간이라고 여겼던 것이다.[56]

안백도의 이런 무지는 2단계의 교전 중에 청군의 마음을 혼란스럽게 하였다. 석벽과 포대 등을 공사한 청군은 본래 해안포로 영국함선과 대적하는 것이었는데, 돌연 상륙한 영국군의 측면공격에 오직 소수의 병력만이 조창, 활과 화살, 도검, 돌덩어리를 들고 저항하고, 심지어 육박전을 펼치게 되었다. 그들 대부분 전쟁 전에 전혀 심리적 준비가 안 된 상태에서 적을 마주하자 즉시 도망을 쳤다. 교전의 경과로 보면, 본래 비교적 큰 위험성을 가진 영국군의 상륙작전이었어야 했는데, 마치 그 함선에 행운이 있었던 것과 같이 거센 저항에 부딪치지 않았다.

사람들로 하여금 가장 이러지도 저러지도 못하게 한 사람이 도광제였다. 그는 안백도의 하문함락을 보고하는 상주의 "육로제독 곽"이라는 문구를 보고 [57] 뜻밖에도 신대륙을 발견한 것처럼 놀랐다. 즉, 영국군도 육전을 할 수 있다는 것이었다. 그리하여 그는 즉시 연해의 각 장군 독무에 통령(通令)을 내리고 각지의 육로 방어에 주의하라고 명령을 내렸다. "만약 역이가 감히 무리를 이끌고 육지에 올라오면, 모든 화포 및 모든 매복 지침을 반드시 사전에 미리 준비하고 유리한 형세를 이용하여 간사한 오랑캐의 담력을 벗겨내야 한다." 전쟁이 이미 1년 넘게 진행되고, 전방 사령관들의 기만 아래 이런 상황에 이르러서야 비로소 도광제는 이런 인식을 얻게 되었다. 비록 시간은 늦었지만, 양을 잃은 후에라도 서둘러 울타리를 수리하면 그래도 늦은 편은 아니었다. 그

---

56) 안백도는 상주에 "광주의 대각, 사각포대가 역이의 갑작스런 공격으로 잃었는데, 모두 한간이 해안에 상륙했기 때문으로 만일 하문도를 생각하면 예전의 일이 되풀이 되는 것이 두렵다. 상황은 이미 이전과 다르니 방어와 토벌하는데 있어 수륙이 함께 준비해야 한다."라고 하였다(『籌辦夷務始末(道光朝)』 2권, 880쪽). 하지만 단지 한간만을 방비하는 것으로 볼 때 안백도 역시 중요하게 여기지 않은 것 같다.

57) 『籌辦夷務始末(道光朝)』 2권, 1151쪽. '육로제독곽(陸路提督郭)'은 영국권정군 사령관 고프 등이 복건수사제독에게 보낸 최후통첩에 사용한 한문이름이다.

러나 도광제는 이에 여전히 반신반의하고 마치 영국군이 과연 정말로 육상에서 싸움을 할 수 있는지, 넘어지는 사병이 없을 수 있다고 생각하지 않는다는 듯이, 유지에 다음과 같은 말을 남겼다.

> 이인(夷人)이 이번에 복건을 침입하여 이미 육로제독을 관명으로 삼았는데, 아마도 빠르게 복건, 광동의 한간을 소집하여 상륙시켜 교전을 벌일 계권인 것 같다.[58]

군신(君臣)의 무지가 이런 지경에까지 이르렀는데, 전쟁에서 어찌 패하지 않을 수 있었겠는가?

3. 정해定海의 토성土城

헨리 포팅거는 깔끔하게 하문을 접수하지만 어쩔 수 없이 다시 토해내게 되었다.

영국군의 하문진공의 본의는 군사수단을 사용하여 청 정부를 타격하는 것에 있었다. 그런데 장기간 점령하게 되면 총병력의 상당부분을 점용해야 하고, 게다가 파머스턴이 훈령에 명명백백하게 밝히길 그가 원한 것은 주산이지 하문이 아니기 때문이었다.

그러니 완전이 이미 목구멍으로 삼킨 고기를 토해내야 하는 것이기 때문에 헨리 포팅거의 마음은 그렇게 달갑지만은 않았다. 그리하여 그는 지역이 비교적 작고 방어하기 쉬운 하문도 서남의 고랑서에 군함 3척, 토착병 550명을 주

---

58) 『籌辦夷務始末(道光朝)』 2권, 1160~1161쪽

둔시켰고,[59] 주력은 1841년 9월 5일에 하문에서 철수하여 절강으로 북상했다.

이때, 그의 상대는 절강군무를 주관하고 있던 흠차대신이자 양강총독인 유겸(裕謙)이었다.

임칙서가 파직된 뒤, 유겸은 '초이(剿夷)'를 주장하는 관신사자(官紳士子)들이 가장 기대하고 희망하는 사람이었다. 즉 제2의 임칙서였다.

그의 원래 이름은 유태(裕泰)로 박라특(博羅忒)씨 몽고량황기(蒙古鑲黃旗)사람으로 귀주출신이었다. 그의 증조부 반제(班弟)는 옹정, 건륭시기의 명신으로 전장에 나가면 장군감이었고, 조정에 들어오면 재상감이었다. 1754년에 정북장군(定北將軍)에 임명되어 준갈이(準噶爾)로 출정하여 공을 세우고 자작이 되어 일등성용공(一等誠勇公)이 되었다. 후에 아목이살납(阿睦爾撒納)이 모반을 일으키자 이리(伊犁)를 지키다 패하여 자살했다. 그의 조부, 부친 또한 청조의 1, 2품 대원까지 지냈다.

기타 부유한 팔기자제들의 방탕함과 달리 유겸은 가정에서 거의 완전히 한화(漢化)된 성리명교(性理名敎)의 교육을 받았다. 1817년에 그는 24세에 진사에 오르고,[60] 한림원에 들어가 몽고족의 명예를 빛낸 사람이 되었다. 1819년에 산관(散官)후에 주사(主事)로 이부에 임시 고용되었지만, 1823년에야 비로소 정식 관직을 받았다. 1827년에 호북(湖北) 형주(荊州)지부로 파견되고 후에 무창(武昌)지부로 옮겼다. 1834년에 형의시도(荊宜施道)로 옮기고, 오래지 않아 강소안찰사로 옮겼다. 후에 부모상과, 병환을 이유로 2년간 쉬었다. 1838년에 다시 출사하여 강소안찰사에 재임하고, 다음해 4월 강소포정사로 옮겼다. 1840

---

59) 『Chinese Repository』, Vol 10. 524쪽
60) 유겸의 생년은 그 기록이 적다. 1832년 오기준(吳其濬)이 유겸의 『益勉齋偶存稿』의 서에 "珊官太守幾十載, 今年才四十"('기십재'는 '기' 근'십재'로 읽어야 한다)라고 했다. 당시의 셈법으로 추산하면 유겸은 1793년에 출생하였다.

년 1월에 노련하고 유명한 강소순무 진란(陳鑾)이 병으로 죽자, 강소순무를 대리하고 후에 실제로 임명되었다.

기타 독무가 같은 성에 있던 성과는 달리, 강소순무는 소주(蘇州)에서 공무를 처리하였다. 강녕(江寧, 지금의 남경)에 머무르는 양강총독과는 거리가 있어 비교적 많은 자유가 있었다.[61] 1840년 8월에 양강총독 이리포가 흠차대신이 되어 절강으로 가자, 유겸은 총독을 대행하고 강소 최고의 군정장관이 되었다.

그리하여 그는 대담하게 전심전력으로 일을 해서 흠차대신을 받아들이고 양강총독을 연임하였다.

정삼품의 안찰사에서 종일품 총독까지,[62] 유겸의 승진은 겨우 2년 1개월 동안에 이루어진 것이었다. 이 새롭게 떠오르는 정치 스타를 당시의 관계에서 사람들이 주목했고 중요하게 생각했다.

유겸의 경력을 살펴보면, 우리는 오늘날 특별히 주의 깊게 볼만한 점을 찾기 힘들다. 그는 성실하게 정무를 보는 관원이었으며, 그의 주요 경력은 지부1급이었다. 그리고 안찰사와 포정사는 청조에서 이미 그 지위가 떨어지는 관직에 속하기 때문에 역사적으로 특별한 정치업적을 살펴볼 수 없다.[63] 그의 벼슬길이 순탄했던 이유는 시기가 특히 좋았다는 것을 제외하고(牛鑒의 이직,[64] 진

61) 직예, 사천에 총독만 있는 것을 제외하고, 광동, 호북, 복건, 운남 순무는 모두 총독과 같은 성에 있었다. 이 네 성에 비해 강소순무의 권력이 더 많았다. 또 감숙은 당시 순무를 두지 않았다.

62) 총독의 본 직위는 정2품으로 관습상 병부상서를 겸하면 종1품이 된다.

63) 1832년에 유겸은 그 문서를 『益勉齋偶存稿』 8권에 실었고, 1834년 또 『益勉齋偶存稿』 5권에 실었다. 이 문서를 보면 그는 정무를 조심히 하였으며, 항상 약간의 방법을 생각해 냈다. 그 마지막 1권은 『州縣當務二十四條』 이라고 하고 그가 지방관으로서 얻은 심득을 기록했다. 일반적인 측면으로 말하자면, 유겸은 한 명의 좋은 관리이지만, 만약 특히 우수한가라고 한다면 그렇게 뛰어난 정칙 업적을 쌓지는 못했다.

64) 1939년 4월에 강소포정사 우감이 하남순무로 옮기자 마침 관에 복귀한지 얼마 지나지 않은 유겸이 승급할 수 있는 자리가 빈다.

란의 병사, 이리포의 파직), 또 도광제의 등용방침과 관계가 있다.

나는 제3장에서 이미 도광제는 '보수적 치료법(保守療法)'을 신봉하는 사회병리학자(社會病理學者)이며 보양 치료법(調補療法)을 추구하였다고 하였다. 그는 조상들이 남긴 제도가 이미 더할 수 없이 훌륭하다고 굳게 믿었기 때문에, 당시 사회의 병폐가 관원들의 직무유기에 있기 때문이라고 생각했다. 이 때문에 그는 특별히 관원들의 '덕(德)'을 잘 살폈다. 사람을 쓰는 방면에 있어, 특히 위험과 재난의 결정적 시기에 황친 외척과 귀족 자제를 편애하였다. 그는 이들이 대대로 국은을 입었으며, 그렇게 유전된 피 안에는 다량의 '천량(天良)'과 '충성'이 들어있기 때문에 절대로 국운의 쇠락을 방임하지 않을 것이라고 생각했다. 아편전쟁 중에 그는 연이어 기선, 이리포, 혁산, 안백도, 유겸 및 이후에 출현하는 혁경(奕経), 기영(耆英)을 중용하는데, 모두 배경이 있는 집안이었다. 그래서 유겸의 빈번한 승진은 마치 그의 증조부 반제(班第)가 보우한 것 같았다.

그렇지만 유겸이 두터운 신임을 받았던 까닭은 직무의 중함과 지위의 높음이 아니고, 그 혈통의 고위함 때문이 아니라, 그가 이 시기에 보인 올곧고 비굴하지 않고, 나쁜 일이나 나쁜 사람을 원수처럼 증오하는 그의 기풍에 있었다.

이리포는 절강에 도착한 후 정해 진공을 머뭇거리며 결정하지 못했다. 강소 순무, 양강총독 대행인 유겸은 그의 상사가 취한 행동을 마땅치 않아 했으며, 곧 강소로 가는 안백도에게 불만을 쏟아 내고, 안백도, 유운가에게 임칙서를 등용해 달라는 상주를 올려달라고 촉구했다. 그리고 그는 더욱 강력한 우회행동을 했는데, 바로 상주를 네 번 올려 분명하게 반드시 정해로 무력 진공해야 한다고 하고, 정해를 공략하는 전법을 설명하면서 그 결전에서 필승할 수 있다는 자신감을 표출했다.[65] 그가 상주에 비록 직접적으로 이리포를 공격하는 말은 하나도 하지 않았지만, 여기서 드러난 그의 충용과 담략(忠勇胆略)은 오히려 도광제의 귀를 뜨겁게 하여 마음을 움직였다. 1841년 2월 10일, 도광제는 그를 흠차대신에 임명하여 이리포가 주관하는 절강 공초(攻剿)를 대신하게 하고, 주비에 뜨겁게 격려했다. "시기를 잘 관찰하여 적시에 행동하면, 대공을 세울 수 있다. 의무를 잘 수행하면 상을 내려 격려하겠다. 짐은 오직 새로운 승리의 소식이 들리기를 기대한다."[66]

광동에서 기선이 보인 '회유' 행동은 유겸을 분노케 하였다. 본래 그의 강소 순무, 흠차대신, 양강총독은 광동과 하나도 상관이 없는 것으로, 다른 사람으로 교체하는 것에 설사 마음속으로 불만이 있다고 할지라고, 만약 성상(황제)이 하문하지 않으면 의견을 표시할 수 없는 것이다. 그러나 그는 오히려 이과 같이 처리하지 않고, 기선을 탄핵하는 장주(章奏)를 올렸는데, 당시 얼마나 많은 사람들을 통쾌하게 하고 감탄하게 했는지 모른다. 이미 죄를 짓고 파직당한 임칙서는 그것을 보고 크게 기뻐하고 친필로 필사하여 또 그 위에 빼곡하게 표시하였다.[67] 유겸의 붓 아래, 기선은 '천조'의 간신 중 수뇌로 "위세를 부리고 기만하였으며", "준비를 느슨하게 하여 위엄을 손상시켰으며", "제도를 위반하고 직권을 남용하였다"는 3대 죄를 범했으며, 호문 전투의 패배는 전부 기선의 '철군'으로 인한 것이 되었다.[68]

유겸의 이런 비분강개함과 일말의 인정과 체면 남기지 않는 주장은 '토벌'을 주장하는 사람들을 격동시켰을 뿐만 아니라, '이'와 타협하려는 일부 관원

65) 『阿片戰爭檔案史料』 2권, 695~696, 700~702, 735~738쪽.

66) 위의 책, 3권, 100쪽.

67) 임칙서가 베껴 기록한 원본은 林紀熹 선생이 소장하고 있다. 楊國楨, 『林則徐傳』, 332~333쪽 인용. 절편은 「道光朝留中密奏」. 『叢刊 阿片戰爭』 3권, 514~517쪽을 참고.

68) 『籌辦夷務始末(道光朝)』 2권, 888쪽.

들에게 두려움을 느끼게 하였다. 이 때문에 이리포, 기선이 고난을 당한 것은 두말할 나위가 없었다. 정립장군 혁산은 찰스 엘리엇과 정전협정을 달성한 이후에 재빨리 강직하고 충성스러운 이 흠차대신에게 편지를 보내 갖가지 부득이한 고충을 토로했다. 그는 유겸이 그의 의견에 불리한 의사를 표시할 것을 매우 두려워하여, 서신에 호감이 충만한 어조로 호소하였다.[69]

그러나 유겸에 대해 상술한 의견은 그의 이후의 행동과 비교하면 또 분명한 차이가 있다. 그는 절강에 부임하자 극단적인 수단을 사용하여 일을 처리했다.

일찍이 영국군이 정해를 점령한 기간 동안, '이와 내통(通夷)'한 네 명의 한간을 체포하여 참수를 명했다. 그리고 그 수급을 연해의 각 청현(廳縣)에 걸어 효시하여, 주의시키고 두려움에 떨게 하였다.[70]

영국군이 정해의 분묘를 파헤친 폭행에 보복하기 위해, 그는 영국군 분묘에서 수백구의 시체를 파내 '뼈를 부러뜨린 다음 다시 죽인(剉戮)' 후에 바다에 버리라고 명령했다.[71]

그는 정해가 통상 항구가 된 역사를 증오하였는데, 특히 외국 선박이 불시에 정해를 노리는 것을 증오하여, 당시 남겨진 '홍모도두(紅毛道頭, 선착장 시

---

69) 「入寇志」, 『叢刊 阿片戰爭』 3권, 321~323쪽. 후에 유겸이 과연 혁산에게 빠져나갈 길을 열어 주고, 과격하고 불리한 주장을 결코 하지 않는다.

70) 『阿片戰爭檔案史料』 3권, 339~341쪽. 이 4명의 한간은 楊阿三, 虞幗珍, 郁秀欽, 布定邦이다. 그중 포정방은 광동 향산 사람으로 원래 매판이며 영국을 따라 절강으로 온다. 영국군이 주산에서 철수할 때, 일찍이 청국 측에 그를 요구했다(張喜, 「撫夷日記」, 『叢刊 阿片戰爭』 5권, 350쪽). 또 청조 법률에 따르면 전쟁기간 동안 전방 사령관은 사형을 집행할 권한이 있었으며, 평상시처럼 반드시 일일이 심판하지 않고 마지막에 황제가 결정한다.

71) 위의 책, 3권, 219쪽. 후에 영국 군관 한 명이 이에 대하여 공정한 평론을 하였다. "나는 중국인이 우리의 무덤에 이와 같이 보복을 한 것에 비판을 할 수 없었다. 그것은 우리가 작년에 공사를 할 때, 수많은 그들의 무덤을 파괴했기 때문이다. (Alexander Murray, Doings in China: Being the Personal Narrative of an Officer Engaged in the Late Chinese Expedition, From the Recapture of Chusan in 1841, to the Peace of Nankin in 1842, London : Bentley, 1843, 36쪽) 또, 영국군이 주산을 점령하는 동안 전염병이 크게 성행하여 448명 이상이 병으로 죽고 그 섬에 매장되었다.

설)' 및 '이관기지(夷館基地)'를 완전히 철거하고 모든 흔적을 지워버리라고 명령했다.[72]

1841년 3월, 정해 군민이 포획한 영국포로에 대해 그는 이전에 이리포의 '술과 고기로 먹여 살리는' 방법을 철회하고 영문(營門) 밖으로 방출하여 '능지처참하여 죽이고 효수하여 대중에게 본보기로 삼으라고 명령했다.[73]

그리고 후에 정세가 위급해지자, 유겸의 수단은 더욱 극에 달했다. 1841년 9월, 진해(鎭海) 군민이 두 명의 영국군을 포로로 잡자, 그의 "원대한 뜻을 품고 전쟁에 적의 고기를 먹는다."는 시가 사실로 변하여, 백인 포로에 대해 "먼저 두 손의 엄지에서부터 양팔 및 어깨 뒤까지의 피부와 힘줄 한 줄 조차도 갈취하여" 자신이 타는 말의 고삐를 만든 후, "능지처참하여 효시하라"라고 명령했다. 다른 포로인 흑인에 대해서도 역시 "참수하여 수급을 효시하라"라고 하였다.[74]

유겸의 이런 수단은 오늘날의 기준으로 가늠하면 매우 잔인한 것이며, 그와 함께 진사에 합격하고 한림원에 들어간 유리(儒吏)의 형상에도 역시 부합하지 않는다. 아마도 극히 개인적으로 변한 것처럼 보인다. 그러나 당시에는 세불양립의 적개심이 인간들의 정서를 폭력적으로 나아가게 만들었고 게다가 수단이 잔인할수록 갈채를 받았다. 도광제 역시 분명하게 그것을 격려하는 태도를 보였다.[75]

---

72) 『阿片戰爭檔案史料』 3권, 293쪽.
73) 위의 책, 3권, 290쪽. '능지처참(凌遲)'은 청대 형법 중의 '대역' 등의 죄에 시행한 형벌로 속칭 '과형(剮刑)'이다. 이 영국 포로는 영국군 수송선 Pestonjec Bomanjec호의 선장 스티드(Stead)이다. 『Chinese Repository』, vol 10, 291쪽. 그를 포획한 정황은 또 위의 책, 3권, 382쪽을 참고.
74) 위의 책, 4권, 85쪽. 유겸은 상주에 같이 올린 영국 포로에 대한 보고에 근거하여 포로가 된 백인은 1명의 상인으로 이름은 온리(溫哩)인데 일찍이 광동에서 포팅거를 만난다. 포팅거는 그를 절강으로 보내 장사를 하게 하고, 군정을 정탐하게 하였다. 또 영국 측의 기록에 근거하면 그 배가 아편을 운송하는 민선 라이라(Lyra)호이고 백인 포로는 1등 항해사이고 흑인포로는 선원이었다고 한다.
75) 도광제는 유겸의 이런 수단에 대해 크게 칭찬을 한다. 사체를 파헤쳤다는 상주의 주비에 "약간 통쾌

그렇지만 세심하게 관찰하면 또 유겸이 이와 같이 극단적이게 된 이유는 그가 스스로 하나의 '배수진'을 쳤기 때문이다. 상주 보고에 비추어 보면, "본 신하가 그 이를 완전하게 토벌하기 위해 전념하고 있다는 것을 모두에게 알려 주고", 전진하여 물러나지 않고, 수하 군관들의 "태도가 분명하지 않고 우물쭈물하는 생각"을 끊기 위해서라고 하였다.[76] 이것은 또 그의 동료 관원들에게도 영향을 미쳤는데, 바로 복건수륙제독(福建水陸提督)에서 절강제독(浙江)으로 옮긴 여보운(余保雲)으로 이에 대해서 우리는 다음 절에서 분석하기로 했다.

정해를 평화적으로 수복하려는 이리포의 솔선수범적인 행동 때문에, 유겸은 무력으로 공격하여 토벌하려는 자신의 권략이 그 실현의 기회를 얻지 못하고 있다고 매우 한스러워 했다. 그리하여 그는 절강에 도착한 후, 곧 온힘을 다해 정해 방어업무를 진행하고 장래의 방어 작전에서 '역이'의 흉악한 기세를 꺾을 수 있도록 기량을 펼치고자 하였다.

유겸의 계획 아래 정해는 하문과 같이 전례 없는 대규모 방어시설 공사가 진행되었다. 정해현성은 삼면이 산으로 둘러싸여 있고 남면에는 바다에 접해 있었으며, 성과 3리 정도 떨어져 있었다. 유겸은 지난번 정해전투 패배의 원인이 청군의 군함과 화포가 적과 같지 않음에 있다고 생각했다. 그러나 그도 육상전에 대해서는 조금도 고려하지 않았다. 그리하여 그는 현성 이남의 근해(瀕海)지대에 공사를 진행할 것을 결정했다. 복건 남부지역에는 채취할 수 있는 돌이 별로 없었기 때문에 정해의 방어공정 주체는 토성이었다.[77]

한 일이다"; "홍모도두 및 이관의 기초를 철거했다"는 상주의 주비에 "매우 기쁘다"; 포로를 "능지처참했다"는 상주의 주비에 "그렇게 처리하는 것이 옳다"; 영국 포로의 가죽을 벗기고 힘줄을 뽑는다는 상주의 주비에 "매우 옳다"라고 하였다(위의 책, 3권, 219, 290, 293쪽; 4권, 85쪽).

76) 위의 책, 4권, 85쪽.

77) 유겸은 강소순무에 부임하여 오송에서 토당(土塘)을 수리하였는데, 토성과 비슷했다. 제6장 참고. 그

그림 7) 주산(舟山)의 토성(土城)

　토성은 진흙에 석회를 섞어 땅을 다지는 선식(線式) 방어공사로 한 줄로 된 토성이다. 앞의 절에서 언급한 하문의 석벽양식을 연구한 군사 기술자가 그의 회고록에 역시 한 폭의 삽화를 실어 대체로 그 토성의 규모와 형태를 알 수 있다.[78] 유겸의 상주에 의하면, 토성의 바닥 넓이가 12에서 18미터이고, 맨 위

는 절강에 부임한 후, 절강순무 유운가의 의견과 일치하여 정해에 토성을 건설하는 것을 결정한다. 또 영국군이 철수 한 후, 정해의 난민이 분분히 돌아오자 유겸, 유운가가 이들을 이용하는 방법을 사용하여 토성을 건설한다. 백성을 안정시키고, 방어를 하는 데에 모두 좋은 점이 있었기 때문에 신속히 완공하려 하였다(『阿片戰爭檔案史料』 3권, 192쪽).

78) John Ouchterlony, The Chinese War, an Account of all the Operations of the British Forces from the Commencement to the Treaty of Nanking, 180~181쪽. 이 그림의 표제는 '주산의 고지'인데 배경의 산을 표시하기 위한 것 같다. 그러나 정확하게 토성 양식을 묘사하지 않은 시의도(示意圖)이기 때문에 비례적으로 정확하지 못한 부분이 있다. 토성의 높이가 3에서 4미터이기 때문에 그 타구(垛口)가 이와

의 넓이는 5에서 15미터이며, 높이는 3에서 4미터, 길이는 약 4.킬로미터였다. 그것은 동쪽의 청루산(靑壘山)에서 시작하여 서쪽의 죽산(竹山)까지로 현성 이남의 광활한 지대를 그 안에 수용했다. 토성은 '장치(長治)', '구안(久安)' 이렇게 두 개의 성문을 설치하여 백성들이 이곳으로 평상시에 출입했다. 토성은 화포를 은폐하는 '토우(土牛)[79]가 있으며, 모두 80문의 화포를 설치했다.

토성의 중간부분에는 바다와 인접한 작은 산이 있었는데, 동악산이라고 불렀다. 유겸은 이 지형을 충분히 이용하여 산 위에 약 440미터의 벽돌과 석조 구조의 진원포성(震遠砲城)을 건설하였고, 그 포성의 남단에 넓이 70미터의 반월형 석조포대를 건설하였다. 포대는 바다를 바라보고 있는데 내침한 적함을 공격하기 위한 진지로 포성의 뒤에 병사를 주둔시켜 호위하는 일을 하게 하였다. 동악산 위의 진원포성 및 포대는 청군의 방어진지 중 견고한 곳으로 모두 15문의 화포가 배치되었다.

토성의 서단에는 죽산이 있었는데 그 죽산의 뒤가 효봉령(曉峰嶺)이었다. 유겸은 이 효봉령 위에 성을 건설하고 수비군을 주둔시켰다. 토성의 동단은 청루산인데, 유겸은 또 이곳에 료대(瞭台)와 병영을 건설했다.

토성의 뒤에는 정해현성이 있는데, 그 성벽 역시 수리하였다. 그 성벽 위에 배치한 화포가 41문이었다.[80]

같이 클 수가 없다. 또 토성의 길이가 4.8km이기 때문에 그 화포배열도 이와 같이 밀집되어 있을 수가 없다.

79) 나는 '토우'의 자료를 찾을 수가 없었다. 그러나 오송 토당 역시 '토우'가 있다. 그 양식은 우감의 상주에 근거하면, "우타와 비슷하며, 그 구멍에 화포를 안장했다"(『籌辦夷務始末(道光朝)』 3권, 1623쪽). 우감의 이 주장은 오체트로니의 권에 나오는 삽화와 부합한다. 또 오송과 정해의 방어 공사가 모두 유겸의 주관으로 이루어졌기 때문에 양식이 동일할 것이다.

80) 정해 방어시설에 대한 기술은 유겸, 유운가의 상주에 근거한다. 『籌辦夷務始末(道光朝)』 2권, 849~850, 887, 943~945, 1066쪽; 또 『定海直隸廳志』 권 22, 8,16~17쪽을 참고. 정해의 지리 형세는 또 『定海縣志』를 참고. 정해청군의 화포수량에 대한 청국 측 자료는 불완전하다. 1841년 3월 11일, 유겸은 상주에, "1, 2천근 및 수백근의 포 50문"이라고 했고; 4월 11일에는 또 상주에, 정해에는 포가 70문이 있다고 했고; 7월 1일에는 유운가가 상주에 토성과 진원포성, 포대에 동포 22문을 설치했으며,

방어시설 공사를 하는 것과 동시에 유겸은 병사를 고용했다. 이리포가 원래 파견하여 정해에 받아들인 청군은 모두 3,000명으로, 유겸이 다시 2,600명을 더 파견했다. 그렇게 그 지역의 수비군이 5,600명에 달했다.[81] 이곳은 아편전쟁에서 절강 수비군이 가장 많은 지역이었다.

지난번 작전 때, 정해수사 전선의 손실이 막대하였기 때문에 전선의 보충과 수리가 미처 이루어지지 못하여 해상 순시, 정찰 능력이 모두 부족하게 되자,[82] 유겸의 계획에 따라 수용 1,000명을 고용하고 관원을 파견하여 바다로 나갔다. "혹은 고기를 잡고 무역을 하는 것처럼 가장하고 출항하여 순시하고, 혹은 비밀리에 화기를 가지고 나가 기회가 생기면 토벌한다."라고 하였다. 후에 유운가가 상주에 실제 고용한 수용은 580명이라고 보고했다.[83]

이것 외에 유겸은 또 장대한 계획을 세웠는데, 바로 『정해선후사의십육조(定海善後事宜十六條)』이다. 그러나 영국군의 도래로 이 계획은 실현되지 않

현성에 크고 작은 화포 41문을 배치하였다고 하였다(『籌辦夷務始末(道光朝)』 2권, 863, 963, 1066쪽). 단, 전쟁 전 청군 화기의 실제 수량에 대해서 나는 상관기록을 찾지 못했다. 영국 측의 기록은 비교적 상세하지만 각기 차이가 있다. 빙엄(賓漢)은 정해의 화포 총수는 170문으로 그중 토성과 진원포성, 포대에 95문이 있었으며, 현성 성벽에 41문이 있었다고 하였다(「英軍在華作戰記」, 『叢刊 阿片戰爭』 5권, 262, 320쪽). 버나드는 토성위에 포가 80문이 배치되어 있었으며, 진원포성에 화포 12에서 15문의 화포가 배치되어 있었다고 하였다(『復讐信號航行作戰記』 2권, 191쪽). 머레이는 전후 모두 노획한 화포가 100문으로 동포가 42문이었다고 하였다(Murray, Doings in China: Being the Personal Narrative of an Officer Engaged in the Late Chinese Expedition, From the Recapture of Chusan in 1841, to the Peace of Nankin in 1842, London : Bentley, 1843, 38쪽). 오체트로니는 토성 일대에 150에서 200문의 화포가 있었다고 하였다(John Ouchterlony, The Chinese War, an Account of all the Operations of the British Forces from the Commencement to the Treaty of Nanking, 179쪽). 여기서 빙엄의 토성 일대의 화포의 수에 관하여 버나드와 서로 부합하고, 현성 일대의 화포의 수에 관해서는 유운가의 주장과 서로 일치한다. 이로 인하여 나는 여기서 빙엄의 주장을 채택한다.

81) 『籌辦夷務始末(道光朝)』 2권, 870, 963쪽.

82) 유겸의 상주에 근거하면, 정해에는 수사 77척이 배치되어 있었는데, 지난 전투에서 24척이 손실되었고, 바람에 30척이 파괴되었기 때문에 실제 운항가능한 배는 겨우 23척이었다(『阿片戰爭檔案史料』 3권, 430~431쪽).

83) 『籌辦夷務始末(道光朝)』 2권, 945, 1067쪽. 유겸의 상주에 근거하면, 여기의 수용이 사용한 배는 겨우 "새로 건조한 장쾌선(槳快船) 16척 및 구매하거나 빌린 어선 100여척"이다.

앉다.[84]

정해의 토성을 하문의 석벽에 비교하면, 유겸의 정해 방어공사가 견고함과 화력 등 모든 방면에서 안백도보다 훨씬 못하다는 것을 알 수 있다. 그러나 유겸의 호언장담은 오히려 안백도에 비해 전혀 손색이 없었다. (정해) "현재 이 요충지를 잘 통제하고 있는데, 우뚝 솟은 철옹성과 같고, 뛰어난 지형을 이미 장악했으며, 인심은 갈수록 견고해졌다… 만일 그 역이(逆夷)가 감히 해안에 접근하거나 상륙을 감행한다면, 깨끗이 토벌할 수 있으며 한 척도 돌아가게 하지 않을 것"이라고 하였다.[85]

그럼 유겸의 이런 자신감은 전혀 근거가 없고, 전혀 이유가 없으며, 전혀 진지한 분석을 하지 않은 것일까? 그렇지는 않다. 그의 사상은 당시의 '토벌'을 주장하는 관원을 크게 대표한다고 할 수 있다.

유겸은 영국군을 직접 눈으로 보지도 않고, 영국군이 육상전에 능숙하지 않다는 것에 고취된 사람이었다.[86] 정해의 방어시설은 분명히 그의 이 신념이 표출된 것이었다. 그는 주요 병력을 현성(縣城) 이남 10제곱킬로미터의 구역에 집중시키고, 면적 523제곱킬로미터에 달하는 주산 본도의 기타 지역을 돌보지 않았다. 그는 영국군이 육상전에 능숙하지 않아 반드시 현성과 거리가 가장 가까운 해안에서 진공을 개시할 것이라고 생각하였다. 만약 가까운 곳을

---

84) 『定海善後事宜』는 모두 16조로, 그중 가장 중요한 것은 4조이다. 1)정해현을 직예청으로 승격하여 직예녕소태도(寧紹台道)에 예속시킨다. 2)정해성수영(守營)을 건설한다. 3)전함을 개조한다. 4)절강제독은 매년 한번 정해를 시찰하고, 매년 여름, 가을에 진해에 주둔하여 방어를 더 강화한다. 유겸의 이 건의는 1841년 5월 17일 상주한 것이다. 5월 27일에 도광제는 군기대신에게 그 의견을 전달한다. 8월 12일에 군기대신 등이 그 의견을 비준한다. 결과 정해현을 승격시키는 것을 제외하고 그 나머지 항목은 실행되지 않는다(『阿片戰爭檔案史料』 3권, 429~436, 616~628쪽). 유겸의 상주 내용을 보면, 당시의 핵심을 정확히 찌르지 못하고 있으며, 완전히 실행되었을 지라도, 이후의 전투에서 그 어떤 작용도 하지 못했을 것이다.

85) 『阿片戰爭檔案史料』 3권, 420쪽.

86) 『籌辦夷務始末(道光朝)』 1권, 440쪽.

포기하고 먼 곳을 택한다고 하더라도 산과 고개가 많고, 바로 "나의 보병들이 가장 이 지역을 가장 잘 알기 때문에"[87] 토벌하기 어렵지 않을 것이라고 생각하였다. 정해 현성은 동, 북, 서 삼면이 모두 산지로 둘러싸여 있기 때문에, 그는 이곳에(호봉령, 청루산) 단지 약간의 요대(瞭台), 병영, 성을 세우기만 하였다. 각 성에 육로 방어를 준비하라는 도광제의 유령이 9월 19일에야 비로소 항주(杭州)에 있는 유운가에게 도착하고 9월 25일에 진해(鎭海)에 있는 유겸에게 도착했다. 그러나 정해에는 도착할 수 없었는데, 이는 이때 정해, 진해 간의 해상이 이미 영국군의 통제에 들어갔기 때문이었다.

전쟁 전 청조의 문무백관 모두가 영국군이 '선견포리(船堅砲利)'하다고 하였지만, '배의 견고함'이 어느 정도인지, '포의 위력'이 어느 정도 인지에 대해서는 오히려 정확하게 파악하지 못하고 있었다. 전쟁이 벌어진 이후 관천배, 양방, 혁산, 임칙서 등은 실전을 통하여 그것을 알게 되었다. 그러나 그들은 혹은 직언하지 않고, 혹은 상세하게 보고하지 않았다. 기선은 오히려 약간의 사실을 말했지만, 당시 모두가 '오랑캐를 토벌하자'라고 목소리를 높이던 상황에서 또 누구를 믿을 수 있었겠는가? 유겸 개인은 '역이'를 극도로 멸시하였기 때문에 그 '선견포리'에 대해 잘못 예측하게 되었다. 견고하지 못한 토성에 의지하여 그는 대담하게 다름과 같은 결론을 얻을 수 있었다. "나의 포는 모두 거기까지 미칠 수 있을 것이며 상대방의 포는 나에게 미칠 수 없을 것이다!"[88]

이것으로 볼 때, 유겸의 자심감은 전혀 내력이 없는 것은 아니었다. 규모와 형태가 큰 토성이기 때문에 영국군의 '화포'를 막을 수 있다고 생각했는데, 어

---

87) 『籌辦夷務始末(道光朝)』 2권, 943쪽. 이후 사실이 증명하듯 유겸이 세운 기초는 완전히 잘못된 것이다. 영국군이 도두(道頭) 일대에서 진공을 개시한 까닭은 주산의 숭산준령(崇山峻嶺)을 무서워해서가 아니라, 실력에 의지하여 청군이 구축한 가장 견고한 곳을 돌파할 자신이 있었기 때문이다

88) 『籌辦夷務始末(道光朝)』 2권, 944쪽.

떻게 영국군이 우세하다고 말할 수 있겠는가? 또 어떻게 그들의 '견고한 배'가 해안에 올라서고 현성을 들어 갈 수 있단 말인가? 기왕 영국군이 '허리가 딱딱하고 다리가 굳어(腰硬腿直)' 육상전에 능숙하지 못하다고 한 바에야, 그들이 일단 상륙한 이후 능숙하지 않는 '백병전'으로는 청국 병사의 칼 아래 고혼이 되지 않겠는가? 그들이 이 천연요새를 날아 넘어갈 수 있다면 하늘에서 현성으로 내려올 수 있지 않겠는가?

유겸의 이런 사상이 표명하는 바는 다음과 같았다. 비록 전쟁이 시작되고 이미 장시간 동안 벌어졌지만, 그리고 청군이 호문 등의 지역에서 패하고 또 패했지만, '토벌'을 강력히 주장하는 관료신사들의 마음속에는 영국군에 대한 실력 추정에 여전히 전쟁 전의 모호한 개념을 가지고 있었으며, 영국군의 갖가지 장점을 분명하게 파악하지 못하고 있었다는 것이다. 또 이와 같았기 때문에 유겸은 정해 방어업무에서 어떠한 창조성도 발휘하지 못하고, 여전히 전쟁 전 임칙서가 주창한 연해를 수비하고 거점을 강화하여 영국군 함선에 대항하여 공격하는 전법을 펼쳤던 것이다.

재미있는 것은, 이 전법의 주창자인 임칙서는 이때, 4품 경(卿)으로 진해의 군무를 도와 처리하고 있었는데, 그는 이 정해의 방어에 대하여 자신감이 없었던 듯이 누차 유겸에게 진언하였다. "삼진(定海鎭, 處州鎭, 壽春鎭 세 명의 총병)에게 청해 내지로 이동하여 관문을 지키게 해야 합니다."[89] 유겸은 비록 임칙서를 매우 공경하고 탄복해 했지만, 국토를 지켜야 하는 책임이 있는 변경 신하로서 이런 정해를 포기하는 권략을 받아들일 수가 없었다.

이것을 다시 한 번 분석해 보면, 당시 '토벌'을 주장하는 사상의 연원을 건드리는 것이다.

---

89) 『定海直隷廳志』 28, "大事記".

비록 '토벌'을 주장하는 것이 하나의 정권상의 결정에 불과하고, '토벌'을 주장하는 인사들의 의견도 주로 구체적 문제를 분석하는 것이지만, 이런 사상은 오히려 전통 사상문화의 토양 속에 깊이 뿌리 내린 것이다. 나는 여기에서 당시 주로 성행하는 두 가지 사상관념이 일으킨 작용이 하나는 '천조'관념이고, 다른 하나는 이학(理學)사상이라고 생각했다. 당연히 이 두 가지 사이에는 해석하기 어렵고 구분하기 어려운 교차적 관계가 있다.

'천조'의 관념으로 보면, 당시의 사람들은 결코 영국을 안중에 두지 않았는데 당당한 '천조'가 놀랍게도 시시한 '섬나라 오랑캐(島夷)'를 막지 못한다는 것을 믿지 않았고, 7만 리 밖에 미개하고 황량한 곳에서 온 것들이 '천조'의 수단을 제압할 수 있다는 것을 믿지 않았다. 그렇게 해서 그들은 영국군의 강력한 언사를 듣지 않고 더욱 모든 전투에서 보인 영국군의 장점을 구체적으로 분석하는 것에 가치가 없다고 생각하고, 저급하고 가련한 맹목성에 빠졌다. 이점에 관하여 나는 앞에서 모두 설명한 적이 있어 이번에는 언급하지 않았다.

이학 사상으로 보면, 정황이 약간 복잡했다. 송대 이학의 흥기 후, 유가 학설은 다시 한 번 변화하여, 송, 명, 청 삼대의 주요 철학 사상이 되었다. 청대 '한학(漢學)'이 발기하여 이학도 비판을 하지만 이학의 주도적 지위는 동요되지 않았다.

이학(理學) 대사의 붓 아래 우리는 종종 이런 이론의 정묘함을 깨달을 수 있고 깊이 있는 사색과 우미(優美)한 문필에 탄복하지만, 실제 정치 운용 중에 이학은 무서운 교조가 되었다. 결과 성리명교(性理名敎)가 숭고를 향해 달린 후, 사실의 진상은 오히려 그렇게 중요하지 않고 종종 종속적 지위에 처하게 되었다. **모든 정권결정의 근거는 마치 사실 자체에 있는 것이 아니라, 선철들의 가르침에 있었다.** 이런 상황 아래, 사실의 진상을 파악한 사람들은 이학의 진체(理學眞諦)를 파악하지 못한 사람들보다 힘이 있었다. 만약 정면으로 논쟁을 하면 반드시 일격을 감당할 수 없었다. 당시 '토벌'을 주장하는 관원들의 상주에서 우리는 곳곳에서 이런 종류의 '이(理)'성적 장면을 볼 수 있었다.

1841년이 되자, 청조가 아편전쟁에서 반드시 패한다는 것은 이미 명백히 알 수 있는 사실이 되었지만, '이'에 근거한 사람들은 오히려 보고도 못 본 체했다. 이도 그들 본신의 죄라고 보기 매우 어려웠다. 당시의 분위기에서 그들의 사상이 그러했기 때문이다. 이런 사상적 구속을 돌파하는 것은 절대 쉬운 일이 아니었다. 이런 정세에 관하여, 우리는 20여 년 후, 청 왕조가 아편전쟁, 2차 아편전쟁에서 실패한 경험과 연결하여, 사실에 근거하여 개혁을 주장한 혁흔(奕訢)과 '명교(名敎)'로서 개혁을 반대한 왜인(倭仁) 간의 변론을 보면, 이 사상의 기초가 튼튼하여 쉽게 흔들리지 않음을 알 수 있다.

이학(理學)의 관점에서 출발하면, 전쟁에서 가장 중요한 승리의 요소는 '기물(器物)'에 있는 것이 아니라, '인심(人心)'에 있는 것이다. 즉, 소위 '정심(正心)', '성의(誠意)'는 '평천하(平天下)'로 이런 관점은 상당히 긴 군사 역사에서 그 합리성을 가지고 있음을 증명한다.

고대에서 중세까지 군사기술의 정체 때문에 전쟁의 주요 표현은 사람들 간의 격투로 표현되었다. 비록 '18반 병기'라는 각종 기술이 있었지만, 단지 사람의 손과 발의 연장이며 첨예화일 뿐이었다. 이런 전투 장면 중에 병사들의 용맹, 장수들의 집착은 '인심(人心)'이라는 품덕으로 승화될 수 있고 종종 승리를 결정하는 요소가 되었다. 그러므로 장구한 인간들의 관념 중에 죽음을 무릅쓰는 것은 승리의 대명사이다. 동시에 군사기술이 발전하지 않았기 때문에 오랫동안 전쟁을 하는 쌍방이 대체적으로 평등한 지위에 있었다. "양강(兩强)이 서로 만나면 용자(勇者)가 승리한다."라는 것이 일반 정치가와 전략가의 신조가 되었다.

이 때문에 청 왕조에서 '토벌'을 주장하는 무리 중 다수 인사들의 마음속에는 영국군의 '선견포리(船堅砲利)'는 단지 해상에서만 위력을 떨칠 수 있는 것에 불과했기 때문에 청군이 호문 등지의 해안, 강안에서 연거푸 패한 결정적 요인이 사령관과 장병들이 겁을 냈기 때문이라는 것이다. 이렇게 그들은 몸과 마음이 중세기에 머물러 있었기 때문에 당연히 근대군사기술, 전술, 군대편제, 작전지휘 등 일련의 변화에 대한 진정한 원인을 분명히 알 수 없었던 것이다. 본 절의 주인공인 유겸을 보면, 그는 비록 방어시설을 확충하고 포를 주조하는 등의 제반 '기물'에 큰 힘을 쓰기는 했지만, 주로 이 힘을 문란하고 느슨해진 청군의 '인심'을 진작시키는 데에 사용한 것이다.

이와 같았기 때문에 유겸은 승리에 있어 가장 필요한 요소는 다른 것이 아니라 민심(民心)의 단결과 장병들이 목숨을 다하여 싸우는 것이라고 생각했다. 그는 앞전의 정해전투 중에 청군이 겨우 26명이 사망하고 대부분이 도망쳐 흩어졌다는 것을 한스럽게 생각했으며, 이리포가 감히 진공을 하지 못하고 사기를 저하시키고 힘을 빠지게 했다고 분노했다. 그는 극단적인 수단을 사용하여 '배수진'을 쳤는데, 목적은 장병들을 채찍질하여 용감하게 앞으로 나가게 하고 희생을 두려워하지 않고 용감하게 전진하게 하는 것이었다. 그리고 일단 장병들이 정말로 정의를 위해 뒤돌아보지 않고 용감하게 나아가고 죽는 것을 집으로 돌아가는 것처럼 여긴다면, 전쟁에서 어찌 승리하지 못하겠는가라고 생각했다.

이것으로 결론짓자면, 아편전쟁 중에 '토벌'을 주장하는 인사들의 사상으로는 결코 쌍방의 역량에 대하여 진실하게 파악해야 한다는 것을 스스로 알지 못하고, 진정으로 '이를 제압(制夷)'할 수 있는 승리를 보증하는 수단이 결코 나오지 못한다는 것에 있었다. 그것은 '천조' 관념과 이학 사상 및 이것으로부터 파생되어 나오는 '인심' 제승론(制勝論)에 그 근원이 있었다. 군사학술의 관점에서 보면 이런 종류의 '토벌'을 주장하는 것은 경솔하거나 이길 수 없는 작전(浪戰)인 것이다. 우리는 당연히 그것을 오늘날의 반침략의 종지와 부합시켜서는 안 되며, 그것을 구별 없이 무조건적으로 찬미해서는 안 된다.

내가 읽은 아편전쟁사의 논저들은 1841년 제3차 정해전투가 대부분 사람의 마음을 격동시키는 용감하고 비장한 고사로 묘사되었다. 정해 3총병(정해진총병 葛雲飛, 절강처주진총병 鄭國鴻, 안휘수춘진총병 王錫明)이 5천 명을 이끌고 고군분투하여 영국군 만여 명(혹은 2만, 3만)의 포위공격에 필사적으로 항거하여 6일 밤낮으로 혈전을 벌였으며, 결국 중과부적으로 탄약을 다 쓰고 원조가 끊겨 희생당한다는 것이다.

나는 내가 이 고사에 감동을 받았다는 것을 부인하지는 않는다. 당시의 조건 하에 열악한 병력과 병기로 6일 밤낮으로 저항할 수 있었다는 것은 확실히 대단한 업적이다. 그렇지만 연구를 깊이 있게 해보면 우리는 곧 이는 진실한 고사가 아니라는 것을 발견하게 된다.

영국군이 '만여 명'이라는 주장은 유겸의 상주에 처음 나오는데, 이는 전후 진해로 도망간 정해 전사(典史)의 보고에 의거했다. 자료는 이미 한 손을 거친 것이었다. 패한 관리(敗吏)가 전패의 책임을 미루려고 적군을 과장하는 경우는 흔했다. 게다가 유겸은 상주에 "그 역도(逆匪)들이 흑의와 흑바지를 입고 해안으로 올라와 모두 복건과 광동으로 쫓아버렸다"라고 하였다.[90] 영국 측의 기록을 찾아보면 영국군은 작전 중에 중국인을 참전시키지 않았기 때문에 이 주장은 정확하지 않다고 본다.

영국군이 '2만 명', '3만 명'이라는 주장에 대해서는 사료적 근거가 더욱 불충분하여 근거로 삼을 수 없다.[91]

---

90) 『籌辦夷務始末(道光朝)』 3권, 1244쪽. 아편전쟁사 연구 중에 나를 가장 곤혹스럽게 한 것은 '한간' 으로, 전방 사령관 중에 한간 문제를 언급하지 않는 사람이 거의 없었으며, 한간이 참전했다고 하였 다. 그러나 영국 측의 문헌에 의하면 이에 대한 기록이 매우 적은데, 기껏해야 중국인을 고용하여 노동을 시킨 것에 불과하며, 수송에 동원했다는 것이다. 나는 청국 측 문헌 중에 '한간'이라는 말이 깊고 넓게 유전되어, 영국군이 육상전에 능숙하지 못하기 때문에 상륙한 영국군을 한간으로 상상했 을 가능성이 크다고 생각한다.

91) 영국군이 '2만'이라는 주장은 夏燮의 『中西紀事』, 103쪽에서 볼 수 있고; 영국군이 '3만'이라는 주장 은 梅曾亮의 『王剛節公(錫明)家傳』 196쪽; 『柏梘山房文集』 권9에서 볼 수 있다. 이 두 사람의 자

영국군의 실제 수는 그보다 훨씬 적었다. 1841년 8월에 영국군이 홍콩을 떠나 북상했을 때의 규모가 군함 10척, 기선 4척, 수송선 22척, 육군 2,500인이었다. 하문전투 후에 고랑서에 군함 3척, 수송선 3척, 육군 550명을 남긴 것을 감안하여 추산하면 절강의 영국군은 오직 군함 7척, 기선 4척, 수송선 19척, 육군 2,000명으로,[92] 만약 각 함선의 병사와 선원을 육군과 함께 계산하면 약 4, 5천 명이다. 이때 청군 정해 수비군은 5,600명이었는데, 양자를 비교하면 쌍방의 병력 수는 거의 비슷하고 오히려 청군이 약간 우세했다.

설령 이와 같다 하더라도 동등한 병력으로 6일 밤낮을 저항했다는 것은 충분히 칭찬할 만한 일이다. 그러나 이 '6일 밤낮'도 신뢰할 수 없는 숫자이다.

영국군이 1841년 9월 5일에 하문을 떠나 북상한 후, 풍향이 순조롭지 않고 배의 성능이 동일하지 않아 전 부대가 함께 행동할 수 없었다. 9월 16일에 영국 기선 플레게톤(Phlegethon)호가 진해 기두(旗頭) 일대의 성오(盛隩)와 쌍오(双隩)를 습격하여 교란시켰다.[93] 9월 17일에 영국기선 네메시스호가 상산(象山) 서포항(西浦港)을 침입했다.[94] 영국함선이 연이어 제1집결지인 정해 서남의 천비산도(穿鼻山島, Buffalo's Nose)에 도착하고 후에 이동하여 정해와 진해 사이의 황우초(黃牛礁)에 정박했다. 9월 21일에 영국 해군사령관 윌리엄 파커가 도착하고 25일 영국 육군사령관 고프가 도착했다.

료 근원은 불분명하며, 잘못 들은 것으로 의심된다.

92) 『Chinese Repository』, Vol 10, 526~527쪽.

93) 『阿片戰爭檔案史料』 4권, 95쪽; 賓漢, 「英軍在華作戰記」, 『叢刊 阿片戰爭』 5권, 261쪽. 유겸의 상주에 근거하면, 영국군은 타격을 받은 후 배를 돌려 도주하고 청군은 2명이 전사하고 1명이 부상을 당했다. 빙엄의 말에 근거하면 영국군의 행동은 영국 라이라호의 선원 두 명이 나포되자(주711) 벌인 복수를 위한 행동이라는 것이다. 영국군이 이곳 청군의 군영과 화약고를 파괴하고 전혀 피해 없이 스스로 철수했다는 것이다.

94) 『阿片戰爭檔案史料』 4권, 95~96, 98쪽. Bernard, Narrative of the Voyages and Service of the Nemesis, vol 2, 176~181쪽. 유겸은 상주에 석포 청군이 영국군의 침범을 격퇴했다고 했고, 버나드는 영국군이 석포로 진공한 것은 목재를 구해 증기선의 연료로 삼기 위해서이며, 영국 측이 또 석포의 청군포대를 점거했다고 하였다.

영국군의 본래 계획은 먼저 진해, 영파를 공격하고 그 후에 다시 정해를 공격하는 것이었다. 그러나 광포한 날씨는 "함대 집결지에서 출발, 진해로 가서 임무를 수행하는 것을 방해하여", 25일에 즉시 정해의 방어 상황을 정찰하기로 결정했다.[95]

소위 '6일 밤낮'이란 바로 두 번째 날인 9월 26일부터였다.

중영 쌍방의 문헌을 대조하면, 이 시간의 군사 행동에 대한 기록의 차이가 매우 컸다. 지금 그 요점을 서술하여 독자와 함께 분석해보도록 한다.

9월 26일, 청국 측의 상주보고에 영국군의 기선 두 척이 큰 배 두 척을 견인하여 죽산문(竹山門, 道頭港西水路, 竹山과 盤嶼島 사이)에서 내항으로 침입하자, 갈운비의 지휘 하에 토성에서 포를 쏴서 영국 함선의 돛대 하나를 부서뜨리자, 영국 함선이 길상문(吉祥門, 道頭港南水路, 盤嶼島와 大渠島 사이)으로 도망가고, 후에 또 대거문(大渠門, 도두항동수로, 청루산과 대거도 사이)으로 우회하여 들어오자, 토성 동쪽 구역의 동항포(東港浦) 수비군이 포를 쏘아서 영국 함선이 물러나고 감히 다시 공격하지 못했다. 이에 반해 영국 측 기록에 의하면, 영국 기선 플레게톤호와 네메시스호가 해군, 육군 사령관을 데리고 정찰을 하여, 상세하게 청군의 효령봉, 주산부터 청루산에 이르는 일대의 방어시설을 관찰했고, 또 대소오규산도(大小五奎山島)의 지리지형을 탐사했다는 것이다. 그리고 영국 기선이 막 반서도를 지날 때, 청군의 포격을 당했지만, 영국 함선은 청군의 포격 사정거리 밖을 항행하고 있어서 청군의 포격을 피했고 역시 피해를 입지 않았다는 것이다.[96]

---

95) Bernard, Narrative of the Voyages and Service of the Nemesis, vol 2, 186쪽.

96) 유겸의 상주, 『籌辦夷務始末(道光朝)』 3권, 1243쪽; Bernard, Narrative of the Voyages and Service of the Nemesis, vol 2, 186~187쪽; 賓漢, 「英軍在華作戰記」, 『叢刊 阿片戰爭』 5권, 261쪽. 영국군이 반서도를 다도(茶島, Tea Island)라고 했는데, 반서 서부에 크고 작은 차밭 때문에 잘못 알았을 가능성이 있다. 정해 역시 다도가 있는데 외장서도(外長嶼島)의 남쪽에 있다.

당일 정해 청군은 한편으로는 진해를 지원하고 한편으로는 군사 배치를 조정했다. 정해진 총병 갈운비는 계속 토성을 수비하고 원래 주둔하던 현성 내의 수춘진 총병 왕석명이 효봉령을 방어하게 되었으며, 처주진 총병 정국홍은 죽산으로 배치되었다. 유겸이 정해 수비장군의 지원 요구서를 받은 후, 정해 방어 병력이 본래 진해보다 많고 진해도 이미 영국군의 위협에 직면해 있기 때문에 병력이 부족하여 차출할 수 없다고 생각하고 증원을 하지 않았다.

9월 27일의 청국 측의 상주 보고에는 정오쯤에 영국 기선 3척, 삼외선(三桅船) 1척이 죽산문으로 침입했는데, 갈운비가 병사들을 지휘하여 포를 쏘아 영국 함선의 큰 돛대를 부러뜨리자 영국 함선이 즉시 도망갔다고 하였다. 그러나 나는 이에 상응하는 영국 측의 기록을 찾지 못했다. 당일 원래 계획된 행동은 단지 네메시스호가 명을 받아 진해일대 방어 상황을 정찰하러 가는 것이었는데 그날 날씨가 좋지 않아 그 명령은 집행되지 않았다.

9월 28일에 대한 청국 측의 상주 보고 내용이 동일하지 않았다. 유겸은 정해에 파견한 조사관의 보고에 근거하여 상주를 올렸는데, 영국함선이 '계속 쳐들어와서' 효령봉을 공격하고 작은 배를 이용하여 병사들을 죽산에 상륙시키자, 정국홍이 병사들을 이끌고 포를 쏘아 "무수한 이비(夷匪)를 격살하였고", 그날 저녁 영국군이 오규산도를 우회하여 고료망(高瞭望)에 상륙하였다고 보고한다. 항주장군 기명보(奇明保)가 전후 정해에서 도망쳐 온 관원의 보고에 근거하여 상주를 올렸는데, 영국군이 상륙하여 효봉령을 공격하여 왕석명이 병사 800명을 이끌고 그들과 4일 동안, 즉 10월 1일까지 계속 교전을 벌였다는 것이다. 영국 측의 기록은 다르다. 빈한(賓漢)은 그날 모데스테호 함장 H. 아이레스(H. Eyres)가 명령을 받아 모데스테호, 칼럼바인호, 네메시스호를 이끌고 정해로 진격하여 효봉령 위의 아직 완성되지 않은 포대를 완파하는데, 그것은 그 위치가 영국군의 주공격 방향이었기 때문이라고 하였다. 그리고 영국함선이 도착하여 이미 청군과 교전한 후, 대략 50명의 수병으로 조성된 분대가 해안에 상륙하여, 아직 완성되지 않은 포대를 확인하고,[97] 토성 방향의 방어를 정찰한 후 빠르게 철수했다고 하였다. 버나드는 그날 지속적으로 폭풍우가 불어 닥쳐 함대가 항행할 수 없었다고 했다. 윌리엄 파커가 상술한 세 척의 함선을 파견하여 효봉령으로 가서 아직 완공되지 않은 포대를 완파하라는 명령을 내렸지만, 그 명령은 다음날인 29일에 집행되었다고 했다. 구체적 과정에 이르러서는 이 권의 기록이 더 상세하다.

9월 29일, 청국 측의 상주보고에는 영국군이 대오규산도에 막사를 세웠는데, 토성일대의 청군이 포를 쏘아서 요격하여 5개의 막사를 무너뜨리고 영국군 10여 명을 죽였다고 하였다. 영국 측의 기록에는 그날 몇몇 전함과 수송선이 내항으로 침입하여 그중 블론드호, 모데스테호, 퀸호, 플레게톤호가 대소오규산도로 가서 대오규산도에 야전포병진지를 설치했는데, 그중에는 68파운드의 포탄을 발사할 수 있는 중영 화포 1문과, 24파운드 포탄을 발사할 수 있는 2문의 포가 있었다고 하였다. 그 다음날까지 그 진지공사를 마무리했다. 영국 측은 청군 화포의 발사 사정거리가 매우 짧아 영국군의 행동에 전혀 위협이 되지 않았다고 했다.

9월 30일, 청국 측의 상주보고에 의하면, 영국군이 먼저 길상문으로 침입하여, 토성 동단의 동항포(東港浦)를 공격하여 청군을 격퇴하고, 토성 서단의 효봉령, 죽산을 공격하고, 밤이 되어 영국군이 토성 서단에 상륙하자 청군의 공격을 받았는데, 사망자 수를 헤아릴 수 없었다고 하였다. 영국 측의 기록에 의하면, 그날 영국군 전함과 수송선이 연이어 내항으로 들어가서 웰즐리호가 증기선 세소스트리스(Sesostris)호에 의해 견인되어 입항했을 때, 이미 동악산 진원포대를 향해 포를 발사하였고, 이어 해가 지자 영국군이 토성 서단 죽산

---

97) 유겸은 효령봉에 위성을 건설하여 병력을 주둔시켰으나, 화포를 배치하려고 하지는 않았다. 단 영국군이 이 위성을 포대라고 오인하여 병력을 보내 파괴한다.

일대에서 총과 대포로 크게 공격하였고, 이미 그곳 부근에 정박하여 상륙 부대의 엄호를 준비하였고, 영국 함선 칼럼바인호, 크루져호 역시 화포를 발사하였으며, 영국군 함선의 병사들은 피해를 입지 않았다고 하였다.[98]

이상 청국 측 유겸, 기명보(奇明保)의 상주는 정해 수군의 보고(9월 26일)와 조사관을 파견하여 올린 보고와 정해에서 도망쳐온 관원의 보고에 근거한 것으로 이미 한 손을 거친 것이며, 게다가 청국 측 관원의 보고에는 거짓으로 보기 좋게 꾸미는 풍조가 만연하여, 그중에는 당연히 거짓된 부분이 있을 수 있다. 영국 측 기록자는 그가 친히 경험한 것으로 자료가 당연히 1차 자료에 속하긴 했지만, 그 안에 거짓되고 회피하려는 부분이 전혀 없다고는 말할 수 없다.

---

98) 유겸의 상주, 기명보의 상주, 『籌辦夷務始末(道光朝)』 3권, 1243, 1250쪽; Bernard, Narrative of the Voyages and Service of the Nemesis, vol 2, 192~195쪽; 賓漢, 「英軍在華作戰記」, 『叢刊 阿片戰爭』 5권, 262쪽; Murray, Doings in China: Being the Personal Narrative of an Officer Engaged in the Late Chinese Expedition, From the Recapture of Chusan in 1841, to the Peace of Nankin in 1842, London : Bentley, 1843, 24~26쪽.

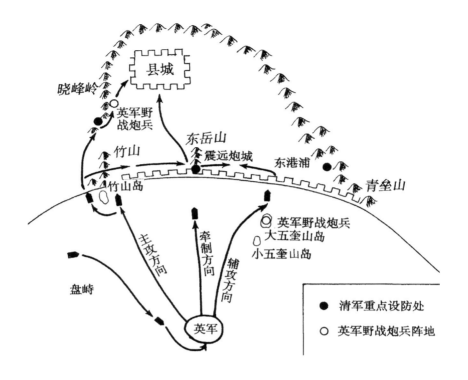

그림 8) 정해(定海)의 방어 및 작전 약도

이 때문에 오늘날 9월 26일부터 30일까지의 5일 간의 정황을 하나하나 세세하게 고증하여 분명하게 한다는 것은 매우 곤란하고 불필요한 것임이 분명하다. 상술한 기록 중에 우리는 이미 영국군의 이 5일 동안의 행동이 여전히 청군의 방어체계를 정찰하여 주 공격방향을 확정하고, 병력을 움직여 수역에서 출발하고, 야전포병진지를 건립하여 작전지원을 하는 등등 전쟁 전의 준비동작으로 아직 정식 진공이 아님을 알 수 있다. 청군 수비군은 근대전쟁 양식과 작전 특징에 어두웠기 때문에 영국군의 의도를 간파하지 못한 것이다. 영국군의 동작마다 모두 의미가 없든, 혹은 의미 있는 정식 공격으로 생각하고는 결과적으로 과도하게 긴장하여 포탄을 낭비한 것이다. 그리고 이 며칠 연일 큰비가 내려, 비속에서 이 5일 동안 '적에 대응'했던 수비군은 진정한 전투가 벌어지기도 전에 이미 피로가 상당히 쌓였던 것이다.

진정한 전투는 겨우 하루뿐으로 바로 1841년 10월 1일이었다.

이날 새벽 대오규산도 위의 영국군 야전포병이 진원포성(그 수법이 호문전투 중 횡당도 전술과 완전히 같았다)을 향해 공격을 개시하였고, 영국군 기선과 군함이 토성을 향해 포를 발사했다. 청군 수비군은 갈운비의 지휘 아래 해안포로 반격을 했다. 그러나 청군의 화포는 수적, 질적으로 모두 열세였는데, 그중 화력이 가장 강한 동악산 진원포성은 대오규산도에 있는 영국군 야전포병의 제지를 받아 진지가 이미 동요되어 병사들이 도망치기 시작했다.

쌍방의 포격전과 동시에 영국군 상륙부대 좌측부대(縱隊) 약 1,500명이 토성의 방어 시설을 피하여 효봉령 이서(以西) 해안으로 상륙한다. 1차로 상륙한 영국군 제55연대(団)가 즉시 효봉령을 향해 진격하자, 왕석명이 부대를 이끌고 응전하지만 역부족이었으며 결국 영국군이 효봉령을 점령하고 왕석명이 전사했다. 2차로 상륙한 영국군 제18여단이 이어서 죽산을 향해 진공했다. 이미 영국군 함선의 포격을 장시간 동안 받은 수비군은 정국홍의 지휘 하에 계속 저항을 벌이지만, 결국 마지막에는 버티지 못하고 정국홍도 전사했다. 제18여단은 죽산을 점령한 후, 토성을 따라 동쪽으로 공격했다. 토성은 단지 정면만을 방어할 수 있는 구조로 되어 있어서 측면이 완전히 무방비 상태였기 때문에 갈운비도 분전했으나 전사했다. 제18여단은 토성 서쪽을 격파하고 점령한후, 또 동악산 진원포성을 향해 진공했다. 그러나 그곳 수비군은 이미 영국 군함 블론드호와 대오규산도의 영국군 야전포병의 포격을 장시간 동안 받아분분이 도망가고 흩어진 상태로 진원포성은 전쟁 없이 주인이 바뀌었다.

좌측 부대의 행동과 동시에 영국 상륙부대인 우측 부대가 동항포(東港浦)를 공격했다. 그러나 네메시스호가 중도에 좌초하여 제때에 도착하지 못했다. 후에 우측부대가 해안에 상륙한 후, 좌측부대인 제18연대의 지휘아래 토성 동단의 수비군을 몰아냈다.

좌측부대가 효봉령을 점령한 후 이어서 상륙한 마드라스 포병이 효봉령의 가장 높은 곳에 경형(輕型) 화포를 설치하고 현성을 향해 포격을 했다. 제55여단이 산령(山嶺)을 끼고 진격하여 현성(縣城) 서문으로 돌진했다. 이에 현성의 수비군이 도망을 치고, 제55여단이 성벽을 올라 현성을 점령했다. 동시에 제18여단 역시 도로 입구에서부터 현성까지 진격하고 함께 공격하여 남문(南門)에 이르렀다.[99]

새벽부터 진격을 시작하여, 오후 2시에 전투가 끝나기까지, 영국군은 강력하고 효과적인 저항에 부딪치지 않았는데, 전투 중에도 단지 전사 2명, 부상 27명의 경미한 대가를 지불했을 뿐이었다.[100] 그들이 채택한 전술은 여전히 전함에서 정면을 포격하고, 육군이 측면에서 측면으로 돌아 습격하는 전법이었으며, 역시 큰 성공을 거두었다.

세 총병이 매우 용감하게 자신이 싸우던 그 자리에서 전사하였으며, 결코

---

99) 이상 작전의 경과를 아래의 자료에서 종합하였다. 유겸의 상주, 기명보의 상주, 『籌辦夷務始末(道光朝)』 3권, 1243~1245, 1249~1251, 1263, 1265쪽; 「英夷入粵紀略」 」, 「犀燭留觀記事」, 「阿片戰爭新史料」, 『叢刊 阿片戰爭』 3권, 17, 262, 439쪽; Bernard, Narrative of the Voyages and Service of the Nemesis, vol 2, 195~200쪽; Murray, Doings in China: Being the Personal Narrative of an Officer Engaged in the Late Chinese Expedition, From the Recapture of Chusan in 1841, to the Peace of Nankin in 1842, London : Bentley, 1843, 26~36쪽; John Ouchterlony, The Chinese War, an Account of all the Operations of the British Forces from the Commencement to the Treaty of Nanking, 180~185쪽; 賓漢, 「英軍在華作戰記」, 『叢刊 阿片戰爭』 5권, 263~264쪽.

100) 이번 전쟁의 영국군 사망에 대한 영국 측 기록은 약간 다르다. 빙엄은 55연대에서 두 명이 사망하고 24명이 부상을 당했으며, 기타 부대에서 3명이 부상을 당했지만, 단 총계에는 28명이 부상당했다고 하였다(『叢刊 阿片戰爭』 5권, 264쪽). 버나드는 제55연대에서 두 명이 사망하고 19명이 부상을 당했으며 기타 부대에서 8명이 부상을 당했다고 하였다(Bernard, Narrative of the Voyages and Service of the Nemesis, vol 2, 200~201쪽). 머레이는 55연대에서 1명이 사망하고 19명이 부상을 당했다고 하였다(Murray, Doings in China: Being the Personal Narrative of an Officer Engaged in the Late Chinese Expedition, From the Recapture of Chusan in 1841, to the Peace of Nankin in 1842, London : Bentley, 1843, 28~29쪽).

생을 탐하여 물러나지 않았다. 그들의 지휘 하에, 일부 청군병사들이 전투 중에 높은 사기를 유지하기도 하였다. 만약 평상시 겁이 많았던 청군에 비교한다면 유겸이 전쟁 전에 병사들을 격려한 노력은 그 효과를 거둔 것이라고 할 수 있다. 그러나 이번 전투로 밝혀진 것은 겨우 용감함에만 의지해서는 충분하지 않았다.

세 총병이 매우 용감하게 희생했지만, 이미 일어설 수 있는 방법이 없었다. 우리는 유겸이 사정의 진상을 알았는지의 여부를 알지 못했다. 그가 천연 방벽인 산령이 있고, 청군이 더 육상전에서 뛰어나다고 생각하던 중에 영국군(한간이 아니다)이 차례대로 왕석명, 정국홍, 갈운비를 죽인 것이었다.

4. 진해鎭海의 천연요새天險

1841년 10월 8일, 즉 정해를 빼앗긴 후 제8일째 되는 날, 도광제는 절강의 군사보고를 받는데 여전히 좋은 소식이었다.(盛岙, 雙岙와 象山의 石浦에서 적을 격퇴, 정해 청군의 초전에서의 승리, 유겸이 문무관원을 이끌고 결사항전을 맹세한 것 등) 그는 비록 하문전투의 패배로 인하여 안백도에게 크게 실망했지만, 유겸이 반드시 그에게 '해양 변경의 권위를 세워주는' 희소식을 가져다 줄 것이라고 굳게 믿었다. 이를 위하여 그는 당일 다시 유지를 내리는데, 이 '토벌'을 주장하는 가장 결연한 변경 신하에게 신신당부했다(첫 번째는 10월 4일). "승전보가 있으면, 즉 육백리가진(六百里加緊)으로 소식을 전하라."[101]

그러나 이틀 후, 10월 10일 유겸은 '육백리가급'으로 그에게 정해 함락의 전보를 전했다.[102] 또 8일 후인 10월 18일에 그는 항주장군 기명보 등이 '육백리

101) 『阿片戰爭檔案史料』 4권, 150쪽.
102) 『籌辦夷務始末(道光朝)』 3권, 1243~1246쪽.

가급'으로 전해 온 진해함락과 유겸이 희생당했다는 상주를 받았다. 이에 도광제는 여기에 주비를 달지 않을 수 없었다. "분노와 원망이 극에 달했다!"[103]

도광제의 "분노와 원망이 극에 달했다!"는 어째서 일까? 영국군은? 유겸은? 혹은 함락당한 진해는?

진해는 항주만(杭州灣)의 남쪽, 대협강(大峽江, 지금의 甬江)의 해구 입구에 위치했다. 그곳은 영파(寧波)의 문으로 역대로 해양방어의 요충지였다. 이리포가 흠차대신으로 이 지역에 머물렀다. 또 유겸이 흠차대신을 이어받고 이곳에 머물렀다. 이렇듯 이곳이 당시 사람들의 마음속에 자리한 지위를 알 수 있었다.

하문, 정해와는 달리 진해에 머문 두 명의 흠차대신은 마치 모두 이곳의 방어시설 건설에 관심을 가지지 않은 것 같다. 이리포에 대해 말하자면, 그의 임무는 정해를 공격하는 것으로 방어는 본래 도광제에게 보여주기 위한 것이었다(제3장 제2절 참고). 유겸에 대해 말하자면, 그는 진해는 이미 영국군이 극복하기 힘든 천연 요새라고 생각했다는 것이다.

대협강은 영파에서부터 진해현성까지는 대체로 서에서 동으로 흐르고, 바다로 들어갈 때에는 꺾여서 남에서 북으로 흘렀다. 강구(江口)의 양쪽 끝에 각각 산이 있는데, (대협강의 '협'은 여기서 나온 것이다). 서부에는 초보산(招宝山)이 있는데[강희 연간 영파는 '번박(番舶)'에 대한 개방으로 인해 후도산(候濤山)에서 초보산으로 개명했다. 이는 외국을 끌어들이는 보물이라는 뜻이다], 산 위에는 위원포대(명대에 왜를 방어하기위해 건설한 것이다)가 있었다. 동부에는 금계산(金鷄山)이 있었다. 강의 폭은 약 1,000미터였다. 당시의 하도(河道) 때문에 오늘과 같은 준설공사를 하지 못해 수심이 얕고 모래사장이 많

으며, 강안 역시 진흙이 쌓여있는데 그 폭이 1리 정도 되었다.

진해현성은 해구와 인접해 있었다. 그 동북면에는 초보산이, 동남과 남면에는 대협강이, 북면은 원래 대해에 인접하고 있었는데, 이때에도 역시 2, 3리의 진흙지대가 있었다.(그림 9참고)

1841년 2월, 유겸은 강소에서부터 진해까지, 이 지형을 보고 잠시 자신감이 크게 상승했다. 아직 영국군 함대를 본적이 없었던 이 흠차대신은 영국군의 거함이 "풍랑을 두려워하지 않지만, 암초는(산호초) 두려워 할 것이며", 진해 일대의 진흙과 얕은 모래사장은 영국군을 저지하는 천연방권이 될 것이라고 여겼다. 만약 소형선이 침입을 한다고 하면 "돛이 없으며, 화포가 없으며, 솥과 부뚜막이 없을 것인데", 어찌 두려워할 수 있겠는가? 또 만약 배에서 상륙한다고 해도 "섬멸시키기가 어렵지 않을 것"이라고 생각했다. 그는 계속 이 깨달음을 위에 보고하여, 도광제에게 연해의 각 장군독무에게 "본 지역의 해변 곳곳을 조사하고, 수세의 깊고 얕음을 측정하고 모래사장과 해안의 거리를 측량해보니 모래사장이 얕아 위험하며", "가장 필요한 것과 부차적인 것을 구분하면", "곳곳에서 허둥댈 필요가 없다"고 명령해 줄 것을 요청했다. 매우 분명한 것은 그의 마음속 진해는 '가장 필요한' 것이 아닌 '부차적인' 것일 뿐이었다. 그가 더욱 관심을 가진 것은 정해(定海)였다.[104] '이정(夷情)'에 밝지 못했던 도광제는 이를 모두 듣고 받아들여 이 상주를 각 지역에 보내 집행에 참조하라고 명령했다.[105]

그렇지만, 당시 절강순무였던 유운가는 자못 심계가 깊은 관원이었다. 비록 그의 위에 두 명의 흠차대신이 있어 진해방어에 개입할 수 없었지만, 그는 오히려 두 차례 진해에 가서 이리포, 유겸에게 이곳에 방어 공사를 하도록 부추

---

104) 『阿片戰爭檔案史料』 3권, 214~216쪽.
105) 위의 책, 3권, 260~261쪽.

겼다. 1841년 6월에 유겸이 강소로 돌아와 양강총독의 관인을 받는 동안, 유운가는 사품 경함(卿銜)으로 절강 군영에 온 임칙서 등과 이곳에서 전력을 다하여 방어를 구축했다. 이때부터 전쟁이 일어나기 전까지 진해의 방어 공사에 대해 말하자면, 비록 하문, 정해의 그것처럼 구조와 스타일이 크지는 않았지만, 꽤 규모가 있었다.[106]

1) 초보산(招宝山). 이 산 위에는 원래 위원성이 설치되어 있어 병사가 주둔하고 포가 설치되어 있었다. 이 성의 지형이 너무 높아 포의 위력이 적 전함에 미치지 못할 것을 우려하여, 이 산의 서각(西脚), 남각(南脚)에 사대(沙袋)포대를 배치했다. 이 산의 배후에는 현성의 북벽 가까이에 구금당(勾金塘)이 있는데 역시 여기에 포대를 세웠다. 절강제독인 여보운(余保雲)이 병사들을 이끌고 주둔했다.

2) 금계산(金鷄山). 이 산의 북각(北脚)에는 돌로 포대를 건설하고, 이 산의 북방 방향에는 대포가 매설된 보루를 건설하고, 산 정상에는 군영을 두고 주둔 병사들과 협동작전을 펼쳤다. 강소 낭산진(狼山鎭) 총병 사조은(謝朝恩)이 지휘했다.

3) 대협강(大峽江). 강 입구에 못을 하나하나 박고, 돌덩어리로 메워 하도를 좁혀 영국함선이 쉽게 침입하는 것을 방어했다. 항구 안에 화공선 30척, 장쾌선(장쾌선) 16척 및 차륜선(인력으로 가는 배) 20척, 대소어선 60척을 배치하여 작전 시 추적과 차단, 정탐, 합동작전에 사용했다. 현성 동남의 난강항(攔江埠) 양안에 각각 포대를 설치하고 항구 안으로 침입하는 적함에 대응했다. 구주진(衢州鎭) 총병 이정양(李廷揚)이 병사를 지휘하여 수비했다.

4) 진해현성. 바다와 접해 있는 북쪽 성벽 위에 두껍게 사대(沙袋)를 쌓아서

---

106) 방어 상황은 이리포, 유운가, 유겸 등 다음의 상주로 종합한다. 『阿片戰爭檔案史料』 2권, 670, 3권, 440~441, 520~521, 4권, 110쪽을 참고.

적의 포격에 대비했다. 흠차대신 유겸이 이 지역에 주둔하여 전 상황을 지휘했다.

진해현성 일대에 청군이 모두 4,000명이 있었으며,[107] 배치된 화포가 157문이고 그중 67문이 동포(銅砲)였다.[108] (그림 9 참고)

진해의 방어태세로 보면, 호문과 같이 주로 영국군 함선이 대협강으로 직접 침입해 들어오는 것에 대한 방어로, 호문전투의 교훈을 받아들이지 못하였다. 청군의 방어 공사를 보면, 그야말로 초라하여 영국군의 맹렬한 포화를 저지하기 어려웠다. 그리고 가장 치명적인 결함은 여전히 적의 상륙부대를 저지하지 못하는 데에 있었다. 1841년 9월 25일, 유겸이 하문전투 후에 발표한 육로방어를 강화하라는 도광제의 유지를 받고, 바로 초보사, 금계사 등지에 함정(暗溝)를 파고, 질려(蒺藜)를 뿌리는 등, 이와 같은 방법으로 "적의 공격을 저지하라"라고 하였다.[109]

당연히 이상의 분석은 단지 오늘날 우리의 인식에 불과할 뿐이다. 유겸의 마음속에 있는 문제의 핵심은 방어 시설 본신에 있는 것이 아니라 군대의 사기에 있었다. 그는 진해 방어군에 서주진병 1,000명이면 전쟁을 할 수 있다고 하면서, 그 나머지는 모두 믿을 만하지 못하다고 생각했다.[110] 이를 위하여 그는 특별히 전쟁 전에 "문무관원을 이끌고 몸을 굽혀, 신 앞에서 맹세한다."

---

107) 진해의 방어병력은 모두 약 5,000명이었는데, 단 그중 일부분은 성오(盛隩), 쌍오(雙隩)와 해포(澥浦) 등에 주둔하였다. 전후 여보운의 말에 근거하면, 현성 일대의 방어군은 3,000여 명이었다. 『阿片戰爭檔案史料』 3권, 441쪽; 6권, 717쪽). 여기에는 각지의 고용 700명이 함께 계산되어 있다.

108) 나는 청국 측 화포의 수량과 관련한 자료를 찾지 못했다. 여기서는 빙엄의 「英軍在華作戰記」, 『叢刊 阿片戰爭』 5권, 320쪽; Bernard, Narrative of the Voyages and Service of the Nemesis, vol 2, 222쪽에 근거하였다.

109) 『阿片戰爭檔案史料』 4권, 111쪽.

110) 위의 책,4권, 164쪽.

금일은 오직 죽음만이 있을 뿐이다. 막부(幕府) 4세 상공(유겸의 증조부)의 큰 공훈이 아직 시들지 않았다. 우리의 임무는 명령을 받아 모든 것을 다 바치는 것이며, 의가 있으면 반드시 승리할 것이다. 모든 문무 관원들이 그 이(夷)가 보내는 그 어떤 문서라도 용감하게 받아서 법에 따라 공개적으로 형벌에 처해야 하고 신적인 능력으로 싸워야 한다.[111]

그는 이 의식에 대하여 도광제에게 다음과 같이 설명을 했다.

이것은 신하(奴才)가 감히 필부지용을 부리려는 것이 아니라, 기꺼이 마지막 승부를 걸려고 함입니다. 진해 지방을 조금 소홀히 하여 역적이 갈수록 기세를 부리고 병사들의 마음도 갈수록 비겁해졌습니다. 연해 일대에 반드시 전부 행하여 충격을 주어야 합니다. 이것으로 병사들의 마음을 굳게 뭉치도록 하지 않으면 안 됩니다. 적을 소멸시키고 나서 아침밥을 먹겠습니다. 나아가 이것으로 일년 동안 이리저리 배회하여 쌓인 나쁜 습관을 만회하지 않으면 안 됩니다.[112]

이렇게 유겸은 '단결(固結)'된 '병사들의 마음(兵心)'을 준비하여, 영국군의 맹렬한 포화에 대적하고자 했다.

영국군은 1841년 10월 1일에 정해를 함락한 후, 잠시 휴식을 취하고 정리를 한 후, 진해공략 준비에 착수했다. 10월 8일에 영국군은 400명의 토착병과 3

---

111) 魯一同, 「書裕靖節公死節事略」, 『叢刊 阿片戰爭』 6권, 302쪽.
112) 『阿片戰爭檔案史料』 4권, 112쪽.

척의 수송선을 정해에 남겨 수비하게 하고 주력군을 황우초(黃牛礁) 일대에 집결시켜 다음날 진해로 출발했다.

전술적으로 보면, 영국군의 이번 행동은 사각(沙角), 대각(大角)에서의 행동과 서로 통하는 면이 있었다.

10월 9일, 영국 해군사령관 윌리엄 파커와 육군사령관 고프는 진해의 방어시설을 정찰하고 상호 각자 임무를 분담했다. 대협강 동안(東岸), 즉 금계산 일대는 육군이 담당하고 해군이 협조하고, 대협강 서안, 즉 초보산과 진해현성 일대는 해군이 담당하고 육군이 지원한다는 것이었다.

다음날 새벽 영국 경형 함대가 금계산 일대로 침입하여 수비군을 공격했다. 이와 동시에 영국 육군 좌측부대(左縱隊) 약 1,060명이 금계산 방어 진지에서 동쪽으로 적어도 3킬로미터 떨어진 모래사장에 상륙하여 소협강(小峽江)을 넘어, 금계산의 뒤인 해사령(蟹沙嶺)으로 전진하여 공격했다. 영국군 상륙부대 중안 부대(中隊) 약 460명이 입산(笠山) 일대에 상륙하여 청군의 산발적 저항을 물리치고 금계산 진지로 진격했다. 이와 동시에 주력함대는 초보산에서 진해현성 이북까지 전선을 전개하여 화포로 각 지역의 청군진지를 포격했다.

진해현성에 있었던 유겸은 개전의 소식을 들은 후, 즉시 동쪽 성벽에 올라 각 곳을 지휘했다. 청군은 원래 대협강을 침입하는 영국군 경형 함선에 대응하는 작전을 준비하고 있었는데, 화포의 방향도 주로 강 안쪽을 조준하고 있었다. 그러나 이 교활한 적들은 뜻밖에도 깊이 침입하지 않고 화포의 사정거리에 의지하여 밖에서 포격을 하고, 단지 기동성이 매우 뛰어난 증기선 퀸호만이 침입하여 끊임없이 양안의 청군 각 포대를 향해 포를 쏘았다. 유겸은 영국군 화포의 위력을 이때 비로소 깨달았다. 초보산 북쪽의 영국함선은 뜻밖에도 포탄을 산령을 넘겨 동악궁(東岳宮), 난강항(攔江埠) 일대에 떨어뜨릴 수 있었다. 전투의 실상은 유겸의 예측과 완전히 상반되었으며, 상대방은 나를 때릴 수 있으나, 나는 상대방을 때릴 수 없는 사태가 출현했다. 그래서 청군은 강력하고 효과적인 저항을 근본적으로 벌일 수 없었다.

가장 먼저 함락된 곳은 금계산으로, 영국 상륙부대인 좌, 중앙 양 부대가 청군 방어시설의 측후방에서 공격을 시작하자, 이에 수비군이 제대로 대응하지 못하고 서둘러 겨우 저항하였으나 효과가 없었으며, 총병 사조은이 전사했다. 그리고 대다수의 병사들이 진지에서 쫓겨나고, 대협강변으로 밀려나 피해가 막심했다.

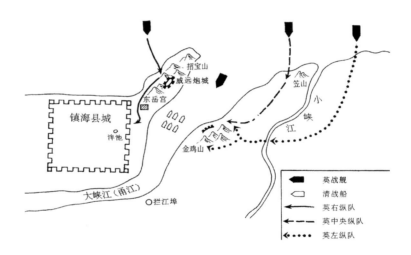

그림 9) 진해(鎭海) 전투의 약도[113]

113) 이후 백여 년 간의 자연적인 변천과 경제 건설을 거쳐 이미 매우 큰 변화가 있었기 때문에, 이 그림의 지형지모에 대한 묘사는 유월(兪樾)등의 『鎭海縣志』 광서5년(1879)각본; 왕영상(王榮商) 등의 『鎭海縣志』(1932)에 수록한 각 시대의 지도를 참고하였다. 그중 란강부(攔江埠) 두 포대의 위치는 왕영상(王榮商) 등의 『鎭海縣志』 권9에 남겨진 자료에 근거한다. 동악궁, 현학 반지(泮池)의 위치는 그 권에 수록된 '진해현성구도'에 근거한다.

금계산 일대의 육상전이 한창 격렬하게 진행될 때, 영국군 주력함대가 몇 시간 동안 포격을 가해 기본적으로 초보산 일대의 각 포대 및 방어시설을 무너뜨리자, 상륙부대인 우측부대 770명이 초보산 바깥쪽에 상륙했다. 이는 '허리가 딱딱하고 다리가 곧은(腰硬腿直)' '이(夷)'인이 뜻밖에도 건강하고 힘차게 산의 높고 험한 암석에 올라 초보산 정상의 위원포대를 향해 공격한 것이었다. 청군은 이때 이미 전의를 잃고 경미한 저항을 한 후, 분분히 도망치고 흩어졌다.

유겸의 가복인 여승(余升)의 기록에 따르면 다음과 같다. 유겸은 이때 마치 미망에 빠진 것처럼 동쪽 성벽에서 내려와 현학(縣學)에 도착하여(동쪽 성벽과 150미터 떨어지지 않은 곳) 돌연 정신을 차리고는 이미 퇴로가 없음을 의식하고 궁궐을 향해 무릎을 꿇고 나더니 물(泮池, 학교의 연못)에 뛰어들었다. 그의 가복과 호위병이 즉시 그를 구하여 서둘러 성을 빠져나가 영파에서 옷을 갈아입히고 약을 먹인 다음 성도(省城)로 가는 도중에 여요(余姚, 진해현성으로부터 70km떨어진 곳)에 이르러 죽었다고 하였다.

유가 학설의 입장에서 보면, 유겸이 물에 뛰어든 것은 충정불이(忠貞不二)한 순절함의 표현으로 응당 널리 알려야 했다. 그래서 도광제는 이 소식을 듣고, 역시 "위기에 임해 목숨을 다하니 조상에게 부끄럽지 않으며(반제를 가리킴)", 태자태보(太子太保)를 내리고, 생전의 모든 죄를 취하하고, 상서(尙書)의 관례에 따라 그의 가족에게 보상하고, 소충사(昭忠祠)에서 제사를 지내는 것을 허락하고, 전쟁이 끝난 후 진해에 전사(專祠)를 건립하는 것을 약속하여 그 충성을 표창한다고 하였다.[114] 성상의 갖가지 은혜와 애도는 유겸의 망령을 위안하게 하였다. 그러나 만약 군사학적 관점에서 출발하면, 총사령관이 패색

---

114)『阿片戰爭檔案史料』4권, 240쪽.

이 짙자 군대의 통솔을 포기하고 자살했다. 그 부대는 지휘자의 부재로 혼란 상태에 처했다. 그리고 가복과 호위병(親兵)이 그를 구해 성 밖으로 나온 행동(비록 혼미한 상태의 유겸은 책임이 없다고 할지라도)은 실제 효과 방면에서 싸우다 도망간 것과 다를 바가 없었다. 그래서 진해 현성 내의 수비군도 이를 따라서 도망을 쳤다. 이미 금계산을 점령한 영국군이 멀리서 이런 기이한 장면을 목격했는데, 즉 영국군 우측부대가 동문으로 성안에 진입하고 청군은 서문으로 도망쳐 성 밖으로 나갔다. 이렇게 영국군은 현성을 공격하면서 저항을 받지 않았다.

대략 오후 2시에 이르러 전투가 완전히 끝났다. 이전의 각 전투와 같이, 비록 통계숫자가 약간 다르더라도 영국군은 이번 전투에서도 사상자가 역시 적었다. 어느 한 기록에 의하면 전사 16명, 부상 수명이라고 하였고, 다른 기록에 의하면 전사 3명, 부상 16명이라고 하였다.[115] 청국 측은 자신의 사상자 숫자에 대해 시종 정확하게 통계를 내지 못하였으며, 영국군도 이에 대한 주장이 일치하지 않았다. 그러나 가장 보수적인 주장은 청군의 손실이 수백에 달했다는 것이다.

---

115) 이상의 전투 경과는 다음 자료에서 종합했다. 1) 청국 측의 상주(여보운, 유운가, 기명보, 목창아 등의 상주)는 『阿片戰爭檔案史料』 4권, 173~174, 180, 184~188, 198, 201~202, 289~291, 294~295, 329쪽; 6권, 549~552, 716~719쪽에서 볼 수 있다. 2) 영국 측 기록은 Bernard, Narrative of the Voyages and Service of the Nemesis, vol 2, 213~223쪽; 賓漢, 「英軍在華作戰記」, 『叢刊 阿片戰爭』 5권, 266~274쪽; John Ouchterlony, The Chinese War, an Account of all the Operations of the British Forces from the Commencement to the Treaty of Nanking, 188~191쪽; Murray, Doings in China: Being the Personal Narrative of an Officer Engaged in the Late Chinese Expedition, From the Recapture of Chusan in 1841, to the Peace of Nankin in 1842, London : Bentley, 1843, 42~57쪽. 그 중에 작자가 진해를 '정해'로 잘못 쓰고, 정해를 '주산'으로 쓴다; 『Chinese Repository』, vol 10, 588, 626~629쪽. 3)청국 측 개인기록은 夏燮, 『中西紀事』, 103, 308~309쪽; 魯一同, 「書裕靖節公死節事略」, 『叢刊 阿片戰爭』 3권, 302~304쪽; 楊廷枏, 『夷雰聞記』, 96~99쪽이다. 이 전쟁에서 영국군의 사상자수에 대하여 빙엄은 전사 16명이라고 하였고 버나드는 전사 3명이라고 하였다; 『中國總報』에서는 정해, 진해 이렇게 두 차례의 전투에서 영국군의 전사자가 17명, 부상자가 36명이라고 했다. 만약 정해전투의 영국군 사망자 수에 근거하여 계산하면 빙엄의 주장에 근접한다.

인간의 자살행위란 심리분석에 의하면 일종의 절망의 표현이다.

당시 주전파 최고 관리인 유겸의 자살은 본래 당연히 전쟁이 이미 절망 지경에 빠져있었다는 분명한 신호였다. 그의 가복 여승(余升)은 그의 주인이 그럴 수밖에 없었던 이유는 "아무것도 할 수 없다는 것을 알았기 때문"이라고 했다.[116]

그러나 이 신호는 당시 왜곡되었다.

유겸의 사후 얼마 지나지 않아 그 가복인 여승이 항주에 가서 절강순무 유운가에 보고서를 올리는데 다음과 같다. 진해전투 초기에 유겸이 동쪽 성벽에서 전투를 지휘하고 있을 때, 절강제독 여보운이 두 차례 성에 올라와 유겸을 만나고 "잠시 체류하기를 청하면서", 그 일가 삼십여 명이 '가련하게' 말하고, 여아가 당일 시집을 간다는 등의 말을 하자, 유겸이 원칙대로 거절했다고 하였다. 또 진해에서의 패배는 여보운이 수비하던 초보산이 먼저 함락되어 여보운이 영파로 빠져나가자 금계산과 현성이 함락당한 것이라고 말했다. 유운가가 보고서를 받고 등한시 할 수 없어 유겸을 호위해 온 강소, 영파성 수비군(守協) 부장 풍신태(豊伸泰)에게 물어보았다. 풍신태가 말하길, 당시 그가 여보운이 성에 올라와 유겸과 "비밀리에 한 귀속말"에 대해 마침 포성이 진동하였기에 그들이 어떤 말을 했는지 알지 못하지만, 유겸이 크게 소리치면서 "당신이 만약 영파로 철수하여 급히 백성들을 보호하고자 한다면 스스로 상주할 보고서를 작성하라. 진해가 점령당하면 나는 즉시 순절(殉節) 하겠다."라고 했다는 것이다. 유운가는 이 비밀 보고를 듣고 즉시 상주와 여승과 풍신태의 보고서를 함께 올렸다.[117]

116) 『阿片戰爭檔案史料』 4권, 198쪽.
117) 『阿片戰爭檔案史料』 4권, 201~202쪽. 이 상주와 함께 올린 여승, 풍신태의 보고서는 보지 못했다. 그중 여보운의 여아가 출가하는 정황은 도광제의 유지에 볼 수 있다(『阿片戰爭檔案史料』 4권,

여승, 풍신태의 주장은 진해 함락의 책임을 여보운에게 돌리면서 영국군에 대적할 수 없었던 것이 아니라, 수비군이 적을 감당하지 못했기 때문이라는 것이었다. 즉 유겸의 자살은 당연히 여보운의 책임이라는 것이다. 문제는 여기서부터 복잡해지기 시작했다.

도광제는 이 상주를 받고 이 충신을 생각하면서 주비에 "그것을 보고 나도 모르게 눈물을 흘렸다"라고 적고 양위장군 혁경(奕経), 절강순무 유운가에게 비밀리에 조사를 하라고 명령을 내렸다.[118]

사실은 과연 이와 같았을까? 여보운은 또 어떤 사람일까?

여보운(余步云)은 사천광안(四川廣安)사람이었다. 1798년 향용으로 군을 따라 천(川), 초(楚, 호북, 호남) 백련교를 토벌하고 공을 쌓아 총(總), 천총(千總)을 역임한다. 이후 천(川), 전(滇), 섬(陝) 등을 전전하며 반란을 평정하고, 도사, 유격, 참장, 부장을 거쳐 사천중경(四川重慶) 총병으로 승진하고, '예용파로도(銳勇巴魯図)'라는 명호를 얻었다. 경력은 그의 이름과 같이 "단번에 높은 지위에 오른다." 그의 일생 중 가장 큰 일은 도광 초년 장격이의 난을 평정한 것으로 부대를 이끌고 양방(楊芳) 등을 따라 진격하여 객십갈이(喀什噶爾)와 화전(和闐) 등을 연달아 함락하고 추옥노사(酋玉努斯)를 체포했다. 전후 논공행상에 그는 건청문시위(乾淸門侍衛)를 얻고 귀주(貴州) 제독에 임명되고, 포상을 받고, 도광제가 친히 찬사의 말을 했다. 이후 호남, 광동, 사천, 운남 등의 제독을 역임하고 각 지역의 반란을 진압했다. 특히 소수민족 반란 진압에 전공이 탁월하여, 태자소보에 이어 태자태보가 되었다. 여러 차례 도광제에게 비단, 염낭, 령관(翎管), 옥첩(玉牒)등의 많은 포상을 받는다. 각 성의 무관직

408쪽), 여승의 보고에 이 일이 언급되었을 가능성이 있다.

118) 『阿片戰爭檔案史料』 4권, 202쪽.

중에 여보운의 이름이 양방 다음이었다.[119]

1838년에 여보운은 복건수사제독이 되었다. 그리고 1840년에 영국군이 정해를 점령했다. 도광제가 처음으로 생각한 것은 여보운을 절강에 파견하여 토벌하게 하는 것이었다. 흠차대신 이리포는 절강군무를 주관하던 동안 여보운과 깊이 왕래하여 공동으로 대권을 논의하였다. 절강 정전 이후, 여보운이 상주를 올려 절강에 힘을 남겨두기를 주동적으로 요청했다. 도광제가 그의 요구에 동의했다.[120] 얼마 지나지 않아 절강제독 축정표(祝廷彪)가 퇴직의사를 표시하자 여보운이 절강제독이 되었다.

유겸이 이리포를 대신하여 절강의 군무를 맡은 후, 여보운과 줄곧 의견이 맞지 않았다. 여보운이 군공(軍功)에 교만하게 굴고 나이를 내세워 거만하게 행세하였는데, 마치 그보다 10여 년은 어리고, 글재주에 의지하여 직권이 세 단계나 오른 이 후기지수를 매우 무시하는 것 같았다. 그러나 유겸은 더욱 혈기왕성하여, "무관은 대저 배운 것도 없고 재주도 없으며, 전부 그들의 엄격한 지휘 아래 바른 행동을 하는 것이며", "잠시 약간의 관용을 베풀면, 반드시 무엇이든지 그들이 원하는 대로 하고", "사사건건 사람들을 난처하게 한다."라고 하였다.[121] 이렇게 그는 이 전공이 혁혁한 늙은 장수를 안중에 두지 않았다. 흠차대신의 지위가 높았기 때문에 여보운으로서는 설령 능력이 있다고 할지라도 명령을 따를 수밖에 없었다.

1841년 5월, 유겸이 양강 총독으로 승진하여 소주로 돌아가 인장을 받기 전에 상주를 올렸다.

---

119) 『淸史列傳』 10권, 3098~3104쪽.
120) 『阿片戰爭檔案史料』 2권, 588쪽.
121) 위의 책, 3권, 573쪽.

신하(提臣) 여보운이 비록 군대에 오래 있었지만, 육로(陸路)출신이기 때문에 해양 변경과 오랑캐의 사정을 잘 알지 못하여 확신이 없습니다. 작년에 절강에 온 후, 정해진(定海鎭) 총병 갈운비의 허둥대고 현혹시키는 언사를 잘못 믿어 풀어질 기미가 보이지 않습니다. 비록 본 신하(奴才)가 억지로 개도하려 했지만, 결국 의구심을 품지 않을 없게 되었습니다.[122]

도광제는 이 의견에 매우 불안해져 유겸에게 강소방어의 업무를 마친 후, 즉시 진해로 돌아와, 절강 제(提), 진(鎭)의 대원(大員)들에 대하여 수비에 적합한지, 또 조정이 필요한지에 대하여 "사실에 근거하여 상주를 하라(据實具奏)"라고 명령했다.[123] 유겸이 진해로 돌아와 올린 상주에는 "여보운이 수무(水務)에 비록 능숙하지는 않았지만, 1년 동안 역시 대략적으로 흘러가는 상황을 알게 되었고, 게다가 확실히 군대에 오래 있어 적지 않은 성망을 가지고 있기 때문에 역시 악당들을 두려움에 떨게 하기에 충분했고, 그 조치가 진화성(陳化成) 보다 적은 노력으로 많은 성과를 올렸다"라고[124] 한 것을 보아하니, 유겸이 비록 여보운에 대하여 불만이었지만, 적합한 사람을 뽑지 못하여 쫓아내지는 못한 것 같았다. 이렇게 하여 여보운은 남을 수 있었다.

여보운과 유겸의 간극은 개인의 기질 외에 정치적 견해의 차이도 있었다. 유겸은 영국 '이'에 대하여 극단적으로 업신여기고 있었고, 언사가 매우 격하고 높았으며, 각종 조치에 여지를 남기지 않았다. 이에 반해 여보운은 군대에 밝았는데, 무사(武事)의 한계를 알고 있었고 '이'에 대한 권략적인 방면에서 이

---

122) 위의 책, 3권, 422쪽.
123) 위의 책, 3권, 446쪽.
124) 위의 책, 3권, 573쪽.

리포 쪽에 가까웠다. 두 사람은 후에 영국군 포로를 처리하는 과정에서 정면 충돌을 했다.

1841년 9월, 진해 군민이 영국 아편상선 라이라호의 선원 두 명을 체포했다. 심문이 끝난 후, 여보운이 "영국군 포로를 잘 보살펴주고 수시로 적의 상황을 심문하고 다른 용도로 활용해야 한다."라고 제의하자, 유겸이 단번에 여보운의 의도를 꿰뚫어 보았다. "잘 보살펴 준다."라는 말은 영국 포로가 이때 이미 부상을 당하여 보살펴야 한다는 것이고, "적의 상황을 파악한다."라는 말은 아마도 진짜와 가짜를 구분하기 어렵다는 말인 것 같았다. 그리고 여보운의 진정한 뜻은 바로 "다른 용도로 활용한다."인데 이리포를 모방하여 영국 포로를 인질로 삼아 장래에 영국군과 흥정을 시도하자는 것이었다. 이에 유겸은 "광동을 잃은 일은 서로 품은 마음이 완전히 다르기 때문으로 선인의 실패를 교훈으로 삼아야 한다."라고 여기고 있었다. 그래서 만약 두 명의 포로를 남기면 여보운 등에게 평화회담에 대한 환상을 남길 것이기 때문에 "그 우유부단한 생각을 없애야 한다."라고 생각한 것이었다.[125]

이후 유겸은 여보운 등과 함께 신 앞에 생사를 걸고 마지막 승부를 겨루자는 목표가 명확한 맹세를 했다. 맹세의 말 중에 "백성을 보호하는 것을 구실로 삼으려고 하지 않는다면 역이의 그 어떤 대화도 받아들일 것이다"라는[126] 말은 여보운을 겨냥한 것일 가능성이 매우 컸다.

1841년 9월 27일 도광제는 영국 포로를 처리하는 것에 관한 유겸의 상주를 받았다. 비록 유겸이 몇 마디 여보운의 약한 투지를 넌지시 암시하였지만, 그는 여전히 문제가 엄중하다고 생각하고 유겸에게 별도로 대체자를 인선하라

---

125) 위의 책, 4권, 85쪽.
126) 『阿片戰爭檔案史料』4권, 112쪽.

고 명령을 내렸다.[127] 이렇게 도광제가 이미 교체를 결심하였으나, 이 유지가 진해에 도착했을 때는 이미 정해가 함락당하고 진해 결전이 임박했을 때였기 때문에 유겸에게 설령 그럴 생각이 있었어도 이미 늦었던 것이다.

이렇게 보면, 여승, 풍신태가 여보운이 개전 초기에 유겸에게 '회유'를 건의한 일을 보고한 것은 여보운의 사상에 부합하는 것이다.

그러나 문제의 골칫거리는 여승, 풍신태가 후에 모두 마음을 바꾼 것에 있었다.

1842년 말부터 1843년 초까지 군기대신이 삼법사(三法司, 刑部 大理院 都察院)와 회동하여 명을 받고 여보운을 심문했다. 여보운은 성에 올라 유겸을 만난 그 상황에 대하여 다음과 같이 회답했다.

> 26일(10월 10일), 유겸이 나(파직된 관원)를 불러 진해성에 가서 만났는데, 나는 수비병이 약하다고 생각하여 빨리 상주에 덧붙여야 한다고 대답했다. 이에 유겸이 "당신은 제독이다. 당신도 상주를 할 수 있다"라고 말했다. 그는 그때 무슨 일이 있어도 반드시 적을 저지해야 한다고 선언했다. 그래서 나는 즉시 영으로 돌아왔다. 나는 정말로 회유를 권유하거나 나의 가족들의 상황이 불쌍하다는 등의 말을 하지 않았다.

이것을 보면 상황은 크게 변했는데, 이전의 여보운이 유겸을 만나고자 한 것에서 유겸이 여보운을 만나자는 것으로 크게 변했다. 이에 군기대신 등이 증인 여승을 불러 심문하자 답했다.

---

127) 『阿片戰爭檔案史料』 4권, 118쪽.

나는 밤낮으로 사무실에서 인장과 문서를 지키고 있었다(현장에 없었다). 병사와 백성이 전해준 말을 들은 것으로 사실 친히 들은 것은 아니다. 그리고 풍신태가 나에게 보고하길, 유겸과 여보운이 대화를 할 때, "만약 후퇴하여 수비하고자 한다면 당신 역시 상주할 수 있다"라는 말을 했다고, 보고서에 기술하였다.

군기대신 등이 또 증인 풍신태를 불러 심문하자 답했다.

당시 정말로 유겸이 "당신이 제독이니 당신도 상주를 할 수 있다"라고 한 것을 들었다. 후에 나는 여보운이 영파로 철수하는 것을 보았다. 그래서 나는 당시 반드시 유겸과 퇴각하는 것을 상의해야 한다고 생각했고, 그래서 여승에게 모두 말하고 그 문제에 끌어들였다. 이외에 그는 정말로 회유를 희망하거나, 가속의 일들을 언급하는 말을 하지 않았다.

청대의 관아에서 심문을 받게 되면 종종 심문할수록 복잡해지는 경우가 생겼다. 그 원인은 관아의 각종 뒷거래 때문이었다. 도광제가 1842년 5월에 여보운을 체포하라고 명령하자, 8월에 경사로 압송하고 다음해 2월 16일에 비로소 군기대신 등이 죄를 평의하여 판결하고 상주했다. 이 기간 동안 이 '태자태보'의 가족, 부하, 동료 관원, 친구가 어떠한 모종의 막후 역할을 했는지는 오늘날에는 당연히 밝혀 낼 수는 없었다. 우리는 여승, 풍신태가 변덕을 부린 갖가지 자세한 사정과 진짜 원인에 대해 알지 못했다. 그러나 직감에 의지하면 곧 여보운이 앞에서 서술한 이유는 신빙성이 없다는 것을 알 수 있다. 개전 초에 유겸이 전방사령관을 불러 실상과 동떨어진 대화를 나눈다는 것이 쓸데없이 일을 만드는 것이 아니고 무엇이겠는가?

여승, 풍신태의 번복 때문에, 군기대신 등이 내린 이에 대한 결론은 "전적으로 사실은 아니다"이며 , 여승 등의 고발은 "주군에 대한 충정에서 나온 것"으로 여겨졌다.[128]

비록 우리가 여승과 풍신태가 막후 거래로 인해, 증언을 바꾸었다고 의심할 만한 이유가 있다고 할지라도, 진해전투의 패배가 여보운으로 인해 초래된 것은 확실히 아니다.

나는 앞에서 진해전투의 경과를 서술할 때, 금계산이 초보산보다 먼저 함락되는데 이는 영국 측의 기록 및 유운가 등의 전후 조사에 의거하면,[129] 여보운은 이곳과 무관하다고 했다. 그는 당시 초보산의 방어를 책임지고 초보산과 진해현성 사이에 위치한 동악궁(東岳宮)(그림 9 참고)을 지휘하고 있었으며, 초보산에서 가장 중요한 방어 시설인 위원성(威遠城)은 처주진(處州鎭) 총병 장화룡(張化龍)에 의해 수비되고 있었다. 그리고 여보운이 이 외진 곳에 머무른 이유는 바로 당시 영국군 함선이 대협강으로 돌입하게 될 경우에 앞뒤(招宝山, 攔江埠포대)로 돌볼 수 있었고 중간에서 호응하여 싸울 수 있었기 때문이었다. 여보운의 말에 근거하면, 영국군이 초보산 측면으로 상륙하여 위원성을 공격할 때, 그는 이미 병사들을 이끌고 나아가 영국군을 격퇴하고 장화룡을 구출한 후, 또 강변으로 돌아와 영국 함선 수척에 포로 피해를 입혔다는 것이다.[130] 영국 측의 기록과 대조하면, 이 말은 완전 보기 좋게 꾸며진 말이다. 그리고 측후방으로부터 공격해 들어온 영국군이 위원성을 점거하고 동악궁을 공격할 때, 여보운은 확실히 방어방면에서 공을 세우지 못했는데,

---

128) 『阿片戰爭檔案史料』 6권, 717쪽.
129) 영국 측의 기록은 5장 주)112에서; 유운가의 조사는 『阿片戰爭檔案史料』 4권, 289~290, 294쪽에서; 형부상서 阿勒淸阿의 조사는 『阿片戰爭檔案史料』 6권, 551~552쪽에서 볼 수 있다.
130) 『阿片戰爭檔案史料』 4권, 173쪽.

이곳이 또 청군의 약한 부분이기 때문이었다.

초보산의 함락은 영국군을 진해현성으로 곧장 돌진하게 하였으며, 여보운이 동악궁에서 퇴각하여 현성에 도착했을 때는 의식불명 상태에 있었던 유겸이 이미 여승, 풍신태의 호위 하에 영파로 떠난 상태였다. 다시 말하면, 여보운이 철수하기 전에 유겸은 이미 스스로 뛰어들어 자살을 하고, 여승, 풍신태가 그를 구하여 영파로 달아났는데 이때는 여보운도 성으로 철수하기 전이었다. 즉, 현성 함락의 책임은 여보운 한 명의 책임이라고 할 수 없다.

유겸이 비밀 보고서에 여보운에게 불리한 갖가지 주장을 한 것을 이미 여보운이 잘 알고 있었던 것 같다. 그리하여 전후 다음날 10월 11일에 이 오랫동안 문관에 의해 가려져있던 무장이 마침내 한 번의 상주 기회를 잡아 유겸의 비판을 받아들이지 않고 상대방을 비난했다.

> 당신의 신하가 현성 북성이 도적들의 포에 의해 공격을 받는 것을 보았는데, 탄약고에 명중하여 불이 났고, 그 기세가 매우 사나웠습니다. 당신의 신하가 고통을 참고 서성으로 달려갔는데(그 철수를 은폐하기 위해 구원하러 갔다고 거짓말을 한다), 병사들과 백성들이 전부 철수하여 성이 비었고, 유겸은 어쩔 수 없이 영파로 철수한 것을 보았습니다.[131]

10월 12일 그는 재차 상주를 올려 말을 더욱 날카롭게 하였다.

---

131) 위의 책, 4권, 174쪽.

유겸이 26일(10월 10일)에 진해에서 영파로 철수하는데, 무시(오후 7~9시)에 강남 장비(將備) 풍신태 등 병사 수백 명을 이끌고 밤을 이용 여요(余姚), 소흥(紹興)을 통해 퇴각하였습니다. 구주(衢州), 처주(處州) 두 진의 모든 병사들이 그의 호송을 도왔습니다. 그들이 성을 수비하러 들어가지 않아서 성안의 모든 백성들이 놀라서 도망가게 만들었으며, 그들이 붐비는 도로위에서 서로 밟고, 우는 소리가 들판에 퍼졌습니다. 하찮은 노상강도들이 이 기회를 틈타 무리를 이루고 약탈을 하였습니다.[132]

여보운은 상주에 유겸이 자살시도로 혼수상태에 빠진 정황을 한자도 언급하지 않았는데(이 일은 당시 영파 지부 등정채(鄧廷彩)의 보고에서 볼 수 있다),[133] 이는 중상모략 및 책임전가의 의미가 매우 분명하지만, 여승, 풍신태 등이 사경에 처한 유겸을 여보운보다 더 빠르게 호송한 것에 대해서는 또 이후의 조사에 의해 사실로 증명되었다.[134]

만약 유겸이 '초이'를 너무 간단하게 보고 있고 온갖 고통을 다 겪고 부득이 하게 자살했다고 한다면, 그럼 여보운도 '회유'를 너무 간단하게 보고, 똑같이 고초를 겪고 생명을 거의 잃어버릴 만한 것이었다.

1841년 10월 12일, 즉 유겸이 영파를 떠난 셋째 날에 사실상 총사령관이 된 여보운은 병사와 의지할만한 요새가 없다는 것을 목도하고 바로 이리포를 모방하여 이리포의 사신이었던 진지강(陳志剛)을 파견하고, 한 통의 조회를 헨

---

132) 위의 책, 4권, 180쪽.
133) 위의 책, 4권, 184쪽.
134) 위의 책, 5권, 341쪽.

리 포팅거에게 보내 '선의(善議)'를 요구했다.[135] 이처럼 한 성의 군사 장령으로서 군주의 명을 받들지 않고 마음대로 영국 측과 교섭을 한다는 것은 매우 대담한 일이라 할 수 있다. 비록 우리는 진지강이 '구두'로 무엇을 이야기했는지 모르고, 여보운이 마음속에 생각하는 최소 대가를 모르지만, 복잡하게 얽혀 있어서 구별하기 어려운 유겸과 여보운의 주전과 주화 방면에서의 충돌을 이 사실로부터 완전히 확인할 수 있다.

조회를 보낸 후, 여보운은 조급하게 영국 측의 소식을 기다렸다. 하지만 이에 영국 측이 조회를 보내지 않고 군대를 파견할 줄은 누가 알았겠는가?

10월 13일, 영국군 함선이 진해를 출발 대협강을 따라 거슬러 올라가 영파로 곧장 진격했다. 여보운이 소식을 듣자마자 황망하게 상우(上虞)로 도망갔다. 비록 그가 10월 20일의 상주에(거의 7일이나 지연되었다) 어떻게 용감하게 분전하여 적을 죽였는지 크게 이야기하고 말에 올라 적의 총탄에 의해 우측 다리에 부상을 입었다고 하였다.[136] 하지만 영국 측의 기록을 보면, 영국군이 칼날에 피 한 방울 묻히지 않고 영파의 빈 성을 점령하고 제18연대의 군악대가 성벽위에서 가볍게 국가를 연주했다는 것이다. 아마도 여보운의 부상은 단지 도망 중에 허둥대다가 얻었을 것이다.

10월 16일이 되자, 영국 전권대표 헨리 포팅거는 비로소 오만하게 절강순무 유운가와 여보운에게 조회를 보내, 여보운의 조회를 받았을 때에는 이미 영국군이 행동을 개시한 상태였다고 하면서, 그 본인은 오직 황제가 파견한 '전권(全權)' 대신과만 회담을 할 것이라고 선언했다. 이때 같이 보낸 것이 헨리 포팅거의 "대청흠명전리외무재상(大淸欽命專理外務宰相)"에게 보내는 조회, 파머스턴의 "대청전리외무재상(大淸專理外務宰相)"에게 보내는 조회(1841년 5월 3

---

135) 佐々木正哉編, 『阿片戰爭の硏究:資料篇』, 136~141쪽.
136) 『阿片戰爭檔案史料』 4권, 224~225쪽.

일) 및 영국 원정군 해군 사령관 윌리엄 파커, 육군사령관 고프가 유운가와 여보운에게 보내는 조회이다. 마지막 조회는 마치 토비가 유괴를 하여 통지한 것과 같이, 만약 "항주(杭州)와 그 일대의 성읍(城邑)을 구하고, 공격당하여 파괴되는 재난을 피하고자" 한다면 반드시 "즉시 기한 내에 은 냥(兩銀)을 지불해야 한다."라고 하였다.[137]

이 영국 측의 상술한 조회들은 한 명의 중국인을 항주에 파견하여 보낸 것으로, 그는 5일 후 목적지에 도착하지 못하고 돌아갔다. 운이 좋게도 이 이름을 알 수 없는 사신은 임무를 완성할 수 없었다. 만약 그렇지 않았으면, 여보운이 마음대로 조회를 보낸 행위가 당시에 폭로되어 그는 곧바로 큰 화를 당했을 것이다.[138]

---

137) 佐佐木正哉編, 『阿片戰爭の硏究:資料篇』, 141쪽.

138) 포팅거가 파머스턴에게 1841년 10월 31일에 보낸 편지는 佐佐木正哉編, 「南京條約的簽訂和其後的一些問題」, [일] 『근대중국』 21권에서 인용, 중역본은 이소기 선생이 제공하였다. 유운가의 상주에 1841년 11월 2일 진해현에 있는 동생(童生) 진재호(陳在鎬)가 아문에 찾아와 '이서(夷書)' 두 건을 전달했다고 했는데, 포팅거가 유운가, 여보운에게 보낸 조회는 파커와 고프가 유운가, 여보운에게 보낸 조회이며, 단 포팅거, 파머스턴이 보낸 조회 두 건은 없었다(포팅거가 먼저 번 조회를 딸려 보낸 사람이 5일안에 돌아온다고 했는데, 만약 10월 16일 출발했다면 당연히 10월 21일 돌아와야 하며, 또 포팅거가 10월 31일의 보고에 이미 그 반환을 설명한 것으로 보아 첫 번째로 편지를 전달한 사람이 진재호가 아님을 알 수 있다). 유운가는 "이서를 받는 것을 허락하지 않는다"는 유지를 지켜야 했으며, 편지를 반환하면 영국군이 항주를 공격할 수도 있다고 두려워하였다. '이서'를 진재호에게 들려 보내서, 영국 측에 조회 같은 것은 여보운, 유운가 공동으로 개봉해야 하는데, 여보운이 지금 항주에 없으니 유운가가 "독단으로 열어 읽을 수 없다"고 알린다. 또 진재호에게 절강에 이미 몽흠방(蒙欽放)장군이 곧 도착할 것이니 장군을 기다려 진재호가 다시 올리라고 하였다. 이외 유운가는 또 진재호에게 "서신 한통을 직접 써서, 사람을 파견하여 역이에게 보내, 진공을 늦추는 계권을 시행하고", 또 진재호를 전당현(錢塘縣)에 보내 현을 엄격하게 살펴보고, "양위장군이 절강에 도착하기를 기다린 후", "다시 알아서 처리하라"고 하였다. (『阿片戰爭檔案史料』 4권, 298~301쪽).佐佐木正哉 선생이 영국 당안관에서 조사한 당안 중에 '왕정승(王定勝)의 편지'가 있는데, 그 내용이 "몽위(蒙委)가 공문을 가지고, 18일에 성에 도착했는데(11月1日), 여궁보(余宮保)에게 물어보길 어느 곳에 주둔해야 할지 모른다고 하였고, 유 무원(撫院)은 현재 작은 병에 걸렸으며, 게다가 새로운 흠차가 임명되어, 10월 초(양력)에 항주에 도착할 수 있다고 하였다. 그래서 유대인이 이를 책임지기 힘들며, 나 또한 쉽게 건넬 수가 없기 때문에 부득이 친한 친구의 집에 머물며 흠차가 오기를 기다려서 다시 보고해야 마땅하다. 기일을 어기는 것을 두려워해야 한다. 번거롭고 우려되며, 이 편지를 전해줄 유능한 사람을 찾아야 한다…"는 것이다. 이 서신의 내용으로 보아, 편지를 보낸 왕정승은 유운가의 상주에 나오는 진재호여야 한다. 그리고 그 편지의 수신인이 '마노야, 갑노야'인데 당시 영국군의 통역가 모리슨(Morrison)과

시간이 지나 7개월 후인 1842년 5월 31일, 절강 전투의 패배는 물과 같이 돌이킬 수 없는 지경에 이르렀다. 도광제는 이 위태로운 국면을 되돌리기 위해 사기를 진작하고자 여보운을 체포하여 심문하라고 명령을 내렸다. 7월 6일에 군기대신이 삼법사를 회동하여 엄하게 심문했다.[139] 1843년 1월 16일, 군기대신 등이 조사결과를 밝히고, 여승, 풍신태의 증언을 부인하고, 여전히 "참감후의 형을 내리니 즉시 법대로 처리해주실 청합니다."라고 하였다.[140] 도광제는 이때 또 약간 측은지심이 들어 "아직 대학사와 의논을 하지 않았으니 구경과도(九卿科道)가 다시 상세히 의논하여 상주를 올리라"라고 명령을 내렸다.[141] 1월 24일 심의에 참가한 대원들이 재차 상주하여 "즉시 법을 집행하라는 교지를 내려 법률과 기율을 엄숙히 하여 교훈으로 삼게 하십시오."라고 했다. 결국 도광제는 당일 유지를 내려 여보운을 "즉시 참하라"라고 선포했다.[142]

이는 아편전쟁 중 유일하게 고급관원이 사형을 당한 것이다. 유겸이 전쟁

곽사립(Karl G tzlaff)인 것 같다. 또 그 편지의 부언 중에 "소흥에서 항주까지 노상에 관병, 사병이 끊이지 않았는데, 어디를 지키러 가는지 주둔지가 어딘지 알지 못한다. 그들의 무기와 체력을 검사하고, 그들은 이전의 정해, 진해 두 곳에 비해 더 강건하고 완벽한 것 같다…"라고 하였다.(『阿片戰爭の研究:資料篇』, 142쪽). 이때 소흥에서 항주까지는 근본적으로 방어 병력이 없었는데, 여기서 그런 말은 한 것은 유운가가 영국군의 공세 늦추기 위해 진재호에게 이와 같이 시킨 것으로 영국 측을 미혹시키려고 한 것이다. 도광제는 혁경에게 이 일을 처리하라고 명령을 내리고 혁경은 또 진재호를 항주로 압송하여 심문하여 진재호가 영국 측에게 왕정승으로 불리며, 1840년 영국군이 정해를 점거할 때, 눈병을 고치러 가서 곽사립 등과 교류를 했다는 것을 밝히고, '이서'의 내용이 무슨 내용인지 힐문한다. 이에 진재호가 그들이 편지를 쓰는 것을 '친히 보았으며', "몇몇 항구에서의 통상을 허락해 달라는 요구와", "은 몇 백냥을 요구하는 것"이라고 하였다. 이 때문에 혁경은 또 진재호를 "황하 이북에 한간이 비교적 적은 지방으로 호송하여", "대기하였다가 장래 그 문제가 해결된 뒤에 다시 엄하게 심문을 한다"고 하였다. 그러나 핵심은 "이서를 건넨 그 동생에 근거하면 모든 것이 요구로만 이루어져 있으며, 결코 공손하고 동정을 구걸하는 말이 아니므로, 가지고 온 편지를 뜯어 볼 필요가 없다"는 것이다(『阿片戰爭檔案史料』 4권, 446~447쪽). 이렇게 진재호가 전달한 조회는 유운가, 혁경 모두 개봉하여 읽지 못했다. 후에 진재호가 어떻게 하였는지 및 조회를 어떻게 처리하였는지, 나는 관련자료를 찾을 수 없었다. 또佐々木正哉의 논문 중에 왕정승의 신분에 대한 설명도 잘못되었다고 생각한다.

139) 위의 책, 5권, 568쪽.
140) 위의 책, 6권, 717~719쪽.
141) 위의 책, 6권, 734쪽.
142) 위의 책, 6권, 756~757쪽.

전 여보운과 함께 한 맹세 중에 "법에 따라 공개적으로 형벌에 처한다."라는 말이 과연 들어맞은 것이다.

　여보운과 진해전투는 아편전쟁 중에서 쟁점이 될 만한 사건으로, 항상 사가들이 흥미롭게 여겼다. 내가 쓸데없이 여기에 글을 장황하게 늘어놓아 독자들을 매우 번거롭게 한 이유는 한 방면으로는 사정의 진상을 설명하기 위한 것이며(이전의 서술은 매우 편향적이다), 다른 한 방면으로는 나의 서론 중에 언급한 '간신'문제 때문이었다.

　비록 군기대신이 삼법사와 회동하여 내린 최후 판결이 최초의 증언을 완전히 부정했다할지라도, 그리고 유운가 등의 조사가 여보운이 진해에서 도망친 시간이 유겸의 뒤라고 인정한 다고 할지라도, 150년 동안의 역사가들이 진해전투를 언급할 때, 여전히 대부분 여보운의 탓으로 돌렸다. 이는 그들이 오늘날과 같이 더 많은 자료 얻을 수 없기 때문이 아니라(**수많은 당안자료가 막 발표되었다**), 그들이 강렬한 저항만이 승리할 수 있다고 단호하게 믿었기 때문이었다.

　이런 사고의 방향을 따르면, 양방과 혁산은 계속 저항을 하지 않았기 때문에 스스로 패배를 자초한 것이 되고, 안백도는 주전파의 수뇌로 싸움터에 이르자마자 도망쳤기 때문에 본받기에 부족하며, 진련승(陳連升)과 관천배가 사투를 벌이지만 오히려 패배한 이유를 '간신'인 기선의 탓으로 돌리고, 정해 세 총병의 패배는 본래 중과부적이었는데도 6일 밤낮이나 혈전을 치른 것이었다. 그러나 진해에서 주전파의 수뇌인 유겸이 패배하고 절망하여 자살한 사건은 바로 하나의 약점이었는데 여보운이 바로 이 약점을 보충해 준 것이다.

　그리하여 여보운은 기선과 같이 대 청조의 또 한명의 '간신'이 되었다. 본래 개인의 의지와 기개, 정권적 차이로부터 나타난 유겸, 여보운 간의 모순이 '충(忠)'과 '간(奸)'의 모순으로 변화한 것이다. 그렇게 만일 '간신'의 파괴가 아니었다면, '충신'의 저항(**진해전투**)은 성공할 가능성이 매우 컸던 것이 되었다.

이 때문에, 여보운은 그 당시 사람들이나 후인들에게 그렇게 규정지어져 사료에 나타나지 않고 사료배열의 사상에 나타난 것이다.[143] 바로 이런 사상 때문에, 호문전투의 '간신' 기선, 진해전투의 '간신' 여보운 이후, 우리는 오송전투(吳淞)의 '간신' 우감(牛鑒)을 볼 수 있는 것이다. 이와 상대적으로 대립되는 것은 진충보국으로 대표되는 관천배, 유겸, 진화성이었다.

여보운의 진상은 이렇게 은폐되었다.

나는 여기서 더 강조하고 싶은 것은 여보운이 억울하게 재판을 받은 것은 아니라는 것이다. 청대의 군율에 따르면, 수비 장군으로서 성을 잃은 자는 참형에 처했다. 이런 엄격한 군율은 당시 군 장령의 마음속에 "사람을 죽이면 자신의 목숨으로 대가를 치르는 것"과 같이 일반적인 것이었다. 진련승, 관천배, 상복(祥福), 갈운비, 양석명, 정국홍, 사조은 및 다음 장에 나오는 사포(乍浦) 부도통(副都統) 장희(長喜), 강남제독 진화성, 경구(京口, 鎭江) 부도통 해령(海齡)이 모두 전투 중에 전사하였으며 결코 전쟁에 패하여 도망치지 않았다. 금문진(金門鎭) 총병 강계운(江継芸)은 하문전투 중에 석벽(石壁)을 수비하고 있었는데, 패배한 후 방어시설 너머의 바다에 뛰어들어 죽었다. 여기에는 그들의 '역이'와 벌인 불공대천의 저항정신을 제외하고, 엄격한 군율이 또 그들로 하여금 장령의 책임을 스스로 지게 한 것이다. 여보운 전에, 비록 정해진 총병 장조발이 1차 정해전투 중에 패배하고 부상을 당해 진해로 도망치지만, 당시의 군정에 따르면 정해진은 수사진(水師鎭)으로 수성의 책임이 없었다.

군기대신 등이 여보운을 참형에 처하려고 한 것은 여승, 풍신태 등의 진

---

143) 당시 사람들이(『中西紀事』의 夏燮, 『夷雰聞記』의 楊廷枏) 진해전투와 여보운을 언급할 때, 이미 많은 상주를 올렸다. 그러므로 그들도 유운가가 이 일을 조사한 상주 혹은 군기대신 등이 최후 판결한 상주를 찾았을 가능성이 있다고 추측할 수 있다. 내가 여기서 인용한 사료는 대부분 미발표된 것으로 오늘날 사람들이 당안관에서 일일이 조사하긴 매우 어려우나 영국 측의 자료에서는 확실히 찾을 수 있다.

술 때문이 아니라 진해를 잃은 것에 대해 당연히 책임을 져야 했기 때문이다. 이것으로 보아 여보운의 죄는 당연히 그 형을 받아야 하는 것임을 알 수 있다. 한마디 하는 김에 여보운이 마음대로 헨리 포팅거에게 '선의(善議)'의 조회를 보낸 것이 당시에는 폭로되지 않았다. 만약 사사끼 마사야(佐 木正哉) 선생이 영국 당안관에서 이 문건을 찾아내지 못했다면, 아마 오늘날에도 아무도 몰랐을 것이다. 당시의 법률에 따라 이 행위는 '내통죄(通敵罪)'에 따라 처리할 수 있었으며, 판결이 내려지면 곧 그 사람을 죽일 뿐만 아니라, 그 가족들까지 화를 입게 되었다.

도광제는 정식으로 여보운의 '참형(處斬)'을 비준하는데, 중국 역법으로 도광 22년 12월 28일이다. 관례에 따라 이 명령은 다음날 집행되었다. 다시 말해서 중국인의 섣달 그믐날의 전날 밤(小年夜)이었다. 이 경사스러운 날에 여보운은 회자수(劊子手)의 칼 아래에서 어떤 생각을 하였을까? 만약 여보운이 전사했다면, 그의 태자태보의 직함 그리고 40여 년의 정벌전쟁에서 세운 공로때문에 도광제는 그를 측은하게 생각하여 반드시 관천배, 진화성과 같이 처리했을 것이다.

5. 절동浙東 반공反攻

1841년 10월 18일, 도광제가 절강에서 승전보가 도착하기를 간절히 기다리고 있을 때, 진해가 함락당하고, 유겸이 목숨을 잃었다는 항주장군 기명보(奇明保)의 상주를 받았다. 그리고 기명보가 "신속히 군대를 인솔할 대신을 파견하여, 경영 및 각 성의 정병을 서둘러 절강으로 보내 토벌하고, 수복할 것"

을 요구했다. 도광제는 즉시 혁경을 양위장군(揚威將軍)으로 임명하고,[144] 강소 안휘 강서 하남 호북 사천 섬서 감숙 8개성에서 1.2만 명의 병사를 차출하고[145] 재차 대군을 조직하여 '역이(逆夷)'를 토벌하려 했다.

옹정제 이후부터 청조정이 병사를 이끌고 출정하는 원수(統帥)는 그 장군의 명호를 다시 새롭게 짓지 않고, 전 조정의 옛 명호를 연용하였다. 그 인장 역시 당년 총사령관이 반납한 것을 사용했다. 혁산의 정립장군 같은 경우는 1717년에 부령안(富寧安)이 권망아라포탄(策妄阿喇布坦)을 정벌할 때 처음 사용하였다. 이번에 혁경이 받은 양위장군은 역사가 더 오래되었는데, 청이 막 입관(入關)할 때인 1646년에 덕예친왕(德予親王) 다탁(多鐸)이 몽고 등을 정벌할 때 처음 사용했다. 게다가 양위장군의 명호는 역사상 그 사용 횟수가 가장 빈번했는데, 7번 이상이었다. 그중 가장 최근의 두 차례가 1826년 장격이와 1830년 신강(新疆) 옥소보(玉素甫) 부자(父子)의 반란을 정벌할 때였다. 매우 분명한 것은 이번에 도광제가 재차 양위장군의 인장을 사용한 것은 이 연전 연승의 길한 명호로 지난날 서북에서 청군을 보호한 것처럼 '양위(揚威)'를 동남(東南)에 떨치길 기대한 것이다.

이번 정벌의 명을 받은 혁경은 혁산과 같이, 황손으로 그 혈연은 더욱 가까운데, 무원대장군(撫遠大將軍) 윤제(允禵)의 정적인 옹정제의 4세손이다. 혁경의 조부인 영성(永瑆)은 화석성철친왕(化碩成哲親王)에 봉해졌는데, 정벌전쟁의 경력이 전혀 없는 유명한 서화가이다. 친부 면의(綿懿)는 다라패륵(多羅貝勒)에 봉해진다.

---

144) 『籌辦夷務始末(道光朝)』 3권, 1272쪽.

145) 구체적인 숫자는 1941년 8월 25일 강녕 주방 800명, 안휘 1,000명; 10월 2일 강소병사 300명, 상서병 2,000명(이상은 유겸이 차출하여 도광제가 10월 4일 인가한 것이나, 강서병 2,000명은 원래 복건에서 차출하여 유겸이 유보한다); 10월 12일 호북 1,000명, 강서 1,000명; 10월 19일 하남 1,000명; 10월 21일 호북 1,000명; 10월 26일 강서 2,000명; 10월 13일 산동 500명, 섬서 500명; 11월 16일 섬서 1,000명, 감숙 1,000명(『籌辦夷務始末(道光朝)』 3권).

혁경은 대부분 다른 황실 사람들과 같이 주로 경관(京官)을 지냈다. 1816년 4품 종실로 두등시위(頭等侍衛)가 되고 후에 봉진원경(奉辰苑卿), 내각학사, 부도통, 시랑(侍郎), 호군통령(護軍統領) 등의 직을 역임했다. 1830년 양위장군의 장령으로 출정하고 후에 단기간에 흑룡강(黑龍江) 장군, 성경(盛京) 장군에 올랐다. 이번 출정 때는 그의 관직명이, 협판대학사(協辦大學士), 이부상서, 보군통령(步軍統領), 정황기만주도통(正黃旗滿洲都統), 숭문문감독(崇文門監督), 정홍기종실총족장(正紅旗宗室總族長)이었다.[146] 본래 겸하여 맡은 직권이 이와 같이 많았는데, 또 존결(尊欠, 대학사), 요결(要欠, 이부상서), 비결(肥欠, 숭정문감독)을 받는다. 이는 청조가 만한쌍결제도(滿漢双欠制度)를 실행하여 만인(滿人), 특히 종실은 벼슬길이 더욱 평탄하고 순탄했기 때문이다. 그는 도광제가 가장 신임하는 대신으로 '혁'자배의 종실 중에 승진 속도가 가장 빨랐다.

혁경은 경성에서 청훈(請訓)을 받은 후 10월 30일에 경성을 떠나 남하했다. 11월 9일에 산동(山東) 태안(泰安)에 도착하고 11월 22일에 강소 양주에 도착했다.[147] 그렇지만 그는 강소에 도착한 후 돌연 멈추고는 소주 일대에서 2개월 동안 머물렀다.

정립장군 혁산과 비교하면 양위장군 혁경은 마치 어떤 다른 패기가 있었던 것 같다.

혁경의 식객이자, '내외의 기밀 중에 7, 8할을 말할 수 있다고' 자청하던 패청교(貝靑喬)가 다음과 같이 말했다.

> 처음 장군이 경성을 떠날 때, 전쟁과 회유 사이에서 이리저리 갈
> 피를 잡지 못하여, 우청(紆靑)이 단언하기를 여러 해 회유를 하였

---

146) 『淸史列傳』 11권, 3222~3227쪽.
147) 『阿片戰爭檔案史料』 4권, 327~328쪽.

는데 아무런 효과가 없었고, 게다가 아마 국위에 손상을 입힐 것
이라고 하자 장군의 뜻이 확고해졌다.[148]

우청은 강소 숙천현(宿遷縣) 거인 장우청(臧紆靑)으로 혁경의 '옛 친구'였다.
이번에 혁경의 막후로 들어가 주요 막료 중 한 명이 되었다. 총사령관(統帥)이
된 혁경은 놀랍게도 '회유(撫)', '전쟁(戰)' 두 가지 권략을 오락가락하여 사람들
의 의혹을 크게 샀다. 그렇지만 도광제에게도 약간 보통과 다른 기미가 있었
다.

1841년 10월 19일, 도광제는 내각을 통해 유지를 발표했다. "기선에게 은혜
를 내려 석방시키고 절강 군영으로 보내 전력을 다해 속죄하도록 하라."[149] 기
선은 이전에 군기대신 등의 심판을 거쳐 참감후(斬監候)의 형이 결정되었지만
이렇게 추후 다시 판결한 것이다. 이렇게 도광제가 이번에 기선을 혁경에 딸
려 절강으로 보낸 것은 도광제가 '회유', '전쟁' 두 권략 사이에서 오락가락한
것을 의미하는 것인지도 모른다.

그렇지만 기선은 후에 절강으로 가지 않고, 장가구(張家口) 군대(軍台, 신강,
몽고 서북쪽의 역참)에 보내져 고된 일을 담당했다. 사람들은 항상 혁경이 양
정남(梁廷柟)의 주장을 인용하여 장우청의 건의 아래 상주를 올려 기선의 절
강행을 저지시켰다고 주장했다. 이 주장은 오해인 것 같다. 도광제가 기선을
군대에 보내라는 유지는 10월 24일 내려졌다.[150] 이때의 혁경은 아직 출도하지
않았고 그가 장우청을 본 것도 또 출도 후였다. 패청교는 이에 대해 다음과
같이 주장했다.

---

148) 貝靑喬, 「咄咄吟」, 『叢刊 阿片戰爭』 3권, 181쪽.

149) 『籌辦夷務始末(道光朝)』 3권, 1276쪽.

150) 위의 책, 3권, 1301쪽.

장군이 명을 받들어 출정을 하는데, 대학사 목창아가 상주를 올려 기선을 절강으로 보내라고 청하자, 장군이 기선과는 회유를 의논할 수 있으나, 전쟁을 의논할 수 없기 때문에, 특히 강하게 그것을 거절하고는 몸을 세워 용감하게 남하하였다.[151]

이 주장에 따르면, 혁경이 청훈을 받을 때 기선의 동행을 강력하게 거절한 것을 보면, 이 두 사람은 이미 사이가 틀어져 있었기 때문에 한마음으로 협력하여 난관을 극복하기 매우 어려웠다.[152] "몸을 세우고 용감하게 남하하였다"라는 영웅적 자태는 또 앞의 출도 시에 "전쟁과 회유 사이에서 갈팡질팡 하였다"는 기록과 서로 모순되어 사람들로 하여금 어떤 것이 옳고 어떤 것이 틀린지 모르게 했다.

비록 혁경, 도광제가 이때 느낀 심정을 사람들이 추측하기는 어렵지만, 우리는 혁경이 출정할 때의 정경을 분명히 느낄 수 있는데, 즉 침울한 느낌이 더 많았다는 것이다. 도광제는 "대군으로 포위 섬멸하고 오랑캐의 수뇌를 포획한다."라는 근심 없는 즐거운 환상을 다시는 가지지 못했으며, 혁경도 "진군하여 토벌하고 승리했다는 소식을 전달한다."라는 자신감에 차 있는 미몽을 전혀 꿈꾸지 않았다. 1년여의 전쟁을 거쳐 그들의 곤란에 빠질 것이라는 예측은 곧 사실이 되었다.

혁경은 군대에 대하여 잘 알지 못했으며, '이'를 제압할 만한 상권도 없었다. 그리하여 그는 폭넓은 군중의 건의를 받아들이고 현명하고 재간이 있는 이

---

151) 貝靑喬, 「咄咄吟」, 『叢刊 阿片戰爭』 3권, 177쪽.
152) 혁경은 이부상서로서 기선의 각종 처분에 대하여 초안을 작성했으며, 보군 통령으로서 병사들을 이끌고 두 차례 기선의 집을 수색하였으며, 대학사로서 기선의 심판에 참가하였다. 비록 혁경이 완전이 유지에 따라 일을 처리했더라도 당시 사람들의(특히 당사자) 마음속에는 틈이 생기지 않을 수 없었을 것이다.

를 받아들이는 고풍(古風)을 모방했다. 전해지는 바에 의하면, 그의 영문(營門) 밖에 하나의 나무 궤짝을 설치하고, 지원하는 자는 모두 그 안에 이름을 적어 넣을 수 있는데, 삼일 후 호출하여 '이(夷)'에 대한 당면한 득실을 진술할 수 있게 하였다. 강소에서 이 2개월 동안에 권략을 올리는 자가 400인 이었으며, 복무하길 원하는 자 또한 144명으로 하나의 '지낭단(智囊団)'이 탄생했다. 이런 사람들에게 어떠한 상권이 있었는지 역사에는 기록되어 있지는 않지만, 앞에서 언급한 혁경의 '오랜 친구' 장우청은 오히려 세상을 놀라게 할 만한 말을 남겼다.

1) 정치적 방면에서, 임칙서를 절강으로 불러들여 돕게 한 것은 결사항전의 기개를 올리는 것이며, 여보운 등 도망친 장수를 참하는 것은 전투에 임해서 도망치려는 기풍을 없애는 것이다.

2) 작전 방면에서, 하남, 섬서, 서천의 병사 6,000명을 차출하여 새로운 부대를 만들고, 노(魯), 변(汴), 강(江), 회(淮)의 북용(北勇) 1만 명을 불러들이고, 연해의 토비(土匪), 소금밀매업자(塩梟), 어부(漁耆)들로 남용(南勇) 2만 명을 모집했다. 그리고 남용은 눈과 귀가 되고, 북용은 담을 키워 영파, 진해, 정해 세 성에 나누어 매복시켰다. "수륙을 구분하지 않고, 큰 부대로 만들지 않고, 기한을 정하지 않고, 수사는 바람과 조수를 이용하고, 육군은 덤불에 몸을 숨기거나 혹은 도로에 매복하여 적을 보면 죽이고 배를 만나면 불을 질렀다. 또 포상을 걸어 사람들을 따르게 했다. 사람은 스스로 전쟁을 할 수 있지만 전쟁은 땅을 가리지 않는다." 그리고 3성의 영국군이 "점점 의심하고 놀라 허둥대기를" 기다린 다음, 다시 대군을 진격시켜 내응하고 서로 협력하여, "안팎으로 압박하여 전력으로 섬멸한다."[153]

---

153) 楊廷枏, 『夷氛聞記』, 101쪽.

내가 본 아편전쟁에서의 각종 군사 권략을 근대 군사학술의 관점으로 보면 대부분 말이 공허하여 실제와 동 떨어졌다. 서로 비교를 해보면 장우청이 상술한 건의는 꽤 식견이 있는 것이지만, 집행 중에 문제가 많이 발생했다. 임칙서는 얼마 전에 절강에서 신강으로 쫓겨나서 상부(祥符)의 치수공사에 힘을 쓰고 있었는데, 만약 상주로 임칙서의 절강 복귀를 청한다면, 도광제에게 한 입으로 두 말을 하게 하는 것이다. 그리고 여보운은 이때 절강 전선의 지휘관이 되었는데 만약 그를 참한다면 또 어떤 사람으로 그를 대체하겠는가? 후에 반년간의 심문 정황을 보면, 이 '태자태보'도 편하게 참수할 수 있었던 것은 아닌 것 같다.

장우청의 건의에서 가장 가치가 있는 부분은 "수륙을 구분하지 않고, 큰 부대로 만들지 않고", "사람은 스스로 전쟁을 할 수 있지만 전쟁은 땅을 가리지 않는다."라는 "의용을 산개하여 매복시키는 전법"으로, 실제로 근대 유격전쟁의 느낌이 났다. 그러나 이런 전법은 양호한 조직체계가 필요한데, 병사들(兵勇) 역시 전술을 숙지할 정도로 훈련을 해야 했다. 그리고 '포상으로 병용을 격려한다.'라는 것은 전과를 거짓으로 보고하는 것이 유행할 가능성이 매우 컸다. 또 이런 전법은 헛되이 시일을 보내면서 오래 질질 끄는 방법으로 국내외 역사 경험에 근거하면, 만약 영국군이 "점점 의심하고 허둥대는" 상황에 처하려면, 한 달 정도로 성과를 거둘 수 없으며, 수년의 시간이 필요하다는 것이다. 비록 장위청도 "날짜를 정하여 싸울 수 없음"을 언급하였으나, 그는 이와 같이 오래 걸린다는 것은 예측하지 못한 것이다.

이와 같이, 이를 혁경이 참고 버틸 수 있을지 도광제가 용인할 수 있을지에 대해 모두 의문이 생긴다. 또 다음 이런 전법은 그에 어울리는 경제적 동원과 조치가 반드시 필요했다. 장우청의 6,000명의 새로운 군대와 3만의 의용군에 필요한 1년의 군비는 은 냥 200만 냥 이상으로 청조의 재정 상태로는 이를 버틸 수 없었다. 다시 말하면 장우청은 도하할 수 있는 배를 찾았지만, 그 배를 조정하는 기술을 익히지 못한 것이다. 결국 혁경은 후에 이 계권을 사용하지 않는다.

혁경이 북경에 있을 때 도광제와 모종의 묵계를 달성했을 가능성이 매우 컸다. 그렇기 때문에 그가 강소에서 2개월을 머무르고 사방에서 험담을 해도, 도광제는 시종 그에게 빨리 전역으로 가라고 재촉하지 않았으며, 먼 곳에서 통제하려 하지 않는 매우 얻기 힘든 태도를 보인 것이다. 혁경은 그 이유를 하남, 섬서, 감숙, 사천 등의 성에서 '이미 출정'한 6,000의 정예부대가 아직(천, 섬, 감에서 차출한 병력이 절강에 도착하는데 4개월의 시간이 필요하다) 도착하지 않았고, 이미 절강에 도착한 호남, 안휘, 강서, 호북 4성의 지원군은 모두 약하여 의지할 만한 구석이 없기 때문에, 아마도 일찍 절강에 도착한다고 하더라고 비단 적에 대응할 수 없을 뿐만 아니라 오히려 적에게 제압당할 것이기 때문이라고 하였다. 이런 충분한 준비, 조급해 하지 않는 작전은 당시에 유일한 준칙으로 삼는 "계획을 세우고 전쟁을 한다는" 병법의 원칙에 부합했다.

혁경의 처치와 비슷하게 헨리 포팅거도 이때 진퇴양난에 빠졌다. 그는 한편으로는 정해, 진해, 영파, 3성(城)을 점거한 후 수차례 유운가, 여보운 등에게 서신을 보내 청국 측 '전권대신'과의 담판을 원하지만 그 답을 받지 못했고,[154]

---

154) 1841년 10월 영국군이 영파를 점령한 후, 두 차례 사람을 파견하여 보낸 조회는 5장 주)137에서 볼 수 있다. 청국 측 당안에 근거하면, 1842년 1월 20일 영국군은 여요(余姚)에서 청국 측 수용 진미금(陳美金)에게 상응하는 중문본이 없이 '이자(夷字)' 두 건을 건넨다. 여요의 대리 지현이 영국 배로 가서 '이자'의 뜻을 묻는다. 이렇게 번역을 하지 못해서 쌍방이 핵심을 파악하지 못한다. 혁경이 황제의 명을 받들어 광동에서 파견돼 온 통역관에게 묻자, 이에 그가 '이'의 말(話)을 이해할 수 있을 뿐, '이'자(字)를 알지 못한다고 답한다. 혁경이 부득이하게 진지강을 영파에 파견하여 곽사립을 만난다. 곽사립이 '번역본'을 주는데, "대영국의 대헌이 진지강에게 알린다. 이 두 통의 편지는 흠차대신 혁경에게 보내는 것으로, 화의 등의 안건을 어떻게 해야 할지, 그리고 강화를 희망한다면 오직 대청 대황제의 전권을 부여받은 흠차대신만이 강화를 할 수 있다…"는 내용이다. 그러나 혁경이 이 문건을 받고 "이미 그들의 편지에 두려워하는 마음이 있다"라고 생각한다(『阿片戰爭檔案史料』 4권, 575~576쪽; 5권 33~35쪽). 곽사립이 진지강에게 '번역본'에 영국 측이 혁경에게 보낸 두 조회를 언급했는데, 청국

다른 한편으로는 유한한 병력으로 인해 홍콩(香港), 고랑서, 정해, 진해, 영파
155 이렇게 5곳을 분산 점거하면, 강력한 부대로 재집결하지 못하기 때문이었
다. 찰스 엘리엇이 해임되기 전에 계획을 세운 양자강 전역(揚子江戰役, 后에
상세하게 설명하겠다)은 매서운 북풍과 매우 추운 기후로 인해 영국군이 작
전을 수행하는데 불리한 곳이었다. 이로 인하여 영국군은 영파를 점령한 후
1841년 10월 20일에 여요(余姚)에서 소란을 피웠다. 후에 또 1841년 12월 27일
부터 1월 12일까지 칼날에 피 한 방울 묻히지 않고 여요, 자계(慈谿), 봉화(奉
化) 3성(城)을 순차적으로 함락하고 얼마 지나지 않아 모두 즉시 퇴각했다. 전
쟁은 이렇게 5개월 동안 간헐적으로 벌어졌다. 헨리 포팅거 본인 역시 1842년
1월에 홍콩으로 돌아가고, 대화상무총감독의 처리 기구를 오문에서 홍콩으
로 옮기고, 홍콩과 주산(舟山)은 자유항이 되었다고 선포했다. 그리고 그해 6
월이 되어서야 비로소 북상했다.**156**

영국군이 여요 등지에서 벌인 군사행동은 그 규모가 크지 않았는데도, 절
강순무 유운가는 오히려 혁경 만큼 침착하지 못하고 자주 사람을 강소(蘇)
로 파견하여, 혁경이 빨리 절강에 도착하여 깃발을 세우기를 재촉했다. 이는
마치 자신 혼자 성을 잃는 것에 대한 책임을 지는 것을 두려워한 것 같았다.
그러나 혁경은 오히려 움직이지 않았는데, 그 행동이 경성에서 이부상서에 부

측 문헌에서는 볼 수 없다:佐々木正哉의 영국 당안관에 수록된 『阿片戰爭の硏究:資料篇』, 144쪽에
1841년 12월 19일 포팅거가 혁경에게 보낸 조회가 있다. 포팅거가 애버딘(Lord Aberdeen)에게 보낸
보고(1842년 2월 1일)에 1841년 12월 22일 영국 측이 일찍이 정해부근에 파견한 한 명의 지주에게 보
낸 이 조회가 다음해 1월 4일 도착하였으며, 그 사자가 항주에서 체포된 소식이 영파에 전해졌다고 했
다(佐佐木正哉編, 「南京條約的簽訂和其後的一些問題」, 『近代中國』 21권 참고). 그러나 이 일
은 청국 측 문헌엔 보이지 않는다.

155) 1842년 2월 중국에 주둔하던 육군병력 총합은 4,942명이다. 그러나 분산배치 하였는지는 불분명하
다. 같은 시기에 중국에 주둔하던 영국군 해군 병력은 전함 17척, 무장증기선 6척, 기타 선박 2척 그러
나 수송선 병단은 없었다. 영국해군 사령부가 주산에 있었고, 육군사령부가 영파에 있었다(『Chinese
Repository』, vol 11. 114~119쪽). 또 영국해군 함선의 화포는 이미 전쟁 시기에 비해 감소하였다.

156) 『Chinese Repository』, vol 11. 64, 119~120, 341쪽.

임한 것과 같았으며, 단지 엄정하게 처벌해야할 수성(守城) 관리와 부관(官弁)을 참주(參奏)하여 지명하고,[157] 냉정하게 수수방관했다.

당시 혁경이 주둔하고 있던 소주는 사람들이 천당이라고 부르는 호화롭고 번화한 지역이었다. 노래와 춤을 추는 곳은 사람들을 감동시켰고 호방하게 만들기에 충분했다. 혁경의 수행원 6인은 본래 랑중(郎中), 원외랑(員外郎), 어사(御使), 주사(主事), 필정식(筆帖式), 중서(中書) 등의 5품, 6품에서 7품 경관(京官)까지로 당시에는 모두 '소흠차(小欽差)'라고 자칭하였다. 그래서 제진(提鎭) 이하의 관원이 찾아뵙고 무릎을 꿇고 그에 걸맞게 반드시 '대인(大人)'이라고 부르고, 혁경에게 투신한 인사들에게는 또 분분히 억지로 비교하고 모방하여 '소성사(小星使)'라고 호칭했다.[158] 이런 '소흠차', '소성사'의 아래에 또 수행하는 수백 명의 경영(京營) 병사들이 있었다. 이 무리는 음란하고 방종하며, 재물을 찾고 뇌물을 탐내 난장판으로 만들었다. 매일 오현(吳縣, 蘇州府首縣)에서 연회 80여석을 제공해야 했고, 수백원의 비용이 들었다. 조금이라도 마음에 들지 않으면 곧 잔과 접시를 던지고 현령을 욕했다.[159] 그래서 이후에 전방은 긴박하기만 했는데 후방에서는 먹기만 한다는 말이 유행하게 되었다. 소주는 300리 떨어진 천당 같은 성인 항주와는 확연히 다른 정경이었다. 혁경은 처음에는 이를 개의치 않았는데 후에 갑자기 비방을 당하자 부득이 영(營)을 백여 리 이동시켜 1842년 1월 21일에 절강 가흥(嘉興)에 진입한다.

며칠 지나지 않아, 혁경이 기다리던 사천, 섬서의 정예부대가 마침내 소식을 전해오는데 2월 13일까지 섬서, 감숙병 250명, 사천병 300명 외에 그 나머

---

157) 『阿片戰爭檔案史料』 4권, 521~522쪽.

158) 貝靑喬, 「咄咄吟」, 『叢刊 阿片戰爭』 3권, 180쪽.

159) 劉長華, 「阿片戰爭史料」, 『叢刊 阿片戰爭』 3권, 155쪽. 이 자료에 오현(吳縣) 현령은 "결국 핍박당하여 토혈을 하고 죽었다"라고 하였다. 그러나 나는 이에 상응하는 자료를 찾지 못하였다.

지가 모두 절강으로 들어온다는 소식을 들었다. 이 4,000리 밖에서 갖은 고초를 다 겪으면서 밤을 지새워 도착한 부대는 기강이 없었다. 그래서 지금까지 "연도를 따라 장정들을 차출하고 집의 문을 빼앗고 네 곳 마을에서 병사들을 모아 성안으로 들어갔다"라는 평판을 남기게 되었다.[160] 상황이 이 지경에 이르자 혁경은 이미 관망만 할 수 없었다. 그래서 2월 10일에(夏曆大年初一) 항주에 도착하여 약간의 병력을 배치한 후, 2월 27일에 전방 조아강(曹娥江) 일대로 전진했다. 이때는 그가 북경에서 출발한지 131일이 지난날이었다.

이론상으로 말하자면, 절강의 청군은 원래 병력정원이 3만 여 명, 외성(外省)의 지원병이 1만 여 명, 또 외성, 본성(本省)의 의용군이 9만 여 명으로[161] 병력이 결코 적지 않았다. 그러나 제1장에서 이미 설명했듯이 본성(本省)의 정규군은 차출하기가 어려웠다. 그리고 차출한 수천 명의 병사 또한 정해, 진해 이 두 전쟁에서 궤멸되었다. 그리고 이때 절강의 원래 있었던 청군은 오직 해당 지방을 보호할 수 있을 뿐 병사들을 차출할 수 없었다. 게다가 본성에 있던 의용군의 대다수는 고향을 떠나려하지 않아 차출할 수 있는 병력이 매우 적었다. 이 때문에 실제로, 절강에서 이때 작전에 동원할 수 있는 청군은 단지 진해전투 후 도착한 외성 지원군 1.2만 명 및 혁경 등이 고용한 하남(河南), 산동(山東), 강소(江蘇) 및 본성 병사가 2만 명이었다.[162]

그러나 이 3만여 명의 병사들을 전부 다 진공에 투입할 수 없었다.

구체적 정황을 살펴보면, 호북 지원군 2,000명 중에 1,000명은 항주에 주둔하고 1,000명은 해녕(海寧)에 주둔했다. 강서지원군 2,000명 중에 1,000명은 여

---

160) 范城, 『質言』 권상. 이 권은 1935년에 완성되었는데, 아편전쟁과 관련된 기술이 꽤 많이 잘못되었다. 이는 풍문으로 저술한 것이기 때문이라고 생각된다. 이 단락은 사람들에게 광범위하게 인용되는 사료로 비록 믿을 만하지는 못하지만, 청군이 백성들에게 평판이 나빴음을 알 수 있다
161) 『阿片戰爭檔案史料』 4권, 534쪽.
162) 위의 책, 4권, 589쪽.

요에서 패했다. 이때 조아강 이북의 력해(瀝海)에 파견된 이 밖의 1,000명을 약하다고 생각한 혁경은 식량(糧台)을 지키게 했다. 그리고 안휘 지원군 1,000명 중에 600명은 항주에 주둔시켰다. 섬서, 감숙 지원군 2,000명중에 800명은 사포에 주둔시키고, 산서, 섬서, 감숙 총포병 1,000명 중에 200명은 항주에 주둔시켰다. 이와 같이 외성지원군 중에 6,000명을 남겼으며, 또 장용(壯勇)들 중에는 각 지역을 지키는 자들이 있었다.[163]

그렇지만 남겨진 병사들도 여전히 진공에 전부 투입할 수 없었다.

양위장군 혁경은 항주에서 조아강 일대로 전진한 후, 조아강 이서(以西)인 상우현(上虞縣) 동관진(東關鎭)에 대영(大營)을 세우고 주둔했다. 그리고 하남 지원군 1,000명, 산서 등지의 총포병 200명을 주둔시켰다. 이곳과 영국군이 점령한 영파와는 약 70km 떨어져 있었는데, 혁경은 이곳에서 앞(영파, 진해)과 뒤(항주) 모두와 호응할 수 있다고 주장했다. 참찬대신 문위(文蔚)는 자계현(慈谿縣) 서북의 장계령(長溪嶺)에 대영(大營)을 주둔시켰고, 강녕(江寧)기병 800명, 사천 지원군 400명, 산서 등지의 총, 포병 400명, 안휘 지원군 400명 이렇게 모두 2,000명을 이끌었다. 그리고 이곳은 진해와 40km 떨어진 곳으로 진해, 영파 병사로 진공하는 병사들의 후로(後路)에 호응하기 위한 것이라고 하였다.[164]

이렇게 도광제가 각 성에서 소집한 1.2만여 명의 대군 중에 사실상 진정으로 진공에 참여한 병력은 단지 사천병 1,600명(후에 영파 공격에 투입된다), 섬감병 1,200명(후에 진해공격에 투입된다) 뿐이었다. 이외에 오직 약간의 수적, 질적으로 모두 의지하기 힘든 고용(雇勇)과 여정(余丁)이 있었을 뿐이었다. 혁경은 영국군을 겁먹게 하기 위해 대외에 "정병 12, 13만 명이라

163) 『阿片戰爭檔案史料』 4권, 371쪽.
164) 『籌辦夷務始末(道光朝)』 4권, 1658쪽.

고 공언하였다."165

그럼 이와 같이 기괴한 병력배치 방식은 혁경의 어떤 계획에서 나왔을까?

병사들을 사포, 해녕(海寧), 항주 등지에 분산시켜 수비하게 한 것에 대해서는 비교적 쉽게 이해할 수 있다. 만약 혁경의 영파, 진해, 정해 등지에 대한 공격이 성공하여, 해상으로 퇴각한 영국군이 허점을 노려 사포 등지를 공격한다면, 청군이 어찌 하나를 돌보다가 다른 것을 놓치는 것이 아니겠는가? 하물며 당시 영국군이 항주만을 곧 침입할 것이라는 소식이 해녕에서 성도(省城)까지 널리 전해져 절강순무 유운가를 매우 놀라게 하고 매우 불안하게 하였다.

그러나 혁경은 또 어째서 남겨둔 6,000명, 즉 청군의 반 이상을 장계령, 동관진에 주둔시켰을까? 이후의 결과로 보아, 혁경이 그렇게 한 이유는 목숨을 보전하기 위한 것이었다. 즉, 동관진 대영 1,200명은 자신을 보호하기 위한 병력이며, 장계령 대영의 2,000명은 즉 일종의 방패였다. 일단 청군이 절동(浙東)에서의 반공에 실패하고 영국군이 공세를 펼치면 장계령 청군을 투입하여 저항하게 하고 그가 도망갈 시간을 벌기위한 것이었다.

이어서 혁경의 진공 시간을 결정하는 방법을 보면 더욱 황당할 따름이었다.

먼저 1842년 1월 25일, 혁경은 참찬대신 문위와 절강 가흥(嘉興)에서 동시에 영국군이 상륙을 포기하고 돛을 올려 바다로 나가고 영파 등 3성에 "오랑캐의 흔적이 사라지는" 꿈을 꾼다. 후에 사람을 파견하여 조사하니 무기를 싣고 배로 돌아간 일이 있음을 보고 '확실한 조짐'이라고 여겼다.166 또 2월 10일, 혁

---

165) 『阿片戰爭檔案史料』 5권, 85~86쪽.
166) 楊廷枏, 『夷雰聞記』, 102쪽. 이때 헨리 포팅거가 홍콩으로 남하하는데, "무기를 싣고 배로 돌아간다."라는 말로 인해 나온 말일 가능성이 크다.

522 중국인의 선혈만 앗아간 『아편전쟁』

경은 항주에 도착하여 가장 영험하다고 하는 서호관제묘(西湖關帝廟)에 가서 점을 보는데 그중에 "호랑이 머리를 한 사람을 만나지 않으면 누가 너의 안전을 보장하겠는가?"라는 점괘를 받고 3일 후 도착한 사천 지원군 대금천토병(大金川土兵)의 병사들이 모두 호피 모자를 쓰고 있는 것을 보고, 더욱 '이곳이 공격을 당할 것'이라고 생각했다.[167] 그리하여 그는 "사인가기(四寅佳期)"(도광 22년 정월 29일 4경, 즉 임인년, 임인월, 무임일, 갑임시, 1842년 3월 10일 새벽 3시에서 5시)를 진공 시간으로 정하고 또 임년(虎年)에 출생한 귀주 안의진(安義鎭) 총병 은영복(殷永福)을 영파 진공의 수장으로 삼고,[168] 그에게 "오호(五虎)로 적을 제압"하게 하였다.[169]

우리는 미신에 이끌려 벌인 전쟁의 결과를 미루어 짐작할 수 있다. 그러나 문제는 과학 이전의 시대 사람들의 마음인데, 길흉을 점치고, 신의 점괘의 영험함, 꿈에 나타나 하는 말은 지금까지 여전히 상당히 매력적인 것으로 당시 사람들의 의지를 지배하는 위력이 실제로 있었다.

이런 미신의 지지아래 1842년 3월 6일, 혁경은 4,000자에 달하는 상주 하나를 올리는데, 절강의 세 성에서 반격을 하는 계획을 상세히 서술하고, 상주와 함께 밝을 때는 공격을 하고 어두울 때는 기습을 할 병사들의 목록과 작전지도를 첨부하여 올렸다. 이 상주에서는 우리는 이미 그가 이전에 보였던 불안을 전혀 찾아 볼 수 없었으며, 마음속에 이미 완성된 계획이 있다는 듯이 자신감이 넘쳐 흘렀다.[170] 또 패청교(貝靑喬)의 폭로에 근거하면, 혁경은 전쟁 전 막료들을 위하여 '포고문 쓰는 대회'를 거행하여, 30여 편 모두 그가 친히 등

167) 貝靑喬, 「咄咄吟」, 『叢刊 阿片戰爭』 3권, 186쪽.
168) 은영복은 원래 광동으로 병사들을 이끌고 광동으로 가야 했는데, 이때 혁경이 차출하여 절강으로 온다.
169) 楊泰亨 등, 『慈谿縣志』 55권 '前事志', 광서 25년(1899).
170) 『阿片戰爭檔案史料』 5권, 55~61쪽.

수를 매기고 "1등인 거인 무길곡(繆吉穀)은 전공을 자세히 서술하여 매우 생동감이 넘쳤다. 2등인 동지(同知) 하사기(何士祁)는 문장이 풍부하고 전형적이고 상서롭다…"고 하였다.[171] 이는 그가 이 전쟁의 승전보를 알리기 위해 특별히 한 차례 문장으로 '연습'을 진행한 것이었다.

도광제는 혁경의 계획을 본 후 전염되어 주비에 다음과 같이 적었다.

> 경(嘉卿) 등의 배치가 타당하고 주도면밀하다. 천조의 비호에 의지하여, 반드시 이 대공을 이룰 수 있을 것이다. 짐이 동남에서 새로운 승리의 첩보가 오기를 매우 기다리고 있으며, 바로 상을 내릴 것이다.[172]

이런 종류의 모든 주비는 또 이전의 양방, 혁산, 안백도, 유겸 등의 상소에서도 볼 수 있는데, 도광제는 '승전보(捷音)'를 너무 오래 기다렸다.

1842년 3월 10일 새벽, 청군은 4개월 동안 쌓인 노력을 들여 절동에서 아편전쟁 중 유일하게 함락당한 곳을 수복하는 반격을 개시했다.

혁경의 계획은 다음과 같다. 청군은 동시에 영파, 진해, 정해로 진공했다. 영파에서는 총병 은영복이 사천병 900명, 여정(余丁) 300명, 하북의 장용(壯勇) 400명 이렇게 모두 1,600명을 이끌고 주공(主攻)을 담당했다. 이외의 사천병 600명, 여정 200명은 보공(輔攻)을 담당했다. 여요 동남쪽의 대은산(大隱山)을 전진기지로 삼고, 먼저 영파 내성으로 잠입한 고용 17부대와 내외로 호응하여 그 성을 점령했다. 진해에서는 삼등시위(三等侍衛) 용조(容照), 부장 주귀(朱貴) 등이 섬감병 800명, 여정 100명, 하남 장용 500명, 이렇게 모두 1,400명

171) 貝靑喬, 「咄咄吟」, 『叢刊 阿片戰爭』 3권, 186쪽.
172) 『阿片戰爭檔案史料』 5권, 49쪽.

을 이끌고 주공을 담당하고, 이외에 섬감병 500여 명이 보공을 담당하여 자계(慈谿) 서북의 장계령을 전지기지로 삼고, 먼저 진해 내성에 잠입한 고용 11부대와 안팎으로 호응하여 그 성을 수복했다. 진해와 영파 사이에 있는 매허(梅墟)에 의용군 3,900명을 파견하여 두 성 사이에서 도망가거나 호응을 시도하는 영국군을 "중도에서 차단하여 죽인다." 정해에서는 진해에서 전사한 전처주진 총병 정국홍의 아들인 정정신(鄭鼎臣)이 숭명(崇明), 천사(川沙), 정해 등 지역의 수용(水勇) 5,000명을 이끌고 사포에서부터 대산(岱山)으로 진입해 정해에 정박해 있는 영국군 함선에 화공을 개시할 준비를 했다. 이 계획에서 알 수 있는 것은 병력의 부족함을 보충하기 위해 혁경이 고용(雇勇)을 대량으로 사용한다는 것이었다.[173]

그렇지만 이 4개월 동안 준비한 반격은 네 시간이 지나지 않아 완전히 와해되었다.

3월 10일 새벽 0시 30분 영파성 밖에 정박해 있던 영국함선 칼럼바인호가 몇 번의 포격을 받았지만 전혀 피해가 없었다.[174] 3시가 되자 청국 측이 화선 네 척을 영국 기선 세소스트리스호로 보냈지만, 영국 측 소형선에 의해 해안가로 치워졌다. 이와 동시에 청군 병용이 한편으로는 소형화기를 손에 쥐고 영파성 밖의 영국함선을 향해 발사하나 효과를 보지 못했다. 다른 한편으로

---

173) 『阿片戰爭檔案史料』 5권, 2, 57~60쪽. 貝靑喬, 「咄咄吟」, 『叢刊 阿片戰爭』 3권, 187~189쪽. 또 패청교는 영파에 잠입한 고용 17부대, 진해에 잠입한 고용 11부대 모두 "반이 허수"라고 하였고, 또 각 성을 공격하는 병사들의 수가 혁경의 상주와 부합하지 않는다고 하였다.

174) 이때 영파성에 정박한 영국 함선은 칼럼바인호, 모데스테호, 증기선은 퀸호, 세소스트리스호이다. 영국군이 두 차례 포성을 분석한 후 움직임을 보이지 않았으며, "하나의 신호일 가능성이 매우 크다"(Bernard, Narrative of the Voyages and Service of the Nemesis, vol 2, 280쪽). 또 패청교의 주장에 근거하면, 영파의 공생(貢生)이 대권을 건의하는데, "대포의 사용은 단포(緞砲)의 사용만 못하다"라고 하였다. 즉 비단을 묶어 통을 만들어 안에 동으로 내부를 만들었다. 소의 힘줄로 옻칠을 하여 그것을 싸고 당시 은 1.6만 냥을 들여 800문을 만들었다. 이런 단포를 모두 매허(梅墟)에 배치하였다고 한다 (『叢刊 阿片戰爭』 3권, 195쪽).

는 영파성의 남문과 서문으로의 진공이었다. 각 성으로 진공하는 임무를 맡은 사천병(藏族土兵도 일부 있었다)이 매우 용맹했는데, 성안에서의 호응과 함께 성안으로 진입했다. 하지만 영국군의 신속한 화포 대응사격과 성내의 협소한 가도로 인해 청군은 산개와 은폐를 하지 못하고 비참하게 도살당했다. 동이 트자 청군은 대세가 이미 기울었다고 느끼고 황급히 성 밖으로 퇴각했다.

또 새벽 3시에 청국 측은 진해에 10척의 화선을 띠워 항구 안 영국군 함선에 화공을 시도하나 영국군 소형선이 이 화선들을 치웠다. 이와 동시에 청군 병용이 소형화기를 들고 진해 서문으로 진격했다. 이에 각 곳을 지키던 영국군 1개 연대가 성문을 열고 성을 나와 주동적으로 응전하고 성내의 영국군도 성을 나와 지원했다. 주공(主攻)의 챔임을 맡은 청군 주귀(朱貴)가 컴컴한 밤이라 길을 잃어버려서 당도하지 못하였으며, 그 결과 버티지 못하고 패퇴했다.

여기서 주의해야 할 가치가 있는 것은 청군은 영파, 진해 두 성을 진공할 때 모두 화포를 사용하지 않았으며,[175] 교전 시 화력의 차이가 나서 적을 살상하지 못했다는 것이다. 영국 측의 기록에 근거하면 영파 전투에서는 영국군 사망이 겨우 1명이고 부상이 몇 명이었으며, 진해전투에서는 사상자가 없었다고 하였다.[176]

동이 튼 이후, 영국군 증기선 퀸호, 세소스트리스호 및 전함에 부속된 소형선이 영파 남서, 서북 방향의 하류(河流)를 따라 탐색을 하면서 전진하는데,

---

175) 패청교에 따르면 다음과 같다. 절동은 녹조 지대이기 때문에 화포가 수송 도중에 종종 진흙에 빠지고 병사들과 노동자들이 매우 힘들어했고, 절강순무 유운가가 혁경에게 공문을 보내 영파, 진해 양성의 주민들이 밀집되어 있는데, 대포를 사용하는 것은 아미도 옥석을 구분할 줄 모르는 것이라고 했다. 그러자 혁경이 군에 경솔하게 포를 쏘아서는 안 된다고 명령을 내린다. 그러자 포를 운반하는 것을 힘들어하던 병사들과 노동자들이 명령을 들은 후 바로 화포를 버리고 가벼운 몸으로 전진했다(『叢刊 阿片戰爭』 3권, 190쪽). 청이 입관한 후와 청 초기의 각 공성작전은 모두 화포운용을 매우 중요하게 생각하였다. 이번 전투에서 청이 화포를 버리고 특별히 경형화기를 들은 것은 공성능력을 전혀 갖추지 못한 것과 같았다.

176) Bernard, Narrative of the Voyages and Service of the Nemesis, vol 2, 284쪽

모두 37척의 화선을 파괴했다.

대산(岱山)에서 정해 진공을 준비하던 청군 수용은 이미 3월 8일에 영국군 네메시스호와 몇몇 소형선에 의해 쫓겨나서 진공을 개시하지 못했다. 비록 정정신(鄭鼎臣)이 이후 4월 14일에 수용을 이끌고 나가지만 정해에서 아무런 전과도 올리지 못했다. 하지만 혁경에 의해 대승으로 보기 좋게 꾸며졌다.[177]

이때 마침 주산의 영국 해군, 육군 사령관이 이 소식을 듣고 영파로 오자 영국군은 방어에서 진공으로 전환했다.

3월 13일, 영국 육군 사령관 고프는 여요(余姚)에 주둔하던 청군 여보운의 부대가 영파로 진공한다는 소식을 듣자, 곧 병사 600명을 이끌고 기선 세소스트리스호의 지원 아래 봉화(奉化)로 진군했다. 그러나 영국군이 겨우 약 10km를 진공했을 때, 그들은 곧 여보운의 부대가 전날 저녁에 이미 뿔뿔이 도망친 것을 발견하게 되었다.

3월 15일, 영국 해군 사령관 윌리엄 파커, 육군 사령관 고프는 자계(慈谿)가 청군이 진공을 개시하는 전진기지라는 것을 알고 해군, 육군 사병 1,203명과 함께 기선 퀸호, 네메시스호, 플레게톤호 및 몇몇 소형선에 탑승하여 오전 8

---

177) 혁경은 정정신의 보고에 근거하여 상주를 한다. 4월 14일에 청국 측 수용이 정해에서 "대형 이선 4척을 불태우고, 삼판선 10척을 불태웠고", "이인 수십 명을 죽였다"(『阿片戰爭檔案史料』 5권, 217~220쪽). 도광제는 이 소식을 듣고 크게 기뻐하며 혁경에게는 쌍안화령을 포상하고 문위에게는 두품정대를 하사하였다(『阿片戰爭檔案史料』 5권, 233~234쪽). 그러나 영국 측의 기록과 대조하면, 정전신이 이번 화공은 전부 실패하였으며, 결코 영국 함선을 불태우지 못했다고 하였다(Bernard, Narrative of the Voyages and Service of the Nemesis, vol 2, 304~309쪽; 賓漢, 「英軍在華作戰記」, 『叢刊 阿片戰爭』 5권, 288~289쪽). 유운가는 정해진 총병을 호위하는 유격 주사법(周士法)의 보고에 근거하여 이번 진공이 순조롭지 못할 것임을 알고 그는 이 정황을 직접 상주하지 못하고, 주사법의 보고서를 혁경에게 전달한다. 혁경이 황망하게 다시 상주하여 영국 선박에 대해 "각 위원이 보고한 이선이 파괴된 일은 병사와 백성들이 친히 목격한 것에 근거한 것이다. 만약 다시 조사를 실시하여 증거를 찾는다는 것은, 시간이 이미 오래 지났고, 정황이 이미 바뀌었기도 하고, 또 최근 용기를 불러 일으켜 매우 높았던 병사들의 사기를 떨어뜨리게 하는 것이기 때문에, 반드시 조사할 필요는 없다고 생각한다."라고 하였다(『阿片戰爭檔案史料』 5권, 249~250쪽). 도광제는 진상을 조사하지 않고 영국군이 영파에서 물러난 것을 정정신이 정해에서 승리했다는 증거로 여겨, 반대로 주사법을 형부에 넘겨 엄하게 심문하여 처리하였다.(『阿片戰爭檔案史料』 5권, 289쪽).

시에 자계를 향해 진군했다.[178] 당일 정오에 영국군이 도착하여 현성을 점령하고, 성 밖 대보산(大宝山)의 청군 진영을 향해 진공했다. 진해에서 퇴각한 청군 주귀 등의 부대는 그 부대와 교전하여 패하고 주귀는 전사했다. 청군의 피해에 비해 상대적으로 영국군은 매우 경미한 피해를 입었다.[179]

이때 자계 서북에서 약 20리 떨어진 장계령에 주둔한 참찬대신 문위는 자계현성 및 대보산의 전사(戰事)를 듣지만, 부대를 이끌고 지원하러 가지 않고, 오히려 당일 부대를 이끌고 도망쳤다. 3월 16일에 영국군이 장계령에 진입하여 문위가 남긴 텅빈 군영을 불태웠다. 그리고 영국군은 3월 17일에 영파에서 철수했다.[180]

멀리 조아강(曹娥江) 이서 동관진에 군영을 꾸린 혁경은 전방의 소식을 듣고 혼비백산하여 다급하게 도망치려 했다. 하지만 막료 장우청이 전력으로 권고하여 하룻밤을 더 버텼다. 3월 16일 저녁, 문위가 도망쳐 동관진에 이르자 그는 전황을 알게 되고 문위에게 소흥(紹興)으로 후퇴하여 수비하라고 명령하고 그 본인은 부대를 이끌고 그날 밤 서쪽으로 달려 전당강(錢塘江)을 건

---

178) 당시의 자계현성은 지금과 다르다. 즉, 현재 영파 소속의 자성진(慈城鎭)

179) 혁경의 상주에 근거하면, 3월 10부터 15일까지의 절동 전투에서 청군은 전사 340여 명, 고용은 전사 200여 명, 병용의 부상은 200여 명, 포로가 된 사람이 40여 명이다(『阿片戰爭檔案史料』 5권, 163쪽). 영국의 사상자 통계는 각각 약간의 차이가 있지만, 고프는 3월 15일 자계진공작전 중에 사망 3명, 부상 22명이라고 하였다(『Chinese Repository』, vol 11, 501쪽). 빙엄의 주장이 고프와 같다(『叢刊 阿片戰爭』 5권, 287~288쪽). 버나드는 3월 10일 영파전투에서 사망 1명, 부상 수명, 3월 15일 자계전투에서 사망 3명, 부상 15명이라고 했다(Bernard, Narrative of the Voyages and Service of the Nemesis, vol 2, 284, 294쪽).

180) 3월 10일부터 3월 17일까지의 작전경과에 대해서 나는 다음 자료를 종합하였다. 『阿片戰爭檔案史料』 5권, 73~76, 81, 83~85, 89, 98~99, 160~163, 225쪽; 貝靑喬, 「咄咄吟」, 『叢刊 阿片戰爭』 3권, 2 189~199쪽; Bernard, Narrative of the Voyages and Service of the Nemesis, vol 2, 280~300쪽; John Ouchterlony, The Chinese War, an Account of all the Operations of the British Forces from the Commencement to the Treaty of Nanking, 231~263쪽; 賓漢, 「英軍在華作戰記」, 『叢刊 阿片戰爭』 5권, 287~288쪽; Murray, Doings in China: Being the Personal Narrative of an Officer Engaged in the Late Chinese Expedition, From the Recapture of Chusan in 1841, to the Peace of Nankin in 1842, London : Bentley, 1843, 98~122쪽; 『Chinese Repository』, vol 11, 233~237, 496~504쪽.

너서 곧장 항주로 퇴각했다.[181] 그가 이후에 도광제에게 이에 대해 그 목적이 전당강 북안의 해녕첨산(海寧尖山) 일대의 방어를 점검하기 위해서라고 하였다.[182]

이와 같은 패전에 대해, 이와 같은 패장에 대해 나는 어떻게 평론해야 할지 정말 모르겠다!

아편전쟁사를 연구할 때, 나를 가장 곤란하게 한 것은 청국 측의 사료로, 이는 청국 측의 사료가 충분하지 못하기 때문이 아니라(현재 존재하는 사료는 이미 쌓여 지붕에 닿을 정도이며 게다가 대량의 당안이 있다), 청국 측의 사료 중 사실과 다른 점이 많기 때문이 아니라(각종 자료를 상호 참고하여 사용할 수 있으며 영국 측의 자료로 검증할 수 있다), 거의 모든 사료 모두가 주의력을 상층부의 활동에 집중하여(비록 수많은 사료의 작자가 내막을 잘 알지 못한다 할지라도), 그들의 주변에 발생한 하층 활동에 대한 기술이 생략되고 축소되었기 때문이다.

그렇기 때문에 나는 상층부의 활동이 과연 진실한 역사를 써낼 수 있는가라고 종종 자문한다.

그러나 어느 날 나는 중국제일역사당안관에서 자료를 찾고 있을 때, 어사(御史) 여현기(呂賢基)와 절강순무 유운가의 상주 두 편이 나를 흥분시켰다. 나는 하루의 시간을 꼬박 소모하여 이 두 부의 장장 4,000여자에 달하는 문건을 베껴 적었다. 이 문건에서 나는 악운(鄂雲)이라는 관원의 고사를 알게 되었다.[183]

악운(鄂雲), 그의 본명은 련벽(聯璧)이었다. 그의 출신과 경력에 대해서는 아

181) 貝靑喬, 「咄咄吟」, 『叢刊 阿片戰爭』 3권, 200쪽.
182) 『阿片戰爭在舟山史料選編』, 339~340쪽.
183) 이 자료는 이미 현재 이미 발표되었다. 『阿片戰爭檔案史料』 6권, 262~263, 583~587쪽.

는 바가 적은데, 단지 일찍이 형부(刑部) 사관(司官)을 지냈다는 것뿐이었다. 그는 1837년 남경에서 항주로 이주하여 아편전쟁 시기에 직예주(直隷州) 지부에 임명되기를 기다리고 있었다.

1841년 초, 악운은 진해로 가서 자진하여 복무하기를 요청했다. 흠차대신 유겸은 그가 신중하지 못하다고 생각하여, 그가 체류하여 자만하고 말썽을 피우는 것을 우려했다. 그때 진해에 있던 절강순무 유운가가 옛 동료의 빈곤한 형편을 보고 여비로 은 30냥을 주었다. 그렇게 악운이 진해를 떠난 후 그의 종적을 알지 못했다.

1841년 말, 양위장군 혁경이 남하하여 항주에 주둔한다. 이때 악운이 또 찾아와 자진하여 복무했다. 혁경의 수행원이자, 보군통령서(步軍統領署) 7품 필첩식(筆帖式) 련방(聯芳)이 그의 사촌이었다. 련방이 악운이 한간과 내통하여 간첩이 될 수 있다고 혁경에게 소개하자, 혁경이 그를 파견하여 그 일을 하게 되고, 여러 차례 강소와 절강을 오락가락했다. 그리고 그는 항주로 가서 유운가을 만나서 그와 련방의 관계를 크게 떠벌리고, 또 그와 혁경도 친척관계라고 말한다. 그러나 유운가는 이를 이상하게 생각하여 더욱 경계했다.

악운이 혁경에 의해 파견된 후 곧 그의 권속들이 소흥(紹興)으로 이주했다. 어사 여현기는 그에 대해 "속이고 기만하고, 부정한 일이 아니면 하지 않는다." 라고 했고, 절강순무 유운가는 절강의 관원들이 그의 본성을 알고 있으며, 오직 혁경이 그를 파견했기 때문에 "부득이하게 관례에 따라 응대하였다"라고 했다. 전자는 풍문으로 증거가 부족하고, 후자는 또 절강지방의 관원을 지키려는 뜻이 있었음이 분명하다. 그러나 절동 반격전에서 그의 행적이 마침내 폭로되었다.

악운 스스로 말한 바에 근거하면 다음과 같다. 그는 혁경의 명령으로, 자계현 후산박(後山泊) 지방에서 향용(鄕勇) 500명, 두목 5명을 모집하여, 1842년 1월 9일부터 4월 19일까지 모두 식량(口糧), 기계(器械), 선박(船) 등에 대한 대금 합계 16,956천문(千文)를 지급하고, 또 양용(梁勇) 53명을 모집하여, 2월 12일부터 4월 19일까지 식량 1098.8천문을 지급하고, 후에 혁경이 의용군을 줄이라는 명령을 하자, 그는 혁경의 비준을 거쳐 복건의 동안선(同安船)을 17척 고용하고 수용 등 348명을 고용하는데, 4월 19일부터 10월 3일까지 선박 대금과 식량 대금의 합계 은 12,000여 냥을 지급했다. 이상 합계가 은이 12,000여 냥이고, 전(錢)이 18,054.8천문이었다.

각 양태(糧台)의 장부를 검사한 바에 의하면, 악운은 이후 후산박 고용(雇勇) 500명이라는 명목으로 조강양대(曹江糧台)에서 전 2,860천문, 은 4,585냥을 지급했다. 그중 113명의 고용을 최상의 상태로 유지한다는 명목으로 소흥양대(紹興糧台)에서 은 4,374냥을 지급했다. 이상 합계 은 9,124냥, 전 2,860천문이었다.

수입과 지출의 두 장부를 서로 대조하면, 악운이 은전을 수령하는 것 외에 그밖에 은 2,876냥, 전 15,194.8천문을 지출했다. 이 은전은 악운이 기부를 위해 '보상금 요청'을 제안한 것으로 그가 간청한 것이다. 그중 12,000천문은 스스로 기부한 것이다.

임용을 기다리는 생활이 빈곤하던 관원이 한순간에 이와 같이 많은 돈을 기부했다는 것에 큰 의문이 생겼다.

유운가의 조사에 근거하면 다음과 같다. 영파를 빼앗긴 뒤에 자계현, 후산박 지방의 향신이 향용을 모집하여 촌장을 보호했다. 악운이 도착하여, 그가 이 군대는 조아강에 있는 군대에 소속시켜야 한다고 선언하고, 식량, 여비, 무기장비 비용을 병사 당 1,500문씩 제공할 것을 약속했다. 1842년 2월 8일, 악운이 그 의용군(勇)을 이끌고 후산박을 출발하여 2월 11일에 조아(曹娥)에 도착했다. 출발할 때, 겨우 그 의용군 한 사람당 500문을 지급하고, 2월 12일에 처음으로 식량비 300문을 지급했다. 3월 7일에 악운이 50명을 뽑아서 진해성 외에 매복하고 150명을 뽑아서 사천부(四川府)를 거쳐 복이손(濮詒孫) 관대(管

帶)에게 배속시켜, 영파 파서향(波西鄉)의 소가도(邵家渡)에 주둔했다. 50명을 뽑아서 사주(泗州) 지부(知州) 장응운의 호위로 배속시켜, 자계 낙타교(駱駝橋)에 주둔했다. 그리고 직접 의용군 50명을 남겨 그를 호위하게 하고 자계 동문 밖의 청도관(淸道觀)에 주둔시켰다. 나머지 200명은 두목 황득성(黃得腥) 관대에게 명을 내려 3월 10일 영파 서문을 공격하는 전투에 참가했다. 절동 반공의 실패 후 4월 1일이 되자 명령을 받아 전부 해산했다.

이것으로 보면, 악운의 수단은 매우 분명했다. 우리는 이 500명의 후산박 의용군이 정원을 다 채웠다고 가정하고, 악운이 전혀 착복하지 않고 규정된 시기에 규정된 액수의 식량대금을 줄 수 있다고 가정한다면, 또 그 의용군이 절동 반공의 실패 후 하나도 도망치지 않았다고 가정한다면(당시에는 기적과 같은 일이었다), 그럼 악운이 실제로 지출한 돈과 식량대금은 모두 7,450천문이었다. 이 숫자를 그의 조강, 소흥 두 량대에서 수령한 은전과 대조하면 당시의 환율로 1,600문이 은 1냥으로 보면 악운이 날짜를 여러 번 보고하여 의용군(勇)을 남겼다고 거짓 보고를 하여 착복한 군비가 모두 은 5,631냥이었다.

자료의 부족으로 우리는 악운이 동안선과 의용군에서 어떤 수를 썼는지 모르지만, 그는 단지 안으로 은자를 뜯어냈을 뿐 밖으로 은자를 끄집어 내지 않았다.

그렇지만 아직 끝나지 않았다. 바로 악운이 고용을 통해 전 12,000천문을 기부했다고 선포한 일이다. 1841년 11월 호부, 이부 양 부가 올린 『해강연수의 서장정(海疆捐輸議敍章程)』에 따르면,[184] 평민이 은 1.2만 냥을 기부하면, 도원(道員)의 직급을 주고, 기부액이 넘치는 부분은 500냥에 1급을 더하여 기록한다고 하였다. 그리고 직예주 지주 후보가 은 8,000냥을 기부하면 상의한 다음

---

184) 호부상서 은계(恩桂) 등의 상소, 도광 21년 10월 초6일 『軍機處錄副』.

최우선 순위를 부여했다. 등등의 규정이 있으며, 또 연납(捐納, 돈으로 관직을 득함)시 전 1천문을 은 1냥으로 계산하는 관례에 따라 악운의 그 12,000천문의 기부는 만약 직함이 필요하다면 "도원직에 4급을 더해 기록하고", 만약 관직이 필요하다면 "최우선 순위를 부여한다."라고 하였다. 이것으로 볼 때, 악운은 비단 돈을 벌었을 뿐만 아니라 승관과 정식 관직을 얻을 수 있었다는 것을 알 수 있다.

아편전쟁은 청 왕조의 입장에서는 전에 없던 한차례의 재난이었지만, 악운의 입장에서는 오히려 하나의 얻기 힘든 기회였으며, 특히 주의할 만한 가치가 있는 것은 악운과 같은 이런 사람들 일수록 노래를 누구보다도 더 잘 부르고 말도 누구보다도 듣기 좋게 한다는 것이다.

악운은 소인배로 그는 7품 필첩식에 있는 사촌에 의지하여 이와 같이 뇌물을 받아먹고 법을 어겼다. 우리는 비록 악운의 한 사례만으로 청 왕조 관원들이 모두 이와 같았다고 단정할 수는 없지만, 당시에 고용을 이용하는 수법으로 국난을 이용해 재산을 불리는 것은 공공연한 비밀이었다. 수많은 사적인 기록에 이에 대한 기록이 남아있었다.[185] 또 청조 시대의 사무 규칙에 따르면 군사무기 제조, 건설, 건설공사, 방어병 차출 등등, 무릇 금전적인 면에 대해

---

185) 패청교의 폭로에 근거하면 : 영파, 진해 두 성에 반격을 한 사주지주(泗州知州) 장응운(張應雲)이 "북용은 다른 성의 비용으로 뽑혀온 것이 분명한데, 실제 액수와 실제 급료가 어떻게 되는지 갈피를 못 잡겠다. 절강사람으로 모집한 남용만 못하고 부풀린 면이 조금 있다"라고 하였다. 장응운이 즉시 신사 리유강(李維鎌), 림착(林錯), 범상조(范上祖), 팽유(彭瑜) 등을 파견하여, 용(勇)을 고용하고 서류를 만들어 혁경에게 보고하는데 그 수가 9,000명에 달했다. "사람 수가 많고 훈련이 부족하나 일일이 점검할 수 없다"라고 하였다. 후에 혁경이 그 폐단을 발견하고 없애지만, 거기에 쓴 돈이 이미 10여만 냥에 달했다(「咄咄吟」, 『叢刊 阿片戰爭』 3권, 1186~187쪽). 그것과 비교하면 악운은 작은 규모에 불과한 뿐이었다. 또 장집형의 폭로에 근거하면, 1842년 그가 정장룡도(汀漳龍道)에 부임하였을 때, 용계현에는 1,200명의 의용군이 있었다고 하는데, "기실 그런 일은 결코 없었다." 그래서 그가 명을 받들어 장부상에만 있었던 고용을 해산시킬 때, 장주지부, 용계지현이 모두 찾아와 선처를 구했으며, 며칠 동안 보류해 주길 청했다. 또 전 민절총독 안백도가 파직되어 귀향하여 장주를 지날 때, 지방이 이를 위해 지출한 은이 1만 냥이나 되어 "이 고용(勇)의 식량을 보충할 수 없었다."라고 하였다.(『道咸宦海見聞錄』, 67쪽).

언급하면 그 모든 곳에서 재물을 잠식할 수 있었다.

악운의 일이 폭로된 것도 순전히 우연히 일어난 일이었다. 어사 여현기가 단지 소문에 근거하여 보고를 했을 뿐인데, 도광제가 강소, 절강 관원에게 이를 확실하게 조사하라고 명령을 내린 것이다. 마침 절강순무 유운가가 양위장군 혁경과의 사이가 벌어지자[186] 바로 이 기회를 틈타서 끝까지 파고들어 위의 사실과 같이 상주를 한 것이다. 만약, 유운가와 혁경의 사이가 좋았다면, 당시 관청간의 상호적 관습으로 인해 '조사해도 실제적인 증거가 없는' 국면이 출현할 가능성이 매우 컸다. 도광제는 유운가의 상주를 받은 후, 양강총독에게 재조사를 명령하지만, 나는 이에 상응하는 자료를 찾을 수 없었기 때문에 악운이 후에 어떻게 처벌을 받았는지는 알지 못했다.

혁경이 절동을 반격할 때에, 주로 사용한 방법이 고용이었다. 악운이 고용한 후산박 의용군 500명은 이에 대한 실례로써, 나는 이미 이런 고용이 엄격한 훈련을 거치지 않았고, 근대전쟁원칙의 편제에 부합하지 않으며, 이렇게 고용된 의용군들이 마치 오직 돈(錢)과 식량대금(口糧錢)을 위해 온 것처럼 보인다는 것과, 군영에 도착하여 겨우 20여 일만에 전장에 투입되었다는 것을 알게 되었다. 그러니 이러한 고용에 무슨 전투력이 있었겠는가? 또 전쟁에 임하여 어떻게 도망치지 않을 수 있었겠는가? 바꿔서 말하면 또 그들이 만약

---

186) 유운가와 혁경이 처음으로 충돌하게 되는 때는 영국군이 1841년 말과 1842년 초에 연달아 여요, 자계, 봉화 3성을 함락하였을 때이다. 유운가는 또 영국군이 항주를 공격하려한다는 소식을 듣고 끊임없이 소주의 혁경에 병사들을 이끌고 지원하라고 재촉하지만, 혁경은 거들 떠 보지도 않는다. 그러나 혁경이 절강에 도착한 후 절강에 제조된 군병기의 질이 매우 나쁜 것을 보고 유운가에게 공문을 보내 감독하고 제조하는 관병에게 배상하여 수리하게 하였을 뿐만 아니라, 상주를 올려 감시 제조하고 검수하는 관원을 "이부에 보내 처벌할 것을 청하였다"(『阿片戰爭檔案史料』 5권, 21~22쪽). 유운가 등 지방관원들은 경제적으로 손해를 입었을 뿐만 아니라 명예 방면에서도 큰 피해를 입었다. 혁경은 또 교만하게 장군이 되어 군사 활동과 관련 있는 모든 것을 유운가에게 비밀로 한다. 유윤가는 절동(浙東) 반공에 실패한 후, 혁경이 전쟁과 수비에 전력을 다하지 않은 것과 전과를 거짓으로 보고한 것 등에 크게 불만을 품었다. 전쟁이 끝났을 때, 두 사람은 비록 공개적으로 결별하지는 않았지만 마찰을 많이 일으켰다. 유운가는 이번에 악운을 폭로하였고, 또 특별히 악운이 관청에 찾아와 혁경과 친척관계에 있다고 선언한 것을 언급하면서 악운이 힘에 의지하여 나쁜 짓을 한다는 것을 암시하였다.

도망가지 않는다면 어찌 의미 없이 가서 죽는 것이 아니겠는가? 이와 같은 희생은, 국가와 민족에 아무런 이익이 되지 않으며 그들 본인 및 가족들에게는 오히려 피할 수 없는, 어쩔 수 없이 받아들여야 하는 고난이었던 것이다. 이렇게 악운 등이 전혀 훈련이 되어있지 않은 고용을 억지로 전선에 투입하는 것은 살인과 무슨 차이가 있겠는가?

나는 여현기, 유운가의 이 두 상주를 옮겨 적은 후, 당안관의 넓은 열람실 안에 앉아 이 두 문건을 넋을 놓고 바라보았다. 나는 악운과 그런 이름을 알 수 없는 고용자의 마음속을 헤아려 보면서 관리의 품행과 치적과 국운의 관계를 깊이 사색하자, 각종 억제할 수 없는 연상이 끊이지 않고 극에 이르렀다. 날은 졌고 등이 켜지자 사람들은 분분히 떠나갔다. 나는 이미 앉아 있은 지 오래되었음을 발견하고도 또 계속 생각했다.

제6장
'회유(撫)'론의 재기

제6장
'회유(撫)'론의 재기

1840년 가을에 전쟁을 시작하여 1842년 봄 절동 반격의 실패까지 벌어진 모든 사실이 이미 청 왕조에게는 군사적으로 출구가 없었음을 반영했다. 동남 각 지역의 전장위에서 적을 맞이한 사령관들의 심리도 이미 이점을 이해했고, 오히려 약속이나 한 듯이 모두 한사람을 기만하는데, 즉 생사와 영욕의 문에서 그들의 명운을 쥐고 있었던 도광제였다. 본보기로 삼아 경계해야 할 일은 결코 멀리 있는 것이 아니었다. 얼마 전에 경성에서 진행한 기선, 이리포의 심판에서 두 분 '상국(相國)'은 모두 죄를 판결 받았다. 이는 하늘을 가리는 암운과 같이 그들의 심령(心靈)을 가렸다. 관위(官位)와 생명을 유지하는 것보다 더 중요한 것은 없었던 것이다.

그러나 또 어떤 사람이 이 조용한 분위기 속에서 일어나 공개적으로 '회유'론을 주창했다. 그가 바로 여러 차례 언급한 절강순무 유운가였다.

사실을 말하려면 약간의 용기와 약간의 정기가 필요했다.

1. "10가지 우려+可慮"

각 성의 독무 대원들 중에, 유운가는 특수한 사례라고 할 수 있었다. 그는 한림(翰林)이 아니고, 진사(進士)도 아니며, 심지어 거인(擧人)조차도 아니었다. 단지 국자감의 공생(貢生)으로 억지로 가져다 붙이면 정도를 걷는 출신이라 할 수 있었다. 그는 귀족이 아니며, 만인도 아니었다. 기록에는 그의 조상에 대한 기록이 남아있지 않은 것을 보니 일반적인 집안에 불과했을 것이라고 생각된다. 학력과 가문을 중요시하는 도광제는 유운가를 7품 소경관으로서 형부의 견습생으로 파견했다. 그는 1826년에 정식으로 관직을 얻었다. 놀랍게도 주사, 원외랑, 랑중, 지부, 도원, 안찰사, 포정사 이렇게 관직이 순탄하게 올라갔다. 1840년 8월에 불운한 오이공액을 대신하여 절강순무에 올랐다. 이 짧은 14년 동안은 부친상으로 인해 집을 3년간 지킨 것을 포함했다.[01]

유운가가 벼슬길에서 급행열차를 탄 것은 운에 의지한 것이 아니라, 특유의 일처리, 처세 방식에 의한 것이었다. 1) 일처리가 빈틈없고, 2)영리하게 행동했다. 전자는 도광제의 정치 기조와 들어맞았다. 후자는 또 그로 하여금 관방에서 좋은 인연을 쌓게 하였다.

예를 들어 흠차대신 이리포, 유겸은 연달아 진해에 주둔했지만, 그 지역 방어에 대해서는 결코 마음에 두지 않았다. 그러나 유운가는 절강순무로서 책임을 자각하여, 결코 흠차대신과 같지 않았으며, 방어에 전념하고 책임을 포기하지 않고, 바로 여러 번 권고의 말을 하고 열심히 그 일을 처리하였다. 일을 끝낸 이후, 그는 결코 그 일을 소문내지 않고 그 공적을 이리포, 유겸으로 돌리고 상주시에 단지 담담하게 "건설 공사를 추가해야 한다는 것은 이리포의 보고를 거쳐서", "이어서 흠차대신 유겸을 거쳐서 명령이 내려온 것"이라고 말했다.[02] 그의 이런 방법은 자연히 장관들에게는 총애를 받고, 상주에 올린 담담한 말은 또 은근히 배후를 암시하는 말을 노출시키면서 마치 함축적으로 도광제에게 자신은 성실한 사람이라고 표시한 것이다.

아편전쟁 중에 유운가는 고작 조연이었다. 그는 비록 전쟁에서 가장 바쁜

01) 『淸史列傳』 12권, 3797~3798쪽; 邵懿辰, 「記文上劉公撫浙事」, 錢儀吉, 繆荃孫 편, 『淸朝碑傳全集』 3권, 臺北, 大化書局, 1984. 2237~2238쪽.
02) 『阿片戰爭檔案史料』 2권, 750쪽, 3권, 520쪽

절강성 최고 군정 장관이었지만, 그의 위에 연달아 세 분의 흠차대신(이리포, 유겸, 기영)과 한 분의 장군(혁경)이 있었다. 그는 주연이 되지 못했다. 그런 그가 사람들의 주목을 받을 수 있었던 까닭은 그가 '회유론'을 주장했기 때문이었다. 그러나 전쟁 초기에 그는 '토벌론'을 분명하게 주장하는 전형적인 관원이었다.

1840년 말, 유운가는 사천(四川)에서 절강으로 급히 부임하면서, '역이'와 혈전을 한바탕 벌이려고 마음을 먹었다. 그러나 이때 절강의 군무를 주관하던 이리포의 조치를 보고 본능적으로 반감이 일어났다. 이리포의 절강정전에 관한 서한을 받은 후, 그는 완전히 불신하게 되고, 자체적으로 영국군이 점거한 정해로 밀탐을 파견하여 정보를 수집하고, 다음과 같은 결론을 내렸다. 영국군이 오래 정해를 점거하여, 이리포와 기선의 '오랑캐를 회유(撫夷)'하는 조치는 반드시 실패한다는 것이었다. 그리하여 그는 이 정보를 도광제에게 상주하여 별도로 이리포, 기선에 대하여 완곡하게 불만을 표시하고 끊임없이 숨겨둔 계권을 내놓았다.[03] 그는 자신의 지위에 의지해서는 이리포, 기선에게 권고할 수 없음을 알고 도광제의 신위를 빌려 이리포와 기선을 억제하려고 하였다. 그 결과 도광제가 유지를 내린다. 이리포는 이것에 대하여 불만을 품고 두 차례 상주하여 반대로 유운가를 비방했다. 그는 "탐문이 미진하다", "아직 실제와 다르고 미진한 점이 있다"라고 하면서 스스로 진해에 주둔하여 그것을 비교하여 "조사하는 것이 더 진실하다"라고 하였다.[04] 유운가도 여기에서 물러서지 않고 반대로 안백도와 함께 상주를 올려서 이리포가 "비록 열심히 일하고 능숙하다고 하지만 계획을 세우는 것을 보좌하여 도와주는데 도움이 적습니다."라고 했다. 그리고 그는 임칙서와 등정정의 절강 파견을 요구하면서,

---

03) 『籌辦夷務始末(道光朝)』 2권, 582~583쪽.
04) 위의 책, 2권, 592~593, 650쪽.

"이리포와 회동하여 공격하고 토벌하는 일을 기획하고 처리해야 한다."라고 했다. 그리고 또 이리포의 통제를 받지 않을 수 있게 특별 상주권(上奏權)을 달라고 했다.[05]

기선과 이리포가 '오랑캐를 회유(撫夷)'하는 사무를 주관하는 시기에, 그리고 임칙서와 등정정이 물러 난지 얼마 지나지 않았을 때, 유운가의 이번 주장과 행동은 나름대로 훌륭한 면이 있었다. 이에 대하여 영국 측도 매우 주의하고 있었다. 1841년 2월에 출판한 『중국총보』에 이에 대하여 다음과 같이 평론했다. "신임 순무 유운가의 관할 하에 주산(舟山)의 정세가 이미 악화"되었으며, 유운가로 인해 촉발된 성지는 "사실상 이미 11월 17일의 유지에 선포한 정전령(停戰令)을 취소했다."[06]

유겸이 절강을 맡은 후에 유겸과 유운가는 의기투합하여 손발이 잘 맞았다. 유운가는 열심히 정해, 진해의 방어공사 건설에 참여했다. 유겸은 유운가를 "백성을 자기 자식처럼 아끼고, 병사들을 잘 통제한다."라고 했다.[07] 그리고 임칙서가 4품 경함(卿銜)으로 명을 받고 절강에 도착하자 유운가는 더욱 그와 조석으로 만났다. 임칙서의 일기에 따르면, 절강에 35일을 머물렀는데 겨우 5일만 얼굴을 보지 못했으며, 또 그중 이틀은 유운가가 정해에 가서 만날 수 없었다고 하였다. 임칙서가 후에 신강으로 유배를 갈 때, 또한 유운가가 숙소 앞에서 배웅했다.[08]

---

05) 『阿片戰爭檔案史料』 3권, 18~19쪽

06) 『Chinese Repository』, Vol 10. 18~19쪽

07) 『籌辦夷務始末(道光朝)』 2권, 1088쪽.

08) 『林則徐集 日記』, 400~404쪽. 이 시기의 유운가, 임칙서의 교분에 관해서 약간의 기록이 있다. "임소목(少穆)이 제부(制府)4품경의 직함을 지니고 진에 와서 옥포(玉坡, 유운가) 중승(中丞)과 형세를 관찰하고 예측하고 화포의 위치를 배치하였다." (陸模, 『朝議公年譜』) "중승은… 임소목 제부와 공동으로 계획하여", 신식화차 '磨盤四輪車'를 제조하였다(龔振麟. 『鑄砲鐵模圖說自序』, 魏源, 『魏源全集 海國圖志』 7권, 2022~2023쪽).

모든 것이 원하는 대로 되어 유운가가 자신감에 차 있을 때, 즉 1841년 10월에 영국군이 정해, 진해, 영파를 연달아 점령하고, 세 총병이 전사하고 유겸이 자살했다. 유운가는 이 청천벽력과 같은 소식을 듣고 대경실색했다.

정해, 진해의 방어 공사는 유겸이 구상하고 구축한 것으로 가장 견고한 군사시설이며, 유겸은 그가 만난 가장 유능한 관원이었다. 그런데 만약 이들 조차도 '역이'의 흉악한 기세를 저지하지 못한다면 그럼 무슨 희망이 있겠는가? 그는 이런 현실을 받아들이고 싶지 않았지만 오히려 이 때문에 현실을 인정하지 않을 수 없었다. 매우 놀란 이후 그의 심사는 다음과 같았다. '토벌'을 주장하던 열정이 전선에서의 무참한 패배에 수그러들었다. 그리하여 그는 상주에 일단 의사는 분명하지만 불분명한 어휘를 사용하여 다음과 같이 말했다.

> "신하의 짧은 견해로는, 자고로 외이를 다스리는 방법에는 오직
> 전쟁, 수비, 회유의 세 가지 방법이 있는데, 지금 전쟁과 수비는
> 불리합니다. 그리고 회유 또한 불가하니, 신이 우매하고 재주가 없
> 어 사실 속수무책입니다.'[09]

얼마 후, 그는 기선을 절강으로 보내 전력을 다해 노력하라는 유지를 받고, 도광제의 태도에 변화가 발생했다고 판단하고, 재빨리 1842년 19월 30일에 상주를 올려 이리포를 절강으로 보내 "전력을 다해 노력하여 속죄하도록 해달라고" 요구했다.[10] 이리포를 활용하자는 건의는 도광제에 의해 받아들여지지 않

---

09) 『籌辦夷務始末(道光朝)』 3권, 1301쪽.

10) 유운가는 이때 이미 난민에게서 전방의 사정을 탐문하고 영국군의 선언을 알게 된다. 그는 이리포 가 예로써 대우하여 포로로 주산을 교환하였고 감히 다시 절강을 소란스럽게 하지 않는 것이라고 생각하였다. 또 반대로 유겸이 절강에 도착한 후 반드시 영국군을 토벌하여 섬멸해야 한다고 선언하고 영국군 포로의 가죽을 벗기고 힘줄을 뽑았기 때문에 영국군이 보복을 한 것이라고 생각한다. 유운가는 이런 상황을 상주하여 도광제의 태도를 탐색하였다. 후에 기선이 남하한다는 유지를 받고 더

앉고, 도광제가 파견한 양위장군이 소주에서 이 소식을 듣고 기뻐했다. 영파성 내의 영국군이 누차 항주를 공격할 것이라고 소문을 퍼뜨리자, 유운가는 병사와 장수가 없고, 더욱이 적을 물러나게 할 좋은 방법도 없는 상태에서 오직 눈앞의 일체의 모든 것들이 위험하다고 느낄 뿐이었다. 그는 비록 항주에서 열심히 노력을 하지만, 그가 실행한 방어조치는 자신조차도 믿지 못했다. 성내의 각 항구에 목권을 설치하고, 민간인 한 명을 동원하여 지키게 하고 병사 한 명을 보조하게 하는데, 낮에는 깃발로 밤에는 등(灯)으로, 징을 치고 딱따기를 치는 등의 조치를 하였다.

이것은 적을 막기 위한 것이라기보다는 국민을 안정시키는 것이라고 할 수 있었다. 그렇게 불안정하던 민심이 안정되고 민중의 지지가 높아져 관방의 목소리가 커졌다. 그는 마치 이미 죽음을 생각한 것 같다. 상주에는 만약 전쟁에 진다면, "신은 오직 온몸을 바쳐 군부(君父)의 생성 지덕에 보답할 수 있으나, 한 번에 수천, 수만의 사람들의 느슨해진 마음을 돌려세울 수는 없습니다."라고 하였다.[11] 부패의 정서가 극에 다다랐을 때, 인근의 강소순무 양장거(梁章鉅)가 병으로 사직하자 암암리에 그것에 대해 감탄했다. 그리하여 1842년 1월 29일, 상주(折)를 준비하여 자신이 사천에서 임기 중에 풍비(風痺)에 걸렸으며, 절강에 도착한 후 군무가 과중하여 "혀의 통증이 나날이 심해지고, 우

옥 분명하게 상주하여 "저의 짧은 견해로는 전임 흠차대신이 이미 파직되고, 양강총독 이리포가 노련하고 신중하며, 냉철하고 깊이가 있으며, 관리로 복무한지 수십 년으로 그 고상한 절개가 중외에 널리 알려졌습니다. … 현재 역이가 또 정해, 진해 등지에서 중국의 좋은 관리는 오직 이리포 한 사람 뿐이라고 하고, 또 장희를 장노야라고 부르면서 현재 그가 어디에 있는지를 묻고 좋은 사람이라고 하고 있습니다. 만약 이리포와 장희가 절강에 있었다면 그들은 일을 이렇게 하지 않았을 것입니다. 지금 절강에 사람이 필요한 이때에 기선의 죄가 비교적 중하여 아직 용서를 받지 못하고 있으니, 이리포의 죄가 비교적 가볍고 게다가 이미 성에 도착한지 수개월로 가엾게 여겨 풀어주시어 장희를 대동하고 절강에 가서 속죄하도록 하게 해 주십시오"(『籌辦夷務始末(道光朝)』 3권, 1355~1357쪽). 이것으로 볼 때, 유운가의 정황 보고는 잘못된 것으로 분석은 더욱 잘못된 것이다. 그는 포팅거가 영국 정부의 명을 받들어 전쟁을 확대하고 유겸에게 보복을 하기 위해 온 것으로 간주한다. 그렇기 때문에 그는 이리포의 '덕혜(德惠)'를 이용하여 영국군의 공세를 저지하려는 허황된 생각을 하게 된 것이다.

11) 『籌辦夷務始末(道光朝)』 3권, 1349쪽.

측 허리가 내려앉고 게다가 우측 귀가 잘 안 들리고 일을 잘 잊어버립니다."라고 상주를 올렸다. 그는 도광제가 그 결원을 보충하거나 적어도 휴가를 받아 요양을 하여, 머지않아 닥쳐올 붕괴의 시기에 몸을 빼서 보전할 수 있는 기회를 얻을 수 있기를 희망했다. 그러나 정세가 이와 같은 지경에 이르렀기 때문에 도광제는 마음이 내키지 않아도 사람을 바꿀 수는 없었다. 겨우 주비에 좋은 말로 위로할 뿐이었다.[12]

고대하던 양위장군 혁경이 마침내 1842년 2월 하순에 조아강 전선으로 병사들을 이끌고 도착하자, 유운가는 겨우 놀란 가슴을 진정시켰다. 그러나 20일 후, 이 어리석은 총사령관은 절동에서 패하여 밤에 항주로 달아났다. 유운가는 재차 절망한 상태에서, 가차 없이 혁경 한 사람만 입성하도록 하고 그의 무리들을 단호히 거절하여 성 밖에 있게 하였다. 그는 후에 그 이유를 하나는 패잔병이 성을 소란스럽게 할 것을 두려워 한 것이고, 다른 하나는 영국군이 후미에 이르렀기 때문이라고 설명했다.

모든 노력이 모두 실패로 돌아갔고, 모든 희망이 무너졌다. 유운가의 마음 속 깊은 곳에 아직 존재하던 일말의 전의조차 깨끗하게 사라지게 되었다. 그는 평상시의 습관과 다르게 황제의 뜻에 반할 수 있다는 것을 고려하지 않고, 1842년 3월 21일에 그 유명한 '십가려(十可慮)'라는 상주를 올렸다. 이 상주의 협편(夾片)에 재차 이리포를 활용할 것을 요구했다. 이전에 그에 의해 상처를 입었던 이 노 장관(대신)은 이때 그의 붓 아래 다음과 같이 묘사되었다. "나라 일에 충성을 다하고, 공명을 탐하는 마음이 없으며, 신이 평생 본 자들 중에 이 사람 뿐입니다."[13] 이렇게 임칙서의 활용부터 이리포의 활용까지 유운가의 사상은 완전히 180도 바뀌었다.

---

12) 위의 책, 3권, 1604쪽.
13) 『阿片戰爭檔案史料』 5권, 94쪽.

오늘날 수많은 사람들의 안목으로 보면 '토벌'론에서 '회유'론으로의 전향은 의심할 여지없는 일종의 후퇴다. 단 유운가의 이 실례에서 우리는 오히려 그 사상이 심화되고 진전되는 것을 분명하게 볼 수 있다. 이전의 강력한 '토벌'론은 여전히 맹목에 빠진 실수이지만, 이때의 '회유'론은 현실에 입각한 것이다.

기선, 이리포가 파직당한 후 일 년 동안 '회유'론은 조용했고, '토벌'에 대한 의견이 들끓었다. 이런 정세 하에 '회유'론을 재창한다는 것은 꽤 위험한 것이며, 황제의 뜻이 어떠한지를 막론하고, 즉 진언(進言) 상의 비방도 사람들을 참을 수 없게 하는 것이었다. 그래서 유운가는 관계의 고수답게 그는 정면으로 '회유'를 주장하지 않고 반대로 '토벌'이라는 글자 위에 문장을 작성하여 전쟁이 만약 계속 진행되면, 10항의 '매우 위험한' 요소가 있을 것이라고 주장했다. 즉, 본래 '토벌'이 불가능하다는 것을 증명해야만 '회유'가 당연한 것이 되는 것이다.

그럼 유운가의 '십가려'를 분석해 보도록 하자.[14]

하나, 절강의 청군이 두 번이나 좌절하고 패하여 예기가 전부 사라졌기 때문에 다시 회복되어 일어나기 힘들었다.

나는 본 권의 제1장에 끊임없이 청군의 부패를 설명했다. 매번 전쟁에서 패한 사실이 이를 증명한다. 1841년 10월과 1842년 3월에 이렇게 두 번 절강 청군이 패배하면서 절강 경내의 청군의 투지를 전부 수그러들게 했다. 도광제는 이에 대해 같은 생각을 가지고 있었기 때문에, "적진으로 돌격하여 적을 공격할 수 없고, 성을 둘러싸고 굳게 지킬 수도 없다"라고 혁경을 꾸짖었다.[15] 이때 마침 동하(東河)에서 복무하고 있던 임칙서가 '절강 패전'의 소식을 듣고, 역시 "수천리 밖에서 차출하여 온 병사들은 아마도 이미 혼비백산했을 것"이라고

14) '십가려' 상주는 『阿片戰爭檔案史料』 5권, 88~92쪽.
15) 『籌辦夷務始末(道光朝)』 3권, 1553쪽.

단언한다.[16]

둘, 서북(西北)의 강한 병사들을 계속 차출하였으나, 절강과 너무 멀어 위급한 상황에 대처하기엔 그 행동이 너무 늦다.

양위장군 혁경은 이때 도광제에게 계속 각 성의 '강병' 7,000명을 뽑아 "신속하게 절강으로 보내 달라"라고 요청했다.[17] 그러나 지난번 절동 반공은 섬서, 감숙, 사천의 지원군을 기다리느라 꼬박 4개월을 소모했다. 이번에 만약 혁경의 요구에 따라, 서남과 서북에서 이와 같이 차출한다면, 시간은 또 이 4개월보다 적지 않게 걸릴 것이었다. 이렇게 보면 혁경은 진공의 길을 모색한 것이 아니라, 시간을 연장하는 계권을 쓴 것이다. 도광제는 이에 대하여 매우 진노하여 질권하고, 오직 섬서, 감숙의 병사 2,000명, 하남(河南), 광서(廣西)의 병사 1,000명을 지원하는 데 동의했다.[18] 이런 먼 거리에서 차출한 지원군은 후에 적시에 절강의 전투에 투입되지 못하고 혁경에 의해 강소(江蘇) 전장에 투입되었다.

셋, 영국군 화기의 위력이 예사롭지 않아 막을 수가 없다.

이전에 이에 관하여 앞의 각 장에 이미 충분히 설명했다. 나는 단지 보충을 약간 할 생각이다. 전쟁은 남에서 북으로 점진적으로 전개된 것이며, 각 성의 총병 대원(大員)들은 영국군의 장비에 대한 지식이 부족했기 때문에(약간 이 점을 인식했던 사람들이, 임칙서, 등정정, 기선, 이리포인데, 이들은 연달아 파직을 당한다), 화포를 방어하는 것에 대한 조치와 시설에 있어서 이에 상응하는 대권을 세우지 못했다. 이는 바로 영국군의 화포에 대한 지식이 없어서이며, 게다가 이와 같이 빠르고 강한 포화를 처음 경험하는 청군 관병의 심리

---

16) 『林則徐書簡』, 183쪽.
17) 『阿片戰爭檔案史料』 5권, 99쪽.
18) 위의 책, 5권, 102쪽.

적 준비가 부족하여 전장 위에서 공포에 빠지고 대부분 도망을 치게 되었다. 공포 심리는 근대전쟁 중에 자주 볼 수 있는 문제로, 사기가 미치는 영향에 대하여 과소평가해서는 안 된다. 아편전쟁의 각 전투 중에 진정으로 영국군 화포에 의해 죽거나 다친 청군의 수는 많지 않으며, 대부분이 적의 포화 아래 빠르게 와해된 것이다.

넷, 영국군은 결코 육전에 능숙하지 않은 것이 아니다.

나는 앞에서 이미 '토벌'을 주장하는 관원의 가장 근본적 이유는 영국군이 육상전에 능숙하지 않다는 것에 근거한다고 하였다. 이 생각은 사실은 그것이 아니라는 것이 증명되었을 때, '토벌'을 주장하는 사상도 그 기반을 잃었고, '토벌'을 주장하는 관원 역시 이에 따라 동요했다.

다섯, 청군은 설령 육상에서 운 좋게 승리할지라도 영국군이 배에 올라 달아나면, 청군은 단지 "바다를 바라보며 탄식"해야 할 뿐이다.

이것은 도광제가 처음으로 '토벌'에서 '회유'로 전환한 주요 근거 중의 하나이다(제3장 2절 참고). 유운가가 이때 여기서 이 문제를 제기하자, 당연히 도광제로 하여금 기억을 상기시키게 하는데, 그것은 그가 바로 이 주장의 진정한 창도자이기 때문이다

여섯, 영국군은 부드럽게 민심을 잡아 피차 서로 안정되자, 민중의 "대군으로 토벌해야 한다는 생각이 바뀌어, 민간이 한마음으로 공동의 적을 미워하는 마음이 매우 옅어졌다."

유운가의 이 말은 그의 이전 주장과 완전히 상반된다. 1840년 말부터 1841년 중간까지 유운가는 정해 난민과 함께 정해방어시설을 건설을 할 때, "민심이 굳게 뭉쳤으며, 의분에 찬 외침은 칭찬받을 만하다", 그리고 상주에 "각 산간의 향민은 모두 한마음으로 공동의 적을 미워하고, 지극히 열광적이다"라고

칭찬하였다.[19] 그러나 왜 2년 후 또 이와 같은 변화가 생겼을까?

아편전쟁 중에 관(官), 민(民)모두 '이'와 적대했으나, 각자의 출발점이 달랐다. 관에서는 이해관계에서 나온 것이다. 그러나 민에서는 침략의 폭행으로 일어난 원한에서 출발하지만, 침략한 영국의 요구가 그들의 이익에 어떤 종류의 피해를 발생시키는지 잘 모른 것이다. 국가와 민족의 관념은 결코 민중이 떨쳐 일어나는 깃발이 되지 못했다(제4장 3절 참고). 이런 정세 하에 민중의 정서는 마치 용수철 같은 것으로, 영국군의 압박이 강해질수록 반탄력도 커지며 바꾸어서 말해도 역시 그렇다. 1841년 10월에 영국군이 정해, 진해, 영파를 점령한 후 그들의 방법 방면에서 약간의 변화가 있었다.

그들은 연달아 각 처에 "안민고시"를 발표하고 해당지역의 민중에게 "여전히 안정된 생활을 누리며 즐겁게 일할 것"을 표시하고, '도적'에 대하여 법에 따라 처벌할 것을 선포하고, 심지어 영국인이 민중을 '어지럽게' 하는 일 또한 "오문에 보고하여 엄격하게 조사 처리한다."라고 하였다. 여요, 자계와 봉화에서 영국군은 계속 관부의 양식 창고를 개방하여 민중에게 나눠주어 마치 "부자의 재물을 빼앗아 가난한 사람을 구제"하는 느낌을 들게 하였다. 다른 한 방면으로 그들은 또 만약 민중이 "청관이나 정탐꾼을 숨기면" 일단 체포하자마자 집주인을 죄로 다스렸고 그들의 집을 불태워버렸다.[20] 이 점을 강조하기 위해, 그들은 또 잔인하게 사체덕(史蒂德) 선장을 사로잡은 진해현 곽거(郭巨)촌을 전부 태워버렸다. 영국군의 이런 수법은 약간의 효과를 거두었다. 비록 민중과

---

19) 『籌辦夷務始末(道光朝)』 3권, 1067쪽.
20) 佐々木正哉編, 『阿片戰爭の硏究:資料篇』, 135~137, 142~144쪽. 영국군이 처음으로 정해를 점령할 때, 역시 '안민고시'를 발표했지만, 그 고시의 발표가 비교적 늦어 1840년 10월 9일이었다. 그래서 조지 엘리엇이 천진에서 남하한 후, 정해 민중 역시 이미 P. 안스트루터를 체포한 것이다(『阿片戰爭の硏究:資料篇』, 26~27쪽). 이외에 정해 민중은 또한 영국군의 상황을 이해하지 못하고, 예컨대 역사상 왜구와 같은 비적을 만나 분분히 피난을 가는 것이라고 생각했다. 영국군이 처음으로 정해를 점령한 후에 적지 않은 난민이 집으로 돌아갔다.

청군이 암암리에 영국 병사를 체포하는 행동은 계속 멈추지 않았지만, 대체적으로 민이(民夷)가 "피차 서로 안전한" 국면이 출현했다.

관, 민의 관계로 말하면, 청 왕조의 통치는 실질적으로 일종의 압박이며, 일종의 대립적 관계였다. 통치자 스스로도 이에 대하여 깊게 인식하고 있었다. 기영(耆英)이 후임 양강총독이 되었을 때, 이미 비밀 상주(密折)를 올려 관리병변(官吏兵弁)의 정식 세금 이외의 세금을 받고, 소송을 맡고, 시찰을 나가 돈을 요구하고, 상인과 여객을 핍박하고, 매춘과 도박을 숨겨주는 행위를 폭로하였고, "온갖 나쁜 짓을 저지르고", 관과 민, 민과 병역이 이미 원수가 되어 버렸다고 하였다.[21] 이런 정세 아래, 민중은 반침략 성질의 전쟁에 관부의 곁으로 한데 모이지 않고, 자각적 동맹군이 되었다. 청조는 민중의 마음속에 이런 호소력이 부족했던 것이다.

이보다 더 심각한 것은 이 시기 청군의 군기 문란으로, 그들은 본래 민중을 구하는 '구성(救星)'신분에서 민중을 해치는 '재성(災星)'으로 추락했다. 각 성의 지원군은 도처에서 소란을 피우고 갈취를 하였다. 소흥(紹興)에서 청군의 '식량강탈'은 해당지역 "상인들로 하여금 동맹파업을 하게하여 식량 보급을 끊어지게 한다." 상우(上虞)에서는 병용이 공공연히 자신의 량대(糧台)를 약탈했다.[22] 임칙서는 청군이 "길에서 일으키는 소란이 들을수록 참을 수 없게 하고, 대저 백성들이 병사들을 두려워하지 않는 자가 없었다."라고 했다.[23] 강소포정사 이성원(李星沅)은 혁경이 절동에서 패한 후, 다시 각 성에 지원군을 요청한 소식을 듣고 화가나 일기에 다음과 같이 욕을 했다. "징발이 분분하고, 군량을 마구 낭비하고, 길가의 혼란함이 이루 다 말할 수 없는데, 어찌 신하가 나

21) 「道光朝留中密奏」, 『叢刊 阿片戰爭』 3권, 468~469쪽.
22) 『李星沅日記』 상권, 363~365쪽.
23) 『林則徐書簡』, 183쪽.

라를 그르치는 것이 이것이 아니겠는가!"[24] 강소는 병사들이 통과하는 성으로 백성을 불쌍히 여기는 마음을 갖춘 진정한 관원이 이 문제에 대하여 말하긴 했지만, 진정으로 피해를 본 사람들인 전쟁 지역의 백성들이 그것을 어떻게 느끼겠는가?

관, 민, '이(夷)'이 셋 중에 역량이 가장 큰 것은 민이고 역량이 가장 약한 것 역시 민이었다. 조직력이 충분히 각성된 민중은 거의 이길 수 없었다. 그러나 느슨해진 민중은 매우 작은 폭력에도 저항을 하지 못했다. 청 왕조 중에 민중의 역량을 인식한 사람이 없다고 말할 수는 없다. 그들 중의 수많은 사람들이 모두 민중의 여론을 이용하고 실제로 행하였다. 반대로 그들이 느끼는 민중에 대한 본질적 공포가 그들로 하여금 동시에 전력을 다해 민중의 조직을 와해, 파괴하게 했다.[25] 바로 이런 모순적 심리활동과 행위방식은 유운가의 민중에 대한 생각을 전후로 판이하게 만들었다.

이 때문에 유운가의 이 주장은 비록 오류가 있지만 오히려 당시의 진상을 표출한 것이다.

일곱, "대군이 누차 패하고, 적이 강하여 우리를 낙심하게 하고, 공초(攻剿)하기 매우 어려울 뿐만 아니라, 방어 역시 극히 쉽지가 않다."

여기서 말한 '공초'는 영파, 진해, 정해 3성을 수복하는 것을 가리키고 여기

---

24) 『李星沅日記』 상권, 371쪽.
25) 청조가 민중의 역량을 이용한 구체적인 방식은 세 가지로 대표된다. 1) 향촌 통치의 기초인 향신으로 조직된 단련, 의용 같은 무장에 의지하여 민중을 그들이 통제할 수 있는 범위내로 축소하여, 그것이 강대해지지 않도록 한다. 2) 관부에서 모집한 '용(勇)'은 주로 직업이 없는 유민(遊民) 혹은 평소 사납고 싸움을 하는 신뢰할 수 없는 무리로 영국군에 이용되는 것을 방지하기 위함이며, 게다가 이런 사람들은 주로 현상금과 법에 의해 움직이는 무리로 결코 사상적 동기가 없었다. 3) 그들은 그런 민중 조직으로 하여금 결코 소란, 파괴 등으로 영국군의 통치구역을 소란스럽게 하고 파괴하는 전법을 진행하지 않았고, 그들이 전력으로 관방 조직의 전투에 참가하게 하고 청군 역량의 보충역으로 삼았다. 상술한 문제로 말하자면 원인은 매우 많지만 가장 근거 있는 원인은 어떠한 조직도 민중역량에 대한 공포감이 있다는 것이다. 나는 일찍이 제2장 4절, 제4장 3절, 제4장 5절에 그 원인에 대하여 분석을 한 적이 있다.

서 말한 '방어'는 사포, 해녕부터 항주에 이르는 전당강(錢塘江)을 방어하는 것을 가리켰다. 전자는 이미 절동 반공에서 패배한 것으로 증명되었고, 후자는 곧 다음절에 언급할 사포(乍浦) 등의 전역에서 증명되었다. 유운가는 이때 도광제를 향해 분명하게 직접 진술했다. "만약 역선(逆船) 수척이 돌연 안으로 달아나면 반드시 전 성(항주)이 들끓어 전쟁도 못하고 스스로 흩어질 것입니다"

여덟, 절강 조량(漕糧)이 아직 완수되지 않았다는 것이다. "게다가 수입이 반에도 미치지 못하고", "부정한 기운 때문에 다 끝내지 못했다."

조량(漕糧)의 시기는 중요한 정무였다. 청조의 북방은 양식이 부족했다. 경사(京師)에서는 매년 조미 400만석이 필요했다. 모종의 의미상에서 말하자면, 조운(漕運)은 경사의 생명선이었다. 절강 조량은 약 경조(京漕) 총수의 3분지 1을 차지하기 때문에 그 관계가 적지 않았다. 그러나 유운가의 생각은 결코 이것에 그치지 않고, 그는 계속 상주하여 "게다가 사포가 위험하다면, 즉 강소성 소주, 송장 소주, 송강(松江) 이 부 역시 경악을 금치 못하게 할 것이며, 곡물을 수확하는데 방해 될 뿐만 아니라, 모든 배들이 아마도 멈추거나 억류될 것입니다"라고 보고했다. 강소 조량은 경조(京漕) 총량의 반을 차지했다. 만약 조운이 끊어지면 경성은 반드시 동요했다. 예를 들어 후에 영국군이 조운의 길목인 진강(鎭江)을 점령하자 조정이 즉시 굴복했다.

조운의 중단이 청조를 즉시 붕괴시킨다고는 말할 수 없다. 10여 년 후 태평천국전쟁에 청 정부의 하운(河運)이 중단되었는데, 겨우 상해 등지의 해운에 의지하였기 때문에 조량의 수량이 크게 감소하였다. 태평천국 이후 상업적 성격의 남량북운(南糧北運)은 조운으로 하여금 이름만 남기게 하였다. 여기서 사실상 하나의 선택은 수성으로 돌아선 도광제가 비록 평생 보험을 좋아하지 않았다고 하더라도, 조량이 불안하게 되고 경성이 동요하는 대가를 감수하고 전쟁을 계속 할 수 있었겠는가? 조량의 영향 방면에서 결론을 말하자면 유운가의 주장은 약간 과장된 점이 있으나, 조량의 부족 방면에서 말하자면 유운가는 전혀 과장을 하지 않은 것이다.

아홉, 절강은 작년에 설해(雪災)로 인해, 항(杭), 호(湖), 소(紹)등의 부(府)에 "도적들이 많이 창궐하여 약탈을 하는데 그 세력이 매우 흉포하다."는 것이다. "갑자기 설해를 입기 시작하고, 역이가 말썽을 일으키자, 각 도적들은 지방관이 이를 동시에 고려하지 못할 것임을 분명히 알고 법률을 무시하고 난폭하게 행동했다", "당시 인심이 불안정했을 때, 그들이 몰래 서로 부추기거나 선동하지 않고, 백성들이 흩어졌다가 다시 모인다고 보장할 수 없었다. 그래서 작년 설해 이후 봄에 농작물을 심지 못해, 현재 곡식과 채소의 값이 나날이 상승하여 서민이 살아가는 데 힘들다. 설령 이전의 나쁜 백성들을 다시 모일 수 없다고 할지라도, 그밖에 불만을 품고 나쁜 짓을 일삼는 사람이 기회를 틈타 일어날 수도 있지 않겠는가?"

이 말은 도광제의 마음속 근심을 말한 것이다. 관과 민의 대립은 물과 불의 관계처럼 서로 용납하지 않고, 청 왕조 내부에 잠복하고 있는 심각한 문제이였다. 자연재해는 물가를 상승시키고 어떠한 작은 불씨라도 모두 큰 불이 될 가능성이 있다. 10여 년 후, 태평천국 위주의 전국 내전이 이를 증명했다. 호북(湖北) 종인걸(鐘人杰)을 수장으로 하는 민중 반란도 이를 일깨워 주었다. 유운가는 이에 각별히 주의를 기울였다. 먼저 진해, 영파가 함락된 후 그는 한편으로는 지원군 파병을 요청하고, 한편으로는 유겸 생전에 하남, 안휘, 등지에서 모집한 향용(鄕勇) 5,000명을 돌려보낼 것을 요구했다.

인근 성에서 향용을 모집하려면 반드시 본성의 정예부대의 정예병사가 통제하고 속박해야 대체로 향용의 도움을 받을 수 있습니다. 그러나 현재 본성에는 이미 토비의 약탈에 고통을 받고 있고, 민심이 동요하고 있으며, 진압도 용이하지 않습니다. 만약 다시 인근 성의 흉악한 도적들을 모집한다면, 즉 도적을 집안에 끌어들이는 것으로 반드시 내통하여 후환을 남길 것이며, 이익은 매우 적고 피해는 매우 클 것입니다.

이에 도광제는 그의 통찰력을 칭찬하고 주비에 다음과 같이 적었다. "소견이 매우 깊고 의미가 있는데, 짐이 지금까지 본 적이 없다."[26] 절동 반공에 실패한 후, 유운가는 또 지방관에게 도망간 고용의 병기를 거둬들이고 무기를 가지고 말썽을 일으키는 것을 방지하도록 명령을 내렸다.[27] 또 아마도 절강에서 다 처리하지 못할 것을 두려워하여 강소(蘇), 안휘(皖), 하남(予), 산동(魯)성 등의 순무에게 '전반적으로 순찰하여', '분규를 피하라'라는 공문을 보냈다.[28]

유운가는 고용이 분란을 일으키는 것에 대한 공포가 절동에서 잔악한 행위를 한 영국군보다 심하였기 때문에, 그는 왕조의 명운에 대한 심층적 고려를 하게 되었다. 할양, 배상, 통상을 목적으로 한 영국군은 결코 청을 멸할 의사가 없었다. 그러나 일단 민중이 반란을 일으키면 황권은 땅에 떨어졌다. 청조 통치자들이 비록 많은 방면에 있어 어리석고 우매하지만 이 근본적 대계는 매우 분명했다. 유운가는 이 두 사건을 함께 고려한 첫 번째 사람이다. "불만을 품고 나쁜 짓을 일삼는 사람이 기회를 틈타 일어난다."라는 말은 도광제 나아가 전체 통치 집단을 일깨우는 말로 그들에게 가할 수 있는 가장 효과적인 압력이었다.

국가와 민족의 이익 방면에서 고려하면, 유운가의 이 주장은 완전히 잘못

---

26) 『籌辦夷務始末(道光朝)』 3권, 1310쪽.
27) 「入寇志」, 『叢刊 阿片戰爭』 3권, 325쪽.
28) 『籌辦夷務始末(道光朝)』 4권, 1684쪽.

된 것이지만, 만약 왕조의 이익 방면에서 본다면 또 다른 주장을 만드는 것이다.

열, 7성의 방어 비용이 몹시 크다. 그러나 "군대를 출동시켜 군량을 낭비하니, 결국엔 어찌 될지 모르겠다."

전쟁은 자금이 뒷받침 되어야 한다. 예리한 총검만큼 군비는 중요하다. 전쟁 기간 동안 가장 도광제의 마음을 초조하게 하고 정신을 산란하게 한 것이 아마도 군비문제일 것이다.

청 왕조가 아편전쟁 중에 과연 얼마나 않은 돈을 썼는지에 대해서는 오늘날 정확한 통계가 없다.[29] 내가 본 당안에서 다음 8개성이 상부에 보고한 숫자를 찾았다.

---

29) 아편전쟁 중 청 정부가 사용한 전비에 관해서는 주로 이하 세 가지 주장이 있다. 1) 위원의 『道光洋艘征撫記』에서 말한 7,000만 냥; 2) 『清史稿 食貨志』에서 나온 1,600여 만 냥; 3) 진경용(陳慶鏞)이 도광 23년 4월 초4일 상주에 "이번에 각 해안 변경에 할당된 은 냥에 대해 보고하면, 이미 2천만 냥의 아래가 아니며, 현재 소비를 멈추었으며, 아직 연달아 보충하여 보고해야 할 항목이 있습니다."(『籀經堂集』 권1) 진경용은 일찍이 호부주사, 원외랑을 역임했으며, 상주할 때에는 강남도어사에 있었으며, 스스로 자료의 출처를 밝혔다. 그러나 그가 말한 것은 오직 '할당된 은 냥'으로, 즉 호부 대고(大庫)에서 지출한 것 및 호부가 명령을 내려 각 번고(藩庫)에서 지출한 은 냥으로 실제 지출 숫자가 아니다. 결산 상황을 보면, 대다수 성이 도광 23년 4월보다 늦었으며 진경용도 실제 결산 상황을 이해하지 못하였다.

절강 7,480,521냥[30] 강서 224,016냥[31]

광동 6,244,760냥[32] 사천 167,370냥[33]

강소 1,302,400냥[34] 섬서 115,851냥[35]

호북 333,567냥[36] 광서 90,720냥[37]

이상 7개성의 합계가 1,637만 냥이었다. 당연히 실제 지출은 보고 숫자보자 더욱 큰데, 강소, 절강 양 성의 보고 숫자 중에는 각 성이 기부한 은전이 포함되지 않았기 때문이다(집어넣지 않았을 것이다). 그러나 내가 본 완전하지 않

---

30) 『阿片戰爭檔案史料』 7권, 475~477쪽. 절강 순무 양옥상(梁玉常)이 상주에 다음과 같이 말했다. 1) 절강은 은 7,682,821냥을 받았고 7,480,521냥을 지출하여 그 숫자가 받은 은과 대체로 비슷하였다. 2) "관리와 백성이 향용을 모집하기 위해, 배를 고용하여 바다로 나가 전투를 하기 위해, 각 입구에 말뚝을 박아 배를 침몰시키기 위해, 정해 화공선, 병용이 사용할 총검을 제조 처리하기 위해, 무기의 값을 징수하고, 병사들에게 상과 옷을 내리는 것에 대한 허락을 요청하는 상주와 염선과 식량을 봉쇄하고 금지하는 등, 모든 소비에 요청을 거치지 않은 비용은 모두 떼어내어 별도로 나누어 처리하였다." 즉 기부한 금액은 보고서에 포함시키지 않았다.

31) 『阿片戰爭檔案史料』 7권, 385쪽. 그중 '노동력과 물자의 징발'에 19.9만 냥을 준비하고, '방어 시설'에 은 2.4만 냥을 사용하고, 그밖에 전 1.1만 관(串)은 전부 헌납한 항목에서 나온 지출이다.

32) 『阿片戰爭檔案史料』 7권, 587~591쪽. 그중 군비의 근원은 1)부고(部庫) 및 각 성에 할당된 금액이 총 225만 냥; 2)본성 번고, 관고, 염고 및 받지 못한 은 냥이 모두 172만 냥; 3)관신(官紳)과 상인(商人)의 기부금이 모두 202만 냥이다. 기부로 납부한 은 냥이 이미 군비의 3분지 1이다.

33) 사천 총독 보흥(寶興)의 상주, 도광 26년 5월 17일, 『軍機處錄副』. 그중 광동으로 출사하는 관병의 보상과 보수 및 각 주현의 장비와 식량 경비 9.3만 냥을 지불하였고, 철수하는 병사들에게 장비와 식량 경비 1.1만 냥을 지불하였고, 절강으로 출사하는데 은 3.7만 냥을 사용하였고, 철수하는데 은 5,893냥을 사용하였다. 강녕으로 출사하는데 은 1.8만 냥을 사용하였다.

34) 『阿片戰爭檔案史料』 7권, 414~418쪽. 기영이 상주에 "일반적인 비용에 끼워 넣기에는 대체로 불편하기 때문에 현재 기부금을 사용한 내용에 대해서는 따로 보고서를 작성하여 상주하겠습니다." 다시 말해서 기부 은 냥의 지불 상황은 이 1,302,400의 숫자에 들어 있지 않다.

35) 섬서순무 양이증(楊以增)의 상주, 도광 27년 12월 28일, 『宮中檔朱批奏折』. 그중 정규 지출은 83,191냥 비정규적인 지출은 31,600냥이다. 비정규 지출은 성에서 4년 동안 분담하여 보충한다.

36) 호남총독 유태절(裕泰折), 도광 24년 8월24일, 『軍機處錄副』. 그중 행장은(行裝銀) 약 5만 냥을 가불하고, 그 나머지 27만 여 냥은 "각 관원의 청렴결백한 품격을 배양하고 공공기부로 군수품을 지급하고", 16년에 걸쳐 나누어 보충한다.

37) 광서순무 서리 공계윤(孔繼尹)의 상주, 도광 27년 정월 24일, 『軍機處錄副』. 그중 정규지출은 34,490냥이다.

은 자료에 근거하면, 절강, 강소 양 성의 기부금은 은475만 냥, 전85만관(串)에 달했다.[38]

상술한 8개성에는 영국군을 막는 벽을 건설하는데 대량의 은을 사용한 복건, 산동, 직예 성경 이렇게 4개성이 빠져있었다. 여기에 완전하지 않은 지급금 숫자를 제공하여 참고의 수단으로 삼아보자.

---

38) 내가 현재 찾은 자료에 의하면 다음과 같다. 1)절강성: 도광 21년 10월 초7일 유지에 "상인들의 정성을 다하여 헌납한 보고서를 유운가가 상주하였다. 절강 4곳의 상인 김유신(金裕新) 등이 그 성으로부터 차출된 병사가 역이를 방어하는데 쓰고 급여와 보급품에 사용하라고 120만 냥을 기부하였다"라고 하였다(『道光鴉片戰爭案匯存』 [抄本] 3권. 이 일은 또 그 초본 4권의 유운가의 상주에서 볼 수 있다. 도광 22년 2월 유운가의 상주 『籌辦夷務始末(道光朝)』 4권. 1675쪽). 도광 22년 정월 11일, 양위장군 혁경의 상주에 의하면 절강 시용도(試用道) 황립성(黃立誠) 등이 기부한 금액이 은1.93만 냥, 전8.7만관이다(『軍機處錄副』). 도광 22년 10월 23일 혁경 등의 상주에 의하면 풍경(馮鏡) 등이 기부한 금액이 은1.93만 냥, 전8.7만관이다(『軍機處錄副』). 도광 20년 3월 14일 호부상서 은계(恩桂) 등의 상주에 의하면 자계현 혁원(革員) 엽인(葉仁)이 기부한 금액이 전3만관이다(『軍機處錄副』). 도광 22년 8월 20일 유운가의 상주에 의하면 성도 일대에 의용군의 훈련과 재난 구제에 기부한 금액이 전11.4만관이다. 그밖에 혁경의 상주에 의하면 엽인 등이 계속 전 99,860관, 은19,500냥을 기부하였다고 한다(『軍機處錄副』 원본은 날짜가 없다). 도광 24년 12월 초2일, 절강순무 양보상(梁寶常)의 상주에 의하면 관신(官紳) 관이분(管貽棻) 등이 전21.3만관을 기부하였다(『軍機處錄副』). 이상 절강성에서 모두 은131.84만 냥, 전55.2만관을 기부하였다. 2)강소성 : 도광 20년 10월 초 6일, 양강총독 대리 유겸 등의 상주에 의하면 회남(准南) 상인 포진신(包振新) 등이 은 50만 냥을 기부하였다(『宮中檔朱批奏折』). 또 유겸의 상주에 의하면 회하(准河) 암상 왕익태(王益太) 30만 냥을 기부하였다(『道光阿片戰爭案匯存』 [抄本2권). 도광 22년 8월 16일 양강총독 우감의 상주에 의하면 양주 상인이 은100만 냥을 기부하였고, 그중 50만 냥을 남겨 양주 방어시설에 쓰고 나머지 50만 냥은 성도로 보냈다(『宮中檔朱批奏折』). 도광 22년 12월 16일 양강총독 기영의 상주에 의하면 원화현(元和縣) 정정의(程禎義)가 은46,300냥, 전283,674관을 기부하였다(『宮中檔朱批奏折』). 도광 23년 정월 12일 기영의 상주에 의하면 "재차 설득하여 회남 염상(准南鹽商) 들이 군수품에 구입에 사용하라고 은100만 냥을 기부하여, 작년 12월까지 60여 만 냥을 사용했고, 정월, 2월에 전부를 재무부에 넘길 것입니다"라고 하였다(『軍機處錄副』). 도광 23년 2월 12일 기영의 상주에 의하면 채세송(蔡世松) 등이 은60만 냥을 기부하였다(『宮中檔朱批奏折』). 도광 23년 3월 초1일 기영의 상주에 의하면 안회경(顔懷景) 등이 은1.1만 냥, 전1만관을 기부하였다(『軍機處錄副』). 도광 23년 8월 초10일 양강총독 벽창(璧昌) 등의 상주에 의하면 막재(莫載)가 전13,100관을 사용하여 화포50대를 기부하였다(『宮中檔朱批奏折』). 이상 절강성에서 모두 은344.73만 냥, 전30.76만관을 기부하였다. 주의할 만한 것은 염상이 염표를 얻기 위해 은을 기부하였으며, 대부분 은 냥이 배상금을 지불하는데 사용되었지 전쟁에 사용된 것이 아니라는 것이다.

복건 450만 냥[39]　 직예 약 230만 냥[40]

산동 약 48만 냥[41]　 성경 약 10만 냥[42]

그리고 지급금 이외에 이런 성에는 또한 상당한 기부금이 있었다.[43]

　하남, 산서, 안휘, 감숙, 호남, 귀주, 흑룡강, 길림, 찰합이(察哈爾)등의 지역에서도 병사들이 출정했는데, 그중 몇몇 성에도 역시 경계를 넘은 병사들이

---

39) 제5장 2절 참고.

40) 직예총독 눌이경액(訥爾經額)은 도광 21년 10월 상주에 "은 냥을 지불해야 해야 하는데, 작년 7월부터 올해 10월까지 모두 98만 7천 여 냥이며, 올해 2월에 상주하여 할당받은 은50만 냥 외에 전부 사고(司庫) 안에 있다"고 하였다. 할당받거나 혹은 선불로 사용하여, 은50만 냥을 할당해 줄 것을 요청하였다 (『道光阿片戰爭案匯存』[抄本] 4권). 도광제가 21년 11월 19일 비준(상동). 도광 11년 8월 눌이경액의 상주 : "신이 5월에 직예에 군수품이 필요하여 은30만 냥을 요청하였는데, 성은을 받아 은20만 냥을 더 할당받아, 모두 50만 냥이 직예에 할당되었습니다."라고 하고 그리고 그는 재차 은20만 냥을 요구한다 (『阿片戰爭檔案史料』 1권, 238~239쪽). 도광 9월 초6일 비준(위의 책, 283쪽).

41) 산동순무 탁혼포(托渾布)의 상주 : 도광 21년 "정월, 5월에 상주를 올려 두 차례 성은을 입었는데, 사고(司庫)의 정식 항목 안에 있습니다. 연이어 18만 냥을 빌려 사실을 확인하고 지불하였습니다." 그리고 "지금 방어병력을 다시 차출하여 아직 철수하지 않은 병사를 잡았습니다." 그래서 "현재 창고의 정식 항목에서 다시 은 15만 냥을 빌려 사용하고자 합니다.…"(『道光阿片戰爭案匯存』[抄本] 3권). 도광제가 21년 8월 28일 비준(상동). 도광 22년 4월 초5일, 도광제가 탁혼포가 사고에 현재 비축한 사고에서 다시 은15만 냥을 요구하자 비준한다(『淸實錄』, 38권, 658쪽). 이후 산동에서 배당된 자금은 자료에 보이지 않는다.

42) 도광 21년 8월 성경장군 기영의 상주: "신하 등이 봉천(奉天)의 군수품을 조사하는데, 작년 7월 이래…, 끊임없이 은 냥이 지출되어 10만 냥이 넘습니다."(『籌辦夷務始末(道光朝)』 3권, 1196쪽). 이후에는 군비 관련 숫자가 보이지 않는다.

43) 북방의 각 성은 광주의 행상, 양주의 염상과 같은 것이 있지 않기 때문에 기부 항목이 비교적 적었다. 내가 검토한 당안 자료에는 1)산동성 : 도광22년 9월 초3일, 산동순무 린괴(麟魁)의 상주에 의하면 양지형(楊持衡) 등이 은40,200냥, 전125,400관을 기부한다(『宮中檔朱批奏折』). 도광 23년 8월 초5일 산동순무 양보상(梁寶常)의 상주에 의하면 황현(黃縣) 관신(官紳)들이 도광 21년 이후부터 연이어 은32,478냥(『宮中檔朱批奏折』)을 기부하였다. 2)직예 : 도광 20년 12월 23일, 장로(長蘆)의 염정(鹽政) 덕순(德順)의 상주에 의하면 천진 해구의 포대를 개축하기 위해 "염정(鹽政)이 은4천 냥, 운사(運司)가 3천 냥, 천진도(天津道)가 3천 냥, 염상(鹽商)이 5만 냥, 해선호(海船戶)가 5만 냥, 전상(典商)이 6천 냥, 신사(紳士)가 4천 냥을 기부하여 모두 12만 냥이다" (『宮中檔朱批奏折』). 도광 21년 11월 15일, 내각에서 "덕순(德順)이 상주하였는데…경성 밖의 장호(長芦) 상인 사경여(查慶余) 등이 천진 항구의 방어병력을 모집하여 주둔시키는데 은40만 냥을 기부하여 군수품을 준비하는데 사용하라고 청하니 즉시 받아 주십시오."라고 하였다.(《剿捕檔》) 이상 모두 합하여 은592,668냥, 전125,400관이다.

있었다. 그러나 이런 성들에는 정산 숫자도 없고 지급금의 액수도 없는데, 우리는 이전의 호북, 강서, 사천, 섬서, 광서의 보고에서 그 용도를 추측할 수 있다.

이에 근거하여 우리는 다음과 같은 결론을 얻을 수 있다. 아편전쟁 중에 청 정부가 지출한 군비는 약 2,500만 냥으로, 만약 민간의 기부금을 포함한다면 3,000만 냥을 초과할 것이다.

이는 매우 방대한 숫자로 영국군 원정군의 중국 침략 비용을 크게 초과했다![44] 손해를 보지 않는 장사를 하는 그들은 전후 배상에서 사자의 큰 입을 열고 2,100만원의 배상금을 요구하는데, 그중 전비(戰費)가 1,200만원이고, 합의금이 은 900만 냥이었다.

본토에서 작전을 벌인 청군이 어떻게 이와 같이 많은 돈을 지출했을까? 우리는 이에 대해 연구해 볼 필요가 있다.

1. 나는 제1장에 이미 청군은 평상시 군량과 급료(糧餉) 비용이 부족하여, 전시에 징발할 때 지출해야하는 세 가지 지출 항목을 설명한 적이 있다. 1) 봉상은(俸賞銀)으로 군관은 봉은(俸銀) 2년을 받고 사병은 6에서 10냥을 받았다.[45] 2)행장은(行裝銀)으로 이것은 가불로 전쟁이 끝난 후 연으로 나누어 갚

---

44) 영국이 아편전쟁 중에 지출한 군비에 대하여 나는 연구를 진행하지 않았다. 단, 『英國國會文件』에 근거하면, 영국 정부가 1843년 5월 16일 하원에 대화전쟁지출에 관한 명세를 제출한다. (다음 페이지의 표를 참고) 이 자료에서 제공한 환율에 근거하여 1원은 4실링 4펜스이다, 아편전쟁에서 청국 측의 총 배상금은 2,100만원으로 5,785,504프랑이다(『英國國會文件』 중국 27권, 23쪽). 그렇지만 아편전쟁 배상금 중에 전비 명목이 1,200만원으로, 즉 3,307,144프랑이다. 지출과 비교하여 908,269프랑의 차이가 난다. 그러나 이 표를 보면 동인도회사의 이름으로 109만 프랑에 달하는 1842년부터 1843년까지의 군비가 있고, 1942년 9월에 전쟁이 이미 끝났음을 알 수 있다. 어쨌든 청 정부가 전후 지출한 총 배상금은 2,100만원이다. 비록 그중에 600만원의 아편배상금, 300만원의 행상의 빛이 있지만, 1843년 5월 16일 영국 정부의 문건에는 그것을 상인에게 지불한 기록이 없으며, 오히려 그들의 수입지출 항목에 157.2만 영국 프랑의 '흑자'가 기입되어 있었다.

45) 여기서 봉은과 수입 총수의 개념은 다르다. 『中樞政考』에 근거하면, 녹영관원의 연봉은 제독 81냥, 총병 67냥, 부장 53냥, 참장 39냥, 유격 39냥, 도사 27냥, 수비 18냥, 천총 14냥, 파총 12냥이다. 다시 말해서 봉상은 은24에서 162냥까지 달랐으며, 녹영마병(馬兵)의 봉상은 은 10냥이고, 전수병(戰守兵)

았다. 그 액수는 6냥에서 500냥까지 달랐다.[46] 3)염채구량은(塩菜口糧銀)으로 이것은 출정한 병사들의 식비인데, 관병들이 매일 쌀 8합(合) 3촌(勺) 혹은 보리 1근(斤)을 주고 염채(塩菜)는 품질에 따라 매월 0.9냥에서 12냥으로 달랐다.[47] 다시 말하면, 청조는 매년 은 수천만 냥으로 80만 명의 병사를 유지하는데, 이는 겨우 평상시의 비용이었다. 전시가 되면 또 평상시 드는 비용에 그에 못지않은 전시 비용이 더 들었다.

단위 파운드

동인도공사	682,507
종주국 정부로부터 지출된 실제 원정군 비용	753,184
1841년 4월 30일까지	1,071,909
1842년 4월 40일까지	318,725
동인도공사 1942년 4월 5일부터 지출한 것과 아직 받지 못한 1842년부터 1943년까지의 원정군 비용에 대한 추측	1,096,416
동인도공사가 지출한 국내 원정군 비용	28,541
총계	2,879,373
홍콩(香港) 　홍콩공사, 찰스 엘리엇이 올린 명세	3,000
뉴사우스웨일스주 　군수부문이 제공한 보급품	16,000

은 6냥이다. 이밖에 팔기출정관원의 봉상은은 녹영보다 훨씬 많았으나, 아편전쟁 중에 팔기병의 차출이 비교적 적었기 때문에 그 표준을 상세히 기록하지 않는다.

46) 『欽定戶部軍需則例』에 근거하면. 행장은(行裝銀), 즉 가불의 구체적 표준은 제독 500냥. 총병 400냥. 부장 300냥. 참장 250냥. 유격 200냥. 도사 150냥. 수비 100냥. 천파총 50냥. 마병 10냥. 전수병 6냥이다. 당시는 고리대가 성행하던 사회로 이런 무이자 대출은 관병에게 꽤 매력적인 것이었다.

47) 염채은의 표준: 매월 제독 12냥, 총병 9냥, 부장 7.2냥, 참장과 유격 4.2냥, 도사 3냥, 수비 2.4냥, 천병 2냥, 파총 1.5냥. 병정 0.9냥. 이밖에 군관의 근역(跟役) 매일 식량 8합채를 주었고, 단 염채은은 지불하지 않았다. 녹영군관 근역의 정원은 제독은 24명으로 점점 줄어들어 파총은 2명이다. 정병은 10명마다 근역 3명을 주었고, 병정 근역의 식량 역시 8홉3작이다. 단 매월 염채은 0.5냥을 지불했다.

여왕폐하의 정부가 지출한 국내 원정	180,959
해군부 함선장비	441,440
임금	224,700
고용선박 및 운수	90,853
해군물자와 석탄(煤)	338,382
보급품	9,706
의약품	1,286,040
병영수리	3,518
물자	19,368
관병의 임금지급	7,614
식대보조금	500
	31,000
총계	4,215,413 파운드

2. 태평한 시대가 오래갔기 때문에 청군의 병기 및 방어시설은 전쟁이 일어나자마자, 대규모 개조가 필요했다. 절강 진해에서는 화포 117문을 주조하는데, 은10.8만 냥이 사용되었다.[48] 각 지역의 숫자를 합쳐보면 상당히 볼만하다.

3. 청군이 먼 곳에서 차출하여 동원한 증원군은 또 잡부, 수레, 말, 배, 식량 등에 대한 지출이 있었다. 『흠정호부군수칙례(欽定戶部軍需則例)』는 이에 대하여 매우 자세히 규정하고 있는데, 이 규정에서 구체적 정보를 얻기는 매우 힘들기 때문에 우리들로 하여금 광서성(廣西省)의 실례를 살펴보게 한다.

운남병 500명 광동 보충 3,735냥

귀주병 2,500명 광동 보충 18,271냥

운남 귀주병 광동에서 복귀 6,801냥[49]

---

48) 절강순무 양보상의 보고, 도광 24년 12월 초2일 (『宮中檔朱批奏折』).

49) 광서순무 서리 포정사 공계경(孔繼庚)의 상주, 도광 27년 정월 24일, (『軍機處錄副』). 여기서 주의

아편전쟁 중에 모두 하계 5만여 명의 관병이 전국적으로 크게 차출 동원되었는데 그 비용이 거대했다.

4. 고용(雇用). 청군은 병력이 부족했기 때문에 대량의 고용이 필요했다. 절강성에서만 "수정수륙장용(隨征水陸壯勇)" 2만여 명과 "연해 각 청주현(廳州縣)을 순방하는 장용" 3.7만여 명이 있었는데,[50] 그에 대한 지출은 사람들을 놀라게 했다.

이외 또 대량의 낭비와 부정(貪汚)이 있었는데,[51] 이는 상처 부위에 소금을 뿌리는 것과 같았다. 청 왕조는 본래부터 재정이 엉망이었기 때문에 이를 감당할 수 있는 능력을 이미 상실했다.

아편전쟁 초기에 도광제는 상당히 너그럽게 각 성에 군비를 풀었다. 1841년 가을에 하문 함락 후 복건에서 300만 냥을 청하자 호부가 여기저기서 끌어 모았다.[52] 그해 11월에 군비 자원을 마련하기 위해 호부와 이부는 도광제가

할 만한 가치가 있는 것은 여기서 언급한 경계를 넘는 비용은 표준을 초과하여 지출 보고서에 넣을 수 없는 부분이라는 것이다. 광서에서 군비 9만여 냥을 지출하였는데, 그중 지출보고서에 넣은 것이 3.2만여 냥이다. 공계경은 그 이유를 "관원과 병사들의 배급량을 처리하는데 인부와 배와 같은 운송수단의 비용은 그 가격을 비교하기 힘들기 때문에 정확하게 그 비용을 지출하기 힘들기" 때문이라고 하였다. 이 때문에 실제 지출은 그 숫자보다 크다. 그래서 예를 들면, 성경장군 역기 등이 함풍 6년 11월 26일 상주에 길림, 흑룡강을 넘어가는 성경에서 길림, 흑룡강을 넘어가는 관병, 여정(余丁)에 "모두 1,830명에 차가은(車價銀) 23,237냥 5전, 기마초량은(騎馬草糧銀) 3백냥, 첨숙반식량은(尖宿飯食糧銀) 3,376냥 3전 1분 9리가 필요하다"라고 하였다(『宮中檔朱批奏折』). 총계 은 2.29만 냥이 필요하다. 당연히 팔기관병의 비용은 일반적으로 녹영보다 높다.

50) 『阿片戰爭檔案史料』 7권, 476쪽. 이 숫자는 관부가 출자한 고용이다. 그리고 관부가 출자하지 않은 단련이 당시 9만 명이라고 알려져 있다.

51) 예를 들어 장집형은 장주의 "문무관원들이 크고 작은 대포 10문을 제조하여 성 위에 배치하였는데, 내가 성 밖의 주민과 점포를 보니 빽빽하게 모여 살고 있었다. 만약 긴급 상황이 발생할 경우 포를 사용하기 힘들다. 포의 배치가 훌륭하지만, 장식품을 보는 것 같았다. 또 포탄, 철질려 등의 물건은 특히 쓸모가 없다…. 문무관원은 쓸데없는 일을 하였고, 상부에 보고하여 폐기할 것이라고 들었다." 또 "장포해구(漳浦海口)는 현성과 90여 리나 떨어져 있는데 향용 90인이 배치되어 있어 특히 쓸모가 없었다." (『道咸宦海見聞錄』, 61, 65쪽). 부패 사항에서 나는 5장 2절과 5절에 안백도와 악운을 각각 언급하였다.

52) 당시 호부가 할당한 각 비용의 명목은 다음과 같다. 절강: 가을에 할당된 염과은(鹽課銀) 8만 냥. 봄에 할당되어 남은 조항백량(漕項白粮) 등의 은 7만 냥. 봉저은(封貯銀) 5만 냥. 강서: 가을에 할

내린 유령 '해갈연례(海疆捐例)'에 근거하여 청 왕조의 일반적인 매관수작(賣官鬻爵)의 기부규정(捐例)을 "사정을 참작하여 10분지 5로 줄이고" 장려하였다.[53] 연말에 호부에서 또 도광제에게 적신호를 보내 보유하고 있는 금액이 적기 때문에 방대한 군비지출을 유지하기 힘들다고 경고했다.[54] 유운가의 '십가려'의 상주가 올라 온지 얼마 되지 않은 1842년 4월 20일에 도광제는 군기대신 목창아(穆彰阿)의 제의에 근거하여 각 장군독무에게 전면적으로 군비에 관한 좋은 방권을 연구하고 "의논하여 상주하라"는 명령을 내렸다.[55] 그러나 구식의 재정 체계 속에서 각 장군독무들에게 재원 고갈에 대한 새로운 생각이나 식견 있는 대권이 있을 수 없었다. 그저 기부를 강요하는 것 밖에 없었다. 이렇게 전

당된 지정은(地丁銀) 15만 냥. 봉저은 5만 냥. 안휘: 가을에 할당된 지정은 15만 냥. 봉저은 10만 냥. 소주: 가을에 할당된 지정은 15만 냥. 양회(兩淮): 가을에 할당된 염과은 50만 냥. 되돌려달라고 근거 없는 탕본은(帑本銀) 20만 냥. 산동: 가을에 할당된 지정은 20만 냥. 봉저은 20만 냥. 산서: 가을에 할당된 지정은 40만 냥. 봉저은 15만 냥. 산서: 가을에 할당된 염과하공경비은(鹽課河工經費銀) 6만 냥. 북신관(北新關): 추가부담금 5만 냥. 구강관(九江關): 추가부담금 15만 냥. 무호관(蕪湖關): 추가부담금 8만 냥. 호서관(滸墅關): 추가부담금 10만 냥. 회안관(淮安關): 추가부담금 5만 냥. 양주관(揚州關): 추가부담금 6만 냥. 할당된 금액으로 볼 때, 호부가 보유하고 있는 은에서 할당된 것은 없으며, 각 성의 봉저은에서 할당되어 나온 것은 51만 냥뿐이고, 절대다수가 그해 추가 부담금 지급, 양정의 비용으로 청 정부 재정이 이미 곤란에 빠졌음을 알 수 있다.(戶部折,『軍機處錄副』. 이 문건은 날짜가 없다. 북신관 감독이 21년 8월 13일에 주청하여 받은 문건이다.)

53) 호부상서 대리 은계(恩桂) 등의 상주, 도광 21년 10월 초6일 (『軍機處錄副』). 그 표준은 다음과 같다. 민간인 기부금이 200냥 이상은 9품정대를, 300냥 이상은 8품 정대를, 400냥 이상은 염지사(鹽知事)의 직함을, 800냥 이상은 현승(縣丞)의 직함을, 1,200냥 이상은 주판(州判)의 직함을, 1,600냥 이상은 안경(按經)의 직함을, 2,000냥 이상은 포경(布經)의 직함을, 2,400냥 이상은 통판(通判)의 직함을, 3,200냥 이상은 염제거(鹽提舉)의 직함을, 4,000냥 이상은 동지(同知)의 직함을, 6,000냥 이상은 운동(運同)의 직함을, 8,000냥 이상은 지부(知府)의 직함을, 12,000냥 이상은 도원(道員)의 직함을, 20,000냥 이상은 염제사(鹽提使)의 직함을 주었다.

54) 도광 21년 12월 호부편 : "다시 조사하니 작년 8월부터 올해 11월까지, 해양 변경에 위치한 각 성의 청군에 12,365,000여 냥이 필요하고, 동, 남의 두 강에서 공사에 은7,107,000여 냥이 필요하고, 강소, 안휘, 호북에서 재난 구휼에 은2,598,000여 냥을 요청했다. 모두 은21,070,000여 냥이다…각 독무에게 주도면밀하게 계획하라고 칙령을 내려야 한다. 전력을 다해 절약해야 하며, 하급기관에 명령하여 각 관원이 처리하게 하고 조금도 초과하여 권정해서는 안 되며, 조정의 국고를 아껴야 한다.…" (『軍機處錄副』).

55) 『阿片戰爭檔案史料』 5권, 183쪽.

쟁 후기에 청조의 군비는 상당 부분 기부에 의해 유지되었다고 할 수 있다.[56]

이로부터 우리는 군비 항목이 이미 청 왕조를 막다른 골목을 몰고 갔음을 알 수 있다. 비록 청 왕조가 이미 막다른 길에 몰린 지경에 이르렀고, 이후 태평천국전쟁 시기에 청 조정의 재정이 더욱 어려워졌다고 말할 수는 없지만, 사회생산력이 파괴되고 민중 생활이 극도로 빈곤해진 대가로 체제가 유지되고 있었는데, 도광제가 이런 종류의 대가를 지불할 수 있었겠는가?

유운가의 '십가려'는 전체 전쟁기간 동안 현실에 직면하여 조목조목 상세하게 분석한 보기 드문 문건이다. **그가 제시한 '깊이 걱정스러워해야 할 만한' 10항은 모두 이미 발생한 사실 혹은 현실에 존재하지만 겉으로 드러나지 않은 병폐이다. 이에 대하여 그 본인도 그것을 이해하지 못했을 뿐만 아니라, 청 왕조에 그것을 이해할 수 있는 사람도 없었다.** 오늘날의 역사학자가 아편전쟁을 연구할 때, 당연히 이 문제를 직시해야한다.

오늘날의 논자들 대부분은 '주전파(主戰派, 혹은 저항파)'와 '주화파(主和派, 혹은 투항파)'의 개념을 애용하여 청 왕조의 관원들을 구분한다. 나는 당시의 상황을 보면 주전, 주화 이렇게 두 종류의 다른 목소리가 확실히 존재하기는 했지만, 만약 어느 한 관원을 구체적으로 어느 한 쪽 진영에 넣는다면 역사적 진실을 위반한 것이라고 생각한다.

문제는 존재하지 않는 순수한 의의 상의 '주화파'에 있다. 기선과 이리포가 '회유'로 기울어지기 전에 일찍이 짧은 시간동안 '토벌'의 자세를 단호하게 취한 적이 있었다. 양방과 혁산 역시 영국군과 타협하기 전에는 '토벌'을 주장하고

---

56) 도광 22년 12월 27일 호남순무 오기준(吳其濬)의 상주: "호부로부터 승인받은 원고 안의 해안 변경의 재정에 관하여, 각 성이 연이어 기부금을 계산하여 상주 보고를 하였는데, 모두 은980여 만 냥, 전 90여 만 관입니다"(『宮中檔朱批奏折』). 기부한 은전이 매우 크다는 것을 알 수 있다. 당연히 이런 은전은 (특히 내지의 성) 결코 전쟁에 전부 쓰인 것은 아니며, 강소에서는 상당 부분이 배상금을 지불하는 데 쓰였다.

그것을 몸소 실행하는 사람들이었다. 유운가 개인의 경력은 더욱 전형적이다. 그들을 구분하는 것은 오직 기선, 이리포는 전쟁 전에 '토벌'의 계획이 불가능하다는 것을 간파했다는 것이며, 양방, 혁산, 유운가는 패배를 한 후에 비로소 전향했다는 것이다. 그리고 양방, 혁산은 타협을 실행한 후 거짓말로 사람들을 미혹시켰고, 유운가는 행동하기 전에 '토벌'이 필패할 것임을 직언하였다.

그리고 다른 사람들은 어떠했는가?

민절(閩浙)총독 안백도는 일찍이 매우 단호한 '토벌'주의자였지만, 하문이 함락당한 후 곧 일찍이 탄핵당한 적이 있는 혁산 등의 무리와 한패가 되어 거짓말을 하면서 시간을 끌었다. 사적인 자리에서 그가 "영국은 선견포리하고 규율이 엄격하여 우리의 수사가 이길 수 없다고 함부로 주장하자", 이를 듣는 사람이 속으로 웃으면서 "그는 이미 기가 죽어 있었으며, 어쩜 그렇게 전과 후가 전혀 다른 사람처럼 행동할 수 있는가?"라고 하였다.[57]

안백도에 이어 민절총독에 부임한 이량은 일찍이 임칙서의 친한 친구로, 기선을 탄핵하는 상주문으로 이름을 천하에 떨쳤다. 그러나 그는 광동을 떠나기 전에 영국군의 공세 아래 양방 등과 영국군과 타협을 했다. 민절총독에 부임한 후에는 또 절강에서의 군사압력을 감소시키기 위해 고랑서(鼓浪嶼)로 진공하라는 도광제의 유지를 수하들에게 설명하면서 다음과 같이 전달했다.

잘 정비하여 결연히 지켜야 하며, 분쟁을 일으켜서는 안 되며, 공명심을 버려야 한다. 절강성에서 떠난 오랑캐의 병선이 반드시 돌아와 우리에게 대항할 것이니, 나는 절강이 화를 당할 것이라고

---

57) 張集馨, 『道咸宦海見聞錄』, 60쪽.

생각한다.[58]

그는 이미 전의를 완전히 잃었으며, 영국군과의 평화공존을 계획하고 화를 남에게 전가시키기를 주저하지 않았다. 이점은 그의 개인적인 편지에 더욱 명확하게 밝히고 있다. "이(夷)의 일도 할 수 없고, 민(民)의 일은 더욱 할 수 없는데, 병사들 철수시킬지 남길지 정말 어떻게 해야 할지 모르겠다."[59]

양강총독 유겸이 패하여 자살한 것은, 즉 전쟁의 미래에 대해 희망을 잃었다는 것과 같았다.

양위장군 혁경은 절동 반공에서 실패한 후, "잠시 회유"를 주장하고 후에 그 '장군'의 신분에 부합하지 않는다고 자각하여, 바로 '토벌'론으로 돌아서서 전과를 거짓으로 보고하고 '회유'를 주장한 유운가와 서로 대립했다.[60] 그러나 얼마 지나지 않아 사포가 함락되자, 그는 "다리가 떨리고 몹시 두려우며, 좋은 계귄이 없다"라고 하면서, 포로를 석방하여 "적의 공격을 지연시키고 일시적으로 안정시키자"는 방향으로 전향했다.

'회유'를 주장하는 관원 중에는 두 명의 장군이 더 있었다. 그중 한명이 기영(耆英)으로 그는 성경장군에 부임해서는 '토벌'을 주장하는 태도를 보였다.[61]

---

58) 張集馨, 『道咸宦海見聞錄』, 60쪽. 또 포팅거, 파커, 고프가 고랑서에 병력을 남기고, 주력을 이끌고 북상할 때, '효유(曉諭)'를 발표하여, "본 해 육군 군사(軍士)가 북상하면서 병사를 파견하여 고랑서를 수비하게 하였다. 이후 내지의 간사한 무리가 대담하게도 말썽을 일으키고 나의 수비군을 해쳐서, 즉 본 공사대신, 수류제독, 육로제독이 돌아왔을 때, 반드시 복수할 것이다"라고 하였다.(佐 木正哉編, 『阿片戰爭の中英抗爭: 資料篇稿』, 134~135쪽) 이것이 이량이 "절강이 재난을 당하게 되었다"라고 말한 이유이다.

59) 『李星沅日記』 상권, 423쪽.

60) 『阿片戰爭檔案史料』 5권, 139쪽.

61) 기영은 1840년 8월 영국함선이 봉천(奉天) 바다에 출현한 뒤부터, 줄곧 방어를 계획하고 교전준비를 한다(『阿片戰爭檔案史料』 2권, 325~328, 339~341쪽; 3권 13~14쪽). 영국군이 하문을 점령한 후, 도광제가 각성에 해구를 엄밀히 방어하라고 명령을 내리자, 그는 갑병 1,000명을 선발하여 준비시키고는 상주하여 "영이, 역도들이 대담하게도 제멋대로 날뛰어 분란이 만연한데, 실로 천지가 용서하지

다른 한명은 우감(牛鑒)으로, 신임 양강총독으로서 전쟁에 필승의 신념을 품고 있었다.[62] 그러나 이후 또 기영은 절강에 도착하고 우감이 오송(吳淞)에서 패배하자, 그들 두 사람도 '회유'를 주장하는 파벌의 최고 인물이 되었다.

원래, '회유'를 주장하는 관원들 모두 '토벌'에서 전향한 사람들이었다. '천조'의 대외체제 아래 '이하(夷夏)'관념의 중독에 의해 청 왕조의 관원들의 '역이'에 대한 '진공토벌(進剿)'은 거의 본능적으로 나오는 것으로 사고(思考)를 거치지 않는 것이다. 이 때문에 청조의 관원들은 원래 모두 '주전파'로 열외가 하나도 없었다. 이와 같았기 때문에, 만약 청 왕조의 통치집단 내부에 '주전'과 '주화'의 투쟁이 존재한다면, 그런 투쟁의 장소는 주로 그런 '토벌'을 주장하다가 '회유'로 전향한 관원들의 머릿속으로, 일종의 자아의 사상 투쟁이다. 그 시대에서 '역이'에 대한 굴복은 사상적 고통을 경험하는 것이었다.[63]

나는 광동, 복건, 절강, 강소 전역(戰役) 이렇게 4성에서 실제로 책임이 있는 관원들이 모두 '회유론자'로 변하였고 '토벌'론이 사라졌음을 발견했다. 내가 교전을 벌이지 않는 성이나, 지역에서 '회유'를 주장하는 자들을 발견할 수 없는 것과 같이 말이다. 이 때문에 이 시기의 '회유론자'와 '토벌론자'의 구별은

못할 일입니다. 무릇 신민이라면 분노하지 않은 자가 없으며, 지금 만약 의논해서 결정한 후 행동하여 성공적인 승리를 보고하지 않으면, 화염이 갈수록 더 거세질 것이며 더욱 통제하기 어려워질 것입니다. 신하의 어리석은 견해는 오직 황제의 군대를 정비하고 보급품을 확실하게 조달하여 먼저 토벌하고 후에 회유한다는 것입니다." 또 "매 사람마다 사고를 분발시켜 공동으로 적을 상대하고, 충의로 서로 돕고, 앞 다투어 노력해야 봉천의 육해군 모두가 황제폐하의 위로를 받아 방어할 수 있습니다"(『阿片戰爭檔案史料』 4권, 104~105쪽).

62) 우감은 1841년 10월 신임 양강 총독에 부임하여 오송, 장강 각 지역의 방어를 열람하고, "우려할 필요가 없다"라고 하고, 장강 지역은 "육지와 강을 반복하여 순시하여 사실 이미 별처럼 촘촘하게 분포되어 있고, 군대가 긴밀하게 연결되어 있으며, 기상이 웅장하고, 상세히 파악하여 주도면밀하다", "그 역선은 감히 수백리를 날아 우리 군이 방어하고 있는 곳에 오지 못하고, 강에 진입하는 모험을 하여 우리의 조운을 가로막을 것이다"라고 생각했다(『籌辦夷務始末(道光朝)』 3권, 1575, 1623쪽). 오송에서 전쟁이 벌어지기 전날까지 그는 상주에 여전히 강개하게 "한마음으로 힘을 합치고, 장병들을 격려하고, 전진만 있을 뿐 후퇴는 없다!"라고 표시하였다(『籌辦夷務始末(道光朝)』 4권, 1913쪽).

63) 기선 이리포, 기영 등은 만주족 귀족으로 유가문화의 영향을 적게 받았기 때문에 전향 시에 동작이 비교적 빨랐으며, 기타 관원들은 이하지변(夷夏之辨)의 영향을 깊게 받아 전향이 특히 어려웠다.

그들이 전역에 있었는지의 여부와 영국군을 방어하는 실질적인 책임을 지고 있었는지의 여부에 있었다. 전역에 있었던 지방관의 입장에서 말하자면, 이것은 어린애의 장난이 아닌 것으로, 그들은 비 전역의 관원들처럼 그렇게 책임감 없이 '의리(義理)'에 대하여 감정적으로 노래할 할 수 없었던 것이다.

현실적 역량은 어디까지나 '의리(義理)'의 역량보다 컸다.

어떤 사람은 이때 '수군(水軍)' 건립에 관한 임칙서의 생각에 대하여 말하면서, 정확한 구국(救國)의 방법이라고 했다. 나는 이 주장이 타당하지 않다고 생각한다.

1841년 4월, 임칙서가 아직 광주(廣州)에 있었을 때, 정립장군 혁산에게 여섯 조항의 방권을 제시하는데, 그중 5가지는 "원양 전함을 별도로 건조해야 한다."는 것이다.[64] 1841년 가을, 임칙서는 전력으로 하남 부상(符祥)에서 치수공사를 하고 있었는데, 하문과 절강에서의 패전 소식을 듣고 이전의 작전지도 방침을 자세히 검토하기 시작하고는 그의 문하생 대동손(戴綱孫)에게 보낸 편지에 '수군'에 대한 구상을 제시하였다.

> 오랑캐의 배가 빠르게 남으로 북으로 자유롭게 오고간다. 우리는 그들을 단편적인 방법으로 막고 있다. 바다에 인접한 수많은 크고 작은 입구를 방어하여 승리할 수 있겠는가? 우리는 즉각적으로 배와 화포를 준비하고, 신속히 수군을 모집하고, 용감하게 죽을 수 있는 병사들을 구하면 그들은 북으로 남으로 갈 수 있다. 그 비용이 많이 들지만 사실상 육지에 나누어 주둔하고, 먼 곳에서 차출하는 것 보다 많이 절약할 수 있다. 만약 그들과 물 위에

---

64) 『林則徐集奏稿 公牘 日記補編』, 100쪽.

서 교전하지 않는다고 맹세한다면, 앞으로 나아가 교전할 수 있으며, 퇴각할 때 반드시 지킬 필요가 없으니 실로 잃을 것이 없는 것이다. 예를 들어 두 사람이 바둑을 두는데 상대방으로 하여금 두 보를 가게하고 나는 단 지 한보만 가니 그 승부는 물어볼 필요가 있겠는가?[65]

그해 겨울 그는 또 양강총독 우감에게 정식으로 '선포수군(船砲水軍)'에 대한 건의를 했다.[66] 이외 그는 한림원 편수(編修) 오가빈(吳嘉賓), 강소포정사 이성원 등에게 보내는 편지에 또 구체적으로 이를 주장했다.[67]

임칙서의 이 신 구상은 이전의 작전 지도방침(방어전)에 대한 부정이었다. 임칙서는 사실에 직면하여 이전의 주장을 포기하고 새로운 지식을 탐구하는 노력을 한 것이었다. 이는 그의 사상이 진전을 보인 것이라고 말할 수 있다.[68]

근대 전쟁의 지식으로 판단하면 '수군'을 건설하여 해상에서 직접 적과 맞서는 것은 피동적으로 공격당하는 것을 피하는 훌륭한 계권이라는 것은 의심할 여지가 없다. 그러나 해전은 육전보다 더욱 복잡하고 해군을 건설하는 것은 육군을 건설하는 것보다 더욱 어렵다.

그럼 임칙서가 구상한 '수군'은 어떤 것일까? 그는 "대형선은 100척, 중소형

---

65) 『林則徐書簡』, 177쪽.

66) 『林則徐書簡』, 185~186쪽.

67) 『林則徐書簡』, 183~184쪽.

68) 임칙서는 후에 다음과 같이 언급하였다. "전해 듣기를 군무를 의논하였다고 한다. 그들 모두 그들이 강하여 공격할 수 없다고 하고 우리는 적과 수전을 할 수 없다고 하면서 육지 수비를 강조한다. 이는 마치 1, 2년 전과 같다. 그러나 지금은 육상 병력이 무너지고, 더욱이 심지어 물에서도 그러한데, 또 어떻게 그들의 약점을 찾아 그들을 공격하겠는가?" 임칙서는 영국군의 화포 성능과 사격기술에 대하여 매우 심도 있는 분석을 하였으며, 육상전이 불가능하다는 것을 상세하게 논했다. 우리는 그의 인식에 변화가 발생했다는 것을 분명하게 알 수 있다.

선은 그에 절반, 대소화포 1,000문, 수군 5,000명, 조타수 천명"이라고 했다.[69] 이 규모로 보면 작다고 할 수 없는 자못 사람들의 마음을 고무시키는 말이다. 그러나 우리가 만일 한발 더 나아가서 구체적으로 분석을 해보면 곧 문제를 발견할 수 있다.

'수군'의 관건은 선포(船砲)이다. 임칙서는 처음으로 혁산에게 그 전선(戰船)에 대해 다음과 같이 말했다. "견고한 전함을 건조하여 승리의 수단으로 삼아야 한다. 지난해(1840년) 일찍이 그 모양을 상의하고 결정하였으나, 상황의 변하여 그것을 제조하지 못했다. 그 배의 모양이 호문 요새에 아직 존재하니, 만약 즉시 가져와서 심사숙고하여 서둘러 제조한다면, 그리고 재료를 여러 곳에서 구매하고 장인들을 많이 모집하면, 대략 4개월 내에 20척을 완성할 수 있으며, 이후 끊임없이 건조할 수 있기 때문에 결국 100척을 건조하여 사용할 수 있다."[70] 임칙서가 전선의 구체적 양식을 상세하게 이야기하지는 못했으나, 영국군의 핍박을 받는 광주에서 매월 5척을 건조할 수 있다고 했으니, 근대화된 해군 전함은 아닌 것 같다. 게다가 예정대로 100척의 전선이 완성되기를 기다려서 '수군'이 성립된 시기가 1843년 1월이었다.

1842년 4월, 임칙서는 "비록 배를 제조하는 것이 너무 느려 상황에 도움을 주지 못했지만, 천주, 장주, 조주 이렇게 세 곳에서 그 배를 고용하게 되었으며, 총포수 역시 많이 보유하고 있다… 대포는 반드시 궁에서 제조해야 하며, 반드시 하나하나 설명서를 따라야만 그 포가 사용할 만했다. 그리고 내가 『포서』를 베껴서 작년에 절강, 강소로 가져왔다…"고 하였고,[71] 또 같은 해 9월에 "현재 전선을 제조하는 것이 너무 느려, 오직 장주, 천주, 조주의 민간 상선만

---

69) 『林則徐書簡』, 186쪽.
70) 『林則徐集奏稿 公牘 日記補編』, 100쪽.
71) 『林則徐書簡』, 177쪽.

이 그런대로 고용할 만했다. 그 수군 역시 죽을 수 있는 용기를 가진 사람을 고용해야 하며…다음은 노호경(老虎頸)의 염선과 사람 역시 아직 고용을 고려할 수 있다…"라고 하였다.[72] 임칙서가 상정한 양식의 전선은 복건남부 일대의 민선을 대신 사용할 수도 있는 것임을 알 수 있다. 그가 제조를 원한 화포는 절강에서 전력으로 제조한 화포와 별반 다르지 않았으며, 공예상의 연구가 있었을 뿐 결코 기술상의 제고가 없었다.[73]

우리를 되돌아보게 하는 것은 임칙서가 구상한 '수군'의 규모로 그 전선의 유형을 추론하게 한다는 것이다. 1,000문의 화포, 5,000명의 병사, 1,000명의 조타수로, 만약 평균적으로 분배하면 100척의 대형 전선과 50척의 중소형전선의 경우 한척에 평균 화포 6.6문, 사병3명, 조타수 6.7명이다. 하지만 이는 영국군의 전함과는 같은 등급이 아니므로, 서로 비교할 수 없다.

그렇기 때문에 임칙서에 의해 구상된 '수군'은 오직 전통적인 수군의 강화일 뿐, 근대적 해군이 아니다. 근대화된 해군은 근대화된 과학기술과 공업기술의 기초가 있어야 한다. 이런 기초가 부족하면 임칙서 혹은 기타 사람들은 근대화된 해군을 만들지 못한다.

이것과 같은 이치로 근대화된 해전도 근대화된 해군이 필요하다. 고용된 민선, 고용된 총포수, 오래된 방법으로 제조된 화포를 사용해서는 영국 원정군과의 해상전에서 승리할 수가 없다.

임칙서의 이 '수군'에 대한 구상은 사상사적인 의의가 있을 뿐이지 군사적

---

72) 『林則徐書簡』, 193쪽.

73) 임칙서가 언급한 『砲書』, 즉 명대 선교사 탕약망(Joannes Adam Sehall Nonbell)이 구술한 것을 편집한 『火攻挈要』로 이미 200년의 역사를 가진 결코 새로운 것이 아니다. 임칙서는 그 '요점'을 "복부가 두껍고 입구가 넓으며, 화문이 바르고 팽팽하다. 철의 순도가 높으며, 주조 후 흉강 내부가 거울과 같이 매끈하여 빠르고 폭발하지 않는다."라고 하였다(『林則徐書簡』, 191쪽). 이는 당시 기술자가 기술을 신경을 쓰지 않아서 조잡하게 되는대로 만들었다는 것을 나타낸다.

가치가 있지는 않다.

1842년 3월 28일, 북경의 원명원(圓明園). 7일전에 출발한 유운가의 '삽가려'라는 비밀상주 및 기타 세 부편(附片)이 도광제의 앞에 도착했다. 우리는 이 문건을 읽었을 당시의 도광제의 심정을 모르지만, 중대한 정권결정이 나오기 전에 풍기는 공기의 무거움을 은은하게 느낄 수 있다. 삼일 전 양위장군 혁경이 절동(浙東)에서 이미 패배했다는 상주를 받고, 그는 실망, 분노, 우울함을 느끼고는 주비에 다음과 같이 적었다. "분노하고 원망하는 마음에 견딜 수 없어 붓을 놀려 말하기가 힘들다."[74] 영국군이 이번에 우세를 점한 후 북방을 공격할 것을 두려워한 그는 그가 가장 신뢰하는 수석 군기대신 목창아를 천진에 파견하여 방어에 대하여 현장 조사를 하게 했다. 이때 유운가는 '회유(撫)', '구슬리다(羈縻)'라는 단어를 그 상주안에 절대로 사용하지 않고, 다른 길을 제시하면서 소소하게 그의 마음을 위협하였다. 그는 마지막 이리포의 부편 말미에 다음과 같이 적었다. "이 상주에 통찰력이 없지 않다. 의미가 있다!"[75]

공교롭게도 이날 성경장군에서 광주장군으로 부임하는 기영이 북경으로 들어와 청훈을 받으러 원명원에 도착하여 도광제를 알현했다. 두 사람은 밀담을 나누었다. 그리고 저녁에 내각을 통해 두 가지 유지가 내려졌다.[76]

> 기영은 역참을 이용하여 빨리 절강으로 가서, 항주장군(杭州將軍)을 대행하라.
> 이리포는 절강군영으로 가서 전력을 다해 일하라

---

74) 『阿片戰爭檔案史料』 5권, 86쪽.
75) 위의 책, 5권, 94쪽.
76) 張喜, 「撫夷日記」, 『叢刊 阿片戰爭』 5권, 354쪽.

이 두 인물에 대한 인선은 조정에 중대 변동이 있음을 암시한다.

이날 나온 유지 중에는 두 가지 주의할 만한 가치가 있다. 하나는 양위장군 혁경, 절강순무 유운가 등에게 조정에서 보낸 것으로 그 내용의 일부가 다음과 같다.

> 그 역(逆, 영국군)의 기세가 몹시 흉악하고 심하니 반드시 사방에서 마구 날뛰며 약탈을 할 것이다. 그래서 더욱 회유하는(羈縻) 방법을 사용하는 것이 마땅하며, 더 이상 지방을 유린하게 해서는 안 된다.

도광제는 유지에 유운가을 대신하여 그가 하고 싶었으나 감히 하지 못했던 '회유하는(羈縻)'이라는 말을 했다. 다른 하나는 천진의 목창아에게 보낸 것이다.

> 오늘 유운가가 상주한 역이를 토벌하는 문제에 근거하여, 현재 이미 이리포에게 절강군영으로 가서 전력을 다하라고 유지를 내렸으며, 그리고 기영에게 함께 가라고 했다. 유운가의 상주(折片)를 베껴 너에게 보내니 살펴보도록 하라. 이 일은 눌이경액(訥爾経額, 임시 직예총독)과 관계가 없으며, 그것을 그에게 알릴 필요가 없다. 이는 천진 해양방어에 대한 준비를 늦추는 결과를 가져오기 때문이다.[77]

---

77) 이상 네 개의 유지, 『阿片戰爭檔案史料』 5권, 120~122쪽 참고.

이는 한 방면으로는 이 결정에 대하여 여전히 자신이 없었던 도광제가 신뢰하는 대신의 의견을 듣고 싶어 했다는 것을 설명하고, 다른 한 방면으로는 이 결정이 전방 장병들의 사기에 영향을 미칠 것을 두려워 한 것이다.

기영은 북경에 총 19일 동안 머물었다. 이 시간 동안 도광제는 그의 '항주장군 대행'이라는 직권의 직권이 크지 않다고 생각하여, 4월 7일에 '흠차대신'의 관인을 수여했다. 우리는 도광제가 그를 몇 번 만났는지 모르며, 단지 마지막 한 번이 4월 12일이라는 것만을 알 뿐이었다.[78] 두 사람의 밀담 내용은 당연히 공식기록으로 남아있지는 않지만, 강소포정사 이성원이 일기에 쓰기를 다음과 같이 적었다. 북경에서 편지가 왔는데 기영이 일찍이 도광제에게 영국군에 대해 "은(銀)과 땅(地) 모두 해결 방법이 아니다"라고 설명하자, 도광제는 '선초후무(先剿後撫)'를 분명하게 지시하였다![79]

'선초후무(先剿後撫)', 즉 군사상 승리를 거두면, 설령 매우 작은 승리라도 거두면 다시 영국군과 강화한다는 것이다. 이는 도광제가 이미 군사 방면으로 완전한 승리를 거둘 수 없다는 것을 인정하는 것이며 타협으로 끝내고 싶어 했다는 것을 반영한다. 권략적으로 말하자면, 이런 방법은 이미 담판자리 위에 흥정할 자본을 미리 깔아 놓고, 영국 측이 터무니없는 대가를 요구하는 것을 저지하기 위한 것이다. 그러나 문제는 또 '토벌'을 하고 싶어도 '토벌'을 할 수 없었다는 것이다. 이렇게 보면 도광제는 전방 장수들의 기만 아래, 전방의 사정에 대하여 그렇게 깊이 있게 알지는 못한 것 같다.

이리포의 심복 장희의 폭로에 근거하면, 이리포는 장가구(張家口)의 군대(軍

---

78) 『阿片戰爭檔案史料』 5권, 246쪽에 수록된 흠차대신 기영의 상주보고에 항주에 도착하는 날짜를 보고하는데 "2월 초2일에 황제의 훈령을 받았고 이후 초5일에 이리포, 함령(咸齡) 및 좌령(佐領) 등을 대동하고 길을 떠났다…"고 하였다. 여기서 '2월'은 원래 3월로 잘못된 것이다. 2월 초2일은 서기 3월 13일로 기영은 이때 아직 북경에 도착하지 않았다.

79) 『李星沅日記』 상권, 385쪽.

台)에서 풀려나 4월 3일 원명원에 도착했다. 장희가 이 소식을 듣자마자 찾아가 시중을 들고 자신의 주인에게 신신당부를 했다. "만약 황제를 알현하게 된다면, 반드시 이(夷)의 상황을 철저히 분명하게 밝혀야 비로소 도움이 될 것이며, 그런데 전과 같이 이해하지 못하여, 그 일이 제약을 받게 될 것이 두렵습니다." 이에 이리포가 매우 옳다고 생각했다. 하지만 군기처에 이르러 보고할 때, 유지가 도착하는데 "이리포에게 7품의 직급을 내리고 기영과 같이 절강으로 파견을 가라"는 내용이었다. 아마도 도광제는 이 얼마 전에 죄를 지은 노 신하와 직접 대화를 나누고 싶지 않아서 알현을 못하게 한 것 같다. 다음날 이리포 자신의 본기(本旗) 도통과 함께 앞에 가서 사은(謝恩)을 드리는데, 이궁문(二宮門)에서 무릎을 꿇고 두 손을 바닥에 짚은 다음 이마를 땅에 조아렸지만, 여전히 영국군의 실제 상황을 상달하여 천자가 들을 수 있도록 할 수는 없었다. 장희는 상황이 좋지 않음을 파악하고, 비록 기영과 이리포가 다시 그에게 절강에 가자고 하였지만 감히 승낙하지 못했다.[80]

1842년 4월 15일, 흠차대신 기영, 칠품함(七品銜) 이리포는 북경을 떠나 항주로 남하했다. 경성 남쪽의 정양문(正陽門)과 창의문(彰儀門)은 관례에 따라 재차 흠차대신에게 개방되어 냉담하게 이 신색이 처량한 사람들을 주시했다. 그곳은 이미 두 명의 흠차와 두 명의 장군이 지나갔던 곳이다.

무정하고 말이 없는 이 성문은 이미 4백여 년을 우뚝 서 있으면서 세상만사의 변화를 실컷 경험했다. 그것은 또 누구에게 물을 수 있을까? 누구도 답이 없었다.

가장 신성하고 가장 현명한 대황제는 이때 마음속에 불안이 충만했다.

기영과 이리포가 남하한 후 도광제는 냉정하게 생각을 하기 시작했다. 그는

---

80) 張喜, 「撫夷日記」, 『叢刊 阿片戰爭』 5권, 354~355쪽.

돌연 자신 앞에 있는 적수에 대하여 사실은 하나도 모른다는 것을 알게 된다. 5월 1일, 그는 혁경의 상주를 받고 포로를 심문할 수 있다는 소식을 듣고 즉시 다음과 같은 유지를 보냈다.

혁경 등이 영길리에 대하여 조심스럽게 그 거리가 수로로 얼마나 되는지 자세히 물었다. 중국까지 7만 리라고 하는데 몇 개의 국가를 거치는가?

카슈미르와 그 국가가 얼마나 떨어져 있는가? 수로로 연결되어 있는가? 그 국가는 영길리와 왕래가 있는가? 이번에 어찌하여 같이 절강에 왔는가?

그 나머지 절강에 온 벵갈(孟加利), 대소려송(大小呂松), 오스트리아(双英國, 双鷹國)의 오랑캐 무리의 두목들이 병사들을 인솔하여 개인적으로 상고하러 온 것인가, 그 국왕이 불러서 오게 된 것인가? 협박을 당하는 것은 아닌가, 그렇지 않으면 큰 이익이 목적인가?

그 여왕의 나이가 갓 22세인데 어떻게 일국의 주인에 올랐는가? 결혼을 했는가? 그 남편은 이름이 무엇이고 어디 사람인가? 그 나라에서 현재 어떤 직위에 있는가?

그 사절, 사령관이라는 명호로 칭해지는 그들이 여왕으로부터 승인을 받은 것인지 아니면 그 두목 등이 사적으로 만들었는가? 역이가 절강에서 보인 흉포함에 관하여 그 모든 것이 가짜 군대에 의해 일어났는가? 그리고 군현을 점거하고 민간의 재산을 약탈한 것은 어떤 사람이 그 일을 주관하였는가?

찰스 엘리엇이 현재 이미 귀국했다고 하는데 그것이 확실한가? 귀국한 후에 어떠한 계획을 세우고 있는가? 그 어떤 소식이 절강에 도착했는가?

그 국가가 제조한 아편을 중국에 파는 것은 그 의도가 단지 돈을 벌기 위

한 것에 있는가 아니면 혹 그 어떤 다른 의도가 있는가? [81]

　너무 많은 것을 이해하고 싶어 하던 그는 한순간에 이렇게 많은 문제를 꺼냈다. 이는 그가 조급해 하고 초조해 했음을 알 수 있다. '천조'의 대황제는 본래 '오랑캐'의 일을 물을 가치가 없었는데, 이때 '오랑캐'의 상황을 조사하게 하니 그 상황이 당연히 우스꽝스러웠기도 하고 어느 정도 진보의 의미도 담겨있었다. 그러나 그는 마치 그를 가장 당황하게 한 지리적 문제에 대해,[82] 자신이 가장 잘 대답할 수 있었다는 것을 몰랐던 것 같다. 우리는 오늘날에도 볼수 있는 선교사 남회인(南懷仁)이 그의 고조부 강희제에 의해 제작한 당시 중국에서 가장 자세한 세계지도『곤여전도(坤輿全図)』가 이때 자금성의 창고에서 잠자고 있었던 것이다.

2. 연전연패 : 항주에서부터 양자강에 이르다

　도광제가 이때 결정한 '회유'는 그가 전쟁 초기에 주장한 '회유'와 그 함의가 완전히 달랐다. 1년 반전에 그는 결코 영국 측의 조건을 받아들일 생각이 없었는데, 모든 행동이 예전부터 있어왔던 '무이(撫夷)'의 방식과 결코 다르지 않았다. 그러나 1년 반 동안의 전쟁을 통해, 양보를 하지 않으면 안 된다는 것을 깨닫게 되었다.

---

81) 『阿片戰爭檔案史料』 5권, 222쪽. 그중 '克食米爾'는 카슈미르이며, '孟加利'는 뱅골이며, 大呂松은 스페인, 小呂松은 스페인식민지인 필리핀, 雙鷹國은 깃발에 쌍응이 그려진 오스트리아이다.

82) 이후 도광제는 또 대만도(臺灣道) 달홍아(達洪阿)에게 영국 포로를 심문하라고 한다. "도대체 그 나라(영국)는 크기가 얼마나 되나? 소속국은 모두 몇 개나 되나? 또 영길리와 이슬람 부족 사이로 육로로 다닐 수 있는가? 평소 왕래는 있는가? 러시아와는 인접해 있는가? 서로 무역을 하는가?" (『阿片戰爭檔案史料』 5권, 264쪽). 도광제가 지리 문제에 관심을 가진 것을 알 수 있다.

오늘날의 정치 개념을 사용하여 가늠해 보면, 상대방의 조건을 전부 혹은 부분적으로 수용하여 전쟁을 멈춘다는 것은 의심할 여지없이 '투항'이다. 그러나 당시 사람들은 마음속으로 마치 그렇게 보지 않고, 여전히 '회유'라고 생각한 것 같다. 이는 '천조'의 체면을 위한 것일 뿐만 아니라, 중국의 전통적 정치 용어 중에서 '항(降)'이란 적을 향한 신하의 예의로 받드는 것을 의미하기 때문이다.

그렇지만, '역이'에게 패하여 굴복적으로 '회유(撫)'계를 시행하는 것은 아무래도 고통스러운 일일 것이다. '천조' 관원으로서의 유운가는 '토벌(剿)'에서 '회유'로 전환하면서 사상적 몸부림을 경험했다. 천자로서의 도광제는 더욱 내키지 않아 했다.

1842년 5월 9일, 기영이 항주에 도착했다.

도광제는 '선초후무(先剿後撫)', 즉 양위장군 혁경이 '토벌'을 주관하여 승리한 후, 흠차대신 기영이 '회유'를 주관하기를 희망한 것이다.[83] 그렇지만 기영의 도착은 마치 혁경에게 하나의 큰 자극이었던 것 같다. 혁경은 연달아 도광제에게 정해에서 영국함선을 불태우고 승리한 일, 영국군이 핍박에 의해 영파를 포기한 일, 청군이 즉시 진해로 진공한 일, 이런 일련의 '좋은 소식'을 상주하여 도광제로 하여금 '회유'권을 쓸 필요가 없다고 생각하게 만들었다. 혁경과 상반되게 기영은 절강에 도착하자마자 바로 패배주의의 수렁에 빠져서, 비관적

---

83) 도광제는 기영이 절강에 도착한 후, 혁경에게 직접 명령을 전달한다. "반드시 군 기율을 다시 진작시키고, 병사들을 격려하여, 진지를 방어해야 하며, 시급히 방법을 강구하여 철저히 수비해야 한다. 그리고 기회가 생기면 특별히 가차 없이 공격하여 토벌하라…." 혁경이 즉시 기영에게 회동하여 군무를 처리하기를 청하자, 도광제는 주비에 "절대로 안 된다", "기영은 원래 다른 데 임용해야 하니, 그렇게 해서는 안 된다. 그는 짐이 수시로 헤아려 결정하는 것을 기다려야 한다. 단지 그 한 방면만을 준비하면 된다. 짐의 심원은 그를 활용하지 않고 경이 성공하는 것으로, 이후에는 구분할 필요가 없이 전부 명확해지는 것이다"(『阿片戰爭檔案史料』 5권, 251~252쪽). 이것으로 도광제가 업무 분담을 지시했음을 알 수 있다. 그리고 '회유'계의 시행에 대해서는 여전히 혁경에게 숨기는데, 이는 천진의 목창아로 하여금 눌이경액에게 숨기게 한 것과 같았다. 혁경이 받은 명령은 '토벌'이었는데, 이는 그의 군정에 대한 거짓 보고가 원인이었을 가능성이 크다.

이고 희망을 잃어버린 상태로 상주를 올려 도광제의 기분을 매우 나쁘게 하였다. 영국군의 미미한 행동에도 기영은 즉시 '구슬리는(羈縻)' 정권을 실시할 결심을 하고, '선초후무(先剿後撫)'의 의지를 따르지 않았다. 도광제의 불만이 또 용인의 한계를 뛰어넘어 5월 25일에 유지를 내렸다.

> 기영은 계속 흠차대신의 직함을 가지고 역참을 이용하여 신속히
> 광주장군에 부임하라.
> (이리포) 즉시 혁경은 그를 만나 군영에 계속 머물게 하라. 만약
> 활용할 곳이 없으면 즉시 이에 대한 보고서를 올리고 그에게 수도
> 로 복귀할 것을 명령하라.[84]

도광제는 기영과 이리포에게 내린 명령을 중지시키고, 절강의 모든 대권을 여전히 혁경에게 귀속시켰다. 이는 또 이리포의 사람이자 정치 경험이 상당한 장희를 생각나게 한다. 그는 자신의 주인을 따라 남하하기를 원하지 않았는데, 공교롭게도 이 국면을 예견하였다.

그러나 1841년 겨울에 영국군은 다음해 봄에 양자강전역으로 진공할 것을 결정했다. 이 계획은 최초 전임 전권대표 찰스 엘리엇에게서 나온 것으로,[85] 후에 영국정부의 비준을 얻었다. 이 훈령은 인도정부에 훈령을 내려 1842년 4월에 차출가능한 모든 군대를 싱가폴에 집중시킨 다음 '중화제국의 주요 내륙교통선을 끊는 거점'으로 진공한다는 것이다. 즉 양자강과 대운하의 교차점인

---

84) 『阿片戰爭檔案史料』 5권, 306~307쪽. 도광제는 유지에 기영의 '회유하는' 행동을 비판하고 주비에 "그 처리가 매우 만족스럽지 못하다"라고 적었다.
85) 馬士, 『中華帝國對外關係史』, 1권, 331쪽.

진강(鎭江)이었다.[86] 이런 전법은 해도를 점령하고 해안을 봉쇄하는 전쟁초기의 전법과 비교하면 더 더욱 청 왕조의 아픈 곳을 타격할 수 있는 것이었다.

그렇지만 1842년 5월 날씨가 따뜻해지고 남풍이 풀자 인도방면 지원군의 도착이 지연되고 게다가 전권대표 헨리 포팅거도 아직 홍콩에 있었다. 절강에 주둔하던 영국 원정군 해군 사령관 윌리엄 파커, 육군사령관 고프는 시기를 놓치지 않고 공세를 개시할 것을 결정했다. 병력의 부족을 메우기 위해 그들은 영파와 진해를 포기했고, 진해성 밖의 초보산(招宝山)에 최소한의 병력을 남겼다. 이 철수 행동은 또 우리가 이전에 제기한 적이 있는 혁경의 거짓 군사 보고를 낳았다.

혁경은 비록 상주에 영국군의 영파 철수에 대해 '계권이 빈곤하고 지혜를 다 써버렸다'라고 했지만, 내심은 결코 이로 인해 평온하지 못하였으며, 반대로 더욱 영국군의 다음 행동을 긴장하며 주시하고 있었다. 그러던 중에 사포에서 전쟁이 벌어졌다는 소식이 전해지자, 그는 대경실색했다.

사포는 절강성 평호현(平湖縣)에 부속된 작은 성으로 항주만 입구의 북단에 위치했다. 그곳은 지리적으로 중요했기 때문에 청군이 입관(入關)하여 남하한 후, 팔기병을 파견하여 방어하고 부도통이 다스리도록 한 곳이었다. 행정체제상, 사포 성내의 정2품 대원은 평호현 보다 높은데, 이는 하문 성내의 제독, 동지가 동안현(同安縣) 보다 높은 것과 같이 특별한 곳이었다.

아편전쟁의 개시 후 얼마 지나지 않은 1840년 7월 24일, 중국과 영국은 사포에서 한차례 소규모 군사 충돌이 발생했다.[87] 이후부터 사포는 줄곧 청군의 해양 방어의 요충지가 되었다. 이곳은 정해, 진해, 영파 삼성이 함락한 후, 절강에 주둔하는 병사의 수가 가장 많은 지역으로 팔기방어군, 본성이 파견한

---

86) 위의 책, 1권, 331쪽.
87) 『阿片戰爭檔案史料』 2권, 199~200, 215~227쪽.

지원군, 섬감(陝甘) 지원군, 산동 고용, 해당지역의 고용 이렇게 해서 모두 약 7,000명이 있었다.[88]

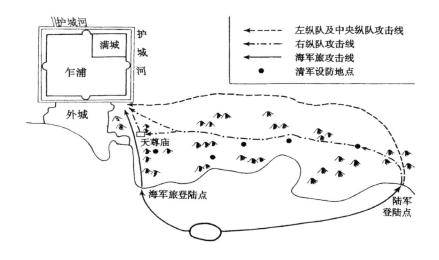

左纵队及中央纵队攻击线
右纵队攻击线
海军旅攻击线
● 清军设防地点

护城河
满城
乍浦
护城河
外城
天尊庙
海军旅登陆点
陆军登陆点

그림 10) 사포(乍浦) 전투의 약도

영국군은 1842년 5월 7일부터 영파에서 철수해서 13일에 황우초(黃牛礁)에 집결했다. 이 부대의 규모는 전함 7척, 기선 4척, 육군 2,000여 명이었다.[89] 이

---

88) 그중 사포 팔기주방은 1,841명, 사포 녹영 및 본성 차출병은 1,800여 명, 섬감지원병은 1,000명, 본지 고용 700명, 산동 고용 1,500명이다.(『籌辦夷務始末(道光朝)』 3권, 1249~1253쪽; 4권 1655, 1818, 1821쪽)

89) 그중 영국 함선은 콘윌리스호(Cornwallis, 72문), 블론드호(42문), 모데스테호(16문), 칼럼바인호(16문), 알제린호(10문), 스탈링호(6문), 플러버호(plover, 6문)이고 중기선은 퀸호, 네메시스호, 세소스트리스호, 플레게톤호이다.

는 이미 절강지역에 있는 영국군 병력의 대부분이 집결했다고 할 수 있다.[90] 거센 바람과 조수 때문에 영국군은 17일에 비로소 사포일대에 도착한다. 한 차례 정찰을 진행한 후, 18일에 영국군은 진공을 개시했다.

영국군 군관의 회고록을 보면 해당 작전 지도를 볼 수 있다.[91] 그 지도를 보면 영국군이 사포에서 여전히 해군이 정면을 포격하고, 육군이 측면을 공격하는 오래된 전법을 채택했다는 것을 분명하게 알 수 있다.

비록 1840년 가을 이래, 사포가 줄곧 절강 청군의 중요 방어 요충지로 개전 전 병사들이 모두 7,000명에 달했다고 하지만, 그곳은 하문, 정해, 진해와 같은 그런 방어체계가 부족했으며, 유일하게 가치가 있는 시설이 성벽이었다. 영국군 육군 사령관 고프의 보고에 의하면 "성벽은 결코 생각했던 것처럼 그렇게 높지도 완전하지도 않았다"라고 했다. 전투 중에 가장 중요한 화포의 수량도 매우 적었다. 겨우 60문(그중 11문은 동포이다)이 있었을 뿐이다. 이는 하문의 10분지 1에 해당하며, 정해와 진해의 백분지 40에 못 미쳤다. 게다가 수비 책임자는 영국군이 동남쪽 고지대에서 진공을 개시할 줄은 생각하지 못했기 때문에 방어 작전 시에 지휘체계가 혼란에 빠지게 되었다.

비록 이와 같다고 할지라도 영국군이 사포를 점령할 때 지불한 대가는 오히려 하문, 정해와 진해를 크게 초과하였다. 9명이 사망하고 55명이 부상을 당하였는데, 아편전쟁 역대 전투 중 3위에 해당했다. 천존묘(天尊廟)에서 소규모의 청군이 겨우 집과 벽에 의지하여 소화기로 강한 저항을 하여 영국군 중

---

90) 1842년 2월 출판한 『중국총보』 그해 1월 절강에는 있던 영국군 군함은 9척이라고 하였다. 클리오호 (Clio, 16문), 히아신스호(18문), 펠리컨호(Pelican, 18문)을 제외하고 전부 결집했다. 이외 하문에서 올라온 스탈링호가 있었다. 『중국총보』는 또 그해 중국에 결집한 육군의 수 5,000명이며 홍콩, 고랑서의 주둔군을 제외하고 절강의 영국 육군 대부분이 이미 결집했다고 밝혔다.(『Chinese Repository』, vol 11, 114~119쪽)

91) John Ouchterlony, The Chinese War, an Account of all the Operations of the British Forces from the Commencement to the Treaty of Nanking, 272~273쪽

교(中校) 톰린슨(Tomlinson)등을 사살하자 바로 그 묘가 영국군의 포화에 평지가 되었다. 대다수 청군이 전투 중에 도망을 쳤으나, 사포에 주둔하던 팔기관병의 목숨을 건 작전은 영국군을 크게 놀라게 하였다. 그 이유는 그들의 집, 그들의 가족이 있었기 때문으로 도망갈 수 있어도 가지 못했기 때문이다. 또 전 식구가 자살을 하는 비장한 행동은 그들의 불굴의 의지를 나타냈다.[92]

전화는 전당강 남안에서부터 북안으로 번졌다. 영국군이 곧 가흥, 항주로 진공한다는 소문에 절강의 군정대신들이 두려움에 떨었다. 영국군의 전함이 해녕주(海寧州)의 첨산(尖山)에 출현했을 때, 항주 성내의 인심이 흉흉해 졌고 피난을 떠나는 민중에 의해 하항(河港)이 막혔다. 그렇지만 5월 28일 즉, 사포를 점령하고 10일째 되는 날에 영국군은 계속 북상했다. 그곳은 바로 다음 목표인 강소성 보산현(宝山縣)의 오송(吳淞)이었다(지금의 상해시 안에 속한다)

오송은 황포강이 장강으로 들어가는 입구에 위치하는데 상해의 문과 같았다. 또 장강 방어의 첫 번째 방어선이었다. 보산현성은 오송 입구 서안과 겨우 2리 정도 떨어져 있으며 장강 앞에 있었다.

1840년 7월, 이리포가 경보를 듣고 병사들을 이끌고 방어준비를 마친 이후부터, 오송은 줄곧 강소의 해양 방어 요충지였다. 강소의 최고 군정장관이 친

---

92) 사포전투의 경과와 관련하여 다음 자료를 참고할 수 있다. 기영, 혁경 등의 상주는 『阿片戰爭檔案史料』 5권, 272~279, 281~283, 312~314, 322~323, 387~389쪽; 『犀燭留觀記事』 '乍川難略', 『叢刊 阿片戰爭』 3권, 267~268쪽; 夏燮, 『中西紀事』, 106~107, 322~326쪽; 『Chinese Repository』, vol 12, 248~252쪽; Bernard, Narrative of the Voyages and Service of the Nemesis, vol 2, 313~335쪽; John Ouchterlony, The Chinese War, an Account of all the Operations of the British Forces from the Commencement to the Treaty of Nanking, 268~281쪽; Murray, Doings in China: Being the Personal Narrative of an Officer Engaged in the Late Chinese Expedition, From the Recapture of Chusan in 1841, to the Peace of Nankin in 1842, 136~151쪽; 賓漢, 「英軍在華作戰記」, 『叢刊 阿片戰爭』 5권, 290~295쪽. 전후 청국 측의 상주 보고에 의하면, 사포전투에서 그 성에 속한 기영(旗營)의 전투 중 사망자 수는 273명이고, 순국이 7명, 부상으로 죽은 자가 6명, 실종이 1명이다. 그 밖에 부녀자 순국이 55명이다. 『阿片戰爭檔案史料』 6권, 236~237쪽.

히 이곳을 지키고 직접 지휘하였다.[93] 강남 수륙제독 진화성은 포대 옆의 막사 안에서 살면서 경계를 게을리 하지 않고 전투태세를 유지하였다. 2년 동안 이와 같이 했다. 그들의 지도 아래, 오송의 방어시설과 무기의 모습이 전혀 달라지는 변화가 발생했다.[94]

오송의 방어체계는 완전히 하문과 정해에 필적하는데, 그 구체적 배치가 다음과 같다.

1) 서안(西岸) 토당(土塘) 일대에 134문의 화포가 설치되어 있으며,[95] 신월언 포대에는 10문의 화포가 설치되어 있다. 1,000여 명의 병사가 주둔하고 있으며, 강남제독 진화성 지휘한다. 토당의 뒤에는 군영이 설치되어 있어 육로에서 호응하는 제2선부대가 주둔한다.

2) 동안(東岸) 토당 및 포대에는 20문의 화포가 배치되어 있으며, 1,000여 명의 병사가 주둔하여 방어한다. 천사영(川沙營) 참장이 지휘한다.

3) 보산현성에 대, 소 화포 20문을 안치하고 2,000명의 병사를 주둔시켜 방어한다. 양강총독 우감이 현지에서 직접 지휘한다.

4) 보산현성에서 서북쪽으로 약 3리 가량 떨어진 장강 강변의 작은 작은 모래언덕에 병사 700명을 주둔시켜 방어한다. 서주진 총병 왕지원(王志元)이 감독하여 지휘하고 영국군의 측면 공격을 방어한다.

5) 사선(師船), 민선, 방제륜선(仿制輪船) 전부를 토당 안의 황포강에 배치하

---

93) 구체적 시간: 이리포 1840년 7월에서 8월, 1941년 2월에서 5월; 유겸 1840년 8월에서 1841년 2월, 1841년 5월에서 8월; 우감 1841년 11월에서 1842년 6월. 다시 말하자면, 양강총독이 절강으로 간 후 강소순무가 그 일을 인계받아 관리한다. 당연히 각 군정장관도 잠시 떠나 있었으나, 그 주요 시간에는 여전히 보산 혹은 상해 일대에 머물렀다.

94) 「1842年吳淞之戰新探」, 『역사당안』, 1990, 3기 참고.

95) 당시 오송 지역에는 화포가 모두 250문(불포함 소형화포)이 있었는데 그중 동포가 43문이었다. 상해에서 주조한 동포는 보산에서 상해 황포강 각 곳의 포대에 배치되었고, 오송에 전부 활용하지는 않았다. 당시 우감 등은 명대 척계광(戚繼光)이 제조한 호존포(虎蹲砲)류를 채택하였으며, 이는 통계숫자 안에 있지 않다.

여 영국군이 직접 강으로 들어오는 것을 방어한다.(이상 그림 11을 참고)

그러나 이러한 방어는 영국군의 공세를 저지할 수 없다는 것을 이때의 전장을 총지휘하는 신임 양강총독 우감은 전혀 깨닫지 못하고 있었다. 그는 자심감이 충만하고 구체적이고 세밀하였지만, 정말 자신의 주관에만 의지하고 객관적인 현실을 등한시하는 대응방안을 세웠다.[96] 이런 실제에 부합하지 않는 계획은 본래 그 시대의 전장에 참전한 적이 없는 모든 관료들이 저지른 병폐였다. 자세하게 평론할 필요도 없지만, 그렇게 그 뜻을 크게 떠벌리는 언사는 또 도광제의 마음을 편안하게 하여, "수륙이 둘 다 성실하니, 정(靜)으로 동(動)을 제압하는 방법을 얻은 것이다"라고 칭찬을 받았다.[97]

사람들은 우감의 이런 자심감에 대해 이상하게 생각했다. 이 감숙 무위(武威) 출신의 인사는 과갑한림(科甲翰林)출신이며, 언관을 지낸 적이 있고 지방관을 지낸 적이 있었다. '영길리(英吉利)'가 어떤 물건인지 모르기 때문에, 일

---

96) 우감의 상주에 근거하여 청군의 대응 작전은 1) 만약 영국군 함선이 오공 안으로 침입하면, 오송 서부 해안 토당의 청군이, "흙더미에 매복한 후 병사들이 몇 리 밖에 매복하는 병사들과 호응한다. 화포로 인해 혼란스러워도 우리는 조용히 움직이지 않는다. 상대방의 포탄이 우리의 매복한 병사들에 미칠 수 없기 때문이다. 그 포화가 멈추기를 기다려 큰 배가 접근하면 우리의 포가 미치는 범위를 계산하여, 조심스럽게 별을 따라 정확하게 조준하여 모든 포를 발사하면 그 적은 당해낼 수가 없을 것이다." 2)영국군이 만약 함선으로 보병을 엄호하여 상륙하면, "이때 매복해있던 병사들이 전력으로 안심하고 힘을 발휘할 수 있다. 도적들이 이미 상륙하였기 때문에 상대방은 함부로 포격을 할 수 없을 것이다. 그런 후에 갑자기 앞뒤에서 호준포를 먼저 사용하여 포격하여 서양화기를 파괴한 다음에 포와 조창으로 협공하면 자연히 승리하지 못할 이유가 없다. 게다가 역이는 삼판선을 이용하여 흑인들을 상륙시킬 것이며 수백에 불과할 것인데, 이에 반해 수천의 우수한 장병을 보유하고 있는 우리 군이 어떻게 섬멸시키지 못하겠는가?" 3)만약 영국군이 장강으로 우회하여 작은 모래사장 일대를 공격하고 서측 해안 토당의 후도로 돌아가서 공격한다고 해도 "나의 병사들이 이미 층층이 포를 배치하고 마디마다 매복을 하고 있다." 그리고 그곳의 모래사장이 얕아서 큰 함선은 가까이 접근하기 어렵기 때문에, "상대방은 대포를 휴대하여 우리의 내지를 침범할 수 없으며, 비록 화창(火槍), 화전(火箭)이 있지만 역시 우리의 대포와 100여대의 호준포에 대적할 수 없다." 이 이치는 매우 명백하다. 4)만약 영국군 함선이 오송 입구를 돌파하여, "곧장 내하로 진입하면", 오송구 내의 황포강에 배치한 사선 고용선, 증기선이 출격하여 응전한다. "각 선박이 그들과 겨룰 만하며, 조금도 소홀히 하지 않을 것이다" (『籌辦夷務始末(道光朝)』 3권, 1623; 4권, 1862, 1912쪽). 이것으로 볼 때, 우감의 계획은 비록 주도면밀하였지만, 단지 상상 속의 영군과 싸움을 한 것이 되었다. 그는 영국군의 '선견포리'와 육전 능력에 대하여 실제에 부합하는 판단을 전혀 하지 못했다.

97) 『阿片戰爭檔案史料』 5권, 442쪽. 도광제는 이 유지를 1842년 6월 21일 보내는데, 이때는 오송이 함락당한지 5일이 지난날이다.

을 처리하는 기백이 당연히 앞에서 언급한 안백도, 유겸 등과 비슷하였으며, 당시의 대다수의 관원들과 같았다. 그의 일생 중에 가장 큰 일은 1841년 황하의 둑이 무너진 일이었다. 홍수가 하남 성도인 개봉(開封)을 둘러싸자 놀라고 당황하여 어찌할 바를 모르던 하도(河道)총독이 성도를 옮긴다고 천명하자, 하남순무에 부임한 우감이 차분하고 침착하게, "성도를 지킬 수는 있지만 옮길 수는 없습니다."라고 강력하게 주장하면서, 상주에 "만약 천도한다는 소문이 돌면 백성들의 마음도 해이해질 텐데 그럼 성은 누가 지킵니까?"라고 하였다.[98] 홍하의 수위가 내려간 후, 그의 이런 심상치 않은 상황에 처해서도 태연자약하던 비범한 기질은 도광제의 마음속에서 자리 잡았다. 유겸의 자리가 공석이 되자, 전혀 주저하지 않고 양강총독에 그를 임명했다. 강소는 절강과 맞닿아 있어서 당시 매우 혼란스러웠기 때문에 큰일을 당하기만 하면 숨을 죽이는 대신은 필요하지 않았던 것이다.

1842년 6월 8일, 영국군이 장강 입구 밖에 있는 계공초(鷄骨礁)에 도착했다. 이 함대는 전함 8척, 무장기선 6척, 수송선 14척 그리고 육군 2,000명으로 구성되어 있었다. 6월 16일 새벽에 영국군이 오송으로 진공했다. 함대를 주력함대와 경형함대로 나누었고, 주요 공격방향은 오송 서안의 청군진지였다. 정오가 지나자 영국군 수송선이 육군 부대를 오송 서안에 상륙시키자, 육군은 두 가지 길로 나누어 보산현성(宝山縣城)으로 진공했다. 청군이 이미 철수했기 때문에 영국군은 총 한번 쏘지 않고 보산을 점령했다. 이 전투에서 영국군은 2명이 죽고 25명이 부상을 당했다. 반면에 청군 진영은 진화성을 포함한 88명이 전사했다.[99]

98) 『淸史列傳』 12권, 3779쪽.
99) 작전경과는 아래자료를 참고. 1)청국 측 상주, 『籌辦夷務始末(道光朝)』 4권, 1916~1917, 1925~1926, 1938쪽; 2)파커가 해군대신에게 보내는 보고, 1942년 6월 17일; 고프가 식민지부 수석국무대신에게 보내는 보고, 1842년 6월 18일, 『Chinese Repository』, vol 12, 287~294, 341~343쪽; 3)

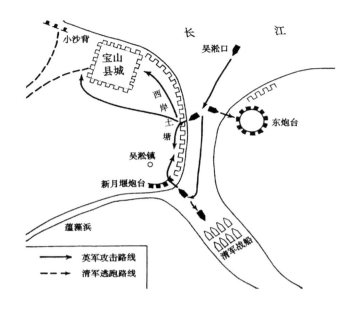

그림 11) 오송(吳淞)의 방어 및 작전 약도

　　아편전쟁에 대해 기술한 수많은 논저가 오송전투의 패배를 양강총독 우감
과 서주총병 왕지원이 도망쳤기 때문이라고 주장했다. 이런 주장을 자세하게
연구해 보면, 『도광양소정무기(道光洋艘征撫記)』, 『중서기사』, 『이분문기』의 영향
을 받은 것이다. 이런 전작들 모두 진화성이 최초 전쟁에서 승리를 하고 전함
을 격침시키고 영국군을 죽였기 때문에, 만약 우감, 왕지원이 도망치지 않았
다면 전투는 승리할 가능성이 매우 컸다고 주장하고 있었다. 이런 주장은 우

　　영국군 군관의 회고록, 賓漢, 「英軍在華作戰記」, (중역본 『叢刊　阿片戰爭』 5권), 버나드, 『復讐
神號航行作戰記』, 로크, 『英國軍 在華作戰末期記事』, 오체르트니, 『對華作戰記』, 머레이, 『在
華戰役記』 (중역본은 中國科學院上海歷史硏究所籌備委員會編: 『阿片戰爭末期英國軍在長江下
遊的侵略罪行』上海人民出版社, 1959년을 참고).

감 본인의 전후 '처음에는 승리하고 뒤에는 패배했다(先勝後敗)'는 거짓 보고로 인해 생겼을 가능성이 매우 크다. 그러나 전투의 실제 경과를 살펴보면 청군은 시작부터 끝까지 불리한 상황에 처해 있었으며, 승리할 가능성이 매우 적었다.

이상의 저작들은 모두 영국군이 정면공격이 불리하자 왕지원이 방어하던 작은 모래언덕(沙背)을 우회하여 습격했다고 하였다. 영국군은 전쟁 전에 확실하게 이 작은 모래언덕을 돌파하는 계획을 가지고 있었다. 그러나 그 간석지가 매우 길어 상륙에 어려움이 있었기 때문에 이 계획을 포기했다. 『중서기사』에 따르면 영국군이 동포대(東砲台)로부터 상륙하여 서쪽으로 진격하였다고 하는데, 더욱 그 지리적 위치를 더욱 헷갈리게 했다. 이는 황포강 동안에 위치한 동포대가 서안 토당과 연결되어 있지 않기 때문이다.

그럼, 우감, 왕지원의 도주는 과연 전투에 무슨 작용을 일으켰을까?

우감은 보산현성을 수비하는데, 전투가 벌어진 후 병사들을 이끌고 남문으로 가서 진화성을 지원했다. 연병장에 도착했을 때(진화성의 지휘 위치와 이미 매우 가까웠다) 돌연 영국함포의 사격을 받고 "병사들 10여 명이 이 때문에 전사하자", 그는 즉시 보산현성으로 도주하고,[100] 이어서 또 가정(嘉定)으로 도주했다. 이를 작전의 경과 상에서 분석을 하면, 우감이 전쟁에 임하여 도망을 친 것이, 비록 토당 전선의 전황을 바꿀 수는 없지만, 독부(督部)가 상륙한 수병에 반격을 가할 수 있는 기회를 포기한 것과 마찬가지였다. 하지만 우감이 전투를 고수하여 전투의 시간을 연장시켰으면 영국군의 피해는 더욱 증가했을 것이지만, 그래도 전투의 결말은 변하지 않았을 것이다.[101]

---

100) 『籌辦夷務始末(道光朝)』 4권, 1916~1917쪽.

101) 당시 오송 서안의 토당 위에 청국 측이 2선 진지를 전혀 설치하지 않아서 우감은 전혀 의지할 곳이 없이 오직 야전을 치러야 했다. 이밖에 이때 상륙한 영국군들은 각 함의 수병으로, 만약 육전에서 강력하게 저항을 했다고 해도 곧 육군을 투입했을 것이다. 이것으로 볼 때, 우감 등의 병력과 병기

왕지원은 보산현성 서북의 작은 모래언덕(沙背)을 수비하고 있었다. 전후 조사에 의하면, 왕지원은 일찍이 친병 30명을 이끌고 지원을 하였는데, 정오에 복귀하고 부하에게 서안 토당은 이미 함락 당했으니 보산현성 역시 함락당할 것이므로 이 작은 모래언덕(沙背)은 외딴 장소이고 소수이기 때문에 서쪽으로의 철수를 지휘하였다고 하였다.[102] 왕지원의 이 주장은 도망갈 구실을 찾은 것이긴 하지만, 오송전투 패배에 대한 책임이 그에게 없다는 것이 확실한 사실이었다.

아편전쟁 이후 연구자들이 오송전투 패배의 책임을 우감, 왕지원에게 전가한 까닭은 그들이 오송의 지리 상황과 청군의 방어배치를 이해하지 못했고, 영국군의 공격방향과 병기의 성격을 파악하지 못했기 때문이라는 것이다. 그런데 그 보다 더 중요한 것은 진화성이 용맹하게 순국한 것에 대한 숭상과 우감, 왕지원이 구차하게 살아가는 것에 대한 멸시 때문이었다. 충(忠)을 숭상하고 간(奸)을 증오하는 이런 명백한 가치 관념은 그들이 사실 전부를 분명하게 알기 전에 (당시의 조건하에 사실 전부를 안다는 것은 매우 어려운 일이다), 그 어떤 일정부분 사실을 갖춘 전설을 부정확하게 과장하게 했고 역사적 진실을 모호하게 변하게 했다.

그렇지만 그들의 이런 충간에 대한 모순적 서술은 더욱 당시 이후의 사람들의 심리상태와 사유 습관에 부합하고 더욱 더 희화성을 부여하여, 광범위한 전파와 보편적 수용을 하게 되었다.

영국군이 오송, 보현을 함락한 당일 저녁에 해군 사령관 윌리엄 파커와 육군 사령관 고프는 이미 이전에 출발한 원군이 오송 입구에 도착하기를 기다

에 의지해서는 승리할 수 없었음을 알 수 있다.

102) 『籌辦夷務始末(道光朝)』 5권, 2367쪽. 이때 왕지원은 이미 사망했으며, 왕지원의 부하가 이를 조사하러 온 강녕포정사 황은단(黃恩彤)에게 한 대답이다.

리고 있었다.

1840년 6월에 영국 원정군이 광동 근해에 도착했을 때, 그 병력이 전함 16 척, 기선 4척, 수송선 27척 육군 및 육전에 투입 가능한 해군인원이 약 4,000 명이었다. 이후, 그 병력은 계속 변화를 거치는데 그 폭이 크지 않았다.[103] 1842년 1월까지의 영국 원정군의 규모는 전함 17척, 증기선 6척 육군 4,942명 이었다.

비록 영국정부가 지원군이 1842년 4월에 도착하기를 요구했지만, 실제 도착한 시간은 오히려 약간 늦었다. 시기를 놓치지 않고 공세를 발동하기 위해 영국군은 영파와 막 점령한 사포를 포기했다. 그러나 홍콩, 하문 고랑서, 정해, 진해 초보산에는 소규모 주둔군이 있었는데, 두 명의 사령관으로 하여금 후방을 담당하게 했다. 1842년 5월에 상황이 급변했다.

막 설립한지 얼마 안 된 홍콩 정부의 통계에 따르면 1842년 6월 15일, 마드라스 토착보병 제37연대(군관 20명, 토착병 400명)가 배를 타고 홍콩에서 인도로 귀국했다. 6월 14일부터 6월 22일까지 인도 등지에서 출발한 36척의 수송선이 마드라스 토착보병 제2, 6, 14, 39, 41연대 그리고 벵갈 지원병단, 공병, 인도 포병 등 부대,[104] 모두 6,749명을 수송했다.[105] 6월 5일에 영국 황가해군 병력수송선 벨레실(Bellesile)호가 황가 육군 제98연대 800명을 태우고 홍콩에 도착하여, 먼저 도착한 황가 제18, 26, 49, 55연대의 결원 700여 명과 함께 같

---

103) 그 주요 변화는 다음과 같다. 1840년 10월까지, 영국 해군은 남미에서 온 칼리오페호와 사마랑 (Samarang)호로 탑재 화포수는 28문이다. 육군 마드라스 토착보병 제37연대가 차출되어 왔다(『Chinese Repository』, vol 9. 418쪽). 연말이 되자 해군은 또 측량선 스탈링호와 설퍼호가 증원되는데 탑재 화포수는 8문이다. 또 증기선 네메시스호 등 기타 보조선이 증원된다. (『Chinese Repository』, vol 10, 57쪽); 1841년 1월 벵갈 지원병단의 대부분이 철수하고, 8월 중순에 또 황가 55연대가 도착하여 역시 함선에 약간의 변화가 생긴다.

104) 『Chinese Repository』, Vol 12, 44~55쪽

105) "Correspondence relative to military operations to China." Irish University Press area studies series, British parliamentary papers: China, vol. 27, Shannon, Ireland: Irish University press, 1971, 65쪽.

은 날 도착했다.[106] 영국 육군은 이번 증원을 통해 보병단은 모두 11개 연대가 되었으며, 그리고 포병, 공병이 증원된 후에는 총 병력이 12,000명 이상이 되었다.

해군 함선의 증원이 구체적으로 이루어진 시기는 아직 불분명하지만 대부분의 함선과 육군이 동일시기에 도착했다고 할 수 있다. 영국군 군관의 회고록에 의하면 1842년 8월까지 중국에 도착한 영국군 전함 25척은 다음과 같다.

콘월리스	포72문	블랜하임호	포74문
빈딕티브(Vindictive)호	포50문	탈리아(Thalia)	포44문
블론드호	포42문	엔드미온(Endymion)	포44문
캠브리안(Cambrian)호	포36문	칼리오페호	포28문
북극성호	포26문	헤럴드호	포26문
디도(Dido)호	포20문	펠리컨호	포18문
모데스테호	포18문	할리퀸(Harlequin)호	포18문
칼럼바인호	포16문	칠더스(Childers)호	포16문
클리오호	포16문	해저드(Hazard)호	포16문
원드라(Wanderer)호	포16문	울버린(Wolverene)호	포16문
크루저호	포16문	서펜트(Serpent)호	포16문
헤베호	포4문	알제린호	포10문
로얄리스트호	포10문		

---

106) 『Chinese Repository』, Vol 11, 676쪽. "Correspondence relative to military operations to China." Irish University Press area studies series, British parliamentary papers: China, vol. 27, Shannon, Ireland: Irish University press, 1971, 66쪽.

기선 14척은 다음과 같다.

프로세르피나(Proserpine)호 (철재)	네메시스호(철재)
플레게톤호 (철재)	플루토호 (철재)
메두사(Medusa)호 (철재)	드라이버(Driver)호 (목재)
빅센(Vixen)호 (목재)	아크바(Ackbar)호 (목재)
세소스트리스호 (목재)	오클랜드(Auckland)호 (목재)
퀸호호 (목재)	테나시림호 (목재)
멤논(Memnon)호 (목재)	홍글리호 (목재)

이외 병력 수송선 6척, 의료선 1척, 측량선 2척이 있었다.[107] 고용선은 약 60 척이었다.[108]

이것으로 보아 영국 원정군의 해군, 육군 총 병력은 약2만 여 명에 달했다.[109] 이는 서방의 식민지 확장사상 보기 드문 강력한 군단이었다.

영국군은 이러한 증원을 거친 후, 홍콩(2개 연대를 파견), 하문고랑서, 정해(1개 연대를 파견), 진해 초보산의 수비군을 강화한 것 외에 주력은 연달아 북상하여 곧장 장강(長江)으로 진입했다.

1842년 6월 19일, 오송, 보산의 영국군은 크게 한차례 증원을 거친 후, 황포강을 따라 수륙 양 방향을 병진하여 청국 측이 포기한 상해를 점령했다. 이어서 증기선을 파견하여 강을 거슬러 올라가 송강(松江) 지역으로 진격했다. 6월 27일에 남방에서 온 지원군 대부분이 오송에 도착하자, 영국군은 또 상해

---

107) Bernard, Narrative of the Voyages and Service of the Nemesis, vol 2, 511~512쪽

108) 馬士, 『中華帝國對外關係史』, 1권, 331쪽.

109) "Correspondence relative to military operations to China." Irish University Press area studies series, British parliamentary papers: China, vol. 27, Shannon, Ireland: Irish University press, 1971, 68쪽.

591

에서 철수하고, 군함 2척을 남겨 오송 입구를 봉쇄했다. 주력은 1개 선행부대와 5개종대로 편성하여(전함 12척, 기선 10척, 병력 수송선과 수송선 51척, 육군 4개 여단 7,000명)[110], 7월 5일에 위풍당당하게 양자강을 지나 바로 진강(鎭江)을 취했다.

진강(鎭江)은 예부터 경구(京口)라 칭하며, 북으로 장강에 인접하고, 서로는 대운하를 끼고 있는 교통의 중추였다. 운수업의 중심으로 장강 하류지역의 크게 번화한 도시였다.

민치(民治)로 말하자면 진강은 본래 부성(府城)이지만 상진도(常鎭道) 역시 이곳에 머무르는 등 일반적이지 않은 곳이라고 할 수 있다. 군치(軍治)로 말하자면 청군이 입관하여 남하 한 후, 줄곧 이곳은 강병이 주둔하고 있으며, 1658년에 경구장군(將軍)을 설치하고 정성공 등 반청세력에 대응했다. 1757년 경구장군을 철폐하고 부도통(副道統)으로 고쳤다. 아편전쟁 시기에 팔기병 1,185명이 주둔했다.[111]

비록 아편전쟁이 발발할 때, 양강총독 이리포는 진강에 방어 병력을 배치했지만, 그 방어조치는 강녕(江寧) 기병(旗兵) 400명을 차출하여 진강에 주둔시킨 것일 뿐이었다. 이리포의 후임들은 시종 오송을 주시했으나 장강 방어에 대해서는 중요하게 생각하지 않았다. 우감은 영국군이 장강 깊이 들어 올 것이라고 생각하지 않았기 때문에 겨우 강음(江陰)의 아비취(鵝鼻嘴)에 병사 580명을 파견하고, 주도(舟徒)의 천산관(圌山關)에 병사 및 련용(練勇) 430명을 파견하면서 대강 마무리를 지었다.[112] 1842년 초, 진강에 주둔하던 강녕기병을

---

110) Bernard, Narrative of the Voyages and Service of the Nemesis, 중역본 『阿片戰爭後期英軍在長江下遊的侵略罪行』; 馬土, 『中華帝國對外關係史』, 1권, 331쪽.

111) 『籌辦夷務始末(道光朝)』 2권, 857쪽.

112) 『阿片戰爭檔案史料』 6권, 185쪽. 그중 진강성과 겨우 60리 떨어진 천산(圌山)은 원래 병사가 80명이 배치되어 있었으나 우감이 50명을 더 지원하고, 상진도 단명륜(但明倫)은 또 단련 300명을 조

철수시키고 청주(淸州)기병 400명을 주둔시켰다.[113]

1841년 초 부임한 경구(京口) 부도통 해령(海齡)은 그곳의 방어에 꽤 관심을 가졌다. 그는 엄격하게 부대를 훈련시켰고, 군민(君民)을 동원하여 무너진 성벽을 보수했다. 그러나 그에게는 병사들을 차출할 권한이 없었고 화포를 주조할 돈이 없었기 때문에 할 수 있는 일이 그것밖에 없었던 것이었다. 그는 수용(水勇)을 모집하여 강을 순시할 것을 요구하였으나,[114] 우감에게 거절당했다.[115] 그는 또 휘하 병사들의 생활을 개선해 주어 사기를 진작시키고자 했으나, 오히려 우감에게 탄핵을 당해 그 결과 두 계급이 강등되는 처분을 받았다.[116] 그는 오송이 함락되었다는 소식을 듣고 영국군의 장강 침입을 막기 위해 상주를 올려 장강 항로를 가로막을 것을 요구했다.

해령의 건의는 사실상 허황된 생각이었다. 1930년대에 장개석(蔣介石)이 상해를 잃은 후, 중국해군 함선에 강음(江陰)에서 배를 가라앉혀 일본 함대가 강을 거슬러 올라가는 저지하라고 명령했지만 그 효과가 매우 적었다. 장강을 가로막는 거대한 공사에 필요한 시간, 자금, 이것으로부터 일어날 국가 경제와 국민생활과 생태환경 제 방면에 대한 영향을 해령은 아마도 생각하지 못한 것 같았다. 도광제는 이 상주를 받은 후 주비에, "들인 힘에 비해 무익하다"라고 적었다.[117]

영국군이 상해에서 철수하여 다시 오송 입구에 집결했을 때, 청 조정 신료들은 영국군이 북상하여 천진을 공격할 것이라고 오판했다. 우감은 또 강소

직한다. (『阿片戰爭檔案史料』 5권, 14쪽.

113) 위의 책, 5권, 14, 44, 88쪽.

114) 위의 책, 5권, 14쪽.

115) 위의 책, 5권, 80쪽.

116) 『上諭檔』, 도광 22년 3월 초1일.

117) 『阿片戰爭檔案史料』 5권, 576쪽.

전투가 끝났다고 여기고 절강에서 대신과 군대를 파견하여 강소를 원조할 필요가 없다고 상주했다.[118] 그러나 영국군의 함대가 계속 장강 안으로 침입하자, 우감 등은 비로소 자신들의 오판을 발견하고 황급히 병사를 차출하여 진강(鎮江)을 지원했다.

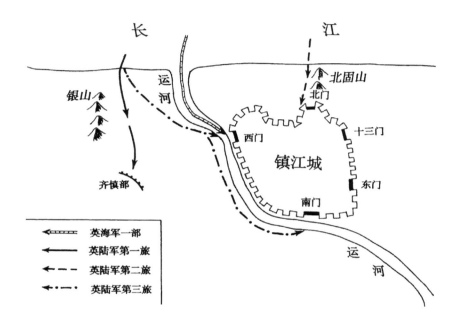

그림 12) 진강(鎮江) 전투의 약도

118) 위의 책, 5권, 493~495쪽.

1842년 7월 12일 영국군 함대가 강음 아비취(鵝鼻嘴)에 도착하고 14일에는 주도(舟徒)의 천산(圖山)포대를 공격했다. 15일에 영국군 기선 2척이 먼저 진강에 도착하고, 20일에 영국군이 전부 도착했다.

이와 동시에 청군도 행동을 개시했다. 7월 13일에 참찬대신인 사천제독 제신(齊愼)이 700명의 명사들을 이끌고 진강에 도착했다. 16일에 강남제독 대리 유윤효(劉允孝)가 호북(湖北) 병사 1,000명을 이끌고 도착했다. 19일에 절강에서 파견된 강서 원병 1,000명이 도착했다. 해령이 이끄는 진강 기병, 청주 기병약 1,600명이 성안에서 방어를 하고, 제신이 이끄는 지원군 2,700명이 성 밖에주둔했다.

양강총독 우감도 7월 14일에 진강에 도착했다. 그와 해령, 제신은 확실히그렇게 협조적인 관계는 아니었다. 다음날 저녁 그는 진강을 떠나 남경으로갔다. 그러나 상주에는 하루 더 시간을 들여 화공선, 목선 160척을 준비했다고 하였다.[119] 우감이 떠난 지 얼마 지나지 않아 7월 15일에 영국 기선 두 척이출현하자, 청국 측이 즉시 화공을 실시하였으나 전혀 효과가 없었다.[120]

1842년 7월 21일, 영국군이 성을 공격했다. 이번 전투는 주로 영국 육군이담당하였으며, 모두 4개 여단 6,905명과 수백 명의 해군이 참가했다. 병력으로 보면 영국군이 절대적으로 우세를 차지했다.

성 밖에 주둔하던 제신의 비겁함과는 반대로 해령이 이끄는 진강성 내1,600명의 팔기병은 완강하게 저항을 하여 적조차도 칭찬하지 않을 수 없었다. 영국군 제2연대가 성 동북쪽에 상륙한 후 곧 수비군의 포격을 받았으며그들이 사다리를 이용하여 성을 공격하자, 청병이 그들과 격전을 벌이지만 결국 성 북쪽의 성벽이 파괴되었다. 상대적으로 화기방면에서 열세인 청군 용사

---

119) 위의 책, 5권, 618쪽.
120) 위의 책, 5권, 666쪽.

들이 각종 유리한 지형을 이용하여 차례차례 저항을 하였다. 서문으로 진공하던 영국군 제1연대는 가장 먼저 저지를 당하여 부득이하게 남문 공격으로 전환했다. 그리고 육군과 협조하여 운하로 들어선 영국 해군 소형선이 서문 일대에서 성벽위의 청군 화포, 태포(抬炮)의 포격을 받아 큰 피해를 입고 철수했다. 그리하여 재차 300명의 선원으로 조직된 선대로 강행돌파를 하면서 화약을 사용하여 서문을 폭파했다. 비록 영국군이 마지막으로 성북, 성서, 성남 이렇게 세 방향에서 성내로 돌입하였지만 수비를 하던 팔기병이 여전히 도망치지 않고 시가전을 마지막까지 고수하였다. 밤이 되어도 진강 성내는 여전히 화광이 멈추지 않았으며, 총소리가 끊이지 않았다…[121]

진강은 아편전쟁시기에 영국군이 공격한 요충지 중에 가장 약한 곳이었지만, 오히려 아편전쟁의 전투 중에 저항이 가장 격렬했던 곳이었다. 영국군이 투입한 병력이 가장 많은 곳이었며, 뜻밖에도 가장 큰 손실을 입은 곳이었다. 그 피해는 전사 39명, 부상 130명 그리고 실종 3명이었다.[122] 이 숫자는 오늘날의 표준으로 보면 결코 놀랄만한 일은 아니지만, 청군의 방어 준비가 가장 견고했던 호문, 하문, 정해, 진해, 오송 모든 전역에서 영국군이 입은 손실에 해당했다.

영국군이 진강에서 중대한 손실을 입은 주요 원인은 적을 경시한 데 있었

---

121) 진강전투의 작전 경과에 대해서 나는 다음의 자료를 이용했다. 1)청국 측 상주, 『阿片戰爭檔案 史料』 5권, 6648~649, 676~679, 689~690, 699~700, 709, 722, 731쪽; 6권 225~227쪽. 2)영국 측 기록, 고프가 식민부 국무대신에게 1842년 7월 25일에 보낸 편지, 『Chinese Repository』, vol 12. 346~352쪽; 버나드, 「復讐神號航行作戰記」, 로크, 「英國軍 在華戰末期記事」, 오체르트니, 「對華作戰記」, 머레이, 「在華戰役記」, 강녕가목(康寧加木), 「阿片戰爭-在華作戰記」, 중역 본 『阿片戰爭末期英軍在長江下遊的侵略罪行』; 賓漢, 「英軍在華戰記」, 『叢刊 阿片戰爭』 5권, 301~309쪽. 3)민간 기록, 「出圍城記」, 「京口債城錄」, 「草間日記」, 「王寅聞見紀略」, 『叢刊 阿片戰爭』 3권; 「道光英艦破鎭江記」, 『阿片戰爭末期英軍在長江下遊的侵略罪行』.

122) 『Chinese Repository』, Vol 12, 352쪽; 『阿片戰爭後期英軍在長江下遊的侵略罪行』, 102~104, 237~238, 251쪽; 『叢刊 阿片戰爭』 5권, 308~309쪽.

다. 전쟁 전에 한 정찰은 그들로 하여금 이전에 진공하여 점령한 영파, 보산 그리고 상해와 같이 피한방울 흘리지 않고 입성할 수 있다고 오판하게 되었다. 이런 자신감은 마치 해군이 오송에서의 전공을 독차지한 것과 같이 그들로 하여금 자긍심을 갖게 하여 승리의 영예를 완전히 육군에게 돌리려고 한 것 같았다. 진강은 장강에 인접하기 때문에 영국군이 함포를 성안까지 발사할 수 있었지만, 그들은 그렇게 하지 않고 겨우 전함으로 육군이 상륙할 때, 개별적인 엄호사격을 몇 번 했을 뿐이었다. 아편전쟁 중, 이전의 몇 차례 전투에서 청군은 주로 영국군의 함포사격을 당했거나 놀라 도망갔다. 이번에 성 밖에 있던 제신의 부대도 영국 육군에게 화포사격을 당해 도망쳤다. 그러나 성내의 청군은 중포의 공격을 받지 않았기 때문에 화기 혹은 소형 화포로 적과 교전을 벌였다. 그래서 장시간 동안 저항을 할 수 있었던 것이다.

영국군이 진강에서 큰 피해를 입은 다른 주요 원인은 팔기병의 완강한 저항이었다. 사포와 같이 청주병(青州兵) 400명 외에 1,185명의 경구에 주둔하는 팔기가 이미 이곳에 주둔한지 거의 200년으로, 그들의 가족과 재산이 이곳에 있었고, 권속들이 이곳에 있었으며, 조상의 묘 또한 이곳에 있었다. 그들이 보호하고자 한 것이 추상적 의의의 국가가 아니라 실제 가족이었기 때문에, 완강하고 용감하게 싸우고 목숨을 다할 수 있었던 것이다. 이것으로부터 우리는 또 당연하게 하나의 결론을 이끌어 낼 수 있었다. 그것은 바로 사병들과 민중들이 가족과 국가의 이익이 일치한다고 인식할 때에만, 비로소 민족전쟁에서 죽는 것을 집으로 돌아가는 것처럼 여길 수 있다는 것이다. 기영의 전후 조사에 근거하면 청군이 이번 전투에서 입은 피해는 다음과 같다.

부대별	전사	부상	실종
경구팔기	170명	161명	24명
청주팔기	55명	65명	24명
진강녹영	3명	6명	17명
호북녹영	7명	8명	3명
사천녹영	3명		
하남녹영	1명	1명	
강서녹영		23명	

그중 경구, 청주 팔기의 피해가 30%에 이르렀다. 그러나 호북, 사천, 하남, 강서 녹영은 제신 등이 통솔한 지원군인데 팔기병에 비교해서 그 손실은 하찮아서 말할 가치도 없는 1.6%이었다. 도광제가 이를 보고 감탄하면서 주비에 다음과 같이 적었다.

과연 짐의 만주(滿洲) 관병이라고 할만하다. 매우 비통하고 슬프다![123]

여기서 우리는 해령을 언급할 필요가 있다. 이 사람은 일찍이 정2품 총병을 지낸 노장군으로 7년 전 기선의 탄핵으로 인해, 정4품 2등시위로 강등되고 신강(新疆)으로 보내져 고성(古城)의 령대대신(領隊大臣)이 되었다. 그러나 이번에 정2품의 경구부도통으로 복직되고, 도광제가 유지를 내려 격려하였다.[124] 한

---

123) 『阿片戰爭檔案史料』 6권, 266~267쪽. 그중 기영에 의한 구체적 숫자 통계는 전사 239명, 부상 264명, 실종 68명이다. 그런데 기영의 상주에 그 총수가 전사 246명, 부상 263명, 실종 88명이라고 보고하는데 왜 이런 오차가 생겼는지는 불분명하다.

124) 『淸史列傳』 10권, 3036쪽.

명의 군인으로서 그는 이미 전심전력을 다했으며, 전쟁에서 패했을 때 전 가족이 자진하였다. 이는 전통도덕을 따른 진충성인(盡忠成仁)이라 할 수 있다. 진강 성내에서 가장 높은 장군대신으로서 그 행동거지가 잔혹한 점이 없지 않았다. 특히 7월 15일, 영국 증기선 2척이 처음 도착했을 때, 그는 뜻밖에도 성문을 닫으라고 명령을 내렸다. 도망치던 민중들이 성을 나가지 못해 항의를 하자, 그는 '한간'의 죄명으로 체포하여 13명을 작은 연병장에서 처형했다. 성문의 폐쇄로 시장이 열리지 않아 백성들은 먹을 것조차 구하지 못했다. 그리고 결국 거리를 지나던 민간인이 병사들의 총에 맞아 죽고, 또 성내에서는 제멋대로 '한간'을 수색하여 체포하였다. 이렇게 6일이 지나자 민중의 원성이 들끓고 만한(滿漢) 모순이 격화되었다. 이 부도통은 마치 군사상의 의미 외에 하나의 성시(城市)를 보호하는 궁극적 목적이 바로 각 성의 민중의 생명과 재산 그리고 안전이며, 전쟁 전에 민중을 소개하는 것이 수비하는 자의 책임임을 결코 모르는 것 같았다. 민중은 그 위협이 도래한 적이 아니라 자신을 보호하는 자로부터 나온다는 것을 느꼈을 때, 반드시 적대시하는 행위를 하게 되었다. 이 때문에 이 부도통이 비록 비분강개하여 순국한 것이 아니라 민중의 분노를 사서 암살당했다고 민간에 알려지기도 하였다. 북경의 어사가 이 소문을 황제에게 보고했다.[125] 이 때문에 일백여 년 동안 기타의 순국 장령들과 다르게 해령의 평판은 좋지 않았다.

1842년 8월 2일, 영국군이 제2연대 및 포병 일부를 남겨 연달아 성 동북의 북고산(北固山)을 점령한 뒤, 주력은 진강에서 철수하여 배를 타고 계속 강을 거슬러 올라가 다시 장강유역으로 나아가 남중국에서 가장 중요한 요충지이자 가장 유명한 성시인 남경(南京)으로의 진공을 준비했다.

---

125) 『阿片戰爭檔案史料』 6권, 72~73, 99, 225~226, 250~251쪽.

양강총독 우감은 오송, 진강에서 패배를 경험한 후, 더 이상 저항한다는 것은 아무 쓸모가 없다는 것을 깨닫고, 일의 중심을 방어의 배치에서 영국 측과 성을 사는 금액을 흥정하는 방향으로 전환하고 동시에 끊임없이 도광제에게 상주를 보내 화의(和議)를 요구했다.

진강전투는 아편전쟁의 최후 일전으로 군사적 시각에서 보면 전쟁은 사실상 끝난 것이었다.

3. 화의를 구하는 과정[126]

흠차대신 기영, 칠품직함(職銜) 이리포가 남하하여 항주에 도착한 후, 절강의 정세는 매우 난잡하게 변하여 경악스러웠다. 즉시 북경에 있을 때, "은과, 토지는 모두 해결 방법이 아니다"라는 입장에서 후퇴하여, 도광제의 '선초후무'의 진지한 교지를 고려하지 않고 '구슬리는(羈縻)' 정권의 시행을 결정했다.

그러나 이렇게 되면 기영과 이리포는 반대로 "두 방면으로 작전을 펼쳐야 하는" 곤경에 처한다. 사납고 고집스러운 '역이'는 '회유'되려 하지 않을 것이며, 구중지상(九重之上)의 도광제는 머리를 숙이려 하지 않을 것이다. 전자는 병력으로 압박할 것이며, 후자는 권세로 압박할 것이다. 본래 영명하지 못했던 기영과 같은 부류들은 '놈(鬼子)'들에게는 웃음을 가장하고, 주인에게는 가면을 썼다.

그렇기 때문에 기영이 주관한 화의(和議) 활동도 매우 불안정하고 변화가 심하여 파란만장하고 기이한 과정을 거쳤다.

1842년 5월 17일, 막 영파 등지를 포기한 영국군이 병력을 동원하여 사포를

---

126) 본 절에서 나는 佐佐木正哉 선생의 「南京條約的簽訂和其後的一些問題」, [일] 『근대중국』 21권을 참고했다. 번역은 이소군(李少軍) 선생이 제공했다.

핍박하자, 이 소식을 들은 기영은 대경실색하여 천자의 명령을 받지 않고 다음날 이리포를 파견하면서, "상황을 세심하게 살피고, 회유하는 방법을 강구하여 천자의 위엄을 선포하고 대의를 알려주어야 한다."라고 하였다.[127] 이리포가 가흥(嘉興)에서 기다릴 때, 사포가 이미 함락 당하자, 즉시 이전에 대영 연락관이였던 외위(外委) 진지강을 통해 영국 측에 한통의 조회를 전달했다. 이리포가 제시한 정전조건은 바로 1년 전의 그것으로, 즉 통상으로 평화를 취하는 것이었다.[128] 그는 마치 양방, 혁산의 허락 하에 광주의 통상이 1년 전에 이미 회복되었음을 몰랐던 것처럼 보였다.

영국 전권대표 헨리 포팅거가 이때 홍콩에 있었기 때문에, 육군사령관 고프가 5월 21일에 답신(조회)을 보내, 이리포가 이전에 영국포로를 잘 대우한 행동을 칭찬하고, 사포에 오는 것을 환영하며 그의 안전을 보증할 것이라고 했다. 그리고 단 또 자신은 '직분상 담판을 진행할 권리가 없음'을 밝히고, 반드시 헨리 포팅거에게 전달하여 '사건의 경위를 철저하게 조사할 것(査辦)'이라고 전달했다. 그리고 이 조회의 끝에 "만일 귀국이 우리가 거듭 보낸 문서의 조항에 따라, 모든 것을 받아들인다면 즉시 화평을 맺는 것이 어렵지 않을 것이다"라고 말했다.[129] 이리포는 이 조회를 받고 한편으로는 뜻밖의 기쁜 일을 만난 듯이 기뻐하면서 영국 측이 평화를 원한다고 생각하게 되었다. 다른 한편으로는 또 운무에 빠진 것처럼 그는 사실 '거듭 보낸 문서 안의 조항'이 무엇인지 몰랐다. 그는 감히 경솔하게 사포로 가지 못하고 회신(復照)에 헨리 포팅거가 '사건의 경위를 철저하게 조사할 것(査辦)'이라면 그럼 그의 조회가 도착

---

127) 『阿片戰爭檔案史料』 6권, 273쪽.

128)　佐々木正哉編, 『阿片戰爭の硏究:資料篇』, 147~148쪽. 그 조문(照文)을 함께 영국 측에 전하였다. 기영 등이 이리포에게 준 문서(札文)는 이리포에게 영국과 교섭할 수 있는 권한을 부여한 것이다.

129) 위의 책, 149쪽

하기길 기다린 다음 '다시 상의하여 처리하자'라고 전했다.[130]

영국 측은 즉시 이리포가 그 뜻을 이해하지 못했음을 간파하고, 5월 26일 해군사령관 윌리엄 파커, 육군사령관 고프가 공동으로 보내는 조회에 정전 담판의 조건을 분명하게 선포했다.

1. 반드시 청조 황제가 분명하게 밝혀야 하며, 이전에 파머스턴이 중국재상에게 보내는 편지 및 헨리 포팅거가 절강에서 보낸 조회의 각 조건에 따라 처리하기를 원한다.

2. 청국 측의 담판대표는 반드시 "황제가 파견한 전권을 가진 대신으로 한다." 이외 영국 측은 또 영국 포로를 석방하라고 요구했다.

흠차대신 기영은 사포가 함락당한 후, 5월 23일에 가흥으로 도주하여 이리포와 회합했다. 이때 영국군이 전쟁포로를 구하기 위해 항주를 공격할 것이라는 소문을 들은 혁경이 황망하게 영국군 포로를 27일에 가흥에서 풀어주어 사포에서 귀환한 영국 측에 보내 성도(省城)을 보전했다. 기영은 이 완강한 태도의 조회를 보고 영국 측의 두 가지 조건에 대하여 자신에게 권한이 없기 때문에 감히 답을 하지 못하고, 더욱 감히 이와 같은 사실을 상주하지 못했다. 29일 상주에 특별히 듣기 좋은 말을 골라 도광제에 보고했다. 이리포가 파견한 진지강은 사포에서 "곽씨 성을 가진 이인을 만났는데(郭士立)", 그가 "전달하여 알려주길 그(수뇌)가 깊이 이해하고 감격해 하였으며, 단지 통상해주기를 희망하는 것일 뿐으로 그 언사가 아직 공손하였다"라는 내용이었다. 기영은 도광제가 그들이 올린 '회유'의 권략이 비준될 수 있게 하기 위하여 이미 궁지에 몰린 상황에 한줄기 광명을 묘사하였다. 그는 계속 "이번 반역의 위세가 커지고 공격과 방어가 모두 어려운 이때에, 감히 경솔하게 공초(攻剿)

130) 위의 책, 150쪽

를 주장하지 못하고 또한 감히 특별히 회유를 주장하지 못하며, 오직 냉정함을 유지할 뿐이며, 온힘을 다하여 기회를 틈타 처리하겠다."라고 그 대권을 설명하였다. 여기에서 '냉정(鎭靜)'이라는 두 글자는 또 어떻게 해석되는지 오직 하늘만이 이해할 수 있을 뿐이다!

정세는 계속 변했다. 기영이 상주를 하기 하루 전날인 5월 28일에 영국군이 사포에서 철수하고 북상하여 오송으로 진공했다. 기영이 상주한 다음날인 5월 30일에는 흠차대신의 관인을 가지고 광주로 남하하라는 명령이 내려졌다. 이렇게 기영이 주관하는 첫 번째 강화 활동이 매우 빠르게 결말을 맞이했다.

그러나 사포로 호송하던 영국군 포로는 오히려 수령인을 찾지 못했다. 이리포는 후에 그들을 영국군이 점령한 진해의 초보산으로 보냈다. 비록 도광제가 이미 '회유' 활동을 중지하라는 명령을 분명하게 내렸지만, 이리포는 여전히 희망을 버리지 않고 이 영국군 포로에게 조회를 전달하게 하였다. "그 문제는 상정하기가 어렵지 않다. 하지만 반드시 전체 상황에 대해 의논할 수 있는 규정이 정해지길 기다려야 한다. 양위장군과 순무가 회동하여 이를 대황제에게 상주하여 다시 장정을 정해야 한다." 이는 영국 측이 먼저 조건에 비준을 하는 것에 초점을 맞추고 그런 연후에 다시 담판을 하는 것이었지만, 담판인의 인선자격에 대해서 회답이 없었다. 그는 계속 영국 측에 담판을 빨리 할 수 있게 '회답(回文)'해 줄 것을 요구했다.[131] 이는 전혀 이상하지 않은 상황으로, 오송으로 진공하느라 바쁜 영국 측은 이리포의 조회에 전혀 흥미를 느끼지 못했고, 황제의 진노를 두려워한 절강의 관원들은 감히 진상을 곧바로 보고할 수 없었기 때문이다.[132] 석방된 영국군 포로는 이곳에서 이용만 당

---

131) 위의 책, 152쪽

132) 이리포는 영국군 포로를 송환하는 조회를 6월 7일에 보내지만, 혁경은 6월 19일에야 비로소 이일을 상주한다(『阿片戰爭檔案史料』 5권, 433쪽). 도광제의 6월 5일과 9일의 유지를 받고서, 비로소 감히 부끄러워하면서 보고를 올리지만 그러나 여전히 감히 이리포의 조회를 첨부하지 못한다.

한 것이다. 영국 측이 청군 전쟁포로를 석방할 때는 일인당 은 3원을 주었고, 청국 측이 영국군 전쟁포로를 석방할 때는 꽤 큰 '천조'의 너그러움을 보여, '흑인(黑夷)'에게는 일인당 은 15원, '백인(白夷)'에게는 은 30원을 주었다.

1842년 5월 25일, 도광제는 기영에게 항주로 가라고 명령했다. 그때는 사포가 함락당한지 7일이 지난 후로 그는 전선의 전황을 잘 몰랐다. 다음날 5월 26일에 기영은 사포가 함락 당했다는 상주를 보내기 전에 영국군의 흉험함을 보고 동요하기 시작했다.

6월 4일에 도광제는 기영의 '회유' 정황에 대한 다급한 상주 보고를 받고, 기영에게 "잠시 미루었다가 다시 진행하라", 항주에 남아 방어에 협조하라고 명령을 내렸다.[133]

6월 5일에 그는 혁경의 건의에 근거하여, 기영에게 '회유하는' 사무를 전담하여 처리하라고 했다.[134]

6월 9일에 그는 혁경이 올린 이리포와 고프의 제1차 조회(혁경은 감히 영국 측의 두 번째 조회를 보고하지 못한다)를 받고, 이리포에게 4품정대를 수여하고, 사포부도통에 임명하고 항주 혹은 가흥에 "주둔하면서 압박하라고 했다."[135]

기영은 광주로 남하하는 도중 6월 14일에 6월 4일의 유지를 받고, 서둘러 돌아가는데 4일후 항주에 도착했다. 그는 혁경과 상의 후, 6월 19일 각각 상주를 올렸다. 기영은 완곡한 표현을 사용하여 만약 영국 측이 그(혹은 이리

---

133) 위의 책, 5권, 361쪽.
134) 위의 책, 5권, 365쪽.
135) 위의 책 5권, 367~368, 356~358쪽. 혁경이 보고한 이리포의 조회 초본은 佐々木正哉 선생과 영국 당안관에 수록된 원본과 차이가 매우 크다. 이로써 혁경과 이리포가 도광제를 기만한 것임을 알 수 있다.

포)와의 면담을 제의하면, "응당 그 청을 들어 주어야 합니다."라고 청했다.[136] 이 문장의 실제 함의는 직접 담판을 비준해 줄 것을 요청하는 것이다. 혁경은 더욱 분명하게 이리포가 "어디가 중요한지 조사하여 밝혔는데, 즉 어느 곳이 모든 일을 잘 처리할 수 있는지 찾았습니다."라고 하였다.[137] 다시 말해서 이리 포는 스스로 자신에게 영국 측과의 협상을 하는 지점을 선택하는 권한을 부여하고, 새로 부임한 지방 직무를 고려할 필요가 없다고 한 것이다.

기영, 혁경의 상주는 그들이 도광제가 비준한 범위보다 더 멀리 갔다는 것을 표명했다. 이는 그들이 이미 은은하게 오성의 포성을 들었기 때문인데, 이두 부의 상주가 북경에 도착한 날(6월 25일), 때마침 도광제가 오송, 보산의 전패소식을 듣고 대노하여 기영의 상주에 주비로 불가(不可)'라고 적고, 혁경에게는 진공명령을 내리면서 영국군 주력이 강소에 있는 기회를 틈타 "여러 방향에서 견제하면 목적을 달성할 수 있을 것이다"라고 하였다.[138]

나는 제3장에서 이미 언급했듯이 청조에서 당시 가장 빠른 통신 속도는 "육 백리가급"이다. 이 때문에 항주에서 북경까지 왕복하는데 최소한 12일이 걸렸다. 전방 군정의 긴박함은 이미 기영과 이리포로 하여금 앉아서 유지를 기다리지 못하게 하였다. 그래서 기영과 이리포는 이 시간을 이용하여 먼저 행동을 개시하여, 항주에서 가흥, 왕강경(王江涇), 강소 곤산(昆山)으로 이어지는 영국군의 뒤를 쫓으면서 강화를 진행했다.

6월 20일 영국 해군, 육군 사령관은 상해에서 이리포의 '군사를 거두어 달라고' 요청하는 조회를 받았다(조회를 보낸 구체적 시간은 불분명한데, 기영과 이리포가 19일에 상주를 보내기 전이다). 이에 즉시 조회를 보내, 재차 앞전에

---

136) 위의 책, 5권, 428쪽.
137) 위의 책, 5권, 433쪽.
138) 『阿片戰爭檔案史料』 5권, 481쪽.

제시한 정전담판에 대한 두 가지 조건을 반복했다. 여기서 주의할 가치가 있는 것은 영국 측이 비록 이리포의 부임을 축하하였지만, 또 '황제가 파견한 대신'이라는 조건을 강조하면서 이리포의 담판자격을 부인했다는 것이다.[139]

기영은 영국 측의 조회를 보고, 스스로 자신의 '흠차대신' 신분이 영국 측의 조건에 부합한다고 여겨, 친히 나서서 이리포와 공동으로 조회를 보내고, 주동적으로 영국 측에 절강 진해 혹은 강소 송강(松江)에서 담판를 하자고 제의했다.[140] 기영의 이런 방법은 상주의 주장과 상반되었다.

기영의 조회는 6월 27일에 영국 측에 도착하는데, 영국 전권대표 헨리 포팅거도 마침 이날에 홍콩을 출발하여 오송에 도착했다. 영국 측은 영국 지원군이 대거 도착했기 때문에 양자강으로 출발할 준비를 하는 등 근본적으로 담판의 의지가 없었다. 헨리 포팅거는 당일 조회를 보내 정전할 수 없다고 표시하면서, 그것은 기영이 '전권을 위임'받지 못했기 때문이라고 하였다.[141]

'천조'의 역사상 대외교섭은 본래 황제의 전권으로 어떠한 신하도 전권을 가질 수 없는 것으로, 즉 소위 '신하는 외교권이 없다'는 것이다. 그러므로 당시에는 근본적으로 '전권'을 가진 신하를 파견할 수 없었으며, 아마도 당시에는 '전권'의 개념조차도 없었던 것 같다. 그렇게 기영은 첫 번째 출전에 실패했다. 그런데 이리포는 여전히 포기하지 않고 7월 4일에 재차 조회를 헨리 포팅거에게 보내 자신과 기영은 "대황제가 특별히 파견한 담판대신이다"라고 선언하고 소주(蘇州)에서 '관련 사항을 잘 논의할' 준비를 할 것이라고 선언했다.[142] 그러나 이 조회가 오송에 도착했을 때는 이미 영국군이 돛대를 올리고 계속해서

139) 佐々木正哉編, 『阿片戰爭の硏究:資料篇』, 154쪽
140) 위의 책, 155쪽
141) 위의 책, 156쪽
142) 위의 책, 163쪽

강을 거슬러 진강으로 떠난 상태였다.

더 큰 충격이 북경에 도착했다.

기영과 이리포가 헨리 포팅거에게 거절당했을 때, 앞서 보낸 기영의 상주도 이미 '불가(不可)'라는 두 글자를 달고 그의 앞에 돌아왔다. 7월 3일에 도광제는 기영이 영국 측과 약정지점에서 담판을 준비한다는 보고를 보고, "그곳에서의 회담은 불가하다(不可与之會晤)", "오직 진지강으로 하여금 편지(書)를 기다리게 한 후 갈 수 있다", "만약 답신(腹書)에 권한 밖의 승낙하기 어려운 요구가 있으면, 즉시 우감과 온 마음으로 방어하라"라고 지시했다.[143] 7월 9일에 그는 기영이 헨리 포팅거가 담판을 거절했다는 상주 보고를 받고 또 다음과 같은 유지를 내렸다.

> 다시 회유하고자 하는 것은 무익할 뿐만 아니라, 국가의 위신도
> 상하게 할 것이다. 기영 이리포와 우감, 정율채(程鷸采, 강소 순무)
> **가 잘 의논하여 토벌하고 전혀 망설이지 않아야 한다.**[144]

양강총독 우감은 도광제가 여전히 전쟁을 원하는 것을 보고 상주하여 직언을 하기를, 건륭제가 미얀마(緬)를 정벌하지 못하자 휴전명령을 내리고 조공을 허락한 선례를 들면서 도광제에게 영국에 '회유'권을 쓸 것을 요구했다. 도광제는 이 훈계의 의미가 담긴 상주를 보고 분노의 불길이 치솟아 노회한 이리포를 화의를 주장하는 관원들의 주모자라고 확신하고, 7월 14일에 이리포에게는 사포로 돌아가라고 명령하고, 기영에게는 강소에 남아 우감과 함께

---

143) 『阿片戰爭檔案史料』 5권, 537쪽.
144) 위의 책, 5권, 593쪽.

방어하고 토벌하라는 명령을 했다.[145]

지난번에 도광제가 기영에게 절강을 떠나라고 명령했지만 며칠 후 바로 명령을 거둬들였다. 이번에는 이리포에게 소주를 떠나라고 하지만 하루 뒤에 곧 황제는 마음을 바꿨다.

1842년 7월 15일, 도광제는 기영의 상주를 받고 상주의 첨부된 문건에 흥미를 일으켰다. 그 전문이 다음과 같다.

> 대영국 대원수 오하밀(吳夏密)이 유지를 내려 오송에 거주하는 주민들에게 알린다. 본국 상선이 잘못하여 광동상인 세 명에게 상해를 입혔기 때문에 청국이 **통상을 허락하지 않은지** 5년째이다. 이를 위하여 우리나라는 나에게 **화의**를 명하였다. 이것은 오직 기만 때문으로 **조정에 보고할 수 없다.** 나는 조정에 억울함을 하소연하고 간사한 무리들을 모두 죽여야 한다. 그러나 주민들을 방해하지 않을 것이며, 거리에서 공황과 혼란을 일으킬 필요가 없다. 너희들은 계속 평화롭고 경작을 할 수 있는 땅에서 두려움 없이 살 수 있다. 만약 우리의 **흑귀**(黑鬼)가 불합리하게 약탈을 하면 너희들이 즉시 그를 죽일 수 있으며 죄가 되지 않을 것이다. 10일 내에 본 대원수가 3군을 정돈하여 다시 북쪽의 상황을 알아보고 즉시 경사(京師)로 가서, 스스로 이야기할 것이니, 너희들을 불편하게 하지 않을 것이다. 이를 특별히 고시한다.[146] (굵은 글씨 인용자 표시)

기영의 상주에 근거하면, 이 문건은 보산현성에 붙어 있던 것이라고 하지

---

145) 위의 책, 5권, 617쪽.
146) 위의 책, 5권, 599쪽.

만, 우리는 위조된 것이라고 생각했다. 비록 위조한 자가 누군지는 모르지만 말이다.[147] 헨리 포팅거가 오송에서 두 차례 공고문을 발표하였지만 내용이 이와는 완전히 다르다.[148] 이 문건 그 자체로 말하자면, '대원수'라는 용어를 영국 측이 사용하지 않으며, '오하밀(吳夏密)'이 실제 누구인지 모르며, 더욱 분명한 증거는 영국 측이 절대로 자신의 휘하의 인도 토착병을 '흑귀'라고 칭하지 않았을 것이라는 것이다.

기영의 분석에 따르면 이 문건은 영국 측이 "요청하는 말이 아직 공손하며, 그 뜻이 통상에 있다"는 것을 표명한다는 것이다. 그러나 도광제는 '화의(求和)'라는 문구를 읽고 자못 그 민감하고 약해진 자존심을 세울 수 있었으며, "즉시 경사(京師)로 가서, 스스로 이야기할 것"이라는 문장은 아마도 도광제를 두렵게 하지 않을 수 없었을 것이다. 그리하여 그는 기영에게 밀지를 내려 권략을 전했다.

– 기영이 진지강을 영국 측에 파견하여, 상대방이 만약 전함을 돌려 광동으로 철수한다면 기영이 대황제에게 상주하여 보고하라.

– 홍콩에 있는 영국 측에 쌓아놓은 화물을 주어라. 복건, 절강 해구는 매년 약정시간 내에 통상무역을 허락한다. 단, 영국인은 장기체류할 수 없다.

– 영국 측은 북경에 올 필요가 없다. 상술한 조건은 기영이 상주하여 나온 것으로 "유지를 내려 허가하는 것을 증거로 한다."

같은 날, 이 밀지 외에 도광제는 또 다른 유지를 기영과 우감 등에게 내리

147) 佐佐木正哉 선생은 이에 대하여 대담하게 이 문건은 기영, 이리포가 위조한 것이라고 추측한다 (「南京條約的簽訂和其後的一些問題」,[일] 『近代中國』 21권). 그러나 『阿片戰爭末期英國軍在長江下遊的侵略罪行』에 이문서를 수록할 때, 『夷匪犯境聞見錄』 抄本의 저자가 누군지 알지 못한다고 하였고, 또 '太倉州禀'은 7월 7일 보산현(寶山縣) 성 밖에 붙어있었다고 하였다. 이는 기영이 상주에 말한 주장과 일치한다. 이것으로 기영이 위조했을 가능성을 배제할 수 있다. 그러나 이 권에 수록된 문건과 기영이 올린 문건은 약간 차이가 있다.

148) 佐々木正哉編, 『阿片戰爭の研究:資料篇』, 158~160쪽

는데, 했던 말을 또 했다. "장병들을 격려하고 모두가 함께 힘을 합쳐라", "응당 지켜야 할 것을 지키고, 응당 토벌해야 할 것을 토벌하여, 절대 조금도 두려워해서는 안 되며, 군기가 해이해져서는 안 된다. 이것이 가장 중요하다."[149]

도광제는 여기에서 두 가지 계획을 세웠다.

도광제가 한 양보는 영국 측의 요구조건과 상당히 거리가 있었음을 의심할 여지가 없었다. 단, 사람들을 흥미롭게 하는 것은 이는 1년 전 기선이 광동에서 준비하던 양보와 완전히 일치한다는 것이다.

7월 14일에 기영과 이리포는 소주에서 도광제의 "토벌에 전념하고, 조금도 주저해서는 안 된다"라는 유지를 받았다. 지난번의 경험이 있었기 때문에 이번에는 확실하게 유지를 어기고 따르지 않았다. 군사적으로 패배가 이미 결정되었기 때문에 그들은 강화 외에는 다른 선택이 없다고 단정했다. 그리하여 그들은 공공연히 도광제에게 어려운 문제를 꺼내, 그로 하여금 "전쟁과 수비 모두 어려운" 상황에 "칙령을 내려 조정 신하들이 양권을 빠르게 의논하도록 하였다."[150] 그리고 북경이라고 또 무슨 방법이 있었겠는가? 그들의 마음속은 분명했다. 이와 동시에 그들은 소주로부터 진강일대에 이르는 강화활동에 박차를 가했다.

7월 18일, 헨리 포팅거는 진강 위의 전함에서 이리포가 7월 4일에 보낸 조회를 받았다. 7월 21일, 즉 진강 전투가 일어난 당일, 또 기영 개인 명의의 서한을 받았다. 이 두 편의 평화회담을 요구하는 문건은 황제의 허락을 실제로 받는 문건이 아니기 때문에, 당연히 영국군의 진강에 대한 진공을 막을 수 없었다. 헨리 포팅거는 각각 답신을 보내면서, 오송에서 발표한 공고를 첨부했으

---

149) 『阿片戰爭檔案史料』 5권, 624, 622쪽. 또 『籌辦夷務始末(道光朝)』 에 이 비밀 유지가 수록될 때가 7월 16일(6월 초8일)인데, 어느 날 저녁인지는 모른다.

150) 위의 책, 5권, 612~613쪽.

며, 기영에게 보내는 조회에는 영국군이 곧 남경으로 진공한다고 선포하고 그에게 '성을 되찾을(贖城)' 비용을 잘 준비하라고 하였다.[151]

헨리 포팅거가 오송에서 발표한 공고에는 새로운 내용이 없었는데, 단 기영, 이리포의 입장에서는 오히려 매우 중요한 문건이었다. 헨리 포팅거가 영국 측의 주요 요구를 3가지로 개괄했기 때문이다. 1)아편대금과 군비 배상, 2)양국 평등외교, 3)해도(海島) 할양, 그리고 "이 세 가지를 해결하면 그 나머지 일은 우호적으로 해결할 수 있다"라고 한 것이다.[152] 파머스턴이 중국 재상에게 보내는 서신과, 헨리 포팅거가 광동, 절강에서 발표한 일련의 화의조건을 본 적이 없는 기영과, 이리포는 그가 공고에 통상을 언급하지 않았음을 발견할 것이다. '통상'은 그들이 가지고 있는 '이인(夷人)'들에게 대처하는 유일한 '법보(法宝)'였다.

헨리 포팅거가 정식으로 송부한 공고(告示)는 기영이 이전에 상주한 바 있는 소위 '대원수 오하밀'의 공고와 차이가 매우 컸다. 기영은 이를 감히 상주하지 못하고 감췄다. 이는 한편으로는 황제의 분노를 살 것을 두려워 한 것이고, 다른 한편으로는 그들이 아직 도광제의 밀지를 받지 못하였는데, 그들이 '토벌하여 처리하라(剿辦)'라는 유지를 위배하고, 사사로이 강화 활동을 한다는 것 자체가 대죄였기 때문이다.

영국군이 과주(瓜洲)에서 진강까지의 보고라인을 봉쇄했기 때문에 도광제의 밀지는 7월 24일에야 비로소 기영에게 도착했다. 그는 급히 진지강을 영국 측에 파견하여 조회에 하급 관원 간의 회담을 먼저 진행하자고 제의했다. 헨리 포팅거는 청국 측의 제안에 만족하지 못했다. 그래서 답신(腹書)에 겨우 인원을 파견하여 남경에서 성을 되찾는 사항에 대해서만 담판을 짓는 것에 동

---

151) 佐々木正哉編, 『阿片戰爭の研究:資料篇』, 165~166쪽
152) 위의 책, 158~160쪽

의했다.[153]

비록 기영이 헨리 포팅거의 고시를 숨겼지만, 영국 측의 세 가지 항목의 요구는 오히려 매우 우연하게도 다른 통로로 북경에 도착했다.

7월 17일, 영국군이 과주 일대에서 300여 척의 민선을 억류하자, 의정(儀征)의 유지인 동지(同知) 안숭례(顔崇礼, 사람들에 의하면 부유한 염상이라고 한다)가 주동적으로 영국 선박에 가서 교섭을 진행했다. 그리고 영국군이 프로이센 선교사 곽사립에게 번역하게 하여 그에게 헨리 포팅거의 고시를 전해주었다. 안숭례는 곧 이 고시를 상진도(常鎮道) 주욱(周頊)에게 주욱은 또 그 내용을 양강총독 우감에게 올리고(稟), 우감은 이 보고를 강녕장군(江寧將軍) 덕주포(德珠布)에게 전달하여 보게 하고, 덕주포는 이 보고를 상주에 옮겨 적어 올렸다.[154]

덕주포가 올린 주욱의 보고(稟帖)는 주로 영국군의 창궐과 진강 방어업무의 취약함에 대한 것이며, 이 보고의 의도는 진강과 남경의 위급함을 설명하는 것이었다. 이미 파머스턴이 중국재상에게 보내는 서신의 내용을 거의 잊은 도광제는 오히려 다른 곳에서 영국 측의 세 가지 요구를 발견하게 되었다. 7월 26일, 그는 재차 기영, 이리포(이틀 전 그가 이리포에게 강소에 남아있으라고 명령했다)에게 다음과 같이 밀지를 내렸다.

광동에서 은 냥을 준 적이 있으니, 아편대금은 다시 의논하는 데에는 어려움이 있다. 전쟁 비용은 피차 마찬가지이므로 논의할 수

153) 佐々木正哉編, 『阿片戰爭の硏究:資料篇』, 167~168쪽. 佐々木正哉선생이 7월 21일 기영이 포팅거에 본 개인적인 서신이 7월 15일의 비밀유지를 집행한 행동이라고 한 것은 잘못되었다. 기영은 이에 대하여 다른 상주가 있는데, 『阿片戰爭檔案史料』 5권, 786쪽에 나온다. 이밖에 포팅거의 조회의 중문본은 그 의미가 매우 불분명하여 기영은 크게 오해를 한다.
154) 『阿片戰爭檔案史料』 5권, 676~678쪽.

없다. 그 평행의 예(평등외교)는 융통성을 발휘할 수 있다. 무역에 대해서는 전에 이미 기영에게 홍콩 지방을 임시로 빌려주라고 유지를 내렸다. 그리고 복건, 절강에서의 통상도 허락을 했다.

그는 또 "그 역도들이 기왕에 **억울함을 호소하니**, 이번에 분명하게 알려주어야 하며, 그들은 나의 범위를 준수해야 한다"고 하였다.[155](굵은 글씨 인용자 표시)

도광제가 이 유지를 보낸 당일 또 영국이 진강을 포위 공격하는 것에 관한 우감의 '육백리가급' 상주를 받고 또 다음과 같은 유지를 내렸다.

기영, 이리포가 나의 유지를 받들어 성심성의로 고지할 것이며, 회유의 방법을 강구할 것이다. **그들은 경우에 따라서 소임을 다해야 하는데**, 즉 임기응변으로 처리할 것이다. 오직 이일이 해결되길 희망할 뿐이다. 짐 또한 먼 곳에서 통제하려 하지 않을 것이다.[156]
(굵은 글씨 인용자 표시)

다음날, 7월 27일 도광제는 연이어 진강이 함락되었다는 기영, 우감, 제신 등의 상주 보고를 받았다. 우감은 도광제가 일찍이 '회유(羈縻)'를 비준하게 하기 위하여 상주에 '광언(狂言)'을 내뱉는 것을 꺼리지 않았다.

위급함이 말로는 설명할 수 없습니다. 엎드려서 청하옵는데 황상

---

155) 위의 책, 5권, 739쪽.
156) 위의 책, 5권, 742쪽.

께서 속히 대계를 세우셔서 백성들의 생명을 구하셔야 합니다!¹⁵⁷

이 문장은 강남 관계에 광범위하게 유전되던 말로 도광제를 확실하게 자극했다. 그는 다음과 같은 유령을 내렸다.

기영, 이리포는 여전히 이전의 유지를 여전히 따르면서 적절하게
그들의 소임을 다하고 있다. 일은 반드시 타당하고 신속하게 처리
해야 한다. **조금도 주저해서는 안 된다.**¹⁵⁸ (굵은 글씨 인용자 표시)

"조금도 주저해서는 안 된다"라는 말은 도광제가 유지에 가장 잘 쓰는 문장으로 비록 그 본인이 자주 "주저하지만" 말이다. 그는 이미 18일전, 7월 9일에 그가 기영에게 내린 유지에 "특별히 토벌하여 처리하는데 조금도 주저해서는 안 된다"고 했다!

그러나, 이 이후 도광제는 다시는 '주저'한 적이 없었으며, 다시는 '토벌'을 한다는 생각에 마음이 움직인 적이 없었다. 이렇듯이 그는 마침내 '토벌'이 불가능하다는 것을 알게 된 것이다. 그러나 그는 이해할 수가 없다는 듯이, 후에 또 기영과 이리포에게 알아보게 한 것이 바로 "역이와 전쟁을 할 때, 그들이 자신들의 병사(夷兵)들을 어떻게 앞으로 나갈 줄만 알고 후퇴할 줄 모르게 그리고 죽음을 두려워하지 않게 만들 수 있었는가?"이다¹⁵⁹

성지(聖旨)를 지닌 황색 갑옷의 비마(飛馬)가 하루에 6백리의 속도로 달려 남하하여 마침 무석(無錫)에 있던 기영을 찾았다. 그러나 이때는 기영이 헨리

---

157) 위의 책, 5권, 701쪽.
158) 위의 책, 5권, 743쪽.
159) 위의 책, 5권, 784쪽.

포팅거와의 교섭에 실패했을 때이다. 8월 1일에 그는 "적절하게 일을 처리하라"라는 유지를 받고, 즉시 이 유지를 비밀리에 소주에 돌아가 있던 이리포에게 전하여, 그에게 돌아와 함께 상의하여 처리하자고 했다. 그리하여 '회유'의 분위가가 무르익자 기영은 상주에 다음과 같이 말했다.

> 결국은 성과를 낼 수 있을 것입니다. 오직 견마와 같이 충정을 다
> 하여 희망적인 일을 보고하겠습니다.[160]

이 관계의 의례적인 말을 만약 오늘날의 회화로 번역하면 아마도 "시험 삼아 해 보겠다"일 것이다!

1842년 7월 10일 천진, 앞 절에서 언급한 주인을 따라 남하(南下)하지 않고 집에 남아 요양을 하던 장희가 남방의 손님을 맞이했다. 그는 이리포의 특사로 이리포의 유지를 손에 들고 장희에게 속히 남하라고 했다.

> 지금 네가 내려와야 비로소 내가 우리의 뜻을 그들에게 전달할
> 수 있으며, 대국이 신속히 마무리되기를 기대할 수 있다.
> 이 일을 나와 네가 마침내 완수하는 것이 우리 두 사람의 심원이
> 며, 게다가 앞으로 나가가 억울함을 분명히 밝혀야 한다. 정말 얻
> 기 어려운 기회인데 어떻게 이 기회를 놓칠 수 있겠는가?[161]

이리포의 친필 지시가 매우 진실하였고, 더욱 더 장희의 마음을 움직인 것은 이리포가 이미 사포 부도통에 임명되었고 병환중인 유운가를 대신하여 강

---

160) 위의 책, 5권, 787쪽.
161) 張喜, 「撫夷日記」, 『叢刊 阿片戰爭』 5권, 356쪽.

소순무를 대행한다는 소식을 들었기 때문이다.[162] 주인의 두 번째 영화에 노복은 또 그 풍경 속으로 재 진입했다. 그리하여 그는 13일에 출발하여 8월 15일에 무석에 도착했다. 이리포는 이 유능한 가복을 만나고 유난히 기뻐하고, 7율시 한 수를 짓는데 그중 한 문장이 다음과 같다.

> 관중과 악의의 전략을 가지고 와서 기쁘며, 이는 웅변의 재주를
> 가진 소진과 장의가 온 것과 같다.[163]

이 확실히 총명한 노 대신이 놀랍게도 장희를 관중(管仲), 악의(樂毅), 소진(蘇秦) 그리고 장의(張儀)에 비교하면서 그를 그만큼 높이 평가했음을 알 수 있다.

장희가 도착한 그때, 기영, 이리포와 헨리 포팅거와의 교섭은 여전히 '전권'이라는 어휘에 잠시 중단되어 있었다. 비록 기영, 이리포가 "본 조정은 전권대신이란 관명이 없으니 무릇 흠차대신이라는 명칭이 있어 즉 귀국의 전권과 상동하다."라고 해명하였으나 헨리 포팅거는 이에 대하여 그렇게 생각하지 않았다.[164]

양강총독 우감은 영국군이 진강을 점령하고 병사들이 남경성 아래까지 도달했기 때문에 허락을 받지 않고 마음대로 조회를 헨리 포팅거에게 보냈다. 그러나 사실 허락을 받지 못한 조회는 영국 측이 중요하게 생각하지 않았으

---

162) 이것은 이리포의 막료 소림(蘇霖)이 장희에게 준 편지에 밝힌 내용인데, 혁경이 유운가의 병환을 보고 이리포에게 사포 부도통 대리를 맡게 약속한 후, 즉시 항주로 돌아와 절강순무를 대리하게 한다. 이는 혁경, 이리포의 관계를 반영하고, 또 혁경과 유운가와의 불화도 반영한다. 이 기회를 틈타 유운가의 제거를 기도한 것이다(『叢刊 阿片戰爭』 5권, 357쪽). 이 일은 후에 이루어지지 않는다.
163) 張喜, 「撫夷日記」, 『叢刊 阿片戰爭』 5권, 364쪽.
164) 佐々木正哉編, 『阿片戰爭の硏究:資料篇』, 176쪽.

며, 반대로 성을 되찾는 대가로 금액 300만 원을 내라는 핍박만 당했다. 수성을 책임지는 직분에 있던 우감은 8월 4일, 5일 단숨에 영국 측에 6번의 조회를 보내, 먼저 30만을 보내고 이어 30만을 보내겠다고 하고 영국군의 철수를 요청했다. 흥정을 원하지 않았던 헨리 포팅거는 5일에 청국 측이 성을 되찾고 싶어 하지 않으므로 즉시 남경으로 진공하겠다고 선포했다.[165]

이때의 우감은 오장이 타는 것 같음을 느끼고 무관을 급히 무석으로 파견하여 기영, 이리포에게 속히 남경으로 와서 이 위급함을 풀어달라고 청했다. 6일에 또 재차 조회를 헨리 포팅거에게 보내는데 그중 일부가 다음과 같다.

> 이번 우호통상의 일에 대해서 강남에 병사를 이끌고 온 고위 관리는 감히 상주를 하지 못할 뿐만 아니라, 바로 양위장군 역시 감히 상주를 올리지 못한다.…본 부당이 의정(儀征)에 붙인 고시 안의 **네 조항을 세 차례 죽음을 무릅쓰고 사실에 근거하여 진언하여** 다행히 황상의 윤허를 받았으며, 이에 특별히 기영 장군과 이리포 중당이 명을 받아 우호통상의 일을 특별히 처리하기로 하였다…이에 지금 화의를 말하는 이때에, 귀국의 병선이 갑자기 도래하여, **본 부당의 호의에 오히려 군사적 분규가 일어났으니,** 귀국을 어떻게 믿어야 할지? 그리고 그 의도가 어디에 있는지? (굵은 글씨 인용자 표시)

우감의 논리에 따르면, 평화회담의 국면은 그가 "죽음을 무릅쓰고 세 차례 진언하여" 빠르게 이루어진 것인데(비록 당안 중에 '세 차례'에 대한 증거

---

165) 위의 책, 183쪽.

를 찾을 수 없지만), 영국 측이 이런 것을 감안하지 않고 병사를 일으켜 그가 지키고 있던 남경을 공격하는 것은 정말로 너무 신의를 중히 여기지 않은 것이었다.

장희가 도착한 당일 밤 삼경에, 우감이 파견한 무관이 기영이 탄 배에 갑자기 도착했다. 기영, 이리포가 상의한 후 막 도착한 장희를 먼저 파견할 것을 결정했다. 떠나기 전에 기영은 5품 정대(頂戴)를 보내 장희에게 "나는 반드시 상주하여 절대로 이전과 같이 정대 없이 보내지 않을 것이다"라고 보장했다.[166]

8월 7일, 정오에 장희가 우감의 관저(衙署)에 도착했다. 영국군이 당일 성을 공격한다고 허둥대는 우감을 보고 서양에 대한 많은 지식을 가지고 있던 장희가 당일은 기독교 교도들의 예배일이라고 하면서 재빨리 그를 안심시켰다. 반신반의하던 우감은 이리포의 일정을 묻고 급하게 다시 영국 측에 조회를 보내어, 이리포가 내일 도착함을 알리고, 이리포가 전쟁포로를 잘 대우해 준 점을 이용하여 영국군의 공성을 저지하려 했다.[167]

이리포가 8월 8일에 남경에 도착하여 즉시 장희를 영국 군함에 파견했다.

이때는 1842년 5월에 이리포가 진지강을 사포에 파견하여 중영 교섭을 시작한지 이미 3개월이 지난 때였다. 현존하는 쌍방의 조회 내용으로 보면 마치 줄곧 서로 소통한 것 같지 않아 보였다. 이는 한 방면으로는 영국 측의 번역과 한어수준에 문제가 있어 영국 측 문건들이 종종 그 의미를 정확히 전달하지 못했기 때문이었다. 다른 한 방면으로는 청국 측 관원들이 꼬투리를 남기는 것을 두려워하여 조회 상에 그 뜻을 분명하게 밝히길 원하지 않았기 때문이었다. 수많은 중요 정보가 소식을 전달하는 병사들의 구전으로 전달되었

---

166) 張喜, 「撫夷日記」, 『叢刊 阿片戰爭』 5권, 365쪽.
167) 위의 책, 5권, 365쪽;佐々木正哉編, 『阿片戰爭の硏究:資料篇』, 189쪽.

다. 그러나 이런 문화수준이 낮은 무직(武職)에게 책임을 묻기는 확실히 힘들었다. 두뇌 및 언변이 모두 뛰어난 장희의 등장은 그 모습이 달랐다. 그가 쓴 「무이일기(撫夷日記)」는 또 남경조약 담판에 관하여 가장 상세하고 가장 생생한 중국어로 기술된 권으로, 미국의 저명한 중국 근대사 학자 등사우(鄧嗣禹) 선생이 영문으로 번역하여 발표하였다.[168]

장희가 가져간 이리포의 조회에는 특별히 신선한 내용이 없었다. 이를 모리슨이 살펴 본 후, 바로 힐문했다. "전부 다 빈말인데, 어떠한 이득이 있겠는가?" 그러나 영국 측은 장희 자체가 이리포의 친서라는 것을 잘 알고 있었기 때문에 쌍방의 담화도 "진시에서 유시(아침 7~9이 오후 5~7시까지)까지 이어졌고, 헨리 포팅거, 모리슨, 로버트 톰이 모두 그 자리에 있었다. 회담의 상세한 내용을 장희의 「무이일기」에서 볼 수 있는데, 그의 변론은 웃음과 욕설 속에서 진행되었으며 매우 색달랐다. 희극적인 장면이 빈번히 출현하고 장희의 언변은 그 예리함이 소진과 장의에 뒤지지 않았다. 그런 자화자찬이 들어있는 완벽한 기록일수록 역사가들을 의심하게 만들었다.[169]

장희의 말에 의하면, 그는 헤어지면서 영국 측에 '회신(回文)'을 달라고 요구했는데, 이에 영국 측이 당일 작성하긴 힘드니 내일 사람을 파견하여 가져가라고 했다는 것이다. 당일 저녁, 장희가 남경으로 돌아왔을 때는 차마가 모두 끊어져 이리포와 우감은 이에 대해 의논하지 못했다. 다음날 8월 9일, 이리포가 무관을 파견하여 회신을 가지러 보내고 우감은 또 성을 되찾는 대가를 60

---

168) 鄧嗣禹의 번역본은 1944년에 시카고대학출판사에서 출판하였고 제목은 『張喜與1842年南京條約』이다 (Chang Hsi and the Treaty of Nanking, 1842).

169) 張喜, 「撫夷日記」, 『叢刊 阿片戰爭』 5권, 366~369쪽. 장회의 기록에 근거하며, 그 본인은 주전파라고 하였고, 회담기간에 전혀 이런 견해를 감추지 않았다. 후에 이리포에게 화공권을 건의하고, 기영에게도 역시 화공권을 건의하나 모두 받아들여지지 않았다. 이는 바로 그 진실성을 의심하게 하는 부분이다. 비록 장회가 남경조약을 체결하는 데에 공이 있지만, 이런 공로는 다른 관점에서 보면 오히려 죄를 지는 것이었다. 당시의 환경에서 그는 마치 자신을 위해 해명한 것 같다.

만에서 100만으로 올려줄 것은 약속했다.[170]

이리포와 우감이 파견한 무관은 당일 복귀하지 못하고, 8월 10일 한밤중에 놀라만한 소식을 가지고 돌아왔다. 바로 영국군이 내일 공격한다는 것이었다.[171] 그렇게 남경성은 잠시 혼란에 빠졌다. 이리포, 우감은 긴급히 장희에게 다시 가서 교섭을 하라고 명령했다. 그러나 장희는 "오직 빈말만 오고 갈뿐, 효과가 없을 것입니다"라고 하면서 명을 받들지 않고 인원을 보내지 말 것을 청했다. 아마도 장희의 이런 거동을 이리포, 우감이 완전히 따른 것 같았다. 이리포가 장희에게 건넨 두 개의 조회 중 첫 번째의 직함이 다음과 같았다.

흠차대신두품정대화령전각부당서사포도통·홍대자이(欽差大臣頭品頂
戴花翎前閣部堂署乍浦都統紅帶子伊)

두 번째에는 분명히 약속했다.

모든 아편대금, 부두 및 평등 외교, 모두 상의하고 의논하여 결정하고 그리고 계약서에 사인할 수 있다.

이 두 개의 조회와 같이 보낸 것이 그 "적절하게 일을 처리하라"라고 한 도광제의 유지였다.[172]

위의 이리포의 직함을 살펴보면 흠차대신, 두품정대란 직함이 있는데 그는 이것을 받은 적이 없었다. 비록 기영이 8월 15일 상주를 올려 도광제가 20일

---

170) 위의 책, 5권, 370, 372쪽, 佐々木正哉編, 『阿片戰爭の研究:資料篇』, 191~192쪽.
171) 위의 책, 5권, 372쪽, 佐々木正哉編, 위의 책, 190, 193쪽.
172) 佐々木正哉編, 위의 책, 194~195쪽.

"두품정대를 잠시 받는 것을" 허용하지만, 그의 실제 직무는 여전히 4품정대 사포부도통 서리로 그는 오히려 '부'자를 생략한 것이었다. 그러나 이는 여전히 작은 일이었다. 그가 헨리 포팅거에게 보낸 그 유지는 도광제의 두 유지를 합친 것으로 그중 어떤 의미는 유지에는 없는 것이었다!**173**

---

173) 이리포가 사포 부도통 서리에 부임한 후 영국인에게 보낸 조회에 사포도통이라고 쓰고, '부'자를 생략하였다. 그러나 무석에서 남경으로 온 후의 조회에는 '무석두품정대화령'이라고 칭했으며, 기영이 상주를 아직 올리지 않은 상태였다. 그러나 장회의 예로 보면, 이리포가 이렇게 한 것은 기영의 동의를 거친 것이다. 이리포가 남경에 도착하기 전에 우감이 영국인에게 보낸 조회에 이리포를 '흠차대신'이라고 칭한다(佐々木正哉編, 『阿片戰爭の硏究:資料篇』). 그렇지만 조정의 유지 중에도 오차는 있다. 도광 22년 6월 19일(1842년 7월 26일)의 두 유지에 모두 '軍機大臣密寄欽差大臣耆·伊', '軍機大臣字寄欽差大臣耆·伊'라고 쓰는데, 여기서 이리포는 흠차대신이다. 그러나 다음날 유지에는 또 '軍機大臣字寄欽差大臣耆, 參贊大臣齊 副都統伊'라고 고치는데 이때 이리포의 직함은 또 부도통으로 바뀐다. 비록 '서리'라는 두 글자가 없어졌지만 말이다(『阿片戰爭檔案史料』 5권, 739, 742~743쪽). 그러나 7월 초5일이 되자, 유지에 또 '軍機大臣字寄欽差大臣耆, 署副都統伊'라고 고친다. 이때부터 남경조약을 체결할 때까지 유지에 이 직함을 유지한다(『阿片戰爭檔案史料』 6권, 25, 53, 114, 164, 184쪽). 이것을 보면 비록 이리포 등이 영국 측에 새로운 직함을 넣고, 영국인들도 이를 믿었지만 그의 실제 직무는 여전히 4품 경함으로 두품정대, 사포 부도통 서리를 잠시 맡은 것이다. 당연히 이리포는 상주에 성실하게 스스로 '사포부도통 서리'라고 칭했다. 또 이리포가 영국 측에 보낸 유지 전문이 다음과 같다. "군기대신이 흠차대신 기영과 이리포에게 도광 22년 6월 19일에 유지를 받들어 다음과 같이 보낸다. 전에 그 이(夷)가 세 가지를 요청하였는데 이미 기영과 이리포에게 밀지를 내려 회동하여 잘 상의하여 타당하게 처리하라고 하였다. 다만 이전의 이(夷)의 조회에 근거하면, 기영 이리포로가 잘 처리할 수 있는 능력이 없는 것처럼 보이지만, 기영과 이리포가 간곡하게 권고하고 이해시킬 것이다. 만약 진심으로 병사를 거두면 그들의 요구를 윤허할 것이니 지나치게 의심하고 우려할 필요가 없다. 대신 등이 짐의 특별한 선택을 받았으니 반드시 국가의 체면을 떨어뜨리는 것을 삼가야 하고, 이가 순종적이면 경우에 따라서 소임을 다해야 하는데, 즉 임기응변으로 처리해야 한다. 짐 또한 먼 곳에서 통제하려 하지 않을 것이다. 노력하라. 유지를 받들어 편지를 보낸다." 이 6월 19일에 이리포, 기영에게 보낸 유지를 발췌하면 "군기대신이 흠차대신기영과 이리포에게 도광 22년 6월 19일에 유지를 받들어 보낸다: …전에 그 이(夷)가 세 가지를 요청하였는데…이미 기영과 이리포에게 밀지를 내려…다만 전에 그 이(夷)의 조회에 근거하면 기영, 이리포가 잘 처리할 수 있는 능력이 없는 것처럼 보이지만,… 기영과 이리포가 간곡하게 권고하고 이해시킬 것이다. 만약 진심으로 재난을 피하려 하고 병사를 거두면 우리가 대황제에게 윤허해 줄 것을 요청할 것이니 지나치게 의심하고 우려할 필요가 없다. 대신 등이 짐의 특별한 선택을 받았으니 반드시 국가의 체면을 떨어뜨리는 것을 삼가야 하고, 이가 순종적이면…"이다. 두 번째 유지에는 "경우에 따라서 소임을 다해야 하는데, 즉 임기응변으로 처리해야 한다…짐 또한 먼 곳에서 통제하려 하지 않을 것이다. 노력하라." 유지의 원문과 대조하면, 이리포는 영국 측에 불리한 언사를 뺐는데, 예를 들어 "진심으로 재난을 피하려하고 병사를 거두면"에서 '眞心戰兵'을 빼는 등등이다. 그러나 여기서 주의해야 할 것은 다음과 같다. 1)이리포는 유지에서 "이리포가 현재 진강으로 가서, 기영과 회동하여 계획을 적절히 세워 잘 상의하여 처리하라"라는 문장을 "그 오랑캐가 세 가지 요구를 하여 기영에게 비밀 유지를 내렸다"라고 한 이후, 영국이 요구한 '세 가지 일'을 기영, 이리포가 '계획을 적절히 세워 잘 상의하여 처리하라'는 것으로 바꿨다. 그러나 당일 유지에 '세 가지 일'에 대하여 전비를 지불할 수 없으며, 아편 대금도 이미 광주에서 주었기 때문

우감도 사람을 파견하여 조회를 보내, "모든 못 다한 말은 모두 그 위원(委員)과 만나서 이야기하라"고 했다. 또 장희의 말에 근거하면, 그가 사람들을 '대면'하게 한 것은 성을 되찾는 대가로 3백만을 주겠다고 약속하는 것이라고 했다.

이날 밤 남경성내의 관원들은 아마도 모두 잠들지 못했을 것이다. 장희 일행은 8월 11일 축시(1~3시)에 성을 나서 인시(3~5시)에 강에 도착하여 황급히 헨리 포팅거의 배에 올랐다. 이리포의 조회는 마침내 영국 측의 요구에 부합하여, 담판진행을 동의했다. 그리고 헨리 포팅거가 우감에게 보낸 조회는 하나의 진정제와 같았던 것 같다. 그들은 비로소 "성을 되찾는 것을 제쳐 놓을 수 있었다."[174]

장희가 남경으로 돌아왔을 때, 기영이 이미 도착해 있었다. 영국 측과의 약정에 근거하면, 8월 12일에 기영, 이리포가 장희, 탑분포(塔芬布)(기영이 성경에서부터 데려온 좌령)를 영국 전함에 파견하여 담판을 진행했다. 기영, 이리포는 조회에 다음과 같이 말했다.

> 지금 공동으로 위원 장희(張土淳)와 탑분포를 파견하여, 대면하여 모든 협상을 잘하면 빨리 결정하기 어렵지 않을 것이며, 본 대신 등에게 모든 통상에 대하여 의견이 있으면, 장희 등이 반드시 대신하여 달성할 수 있을 것이다.[175]

에 다시 지불할 수 없다는 내용을 명확히 규정했다. 2)원래 유지에 "만약 진심으로 재난을 피하려고 병사를 거두면 우리가 대황제에게 윤허해 줄 것을 요청할 것이니"라는 이 문장이 즉 모든 것을 유지에 따라 행한 후 비로소 실행할 수 있다고 명확히 규정했는데 이리포는 "만약 진심으로 병사를 거두면 그들의 요구를 윤허할 것이라고 고쳐, 대황제를 거칠 필요가 없이 그들이 허락할 수 있다"로 바꾼 것이다. 이는 사실상 유지의 본의를 바꿔, 새로운 내용으로 바꾼 것이다. 도광제의 유지 원문(『阿片戰爭檔案史料』 5권, 739, 742쪽).

174) 佐々木正哉編, 『阿片戰爭の硏究:資料篇』, 197쪽.

175) 佐々木正哉編, 『阿片戰爭の硏究:資料篇』, 198쪽.

이는 조정의 명을 받은 관리가 아닌 '잠시 대리하는' 5품 정대의 가복(家僕)이 대국의 중대사건에 대하여 외교담판을 진행하는 정식대표가 된 것이었다!

헨리 포팅거가 이것을 보고, 즉시 그의 비서 G. A. 말콤 소령과 중문 번역관 모리슨에게 명령하여 영국 측의 담판대표로 삼았다.[176] 모리슨의 건의에 의하여 날씨가 너무 더운 관계로, 담판 지점을 당일 정오에 남경성 밖 하관(下關) 일대의 정해사(靜海寺)로 옮겼다.

장희는 담판대표라는 신분으로 사원을 청소하고 장소를 정리하고, 영접인원을 파견하고 성내의 대헌(大憲)에게 정황을 통보하고, 심지어 정부관원들을 소집하여 거주민들에게 이 코가 높고 눈이 움푹 들어 간 이인을 보고 당황하여 도망갈 필요가 없다고 알렸다. 매우 신속하고 깨끗한 것이 정말로 그 가복의 본색을 드러내었다. 그러나 G. A. 말콤, 모리슨 등이 정해사에 도착할 때부터 대기, 초대, 영접, 좌정으로 이어지는 한 차례의 예식이 끝난 후, 그는 마치 한명의 청객(聽客)이 되어 버린 것 같았다. 모리슨은 화의 조건을 한 조목 한 조목 완벽하게 설명하는데, 기억력이 좋지 않았던 것 같은 장희가 모두 필기를 하고 상세하게 기재한다. 그는 매우 구체적으로 장희에게 다음과 같이 신신당부한다. 1)청국 측이 영국 측의 조건을 다시 한 번 베껴 적고, 만약 의의가 있으면 그 의견을 청국 측의 사본에 쓴다. 2)이튿날 정오에 계속 담판을 할 때, 장희가 반드시 흠차대신의 화의 조건에 대한 의견과 도광제의 '적절하게 일을 처리하라'고 한 유지의 원본을 가지고 와야 한다.

모리슨이 열거한 영국 측의 조건은 모두 8개 항목이다. 내용은 배상, 할양, 5구통상, 행상폐지, 평등외교 등을 포함한다.[177] 이것들은 모두 장희가 들어본

---

176) 위의 책, 198쪽.
177) 위의 책, 199쪽.

적이 없거나 혹은 알아도 자세하게 알지 못하는 정부 부분의 공무였다. 장희의 일기에는 영국 측의 조건이 마치 배상금 3,000만원(그는 **대략** 이 조항만 이해했을 뿐이었다) 하나 뿐으로 그려졌으며, 게다가 그가 가복의 수완을 발휘하여 배상금을 2,100만원으로 크게 값을 깎은 것처럼 나온다.[178] 그러나 우리는 영국 측의 기록에서 900만원을 깎았다는 것에 대해 상응하는 기록을 찾을 수 없었다.

담판이 끝난 후, 장희는 돌아와서 복명한다. 기영은 후원에 자리를 마련하여 이 과분한 대우와 총애를 받아 놀라고 기뻐하는 그를 청한다. 그는 상세하게 담판의 상황을 전한 후, 영국 측의 요구인 '삼대지(三大紙)'를 기영, 이리포, 우감에게 건넨다. 그러나 누가 알았겠는가? 세 명의 대헌이 이를 거들떠보지도 않고 막료에게 넘겨주고 막료들 또한 간단하게 살펴보고 "문제를 극복하기 어렵다"라고 하고는 방치하였다.

8월 13일에 기영 등이 재차 장희를 파견하여 담판을 하게 한다. 하지만 영국 측의 요구에 대해서는 공식적인 답변을 하지 않았다. 장희가 영국 측을 물러가게 하려고 영국 측이 요구한 '삼대지'를 요구하지만, 막료들이 손님을 맞이하러 나가더니 다시 돌아오지 않을 줄은 어떻게 알았겠는가? 양손에 아무것도 들지 못한 장희는 조마조마한 마음으로 정해사로 간다. 그와 동행한 사람은 탑분포 그리고 우감과 이리포가 파견한 5명이었다. 이런 아주 낮은 하급관리는 보통 관청에서 말을 전하거나 차를 대접해야 했는데, 이처럼 그들이 파견된 이유는 외교 담판에서 적을 상대한 경험은 장래 상주시 인재로 추천할 수 있었기 때문이었다.

이날의 담판 상황은 가히 짐작할 수 있다. 비록 장희가 영국 측에 흠차대신

---

178) 張喜, 「撫夷日記」, 『叢刊 阿片戰爭』 5권, 374쪽.

들이 영국이 건넨 조건을 지금 한 조목 한 조목 심사숙고하고 있으며, 유지의 원본은 양위장군에게 있다고 속이지만, 영국 측은 이에 대노하여 청국 측에게 강화할 마음은 없고, 수춘진(壽春鎭)의 병사들을 불러들여 개전을 희망하고 있다고 지적한다. 영국 측의 핍박 아래, 장희는 본래의 모습을 보일 수밖에 없었다.

> 우리는 말을 전달하려고 온 것 일뿐, 할 말이 있으면 얼마든지 해
> 도 된다. 우리가 흠차대신에게 잘 보고 하겠다.…[179]

이 청조의 공식 대표는 마음속에 여전히 스스로를 '말은 전하러 온' 사자(差弁)라고 생각한 것이다. 또 장희의 일기에 근거하면, 모리슨과 G. A. 말콤이 상의 한 후, 담판이 끝날 때 다음과 같이 선포한다.

> 날이 밝기까지 기다릴 것이며, 날이 밝았는데도 만약 아무 회신이
> 없으면 즉시 포를 쏠 것이다.[180]

이는 최후통첩이었다.

장희가 이 회담이 결렬된 상황을 기영, 이리포, 우감, 이 세 명의 대헌에게 보고하자 대경실색하고 즉시 막료들을 찾아 영국 측의 조건을 검토하여, "일률적으로 허가한다."라고 결정했다. 그리고 돈을 지불하는 기한 및 비용을 지불하기 전에, 영국군이 주산, 초보산, 고랑서 등 세 곳을 점령한 것에 대한 이

---

179) 張喜, 「撫夷日記」, 『叢刊 阿片戰爭』 5권, 377쪽.
180) 위의 책, 5권, 378쪽.

의를 표시하고 다시 의논할 것을 요구하자고 했다.[181] 사정은 이렇게 간단했다. 본래 매우 복잡했던 사정이 하룻밤 사이에 완전히 끝나버린 것이다.

당일 저녁, 양강 총독의 관청 안에서 막료들은 매우 바쁘게 움직였다. 자시(11~1시)에 장희는 급하게 성을 나서 축시에 강안에 도착하여 인시에 영국 함선에 도착했다. 이 모든 것이 '동이 트기' 전에 이루어졌다. 영국 측은 기영, 이리포, 우감이 써준 영국 측의 요구에 동의한다는 조회, 도광제가 기영, 이리포에게 "적절하게 일을 처리하라"라고 내린 성지(위조의 여부는 하늘만이 안다), 우감의 수춘진 병사들의 움직임은 화의전이라고 설명하는 조회, 우감이 수춘진의 병사들을 철수시킬 것이라는 명령(800리가급으로 명시한다) 그리고 도광제가 우감에게 영국 측과 '타당하게 처리하라(妥辦)'라고 내린 성지를 받았다.[182] 이외 장희는 또 흠차대신 별위대원(別委大員)이 정해사에서 '일을 의논하기위해' 기다린다는 내용의 서신을 가져갔다.[183]

이후 진행된 담판은 무사 평온하였다.

8월 14일 오전, 길림(吉林)부도통, 4등시위 함령(咸齡)과 서강녕(署江寧)포정사, 강소안찰(江蘇按察) 황은동(黃恩彤)이 영국 측 대표 모리슨, G. A. 말콤과 담판을 재개했다. 이전의 주인공이었던 장희는 이때 단지 한쪽에 시립해 있었을 뿐 감히 발언을 하지 못했다.[184] 8월 15일에도 담판은 계속 되었다. 기영 등의 조회에 또 양보를 하는데, 돈을 지불하는 기한을 다시 언급하지 않고 5곳의 항구를 개방하면 영국 측이 주산, 초보산과 고랑서에서 철수해야 한다고

---

181) 佐々木正哉編, 『阿片戰爭の硏究:資料篇』, 201~202쪽.

182) 위의 책, 204쪽.

183) 張喜, 앞의 권, 5권, 378쪽.

184) 黃恩彤, 「撫遠紀略」 ; 利洛, 「締約日記」 ; 張喜, 「撫夷日記」. 이상 『叢刊 阿片戰爭』 5권, 416~417, 506~508, 380쪽 참고.

요구했다.[185] 그러나 이 요구는 받아들여지지 않았다. 영국인들은 문제를 그렇게 보지 않았다. 청국 측이 배상에 동의한 바에야 일부를 지불하지 않는 것은 부채가 되는 것이고 부채는 저당을 잡는 것이었다. 그러나 그들도 상징적인 양보를 했다. 주둔할 곳을 세 곳에서 두 곳으로 바꾸고, 그중 한 곳이 바로 방어하기가 쉽지 않는 진해성 밖의 초보산이었다.

그러나 담판 테이블상의 평온함과는 상반되게 담판장 밖에는 약간의 풍파가 일어났다. 8월 15일, 영국 측 대표 헨리 포팅거가 우감에게 보내는 조회를 건네는데, 서두에 다음과 같이 말했다.

> 전쟁의 시작에 관한 성명에 대하여, 아마도 우리가 구전으로 전하면 정확하지 않기 때문에 잘못 알아듣게 되는 사태를 초래할 것이다.[186]

소위 이 최후통첩은 단지 장희의 허장성세에 해당한다고 할 수 있다.

우리는 헨리 포팅거가 실제 상황을 이해하지 못한 것인지, 아니면 고의로 거짓말을 한 것인지는 알 수 없다. 그러나 장희가 깨끗했었다는 것은 인정할 수 있다. 이는 한 방면으로는 장희가 영어를 하지 못하기 때문에 동행한 탑분포 등 6인이 근본적으로 움직일 수 없었던 것이다. 다른 한 방면으로는 담판에 참가한 영국 해군 군관 로크(Grannille G. Loch)는 회고록에 다음과 같이 밝혔다.

> G. A. 말콤 소령은 이날(13일)의 회견에 대하여 매우 불만이었

---

185) 佐々木正哉編, 『阿片戰爭の硏究:資料篇』, 206~208쪽.
186) 위의 책, 205쪽.

는데, … 그래서 분개하여 물러나면서, 출발할 때 말하길, 만약 전권대신이 다음날 여 명 전까지 전권 위임장을 총사령관에게 전달하지 못한다면 영국 측이 내일 아침에 포격을 개시할 것이라고 하였다.[187]

　　그러나 기영 등은 헨리 포팅거의 조회를 보고 장희를 입에 박힌 가시처럼 여겼다. 직접적인 결과로 이리포가 장희에게 담판에서 빠지라고 통지하는데 그 원인을 설명하지는 않았다. 영국군이 장강에서 철수할 때에 이르러, 이리포가 기영이 그에게 양보하게 한 것은 그 원인이 "안색이 매우 엄숙하여 일을 망칠 것을 두려워했기" 때문이라고 해명하자, 장희는 즉시 이에 반박하면서 기영이 시샘했기 때문이라고 다음과 같이 말했다.

　　　　장희의 성공을 두려워하는 것은, 즉 중당(이리포)의 성공을 두려
　　　　워한 것이다. 중당이 성공을 하면 어찌 기영 장군의 체면이 깎이
　　　　는 것이 아니겠는가?[188]

　　장희의 반응은 직접적인 것이었다. 그는 모든 것을 공과명리(功過名利)로 연관시키는 습관과 노복과 주인을 서로 연결시키는 습관이 있었다. 소인의 마음과 언사의 무서움을 이로부터 알 수 있다.

　　장희는 핵심에서 밀려나고 담판 그 자체도 막바지에 진입하는데, 그 과정이 다음과 같다.

　　8월 16일, 영국 측이 이틀의 회담상황에 근거하여 조약초안을 작성했다.

---

187) 利洛, 「締約日記」, 『叢刊 阿片戰爭』 5권, 505~506쪽.
188) 張喜, 앞의 권, 5권, 398쪽.

17일, 영국 측이 조약초안을 청국 측에 전달했다.[189]

19일, 쌍방이 재차 회담을 했다. 감령, 황은동이 영국 측의 조약에 대한 설명을 듣고, 받아들인다는 의사를 표시했다.

20일, 기영, 이리포, 우감이 영국 기함 HMS 콘월리스(Cornwallis)호에 올라 예식적인 방문을 했다.

24일, 헨리 포팅거 일행이 정해사에 도착하여 청국 측 방문에 대한 예식적인 방문을 했다.

26일은 가장 핵심적인 날이었다. 헨리 포팅거 등이 남경성안 상강현(上江縣)의 고붕(考棚)까지 들어와 정식으로 조약 문건을 건네고, 즉 쌍방은 마지막 결정을 했다. 기영 등은 비록 불만을 표출하지만 조약을 받아들인다고 표시했다. 이 장면을 영국 군관은 다음과 같이 묘사하였다.

> 유럽의 외교가들은 조약 중의 문구와 어법을 매우 중요하게 생각하는데, 중국의 대표들은 결코 상세하게 살펴보지 않고 겨우 한 번만 보고 말았다. 그들이 매우 초초하게 기다린 것은 단지 하나였는데 그것은 바로 우리가 빨리 떠나는 것이었다.[190]

영국군을 빨리 떠나게 하기 위해 기영은 즉시 서명을 하자고 제의하지만, 영국 측이 거절했다. 그들은 결코 서두르고 싶어 하지 않았으며, 성대한 의식을 거행하여 그들의 승리를 축하하고 싶어 했다.

이렇게 남경 방면의 모든 것은 이미 수습되었으며, 남은 문제는 하나였다. 그것은 바로 북경이었다.

---

189) 佐々木正哉編, 『阿片戰爭の研究:資料篇』, 208쪽.
190) 利洛, 「締約日記」, 『叢刊 阿片戰爭』 5권, 514쪽.

기영이 남경에 도착한 후, 8월 13일, 14일, 17일, 26일 이렇게 네 차례 도광제에게 담판상황을 보고했다.[191] 그러나 이 상주들을 읽어 보면, 그 내용이 지시를 내려달라는 것으로 영국 측의 협박과 같은 명령을 완곡하게 전달할 수는 없었던 것 같다. 8월 22일 도광제는 기영의 17일 상주를 받고 주비에 다음과 같이 적었다.

어쩌다가 이렇게 핍박을 받게 되었는지, 원망스러운 생각에 말을 하기가 힘들다![192]

8월 31일에 도광제는 기영의 26일 상주를 받고 다음과 같이 말했다.

상주를 보니 분노가 극에 달한다. 짐은 오로지 유감스럽고 부끄러울 뿐이다. 어찌 상황이 이 지경에 까지 이르렀는가? 어떻게 어찌할 수 없는 상황에 처하게 되어서 모든 것을 허락하지 않을 수 없었던 것인가? 그야말로 수백만 백성의 생명이 관계된 일로 그 이해관계가 강소, 절강성에 그치지 않는다. 그렇기 때문에 그들을 강하게 억제하고 각 사항을 모두 의논하여 처리해야 한다.[193]

이 유지는 9월 7일에야 비로소 남경에 도착했다. 그러나 이전인 8월 29일 남경 강위의 영국 함선 HMS 콘윌리스호 위에서 기영, 이리포는 이미 조약서 위에 관인을 찍고 친필로 서명을 했다.

---

191) 『阿片戰爭檔案史料』 6권, 50~53, 56~57, 74~76, 114~115쪽.
192) 위의 책, 6권, 136~138쪽.
193) 위의 책, 6권, 165쪽.

조약을 체결했다.

남경을 보전했다.

영국군이 철수했다.

전쟁이 끝났다.

이 모든 것이 영국 측을 크게 만족시켰다. 영국군 군관의 회고록 말미에 크게 대문자로 다음과 같은 득의양양한 말을 적었다.

CHINA HAS BEEN CONQUERED BY A WOMAN.[194]

중국은 한 명의 여자(여왕)에게 정복당했다.

---

194) Bingham, Narrative of the expedition to China: from the commencement of the war to the present period, vol. 2, 372쪽.

제7장
평등과 불평등

제7장
평등과 불평등

역사학자 장정불(蔣廷黻)은 일찍이 이렇게 말했다.

> 중서 관계는 특별하다. 아편전쟁 이전에 우리는 외국에 평등한 대
> 우를 하지 않았다. 그러나 이후에는 그들이 우리에게 평등한 대우
> 를 해주지 않았다.[01]

이 말은 상당히 간결하지만 전달하는 의미가 크다.

그러나 우리가 만약 세부적인 면에서 관찰을 해보면 다음과 같은 사실을 발견하게 된다. 비록 아편전쟁 전에 청조가 국가관계에서는 서방열강을 작게 보았지만, 그러나 경제무역에 대한 각종 제한은 아마도 '불평등'이라는 단어로 그것을 완전히 개괄할 수 없으며, 창궐하는 아편밀매무역에 이르러서는 그 논리가 더욱 맞지 않다. 아편전쟁 이후에 서방 열강이 핍박하고 강요한 일련의 조약은 아주 많은 불평등 조항을 포함한다. 그러나 국가관계에 있어서는 전혀 열외 없이 청조와 '평등외교'를 추구한다.

이에 한 발 더 나아간 연구가 또 나를 놀랍게 한다. 오늘날 인간들이 담론하는 평등 혹은 불평등은 모두 18세기 유럽에서 발생하여 20세기까지 세계가

---

01) 蔣廷黻, 『중국근대사』, 호남인민출판사, 1987년, 17쪽.

확립한 국제관계 준칙이 척도가 된다. 그러나 '천조'에서 생활하는 사람들에게는 아주 다른 서로 다른 가치 표준이 있고, 다른 한 종류의 평등 관념이 있다. 그들은 오늘날의 '평등'에 대한 조항에 종종 불평등하다고 몹시 분개하고 오늘날의 '불평등'한 대우에 대해서는 오히려 전혀 깨닫지 못한다. 그런 까닭에 외교상의 조치가 크게 잘못되는 것이다.

19세기 급격히 축소되는 세계 속에서 '천조'는 본래 하나의 특수한 '세계'였다.

1. 중·영(中英) 남경조약(南京條約) 및 그 우려

아편전쟁의 종료를 의미하는 1842년 8월 29일에 남경의 강위에서 서명한 중영화약(中英和約)은 사람들에 의해 '남경조약'이라고 칭해졌다. 그것은 모두 13조항으로[02] 분명히 가혹한 불평등 조약이었다.

만약 조항을 구체적으로 살펴본다면, 남경조약이 불평등한 까닭은 주로 세 가지이다. 1)할양지(제3항), 2)배상(제4, 6, 7, 12항 및 제5항의 후반부), 3)'한간'의 방면(제7항)이다. 제2항 평화선언, 제13항 비준의 순서 규정은 평등 불평등과 상관이 없으며, 제8항 영국 죄인을 석방하는 것도 당시와 현재에 부합하는 국제법 관례에 합당했다. 제11항의 평등한 국교에 이르러서는 오히려 이 불평등한 조약 중에서 평등한 조항이었다.

이상 오늘날 비교적 쉽게 판별할 수 있는 조항을 제외하고 그 조약에는 세 가지 규정이 더 있었다. 1)5구 통상(제3 항), 2)행상의 폐지(제5항 전반부), 3)세칙의 신 제정(제10항). 이런 경제 무역에 관한 조항은 간단하게 평등과 불평등의 경계를 구분 짓기 매우 어렵다.

---

02) [조약원문 중문본] 왕철애(王鐵崖) 편, 『中外舊約章匯編』, 1권, 30~33쪽.

오늘날 보편적인 국제관계 준칙으로 보면, 하나의 국가가 어떤 방식을 선정하여 대외무역을 진행한다는 것은 본래 주권범위 내의 일이다. 그렇다면 영국 측이 중국에 이런 규정을 강요한 것은 강권(强權)의 표현임이 분명하다.

사회경제발전사적 관점에서 살펴보면, 한 개의 항구 통상과 행상제도는 중국의 대외 무역의 발전을 속박한 것이며, 중국이 스스로 자족적 소농경제에서 시장 교환의 공상경제로 전환 하는 데에 불리하다. 광주의 관세는 리원(吏員)과 행상(行商)이 조정하고 매번 관세 납부 때 마다 모두 흥정을 하는 회색 교역이 되어버려 외국 상인이 손해를 보게 되고, 결국 국가에 이익이 되지 않는다. 이런 것들을 설마 계속 보류해야 한다는 것인가?

이 때문에 이론상으로 말하자면, 가장 좋은 방안은 청 정부가 스스로 개혁하는 것으로 내부적으로 준비를 잘한 다음 주동적으로 개방을 하고, 구체적 방법에서 국제적으로 연결하는 것이다. 그러나 역사적 현실로 보면 이렇게 할 가능성은 제로였다.

후에 역사가 설명하기를 서방의 큰 물결이 중국의 옛 체계를 충격하여 민중의 생산과 생활(주로 연해지역)에 큰 손해를 입혔다. 이런 슬픈 곡조 속에 또 중국에 이전에는 없던 각종 사회경제현상이 싹트기 시작했다. 5구 통상, 행상폐지, 신 세칙의 제정은 영국의 이번 전쟁의 주요 목적으로써 중국을 세계 무역체계에 집어넣으려는 시도를 반영한 것이다. 그리고 런던, 맨체스터, 뭄바이에서 온 대 상인들의 시장 이익 때문에, 중국은 전혀 준비와 방비가 되어 있지 않은 상황 아래 황급하게 개방을 당하게 된 것이다. 이는 중국에 불리한 것이지만 객관적으로 보면 중국의 순환에서 벗어나는 새로운 경로를 제공한 것이다. **단기적으로는 부정적인 작용이 긍정적인 효용보다 크다. 장기적으로 보면 부정적인 작용이 끊임없이 점점 사라지고 긍정적인 효용이 점점 성장한다. 결국 20세기에 이르러 긍정적인 효용이 부정적인 작용을 초과했다.**

그럼 중국의 개방이 만약 19세기 중엽이 아니라, 더 늦었다면 중국의 현 상황이 어떠했을까?

역사학자들은 당연히 멀리까지 내다보는 사유 능력을 가져야 한다.

그렇지만 이런 인식은 오늘날의 분석일 뿐, 당시 사람들의 사상과는 무관하다. 앞 장에서 언급한 조약 담판에 대한 상세한 기록인 장희의 『무이일기』를 보면 배상의 할인을 제외하고, 그 밖에는 오직 청국 측의 항변(抗辯)으로, "황은동, 함령 두 대인이 성을 나가서 이인과 회의를 하는데 이인들이 가솔(家率)을 데리고 오는 것을 허락하지 않았다"는 등의 내용이 나온다.[03] 이는 장희의 지식이 제한적이기 때문에 조약 내용을 이해하지 못했을 가능성이 있다. 그러나 강소포정사 이성원이 부임하여 조약을 본 다음 일으킨 반응은 사람들을 깊이 생각하게 한다.

> 강남으로부터 온 조약 사본을 읽었는데, 사람을 흥분하게 한다. 우리 국토는 완전하였는데 갑자기 이곳에 재난이 닥쳤다. **오랑캐 여자와 대황제가 동등하게 문서를 나누고** 게다가 조약에 성을 사고, 아편대금을 주고, 한간을 풀어주고, 공개적으로 **대서특필하였으니, 천추만대 어떻게 이 일을 처리할까?**…[04]

이성원은 당시에 화의를 주장하던 관원이었다. 그는 조약에 대하여 직접적인 평가를 하지 않고, 단지 '큰 의미가 있는' 치욕스러운 일이라고 했을 뿐, 이런 일은 대개 사적으로 말할 수 있을 뿐이지 공개적으로 말할 수 없는 것이었다. 그가 가장 마음에 들지 않았던 것은 "이의 여왕이 대황제와 동등하게 문서를 나눈 것"으로 경사에 박식한 유교 관리(儒吏)로서 본능적으로 느낀 감정

---

03) 『叢刊 阿片戰爭』 5권, 382쪽.
04) 『李星沅日記』 상권, 428쪽.

이었다. 전쟁의 중대한 고비에 병으로 사직을 청하고 돌아가던 저술경력도 풍부한 전 강소순무 양장거(梁章鉅)가 도중에 소식을 듣고, 복건순무 유홍고(劉鴻翶)에게 편지를 보내 복건의 항구 두 곳을 반드시 개방해야 것에 대하여 불공평하고 매우 화가 난다고 하였다.

> 강남(강소), 절강, 광동 매 성마다 한 곳의 항구를 건설하는데, 그러나 복건 성에는 반드시 하나의 항구를 더 개방해야 한다고 하던데, 이것은 또 그 상황을 어떻게 해석해야 하는가? 게다가 강남의 상해, 절강의 영파, 복건의 하문, 광동의 오문은 본래 외국선박의 교역지역이지만, 복주는 개국 이래 이런 조치가 전혀 없었다.[05]

양장거는 복건 장락(長樂)사람으로, 그곳은 공교롭게도 복주에서 바다로 나가는 민강 입구 끝에 위치하여 복주의 개방은 그곳 사람들을 두렵게 한 것이다.

이와 비교하면, 조약에 대한 절강순무 유운가의 느낌은 확실히 '심각한 정도가 훨씬 더 컸다. 그는 남경의 기영, 이리포, 우감에게 서신을 보내 단숨에 10가지 문제를 제시했다.

1) 영국과 조약을 체결한 후, 기타 국가가 이 잘못된 행위를 따라할 것인데, 이에 대한 내막을 모르는 청조는 어떻게 대처할 것인가?

2) 영국은 이미 광동에서 '회유'를 한 적이 있으며, 은 냥을 주었다.(찰스 엘리엇-혁산 정전협정) 만약 그 나라 국왕이 곽사립(청국 측은 줄곧 이 사람을 주모자 중의 한사람으로 보았다), 헨리 포팅거가 일처리를 잘하지 못했다고

---

05) 楊廷枏, 『夷雰聞記』, 119~120쪽.

생각하여, 다른 새로운 문제가 생기게 되면 어떻게 하겠는가?

3) 영국이 누차 천진으로 북상한다고 하는데, 이번에 천진을 항구에 넣지 않았으니, 어떻게 '북상하고자 하는 마음'을 막을 수 있을 것이며, 벌어진 후에 그 부끄러움을 피할 수 있겠는가?

4) 각 통상 항구 모두 장정(章程)과 운수세가 있는데, 금후 만약 영국이 상선을 강제로 가로막으면, 청 전부는 관여해야 하는가? 만약 청 정부가 조치를 취한다면 어찌 충돌이 일어나지 않겠는가?

5) 금후 만약 민(民)과 '이(夷)'의 송사 사건이 발생할 때, 영국 측이 범인을 인도하지 않는다면, 이전의 임유희(林維喜) 사건과 같이, 어떻게 "이(夷)의 폭력을 그치게 하고 민심을 안정시킬 것인가?"

6) 각 성이 전후에 해양방어 공사를 다시 시작할 때, 영국 측이 만약 이에 대하여 의심하고 방해한다면 어떻게 할 것인가?

7) '한간'을 사면한 이후, 만약 불한당들이 영국에 의지하여 백성들에게 해를 끼치고, 영국 측이 이를 비호한다면 어떻게 할 것인가?

8) 만약 영국인이 비 통상항구 지역으로 잠입하여 민중의 저항을 일으키면, 영국 측이 반드시 그 죄를 청국 측에 돌려, '병사를 일으켜 죄를 물을 텐데' 그러면 어떻게 할 것인가?

9) 영국인이 주산에서 "이인이 건물(망루)을 건조하면, 도시를 점거한다는 의미인데" 만약 각 통상항구 해안을 모두 이와 같이 한다면 "눈 깜짝할 사이에 바로 눈앞에 적이 있게 되는 것으로", 그럼 어떻게 하겠는가?

10) 중국의 쇠퇴는 은의 유출에 있는데, 새로운 항구가 열리면 은의 유출이 더욱 쉬워질것이다. 그래서 청국 측이 만약 은의 유출을 금지하면 또 충돌이 발생할 것이므로, 그럼 어떻게 하겠는가?

이는 새로운 '십가려(十可慮)'로, 전후 중외 관계를 심층적으로 사고한 것이다. 본래 국제적 지식이 없었던 유운가가 제시한 이 문제들은 오늘날의 안목으로 보면 매우 우스운 주장이다. 하지만 이는 이전의 '십가려'에서 청조 내부 문제의 실체를 분석한 것만은 못하지만, 오히려 한 명의 책임감 있는 관원이 미래의 중외 관계의 골격을 진실하게 도출해 낸 것이다. 특히 통상항구의 지방관원이 '이무(夷務)'를 어떻게 처리하고, 민이(民夷)의 분쟁을 어떻게 해결해야 하는지에 대한 우려를 나타내었다.

유운가의 이 서신은 직접적으로 남경조약을 평가하지는 않았다(이 역시 그가 일을 처리하는 방식이다). 그러나 문제를 제시하는 방법을 사용하여 우회적으로 조약에 대한 그의 생각을 표출했다. 그는 이 조약은 대단히 간략하고 많은 부분에서 멀리 내다보는 안목을 갖춘 분명한 규정이 부족하다고 했다. 그러므로 그는 운용상 임의성이 존재하고 조금 부적절하게 처리하면 분쟁이 일어날 가능성이 있다고 했다. 이번 전쟁은 그를 두려워하게 했으며, 가장 두려워하는 것이 전쟁이 다시 일어나는 것이었다. 그래서 그는 서신에 다음과 같이 말했다.

> 화의가 이미 정해졌으나 후환이 자못 많다. 주도면밀하게 계획해야 한다. 그래서 반드시 유폐(流弊)를 예방해야 한다.
> 역이가 다시 공격할지 안할지에 대해 잠시 나는 상세하게 토론하지 않는다. 즉 나는 그 합의가 영구적으로 해결되지 않는 상황이 벌어지는 것에 매우 두려움을 느낀다.[06]

이런 '유폐'를 어떻게 방지해야 하는가에 대해서 그는 구체적으로 설명하지는 못했다. 나는 그가 대권이 없었는지, 아니면 방법이 있는데 말하지 않은

---

06) 「劉玉坡中丞韻珂致伊·著·牛大人書稿」, 『叢刊 阿片戰爭』 3권, 359~362쪽. 이 서신에서 유운가 장래 형세에 대하여 10항의 위험 요소를 제시하였다.

것인지 알지 못한다. 단지 문제를 있는 그대로 기영, 이리포, 우감에게 전한 것이다.

이것으로 우리는 유운가가 이 편지를 쓴 진짜 의도가 무엇인가를 생각해봐야 한다. 그가 기영, 이리포, 우감이 체결한 조약에 대하여 불만을 표시한 것인지? 그렇지 않으면 세 대헌에게 보완하도록 하려 했던 것인지? 세 대헌 모두 담판을 주관한 관원으로 유운가는 그들이 영국 측과 계속 교섭을 해야 한다는 것을 암시하는 것인지? 그리고 더 나아가 그가 제시한 10가지 문제가 더욱 구체적인 규정인지에 대하여 생각해 보아야 한다.

그러나 이는 위험한 신호이다

중국 역사상 남경조약은 필경 전대미문의 일로 각양각색의 의견이 분분한 것은 자연스러운 일이다. 전제사회(專制社會)에서 신하들의 의견은 종종 별로 중시할 것이 못 되었으며, 진정으로 효과가 있는 것은 성지뿐이었다.

도광제는 이 위조된 고시로 인해서 마지막으로 주화(主和)를 결정했다. 그리고 강녕장군이 올린 상진도(常鎭道)의 보고서를 보고 영국 측의 조건을 이해할 수 있었던 도광제가 차례로 지시를 내렸다. 1) 아편대금은 광주에서 이미 지불했고, 군비와 상흠(商欠)은 배상을 허락하지 않는다. 2) 평등 외교(平行禮)는 융통할 수 있다. 3) 홍콩은 "잠시 빌려주어 사용할 수 있다"(할양이 아니다). 복건, 절강 연해에서 임시로 통상을 허락한다. 단 오랫동안 거주할 수 없다. 이것이 그의 미래의 화약에 대한 최초의 구상이었다.

1842년 8월 18일, 도광제는 기영의 상주를 받고 더욱 상세하게 영국 측의 요구를 이해하고[07] 양보를 했다. 1) 하문, 영파, 상해에서 무역을 허락하지만, 재

---

07) 기영은 상주에 다음과 같이 말한다. 영국 측의 요구는 "1)의논한 양전(洋錢) 2,100만원 중에 올해 먼저 600만원을 지급하고 나머지는 연(年)으로 나눠서 지급한다. 2)홍콩을 항구로 삼는 것에 대한 독촉과, 광주, 복주, 영파, 상해 등지에서의 무역을 허락한다. 3)중국 관원과의 평등한 예이다. 그 외의 요청이 있지만 대저 위 세 가지를 넘지 않는다"(『阿片戰爭檔案史料』 6권, 56쪽). 기영은 영국 측의 요구를 크

차 "오랫동안 머물러 거점이 되는 것을 허락하지 않는다."라고 강조하였다. 2)복주는 개방을 허락하지 않고, 부득이 천주(泉州)로 바뀠다. 3)홍콩은 여전히 '하사하여 빌려주는 것'을 고수한다. 4)배상에 대해서는 반대하지 않으나 단지 자금조항은 어떻게 조달할 것인가?[08] 이 유지는 8월 24일 가영에게 전달된다.

8월 22일 도광제는 기영이 보고하는 '각 조약의 처리방안' 목록(淸單)을 받고,[09] 지시를 내렸다.

1)행상제도는 "고칠 필요가 없다."

2)상흠은 관부(官府)가 "조사하여 밝힌 후 추징하여 돌려준다."

3)영국 선박의 관세는 부영사가 해관에 가서 납부하고 행상의 손을 거치는 일이 없도록 하고, 다시 협의하여 타당하면 상주한다.

4)홍콩 문제는 유지에 언급되지 않았는데, 대략 이미 '하사하여 빌려주다'를 '양보하다'로 바꾸는데 동의한 것이며, 5구 항구 문제에 대해서는 여전히 원래의 의견을 고수한다. 여기서 주의해 볼 가치가 있는 것은 유지에 또 이밖에 세 가지 내용을 더 언급했다는 것이다. 1)"연해의 광동, 복건, 대만, 절강, 강남, 산동, 봉천 각 성의 해안에(항구지역이 아닌 곳을 가리킨다)", "이선이 들어오는 것을 허락하지 않는다." 2)전후 각 성의 해양방어에 대한 수복 공사는 "해적을 방어하기 위한 것으로, 결코 영국군을 방어하기 위하여 설치하는 것

게 축소했다. 그는 그 상주에 "그 오랑캐는 각 조항을 열거한 목록을 요청하였고, 위원 탑분포에게 건네 가지고 돌아왔다"라고 하였다. 이는 즉 8월 12일에 중영 제1차 정해사 회담 중에 모리슨이 장회에게 주어 가지고 돌아온 '삼대지'이다(佐々木正哉編, 『阿片戰爭の硏究:資料篇』, 199~200쪽). 단 그는 예를 들면 행상의 폐지 같은 사항은 보고하지 않았다.

08) 『阿片戰爭檔案史料』 6권, 85쪽.

09) 기영은 8월 17일 상주에 다음과 같이 말한다. "정중히 상황을 고려하여, 각 조항을 별도로 필사한 목록을 어람하시도록 삼가 올립니다."(『阿片戰爭檔案史料』 6권, 75쪽) 그러나 이 권에는 그 목록이 수록되어 있지 않다. 또 기영이 8월 15일에 포팅거에게 보낸 조회에 화약(和約) 10항에 관한 목록이 첨부되어 있었는데(佐々木正哉編, 『阿片戰爭の硏究:資料篇』 206~207쪽), 내용이 같을 것이라고 추측한다. 이것이 도광제가 영국 측의 요구를 처음으로 전면적으로 이해한 것일 가능성이 크다.

이 아니므로 경솔하게 우려할 필요가 없다." 3)기타 각 성이 화약을 체결한다
는 것을 알지 못해서, 영국 함선에 공격을 가하여 "개전의 구실을 주어서는
안 된다."[10] 이 유지는 8월 27일에 기영에게 도착했다.

9월 1일 도광제는 기영의 상주를 받고, 전면적인 양보를 하면서 "각 조약 모
두 논의한 대로 처리하라"라고 했다. 단 유지를 내려 다음과 같이 말했다.

> 이외 모든 중요한 사항은 반드시 고려하여 건의해야 한다. 책임
> 이 있는 모든 대신(大臣)들이 하나하나 분석하고 의논하여 반복
> 하여 자세하게 밝혀는 것을 꺼리지 않아야 하며, 반드시 영원히
> 후환을 제거해야 한다. 그 대신은 회복하기 어렵다는 것과, 다른
> 나라들이 역시 비슷한 속셈을 가지고 있음을 안다. 이전을 돌이
> 켜 생각해 본 후에 사전에 미리 계획을 세워야 한다. 전력을 다
> 해 아직 일어나지 않은 재난을 없애는 계획을 세우는 데 전력을
> 다해야 한다. 만약 조금이라도 갈라진 틈새가 있으면 장래에는
> 다소 핑계가 되어 새로운 문제가 생기고 문제를 해결하는 것을
> 방해할 것이다.[11]

도광제의 이 말의 의미는 매우 모호한데, 마치 기영 등에게 명령하여 조약
이 완성된 후 계속 영국 측과 '모든 중요한 사항'을 상의하라고 한 것 같다. 그
는 '모든 중요한 사항'의 구체적인 내용을 설명하지 않고, 단 마치 조약의 "후
환이 영원히 단절될 수 없을 것"이라고 여겼던 것 같다. 이 부분에서 그는 유
운가와 사상적으로 놀랄 만큼 일치한 것이다. 이 유지는 9월 7일에 기영에게

---

10) 『阿片戰爭檔案史料』 6권, 114~115쪽.
11) 위의 책, 6권, 165쪽.

도착했다.

9월 6일, 도광제는 기영이 올려 보낸 조약을 받고, 그의 주의력은 이미 조약 그 자체에서 조약 외의 것으로 옮겨진 것 같이 다음과 같은 명령을 내렸다. 1)'상흠'에 관하여 금후부터, 영국 상인과 중국 민간 교역에서 생긴 빚은 모두 스스로 정리한다. 청조는 이에 대하여 다시는 책임을 지지 않는다. 2)한간을 사면하는 것에 관하여, "만약 그 사람이 어떤 다른 범죄에 관계되었다면, 아국이 당연히 조례에 따라 처리하고 그 국가와는 관계가 없다." 3)관세에 관하여 "각 해관은 본래 특정 칙례(則例)가 있다", 즉 중국 상인으로 하여금 영국 화물을 내지로 운용하게 하는 것으로 "주요 길목을 지나는 데에는 납세 규정이 있다"(도광제는 조약 제10항의 규정을 이해하지 못하는 것 같았다. 유지 속의 문장과 어조가 마치 이 조항이 존재하는 필요성을 부정하는 것 같다). 4)"은냥(銀兩)이 전부 지급되기 전에 정해의 주산해도, 하문의 고랑서 소도에 모두 배를 잠시 정박할 수 있도록 허락하고, 5구를 개발하는 시점에 즉시 철수한다(도광제는 마치 영국 측에 주산과 고랑서에서 물러나는 기한의 조건을 5구 개방과 배상을 청산하는 두 가지 조건에서 5구 개방 이 한 항목으로 바꿀 것을 요구한 것 같다). 이번 유지에 도광제가 다음과 같이 분명하게 말했다.

> 이상 각 절은 기영 등이 그 오랑캐를 반복하여 일깨우고 상세히 하는 것을 귀찮아해서는 안 된다. 조약 내에 추가해야 하며, 반드시 간결하고 타당해야 한다. 뒤탈을 막기 위해 힘써야 하며 목전과 같이 대강대강 처리해서는 절대로 안 된다.[12]

---

12) 『阿片戰爭檔案史料』 6권, 185쪽.

다시 말해서 조약체결 이후 도광제는 여전히 기영에게 관련사항에 대하여 계속 영국과 교섭을 하라고 명령한 것이다. 그 유지는 9월 13일에 기영에게 도착했다.

이상 일련의 유지를 보면 우리는 남경조약에 대한 도광제의 태도를 알 수 있다. 이 조약의 내용은 그가 원래 구상한 것과는 천지 차이였던 것이다. 육조(六朝)의 고도인 남경은 이미 바람 앞의 촛불이 되어, 부득이하게 비준을 하게 된다. 하지만 그는 마음속으로 달가워하지 않았다. 그리하여 기영 등에게 계속 교섭할 것을 명령하고, 조금이라도 '천조'의 이익을 만회하고자 했다. 재난은 여기서부터 생겼다. 국제지식이 전혀 없었던 도광제는 국가의 이익이라는 것을 결코 알지 못했다. 그가 요구한 교섭의 내용은 핵심이나 요점을 터득하지 못하거나 주제와 거리가 멀었다.

조약이 이미 체결되고 이미 황제의 비준을 얻은 상태에서, 도광제는 단지 기발하게 하나의 새로운 방법 ─조약 위에 '주를 다는 것' ─ 을 생각해 냈을 뿐이었다.

오늘날 남경시의 중심인 장강로(長江路) 위에 양강총독의 관청이 위치하는데, 규모가 큰 정원이다. 그곳은 후에 태평천국의 천왕부, 남경임시정부의 대총통과 국민당 정권의 국민정부가 들어서는 심상치 않은 곳이다. 오늘날에 이르러서도 여전히 강소성의 정치 정권 결정의 중심이다. 그동안 얼마나 많은 경권결정이 탄생했는지 모르며, 얼마나 많은 정치적 명령이 이곳에서 출발했는지 모른다.

1842년 여름, 가을에 양강총독의 관청은 또 역사적인 증거가 되었다. 이곳에 머물던 흠차대신이자 광주장군 기영, 4품경함의 사포 부도통 이리포와 이곳의 주인 양강총독 우감은 이곳에서 두려움과 우려 속에서 영국과 조약 사의(事宜)를 상의했다.

비록 이리포의 가복인 장희는 '이중당(伊中堂)'을 정권결정의 주재자라고 여기고, 우감의 조수 강녕포정사 황은동은 '우재군(牛制軍)'을 화의의 중견이라고 여겼지만, 진정한 권력은 기영의 수중에 있었다. 그는 유일한 흠차대신이었다.

기영은 왕족으로 누르하치(努爾哈赤)의 후손이다. 그 부친은 록강(祿康)은 동각(東閣)대학사, 호부상서, 보군통령 등을 역임했다. 좋은 가문을 배경으로 벼슬길이 평탄했다. 1806년에 종인부(宗人府)의 정원 외 주사(主事)를 받은 후, 줄곧 경관으로 지내면서 연이어 50여종의 직무를 역임했다. 그중 가장 사람들이 흥미 있어 하는 것은 그가 병부시랑, 이판원상서 서리(署理藩院尚書), 예부상서, 공부상서, 호부상서, 이부상서를 역임했으나 형부에서는 일한 적이 없다는 것이다.

1838년에 기영은 열하(熱河)도통에서 성경장군으로 차출되었다. 얼마 후 아편전쟁이 발발하자 당시 그는 해양방어의 강화에 꽤 노력을 기울였다. 그러나 주화(主和)의 분위기는 전혀 찾아볼 수 없었다. 1942년 2월 24일, 도광제가 그를 광주장군으로 차출했다. 당시 그가 모든 것을 인계하고 8월 28일에 북경에서 청훈을 받을 때, 마침 도광제가 유운가의 상주 '십가려'를 받았다. 우리는 도광제가 그를 광주로 파견한 진정한 뜻을 모르지만, 그가 북경에 도착했을 때 그의 운명이 바뀌었다는 것은 알 수 있었다.

만주사람이며 황족이지만 기영은 진사에 합격하고 한림의 정식 관원으로 들어갔기 때문에 약간의 유교적 분위기를 가지고 있었다. 이는 당시의 중국 사회에서 반박의 여지가 없는 큰 결함이었다. 아마도 바로 이런 결함은 문제를 사고할 때에도 성리명교적(性理名敎的) 색채가 직접성과 공리성을 가지게 한 것 같다. 그러나 절강에 도착하고 며칠 후에 그는 곧 전쟁에서 패배할 것임을 간파하고, '이하(夷夏)'의 대의를 따지지 않고 한마음으로 '역이(逆夷)'와의 강화를 희망했다. 이점은 황실 귀족인 이리포와 기선의 생각과 일치하는 것이었다. 앞 장에서 우리는 기영이 도광제의 토벌을 주장하는 일련의 유지에 대하여 그렇게 마음에 두지 않았으며, 암중에 영국과의 연락을 유지하고 광동

담판 기간 동안에 기선과 같은 행동을 하는 것을 알 수 있었다. 그러나 그는 기선과 같이 직접적이고 직설적이지 않았다. 대략 그의 주변의 있던 이리포도 그에게 적지 않은 주의를 주었을 것이다. 그래서 마지막에 이르러서는 기선, 이리포와는 달리 그의 모든 행동 모두가 비준을 얻었다. 이는 주로 형세가 그렇게 만들었든 것이며 그와 동시에 그의 정치적 기교를 느낄 수 있는 부분이었다.

남경조약의 내용으로 보면, 기영은 유지를 위반한 것이다. 이는 종전 도광제의 조약에 관한 일련의 유지로 확인할 수 있다. 1842년 8월 29일에 기영이 조약을 체결 할 때, 받은 것은 오직 8월 22일 유지였다. 비록 그가 황은동 등을 파견하여 영국 측과 교섭을 하고 복주를 개방할 수 없다고 요구했지만, 거절당한 후에는 다시 움직이지 않았다. 유지에 규정된 각 통상 항구에 '오래 머무는 것'을 허락하지 않고, 행상제도를 '변경할 필요가 없다'라고 한 항목에 이르러서는 그는 명쾌하게 영국 측에 언급하지 않았다. 그렇지만 "적절하게 일을 처리하라"는 권한을 누리는 흠차대신의 신분으로 보면 기영의 서명 행위는 마치 유지를 위배하지 않은 것처럼 보였다. 이는 경전(經典), 율조(律條), 조제(祖制) 등 모든 곳에서 "적절하게 일을 처리하라"라는 이 문장의 범위를 찾을 수 없기 때문이다.

역사적 사실로 말하자면, 남경조약은 비록 하나의 가혹한 불평등조약이지만 서명자로서 기영은 죄가 없다고 할 수 있다. 강요에 의한 조약은 선택의 여지가 없다. 전패국으로서 가혹한 조건이라도 받아들이지 않을 수 없었다.

승리에 희망이 없는 전쟁은 일찍 끝낼수록 이익인 것이다!

그러나 조약의 체결이후, 양각총독의 관청의 분위기는 좋지 않았다. 기영이 직면한 두 가지 큰 문제 중 하나는 어떻게 도광제에게 보고를 할 것인가?(그는 아직 조약을 체결하라는 도광제의 유지를 받지 않았다), 다른 하나는 조약 체결 후의 중외 체계가 어떻게 될 것인가? 이었다. 그에게는 조약내용에 대하여 만족할 이유가 없었다. 그도 유운가, 도광제와 같이 체결 이후의 각종 문제에 대하여 고심하였다. 도광제의 유지에는 또 다음과 같이 격려하는 말을 했다.

기영, 이리포가 기만하여 슬프다. 어떻게 짐을 대할 것이며 무슨 낯으로 천하를 대하겠는가?

도광제가 말하지는 않았지만 그도 완전히 자신의 신분을 이해하고 있었다. 즉 영욕, 화복의 '천조'가 걸려 있다는 것을 말이다. 깊은 생각을 거듭한 뒤에 그는 영국 측과 교섭을 지속할 것을 결정하고, 조약에서 이미 규정한 내용과 아직 명확하지 않는 사항에 대하여 보충을 했을 가능성이 매우 컸다.

1842년 9월 1일, 즉 남경조약이 체결된 이후 3일째 되는 날, 기영은 예를 다하여 도광제에게 조약 체결의 상황을 보고함과 동시에, 헨리 포팅거의 조회도 양강총독의 관청에서 출발했다. 다시 말해서 그는 계속 교섭을 진행하라는 도광제의 유지를 받지 못한 상태에서 그리고 조약의 내용에 대해 매우 우려하는 유운가의 서신을 받지 못한 상태에서 주동적으로 행동을 한 것이다.

항주, 북경 그리고 남경은 완전히 함께 가고 있었다.

나는 앞에서 유운가의 서한을 상세하게 발췌하고, 구체적으로 도광제의 유지를 배열했는데, 여기에서는 더욱 상세하고 구체적으로 기영이 헨리 포팅거에게 보낸 조회를 인용했다. 이 문건에는 청조의 군사적 실패 못지않은 외교적 실패가 숨겨져 있기 때문이다. 기영의 조회는 특히 엄중했다. 그것은 내가 본 중국 근대사상 가장 문제가 있는 외교 문건이었다.

기영의 조회는 정문과 부속 문건(附單)으로 나뉘는데 정문은 교섭에 대한 의견이다.

현재 대황제를 기만하여, 의심을 풀고 근심을 없애야 은혜를 내려 종전대로 통상을 허락할 것이다. 광동을 제외하고 또 복주, 하문, 영파, 상해 네 곳을 내주어 무역을 할 수 있도록 해달라고 하는데, 귀국의 조치는 확실히 다른 이의 공감을 얻고 있다. 귀공사가 의논한 화약의 각 조건은, 또 본 대신 등을 거쳐 재삼 상주하여 요청하였고, 받아들여 시행을 준비하고 있다…오직 귀국이 조항을 정하면, 영구히 그대로 실행되길 바란다. 그리고 중국 또한 계약에 대한 맹세를 하여 반드시 미리 조약에 대해 약정을 해야 한다. 일을 처음에 안정시키면 후에 반복되는 것을 피할 수 있다. 서로 다시 사이가 좋아지면 상의 못할 일이 없다.

이 문장의 의미는 영국 측이 제의한 조건을 청국 측이 이미 허락했고, 조약이 오랫동안 준수될 수 있게 하기 위하여, 청국 측도 '맹세(盟言)'를 하여 반드시 영국 측과 사전에 약정을 해야 한다는 것이다. 표현 중에 영국 측이 '은혜를 알고 보답'하기를 희망한다는 의미가 없지 않다. 이것을 보면 기영은 국제 조약의 의의에 대하여 잘 알지 못하는 듯이 막 서명을 하자마자 또 교섭을 제안했다. 그러나 '맹세'라는 단어는 또 사람들로 하여금 고대에 군사를 거두고 동맹을 맺는 형식을 떠올리게 했다.

그는 조회의 부속 문건 목록에 12항의 교섭내용을 제시한다.

1) 통상5구 중에 광주에 이미 영국인을 홍콩에 거주하게 한 것 외에, 복주, 하문, 영파, 상해에서는 당연히 항구에 '회관(會館)'을 건설하고, 영국 선박이 항구에 들어와서 무역을 할 때에만 영국에게 주어 거주하도록 하고 무역이 끝난 후에 영국인들은 당연히 '배를 돌려 귀국'해야 한다. 즉 "예전처럼 회관에 거주할 필요가 없다"

[해석과 평가] 이 항에 대한 교섭은 도광제의 8월 18일과 22일의 유지에서

볼 수 있다. 기영은 이전 광주에서의 방식에 따라 기타 항구의 영국인 거주권 문제를 처리한다. 문장 속의 '회관'은 즉 상관이다. 광주의 방법에 따라 중국에 온 외국인은 오직 상관구역에서 활동할 수 있었을 뿐이었으며, 무역활동이 끝났거나 혹은 겨울에 무역이 중단되었을 때는 당연히 배를 돌려 귀국하거나 혹은 오문으로 가서 거주해야 했다. 그러나 기영이 제시한 방법은 남경조약의 제2항을 직접적으로 위반한 것이다.

> 지금부터, 대황제가 은혜롭게 영국인이 가솔들을 데리고 와서 대청 연해의 광주, 복주, 하문, 영파, 상해 등의 5곳의 항구에서 거주하고 통상무역에 방해받지 않도록 허락한다.

나는 기영이 영국 측과 기초한 이 조항의 함의를 잘 이해하지 못했는지는 모르며, 도광제의 유지에 따라 조약의 내용을 수정하자고 요구했는지도 모른다.

2) 금후 만약 중국 상인이 영국의 자금을 차용한 사정이 있을 경우, "관에게 책임을 지을 수 없으며, 관이 배상할 수 없다."

[해석과 평가] 이 조항의 교섭은 남경조약에서 규정한 '상흠' 300만원에 기인한다. 도광제는 8월 22일과 9월 6일의 유지에서 모두 다음부터 이번 일을 선례로 삼아서는 안 된다고 했다. 기영의 상주에 근거하면 조약 체결 전에, 그는 일찍이 함령(咸齡) 등을 영국 측에 파견하여 이에 대해 교섭을 하고 구두로 허락을 받았다. 하지만 불안해하던 기영이 이번에 문서형식으로 확인을 받고 싶었던 것이다.

3) 통상5구는 오직 화물선의 왕래만을 허락할 뿐, "병선이 지나다녀서는 안 된다." 5구 이외의 기타 지역에는 모든 영국 화물선, 군함이 들어와서는 안 된다.

4) 청조는 전쟁 후 연해에 군대를 주둔시키고 해양 방어시설을 중건할 것인데, "사실 이는 해적을 방어하기 위함으로, 이미 서로 화해했기 때문에 의심하고 우려할 필요가 없으며, 혹시 방해해서는 안 된다."

5) 광주, 복건 등지는 조약을 체결했는지 모르기 때문에 영국 함선을 공격하는 것은 '구실'이 되어서는 안 되며 "화해에 위배되어서도 안 된다."

[해석과 평가] 이 세 항목의 교섭은 도광제의 8월 22일 유지에 근거하며, 제3, 제4항은 또 유운가가 보낸 서신의 제8항과 제6항에서도 볼 수 있다. 그러나 국제관례에 따르면 제3, 제4항은 국가주권에 속하므로 남경조약에서 영국측에 이런 권리를 주지 않은 이상 청국 측은 근본적으로 영국과 상의할 필요가 없는 것이었다.

6) 화약체결과 함께 본 년도의 배상금을 지불하면, 영국이 남경 진강으로부터 철수하고, 복건, 광동, 절강 등지를 돌려주어야 한다. 영국 측은 잠시 점거한 주산, 고랑서 역시 "병선을 많이 정박시켜서는 안 되며", 영국군은 "병력을 배 위에 주둔시키고, 해안에 상륙하여 거주해서는 안 된다."

[해석과 평가] 영국 측의 철군 문제는 남경조약 제12항에 이미 명확하고 자세하게 규정되어 있다. 기영이 이에 대하여 다시 교섭을 시도한 것은 그가 영국 측이 조약을 실행할지에 대한 근심을 반영한 것으로 이는 유운가의 심정과 같은 것이었다(그의 서신 제2, 9항). 남경의 강 위에 주둔하던 영국 함선은 기영의 머릿속에 남은 난제로 조약이 이미 규정된 정황 아래, 영국 측에 재차 보증해 달하고 요구한 것이었다. 이는 모두 잘못된 것으로 그는 근본적으로 먹물이 마르지도 않은 조약을 자세하게 연구도 하지 않은 것이었다.

7) 주산, 고랑서의 영국군은 "백성들을 침탈해서는 안 되며", 또 중국 상선에 "다시 세금을 징수하는 것을 방해해서는 안 된다"

[해석과 평가] 이 조항에 대한 교섭의 전반부분은 즉, 통치권을 상실한 청 정부가 영국 측에 주산과 고랑서의 민중에 해를 끼쳐서는 안 된다고 요구하

는 것으로 이는 정당한 요구에 속한다. 후반 부분은 이미 남경조약 제12조항에 규정되어 있으며, "중국 각 성의 무역을 다시는 방해하지 않는다."는 것이다. 대략 기영은 이익을 좋아하는 '역이'가 이익을 보고 취하지 않지는 않을 것이라고 생각했기 때문이며, 유운가는 이에 대하여 더욱 크게 문제를 제기한 것이다(제4항)

8) "영국 상인이 이미 각 곳에서 통상을 하는데, 내지의 백성들과 교섭 중에 송사가 벌어지는 일이 없다고 보장하기 힘들다. 종전까지 영국 화물선이 광동에 왔을 때, 멀리서 온 사람으로 인해 문제가 생길 때마다, 중국 법률로 판단을 내릴 수 없는데 영국의 가압타미나(呵壓打米拏)와 같이 심판을 할 수 있는 관청을 세우기를 희망한다고 들었다. 그러나 건륭 19년 프랑스인인 시뢰(時雷)씨가 범죄를 저지르자 황제의 유지를 받들어 그를 본국으로 돌아가게 하여 스스로 처리하게 하였다. 도광 원년에 영국 병선의 선원이 황포의 민간인 황씨를 때려죽인 안건 역시 원독부당(院督部堂)을 거쳐 상주하여 영국이 자체적으로 그 안건을 처리하게 하였다. 그러므로 이후 영국 상인들은 내지 민간인과 안건을 교섭해야 할 경우 당연히 장정을 정하여 영국 상인은 영국으로 귀환시켜 처리하고 내국인은 내지에서 처리하여 분쟁을 피해야 했다. 타국의 상인도 이 기준을 적용받지 않을 수 없었다.

[해석과 평가] 이 조항에 대한 교섭의 이해관계는 실제로 매우 중요하기 때문에 나는 부득이하게 전문을 인용하였다. 기영과 유운가는 똑같이 어떻게 통상 항구의 민과 '이'의 다툼을 처리하여 분쟁을 일으키지 않게 할지를 마음속의 깊은 우환으로 생각했다. 간단명료하게 이 난제를 한 번의 고생으로 영원히 편안해지게 해결하기 위해 그는 영국인에 대한 심판권을 주도적으로 영국 측에 넘겨주었다. 그가 볼 때, 이와 같이 중국과 영국이 각자 자신의 백성을 담당하면 곧 임유희 사건과 같은 골치가 아픈 일이 다시는 발생하지 않을 것이라고 생각했다. 결국 이렇게 기영은 큰 잘못을 저지르고 만다!

9) "영국화물선, 병선에 뛰어든" 중국인 '범법자'는 영국 측이 "반드시 관부로 송환해야하며 보호하고 숨겨서는 안 된다."

[해석과 평가] 이 조항의 교섭의 시발점은 남경조약의 '한간'을 사면하는 규정에 있다. 도광제는 9월 6일 유지에 이에 대하여 분명하게 지시하는데, 유운가의 서신 제7항에도 이에 대한 우려를 크게 하고 있다. 기영은 비록 유지와 서한을 받지 않았지만, 마음이 통하여 분명하게 영국함선에 뛰어든 '한간'을 청정부에 인계하여 처리하도록 요구한다. 그러나 그는 이로 인해 사실상 청조가 영국 함선에 올라 중국인 범죄자를 수색하고 체포할 수 있는 권한을 포기하게 될 줄은 생각지도 못했다. 결국 돛대 위의 영국 국기는 무법자들의 수호자가 되었다. 14년 후의 '애로우(Arrow, 亞羅號)' 사건이 그 일례이다.

10) 영국은 광동이외에 "복주, 오문(하문), 영파, 상해 이렇게 네 곳을 얻어 대황제의 천은을 크게 입었는데", 금후 만약 다른 국가가 복주 등 네 곳 항구에서 통상을 요구하면 "당연히 영국이 그것을 설명해야 하며, 광주에서 통상하게 하고 말썽이 일어나서는 안 된다."

[해석과 평가] 당시의 형세로 보면, 아편전쟁 기간 동안 미국과 프랑스의 군함이 모두 중국 해안에서 활동하고 있었는데, 프랑스는 더욱 심했다(이후에 상세히 설명하겠다). 유운가의 서신 제1항이 바로 타국이 '나쁜 것을 본받는다.'이다. 도광제도 9월 6일의 유지에 역시 "타국 또한 그런 마음이 생길 수 있다"라고 하고, 이 일이 보편적으로 일어날 수 있음을 경계하고 있다. 기영은 확실히 다른 구상이 있었는데, 그것은 바로 영국이 나서서 '설명'하라는 것이었다. 다시 말해서 이후 타국이 만약 복주 등 4곳의 항구에서 통상을 청조에 요구할 경우 그들에게 영국을 찾아가라고 한 것이다!

11) 복주 등 항구의 관세 세율이 일치하지 않는 부분에서는 "광주 해관의 세율 장정에 따라야 하며, 호부에서 중요사항을 논의하여 그대로 실행해야 한다."

[해석과 평가] 이 항목의 교섭은 남경조약 제11항의 규정을 위반했다. 이는 기영이 여전히 광주의 방식을 계속 사용하여, 기타 항구의 사무를 처리하려 했음을 반영했다. 관세 문제는 후에 중국 근대사의 큰 안건이 되는데, 나는 이를 다음 절에서 분석하겠다.

12) 청조 황제가 이미 남경조약에 국새(國璽)를 찍는 데에 동의하였는데, 영국 측도 당연이 이와 같이 처리해야 한다.

[해석과 평가] 남경조약 제13항에는 쌍방 군주가 "각각 도장과 친필로 비준한 것"이라고 했지, 국새를 언급한 일이 없다. 단 이전의 담판 중에 영국 측이 국새를 찍자고 제의하자 기영이 상주하여 대등한 관계를 위하여 허락을 받은 적이 있기는 했다.[13]

이상 기영이 남경조약의 내용에 대하여 만족하지 못하여, 그가 주동적으로 영국 측을 찾아 교섭을 하고 보완했다. 하지만 이 12항의 교섭 항목 중에서 우리는 중국의 국익을 만회하는 부분을 찾아 볼 수 없다. 설령 남경조약의 제1, 11항을 위반했다고 할지라도 말이다. 만약 오늘날의 기분으로 보면 역시 전혀 아무런 이익이 없는 것이다. 오히려 조회를 전체적으로 보면 중국의 이익에 막대한 손실을 입혔다는 사실을 숨기고 있다. 그중 제8항은 또 근대 중국의 치외법권에 관한 기원이다.

오늘날 사람들이 기영을 매우 비판하고, 그의 이와 같은 졸렬한 외교에 원망하는 마음을 품을 만한 이유가 있지만, 그러나 이것이 단지 기영 한사람만의 문제였을까? 이와 동시에 북경의 도광제는 왜 공식적으로 유지를 내리지 않고, 항주의 유운가에게 은밀하게 그가 가서 교섭을 하게 했을까? 기영의 12항에 이르는 교섭의 결과가 매우 엄중했지만, 유운가의 서신에 나오는 10가지

---

13) 기영의 조회의 전문은 佐々木正哉編, 『阿片戰爭の硏究:資料篇』, 217~219쪽을 참고. 인용한 조약은 王鐵崖편, 『中外舊約章匯編』 1권, 30~33쪽.

문제와 도광제의 연이은 유지에 나오는 9항의 지령과 비교를 해보면 그 고하를 능히 밝힐 수 있겠는가?

이 때문에 나는 앞에서 유운가의 서신과 도광제의 유령을 상세하게 발췌하는 노력을 아끼지 않았다. 그리고 이것은 기영의 죄를 줄이고 싶은 것이 아니라, 통치 집단 전체의 병증을 밝히기 위한 것이었다.

만약 우리가 기영의 12항의 교섭, 유운가의 10가지 문제, 도광제의 9항의 유지의 형상을 떠나서 추상적으로 문제를 사고하면, 곧 발견할 것이다. 진정으로 기영, 유운가, 도광제를 곤경에 빠뜨리는 것은 남경조약이 통상관계와 유관한 규정이라는 것이다. 그래서 나는 앞에서 평등과 불평등의 범위를 정하기 어려운 5구 통상, 행상폐지, 신 규정을 정하는 등의 내용을 설명하였다.

이는 이후의 역사와 연관 지으면 자연스럽게 매우 분명해졌다. 남경조약은 하나의 경계표로 중외관계를 '천조'시대에서 조약의 시대로 들어가게 하였다. 남경조약의 내용과 정신에 따라 청조 초기에 세워진 것(**어떤 방법은 더욱 멀리 거슬러 올라간다**)에서부터 도광제 초기까지 이미 그물과 같이 짜여진 '천조'의 대외무역에 대한 각종 규정이 완전히 폐기당하고 구체적이고 상세하고 엄격한 '방이장정(防夷章程)'도 다시는 유효하지 않게 되었다. 각 통상항구는 일종의 신제도를 실행할 필요가 있다. 비록 남경조약의 내용상에 이런 제도에 대하여 주도면밀하고 과다한 구체적 규정이 작성되어 있지 않지만, 정신적 이해로 보면 당연히 당시 서방사회가 받아들일 수 있는 그런 상업제도여야 한다.

이 때문에 만약 당시 서양 사람들의 눈으로 살피면, 남경조약은 이미 상당히 구체적인 것으로 만약 당시 어떠한 서방국가라도 모두 집행 중에 곤란이 생길 수 없는 것이었다.

그렇지만 아편전쟁은 비록 '천조'의 위엄을 산산이 부수었지만, '천조'의 관념은 바뀌지 않았다. 전쟁에서 패배하여 깊게 깨달았다고 하더라도, 이미 '천조'

환몽 중에 머리를 내밀은 기영과 같은 부류는 남경조약을 손에 들고 모호한 한 무더기의 아주 새로운 난제에 직면했다. 원래 '이인'의 장소는 한 곳으로 광주였다. 거주의 활동범위는 상관(商館)으로 제한되어 있었다. 교역 대상인 상인은 행상(行商)으로 지정되어 있었다. 접촉할 수 있는 민중은 고용인(僕役, 매판을 포함한다)으로 매우 적었다. 관리의 수단은 간접적으로 행상을 거쳐야 했다. 그런데 현재 이런 제한이 전부 없어졌다. 그럼 또 이런 고집스럽고 사나운 이익을 목숨과 같이 생각하는 '이인'을 어떻게 관리해야 하겠는가?

우리가 만약 이런 사고의 방향으로부터 계속 가장 깊은 곳까지 탐구하면, 중서(中西) 사회의 배경과 문화 관념의 차이를 발견하게 된다. 서방에서 상업 활동은 이미 다시는 관방의 구체적인 관리를 받지 않았으며, 상인은 법률만 잘 지키면 되었다. 그러나 보갑(保甲)에서부터 층층이 보탑 꼭대기의 대황제까지 이르는 중국 전통사회는 매 사람마다 모두 관부의 통치 조직망 속에 있었으며, 이런 정치 체제에서 벗어나기 매우 힘들었다. 국가는 관(官)을 세워 민(民)을 다스렸다. 중국 관부가 이런 영국인을 다스리지 못할 바에야 그들을 영국 관부에 넘겨 다스리게 하는 것도 하나의 방법이었다. 기영은 영국인에 대한 심판권을 포기했고, 이런 사고의 방향은 순리적인 것이라고 할 수 있다. 비록 이런 사고의 방향 그 자체가 따로 평가를 받아야 한다고 할지라도 말이다.

이 때문에 영국 측이 서방의 표준에 따라 재정한 남경조약은 근대 국제지식이 없으며, 서방 상업제도를 이해하지 못한 청 정부의 수중에서는 필연적으로 집행되기 어려운 것이었다. 예를 들면, 남경조약의 제2항 영국인이 '가속을 데리고 와서' 통상 항구에 거주할 있다고 허락하는데, 이는 당시의 서방과 오늘날의 세계에서는 매우 일상적인 일이다. 그러나 당시의 청조에서는 '이부(夷婦)'의 입국을 허락하지 않는 이전 규정과 서로 충돌했다. 기영은 조약 체결 전에 이미 사람을 파견하여 교섭하지만 거절을 당한 후 상주에 상당부분을 할애하여 '이부'가 항구에 들어올 수 있게 허락해야 하는 이유를 설명했다. 그중 가장 설득력이 있는 것은 다음과 같다.

> 영이는 여자를 중히 여기고 남자를 가볍게 생각한다. 부(夫)를 부(婦)가 제어하고 그들의 희망을 들어준다. 즉 그들의 남성성은 권위가 떨어진다.[14]

천조의 '이익'을 수호해야 하고('천조'의 관념이지 근대국가관념의 확인이 아니다), 분쟁이 다시 일어나는 것을 피해야 했던, 그리고 영국군의 함포 때문에 근심걱정에 시달리던 기영은 근대 국제법을 사용하여 본국의 진정한 이익을 수호하는 방법을 알지 못했으며, 마치 한 가지 길 밖에 없다는 듯이 달려갔다. 즉 '천조' 관념으로 영국 측과 교섭을 한 것이다. 더욱 불행한 것은 그의 적수가 식민지 경험이 풍부한 헨리 포팅거였다는 것이다.

중국은 새로운 재난을 맞이하게 될 운명이었다.

2. 함정에 빠지다 : 중·영 호문(虎門)조약

성대한 남경조약 체결 의식이 영국 함선 콘월리스호에서 끝난 후, 영국군이 예포를 쏘았다. 전권대표 헨리 포팅거는 매우 유쾌하게 예포소리를 들었다. 그리고 그는 그의 사명을 완수하였다.

남경조약의 중·영문서 모두 영국 측이 기초한 것으로, 파머스턴의 훈령이 요구한 전부를 포괄했다. 나는 제3장에서 일찍이 파머스턴 반포한 대화(對華)

---

14) 『阿片戰爭檔案史料』 6권, 159쪽.

조약의 초안을 언급했는데 이를 남경조약과 대조해 보고자 한다.

1) 중국은 광주, 하문, 복주, 상해, 영파를 통상 항구로 개방한다. (조약 제2항에서 실현)

2) 영국정부는 각 통상 항구에 관원을 파견할 수 있으며, 중국정부 관원과 직접 접촉한다.(조약 제2, 11조에서 실현)

3) 연해도서를 할양한다.(조약 제3조에서 실현)

4) 소각한 아편을 배상한다.(조약 제4조에서 실현)

5) 중국은 행상(行商)제도를 폐지하고 상흠을 배상한다.(조약 제5조에서 실현)

6) 군비를 배상한다.(조약 제6조에서 실현)

7) 아직 지불하지 않은 배상금은 연리 100분의 5의 이자로 계산한다.(조약 제7조에서 실현)

8) 조약은 중국황제의 비준을 얻은 후 중국연해에 대한 봉쇄를 해지한다. 배상금을 청이 전부 지불한 후에 영국군이 철수한다.(조약 12조에서 실현)

9) 조약은 영문과 중문, 1식 2부로 작성하며, 문의(文意)의 해석은 영문을 위주로 한다.(전자는 집행 중에 그대로 처리하고, 후자는 청국 측 관원 영문을 이해하지 못하고, 조약 문서를 영국 측이 입안했기 때문에 이미 영문 해석을 위주로 할 필요가 없어서 명료하게 기록하지 못함[15])

10) 조약은 규정기간 내에 쌍방의 군주가 비준한다.(조약 제13조에서 실현)

이것으로 보아 헨리 포팅거는 훈령을 엄격하게 준수했으며, 게다가 조약의 배열순서도 대체로 파머스턴이 기초한 규정을 준수하였음을 알 수 있다.

파머스턴 조약 초안 외에 헨리 포팅거가 그밖에 4가지 조항을 추가한다.

---

15) 이후, 광주입성문제에서 조약 중의 영문본의 의미가 달라서 분쟁이 발생했다. 제8장 참고

1)전시에 구금된 영국인을 석방하는 것으로, 즉 조약 제8조이다.

2)전시에 영국과 교류한 '한간'을 사면하는 것으로, 즉 조약 제9조이다.

3)청조는 일부 새로운 해관 세칙을 제정하고 반포한다. 즉, 조약 제10조이다. (이 조항은 파머스턴조약 초안 중의 해도를 분할 점거하는 5항 교환 조건의 제2항을 포기하는 것이다)

4)양국 관원 간의 평등외교, 즉 조약 제11조이다. (파머스턴 조약초안에는 이 내용이 없으나, 훈령 중에 이 정신이 들어있다.[16]

헨리 포팅거는 영국정부가 그에게 부여한 임무를 초과 달성했다.

남경조약 체결 시, 파머스턴은 정부 인사이동으로 사퇴하는데, 그는 조약을 본 후 사적인 편지에 '만족스러운 결과'라고 했다.[17] 신임 외교대신 애버딘은 줄곧 파머스턴의 훈령이 여전히 유효하다고 강조하고 조약을 받은 후, 훈령에 헨리 포팅거의 일처리에 대해 "깊이 칭찬하며 허락한다."라고 하면서 "완전히 승인한다."라고 표시했다.[18]

이때 헨리 포팅거의 앞에는 이미 넘어야 할 산이 없었으며, 단지 두 가지 사안이 남아 있었을 뿐이다.

1)아편무역의 합법화. 파머스턴 훈령에서 이 문제를 제시했는데, 단 영국정부가 "어떠한 요구도 하지 않는다."라고 규정하고, 헨리 포팅거가 모든 기회와 증거를 이용하여 청조에 금연법령을 폐지하도록 권고하라고 지시했

---

16) 파머스턴이 조지 엘리엇에게 보낸 훈령에 이미 이 정신이 있다. 그러나 포팅거에게 준 훈령은 더욱 분명하게 이를 지적하였다. 영국정부는 "영국 전권공사가 중국황제의 전권을 위임 받은 전권대신에게 일종의 완전 평등한 대우를 받기를 희망한다."(馬士, 『中華帝國對外關係史』, 1권, 751쪽).

17) 파머스턴이 스미스에게 보낸 편지, 嚴中平, 「英國鴉片販子策劃鴉片戰爭的幕後活動」, 『近代史資料』, 1958, 4기, 88쪽. 단, 엄중평 선생은 편지를 보낸 날짜가 1842년 11월 28일이 4월 28일로 잘못 표시되었다고 한다. 엄중평이 근거로 든 원서(Maurice Collis, Foreign Mud: being an account of the opium imbreglio at Canton in the 1830's and the Anglo-Chinese war that follawed London : Faber and Faber Ltd., 1946)에 근거하여 수정한다.

18) 애버딘이 헨리 포팅거에게 보내는 편지, 馬士, 『中華帝國對外關係史』, 1권, 758쪽.

다.[19] 남경조약 체결을 전후하여 헨리 포팅거는 일련의 유세활동을 하였다.[20] 이후 헨리 포팅거의 보고에 근거하면, 기영이 청조는 금후 금연범위를 "군민(兵民)에 국한한다."라고 보증을 하였으며, 다시 말해서 다시는 영국 아편판매자에 대하여 어떤 행동을 취하지 않겠다고 했다는 것이다.[21]

2)국내 관세(子口稅). 파머스턴 훈령은 이에 대하여 명확하게 지시하였다.[22] 단, 담판기간 매우 짧아서 영국 측이 내지에 대한 관세 상황을 파악하지 못하고 있었기 때문에, 남경조약 제10조에 이에 대하여 확실히 규정하지 못했다.

> 영국화물은 모 항에서 규정에 따라 세금을 납부한 후, 즉 중국 상인의 허락으로 천하로 운송된다. 그러나 길목의 통행세는 세칙에 추가해서는 안 되며, 단 칙례에 따라 약간 지불할 수 있으나 이러한 품목의 관세는　％를 초과하지 않아야 한다.

그 구체적인 액수를 빈 공간으로 두었다.[23] 이것은 즉 후에 남경조약의 부본

---

19) 파머스턴이 헨리 포팅거에게 보내는 편지, 馬士, 『中華帝國對外關係史』, 1권, 750~751쪽.

20) 1841년 8월 16일, 포팅거가 기영에게 보낸 조회에 기영 등과 "조약에 대한 토론을 통하여 세금의 지급과 다른 조항(子口稅를 가리킨다, 아래 주22를 참고)과, 아편 사항(아편의 합법화)을 어떻게 적절히 처리할지 자세히 의논하자고 한다. 후에 또 '아편에 대한 대략적인 사항'을 논의하자고 한다(佐々木正哉 編, 『阿片戰爭の硏究:資料篇』, 210, 212~214쪽). 그러나 그는 기영과의 회담에서 아편무역의 합법화 문제를 꺼냈다.

21) 애버딘이 헨리 포팅거에게 보내는 편지, 馬士, 『中華帝國對外關係史』, 1권, 762쪽.

22) 파머스턴이 1840년 4월 35일에 조지 엘리엇, 찰스 엘리엇에게 보내는 편지. 파머스턴은 훈령에 "당신들은 폐하와 정부가 이점을 선결조건으로 삼아 고수할 의사가 없음을 알아야 한다. 그러나 나는 당신들이 각종 합당한 노력을 다하여 중국정부에게서 이 문제에 있어서 모종의 유리한 규정을 얻어야 한다고"(嚴中平, 「英國鴉片販子策劃鴉片戰爭的幕後活動」, 『近代史資料』, 1958, 4기, 84~85쪽).

23) 왕철애 선생이 펴낸 『中外舊約章匯編』 1권에 남경조약을 수록할 때, 자구세에 대한 조문규정 "…길목의 통행세는 세칙에 추가해서는 안 되며, 단 칙례에 따라 약간 지불할 수 있으나 이러한 품목의 관세는　를 초과하지 않아야 한다."의 뒷부분은 오류가 있는 것 같다. 기영이 올린 조문(條文)에 근거하면,

인 '과경세성명(過境稅聲明)'의 유래가 된다.[24]

그러나 헨리 포팅거는 기영이 9월 1일에 보낸 12항의 교섭내용이 담긴 조회를 받은 후, 예리한 안목으로 단숨에 새로운 기회가 생겼음을 발견하게 되었다. 그는 이에 대하여 진지한 연구를 한 후에 9월 5일에 기영에게 답변을 보냈다. 그는 조회에 본래부터 중국 주권에 속하거나 혹은 국제관례에 부합하는 대수롭지 않은 제2, 4, 6, 7, 12항에 동의하고, 순순히 넘겨준 제8항(치외법권)에는 환영을 표시했다. 그리고 남경조약에 부합하지 않은 제1항에 대해서는 거절을 표시했다. 그리고 제3, 9, 11항(내용의 대부분이 중국의 주권 혹은 내정이다)에 대해서는 혹은 해명하고 혹은 제동을 걸었다. 무지한 기영은 그가 청조 스스로 본래 결정할 수 있는 사항을 가지고 가서 영국 측과 교섭을 하고 상대방의 허락을 구하면서도 이미 자신의 권익이 손상되었다는 것을 전혀 의식하지 못했다

헨리 포팅거의 위 조회는 두 가지에 특별히 주의를 기울일 필요가 있다.

1) 관세문제. 헨리 포팅거는 기영의 12항목의 교섭 조회가 남경조약을 위반한다는 것을 명백하게 알고 있었지만, 그는 정면으로 거절하지 않고 반대로 거짓말로 그를 기만한다.

"이러한 품목의 관세는 몇 퍼센트를 초과하지 않아야 한다."(『阿片戰爭檔案史料』 6권, 161쪽) ; 조약의 영문본에 근거하면, "which shall not exceed ? percent"(Inspectorate General of Customs, Treaties, conventions, etc., between China and foreign states, vol.1, Shanghai: Statistical Department of the Inspectorate General of Customs, 1908, p. 163)라고 했다. 즉 구체적인 액수를 비워둔 것이다; 그러나 1840년 8월 1일에 중영 제1차 정해사 회담에서 모리슨이 장회에게 건넨 목록에 "영국화물은 즉 광주, 복주, 하문, 영파, 상해 등의 1차 납세자는 중국 국내 모든 곳으로 운반할 수 있다. 세관을 지날 때, 가세할 수 없다. 당연히 평가된 가격으로 기준으로 세워 0%를 넘어서는 안 된다"이라고 나와 있다(佐木正哉編, 『阿片戰爭の硏究:資料篇』, 200쪽). 이것으로 남경조약은 자구세에 관하여 구체적인 액수를 규정하지 않고, 정식문서에는 "이러한 품목의 관세는 0%를 초과하지 않아야 한다."의 즉 '%'앞에 빈 공간을 두어 이후 삽입하도록 했다.

24) 王鐵崖編, 『中外舊約章匯編』 1권, 33쪽. '과경세성명'에는 여전히 자구세에 액수에 대한 구체적인 규정이 없다. 영국화물의 내지 자구(子口)에 대하여 '그 세를 모두 종전대로 한다.'라고 하였다. 또 그 성명은 남경조약의 부속 문건으로서 남경조약을 상호 교환할 때(1834년 6월 26), 정식으로 발효된다.

오늘 본 공사(公使)는 이미 양국을 **중재하는 사람(中人)**으로서, 수출입에 대한 내지의 향세(餉稅)를 상세히 논의하는데, 전혀 편향적이지 않을 것이다. 그리고 진심으로 그 속마음을 분명하게 알린다. 세금을 매우 무겁게 매기면 탈세의 폐단이 생기고, 세금을 가볍게 매기면 부족하다고 생각하여 모두 불만이 생긴다. 필요한 비용을 제외하고 남는 이익을 재무부에 귀속시킬 것을 희망한다. **본 공사는 단지 귀 대신들이 내각을 통해 유지를 받들어 처리하기 편리하도록, 즉시 대면하여 각 사정을 이야기하기 위해 기다릴 것이다. 본 공사는 또 광동 혹은 기타 지역에서 귀 대신들과 만나 회담을 열기 편하게 하기 위해 우리는 이것에 필요한 안건을 준비할 것이다.**

헨리 포팅거는 여기서 교묘하게 '전혀 편향적이지 않은' 중재인(中人)이 되어 기영, 청조가 스스로 결정할 수 있는 관세문제를 상담하도록 유도하였다. 남경조약의 규정 때문에 그 조약이 비준되고 배상금이 청산되면 장강에서 물러나야 하는 헨리 포팅거로서는 이런 담판은 속전속결로 이루어지지 않는다는 것을 잘 알고 있었기 때문에 담판지점을 광동으로 옮기자고 제의했다. 또 이 담판이 법률적 효용을 갖추도록 하기 위해서 기영에게 담판대표는 당연히 "적절하게 일을 처리하라"라는 권리를 "내각으로부터 명령을 받은" 흠차대신으로 해야 한다고 주장하였다.

2) 이외의 조약. 헨리 포팅거는 조회 말미에 다음과 같이 제의했다.

기영의 조회 안에 몇 가지는 매우 중요한 사안에 속한다. **당연히 별도로 손질하여, 본 조약에 덧붙여야 할 필요가 있다.** 이는 대청

대황제, 대영 군주가 모두 그 시행을 허락하게 하기 위함이다. 이
것은 본 공사의 의견으로 귀 대신 등이 이의가 없을 경우 본 공사
가 **덧붙이기** 편하게 하기 위해 그 밖의 것을 적는다.[25] (굵은 글씨
인용자 표시)

다시 말해서 헨리 포팅거는 남경조약을 체결한 후에 그밖에 것을 청조와 체
결하자고 요구한 것이며, 게다가 새로운 조약의 기초가 그에게서 나오게 된
것이다.

헨리 포팅거는 조회에 두 가지 함정을 팠다. 그 두 가지 항목은, 즉 '5구통
상장정:해관제칙'과 '오구통상부첨선후조약(五口通商附粘善后條約)'(虎門條約의
유래)이다!

중영 남경조약의 성격은 화약(和約)이다. 당시의 서방과 현재의 세계에서 통
용되는 전쟁법 관례에 따르면 화약이 일단 체결되면, 양국관계는 즉 전쟁상
태에서 평화상태로 전환된다. 이후 전승국은 패전국에게 전쟁과 관련된 배상
을 다시는 언급할 수 없으며, 기타 요구도 반드시 화약문서와 정신에 부합해
야 한다. 바꿔 말하면, 이후 청조는 완전히 남경조약의 문서와 정신에 의지할
수 있었으며, 영국 측의 화약에 의거하지 않은 요구를 거절할 수 있었다. 그러
나 이 도리를 천조에서는 아무도 이해하지 못했다.

기영은 이 헨리 포팅거의 조회를 받는 동시에, 도광제의 '일체의 중요한 사
안에 대하여 '잘 합의하라'라는 유지를 받았다. 교섭은 본래 그의 주동적인
행위였지만, 그의 관념('천조' 관념)하에서는 헨리 포팅거의 계략을 근본적으
로 간파할 수 없었다. 그래서 그는 오히려 영국 측이 이미 그의 수많은 요구

---

25) 佐々木正哉編, 『阿片戰爭の研究:資料篇』, 223쪽.

를 받아들였으며, 금후의 담판을 위해 대문을 활짝 열었다고 생각했다. 걸핏하면 남경을 포격하겠다는 압박하던 이전의 자세와 비교하면 이때의 헨리 포팅거의 얼굴은 확실히 온화하고 사랑스러워 보였다. 유지 속 도광제의 간절한 언사는 그로 하여금 신하로서의 책임감을 느끼게 하였다. 그는 청조의 '권익'을 만회하기 위해 노력할 결심을 하고 회담에서 기량을 발휘하여 중영관계를 전후 견실하고 의지할만한 기초위에 건립하여 후환을 남기지 않으려고 하였다.

자료의 부족으로 우리는 이 단계에 대한 상세한 사정을 알지 못했지만, 이성원 일기에서 그것을 약간 살펴볼 수 있다.

(9월 17일) 관청에서 석금(石琴, 황은동)의 편지를 보았다. 이(夷)와의 조약 13조(남경조약)가 있고 또 11조가 있다고 했다.

(9월 30일) 사무실에서 석금이 운옹(篔翁, 손선보, 절강포정사)에게 보낸 편지를 봤는데, 역이의 의례(儀禮)에 대한 존중은 칭송하지만, 자신들이 신중하게 처리하고는 제멋대로 의심하기 시작하니 아주 황당무계한 일이다. 우리는 계속 8조에 대해 의논하면서 강요를 많이 받았다.

황은동은 이때 중영 교섭을 담당한 관원인데, 그는 편지에 청국 측은 먼저 영국 측과 11조의 협의를 달성했고 후에 8조로 고쳤다고 토로하였다.

기영은 9월 20일 상주에 대체로 8조 협의에 대한 내용을 명기하고, 그 안에는 도광제가 특별히 중요하게 생각하는 '금후의 상흠에 대해서는 관에서 배상하지 않는다.'는 등의 항목을 포괄한다. 그는 이 상주의 마지막에 다음과 같이 밝혔다.

신설하는 5곳의 항구는 선후사의(善後事宜)에 비교하여 특히 다른

데, 반드시 적절하게 계획하여 정해야 하며, 영구적인 평화를 기
대합니다. 신하들이 해결되지 않은 각 사항(事宜)을 전심전력으로
상세하게 의논하여 반드시 타당하게 해서 별도로 상주를 준비하
겠습니다.[26]

　이런 이유로 기영은 "선후사의"(즉 8조 협의)를 제외하고, 또 헨리 포팅거가
그에게 알려준 방향대로 진행하여, 영국과 '5곳의 항구(통상5구)'와 관련된 사
무를 준비했다.
　도광제는 이 상주를 받고, 8항 협의에 대하여 비준을 하고, "전부 의논해서
잘 처리할 것이다"라고 하면서 아래의 유지를 내렸다.

　이 밖에 남아 있는 일에 대해서는 잘 기획하고 상의하여 행해야 하
며, 기영 등은 전면적으로 그 핵심을 따르고 전심전력으로 의논하고
잘 준비하여, 절대로 틈을 남겨서 후환이 되게 해서는 안 된다.[27]

---

26)　『阿片戰爭檔案史料』 6권, 212~213쪽. 기영은 상주에 "…선후장정을 참작하여 결정하여, 8조에 넣
　　었습니다(由咸齡,黃恩彤等人), 신 등이 자세하게 문서로 만들어 조회를 보내자, 그 이의 수장 포팅
　　거 역시 즉시 답을 주어 모두 동의했습니다. 각 조항의 수정한 목록을 어람하시도록 삼가 올립니
　　다." 이것으로 8항 협의의 내용은 쌍방이 조회를 교환하여 확인했음을 알 수 있으나, 기영의 목록은
　　당안에서 찾을 수 없었다. 기영은 그 상주문에 또 도광제가 지난 유지에 언급한 사항에 대해 다음
　　과 같이 답을 한다. 1)금후 상흠에 관하여 "조항 내에 명기하였습니다.…단지 관(官)은 안타까워 할
　　수 있을 뿐, 관이 상환해 줄 수는 없다." 2)사면된 한간의 금후 법법에 관하여, "통상을 한 후, 화민
　　(華民)은 중국에 속하고, 영국 상인은 영국에 속하여 각자 처리하고, 화민이 죄를 짓고 상관으로 도
　　망가면 영이가 숨겨주어서는 안 되며, 영국 상인이 죄를 짓고 내지로 도망가면 중국은 즉시 인도하
　　고… 그 사람들이 범죄를 저지른다면 응당 해당 관청에서 규정에 따라 처리한다고 하였습니다." 3)
　　관세에 관하여 영국 측이 관례에 따라 납부하기 원한다. "광동해관에 세금을 징수와 연관된 사람들
　　에게 나쁜 습관이 많이 있어 이것을 조사하여 밝히고 개선하는 것을 요구한다." 영국 측은 또 중국
　　상인이 납세하는 일에 대해 월권행위를 해서는 안 된다. 4) 주산, 고랑서에서 철군하는 시간에 관하
　　여, 영국 측이 원래 의견을 고수하고, "남아있는 병선이 불과 수척으로 백성들을 해할 수 없고 상선
　　을 가로막을 수 없다고 하면서, 모두 선후사의 내에 성실하게 의정한 것이라고 하였다" 5) 배상금을
　　연납하는 문제. 이상이 선후장정 8항 협의의 주요내용이라고 할 수 있다.
27)　『阿片戰爭檔案史料』 6권, 223쪽. 그중 도광제는 선후장정 8항 협의 중에 금후 상흠은 "관이 조사한

이는 도광제가 가영이 '5곳의 항구'에 대하여 영국과 어떻게 교섭할지 몰랐는 데도 오히려 그의 다음 행동을 비준한 것이다.

1842년 9월 말, 청국 측이 이미 1차 배상금을 지불하자, 남경조약에 따라 영국군이 철수했다. 헨리 포팅거는 기영 등에게 조회를 보내면서 그에게 광동에서의 담판을 잊지 않았다고 상기시켰다.

> 귀국 대신, 도통, 부당은 광동에 도착하면 다시 회의를 자세하고
> 분명하게 진행하여 장정을 잘 정하고 장래 화약(和約)에 덧붙이면
> 반드시 긍정정인 우호 관계로 인해 무역이 가능할 것이다.[28]

9월 29일에 헨리 포팅거는 남경성내 정각사에 도착하여 작별인사를 하고, 기영은 그에게 "세향(稅餉)에 관한 모든 일을 10월내에 광동에 도착하여 다시 잘 의논해 보자"라는 약속을 했다.

10월 2일부터 영국군이 남경에서 장강을 통해 물러나고 바다로 나가 광동으로 남하했다. 이에 한숨을 돌린 기영은 10월 13일에 단숨에 5번의 상주와 두 부의 협편(夾片)을 올렸다. 분명한 것은 그가 영국 측이 광동담판을 제의한 것에 대해 보고를 올리고 지시를 받은 과정을 거치지 않고, 그가 흠차대신의 관인(關防)을 가지고 광주장군의 신분으로 계속 영국 측과 '숙의'하고, '5구 항구통상에 관한 사무'를 타협하는 것에 대한 비준을 도광제에게 요구했다는 것이다. 이 여러 상주 중에 하나가 꽤 의미가 있는데 바로 기영이 조약 양식에 대한 구상을 토로한 것이다.

다."에 대해 이의를 제기하고 "스스로 정리한다."로 바꿀 것을 요구한다.

28) 張喜, 「撫夷日記」, 『叢刊 阿片戰爭』 5권, 395쪽.

신 등이 그들과 각 조약에 대해 주요한 것들을 모두 의논했기 때문에, 일단 어보(御寶)를 내주어야 합니다. 이는 매우 얻기 어려운 기회입니다. 나는 사용을 허락 받은 후, 광동에 가서 건네겠습니다. 현재 조사해보니 이선(夷船)이 이미 전부 장강에서 물러났습니다. 당연히 광동으로 간 다음 각각 귀국할 것입니다. 신 등이 신중하게 **치수에 따라 황색 종이를 준비하여**, 황제폐하께서 이것을 받아들일 것을 정중하게 요청할 것입니다. 또 폐하께서 저의 상주에 따라 명령을 내려주시기를 간절히 요청합니다. 원래의 임지로 돌아가기 편하게 신 기영과 이리포가 어느 곳으로 가야할지 깊이 생각하시어, 신 등에게 명령하여 즉시 광동(粵東)으로 떠날 수 있게 해 주십시오. **그 이(夷) 등으로 하여금 화약 안에 부수적으로 추가해야 할 내용을 만들게 할 것입니다.** 유지를 받들어 상세하게 적어 밝히고, 다시 원래 유지를 받들어 '전부 의논한 대로 분명히 처리할 것입니다.' 신중하고 부지런히 황색의 종이 위에 요점을 간추려, 옥새를 찍기 전 첫 장에 끼워 넣을 것이며(官列首頁), 이를 성실히 수행할 것입니다.

나는 당안관에서 최초로 이 상주를 발견했을 때, 운무에 싸인 것 같은 느낌이 들었다. '어보(御寶)'는 국새를 찍는 일을 가리키고, '치수에 따라 황색 종이를 준비하여'는 조약의 서명 문건의 치수에 따라 국새를 찍을 황색 종이를 준비하라는 것이며, '관열수혈(官列首頁)'은 국새를 찍을 황색 종이에 조약체결 문건의 첫 페이지를 끼워 넣는 것을 가리킨다. 이 상황은 기영이 남경조약의 체결 문건을 조정에 올리지 않고 단지 베껴 쓴 문건을 보냈다는 것을 나타낸다.[29] 그러나 나는 기영이 영국 측에 '상세하고 분명하게 쓰라고' 한 '부수적으로 추가해야 할 내용(즉, 조약체결 후 雙方의 협의)'은 또 그것을 어디에 써야 하는지와 그리고 '부수적으로 추가해야 한다.'는 내용과 '황색종이', '어보'는 또 무슨 관계가 있을지에 대해 의문이 들었다.

나는 기영이 군기대신에게 보내는 보고문을 보았을 때야 비로소 그 이유를 알았는데 '황색종이 한 부'를 제외하고 기영은 또 동시에 '첨언 한 장'을 더 보낸 것이다.[30] 원래 그는 '부수적으로 추가해야'하는 내용을 '첨언 한 장'에 쓰고, 다시 남경조약 체결 문서에 함께 붙이려 한 것이다.

도광제가 '부수적으로 추가'하라는 유령을 내리고, 헨리 포팅거가 '덧붙이라고(附粘)' 하자, 기영은 '첨언 한 장'을 준비한 것이다. 비록 기영이 여전히 '부수적으로 추가'했다는 주장을 하였지만, 결국 방법상에서 '덧붙인(附粘)' 것에 더 가깝다.

이것으로 볼 때 기영의 상주에 "각 조약에 대해 주요한 것들을 모두 의논했기 때문에, 일단 어보(御寶)를 내주어야 합니다. 이는 매우 얻기 어려운 기회입니다"라고 한 문장은 일단 영국 측이 남경조약에서 국새를 찍은 문서를 얻으면 곧 그 조약의 내용이 약간 '변동된 것'과 '의논한 각 조항'(즉 이미 상정한 8조 협의와 곧 개시하는 광동 담판)이 바뀌기 어렵다고 이해한 것이다. 매우 치밀하고 간사한 헨리 포팅거가 어떤 수단을 부렸는지 알지 못하고, 본래 응당 영국 측이 도모해야 했을 신조약이 기영이 시급히 쟁취하고 싶어 하는 물건이 되어 버린 것이다. 이렇게 그는 오직 영국 측이 '부수적으로 추가할 것'을 '상세하고 분명하게 써야'만이 비로소 '첫 페이지에 황제의 허락을 받은', 그 '황

---

29) 남경조약의 체결문서를 기영이 북경에 올리지 않았을 뿐만 아니라, 바로 각 조약의 교환문서 또한 북경으로 보내지 않고 광주 양광총독 아문에 두었다. 제2차 아편전쟁 중에 영국프랑스 연합군이 광주를 공격할 때, 놀랍게도 이 조약의 정본이 발견된다. 이후 청 정부에 돌려준다.

30) 기영의 이 절편 보고문은 이미 모두 발표되어 있다. 『阿片戰爭檔案史料』 6권, 297~304쪽.

색종이를 얻을 수 있다고만 한 것이다.

'천조' 체제에서 기영은 절대로 우둔하고 졸렬한 인사가 아니었지만, 중영 교섭에서 표출한 어리석음은 그가 이미 함정에 빠져 스스로 광명을 향해 가고 있다고 착각하고 있다는 것을 나타낸다.

도광제에게 익숙한 사람들 모두 그가 전쟁기간 동안 맺힌 분노를 전후에 한번 크게 발산할 것이라는 것을 알고 있었다. 과연 기영의 상주를 받고 영국군이 이미 장강에서 물러났다는 소식을 들은 그는 곧 먼저 양강총독 우감부터 손을 댔다. 그를 파직시키고 체포하여 경성으로 압송하는데 그 죄명이 장강방어에 대한 배치가 늦었다는 것이다.

비록 군사사적인 관점에서 보면, 우감은 무죄이나, 당시의 관계(官界)의 규칙에 따르면 우감은 반드시 처벌을 받아야 하는 대상이었다. 개전 이래 광동은 이미 두 사람(임칙서, 기선)을 처리했고, 복건에서도 역시 두 사람(등정정, 안백도)을 처벌했고, 절강에서는 삼인(오이공액, 이리포, 여보운)을 처벌했으니 강소에서도 희생양을 받쳐야 하지 않겠는가?

도광제는 기영이 광동으로 가는 것에 동의하지 않고 명을 내려 남경에 남아 있게 하고 계속 우감이 양강총독을 맡도록 했다. 이는 기영을 신임하지 않았기 때문이 아니라, 1798년 의흥(宜興)이 강소순무에서 파직당한 후부터 종실을 지방으로 내치지 않는 것이 관례였기 때문이다. 가업을 유지하던 도광제는 이번에 관례를 깨고, 양강의 직무에 대해 각별히 중요하게 생각하는데, 이는 그의 생각이 전시에서 평상시로 바뀌었음을 설명한다. 이는 그가 이전에 광동금연의 결정적 시기에 임칙서를 차출하여 양강으로 보낸 상황과 매우 비슷하다.

기영의 상주에 따르면 광동담판은 그와 이리포의 공통책임이었다. 도광제는 마치 이번 담판을 중요하게 여기지 않는 것처럼, 이리포 한 사람만 광동으로 가게 하는데 기영의 직위와 관직을 이리포에게 넘겨주었으며, 단지 기영이

'전반적으로 계획을 세운 후' 이리포에게 확실하게 인계해 주기만하면 된다고 하였다. 유지를 살펴보면, 단지 "향세(餉稅, 관세) 및 모든 통상 사무를 잘 처리하라"라고만 말한 것을 볼 때, 그도 이번 담판의 의의에 대하여 잘 몰랐었다는 것을 알 수 있다.[31] 이는 기영의 상주에 사용된 단어와 완전히 일치하며, 헨리 포팅거의 심원과도 우연히 일치한다.

도광제는 이미 기영에 의하여 좌우되고 있었고, 기영은 헨리 포팅거에게 코가 꿰어 끌려 다녔다.

이리포는 이때 4품경 사포 부도통에서 일약 흠차대신, 광주장군이 되었다. 10월 21일 유지를 받은 후 절강, 강서에서 남하하여 1843년 1월 19일에 광주에 도착했다. 그는 아편전쟁 중에 죄를 지은 관원이 다시 중용되는 첫 번째 사람이 되었다.

그러나, 이 기간 동안 연이어 세 가지 사건이 발생했다.

첫 번째는 기영이 양강에 계속 머문다는 소식을 듣고 광동담판이 그의 심원대로 되지 않을 것을 두려워한 헨리 포팅거가 바로 이의를 제기하자, 해명을 거친 후 비로소 이리포의 담판자격을 인정한 것이다.

두 번째는 대만에서 유지를 받들어 영국포로를 죽인 사건으로,[32] 상황이 매

---

31) 『阿片戰爭檔案史料』 6권, 318쪽.

32) 1941년 9월 영국 수송선 넬부다(Nerbudda)호가 대만 기륭(基隆)에서 바람에 가라앉자 선상의 274명 중에 133명이 포로가 된다. 1842년 3월 영국 운송산 앤(Ann)호가 대만 대중(臺中) 일대 바다에서 재난을 당하자 선상의 57명중에 49명이 포로가 된다. 대만진 총병 달홍아(達洪阿), 대만도 요영((姚瑩) 모두 승리의 상주를 올린다.(『Chinese Repository』, vol 11, 682~685쪽; Bernard, Narrative of the Voyages and Service of the Nemesis, vol 2, 156쪽; John Ouchterlony, The Chinese War, an Account of all the Operations of the British Forces from the Commencement to the Treaty of Nanking, 203쪽); 姚瑩, 『東溟奏稿』 권2, 권3; 『阿片戰爭檔案史料』 6권, 656~657쪽; 7권 104~105쪽. 1842년 5월 14일에 도광제는 절강에서 패했기 때문에 명령을 내리는데 앤호의 영국 포로에 대하여 "자백을 받은 후에 역이의 수뇌는 잠시 구금하고, 나머지 역이와 작년에 사로잡은 130여 명 모두 즉시 법대로 처리하여, 분노를 가라앉히고 마음을 기쁘게 하라"라고 하였다(『阿片戰爭檔案史料』 5권 262쪽). 이것으로 당시 전후 영국군이 전쟁포로를 요구했을 때는 11명이 남아 있었다는 것을 알 수 있다(『阿片戰爭檔案史料』 6권 376쪽).

우 격렬해지자, 청국 측이 대신을 파견하여 조사하고 대만 군정관원을 체포하여 경성으로 압송하여 심문하자 비로소 안정된다.[33]

세 번째는 1842년 12월 7일에 광주 백성과 이(夷)의 충돌로 인해 민중이 영국 상관을 방화한 사건인데, 마지막에 은자로 배상한다.[34]

교섭 중에 헨리 포팅거는 계속 강하게 압박하고 격렬한 언사를 사용했다. 이런 사납고 고집스러운 '역이'를 달래기 위해 그리고 분쟁이 다시는 일어나지 않게 하기 위해 연해 각 성의 변경 관리와 나아가 도광제까지 막으려 하였지만, 막으려 해도 막을 수가 없었다. 이런 분위기 속에서 청조의 상하 관원들은 마치 이미 광동담판은 본래 그 어떤 '권익'을(비록 진정한 권익이 어디에 있는지 모르지만) 만회하기 위한 것임을 잊어버린 것 같았고, 어리둥절하게 민과 '이'의 화목한 국면만을 추구하게 되었다.[35]

---

33) 후에 대만 총병 달홍아, 대만도 요영이 북경에서 심문을 받은 후 모두 1843년 10월 18일 석방된다. 도광제는 유지에 "달홍아 등의 상주는 문무사민(文武士民)의 보고에 근거하는데, 결코 친히 방문하여 조사한 것이 아니며, 이 보고들을 사실 확인도 안하고 올렸으므로 마땅히 죄를 받아야 한다. 단 그들이 대만에 몇 년간 있으면서 책임을 다했고, 그곳에 남북으로 도적들이 여러 차례 소란을 일으켰을 때 모두 신속하게 해결하여 내지병력을 힘들게 하지 않았다. 이 작은 공로로 그들은 징계를 피하기에 충분하다."(『阿片戰爭檔案史料』7권, 292~293쪽) 이때, 도광제는 분명하게 유지를 내려 포로를 죽인 사건에 대한 변명을 찾은 것이다.

34) 『阿片戰爭檔案史料』 6권, 636~638쪽, 7권, 162~166쪽;佐々木正哉編, 『阿片戰爭の硏究:資料篇』, 225~232, 239~241쪽.

35) 이는 도광제의 유지를 살펴보면 잘 알 수 있다. 그는 막 남경조약을 받았을 때, 이익을 만회하기를 매우 원했다. 그래서 이리포를 흠차대신으로 파견할 때, 논조가 약간 변하는데 그가 강조한 것은 "조약은 매우 치밀하고 타당해야 한다. 그래서 이후 빌미를 주어 분쟁일 일어나는 것을 피해야 한다."이다. 11월 20일 기영에게 내린 유지에는 "늘 이와 민이 서로 평안하기를 기대한다. 화목하여 폐단이 없어야 한다."였다. 후에 포로를 죽이고, 상관을 불태운 것에 대하여 교섭을 거친 후, 도광제의 논조는 크게 바뀐다. 1843년 3월 6일 유지에 "그 통관 운송세 사항은 그 규모가 대체로 안정적이다… 그 장군(이리포)이 반드시 전반적으로 고려하고 계획하여, 공평하게 처리하면 이의 사정이 안정되어 이익이 생긴다."고 하였다. 4월 6일 유지에는 "통상 향세장정(餉稅章程)을 처리하는데 있어서 모두 타당하게 처리하여, 이의 사정이 안정되면 새로운 문제가 생기는 것을 피할 수 있다"고 하였다. 7월 9일 유지에는 "이번 일(조약담판)은 특히 되도록 우호적으로 처리해야 오랫동안 말썽이 생기지 않을 것이며,… 늘 민과 이 양쪽에 장애가 발생하지 않기를 기대한다."라고 하였다(『阿片戰爭檔案史料』6권, 317, 331쪽; 7권 48, 103, 191쪽) 이 방면은 영국 측이 이미 "청국 측이 가장 많은 관심을 가졌던 5구 이외에 곳을 통행할 수 없으며, 금후 상흠은 관에서 관여하지 않는다."는 등의 조건에 동의했기 때문이다. 더욱 중요한 것은 청국 측이 오랜 평화를 지속하기 위해, 영국 측의 미래 이익을 고려한 것이라는 것이다. 이런 상황 하

민과 '이'의 화목, 즉 중외가 각 통상 항구에서 화목하게 같이 사는 것인데, 이는 확실히 일종의 좋은 바람이었다. 그러나 신앙, 가치관념, 행위준칙이 분명히 다른 사람들을 어떻게 서로 화목하게 같이 살 수 있게 하는지를 구상하는 것은 청조관원들에게는 힘든 일이었다. 국제관례를 이해하지 못했기 때문에 수많은 사무 방면에서 그들은 마치 영국 측이 하자는 대로 맡긴 것처럼 보였다. 비록 담판에서 언급한 범위가 매우 광범위하지만, 청국 측의 주요담판 대표인 황은동은 회고록에 그가 중요하게 생각한 두 가지 사건의 기록을 남겼다. 하나는 행상을 폐지하는 것으로 남경조약 중에 이미 규정되어 있는 것이었다.

이 행상의 폐지는 광동 관원의 거액의 수입원이 갑작스럽게 줄어드는 것이기 때문에 이것으로부터 일어난 소요가 오늘날의 기관들이 월급을 주지 못하는 상황에 못지않았다. 다른 하나는 관세 세율이다. 청국 측이 스스로 생각해낸 대권은 거액의 화물을 증가시켰고 생소한 화물은 줄여서, 국가의 풍족함을 보증하는 것이었다.[36] 그들이 영국 측이 암중에 기초한 '100분의 5(당시 세계에서 가장 낮은 관세율)' 원칙에 대하여 어떠한 느낌을 가지고 있었는지는 알 수 없다. 영국 측이 제시한 다양한 조문(條文)과 일이 만회할 수 없는 지경에 이르자 심력을 다 소모한 수석대표 이리포는 이를 이해하지도 이해하려고 하지도 않고, 황은동에게 비밀리에 지침을 내렸다.

에서 '만회'라는 말은 자연스럽게 꺼내지 못했다.

36) 이 대권은 이리포, 기영이 남경에 있을 때, 그들이 상의하여 처음 나온 것이다. 후에 어사 뢰이성(雷以誠)도 이 대권을 상주하여 도광제가 기영에게 참고하게 한다. 광동 담판은 바로 이 대권에 따라 진행된 것이다(『阿片戰爭檔案史料』 6권, 335, 354~355, 523쪽; 黃恩彤, 「撫遠紀略」, 『叢刊 阿片戰爭』 5권, 419쪽).

외국과의 협상은 간략하게 대해야지 섬세하고 치밀하게 허점을 찾

을 필요가 없다.[37]

1843년 3월 5일에 이리포는 결국 광주에서 병사했다.

영국 전권대표 헨리 포팅거는 다 잡은 고기를 눈앞에서 놓치는 것을 원하지

않았기 때문에 큰소리로 배를 몰고 북상하겠다고 떠벌리면서, 양강총독 기영

과 계속 담판을 하겠다고 큰소리쳤다. 영국 측의 이런 담판대상을 지정하는

방법은 대청 관료집단에 대한 일종의 분석에 의한 것이다. 이에 도광제는 4월

6일에 기영을 흠차대신으로 임명하고 광동을 보내, "통상 향세(餉稅) 장정을

처리하라"라고 했다. 그리고 이리포를 불쌍히 여겨 '태자대보의 직함'을 내리

고, "재임 중 지은 죄를 모두 사면한다."라고 하고 이 노대신을 위하여 잘못된

것을 바로 잡았다.[38]

기영은 4월 17일에 남경에서 출발했다. 하지만 광주에 도착하려면 시간이

더 필요했기 때문에, 헨리 포팅거를 진정시켜 북상을 막기 위해 황은동이 당

시 영국 측을 가장 골치 아프게 하던 관세세율에 대한 담판을 재개하자고 제

의했다.[39] 헨리 포팅거가 이를 듣고 뜻밖의 제안에 기뻐했다. 그리하여 담판지

점을 광주에서 홍콩으로 옮겼다. 황은동이 홍콩에서 상대해야 할 사람은 바

로 대(大) 아편상 윌리엄 자딘의 수하로 일했으며 중영 무역의 연결 고리를 잘

알고 있으며 헨리 포팅거 중국어 비서를 담당했던 로버트 톰이었다.

황은동은 산동 녕양(寧陽)사람이었다. 1826년에 진사가 되고 형부에서 주사

(主事) 등의 관직을 맡았다. 1839년에 강소(江蘇) 염도(鹽道)에 올랐다. 1842년

---

37) 黃恩彤, 『撫遠紀略』, 『叢刊 阿片戰爭』 5권, 419쪽.

38) 『阿片戰爭檔案史料』 7권, 78쪽.

39) 비록 황은동이 스스로 완전히 자신의 제의라고 했지만, 당안 자료로 보면 , 기공, 기영, 도광제 모두
     에게 이런 의도가 있었다(『阿片戰爭檔案史料』 7권, 47, 78, 81쪽).

7월에 강소 전장에서 가장 위급한 시기에 강소안찰사가 되고 얼마 지나지 않아 강녕포정사가 되었다. 그의 출사는 매우 우연이었다. 먼저 기영, 우감이 장희 등의 하급관원을 대사로 파견하였다. 그러나 본래 담당해야 할 강녕지부가 말을 더듬어 피해를 입히자, 황은동을 담판대표로 삼았다. 이 젊은 관원의 행동은 영국 측의 주목을 받았다.

> 황은동은 약 37, 8세(실제로는 41세)로 중국에서 가장 중요하게 될 정치가 중에 한명이다. 그의 거동과 언사는 매우 신사다웠다. 즉, 영국에서 나는 일찍이 이렇게 행동거지가 우아하고 공손하고 예의 있으며 고상하면서 꾸밈이 없는 군자를 본적이 없다. 그는 외국인과 접촉할 때 비굴하지 않았고, 거만하지도 않게 매우 적절하여, 기타 중국인과는 많이 달랐다.[40]

그렇지만 여기서 이야기한 것은 그의 품격이지 그의 지혜를 평가한 것이 아니다. 게다가 영국 측의 담판 상대에 대한 감상으로, 역시 그 이익의 관점에서 보면 어떤 때는 반대로 해석되기도 했다.

남경 담판이 끝난 후 기영의 제의해 의해 황은동이 유지를 받들어 광동에 도착하자, 이리포가 그를 대외교섭의 조수를 삼고, 후에 또 기영의 조수와 모사가 되었다. 중영 호문조약 및 이후의 중미, 중프 조약의 구체적 담판은 주로 그가 맡았다.

황은동은 총명한 사람으로 오성(悟性)이 매우 뛰어났지만, 그의 개인적 경험과 지식구조는 국제법칙에 대하여 무지했기 때문에, 로버트 톰, 모리슨의

---

40) 利洛, 「締約日記」, 『叢刊 阿片戰爭』 5권, 507쪽.

적수가 될 수 없었다. 어떻게 그런 그가 중국의 권익을 보호할 수 있었겠는가?

기영은 6월 4일 광주에 도착하여, 6월 23일에 황은동 등을 대동하고 홍콩으로 떠났다. 다음날부터 헨리 포팅거와 회담을 진행했다. 6월 26일에 중영 남경조약의 비준문건을 홍콩에서 서로 교환했다. 6월 28일에 기영 일행은 홍콩을 떠나 광주로 돌아왔다. 이때에 이르자 마침내 관련 사항이 기본적으로 완성되었다.

이후의 사정은 오늘날의 시각으로 보면 약간 황당무계함을 느끼게 한다.

7월 12일에 기영은 한 건의 상주와 두 건의 협편을 올리면서, 도광제에게 홍콩담판의 대체적 상황을 보고하고 이미 영국 측과 해관세칙을 달성했다고 보고했다. 그리고 이리포가 사전에 한 약속에 근거하여 영국 측이 7월 27일 (하력7월초1일)에 새로 정한 장정인 '무역수세(貿易輸稅)'에 따라 동의했다고 보고했다. 그러나 기영은 상주에 새로 정한 해관세칙을 같이 올리지 않고 반대로 다음과 같이 말했다.

> 만약 조례를 북경에 보내고 부의(部議, 각 부서의 의사결정)에서 승인이 다시 내려오기를 기다려서 통상을 허락한다면 7개월 후가 될 것입니다. 만약 이달 내에 화물선이 도착하여 나날이 많아지게 되면, ⋯이가 마음을 바꾸게 되는 것이 두려우며 그 영향이 적지 않을 것입니다. 지금 세칙을 정하면, ⋯나는 부의에서 그들을 반대할 것이라고 생각하지 않습니다. 1개월 늦게 행동을 취하면 조급함으로 이어질 것이고, 1개월 일찍 행동을 취하면 감격하여 떠받들게 될 것입니다.

일찍이 호부당관으로서 그중 남을 곤란하게 만드는 이원(吏員)의 무서움을 잘 알고 있었던 기영은 해관칙례가 부의(部議)에서 순조롭게 통과되게 하기 위해 먼저 분위기를 조성하고, 다시 조약 문서를 보내는데, 이는 사실상 부의(部議)의 논박 권한을 빼앗은 것이다. 이에 도광제는 주비에 "일 처리가 칭찬할만하고", "대신의 본분을 깊이 깨달았다"라고 적었다.[41]

7월 22일 헨리 포팅거가 홍콩에서 솔선수범하여 중영 "오구통상장정: 해관칙례"를 공포했다.[42] 이틀 후인 24일에 기영이 네 개의 상주와 한 편의 협편을 올리고 조약전문을 덧붙였다.[43] 도광제는 8월 11일에 이것을 받고 군기대신이 호부와 대조하고 의논하여 결정하라고 명령했다. 8월 16일에 목창아 등의 의논에 근거하여 비준을 했다. 9월 7일에 기영은 이에 대한 회답 공문을 받았다.[44] 그러나 그 장정은 이미 시행되어 42일이나 지난 상태였다.

기영은 7월 24일 상주에, 협편 하나를 덧붙이는데, 다음과 같다.

> 저의 짧은 견해로는 조약은 상호간의 신뢰에 의지해야 합니다.…
> 지난번 이리포가 광동에 도착한 후, 그 이선(夷船)이 5구 항구 외
> 에 다른 곳으로 가는 것을 허락하지 않은 것과 이후 상흠을 관이
> 대신하여 지급해 주길 요청하지 않는다는 이 가장 중요한 두 가
> 지 일에 대하여 포팅거와 재삼 조약에 명확하게 밝혀야 한다고 했
> 습니다. 신하가 광동에 온 틈을 이용하여 황은동, 함령을 친히 홍
> 콩으로 보내 포팅거와 대면하게 하여 이전 조약을 거듭 표명하였
> 습니다. 작년에 강남에서 정한 조약 13조(남경조약)에 이미 흠차
> 대신이 관인을 찍어 **제본하여 권으로 만들었기 때문에 이미 덧붙**

---

41)『阿片戰爭檔案史料』7권, 192~197쪽.

42)『Chinese Repository』, Vol 12, 391~400쪽

43)『阿片戰爭檔案史料』7권, 209~213쪽.

44) 위의 책, 7권, 246~251쪽.

일 공간이 없습니다. 게다가 아직 해결되지 않은 일이 있어 반드시 함께 조약에 명백하게 밝히고 장래 구실을 만드는 것을 피하기 위해 **조약을 확정해야 합니다.** 현재 그 이의 수장과 분명히 의논하고 취합해서 **각 항목에 덧붙여야 하며 별도로 권으로 엮어,** 전에 사용한 관인을 찍어 **전에 의논한 조약과 함께 넣어** 충실히 준수할 것을 표명하였습니다. (굵은 글씨 인용자 표시)

이것으로 볼 때, 기영은 헨리 포팅거가 별도로 요구한 신조약에 완전히 동의했으며, "덧붙일 공간이 없다"라는 이유로 도광제의 '주석을 달라'는 지시를 부정했고, 그 이전에 '설명을 붙이려는' 생각을 포기했다. 여기서 기영은 또 다음과 같이 말했다.

현재 의논하는 조약에 헨리 포팅거가 사인을 하려고 오고 있는데, 다시 목록을 옮겨 적어 어람하시도록 삼가 올립니다.[45]

이는 바로 기영이 먼저 조약체결을 한 다음 조약의 문서를 올린다는 것이며, 게다가 도광제는 이를 '어람(御覽)'하는 것일 뿐이었음을 나타낸다.

이리포가 남경을 떠나는 것부터 시작하여 기영이 신조약을 체결하는 것에 이르기까지 모두 1년의 시간이 걸렸다. 그러나 나는 당안에서 신조약의 구체적 내용에 대하여 도광제에게 지시를 받고자 하는 이리포나 기영의 상주를 찾지 못했다. 나는 이리포와 기영이 어떻게 이와 같이 독단적으로 처리했는지 모르며, 그들이 이와 같은 행사가 청조의 규정에 부합하는지 부합하지 않는

---

45) 『阿片戰爭檔案史料』 7권, 218쪽.

지 모른다. 그러나 이리포, 기영이 이때 "형편에 따라 일을 적절히 처리하는" 권한을 누리지 못한 것은 명백한 사실이었다.

10월 8일에 기영은 헨리 포팅거와 호문에서 '오구통상부점선후조약(五口通商附粘善后條約)'을 체결했는데, 이를 호문조약이라고 했다. 그리고 이전에 공포한 '오구통상장정:해관세칙'도 그 조약의 부속문건으로서 정식으로 성립되었다.[46] 12일 뒤인 10월 20일에 기영은 비로소 그 조약 문서를 상주와 함께 올렸다. 11월 7일에 도광제는 조약을 받고 군기대신에게 논의하라고 명령했다. 11월 15일 도광제는 목창아 등의 논의(核議)에 근거하여, "의논한 대로 처리하라"라고 동의했다. 그러나 홍콩 시장을 개방하는 항목에서는 "갈수록 매우 큰 폐단이 생기는 것을 피할 수 없다"라고 하고, 기영에게 책임지고 "다시 전심전력으로 잘 합의하여 준비하여 상주"하도록 명령했다.[47] 그러나 이때 기영은 이미 광동담판을 끝내고 양강총독의 임지인 남경으로 돌아가고 있었다. 광동 곡강(曲江)에 이르러 그 유지를 받고 황급히 상주를 올려 해명하자, 도광제는 흐지부지 이 일을 처리할 수밖에 없었다.[48]

'천조'는 대강 이 신조약을 받아들며, 자신의 목 위에 밧줄을 걸었다.

중영 호문조약, 즉 '오구통상부점선후조약'은 모두 16조항으로 되어 있고, 그 밖에 '소선정례(小船定例)' 3조항이 있으며, 부속문건인 '오구통상장정:해관세칙'은 모두 15조항으로 되어 있었다. 또 이외에 26종류의 화물세율에 대한 규정

---

46) 중영 호문조약의 제1조항의 규정은 "모든 흠차대신, 공사대신이 관인을 찍은 '수출입화물세칙례첨부권'은 금후 광주, 복주, 하문, 영파, 상해 5구에 모든 곳에서 이를 준수하고 그 양식으로 간주한다"; 제2조항의 규정은 "모든 흠차대신, 공사대신이 관인을 찍은 '신무역장정첨부' 문건은 금후 5구에서 모두 준수하고 그 양식으로 간주한다." 이는 '오구통상장정:해관규칙'을 중영 호문조약의 부속문건으로 삼고 그 지위와 법률적 효용을 확정한 것이다.
47) 『阿片戰爭檔案史料』 7권, 345~346쪽.
48) 『阿片戰爭檔案史料』 7권, 350~353쪽.

이 있었다.[49] 조항의 수와 내용의 편폭으로 보면 이미 남경조약의 몇 배로, 그 내용은 주로 오구통상, 행상폐지, 신정세칙 등에 모든 초점이 맞추어져 있었다. 그중 매우 많은 조항이 당시 서방과 오늘날의 세계에 통행하는 관례에 부합했다. 어떻게 보면 헨리 포팅거, 로버트 톰, 모리슨은 이리포, 기영, 황은동의 스승이 된 것이다. 그러나 이들은 스승인 동시에 사기꾼이었다. 그들은 국제지식을 전수함과 동시에 일련의 사기 기만술을 펼쳤던 것이다. 여기서 그 특징을 가장 잘 반영하는 예가 제6조이다. 기록을 보면,

> 광주 등 5곳의 항구는 영국 상인이 계속 거주하거나 혹은 자주 왕래하되, 모두 함부로 향촌을 임의로 돌아다닐 수 없으며, 내지 깊숙이 들어가 무역을 할 수 없다. 중화(中華) 지방관은 당연히 영국 관사관(管事官)과 지방민정을 자세히 파악하여 **그 경계선을 의논하여 결정하고** 침범하는 것을 허락하지 않아야 한다. 이는 영구적으로 피차 서로 화목하게 하기 위함이다. 무릇 선원 및 선상의 인원 등과 관련하여 관사관이 지방관과 먼저 금지 조항을 결정하고 후에 상륙을 허락한다. 만약 영국인이 이 금지조항을 위반하고, 독단적으로 내지로 멀리 들어가면 그 지위를 막론하고, 즉 그 지역 사람들이(民人) 나포했다는 소식이 들리면, **영국 관사관에게 넘겨 정황에 근거하여 그 죄를 묻는다. 단 그 사람들이 제멋대로 그들을 구타하여 상해를 입혀서 우호를 해쳐서는 안 된다.**[50]
>
> (굵은 글씨 인용자 표시)

---

49) 조약의 원문은 모두 王鐵崖編, 『中外舊約章匯編』 1권, 34~50쪽에 근거한다.

50) 조약의 영문본에는 "단 그 사람들이 제멋대로 구타하여 상해를 입혀서 우호를 해쳐서는 안 된다"는 문장이 없다.

이는 청국 측의 요구에 의해 만들어진 조약이었다. 국제관례에 따르면 청조는 개방하지 않은 5구 이외의 지역은 본래 내정에 속하므로 국내법을 적용할 수 있었다. 이 이치를 잘 알고 있었던 영국 측은 이 때문에 이 조항을 조약에 넣는 것에 동의하면서 수작을 부렸다. 그 하나가 5구의 개방범위를 쌍방이 "의논하여 결정해야 한다."는 것으로 이는 청조가 주인으로서의 권리를 상실했다는 것을 의미했다. 또 다른 하나는 금지 조항을 어긴 영국인의 처리문제를 영국 측이 결정한다는 것이었다. 특히 "마음대로 구타, 상해를 입혀서는 안 된다"라는 문장은 원본에 영국 측이 서명한 영국인의 내지 침입을 허가 하지 않는다는 금령이 단숨에 청국 측이 금지조항을 어긴 영국인에 대하여 상해를 입히지 않는다는 약속을 하고 보증한다는 것이 되어 버렸다. 이렇게 청국 측의 요구는 담판을 거친 후 그 성질이 뒤집혔다.

중영 호문조약 및 그 부속 문건(附件)을 종합하면, 우리는 청조가 적어도 4항의 중대한 권익을 상실했다는 것을 알 수 있다.

1) **관세자주권**, 남경조약 중문본 제10조 규정:

(각 통상 항구) 수출입 화물세, 향비(餉費)의 납부에 대한 모든 칙례(則例)를 공평하게 의논하여 정하고 각 부서가 반포하여 효시해야 한다.

이 문장의 의미는 분명하지 않은데, 주로 "공평하게 의논하고 정한다."라는 말은 이후의 사람들 역시 이것이 협정관세의 의거가 된다고 오해를 하게 되었다. 그러나 실제로는 그렇지 않았다. 그 조약의 영문본을 보면, 이 조항의 문구는 다음과 같다.

His Majesty the Emperor of China agrees to establish at all the ports… a fair and regular Tariff of Export and Import Customs and other dues, which Tariff shall be publicly noticed and promulgated for general information.[51]

이를 직역하면 다음과 같다.

중국 황제 폐하가 모든 통상항구에 공평하고 공식적인 수출입 관세와 기타 비용에 대한 칙례를 제정하고 그 칙례를 공개적으로 공포하는 데에 동의한다.

이것으로 볼 때 "공평하게 의논하여 정한다."는 문장은 청 정부가 새로운 관세 칙례를 제정할 때 '공평'의 원칙을 지켜야 한다는 것을 가리킨다. 남경조약의 이 조항은 파머스턴 훈령에 완전히 부합한다.[52] 이에 근거하여 청 정부는 '공평'한 관세칙례를 제정해야만 했다.

앞에서 인용한 기영의 12항의 교섭조회에서는, 새로운 각 통상 항구의 세율을 "광동의 해관수출입세장정에 따라 호부에서 심의, 의논하여 결정하고 그대로 실행하자"고 제의했다. "호부에서 심의, 의논하여 결정한다."는 남경조약을 위반하는 것이 아니었다. 호부는 청조에서 경제를 주관하는 부서이며,

---

51) Inspectorate General of Customs, Treaties, conventions, ect., between China and foreign states, vol. 1, 163쪽.
52) 파머스턴이 만약 청국 측이 해도를 할양하는데 동의한다면 이 조건을 언급하지 않아도 된다고 제시한다. 파머스턴의 계획한 이 조항의 의도는 일부 명확한 관세칙례를 사용하여 이전 행상이원(行商吏員)들이 온갖 방법으로 영국 상인을 착취하던 상황을 변화시키기 위함이었다. 파머스턴의 훈령에 따라 신정관세칙례의 제정권과 공포권은 여전히 청 정부에게 있었고, 영국 측은 단지 관세에 대한 모든 변경은 당연히 12개월 전에 영국 측에 통지해야 한다고 요구했었다(嚴中平, 「英國鴉片販子策劃鴉片戰爭的幕後活動」, 『近代史資料』 4기, 75쪽).

하물며 조약에 또 규정되어 있기를 신정관세칙례(新定關稅則例)는 호부에서 '반포 효시한다.'고 하였다. 그러나 그것은 "광동의 해관수출입관세장정을 따른다."는 조약을 위반한 것이 되는데, 이는 그 조약의 중문, 영문본 모두 분명하게 새로운 칙례를 제정해야 한다고 규정되어 있기 때문이었다. 이는 기영이 영국 측과 교섭을 할 때, 막 체결한 남경조약을 진지하게 연구하지도 않았으며 혹은 분명하게 이해하지 못했다는 것을 반영했다.

헨리 포팅거는 기영의 제의에 대하여 조약에 근거하여 거절을 하거나 혹은 조약을 설명하여 청 정부로 하여금 조약에 따라 처리하게끔 하지 않고 담판을 유도했다. 이는 두말할 필요도 없이 관세에 대하여 담판하는 방법 그 자체가 남경조약을 위반하는 것이다. 기영 등은 이로써 함정에 빠졌다. 광동 담판 중에 이리포, 기영, 황은동은 가장 길고 가장 큰 심력을 소모한 관세 교섭이 매우 빠르고 순조롭게 진행되었다고 여겼다. 그 결과 의견이 오고가서 면화 백근당 은 4전, 차엽 백근당 은 2.5냥(모두 이전보다 증가함)으로 이야기기되자, 자기가 생각한 바가 모두 이루어졌다고 생각하여 급히 도광제에게 그 공을 보고했다. 그들은 그들이 영국과 의논하여 정한 '오구통상장정:해관세칙' 26종류 160여종에 대한 화물 세율이 **양국이 협정을 맺는 방식을 사용하여 규정되고, 청 정부도 이때부터 상응하는 조약의 의무를 부담해야 하는 것이 되어버려, 사실상 단독으로 세율을 변동시킬 수 있는 권리를 상실했음을 전혀 인식하고 있지 못했다.**

친히 남경조약을 기초하여 그 내용을 자세하게 파악하고 있던 영국은 그 이익을 위해 조약을 짓밟을 때에도 전혀 망설임이 없었다. 이는 제정권(制定權)상의 표현일 뿐만 아니라, 게다가 공포권(公布權)상의 표현으로 비록 그들이 남경조약을 이용하여 청국 측을 곳곳에서 재단한 것이다.

2) **영국인에 대한 사법 심판권.** 아편전쟁 전에 대화상무총감독 찰스 엘리엇

은 중영 간에 법리가 다르다는 이유로 살인죄로 고발당한 영국인을 중국 사법당국에 보내 심판하는 것을 거절했다. 파머스턴 훈령에서는 조약 내에 영국이 스스로 설립한 법정에서 독립적으로 영국인을 심판한다는 규정을 제시하였다. 단, 만약 청 정부가 해양도서를 할양하는데 동의한다면 조약 내에 이 요구를 제시하지 않을 것이라고 했다.[53] 이 때문에 남경조약은 이에 대한 어떠한 규정도 없었다.

기영은 그의 조회 제8항에서 영국인에 대한 사법심판권을 공짜로 영국에게 두 손으로 갖다 바쳤다. 그 원인은 중영 사법분쟁이 줄곧 쌍방 간 장기적인 난제였고, 충돌이 일어날 수 있는 화근이었기 때문이다. 그래서 기영은 영국 관리들로 하여금 영국인을 관리하게 하여 분쟁을 피하고자 한 것이다. 그러나 일이 바라는 대로 되지 않을 줄은 몰랐던 것이다. 영사재판권은 19세기 서방열강이 충돌을 일으키기 위한 주요 핑계 중에 하나였다.

모종의 의의 상에서 이야기를 하면, 기영의 제의도 전부 독창적인 것은 결코 아니다. 1689년 중러 네르친스크조약(라틴어 문서 제2조, 만주어 문서 제4조, 러시아 문서 제6조), 1729년 카흐타계약(界約)(제10조), 1768년 수정 가츠타계약(제10조), 1792년 카흐타시약(市約)(제5조) 모두 양국 민간인이 그 본국 관원에 의해 죄를 심판받고 처벌을 받는 규정이었다. 그러나 중 러 간의 상황은 영국과 크게 달랐다. 당시 중 러 간의 사법실천의 주요 핵심은 양국의 도주자, 도주범과 월경(越境) 사안에 대한 범죄였다. 어떤 방면에서 보면 오늘날 세계에서 보편적으로 사용되는 범죄 인도조약과 약간 비슷했다.[54] 그러나 기

53) 嚴中平, 「英國鴉片販子策劃鴉片戰爭的幕後活動」, 『近代史資料』 1958, 4기, 76쪽.

54) 당시의 러시아는 농노제 시기에 속해 있었고, 청조는 북방의 팔기에게 준 토지에 속박된 농민이 적지 않았기 때문에 쌍방에게 모두 난민문제가 있었다. 조약의 규정을 보면 본국 경내에서 범죄를 저지른 타국인 혹은 타국경내에서 범죄를 저지르고 도망친 본국인을 고발하는 것 모두 본국이 체포하여(체포권은 본국 정부에 있다) 타국 관원과 함께 심리한다(심리권 공동), 심의하여 경위를 밝히고, 피의자는 그가 속한 국가의 관원이 본국 법령양형에 따라 처벌한다(판결관 분리). 그 다음으로 양형의 불공평을

영의 방법은 중 러 조약의 합리적 요소를 완전히 파괴한 것이다. 그는 영국 및 그 식민지(홍콩과 같은 곳)에서 고발당한 중국인에 대한 사법심판권을 요구하지 않았으며, 단지 홍콩과 영국함선으로 도망친 중국 범죄자를 청국 측에 인도하여 심판할 것을 요구한 것으로, 이는 완전히 평등한 것이 아니었다.

헨리 포팅거는 기영의 제의에 매우 기뻐하여, 회답 조회에 "귀 대신의 충돌을 피하려는 진정한 마음이 충분히 표현되었다"라고 매우 찬양했다. 그리고 구체적으로 다음과 같이 제의를 했다.

> 이후 의논한 것과 같이 해야 한다. 양국 상인이 서로 상소하는 작은 분쟁, 즉 지방관과 관사관(영국영사)이 회동하여 조사 처리하는 것을 제외하고, 죄가 무거운 모든 범법자에 대하여 영국인은 본국의 총관(總管)에서 심판하고, 화민(華民)은 내지의 대관(大官)에 넘겨 죄를 묻는다.[55]

이 때문에, 중 영 호문조약의 관련 문건(附件)인 '오구통상장정:해관세칙' 제13조에 다음과 같이 규정되었다.

> 만약 소송을 교섭해야 하는 경우를 겪게 된다면, 관사관(管事官)이 멈추게 할 수 없으며 또 대충 처리할 수 없다. 즉 화관(華官)을 청하여 같이 그 일을 조사하고 밝혀야 한다.… 그 영국인이 어떻게 해서 죄를 지었는지, 영국 장정, 법률에 따라 결정하고 관사관

방지하기 위해 양국은 당시 대량으로 발생한 월경, 약탈 등의 죄는 조약에 명확하게 쌍방의 양형 표준을 규정하여 이에 따라야 했다. 그러나 중러 조약 중의 핵심은 이런 권력은 쌍방적이고 대등한 것으로 평등한 것이라고 할 수 있다.

55)佐々木正哉編, 『阿片戰爭の硏究:資料篇』, 221쪽.

에게 보내 이에 따라 처리한다.

이는 바로 재화 영국인이 완전히 중국법률체제 밖에 있었다는 것이며, 또 중국사법심판권 밖에 있었다는 것이다.

3) **일방적인 최혜국대우.** 파머스턴 훈령 중에 이미 일방적 최혜국대우를 언급하였는데, 단 만약 청조가 도서를 할양하는데 동의한다면 조약 내에 이 요구를 언급하지 않을 수 있다고 하였다.[56] 1840년에 찰스 엘리엇과 기선이 담판을 할 때에도 비슷한 요구를 제의한 바 있었다.[57] 남경조약의 체결로 인해 영국은 다른 국가보다 훨씬 더 많은 권리와 이익을 얻었기 때문에 그 조약은 이에 대하여 규정하지 않은 것이다.

앞에서 언급한 기영의 교섭 제10항은 단지 영국에게만 복주 등 새로운 4곳의 항구에서 통상무역을 허락한 것이다. 그리고 타국이 이 네 곳에 와서 통상을 요구하는 것에 대해서는 영국 측이 나서서 '설명하여(講解)' 포기하도록 권고하게 한 것이다. 헨리 포팅거는 이 제의를 거절하면서 회답 조회에 다음과 같이 밝혔다.

> 대황제가 타국을 허락하는 은혜를 내려 모두 광동(粤東) 이외의
> 네 항구에서 동등하게 무역을 하는 것은 영국이 원하는 것으로
> 전혀 아까워하거나 유감스럽게 생각하지 않는다.[58]

---

56) 嚴中平, 「英國鴉片販子策劃鴉片戰爭的幕後活動」, 『近代史資料』 1958, 4기, 76쪽.
57) 찰스 엘리엇의 조회에 언급: 이 이후에 만약 다시 외국인을 윤허하여 이외의 다른 항구에 무역을 개시하면, 영국인 상선도 똑같이 들어갈 수 있게 허락해야 한다(佐々木正哉編, 『阿片戰爭の硏究:資料篇』, 33쪽).
58) 佐々木正哉編, 『阿片戰爭の硏究:資料篇』, 222쪽.

헨리 포팅거의 이와 같은 회답은 본국 정부의 훈령을 따른 것이다.⁵⁹

남경조약이 체결된 후, 미국과 프랑스의 활동에 기영은 미국과 프랑스가 복주 등의 4구에서 무역을 하는 것을 저지할 방법이 없다고 보고, 미국, 프랑스에게 동등한 권리를 줄 준비를 했다. 이때 그의 심정은 당초와 반대로, 영국 측이 4구의 타국 개방을 막는 것을 걱정하여, 헨리 포팅거에게 "전혀 아까워하거나 유감스럽게 생각하지 않는다."는 어구를 조약에 확실히 기재할 것을 요구했다. 그래서 중 영 호문조약 제8조에 다음과 같이 밝혔다.

> 지금까지 각 외국상인 오직 광주에서 항구 한 곳만 무역을 허락했는데, 지난해 강남에서 일찍이 의논하여 밝히기를, 대황제가 서양 각국의 외국상인 모두에게 복주, 하문, 영파, 상해 이렇게 네 곳에서 항구무역을 할 수 있도록 은혜롭게 허락해 주신다고 하니, 영국은 전혀 아까워하거나 유감스럽게 생각하지 않는다고 하였다.

이는 사실상 조약 형식을 통하여 영국이 다른 국가가 새로 열린 통상항구에 와서 무역하는 것에 반대하지 않는다는 것을 선포한 것이다. 이렇게 하는 것이 비록 국제관례에 부합하지는 않지만 중국에 해롭지는 않았다.

그러나 중 영 조약 체결 전, 영국 측이 보내온 조약문서 중에 이 조항 뒤에 '단서(但書)'를 첨가했다.

> 단 각국은 이미 영국인과 다르지 않은 바, 대황제가 새로운 은혜를 각국에 내리는 것 역시 영국인 모두가 다 같이 누릴 수 있어야

---

59) 파머스턴 훈령, 1840년 2월 20일, 애버딘 훈령 1841년 11월 4일, 馬士, 『中華帝國對外關係史』, 1권, 713, 757쪽.

하며 공평 타당함을 알릴 필요가 있다.

이는 사실상 일방적인 최혜국대우를 해달라는 요구를 제시한 것이다. 이 요구가 청국 측에서 순조롭게 통과되게 하기 위하여, 영국 측은 조약문건에 어휘 사용을 겸손하고 순종적으로 하였으며, '성은(聖恩)'을 받는다는 모양새로 꾸몄다.

기영은 당연히 영국 측의 계략을 알아차리지 못했다. 그는 '천조' 대황제의 관점에서 출발하면 '먼 곳의 사람을 회유하여' '누구나 차별 없이 대하고' '공평타당함을 알릴 필요가 있다'고 생각했다. 그러나 그는 또 '천조' 신하의 시각으로 관찰하여, 만일 '영이(英夷)' 혹은 '타이(他夷)'가 빈번히 대황제에게 '은혜로운 조치(恩施)'를 청하는 것은 예의에 어긋난다고 생각하여 영국 측의 '단서'이후 그는 또 하나의 '단서'를 첨가했다.

단, 영국인 및 각국 모두 그 어떤 분수에 넘치는 요구를 이 조약
에 의지해서는 안 되며, 충실히 준수할 것을 표명한다.

국제법적인 관점에서 이 조항 3항의 내용을 보면, 제1항은 전혀 필요가 없는 것으로, 청조는 타국과 교류할 때 영국과 상의할 필요가 없었다. 그리고 제3항은 구속력이 없는 것으로 '그 어떤 분수에 넘치는' 이런 정서의 어휘는 정확하고 통일된 해석이 없다. 오직 제2항만이 비로소 진실한 것이다. 그렇게 영국의 계권은 성공한다. 기영은 또 한 번 기만당한 것이다.[60]

---

60) 기영은 상주에 "먼저 번에 회의한 조약은 본래 신하 기영이 기초한 것으로 대표와 연명하여 사인한 것으로 폐하의 심사를 받아야 합니다. 그 대표는 모든 국가로부터 온 사람들이 5구 항구에서 무역을 하는 것을 허락하는 것에 대하여 대황제가 각국에 새롭게 베푸는 은혜로운 조치를 추가할 때, 그 모든 것을 영국인에게도 허락해야 한다고 요구하고 있습니다. 신 등이 현재 정한 항구의 관세에 다른 강요가 있

4) **영국함선의 통상항구 진입 정박권.** 기영의 교섭조회 제3항은 영국함선이 각 통상항구에 진입해서는 안 된다고 요구하는 것으로 이는 완전히 정당한 것이다. 그러나 국제관례로 보면 이 일은 교섭을 진행할 필요가 없는 완전히 국내법으로 결정할 수 있는 일이었다.

교활하고 영리한 헨리 포팅거는 오히려 교섭 그 자체에서 기회를 찾아 회답조회에 다음과 같이 말했다.

> 군주의 군함은 본 민을 통제하기 위한 것으로 반드시 항상 적은
> 수의 배로 수시 왕래하여 각 입구를 임시로 정박한다.[61]

본국 군함을 보내 그들의 교민을 '통제'한다는 이유는 사실 황당무계한 것이다. 단, 오직 영국 관리가 영국인을 '통제'하길 희망했던 기영이 볼 때, 이 주장은 또 인정상 도리상 모두 적절한 방법이었다. 그리하여 중영 호문조약은 제10조에 다음과 같이 규정했다.

> 무릇 통상 5항구에 반드시 영국 관선 한 척을 반대편에 정박시
> 켜야 하는데, 각 화물선의 선원을 엄히 단속(約束)하기 편리하
> 게 하기 위함이다. 그 관사관이 역시 영국 상인 및 속국 상인을

있는지 의심이 들어, 황은동, 함령에게 명령을 내려 성내의 이(夷) 측의 대표에게 여러 번 질의하였습니다. 그들이 말한 바에 따르면, 관세는 항구에서 이미 의논하여 정해진 것에 근거하며, 결코 다른 것은 요구하지 않는다고 하였습니다.…"(『阿片戰爭檔案史料』 7권, 325~326쪽). 이것으로 보아, 영국 측은 마지막에 일방적인 최혜국대우를 요구하였으나 기영은 근본적으로 영국 측의 계략을 간파하지 못한 것을 알 수 있다. '주고(主稿)'라고 운운하는 부분에서 단지 초안을 교환하는 중의 하나의 초고일 뿐, 결코 기영이 스스로 작성한 것은 결코 아니다. 이는 기영이 도광제의 면전에서 자신의 역할을 과장한 것이다.

61) 佐々木正哉編, 『阿片戰爭の硏究:資料篇』, 221쪽.

단속한다.

이에 따라 교민을 '단속'한다는 구실아래, 각 통상 항구는 영국 함선이 자유롭게 왕래하는 부두가 되었다. 그러나 이후 영국 함선은 외교관이 본국 교민과 선원을 단속하는 데에 사용되지 못하고 오히려 수시로 청조를 향해 압력을 행사하는 도구가 되어버렸다. 또 이 규정 때문에 이 이후의 중국과 외국 간의 전쟁 중에 각 통상항구는 청 조정이 방어시설을 세울 수 없는 도시가 되었다.[62]

이상네 가지 사항, 즉 중영 호문조약 및 그 부속문건은 중국의 권익을 해친 주범이었다. 그리고 이외에 또 자질구레한 여러 항목이 있지만, 인수권(引水權, 외국 선박을 인양할 수 있는 권리)의 상실, 해관화물검사권의 분할 등에 대해서 여기에서는 논하지 않겠다.

중영 호문조약 및 그 부속문서는 하나의 불평등한 조약이다. 그것은 중국의 이익에 손해를 입혔으며, 남경조약에 못지않았으며, 나아가 장기적인 안목으로 보면 남경조약보다 더 심각했다. 남경조약의 5구 항구개방은 손해이자 기회였는데, 단 관세부자주, 영사재판권, 일방적최혜국대우, 군함자유출입 등 모든 규정이 개방의 필요성에 비해 손해가 너무 컸다. 그러나 이 불평등한 조약은 오히려 전후 양국의 평등한 협의 하에 체결한 것이다. 동서고금의 법학 원리에 근거하여, 사기(詐騙)의 정의는 당연히 상대방의 그 어떤 지식 혹은 권익에 대한 무지를 이용하여 그 이익을 침해하는 것으로, 이 영국 측의 행위가 사기와 다르지 않았다. 도광제가 '주석을 덧붙여라(添注)'는 지령을 내린 것과,

---

62) 이후의 광주입성위기, 제2차 아편전쟁, 중프전쟁, 팔국연합국침화전쟁 중에 광주, 복주, 상해, 대고(大沽, 천진) 등의 항구 모두 외국군함의 화포에 성이 위협받았으며, 군사상 근본적으로 방어를 할 수 없었다.

기영의 교섭조회는 그들의 무지를 더욱 드러낸 것으로 헨리 포팅거가 기만술을 펼칠 매우 좋은 기회가 되었다.

그렇지만 우리가 오늘날 해야 할 비판과 검토는 이미 '천조'의 분위기를 벗어나 버렸다. 당시 사람들, 즉 당사자들과의 역사적 간격을 말한다. 담판과 조약체결을 한 기영, 이리포, 황은동, 심사하고 복의한 군기대신, 호부 등의 부당관료들 및 마지막으로 조약 비준을 한 도광제는 자신의 손으로 권익을 양보했다는 것을 조금도 알아차리지 못했다. 전통적인 '천조' 관념이 그들의 시야를 가렸으며, 근대 국제지식에 대한 결핍은 또 진정한 국가이익과 민족이익을 보려고도 알려고도 하지 못하게 하였다.

이와 같았기 때문에, 중영 호문조약을 체결한 후 얼마 지나지 않아 기영, 황은동은 미국 영사 포브스(Paul S. Forbes), 프랑스영사 라티 맨튼(Benoit Ulysse Ratti-Menton)을 만나, '황은을 선포하고' 미국, 프랑스 상인이 신 항구에서 무역을 하는 것을 허락하고, "모든 장정을 모두 영국에 의거하여 처리한다!"[63]

그러나 사정은 그것으로 끝나지 않았다.

3. "등가교환"? : 중·미 망하조약望廈條約 [64]

당시 바다 건너편의 신흥 공상국(工商局)인 미국의 세계시장의 변화에 대한 민감도는 보통 때와 달랐다고 할 수 있다. 대영제국의 전함이 중국해에 출현했을 때, 합중국 상인과 정치가들은 즉시 동방에 포기해서는 안 되는 영리의

---

63) 『阿片戰爭檔案史料』 7권, 324~325쪽.
64) 본절은 熊志勇의 「從望廈條約的簽訂看中美外交史上的一次交鋒」 (『近代史研究』 1989, 5기)과 이정일의 『中美早期外交史』 (臺北:三民書局, 1985)를 참고하였다.

기회가 출현했음을 인식했다.

비록 전쟁기간이었지만, 미국은 바로 로랜스 커니(Lawrence Kearny) 사령관이 이끄는 동인도 함대를 중국에 파견하는데, 그 임무는 두 가지였다. 하나는 전시에 교민을 보호하는 것이었고, 다른 하나는 미국선박의 아편 밀매를 단속하는 것이었다. 그런데 1842년 4월에 로랜스 커니는 광주에 도착하기는 하지만, 이 두 가지 임무를 모두 집행하지 않고,[65] 반대로 전쟁 종결과, 남경조약의 체결 소식을 듣고는 귀국을 연기하고 마음대로 양광(兩廣)총독 기공(祁貢)에게 서한을 보내 최혜국대우를 요구했다. 이에 기공은 한편으로는 상주를 하고, 한편으로는 로랜스 커니에게 흠차대신 이리포가 광동에 도착하기를 기다려 '다시 처리하자'라고 답신을 보냈다.[66]

도광제가 이 소식을 듣고 미국 측의 요구를 전면적으로 거절하면서, 12월 12일 이리포에게 다음과 같은 유지를 내렸다.

> 모든 것을 이전의 규칙대로 따라야 하며 증가시키거나 바꿔서는 안 된다.
> 그들이 감히 항구와 그 비슷한 것을 설립하길 희망한다면, 반드시 그들에게 간곡하게 거절해야 한다. 결코 약간의 타협도 허락하지 않는다. 항상 멀리서 온 사람들은 온화하게 대하길 희망한다. 그리고 천조 제도의 확립을 그들에게 보여주어 사단이 발생하는 일

---

65) 당시의 미국상선의 무장이 모두 청조 사선의 무장보다 우세하였기 때문에, 교민 보호는 근본적으로 필요 없는 것이었다. 미국은 아편전쟁 기간 동안 거리낌 없이 아편을 판매하여 영국을 대신하고 있었다. 로랜스 커니는 이에 대하여 고시를 발표하였고, 아편선이 청 정부에 수색당해 검거되면, 그는 "도와주지 않을 것"이라고 선언한다. 로랜스 커니가 광주에서 한 유일한 일은 1941년 5월 광주전투 시에 영국 상인이 찰스 엘리엇의 명령을 받아 21일 철수 할 때, 일부 미국상인이 철수하지 못하고, 5월 22일에 미국상인 서리(Sherry)가 살해당한다. 이에 로랜스 커니가 7,800달러의 배상을 요구한다. 기공이 행상을 협박하여 돈을 마련하고, 게다가 2,200달러를 더하여 모두 1만 달러를 배상한다.
66) 『阿片戰爭檔案史料』 6권, 483쪽.

이 없게 하는 것이 필요하다.[67]

비록 영국이 이미 '천조'의 장막을 벗겼지만 도광제는 여전히 기타 국가에 대하여 '천조제도'를 유지하고 싶어, '사단이 발생하는 것'을 허락하지 않는다는 선결조건을 제시했다.

바로 이때, 일부 성급한 미국 상인이 신 항구의 개방을 기다리지 않고 영파 등지로 배를 몰고 가서(**영국 상인보다 빠르다**) 새로운 길을 개척했다. 이 갑작스러운 행동은 전쟁에서 패한지 얼마 지나지 않아 놀란 상태였던 지방관 및 조정을 긴장국면에 빠지게 되었다.[68]

이 새로운 정황에 마침 광주로 가던 중이었던 이리포는 광동 남웅(南雄)에서 상주를 올리고 도광제의 유지에 이의를 표시했다. 그는 미국과 영국이 이미 이전부터 내통하고 있었으며, 게다가 복식과 배의 모양을 구별하지 못하는데, 만약 미국상인이 영국 선박깃발을 세우고 새로 개척한 항구에 가면, "영국의 위신이 올라가는 것이고 중국의 고충이 추가되는 것입니다"라고 말했다. 이 능글맞은 노 대신은 대권을 제의하지 않고, 단지 그가 광동에 도착한 후 광동독무와 상의하겠다고 하면서, 그런 연후에 "상주를 올려 지시를 받고 처리하겠다."라고 말했다.[69] 사실상 이리포는 이미 복안이 있었다.

양강총독 기영은 미국선박이 북상한 일 때문에, 내용이 같은 도광제의 유지를 받았다.[70] 그도 반대하는 상주를 올렸는데 그 이유 또한 이리포와 완전

---

67) 위의 책, 6권, 568쪽.
68) 이일은 녕소대도(寧紹臺道) 녹택장(鹿澤張)이 즉시 유운가, 기영에게 보고한다. 유운가, 기영의 이에 대한 상주와 도광제의 유지가 있다(『阿片戰爭檔案史料』 6권, 539~540, 577쪽); 『籌辦夷務始末(道光朝)』 5권, 2497~2499쪽). 이후의 이리포의 상주를 보면, 그도 동시에 소식을 받았다.
69) 『阿片戰爭檔案史料』 6권, 740쪽.
70) 위의 책, 6권, 577쪽. 도광제는 이 유지에 더욱 단호한 어휘를 구사하였으며, '사단을 일으키는 것'을 허락하지 않는다는 조건은 없었다.

히 같았다. 다른 점은 그는 이리저리 둘러대지 않고 분명하게 의사표시를 했다는 것이다.

> 법이 결핍되면 바로 변화가 생깁니다. 오래된 규정을 엄격하게 준수하면 많은 골치 아픈 문제가 일어나는데, 정세에 따라 유리하게 바꾸는 것만 못합니다. 선입견 없이 잘 판단해야 합니다.

이 1843년 1월 3일에 역참에 넘긴 상주를 보면 기영이 이리포가 남경에 있을 때 대권을 토론한 적이 있었음을 나타낸다.[71] 그들은 남경조약 체결 이후, 청조가 이미 '천조'의 구제도를 지킬 수 없다는 것을 느꼈던 것이며, 이 '선입견 없이 잘 판단해야 한다.'는 그들이 전후 중외관계를 처리하는 원칙이 되었다.

도광제는 기영, 이리포의 상주를 받고 태도가 180도 변했다. 이리포의 말이 '일리가 있다'고 말하고 기영과 이리포에게 대권을 논의하라고 명령하면서, 기영과 이리포에게 그 권한을 부여했다.[72] 기영과 이리포의 걱정은 영국이 타국의 이익을 침해하는 것을 허용하지 않고, 헨리 포팅거가 "전혀 아까워하거나 유감스럽게 생각하지 않는다."는 약속을 갑자기 바꾸는 것이었다. 이것은 또 중영호문조약의 최혜국대우 조항이 발전된 것이었다.

이리포가 사망하자 기영이 이를 대신 담당하게 되었다. 중영호문조약이 체결되었다. 그리고 로랜스 커니가 1843년 4월에 귀국했다. 기영은 신임 영사 포브스를 만나, '황은'을 장엄하게 선포했다. 그러나 기창양행(旗昌洋行, Russell & Co.), 아편밀매와 상당히 연관이 있었던 이 외교관은 기영을 놀라게 하는 소식을 전하는데, 미국 전권위원 갈렙 쿠싱(Caleb Cushing)이 국서를 가지고

---

71) 위의 책, 6권, 684~686쪽.
72) 위의 책, 6권, 735, 747쪽.

중국으로 오고 있으며, 북경에 올라가 황제를 알현할 것이니 조약체결 회담을 준비하라는 것이었다.[73]

오늘날의 사람들에게 포브스의 소식에 대해 어떤 특별한 견해가 있는지를 막론하고, 이는 '천조'에 폭탄을 던진 것이었다. 문제의 핵심은 북경에 올라가 황제를 알현하는 것이었다. 조지 매카트니, 윌리엄 애머스트가 건륭, 가경 때 일으킨 동요의 여파가 도광제에 이르기까지 여전히 가시지 않았다. 남경조약 담판 중에 영국 측이 북경에 올라가는 것을 한번 시도한 적이 있었는데, 청국 측이 단호하게 거절했다.[74] 기영은 바로 새로 체결한 호문조약이 영국인에게 일방적인 최혜국대우를 해주게 되었다는 것을 기억해 내고, 영국이 결탁하여 미국 측으로 하여금 '교묘하게 시도해' 보도록 한 것이 아닌가하고 의심하게 되었다.[75] 이런 관점에서 보면 이렇게 일방적인 최혜국대우의 위험성을 발견하는 것 또한 천조 관념의 특수한 표현이라고 할 수 있다.

국제관례로 보면, 일국의 원수가 대표를 파견하여 타국의 원수를 알현한다는 것은 일반적인 일이다. 그러나 '천조'에서는 그렇지 않았다. 대황제는 본래 "만국위에 군림한다."는 천하의 주인으로 조공을 바치지 않는 사신을 접대해서는 안 되었다. 기영은 속으로 만약 도광제에게 무릎을 꿇지 않고 예를 올리지 않는 '이'인을 만나게 한다는 것은 그 사예(四裔) 무리인 '이'로 하여금 자연히 오만 불손한 마음이 일어나게 하는 것을 피할 수 없을 것이며, 바로 내지의 경사(經史)를 숙독하여 예의(禮儀)를 잘 아는 사자(士子)들도 조정의 합법성에 대하여 의심할 것임을 확신하였다. 궤배(跪拜)는 일종의 예의로 오늘날 사람들은 종종 이런 종류의 형식을 소홀히 하고 실제를 중요하게 생각한다.

---

73) 위의 책, 6권, 735쪽.
74) 佐々木正哉編, 『阿片戰爭の硏究:資料篇』, 216쪽.
75) 『阿片戰爭檔案史料』 7권, 326쪽.

그러나 '예'치 천하의 유교 국가에서 그것의 중요함은 또 기영이 절대로 감히 대수롭지 않게 여길 수 없는 것이었다. 이 때문에 기영은 다음과 같이 포브스에게 전했다.

> (미국) 이전부터 공손하였으며, 오랫동안 대황제를 알현하고자 희망하였다. 나는 이에 공감하고 경의를 표한다. 귀국이 광동에 오려면 7만리의 바다를 건너고 다시 광동에서 북경으로 왕복 1만리를 와야 한다. 반드시 귀국의 사신으로 하여금 참을 수 없게 할 것이며, 피차 힘들게 하는 것으로 낭비이다. 즉, 무역 문제를 위하여 북경에 가는 것 또한 내가 반드시 대황제의 유지를 받으러 돌아가야 하는 것으로 이는 괜히 고생스럽고 헛수고를 하는 것이다.

기영이 포브스에게 북경에 올라가는 것은 헛수고이며 무익하다고 말하면서, 그에게 편지를 보내 미국사신이 중국에 오는 것을 저지하라고 하였다. 중영담판이 이미 끝났기 때문에, 기영은 머지않아 광동을 떠나게 되자 출발 전에, 중영담판에 참여하여 '공'을 세워 광동포정사가 된 황은동에게 만약 미국 사신이 광동에 도착하면 "완곡하게 설득하여" "돌아가라고 명령하라"고 인계하였다.[76]

기영의 상주에 근거하면, 포브스는 편지에 권고한 대로 칼렙 쿠싱의 방중을 저지하는 것에 대하여 동의했지만, 사실상 포브스는 그렇게 하지 않고 오히려 미국정부에 청조가 외국사절의 북경 방문을 사절하는 이유와 광주에서 더 좋은 기회를 얻을 수 있다고 보고했다.[77]

---

76) 위의 책, 7권, 770쪽.
77) 熊志勇, 「從'望廈條約'的鑑訂看中美外交上的一次交鋒」, 『近代史研究』, 1989년 5기, 4쪽.

그렇게 포브스는 상황을 상세하게 파악하여 가장 세게 타격할 수 있는 부드러운 복부를 찾은 것이었다.

남경조약 체결의 소식이 워싱턴에 전해지자, 미국 대통령 존 테일러(John Tyler)는 즉시 1842년 12월 30일에 국회 회의를 소집하고 위원(Commissioner)을 중국에 파견하여 청조와 교섭을 할 것을 요구했다. 1843년 3월, 국회는 이 사항에 대한 비용 4만 달러를 비준했다. 이후 44세의 중의원 갈렙 쿠싱을 방중 위원으로 임명했다. 그의 신분을 높여주기 위하여 특별히 소장(少將)의 예복을 수여했다.

1843년 5월 8일, 미국 국무장관 다니엘 웹스터(Daniel Webster)가 갈렙 쿠싱에게 자세한 지시를 내렸다. 그 주요 내용을 개괄하면 두 가지였다. 1)통상 사무 방면에서 영국과 동등한 권리를 요구하는 것으로 즉, 최혜국대우를 말한다. 2)가능하다면, 북경에 올라가 청조 황제를 알현하여 국서를 전달하는 것이다.[78] 전자는 절대적인 임무이고, 후자는 부차적인 임무였다.

7월 31일, 갈렙 쿠싱이 두 통의 국서를 지닌 채 함선에 올라 미국을 떠났다. 그 하나가 조약을 체결할 수 있는 권리에 대한 증서이고, 다른 하나가 북경을 방문하여 황제를 알현할 때 바칠 국서였다. 그리고 기타 물품 중에 가장 신경을 쓴 것은 당연히 청조 황제에게 바치는 예물이었다. 조공품으로 오해를 사지 않기 위해 존 테일러 대통령은 친히 예물 목록을 심사하여 결정했다. 행해지도, 지구의(地球儀), 육륜수창(六輪手槍), 보창(步槍), 증기전함 모형, 증기굴착기 모형, 요새 건축, 조선, 육해군전술, 지질, 화학에 관한 서적 및『미국백과전서』, 전화기, 망원경, 기압계, 온도계… 이는 당연히 미국의 군사와 과학기술의 우월함을 나타내기 위한 것이었다. 하지만 객관적으로 말하면, 이것들

---

78) 熊志勇,「從'望厦條約'的鑑訂看中美外交上的一次交鋒」,『近代史研究』, 1989년 5기, 2쪽.

은 전쟁에서 패한 중국에게 매우 필요한 물건들이었다. 그러나 청조의 관원들은 오히려 그것을 '사악하고 음험한 기교'로 보았으며, 기영이 후에 이를 사절했다.[79]

갈렙 쿠싱이 탄 미국 함선 브랜디와인(Brandywine)호가 대서양에서 인도양을 거쳐 1844년 2월 24일에 오문(澳門)에 도착했다. 그리고 27일에 양광총독을 보좌하는 광동순무 정율채(程矞采)에게 조회를 보내 이번 방문의 목적이 조약체결에 있음을 통지하고, "머지않아 북경을 방문할 것"이라고 통지했다. 여기서 정율채를 가장 놀라게 한 것은 조회 속의 다음 문장일 것이다.

> 약 1개월 내에 브랜디와인호에 양식을 가득 싣고 모든 준비를 마친 다음에 천진(天津) 북하(北河)로 갈 것이다.

이에 정율채는 당연히 즉시 황은동을 파견하여 교섭하게 했다. 그러나 갈렙 쿠싱은 '언사가 매우 공손하였지만,' '생각이 매우 고집스러웠다.' 정율채가 1개월 동안 지켜보았지만 진전이 전혀 없자 2월 22일에 상주를 올려 상황을 보고했다.[80]

정율채가 갈렙 쿠싱과 교섭을 할 때, 도광제는 오문 포르투갈 통상안(通商案)이 아직 결정되지 않았기 때문에 3월 19일에 양강총독 기영을 양광총독으로 차출했다.[81] 4월 9일에 정율채의 상주를 받고 기영에게 속히 광동으로 가

---

79) [미]Tyler Dennett, 『美國人在東亞-19世紀美國對中國,日本和朝鮮政策的批判的研究』, 姚曾廙역, 北京, 商務印書館, 1959, 121~126쪽. 이정일(李定一)이 미국 정부의 두 통의 국서가 하나는 알현했을 때 중국황제에게 주기 위한 것이고 다른 하나는 지방관에게 황제에게 전달하라고 한 것이라고 했는데 잘못된 것 같다.

80) 『阿片戰爭檔案史料』 7권, 400~404쪽.

81) 먼저 중영 호문조약을 체결한 후, 호문 포르투갈 당국은 이에 따라 5구 통상을 진행할 것을 요구한다. 기영이 오문 포르투갈관원을 광주에 불러 관례에 따라 처리할 것을 허락한다. 도광제는 기영의

라고 명령했다. 그리고 도광제는 4월 22일에 정율채의 상주를 받고 미국 측이 "흠차대신과 상의하는 것을 중지했다"라는 사실을 알고 또 명령을 내렸다.

> 기영이 현재 이미 양광총독에 임명되었으니, 각 성의 통상에 관한 모든 사후 업무는 그 총독(기영)으로 하여금 처리하게 한다. 흠차 대신에게 관방을(關防) 내주고 각 성의 해구통상을 처리하는 것과 관련된 사안을 만나면 도장을 사용하는데 있어 신중할 것을 표명한다.

이 유지는 '천조' 대외체제의 중대한 변화라고 할 수 있는데, 여기서부터 15년 동안 양광총독이 각국과의 통상 사무에 관한 흠차대신을 역임하는 관례가 확립되었다. 이는 운용 측면에서 보면 청조는 서방의 사절이 직접적으로 조정과 교류하는 것을 피할 수 있고, 서방 열강 역시 예부(禮部) 혹은 이반원(理藩院)과의 교류로 이내 일어나는 불편함을 피할 수 있는 일종의 공평한 해결방법이라고 할 수 있다.

도광제는 동시에 기영에게 또 하나의 유지를 내렸는데, 미국 사절의 북경방문을 저지할 것을 강조하면서도 조약체결에 대해서는 언급하지 않고 단지 모호하게 말했다.

상주를 받은 후, 군기대신에게 호부와 함께 논의하라고 명령한다. 1844년 1월 22일 목창아 등은 상주에 "오문으로 가는 화물은 수를 제한할 필요가 없다는 것"에 대해 이의를 표시하고, "그 대신 등이 상세하고 분명하게 조사하여 밝혀 보고 할 것"을 요구하였다. 기영은 결국 2월 25일에 이에 대한 상주를 올려 "그 모두를 제한할 필요는 없다"고 한 이유를 설명한다. 도광제가 재차 군기대신이 호부와 함께 다시 논의하라고 명령한다. 목창아 등은 이번에 더 많은 의문을 제기했다. 3월 14일 도광제는 기영에게 그 '깊게 생각하고 원대한 계획'을 세우라는 유지를 내리고 광동독무와 서신으로 상의하고 "회동하여 적절하게 상의하여 상주할 준비를 하라"라고 한다. 5일 후 도광제는 기영을 양광총독으로 차출한다(『阿片戰爭檔案史料』 7권, 272, 335~338, 380~381, 390~391, 396~399쪽). 이외 또 한 가지 중요한 원인이 있는데, 양광총독 기공은 이때 병환중이어서 휴가를 허락받아 휴양하였으나 병세가 호전되지 않았다. 이에 도광제가 그를 면직시킨다. 그리고 얼마 후 기공은 병으로 죽는다.

완전하고 좋은 계획을 세워야 하며, 시종 폐단이 없어야 하며, 새
로운 문제가 발생해서는 안 된다.[82]

기영은 4월 16일에 남경을 떠나 밤낮으로 이동하여 5월 30일에 광주에 도착
했다. 이 기간 동안 정률채는 갈렙 쿠싱과 한바탕 조회전(照會戰)을 전개하는
데, 이때 왕래한 조회가 10여 통에 달했다.[83] 정률채는 북상을 포기시키는 문
제를 그 자리에서 해결하고자 헨리 포팅거를 예로 들면서 이는 당연히 합리적
인 것이 아니라고 설명했다. 그러나 갈렙 쿠싱은 만약 헨리 포팅거의 예를 따
르면, "즉 반드시 먼저 중국 인민으로 하여금 다시 전쟁을 일으켜 재해를 겪
게 하고, 특히 중국해안의 도서를 점령하여 우리의 관병이 머무는 곳으로 삼
아야 한다."라고 하는 등 매우 위협적이었다.[84] 4월 13일, 미국 함선 브랜디와
인호가 호문을 강행 돌파하여 황포에 진입하고 예포를 쏘았다. 이 64문의 화
포가 탑재되어 있고, 관병 500여 명이 탑승한 전함의 거대한 포성은 광동 관
원에게는 심리적으로 큰 압력이었으며, 얼마 전에 끝난 전쟁을 상기시키게 했
다. 비록 후에 갈렙 쿠싱이 조회에 예포는 단지 '서양의 모든 국가가 하는 상
규'로 전쟁 의사가 없었다고 선포했지만 말이다.[85]

이 때문에 기영은 자신에게 주어진 임무는 다음 두 가지라고 생각하였다.
하나는 미국사절의 북경방문을 막는 것으로, 이는 유지에 명확히 반드시 한
치도 어김이 없이 집행하라고 지시한 것이었다. 다른 하나는 이 때문에 전쟁
이 일어나는 것을 방지하는 것으로, 이는 갈렙 쿠싱이 조회에 여러 차례 표시

82) 『阿片戰爭檔案史料』 7권, 425쪽.
83)　朱士嘉편, 『19世紀美國侵華檔案史料選集』 상권, 中華書局, 1959, 7~22쪽; 『Chinese Reposito-
　　ry』, Vol 14.　354~388쪽
84) 위의 책, 상권, 13쪽.
85) 위의 책, 상권, 17쪽.

하였다. 기영은 미국 정부가 전쟁을 일으키지 않으려고 하였으며, 게다가 미국 법령에 따라 전쟁선포권이 국회에 있었지 정부의 손에 있지 않았다는 것을 전혀 몰랐다. 그리하여 그에게 가장 중요한 것은 당연히 미국과 조약을 체결하는 것이었다. 하지만 다른 것은 자세하게 생각하지 못한 것 같았다. 기왕 1년 전에 그가 이미 미국영사를 향해 '황은'을 선포한 바에야 미국인이 이미 영국인과 동등한 통상권리를 누리고 있는데, 이때 다시 구체적 문건이 하나 더 생긴다고 무슨 상관이 있겠는가라고 생각한 것 같다.

그리하여 기영은 '천조' 대신(大吏) 자세를 내려놓고 6월 10일에 황은동 등을 대동하고 주동적으로 오문에 찾아가서 갈렙 쿠싱과 담판을 지었다. 그는 17일에 오문 인근의 망하촌(望厦村)에 도착했다. 18일과 19일에 기영과 갈렙 쿠싱은 서로 형식적인 방문을 했다. 21일부터 황은동과 미국사절단의 비서 플레처 웹스터(Fletcher Webster)가 회담을 했다. 미국 측은 조약 초안으로 47조를 제시했다.

황은동의 말에 근거하면, 미국 측의 조약 초안은 "절대로 실행 불가한 것이 많았다."[86] 그러나 기영은 이런 자세한 사정은 따지지 않았으며, 미국 측의 계획이 바로 먼저 조약을 체결하고 북경을 방문한다는 것임을 알아 차렸다. 6월 22일에 기영은 갈렙 쿠싱에게 다음과 같이 조회를 보냈다.

현재 우리 두 사람은 이미 회담을 가져 피차 같은 마음이며, 게다가 조항이 이미 대략 세워졌으니 머지않아 바로 의논하여 조약 체결을 결정할 수 있을 것이다. 귀공사가 북경을 방문하는 것은 대황제의 유지를 받들어 허용할 수 없다.[87]

---

86) 黃恩彤, 「撫遠紀略」, 『叢刊 阿片戰爭』 5권, 428~429쪽.
87) 朱士嘉편, 『19世紀美國侵華檔案史料選集』 상권, 26쪽.

이와 같이 기영은 미국사절이 북경방문을 포기하는 것을 조약체결의 교환 조건으로 삼는 것이었다.

6월 24일에 기영, 갈렙 쿠싱은 재차 회담을 하는데, 의제는 매우 빠르게 북경을 방문하는 문제로 넘어갔다. 기영은 전혀 융통성 없이 만약 갈렙 쿠싱이 북경방문을 고집한다면, 그는 조약 담판을 중지할 것이라고 선포했다.

이런 정황 아래, 갈렙 쿠싱이 '양보'를 하여 6월 25일에 기영에게 조회를 보내 "협상을 중지하는 것에 동의한다."라고 표시하고, 금후 타국 사절이 북경에 가면 미국 역시 그대로 처리할 것이라고 선언했다. 이 조회의 말미에 다음과 같이 선언했다.

> 또 본 대신과 귀국 대신은 각 조약의 조항, 장정 등의 사정에 대하여 의논함에 있어, 반드시 성의를 다해 공평한 태도를 취하고 타당하게 의논하여 결정해야 한다. 그렇지 않으면 본 대신이 북경을 방문하는 일 역시 멈출 수 없다.[88]

바꿔 말하면, 갈렙 쿠싱도 조약체결을 북경방문을 포기하는 교환조건으로 삼은 것이다.

쌍방은 이렇게 일종의 '등가 교환'을 한 것이다.

황은동와 플레처 웹스터의 조약 담판은 이때 마침 교착 국면에 빠졌다. 주요 원인은 미국 측 통역사인 선교사 브리지먼(Elijah Coleman Bridgman)과 피터 파커(Peter Parker)가 비록 중국에 온지 여러 해가 지났고 중문에 능통했지만, 의사소통을 광동어로 했기 때문이다. 황은동은 이런 어려운 방언을

---

88) 위의 책, 상권, 27쪽.

"열개 중에 한두 개는 이해하지 못하였다." 그래서 그가 기영에게 서면 문서를 교환하는 방식으로 협상을 진행하자고 건의했다.

6월 27일에 기영은 갈렙 쿠싱에게 편지를 보내(황은동이 기초한), 쌍방의 조약에 대하여 원칙적인 의견을 제시했다. 외국인이 중국에 오면, '중국제도'에 따라 처리해야 하며, 조약은 "중국의 제도를 위반할 수 없다"라는 것이다. 이론상으로 말하자면, 기영과 황은동의 의견은 완전히 정확한 것이지만, 문제는 기영, 황은동의 마음속에 있는 '중국제도'였다. 그 서한에 이에 대하여 다음과 같이 해석하고 있다.

> 중국이 각국 상인을 대할 때, 다소 편향되어서는 안 되며, 편향은 즉 각국 사람들을 마음속으로 불복하게 만든다. 작년에 본 대신이 무역 장정을 의논하여 정할 때(중영 호문조약 및 부속 문건), 행상을 폐지하고, 규정 수수료를 없애고, 선박세(船鈔)를 감하고, 세칙을 정하고, 5구를 개방하는 것 및 나머지 모든 원상(遠商)에게 유익한 일을 대황제께서 각 국의 요청을 기다리지 않고 모든 것을 그대로 처리하여 통행할 수 있게 하라고 하였다(기영이 미국, 프랑스에게 선포한 '황은'을 가리킨다). 이것은 즉 하나도 편향되지 않았음을 명백히 증명하는 것으로 영국의 무역통상 만을 위해 지정한 것이 아니다. 각국 상인이 중국에 오면, 즉 당연히 신장정을 준수하여 무역 수출입세를 내야, 비로소 서로 화목하게 지낼 수 있고 손님이 주인의 뜻에 부합하는 것이다.[89]

89) 朱士嘉편, 『19世紀美國侵華檔案史料選集』 상권, 30쪽.

기영, 황은동은 비장의 카드를 바로 내밀고 그들은 중영호문조약 및 그 부속 문건을 원본으로 삼아 미국 측의 조약 초안에 대하여 반박하였다. 그들 마음속의 '중국제도'는 바로 영사재판권 등의 항목이 내재된 각 통상항구에서 실행하는 신제도를 포함한 것이다.

갈렙 쿠싱은 이 서한을 받은 후 매우 기뻐하였는데 대체적으로 그의 의도와 부합했기 때문이다. 당일 회답 서한을 기영에게 보내 동의를 표시하고 재차 '북경을 방문하는 일'을 '기꺼이 중지'하겠다고 보증했다.[90]

이후의 담판은 당연히 상당히 순조로웠다. 황은동의 주장에 따르면, "쿠싱 특사가 기영의 서신을 받고 잘 이해했다. 그리고 피터 파커가 말하길 기영 대신이 자신의 마음을 진실하게 이 서신에 숨김없이 보여주었다"라고 하였다.[91] 5일후 7월 2일이 되자 조약은 '이미 열에 아홉은 결정되었으며' 두 가지 사소한 사항에서 곤란한 문제가 존재할 뿐이었다. 이내 기영이 재차 서한을 보내 설득하여 원만한 해결을 보았다.[92]

이때 기영의 시선은 갈렙 쿠싱의 수중에 있는 국서 한 장에 있었다. 비록 갈렙 쿠싱이 여러 번 북상하지 않을 것이라고 보증했지만, 기영은 그 안에 속임수가 있을지도 모른다고 걱정을 했다. 그래서 그는 "조약은 거의 외부에서 상의하여 정할 수 있지만, 국서는 반드시 사람이 넘겨주어야 하는 것이므로, 그가 그 국서를 하루 늦게 받으면 바로 이(夷)와의 담판이 하루 늦게 끝나는

---

90) 위의 책, 상권, 31쪽.

91) 黃恩彤, 「撫遠紀略」, 『叢刊 阿片戰爭』 5권, 428~429쪽.

92) 1844년 6월 28일 갈렙 쿠싱이 기영에게 보내는 서신에 미국사절이 당연히 북경에 머물며, 연결 통로를 건립해야 한다고 했는데, 기영에게 거절당한다. 7월 2일 기영이 쿠싱에게 보낸 서한에 "현재 의논한 각 조항(조약)이 … 이미 열에 아홉은 정해졌으며, 아직 정하지 않은 것은 귀국대신과 중국의 경중대신(京中大臣)이 문서를 한 번 교환하고, 또 사선이 제1포대에 도착하여 서로 포를 한 번 발사하여 축하하기만 하면 된다."라고 하였다. 이 두 가지는 기영 혹은 청 왕조의 입장에선 모두 큰일이지만, 미국 혹은 국제관례로 보면 오히려 큰 의의를 갖고 있지 않은 사소한 일이었다(朱士嘉편, 『19世紀美國侵華檔案史料選集』 상권, 33쪽; 『阿片戰爭檔案史料』 7권, 462~463쪽).

것"이라고 생각하였다.[93] 7월 3일에 갈렙 쿠싱이 마침내 국서를 건넨 후에야 기영은 겨우 한숨을 돌리고, 즉시 갈렙 쿠싱과 중미 '오구통상장정: 해관세칙'을 체결하고, 중미망하조약(中美望厦條約)이라고 칭했다.

결국 갈렙 쿠싱이 승리하였다. 그는 한 장의 국서로 미국에 큰 이익을 주는 조약과 바꿨다. 기영도 승리했다. 그는 미국사절의 북경방문을 저지했고 분쟁도 해소하였다. 단지 문서의 형식으로 1년 전 그가 미국 영사에게 한 구두 승낙을 확인했을 뿐이었다. 이렇게 쌍방은 모두 만족스럽게 17일 동안 거주했던 망하촌을 떠나고, 각자의 주인에게 공로를 보고하러 떠났다.

중화민족은 이 작은 촌에서 달성한 협정으로 인해 일어난 재난을 오랫동안 감수해야만 했다.

1844년 7월 3일에 체결한 중미 망하조약은 모두 34조항으로, 그것은 미국 측이 제시한 조약 초안 47조항을 기초로 하며, 내용을 검토 보완하고 "여러 번 초안을 수정해서야 비로소 정의할 수 있었다."[94]

오늘날 사람들은 당연히 그 조약 중에 일방적인 최혜국대우, 협정관세, 영사재판권, 군함의 통상항구 자유출입 등의 불평등한 조항을 가장 중요하게 생각했다. 그리고 중영호문조약 및 그 부속 문건과 비교하면 그 조약의 위해성이 더욱 컸다.

1) **관세.** 중영조약은 각종 화물의 수출입 관세를 규정했을 뿐 세율의 변경에 대해서는 명문화하지 못했다. 중미망하조약 제2조에 보면,

---

93) 『阿片戰爭檔案史料』 7권, 467쪽.
94) 『阿片戰爭檔案史料』 7권, 467~469쪽.

만약 중국이 이후에 세율을 변경하기 희망할 경우, 합중국 영사
등의 관리들과 의논하여 허락을 받아야 한다.[95]

이것이 바로 중국근대사에 있어 '협정관세'의 유래이다. 일방적인 최혜국대우
조항에 근거하여 영국 측도 이 권리를 얻었다. 또 청조는 이 이후 함부로 '협
정관세'의 권리를 기타 조약체결국에게 남발했기 때문에 청조가 세율을 변경
하고자 하려면 조약을 체결한 모든 국가의 동의를 얻어야만 했다. 이는 전환
기의 중국경제에 매우 큰 장애요소가 되었다.

2) **영사재판권.** 중영조약에서 중영 민간의 분쟁은 응당 양국관원이 공동으
로 심의하고, 만약 영국인의 죄가 확립되면 영국 영사가 본국 법령에 따라 처
벌한다고 규정하였는데, 영국인의 체포권에 대해서는 결코 언급하지 않았다.
그러나 중미 망하조약 21조에 보면,

금후 중국 인민과 합중국 인민에게 다툼, 송사, 교섭 등의 사건이
일어나면, …합중국 인민은 영사에 준하는 관리가 체포하여 심문
을 하고 본국의 예에 따라 처벌한다.

그리고 제25조에 의하면,

합중국 인민은 중국의 각 항구에서 재산으로 인한 송사가 일어나면, 본국
영사에 준하는 관리가 심문하여 밝히고 처리한다. 만약 합중국 인민이 중국

---

95) 王鐵崖, 『中外舊約章匯編』 1권, 51~57쪽. 이하 망하조약에 조항에 대한 인용은 모두 이 권에 근거
   한다.

에서 다른 국적의 무역하는 사람과 송사가 벌어질 경우 양측 당사자는 각 본
국이 체결한 조약에 따라 처리하며, 중국 관원은 이를 간섭해서는 안 된다.

　　이에 근거하여 청조는 미국인의 체포, 심문, 선고, 처벌에 대한 사
　　법 권력을 전부 상실했다. 영국은 또 일방적인 최혜국대우 조항에
　　근거하여, "기타 국가 현재 혹은 장래 얻거나 확장되는 새로운 최
　　혜국대우 조항을 영국이 모두 누린다."라고 하였다. 각국 통상항
　　구의 서양인은 이로써 중국 정부가 건드릴 수 없는 특수한 인사가
　　되었다.

　3) **수약**(修約). 중영조약은 조약 내용의 수정에 대하여 규정하지 않았으나,
중미망하조약 제34조에는 다음과 같이 규정했다.

　　화약(和約)은 의논을 거친 뒤 결정하고, 양국은 당연히 이를 준수
　　해야하며, 경솔하게 고쳐서는 안 된다. 각 항구의 상황이 다르므
　　로 모든 무역 및 해양에 관한 각 조항에 아마도 약간의 변통할 사
　　항이 없지 않을 것이므로, 당연히 12년 후에 양국이 인원을 파견
　　하여 공평하게 사정을 감안하여 처리한다.

　표면상으로 보면 문제를 발견하지 쉽지 않지만, 그 결과는 매우 심각했다.
이 조항은 함풍(咸豐) 연간 영국, 프랑스, 미국이 연합하여 '조약 수정'을 요구
하게 되는 화근이 되었으며, 영국, 프랑스와 제2차 아편전쟁이 벌어지게 되는
주요 '이유' 중 하나가 되었다.
　만약 작은 부분까지 구체적으로 분석을 한다면 수많은 부분까지 찾을 수
있을 것이다. 조약의 제정자 갈렙 쿠싱이 이에 대하여 가장 잘 이해하고 있었

다. 7월 5일, 즉 조약체결 후 3일째 되는 날에 그는 기쁨을 억누르지 못하고 단숨에 미국 국내에 망하조약이 중영조약과 비교하여 16항목의 '장점'이 있다고 보고했다.[96] 이와 같았기 때문에 중미망하조약의 조건이 이후 견본처럼 되어 버렸다.

그러나 '천조' 체제하의 사람들은 그렇게 보지 않았는데, 이는 그들 스스로의 평가기준이 있었기 때문이다.

7월 7일, 기영, 황은동 일행은 광주로 돌아왔다. 9일이 되자 기영은 상주에 조약체결의 정황을 보고하고 1,600여 자의 협편을 덧붙여서 중미조약을 상세하게 평가했다. 그는 미국 측이 제시한 조약 초안 47조항 중에 10개 조항은 '허락하기 매우 어려운 것'으로 단호하게 반박을 하였다고 밝혔다.[97] 만약 오늘날의 국제적 안목으로 이를 평가한다면, 반박당한 10개 조항 중에는 확실히 거절해야 하는 것이 있었으나, 응당 고수해야 하는 것도 있었다. 예를 들어 미

---

96) 갈렙 쿠싱이 제시한 16항의 장점은 1)새로 정한 세칙이 미국에 유리하고 인삼 등 수입세가 인하하였고 게다가 관세를 양국 동의로 바뀌었다. 2)중영 조약은 영국영사가 당연히 영국 상인의 납세에 대한 책임을 규정했지만, 미국 영사는 이 책임을 질 필요가 없다. 2)수입화물은 통상항구를 바꿀 수 있으며, 다시 납세할 필요가 없다. 4)영사가 불공평함을 느꼈을 때, 직접 독무대원에게 제소할 수 있으며 그 지위를 향상시킬 수 있다. 5)화물이 아직 내려지지 않았을 때, 상선은 이틀 내에 항구를 바꿀 수 있으며, 세금을 납부할 필요가 없다. 6)미국인은 통상항구에서 건물을 임대하고 지을 수 있으며, 의원, 교회 및 묘지를 세울 수 있다(후 3항은 파터 파커가 요구하여 삽입된 것이다). 7)미국인은 중국인을 초빙하여 언어를 배울 수 있으며, 서적을 살 수 있다. 8)미국인은 치외법권적인 상세한 규정을 누릴 수 있다. 9)중국은 중국과 타국의 전쟁기간 동안 미국상선의 중립적 지위를 인정한다. 10)중국정부는 미국 교민의 생명과 재산을 보호할 책임이 있다. 11)중국은 중국연해에서 조난을 당한 미국 선박을 구조할 책임이 있다. 12)중미 관원 및 민간인은 평등하게 서로 교류하는 규정으로 중영조약에 비해 훌륭하다. 13)중국 관리에게 예물을 보내지 않는다. 14)군함이 통상항구를 출입할 수 있다. 15)미국사절은 중국 동남 독무를 통해 청 조정에 문서를 전달할 수 있다. 16)미국정부는 미국상인의 아편밀매 및 금지품목을 보호하지 않는다(미국 Latourette, 『早期中美關係詞, 1784~1944』, 陳郁역, 北京, 商務印書館, 1963, 134~136쪽).

97) 이 10개 조항은 다음과 같다. 1)미국 측은 도찰원에 제소할 권리가 있다. 2)서양 건물이 불탄 것이 1842년 12월에 상관에 불을 지른 사건으로 일어났으니 청국 측이 배상하여 수리하기 희망한다. 3)화물은 3년간 판매하지 못했으니 세금을 반환한다. 4)청조의 관에 창고를 만들어 화물을 저장한다. 5)청조의 적국, 우호국 모두 미국 선박의 왕래를 허락한다. 6)미국 선박은 중국 항구에서 중국의 통괄적인 관리를 받고, 만약 타국에 의해 해를 당하면 중국이 대신 보복한다. 7)미국 선박이 만약 적에게 쫓기면 중국이 보호하고 공격한다. 8)미국 선박이 입항하면 청조의 포대가 예포를 발사하여야 한다. 9)미국 측은 북경의 내각 혹은 모 부분의 아문에 그 나라의 중문서적을 받을 것을 요구한다. 10) 만약, 중미 간 교전이 발생하면 상인의 철수를 허락하고 재앙을 피할 수 있게 한다(『阿片戰爭檔案史料』 7권, 468쪽).

국 측이 제시한 미국 선박이 항구에 정박할 경우 "당연히 중국에 보호 관리를 요청해야 하는 것으로, 다른 국가의 침해를 받으면 청국 측이 대신하여 보복해야 한다."라는 내용이 있었다. 여기서 "대신 보복한다."는 말은 국제법, 전쟁법 등 여러 항목에 언급되어 있는데, 여기서 이를 상세하게 설명할 필요가 없으나 확실한 사실은 청조의 항구, 영해에 대한 주권은 반드시 지켜야한다는 것이다. 기영은 아마도 이 말 때문에 국제 분쟁에 말려들 것을 두려워하여 수정을 요구하고, 그 결과 조약 제26조에 분명하게 규정했다.

합중국의 무역 선박은 오직 중국 4구 항구에 들어와 정박해야 하며, 각 영사에 준하는 관리가 선박의 주인 등을 관리해야 하며, 중국은 통괄할 수 없다. 만약 외국에서 타국이 합중국 무역 상인들에게 해를 끼친다 하더라도 중국은 대신하여 보복할 수 없다.

이는 바로 기영 등이 교섭 중에 취득한 '권익'이었다.
이런 종류의 자기 자신을 대단히 만족스럽게 생각하던 것과는 반대로 기영으로 하여금 가장 불안하게 한 것은 중미 망하조약의 제18조였다.

합중국 관민(官民)이 중국 각 방면의 사민(士民)을 초빙하여 각 방면의 언어를 공부하는 것을 허락하고, 지식이 필요한 일에 도움을 받을 수 있으며, 초빙한 자가 어떠한 사람일지라도 중국지방의 관민 모두 조금도 방해하거나 모함해서는 안 되며, 또 중국 각 방면의 서적을 구매하는 것을 허락한다.

이 조항은 이전에 외국인이 선생을 초빙하여 중국어를 공부하는 것을 허락하지 않는다와 중국 서적을 구매하는 것을 허락하지 않는다는 금령과 상충했다. 기영은 상주에 그는 일찍이 "반박을 허락하지 않는다."라고 하였으나, 미국 측이 계속 양보를 하지 않자, 바닷길이 이어진지 200년이 지났고, 미국상인(美商)을 위해 '통사(通事, 번역)'를 담당하는 자도 "문의를 대강 이해하고" 중문을 가르치는 것과 서적과 간행물을 구매하는 상황이 "일반적으로 있어왔으며", "이미 오래되어 조사하기 힘들어졌으니, 없애도 무방할 것이다"라고 설명했다.[98]

기영의 이 상주는 7월 18일에 북경에 도착했다. 도광제는 주비에 "잘 처리하였다"라고 하고 조약의 사본을 "군기대신이 각부와 회동하여 빨리 의논하여 상주를 올릴 준비를 하라"고하였다. 그리고 당일 기영에게 유지를 내려 그들 "모두 합리적으로 적절하게 처리했다"고 칭찬했다.[99]

8월 15일에 목창아가 군기대신, 호부, 형부 당관을 이끌고 회의 상황을 상세하게 아뢰자 도광제가 조약의 각 조항에 대하여 모두 동의를 표시했다. 특히 영사재판권의 내용이 "민이(民夷) 간의 분쟁을 근절할 수 있다"라고 칭찬했다. 단지, 교사를 초빙하고, 서적을 구매하는 것에 대하여 같은 우려를 표시하면서, 두 가지 '내부를 다스리는(內治)' 조사방법을 제시했다. 1)각국이 초빙한 교사는 당연히 그 성명, 연령, 권속, 주소를 지방관에게 알려 별도로 기록하여 보관한 후에 비로소 그 외국인의 거주하는 곳에 들어가도록 허락했다. 2)외국인이 서적을 구매하는 것은 당연히 각 장부에 따로 기입하여 서명, 부수, 가치를 수시로 등재하여, 연말에 지방관에게 제출하고, 독무에게 올려 조사했다. 목창아는 이와 같이 "장부에 따라 조사하는 것이 도적과 간사한 이를 따지고 살피는데 일조하는 일"이라고 생각했다.

목창아의 이 감사보고를 도광제는 전혀 보지 못했을 것이다. 그 보고 위에 주비가 없었으며, 당일 역시 유지를 내리지도 않았다. 오직 『주판이무시말(籌

98) 『阿片戰爭檔案史料』 7권, 469쪽.
99) 위의 책, 7권, 474쪽.

辦夷務始末)』에 그 상주가 수록되어 후에 '봉지: 의의(奉旨: 依議)' 4자를 덧붙였을 뿐이다.[100] 이는 도광제가 소견할 때 목창아의 구두 보고를 들은 후에 직접 명령을 하달했을 것이다. 이와 같이 중대한 일을 권력을 장악한 자가 오히려 이와 같이 대수롭지 않게 여긴 것이다.

4. '봉헌(奉獻)': 중·프 황포조약(黃埔條約)[101]

미국에 이어 찾아온 나라는 프랑스였다.

유럽의 강국인 프랑스는 주로 유럽대륙, 북아프리카, 북미 등지에서 상업이익을 얻었던, 반면에 동방에서의 상업이익은 비교적 적었다. 중국에 들어오는 상선은 영국의 10분의 1에도 미치지 못했으며, 무역액은 겨우 미국의 우수리와 비슷했다. 동방으로의 확장은 여전히 개척의 성격을 띠고 있으며, 게다가 상업 이외의 영역에 관심을 가지는 특성이 있었다.

아편전쟁이 막 개시되고 프랑스 마닐라 주재 총영사(겸 대화사무를 관리)는 즉시 국내에 보고를 하고 함선을 중국에 파견해 줄 것을 요구하는데, 이때 마침 중국 연해의 프랑스 함선 다나이드(Danaide)호 함장 역시 전황을 보고했다. 프랑스 정부는 중국에서 '마땅히 가져야하는 지위'를 확보하기 위하여 함선 두 척을 중국에 파견하여 정보를 수집하고, 장시니(Adolphe Dubois de Jancigny)를 국왕 특사로 정했다. 1841년 4월 28일, 장시니는 프랑스 함선 에

---

100) 『阿片戰爭檔案史料』 7권, 489~492쪽; 『籌辦夷務始末(道光朝)』 6권, 2850쪽.
101) 1830년부터 1844까지 매년 중국에 온 영국 상선은 70척에서 100여 척에 이르고, 미국 상선은 18척에서 43척으로 일정치 않다. 프랑스 상선은 매년 1에서 7척이었다. 姚賢鎬, 『中國近代對外貿易史資料』, 1권, 中華書局, 1962, 288, 303쪽). 1940년까지 프랑스는 대중국 상품수출은 60만 프랑을 초과하지 못했다. 반면에 미국은 6,000만에서 7,000만 프랑에 달했다.([프]衛靑心, 『法國對華傳敎政策』 상권, 237, 239쪽). 기영 또한 "매년 프랑스 상선은 그 수가 많지 않았다"라고 하였다(『阿片戰爭檔案史料』 7권, 271쪽).

리고네(Erigone)호를 타고 출발하여 12월 8일에 오문에 도착했다.

이때는 아편전쟁에서 매우 중요한 시기로, 이 46문의 화포가 탑재되어 있고 관병 400여 명이 승선한 프랑스 전함이 도착하자 광동 관원의 관심을 끌었는데, 영국과 프랑스의 오랜 불화와 이 프랑스 함선이 '협조적이고 순종적'이라는 소문은[102] 그들로 하여금 '이이제이(以夷制夷)'를 더욱 떠올리게 하였다. 비록 프랑스 정부가 장시니에게 관찰자의 사명을 부여했지만 그는 수수방관하기만을 원치 않았다.

장시니보다 더욱 활약한 사람은 다나이드호의 함장 세비에르(Joseph de la Serviere)였다. 본국에서의 지위로 볼 때, 당시 세비에르는 장시니와 같은 상교(上校)였는데 이후 세비에르가 그보다 훨씬 높아졌다.[103] 그는 장시니를 안중에 두지 않고 사사로이 선교사를 통해 중국 관원과 연락을 하였는데, 이에 근거하여 1842년 1월 27일에 세비에르는 배를 몰고 광주에 도착하여 스스로 초청을 받았다고 말했다.

2월 4일, 광주성 밖 약 10리 정도 떨어진 곳에 '반당(半塘)'이라고 불리는 작은 촌에서 정립장군 혁산, 양광총독 기공이 세비에르와 비밀회담을 진행했다. 혁산 등은 프랑스 측에게 중영전쟁에 개입하기를 매우 희망하면서, 프랑스 국왕이 중국과 영국의 사이를 중재할 수 있는지를 물었다. 이에 세비에르가 청조에 즉시 영국에게 강화를 요청하고 하고 사절단을 파리에 파견할 것을 건의하자 그들을 크게 실망시켰다.

중프 관계사에서 제1차 고위급 회담인 반당회담은 이렇게 아무런 결과가 없었으며, 세비에르 역시 2월 5일에 마닐라로 떠났다. 그는 떠나기 전에 혁산

---

102) 黃恩彤, 「撫遠紀略」, 『叢刊 阿片戰爭』 5권, 430쪽.

103) 세비에르는 1844년 해군 준장으로 승진하여 1849년 주영대사를 역임하고, 1853년 상원의원이 된다. 장시니는 귀국 후, 주바그다드 부영사를 역임한다.

에게 무슨 일이 생기면 오문에 머무르고 있는 장시니를 찾아가면 된다고 하였다. 세비에르의 행동은 마치 장시니의 상관 같았다.

장시니는 3월 16에 광주로 떠나 20일 혁산 등과 회담을 했다. 혁산은 여전히 프랑스가 간섭을 할 수 있는지 여부를 탐문하였으나, 장시니는 오히려 청조에 영국과 강화하는 조건을 꺼냈다. 혁산은 당연히 실망을 했다. 그는 본래 프랑스 함선이 청조의 위급함을 해소해주길 희망했다. 그래서 두 차례 자신을 낮추는 것을 아끼지 않고 '이(夷)'인을 접견했다. 이때는 오히려 프랑스가 기회를 틈타 '다른 사단을 일으킬지' 걱정을 했다.[104]

세비에르는 마닐라에서 보급품을 보충한 후, 영국군의 뒤를 따라 가면서 오송전투(吳淞戰鬪)를 방관했다. 영국군이 장강에 진입한 후, 자신의 군함이 항행하기 어렵게 되자 그는 영국 측에 증기선을 제공해 도와달라고 요구하지만 거절을 당했다. 후에 입장을 바꿔 소송태도(蘇淞太道)에 "영국 측에 병사를 거두라고 권고하기 하기 위해" 간다고 속이고, 민선의 고용을 요구하지만 역시 예의 바른 완곡한 거절을 당했다. 8월 13일에 세비에르는 20여 명의 선원을 이끌고 강제로 민선을 고용하여 강을 거슬러 올라가 8월 29일에 남경조약 체결의식에 참가했다. 영국 측도 이 불청객에게 예를 다하지 않았다.[105]

장시니는 또 한발 늦었다. 그가 승선한 프랑스 함선 페이버릿(Favorite)호가 오송 입구에 도착했을 때 공교롭게도 남경에서 돌아오던 세비에르와 마주쳤다. 세비에르가 길을 안내하기를 원하지 않자, 장시니는 부득이하게 스스로 갈 수 밖에 없었으며, 남경부근의 초혜협(草鞋峽)에 배를 정박시켰다. 그리고

---

104) 『阿片戰爭檔案史料』 5권, 119~120쪽; [프]衛靑心, 『法國對華傳敎政策』 상권, 165~172쪽. 또 황은 동의 기록에 의거하면, 당시 중프 회담이 성공하지 못한 이유에 대해 "프랑스 군대의 비용이 꽤 높았으며, 그들의 함선이 매우 느렸다. 또한 그들은 불성실했으며, 많은 선물을 받아 돌아가려고만 하였다"라고 밝혔다.(『叢刊 阿片戰爭』 5권, 430쪽).

105) 위의 책, 6권, 86~89, 128, 159쪽; [프]衛靑心, 『法國對華傳敎政策』 상권, 202~205쪽.

얼마 지나지 않아 영국군이 철수하자 장시니도 오문으로 복귀했다.[106]

세비에르는 남경에서 돌아온 후 해군부에 보고했는데, 대만과 해남도를 점령하는 것을 건의하고 무력의 사용을 요구했다.

> 금일 중국인이 경외하는 것이 대포이다. 이에 반해 외교적 조회는
> 그 효과가 너무 느리다.

그는 장시니와 큰 갈등이 생기자, 명성이 있고 경험이 풍부한 사람을 중국에 파견하여 책임지게 해달라고 건의했다.

세비에르와 장시니의 갈등이 최고조에 이르렀을 때, 프랑스 정부가 라티 맨튼을 광주 영사로 파견했다. 세비에르가 이 소식을 듣고 1843년 3월 1일에 그것을 양광총독 기공에게 통보했다. 얼마 지나지 않아 그는 명을 받들어 교지지나(交趾支那-월남)로 가게 되는데, 떠나기 전에 재차 조회를 기공에게 보내 라티 맨튼이 '유일'한 프랑스 국왕의 권한을 부여받은 사절이라고 강조하였다. 이 '유일'이란 말은 당연히 장시니를 겨냥한 말이었다.

라티 맨튼이 마침내 1843년 7월 1일에 오문에 도착했다. 하지만 이 전에 장시니는 오히려 샬래(Charles-Alexandre Challaye) 등을 광주에 파견하여 교섭을 했다. 장시니의 보고에 근거하면, 프랑스 측이 청조와 14조항의 '통상통항조례(通商通航條例)'를 달성하고, 그 유효기한은 10년으로 했다고 하였다. 그 조약은 그 밖에 비밀조항이 하나 있었는데, 즉 프랑스 측이 청조에 무기를 제공하며, 무기를 수송하는 프랑스 함선은 중국의 어떠한 항구라도 그 출입을 제한받지 않는다는 내용이었다.[107]

---

106) 위의 책, 6권, 179, 214, 253쪽; [프]衛靑心, 위의 책, 상권, 205~208쪽.
107) [프]衛靑心, 『法國對華傳敎政策』 상권, 207쪽.

그렇지만 장시니의 주장은 꽤 의심을 품을 만했다. 샬래 등이 광주에서 청조관원들과 담판을 할 때, 당연히 장시니의 요구로 청국 측이 광주지부 역장화(易長華)를 파견하여 7월 19일에 오문으로 떠났다. 라티 맨튼이 사람을 파견하여 역장화에게 장시니는 영사인 척하는 것이라고 알렸다. 그러나 장시니의 부하가 또 라티 맨튼은 장시니의 아랫사람이라고 선언했다. 역장화는 일시 진위여부를 판별하기기가 어려워지자, 곧 양광총독을 만나러 돌아가야 한다는 이유를 들어 오문을 떠났다. 흠차대신 기영이 9월 5일에 상주로 이 일을 보고했다.

> 오랑캐 수뇌 장시니라는 사람이 있어 자칭 영사라고 하는데, 오문에 거주합니다. 부하 샬래를 성(省)에 파견하여 단품(單稟)을 보내 예의를 교환하는 문제와 운송세 장정(소위 조약이라 말한다)을 의논하자고 하고, 또 이 목록(單)은 일시적인 것이라고 하였습니다. 신들이 즉시 위원을 오문에 파견하여 장시니에 대해 성실하게 조사하고 물어보았습니다. 그리고 또 오랑캐 수뇌 라티 맨튼이 있는데 장시니가 영사를 사칭하는 것이라고 했으며, 샬래가 성에서 무례하여, 이미 샬래를 파직했다고 하면서 두 차례 문건을 구비하여 본 신하 기공의 아문에 보내 본인과 만나기를 청하였습니다. 신들은 그 진위를 분간하기 어렵기 때문에 현재 비밀리에 방문하여 조사를 하고 있으며, 사실을 파악한 후에 즉시 그와 만나서 의논하여 결정하려하는데 대략 수일 내에 끝마칠 수 있습니다.[108]

---

108) 『阿片戰爭檔案史料』 7권, 271쪽.

기영의 주장에 근거하면, "예의를 교환하는 문제와 운송세 장정(소위 조약이라 말한다)"에 대해 장시니와 협의를 달성한 적이 결코 없었다. 그리고 장시니가 국내에 보고한 소위 '조약' 또한 프랑스 정부에 의해 부결되었다.

기영은 상주에 라티 맨튼이 두 차례 양광총독 아문에 '문건을 구비하여' 방문했다고 언급하는데, 이는 라티 맨튼이 이때 이미 광주에 도착하여 청국 측과 교섭을 했다는 것을 가리켰다. 라티 맨튼의 보고에 근거하면, '수일'을 기다린 것이 아니라 기영이 상주를 올린 다음날인 9월 6일에 행상 반사성(潘仕成)이 있는 시골 별장에서 이 흠차대신의 접견을 받았다. 라티 맨튼은 프랑스 총리 겸 외교대신 프랑수아 기조(Francois Guizot)의 서신을 건네면서 프랑스가 영국과 동등한 통상 권리를 누릴 수 있도록 요구하고 만족할 만한 답을 얻었다. 9월 12일에 기영과 기공은 프랑수아 기조에게 조회를 보내, 대황제가 이미 외국인에게 새롭게 개방한 통상항구에서의 모든 무역을 허가했다고 선언하고 중영조약의 부본(副本)을 건넸다.[109] 라티 맨튼은 이때 신임 미국영사 포브스의 도움을 받아 청국 측에 그 신분을 확인받았다.

라티 맨튼에 대한 주장도 의심할만한 점이 있는데, 중영 호문조약이 10월 8일에야 비로소 체결되었는데, 9월12일에 어떻게 그가 조약의 부본을 받았을까? 기영이 10월 28일 상주에 라티 맨튼을 만난 일을 언급했으나 구체적인 회견 시간을 밝히지는 않았다. 그러나 결과를 말하자면 프랑스 측이 영국과 동등한 통상 권리를 획득했다는 데에는 의심할 여지가 없다. 기영의 상주에 근거하면 라티 맨튼은 만족할 만한 회답을 받은 후 "매우 기뻐하면서 돌아갔다."[110]

기영은 이 일을 완수한 후 양강총독의 본연 임무로 돌아갔으나, 세비에르

109) [프]衛靑心, 『法國對華傳敎政策』 상권, 231~236쪽.
110) 『阿片戰爭檔案史料』 7권, 324쪽.

가 1844년 2월에 함선을 몰고 광주로 왔다. 그는 마치 라티 맨튼이 얻은 성과에 만족스럽지 못하다는 듯이 기공에게 조회를 보내 다음과 같이 제의했다. 1)중국과 프랑스의 맹약 체결, 2)중국이 프랑스로 외교사절단을 파견(심지어 여행자 신분으로도 가능하다)하고, 프랑스 함선으로 보내줄 수도 있다고 하였다. 3)중국이 장래 영국에 대항할 수 있도록 청년을 조선, 화포주조, 공격방어전술을 공부할 수 있도록 프랑스에 보냈다. 비록 세비에르의 진짜 의도는 가려졌고 위험하였지만, 프랑스에 사람을 파견하여 공부하는 것은 미국이 권을 선물한다는 것에 비해 중국의 미래에 더욱 유리한 것이었다. 양광총독 기공은 말썽을 일어나는 것을 매우 경계하여 곧 외교 '수완가' 황은동에게 의지하여 답서를 작성했다. 황은동이 기초한 조회는 다음과 같다.

> 통상을 하는 각국은 예(禮)로써 서로 교류하고, 믿음(信)으로써 서로 보호하고, 중국은 당연히 먼 곳에서 온 사람을 회유해야 하고 절대로 분쟁을 일으켜서는 안 된다.
> 중국 사대부는 풍랑에 익숙하지 못하여, 만약 바다 위를 7만리나 간다고 하더라도 아마 도달하지 못할 것이다…
> 상호 우호관계에 대한 진실한 마음은 형식적인 공문이 아닌 영구적인 것으로 서신왕래의 여부에 있는 것이 아니다.[111]

위와 같이 전체적으로 완곡하게 세비에르의 제의를 거절했다. 그리고 이후 기공은 나이가 많고 병이 들었다는 이유로 사직을 하고 세비에르와 다시는 서신을 주고받지 않을 것을 것이라고 요구했다.

---

111) 黃恩彤, 『知止堂外集』 권6, 광서 6년(1880), 1~2쪽.

세비에르는 단지 일개 함장으로 어떠한 권한도 부여받지 못하였으며, 그는 중국 관원과의 교섭에 이미 그 직권을 초월하였다. 장시니 또한 단지 한 명의 관찰사로서 프랑스 외교부장 프랑수아 기조의 말에 근거하면, "중국 정부와 담판을 진행하거나 혹은 조약을 체결할 자격이 없다"라고 하였다. 라티 맨튼도 단지 한 명의 영사로서 프랑수아 기조가 또 "절대 중국정부와 담판을 지을 책임이 없다"라고 했다.[112] 그러나 그들은 중국에 도착한 후, 모두 예외 없이 고도의 '자각성'과 '책임감'을 표출하고 게다가 서로 경쟁을 하였다. 이는 그 시대 서방 식민주의자의 품격과 완전히 일치했다. 수많은 권한을 부여받지 못한 채 불법으로 이익을 점유한 모험가는 결국 늘 모국의 승인과 칭찬을 받았다. 이 내막을 알지 못하는 '천조' 관료들은 프랑스 함선이 오고가는 것을 보고(각국 상선은 더욱 빈번했다), 또 이런 인사들의 무례함을 보고(조회를 수시로 보내고, 선교사도 가세했다), 두려워하는 마음이 생겨 프랑스를 영국, 미국과 함께 서양 3강으로 인정해 버리고 "그들은 결코 남의 힘을 빌려 처리하지 않을 것이며, 그 목적을 반드시 이룰 것"이라고 생각했다.[113]

이는 정말 우연히 들어맞은 것이다. 세비에르, 장시니, 라티 맨튼의 중국에서의 사적인 활동이 비록 프랑스 정부의 허락을 받지는 않았으며, 또한 연달아 소환을 당하였지만, 오히려 프랑스의 첫 번째 전권대표인 라그르네(Theodore de Lagrene)의 중국 방문의 길을 닦아놓게 되었다.

미국과 같이 프랑스 정부는 남경조약 체결의 소식을 듣고, 역시 그 덕을 보고자 하였다. 1843년 4월 23일, 프랑스 총리 겸 외교장관인 프랑수아 기조가 국왕에게 진정서(呈文)를 올려 사절단을 중국에 파견할 것을 요구했다. 당일 참정원(參政院)에서 국왕이 프랑수아 기조의 진정서를 비준한다는 칙령이 통

---

112) [프]衛靑心, 『法國對華傳敎政策』 상권, 238쪽.
113) 『阿片戰爭檔案史料』 7권, 271쪽.

과되었다. 그리하여 이후, 그리스 주재 프랑스 공사 라그르네를 전권대표로 임명하여 파견했다. 11월 6일 라그르네가 파리를 떠나고 대서양과 인도양을 지나 남중국해에 도착했다. 1844년 8월 13일에 그는 오문에 도착했다. 이때는 미국의 전권위원 갈렙 쿠싱이 매우 만족하며 귀국준비를 할 때였다.

프랑스 사절단은 갈렙 쿠싱 사절단의 궁상맞은 모습과는 선명한 대조를 보였다. 라그르네의 지휘 아래 그들은 모두 8척의 군함을 이끌고 왔는데 그중 절반이 50문의 화포를 탑재한 전함이었다.[114] 이는 또한 임칙서의 금연위기 시기에 중국에 온 영국 함선의 수를 크게 초과한 것이다. 즉 프랑스인이 청조에 그 위세를 보인 것이다. 영국은 강력한 해군을 보유한 유일한 국가가 결코 아니었던 것이다. 라그르네 사절단 역시 그 진용이 강대하였고, 참찬, 수원, 주사, 세무관, 의사, 통역 등과 각 상회에서 파견한 견직물, 방직물, 모직물, 백화업의 대표들이 있었으며, 심지어 수행기자도 있었다. 프랑스인은 모든 일을 웅장하고 그럴듯하게 꾸미는데 특별한 재능이 있었다.

프랑수아 기조의 1843년 11월 9일 훈령에 근거하여, 라그르네의 사명을 간단하게 개괄하면 청조와 영국과 같은 통상조약을 체결하는 것이다. 이 때문에 라그르네의 중국행은 본래 당연히 막막한 여정이었다. 그러나 기영이 이미 조약을 체결할 모든 준비를 마친 상태로 단지 라그르네가 분수에 넘치는 요구를 하지 않기만 하면(즉 중영 호문조약, 중미 망하조약을 초과하지 않는 것), 그는 다음날 즉시 집으로 돌아갈 수 있었다. 심지어 라그르네의 방문은 그 자체로 불필요한 것으로 1년 전 기영이 프랑스 영사를 회견할 때, 이미 '황은'을 선포했지 않았는가? 그러나 프랑수아 기조는 이에 대해 생각이 달랐던 것이다.

---

114) 『阿片戰爭檔案史料』 7권, 501쪽. 衛靑心의 주장은 다른데, 프랑스 군함이 6척이라고 했다. [프]衛靑心, 『法國對華傳敎政策』 상권, 305쪽.

우리가 얻은 이익은 조약 혹은 장정으로 보장되어 있지 않으며, 단
지 중국정부가 반포한 하나의 정령(政令) 혹은 황제의 유지로 얻은
것일 뿐이다. 그러니 황제는 또 수시로 명령을 거둘 수 있다…

그는 중프 무역이 '새로운 길로 들어가게 할 수 있는' 조약체결을 요구하
였다.[115]

나는 앞에서 이미 비록 오늘날 사람들이 호문조약, 망하조약이 불평등 조
약이라는 것을 인정하고 있지만, '천조' 안의 사람들은 그것을 의식하지 못했
다고 설명한 바가 있다. 특히 기영과 황은동은 이때 신조약이 각 통상항구에
서 확립한 신제도가 되어 축하할 만하고, 민과 '이'가 서로 화목하게 지내고
위험을 피하는 길이라고 여겼다. 그러나 라그르네 사절단의 강대한 세력은 기
영과 황은동을 단숨에 어지럽게 만들었다. 그들의 생각에는 매년 겨우 수척
의 프랑스 상선이 중국에 와서 작은 이익을 보고 있는데, 만약 단지 통상조약
때문에 온 것이라면 프랑스가 이와 같이 많은 군사를 동원할 필요가 없는 것
이었다. 그들은 라그르네의 진정한 의도를 추측할 수 없었기 때문에, 각 방면
에서 모두 길고 긴 방어선이 열렸으며, 조약체결은 무방비 지대가 되었다.

일찍이 갈렙 쿠싱이 처음 오문에 도착했을 때, 청조는 이미 프랑스 사절이
중국에 온다는 소식을 듣고 그 목적이 미국과 같이 북경을 방문하여 황제를
알현하는 것이라고 생각했다.[116] 기영은 갈렙 쿠싱의 입에서 라그르네의 여정
을 듣고 프랑스가 "중국과 조약을 체결하는 것은 모두 영국을 견제하려는 것
이며,[117] 또 이 기회를 빌려 상국(上國)을 여행하려는 것"이라고 추측했다. 라

---

115) [프]衛靑心, 『法國對華傳敎政策』 상권, 246쪽.
116) 『阿片戰爭檔案史料』 7권, 470쪽.
117) 위의 책, 7권, 470~471쪽.

그르네는 도착한 후, 즉시 기영에게 조회를 보내지 않고 자태를 뽐내면서 기영이 비굴하게 찾아오기를 기다렸다. 조급해진 기영은 부득이하게 인원을 파견하여 '안부'를 묻고 정보를 탐색하는데, 그 핵심이 북상 문제였다. 그렇지만 오문 방면에서 줄곧 정확한 소식이 전달되지 않았기 때문에 프랑스 사절단의 북상여부는 근심거리가 되었다. 그리하여 기영은 곧 교묘하게 수단을 부려 프랑스 측의 조회에 초점을 맞추어 9월 12일에 오문에서 회담을 하자고 요구하면서, 회답 조회에 광주는 일련의 중요한 전례의식을 주관해야 하기 때문에 9월 말에나 성사될 수 있다고 말했다. 기영의 이와 같은 계산은 먼저 9월로 시간을 늦추고 중국해 동남 계절풍이 끝나길 기다려 북풍이 불면, "외국 선박이 거슬러 올라갈 수 없기 때문에, 바로 이 기회를 틈타 비교적 쉽게 통제할 수 있다"라고 생각한 것이었다.[118]

기영은 자신의 꾀가 먹혀들었다고 여겼으나 사실은 속은 것이었다. 프랑수아 기조의 훈령에 따르면 라그르네에게는 북경을 방문할 임무가 없었다. 아마도 갈렙 쿠싱이 라그르네에게 그의 경험을 전수해주었을 가능성이 매우 컸다. 오문에 오래 거주한 선교사 캘러리(Joseph-Maric Callery)가 이때 사절단의 통역을 맡았는데, 이에 대하여 다음과 같이 말했다.

가장 바람직한 것은 당신이 북경을 방문할 의도와 그에 대한 명령이 있는지 분명하게 이야기해서는 안 됩니다. 만약 기영이 이 문제를 꺼내면 당신은 가능한 한 회피하십시오.

만약 교착 국면이 출현하면 당신은 기영에게 다음과 같이 말하십시오. "기왕 당신이 나에게 이와 같은 사리에 맞는 요구에 대답을

118) 위의 책, 7권, 501쪽.

하지 않는다면 나는 곧 북경에 올라가서 황제에게 청할 것이며, 황

제는 나의 요구를 거절하지 않을 것이다"[119]

이 때문에 라그르네 등은 북경을 방문하는 일에 있어서 시종 말을 돌렸으며, 기영을 압박하는 가장 큰 무기가 되었다.

1844년 9월 29일, 기영과 황은동 일행은 오문에 도착했다. 10월 1일과 3일 기영과 라그르네는 서로 형식상의 방문을 했다. 10월 5일과 6일에 쌍방은 두 차례의 정치적 성격을 가진 회담을 진행했다.

10월 5일의 회담은 라그르네가 머무는 곳에서 거행하였는데, 라그르네는 프중우의에 대하여 한참을 이야기하였다. 6일의 회담은 기영이 머무는 곳에서 진행했는데, 기영 또한 중프우의를 실컷 이야기하였다. 이런 아름다운 대화 아래 라그르네는 '선의(善意)'의 건의를 한다. 1)중국이 사절을 파리에 파견하고 또 프랑스 사절이 북경에 머무는 것을 비준하여 양국이 소식을 서로 전달하면 서로 도움을 줄 수 있다. 2)영국이 홍콩을 점령한 것은 청조에 위협이 되므로 청조가 호문을 프랑스에 할양하면 방어를 대신하고 영국인을 통제할 것이며, 이 모든 비용을 프랑스가 스스로 조달한다. 3)프랑스 선교사가 북경에 '하급관리'로 가는 것을 허락하여 이전과 같이 서양인이 천문(天文)에 관한 일을 주관하게 한다. 4)청조는 사람을 프랑스 파견하여 함선, 대포, 해전에 대한 지식을 공부하게 하여 장래 영국인에 대항케 한다. 라그르네의 이런 건의는 프랑수아 기조의 훈령에서는 찾아볼 수 없다.

기영 등에게 라그르네의 건의 중에 호문을 할양한다는 것을 제외하고는 생소한 것이 아니었다. 이전에 중국에 온 세비에르, 장시니 모두 비슷한 말은 하

---

119) [프]衛靑心, 『法國對華傳教政策』 상권, 252쪽.

였다. 기영, 황은동도 외교 '수단'을 발휘하여 중 프 3백 년의 우의사를 말하면서, 갑자기 "제도에 부합하지 않는다."는 이유를 들고 완곡하게 거절했다. 라그르네는 본의가 여기에 있지 않았기 때문에, 기영, 황은동의 거절을 전혀 개의치 않았고, 반대로 구두로 그가 북경을 방문하여 황제를 알현하는 것을 요구하지 않겠다고 선포했다. 이렇게 보면 기영은 이미 거대한 '승리'를 한 것이었다. 황은동은 그의 회고록에 자랑스럽게 "라그르네의 기교가 부족했다"라고 적었다.[120]

쌍방의 조약 담판은 10월 7일부터 시작되었다. 프랑스 측은 바이에르 (The ophile de Ferriere Le Vayer) 후작이 수반이었고 청국 측은 광동포정사 황은동이 수반이었다. 담판 전에 기영이 이미 호문조약, 망하조약의 부본을 프랑스 측에 전했기 때문에 이 자료를 참고로 하여 담판의 진행이 매우 순조로웠다.

라그르네의 보고에 따르면 조약의 주요 조항은 모두 순조롭게 통과되었으며, "어떠한 쟁의나 분쟁이 일어나지 않았으며", 단지 프랑스 왕 루이-필리프의 칭호문제에서 충돌이 있었을 뿐이었다. 서방의 습관에 따르면, 루이-필리프의 명호는 국왕이었다. 당시 중국인의 개념에 따르면 국왕은 황제보다 낮은 것으로 오직 진명천자만이 황제라 칭할 수 있는 것이었다. 라그르네는 조약에 루이-필리프를 '대불란서국 대황제'라고 분명히 쓸 것을 요구하였는데, 이는 '대청국 대황제'와 동등한 자격으로 대하기 위해서였다. 기영은 이에 대하여 매우 불만이었지만 교섭이 이루어지지 않으면 안 되었기 때문에 양보를 했다.[121] 결과 그는 사사로이 기교를 부려 이 일을 처리했다. 조약 문서를 받칠

---

120) 『阿片戰爭檔案史料』 7권, 508~512쪽; [프]衛靑心, 『法國對華傳敎政策』 상권, 262~269쪽; 黃恩彤, 「撫遠紀略」, 『叢刊 阿片戰爭』 5권, 430~431쪽.
121) [프]衛靑心, 『法國對華傳敎政策』 상권, 269~271쪽.

때, '대불란서 대황제', '대불란서 황상'과 '대청국 대황제', '대청국 황상'등의 글자를 전부 삭제하고 일률적으로 '블란서국'과 '중국'으로 고쳤다. 이는 도광제가 심사하여 읽을 때 느낄 불쾌함과 경관(京官)이 다시 검토할 때 느낄 불편함을 피하기 위해서였다.

현존하는 자료를 보면, 기영은 조약의 내용에 대하여 지침을 내려달라고 한 적이 없었다. 단지 한 부의 협편에 이에 관한 문장이 있다.

> 그 이(夷)의 통상장정에 대하여 이미 조항을 의논하여 결정하였으며, 일체의 모든 것이 영국, 미국 두 새로운 례(新例)에 따랐으며, 문자와 어구가 상호 일치하지 않는 부분이 있으나, 경위는 여전히 차이가 없다.[122]

불과 몇 마디 안 되는 말로 간단히 언급만 하고 지나가는 것을 보면 그의 마음속에 이 조약이 차지하는 비중을 알 수 있다. 이외에 중요한 역할을 하는 다른 한 명인 황은동의 회고록에 중 프와 관련이 있는 1,600여자의 기록에는 오히려 조약내용 및 담판과정에 대해서 한마디도 하지 않았으며, 단지 마지막에 이에 대해 언급을 약간 하였다.

> 프랑스 역시 무역조약 35조가 있는데, 영국, 미국과 다르지 않았으며, 여기서 중요한 것은 무역에 있지 않았다.[123]

대략 그는 중·프 조약이 특이한 점이 없이 평범하다고 여겼으며, 근본적으로

---

122) 『阿片戰爭檔案史料』 7권, 518~524쪽.
123) 黃恩彤, 「撫遠紀略」, 『叢刊 阿片戰爭』 5권, 433쪽.

그는 여기에 흥미를 느끼지 않았다.

이 때문에 비록 중 프 조약의 담판이 10여 일 동안 이어졌지만, 쌍방의 마음은 모두 조약 그 자체에 있지 않았고 기독교 해금문제에 주목(다음에 자세히 서술하겠다)하고 있었다. 프랑스 측이 이미 중 영, 중 미 조약의 '장점' 전부를 신 조약에 넣었으며, 또 청국 측은 여전히 자신의 이익에 무지하여 이를 후하게 허락하였다. 10월 20일에 이르자 쌍방은 조약의 전체 조항을 확정하고 단지 서명만을 남겨놓았을 뿐이었다.

이때, 오히려 프랑스 측이 바로 서명하는 것을 원하지 않고, 광주 황포강(黃埔江) 위의 프랑스 범선에서 따로 의식을 거행하자고 요구했다. 1844년 10월 24일, 기영 일행은 프랑스의 최신식 증기기관 전함 아르키메데스(Archimede)호에 올라 라그르네와 중프 '오구통상장정:해관세칙'을 체결하고 이를 중 프 황포조약이라고 불렀다. 매우 화려한 이 의식이 끝난 후, 쌍방은 모두 '우의'를 위해 잔을 들고 샴페인을 마셨다.

라그르네는 여기서, 2년 전 남경의 강 위에서 영국함선 콘월리스호가 느꼈던 풍경을 그도 느꼈다. 그는 그의 국가를 위해 전혀 무결점의 조약을 얻은 것이다. 프랑스는 이로써 호문, 망하조약 중의 모든 권익을 얻었으며, 여기에는 일방적인 최혜국 대우, 영사재판권, 협정관세, 군함의 항구 출입 등등을 포함했다.[124] 기영은 어떠했는가? 그는 일주일 후에 조약의 상황을 상주하고

---

124) 중프 황포조약의 구체적인 내용은 보면, 어떤 부분에서는 주영호문조약과 중미망하조약을 초과한다. 그 예로 제35조 일방적 최혜국대우에 관하여, "다른 국가와 장정을 정할 때, 프랑스와 이번에 정한 조약 범위가 아니면, 프랑스 영사관 등 관(官)과 민(民)이 준수하도록 제한할 수 없다. 그리고 중국은 장래 특별한 은혜, 특별한 면제, 보호를 다른 국가에 허락할 경우, 프랑스 또한 그것을 얻을 수 있다." 다시 말해서 프랑스는 기타 조약에 대해 '평가'를 진행할 권한이 있으며, 그것이 유리할 경우 받아들일 수 있으며, 불리할 경우 거절할 수 있는 것이다. 또 제30조의 "만약 프랑스 선박이 고장이 나거나 다른 변고가 생기면 빠르게 입항하여 피할 수 있으며, 어떤 항구를 막론하고 우호적으로 대우한다." 다시 말해서 이는 프랑스 함선이 핑계를 찾기만 하면 즉시 중국의 어떠한 항구라도 진입할 수 있다는 것이다. 또 제11조의 인수권(引水權)에 관한 규정으로, "무릇 사람이라면 프랑스 선박을 인수하길 희망하는데, 만약 세 장의 선박허가증을 가지고 있다면 영사관이 그를 고용하여 인수하게 할 수 있으며,

심사를 위해 조약을 올려 보냈다. 그리고 상주에 그는 또 이번 교섭에서 '전력을 다한(出力)'관원 9명에게 관직을 수여하고(補官), 직함을 내리고(加銜), 처벌을 취소해달라는 건의를 하였다.[125]

중·프 황포조약은 '천조를 바치는 것이었지만, '천조'의 사람들은 이 큰 슬픔을 큰 기쁨으로 생각했다.

기영은 중 프 황포조약의 사본을 밀봉하여 역참을 이용하여 보내면서 자신감이 충만하였는데, 도광제 및 군기대신, 부당(部堂)들이 조약을 순순히 비준할 것이라고 확신했다. 이후의 사실도 그러했다. 이때 그를 불안하게 했던 것은 얼마 전에 기독교 해금에 관한 상주로 도광제가 이에 대하여 어떻게 회답할지였다.[126] 그가 이미 보증을 했기 때문이었다.

이는 바로 기영, 황은동의 대 프랑스 교섭의 권략과 연관된다.

기영 등은 프랑스의 대중국 무역액이 비교적 적기 때문에, 8척의 군함이 중국에 온 목적이 절대로 통상조약에 있지 않다고 여기고, "반드시 의도하는 바가 있다"라고 생각했다.[127] 10월 5일과 6일에 가진 두 차례 정치적 성격을 띤 회담에서 기영 등은 프랑스 측의 제의 전부를 거절했다. 다만 '이'인이 다른 행동을 취할 것을 걱정하여 곧 10월 7일 새벽에, 즉 조약 담판의 첫날, 사람을

다른 국가와 일률적으로 일을 처리한다. 배를 인수하는 비용을 줄 때, 영사 등의 관리가 오구지방에서 공평하게 거리와 위험정도를 헤아려 그 비용을 정한다." 이 규정 때문에 중국의 각 항구의 인수권은 후에 전부 상실하게 된다.

125) 『阿片戰爭檔案史料』 7권, 527~528쪽.

126) 위의 책, 7권, 512~515쪽. 또, 몇몇 사람들은 중프 황포조약 제22조 "프랑스인은 또한 예배당, 병원, 구제소(周急院), 학교(신학교), 묘지 일체를 건립할 수 있다"에 의해 프랑스가 이것으로 선교의 권리를 얻었다고 생각하였다. 이는 일종의 오해이다. 황포조약의 이 조항은 중국인에게는 효과가 없는 것으로 모두 러시아가 북경에 선교단을 설립한 것과 같았다. 즉 프랑스인은 통상 하구에서 세운 각종 종교장소는 오직 외국인에게만 개방할 수 있었다. 사실상 중미망하조약 제17조의 규정과 같이 미국인이 '의원, 예배당 및 매장할 곳을 건설하는 것을 허락한다는 것'과 비교하면, 프랑스는 단지 미국보다 '구제소', '학교' 이 두 항목이 더 많았을 뿐인 것이다. 중국인의 습관에 따라 단지 프랑스가 믿는 '천주교'에 대한 해금을 요구한 것이며, 후에 기영이 해금범위를 기독명교파(基督名敎派)까지 확대한다.

127) 『阿片戰爭檔案史料』 7권, 509쪽.

파견하여 라그르네에게 한 통의 비공식 서한을 전달하면서 좋은 말로 회유를 했다. 그 서신의 마지막에 생각해볼 만한 가치가 있는 말을 했다.

본 대신은 각하로 하여금 조약 체결과 같은 이런 작은 일을 때문에 공연히 갔다왔다하게 할 수 없다.

이 문장의 진정한 함의는 통상조약을 제외하고 그에게 다른 보답이 있다는 것을 나타낸 것이다.[128]

라그르네는 단숨에 이 의미를 알아차렸다. 그러나 기영이 어느 방면에서 양보를 할지 파악할 수 없었다. 사절단의 통역사 캘러리가 부임할 때, 선교사의 직업 본능으로 즉시 라그르네를 향하여 선교사에 대한 해금을 요구해 달라고 건의했다.

비록 프랑스 정부의 훈령에 종교방면에 대한 지시가 전혀 없었고 라그르네도 이런 임무를 받은 적이 없었지만, 이런 매우 좋은 기회를 앉아서 놓치지 않고 캘러리의 건의에 동의하여 이에 대한 교섭을 진행했다.

10월 8일 프랑스의 수차례에 걸친 물밑 작업에 의해 황은동이 통상조약 외에 군사 상호원조조약을 체결하자고 건의했다. 캘러리는 즉시 원칙상 받아들인다고 표시하고 이 기회를 틈타 반대로 조건을 걸었다. 청조가 전쟁 시에 프랑스 국왕의 원조를 얻기를 희망한다면 프랑스 국왕이 신봉하는 종교에 대하여 친선을 표시해야 한다는 것이다.

---

128) [프]衛靑心, 『法國對華傳教政策』 상권, 347쪽. 후에 기영은 상주에 더 완곡하고 명확하게 이 의사를 표시하였다. "현재 결정된 조약은 이미 영국, 미국과의 조약을 초과하지 않기 때문에 라그르네는 귀국은 헛수고이며, 국왕의 명령을 다시 받기 힘들다고 하면서, 신하에게 대신 구상해 줄 것을 요청하였습니다."(『阿片戰爭檔案史料』 7권, 509쪽) 기영은 여기서 라그르네의 말을 가정하여 그 판단을 표시한 것이다.

캘러리의 이 행동은 라그르네를 난처하게 하였다. 그는 군사조약을 체결할 수 있는 권한이 없었기 때문에 바로 캘러리의 약속을 부결시켰다. 그러나 캘러리는 결코 중도에서 그만두지 않고 여전히 끊임없이 해금을 요구했다. 10월 12일의 회담 중에 그는 류큐(琉球)할양을 건의했다. 그의 일기에 진정한 그 목적을 밝혔다. "류쿠 할양으로 중국인을 협박하여 선교문제에 대한 이전의 태도를 변화시키려 하였다."[129]

아편전쟁 시기 중서 교류에서 언어 문제는 줄곧 큰 장애가 되어왔다. 당시 중국에서 외국어할 줄 아는 대부분이 문화정도가 높지 않는 매판을 위한 거칠고 탐욕적인 사람들이었기 때문에 정부의 공식 통역가가 되기에 충분하지 않았다. 서방 각국의 통역은 주로 중국에 온지 오래된 선교사들로 중국의 내정에 대하여 많이 이해하고 있어서 교섭에 주력이 되었다. 청조관원은 외부에 대한 지식이 없었기 때문에 늘 그들을 '주모자'로 잘못 판단하는데, 곽사립, 모리슨 등이 그러했다. 이번도 예외가 없었다. 기영, 황은동은 특별히 캘러리를 중요하게 생각하였다. 그래서 캘러리가 해금 문제에서 있어서 보인 집착은 그들로 하여금 그것이 프랑스 정부가 중요하게 생각하는 조건이라고 생각했다. 기왕 '천조'가 기타 방면(예를 들면 북경을 방문하는 것)에서 융통성을 발휘할 수 없는 바에야 그럼 여기서 "프랑스를 회유하는 방법을 찾는 것"도 무방한 것이었다.[130]

그러나 금교정권(禁敎政策)은 이미 실행한지 120년이 되었고, 게다가 대청률 등에 많은 제한이 있었기 때문에, 기독교를 해금하는 문제에 대해 도광제를 설득한다는 것은 처리하기 곤란하고 까다로운 일이었다. 10월 15일에 캘러리가 내방하자, 기영은 방법을 생각해 냈다. 라그르네로 하여금 강희제가 1692

---

129) 위의 책, 상권, 353쪽.
130) 黃恩彤, 「撫遠紀略」, 『叢刊 阿片戰爭』 5권, 432쪽.

년에 기독교 선교를 허락한 속령을 한부 베껴 써서 해금을 요구하는 조회와 함께 제출했고, 다시 그가 상주하여 명을 내려주길 청하는 것이었다. 기영은 라그르네와 연수하여 도광제의 양보를 얻어 내려고 한 것이다.

10월 16일에 캘러리의 조종 아래 라그르네가 기영에게 조회를 보내고 기독교의 해금을 요구했다. 이 캘러리의 구두 선언은 최후통첩과 다르지 않았다.

만약 기영이 순리적으로 이 요구를 받아들인다면, 결코 어떠한 변동도 없을 것이며, 그가 오늘 라그르네에게 조회를 보낼 수 있다면, 이로부터 모든 것이 말썽 없이 모두 끝날 것이다… 만약 선교 문제에 있어 얼버무려 어물어물 넘긴다고 해도 상관없다. 우리는 북경으로 가는 길을 모르지 않고, 게다가 우리는 당신들에게 불필요한 영토가 적지 않다는 것을 알고 있으며, 우리는 또 당신들이 러시아인을 당신들의 국토 위에 체류하도록 허락한 것을 알고 있다. 그때가 되면 우리는 완전히 다른 오늘과 비교하여 더 엄숙한 어조로 당신들과 교섭을 할 것이다.

이런 위협 아래 기영은 되도록 빨리 중·프 교섭을 끝내기 위해 동의를 표시했고, 그날 저녁 캘러리가 구두로 전한 의미의 조회를 라그르네에게 보냈다.

…나는 당연히 되도록 빨리 황상에게 상주할 책임이 있으며, 중국인으로 하여금 이 후 공개적으로 내지에서 이 교를 신봉하게 할 수 있으며, 교도로 하여금 교를 믿었다고 해서 죄를 짓는 것이 아

니게 할 수 있다…**131**

캘러리와 황은동의 약정에 따르면, 라그르네가 조회를 받은 후 당연히 '수령 증(回執)'을 주어야 했다. 하지만 10월 17일에 라그르네가 초대에 응하여 기영의 거처로 가지만 답을 하지는 않았다. 10월 18일에 청국 측이 캘러리에게 서한을 보내 황은동이 기초한 조회의 개요를 첨부하고 라그르네로 하여금 그대로 처리하게 했다. 캘러리 등의 권고 아래 라그르네가 마침내 서명을 했다. 그리고 이 회신 조회에는 기영이 급하게 필요한 두 가지 물건이 있었다.

> 본 대신은 강희 31년의 예부(禮部)가 의논하여 해금을 허락한 원안을 정중하게 옮겨 적어 보내 내용대로 처리한다.…
> 이 일(해금)은 본 대신이 사의(事宜, 조약)를 의논하고 상주하여 성은을 거쳐 상호 허가증을 교환(상호 교환을 비준)하는 날을 결정한다. 이 또한 반드시 성은을 청하여 허락을 받아야 한다. 이때 본 대신이 모든 일을 완비하면 귀국할 수 있다. 이후 양국은 불화가 다시는 없을 것이며, 만년의 화목이 깨지지 않을 것이다.**132**

전자는 도광제에 대응하기 위해 조훈(祖訓)을 사용한 것이며, 후자는 라그르네에게 보증을 해 준 것이다. 청조는 일단 기독교 해금을 동의하고 조약을 비준하여 서둘러 귀국시켜 다시 사단이 일어나는 것을 막은 것이다.

10월 18일에 기영은 라그르네의 회신 조회를 받고 즉시 상주를 올려서 배경으로 삼았다. 10월 22일에 기영은 오문을 떠나 황포로 가서 중·프 조약 체결

---

131) [프]衛靑心, 『法國對華傳敎政策』 상권, 375쪽.
132) [프]衛靑心, 『法國對華傳敎政策』 상권, 378~379쪽.

의식에 참가할 준비를 하기 전에 한 편의 긴 상주를 올리고 협편 하나를 첨부하여 기독교 해금을 비준해달라고 요구하면서 생동감 있게 이야기를 날조했다.

　프랑스 특사 라그르네의 요구는 받아들이기가 불가능하여 각 항목을 하나하나 거절하였습니다. 그들은 오직 천주교 해금문제를 단호하게 요구하고 있습니다. 게다가 강희 13년에 예부가 안건을 의논하여 허락한 사실을 게재한 비문을 올려 구실로 삼아 쌍방의 대립을 초래하고 있습니다. 신하가 한편으로는 대략의 정황을 작성하여 보고하고(18일 상주), 한편으로는 번사(藩司) 황은동 및 각 위원 등을 독촉하여 연일 방법을 강구하여 하나하나 논박하였습니다. 그러나 그 특사가 여전히 종전의 주장을 고집하여 버릇없이 요구하는 것을 멈추지 않습니다. 그 비문을 누구에게서 얻었는지 어디에서 얻었는지, 확실하게 밝힐 수 없어 근거로 삼기 힘듭니다. 그들이 올린 비문은 중국에서 흘러나와 그 국가가 원래부터 소장하고 있는 것으로 유래가 깊으며, 그 종이 색깔과 글씨를 검사해 보면 위조한 것이 아닙니다. 그 국가가 이전에는 한자를 아는 사람이 없어서 비석을 새길 수가 없는데, 어찌 터무니없이 글을 쓰겠습니까? 비문으로 기록된 안건을 다시 따져보면, 사실이지만 그 일이 있은 지 오랜 세월이 흘렀습니다. 그래서 당연히 현행의 관례를 기준으로 해야 하며, 옛 관례를 고집하는 것은 안 된다고 생각합니다. 비문에 나온 주장을 근거로 논하면, 중국 강희 연간 또한 일찍이 천주교를 금지하였는데, 서양인이 천천히 날마다 간절히 요청하여 해금을 시행하였다고 합니다. 프랑스와 서양인은 같은 종교를 가지고 있는데 어떻게 그 국가가 현재 해금을 요청하는

것에 대해 상주를 하지 못하겠습니까? 끊임없이 해명하면 아무도

따져 묻지 않을 것입니다⋯(굵은 글씨 인용자 표시)

이것은 기영이 스스로 대본을 쓰고 연출한 연극을 도광제에게 상연한 것으로 그 생동감이 3년 전의 양방, 혁상에 조금도 뒤지지 않았다. 그는 프랑스측이 이것을 제외하고는 다시는 주제넘게 요구하지 않을 것이라고 설명한 후 명백하게 자신의 태도를 표시하였다.

황제폐하께서 특별히 전례를 깨뜨려 천은을 내려주시길 간절히 청

합니다. 중국과 외국 사람들이 무릇 천주교를 공부하는데 말썽을

일으키지 않는 한 면죄하여야 합니다.

부편(付片)에서 그는 또 매우 무게감이 있는 말을 했다.

만약 매우 강하게 거절을 한다면, 약간의 분쟁도 피하기 어려울

것입니다.[133]

이는 아마도 그의 형세발전에 대한 일종의 판단이지만, 도광제에게는 일종의 위협이었음이 분명했다.

도광제는 이 보고(折片)를 받은 후 당일 이에 대하여 두 가지 유지를 내렸다. 하나는 '군기대신의 공식 루트'를 통하여 청조는 기독교를 '사교'라고 칭한 적이 없으며, 또한 "엄하게 금령을 내린 적이 없다"는 것이었다. 다른 하나는

133) 『阿片戰爭檔案史料』 7권, 513~515쪽.

'군기대신의 비공식 루트'를 통하여 프랑스 측이 만약 "형세를 전환시킬 수 없다면" "기회를 엿보다가 처리하라"라는 것이었다.[134] 이렇게 두꺼운 얼음이 녹기 시작하듯이 돌파구가 열렸다. 이후 프랑스 측은 여러 차례 교섭을 하고 기영은 여러 번 상주를 올려 도광제가 마침내 1846년 2월 20일에 명령을 내려 기독교의 해금을 선포했다.[135]

현대 문명국가 중에 종교의 자유는 기본적인 국권에 속했다. 현대 국제관계 준칙 중에는 한 국가가 타국의 종교정권에 간섭해서는 안 되었다. 그러나 당시의 상황은 백 년이 넘게 지난 오늘날과 크게 달랐다.

당시의 중국은 유가지존의 국가였다. 그러나 당시의 기독교(특히 천주교)는 유일한 상제(上帝)를 제외하고 기타 우상숭배의 존재를 격렬하게 부정했다. 이런 문화 관념으로 인해 조화를 이룰 수 없는 대립각을 형성했다. 당시의 중국은 관, 사, 신으로 형성된 일체적 통제 시스템이 있었고 민간에는 지하에 회당(會堂)조직이 있었다. 당시의 기독교(특히 천주교)는 종교 세력이었을 뿐만 아니라, 사회세력과 정치세력이 되었다. 서방의 선교사가 모국의 방식으로 일을 처리할 때, 반드시 기타 사회, 정치 집단의 이익에 손해를 입혔다. 이는 사회조직상 물과 불처럼 병존할 수 없는 것이었다. 당시의 서방 열강이 종교를 보호하는 자를 자청하여 전함을 이용하여 수난을 당한 교도를 구하러 가는 것은 상제(上帝)를 신봉하는 자로서 의리상 거절할 수 없는 책임이었다. 이 때문에 중국의 대지 위에, 수백 가지의 교안(敎案, 교회 관련 안건)을 초래하였으며, 마지막에는 19세기 말 의화단(義和團)이라는 광풍이 불었다. 그러나 서방 열강은(주로 프랑스) 끊임없이 군함을 이용하여 간섭하였으며, 8국연합군의 말발굽은 중국을 19세기말 최대의 재난 속에 빠뜨렸다.

---

134) 『阿片戰爭檔案史料』 7권, 532쪽.
135) 위의 책, 7권, 631쪽.

의심할 여지없이, 기영, 황은동은 기독교를 싫어하지 않았으며, 단지 프랑스 측이 각 방면에서 요구한 것 중에 '천조'에 가장 적은 손해를 입힐 만한 항목을 선택한 것이다. 그러나 그들은 이후의 사실이 그들이 판단과 완전히 다르다는 것을 결코 알지 못했다. 그들은 여전히 프랑스 사절단이 북경을 방문하여 도광제를 알현하는 것이 가장 위험한 것이라고 생각했다. 그리고 그들은 가장 안전한 것이 해금이라고 생각했지만, 오히려 반세기 후에 도광제의 며느리인 자희태후(慈禧太后)가 광서제를 품에 안고 해가 지는 어둠속에서 마차에 타고 황급히 북경성을 빠져나오게 만들었다.

비록 우리는 중영 호문조약 및 그 부속 문건, 중 미 망하조약, 중 프 황포조약을 주관한 이리포, 기영, 황은동 등과 이 조약을 심의하고 비준한 군기대신, 각부당관(各部堂官) 나아가 도광제 모두 이 조약들이 중국의 권익에 어떠한 손해를 입힐지 인식하지 못했다. 그러나 만약 영국이 전후 무력으로 협박하여 청조 스스로 응대하기 어렵지 않았다거나, 만약 미국, 프랑스가 전함을 끌고 와서 무력 동원을 아끼지 않는 각종 위협을 하지 않았다면, 청조는 이런 조약을 체결하지 않았을 것이었다. 이 때문에 오늘날 사람들이 이런 조약들은 서방 열강이 중국에 주입한 것이라는 주장은 결코 잘못된 것이 아니다.

그러나 이 결론은 사실 '천조'를 대신하여 변호하는 이유가 될 수 없는데, 우리는 다음의 세 가지 예를 들 수 있다.

1) 중영 호문조약체결 후 기영은 미국, 프랑스 이 두 강대국을 향하여 '황은'을 선포했을 뿐만 아니라, 게다가 동시에 담파랍국(嗼哆啦國, 함브르크일 가능성이 크다), 네덜란드 상인들로 하여금 양국과 동등한 권리를 누리게 하였으며, 머지않아 중국에 올 려송(呂宋, 스페인) 등의 상인들에게 이와 같은 권리

733

를 누리게 할 준비를 하였다.¹³⁶ 실제로 영국, 프랑스, 미국 삼대 강대국이 조약으로 획득한 권리 모두를 모든 서방국가에서 온 상인들에게 "전체가 모두 누릴 수 있게 하였다."

2) 1844년 말, 벨기에 주 마닐라 총영사 J. 라노이(J. Lannoy)는 라그르네의 건의를 듣고 자국의 권한을 부여받지 못한 채, 중국에 찾아와서 최혜국대우를 도모하는데, 라그르네가 이를 위하여 기영에게 한 통의 '소개장'을 써 준다. 기영은 이것으로 비준해 달라는 교지를 내려달라고 청하고, 1845년 7월 25일에 정식 공문을 J. 라노이에게 보내면서 "오구통상장정 일체를 수여한다."라는 성군의 관대하고 자비로운 유지를 전달한다. 우리는 비록 J. 라노이가 얻은 것이 어느 국가의 '오구통상장정'인지 모르지만, 현행 각 조약에 따라 처리하는 것을 허가한다는 것은 확실히 의심할 여지가 없다.¹³⁷ 얼마 지나지 않아 덴마크가 '무역을 성실히 하기'위하여 영사를 중국에 파견하자, 기영은 또 '오구통상장정'을 허락하는 지시를 내려달라고 청한다.¹³⁸

3) 1847년 스웨덴과 노르웨이(양국이 연맹을 결성했을 때)가 공사 릴리에발크(Carl Fredrick Lilievalch)을 중국에 파견하여 영국, 미국, 프랑스 삼국의 조약에 따라 "통상조약을 논의하자"고 요구하자, 기영은 그가 보내온 조약 초안이 완전히 중미 망하조약을 따른 것을 보고, 곧 "그 베낀 조약을 허가하고 흠차대신의 관인을 찍는다." 이로부터 이 북유럽의 두 소국은 일방적인 최혜국대우, 협정관세, 영사재판권, 군함의 통상항구 자유출입과 같은 권리를 얻

---

136) 위의 책, 7권, 524쪽.
137) 위의 책, 7권, 559~560, 575~576쪽; [프]衛靑心, 『法國對華傳敎政策』 상권, 433~434쪽; 馬士, 『中華帝國對外關係史』, 1권, 374~375쪽. 당시 중영 호문조약 부본, 중미 망하조약, 중프 황포조약 모두 '오구통상장정:해관세칙'이라고 칭했다. 기영은 어느 조약인지, 혹은 세 조약 모두인지 분명히 밝히지 않았다.
138) 위의 책, 7권, 578, 685~686, 689, 701쪽.

는다. 도광제는 기영의 보고를 받고, 주비에 "일처리가 매우 적절했다"라고 하였다.

이런 일련의 사건으로 우리는 유럽의 수많은 중소국가가 어떻게 총포를 사용하지 않고 쉽게 불평등한 권익을 탈취하였는지와 '천조'의 사람들이 우리가 오늘날 몹시 증오하는 불평등한 권익이라고 생각한 것을 어떻게 바라보고 다루었는지 자세하게 살펴볼 수 있었다.

시간은 어느덧 많이 흘러, 1870년에 일본이 파견한 외교대신 야나기와라 사키미츠(柳原前光)가 중국을 방문하고 조약체결을 모색했다. 한(漢)문화에 깊은 영향을 받아서 청조의 눈에 차지 않았던 소형제가 이와 같이 함부로 행동을 하는데도 대청국은 이를 대수롭지 않게 여겼다. 당연히 중국에서 선진지식을 가장 많이 습득하고 있었던 북양대신이며 직예 총독인 이홍장이 일본과의 조약체결에 동의했다. 1871년 이홍장은 일본 대장경(大藏卿) 다테 무네나리(伊達宗誠)와 2개월에 걸친 흥정을 통하여, 천진에서 중일 '수호조약(修好條約)'과 중일 '통상장정: 해관세칙'을 체결했다. 중국 근대의 조약사(條約史)는 이로부터 새로운 길을 열게 되었다. 그 내용이 다음과 같다. "쌍방은 모두 상대방에 통상항구를 개방하고 쌍방은 모두 영사재판권과 협정관세를 가지며, 쌍방의 군함은 모두 상대방의 통상항구를 자유 출입할 수 있다…" 이는 서방에서 통행하는 국제관례의 방법에 부합하지 않는데, 막 '천조' 체제로부터 빠져나오게 된 청조와 막 '유신(維新)'의 문을 밟은 일본이 각자 서방열강과 체결한 불평등한 조약의 영향을 받은 것이며, 모두 정상적인 국제관계를 몰랐다는 것을 설명했다.

시간은 또 어느덧 많이 흘러, 1881년에 이홍장은 브라질 사절과 조약 담판을 했다. 이번에 쌍방이 체결한 조약은, 중국 근대사상 첫 번째 평등한 조약으로 상호 최혜국대우를 하고 협정관세 등의 내용을 없앴다. 이때는 이미 아편전쟁이 발생한지 40년이 지난 때로 청조는 이미 영국, 미국, 프랑스, 러시아, 스웨덴, 노르웨이, 독일, 포르투갈, 덴마크, 벨기에, 네덜란드, 스페인, 이탈리아, 오스트리아 등과 수십 항목의 불평등한 조약을 체결한 상태였다.

이것으로 볼 때 다음과 같은 의문이 들었다. 문제를 단지 기영, 황은동, 도광제 등의 개인의 신상으로 귀결시킬 수 있겠는가? 중국인이 진정으로 국가와 국가 간의 정상적 관계를 이루는데 얼마나 많은 대가를 지불했는가?

'천조'는 하나의 꿈이며, 하나의 깨어나기 어려운 꿈이다.

제8장
역사적 호소

제8장
역사적 호소

역사는 되돌릴 수 없다. 역사학자는 이 때문에 가설과 추론 등의 일을 멈출 수 없다. 역사학자의 의의가 여기에 있는 것이다.

나는 아편전쟁사를 연구할 때, 매우 빠르게 결론을 얻어냈다. 청조가 전쟁에 임하면 반드시 패배할 것이기 때문에 당연히 되도록 일찍 영국과 상대적으로 유리한 화약을 체결했어야 한다는 것이다. 이는 당연히 일종의 가설이다. 그러나 이런 이유로 나는 내심 반박과 비난에 부딪치게 될 것으로 본다.

그것은 이 판단에 따르면 "청조는 저항을 해서는 안 되며, 영국 군함이 중국해에 도착하자마자 바로 투항했어야 하는가?"하는 반박일 것이고, 또한 이 판단에 따르면 "전쟁터 위에서 용감하게 저항한 청군 병사들의 피가 모두 헛되이 흐른 것인가?"하는 비난일 것이다

한 명의 중국인으로서 나는 이런 반박과 힐난을 회피할 수가 없다. 그리하여 나는 매우 오랫동안 사고하였다…

중국해의 동쪽에는 동아시아의 또 다른 중요한 국가인 일본이 있다. 중국인의 눈에서 볼 때, 그들은 해가 뜨는 대지 위에 위치한 민족이라고 한다면, 그들은 중국을 태양이 지는 대지의 문명으로 간주한다. 1천 년 동안 그들은 중국에게 수많은 것을 배워, 한자문화권(漢字文化圈)의 국가로 인정되기에 이르렀다.

아편전쟁 폭발 후, 얼마 지나지 않아 일본도 청조와 같은 골칫거리를 만나

게 되었다. 1953년 미국 동인도 함대사령관 페리(Matthew Calbraith Perry)가 군함 4척을 이끌고 상해에서 출발하여 동경만(東京灣)에 도착했다. 이것이 일본에 일으킨 충격은 13년 전 영국군함이 대고구(大沽口)에 도착한 것에 못지않았다. 권력을 쥐고 있던 도쿠가와 막부가 페리가 보낸 국서를 보고 느낀 감정은 파머스턴 외상이 중국 재상에게 보내는 공문을 손에 든 도광제와 같았을 것이다. 그들은 대권을 세우지 못하고 유연한 태도를 취하면서 다음해에 답변을 주겠다고 약정했다. 당시 세계상에서 가장 선진적인 증기 동력을 갖춘 이 미국 전함은 흑색페인트로 칠해져 있었는데, 당시 사람들은 이를 '흑선(黑船)사건'이라고 칭했다.

다음 해에 페리가 또 왔다. 이번에는 7척의 군함을 이끌고 왔는데, 장비는 더욱 훌륭했다. 도쿠가와 막부는 무력의 압박 아래, 미국의 조건을 받아들이고 조약을 체결하고 개방을 당했다.

이렇게 개방당한 틈으로 서방이라는 홍수가 물밀듯이 세차게 들어오게 된다. 1858년에 이르러 일본은 미국, 영국, 러시아, 프랑스, 네덜란드와 10여 조항의 불평등한 조약을 체결했다. 서방 열강은 이로부터 영사재판권, 일방적인 최혜국대우, 협정관세, 조계지설치(거류지)등의 불평등한 권익을 획득했다. 할양, 배상을 제외하고 일본은 중국과 동등한 대우를 받았다.

이 모든 것이 모두 그 4척의 '흑선'에서 기인되었다. 이 5년 동안 일본은 조금도 저항을 하지 못했다. 상대방의 조건으로 조약을 체결함으로써 투항을 인정한 것이 되었다. 일본이 저항에 힘을 쓰지 않은 것은 막부의 오랜 쇠퇴와 허약함에 있었는데, 반대로 말하면 저항을 한다고 할지라도 중국과 같은 참패를 당한다는 것이다. 개방(開國) 이후의 각종 자극은 또 다른 하나의 촉매제로 전환되었다. 증기기관(蒸氣機)의 일문 독음인 '죠오키 센(上喜撰)'으로 지은 광가(狂歌)는 이에 대하여 형상적인 개괄을 했다.

유명한 차 '죠오키 센'을 단지 네 잔 마셨을 뿐인데. (名茶上喜撰, 只
消喝四碗)

태평한 꿈을 꾸다 놀라 깨어 밤새 잠을 이룰 수가 없다네. (惊破太
平夢, 徹夜不能眠)

전함은 여기에서 진한 차가 되어, 일본 민족의 신경중추에 고도의 흥분을
일으키고 잠 못 이루게 하는 분투를 일으켜서 일본 역사상 중요한 전환점인
명치유신을 일으켰다.[01]

일본은 성공했다. 오늘날의 일본사학자들은 이를 거의 부정하지 않는다.
"안정5국조약(安政五國條約)"의 실패는 오늘날의 일본에게는 성공의 어머니인
것이었다.

한 사람이 일생 중에 좌절을 맛보지 않는 것은 불가능한 것과 같이, 하나
의 민족도 역사상 수많은 실패를 경험하게 된다. 실패는 결코 두렵지 않다. 일
본 최초의 실패는 비록 각종 재난을 몰고 왔지만, 진정으로 실패한 것은 도쿠
카와 막부 및 '쇄국'정권이었다. 그러나 오늘날 일본 민족으로 말하자면, 당시
의 고통은 결코 영아에게 수두백신을 접종할 때의 불편함보다 더 사납지 않
았다. 시간을 주축으로 하는 역사는 세계상의 어떠한 민족에게든 다시 일어
날 수 있는 기회를 제공했다. 중국에 "십 년 동안 인구를 늘리고, 십 년 동안
교육을 한다."라는 고사가 있다. 시야를 넓히고 시간을 연장하는 것은 역사학
자에게 일종의 또 다른 가치 관념을 줄 수 있다.

나는 제3장에서 열강의 침입에 대하여 무력 저항은 의심할 여지없이 정확

---

01) 米慶余, 『明治維新-日本資本主義的起步與形成』, 北京, 求實出版社, 1988년, 1쪽. 본 절은 명치유
신의 주장에 대해 이 권을 참고한 것 외에 [일] 信夫清三朗, 『日本政治史』, 1권, (周啓乾 역, 上海譯文
出版社, 1982)을 참고하였다.

한 것이지만, 단 이런 종류의 저항이 실패하게 되어 있다면, 다른 선택을 하는 것이 현명하다고 언급하였다. 전자는 도덕적 측면이고, 후자는 정치적 측면이다. 책임이 있는 정치가는 그 민족에 대해 더욱 유리한 정권을 선택할 수 있다. 이에 대해서는 단순하게 '애국' 혹은 '매국'의 도덕적 관념으로 개괄할 수 없다.

일본의 사례가 이미 증명하듯이, 교전을 피하여 손실을 줄이는 것도 일종의 현명한 선택으로 설령 불평등한 조약을 체결했다고 할지라도, 반드시 필연적, 맹목적으로 타락하는 것은 아니다. 실패한 민족은 여전히 다시 한 번 일어날 때가 있기 때문에 관건은 전쟁 이후의 분발에 있다.

그러나 청조는 도쿠카와 막부와는 달랐다. 그것은 자신에 채워진 '천조(天朝)'라는 과신으로 인해 사실상 이미 백가지 병이 온몸에 퍼져 있었기 때문이었다. 자신들이 보잘 것 없는 섬나라 오랑캐의 적수가 아니라는 것을 믿지 못했기 때문에 무력에 의지하지 않을 수 없었던 것이다. 수많은 자료가 증명하는데, 청조의 아편전쟁 패배는 도쿠카와 막부가 부저항 정권을 결정하게 되는 것과 매우 큰 연관이 있다. 그러나 청조는 스스로 맛본 것을 제외하고 결코 교훈으로 삼지 않았다. 기선도, 이리포도 그랬는데, 그들의 강화계획은 영국 측이 수용할 수 없었으며, 그들의 전쟁을 피하려는 권략은 더욱 '천조'의 용인을 받을 수 없었다. 결국 전쟁은 피할 수 없는 것이었다. 청군 병사들의 피가 전쟁에서 흐르는 것은 이미 결정되어 있었다.

이것으로부터 결론을 내리면 나의 가설, 즉 무력저항을 포기하고 되도록 빨리 영국과 조약을 체결한다는 것은 오직 "좋지 않은 일이 끝나고 나서야 큰 소리칠 수 있다"는 전략을 선택하는 것으로 당시는 실현가능성을 갖추지 못하고 있었던 것이다. 그것의 의의는 이 역사를 연구하는 사람들을 위해 도덕적 비판을 하는 것 이외에 가치표준을 제공하는 데 있다.

문제는 청나라 병사들이 전장에서 바친 선혈을 어떻게 해야 비로소 헛되이 흐르지 않게 하는가 하는 문제였다.

선혈을 흘려 승리를 획득하는 것은 그 가치를 충분히 체현한다. 그러나 선혈을 흘렸는데도 실패하는 것은 아무런 가치가 없다고는 할 수 없지만, 즉 소위 '피로 교훈을 얻는 것'이라고 할 수는 있지만, 실패한 민족은 전쟁 후에 진지하게 사고하여 신속히 대권을 세우는 것이 순국자를 가장 크게 존중하는 것이고, 가장 훌륭하게 기념하는 것이다. 청나라 병사들이 흘린 선혈의 가치는 바로 여기에 있다.

그러나 청조는? 그들은 마치 여전히 '천조'의 미몽 속에서 깨어나지 못한 것처럼, 용감하게 완전히 새로운 세계에 진입했으나 여전히 그대로인 것처럼, 모든 것이 일어나지 않은 것 같았다.

이 책에 등장하는 인물의 출현 순서에 따라, 본래 심각하게 반성해야 하는 중요한 인물들의 전후 행동을 순서대로 살펴보자.

기선은 1841년 8월에 참감후(斬監候)의 형이 결정되었고 가을 이후에 집행될 예정이었으나, 가을이 되자 도광제가 성은을 내려 석방하고 절강군영으로 보내 속죄를 하게 했다. 하지만 혁산의 반대 때문에 장가구(張家口) 군대(軍臺)에 보내져 고된 일을 했다. 1842년 3월 장희가 그를 만났는데, 그가 장희의 정세 판단에 대하여 "매우 정확했다"라고 하였다.

전쟁이 끝나자, 기선의 죄명 역시 뒤집어졌다. 목창아 등이 그를 구원할 계획을 세우고 직예총독 눌이경액(訥爾經額)이 알현할 때, 이를 넌지시 도광제에게 알려 그가 허락했다.[02] 1943년 1월에 명령을 내려 기선에게 4등 시위(종오품)를 내리고 엽이강(葉爾羌, 지금의 莎車)의 참찬대신에 임명했다. 미처 부임하지 못한 상태에서 또 4월에 2품 정대를 받고 열하(熱河)도통으로 차출되었

---

02) 「軟塵私議」, 『叢刊 阿片戰爭』 5권, 533~534쪽.

다. 그러나 어사(御史) 진경용(陳慶鏞)이 직언하여 영국인이 제멋대로 날뛰는 이유는 기선이 '약한 모습을 보였기' 때문이라고 간언하자, 이에 도광제가 명령을 거두어들이고 기선을 파면하면서 "문을 닫아 걸고 잘못을 반성하라"라고 명령을 내렸다.[03] 막 끝난 전쟁에 대한 진경용의 분석은 여전히 유겸의 인심론(人心論)이었다. 그의 상주는 당시 유리사자(儒吏士子) 대부분의 인식 수준을 대표했다.

오래 지나지 않아 1843년 11월, 도광제는 기선에게 2등 시위(정4품)를 내리고, 주장판사대신(駐藏辦事大臣)으로 임명했다. 1846년에는 2품 정대를 받고 사천(四川)총독에 임명되었다. 1848년에는 두품정대를 받고 협반대학사로 관직을 옮겼다. 1849년에는 섬감(陝甘)총독이 되었다. 이로써 기선은 원래의 관직과 직함으로 복귀했다. 도광제가 그에 대한 평가를 다음과 같이 남겼다.

> 사천 총독으로 누가 되는 것이 가장 좋겠는가? …내가 볼 때 기선이 하는 것이 좋다. 그는 대단히 총명하며, 봉강(封疆)으로 오래 있었으며, 그가 처리하지 않은 일이 없다!…나는 이와 같이 그를 등용하려하니 그가 전력을 다하지 않겠는가?[04]

"그가 처리하지 않은 일이 없다"라는 말은 마치 아편전쟁 중에 한 일에 대한 이해를 포함하는 것 같다.

도광제 사후 얼마 지나지 않아, 기선은 재수 없는 일을 당했다. 1851년에 청해(青海)에서 무고한 사람을 무차별 살육하여 파직당하고 속죄하라고 길림으로 보내졌다. 그러나 얼마 지나지 않아 태평군(太平軍)의 흥기로 인해 3품 정

---

03) 『阿片戰爭檔案史料』 7권, 127~129쪽.
04) 張集馨, 『道咸宦海見聞錄』, 117~118쪽.

대를 받고 하남(河南)순무에 임명되어 계속 도통으로서 흠차대신의 직함을 받고 강북대영(江北大營)을 장악했다. 그리고 1854년 군중에서 사망했다.

1843년에 다시 출사하여 1854년 병으로 죽을 때까지, 우리는 기선의 이 11년의 경력 중에서 이번 전쟁 때문에 발생한 그 어떤 변화를 알아낼 수는 없었다. 주장대신으로 임명되어 영국을 정탐하기 위해 한차례 작은 정탐을 한 것을 제외하고,[05] 그의 주요 업무는 여전히 전통적인 사무에 있었으며, 그가 가장 관심을 가진 것은 어떻게 하면 다시 성은을 받을 수 있을 것인가? 이었다. 우리는 비록 그가 마음속으로 전혀 반성을 하지 않았는지 알 수 없지만, 그는 중국의 변혁을 위해 어떠한 유익한 일을 하지는 않았다. 이는 논쟁하거나 반박할 여지가 없는 사실이었다.

기선의 전후 활동을 보면 우리는 그가 전시에 세운 전쟁방지(회피)권략은 단지 일종의 일시적인 안일로 결코 장구한 계산과 전반적인 사고가 있었던 것이 아님을 알 수 있다. 그리고 19세기 위험한 현상이 꼬리를 물고 일어나는 사회 풍조 속에 이와 같은 일시적 안일의 추구는 단지 중국을 조금씩 재난으로 몰고 간 것일 뿐 그 가치가 없는 것이다.

임칙서는 1841년 6월에 이리(伊犁)에서 전력을 다하여 속죄하라는 명령을 받았다. 그리고 황하의 제방이 터졌기 때문에 8월에 하남 상부(祥符)로 이동하고 치수 공사(河工)를 도와주었다(기선과 동시에 판결을 받는다). 제방을 막은 뒤에 여전히 이리로 보내지는데 1842년 12월이 되자 혜원성(惠遠城)에 도착했다. 그는 2년 넘게 그곳에 머물렀는데, 이리 장군(伊犁將軍) 포언태(布彦泰)의 상주에 근거하면, 양향처(糧餉處)의 하급관리로 파견되었다고 했고,[06] 또 임칙서의 서신에 근거하면, 사실 "종일 한적하게 아무것도 하지 않았다"라고 했

---

05) 『阿片戰爭檔案史料』 7권, 759~762, 789~790, 803~804, 824~825쪽.
06) 위의 책, 6권, 561쪽.

다.[07] 서부 변경의 생활(西陲)이 매우 힘들었는지 임칙서의 서신과 일기에 근거하면 그는 마치 줄곧 병이 나 있는 것 같았다.

아직 이리에 도착하기 전, 즉 1841년 6월부터 1842년 12월까지 임칙서는 전쟁국면의 발전에 대하여 매우 큰 관심을 가지고 있었다. 비록 '수군(水軍)'을 건설하자는 주장이 실제에 부합하지는 않았지만(제6장에서 상세히), 쌍방의 군사상의 차이를 피부로 느끼고 있었다.

> 상대방의 대포 사정거리가 10리 내외로 적의 화포는 우리에게 도달할 수 있었지만, 우리의 화포는 적에게 도달할 수 없었다. 이는 우리의 화포가 불량하기 때문이다. 상대방이 포를 발사하는 것이 우리가 총을 발사하는 것처럼 소리가 끊이지 않았다. 우리는 포를 발사한 후 다시 발사하는데 시간이 많이 걸렸다. 이는 숙련된 기술이 부족하기 때문이다. …내지의 군관과 병사들은 비록 경험이 많았지만, 모두 얼굴을 맞대고 가까이서 싸웠을 뿐으로, 이와 같이 거리가 10리, 8리 떨어져서 피차 얼굴을 맞대지 않고 싸운 경우가 없었다. 그렇기 때문에 작전 중에 항상 상대가 되지 않았다.

이 분석에서 그는 8자의 중요한 말을 하였다. "기구가 양호하고(器良), 기술이 숙련되고(技熟), 용감하고(膽壯), 마음을 모은다(心齊)."[08] 이는 비록 완전한 구국의 방권이라고 말할 수는 없지만, 높이 살만한 진취적인 정신을 표현해 낸 것이다. 1841년 8월 어느 날, 그는 진강(鎭江)에서 위원과 만나는데, 이는 중국 근대 사상사를 위하여 기록할 만한 가치가 있는 한 페이지가 되었다.

---

07) 楊國楨編, 『林則徐書簡』, 200쪽.
08) 위의 책, 193쪽.

이리에 도착한 후, 임칙서는 의기소침하게 변하였는데, 그가 가장 관심을 가진 것은 경성인사들의 변동과 자신의 복권 가능성이었다. 이는 본래 당시 관계의 습관으로 그렇게 비난할 일은 아니었다. 1843년 4월과 10월에 섬서순무 이성원에게 두 통의 편지를 보내는데 여기서 그의 정서변화를 분명하게 알 수 있다.

첫 번째 서신에서;

동남쪽의 정세를 감히 입으로 말하지 못하겠다. 그들은 항상 내 마음속에 있다.
최후에 어떻게 될지 모르겠다.

두 번째 서신에는

바다에서 최근 일어난 일은 심각하기 그지없는데, 어떻게 여유롭게 깊이 생각할
시간이 있겠는가?[09]

이는 아마도 임칙서가 이성원과는 잘 안 맞는다고 생각하고 마음속의 말을 하지 않은 것 같다. 그러나 1843년 1월에 정(鄭)부인 및 장자(長子)에게 보내는 서신에는 대략 마음속의 말을 토로했다.

---

09) 楊國楨編, 『林則徐書簡』, 210, 216쪽.

어제 경성의 소식을 들었는데, 양위(혁경), 정립(혁산) 및 참찬(문위) 모두 사형(참감후)을 구형받았고, 우경당(牛鏡堂, 우감), 여자송(余紫松, **여보운**) 역시 모두 같을 것이라고 한다. 설령 지금 집행하지 않는다고 하더라도(**추수 이후 집행**), 역시 매우 위태롭다. 이에 근거하여 살피면 매우 상황이 좋지 않은데 이 또한 불행 가운데 행운이다…[10]

타인의 운명과 비교하면 임칙서 자신이 '겪은 고난'은 다행스러운 것이었다. 당연히 이도 걱정을 하는 가족에게 들려주는 위로의 말을 하는 것으로 해석될 수 있다. 우리는 임칙서가 이리에서 동남쪽에서 들려온 소식을 무심하게 들었다고 말할 수 없으며, 오히려 그는 이런 소식을 매우 소중하게 여겼다. 그러나 그는 이에 대하여 더 이상 평론을 하지 않았다. 죄를 지은 신분으로 조심스럽고 신중해야 했으며, 어쩌면 임칙서는 자신의 신분과 영향으로 볼 때 말은 많이 하는 것은 적당하지 않다고 생각한 것 같다.

1845년 초에 임칙서는 기회를 잡는데, 즉 신장(新疆) 각지의 황무지 개간 상황을 조사하러 가게 되었다. 이 기회는 이리장군 포언태의 추천으로 얻은 것이며, 또 이는 임칙서에 대한 도광제의 태도에 변화가 발생했다는 것을 나타낸다. 그해 10월에 도광제는 그를 북경으로 부르고 4, 5품 경당(京堂)에 임용했다. 12월에는 또 북경으로 올라오지 말라고 명을 내리고 3품 정대를 내리고 섬감총독 서리에 임명했다. 1846년 4월에 또 병환중인 등정정을 대신하여 섬서순무로 임직하라는 명을 내렸다. 1847년 5월에 다시 운귀(雲貴)총독으로 전근을 가고, 1849년 9월에 임칙서는 병을 이유로 사임을 허락받았다. 1850년 4

10) 위의 책, 203쪽.

월 그는 고향 복주로 돌아갔다.

죄를 짓고 변경으로 가면서부터 총독이 되기까지 임칙서는 정치적으로 상황을 완전히 역전시켰다. 특별히 의미가 있는 것은 임칙서가 몇 차례 관직을 옮길 때 도광제가 북경으로 불러 청훈(請訓)을 하는 관례를 따르지 않았다는 것이다. 그에게 책임이 있다고 여겼는지 혹은 아직 그를 용서하지 않았는지는 여전히 알 수 없다. 그러나 임칙서는 다시 활동을 재개하고, 주사권(奏事權)을 얻어 이 시기에 대량의 상주를 올렸는데, 이는 군신지간에 서신 교류가 있었음을 나타냈다.

최근 몇 십 년간의 연구는 임칙서가 중국의 현 상황을 개혁하려는 진보적 사상을 갖추고 있었음을 보편적으로 인정했다. 이런 사고의 맥락에 의하면 그는 다시 활동을 재개한 후 당연히 그 어떤 건의를 하였을 것이며, 당연히 그 어떤 행동을 하였을 것이다. 그러나 매우 유감스럽게도 나는 이 방면에 대한 증거를 찾을 수 없었다. 그의 세밀하게 일을 처리하는 태도는 종전과 같았으나, 단 판정, 심사 등의 전통사무를 주로 다루었다. 즉 당시 중국에 가장 급박한 임무는 한쪽에 방치해 놓고, 그는 단지 당시의 정치 방향에 순응하였을 뿐이었다. 한 명의 1품 대원으로서 이미 충분한 권력과 능력이 있었는데 그는 왜 말하지 않고 행동하지 않았을까?

장정불(蔣廷黻)선생은 임칙서가 알았다고 할지라도 말하지 못했을 것이며, 알았다고 할지라도 행하지 못했을 것이라고 생각하여,[11] 이에 대하여 도덕적 비난을 비판을 하였다. 사실상 또 하나의 가능성이 있는데, 즉 임칙서의 사상이 오늘날의 사람들에 의해서 과장되었다는 것이다.

나는 제2장에서 임칙서가 광동에서 외부세계의 각종 사항들을 사람들에게

---

11) 蔣廷黻, 『中國近代史』, 25~26쪽.

알리려고 했다는 주장은 전부 역사학자의 사료 수집에 의거하였다고 하였다. 그는 결코 외부세계에 대한 생각을 정면으로 나타내지 않았으며, 이 때문에 그의 세계를 바라보는 범위와 깊이에 대해 정확한 평가를 내리기는 어렵다. 그의 전쟁에 대한 판단 착오로 볼 때, 그는 마치 투철하게 이해를 하지는 못한 것 같다.

사람들이 임칙서가 중국을 개혁하려는 사상을 갖추고 있었다고 주장하는 이유는 위원의 『해국도지』 중에 "오랑캐(夷)의 장점과 기술을 스승으로 삼아 오랑캐를 제압한다."라는 이 유명한 명제(후에 소개하겠다)에 기원한다. 그러나 이 사상이 임칙서로부터 나온 것인지는 아직 직접적인 근거가 없다. 그가 광주에서 서양의 선포(船砲)를 구매한 사실을 가지고 증거로 삼을 수는 없는 것이다. 임칙서 전에는 호문 포대 위에는 행상이 구매한 양포가 설치되어 있었고, 임칙서 이후에는 혁산이 광동을 주관하던 시기에 행상이 돈을 기부하여 제조한 서양식 전선(戰船)과 서양식 병기를 모조하여 제조한 규모는 임칙서를 크게 초과하였다.

임칙서는 비록 훌륭하고 제한적으로 개안하여 세계를 바라보긴 했지만, 우리는 여기서 그의 중국을 개혁하고자하는 사상을 끌어낼 수는 없었다. 이는 신광사(神光寺) 사건을 예로 들어 설명을 할 수 있다.

남경조약의 중영 각 문서에 대한 견해 차이 때문에, 외국인이 각 통상항구가 있는 성에 들어갈 수 있는 방법이 각 지역마다 달랐다.[12] 1845년에 영국 외

---

12) 『남경조약』 중문본 제2조: "오늘 이후, 대황제가 은혜를 내려 영국 인민에게 그들의 가속을 동반하여 대청 연해, 광주, 복주, 하문, 영파, 상해 등의 5개 항구에 머물도록 하고 통상무역에 장애가 없도록 하고 영국 군주 영사, 관사령관를 파견하여, 그 다섯 곳의 '성읍'에 거주할 수 있도록 허락한다." 이에 근거하면, 영국 민간인은 오직 '항구'에 거주할 수 있을 뿐이며, 관원은 '성읍'에 거주할 수 있다. 그러나 남경조약의 영문본은 이와는 다르다. 원문은 다음과 같다. "His Majesty the Emperor of China agrees, that British Subjects, with their families and establishments, shall be allowed to reside, for the purpose of carrying on their mercantil pursuits, without molestation or restraint at the Cities and Towns if Canton, Amoy, Foochow-fu, Ningpo and shanghai, and Her Majesty the Queen of Great Britain, etc., will appoint Superintendents, Consular officers, to reside at each of the above-

교관은 복건성으로 진입하였으나 영국 민간인은 거절당하여 성 밖에 있었다. 1849년에 광주는 반(反) 입성 투쟁에서 승리하여 청조의 문무백관들을 크게 고무시켰다. 1850년 2월 함풍제가 등극하자, 대외 사무가 전의 강경한 태도와는 다르게 나타났다. 6월에 두 명의 영국인이 복주에 도착했는데, 영국 대리 영사 긴겔(William Raymond Gingell)이 성내에 있는 신광사의 방을 대신 세를 주고, 임대계약서를 날인하여 후관(侯官) 현령에게 주었다. 이은 영국 민간인이 처음으로 복건성에 진입하는 사건이 되었다. 막 고향으로 돌아 온지 얼마 되지 않았던 임칙서는 신사들로부터 이 소식을 듣고 후관 현령에게 공식적으로 서신을 보내 질의하고, 복건순무 서계여(徐繼畬)에게 상신하여 광주를 본받아 영국인을 쫓아내라고 요구했다. 이에 서계여는 천천히 방법을 강구하여 처리하겠다고 하고 사단이 일어나는 것을 피했다. 임칙서가 다시 상서를 올려 일련의 12가지 문제를 주장하고 그에게 두 명의 영국인이 성안으로 들어오는 것은 전쟁이 일어나게 하는 것과 같다고 표현하였다. 이를 위하여 그는 계속 서계여에게 "만일 그 신사와 백성들이 방어를 도우면 양쪽에서 협공하는 형세가 되는 것이며, 또한 반드시 공손히 유지를 기다려, 응당 신속하게 그대로 따라야 한다."라고 표시했다.[13] 이외 그는 또 복건출신 언관에게 연락하여 상주하게 하여 일시에 큰 안건으로 만들었다.

외국인의 입성을 어떻게 보아야 하는지에 대한 당시의 가치 관념은 오늘날

---

named Cities Towns…" 현대 한어로 직역하면, "중국황제폐하가 영국 신민 및 가솔, 종복이 오늘 이후 광주, 하문, 복주부, 영파 그리고 상해의 도시 혹은 진에 거주하는 것을 허락하고 통상무역에 있어서 방해와 제한을 받지 않는 것에 동의한다. 영국과 각 지역을 통치하는 여왕 폐하가 감독 혹은 영사관원의 파견을 명하여 상술한 도시와 진에 거주한다.…" 남경조약의 각 조항의 집행 상황으로 보면, 상해는 이미 입성을 실현하였고, 후에 조계지가 설립되어 반대로 성에서 나오게 된다. 영파 역시 입성을 실현했다. 하문성은 오직 직경 2화리(華里)의 군사요충지이기 때문에 이런 이유로 입성하지 않았다. 광주는 민중이 반대하여 영국 관원과 민간인의 입성을 단호히 거절하였다.

13) 『阿片戰爭檔案史料』 7권, 1006~1007쪽. 같은 주장이 임칙서가 장사위 유제함(劉齊銜)에게 보낸 서신에 나온다(王鐵藩, 「林則徐兩封未發表的書信」, 『福建學刊』 1992, 3기).

과는 완전히 다르다. 그러나 이는 전후 임칙서가 개입한 서방과 관련이 있는 유일한 사건이기 때문에 그의 사상이 당시 중국사회의 사상과 수단보다 높았는지 식별할 수는 없다. 대권을 수립하는 방면에서 말하자면, 여전히 1년 전의 서광진(徐廣縉), 엽명침(葉名琛)의 재현이었으며, 무력을 아끼지 않는다는 경솔한 태도였다. 이는 또 그가 지난번의 벌어진 전쟁의 교훈을 받아들이지 못했다는 것을 설명한다. 역사가 이미 이런 방법을 사용해서는 '오랑캐를 제압(제이)'할 수 없으며 오직 '오랑캐'에게 제압당할 뿐이라는 것을 증명했다.

신광사 사건 전에 함풍제가 임칙서를 북경으로 오라고 명령하였는데, 이는 그를 중용하기 위함이었다. 신광사 사건 이후 광서(廣西)에 '도적들이 크게 일어나자'(이때는 청 정부가 아직 홍수전의 일을 몰랐을 때이다), 함풍제가 1850년 10월 임칙서를 흠차대신으로 임명하고 광서로 가서 "사악한 무리들을 토벌 평정하라"라고 명령을 내렸다. 11월 5일에 그는 복건에서 출발하여 22일에 광동 보녕(普寧)에 이르러서 병사했다. 민간 전설에는 행상이 사람들을 보내 독살한 것이라고 하지만 증거는 없다. 병이 위중하여 구두로 받아 적은 것과, 그의 아들 임총이(林聰彝)가 기록한 유서에는 여전히 신하의 주군에 대한 일편단심의 충심이 나타나 있을 뿐 우리가 희망하는 새로운 기상을 볼 수는 없었다.[14]

도광제는 영국군이 장강에서 물러났다는 소식을 듣고 길게 안도의 한숨을 쉬었다. 2년 여 동안 벌어진 전쟁이 마침내 끝났으며, 천하는 마침내 태평해졌다. 그의 이에 대한 첫 번째 반응을 보면 그의 천성이 잘 드러난다. 즉시 연해의 각 성에 철군을 명령하는데 이는 엄청나게 드는 군비를 절약하기 위해서였다.

---

14) 『林則徐集 奏稿』 하, 1181~1182쪽.

임칙서가 북경에서 온 서신을 수집하여 기록 편찬한 『연진사의(軟塵私議)』에 전후 북경의 정경을 묘사하고 있다.

> 강화를 한 후, 경도의 성문(都門)은 여전히 평소의 일락과 유희로 돌아갔으며, 비가 지나가자 우뢰를 잊어버린 것 같았다… 해안 변경의 일을 말하거나 문장으로 쓰면 저촉되고 금기시되어 절대 언급하지 않았다. 즉, 찻집과 술집에서도 역시 '그때의 일을 이야기하지 않는다는(免談時事)' 네 자를 크게 쓰고 마치 시서로 서로 의논하고 사사로운 말을 나누는 것을 금기한 것 같았다[15]

이것은 당연히 군주의 좋고 싫음과 상관이 있다. 비록 전쟁의 결과가 잔혹하였지만, 도광제는 심각하게 스스로 반성을 하지는 않고, 여전히 지난날과 다름없이 일체의 모든 책임을 부하들에게 전가하였다. 우감을 체포하여 심문한 후에, 그는 또 혁산, 혁경, 문위(文蔚) 등 전방 사령관을 형부(刑部)로 올려보냈고, 전부 다 참감후(斬監候)의 명을 내렸다. 그는 마음속으로 패전의 원인이 이 몇 명의 신하들이 전심전력으로 일을 처리하지 못했기 때문이라고 생각한 것이다. 즉 '천조'의 수난은 충성스럽고 현명하고 지혜가 뛰어난 신하가 없었기 때문이라는 것이다. 1842년 10월 2일, 이성원은 일기에 다음과 같이 적었다.

> 능향(楞香, 程庭桂)의 권에 보면, 황제를 알현하였을 때, 황제가 영이(英夷)에 대하여 말하였고, 늘 인재를 임용하는 데 명확하지 않

---

15) 「軟塵私議」, 『叢刊 阿片戰爭』 5권, 529쪽.

앗으며, 깊이 후회하고, 주먹을 쥐고 가슴을 쳤다고 한다.[16]

그는 "주먹을 쥐고 가슴을 두드리면서" 후회하면서, 하나의 잘못을 인정하는데 "인재를 임용하는 데 명확하지 못하였다"는 것이다. 1년여가 지난 후 등정정이 이리에서 석방되어 북경으로 돌아오는데, 도광제가 그를 접견할 때 여전히 "사람을 잘못 기용했다"(임칙서를 가리킨다)고 말했다.[17] 이런 점에 기초하면, 그가 전쟁 중에서 얻은 교훈은 겨우 우수한 신하를 신중히 고르는 것이었다. 기영이 바로 그가 이 시기에 발견한 인재 중 한 명이었다.

전쟁이 끝난 후, 도광제는 각 성에 해양 방어시설을 건설하라는 명령을 내렸지만, 군사학적인 검토를 한 적이 없기 때문에, 각 지역은 뜻밖에도 옛날 그대로 답습하여 전혀 개선을 하지 못했다. 혁산이 1842년 10월에 광동에서 서양식 전함을 모방하여 건조하고, 구식의 사선 건조를 중지하여 경비를 서양식 전함을 건조하는 데 사용하자고 건의했다. 도광제는 이에 대하여 자못 관심을 가지고 혁산에게 설계도를 복건, 절강, 강소 3성의 관원들에게 보내 참고하게 하라고 명령했다.[18] 당연히 서양식 전함을 건조하는데, 재료와 기술이 모두 부족했으며, 특히 경비의 제한으로 각지의 관원들이 구실을 대고 거절하자, 곧 다시 거론하지 않았다. 기공(祁貢)이 1842년 11월에 화륜선(火輪船)을 모방하여 건조하는데, "내지의 장인들이 그 방법을 따라 할 수가 없자" 오문에서 '오랑캐 장인(夷匠)'을 고용하자고 건의했다. 이는 바로 도광제의 신경을 건드렸는데, 차라리 화륜선을 건조하지 않으면 안했지 이런 위험한 '오랑캐

---

16) 『李星沅日記』 상권, 432쪽.
17) 「林則徐寄陜寓家書」, 『嶺南文史』, 1995, 1기.
18) 『籌辦夷務始末(道光朝)』 5권, 2394~2399쪽.

장인(夷匠)'을 입국시킬 수 없다고 하면서, 신속히 중지하라는 유지를 내렸다.[19] 기영이 1843년에 신식 격발창을 진상하자 도광제가 이를 너무나 좋아하여 손에서 떼어 놓지 못하였다. 그러나 그는 기영이 제시한 모방하여 만드는 일에 대해서는 주비에 "경이 운운한 모방하여 제조하자는 말은 짐으로 하여금 망양지탄(望洋之嘆)을 느끼게 한다.'[20] 본래 전쟁서 패한다는 사실은 가장 쉽게 사람들을 기물방면으로 고려하게 하고 혁신을 진행하게 하여 파문이 확대되는 식의 변화가 발생하게 된다. 그러므로 이러한 일보를 내딛지 못하면 기타를 논할 필요가 없는 것이다.

도광제는 연로했다. 전쟁이 끝난 그해 이미 60세였다. 20년간 집정하면서, 밤낮으로 고생하고, 근검절약하여 일반 사람들보다 더 쇠약했다. 만세야(萬歲爺)는 항상 만세 할 수 없었다. 신하들조차도 모두 그의 건강이 좋지 못함을 알아차리고, 양무(洋務)에 관한 나쁜 소문 및 흉작, 도적 등의 일들을 무턱대고 속었다. 그는 여타의 노인들과 같이 천하 평안을 희망하고 귓가에 안정적이라는 소리들 듣고 싶어 했으며, 다시는 수면 아래에서 세차게 흐르는 암류를 자세히 밝히려고 하지 않았다.

모든 것이 궤도에 오른 사회에서, 현재 상황에 대한 만족과 진취적인 정신의 부족은 전통정치학의 가장 높은 경지이다. 그러나 전후 중국이 직면한 서방이 위협하는 위험한 환경에서 현재 상황에 만족하고 진취적 정신이 부족하다는 것은 가장 나쁜 정치이다. 시대는 변했다는 것을 도광제는 전혀 자각하지 못하였으며, 결국 다리는 신시대로 따라 들어갔는데, 두뇌는 오히려 여전히 구시대에 머물러 있는 상태가 되었다.[21] 전제사회에서 황제의 의지(旨意)는

---

19) 『籌辦夷務始末(道光朝)』 5권, 2470~2471쪽.

20) 「道光朝留中密奏」, 『叢刊 阿片戰爭』 3권, 472쪽.

21) 陳旭麓, 「道光帝是怎洋一個皇帝」, 『陳旭麓學術文存』, 上海人民出版社, 1990, 710~722쪽.

모든 것을 결정한다. 도광제는 이 때문에 그 기회를 잃었다.

그러나 그가 죽음에 이르렀을 때, 광동에서 또 그를 흥분하게 만드는 좋은 소식이 전해졌다.

기영의 조회에 근거하면, 영국은 1849년 4월 6일에 광주성을 자유 진입할 수 있는 권리를 얻었다(後에 곧 서술할 것이다). 기한이 되자 도광제는 양광총독 서광진(徐廣縉)이 올린 상주에 "그것을 거절하기가 가파른 산을 넘는 것과 같아, 사단이 일어나는 것을 피하기 어렵다"라는 보고를 받고는 "전(前) 조약을 실행하여 잠시 입성을 허락하라"라고 명령을 내렸다.[22] 그러나 이 유지가 광주에 도착했을 때는 민중의 반입성(反入城) 정서가 이미 고조되어 서광진으로 하여금 집행할 수 없게 만들었다. 그리하여 사광진은 한편으로는 거짓으로 영국인에게 대항하는 분위기를 조성하면서, 다른 한편으로는 입성을 거절한 상황을 도광제에게 보고했다. 도광제는 영국인이 입성을 포기한다는 소식을 듣고 개전 이래 느낀 적이 없었던 기쁨을 느꼈다. 그는 서광진을 자작에, 광동순무 엽명침(葉名琛)을 남작에 봉하고 하포(荷包), 반지(扳指), 연호(烟壺) 등의 상을 내리고, 유지에 광동 백성들이 "대의를 깊이 알고 용기가 있으며 상대방을 잘 알고 있다"라고 하면서 크게 칭찬했다.[23] 그리고 그는 '이'를 제압하는 새로운 방법을 찾았다고 여기는데, 즉 민중과 연계하고, 민기(民氣)를 이용하고, 혈육을 총포(槍砲)에 대항하는 역량으로 삼는 것이었다.

비록 오늘날 사람들이 광주의 반 입성 투쟁에 대해 각기 다른 주장을 하지만, 나는 그것이 중국의 전진을 위한 진정한 방향을 대표하지는 않는다고 생각한다. 비록 오늘날 수많은 사람들이 민중투쟁에 대하여 매우 높은 평가를 하고 있지만, 나는 그것으로 서방열강의 군사, 경제, 정치적 공세를 저지하기

---

22) 『籌辦夷務始末(道光朝)』 6권, 3164~3169쪽.
23) 위의 책, 6권, 3183, 3190쪽.

는 어렵다고 생각한다. 중국이 서방을 막아내기를 희망한다면, 반드시 스스로 강대해져야 한다. 그래서 반드시 가야할 그 길은 일본과 같이 서방을 배우는 것에 있었다. 그런데 그런 서방에 맞서야 한다는 강렬한 정서의 발생과 발전은 비록 그럴 만한 충분한 이유가 있었기는 했지만, 이것으로부터 발생한 대항은 많아봐야 단지 저급한 형식의 투쟁이었을 뿐이며, 게다가 당시의 사람들로 하여금 진정한 역사적 사명과 민족의 장래를 보지 못하도록 하였다.

도광제의 거대한 포상 때문에 조정과 재야 위아래 모두 대외에 강경한 태도를 보였다. 이는 세계정세로부터 나온 진정한 판단이 결코 아니라, 전쟁 전의 맹목성과 상관이 있다. 그들은 오직 지난 전쟁에 대한 복수를 보고하고 싶어했을 뿐, 지난 전쟁의 교훈을 잊어버렸다. 그리고 몇 년 후, 이에 대한 결과가 나타났다.

그러나 기쁨이 충만했던 도광제는 이미 그 결과를 볼 수 없었다. 반 입성 투쟁에 승리한지 반년이 지나서 1850년 2월에 그는 세상을 떠났다. 이 모든 고통을 그의 아들 함풍제 혁저(奕詝)에게 전가하였는데, 그가 평생 가장 좋아하고 붕어한 곳인 당시 세계에서 가장 화려하고 아름다운 황가의 정원인 원명원(圓明園)이 10년 후에 영국군의 방화에 의해 잿더미가 되었다.

이리포는 1843년 3월에 광주에서 병사했는데, 특별한 유언을 남기지는 못했다.

양방은 1841년 7월에 광주전투에서 패한 후, 호남제독의 본임으로 돌아와 병을 돌볼 것을 허락받았다. 도광제는 유지에 "반드시 나의 마음을 잘 헤아리고 받아들여야 한다. 특별히 건강에 주의하고 나라를 위해 봉사해야 하며, 장래에 기회가 있을 것이다"라고 하였다.[24] 그러나 그는 후에 "나라를 위해 봉사할 수 없었으며", 1843년 노환으로 사직을 허락받고 귀주의 고향으로 돌아

---

24) 『淸史列傳』 10권, 3068쪽.

가 만년을 보냈다. 1846년 향년 76세에 사망했다. 기록에는 "『평평록(平平錄)』 등의 10종의 권을 썼다"라고 했다.[25] 그러나 그가 전후 중국에 대하여 어떠한 건의를 했는지 모른다.

혁산은 1842년 11월에 형부에 넘겨져 치죄당하고 참감후의 형이 결정되었다. 그리고 1843년 초에 북경으로 압송되어 종인부(宗人府)에 감금되었다. 그해 9월에 석방되었다. 얼마 지나지 않아 2등 시위로서 화전(和闐) 판사대신(辦事大臣)이 되었다. 이후 그는 신강에서 여러 관직을 거쳤으며, 1850년 이리장군에 임명되어 여러 차례 그 지역의 반란을 평정했다.

다른 사람들과 비교하여 혁산은 비교적 많은 기회가 있었는데, 그의 직권이 공교롭게도 크게 확장하고 있는 러시아의 정면에 있었기 때문이다. 그러나 그는 청조에 계속 재난을 불러왔다.

러시아는 1830년대에 카자흐(哈薩克)를 병탄한 후, 중국의 발하슈호(巴爾喀什湖)로 이동하여 이북 지역으로 침입하기 시작하고, 여러 차례 이리(伊犁), 탑이파합태(塔爾巴哈台, 지금의 塔城), 객십갈이(喀什噶爾)에서의 통상을 요구했다. 도광제는 이를 거절하여 사단이 일어날 것을 두려워하여, 이리 관원에게 잘 협의하여 상주 준비를 하라고 명령했다. 혁산 등이 의논을 한 후 이리, 탑이파합태 두성의 개방에 동의했다. 그리고 도광제가 죽자 함풍제가 이번원(理藩院)에 보내 다시 의논했다. 이번원이 혁산의 의견에 동의하고 러시아 측에 이리를 방문하여 조약을 체결하라고 통지했다.[26]

1851년 7월, 이리 장군 혁산은 러시어 대표 코발레프스키(E. P. Kovalevsky)와 이리에서 담판을 했다. 러시아 측은 이리, 탑이파합태 이 두 성에서의 통상방법을 1793년의 '카흐타 시약(市約)'에 따라 처리하자고 제의했다. '시약'이 무

25) 李元度, 『楊勤勇公事略』 ; 錢儀吉, 繆荃孫 등 편찬, 『淸朝碑傳全集』 3권, 2549~2551쪽.
26) 余繩武 등, 『沙俄浸華史』 2, 3권, 人民出版社, 1978, 1981.

엇인지 몰랐던 혁산은 러시아 측이 보낸 조약을 보고 "직함과 인명에 모두 잘못된 곳이 없으며, 그 오랑캐가 날조한 것이 아니다"라고 보고 곧 동의하고 '이리, 탑이파합태 통상 장정'에 사인을 했다.

평등한 '카흐타 시약'에 따라 체결한 신 조약은 중국에 오히려 매우 불리했는데, 그 가장 중요한 것이 다음 세 가지이다. 1)조약에 "양측 상인들의 일은 각자 공평하게 처리한다."라고 규정했는데, 이는 변경에 위치한 카흐타에서는 대등한 것이나, 중국 내지의 이리, 탑이파합태에서는 대등하지 못한 것이었다. 중국 측은 러시아의 도시 내에 중국 상인에 대한 사법권이 없기 때문이었다. 이는 바로 조약의 기타 규정을 종합하면, 사실 러시아 측에게 영사재판권을 넘겨준 것이다. 2)조약에 양국의 무역에 "서로 세금을 징수하지 않는다."는 규정이 있다.[27] 이도 카흐타의 방법을 모방한 것이다. 중국 경내 도시에서 면세를 실행하는 것이지만 러시아는 이에 상응하는 도시를 결코 개방하지 않았기 때문에 사실상 단 방향적 면세가 된 것이다. 3)조약에 '무역정(貿易亭)', 또는 '매매구역'의 설립을 규정하였는데, 러시아가 이를 다스리는 것으로 이는 조계지와 같았다. 당연히 조약을 체결한 혁산은 이런 이해관계를 결코 알지 못했으며, 반대로 상주에 "오랫동안 실행할 수 있습니다"라고 했다.[28] 예컨대 이런 종류의 말투는 우리는 이미 앞 장의 기영에게서 겪은 바가 있다. 그러나 함풍제도 그의 아버지와 같이 순순히 조약을 비준했다.

1856년 1월에 혁산은 흑룡강 장군에 임명되었다. 이때 마침 러시아가 흑룡강을 무장 항행하였지만, 혁산이 감히 저지하지 못하고 단지 정찰을 하고 상부에 보고를 했을 뿐이었다.[29] 1856년 봄, 함풍제는 러시아 측이 여러 차례 '분

---

27) 『籌辦夷務始末(咸豊朝)』 1권, 중화서국, 1979, 2~8쪽.

28) 위의 책, 1권, 중화서국, 165~169쪽.

29) 다른 방면에서 보면, 혁산도 단지 유지를 받들어 일을 처리한 것이다. 당시 흑룡강의 주둔군은 이미 내지에서 차출되어 태평천국을 진압하는데 참가하고 있었다. 그리고 함풍제는 북방에서 전쟁이 일

계(分界)를 요구하자 혁산에게 무라비예프(Nikolai Muraviev)와 '회동하여 현장조사'를 하라고 명령하고, 또 "반드시 구 조약을 철저히 지킬 것과(네르친스크 조약) 그 오랑캐로 하여금 마음대로 불법 점령하지 못하도록 하라"라고 지시를 내렸다.[30] 혁산은 교지를 받은 후, 제제합이(齊齊哈爾)를 떠나 원혼(瑷琿)으로 갔다.

이때의 원혼은 군사상 이미 중국의 내지가 아니었다. 러시아가 여러 차례 무장 항행하였으며, 특히 블라고베셴스크(海蘭泡)에 군사기지를 건설한 후에 원혼은 이미 러시아 화포 아래 위태로운 도시가 되어 있었다. 1858년 5월 23일에 시작된 중러 담판은 강요에 의한 굴욕적인 분위기가 가득 차 있었다. 러시아 측의 총과 포를 쏘고 트집을 잡아 고의로 말썽을 부리는 등의 압력 아래 혁산은 17년 전의 광주에서와 마찬가지로 단숨에 굴복을 했다. 5월 28일에 그가 체결한 '원혼조약'은 흑룡강 이북 60만㎢의 국토를 이윤 없이 판매하고 또 우쑤리강(烏蘇里) 동쪽 40만㎢의 국토를 '양국 공동 관리구역'으로 고친 것이었다.[31]

1859년에 중 러는 북경 회담에서 청 정부가 '원혼조약'을 부결시키자 혁산이 이로 인해 파직을 당했다. 1860년에 중 러 북경조약이 체결된 후, 그는 또 이듬해에 다시 활동을 재개했고, 상백기(鑲白旗) 만주(滿洲)도통에 임명되었다. 이후 계속 경관을 역임했다. 1871년 내대신(內大臣)의 직함을 받고, 아편전쟁 전의 어전대신, 령시위내대신(領侍衛內大臣)의 관직을 회복했다. 1874년에 그는 병으로 퇴직했다.

혁산은 매우 오래 사는데, 도광, 함풍, 동치 세 황제의 관리로서 일했다. 그

어나는 것을 바라지 않았으며, 게다가 오래지 않아 제2차 아편전쟁이 폭발한다. 또 줄곧 흑룡강, 길림 관원에게 분쟁을 피하라고 명령을 내렸다.

30) 古宮博物院明淸檔案部編, 『淸代中俄關係檔案史料』 3편 중권, 中華書局, 1979, 411~426쪽.

31) 淸代中俄關係檔案史料』 3편 중권, 507쪽.

러나 그가 아편전쟁에서 무슨 교훈을 얻었을까? 우리는 오직 1858년 원혼조약에서 느낄 수 있는데, 즉 소위 분쟁을 방지하였다는 것이다. 그는 아편전쟁에 관련된 주요 관원 중에 가장 오래 살았지만 그의 사상은 시종 아편전쟁 전에 있었다. 1878년 그가 88세 고령으로 사망하자 청 조정이 그에게 '장간(莊簡)'이란 시호(諡號)를 내렸다. 대략 옛 의지를 고수한다는 '장(莊)'과, 오랫동안 관직에 있었으나 공이 없는 '간(簡)'이라 말할 수 있다.

안백도는 1842년 1월에 파직당해, 고향으로 돌아가는 도중에 장주(漳州)를 지나는데 가마에서 내려 부하에게 몰래 이야기하기를 "만약 좋은 소식이 있다면(다시 출사하는 것), 그것은 바로 광동으로 특별히 파견되는 것"이라고 하였다.[32] 그는 관직에 눈이 먼 부끄러움을 모르는 사람이라고 할 수 있다. 우감, 혁산 등과 비교하여 그는 운이 좋았는데, 결국 참감후의 형이 내려지지 않았다. 그러나 도광제는 "터무니없는 말로 넘어 가려고 하고 전부 사실이 아니다"라고 하면서 그를 매우 미워하여 시종 다시 활동하지 못하게 하였다. 그는 고향에서 10여 년을 묵묵히 보냈다. 이후 1853년에 태평군이 일어나자 그는 그곳에서 부름을 받아 공주(贛州, 강서)에 도착하지만 길이 막혀 중도에 돌아오게 된다. 다음해 그는 또 포기하지 않고 소주로 방향을 바꾸지만 병이 들어 객지에 머물며 치료를 했다. 결국 1855년 타향에서 죽었다. 기록에서 아편전쟁 이후 그의 활동을 찾을 수 없었다.

혁경은 1842년 11월에 해당 부서에 넘겨져 참감후의 판결을 받았다. 북경에 도착한 후, 종인부에 수감되었다. 1843년 4월에 기선과 함께 복권되지만, 어사 진경용의 간언으로 동시에 "문을 닫아걸고 잘못을 반성하는 것"으로 바뀌었다. 그러나 반년 동안 문을 걸어 잠그고 반성을 하지만 깨달은 것 없이, 곧

---

32) 張集馨, 『道咸宦海見聞錄』, 66쪽.

10월 2등 시위이자 엽이강(葉爾羌) 방판대신(幫辦大臣)이 되고, 후에 이리(伊梨) 영대대신(領隊大臣)에 임명되었다. 1846년 고문에 의한 강제 자백으로 파직당하고 흑룡강으로 보내져 고된 일을 하게 되었다. 도광제 사후 석방되어 신강에서 일했다. 1852년 북경에 차출되어 공부시랑 등의 직권을 역임했다. 1853년 태평군이 남경(南京)을 공격하여 점령하자 예비대가 북상할 때, 그는 밀운기(密雲旗) 병력을 이끌고 산동으로 가서 방어선을 구축했다. 그해 11월에 군에서 사망했다. 아편전쟁이 그에게 준 교훈은 단지 하마터면 생명을 잃을 뻔한 것 이외에는 없었다.

유운가는 교전지역의 독무(督撫) 중에 유일하게 처벌을 받지 않고 오히려 영전한 사람인데, 이는 그가 사람들에게 잘 보였기 때문이다.

1842년 5월 18일부터 영국군이 사포(乍浦)를 함락하고, 항주를 공격할 것이라고 큰소리를 치자 유운가는 곧 혼비백산하여 지병이 도졌다. 6월 1일에 그는 기영을 만나러 가흥(嘉興)으로 돌아가는데, 그곳에서 유지를 받들어 광주장군에 부임할 준비를 하지만, 앞으로 희망이 없다고 여겨 침상에서 일어나지 않았다. 6월 15일의 상주에, 스스로 "병세가 나날이 나빠진다."라고 하였으나 도광제가 "항상 국사가 더 중요하다"라고 유지를 내렸다. 6월 26일의 상주에 명쾌하게 당일 이미 순무의 인장을 포정사에게 주어 "잠시 관리하게 하였다"라고 밝혔다. 도광제는 부득이 1개월의 휴가를 주었다. 7월 29일에 다시 상주를 올려 20일의 휴가를 더 요구하자, 도광제는 8월 5일 주비에 다시 1개월의 휴가를 주겠다고 적었다. 그러나 11일이 되자 그는 기적적으로 건강을 회복하여 부하를 접견하고 지침을 세웠다. 16일, 즉 8월 5일의 주비가 아직 도착하지 않았을 때, 바로 주도적으로 상주를 올려 이미 직무를 인계받아 업무를 보고

정상적으로 출근했다고 보고했다.[33] 이때의 남경 담판은 유익하고 건강한 분위기를 조성했을 가능성이 매우 큰데, 특히 혁경이 이리포가 절강순무를 대리하기를 희망한다는 상주를 올렸다는 소문이 특효약이었을 것이다.

전후 유운가는 유지를 받들어 해양 방어시설을 중건하는데, 영파, 진해 등지에 도착하여 자신의 눈으로 당년에 건설했던 방어시설이 전부 파괴되었음을 목도하지만, 그는 근대 전술과 건축기술을 몰랐기 때문에 문제를 발견할 수 없었다. 반대로 "전에 건설했던 각 지역 곳곳이 요충지로 뚫고 들어갈 만한 구멍이 없다고" 여겨 원래의 시설과 같이 회복시키라고 명령했다.[34] 1843년 8월에 그는 방대한 양의 절해선후사의(浙海善后事宜)라는 상주를 올렸는데, 이는 모두 24조항의 조치로 오늘날의 지식을 판단하건데, 전부 핵심이나 요점을 터득하지 못한 것이었지만, 오히려 군기대신과 호부, 병부, 공부의 관리들의 진지한 토론을 거쳐 9월에 유지가 내려졌다.[35] 그러나 이때의 유운가는 이미 자신도 믿지 않는 선후사의를 실현시킬 필요도 없이, 민절(閩浙)총독으로 영전했다.

기왕 군사적으로 대적하기 힘든 이상, 총명한 유운가는 '이'에 항거할 새로운 방법을 찾아냈다. 1844년 6월에 영국 영사 레이(George Tradescant Lay)가 부임하고, 복주가 정식으로 개방되었다. 그러나 영국인은 유운가가 암중에 이미 안배를 해놓았음을 전혀 몰랐다. 1)영국 상인들이 무이산(武夷山)의 차(茶)에 빠지자, 그는 바로 병사들을 파병하여 길목 곳곳에 초소를 설치하여 곤란하게 만들고 차상(茶商)들로 하여금 불편함을 느끼게 하여 광주로 길을 돌리게 했다. 2)영국 상인들이 복주에서 상품을 팔기를 원하자 그는 곧 성내의 상

---

33) 『阿片戰爭檔案史料』 5권, 407, 443, 483~484, 761~762쪽; 6권, 79~80쪽.

34) 위의 책, 6권, 740쪽; 7권, 224~237쪽.

35) 위의 책, 7권, 302~320쪽.

인들에게 그들과 교역하지 말 것을 권유했다. 가장 먼저 복주에 도착한 것은 미국상선 한 척이었는데, 정박하고 1개월 동안 교역이 없자 가격을 낮춰 내놔도 효과가 없었다. 유운가는 신속하게 손님을 보내기 위해, 또 상인들로 하여금 소량을 구매하게 하여 그들로 하여금 항구를 떠나는 여비로 삼게 하였다. 그렇게 다음해인 1845년 복주의 무역액은 겨우 37만 원으로 그 악명이 널리 퍼져서 1846, 1847년에는 결국 한 척의 '번선(番船)'도 복주를 찾지 않았다. 유운가의 계권은 성공했다. 그의 관리 아래 복주는 명목상으로는 개방을 했으나 사실은 문을 닫은 것과 마찬가지였다. 진상을 잘 알지 못하던 영국과 미국 등은 복주에서 온주(溫州)로 통상 항구를 옮길 생각을 하게 되었다.

영국인의 입성문제를 다루는데 있어 유운가는 지혜가 풍부하고 계략이 많았다. 레이가 처음 왔을 때, 그는 조약(중문본) 규정에 영국 관리는 입성을 할 수 있다는 사실을 분명히 알고 있었지만, 오히려 영사는 상무(商務)를 관리한다는 이유로 입성을 거절하고 성 남쪽 항구지역인 남태(南台)에 거주하게 했다. 영국 공사 데이비스(Sir John Francis Davis)가 이 누추한 집을 보고 다시 입성을 제의했다. 유운가는 비밀리에 신사들에게 민정이 불안정하다고 반대 상서를 올리게 했다. 그러나 데이비스가 복주에서 영사(領事)를 철회한다고 압박하자, 유운가는 영국이 복주를 다른 항구로 바꾼다고 할까봐 두려워하여 곧 영사의 입성에 동의했다. 단, 그들을 성 서남쪽의 성벽과 가까운 인적이 드문 곳인 오석산(烏石山, 지금의 烏山) 적취사(積翠寺)에 머물게 하고, 영국 민간인이 만약 입성하여 거주하려면 계약서에 반드시 지방관의 인장을 찍어야 하며, 그 권한은 여전히 청국 측에 있다고 협의하여 결정했다.

유운가는 이 수법을 절대로 비밀로 하고 상주에 정절(正折)과 밀편(密片)으로 나누어 보고했다. 정절에는 전부 관료적인 말이었으나, 밀편은 도광제로 하여금 발설하지 못하게 하였다. 이 내막에 대해 잘 알고 있던 사람은 겨우 포정사 서계여(徐繼畬) 한 사람뿐이었다. 영국 영사는 시종 이 너그럽고 예의가 있으며 자주 왕래하던 일품대원이 암암리에 뜻밖에도 교란, 견제의 술수를 쓰는 것을 발견하지 못했다. 유운가는 밀편에 그 목적을 설명하였는데, "복주에서 계속 통상을 하지 않고 수 년이 지나면, 그 오랑캐들은 낙담하여 돌아갈 것입니다. 즉, 성도(省城)는 근본적으로 중요한 지역으로 우리 백성이 아닌 사람이 이곳에 접근하게 해서는 안 됩니다."[36] 이렇듯 그는 전쟁 전의 문을 잠그고 타국과 내왕하지 않는 옛 길로 돌아가고 싶어 한 것이다. 그의 이런 뭇사람들과 다른 '오랑캐를 제압하는' 방법은 중국이 진흥하는 길과 정반대방향으로 가는 것이었다. 비록 도광제가 매우 칭찬했을지라도 말이다.

1849년에 광주가 반입성에 승리한 후, 유운가의 이 정권은 환영받지 못했다. 사람들은 직접적인 대항이 나오기를 기대하였으며, 그의 표면적으로 '오랑캐에 아첨하는' 태도에 극히 반감을 가졌으며, 그의 배후에 있는 '오랑캐를 제압하는' 수법에 대해서는 잘 알지 못했다. 1850년에 신광사(神光寺)사건이 발생했을 때, 그는 밖에서 군대를 살펴보고 성도로 돌아온 후, 임칙서의 감정적인 방법에 동의하지 않고 여전히 그 관행적인 계권(장인을 고용하여 집을 수리하지 못하게 하는 것, 임대료를 받지 못하게 하는 것, 또는 입성한 영국인 교사나 의사들에게 백성들로 하여금 교육받거나 치료받지 못하게 하는 것)을 사용하여 영국인을 쫓아내려 했다.

그러나 등극한지 얼마 안 된 함풍제의 요구는 당당한 승리였기 때문에 그는 큰 질권을 당했다. 유운가는 더 이상 앉아 있을 수가 없자 절강의 군대를 살피러 나갔는데, 엄주(嚴州, 지금의 建德 경내)에 이르러 병이 나서 휴가를 청했다. 함풍제는 그의 수작을 간파하고 그것을 역이용하여 그를 해임하고, "고향으로 돌아가 요양하라"라고 했다. 그러나 유운가가 사직한지 얼마 되지 않아

---

36) 이상 3절은 나는 려영경(黎永慶) 선생의 논문, 「第一次阿片戰爭後福州問題考辯」, (『歷史檔案』, 1990, 2기)을 참고했다. 인용한 자료는 『阿片戰爭檔案史料』 7권, 560~568쪽을 참고.

복주의 항구 무역은 크게 증가하게 되었다.

함풍제의 제위기간 동안 유운가는 세상에 그 이름이 거론되지 않았다. 함풍제 사후 그는 1862년 부름에 응하여 북경으로 올라오고, 그 다음해 3품 경당후(京堂候)가 되고 얼마 지나지 않아 병으로 귀향하여 1864년에 사망했다.

우감(牛鑒)은 1842년 9월에 파직당하여 심문을 받고 참감후의 형을 판결 받았다. 1844년에 석방되어 하남순무로 파견되었다. 황하를 다스리는데 헌납한 공 때문에, 1845년에 주사(主事, 정6품)를 받았지만 그는 오히려 귀향을 요구했다. 1853년에 명을 받들어 념군(捻軍)을 진압하는데 참여하고, 안찰사의 직함을 받았다. 1855년에 병이나 귀환을 간청했다. 1858년 고향에서 사망했다. 그가 중국의 미래를 위해 어떠한 계획을 세웠는지 들은 적이 없다.

기영은 전후 상당히 장시간 동안 청조의 대외사무를 주관하였다. 제7장에서 우리는 이미 그가 끝까지 고수한 종지(宗旨)는 분쟁을 피하고, 전력으로 '천조'의 체제를 유지하고, 민과 이가 서로 평안함을 유지하는 것임을 밝힌 바가 있다.

기영은 '이'인을 조금도 좋아하지 않았지만, 그 종지를 위하여 '이'인과 매우 가까워지는 비굴함을 아끼지 않았으며, 전혀 '천조' 대신의 위엄이 없었다. 그는 홍콩에 간 적이 있었으며, 오문에 간 적이 있었다. 그리고 여러 차례 호문 등지에 가서 서방의 사절들과 직접 면담을 하였다. 즉, 그들의 조회를 매우 중요하게 생각하여 거의 조회에 대하여 반드시 답을 하였고 전혀 미루지 않았다. 공무적인 교류를 제외하고 그는 특별히 사적인 교류도 중시하였는데, 서로 주연을 베풀고 서로 선물을 보내는 등, 일종의 화합의 분위기를 조성하고자 하였다.

양국의 공동사무를 집안일처럼 상의하여 비공식적으로 해결하였다. 그의 주요 상대는 당연히 홍콩 주재 영국 공사로 그가 이 영국 공사에게 보낸 사적

인 편지는 페어뱅크의 말에 의하면 연애편지와 같았다고 했다.[37]

어떤 의의 상에서 말하자면, 기영은 성공했다. 그가 대외사무를 주관했을 시기는 확실히 중외관계가 비교적 온화했다. 이는 모두 국가이익과 민족이익을 희생하여 얻은 것으로 단지 그가 이런 이익에 대하여 인식하지 못했을 뿐이었다. 도광제도 이런 안정적인 국면에 매우 만족하고, 1845년 3월에 그에게 협반대학사를 수여했다.

그렇지만 기영의 방법은 결코 오래갈 수 없었다. "어떻게 이와 같이 '이(夷狄)' 와 화하(華夏)를 구별하지 못할 수 있는가"라고 하며 광주의 사신(士紳)과 민중들은 불만이었다. 영국 관원들도 역시 만족하지 못했는데, 그들의 수중에는 각양각색의 새로운 요구가 있었다. 그렇게 민과 '이(夷)'가 서로 안정적인 국면이 깨지는데 그 도화선이 광주 입성문제였다.

1843년 헨리 포팅거가 입성을 요구하자, 전후 광주 민중의 '영이'에 대한 적대적 분위기 때문에 기영은 감히 이에 답할 수 없었다. 1845년 신임 영국공사 데이비스가 다시 이 요구를 하자 기영은 여전히 "민정이 협조하지 않는다."라고 하면서 책임을 미뤘다. 본래 연말에 청국 측이 마지막 배상금을 지불하면 남경조약에 따라 영국 측은 주산(舟山)으로 돌아가야 했다. 헌데 데이비스는 오히려 만약 입성을 하지 못하게 하면 주산으로 돌아가지 않겠다고 선언했다.

기영은 이에 놀라 급히 편지를 보내 사죄하고 이일은 "만약 거기에 어떤 움직임이 있으면 내가 광주의 안정을 보장할 수 없다"라고 하였다.[38] 1846년 4월 기영은 데이비스와 호문에서 '귀환주산조약(歸還舟山條約)'을 체결하여 분명하게 영국인에게 입성의 권리가 있다고 승인하고, "일단 기다린 후에 때와 형세

---

37) [미] John King Fairbank, 『劍橋中國晚淸史』 상권, 中國社會科學院歷史硏究編譯室譯, 中國社會科學出版社, 1985, 237쪽.
38) 佐々木正哉編, 『阿片戰爭の中英抗爭: 資料篇稿』, 東京, 近代中國硏究委員會, 1964, 20쪽.

가 나아지면 다시 영국인의 입성을 허락하겠다."라고 하였다.[39] 영국 측은 조약 내에 구체적인 시간을 규정하지 않았기 때문에 청국 측이 '때와 형세(時形)'를 핑계로 무한적으로 연장할 수 있었다는 것을 당시에는 발견하지 못했다.

전후의 광주는 항상 민과 '이'의 충돌이 발생했는데, 기영은 분쟁을 피하기 위하여 민을 누르고 '이'를 보호한 점이 없지 않아 있었다. 1847년 3월에 영국인 6명이 불산(佛山)에서 돌덩이로 공격을 당하자 데이비스가 이를 이유로 군함을 파견하여 침범했다. 4월 2일에 영국군이 호문을 점령하고 827문의 대포의 포안(砲眼)을 틀어막았다. 4월 6일에 상관을 점령하고 광주로 진공할 태세를 취했다. 병력의 움직임에 매우 놀란 기영은 즉시 조회를 데이비스에게 보내 영국 측의 모든 조건에 동의했다. 그중에는 2년 후 1849년 4월 6일에 광주성을 개방한다는 내용을 포함했다.[40]

이후, 당년 12월에 또 항죽기(黃竹歧)사건이 발생하는데 6명의 영국인이 살해당한 것이다. 기영은 즉시 병사들을 보내 촌을 포위하여 4명을 참수하고 15명을 후송하여 심의했다. 이런 처리결과에 영국 측이 만족했다. 그러나 도광제가 이 '이'인들이 황죽기에 무엇을 하러 갔는지에 대하여 의심을 했다.[41]

일련의 사건으로 인해 기영은 스스로 자신의 '이'를 다스리는 능력에 대해 의심하기 시작하면서, 중국 남부의 유서 깊은 도시인 광주는 그의 마음속에 이미 위험한 곳이 되어 버렸다. 1849년에 영국인이 입성한다는 것을 생각하면 머리가 지끈거렸다. 1848년 2월에 도광제는 그에게 봄이 되면 북경으로 올라오라고 하고, 그의 직무를 서광진(徐廣縉)에게 넘겨 돌보게 하라고 명령했다.

이에 대하여 어떤 사람은 도광제가 그에게 불만이었다고 하고 어떤 사람은

39) 王鐵崖編, 『中外舊約章匯編』 1권, 70쪽.
40) 중문본을 찾지 못했으며, 영문본 Inspectorate General of Customs, Treaties, conventions, ect., between China and foreign states, vol. 1, 210쪽.
41) 『阿片戰爭檔案史料』 7권, 825~828쪽.

기영이 북경에서 작업을 한 까닭이라고 말했다.

그해 6월에 기영은 북경에 도착했다. 7월에 도광제는 그를 광동에서의 직위를 해제시키고 협반대학사로서 예부(禮部) 등의 사무를 관리하게 했다. 11월에 문연각대학사(文淵閣大學士)로 옮겼다. 그의 북경생활은 한가롭고 자유스러운 것 같았다. 그것은 그가 부수입이 많은 자리인 숭문문(崇文門) 감독의 자리를 얻었기 때문이었다.

도광제 사후, 기영은 불운했다. 함풍제의 소견을 받을 때, 그는 영국을 상대한 경험에 대해 이야기하는 것을 두려워하여 그 일에 대하여 적극적으로 응대하지 않았다. 새로운 황제는 이를 듣고 불쾌해 했다. 기영은 징후가 심상치 않음을 파악하고 병을 핑계로 휴가를 지속적으로 요청했다. 그러나 함풍제는 1850년 12월에 전면적인 정비를 하고 그를 5품 원외랑(員外郎) 후보로 강등시켰다. 그 후 그는 그의 아들이 저지른 죄로 인하여 파직되고 구금당했다.

1858년 5월 영국, 프랑스 연합군이 대고(大沽)를 공격하여 함락하자, 함풍제는 이 '이'와 화의를 주장한 기영을 생각해 내고 그에게 시랑의 직함을 내리고 천진 담판에 참여하게 했다.

그가 떠나기 전에 친히 기영에게 대권을 일러주는데, 그것은 흠차대신인 계량(桂良) 등의 사람들이 제1선으로서 만약 담판이 잘 이루어지지 않는다면, 다시 기영이 나서서 조금 더 양보하여 성공시키라는 것이었다. 함풍제의 이 유아기적인 수준의 외교 수법은 십분 감상할 만했다.

기영 또한 이로써 다시 활동을 재개하였기 때문에 눈물을 흘리며 고맙게 생각했다. 그는 자기 딴에는 다년간 광동에서 '이'인과 오랜 관계를 가졌었기 때문에 영국, 프랑스가 얼마간 그의 체면을 살려줄 것이라고 생각했다. 그러나 담판자리에서 영국, 프랑스가 그에게 흠차대신의 직함이 없다는 이유로 겨우 몇 명의 통역을 파견하여 응대하고, 그리고 젊은 '이'인이 광주를 함락시키고 얻은 당안을 손에 쥐고 면전에서 기영이 당년 상주에 '이'인을 욕하던 문구를 읽을 줄은 아무도 몰랐다.

거의 칠순의 노인으로서 이런 치욕을 감당할 수 없었던 그는 얼굴과 귀가 붉어진 채 그 자리를 떠났다. 중 영, 중 프가 천진조약을 체결한 후, 함풍제는 매우 화가나 기영에게 자진을 명하는데, 그 죄명이 "독단적으로 북경으로 돌아온 것이었다."

기영이 아편전쟁 중에서 얻은 교훈은 군사적으로 대적할 수 없다면, 당연히 전력으로 전쟁을 회피해야 한다는 것으로 이는 의심할 여지없는 사실이다. 그러나 그의 이런 일시적 안일을 추구하는 정권으로 또 어떻게 대청(大淸)을 구하고 중국을 구할 수 있겠는가?

황은동은 광동에 도착한 후 관운이 형통하였다. 중영 호문조약의 체결로 인하여 광동포정사가 되고, 중미 망하조약의 체결로 인하여 상으로 화령을 하사받고 관직이 두 등급이 올랐다. 또 중 프 황포조약의 체결로 인하여 1845년 2월 광동순무가 되었다. 그는 총명하고 노련하여 기영이 의지하는 조력자가 되었다. 프랑스 공사 라그르네도 그의 품격을 칭찬하였고 또 첫 번째 주 파리 공사에 가장 적합한 인물로 여겼다.[42]

우리는 황은동이 만약 진짜로 프랑스에 갔다면, 후에 곽숭도(郭崇燾) 주영공사와 같이 그런 거대한 사상적 변화가 발생했을지는 모른다. 그러나 그가 남긴 『무원기략』, 『지지당집(知止堂集)』에서 중국사회의 진보에 유익한 그 어떤 사상적 자료를 찾을 수가 없다. 그의 가장 근본적인 관점은 영국인은 절대로 이길 수 없다는 것으로, 오직 '회유(撫)' 뿐으로, "문제가 없으면 은혜로 그들을 회유하는 것이고, 문제가 있으면 믿음으로 그들을 이기는 것이다."[43] 그는 광주 민중의 항영 활동에 대하여 매우 반감을 가져 이에 대한 진압을 강력히

---

42) [프]衛靑心, 『法國對華傳敎政策』 상권, 311쪽.
43) 黃恩彤, 「撫夷論」, 『叢刊 阿片戰爭』 5권, 436쪽.

주장하였으며, 민중의 게시물도 그에게는 가차 없었다.

> 황색 아편담뱃대를 부러뜨리면 병사들이 고생할 필요가 없는데(破
> 了黃煙筒, 自后不勞兵)
> 귀신을 다스릴 방법은 없으면서 백성을 착취하는 재능은 있다네
> (治鬼無方法, 剝民有才情)[44]

'황연통(黃煙筒)'은 황은동과 광동어 음이 같다. "귀신을 다스릴 방법이 없다"라는 이 문장이 자못 핵심을 찌른다. 그와 기영의 그런 '유이(柔夷)'의 수단이 어떻게 "귀신을 다스릴 수 있겠는가?"

1847년 1월에 황은동은 관례에 어긋나는 상주를 하는데, 그는 자신의 늙은 나이를 고려하여 한직을 달라고 요청했다. 이에 이부가 의논하여 3등급을 낮춰 전근시켰다. 도광제 시대의 일반적인 방법에 따르면 본래 황은동은 3등급을 낮추고 유임되어야 했다. 이후 매우 빠르게 활동을 재개하나, 도광제는 오히려 그를 파직하고 서광진을 차출하여 광동순무에 임명했다.[45] 『청사고(淸史稿)』에서는 도광제가 황은동의 대외에 무기력한 점에 불만을 가졌기 때문에 사소한 일을 핑계로 화를 낸 것이며, 이를 통해 기영에게 경고를 한 것이라고 밝혔지만 더 이상 이에 대한 증거는 없다.

황은동은 파직당한 후 여전히 기영의 신변에 남아 6품 정대를 받았다. 기영이 북경에 올라가고 서광진이 임명되자 1년 뒤에 사직했다. 그는 이후 산동(山東) 고향에서 단련(團練)을 운영한 적이 있으며, 반란군을 막은 적이 있다. 1858년 일찍이 부름을 받고 기영을 따라 천진 담판에 참여하려 하였으나, 그

---

44) 佐々木正哉編, 『阿片戰爭の中英抗爭: 資料篇稿』, 286쪽.
45) 『淸實錄』, 39권, 466쪽.

가 천진에 도착했을 때는 조약이 이미 체결되었고, 기영은 이미 체포되었다. 그는 매우 오래 살았는데, 1882년에 사망했다고 했다. 그러나 그의 '무이'사상에 어떠한 변화가 있었는지에 대해서는 자료가 없다.

자살한 유겸을 제외하고 이상 12인은 모두 아편전쟁에 중대한 책임이 있는 가장 핵심적인 인물들이었다. 그들은 전쟁의 패배를 가장 깊이 체험했기 때문에 당연히 매우 반성을 하고 복수하고자 하는 욕망을 가져야 했다. 그러나 이 12인의 전쟁 후의 경력을 보면, 기선, 이리포, 양방, 혁산, 언백도, 우감은 거의 반응이 없었고, 나머지 5명은 또 세 부류로 나뉘는데, 1) 기영, 황은동의 '유이(柔夷)', 2) 유운가의 은밀한 계권(陰制), 3)임칙서의 대항(복주 반입성 사건을 그의 전체 사상으로 가정한다면)으로 나뉘고 도광제는 이 세 가지를 갔다 왔다한다. 반응을 보인 사람들은 대부분 통상항구 안에 있었다. 그러나 기영, 황은동, 유운가 등이 만약 운남, 귀주, 사천 혹은 섬서, 감숙, 신강 등지로 갔다면 기선 등과 같았을 지는 나도 모른다.

하나의 민족으로서 전쟁에서의 패배는 결코 두려운 일이 아니다. 그러나 전쟁 패배로 인해 일어난 것이 '이를 제이(制夷)하는 것'이 아니라 '이에 순응(順夷)하는 것'이라면, 곧 모든 미래를 직접적으로 파멸시키는 것이다. 기영 등의 부류가 당시에 인심을 얻지 못하고, 오늘날에도 여전히 사람들의 비난을 받는 까닭은 그들이 감히 '이를 제어하지' 못했기 때문이다.

그러나 임칙서는 어떠한가? 이 문제는 나누어 이야기할 필요가 있다. 나는 한 명의 사신(士紳), 한 명의 민중으로서 전후 어떠한 형식으로 든 영국에 대항(반 입성을 포함한다)하였다면, 모두 지적과 비판을 받지 않아야 하며, 그들이 국가의 명운과 민족의 미래에 대하여 관심을 표현한 것이라고 생각한다. 하지만 그들의 사상적 낙후, 수단의 낙후, 목표에 대한 착오는 응당 당시 사회의 사상가, 정치가들에게 책임을 물어야한다. 그러나 임칙서는 한 명의 사상을 가진 정치가로서 응당 더 높은 안목을 가지고 있어야 하며, 책임감 있는 태도를 가지고 자발적인 투쟁을 정확한 괘도에 올리는데 능숙해야 한다. 나는 여기서 임칙서에게 특별히 가혹하게 요구하는 것이 아니라, 역사가 이 표준을 제시한 것이다. 아편전쟁이 중국에 제시한 사명은 근대화로, 이 궤도를 떠나서는 진정한 '제이'가 불가능하며, 반대로 일을 망칠 가능성이 있다. 임칙서가 이점을 인식 못한 것이 그의 잘못이다. 비록 그의 대항 자세가 칭찬할 만하더라도 말이다.

'천조'는 전쟁에서 참패했으나, 이것으로 인하여 일어난 동요는 동경만에 출현한 그 4척의 '흑선'만 못했다. 오늘날 사람들은 양국의 차이에 대하여 이미 각종 연구와 분석을 진행했다. 직접적으로 청조는 전후 발전이 없었고 혁신이 없었으며, 청군 병사들의 피를 헛되이 흐르게 하였다. 그렇기 때문에 나는 위에서 책임이 있는 12명의 정치가에 대하여 일일이 따져본 것이다.

일본 유신의 역량은 결코 막부로부터 나온 것이 아니라 사회로부터 나온 것으로 막부의 붕괴는 개혁의 전제가 되었다. 그러나 청 왕조는 이때 아직 즉시 붕괴하지 않았기 때문에 우리는 가장 민감한 중국 지식계의 반응을 살펴보아야 한다.

이에 반응을 한 인사들이 많지는 않은데, 그중 가장 훌륭한 인물이 위원(魏源)이다. 그는 본래 학자로써 전쟁 전에 『묵고(默觚)』, 『노자본의(老子本義)』, 『서고미(書古微)』등 학식이 매우 깊은 저서를 썼다. 전쟁의 포성은 그의 권만 파고드는 학문의 평정을 무너뜨렸다. 그는 1841년 8월에 임칙서와 만나 임칙서가 주관하여 번역한 『사주지(四洲志)』등의 자료를 받고 새로운 과제를 연구하기 시작했다. 1842년 말에는 『해국도지(海國圖志)』50권을 편찬하고, 1847년에는 이를 60권으로 늘리고, 1852년에는 이를 100권으로 늘렸다.

『해국도지』는 외부세계의 역사와 지리를 소개한 저서인데, '천조에 사는 사람들은 보편적으로 '영길리'가 무엇인지 모른다고 했다. 그 효용과 의의가 오늘날 같은 종류의 저작과 비교할 수 없다. 하지만 그 권의 '서술(敍)'중에 "이를 스승으로 삼고 뛰어난 기술을 배워 이를 제어하자"는 말은 이미 역사적 결과를 아는 사람들 모두를 깜짝 놀라게 하였으며, 수많은 사람들이 그가 이미 실마리를 찾았다고 여겼다.

위원의 마음속의 '이'의 '뛰어난 기술(長技)' 세 가지가 있었다. 전함, 화기, 양병술(養兵術)이었다. 앞의 두 항목은 직접적으로 '선견포리(船堅砲利)'에 대응하는 것이고, 세 번째 항목은 청군이 전쟁 시에 느끼는 두려움과 관계가 있었다. 이는 일찍이 절강에서 벌인 '이'에 대한 방어 사무에 참여한 위원이 느낄 수 있는 가장 직관적인 반응이었다. 그의 '이를 스승으로 삼자(師夷)'는 방법은 주로 '이장(夷匠)'을 고용하는 것과 외부세계의 서적을 번역하는 것이었다. 오늘날의 지식으로 판단하면 단지 '스승(師)', 즉 이런 '뛰어난 기술'만으로는 역시 '이'를 제어할 수 없다는 것을 인정한 것 같다. 이는 그렇게 쉽게 제어할 수 있는 것이 아니었다.

위원의 사상은 비록 충분하지는 않지만 매우 귀중한데, 이 방향을 따라 내려가다 보면 일정한 궤도 위에 올라설 수 있다. 그러나 위원의 이 사상은 정확하지 못한 것이다. 『해국도지』에서 우리는 '사이(師夷)', '제이(制夷)'라는 말을 볼 수 있는데, 안남(安南)의 찰선(札船), 미얀마(緬甸) 목권(木柵)은 모두 그가 재래식으로 '제이'하는 것을 설명하는데 사용한 생동적인 사례이다. 바로 '제이'에 대한 재주를 말한 『주해편(籌海篇)』에 황천탕(黃天蕩)의 고사가 있다.

만약 우리가 다시 그의 동시기의 명저 『성무기(聖武記)』를 살펴보면 곧 그 사상의 유동성을 알 수 있는데, 마치 선황제들의 방략(方略)과 무공(武功) 역시 '제이'할 수 있다는 것처럼 보인다. 이후 그의 역작인 『원사신편(元史新編)』에 보면 말하는 것이 마치 "은나라를 본보기로 삼자(殷鑒)"라고 주장한 것처럼 보인다.

『해국도지』는 바로 이렇게 난잡한 권인데, 신사상의 번쩍거림이 있으면서도 구관념의 나열이 있다. 그래서 사람들이 이 권을 읽을 때 각기 다른 느낌을 체득할 수 있다. 그렇기 때문에 '사이' 사상은 당시에 널리 퍼지지 못하지만, 후에 '사이'를 결심한 좌종당(左宗棠) 등이 그 권을 읽고 즉시 정신적인 소통을 하게 되었다.

『해국도지』와 함께 유명한 것은 『영환지략(瀛環志略)』이었다. 작자는 서계여(徐繼畬)로 학식이 매우 깊은 관원이었으며, 아편전쟁 중에 정장룡도(汀漳龍道)에 임명되었고, 장주(漳州)에서 방어 계통을 조직했다. 후에 광동염운사, 광동포정사, 복건포정사를 역임했다. 1846년에는 복건순무로 영전했다. 그는 총독 유운가가 대외사무를 처리하는데 있어 주요 조력자였는데 기영과 황은동의 관계와 같았다.

1844년 서계여는 하문(廈門)의 대외개방을 처리하면서 자신의 외부 지식에 대한 무지를 느끼고, 마침 선교사 아벨(David Abeel)을 만나 외국지도권 등의 자료를 얻어 새로운 과제를 연구하기 시작했다. 이후 그는 자료를 많이 수집하고, 정성을 들여 저술하고, 반복적으로 수정을 하여 마침내 1848년 이 양질의 지리학서를 완성했다. 『영환지략』의 대외지식에 대한 소개는 위원보다 더욱 상세하고 정확하며, 당시 사람들이 습관적으로 행하던 억지로 끌어다 맞춘다거나 주관적으로 추측하지도 않았다. 서방의 인문제도에 대하여 칭찬을 많이 하였다. 그러나 전쟁 후 중국이 당연히 어떠한 길로 가야하는가라는 가장 중요한 문제에 대해서는 해답을 제시해주지 못했다. 그러나 그가 도왔던 상사 유운가의 전후 표현을 전면적으로 소개하는 부분에서 우리는 또 서계여의 답을 볼 수 있는 듯하다.

또 반드시 언급해야할 저서가 양정남(楊廷枏)의 『해국사설(海國四說)』이다. 양정남은 광동의 저명한 유학자로 일찍이 기공, 서광진의 막료로 들어갔다. 이 권은 1846년에 탈고한 권으로 미국과 영국의 특이한 점에 대하여 자세하게 소개하고, 기독교에 대한 이론도 소개하였으며, 단, 증기 기관에 대한 묘사에 관해서는 당시 사람들의 눈에는 천서(天書, 알기 힘든)와 같아 그 결점이 『영환지략』과 같았다.

이와 같이 『해국도지』, 『영환지략』, 『해국사설(海國四說)』에 대한 평가는 가혹한 평가일 수 있지만, 전후 중국이 처한 위험하고 열악한 정세로 인해 이에 대하여 엄격하게 요구하지 않을 수 없었다. 냉정하게 논하면 위원, 서계여, 양정남은 당시 가장 선진적인 사상가였다. 그들은 막힌 용기 안에서 머리를 내밀듯이 개안하여 세계를 바라보았으며, '천조'의 자태를 내려놓고 차분하게 다른 문명(文明)을 (서계여가 가장 두드러졌다) 다루었는데, 이미 사람들을 매우 놀라게 하는 행동이었다. 이를 기준으로 삼아 미미하게 진보하여 곧 점차 높은 수준에 도달하여 새로운 풍광을 깨달았다. 하지만 당시에는 '이(夷)'를 바라보는 수많은 사람들의 시선 속에 업신여김을 당했다. '천조'의 문화 속에서 그들은 고독했는데, 이는 그들 개인의 불행이었다. 그러나 중국에서 가장 우수한 사상가가 중국의 방향을 분명하게 변별하지 못한 것은 또 민족 전체의 불행이었다. 이는 시대와 사회 간의 격차였다. 후에 『해국도지』와 『영환지략』은 동영(東瀛)으로 흘러가고 물건을 볼 줄 알았던 일본인 등에 의해 인쇄되어, 일본 유신사상의 발생과 발전에 많은 도움을 주었다. 이는 또 위원, 서계야가 예상하지 못했던 일이다.

위원, 서계여, 양정남의 사상은 역사가 요구하는 높이에 도달할 수 없었는데, 그것은 사상적 자료가 매우 부족했기 때문이다. '천조에는 헤아리기 힘든 서적이 있었지만, 이인이나 이의 일에 대한 저서가 결여되어 있었다. 미국이 증정한 서적은 기영에 의해 거절되고, 프랑스로의 유학은 황은동에 의해 완곡하게 거절당했다. 위원 등은 자료가 없어 힘들어 했으며, 도처의 사람들에게 의지하였다. 그러나 그들은 북경에 그들에게 매우 필요한 많은 도서들이 있었음을 결코 알지 못하였다.

1845년에 러시아 정부는 청 정부가 서장어로 된 『대장경』을 증정하자, 그 답례로 각 종류의 도서 355종, 모두 800여 권(幅)과 그 밖의 천문, 지리 계측기와 도구를 보내주었다. 이 도서는 21종류로 나뉘었는데, 정치, 경제, 문화, 과학, 기술, 공예, 지리 등등이다. 지도는 22폭으로 이밖에 지도권 13권이 있었다. 이번원(理藩院)은 이 도서를 받은 후, 겨우 서명만 번역하고 방치해 둔 채 사용하지 않았다. 13년 후인 1858년에 곽숭도(郭嵩燾)가 북경에 도착하여 이것을 듣고 크게 아쉬워하였다. "만약 그 서적을 번역하여 그것을 준비할 수 있었다면, 반드시 해양변경에 도움이 되게 사용할 수 있었을 텐데." 어떤 관원은 일찍이 군기대신에게 기준조(祁寯藻)에게 권 번역을 건의하였으나 그가 반대를 표시했다고 곽숭도에게 토로하기도 했다. 그 이유인즉 "이유여하를 막론하고 그 권은 쓸데없이 국체를 손상시킨다."라는 것이었다.[46] 청조가 멸망하여 이 권들의 대부분이 산실되었는데 지금은 북경 도서관에 20여 권이 남았으며, 고궁박물관 도서관에 지도 7폭이, 지도권 10여 종이 현존한다. 만약 이 도서들이 중국어로 번역되어 간행되었더라면, 또 만약 위원, 서계여, 양정남이 이 권들을 볼 수 있었더라면, 그 사상에 질적인 변화가 발생하였을까?

위원, 서계여, 양정남과 비교하여 홍인간(洪仁玕)에게는 그 기회가 비교적 월등히 많았다. 그는 홍콩에서 다년간 포도사(布道師)를 맡았다. 1859년에 그는 태평천국의 수도 천경(天京, 남경)에 도착하여 『자정신편(資政新篇)』저술하여 천왕(天王) 홍수전(洪秀全)에게 올리고, 28조가 넘는 다양한 정권을 건의했다. 이것이 중국에서 첫 번째로 근대적 의의를 갖춘 정치개혁방안이 되었다. 이 권은 읽으면 사람을 고무시켰다. 그러나 그가 군사(君師), 간왕(干王)이 되고, 총리조강(總理朝綱)을 발표한 후에 또 어떠했는가? 『군차실록(軍次實錄)』, 『영걸귀진(英杰歸眞)』에서 우리는 또 다른 홍인간을 볼 수 있다. 이 변화가, 설

---

46) 『郭嵩燾日記』 1권, 湖南人民出版社, 1981, 186~189쪽. 러시아가 증정한 서적의 목록은 何秋濤, 『朔方備陳』에서 볼 수 있다. 羽離子의 논문, 「俄羅斯首次對淸政府贈書始末」(『近代史硏究』 1991, 4기) 이에 대해 구체적인 서술이 있다.

마 완전히 홍인간 개인의 선택이었을까? 그중 또 얼마나 많은 역사적 배경의 제한이 있었을까?

역사적 호소에 비통이 뒤섞여 있는 것이다.

아편전쟁이 끝나고 14년 후인 1856년에 전쟁의 불길은 또 치솟았다. 영국과 프랑스 연합군이 광주(廣州), 대고(大沽)를 차례로 점령하고 천진, 북경에 진입했다. 청조는 또 영국, 프랑스, 미국, 러시아 4국과 11개의 불평등 조약을 체결했다. 지난 전쟁과 비교하여 청조는 전혀 진보가 없었으며, 잘못을 반복해서 저질렀다. 전후 새롭게 일어난 지방 군정(軍政) 집단 – 호남(湘), 회하(淮)계 수령들이 약간의 '사이(師夷)'에 공을 들였고, 이후의 양무운동(洋務運動, 자강운동)을 일으켰다. 그러나 그 배경을 살펴보면, 그 원동력은 전쟁에서 패배한 자극에 의해서가 아니라, 그 최초의 목표도 '사이'가 아니라 '장모(長毛)' 반란에 대응하기 위한 것이었다.

아편전쟁이 끝나고 52년이 지난 1894년 명치유신을 거쳐 빠르게 발전한 일본은 이전 조사(祖師)의 문을 넘어섰다. 그들은 이홍장과 천진에서 체결하여 새로운 길을 연 이전의 조약을 폐지했으며, 이홍장을 마관(馬關)으로 오게 하여 신 조약을 체결하고 아편전쟁 때의 영국을 모방하여 할양과 배상을 요구했다. 그리고 모든 방면에서 서방열강과 같은 동등한 권리를 누렸다.

아편전쟁이 끝나고 86년이 지난 1928년에는 중영 양국의 정부가 또 남경에서 조약을 체결하는데, 협정관세를 없애는 것이었다. 이 새로운 남경조약이 발전의 방향을 바꾸기 시작했다.

아편전쟁이 끝나고 101년이 지난 1943년에는 중영 양국의 정부가 중경(重慶)에서 조약을 체결하는데, 영사재판권, 군함의 통상항구 자유출입, 일방적인 최혜국대우 등의 불평등한 조약을 없앴다.

아편전쟁이 끝나고 142년이 지난 1984년에 중영 양국 정부는 북경에서 연합성명에 서명을 했다. 바로 1997년에 홍콩을 중국에 반환한다는 내용이었다.

이것으로부터 아편전쟁의 모든 흔적은 이미 혹은 곧 없어질 것이다. 아마도 미래의 사람들은 오직 홍콩에 헨리 포팅거의 또 다른 이름으로 명명된 "발전사가(砵甸乍街)"라는 도로명에서만 아편전쟁을 느낄 수 있을 것이다. 그때가 되면 역사의 호소는 영원히 고양될 수 있을까?

150년이 지나갔다.

19세기는 중국인에게 굴욕적인 세기였다. 20세기는 중국인에게 인간세상의 모든 고난과 고통을 맛보게 하였다. 21세기는?

사람들은 19세기는 영국인의 세기라고 말한다. 20세기는 미국인의 세기이다. 21세기는?

또 검은 머리에 황색피부를 가진 어떤 사람들은 21세기는 중국인의 세기라고 말한다. 그러나 진정한 핵심은 중국인이 어떠한 자세로 21세기에 진입해야 하는가에 있다. 중국인은 어떻게 해야 비로소 이 칭호—중국인의 세기—를 얻을 수 있겠는가?

역사가 어떠한 선택을 하는 지를 막론하고 나는 아편전쟁이 우리에게 남긴 가장 중요한 문제는 중국대륙과 서방의 차이가 150년 전의 아편전쟁시기와 비교하여 확대될 것인가 아니면 축소될 것인가에 있다고 생각한다.

참고문헌

참고문헌

『軍機處錄副』, 帝國主義侵略類, 財政類, 軍務類等.

『宮中檔朱批奏折』, 帝國主義侵略類, 財政類, 軍務類等.

『上諭檔』, 道光二十至二十三年.

『剿捕檔』, 道光二十至二十三年.

『道光阿片戰爭案匯存』(抄本, 6冊), 中國社會科學院近代史研究所藏.

『淸代中俄關系檔案史料』第3編, 北京, 中華書局, 1979年.

『淸實錄』, 北京, 中華書局, 1986, 影印本.

『阿片戰爭後期英軍在長江下遊的侵略罪行』, 上海人民出版社, 1959年.

福建師大歷史系, 福建地方史研究室編, 『阿片戰爭在閩臺資料選編』, 福州, 福建人民出版社, 1982年.

廣東省文史硏究館編, 『三元里人民抗英鬪爭史料』, 北京, 中華書局, 197年8.

昆岡等修, 『欽定大淸會典事例(光緖朝)』, 光緖二十五年(1899)刻本.

王鐘翰點校, 『淸史列傳』, 北京, 中華書局, 1987年.

文慶等修, 『籌辦夷務始末(道光朝)』, 北京, 中華書局, 1964年.

趙爾巽等撰, 『淸史稿』, 北京, 中華書局, 1977.

中國第一歷史檔案館編, 『阿片戰爭檔案史料』, 天津古籍出版社, 1992年.

中國第一歷史檔案館等編, 『阿片戰爭在舟山史料選編』, 杭州, 浙江人民出版杜, 1992年.

中國史學會主編, 齊思和等編, 『中國近代史料叢刊 阿片戰爭』, 上海, 新知識出版社, 1955年.

『寶山縣續志』, 1920排印本.

『寶山縣志』, 光緖八年(1882)刊本.

『籌辦夷務始末(咸豐朝)』, 北京, 中華書局, 1979年.

『慈谿縣志』, 光緒二十五年(1899)刊本.

『定海縣志』, 1924年排印本

『定海直隷廳志』, 光緒十一年(1885)刊本.

『東莞縣志』, 1921年刊本.

『番禺縣志』, 同治十年(1871)刊本.

『光緒大淸會典則例』, 光緒二十五年(1899)刊本 .

『郭嵩燾日記』第1冊, 長沙, 湖南人民出版社, 1981年.

『虎門炮臺圖說』, 淸刊本.

「林則徐寄陝寓家書」, 廣州, 『嶺南文史』, 1985年, 1期.

『林則徐詩集』, 鄭麗生校, 福州, 海峽文藝出版社, 1985年.

『南海縣志』, 同治十一年(1872)刊本.

『欽定工部軍需則例』, 淸刊本.

『欽定戶部軍需則例』, 淸刊本.

『淸朝通典』, 上海, 商務印書館, 1936年.

『淸朝通志』, 上海, 商務印書館, 1936年.

『廈門志』, 道光十二年(1832)刊本.

「洋事雜錄」, 『中山大學學報』1986年, 3期.

「粤東紀事」, 『近代史資料』, 1956年, 2期.

『鎭海縣志』, 1932年 排印本.

『鎭海縣志』, 光緒五年(1879)刊本.

『中樞政考』, 嘉慶七年(1802)刊本.

『左宗棠全集 書信』第2冊, 長沙, 嶽麓書社, 1996年.

曾國藩,『曾國藩全集 日記』第1冊, 長沙, 嶽麓書社, 1987年.

曾國藩,『曾國藩全集 書信』第1冊, 長沙, 嶽麓書社, 1990年.

曾國藩,『曾國藩全集 奏稿』第1冊, 長沙, 嶽麓書社, 1987年.

陳錫祺等編,『林則徐奏稿 公牘 舊記補編』, 廣州, 中山大學出版社, 1985年.

範城,『質言』刊本, 1935年.

龔自珍,『龔自珍全集』, 上海人民出版社, 1975年.

關天培,『籌海初集』, 道光十六年(1836)刊本.

何秋濤,『朔方備陳』, 咸豊九年(1859)刊本.

黃恩彤,『知止堂文集』, 光緒六年(1880)刊本.

黃爵滋, 許乃濟,『黃爵滋奏疏 許乃濟奏議合刊』, 北京, 中華書局, 1959年.

嵇璜等纂:『皇朝文獻通考』, 上海圖書集成局, 光緒二十七年(1901)鉛印本.

梁廷枏,『夷氛聞記』, 北京, 中華書局, 1959年.

梁廷枏,『海國四說』, 北京, 中華書局, 1993年.

陸模,『朝議公年譜』, 清刊本.

錢儀吉, 繆荃孫等纂,『清朝碑傳全集』第3冊, 臺北, 大化書局, 1984年

慶桂纂,『欽定大淸會典圖』, 嘉慶十六年(1811)刻本

沈卓然, 朱晉材編,『胡林翼全集』, 上海, 大東書局, 1936年.

王鐵嵩,『林則徐兩封未發表的書信』,『福建學刊』, 1992年, 3期.

王鐵崖編,『中外舊約章匯編』, 北京, 生活 讀書 新知三聯書店, 1959年.

魏源,『聖武記』, 北京, 中華書局, 1984年.

魏源,『魏源集』, 北京, 中華書局, 1976年.

魏源:『魏源全集』, 長沙: 嶽麓書社, 2011年.

夏燮,『中西紀事』, 長沙, 嶽麓書社, 1988年.

徐繼畬,『瀛環志略』, 淸刊本.

楊芳,『宮傅楊果勇侯自編年譜』, 道光二十年(1840)刊本.

楊國楨編,『林則徐書簡』, 福州, 福建人民出版社, 1985年.

楊堅點校,『郭嵩燾奏稿』, 長沙, 嶽麓書社, 1983年.

姚賢鎬編,『中國近代對外貿易史料』, 北京, 中華書局, 1962年.

姚瑩,『東溟奏稿』, 清刊本.

裕謙,『益勉齋偶存稿』, 道光十二年(1832)刊本.

裕謙,『益勉齋續存稿』, 道光十四年(1834)刊本.

袁英光, 童浩整理,『李星元日記』, 中華書局, 1987年.

張集馨,『道咸宦海見聞錄』, 北京, 中華書局, 1981年.

趙翼,『簷曝雜記』, 北京, 中華書局, 1982年.

中山大學歷史系編,『林則徐集 公牘』, 北京, 中華書局, 1963年.

中山大學歷史系編,『林則徐集 日記』, 北京, 中華書局, 1962年.

中山大學歷史系編,『林則徐集 奏稿』, 北京, 中華書局, 1965年.

朱士嘉編,『十九世紀美國侵華檔案史料選輯』, 北京, 中華書局, 1959年.

陳勝粦,『林則徐與阿片戰爭論稿』(增訂本), 廣州, 中山大學出版社, 1990年.

陳旭麓,『陳旭麓學術文存』, 上海人民出版社, 1990年.

杜永鎮,「對虎門炮臺抗英大炮和虎門海口各炮臺的初步調查」,『文物』1963年, 10期.

範文瀾,『中國近代史』上冊, 北京, 人民出版社, 1955年.

馮玉祥,『我的生活』, 哈爾濱, 黑龍江人民出版社, 1981年.

胡繩,『帝國主義與中國政治』, 北京, 人民出版社, 1953年.

胡思庸等,「川鼻草約考略」,『光明日報』1983年2月2日.

黃流沙等,「阿片戰爭虎門戰場遺跡遺物調查記」,『文物』1975年, 1期.

蔣廷黻,「琦善與阿片戰爭」, (北平)『清華學報』第6卷, 3期(1931年10月).

蔣廷黻,『中國近代史』, 藝文研究會, 1938年 ; 長沙, 嶽麓書社, 1987年.

來新夏,『林則徐年譜』, 上海人民出版社, 1985年.

老舍,『正紅旗下』, 北京, 人民文學出版社, 1980年.

李伯祥等,「關於十九世紀三十年代阿片進口和白銀外流的數量」,『歷史研究』1980.

李定壹,『中美早期外交史』, 臺北,三民書局, 1985年.

酈永慶,「第一次阿片戰爭後福州問題考辯」,『歷史檔案』1990年, 2期.

酈永慶,「阿片戰爭時期士民具折上奏問題述論」,『近代史研究』1993年, 1期.

酈永慶,「有關禁煙運動的幾點新認識」,『歷史檔案』1986年, 3期.

劉旭,『中國古代火炮史』, 上海人民出版社, 1989年.

劉子揚,『清朝地方官制考』, 北京,紫禁城出版社, 1988年.

羅爾綱,『綠營兵誌』, 北京,中華書局, 1984年.

羅正鈞,『左宗棠年譜』, 長沙, 嶽麓書社, 1982年.

呂小鮮,「第一次阿片戰爭時期中英兩軍的武器裝備和作戰效能」,『歷史檔案』1988, 3期.

麥天樞,王先明,『昨天——中英阿片戰爭紀實』, 北京, 人民文學出版社, 1992.

米慶余,『明治維新——日本資本主義的起步與形成』, 北京, 求實出版社, 1988.

牟安世,『阿片戰爭』, 上海人民出版社, 1982.

潘振平,「道光帝旻寧」,『清代皇帝傳略』, 北京, 紫禁城出版社, 1991.

彭澤益,「論阿片賠款」,『經濟研究』, 1962年, 12期.

皮明勇,『清朝兵器研制管理制度與阿片戰爭』(油印本) 1990年.

皮明勇,『晚清軍人地位』(油印本), 1990年.

田汝康等,「禁煙運動的思想前驅」及附錄,『復旦大學學報』, 1978年, 1期.

王立誠,「阿片戰爭前禁煙決策評析」,『蘭州大學學報』1990, 4期.

王兆春,『中國火器史』, 北京, 軍事科學出版社, 1991年.

蕭致治等,『阿片戰爭前中西關系紀事』, 武漢, 湖北人民出版社, 1986年.

熊誌勇,「從望廈條約的簽訂看中美外交上的一次交鋒」,『近代史研究』1990, 第4期.

嚴中平,「英國阿片販子策劃阿片戰爭的幕後活動」,『近代史資料』1958年, 4期.

嚴中平,「英國資産階級紡織利益集團與兩次阿片戰爭史料」,『經濟研究』1955, 1, 2期.

楊國楨,『林則徐傳』, 北京, 人民出版社, 1981年.

姚薇元:『阿片戰爭』, 武漢, 湖北人民出版社, 1983年.

姚薇元,『阿片戰爭史實考』, 貴州, 文通書局, 1942年；上海, 新知識出版社, 1955年；北京, 人民出版社, 1984年.

余繩武等,『沙俄侵華史』第2,3卷, 北京, 人民出版社, 1978, 1982.

羽離子,「俄羅斯首次對清政府贈書始末」,『近代史研究』1991 年, 4期.

瘦嶺勞人,『蜃樓誌』, 濟南, 齊魯書社, 1988年.

趙立人,「阿片戰爭考釋二則」,『近代史研究』1993年, 3期.

[美]馬士,『中華帝國對外關系史』, 北京, 生活 讀書 新知三聯書店, 1964年.

[美]費正清主編,『劍橋中國晚清史』, 中國社會科學院歷史研究編譯室譯, 北京, 中國社會科學出版社, 1985年.

[美]賴德烈,『早期中美關系史, 1784—1844』, 陳郁譯, 北京, 商務印書館, 1963年.

[法]衛青心,『法國對華傳教政策』, 黃慶華譯, 中國社會科學出版社, 1991年.

[美]魏斐德,『大門口的陌生人, 1839—1861年間華南的社會動亂』, 王小荷譯, 中國社會科學出版社, 1988年.

[美]張馨保,『林欽差與阿片戰爭』, 徐梅芬等譯, 福州, 福建人民出版社, 1989年.

[美]泰勒 丹涅特,『美國人在東亞——十九世紀美國對中國,日本和朝鮮政策的批判的研究』, 姚曾廙譯, 北京, 商務印書館, 1959年.

[日]信夫清三郎,『日本政治史』第1冊, 周啓乾譯, 上海譯文出版社, 1982年. 研究

[意]湯若望口述,焦勖撰錄,『火攻契要』, 上海, 商務印書館, 1936年.

[英]巴那比著,『英國水師考』, 傅蘭雅等譯, 上海, 江南制造局, 1886年.

[蘇]阿 伊帕托娃,「第一次阿片戰爭及戰爭以後的中國」,『清史研究通訊』1990年, 第3期.

佐 木正哉編,『阿片戰爭の研究, 資料篇』, 東京, 近代中國研究委員會, 1964年.

佐 木正哉編,『阿片戰爭後の中英抗爭, 資料篇稿』, 東京, 近代中國研究委員會, 1964 年.

佐 木正哉編,『阿片戰爭前中英交涉文書』, 東京, 巖南堂書店, 1967年.

佐佐木正哉,「阿片戰爭初期的軍事與外交」, [日]『軍事史學』5卷 2號.

佐佐木正哉,「論所謂"穿鼻條約草案"」,『中國的政治與經濟』, 中譯本見「外國學者論
阿片戰爭與林則徐」上冊, 福州, 福建人民出版社, 1989年.

佐佐木正哉,「阿片戰爭研究―從英軍進攻廣州到義律被免職」, 其中部分中譯本見
『國外中國近代史研究』10輯, 12輯, 15輯.

佐佐木正哉,「阿片戰爭研究―從璞鼎查到任至南京條約簽訂」.

佐佐木正哉,「"南京條約"的簽訂和其後的一些問題」(以上論文未註明者皆刊於[日]
『近代中國』, 東京嚴南堂書店版各卷. 中譯本皆由李少軍先生提供)

Bernard, William Dallas, Narrative of the Voyages and Service of the Nemesis.
London: Henry Colburn, 1844.

Bingham, Elliot, Narrative of the expedition to China : from the
commencement of the war to the present period. London : H. Colburn, 1842.

Chinese Repository, vol. 6―14 (1836-1845).(其中部分中譯本可見 『鴉片戰爭史料
選譯』, 中華書局, 1983年;『阿片戰爭與林則徐史料選譯』, 廣東人民出版社, 1986
年)

Collis, Maurice, Foreign Mud: Being an Account of the Opium Imbroglio at
Canton in the 1830s and the Anglo―Chinese War that Followed. London:
Faber and Faber Ltd., 1946.

Davis, John Francis, China During the War and Since the Peace, vol. 1.
London : Longman, Brown, Green, and Longmans, 1852.

Endacott, George Beer, A Biographical Sketch―book of Early Hong Kong.
Singapore: Eastern Universities Press, 1962.

Gtitzlaff, Karl, Journal of Three Voyages along the Coast of China, in 1831,
1832 & 1833. London: Frederick Westley and A.H. Davis, 1834.

Inspectorate General of Customs. Treaties, conventions, etc., between China
and foreign states, vol. 1. Shanghai: Statistical Department of the Inspectorate
General of Customs, 1908.

Irish University Press area studies series, British parliamentary papers: China,
vol. 27, 30, 31. Shannon, Ireland: Irish University press, 1971.

Jocelyn, Robert Lord, Six months with China Expedition, London: John Murry, 1841. Mackenzie, Keith, Narrative of the Second Campaign in China. London: Richard Bentley. 1842.

McPherson, Duncan, Two years in China, Narrative of Chinese expedition, from its formation in April, 1840, to the treaty ofpeace in August, 1842. London: Saunders and Otley.

Murray, Alexander, Doings in China: Being the Personal Narrative of an Officer Engaged in the Late Chinese Expedition, From the Recapture of Chusan in 1841, to the Peace of Nankin in 1842. London: Bentley, 1843.

Ouchterlony, John, The Chinese War: an Account of all the Operations of the British Forces from the Commencement to the Treaty of Nanking. London: Saunders and Otley, 1844.

Teng, Ssu—yu. Chang Hsi and the Treaty qf Nanking. Chicago: University of Chicago Press, 1944.